Dictionnaire français de Raymond.

1re Livraison.

de la feuille 1re à 14 inclusivement.

2e Livr. Feuille 15 — 29.

Impr. Lacrampe, à Paris.

Dictionnaire général et complet de la langue française ...
par une réunion d'hommes de lettres, savants, érudits,
grammairiens ... sous la direction de M. M. F. Raymond
et J. Chanson ... — Paris, Raymond, France et Chanson,
1842, gr. in-4°.

Livraisons 1 et 2.

# PRÉCIS DE GRAMMAIRE FRANÇAISE.



## INTRODUCTION ET DIVISION.

ÉTYMOLOGIE ET DÉFINITION DU MOT GRAMMAIRE. — ÉCRITURE. — MOTS, SYLLABES, VOYELLES ET CONSONNES. — VOYELLES LONGUES ET BRÈVES. — LA LETTRE H. — PARTIES DU DISCOURS.

*Grammaire* vient du grec, γράμμα, lettre, caractère ou signe alphabétique : d'après cette étymologie, la grammaire est la connaissance ou la science des lettres. Elle suppose l'écriture : en effet, sans cette admirable invention, on ne sait pas bien ce qu'eût été la grammaire, ni même si elle eût existé ; car, en dehors de l'écriture phonétique ou alphabétique (1), il n'y a pas, philosophiquement parlant, de grammaire.

Bien que la grammaire s'applique spécialement à la langue écrite, elle ne laisse pas que de réagir sur la langue parlée : voilà pourquoi plusieurs grammairiens la définissent l'*Art de parler et d'écrire correctement*.

Les mots dont on se sert, soit en parlant, soit en écrivant, se produisent au moyen d'une ou de plusieurs émissions de voix, d'une ou de plusieurs syllabes ; de même qu'en entendant prononcer le mot *vérité*, on y remarque aisément trois sons ou émissions de voix. Ainsi, en l'écrivant ou en le lisant, on distingue trois syllabes : VÉ-RI-TÉ ; il y en a quatre dans *distinctement*, six dans *infaillibilité*, une seule dans *or, cour, par, voir*, etc. Ces derniers mots se nomment *monosyllabes*, c'est-à-dire mots d'une seule syllabe, au lieu que les premiers sont des *polysyllabes*, ou mots de plusieurs syllabes.

Quand on réfléchit profondément sur la nature des sons articulés, on s'aperçoit que les lettres qui les représentent diffèrent d'une manière sensible. En effet, les unes sonnent d'elles-mêmes, et se prononcent aisément, comme *a* dans *amour*, *é* dans *édition*, *i* dans *idole*, *o* dans *orage*, *u* dans *utopie* ; c'est ce qui les a fait appeler *voyelles* (2). Les autres, au contraire, ne peuvent se faire entendre sans le secours des premières, ainsi qu'on peut le remarquer dans *babouin, cachot, dada, face, gigot, haha, joujou, lis, maman, nenni, papa, quoique, ris, sou, toutou, va, Xerxès, zizanie.*

Nous comptons six voyelles dans notre alphabet : A, E, I, O, U, Y ; dix-huit consonnes (3) : *b, c, d, f, g, h, j, k, l, m, n, p, q, r, s, t, v, x, z.*

Outre les voyelles que nous venons d'indiquer, il y en a cinq doubles ou composées, savoir : AI, AU, EAU, EU, OU, comme on le voit dans *j'aimai, taureau, feu, fou.*

Ces voyelles, doubles seulement à l'œil, mais simples pour l'oreille, ne doivent pas être confondues avec les diphthongues (4), lesquelles font entendre un double son à l'oreille. Ces diphthongues sont fort nombreuses : AI (*aie*), IA, IE, IÈ, IAI, OI, EOI, OUAI, OIN, OUIN, IAN, IEN, IO, IEU, ION, IOU, OE, OUAN, UA, OUE, OUI, UE, UI, UIN, se remarquent dans *mail, diacre, pied, lumière, biais, foi, bourgeois,* ouais / soin, marsouin, viande, rien, patient, pioche, Dieu, onction, chiourme, moelle, louange, équateur, ouest, cambouis, écuelle, puits, étui, juin.

Ainsi que nous l'avons dit, les consonnes n'ayant point de *son* par elles-mêmes, modifient seulement celui des voyelles ; il suit de là que si, dans la prononciation, le son d'une syllabe se prolonge, c'est la voyelle qui est longue : elle serait brève dans le cas contraire.

*a* est long dans *bât, pâte*, et bref dans *il bat, patte, chatte.*

*e* est long dans *vêtir, fête, tempête*, et bref dans *belette, trompette.*

*i* est long dans *gîte, gît* (ci-gît), *vîte*, et bref dans *marmite, petite.*

*o* est long dans *apôtre, le nôtre, patenôtre, côte, hôte*, et bref dans *flotte, notre, culotte, hotte, botte.*

*eu, ou*, sont longs dans *jeûne, croûte, voûte*, et bref dans *jeune* (jeune homme), *bouche, touche.*

*u* est long dans *fût, flûte, qu'il mourût*, et il est bref dans *butte, chute, hutte.*

Ce signe (ˆ), qui se place sur les voyelles longues, se nomme accent circonflexe : *évêque.*

Il y a deux autres accents qui servent à distinguer le son qu'il faut donner à la voyelle *e*.

L'accent aigu (´) se met sur l'*e* fermé : *célérité, vérité, accéléré.*

L'accent grave (`) se place sur l'*e* ouvert : *congrès, procès, progrès.*

L'*e* qui n'est surmonté d'aucun accent, s'appelle muet : *friperie, le drôle.*

De toutes les consonnes, la lettre *H* est la seule qui présente quelques difficultés. Elle ne se prononce pas dans certains mots, et dans ce cas c'est une *h* muette, c'est-à-dire, tout simplement un signe purement orthographique, destiné à rappeler l'étymologie, comme dans l'*homme* (homo), l'*histoire* (historia), l'*honneur* (honor) ; dans d'autres mots, elle s'aspire, et se prononce du gosier ; c'est alors une véritable consonne : *le héros, la haine, la hure.*

Tous les mots dont se compose la langue française se réduisent à dix sortes, que les anciens grammairiens appelaient *les parties du discours* : ce sont le *nom*, l'*article*, l'*adjectif*, le *pronom*, le *verbe*, le *participe*, la *préposition*, l'*adverbe*, la *conjonction* et l'*interjection*. Les six premières espèces sont variables ; les autres sont invariables de leur nature.

## CHAPITRE PREMIER.

### PREMIÈRE ESPÈCE DE MOTS.

#### LE NOM.

Le NOM a été ainsi appelé, parce qu'il sert à nommer les personnes et les choses ; on le désigne aussi sous la dénomination de *substantif*, parce qu'il exprime les *substances*.

Les noms servent à désigner, à distinguer les personnes et les choses, tous les êtres ; tant ceux qui existent dans la nature, que ceux qui n'existent que dans notre esprit, ou que nous n'apercevons qu'au moyen de notre intelligence : d'où les *noms concrets* et les *noms abstraits* ; *éléphant, lion, arbre, champ, ciel, air*...... sont des noms concrets ; *bonté, force, vertu, colère*..... sont des noms abstraits.

Quand on énonce le nom particulier d'une personne, d'un lieu, c'est un *nom propre*, comme *Alexandre, César, Paris, Saint-Denis* ; les autres noms, destinés spécialement à distinguer les espèces, sont des *noms communs* ou *appellatifs* ; *homme, animal, arbre, plante*...... sont des noms communs ou appellatifs.

#### Genre des noms.

Dans le monde, on remarque des hommes et des femmes, et parmi les animaux, il y a des mâles et des femelles : les noms ont dû, à leur manière, exprimer cette différence de sexes ; c'est pourquoi il y a des noms du *genre masculin*, ce sont ceux des hommes et des mâles ; et d'autres du *genre féminin*, c'est-à-dire, ceux des femmes et des femelles. Ainsi *roi, père, frère, cheval, bélier, lion, loup*, sont des noms masculins ; *reine, mère,*

---

(1) Dans ce système, les mots écrits et prononcés distinctement à la lecture, sont les signes de nos idées : dans le système idéographique, au contraire, les caractères correspondent directement aux idées, sans l'intermédiaire de la langue parlée. L'écriture idéographique fut adoptée dans la Chine dès les temps les plus anciens, et elle s'y est toujours maintenue dans une pureté inaltérable : là point de grammaire, et en chinois le même mot peut être successivement *nom*, *verbe*, *adjectif*, et même *adverbe*. La langue parlée, arrêtée par le système d'écriture qui avait prévalu, n'a pu prendre aucun développement.

Bien que l'écriture idéographique ne fût pas exclusive en Egypte, elle paraît cependant avoir exercé une fatale influence sur la langue parlée ; et encore maintenant le copte, que l'on croit être l'ancienne langue des Egyptiens, se trouve réduit à un état non moins élémentaire, non moins analytique que celui du chinois. Les philosophes du dix-huitième siècle sont tombés dans une erreur déplorable, lorsqu'ils ont avancé que primitivement l'écriture avait été partout hiéroglyphique : s'il en eût été ainsi, tout au moins les langues indo-européennes y auraient immensément perdu, et elles ne seraient jamais parvenues au degré de perfection où nous les voyons.

(2) Du latin *vocales*, dérivé de *vox, vocis*, voix ou son.

(3) De *consonantes* (con-sonantes), des lettres qui sonnent avec d'autres, par le moyen d'autres lettres.

(4) De δις, deux fois, et φθόγγος, son, double son.

sœur, jument, brebis, lionne, louve, sont des noms féminins. D'après ce principe, les noms de choses n'auraient dû être d'aucun genre (et il y a des langues où cela est ainsi, l'anglais par exemple) ; mais par imitation, même dans les langues qui admettent le *neutre*, on a attribué à ces noms soit le genre masculin, soit le genre féminin : *ciel, soleil, arbre, bourg, désir, lit, livre,* sont du masculin, tandis que *terre, lune, plante, ville, volonté, table, marge,* sont du féminin. (1).

#### Nombre.

Notre pensée peut s'arrêter sur un seul objet, de même qu'elle en peut réunir, embrasser, considérer plusieurs à la fois ; la LANGUE, qui est l'interprète de nos pensées, a dû exprimer ces différences. De là, dans les noms deux *nombres,* le *singulier* et le *pluriel : le ciel, l'arbre, le soleil, la terre, une plante, la lune,* sontau nombre singulier ; mais nous pouvons les mettre au pluriel, et dire *les cieux, les terres, les arbres, des plantes. Le télescope fait apercevoir bien des lunes et un nombre infini de soleils.*

#### Comment se forme le pluriel dans les noms.

RÈGLE GÉNÉRALE. Pour former le pluriel, ajoutez *s* à la fin du nom : le *roi,* les *rois ;* la *reine,* les *reines :* le *livre,* les *livres ;* la *table,* les *tables.*

*Première remarque.* Les noms terminés au singulier par *s, z, x,* n'ajoutent rien au pluriel : le *fils,* les *fils ;* le *nez,* les *nez ;* la *voix,* les *voix.*

*Deuxième remarque.* Les noms terminés en *au, eu,* prennent une *x* au pluriel : le *bateau,* les *bateaux ;* le *feu,* les *feux.* On écrit encore avec une *x : bijoux, cailloux, choux, genoux, hiboux, joujoux, poux ;* mais les autres noms en *ou* suivent la règle générale.

*Troisième remarque.* Les noms terminés en *al,* font leur pluriel en *aux ;* le *mal,* les *maux ;* le *cheval,* les *chevaux :* (excepté *bals, cals, carnavals, chacals, pals, régals*). Les noms en *ail* sont réguliers : des *détails,* des *portails* (excepté *bail, corail, émail, soupirail, travail,* qui font *baux,* etc.). *Ciel, œil,* font *cieux, yeux* (2).

*Quatrième remarque.* Dans les noms terminés en *ant, ent,* l'on supprime ou l'on conserve le *t,* les monosyllabes exceptés ; des *diamants,* des *présents,* ou des *diamans,* des *présens ;* les *dents,* les *vents,* et non pas les *dens,* etc. ; écrivez cependant les *gens.*

## CHAPITRE II.
### DEUXIÈME ESPÈCE DE MOTS.
#### L'ARTICLE.
##### Un, une — des : le, la — les.

L'ARTICLE est un petit mot qui ne se met guère que devant les noms communs, et les modifie en même temps qu'il en indique le genre et le nombre.

L'article indéfini *un, une,* au pluriel *des,* fait voir que le nom suivant est pris dans un sens vague : un *champ,* une *maison,* des *crimes,* des *vertus.*

*Un passant est venu, et il s'est retiré après avoir coupé une branche.*

*Le* champ de mon voisin, *la* maison de Socrate, *les* crimes de ce tyran, *les* vertus de saint Vincent.

Lorsqu'on réunit deux noms par la préposition *de,* ou qu'on joint un nom à un adjectif ou à un verbe au moyen de la préposition *à, de le* se change en *du, de les* en *des ; à le* se change en *au, à les* en *aux* (3).

*L'oncle de votre mère était depuis longtemps au service du roi.*

*La vertu des juges les expose quelquefois aux plus grands dangers.*

*La clarté de la lune est plus pâle que celle du soleil* (4).

(1) Certains noms sont tantôt masculins, tantôt féminins, selon le sens qu'on y attache, ou l'arrangement de la phrase ; tels sont *aigle, foudre, gens, hymne, orge, pendule, vase,* etc. (Voir tous ces mots au Dict.)

D'autres changent de genre en passant au pluriel : *il en fait son délice, ses plus chères délices ; un petit orgue, de belles orgues ; le pur amour, de folles amours.*

Mais si ce dernier est féminin au pluriel, c'est que les poëtes le font féminin au singulier, et alors même qu'il n'est pas question de l'*amour* pris dans le sens de passion.

Et cependant viens recevoir le baiser d'amour fraternelle.

(V. le *Dict.*).　　　　　　　　　　　　　　　　　　LA FONT.

(2) Dites cependant : des *ciels* de lits, de tableaux, de carrières ; cette ville est sous un des plus beaux *ciels* de l'Europe ; *œils* de bœuf, de perdrix, les *œils* de la soupe.

*Aïeul* suit la règle générale : ses deux *aïeuls. Aïeux* est un nom qui, comme ancêtres, n'est pas usité au singulier.

(3) Irl. *an,* sing. pour le masc. et le fém.　　pl. *na.*
Dat. *don* (de *an*)　　　　　　　　　*dona.*

En breton, l'article défini *ann,* devant les voyelles *a, d, n, t ; ar* devant les autres consonnes, et *al* devant *l : ann avel,* le vent, *ann avelou,* les vents ; *ar mab,* le fils, *ar mipien,* les fils ; *al lestre,* le vaisseau.

L'article indéfini est *eunn, eur, eul : eunn tad,* un père ; *tadou,* des pères ; *eur vamm* (p. *mamm*), une mère ; *mammou,* des mères ; *eul louë,* un veau ; *louëou,* des veaux.

Ainsi s'expliquent nos deux articles, *en, le,* qui se présentent sans cesse, qui se répètent sans jamais nous fatiguer, tant ils sont inhérents à notre idiome, tant ils sont profondément enracinés dans la langue française.

Beaucoup de nos grammairiens se sont opiniâtrés à ne voir qu'un numéral dans l'article *un ;* il en résulte que nos jeunes compatriotes, lorsqu'ils étudient l'anglais, traduisent cet *un* par *one,* ce qui est une faute grossière. Les Anglais ont comme nous deux articles, savoir : *the,* article défini, et *a* (*ai*), article indéfini, *un, une.*

(4) L'article *le, la, les,* se met devant les noms propres lorsqu'ils sont précédés d'un adjectif, ou employés figurément pour des noms communs :

## CHAPITRE III.
### TROISIÈME ESPÈCE DE MOTS.
#### L'ADJECTIF.

L'ADJECTIF est un mot qui se joint au nom pour marquer la qualité qui convient à la personne ou à la chose que le nom exprime : *bon, bonne, beau, belle, agréable, utile,* sont des adjectifs.

Un *bon* arbre ne peut porter que de *bons* fruits. Cette *belle* maison est située dans une *magnifique* campagne, au milieu de sites *pittoresques* et fort *agréables* à voir.

Les adjectifs, comme les noms auxquels ils s'ajoutent, admettent le genre masculin et le genre féminin ; cette différence de genre se marque ordinairement avec la dernière syllabe.

#### Comment se forme le féminin dans les adjectifs ?

1° Quand un adjectif finit par un *e* muet, le féminin est semblable au masculin : *utile, agréable,* etc.

2° Quand un adjectif ne finit pas par un *e* muet, on y ajoute un *e* muet pour former le féminin : *prudent, prudente ; saint, sainte ; méchant, méchante ; petit, petite ; grand, grande ; poli, polie ; vrai, vraie,* etc.

Faites attention aux adjectifs en *gu* qui exigent un tréma pour le féminin, et aux adjectifs en *er* qui ajoutent un accent grave : *aigu, aiguë ; contigu, contiguë ; entier, entière ; léger, légère,* etc.

*Première exception.* Les adjectifs *gentil, fol, mol, nul, partisan, paysan, exprès, épais, sot, vieillot,* doublent au féminin leur dernière consonne avec l'*e* muet : *gentille, folle, molle, nulle, partisanne, paysanne, expresse, épaisse, sotte, vieillotte.*

Ajoutez-y ceux qui sont terminés,

1° En *el, eil : bel, nouvel, cruel, vieil, pareil ; belle, nouvelle, cruelle, vieille, pareille,* etc. (1).

2° En *on, en : bon, ancien, chrétien ; bonne, ancienne, chrétienne,* etc.

3° En *et : sujet, net ; sujette, nette,* etc. (2).

4° En *as : gras, bas ; grasse, basse,* etc. (mais *ras* fait *rase*).

*Deuxième exception. Blanc, franc, sec, frais,* font *blanche, franche, sèche, fraîche. Public, caduc, turc, grec,* font *publique, caduque, turque, grecque ; long, longue.*

*Troisième exception.* Les adjectifs en *f* font leur féminin en *ve : bref, naïf, neuf ; brève, naïve, neuve,* etc.

*Quatrième exception. Malin, bénin,* font *maligne, bénigne.*

*Cinquième exception.* Les adjectifs en *eur* font ordinairement leur féminin en *euse : trompeur, trompeuse ; parleur, parleuse,* etc. Ceux qui sont terminés en *teur* font *trice* (3) : *inventeur, inventrice ; dispensateur, dispensatrice ; accusateur, accusatrice,* etc.

*Sixième exception.* Les adjectifs en *x* changent cette lettre en *se ; dangereux, dangereuse ; honteux, honteuse ; jaloux, jalouse,* etc. Cependant *doux* fait *douce ; roux, rousse ; faux, fausse ; préfix, préfixe.*

#### Du pluriel dans les adjectifs.

Le pluriel dans les adjectifs se forme comme dans les noms, en ajoutant *s* à la fin : *bon, bonne,* au pluriel, *bons, bonnes,* etc.

*Fou, mou, bleu, tout,* font au pluriel *fous, mous, bleus, tous.*

Les adjectifs terminés en *al* forment pour la plupart leur pluriel en changeant *al* en *aux : des devoirs sociaux, des droits royaux, des offices vénaux, des signes austral, les liens, les devoirs conjugaux, des jours banaux, des détails triviaux, des commentaires littéraux, des chants, des airs pastoraux.* Mais quelques autres prennent le *s : des instants fatals, des sons finals, des repas frugals, des combats navals, des cierges pascals, des effets théâtrals* (4).

*L'étourdi Phaéton voulut conduire le char du Soleil.*
*C'était un don de LA sage Minerve.*
*LES Césars, LES Alexandres sont assez rares dans les fastes de l'humanité.*

*Le, la, les* se mettent encore avec *plus* devant un adjectif pour former le superlatif :

*LE plus vieux de la bande ne pouvait plus tenir la bride du cheval qui le portait.*
*LE plus âne des trois (le plus stupide) n'est pas celui qu'on pense.*

*Le, la, les* se joignent encore à *quel, quelle,* et forment avec ce pronom toutes les variantes du pronom relatif *lequel.*

*Un, une,* s'ajoutent à *mien, mienne,* etc., dans le style badin :

*Il fut volé par un sien valet qu'il ne soupçonnait pas.*

(V. *Pron. pos.*)

(1) *Jumeau, jouvenceau, manceau* (du Mans ou du Maine), rentrent dans cette exception, et font au féminin : *jumelle, jouvencelle, mancelle,* parceque autrefois on disait : pour le masculin, *jouvencel, jumel,* au lieu de *jouvenceau, jumeau.*

(2) Il faut excepter les adjectifs en *cret, plet,* qui prennent un accent grave : *discrète, complète,* etc. ; joignez-y *secrète, inquiète, prête.*

(3) A moins qu'ils ne marquent une certaine habitude, comme *chanteur, flatteur, menteur,* qui font *chanteuse* (quelquefois *cantatrice*), *flatteuse, menteuse,* etc.

*Enchanteur, pécheur, vengeur, chasseur,* font *enchanteresse, pécheresse, vengeresse, chasseresse* (en poésie), et *chasseuse* (ordinairement).

*Majeur, mineur, meilleur,* prennent l'*e* muet, ainsi que les adjectifs en *érieur : majeure, ultérieure,* etc.

*Coi, favori, tiers, absous, dissous,* font *coite, favorite, tierce, absoute.*
*Résous, fat, châtain, dispos,* n'ont pas de féminin.

(4) Plusieurs grammairiens prétendaient, il y a quelques années, que presque tous ces adjectifs étaient inusités au pluriel masculin. Aujourd'hui, les phrases que nous venons de citer sont généralement approuvées. On va même plus loin, et l'on donne

Quelques adjectifs en *al* ne paraissent pas avoir de pluriel masculin, comme *boréal, jovial, mental, instrumental, diamétral, virginal, labial.*

### SYNTAXE DES ADJECTIFS (1).

#### *Accord des adjectifs avec les noms.*

**Règle.** Tout adjectif doit être du même genre et du même nombre que le nom auquel il se rapporte.

**Exemples :** *Le bon père, la bonne mère : bon* est du masculin et du singulier, parce que *père* est du masculin et du singulier; *bonne* est du féminin et du singulier, parce que *mère* est du féminin et du singulier.

*De beaux jardins, de belles fleurs : beaux* est du masculin et au pluriel, parce que *jardins* est du masculin et au pluriel, etc.

Quand un adjectif se rapporte à deux noms singuliers, on met cet adjectif au pluriel, parce que deux singuliers valent un pluriel.

**Exemple :** *Le Roi et le Berger sont égaux après la mort* (et non pas *égal*).

Si les deux noms sont de différents genres, on met l'adjectif au masculin.

**Exemple :** *Mon père et ma mère sont contents* (et non pas *contentes*) (2).

Quant à la place des adjectifs, il y en a qui se mettent devant le nom, comme *beau* jardin, *grand* arbre, etc. D'autres se mettent après le nom, comme *habit* rouge, *table* ronde, etc. L'usage est le seul guide à cet égard (3).

#### *Complément des adjectifs.*

Non-seulement l'adjectif s'accorde avec le nom, mais il peut être suivi d'un autre nom qui devient son complément.

Un enfant assidu *au travail* est toujours content *de son sort.* Un esprit sublime... est toujours mécontent *de ce qu'il vient d'écrire.*

> Il est dans le saint temple un sénat vénérable,
> Propice à *l'innocence, au crime* redoutable.

*Travail, sort, ce, innocence, crime,* sont compléments des adjectifs *assidu, content, mécontent, propice, redoutable,* auxquels ces noms sont joints par les prépositions *à, de.*

#### *Degrés de signification dans les adjectifs.*

On distingue dans les adjectifs trois degrés de signification : le *positif,* le *comparatif* et le *superlatif.*

Le *positif* n'est autre chose que l'adjectif même, comme *beau, belle, agréable.*

Le *comparatif,* c'est l'adjectif avec comparaison : quand on compare deux choses, on trouve que l'une est supérieure à l'autre, ou inférieure à l'autre, ou égale à l'autre.

Pour marquer un comparatif de *supériorité,* on met *plus* devant l'adjectif, comme *la rose est plus belle que la violette.*

Pour marquer un comparatif d'*infériorité,* l'on met *moins* devant l'adjectif, comme *la violette est moins belle que la rose.*

Pour marquer un comparatif d'*égalité,* on met *aussi* devant l'adjectif, comme *la rose est aussi belle que la tulipe.*

Le mot *que* sert à joindre les deux choses que l'on compare.

Nous avons trois adjectifs qui expriment seuls une comparaison : *meilleur,* au lieu de *plus bon,* qui ne se dit pas; *moindre,* au lieu de *plus petit; pire,* au lieu de *plus mauvais :* comme *la vertu est* meilleure *que la science; le mensonge est* pire *que l'indocilité.*

L'adjectif est au *superlatif* quand il exprime la qualité dans un très-haut degré, ou dans le plus haut degré. Pour former le superlatif, on met *très* ou *le plus,* devant l'adjectif, comme *Paris est une très-belle* ville, et alors le superlatif s'appelle *absolu,* ou *Paris est la plus belle des villes;* et ce superlatif s'appelle *relatif,* parce qu'il marque un rapport aux autres villes.

#### *Noms et adjectifs de nombre.*

Les noms de nombre sont ceux dont on se sert pour compter.

Il y en a de deux sortes : les noms de nombre *cardinaux,* et les noms de nombre *ordinaux.*

Les noms de nombre *cardinaux* sont *un, deux, trois, quatre, cinq, six, sept, huit, neuf, dix, onze, douze, treize, quatorze, quinze, seize, dix-sept, dix-huit, dix-neuf, vingt, trente, quarante, cinquante, soixante, quatre-vingts, cent, mille,* etc.

Les noms de nombre *ordinaux* se forment des cardinaux : ces noms sont *premier, second, troisième, quatrième, cinquième, sixième, septième, huitième, neuvième, dixième,* etc., lesquels sont de véritables adjectifs.

Il y a des noms de nombre qui servent à marquer une certaine quantité, comme une *dizaine,* une *douzaine,* etc.

Il y en a encore d'autres qui marquent les parties d'un tout, comme la *moitié,* le *tiers,* le *quart,* etc.

Enfin, il y en a qui servent à multiplier, comme le *double,* le *triple,* etc.

## CHAPITRE IV.
### QUATRIÈME ESPÈCE DE MOTS.

#### LE PRONOM. (1).

Le PRONOM est un mot qui tient la place du nom.

Il y a dix sortes de pronoms :

1° Les pronoms personnels;
2° Les pronoms possessifs;
3° Les pronoms démonstratifs;
4° Les pronoms relatifs ou conjonctifs;
5° Les pronoms interrogatifs;
6° Les pronoms indéfinis ou indéterminés.

#### *Pronoms personnels.*

Les pronoms personnels (2) sont destinés à marquer le rôle que chaque personne joue dans le discours.

Le premier rôle appartient à la personne qui parle : pronoms de la première personne, *je, moi, me;* pl. *nous,* des deux genres; le second, à la personne à laquelle on adresse la parole, et il est marqué par les pronoms *tu, toi, te;* pl. *vous,* des deux genres; enfin, le troisième rôle est rempli par la personne dont on parle, laquelle est représentée par *il, elle, le, la, lui;* pl. *ils* ou *eux, elles, les, leur.*

> Si *je* dis la vérité, pourquoi *me* frappez-vous?

O *toi,* qui *te* glorifiais secrètement de tes mensonges et de tes fraudes, que répondras-*tu* à ce juge irrité?

La présence de ces guerriers *vous* glace de terreur, tant *ils vous* semblent redoutables!

Mon enfant, *vous* conserverez ces tableaux que mon frère *m'a* confiés avant son départ; s'*il* revient, *vous les lui* remettrez.

On sait que la politesse exige l'emploi de *vous* au lieu de *tu,* excepté dans le haut style, où *tu, toi,* font un très-bel effet.

Il y a encore un pronom de la troisième personne; c'est le pronom réfléchi *soi, se,* des deux genres et des deux nombres :

Pourquoi donc toujours craindre pour *soi?*

Elle *s'*était fait un devoir de ne jamais rien dire qui pût blesser autrui (à elle).

On était prêt à leur faire grâce, s'ils ne *s'*étaient pas immédiatement jetés dans les flammes (eux).

Enfin, *en* et *y* tiennent lieu de pronoms de la troisième personne : *en* se met pour *de lui, d'elle, d'eux, d'elles, y* pour *à lui, à elle, à cette chose, à ces choses.*

*Vous faites bien de me rappeler ces choses; sans vous j'en aurais perdu le souvenir* (le souvenir d'elles).

*La mort nous menace tous, et nous n'y songeons pas* (à elle).

---

*des soins filials, des conseils amicals, des vents glacials, des hommes fort matinals des codes pénals,* (et *des êtres* idéaux. Buf.).

MM. Boniface et Bescherelle se prononcent pour *les fours banals;* mais nous pensons que l'autorité de Trévoux et de l'Académie est prépondérante; outre que *banaux* rentre dans la règle générale.

(1) La manière de faire accorder un mot avec un autre mot, ou de faire régir un mot par un autre mot, s'appelle la *syntaxe* (du grec σύνταξις, ordre, arrangement). Il y a deux sortes de syntaxes : la syntaxe d'accord, par laquelle on fait accorder deux mots en genre et en nombre, en nombre et en personne, et la syntaxe de complément ou de régime par laquelle un mot régit *de* ou *à* devant un autre mot.

(2) Quelquefois deux adjectifs se rapportent à un seul substantif, comme dans : *votre petit nez fripon; mon petit papa mignon; le plus joli petit enfant qui se puisse voir.*

(3) Il faut bien remarquer que certains adjectifs donnent au nom une acception différente par la place même qu'on leur donne : ce qui deviendra assez sensible par les exemples suivants, pour me dispenser de toute explication :

> Il a été nommé président d'*une commune voix*
> C'était un chanteur d'*une voix commune.*

> Il n'a fait contre son ennemi qu'*une méchante épigramme.*
> Racine fit contre Perrault *une épigramme fort méchante.*

> Jamais je n'ai vu un aussi *furieux menteur;* j'ai *une furieuse envie* de vous aller voir.
> Je n'ose aller dans cette sombre forêt, où je courrais risque de me trouver face à face avec quelque *animal furieux.*

> Ce vieillard est le plus *galant-homme* que j'aie jamais rencontré.
> (Ici point de féminin.)
> Louis XIV dans sa jeunesse était un *homme fort galant.*

> Pourquoi aller entendre cet avocat? c'est un si *pauvre homme!*
> Les plus célèbres Romains, aux premiers siècles de la république, étaient des *hommes pauvres.*

---

(1) C'est-à-dire, mot mis pour le nom.

(2) On lit dans Dessiaux, *Examen critique de la Gram. des Gram.* : « Si la définition du pronom est exacte, que l'on me dise de quels noms les mots *je, tu, nous, vous,* tiennent la place? » Puis il ne manque pas d'invoquer l'autorité de Condillac, de Lemare et de la Société Grammaticale, qui veulent que les pronoms personnels soient de vrais substantifs; et il rappelle avec complaisance un beau barbarisme de Lemare, qui nomme ces mots des *personnatifs.*

M. de Sacy, qui avait approfondi plusieurs langues savantes avant de se mêler de parler grammaire, répondra à M. Dessiaux : « Toutes les fois que je suis moi-même le sujet de la proposition, je ne me nomme pas; mais, *au lieu de mon nom,* j'emploie le pronom *je.* Je ne dis pas en parlant de moi-même : *Antoine veut dormir;* je dis : *Je veux dormir........* »

Dans de certaines circonstances on revient à cette manière primitive de s'exprimer : ainsi Scaurus, accusé dans sa vieillesse, se défendant avec dignité contre un citoyen qui lui semblait peu estimable, au lieu de dire : *Varius de Sucrone m'accuse d'avoir poussé les alliés à la guerre, je le nie,* s'exprima ainsi : *Varius de Sucrone accuse Scaurus d'avoir poussé les alliés à la guerre, Scaurus le nie : lequel des deux peut vous inspirer le plus de confiance?*

*Pronoms adjectifs possessifs.*

On les appelle ainsi, parce qu'ils s'accordent avec le nom, et qu'ils marquent la possession; ils ont une certaine relation aux pronoms personnels (d'où ils dérivent), ce qui deviendra évident dans le tableau suivant :

| SINGULIER. | | PLURIEL. |
|---|---|---|
| Masc. | Fém. | Masc. et Fém. |
| Mon, | ma. | Mes. |
| Ton, | ta. | Tes. |
| Son, | sa. | Ses. |
| Masc. et Fém. | | Masc. et Fém. |
| Nôtre. | | Nos. |
| Votre. | | Vos. |
| Leur. | | Leurs. |

*Autres pronoms possessifs.*

| SINGULIER. | | PLURIEL. | |
|---|---|---|---|
| Masc. | Fém. | Masc. | Fém. |
| Le mien, | la mienne. | Les miens, | les miennes. |
| Le tien, | la tienne. | Les tiens, | les tiennes. |
| Le sien, | la sienne. | Les siens, | les siennes. |
| Masc. | Fém. | Masc. et Fém. | |
| Le nôtre, | la nôtre. | Les nôtres. | |
| Le vôtre, | la vôtre. | Les vôtres. | |
| Le leur, | la leur. | Les leurs. | |

*Mon, ma, mes, ton, ta....* sont toujours joints à un nom (1), contrairement à *le mien, la mienne,* qui sont toujours (2) seuls :

*Votre fils est plus intelligent que le mien; mais ma fille est plus docile que la vôtre.*

Devant une voyelle ou une *h* muette, *mon* se met toujours pour *ma, ton* pour *ta, son* pour *sa,* afin d'éviter l'hiatus :

*Je voulais raconter mon histoire à mon voisin; bientôt j'ai renoncé à ce projet, le trouvant plus triste qu'à l'ordinaire : son humeur était sombre, et son âme semblait plongée dans la douleur* (3).

*Pronoms démonstratifs.*

Les pronoms démonstratifs sont ceux qui servent à montrer l'objet dont on parle.

| SINGULIER. | | PLURIEL. | |
|---|---|---|---|
| Masc. | Fém. | Masc. | Fém. |
| Ce, cet, | cette. | Ces, | ces. |
| Celui, | celle. | Ceux, | celles. |
| Celui-ci, | celle-ci. | Ceux-ci, | celles-ci. |
| Celui-là, | celle-là. | Ceux-là, | celles-là. |
| Ceci. | | | |
| Cela. | | | |
| Ça. | | | |

Le soir, Alain fit un beau songe; c'est toujours *ça.* — Donnez-moi *ça.*

Voyez *ce* papillon échappé du tombeau;
Sa mort fut un sommeil, et sa tombe un berceau. DELIL.

Cet encens, ces honneurs que le vulgaire admire.

Dans ces exemples, on voit *ce* devant une consonne, *cet* devant une voyelle; il se place encore devant une *h* non aspirée.

*Pronoms relatifs.*

On appelle pronom relatif celui qui tient la place d'un nom ou pronom précédent, auquel il se rapporte, et qu'on appelle *antécédent.* Dans ces exemples : *Alexandre, qui voulait conquérir le monde, se trouvait à l'étroit dans son petit royaume de Macédoine. Les monuments que Louis XIV a fait élever, attesteront à jamais la splendeur de son règne, qui* a relation ou rapport à *Alexandre,* qui est son antécédent; *que* se rapporte à son antécédent *monuments.*

Les pronoms relatifs sont *qui, que, lequel, laquelle, lesquels, lesquelles, quoi, où, dont, d'où.*

Ce n'est pas moi *qui* me ferais prier (4).

---

(1) C'est donc une faute que de commencer une lettre par : *j'ai reçu la vôtre en date de,* au lieu de : *J'ai reçu votre lettre,* etc. ..........

(2) *Un mien, un tien, un sien,* suivis d'un nom, peuvent s'employer d'une manière très-heureuse dans le genre badin et familier :

Un mien cousin est juge-maire. LA FONT.
Au travers d'un mien pré certain ânon passa. RAC.
Un mien parent me fit apprenti maltôtier. RÉGN.
Ce n'est pas pour te reprocher un tien défaut que je connais.
Vous avez en vos mains un sien portrait. VOLT.
Il ne reste de toute la maison de Latour que Mme de Varens et
une sienne nièce.                               ROUSS.

Ce dernier exemple montre que le féminin singulier se dit aussi bien que le masculin.

(3) Il faut dire :
*A cette affaire le général reçut au front, au bras, une large blessure;* non pas à *son front, à son bras.*
*Pourquoi ne travaillez-vous pas? parce que j'ai mal à la tête;* et non, à ma *tête.*

(4) Et non pas *qui se ferait prier,* attendu que le pronom relatif *qui* est toujours de la même personne que son antécédent, outre qu'il en prend le genre et le nombre. Il en est de même du relatif *que.*

---

*Un grand cœur est aussi touché des avantages qu'on lui souhaite, que des dons qu'on lui fait.* — Ce n'est pas là ce *que* je veux.

Ces siècles de barbarie, pendant *lesquels* tout périt, sont toujours préparés par la guerre. BUF. — Ce à *quoi* la chose à *quoi* l'avare pense le moins, c'est à secourir les pauvres.

Dans un bois *où* chantait la pauvre Philomèle (*dans lequel*). LA FONT.

Misérable! et je vis! et je soutiens la vue
De ce sacré soleil *dont* je suis descendue (*duquel*)! RAC.

C'est une opération *d'où* dépend ma fortune (*de laquelle*).

*Pronoms interrogatifs.*

Les pronoms interrogatifs sont ceux qui servent à interroger.

*Qui, quel, quelle, quels, quelles, que, quoi,* sont des pronoms interrogatifs :

*Qui* donc sans mon secours vengera sa querelle?
*Quel* bras vous suspendit, innombrables étoiles?
*Quelle* force invisible a soumis l'univers?
*Quoi* de plus admirable qu'un tel poëme?
*Que* serait-ce donc, si j'y avais consenti?
*Que* m'annoncez-vous? *Que* me dites-vous là?

*Pronoms indéfinis.*

C'est-à-dire, pronoms dont le *sens est vague ou peu déterminé.*

Il y a quatre sortes de pronoms indéfinis :

1° Ceux qui ne se joignent jamais au nom : *on, quelqu'un (quelqu'une), quiconque, chacun (chacune), autrui, personne, rien.* Dans les exemples suivants : On *est* venu, quelqu'un *vous a demandé,* il est question d'une personne, mais on ne dit pas quelle est cette personne.

2° Ceux qui se joignent toujours à un nom : *quelque, chaque, quelconque, certain (certaine).*

*Racontez-nous quelque nouvelle, quelques histoires, une anecdote quelconque. Un certain voyageur, certain étranger rencontra un lion. Il est de certains faits qui intéressent toujours.*

3° Ceux qui tantôt s'emploient seuls, tantôt se joignent à un nom : *nul (nulle), aucun (aucune), l'un, l'autre, même, tel (telle), plusieurs, tout (tous).*

*Nul homme ne parla ainsi, nul ne parla ainsi. Tous les hommes pensent.....Tous pensent.....*

4° Enfin il est des pronoms indéfinis qui sont constamment suivis de *que : qui que, quoi que, quel (quelle) que, quelque que, tout (toute) que.*

*Qui que ce puisse être, nommez-le. Quoi qu'il en soit, quoi que vous puissiez dire, je suis sûr de ne pas me tromper sur tous ces faits. Quelle que soit sa force, il pourrait bien rencontrer un homme plus fort que lui. Quelques vains lauriers que promette la guerre. Toute magnifique qu'est cette église; elle ne me plaît que médiocrement : j'aime beaucoup mieux une cathédrale gothique, quelque nue, quelque enfumée qu'elle soit.*

# CHAPITRE V.

## CINQUIÈME ESPÈCE DE MOTS.

### LE VERBE.

Le VERBE est un mot qui exprime l'existence, l'état ou l'action (1) : *être, je suis, devenir, je deviens; lire, je lis, faire, je fais,* sont des verbes : *Dieu est; il est devenu savant; cet architecte construisit un temple.*

On connaît un verbe en français quand on peut y ajouter ces pronoms, *je, tu, il, nous, vous, ils;* comme je *lis,* tu *lis,* il *lit,* nous *lisons,* vous *lisez,* ils *lisent.*

Les pronoms *je, nous,* marquent la première personne, c'est-à-dire, celle qui parle; *tu, vous,* marquent la seconde personne, c'est-à-dire, celle à qui l'on parle; *il, elle, ils, elles,* et tout nom placé devant un verbe, marquent la troisième personne, celle de qui l'on parle.

Il y a dans les verbes deux nombres : le *singulier,* quand on parle d'une seule personne, comme je *lis,* l'enfant *dort;* le *pluriel,* quand on parle de plusieurs personnes, comme *nous lisons, les enfants dorment.*

Il y a trois temps : le *présent,* qui marque que la chose est ou se fait actuellement, comme je *lis;* le *passé* ou *prétérit,* qui marque que la chose a été faite, comme *j'ai lu;* le *futur,* qui marque que la chose sera ou se fera, comme *je lirai.*

On distingue plusieurs sortes de prétérits ou passés, savoir : un *imparfait, je lisais;* trois *parfaits, je lus, j'ai lu, j'eus lu;* et un *plusque-parfait, j'avais lu.*

---

(1) La définition suivante serait plus exacte : le verbe est un mot qui exprime l'affirmation; quand je dis : *je lis, je ne lis pas,* j'affirme *que je lis, que je ne lis pas.*

Une définition non moins philosophique, et peut-être moins abstraite, serait celle-ci : *Le verbe est un mot qui dans la proposition marque le rapport de l'attribution avec le sujet.*

*Verbe* signifie parole; c'est un nom emphatique donné à cette espèce de mots, qui est la parole par excellence.

On distingue aussi deux futurs, le futur *simple*, je lirai; et le futur *antérieur*, j'aurai lu.

Il y a cinq modes ou manières de signifier dans les verbes français.

1° L'*indicatif*, quand on affirme que la chose est, ou qu'elle a été, ou qu'elle sera.

2° Le *conditionnel*, quand on dit qu'une chose serait, ou qu'elle aurait été, moyennant une condition.

3° L'*impératif*, quand on commande de la faire.

4° Le *subjonctif*, quand on souhaite ou qu'on doute qu'elle se fasse.

5° L'*infinitif*, qui exprime l'action ou l'état en général, sans nombres ni personnes, comme *lire*, *être*.

Réciter de suite les différents modes d'un verbe avec tous leurs temps, leurs nombres et leurs personnes, cela s'appelle *conjuguer*.

Il y a en français quatre conjugaisons différentes, que l'on distingue par la terminaison de l'infinitif.

La première conjugaison a l'infinitif terminé en *er*, comme *étudier*.

La seconde a l'infinitif terminé en *ir*, comme *finir*.

La troisième a l'infinitif terminé en *oir*, comme *recevoir*.

La quatrième a l'infinitif terminé en *re*, comme *rendre*.

Il y a deux verbes que l'on nomme *auxiliaires*, parce qu'ils aident à conjuguer tous les autres : comme ils sont très-importants, nous en donnons la conjugaison complète.

## VERBE AUXILIAIRE **AVOIR.**

### INDICATIF.

**PRÉSENT.**
J'ai.
Tu as.
Il *ou* elle a.
Nous avons.
Vous avez.
Ils *ou* elles ont.

**IMPARFAIT.**
J'avais.
Tu avais.
Il *ou* elle avait.
Nous avions.
Vous aviez.
Ils *ou* elles avaient.

**PASSÉ DÉFINI.**
J'eus.
Tu eus.
Il *ou* elle eut.
Nous eûmes.
Vous eûtes.
Ils *ou* elles eurent.

**PASSÉ INDÉFINI.**
J'ai eu.
Tu as eu.
Il *ou* elle a eu.
Nous avons eu.
Vous avez eu.
Ils *ou* elles ont eu.

**PASSÉ ANTÉRIEUR.**
J'eus eu.
Tu eus eu.
Il *ou* elle eut eu.
Nous eûmes eu.
Vous eûtes eu.
Ils *ou* elles eurent eu.

**PLUSQUE-PARFAIT.**
J'avais eu.
Tu avais eu.
Il *ou* elle avait eu.
Nous avions eu.
Vous aviez eu.
Ils *ou* elles avaient eu.

**FUTUR.**
J'aurai.
Tu auras.
Il *ou* elle aura.
Nous aurons.
Vous aurez.
Ils *ou* elles auront.

**FUTUR ANTÉRIEUR.**
J'aurai eu.
Tu auras eu.
Il *ou* elle aura eu.
Nous aurons eu.
Vous aurez eu.
Ils *ou* elles auront eu.

### CONDITIONNELS.

**PRÉSENT.**
J'aurais.
Tu aurais.
Il *ou* elle aurait.
Nous aurions.
Vous auriez.
Ils *ou* elles auraient.

**PASSÉ.**
J'aurais eu.
Tu aurais eu.
Il *ou* elle aurait eu.
Nous aurions eu.
Vous auriez eu.
Ils *ou* elles auraient eu.

*On dit aussi :*
J'eusse eu, tu eusses eu, il *ou* elle eût eu; nous eussions eu, vous eussiez eu, ils *ou* elles eussent eu.

### IMPÉRATIF.

*Point de première personne.*
Aie.
Qu'il *ou* qu'elle aie.
Ayons.
Ayez.
Qu'ils *ou* qu'elles aient.

### SUBJONCTIF.

**PRÉSENT ou FUTUR.**
Que j'aie.
Que tu aies.
Qu'il *ou* qu'elle ait.
Que nous ayons.
Que vous ayez.
Qu'ils *ou* qu'elles aient.

**IMPARFAIT.**
Que j'eusse.
Que tu eusses.
Qu'il *ou* qu'elle eût.
Que nous eussions.
Que vous eussiez.
Qu'ils *ou* qu'elles eussent.

**PASSÉ.**
Que j'aie eu.
Que tu aies eu.
Qu'il *ou* qu'elle ait eu.
Que nous ayons eu.
Que vous ayez eu.
Qu'ils *ou* qu'elles aient eu.

**PLUSQUE-PARFAIT.**
Que j'eusse eu.
Que tu eusses eu.
Qu'il *ou* qu'elle eût eu.
Que nous eussions eu.
Que vous eussiez eu.
Qu'ils *ou* qu'elles eussent eu.

### INFINITIF.

**PRÉSENT.**
Avoir.

**PASSÉ.**
Avoir eu.

### PARTICIPES.

**PRÉSENT.**
Ayant.

**PASSÉ.**
Eu, eue, ayant eu.

**FUTUR.**
Devant avoir.

## VERBE AUXILIAIRE **ÊTRE.**

### INDICATIF.

**PRÉSENT.**
Je suis.
Tu es.
Il *ou* elle est.
Nous sommes.
Vous êtes.
Ils *ou* elles sont.

**IMPARFAIT.**
J'étais.
Tu étais.
Il *ou* elle était.
Nous étions.
Vous étiez.
Ils *ou* elles étaient.

**PASSÉ DÉFINI.**
Je fus.
Tu fus.
Il *ou* elle fut.
Nous fûmes.
Vous fûtes.
Ils *ou* elles furent.

**PASSÉ INDÉFINI.**
J'ai été.
Tu as été.
Il *ou* elle a été.
Nous avons été.
Vous avez été.
Ils *ou* elles ont été.

**PASSÉ ANTÉRIEUR.**
J'eus été.
Tu eus été.
Il *ou* elle eut été.
Nous eûmes été.
Vous eûtes été.
Ils *ou* elles eurent été.

**PLUSQUE-PARFAIT.**
J'avais été.
Tu avais été.
Il *ou* elle avait été.
Nous avions été.
Vous aviez été.
Ils *ou* elles avaient été.

**FUTUR.**
Je serai.
Tu seras.
Il *ou* elle sera.
Nous serons.
Vous serez.
Ils *ou* elles seront.

**FUTUR ANTÉRIEUR.**
J'aurai été.
Tu auras été.
Il *ou* elle aura été.
Nous aurons été.
Vous aurez été.
Ils *ou* elles auront été.

### CONDITIONNELS.

**PRÉSENT.**
Je serais.
Tu serais.
Il *ou* elle serait.
Nous serions.
Vous seriez.
Ils *ou* elles seraient.

**PASSÉ.**
J'aurais été.
Tu aurais été.
Il *ou* elle aurait été.
Nous aurions été.
Vous auriez été.
Ils *ou* elles auraient été.

*On dit aussi :*
J'eusse été, tu eusses été, il *ou* elle eût été, nous eussions été, vous eussiez été, ils *ou* elles eussent été.

### IMPÉRATIF.

*Point de première personne.*
Sois.
Qu'il *ou* qu'elle soit.
Soyons.
Soyez.
Qu'ils *ou* qu'elles soient.

### SUBJONCTIF.

**PRÉSENT ou FUTUR.**
Que je sois.
Que tu sois.
Qu'il *ou* qu'elle soit.
Que nous soyons.
Que vous soyez.
Qu'ils *ou* qu'elles soient.

**IMPARFAIT.**
Que je fusse.
Que tu fusses.
Qu'il *ou* qu'elle fût.
Que nous fussions.
Que vous fussiez.
Qu'ils *ou* qu'elles fussent.

**PASSÉ.**
Que j'aie été.
Que tu aies été.
Qu'il *ou* qu'elle ait été.
Que nous ayons été.
Que vous ayez été.
Qu'ils *ou* qu'elles aient été.

**PLUSQUE-PARFAIT.**
Que j'eusse été.
Que tu eusses été.
Qu'il *ou* qu'elle eût été.
Que nous eussions été.
Que vous eussiez été.
Qu'ils *ou* qu'elles eussent été.

### INFINITIF.

**PRÉSENT.**
Être.

**PASSÉ.**
Avoir été.

### PARTICIPES.

**PRÉSENT.**
Étant.

**PASSÉ.**
Été, ayant été.

**FUTUR.**
Devant être.

# TABLEAU SYNOPTIQUE

### DES

## QUATRE CONJUGAISONS FRANÇAISES.

| PREMIÈRE CONJUGAISON. | SECONDE CONJUGAISON. | TROISIÈME CONJUGAISON. | QUATRIÈME CONJUGAISON. |
|---|---|---|---|
| EN *er*. | EN *ir*. | EN *oir*. | EN *re*. |
| **INDICATIF.** | **INDICATIF.** | **INDICATIF.** | **INDICATIF.** |
| *PRÉSENT.* | *PRÉSENT.* | *PRÉSENT.* | *PRÉSENT.* |
| J'étud *ie.* | Je fin *is.* | Je reç *ois.* | Je rend *s.* |
| Tu étud *ies.* | Tu fin *is.* | Tu reç *ois.* | Tu rend *s.* |
| Il *ou* elle étud *ie.* | Il *ou* elle fin *it.* | Il *ou* elle reç *oit.* | Il *ou* elle rend. |
| Nous étud *ions.* | Nous fin *issons.* | Nous rec *evons.* | Nous rend *ons.* |
| Vous étud *iez.* | Vous fin *issez.* | Vous rec *evez.* | Vous rend *ez.* |
| Ils *ou* elles étud *ient.* | Ils *ou* elles fin *issent.* | Ils *ou* elles reç *oivent.* | Ils *ou* elles rend *ent.* |
| *IMPARFAIT.* | *IMPARFAIT.* | *IMPARFAIT.* | *IMPARFAIT.* |
| J'étud *iais.* | Je fin *issais.* | Je rec *evais.* | Je rend *ais.* |
| Tu étud *iais.* | Tu fin *issais.* | Tu rec *evais.* | Tu rend *ais.* |
| Il *ou* elle étud *iait.* | Il *ou* elle fin *issait.* | Il *ou* elle rec *evait.* | Il *ou* elle rend *ait.* |
| Nous étud *iions.* | Nous fin *issions.* | Nous rec *evions.* | Nous rend *ions.* |
| Vous étud *iiez.* | Vous fin *issiez.* | Vous rec *eviez.* | Vous rend *iez.* |
| Ils *ou* elles étud *iaient.* | Ils *ou* elles fin *issaient.* | Ils *ou* elles rec *evaient.* | Ils *ou* elles rend *aient.* |
| *PASSÉ DÉFINI.* | *PASSÉ DÉFINI.* | *PASSÉ.* | *PASSÉ DÉFINI.* |
| J'étud *iai.* | Je fin *is.* | Je reç *us.* | Je rend *is.* |
| Tu étud *ias.* | Tu fin *is.* | Tu reç *us.* | Tu rend *is.* |
| Il *ou* elle étud *ia.* | Il *ou* elle fin *it.* | Il *ou* elle reç *ut.* | Il *ou* elle rend *it.* |
| Nous étud *iâmes.* | Nous fin *îmes.* | Nous reç *ûmes.* | Nous rend *îmes.* |
| Vous étud *iâtes.* | Vous fin *îtes.* | Vous reç *ûtes.* | Vous rend *îtes.* |
| Ils *ou* elles étud *ièrent.* | Ils *ou* elles fin *irent.* | Ils *ou* elles reç *urent.* | Ils *ou* elles rend *irent.* |
| *PASSÉ INDÉFINI.* | *PASSÉ INDÉFINI.* | *PASSÉ INDÉFINI.* | *PASSÉ INDÉFINI.* |
| J'ai étud *ié.* | J'ai fin *i.* | J'ai reç *u.* | J'ai rend *u.* |
| Tu as étud *ié.* | Tu as fin *i.* | Tu as reç *u.* | Tu as rend *u.* |
| Il *ou* elle a étud *ié.* | Il *ou* elle a fin *i.* | Il *ou* elle a reç *u.* | Il *ou* elle a rend *u.* |
| Nous avons étud *ié.* | Nous avons fin *i.* | Nous avons reç *u.* | Nous avons rend *u.* |
| Vous avez étud *ié.* | Vous avez fin *i.* | Vous avez reç *u.* | Vous avez rend *u.* |
| Ils *ou* elles ont étud *ié.* | Ils *ou* elles ont fin *i.* | Ils *ou* elles ont reç *u.* | Ils *ou* elles ont rend *u.* |
| *PASSÉ ANTÉRIEUR.* | *PASSÉ ANTÉRIEUR.* | *PASSÉ ANTÉRIEUR.* | *PASSÉ ANTÉRIEUR.* |
| J'eus étud *ié.* | J'eus fin *i.* | J'eus reç *u.* | J'eus rend *u.* |
| Tu eus étud *ié.* | Tu eus fin *i.* | Tu eus reç *u.* | Tu eus rend *u.* |
| Il *ou* elle eut étud *ié.* | Il *ou* elle eut fin *i.* | Il *ou* elle eut reç *u.* | Il *ou* elle eut rend *u.* |
| Nous eûmes étud *ié.* | Nous eûmes fin *i.* | Nous eûmes reç *u.* | Nous eûmes rend *u.* |
| Vous eûtes étud *ié.* | Vous eûtes fin *i.* | Vous eûtes reç *u.* | Vous eûtes rend *u.* |
| Ils *ou* elles eurent étud *ié.* | Ils *ou* elles eurent fin *i.* | Ils *ou* elles eurent reç *u.* | Ils *ou* elles eurent rend *u.* |
| *Passé dont on se sert rarement.* | *Passé dont on se sert rarement.* | *Passé dont on se sert rarement.* | *Passé dont on se sert rarement.* |
| J'ai eu étud *ié.* | J'ai eu fin *i.* | J'ai eu reç *u.* | J'ai eu rend *u.* |
| Tu as eu étud *ié.* | Tu as eu fin *i.* | Tu as eu reç *u.* | Tu as eu rend *u.* |
| Il *ou* elle a eu étud *ié.* | Il *ou* elle a eu fin *i.* | Il *ou* elle a eu reç *u.* | Il *ou* elle a eu rend *u.* |
| Nous avons eu étud *ié.* | Nous avons eu fin *i.* | Nous avons eu reç *u.* | Nous avons eu rend *u.* |
| Vous avez eu étud *ié.* | Vous avez eu fin *i.* | Vous avez eu reç *u.* | Vous avez eu rend *u.* |
| Ils *ou* elles ont eu étud *ié.* | Ils *ou* elles ont eu fin *i.* | Ils *ou* elles ont eu reç *u.* | Ils *ou* elles ont eu rend *u.* |
| *PLUSQUE-PARFAIT.* | *PLUSQUE-PARFAIT.* | *PLUSQUE-PARFAIT.* | *PLUSQUE-PARFAIT.* |
| J'avais étud *ié.* | J'avais fin *i.* | J'avais reç *u.* | J'avais rend *u.* |
| Tu avais étud *ié.* | Tu avais fin *i.* | Tu avais reç *u.* | Tu avais rend *u.* |
| Il *ou* elle avait étud *ié.* | Il *ou* elle avait fin *i.* | Il *ou* elle avait reç *u.* | Il *ou* elle avait rend *u.* |
| Nous avions étud *ié.* | Nous avions fin *i.* | Nous avions reç *u.* | Nous avions rend *u.* |
| Vous aviez étud *ié.* | Vous aviez fin *i.* | Vous aviez reç *u.* | Vous aviez rend *u* |
| Ils *ou* elles avaient étud *ié.* | Ils *ou* elles avaient fin *i.* | Ils *ou* elles avaient reç *u.* | Ils *ou* elles avaient rend *u.* |
| *FUTUR.* | *FUTUR.* | *FUTUR.* | *FUTUR.* |
| J'étud *ierai.* | Je fin *irai.* | Je rec *evrai.* | Je rend *rai.* |
| Tu étud *ieras.* | Tu fin *iras.* | Tu rec *evras.* | Tu rend *ras.* |
| Il *ou* elle étud *iera.* | Il *ou* elle fin *ira.* | Il *ou* elle rec *evra.* | Il *ou* elle rend *ra.* |
| Nous étud *ierons.* | Nous fin *irons.* | Nous rec *evrons.* | Nous rend *rons.* |
| Vous étud *ierez.* | Vous fin *irez.* | Vous rec *evrez.* | Vous rend *rez.* |
| Ils *ou* elles étud *ieront.* | Ils *ou* elles fin *iront.* | Ils *ou* elles rec *evront.* | Ils *ou* elles rend *ront.* |
| *FUTUR ANTÉRIEUR.* | *FUTUR ANTÉRIEUR.* | *FUTUR ANTÉRIEUR.* | *FUTUR ANTÉRIEUR.* |
| J'aurai étud *ié.* | J'aurai fin *i.* | J'aurai reç *u.* | J'aurai rend *u.* |
| Tu auras étud *ié.* | Tu auras fin *i.* | Tu auras reç *u.* | Tu auras rend *u.* |
| Il *ou* elle aura étud *ié.* | Il *ou* elle aura fin *i.* | Il *ou* elle aura reç *u.* | Il *ou* elle aura rend *u.* |
| Nous aurons étud *ié.* | Nous aurons fin *i.* | Nous aurons reç *u.* | Nous aurons rend *u.* |
| Vous aurez étud *ié.* | Vous aurez fin *i.* | Vous aurez reç *u.* | Vous aurez rend *u.* |
| Ils *ou* elles auront étud *ié.* | Ils *ou* elles auront fin *i.* | Ils *ou* elles auront reç *u.* | Ils *ou* elles auront rend *u.* |
| **CONDITIONNELS.** | **CONDITIONNELS.** | **CONDITIONNELS.** | **CONDITIONNELS.** |
| *PRÉSENT.* | *PRÉSENT.* | *PRÉSENT.* | *PRÉSENT.* |
| J'étud *ierais.* | Je fin *irais.* | Je rec *evrais.* | Je rend *rais.* |
| Tu étud *ierais.* | Tu fin *irais.* | Tu rec *evrais.* | Tu rend *rais.* |
| Il *ou* elle étud *ierait.* | Il *ou* elle fin *irait.* | Il *ou* elle rec *evrait.* | Il *ou* elle rend *rait.* |
| Nous étud *ierions.* | Nous fin *irions.* | Nous rec *evrions.* | Nous rend *rions.* |
| Vous étud *ieriez.* | Vous fin *iriez.* | Vous rec *evriez.* | Vous rend *riez.* |
| Ils *ou* elles étud *ieraient.* | Ils *ou* elles fin *iraient.* | Ils *ou* elles rec *evraient.* | Ils *ou* elles rend *raient.* |
| *PASSÉ.* | *PASSÉ.* | *PASSÉ.* | *PASSÉ.* |
| J'aurais étud *ié.* | J'aurais fin *i.* | J'aurais reç *u.* | J'aurais rend *u.* |
| Tu aurais étud *ié.* | Tu aurais fin *i.* | Tu aurais reç *u.* | Tu aurais rend *u.* |
| Il *ou* elle aurait étud *ié.* | Il *ou* elle aurait fin *i.* | Il *ou* elle aurait reç *u.* | Il *ou* elle aurait rend *u.* |
| Nous aurions étud *ié.* | Nous aurions fin *i.* | Nous aurions reç *u.* | Nous aurions rend *u.* |
| Vous auriez étud *ié.* | Vous auriez fin *i.* | Vous auriez reç *u.* | Vous auriez rend *u.* |
| Ils *ou* elles auraient étud *ié.* | Ils *ou* elles auraient fin *i.* | Ils *ou* elles auraient reç *u.* | Ils *ou* elles auraient rend *u.* |

<table>
<tr><td>

*On dit aussi:*

J'eusse étud *ié*, tu eusses étud *ié*, il ou elle eût étud *ié*; nous eussions étud *ié*, vous eussiez étud *ié*, ils ou elles eussent étud *ié*.

**IMPÉRATIF.**

*Point de première personne.*

Étud *ie*.
Qu'il *ou* qu'elle étud *ie*.
Étud *ions*.
Étud *iez*.
Qu'ils *ou* qu'elles étud *ient*.

**SUBJONCTIF.**

PRÉSENT *ou* FUTUR.

Que j'étud *ie*.
Que tu étud *ies*.
Qu'il *ou* qu'elle étud *ie*.
Que nous étud *iions*.
Que vous étud *iiez*.
Qu'ils *ou* qu'elles étud *ient*.

IMPARFAIT.

Que j'étud *iasse*.
Que tu étud *iasses*.
Qu'il *ou* qu'elle étud *iât*.
Que nous étud *iassions*.
Que vous étud *iassiez*.
Qu'ils *ou* qu'elles étud *iassent*.

PASSÉ.

Que j'aie étud *ié*.
Que tu aies étud *ié*.
Qu'il *ou* qu'elle ait étud *ié*.
Que nous ayons étud *ié*.
Que vous ayez étud *ié*.
Qu'ils *ou* qu'elles aient étud *ié*.

PLUSQUE-PARFAIT.

Que j'eusse étud *ié*.
Que tu eusses étud *ié*.
Qu'il *ou* qu'elle eût étud *ié*.
Que nous eussions étud *ié*.
Que vous eussiez étud *ié*.
Qu'ils *ou* qu'elles eussent étud *ié*.

**INFINITIF.**

PRÉSENT.

Étud *ier*.

PASSÉ.

Avoir étud *ié*.

**PARTICIPES.**

PRÉSENT.

Étud *iant*.

PASSÉ.

Étud *ié*, étud *iée*, ayant étud *ié*.

FUTUR.

Devant étud *ier*.

</td><td>

*On dit aussi:*

J'eusse fin *i*, tu eusses fin *i*, il ou elle eût fin *i*; nous eussions fin *i*, vous eussiez fin *i*, ils ou elles eussent fin *i*.

**IMPÉRATIF.**

*Point de première personne.*

Fin *is*.
Qu'il *ou* qu'elle fin *isse*.
Fin *issons*.
Fin *issez*.
Qu'ils *ou* qu'elles fin *issent*.

**SUBJONCTIF.**

PRÉSENT *ou* FUTUR.

Que je fin *isse*.
Que tu fin *isses*.
Qu'il *ou* qu'elle fin *isse*.
Que nous fin *issions*.
Que vous fin *issiez*.
Qu'ils *ou* qu'elles fin *issent*.

IMPARFAIT.

Que je fin *isse*.
Que tu fin *isses*.
Qu'il *ou* qu'elle fin *ît*.
Que nous fin *issions*.
Que vous fin *issiez*.
Qu'ils *ou* qu'elles fin *issent*.

PASSÉ.

Que j'aie fin *i*.
Que tu aies fin *i*.
Qu'il *ou* qu'elle ait fin *i*.
Que nous ayons fin *i*.
Que vous ayez fin *i*.
Qu'ils *ou* qu'elles aient fin *i*.

PLUSQUE-PARFAIT.

Que j'eusse fin *i*.
Que tu eusses fin *i*.
Qu'il *ou* qu'elle eût fin *i*.
Que nous eussions fin *i*.
Que vous eussiez fin *i*.
Qu'ils *ou* qu'elles eussent fin *i*.

**INFINITIF.**

PRÉSENT.

Fin *ir*.

PASSÉ.

Avoir fin *i*.

**PARTICIPES.**

PRÉSENT.

Fin *issant*.

PASSÉ.

Fin *i*, fin *ie*, ayant fin *i*.

FUTUR.

Devant fin *ir*.

</td><td>

*On dit aussi:*

J'eusse reç *u*, tu eusses reç *u*, il ou elle eût reç *u*; nous eussions reç *u*, vous eussiez reç *u*, ils ou elles eussent reç *u*.

**IMPÉRATIF.**

*Point de première personne.*

Reç *ois*.
Qu'il *ou* qu'elle reç *oive*.
Rec *evons*.
Rec *evez*.
Qu'ils *ou* qu'elles reç *oivent*.

**SUBJONCTIF.**

PRÉSENT *ou* FUTUR.

Que je reç *oive*.
Que tu reç *oives*.
Qu'il *ou* qu'elle reç *oive*.
Que nous rec *evions*.
Que vous rec *eviez*.
Qu'ils *ou* qu'elles reç *oivent*.

IMPARFAIT.

Que je reç *usse*.
Que tu reç *usses*.
Qu'il *ou* qu'elle reç *ût*.
Que nous rec *ussions*.
Que vous rec *ussiez*.
Qu'ils *ou* qu'elles reç *ussent*.

PASSÉ.

Que j'aie reç *u*.
Que tu aies reç *u*.
Qu'il *ou* qu'elle ait reç *u*.
Que nous ayons reç *u*.
Que vous ayez reç *u*.
Qu'ils *ou* qu'elles aient reç *u*.

PLUSQUE-PARFAIT.

Que j'eusse reç *u*.
Que tu eusses reç *u*.
Qu'il *ou* qu'elle eût reç *u*.
Que nous eussions reç *u*.
Que vous eussiez reç *u*.
Qu'ils *ou* qu'elles eussent reç *u*.

**INFINITIF.**

PRÉSENT.

Recev *oir*.

PASSÉ.

Avoir reç *u*.

**PARTICIPES.**

PRÉSENT.

Rec *evant*.

PASSÉ.

Reç *u*, reç *ue*, ayant reç *u*.

FUTUR.

Devant rec *evoir*.

</td><td>

*On dit aussi:*

J'eusse rend *u*, tu eusses rend *u*, il ou elle eût rend *u*; nous eussions rend *u*, vous eussiez rend *u*; ils ou elles eussent rend *u*.

**IMPÉRATIF.**

*Point de première personne.*

Rend *s*.
Qu'il *ou* qu'elle rend *e*.
Rend *ons*.
Rend *ez*.
Qu'ils *ou* qu'elles rend *ent*.

**SUBJONCTIF.**

PRÉSENT *ou* FUTUR.

Que je rend *e*.
Que tu rend *es*.
Qu'il *ou* qu'elle rend *e*.
Que nous rend *ions*.
Que vous rend *iez*.
Qu'ils *ou* qu'elles rend *ent*.

IMPARFAIT.

Que je rend *isse*.
Que tu rend *isses*.
Qu'il *ou* qu'elle rend *ît*.
Que nous rend *issions*.
Que vous rend *issiez*.
Qu'ils *ou* qu'elles rend *issent*.

PASSÉ.

Que j'aie rend *u*.
Que tu aies rend *u*.
Qu'il *ou* qu'elle ait rend *u*.
Que nous ayons rend *u*.
Que vous ayez rend *u*.
Qu'ils *ou* qu'elles aient rend *u*.

PLUSQUE-PARFAIT.

Que j'eusse rend *u*.
Que tu eusses rend *u*.
Qu'il *ou* qu'elle eût rend *u*.
Que nous eussions rend *u*.
Que vous eussiez rend *u*.
Qu'ils *ou* qu'elles eussent rend *u*.

**INFINITIF.**

PRÉSENT.

Rend *re*.

PASSÉ.

Avoir rend *u*.

**PARTICIPES.**

PRÉSENT.

Rend *ant*.

PASSÉ.

Rend *u*, rend *ue*, ayant rend *u*.

FUTUR.

Devant rend *re*.

</td></tr>
</table>

## REMARQUES SUR LES CONJUGAISONS.

**PREMIÈRE CONJUGAISON.**

Dans les verbes terminés en *cer*, *ger*, l'on met une cédille, sous le *c* devant les voyelles *a*, *o*, et l'on ajoute un *e* muet après le *g*: *nous traçons, je traçai,; nous mangeons, il mangea.*

Ceux qui sont en *eter*, *eler*, comme *jeter*, *appeler*, doublent les lettres *t*, *l*, devant un *e* muet: *je jette, je jetterai; j'appelle, j'appellerai*; etc. (1).

Dans les verbes en *yer*, l'on met un *i* à la place de l'*y* devant un *e* muet: *essayer, employer, j'essaie, j'essaierai; j'emploie, j'emploierai*, etc.

**SECONDE CONJUGAISON.**

*Bénir* a deux participes, *bénit, bénite*, pour les choses consacrées par les prières des prêtres: *béni, bénie*, partout ailleurs.

*Haïr* fait au présent de l'indicatif *je hais, tu hais, il hait*; on prononce *je hès, tu hès, il hèt*.

*Fleurir*, au figuré, fait *florissant, je florissais: un état florissant, ces empires florissaient.*

# OBSERVATIONS SUR LES VERBES **AVOIR** ET **ÊTRE**; VERBE SUBSTANTIF; VERBE ADJECTIF.

Le verbe AVOIR est le premier verbe auxiliaire; il est tellement indispensable, que le second auxiliaire, le verbe ÊTRE, ne saurait se conjuguer sans son secours. Le verbe avoir n'est pas seulement verbe auxiliaire, très souvent il est verbe actif. Quand on dit, par exemple: *Votre père aura une magnifique propriété*; le verbe *avoir* est un véritable verbe actif, et tient lieu du verbe *posséder* qui ne s'emploie pas toujours d'une manière aussi heureuse que le verbe avoir. Sous ce rapport, ce dernier est fort utile à notre langue.

A son tour le verbe ÊTRE ne s'emploie pas toujours comme auxiliaire; très-souvent il est verbe substantif, et en cette qualité c'est le plus nécessaire des verbes. Plusieurs grammairiens pensent même que le verbe *être* tout seul pourrait suffire, et qu'à la rigueur on pourrait se passer de tous les autres. D'après cette opinion qui n'est pas sans fondement, le verbe *être* est l'essence même du langage; car, si le verbe en général est le mot par excellence, *verbum*, *être* est le verbe par excellence, le verbe unique, puisqu'il est le seul indispensable.

Par opposition à verbe *substantif*, tous les autres verbes, les verbes *actifs, passifs, neutres, pronominaux, impersonnels*, ont été nommés verbes *adjectifs*, et la raison en est fort simple. Effectivement, d'après l'opinion dont nous venons de parler, tous ces verbes peuvent se décomposer de la manière suivante, afin que l'esprit aperçoive et distingue plus aisément les termes de chaque proposition:

*Cet enfant* aimait *tendrement son père*, équivaut à *cet enfant* était aimant *tendrement son père*.

*La religion* inspire *les plus sublimes sentiments*, équivaut à *la religion* est inspirant *les plus sublimes sentiments*. Puisque *aimer* et *inspirer* se traduisent par *être aimant*, *être inspirant*, il suit que ces verbes, outre qu'ils marquent affirmation, contiennent l'attribut de la proposition qui est *aimant* dans le premier exemple, *inspirant* dans le second. Or, qu'est-ce qu'un attribut? c'est une qualification, une épithète, partant un adjectif. Voilà pourquoi les verbes qui les contiennent virtuellement ont été appelés verbes *adjectifs*.

(1) Si les syllabes *ler*, *ter* sont précédées d'un *e* fermé, comme dans *végéter, révéler*, *t*, *l*, ne se doublent pas, et l'accent aigu est remplacé par l'accent grave: *je végète, je révèle*; etc.

# DES TEMPS PRIMITIFS.

On appelle *temps primitifs* d'un verbe, ceux qui servent à former les autres temps dans les quatre conjugaisons.

## TABLEAU DES TEMPS PRIMITIFS.

| | PRÉSENT DE L'INFINIT. | PARTICIPE PRÉSENT. | PARTICIPE PASSÉ. | PRÉSENT DE L'INDIC. | PASSÉ DÉFINI DE L'INDIC. |
|---|---|---|---|---|---|
| PREMIÈRE CONJUGAISON | Étudier. | Étudiant. | Étudié. | J'étudie. | J'étudiai. |
| | Recouvrer. | Recouvrant. | Recouvré. | Je recouvre. | Je recouvrai. |
| SECONDE CONJUGAISON | Finir. | Finissant. | Fini. | Je finis. | Je finis. |
| | Sentir. | Sentant. | Senti. | Je sens. | Je sentis. |
| | Ouvrir. | Ouvrant. | Ouvert. | J'ouvre. | J'ouvris. |
| | Recouvrir. | Recouvrant. | Recouvert. | Je recouvre. | Je recouvris. |
| TROISIÈME CONJUGAISON | Recevoir. | Recevant. | Reçu. | Je reçois. | Je reçus. |
| QUATRIÈME CONJUGAISON | Rendre. | Rendant. | Rendu. | Je rends. | Je rendis. |
| | Plaire. | Plaisant. | Plu. | Je plais. | Je plus. |
| | Paraître. | Paraissant. | Paru. | Je parais. | Je parus. |
| | Réduire. | Réduisant. | Réduit. | Je réduis. | Je réduisis. |
| | Plaindre. | Plaignant. | Plaint. | Je plains. | Je plaignis. |

## FORMATION DES TEMPS.

### I.

Du présent de l'indicatif se forme l'impératif, en ôtant seulement le pronom *je*; exemples : *j'étudie*, impératif *étudie*; *je finis*, impératif, *finis*; *je reçois*, impératif *reçois*; *je rends*, impératif *rends*.

Excepté cinq verbes : *je suis*, imp. *sois*; *j'ai*, imp. *aie*; *je vais*, imp. *va* (1), *je sais*, imp. *sache*; (2) *je veux*, imp. *veuille*.

### II.

Du passé défini de l'indicatif se forme l'imparfait du subjonctif, en changeant *ai* en *asse* pour la première conjugaison : *j'étudiai*, imparfait du subjonctif, que *j'étudiasse*; et en ajoutant seulement *se* pour les trois autres : *je finis*, que *je finisse*, *je reçus*, que *je reçusse*, *je rendis*, que *je rendisse*.

### III.

Du présent de l'indicatif on forme :

1° Le futur de l'indicatif, en changeant *r, oir* ou *re* en *rai* : *étudier, j'étudierai*; *finir, je finirai*; *recevoir, je recevrai*; *rendre, je rendrai*.

EXCEPTIONS : Première conjugaison. *Aller, j'irai; envoyer, j'enverrai* (3).

Seconde conjugaison. *Tenir, je tiendrai; venir, je viendrai; courir, je courrai; mourir, je mourrai; acquérir, j'acquerrai; cueillir, je cueillerai; saillir* (s'avancer en dehors), *il saillera; tressaillir, je tressaillerai*, ou *je tressaillirai*. (Académie et Vailly.)

Troisième conjugaison. *Avoir, j'aurai; échoir, j'écherrai; déchoir, je décherrai; pouvoir, je pourrai; voir, je verrai* (4); *savoir, je saurai; seoir, il siéra; s'asseoir, je m'assiérai*, ou *je m'asseierai* (5); *vouloir, je voudrai; valoir, je vaudrai; falloir, il faudra.*

Quatrième conjugaison. *Être, je serai; faire, je ferai.*

2° Le conditionnel présent, en changeant *r, oir* ou *re* en *rais*, avec les mêmes exceptions que pour le futur : *étudier, j'étudierais*; *finir, je finirais*; *recevoir, je recevrais*; *rendre, je rendrais*.

### IV.

Du participe présent on forme :

1° L'imparfait de l'indicatif, en changeant *ant* en *ais* : *étudiant, j'étudiais*; *finissant, je finissais*; *recevant, je recevais*; *rendant, je rendais*.

Il n'y a que deux exceptions : *Ayant, j'avais; sachant, je savais.*

2° La première personne plurielle du présent de l'indicatif, en changeant *ant* en *ons* : *étudiant, nous étudions*; *finissant, nous finissons*; *recevant, nous recevons*; *rendant, nous rendons*.

Excepté *étant, nous sommes; ayant, nous avons; sachant, nous savons.*

La seconde personne plurielle en *ez* : *vous aimez, vous finissez, vous recevez, vous rendez.*

Excepté *étant, vous êtes; ayant, vous avez; sachant, vous savez; faisant, vous faites; disant, vous-dites* (6).

La troisième personne en *ent* : *ils aiment, ils finissent, ils rendent.*

EXCEPTIONS : Première conjugaison. *Allant, ils vont* (7).

Seconde conjugaison. *Tenant, ils tiennent; venant, ils viennent; mourant, ils meurent; acquérant, ils acquièrent.*

Troisième conjugaison. *Recevant, ils reçoivent; devant, ils doivent; voulant, ils veulent; mourant, ils meurent; pouvant, ils peuvent; sachant, ils savent; ayant, ils ont.*

(1) *Devant y, en,* on écrit *vas* : *vas-y, vas-y mettre ordre, vas-en prendre.* (s'en aller, fait *va-t'en*) — On ajoute aussi l's aux verbes qui finissent par un e muet : *goûtes-y, manges-en,* etc.
(2) Il s'emploie aussi pour le présent de l'indicatif, avec une négation : *je ne sache pas qu'il soit venu.*
(3) *Payer, je paierai; jeter, je jetterai; appeler, j'appellerai; mener, je mènerai.*
(4) *Entrevoir, j'entreverrai*; mais *pourvoir* et *prévoir* font *je pourvoirai, je prévoirai.*
(5) *Surseoir, je surseoirai.*
(6) *Redisant, vous redites*; mais les autres composés de ce verbe sont réguliers : *vous prédisez, vous médisez; vous interdisez,* etc.
(7) *Ils paient, ils appellent, ils jettent, ils lèvent,* etc.; de même au présent du subjonctif : *que j'emploie, que j'appelle,* etc.

Quatrième conjugaison. *Buvant, ils boivent; étant, ils sont; faisant, ils font; prenant, ils prennent.*

3° Le présent du subjonctif, en changeant *ant* en *e* muet : *étudiant, que j'étudie; finissant, que je finisse; rendant, que je rende.*

EXCEPTIONS : Première conjugaison. *Allant, que j'aille.*

Seconde conjugaison. *Tenant, que je tienne; venant, que je vienne; mourant, que je meure; acquérant, que j'acquière.*

Troisième conjugaison. *Recevant, que je reçoive: devant, que je doive; pouvant, que je puisse; valant, que je vaille* (1) *voulant, que je veuille; mouvant, que je meuve; fallant, qu'il faille.*

Quatrième conjugaison. *Buvant, que je boive; faisant, que je fasse; étant, que je sois; prenant, que je prenne* (2).

### V.

Du participe passé on forme tous les temps composés, en y joignant les auxiliaires *avoir, être,* comme *j'ai étudié, j'ai fini, j'ai reçu, j'ai rendu; j'avais étudié, j'avais fini, j'avais reçu, j'avais rendu; j'aurai étudié,* etc.

Remarquez que les composés suivent la conjugaison des verbes simples. *Contenir, obtenir,* etc., se conjugent comme *tenir; concevoir, apercevoir,* etc., comme *recevoir* (qui lui-même est un composé); *conquérir, s'enquérir, requérir,* comme *acquérir* (composé lui-même du verbe *quérir*).

## TEMPS PRIMITIFS DES VERBES IRRÉGULIERS.

| PRÉSENT DE L'INFINITIF. | PARTICIPE PRÉSENT. | PARTICIPE PASSÉ. | PRÉSENT DE L'INDICATIF. | PASSÉ DÉFINI DE L'INDICATIF. |
|---|---|---|---|---|
| **PREMIÈRE CONJUGAISON.** | | | | |
| Aller. | Allant. | Allé (3). | Je vais. | J'allai. |
| Essayer. | Essayant. | Essayé. | J'essaie. | J'essayai. |
| Jeter. | Jetant. | Jeté. | Je jette. | Je jetai. |
| Appeler. | Appelant. | Appelé. | J'appelle. | J'appelai. |
| Juger. | Jugeant | Jugé. | Je juge. | Je jugeai. |
| **SECONDE CONJUGAISON.** | | | | |
| Bouillir. | Bouillant. | Bouilli. | Je bous. | Je bouillis. |
| Faillir. | Faillant. | Failli. | Je faux. | Je faillis. |
| Courir. | Courant. | Couru. | Je cours. | Je courus. |
| Cueillir. | Cueillant. | Cueilli. | Je cueille. | Je cueillis. |
| Fuir. | Fuyant. | Fui. | Je fuis. | Je fuis. |
| Mourir. | Mourant. | Mort. | Je meurs. | Je mourus. |
| Partir (4). | Partant. | Parti. | Je pars. | Je partis. |
| Quérir. | | | | |
| Acquérir. | Acquérant. | Acquis. | J'acquiers. | J'acquis. |
| Saillir. (5). | Saillant. | Sailli. | Il saille. | |
| Tressaillir. | Tressaillant. | Tressailli. | Je tressaille. | Je tressaillis. |
| Sortir (6). | Sortant. | Sorti. | Je sors. | Je sortis. |
| Vêtir. | Vêtant. | Vêtu. | Je vêts. | Je vêtis. |
| **TROISIÈME CONJUGAISON.** | | | | |
| Choir. | | Chu. | | |
| Déchoir. | | Déchu. | Je déchois. | Je déchus. |
| Echoir. | Echéant. | Echu. | Il échet. | J'échus. |
| Falloir. | | Fallu. | Il faut. | Il fallut. |
| Mouvoir. | Mouvant. | Mu. | Je meus. | Je mus. |
| Pleuvoir. | Pleuvant. | Plu. | Il pleut. | Il plut. |
| Pouvoir. | Pouvant. | Pu. | Je puis, je peux | Je pus. |
| Savoir. | Sachant. | Su. | Je sais. | Je sus. |
| S'asseoir. | S'asseyant. | Assis. | Je m'assieds. | Je m'assis. |
| Surseoir. | | Sursis. | Je surseois. | Je sursis. |
| Valoir. | Valant. | Valu. | Je vaux. | Je valus. |
| Voir. | Voyant. | Vu. | Je vois. | Je vis. |
| Pourvoir. | Pourvoyant. | Pourvu. | Je pourvois. | Je pourvus. |
| Vouloir. | Voulant. | Voulu. | Je veux. | Je voulus. |

(1) *Prévalant, que je prévale.*
(2) Remarquez encore que les deux premières personnes du pluriel du présent de l'indicatif forment celles de l'impératif et même du présent du subjonctif, en ajoutant un *i* pour ce dernier :

| INDICATIF. | IMPÉRATIF. | SUBJONCTIF. |
|---|---|---|
| *Nous allons, vous allez.* | *Allons, allez.* | *Que nous allions, que vous alliez.* |
| *Nous voyons, vous voyez.* | *Voyons, voyez.* | *Que nous voyions, que vous voyiez.* |
| *Nous buvons, vous buvez.* | *Buvons, buvez.* | *Que nous buvions, que vous buviez.* |

EXCEPTIONS.

| INDICATIF. | IMPÉRATIF. | SUBJONCTIF. |
|---|---|---|
| *Nous sommes, vous êtes.* | *Soyons, soyez.* | *Que nous soyons, que vous soyez.* |
| *Nous avons, vous avez.* | *Ayons, ayez.* | *Que nous ayons, que vous ayez.* |
| *Nous savons, vous savez.* | *Sachons, sachez.* | *Que nous sachions, que vous sachiez.* |
| *Nous voulons, vous voulez.* | *Veuillons, veuillez.* | *Que nous voulions, que vous vouliez.* |
| *Nous faisons, vous faites.* | *Faisons, faites.* | *Que nous fassions, que vous fassiez.* |
| *Nous disons, vous dites.* | *Disons, dites.* | *Que nous disions, que vous disiez.* |
| *Nous pouvons, vous pouvez.* | | *Que nous puissions, que vous puissiez.* |

— Remarquez la même analogie à la troisième personne : *ils meurent, qu'ils meurent; ils prennent, qu'ils prennent; ils boivent, qu'ils boivent,* etc.; excepté : *ils sont, qu'ils soient; ils ont, qu'ils aient; ils savent, qu'ils sachent; ils veulent, qu'ils veuillent; ils font, qu'ils fassent; ils peuvent, qu'ils puissent; ils vont, qu'ils aillent; ils valent, qu'ils vaillent.*
(3) *Tous ceux qui sont allés à la guerre, n'en reviendront pas; ils ont été à Rome, et il n'y a que deux jours qu'ils sont de retour.*
— On ne parle point ici des temps primitifs du verbe *puer,* parce que, outre qu'on s'en sert rarement, l'Académie le conjugue régulièrement : *je pue.*
(4) *Répartir* (distribuer) est régulier : *je répartis.*
(5) Il ne s'emploie qu'aux troisièmes personnes. Dans le sens de *jaillir* il suit la règle générale : *je saillis.*
(6) *Ressortir* (être du ressort) est régulier : *je ressortis.*

*Suite des Temps primitifs des Verbes irréguliers.*

| PRÉSENT DE L'INFINITIF. | PARTICIPE PRÉSENT. | PARTICIPE PASSÉ. | PRÉSENT DE L'INDICATIF. | PASSÉ DÉFINI DE L'INDICATIF. |
|---|---|---|---|---|
| QUATRIÈME CONJUGAISON. | | | | |
| Battre. | Battant. | Battu. | Je bats. | Je battis. |
| Boire. | Buvant. | Bu. | Je bois. | Je bus. |
| Braire. | | | Il brait. | |
| Bruire (1). | | | | |
| Circoncire (2). | | Circoncis. | Je circoncis. | Je circoncis. |
| Clore. | | Clos. | Je clos. | |
| Conclure. | Concluant. | Conclu. | Je conclus. | Je conclus. |
| Exclure. | Excluant. | Exclu ou exclus | J'exclus. | J'exclus. |
| Confire. | Confisant. | Confit. | Je confis. | Je confis. |
| Coudre. | Cousant. | Cousu. | Je couds. | Je cousis. |
| Croire. | Croyant. | Cru. | Je crois. | Je crus. |
| Croître. | Croissant. | Crû. | Je crois. | Je crûs. |
| Dire. | Disant. | Dit. | Je dis. | Je dis |
| Maudire. | Maudissant. | Maudit. | Je maudis. | Je maudis |
| Ecrire. | Ecrivant. | Ecrit. | J'écris. | J'écrivis. |
| Faire. | Faisant. | Fait. | Je fais. | Je fis. |
| Prendre. | Prenant. | Pris. | Je prends. | Je pris. |
| Lire. | Lisant. | Lu. | Je lis. | Je lus. |
| Luire. | Luisant. | Lui. | Je luis. | |
| Mettre. | Mettant. | Mis. | Je mets. | Je mis. |
| Moudre. | Moulant. | Moulu. | Je mouds. | Je moulus. |
| Naître. | Naissant. | Né. | Je nais. | Je naquis. |
| Nuire. | Nuisant. | Nui. | Je nuis. | Je nuisis. |
| Rire. | Riant. | Ri. | Je ris. | Je ris. |
| Rompre. | Rompant. | Rompu. | Je romps. | Je rompis. |
| Absoudre. | Absolvant. | Absous. | J'absous. | |
| Résoudre. | Résolvant. | Résolu. | Je résous | Je résolus. |
| Suffire. | Suffisant. | Suffi. | Je suffis. | Je suffis. |
| Suivre. | Suivant. | Suivi. | Je suis. | Je suivis. |
| Traire. | Trayant. | Trait. | Je trais. | |
| Vaincre. | Vainquant. | Vaincu. | Je vains. | Je vainquis. |
| Vivre. | Vivant. | Vécu. | Je vis. | Je vécus. |

Au moyen de cette table, et des règles que nous avons données sur la formation des temps, il n'y a point de verbes qu'on ne puisse conjuguer.

## SYNTAXE DES VERBES.

### *Accord des verbes avec leur sujet.*

On appelle *sujet* d'un verbe ce qui est ou ce qui fait l'action qu'exprime le verbe. On trouve le sujet en mettant *qui est-ce qui* devant le verbe. La réponse à cette question indique le sujet. Quand je dis : *L'enfant est sage; qui est-ce qui est sage?* Réponse : *L'enfant;* voilà le sujet du verbe *est. Le lièvre court; qui est-ce qui court?* Réponse : *Le lièvre;* voilà le sujet du verbe *court.*

Tout verbe doit être du même nombre et de la même personne que son sujet.

EXEMPLE. *Je parle : parle* est du nombre singulier et de la première personne parce que *je*, son sujet, est du singulier et de la première personne. *Vous parlez tous deux; parlez* est au nombre pluriel et de la seconde personne, parce que *vous* est du nombre pluriel et de la seconde personne.

*Première remarque.* Quant un verbe a deux sujets singuliers, on met ce verbe au pluriel.

EXEMPLE : *Mon frère et ma sœur* lisent.

*Deuxième remarque.* Quand les deux sujets sont de différentes personnes, on met le verbe à la plus noble personne : la première est plus noble que la seconde, la seconde est plus noble que la troisième.

EXEMPLES : *Vous et moi* nous lisons.

*Vous et votre frère* vous lisez.

( La politesse française veut qu'on nomme d'abord la personne à qui l'on parle et qu'on se nomme le dernier. )

## COMPLÉMENT OU RÉGIME DES VERBES ACTIFS.

On appelle *verbe actif* celui dont l'action tombe directement sur l'*objet*, et après lequel on peut mettre *quelqu'un, quelque chose. Aimer, chanter, bénir, recevoir*, sont des verbes actifs, car on peut dire *aimer son père, chanter un air, bénir quelqu'un, recevoir quelqu'un* ou *quelque chose.* Le mot qui suit le verbe actif en est le complément ou le régime :

Le Français né malin créa *le vaudeville.* BOIL.

Dieu tient *le cœur* des rois entre ses mains puissantes. RAC.

Dans les exemples qui précèdent, le complément est placé après le verbe ; le contraire a lieu lorsque ce complément est un pronom :

Abner, le brave Abner viendra-t-il *nous* défendre ? RAC.

Outre ce premier complément, qu'on appelle direct, plusieurs verbes en ont un autre, qu'on appelle complément ou régime indirect. Ce second régime est marqué par *à* ou *de : rendez à César ce qui est à César et à Dieu ce qui est à Dieu; ne privez jamais l'artisan* de *son juste salaire; si le ciel vous a donné* (a donné à vous) *de grandes richesses, faites-en part à ceux qui sont dans le besoin. César, Dieu, salaire, vous* (à vous), *ceux*, sont des compléments indirects.

Tout verbe actif a un passif (ou du moins ce qui en tient lieu, car dans les idiomes modernes il n'a pas de passif, à proprement parler.); ce passif se forme en prenant le complément direct de l'actif pour en faire le sujet, et en ajoutant après le verbe de ou par. Ainsi, pour tourner par le passif cette phrase : *Tout ce que vous faites m'enchante,* dites : *Je suis enchanté de tout ce que vous faites; Ces éternels discours nous ennuient cruellement*, dites : *Nous sommes cruellement ennuyés de ces éternels discours.*

## CONJUGAISON DES VERBES PASSIFS.

Il n'y a qu'une seule conjugaison pour tous les verbes passifs; elle se fait avec l'auxiliaire *être* dans tous ses temps, et le participe passé du verbe qu'on veut conjuguer.

### INDICATIF.

#### PRÉSENT.

Je suis charmé *ou* charmée.
Tu es charmé *ou* charmée.
Il est charmé *ou* elle est charmée.
Nous sommes charmés *ou* charmées.
Vous êtes charmés *ou* charmées.
Ils sont charmés *ou* elles sont charmées.

#### IMPARFAIT.

J'étais charmé *ou* charmée.
Tu étais charmé *ou* charmée.
Il était charmé *ou* elle était charmée.
Nous étions charmés *ou* charmées.
Vous étiez charmés *ou* charmées.
Ils étaient charmés *ou* elles étaient charmées.

#### PASSÉ DÉFINI.

Je fus charmé *ou* charmée.
Tu fus charmé *ou* charmée.
Il *ou* elle fut charmé *ou* charmée.
Nous fûmes charmés *ou* charmées.
Vous fûtes charmés *ou* charmées.
Ils *ou* elles furent charmés *ou* charmées.

#### PASSÉ INDÉFINI.

J'ai été charmé *ou* charmée.
Tu as été charmé *ou* charmée.
Il a été charmé *ou* elle a été charmée.
Nous avons été charmés *ou* charmées.
Vous avez été charmés *ou* charmées.
Ils ont été charmés *ou* elles ont été charmées.

#### PASSÉ ANTÉRIEUR.

J'eus été charmé *ou* charmée.
Tu eus été charmé *ou* charmée.
Il eut été charmé *ou* elle eut été charmée.
Nous eûmes été charmés *ou* charmées.
Vous eûtes été charmés *ou* charmées.
Ils eurent été charmés *ou* charmées.

#### PLUSQUE-PARFAIT.

J'avais été charmé *ou* charmée.
Tu avais été charmé *ou* charmée.
Il avait été charmé *ou* elle avait été charmée.
Nous avions été charmés *ou* charmées.
Vous aviez été charmés *ou* charmées.
Ils avaient été charmés *ou* elles avaient été charmées.

#### FUTUR.

Je serai charmé *ou* charmée.
Tu seras charmé *ou* charmée.
Il sera charmé *ou* elle sera charmée.
Nous serons charmés *ou* charmées.
Vous serez charmés *ou* charmées.
Ils seront charmés *ou* elles seront charmées.

#### FUTUR ANTÉRIEUR.

J'aurai été charmé *ou* charmée.
Tu auras été charmé *ou* charmée.
Il aura été charmé *ou* elle aura été charmée.
Nous aurons été charmés *ou* charmées.
Vous aurez été charmés *ou* charmées.
Ils auront été charmés *ou* elles auront été charmées.

### CONDITIONNELS.

#### PRÉSENT.

Je serais charmé *ou* charmée.
Tu serais charmé *ou* charmée.
Il serait charmé *ou* elle serait charmée.
Nous serions charmés *ou* charmées.
Vous seriez charmés *ou* charmées.
Ils seraient charmés *ou* elles seraient charmées.

#### PASSÉ.

J'aurais été charmé *ou* charmée.
Tu aurais été charmé *ou* charmée.
Il aurait été charmé *ou* elle aurait été charmée.
Nous aurions été charmés *ou* charmées.
Vous auriez été charmés *ou* charmées.
Ils auraient été charmés *ou* charmées.

### On dit aussi :

J'eusse été charmé *ou* charmée, tu eusses été charmé *ou* charmée, il eût été charmé *ou* elle eût été charmée; nous eussions été charmés *ou* charmées, vous eussiez été charmés *ou* charmées, ils eussent été charmés *ou* elles eussent été charmées.

### IMPÉRATIF.

*Point de première personne.*

Sois charmé *ou* charmée.
Qu'il soit charmé *ou* qu'elle soit charmée.
Soyons charmés *ou* charmées.
Soyez charmés *ou* charmées.
Qu'ils soient charmés *ou* qu'elles soient charmées,

### SUBJONCTIF.

#### PRÉSENT OU FUTUR.

Que je sois charmé *ou* charmée.
Que tu sois charmé *ou* charmée.
Qu'il soit charmé *ou* qu'elle soit charmée.
Que nous soyons charmés *ou* charmées.
Que vous soyez charmés *ou* charmées.
Qu'ils soient charmés *ou* qu'elles soient charmées.

#### IMPARFAIT.

Que je fusse charmé *ou* charmée.
Que tu fusses charmé *ou* charmée.
Qu'il fût charmé *ou* qu'elle fût charmée.
Que nous fussions charmés *ou* charmées.
Que vous fussiez charmés *ou* charmées.
Qu'ils fussent charmés *ou* qu'elles fussent charmées.

#### PASSÉ.

Que j'aie été charmé *ou* charmée.
Que tu aies été charmé *ou* charmée.
Qu'il ait été charmé *ou* qu'elle ait été charmée.
Que nous ayons été charmés *ou* charmées.
Que vous ayez été charmés *ou* charmées.
Qu'ils aient été charmés *ou* qu'elles aient été charmées.

---

(1) On dit : *il bruyait, ils bruyaient; bruyant* est adjectif et non participe.

(2) L'Académie admet *nous circoncisons*, etc., et rejette *circoncisant, je circoncisais*, que M. Chapsal approuve.

**PLUSQUE-PARFAIT.**
Que j'eusse été charmé *ou* charmée.
Que tu eusses été charmé *ou* charmée.
Qu'il eût été charmé *ou* qu'elle eût été charmée.
Que nous eussions été charmés *ou* charmées.
Que vous eussiez été charmés *ou* charmées.
Qu'ils eussent été charmés *ou* qu'elles eussent été charmées.

**INFINITIF.**
*PRÉSENT.*
Être charmé *ou* charmée.
*PASSÉ.*
Avoir été charmé *ou* charmée.

**PARTICIPES.**
*PRÉSENT.*
Étant charmé *ou* charmée.
*FUTUR.*
Devant être charmé *ou* charmée.

## COMPLÉMENT OU RÉGIME DES VERBES PASSIFS.

*Règle.* On met *de* ou *par* devant le nom ou pronom qui suit le verbe passif.

EXEMPLES : *La souris est mangée par le chat.*

*Un enfant sage est aimé de ses parents.*

*Remarque.* N'employez jamais *par* avec le nom *Dieu*, dites : *Les méchants seront punis de Dieu,* et non pas *seront punis par Dieu* (1).

## VERBE NEUTRE.

On appelle *verbe neutre* celui dont l'action ne tombe pas directement sur son objet; il n'a donc pas de complément direct, et par conséquent il est impossible de mettre après lui *quelqu'un, quelque chose.*

On l'appelle neutre, parce qu'il n'est ni actif ni passif (2).

Plusieurs verbes neutres se conjuguent comme les verbes actifs avec l'auxiliaire *avoir* aux temps composés, comme *j'ai dormi, j'avais marché, j'aurais soupé....*; mais il en est d'autres qui prennent l'auxiliaire *être*, comme *aller, arriver, venir, devenir.*

---

**INDICATIF.**

*PRÉSENT.*
Je vais.
Tu vas.
Il *ou* elle va.
Nous allons.
Vous allez.
Ils *ou* elles vont.

*IMPARFAIT.*
J'allais.
Tu allais.
Il *ou* elle allait.
Nous allions.
Vous alliez.
Ils *ou* elles allaient.

*PASSÉ DÉFINI.*
J'allai.
Tu allas.
Il *ou* elle alla.
Nous allâmes.
Vous allâtes.
Ils *ou* elles allèrent.

*PASSÉ INDÉFINI.*
Je suis allé *ou* allée.
Tu es allé *ou* allée.
Il est allé *ou* elle est allée.
Nous sommes allés *ou* allées.
Vous êtes allés *ou* allées.
Ils sont allés *ou* elles sont allées.

*PASSÉ ANTÉRIEUR.*
Je fus allé *ou* allée.
Tu fus allé *ou* allée.
Il fut allé *ou* elle fut allée.
Nous fûmes allés *ou* allées.
Vous fûtes allés *ou* allées.
Ils furent allés *ou* elles furent allées.

*PLUSQUE-PARFAIT*
J'étais allé *ou* allée.
Tu étais allé *ou* allée.
Il était allé *ou* elle était allée.
Nous étions allés *ou* allées.
Vous étiez allés *ou* allées.
Ils étaient allés *ou* elles étaient allées.

**FUTUR.**
J'irai.
Tu iras.
Il *ou* elle ira.
Nous irons.
Vous irez.
Ils *ou* elles iront.

*FUTUR ANTÉRIEUR.*
Je serai allé *ou* allée.
Tu seras allé *ou* allée.
Il sera allé *ou* elle sera allée.
Nous serons allés *ou* allées.
Vous serez allés *ou* allées.
Ils seront allés *ou* elles seront allées.

**CONDITIONNELS.**
*PRÉSENT.*
J'irais.
Tu irais.
Il *ou* elle irait.
Nous irions.
Vous iriez.
Ils *ou* elles iraient.

*PASSÉ.*
Je serais allé *ou* allée.
Tu serais allé *ou* allée.
Il serait allé *ou* elle serait allée.
Nous serions allés *ou* allées.
Vous seriez allés *ou* allées.
Ils seraient allés *ou* elles seraient allées.

*On dit aussi.*
Je fusse allé *ou* allée.
Tu fusses allé *ou* allée.
Il fût allé *ou* elle fût allée.
Nous fussions allés *ou* allées.
Vous fussiez allés *ou* allées.
Ils fussent allés *ou* elles fussent allées.

**IMPÉRATIF.**
*Point de première personne.*
Va.
Qu'il *ou* qu'elle aille.
Allons.
Allez.
Qu'ils *ou* qu'elles aillent.

**SUBJONCTIF.**

*PRÉSENT OU FUTUR.*
Que j'aille.
Que tu ailles.
Qu'il *ou* qu'elle aille.
Que nous allions.
Que vous alliez.
Qu'ils *ou* qu'elles aillent.

*IMPARFAIT.*
Que j'allasse.
Que tu allasses.
Qu'il *ou* qu'elle allât.
Que nous allassions.
Que vous allassiez.
Qu'ils *ou* qu'elles allassent.

*PRÉTÉRIT.*
Que je sois allé *ou* allée.
Que tu sois allé *ou* allée.
Qu'il soit allé *ou* qu'elle soit allée.
Que nous soyons allés *ou* allées.
Que vous soyez allés *ou* allées.
Qu'ils soient allés *ou* qu'elles soient allées.

*PLUSQUE-PARFAIT.*
Que je fusse allé *ou* allée.
Que tu fusses allé *ou* allée.
Qu'il fût allé *ou* qu'elle fût allée.
Que nous fussions allés *ou* allées.
Que vous fussiez allés *ou* allées.
Qu'ils fussent allés *ou* qu'elles fussent allées.

**INFINITIF.**
*PRÉSENT.*
Aller.
*PASSÉ.*
Être allé *ou* allée.

**PARTICIPES.**
*PRÉSENT.*
Allant.
*PASSÉ.*
Allé, allée, étant allé *ou* allée.
*FUTUR.*
Devant aller.

---

On conjugue de même, avec l'auxiliaire *être,* aux temps composés *arriver, choir, échoir* (3), *décéder, éclore, mourir, naître, venir,* et ses composés *devenir, intervenir, parvenir, revenir, survenir* (4), *retourner,* dans le sens de revenir, ainsi que *convenir* (tomber d'accord, faire une convention).

Les verbes *partir, sortir, rester, demeurer, passer, monter, descendre, entrer, cesser, accoucher, naître, mourir, trépasser, accourir, apparaître* (*comparaître* (5), t. de palais), *grandir, expirer* (6) (prendre fin), *résulter,* etc., prennent indifféremment l'un ou l'autre des deux auxiliaires, à en croire l'Académie; mais les grammairiens les plus distingués, cherchant à porter une rigoureuse exactitude dans leurs décisions, font ici une distinction qui nous paraît très-fondée. Si, disent-ils, vous voulez spécialement marquer l'*action* qu'exprime le verbe, c'est alors le verbe *avoir* qu'il faut employer; si, au contraire, c'est l'*état* que vous voulez exprimer, servez-vous de l'auxiliaire *être.* On dit, par exemple, *il a monté plusieurs fois dans sa chambre aujourd'hui; mon bras est resté paralytique; elles ne sont pas ici; elles sont descendues depuis longtemps; le courrier a passé à trois heures précises; Monsieur est parti, il est passé.....*

*Tomber* et *périr,* selon plusieurs grammairiens, prennent aussi l'un et l'autre auxiliaire; mais *périr* nous paraît devoir repousser le verbe *être,* malgré tout ce que l'on peut alléguer contre cette opinion. Qu'on cite une phrase de Boileau, qu'avec de pauvres écrivains on ajoute Fénelon et Jean-Jacques (7), voire même la cinquième édition de l'Académie, peu nous

---

(1) Avec certains participes passifs, on met *à* avant le complément :
 *Ce fut à lui bien avisé.* LA FONT.
 *C'est fort bien dit à vous.* MOL.
 *C'est fort bien fait à vous; et vous le prenez comme il faut.* MOL.
 *C'est fort mal fait à vous d'en user comme vous faites.* MOL.

(2) Néanmoins quelques-uns de ces verbes, qui étaient autrefois actifs et neutres tout à la fois, ont conservé le passif :
 *Prenez-y garde, c'est un homme qui veut être obéi.* ACAD.
 On dit encore en parlant d'un fils ingrat, d'un prince révolté :
 *Quelque coupable qu'il fût aux yeux de tout le monde, il fut pardonné.*
 L'Académie approuve encore, mais seulement dans l'abandon d'un entretien familier : *Soyez sans inquiétude, vous êtes pardonné.* (V. les v. impersonnels, dont quelques-uns s'emploient au passif).

(3) *Déchoir* peut être maintenant considéré comme appartenant à cette catégorie :
 *Hélas! qu'il est déchu de ce bonheur suprême.* LA FONT.
 D'abord, il semble naturel de lui faire suivre la conjugaison de *choir, échoir;* ensuite l'Académie qui, dans la cinquième édition de son Dictionnaire, avait cité : *depuis ce moment il a déchu de jour en jour,* ne marque plus que l'auxiliaire *être* dans la sixième.

(4) *Subvenir* prend *avoir :*
 *Il a subvenu à tous nos besoins.* ACAD.

(5) Si *accourir, apparaître* et *comparaître* prennent l'auxiliaire *être* aussi bien que l'auxiliaire *avoir,* c'est que dans la vieille langue et même au dix-septième siècle, *courir* et *paraître* étaient censés prendre aussi l'un ou l'autre à peu près indifféremment :
 *Il en était sorti, lorsque j'y suis couru.* RAC.
 *Je suis courue dans cette forêt cacher mon ennui.* DE SÉV.
 *La troupe à nos regards n'est point encor parue.* LA FONT.

(6) *Expirer,* rendre le dernier soupir, demande *avoir,* excepté peut-être en poésie où, par licence, l'emploi du verbe *être* peut être toléré, à l'exemple de Racine :
 *.......... A ces mots, ce héros expiré,*
 *N'a laissé dans mes bras qu'un corps défiguré.*
 Un autre poète :
 *Faibles, muets, de remords déchirés*
 *Ils contemplaient leurs amis expirés.*
 Et enfin, Delille :
 *Les Latins sont vaincus, Camille est expirée.*
 L'exemple de Rousseau ne prouve absolument rien; car, quand le verbe *périr* serait

importe ; *il est péri* sonne mal à des oreilles françaises. Aussi l'Académie, peut-être frappée des observations du *Dictionnaire grammatical*, est-elle revenue à résipiscence, et, dans la sixième édition de son Dictionnaire, elle ne donne plus que *il a péri, ils ont péri*. — *Tomber*, au contraire, ne tolère l'auxiliaire *avoir* que dans des cas fort rares, et lorsqu'il est de toute évidence que c'est l'*action* qui frappe l'esprit ; et si l'Académie approuve les poètes, elle ajoute presque immédiatement, *il est tombé de la neige pendant quatre jours de suite*, et *il est tombé de la pluie ce matin*. L'Académie n'est pas conséquente, c'est là son moindre défaut.

*Aboutir*, dont l'Académie ne daigne pas s'occuper sous le rapport de la conjugaison, prendrait aussi les deux auxiliaires à en juger par ce vers de La Fontaine :

> Tant qu'enfin au baiser le tout est abouti.

## VERBES PRONOMINAUX.

Les verbes *pronominaux* sont ceux dont le sujet et le complément sont de la même personne : *je me désiste, tu te repens, il s'abstient* ; ils se nomment pronominaux, parce que les pronoms s'y répètent la plupart du temps : *nous nous moquons de cela, vous ne vous en doutez pas, ils s'oublient, elles se sont enfuies.* — Mais on dit aussi : *Pierre se dispose à partir, mes frères s'étaient préparés*, phrases où le sujet n'est pas un pronom.

1° Les pronominaux proprement dits sont assez rares : on peut cependant citer *se battre, se moquer, se rire, se railler, se jouer* : *si ce jeune officier eût assisté au combat, il est certain qu'il se serait battu comme un lion ; je me moque de tout cela, je me ris de ces vaines menaces ; ce prince se jouait des serments les plus solennels.* — Mais plusieurs verbes deviennent pronominaux quand ils ont pour sujet un nom de chose. *Ces articles se paient toujours comptant ; les soieries se sont fort bien vendues à la foire de Beaucaire ; cela se dit généralement ; de tels fardeaux ne se transportent pas aisément*, etc.

2° Les *réfléchis* (1) sont ceux dont le sujet fait l'action sur lui-même : presque tous les verbes pronominaux sont dans ce cas : et par cette raison beaucoup de grammairiens désignent les verbes pronominaux par le nom de *réfléchis*.

3° Quoi qu'en disent certains grammairiens, il est important de signaler encore les *réciproques*, qui se distinguent des pronominaux purs, et qui ne sont pas réfléchis, bien qu'ils se conjuguent de la même manière. Les verbes réciproques sont des verbes dont les sujets font l'action l'un sur l'autre. *Ces cultivateurs, toujours acharnés l'un contre l'autre, s'injuriaient et s'accablaient de coups toutes les fois qu'ils se rencontraient. On ne put empêcher ces deux adversaires d'aller sur le terrain : ils se battirent et se tuèrent.*

| INDICATIF. | FUTUR / CONDITIONNELS / IMPÉRATIF | SUBJONCTIF |
|---|---|---|
| **PRÉSENT.**<br>Je m'abstiens.<br>Tu t'abstiens.<br>Il s'abstient.<br>Nous nous abstenons.<br>Vous vous abstenez.<br>Ils s'abstiennent. | **FUTUR.**<br>Je m'abstiendrai.<br>Tu t'abstiendras.<br>Il s'abstiendra.<br>Nous nous abstiendrons.<br>Vous vous abstiendrez.<br>Ils *ou* elles s'abstiendront. | **PRÉSENT.**<br>Que je m'abstienne.<br>Que tu t'abstiennes.<br>Qu'il *ou* qu'elle s'abstienne.<br>Que nous nous abstenions.<br>Que vous vous absteniez.<br>Qu'ils ou qu'elles s'abstiennent. |
| **IMPARFAIT.**<br>Je m'abstenais.<br>Tu t'abstenais.<br>Il *ou* elle s'abstenait.<br>Nous nous abstenions.<br>Vous vous absteniez.<br>Ils *ou* elles s'abstenaient. | **FUTUR ANTÉRIEUR.**<br>Je me serai abstenu.<br>Tu te seras abstenu.<br>Il se sera abstenu *ou* elle se sera abstenue.<br>Nous nous serons abstenus.<br>Vous vous serez abstenus.<br>Ils se seront abstenus *ou* elles se seront abstenues. | **IMPARFAIT.**<br>Que je m'abstinsse.<br>Que tu t'abstinsses.<br>Qu'il *ou* qu'elle s'abstînt.<br>Que nous nous abstinssions.<br>Que vous vous abstinssiez.<br>Qu'ils *ou* qu'elles s'abstinssent. |
| **PASSÉ DÉFINI.**<br>Je m'abstins.<br>Tu t'abstins.<br>Il *ou* elle s'abstint.<br>Nous nous abstînmes.<br>Vous vous abstîntes.<br>Ils *ou* elles s'abstinrent. | **CONDITIONNELS**<br>**PRÉSENT.**<br>Je m'abstiendrais.<br>Tu t'abstiendrais.<br>Il *ou* elle s'abstiendrait.<br>Nous nous abstiendrions.<br>Vous vous abstiendriez.<br>Ils *ou* elles s'abstiendraient. | **PASSÉ.**<br>Que je me sois abstenu.<br>Que tu te sois abstenu.<br>Qu'il se soit abstenu *ou* qu'elle se soit abstenue.<br>Que nous nous soyons abstenus.<br>Que vous vous soyez abstenus.<br>Qu'ils se soient abstenus *ou* qu'elles se soient abstenues. |
| **PASSÉ INDÉFINI.**<br>Je me suis abstenu.<br>Tu t'es abstenu.<br>Il s'est abstenu *ou* elle s'est abstenue.<br>Nous nous sommes abstenus.<br>Vous vous êtes abstenus.<br>Ils se sont abstenus *ou* elles se sont abstenues. | **PASSÉ.**<br>Je me serais abstenu.<br>Tu te serais abstenu.<br>Il se serait abstenu *ou* elle se serait abstenue.<br>Nous nous serions abstenus.<br>Vous vous seriez abstenus.<br>Ils se seraient abstenus *ou* elles se seraient abstenues. | **PLUSQUE-PARFAIT.**<br>Que je me fusse abstenu.<br>Que tu te fusses abstenu.<br>Qu'il se fût abstenu, *ou* qu'elle se fût abstenue.<br>Que nous nous fussions abstenus.<br>Que vous vous fussiez abstenus.<br>Qu'ils se fussent abstenus, *ou* qu'elles se fussent abstenues. |
| **PASSÉ ANTÉRIEUR.**<br>Je me fus abstenu.<br>Tu te fus abstenu.<br>Il se fut abstenu *ou* elle se fut abstenue.<br>Nous nous fûmes abstenus.<br>Vous vous fûtes abstenus.<br>Ils se furent abstenus *ou* elles se furent abstenues | **On dit aussi :**<br>Je me fusse abstenu, tu te fusses abstenu, il se fut abstenu *ou* elle se fut abstenue ; nous nous fussions abstenus, vous vous fussiez abstenus, ils se fussent abstenus *ou* elles se fussent abstenues. | **INFINITIF PRÉSENT.**<br>S'abstenir.<br>**PASSÉ.**<br>S'être abstenu, ou abstenue. |
| **PLUSQUE-PARFAIT.**<br>Je m'étais abstenu.<br>Tu t'étais abstenu.<br>Il s'était abstenu *ou* elle s'était abstenue.<br>Nous nous étions abstenus.<br>Vous vous étiez abstenus.<br>Ils s'étaient abstenus *ou* elles s'étaient abstenues. | **IMPÉRATIF.**<br>Abstiens-toi.<br>Qu'il *ou* qu'elle s'abstienne.<br>Abstenons-nous.<br>Abstenez-vous.<br>Qu'ils *ou* qu'elles s'abstiennent. | **PARTICIPE PRÉSENT.**<br>S'abstenant.<br>**PASSÉ.**<br>Abstenu, abstenue, s'étant abstenu *ou* abstenue.<br>**FUTUR.**<br>Devant s'abstenir. |

## VERBES IMPERSONNELS.

Les verbes impersonnels sont ceux qui ne se conjuguent qu'à la troisième personne du singulier. Dans ces verbes, IL, *très vague*, est le sujet apparent.

La plupart des grammairiens donnent un modèle de conjugaison qui n'est nullement nécessaire, et ils omettent des observations qui peuvent être ici du plus haut intérêt.

Il y a un grand nombre de verbes impersonnels (2) :

Il faut, il importe, il neige, il gèle, il dégèle, il fait beau, il fait nuit, il grêle, il est expédient, qu'il pleuve, qu'il vente, qu'il tonne.

Il en est d'autres encore, non moins essentiels à connaître. Plusieurs verbes sont susceptibles de s'employer impersonnellement, bien qu'ils possèdent la conjugaison complète dans d'autres acceptions :

*Il vaut* mieux, *il est* utile, *il est* à propos, *il sied, il résulte, il y va* de, (il est dix heures), *il s'agit* de, *il paraît* prudent de faire retraite ; *il paraît, il* semble, *il arrive, il devient* impossible ; *il vaut* mieux, *il ne tient* qu'à vous, *il ne lui plaît* pas de, *il sied* au sage de donner des avis aux jeunes gens ; *il est mort* ce printemps un grand nombre de personnes ; *il court* d'étranges bruits sur son compte. *Il est venu* beaucoup de monde chez nous aujourd'hui ; *il s'en suit* que, *il suit* de là ; *il* vous *convenait* d'agir de la sorte. De même avec le passif : il *lui* sera *beaucoup* pardonné, *parce qu'elle a beaucoup aimé.* Il *vous* sera permis *de sortir aujourd'hui.*

On met même certains verbes neutres au passif impersonnel :

Il fut résolu *qu'on partirait sur le champ.*

Il n'a été fait *aucune mention de lui dans cette affaire.* ACAD.

*Ce ministre avait consulté la Cour à ce sujet :* il *lui* avait été répondu *de passer outre. Cette chienne de coupe, que deviendra-t-elle ? qu'il n'en soit plus* parlé. LA FONT. Il n'était parlé *que des grands préparatifs qu'ils avaient faits pour le soutenir. Qu'a-t-il résulté d'heureux pour l'empire, à l'époque où ces réformes ont été tentées ? Mais au moins* il en est résulté *de grands avantages pour les temps postérieurs.* (Voir les OBSERVATIONS sur la conjugaison des verbes neutres.)

---

tendu. En effet, dans les autres verbes, l'action part du sujet et tombe sur des choses qui sont en dehors de lui : ici, au contraire, l'action partie du sujet revient sur lui-même : il y a donc, jusqu'à un certain point, action et réaction.

(2) Chapsal et Girault-Duvivier, enseignent que certains verbes impersonnels prennent aux temps composés l'auxiliaire *être*, et ils citent : *il est important* ; ici c'est le verbe *être* tout simplement avec un adjectif, et présentant une analogie parfaite avec *il est juste, il est convenable, il est intéressant.* — Il est surprenant que MM. Bescherelle soient tombés dans la même inadvertance.

---

susceptible de s'employer avec le verbe *être*, il aurait fallu dans le passage de cet écrivain préférer l'auxiliaire *avoir* à l'auxiliaire *être*, selon la règle que nous avons formulée, règle généralement admise.

(1) Bien que Lemare ait critiqué cette dénomination, il faut cependant bien la conserver, faute de mieux. Au reste, elle n'est peut-être pas aussi inexacte qu'on l'a prétendu.

Il pouvait *arriver*, il devait *résulter*, il peut *se faire* que ; *il me souvient...* ma sœur, te *souvient-il* encore? il ne *manque* pas d'esprits qui croient

Plusieurs de ces verbes possèdent la troisième personne du pluriel, et alors ils ont un sujet réel :

Ce sont des choses qui ne m'*importent* guère. Qu'*importent* les richesses? Les couleurs trop voyantes ne vous *siéront* pas. ACAD. Les faits qui *résultent* des informations. ACAD. Les sarcasmes *pleuvent* sur ce mauvais poète. Les faveurs et les dignités *pleuvent* sur les trois frères. *Pleuvoir* d'ailleurs dans le sens propre n'est pas toujours impersonnel : Dieu *pleut* sur le champ de l'impie comme sur celui du juste. BOSS. Notre homme tranche du dieu des airs, *pleut*, *vente*. LA FONT.; ceci est une imitation ou plutôt la traduction des phrases latines suivantes : *Jupiter melle pluit.* GAL. 3, 39—*Jupiter* plut *du miel*, fit tomber une pluie de miel; Ter *tonuit sine nube Deus*, dans OVIDE, Dieu *tonna* trois fois, sans qu'il y eût aucun nuage; Stridentia frondæ saxa *pluant*. TAC. Les pierres sifflantes de la fronde *pleuvent*.

Dans les verbes impersonnels, le sujet apparent *il* est vague et ne signifie rien de positif. Aussi le supprime-t-on souvent, comme on pourra s'en convaincre par les exemples suivants, dans la plupart desquels on ne pourrait pas l'exprimer.

Bien lui en *prit* de.... Il lui prendra mal de songer si peu à ses affaires. Fais ce que dois, *advienne* que pourra. De quoi s'agissait-il? *Peu importe*, *n'importe*, *qu'importe*, pour il *importe peu*, il *n'importe*, *qu'importe-t-il*? Que *m'importe* donc à qui je sois. LA FONT. *Peu* importe *que ce soit vous ou lui.* ACAD. *Elle a quelque peu plus de dix-huit ans; mais n'importe.* RAC. — On dit : *Comment vous va*, *comment vous en va*? MOL. *Plaise à Dieu que vous n'ayez jamais à le regretter!*

> Plût au ciel que sa main....
> Eût fait sur moi l'essai de sa fureur nouvelle! RAC.

À Dieu ne plaise !

> Nuit et jour à tout venant
> Je chantais ne vous déplaise.

*N'en déplaise à Monsieur. Je soutiens qu'une semblable opinion est fausse. Ils sont d'accord ou peu s'en faut.*
*Rendez-les-moi plutôt* (les coups.)

> suffit qu'ils soient reçus;
> Je ne les voudrais pas donner pour mille écus. RAC.

*Partirons-nous, que vous en semble? Nous le retiendrons, si bon vous semble* RAC. *— Buvez à ma santé, Monsieur. — Grand bien vous fasse.*

> Ne connais-tu point quelque honnête faussaire
> Qui servît ses amis, en le payant, s'entend ? RAC.
> Bon fait de loin regarder tels auteurs. LA FONT.

De là les adverbes *peut-être* (il peut être), *possible* (notre mort... ne tardera *possible* guère. LA FONT.; c'est-à-dire, *il est possible*).

De là encore les locutions *vaille que vaille* (il faisait des vers *vaille que vaille*); *coûte que coûte* (quoi qu'il en coûte, quelque dépense que cela occasionne); *arrive qui plante*.

## CHAPITRE VI.
### SIXIÈME ESPÈCE DE MOTS.
#### PARTICIPE.

Le PARTICIPE est un mot qui tient de deux espèces de mots; il *participe* du verbe et de l'adjectif; du verbe en ce que, comme ce dernier, il marque le temps et peut être suivi d'un complément; de l'adjectif en ce qu'il exprime une qualité : *Dieu, aimant tous les hommes, tiendra compte du bien qu'on leur fait ; une femme, attachée à ses devoirs, trouve son bonheur autour du foyer domestique.*

Les participes se divisent en participe présent et en participe passé, eu égard aux temps qu'ils expriment ordinairement.

Le participe présent est toujours terminé en *ant* : ayant, étant, chantant, et il ne s'accorde jamais avec le nom ou pronom auquel il se rapporte :

> Cette réflexion *embarrassant* notre homme,
> On ne dort point, dit-il, quand on a tant d'esprit. LA FONT.
>
> N'est-ce pas à vos yeux un spectacle assez doux,
> Que la veuve d'Hector *pleurant* à vos genoux. RAC.

Mais il se présente ici une difficulté des plus sérieuses : c'est qu'un grand nombre d'adjectifs verbaux, ayant la forme du participe présent, en diffèrent cependant au fond, et sont susceptibles d'accord, comme les adjectifs ordinaires. On dit donc des avocats *plaidants*, une nature *riante*, des arguments *concluants*, des troupeaux *errants* :

> Si des beaux jours *naissants* on chérit les prémices,
> De beaux jours *expirants* ont aussi leurs délices. DEL.

La distinction à faire entre le participe présent et l'adjectif verbal, c'est que celui-ci marque la situation, l'état, au lieu que celui-là exprime l'action :

Voyez-vous ces débris *flottant* vers la côte?
La Déesse aperçut un gouvernail, un mât, des cordages *flottants* sur la côte.
La mer *mugissant* ressemblait à une personne irritée. FÉN.

> Le fier torrent s'échappe, et l'onde *mugissante*
> Traîne. . . . . . . . . . . . .

Dans le premier et le troisième de ces exemples, *flottant* et *mugissant* restent invariables, parce qu'ils sont participes, et ils sont participes parce qu'ils expriment l'action; dans le deuxième et le quatrième, *flottants* et *mugissante* marquent l'état; ils sont adjectifs verbaux, et ils suivent la règle des adjectifs ordinaires (1).

OBSERVATION. Le *gérondif* n'est autre chose que le participe présent précédé de la préposition *en : Dieu se montrera juste* en couronnant *la vertu, et* en châtiant *le crime.*

### PARTICIPE PASSÉ.

Le participe passé a plusieurs terminaisons, ainsi qu'on a déjà pu le remarquer : aimé, fini, reçu, lu, contraint, atteint, compris, inclus.

Il aurait fallu dire : *ce politique habile.... ou ce roi par sa politique habile......*

Le participe passé non accompagné d'auxiliaire s'accorde en genre et en nombre avec le nom ou pronom (2) auquel il se rapporte :

> Que de remparts *détruits*, que de villes *forcées*,
> Que de moissons de gloire, en courant, *amassées*? BOIL.

Employé avec l'un des auxiliaires, le participe passé est susceptible d'accord, soit avec le sujet, soit avec le complément du verbe.

L'accord ne peut avoir lieu avec le sujet que quand le participe est accompagné de l'auxiliaire *être* :

> *La vertu sans argent* est souvent méprisée.
> *Tous les maux* sont venus *de la triste Pandore.* VOLT.

Mais l'accord n'a pas lieu dans *les rossignols ont chanté toute la nuit*, ma sœur a joué *toute la journée.*

Il n'y a pas d'accord non plus dans la phrase suivante : *La grenouille insensée s'était mis en tête de surpasser le bœuf en grosseur*, parce que, dans les verbes réfléchis, le verbe *être* tient lieu de l'auxiliaire *avoir*, et, par cette raison, l'accord du participe ne peut avoir lieu avec le sujet.

Mais ces verbes peuvent avoir un complément direct aussi bien que les verbes actifs, et, lorsque ce complément est placé avant le participe, il y a accord dans ces deux espèces de verbes :

Que de rudes pénitences se sont *imposées* les solitaires de la Thébaïde.
Quelle mauvaise affaire je me suis *attirée* !
Ma patrie, ma famille se (3) sont *présentées* à mon esprit, ma tendresse s'est *réveillée*. FÉN.

> La Grèce en ma faveur est trop inquiétée,
> De soins plus importants je l'ai *crue* agitée. (RAC.)

C'est surtout par le don de la parole que Dieu nous a *distingués* des animaux.
Le long usage des plaisirs les a *rendus* inutiles. MAC.
Allons au-devant du maréchal, car il nous a *délivrés* d'un bien grand danger.

### DIFFICULTÉS.

Bien que le principe soit invariable et la règle absolue, l'application n'en offre pas moins des difficultés sérieuses, parce que, sans une attention soutenue, on ne voit pas bien, dans plusieurs cas, si le mot qui parait être le complément du participe l'est effectivement. Je vais présenter une série d'exemples choisis à dessein, dans lesquels les principales difficultés sont prévues :

---

(1) *Habitant* peut être non-seulement participe et adjectif verbal, mais encore substantif : *où trouver des hommes plus industrieux que les* habitants *de cette ville? Par leurs cris confus les* habitants *des marais avaient fatigué le ciel : insignifiant*, au contraire, ne peut être qu'adjectif verbal, attendu que nous n'avons pas le verbe *insignifier*.

(2) Il faut éviter avec grand soin de mettre un participe passé immédiatement après *celui, celle, ceux, celles*. C'est une des fautes les plus grossières qui se puissent commettre. Ce serait très-mal s'exprimer que de dire : *J'ai réuni toutes vos lettres et je les garde avec soin ; je ne parle pas de celles reçues avant le 1er décembre, lesquelles sont restées chez mon père.* Il faut absolument trouver un autre tour, ou ajouter le relatif *qui, que. Je ne parle pas de celles* que *j'ai reçues, qui ont été reçues, qui me sont parvenues.....*

Il est incorrect aussi de placer un participe passé au commencement d'une phrase, et de ne le faire suivre d'aucun nom ou pronom personnel auquel il se puisse rapporter : c'est un défaut qu'on peut remarquer dans les vers suivants :

> Vaincu, mais plein d'espoir, et maître de Paris,
> Sa politique habile, au fond de sa retraite
> Aux ligueurs incertains déguisait sa défaite. VOLT.

(3) Pour faire d'une pierre deux coups, comme on dit, nous donnons des exemples où le participe s'accorde avec le complément du verbe, bien qu'il soit suivi d'un adjectif ou d'un autre participe : c'est un point reconnu aujourd'hui, mais il a été longtemps contesté.

Bien que dans les exemples suivants *se* ait l'apparence d'un complément direct, il ne l'est cependant pas ; et partant l'accord n'a pas lieu :

Jusque-là les princes de cette dynastie s'étaient paisiblement *succédé* sur le trône de la Perse (*avaient succédé l'un à l'autre*,)
Ils s'étaient *imaginé*, ils s'étaient *figuré* que nous leur céderions toujours (*ils avaient imaginé, figuré ou supposé en eux-mêmes....*)
Ils se sont *plu* à nous combler de leurs bienfaits (*il a plu à eux....*)
Mais l'accord a lieu avec le verbe *se persuader*, attendu qu'on dit *persuader* quelqu'un.

Nous nous étions tous *persuadés*, que jamais il ne manquerait à un tel devoir.

*En* ne fait jamais varier le participe :
Des lettres, des lettres..... hélas! Il y a si longtemps que je n'*en* ai *reçu!*

1°
Elle a une jolie voix; l'avez-vous *entendue* chanter ?
La malade était très faible; à peine l'avons-nous *entendue* parler.

**Les a-t-on *vus* marcher parmi les ennemis ? Rac.**

Les sujets ont cessé d'en révérer les maximes, quand ils les ont *vus* céder aux passions et aux intérêts des princes. Bos.

Ces morceaux sont fort gais; je les ai *entendu* chanter au milieu des bois.
La guerre ne se faisait pas, comme nous l'avons *vu* faire du temps de Louis XIV. Volt.
Je vous envoie les livres que vous avez *paru* désirer.

2°
**Et je vous ai *laissés* tout du long quereller. Mol.**

Ma fille n'est pas ici; je l'ai *envoyée* acheter des gâteaux.
Ils étaient punis pour les maux qu'ils avaient *laissé* faire. Fén.
Les témoins vont arriver; je les ai *envoyé* chercher.
L'alliance que Judenas avait *envoyé* demander, fut accordée. Bos.

3°
Que de généreux citoyens ce cruel tyran n'a-t-il pas *fait* périr?
Télémaque prend ses armes, don précieux de la sage Minerve, qui les avait *fait* faire par Vulcain. Fén.

4°
Les vents qu'il a *fait*.... La plus jolie tête qu'il y ait *eu*.
Les années qu'il a *régné*.
Les trois heures qu'il a *dormi*.
Je regrette les nombreuses années que j'ai *vécu* sans pouvoir m'instruire.

5°
Les millions que cette guerre a *coûté*.....
Les pistoles que ce cheval a *valu*.....
Les éloges que sa bonne conduite lui a *valus*.....
Les peines que cet ouvrage m'a *coûtées*.....

6°
L'hôte se voyait ainsi frustré de la dépense qu'il avait *compté* que je ferais. Le Sage.
Je lui ai rendu tous les services que j'ai *dû*, que j'ai *pu*.
Il a obtenu toutes les faveurs qu'il a *voulu*.
C'est un homme qui veut fortement les choses qu'il a une fois *voulues*.
Il m'a toujours payé les sommes qu'il m'a *dues*.

7°
Le peu d'instruction qu'il a *reçu*, ne lui permet pas d'aspirer à ce haut emploi.
Le peu de soldats qu'il avait *emmené*, fut cause de sa défaite.
Je ne dis rien du peu d'instruction que j'ai *acquise*.
Ce n'est pas à moi à parler du peu de services que je vous ai *rendus*.

Dans les premiers exemples du premier numéro, *la*, *les* sont évidemment complément des participes *entendu*, *vu*; dans la phrase de Racine et celle de Bossuet, il y a même impossibilité à ce que *les* soit régi par le verbe qui suit le participe, puisque, dans la première de ces phrases, c'est le verbe *marcher* qui est neutre, et, dans la seconde, c'est *céder* pris comme verbe neutre, et n'ayant pas de complément direct; dans les autres exemples, l'accord n'a pas lieu, vu que *les* est régi par le verbe actif *chanter*, et non par le participe *entendu*; *a* est le complément du verbe *faire*, et non celui du participe *vu*; enfin *que* se rapporte à *désirer*, et il ne pourrait en aucun cas dépendre du participe *paru*, qui vient d'un verbe neutre.

2° Les deux premiers exemples présentent les compléments *vous* et *la* en rapport avec les participes *laissés* et *envoyée*; mais, dans les trois autres phrases, les participes *laissé* et *envoyé* ne subissent point de modification, bien qu'ils soient précédés des compléments *que* (m. pl.), *les*, *la*; c'est qu'ils appartiennent aux infinitifs *faire*, *chercher*, *demander*, et non aux participes.

3° Dans un des exemples, le participe *fait* est suivi d'un verbe actif; dans l'autre, d'un verbe neutre, et il n'en est pas moins invariable; voilà tout ce qu'il y a ici à remarquer.

4° Dans les locutions *il y ait fait, il a eu, fait, eu*, ne peuvent jamais avoir de complément direct, et ils doivent rester invariables. *Les vents qu'il a fait* se dit pour *les vents qui ont existé*; dans *les années qu'il a régné*, *que* tient de *durant lesquelles*; dans *les trois heures qu'il a dormi*, *que* est pour *pendant lesquelles*; par conséquent point de complément direct, et partant point d'accord.

5° Dans ce numéro ont été réunies des phrases qui montrent les participes *coûté* et *valu* tantôt invariables, tantôt se modifiant selon les exigences du complément. Le principe établi est que ces participes, dans le sens propre, sont toujours considérés comme faisant partie de verbes neutres, et ne pouvant par conséquent s'accorder avec un complément direct qui n'est qu'apparent, et qui en réalité n'existe pas; au lieu que, dans le sens figuré, alors que *coûter* signifie *causer, occasionner*, et *valoir, apporter, procurer*, *coûté, valu* sont regardés comme participes de verbes actifs, et s'accordent avec le complément direct, qui est alors réel; c'est ce qu'on peut remarquer dans les deux derniers exemples, où le participe *valus* s'accorde avec le complément *que*, et *coûtées* avec un autre *que* (fém. plur.) : dans ces exemples, *valoir* et *coûter* signifient l'un *procurer, attirer*, l'autre *causer, occasionner*.

Nous devons faire observer ici que l'Académie n'admet point ces distinctions, et qu'elle rejette l'accord dans tous les cas possibles, sous prétexte que *coûter* et *valoir* sont toujours et partout des verbes essentiellement neutres. D'autre part, un certain nombre de grammairiens contemporains prenant *coûter* et *valoir* pour des verbes absolument et nécessairement actifs, se prononcent énergiquement pour l'accord dans tous les cas possibles. Ces deux opinions extrêmes tendent à prouver que la distinction que nous n'avons pas été les premiers à établir doit être maintenue, parce qu'elle est conforme aux vrais principes, qu'elle paraît satisfaire le bon sens et la raison, et qu'elle a pour elle nos meilleurs écrivains.

6° Ici nous voyons d'abord des participes qui ne varient pas, bien que précédés de compléments directs. La raison en est simple et facile à saisir: ces compléments dépendent non des participes, mais des verbes qui suivent. Dans le premier exemple, *que* est régi par *je ferais*; dans les deux qui suivent, *que* se rapporte à des verbes sous-entendus et faciles à suppléer : *Je lui ai rendu tous les services que j'ai dû* ou *que j'ai pu* (lui rendre); de même, *Il a obtenu toutes les faveurs qu'il a voulu* (obtenir). Dans les deux derniers exemples, au contraire, *vouloir* et *devoir* sont actifs, et leurs participes ont dû subir l'influence du complément.

7° *Peu* suivi d'un nom et d'un pronom relatif peut embarrasser les personnes les plus intelligentes, quand le relatif est suivi d'un participe actif dont il est le complément direct. Dans de telles conjonctures, il n'y a qu'à s'assurer si *peu* signifie manque, absence, trop petit nombre, quantité insuffisante, et, dans ce cas, le participe ne varie pas, bien que l'accord ait lieu, parce qu'alors le relatif *que* se rapportant nécessairement à *peu*, est du masculin et du singulier; dans le cas contraire, le relatif, se trouvant du même genre et du même nombre que le nom qui suit *peu*, peut fort bien faire varier le participe, comme dans les deux derniers exemples.

Les participes ou adjectifs verbaux *compris*, excepté *joint, inclus, passé*, doivent encore être l'objet de quelques observations.

Lorsque *y compris*, *non compris* précèdent le nom, ils restent invariables : *Il a vingt-cinq mille livres de rente*, non compris *la maison où il loge*; *Cette dame a mille écus à dépenser*, y compris *la rente que lui fait l'aîné de ses fils*. Mais, si le nom précède, *y compris, non compris* s'accordent avec ce nom : *Mon frère donne tous les ans quinze cents francs aux pauvres, les aumônes extraordinaires* non comprises, *ou deux mille francs, les aumônes extraordinaires* y comprises.

*Excepté, passé* suivent la même règle : *Excepté la cour, qui s'élève quelquefois au-dessus des préjugés vulgaires. Il n'y a point eu d'Egyptien qui osât manger dans un plat dont un étranger se serait servi.* Volt. *Nous retiendrons tous les élèves, les premiers de chaque classe exceptés. Ce n'est que passé trois mois que ces jeunes oiseaux poussent le rouge.* Buf. *Je fis l'effort, ces jours passés, d'aller à la comédie.* Volt. *Encore six mois passés, nous serons complètement libres.*

*Ci-joint, ci-inclus*, non-seulement s'accordent avec le nom quand ils le suivent, mais ils varient ordinairement, lors même qu'ils le précèdent, si ce nom est accompagné de l'article défini : *Je vous recommande instamment les lettres ci-incluses. Les trois billets de banque ci-joints prouvent, mon tendre ami, que tu as la meilleure des mères. Je vous envoie ci-jointe, ci-incluse la copie que vous m'avez demandée.* Mais on doit dire : *Je vous adresse ci-joint, ci-inclus copie de ce que vous demandez.*

## CHAPITRE VII.

### SEPTIÈME ESPÈCE DE MOTS.

#### LA PRÉPOSITION.

La PRÉPOSITION sert à exprimer le rapport qui existe entre deux termes; dans la phrase suivante : l'*harmonie de la musique fait impression sur nos âmes*, *de* marque le rapport qu'il y a entre l'*harmonie* et la *musique*; *sur*, celui qui est entre *fait impression* et *nos âmes*; *de* et *sur* sont des prépositions, ainsi appelées, parce qu'elles se placent (se posent) avant le second terme, qui en devient le complément.

*Préposition pour marquer la place, le lieu, la situation.*

A. Fixer *au* plancher, *au* plafond, *à* la voûte; s'ennuyant *à* Pise, il désirait revenir *à* Athènes. — Ceux qui avaient été retenus *à* la cour, auraient voulu pour la plupart aller tout de suite *à* l'armée.

DANS. Diogène vécut plusieurs années *dans* un tonneau. Quoique innocent, Joseph fut enfermé *dans* une obscure prison. — Il est stupide de passer sa vie *dans* la mollesse et l'oisiveté.

EN. Ne retournez pas *en* Angleterre; restez plutôt *en* France.
Dans les temps bienheureux du monde *en* son enfance,
Chacun mettait sa gloire *en* sa seule innocence. Boit.

CHEZ. Quand vous viendrez à Paris, vous n'irez pas, je pense, loger ailleurs que *chez* moi. — *Dans* Racine on trouve d'admirables passages; mais les tours spirituels et piquants se rencontrent en foule *chez* Molière. — *Chez* les gens avares d'or, l'humanité n'est guère. Volt.

DE. A peine nous sortions des portes *de* Trézènes. Rac)

PARMI. Je connais *parmi* nous certains sots immodestes,
Qui pour un mot tout seul vont vous faire cent gestes. Senl.

SUR. Gloire à Dieu au plus haut des cieux, et paix *sur* la terre aux hommes de bonne volonté.

AUTOUR. Il était sur son char ; ses gardes affligés,
Imitaient son silence. *autour* de lui rangés. RAC.

SOUS. La gaîté, le bonheur sont *sous* un toit rustique ; ils s'égarent dans les châteaux. FAVART. L'homme est toujours *sous* les yeux et *sous* la main de la Providence.

Sous le poids de la faim le mérite abattu
Laisse en un triste cœur éteindre la vertu.

VERS. Déjà prenait son essor pour se sauver *vers* les montagnes, cet aigle dont le vol hardi avait d'abord effrayé nos provinces. FLÉCH.

Le premier moment de la vie
Est le premier pas *vers* la mort. J.-B. ROUSS.

*Pour marquer l'ordre.*

AVANT. La nouvelle est arrivée *avant* le courrier. — *Avant* cette chute fatale, l'homme jouissait d'un immense bonheur.

DEVANT. Et *devant* le Seigneur humblement prosternée,
Ma mère en ce devoir craint d'être détournée.

Le plus tôt arrivé se place *avant* les autres ; le plus considérable se place *devant* eux. GIRARD.

DERRIÈRE. Corneille s'est élevé *au-dessus* (1) de tous les poètes qui avaient paru avant le dix-septième siècle, et il les a laissés bien loin *derrière* lui.

APRÈS. Dans les processions le curé ou le célébrant marche *après* tous les autres. — On courut *après* lui, et on l'atteignit *auprès* d'un bois.

ENTRE. L'homme est placé libre *entre* le vice et la vertu. MARM.

DÈS. *Dès* sa plus tendre enfance, Tobi aima et pratiqua la vertu. — Le laboureur se lève *dès* l'aurore, et il court travailler dans les champs.

DEPUIS. Les états de ce petit prince s'étendent *depuis* la montagne *jusqu'au* fleuve. — *Depuis* mon retour je ne vous avais pas rencontré. — La reine leur parla d'une façon affectueuse, et les embrassa tous *depuis* le premier jusqu'au dernier.

*Pour marquer l'union.*

AVEC. Dieu fit alliance *avec* son serviteur Abraham.

DURANT. On lui assura tous les avantages *durant* sa vie, ou sa vie *durant*.

PENDANT. *Pendant* la guerre, les affaires commerciales languissent.

*Pour marquer le but.*

ENVERS. Lynx *envers* nos pareils et taupes *envers* nous. LA FONT.
L'humanité *envers* les peuples est le premier devoir des grands.

CONCERNANT. Celui qui a besoin de conseils *touchant* la probité, ne mérite pas qu'on lui en donne. — Il y a eu plusieurs conférences *concernant* ou *touchant*, ou sur les mesures à prendre
TOUCHANT. pendant l'hiver et au commencement de la campagne.

POUR. L'écolier travaille *pour* son instruction. — L'homme d'état fait la guerre *pour* conquérir la paix.

SUIVANT. Vous agirez *suivant* les instructions que vous transmettra le ministre.

SELON. Conduisez-vous, mon fils, *selon* les principes que j'ai cherché à vous inculquer dès votre enfance.

D'APRÈS. Ce tableau là est peint *d'après* nature ; celui-ci est *d'après* Raphael. — *D'après* ces motifs, *d'après* toutes ces considérations, je conclus...

*Pour marquer séparation.*

SANS. Les soldats *sans* leurs officiers.

Sans espoir de pardon me vois-je condamnée ?

HORS. Tout est perdu *hors* l'honneur.

EXCEPTÉ. Tout n'est que vanité, tout périt, *excepté* la vertu.

SAUF. On peut tout sacrifier à l'amitié, *sauf* l'honnête et le juste. MARM.

*Pour marquer opposition.*

CONTRE. Le travail est une meilleure ressource *contre* l'ennui que le plaisir. TRUB.

Seul *contre* trois, que vouliez-vous qu'il fît ?
— Qu'il mourût,
Ou qu'un beau désespoir alors le secourût. CORN.

NONOBSTANT. La vérité, *nonobstant* le préjugé, l'erreur et le mensonge, se fait jour et perce à la fin.

MALGRÉ. La loi ne saurait égaliser les hommes *malgré* la nature. VAUV.

*Pour marquer la conformité, la soumission.*

D'APRÈS. Je parle *d'après* une autorité non-suspecte.

SELON. *Selon* l'ordre de la nature ; *selon* la coutume.

SUIVANT. Dans un état bien réglé tout doit se faire *suivant* les lois.

*Pour marquer la cause, le moyen.*

PAR. *Par* un travail assidu, *par* des études opiniâtres ce jeune homme a acquis de fort belles connaissances. — De *par* le Roi...

MOYENNANT. J'espère que, *moyennant* vos excellents conseils, j'éviterai un grand nombre de fautes.

ATTENDU. Le courrier n'a pu partir, *attendu* le mauvais temps.

VU. L'homme, *vu* sa faiblesse et la longueur de son enfance, n'a jamais pu être absolument sauvage.

---

(1) Une préposition composée de deux mots, se nomme locution prépositive ; il y en a un certain nombre : *au-dessus de*, *au-dessous de*, *près de*, *auprès de*, *autour de*, *à côté de*, *vis-à-vis de*, *en face de*.

---

# CHAPITRE VIII.

## HUITIÈME ESPÈCE DE MOTS.

### L'ADVERBE.

L'ADVERBE est un mot qui se joint, soit à un verbe, soit à un adjectif, soit à un autre adverbe, et sert à en déterminer le sens. Dans les phrases suivantes : *Tu dors* profondément, *et l'onde nous entraine* ; ce n'est *pas un* fort *bon moyen pour payer que de n'avoir rien* ; *je ne vous suivrai pas, car vous courez* trop *vite* : *profondément* modifie le verbe dormir, *fort* l'adjectif bon, *trop* l'adverbe vite ; *profondément*, *fort*, *trop*, sont des adverbes.

Il existe différentes sortes d'adverbes.

1º Il y a des adverbes qui marquent la *manière :* ils sont presque tous terminés en *ment*, et ils se forment des adjectifs, comme *premièrement* de *sage*, *poliment* de *poli*, *agréablement* d'*agréable*, *modestement* de *modeste* (1).

2º Il y a des adverbes qui marquent l'*ordre*, comme *premièrement*, *secondement*, *d'abord*, *ensuite*, *auparavant* ; exemple : d'abord *il faut éviter le mal*, ensuite *il faut faire le bien*.

3 Il y a des adverbes qui marquent le lieu, comme *où*, *ici*, *là*, *deçà*, *au-delà*, *dessus*, *partout*, *auprès*, *loin*, *dedans*, *dehors*, *ailleurs* ; exemple : *où êtes-vous ? Je suis ici, je vais-là.*

4º Il y a des adverbes de temps, comme *hier*, *aujourd'hui*, *demain*, *autrefois*, *jadis*, *quelquefois*, *désormais*, *tantôt*, *maintenant*, *bientôt*, *souvent*, *toujours*, *jamais*, etc. Exemple : cet enfant joue *toujours* et ne s'applique *jamais*.

5º Il y a des adverbes de quantité, comme *beaucoup*, *peu*, *guère*, *assez*, *trop*, *tant*, etc. Exemple : *il parle beaucoup et réfléchit peu.*

6º Il y a des adverbes de comparaison, comme *plus*, *moins*, *aussi*, *autant*, etc. Exemple : plus *sage*, aussi *sage*, moins *sage que vous.*

7º Il y a des adverbes d'affirmation, comme *oui*, *certes*, etc. ; d'autres servent à nier, *non*, *non pas*, *ne*, *ne pas*, *ne point*, *pas du tout*, *nullement*, *nulle part.*

REMARQUE. Certains adjectifs sont quelquefois employés comme adverbes, on dit : *chanter* juste, *parler* bas, *voir* clair, *rester* court, *frapper* fort, *sentir* bon ; *enfants* nouveaux-nés, *coûter* cher, etc. (1).

# CHAPITRE IX.

## NEUVIÈME ESPÈCE DE MOTS.

### LA CONJONCTION.

La CONJONCTION est un mot qui sert à joindre une proposition à une autre proposition, une phrase à une autre : dans ce qui suit, *il pleure et il rit en même temps*, on voit deux propositions, *il pleure*, *il rit*, unies par le mot *et* ; *et* est une conjonction (3). *Tu écris mieux que tu ne parles*, contient également deux énonciations de jugements, ou propositions, *tu écris*, *tu parles*, qui sont jointes par le mot *que* ; *que* est aussi une conjonction.

Quelquefois les propositions ne sont pas aussi distinctes ; mais elles n'en existent pas moins, et une analyse raisonnée les fait facilement reconnaître. Quand on dit par exemple : *Aristote et Cicéron sont les écrivains les plus judicieux de l'antiquité*, c'est comme si l'on disait . *Aristote est l'écrivain le plus judicieux de l'antiquité* (chez les Grecs), *Cicéron est l'écrivain le plus judicieux de l'antiquité* (chez les Romains). Ainsi, dans la réalité, la conjonction *et* réunit deux propositions dans une seule phrase.

On peut analyser de même les phrases suivantes :

Le sage est citoyen, il respecte à la fois,
*Et* le trésor des mœurs, *et* le dépôt des lois.

Heureux celui qui se contente de peu, son sommeil n'est troublé *ni* par les craintes, *ni* par les désirs honteux de l'avarice. MEN.

---

(1) Pour former ces adverbes, il faut ajouter *ment* à l'adjectif, si ce dernier finit par une voyelle : *vrai*, *vraiment* ; *sensé*, *sensément* ; *utile*, *utilement* ; (excepté *gai* qui fait *gaiement* ou *gaîment* ; *impuni*, *impunément*.)

Pour les autres on prend le féminin : *follement*, *malignement*, *publiquement*, qui viennent de *folle*, *maligne*, *publique* (gentil, *gentiment*), l'on ajoute quelquefois un accent aigu, *conformément*, *expressément*, *profondément*, etc.)

Ceux qui sont terminés en *ant*, *ent* changent *nt* en *mment* : *savant*, *savamment* ; *prudent*, *prudemment*, (excepté *lent*, *lentement* ; *présent*, *présentement*.)

Les adverbes n'ont ordinairement pas de complément ; il faut en excepter : *dépendamment*, *indépendamment*, *différemment*, (suivis de la préposition *de*) ; *préférablement*, *proportionnément*, *convenablement*, *relativement*, *conformément*, *antérieurement*, *postérieurement*, *conséquemment*, *exclusivement*, *privativement*, *inférieurement*, *supérieurement*, ( suivis de la préposition *à* ), lesquels peuvent prendre le même complément que les adjectifs dont ils sont formés :

Il faut aimer Dieu *préférablement* à tout.
L'âme agit souvent *indépendamment* des organes.

(2) On appelle locution adverbiale plusieurs mots formant un adverbe : *Tout de suite, sans cesse, si ce n'est, à la fois, tout à fait, sens dessus dessous*, etc.

(3) De *jungere*, joindre ; *conjungere*, joindre ensemble, unir ; *conjunctio*, jointure, lien.

### Différentes sortes de conjonctions.

**On distingue** plusieurs sortes de conjonctions, les *copulatives*, les *augmentatives*, *alternatives* ou *disjonctives*, *hypothétiques* ou *conditionnelles*, *adversatives*, *périodiques*, *causatives*, *conclusives*, *explicatives* et *transitives*.

1° Les conjonctions *copulatives* sont celles qui servent spécialement à joindre : à lier, *et*, *ni*, *aussi*, *que*.

> *Ni* l'or, *ni* la grandeur ne nous rendent heureux.
> Pensez-vous qu'il soit aussi peu sage *que* vous ?

2° Les conjonctions *augmentatives* sont celles dont on se sert pour augmenter, ajouter, insister avec plus de force : *de plus*, *d'ailleurs*, *outre que*, *encore*, *au surplus*.

La plupart des riches sans naissance sont fiers et pleins d'arrogance ; *de plus* ils sont, ils sont *d'ailleurs*, ils sont *encore* brutaux et insolents.

L'oisiveté *outre qu'*elle engendre les vices, étouffe les talents.

3° Les *hypothétiques* ou *conditionnelles*, sont celles qui indiquent l'hésitation, le doute, quelque condition, comme : *si*, *supposé* (1) *que*, *pourvu que*, *bien entendu que*, *à la charge que*.

Une âme honnête, *si* elle a des torts, ne saurait être en paix avec elle-même, *à moins qu'*ils ne soient réparés.

Bien des gens s'embarrassent peu de la route, *pourvu qu'*elle les mène à la source des richesses.

4° Les *adversatives* ou *restrictives*, lesquelles expriment différence, opposition, restriction, telles que : *mais*, *quoique*, *encore que*, *cependant*, *néanmoins*, *pourtant*, *au contraire*, *au lieu que*, *du moins*, *au moins*.

On aime à deviner les autres, *mais* on n'aime pas à être deviné. **Vauv.**

> Le monde est vieux, dit-on ; je le crois, *cependant*
> Il le faut amuser *encor* comme un enfant.

5° Les *périodiques* marquent le temps et l'ordre, comme : *pendant que*, *tandis que*, *quand*, *lorsque*, *comme*, *dès que*, *aussitôt que*, *tant que*, *après que*, *depuis que*.

*Tant que* les hommes pourront mourir, et qu'ils (et *tant qu'*ils) aimeront à vivre, le médecin sera raillé et bien payé. — *Après que* les Romains eurent soumis tous les peuples d'Italie, ils tournèrent leurs armes victorieuses contre les Espagnols et les Carthaginois.

6° Les *causatives* servent à rendre raison, à indiquer le motif, l'intention : *car*, *parce que*, *puisque*, *vu que*, *afin que*, *de peur que*, *de crainte que*.

L'homme orgueilleux est insensé ; *car* il est né faible, imbécile, indigent et nécessiteux. **Mabm.** — Dieu accorde le sommeil aux méchants, *afin que* les bons soient tranquilles. — Il y a des vérités qui sont la source des plus grands désordres, *parce qu'*elles remuent toutes les passions. **Chateaub.**

7° Les *comparatives* sont celles dont on se sert pour faire des rapprochements, des comparaisons : *comme*, *ainsi que*, *de même que*.

*Comme* le feu éprouve l'or, *ainsi* l'adversité éprouve l'homme courageux.

8° Les *conclusives* servent à conclure : *donc*, *c'est pourquoi*, *vu que*, *ainsi*, *partant*, *par conséquent*.

Je pense, *donc* Dieu existe ; *car* ce qui pense en moi, je ne le dois point à moi-même. **La Font.** — L'envie est un sentiment triste et bas, un noir chagrin du bonheur d'autrui : elle est *par conséquent* le supplice des âmes viles, *comme* l'émulation est la passion des âmes nobles. **Mabm.**

9° Les *explicatives* sont celles qui sont suivies d'une explication : *savoir*, *à savoir*, *surtout*, *de sorte que*, *de façon que*, *c'est-à-dire*.

Il y a trois choses à consulter, *savoir* : le juste, l'honnête et l'utile. — Les quatre lettres J. N. R. J. qui sont au haut de la croix de Notre Seigneur, signifient : *Jesus Nazarenus, rex Judæorum*, c'est-à-dire, *Jésus de Nazareth, roi des Juifs*.

10° Les *transitives* sont celles qui marquent le passage ou la transition d'une chose à une autre : *or*, *au reste*, *du reste*, *après tout*, *de là*.

La plupart des hommes se laissent entraîner par des passions aveugles : *de là* mille embarras, *de là* tant de positions fausses. — Je vous ai dit ce que je pense sur cette affaire ; *du reste* (ou *après tout*) je m'en rapporte à votre sagacité et à votre sagesse.

### Régime des conjonctions.

**Parmi** les conjonctions, les unes régissent l'indicatif, les autres le subjonctif.

Voici celles qui régissent le subjonctif : *soit que*, *sans que*, *non que*, *si ce n'est que*, *quoique*, *jusqu'à ce que*, *encore que*, *à moins que*, *pourvu que*, *supposé que*, *au cas que*, *avant que*, *non pas que*, *afin que*, *de peur que*, *de crainte que* ; toutes celles en général qui marquent quelque doute, quelque appréhension, quelque souhait.

Je doute *que* cet enfant soit jamais savant. — *Supposé que* je vous aie rendu quelque service, *non que* je veuille en tirer gloire. **La Font.**

---

(1) Les conjonctions composées de plusieurs mots sont des locutions conjonctives ; comme : *supposé que*, *bien entendu que*, *au cas que*, *à moins que*, *au contraire*, *au surplus*, *pourvu que*, *à condition que*, *à la charge que*, *au lieu que*.

## CHAPITRE X.

### DIXIÈME ESPÈCE DE MOTS.

#### L'INTERJECTION.

**L'INTERJECTION** exprime d'une manière vive et énergique les divers mouvements de l'âme.

Voici les *interjections* (1) ou *exclamations* les plus fréquentes :

1° Pour marquer la douleur, l'affliction : *ah ! aie ! ohé ! hé ! hélas ! ouf !*

2° Pour la joie, le plaisir : *ah ! bon !*

3° Pour la crainte : *ah ! hé !*

4° Pour l'aversion, le mépris, le dégoût : *fi ! fi donc !*

5° Pour la dérision, l'ironie : *oh ! zest !*

6° Pour l'admiration : *oh !*

7° Pour la surprise : *oh ! ha !*

8° Pour encourager : *çà ! ah çà !*

9° Pour avertir : *holà ! hem ! oh !*

10° Pour appeler : *holà ! hé !*

11° Pour imposer silence : *chut ! s't !*

OBSERVATIONS PARTICULIÈRES SUR CHAQUE ESPÈCE DE MOTS.

#### I.

##### Des noms composés.

**Règle générale.** Pour savoir de quelle manière l'on doit écrire les noms composés, il faut examiner le sens particulier de chaque mot, afin de connaître s'il est au singulier ou au pluriel, et l'écrire en conséquence.

**Règle particulière.** Si le nom est formé de deux noms, ou d'un adjectif et d'un nom, ils prennent ordinairement tous deux la marque du pluriel : *un chef-lieu, des chefs-lieux ; un loup-cervier, des loups-cerviers ; un arc-boutant, des arcs-boutants*.

S'il est composé de deux noms unis par une préposition, le premier peut seul prendre la marque du pluriel : *un chef-d'œuvre, des chefs-d'œuvre ; un arc-en-ciel, des arcs-en-ciel*.

S'il est composé d'une préposition, d'un verbe ou d'un adverbe et d'un nom, le nom seul est susceptible du pluriel : *un avant-coureur, des avant-coureurs ; une arrière-saison, des arrière-saisons*.

Remarquez que c'est toujours la raison qui détermine la manière d'écrire des noms composés : ainsi vous écrirez un *cure-dents* (instrument qui cure les *dents*) ; un *porte-mouchettes* ; des *serre-tête* (des bonnets qui serrent la *tête*) ; des *porte-drapeau* (des hommes qui portent le *drapeau*) ; un *tête-à-tête* (entrevue où deux personnes ont la *tête* l'une vis-à-vis de l'autre) ; des *pied-à-terre* (des endroits où l'on met le *pied à terre*) ; des *blanc-seings* (des seings en *blanc*) ; des *bains-marie* (des bains qui portent le nom de *Marie*) ; un *porc-épics* (un porc à pointes ou *épics*) ; des *gagne-petit* (des hommes qui gagnent *peu*) ; un *garde-fous* (ce qui garde les *fous* ou les *étourdis*) ; des *coq-à-l'âne* (discours où l'on passe du *coq à l'âne*) ; des *appuis-main* (des appuis pour la *main*) ; des *abat-jour* (fenêtres qui abattent le *jour*).

##### Noms de nombre.

*Cent* au pluriel, et *vingt* dans quatre-*vingt*, six-*vingt*, prennent une *s* quand ils sont suivis d'un nom ; exemples : *deux cents hommes*, *quatre-vingts volumes*, *six-vingts arbres* (2).

Pour la date des années, on écrit *mil* ; exemple : *le froid fut très-grand en mil sept cent neuf* : *mille*, nom de nombre cardinal, ne prend jamais *s* : *deux mille hommes* (3).

*Neuf* se prononce devant une voyelle comme *neuv* ; exemple : *il y a neuf ans*, prononcez *neuv ans*.

On dit une *demi-heure*, une *demi-livre* : ce mot *demi* ne change pas, quand il est devant le nom ; mais dites : *une heure et demie*, *une livre et demie* ; quand le mot *demi* est après le nom, il en prend le genre (4).

##### Noms partitifs.

Dans les collectifs partitifs, le verbe et l'adjectif s'accordent non avec les collectifs eux-mêmes, mais avec le nom qui les suit et qui leur sert de complément.

La plupart des hommes se *souviennent* bien mieux des services qu'ils rendent que de ceux qu'ils reçoivent. — Une infinité de monde *pense* que la vie des

---

(1) De *interjicere*, lancer, pousser ; de *exclamare*, s'écrier, s'exclamer.

(2) De même ils étaient *trois cents*, nous étions *quatre-vingts* ; mais sans *s* : *l'an mil huit cent* ; *l'an mil sept cent quatre-vingt* ; *deux cent quarante soldats* ; *quatre-vingt-deux officiers*, etc.

(3) *Mille*, étendue de chemin, prend *s* au pluriel : *il courut dix milles* ; ce cheval fait *tant de milles par jour*.

(4) *Nu-tête*, *nu-pieds*, *feu la reine* ; *la tête nue*, *les pieds nus*, *la feue reine*. Il faut mentionner ici une bizarrerie sanctionnée par l'usage. On dit : *une paire de bas de soie noirs*, *une robe de satin blanc*.

courtisans est une comédie perpétuelle. — Un nombre infini d'oiseaux faisaient résonner ces bocages de leurs doux chants. FÉN. — Il trouva une partie du pain *mangé*, des liqueurs *bues*. — *Force gens ont été* l'instrument de leur mal. LA FONT. — Une troupe de voleurs *se sont introduits* dans l'église.

On doit remarquer que dans ces exemples le partitif est précédé d'un article indéfini ; et c'est pour cela que la règle subsiste ; elle disparaît, lorsqu'il suit l'article défini *le, la*.

La multitude des enfants d'Israël *était arrivée* au pied du Sinaï. — Le libraire a fourni le nombre d'exemplaires *convenu*. — L'armée des infidèles fut entièrement *détruite*. — La foule de curieux *s'était* bientôt *dissipée*. — La troupe de voleurs n'a rien *épargné* ; elle s'est *retirée* chargée d'un immense butin.

### Pronoms.

1º *Vous*, employé pour *tu*, veut le verbe au pluriel ; mais l'adjectif suivant reste au singulier.

EXEMPLE : Mon fils, vous serez estimé, si vous êtes sage.

2º *Le, la, les*, sont quelquefois pronoms, et quelquefois ils sont articles ; l'article est toujours suivi d'un nom : *le frère, la sœur, les hommes* ; au lieu que le pronom est toujours joint à un verbe, comme *je le connais, je le respecte, je les estime*.

Le pronom *le* ne prend ni genre, ni nombre, quand il tient la place d'un adjectif ou d'un verbe ; par exemple, si l'on disait à une dame : *Madame, êtes-vous malade ?* il faudrait qu'elle répondît : *Oui, je le suis*, et non pas *je la suis*, parce que *le* se rapporte à l'adjectif malade (1) : *On doit s'accommoder à l'humeur des autres autant qu'on le peut. Elle n'est pas aussi douce, aussi bonne qu'elle le semblait.*

REMARQUE IMPORTANTE. Le pronom *le* ne peut remplacer un verbe, qu'autant que dans les membres de phrase, le verbe conserve la même voix ; on dit bien : *je veux vous obliger aussi souvent que je le pourrai* (que je pourrai vous obliger) ; et, *cet homme a été fort maltraité, je n'aimerais pas à l'être de la sorte* (à être maltraité de la sorte) ; mais on ne peut pas dire : *on maltraite fort cet homme, je n'aimerais pas à l'être de la sorte* ; il faut dire : *à être maltraité de la sorte*. Cette autre phrase : *on aime à deviner les autres, mais on n'aime pas à l'être*, serait aussi d'une incorrection choquante ; pour être à l'abri de tout reproche, on doit dire avec Vauvenargues : *On aime à deviner les autres, mais on n'aime pas à être deviné.*

3º Le pronom *soi* s'emploie le plus souvent après un nominatif vague et indéterminé, comme *on, chacun, ce, il, quiconque, tel*.

EXEMPLE : *On ne doit jamais parler de soi.* — *On a souvent besoin d'un plus petit que soi.* — *Chacun songe à soi* ; il faut être *soi*. — *N'aimer que soi, c'est être mauvais citoyen.* — *Quiconque rapporte tout à soi n'est pas digne de vivre.*

Cependant, après les noms de personnes, on peut s'en servir pour éviter l'équivoque.

Cherchant à contenter son père, cet enfant travaille pour *soi* (2).

  Ou mon amour me trompe, ou Zaïre aujourd'hui
  Pour l'élever à *soi*, descendrait jusqu'à lui. VOLT.

Toujours avec les noms de choses :

De *soi* le vice est odieux. — La vertu est aimable de *soi*. — Un bienfait porte sa récompense avec *soi*. — Le remords que le crime traîne après *soi*. — La poésie porte son excuse après *soi*. — La guerre après *soi* traîne tant de malheurs. BOURS.

4º Il ne faut pas se servir des pronoms *son, sa, ses, leur, leurs*, mis pour un nom de chose, à moins que ce nom ne soit exprimé dans la même phrase ; ainsi ne dites pas : *Paris est beau, j'admire ses bâtiments* ; mais dites, *j'en admire les bâtiments*.

On emploie *son, sa, ses*, etc., pour un nom de choses, quand il est exprimé dans la même phrase ; ainsi on dit bien :

Le Rhône prend *sa* source en Suisse, et il a son embouchure dans la Méditerrannée (1).

5º Il faut dire : *C'est en Dieu que nous devons mettre notre espérance*, et non pas *en qui* ; *c'est à vous même que je veux parler*, et non pas *à qui* (4). Dans ces deux phrases, *que* n'est pas relatif, mais conjonction.

---

(1) *Êtes-vous reine ? je le suis ; êtes-vous la reine, la malade, Mme de Sévigné ? Je la suis ; êtes-vous témoin ? nous le sommes ; êtes-vous les témoins ? nous les sommes*. C'est-à-dire que l'adjectif dont *le* tient la place, est pris substantivement et précédé de l'article ; alors ce pronom prend le genre et le nombre de l'adjectif devenu substantif. On voit que *madame*, placé devant un nom propre, fait aussi varier le pronom.

(2) Mais Fenélon n'a pas été correct dans la phrase suivante :
Idoménée revenant à *soi*, les remercie de l'avoir arraché d'une terre qu'il a arrosée du sang de son fils.
On peut adresser le même reproche à La Bruyère :
Il tousse, il se mouche sous son chapeau ; il crache presque sur *soi*.

(3) Cependant, quoique le nom de la chose ne soit pas exprimé dans la même phrase, on se sert bien de *son, sa, ses*, quand il est régi par une préposition, comme : *Paris est beau ; j'admire la beauté de ses bâtiments.*

(4) Dites de même : *c'est là que je veux aller*, et non pas, *où je veux*. Boileau a eu tort de dire : *C'est à vous mon esprit, à qui je veux parler*. Et Molière : *c'est à la table à qui on rend visite*. Dans la phrase de Boileau, il fallait dire : *c'est à vous, mon esprit, que je veux parler* ; ou, *c'est vous, ô mon esprit, à qui je veux parler*.

---

Il y a une autre manière d'employer le relatif *qui*, qu'on ne saurait trop blâmer : cette tournure d'une révoltante barbarie se remarque dans les deux phrases suivantes : *Son frère qu'on disait qui allait arriver, ne s'était pas encore mis en route. Les spectres qu'on croit qui apparaissent.* ACAD. Il est si facile de prendre un autre tour, que c'est peut-être le moyen le plus simple d'éviter cet horrible solécisme ; mais sans rien changer, on pourrait dire : *Son frère qu'on disait devoir bientôt arriver*, ou *son frère qui, à ce qu'on disait, allait. Les spectres qu'on croit apparaître, ou qui, à ce qu'on croit, apparaissent.*

6º *Qui* relatif est toujours de la même personne que son antécédent ; ainsi il faut dire : *Moi qui ai vu ; vous qui avez vu ; nous qui avons vu*, etc., et non pas *moi qui a vu*.

7º *Qui*, précédé d'une préposition, ne se dit jamais des choses, mais seulement des personnes ; ainsi on ne dit pas : *Les sciences à qui je m'applique* ; mais AUXQUELLES *je m'applique*.

8º *Ce*, devant le verbe *être*, veut ce verbe au singulier, excepté quand il est suivi de la troisième personne du pluriel ; on dit : *C'est moi, c'est toi, c'est lui, c'est nous, c'est vous qui* ; mais il faut dire : *Ce sont eux, ce sont elles ; ce sont vos ancêtres qui ont bâti cette maison.*

9º *Tout*, mis pour *quoique, entièrement*, ne change ni de genre ni de nombre, excepté devant un adjectif féminin qui commence par une consonne ou par une *h* aspirée ; *nos vaisseaux sont tout prêts ; les enfants, tout aimables qu'ils sont, ne laissent pas d'avoir bien des défauts ; la compagnie était tout attentive et tout émue* ; mais on dira : *Cette image*, toute *belle qu'elle est*, ne me plaît pas ; *ces maisons* toutes *hautes qu'elles sont.* Quelquefois *tout* se trouve placé devant un nom, et dans ce dernier cas il reste encore invariable : *Des draps tout laine.... il est tout science.* MOL.

10º *Quelque que* s'emploie de cette manière : s'il y a un adjectif entre *quelque* et *que*, alors *quelque* ne prend jamais *s* à la fin.

EXEMPLE : *Les rois, quelque puissants qu'ils soient, ne doivent pas oublier qu'ils sont hommes.*

S'il y a un nom entre *quelque* et *que*, alors on met *quelque* au même nombre que le nom.

EXEMPLE : *Quelques richesses que vous ayez, vous ne devez pas vous en énorgueillir.*

Si le nom n'est placé qu'après le *que* et le verbe, alors il faut écrire en deux mots séparés *quel* ou *quelle que, quels* ou *quelles que*.

EXEMPLE : *Quelle que soit votre force, quelles que soient vos richesses, vous ne devez pas vous en énorgueillir.* — *Votre puissance, quelle qu'elle soit, ne vous donne pas le droit de mépriser les autres.*

11º Le pronom *même*, précédé de l'article, d'un nom ou d'un pronom personnel, prend la marque du pluriel : *Les mêmes hommes, les arbres mêmes, nous-mêmes, vous-mêmes, eux-mêmes.*

Dans tout autre cas il est invariable.

Les hommes, les animaux *même* sont sensibles aux bienfaits ; les hommes et *même* les animaux, etc.

12º *Celui-ci, celui-là* s'emploient de cette manière : *Celui-ci*, pour la personne dont on a parlé en dernier lieu, *celui-là*, pour la personne dont on a parlé en premier lieu.

EXEMPLE : *Les deux philosophes, Héraclite et Démocrite, étaient d'un caractère bien différent : celui-ci riait toujours ; celui-là pleurait sans cesse.*

*Ceci*, désigne une chose plus proche ; *cela*, désigne une chose plus éloignée.

EXEMPLE : *Je n'aime pas ceci, donnez-moi cela.*

Le mot *personne*, employé comme pronom, est du masculin ; on dit : *Je ne connais personne plus heureux que lui* : mais *personne*, employé comme nom, est du féminin : *Cette personne est très-heureuse.*

On ne dit plus : Un chacun, un quelqu'un.

REMARQUES SUR LES VERBES. — Le sujet, soit nom, soit pronom, se place après le verbe, 1º quand on interroge, exemples : *Que penseront de vous les honnêtes gens, si vous n'êtes pas sage ? Irai-je ? Viendras-tu ? Est-il arrivé ?*

Quand le verbe, qui précède *il, elle, on*, finit par une voyelle, on ajoute *t* devant *il, elle, on* ; exemple : *Appelle-t-il ? Viendra-t-elle ? Aime-t-on les paresseux ?*

L'usage ne permet pas toujours cette manière d'interroger à la première personne, parce que la prononciation en serait rude et désagréable ; ne dites pas : *Cours-je ? mens-je ? dors-je ? sors-je ?* etc. ; il faut prendre un autre tour et dire : *Est-ce que je cours ? est-ce que je mens ? est-ce que je dors* (1) ?

---

(1) En général, les verbes d'une seule syllabe rejettent cette manière d'interroger, ainsi que leurs composés : *maintiens-je, contiens-je*, ne seraient pas moins désagréables que *tiens-je*.

L'on dit cependant très-bien : *fais-je, sais-je, dis-je, ai-je, suis-je, puis-je, vois-je, dois-je*. Racine s'est aussi servi de *viens-je* :

  *Viens-je vous demander que vous quittiez l'empire ?*

Le muet se change en *é* fermé devant *je* : *aimé-je, mangé-je, dussé-je, puissé-je, eussé-je.*

2º Le sujet se met encore après le verbe, lorsque l'on rapporte les paroles de quelqu'un ; exemple : *Je me croirai heureux*, disait un bon roi, *quand je ferai le bonheur de mes sujets.*

3º Quand la phrase exprime le souhait, le désir, et quelquefois le doute ; exemple : *Me préserve le ciel d'une telle pensée ; puissé-je vous voir heureux un jour ! Ainsi soit-il !* LA FONT. *Fasse le ciel que les pères attendris disent…* FÉN. *Je veux achever cet édifice, fallût-il y dépenser toute une fortune* (voir la fin de la note précédente)?

4º Après *tel, ainsi, à peine, aussi* ; exemple : *Tel était son avis ; ainsi mourut cet homme ; à peine eurent-ils entendu ces paroles, qu'ils prirent des pierres pour le lapider. Turenne était un capitaine actif et vigilant ; aussi ne l'a-t-on jamais surpris.*

5º Après les verbes impersonnels ; exemple : *Il est arrivé un grand malheur.*

6º Les poètes, auxquels certaines inversions sont permises, mettent fréquemment le sujet après le verbe :

> Bien lui valut *sa longue expérience.* LA FONT.

### II.

On ne doit se servir du passé défini qu'en parlant d'un temps absolument écoulé, et dont il ne reste plus rien ; ainsi il ne faut pas dire : *J'étudiai aujourd'hui, cette semaine, cette année*, parce que le jour, la semaine, l'année, ne sont pas encore passés ; ne dites pas non plus : *J'étudiai ce matin* ; il faut pour le passé défini qu'il y ait au moins l'intervalle d'un jour ; mais on dit bien : *J'étudiai hier, la semaine dernière, l'an passé*, etc.

Le passé indéfini s'emploie indifféremment pour un temps passé, soit qu'il en reste encore une partie à écouler ou non ; on dit bien : *J'ai étudié ce matin, j'ai étudié hier, j'ai étudié cette semaine, j'ai étudié la semaine passée*, etc.

### III.

A quel temps du subjonctif faut-il mettre le verbe qui suit la conjonction *que* (quand elle régit ce mode).

*Première règle.* Quand le premier verbe est au présent ou au futur, mettez au présent du subjonctif le second verbe qui est après *que* ; exemple :

*Il faut*
*Il faudra*     *que vous soyez plus attentif.*

*Deuxième règle.* Quand le premier verbe est à l'un des prétérits, mettez le second verbe à l'imparfait du subjonctif ; exemple :

*Il fallait*
*Il fallut*
*Il a fallu*     *que vous fussiez plus attentif.*
*Il eût fallu*
*Il aurait fallu*

Cette dernière règle est loin d'être absolue ; il y a de nombreuses exceptions.

> Depuis bientôt dix ans qu'a-t-il dit, qu'a-t-il fait,
> Qui ne *promette* à Rome un empereur parfait?

*Remarque sur les Prépositions.*

La préposition *voici* désigne les objets les plus proches, *voilà* ceux qui sont à une plus grande distance. Si deux personnes se trouvaient au haut des tours Notre-Dame, l'une d'elles se tournant vers l'occident devrait dire : *Voici le Louvre et les Tuileries ; voilà le château de Meudon qui est un peu sur la gauche.*

Ces deux prépositions, qui ne peuvent presque jamais s'employer l'une pour l'autre, servent principalement à marquer ce que l'on va dire ou ce que l'on a déjà dit : dans le premier cas, *voici* est de rigueur ; dans le second, *voilà* est le seul à employer. De tout temps cette règle a été généralement suivie par les écrivains distingués, et il faut vraiment s'étonner que tant de gens l'ignorent aujourd'hui (1).

> Voici trois médecins qui ne se trompent pas,
> Gaîté, doux exercice, et modeste repas.  DOMERGUE.
> Veiller, régner sur soi, fuir ou vaincre le vice ;
> Voilà de la vertu le plus noble exercice.  DUCIS.

1º Ne confondez pas *autour* et *à l'entour* : *autour* est une préposition, et elle est toujours suivie d'un régime : *autour du trône* ; *à l'entour* n'est qu'adverbe, et il n'a point de régime : *il était sur son trône, et ses fils étaient à l'entour.*

2º Ne confondez pas *avant* et *auparavant* ; *avant* est une préposition, et elle est suivie d'un régime : *avant l'âge, avant le temps* ; *auparavant* n'est

qu'un adverbe, et il n'a point de régime : *ne partez pas si tôt, venez me voir auparavant* (1).

3º *Au travers* est suivi de la préposition *de* : *au travers des ennemis* : *à travers* n'en est pas suivi ; on dit : *à travers les ennemis.*

*Remarque sur les Adverbes.*

1º *Plus* et *davantage* ne s'emploient pas toujours l'un pour l'autre ; *davantage* ne peut être suivi de la préposition *de*, ni de la conjonction *que* : on ne dit pas : *il a davantage de brillant que de solide*, mais plus *de brillant* (2) ; on ne dit pas : *il se fie davantage à ses lumières qu'à celles des autres*, mais *il se fie plus à ses lumières.*

*Davantage* ne peut s'employer que comme adverbe ; exemple : *la science est estimable, mais la vertu l'est bien davantage.*

2º Ne confondez pas l'adverbe *près de*, qui signifie *sur le point de*, avec l'adjectif *prêt à*, qui signifie *disposé à* ; on ne dit point : *il est prêt à tomber*, mais *il est près de tomber.*

Ne confondez pas *à la campagne* et *en campagne* ; ce dernier ne se dit que du mouvement des troupes : *l'armée est en campagne* ; mais il faut dire : *j'ai passé l'été à la campagne.*

3º Avec *ni* répété, avec *rien* et *jamais, ne* suffit pour la négation ; ajouter *pas* ou *point*, c'est, comme le dit Molière dans les FEMMES SAVANTES, *trop d'une négative.* Cependant ce grand écrivain dramatique a violé plus d'une fois cette règle qu'il connaissait si bien. Le puriste Boileau n'est pas plus irréprochable à ce sujet, car il a dit :

> Je n'ai *point* exigé, ni serment, ni promesse.

La règle n'en subsiste pas moins : il faut absolument s'y conformer.

*Remarque sur le Complément ou Régime.*

RÈGLE. Un nom peut être régi par deux adjectifs, ou par deux verbes à la fois, pourvu que ces adjectifs et ces verbes ne veuillent pas un complément différent.

> Cet officier attaqua et prit *la ville ;*
> Cet homme est utile et cher *à sa famille.*

Mais on ne peut pas dire *cet homme est utile et chéri de sa famille* ; parce que l'adjectif *utile* ne peut pas régir *de sa famille* ; on ne peut pas dire : *cet officier attaqua et se rendit maître de la ville*, parce que le verbe *attaquer* ne peut régir *de la ville.*

## DE L'ORTHOGRAPHE.

L'*Orthographe* (3) est la manière d'écrire correctement tous les mots d'une langue.

### ORTHOGRAPHE DES NOMS.

1º La première lettre des noms propres, des noms de dignité, doit être une lettre capitale : *Pierre, Paris* (4).

2º Tous les noms qui ne finissent pas par *s* au singulier en prennent une au pluriel ; exemple : *un jardin charmant, des jardins charmants* (5).

3º C'est une faute d'écrire sans *h* les mots qui doivent commencer par cette lettre : écrivez l'*honneur* et non pas l'*onneur* ; quoiqu'on écrive *honneur* avec deux *nn*, il n'y en a qu'une dans *honorer.*

4º On écrit avec *mp*, *compte, compter*, pour signifier *supputer* ; avec *m* seulement, *comte, comté*, titre de dignité ; avec un *n*, *conte, conter*, pour signifier *raconter.*

5º On écrit avec *mp*, *champ*, pour signifier *terre*, et avec *nt*, *chant*, pour signifier l'action de *chanter.*

6º On écrit ainsi *faim*, besoin de *manger*, et *fin*, le terme où finit une chose. *La mort est la fin de la vie.*

*Mots en ace et en asse.*

On écrit par *ce*, *glace, besace, grimace, espace, place, race, grâce*, etc. Et par *sse*, *terrasse, bécasse, grasse, basse* ; tous les imparfaits du subjonctif de la première conjugaison : *j'aimasse, j'appelasse*, etc.

---



(1) *Voici, voilà*, sont les seules prépositions qui se mettent après leur complément, quand c'est un pronom personnel ; on dit : *me voici, te voici, le voici, nous voici, vous voici, vous voilà, les voilà.* On dit encore : *voici que, voilà que ; le voici qui vient, ou voici qu'il vient ; le voilà qui vient, ou voilà qu'il vient.*

(1) Racine s'est donc incorrectement exprimé lorsqu'il a dit :
Tant son extraordinaire sainteté la rendait vénérable à tout le monde, même *auparavant* son martyre.
*Auparavant que* serait incorrect, il faut dire : *avant que.*

(2) Néanmoins la phrase suivante est irréprochable :
Si vous êtes enchanté de M. le marquis de Mora, il l'est bien *davantage* de vous.
C'est que *de vous* ne dépend pas de l'adverbe *davantage* ; il se rapporte à *enchanté*, sous-entendu.

(3) De deux mots grecs όρθος, droit, direct, correct ; et γράφω, j'écris.

(4) Le *Roi* est parti ; les *Français* ; la *Grammaire* est plus utile que la *Musique*. Sans majuscules : un roi juste et bon ; nous avons rencontré des *français* ; un jeune *français* ; la *grammaire* latine.

(5) Il faut excepter les noms propres qui n'admettent pas l's : *les deux Racine, les Guise* ; à moins qu'ils ne s'emploient comme noms communs, *les Césars* ; *les Alexandres*, pour désigner les grands capitaines, etc. Quelques noms communs ne prennent pas l's : *les alinéa, les errata.*

*Mots en ence et en ance.*

On écrit par *a* les mots suivants : *abondance, constance, vigilance, distance*, etc.

Et par *e* : *prudence, conscience, absence, clémence, éloquence*, etc. (On suit à cet égard l'orthographe latine ; *abundantia, prudentia*.)

*Mots en èce, en esse et en aisse.*

On écrit par *ce* : *nièce, pièce, espèce, la Grèce* ; par *sse* : *adresse, blesse, caresse, sagesse, mollesse*, et par *aisse* : *graisse, épaisse*, etc.

*Mots en ice, et en isse.*

On écrit par *ce* : *calice, office, artifice, précipice* ; et par *sse* : *écrevisse, réglisse, jaunisse* ; presque tous les imparfaits du subjonctif de la deuxième et quatrième conjugaisons : *je rendisse, je finisse.*

*Mots en siou, tion, xion, ction.*

On écrit par un *s* : *appréhension, dimension, pension, convulsion, ascension*, etc. ; et par *t* : *attention, condition, agitation, discrétion.*

Remarque. *A* conserve sa prononciation dans les noms où il est précédé d'un *si* ou d'une *x* : *Question, indigestion, mention* : autrement il se prononce comme *s*, *attention*, prononcez *attension.*

On écrit par *x* : *fluxion, réflexion, complexion, génuflexion*, etc. ; et par *ct* : *action, distinction, séduction, prédilection*, etc.

## ORTHOGRAPHE DES VERBES.

### PRÉSENT DE L'INDICATIF.

*Singulier.* 1° Si la première personne finit par *e* : *j'aime, j'ouvre*, etc., on ajoute *s* à la seconde ; la troisième est semblable à la première : exemple : *j'aime, tu aimes, il aime.*

2° Si la première personne finit par *s* ou *x*, la seconde personne est semblable à la première ; la troisième finit ordinairement en *t* : *je finis, tu finis, il finit.* Dans quelques verbes, la troisième personne se termine en *d*, *il rend, il vend, il prétend* (1).

*Pluriel.* Le pluriel, dans toutes les conjugaisons, se termine toujours par *ons, ez, ent* : *nous aimons, vous aimez, ils aiment* ; *nous finissons, vous finissez* (2), *ils finissent* (3).

### IMPARFAIT DE L'INDICATIF.

Il se termine toujours de cette manière : *ais, ais, ait, ions, iez, aient.*

*J'aimais, tu aimais, il aimait ; nous aimions, vous aimiez, ils aimaient.*

*J'employais*, etc., *nous employions*, etc.

### PRÉTÉRIT DE L'INDICATIF.

Le prétérit *défini* a quatre terminaisons : *ai, is, us, ins*, de cette manière :

*J'aimai, tu aimas, il aima ; nous aimâmes, vous aimâtes, ils aimèrent.*

*Je finis, tu finis, il finit ; nous finîmes, vous finîtes, ils finirent.*

*Je reçus, tu reçus, il reçut ; nous reçûmes, vous reçûtes, ils reçurent.*

*Je devins, tu devins, il devint ; nous devînmes, vous devîntes, ils devinrent.*

### FUTUR DE L'INDICATIF.

Il se termine toujours ainsi : *rai, ras, ra, rons, rez, ront.*

*J'aimerai, tu aimeras, il aimera ; nous aimerons, vous aimerez, ils aimeront. Je jetterai*, etc. ; *j'emploierai*, etc.

*Je recevrai, tu recevras, il recevra ; nous recevrons, vous recevrez, ils recevront* (4).

### CONDITIONNEL PRÉSENT.

Il se termine toujours ainsi : *rais, rais, rait, rions, riez, raient.*

*J'aimerais, tu aimerais, il aimerait ; nous aimerions, vous aimeriez, ils aimeraient.*

*Je recevrais, tu recevrais, il recevrait ; nous recevrions, vous recevriez, ils recevraient.*

### PRÉSENT DU SUBJONCTIF.

Il se termine toujours ainsi : *e, es, e, ions, iez, ent.*

*Que j'aime, que tu aimes, qu'il aime ; que nous aimions, que vous aimiez, qu'ils aiment ; que j'appelle*, etc., *que nous appelions*, etc. ; *que j'emploie*, etc., *que nous employions*, etc.

### IMPARFAIT DU SUBJONCTIF.

Il y a quatre terminaisons : *asse, isse, usse, insse*, de cette manière :

*J'aimasse, tu aimasses, il aimât ; nous aimassions, vous aimassiez, ils aimassent.*

*Je finisse, tu finisses, il finît ; nous finissions, vous finissiez, ils finissent.*

*Je reçusse, tu reçusses, il reçût ; nous reçussions, vous reçussiez, ils reçussent.*

*Je devinsse, tu devinsses, il devînt ; nous devinssions, vous devinssiez, ils devinssent.*

Remarquez que les secondes personnes plurielles des verbes ont ordinairement un *z* à la fin. (Il ne faut excepter que la deuxième personne du prétérit défini, et *vous dites, vous faites, vous êtes.*)

## REMARQUES

### SUR L'ORTHOGRAPHE DES PRONOMS, ADVERBES ET AUTRES MOTS.

*Leur* ne prend jamais *s* à la fin, quand il est joint à un verbe ; alors il signifie *à eux, à elles* : *ces enfants ont été sages, je leur donnerai un prix.*

*Leur*, suivi d'un nom pluriel, prend une *s* ; alors il signifie *d'eux, d'elles* : *un père aime ses enfants, mais il n'aime pas leurs défauts.*

On ne met point d'accent sur *o* dans *notre, votre*, quand ils sont devant un nom : *votre père, notre maison* ; mais on met un accent circonflexe sur *ô* dans *le nôtre, le vôtre, la nôtre, la vôtre* ; exemple : *mon livre est plus beau que le vôtre.*

On met un accent grave sur *là*, adverbe de lieu : *allez là* ; on n'en met point sur *la*, article : *la reine* ; ni sur le pronom féminin *la* : *je la connais.*

On met un accent grave sur *où*, adverbe de lieu : *où allez-vous ?* On n'en met point sur *ou*, conjonction : *c'est vous ou moi.* On met un accent grave sur *à* préposition, *je vais à Paris.* On n'en met point sur *a*, troisième personne du verbe *avoir* : *il a de l'esprit.*

On met un accent circonflexe sur *dû* (1), participe du verbe *devoir* : *rendez à chacun ce qui lui est dû* ; on n'en met point sur *du*, article : *la lumière du soleil.*

On met un accent grave sur *dès*, préposition : *dès l'enfance* ; on n'en met point sur *des*, article composé : *le siècle des lumières.*

### DE L'APOSTROPHE.

*L'apostrophe* (') marque le retranchement d'une de ces trois lettres, *a, e, i.*

*a, e*, suivis d'une voyelle ou d'une *h* muette, se retranchent dans *le, la, je, me, te, se, de, ne, que, ce.*

*Le*, on dit : *l'ami, l'enfant, l'instinct, l'oiseau, l'univers, l'honneur*, pour *le enfant*, etc.

*La*, on dit : *l'abeille, l'épée, l'intention, l'oisiveté*, etc., pour *la abeille, la épée.*

*Je*, on dit : *j'apprends, j'étudie, j'honore, j'oublie*, etc., pour *je apprends*, etc.

*Me*, on dit : *vous m'aimez, vous m'estimez, vous m'instruisez*, etc., pour *me aimez*, etc.

*Te*, on dit : *je t'avertis, je t'ennuie, je t'invite*, etc., pour *te avertis*, etc.

*Se*, on dit : *il s'amuse, il s'ennuie, il s'instruit, il s'occupe*, pour *se amuse*, etc.

*De*, on dit : *beaucoup d'apparence, d'ignorance, d'orgueil*, pour *de apparence*, etc.

*Ne*, on dit : *je n'aime pas, je n'estime pas, il n'obéit pas*, pour *ne aime pas*, etc.

*Que*, on dit : *qu'avez-vous fait ? qu'importe ?* pour *que avez-vous fait ?* etc.

*Ce*, on dit : *c'est la vérité*, pour *ce est*, etc.

---

(1) Tous les verbes en *dre* se terminent ainsi, excepté ceux qui ont le participe passé terminé par un *t* : *il joint, il peint, il plaint* ; excepté encore *il absout, il dissout, il résout*, bien que le participe de ces derniers ne finisse pas par *t*.
Si l's est précédée d'un *v*, on retranche l's pour la troisième personne : *il vainc, il convainc.*
— *Je vais, tu vas, il va ; j'ai, tu as, il a ; je suis, tu es, il est.*

(2) *Vous êtes, vous dites, vous faites.*

(3) *Ils vont, ils ont, ils sont, ils font.*
— *J'appelle, tu appelles, il appelle ; nous appelons, vous appelez, ils appellent ; j'emploie, tu emploies, il emploie ; nous employons, vous employez, ils emploient.*

(4) N'écrivez pas *je receverai, je renderai* ; on ne met *e* devant *rai* qu'à la première conjugaison.

---

(1) Mais l'accent se retranche au féminin et au pluriel : *la somme qui m'était due* ; *les honneurs dus à son rang.*

Et à la fin des mots *quelque, entre, jusque*.

*Quelque* perd *e* devant *un autre* quelqu'*un*, quelqu'*autre*.

*Entre* perd *e* devant *eux, elles, autres :* entr'*eux*, entr'*elles*, èntr'*autres*, qu'on écrit aussi *entre eux, entre elles, entre autres*.

*Jusque* perd *e* devant *à, au, aux, ici, où, alors;* jusqu'*à Paris*, jusqu'*au ciel*, jusqu'*ici*, jusqu'*où*, jusqu'*alors* (1).

*I* se retranche dans le mot *si* devant *il, ils;* s'il *arrive*, s'ils *viennent* (2).

#### DU TRAIT D'UNION.

Le *trait d'union* (–) se met entre les verbes et *je, me, moi, toi, tu, nous, vous, il, ils, elles, le, la, les, lui, leur, y, en, ce, on*, quand ces mots sont placés après le verbe.

Exemples : *Irai-je? viens-tu? donnez-lui? achevera-t-il? viendra-t-èlle? a-t-on fait? prenez-en*, etc.

On met encore le trait d'union entre deux mots tellement joints ensemble qu'ils n'en font plus qu'un : *chef-d'œuvre, courte-pointe, avant-coureur*.

#### DU TREMA.

Le *tréma* (¨). On appelle ainsi deux points placés sur les voyelles *i, e, u*, quand ces lettres doivent être prononcées séparément de la voyelle qui précède, comme *Saül, haïr, païen, aïeul, ambiguë;* pour empêcher qu'on ne prononce ce dernier mot comme *fatigue* (3).

#### DE LA CEDILLE.

La *cédille* (¸). On appelle ainsi une petite figure qu'on met sous le *c* devant *a, o, u*, pour avertir qu'il doit avoir le son de *s*, comme dans *leçon, façade, reçu*, etc.

#### DE LA PARENTHÈSE.

La *parenthèse*. On appelle ainsi deux crochets ( ) dans lesquels on renferme quelques mots détachés; exemple : *Celui qui évite d'apprendre* (dit le sage) *tombera dans le mal*.

## DE LA PONCTUATION.

La *Ponctuation* est l'art d'indiquer dans l'écriture, par des signes convenus, les pauses que l'on doit observer en lisant.

Ces signes se réduisent à six.

1° La *virgule* ( , ) se met entre les noms, les adjectifs, les verbes qui se suivent.

La richesse, le plaisir, la santé deviennent des maux pour qui ne sait pas en user.

La charité est douce, patiente, bienfaisante.

Il alla dans cette caverne, trouva des instruments, abattit des peupliers.....
FÉN.

La virgule sert encore à distinguer les différentes parties d'une phrase.

Le sort fait les parents, le choix fait les amis.   DEL.

La vie n'est qu'un songe, la gloire n'est qu'une faiblesse, les plaisirs ne sont qu'un dangereux amusement.

Ni l'or, ni la grandeur ne nous rendent heureux.   LA FONT.

2° Le *point-virgule* ( ; ) marque un repos plus prolongé, et se met entre deux phrases dont l'une dépend de l'autre.

La droiture du cœur, la vérité, l'innocence et la règle des mœurs, l'empire sur les passions; voilà la véritable grandeur et la seule gloire que personne ne peut nous disputer.   MASS.

Les Machabées étaient vaillants; néanmoins il est écrit qu'ils comptaient sur leurs prières autant que sur leurs armes.   BOSS.

3° Les *deux-points* (:) indiquent un repos encore plus marqué, plus prolongé; ils se mettent ordinairement après une phrase finie, mais suivie d'une autre qui sert à l'éclaircir ou à la développer.

Voilà les preuves sur lesquelles je me fonde : qu'avez-vous à répondre?

Voici ce que dit le Seigneur : ce peuple m'honore des lèvres, mais son cœur est loin de moi.

Dieu se plut à créer des animaux divers :
L'aigle au regard perçant pour régner dans les airs;
Le paon pour étaler l'iris de son plumage;
Le coursier pour courir; le loup pour le carnage...   VOLT.

4° Le *point* indique un repos complet, et il se met à la fin des phrases, il y a le point simple ( . ), le point interrogatif (?) et le point admiratif ou exclamatif ( ! ).

Je plains l'homme accablé du poids de son loisir.

5° Le *point interrogatif* (?) ne marque pas un repos aussi complet que le point simple; il se place après un membre de phrase ou une phrase qui exprime une interrogation.

Qui trouvera un ami fidèle?
Où le conduisez-vous? à la mort? — A la gloire.

Mais quand l'interrogation ne se trouve que dans la proposition subordonnée, on ne met pas de point interrogatif.

6° Le *point exclamatif* ou *admiratif* ( ! ) termine les phrases de surprise, d'étonnement ou d'admiration.

Heureux qui sait mêler l'agréable à l'utile!
O mon fils! ô ma joie! ô l'honneur de mes jours!
Qu'il est glorieux de mourir pour sa patrie!

## REMARQUES SUR LA PRONONCIATION.

*A* est nul dans *août, aoûteron, aoriste, Saône, taon, curaçao*.

*Ai* sonne comme l'*e* muet dans *faisant, nous faisons, je faisais;* et dans *bienfaisant, bienfaisance* (excepté dans le discours soutenu); il a le son de l'*a* dans *douairière*.

*B* sonne dans *Job, rumb, radoub, ab hoc et ab hâc*.

*C* a le son du *ch* dans *vermicelle, violoncelle;* celui du *g* dans *second, seconder;* mais il conserve sa prononciation dans *secret, secrétaire, difficulté*.

*Ch* prend le son du *k* dans les mots où il est suivi d'une des consonnes *l, r*, comme dans *Chloris, chronique*, etc. Joignez-y *Achéloüs, archétype, anachorète, archonte, archange, Chalcédoine, Chaldée, catéchumène, chaos, Chéronnée, Chersonnèse, chœur, choriste, chorus, orchestre, Melchisédec, Bacchus, Charon, Melchior, Michol, Roch*. (Il est nul dans *almanach*).

Prononcez de même *Michel-Ange, exarchat, patriarchat, archiépiscopat*.

*C* final sonne fortement; excepté dans *arsenic, estomac, broc, croc, acroc, escroc, marc, clerc, cric, échecs* (jeu), *tabac, jonc, lac* (filets), *tronc, porc, banc, flanc, blanc, franc*, où il est nul, à moins qu'il ne soit suivi d'une voyelle, comme *porc-épics, clerc-à-maître, croc-en-jambe, franc étourdi*, etc.

*E* est nul dans *eu, j'eus, gageure, mangeure*, et dans *Caen;* il a le son de l'*a* dans *indemnité, enivrer, enorgueillir. Femme, ardemment, solennel, hennir*, se prononcent *fame, ardament, solanel, hanir*.

*F* ne se fait pas sentir dans *clef, œuf dur, œuf frais, bœuf gras, bœuf salé, cerf, cerf-volant, chef-d'œuvre, nerf-de-bœuf* (prononcez *ner-de-bœuf*), *œufs, bœufs, nerfs, neuf soldats;* mais il sonne dans *neuf-et-demi, ils étaient neuf*.

*G*, au commencement des mots, est toujours dur : *Gnide, gnomon;* il sonne de même dans *diagnostic, stagnation, cognat, régnicole, inexpugnable, ignée, Progné. G* ne se fait pas entendre dans *signet, Regnard, Regnaud;* il ne sonne pas non plus dans *faubourg, legs, doigt, vingt, étang, poing, coing, hareng, seing, de sang-froid*.

Dans *suer sang et eau, sang humain, long accès, rang honorable*, le *g* a le son du *k*, ainsi que dans la première syllabe de *gangrène*.

*H* est aspirée dans *Hollande, Hongrie*, cependant on dit *du fromage, de la toile d'Hollande, de l'eau de la reine d'Hongrie. Sainte-Ménehould* se prononce *Sainte-Mènout*.

L'aspiration a lieu dans : *de onze enfants que j'avais, il ne m'en reste que trois; les onze années que j'ai passées près de vous; le oui et le non*. On dit *l'onzième* ou *le onzième*. L'Académie autorise *acheter de la ouate*, sans condamner *de l'ouate*, que Boileau a dit, chose qu'on ignore peut-être à l'Académie.

*I* est nul dans *oignon, poignard, poignet, poignant, moignon*.

*L* sonne dans *fil, Nil, mil* (nom de nombre); elle a le son mouillé dans *babil, cil, fenil, péril* (1), *avril, grésil, mil* (millet); et ne sonne pas dans *baril, outil, chenil, coutil, fournil, fusil, nombril, gentil*, mais elle sonne dans *gentil* (païen), et a le son mouillé dans *gentilhomme, gentil enfant*.

*LL*, précédés d'un *i*, ont le son mouillé, excepté dans les mots commençant par *ill*, et dans *Gille, mille, ville, distille, tranquille, imbécille*.

*M* ne sonne pas dans *damner, condamner, automne*, elle a le son de l'*n* dans *Adam, Joachim* (prononcez *Joachin*).

*N* est nulle dans *Béarn*, et se fait sentir dans *Tarn, amen, abdomen, gramen*.

*NN* sonnent seulement dans *annexe, annales, inné, innové, innomé*.

*Bon enfant, certain auteur, mon ami, bien aimable, on est venu*, se

---

(1) On dit *jusqu'à aujourd'hui*, ou *jusqu'aujourd'hui*.

(2) On écrit encore avec un apostrophe : *grand'chambre, grand'messe, grand'-mère*, etc.

(3) Il ne faut jamais se servir du tréma, quand un accent peut en tenir lieu : *poème, poète*, et non pas *poëme, poëte*.

---

(1) M. N. Landais reproche à l'Académie d'avoir indiqué *péril* avec le son mouillé. Quand bien même l'usage des personnes qui parlent bien pourrait être compté pour rien, l'adjectif *périlleux*, dérivé de *péril*, serait une loi de cette prononciation. Au reste, M. Landais paraît n'avoir consulté, sur les sons mouillés, que des personnes qui n'ont ni l'oreille assez délicate pour les saisir, ni la langue assez déliée pour les bien prononcer.

prononcent en liant l'*n* finale avec la voyelle qui suit, *bon nenfant, certain nauteur*, etc.; mais la liaison n'a pas lieu dans *bon à boire, attention extrême, est-on ici, il se porte bien à présent*, etc.

*O* ne sonne pas dans *faon, paon, Laon, Craon*, qu'il faut prononcer *fan, pan, Lan, Cran*.

*Oi*. Cette diphthongue exige une attention particulière; la prononciation en est très-difficile à représenter, à figurer par d'autres lettres : en général, elle se prononce *oua*, en glissant rapidement sur *ou*. Appliquez cette règle à *oiseau, Danois, mois, pois*, etc.

*Oi* a le son de l'*è* ouvert dans *foible, roide* (dans le discours soutenu, l'on prononce *rède* ou *roade*), *harnois, monnoie* ( *monnoyé* se prononce *monnayé*, et non pas *monnoyé*, faute de prononciation assez commune) (1).

*OE* se prononce *eu* dans *œil, œillade, œillet*.

*Qu* a la son de *cou* devant un *a*, et celui de *cu* devant *e, i*, dans les mots *aquatique, équation, équateur, in-quarto, quatuor, quadragénaire, quadragésime, quadrature* (terme de géométrie), *quadrangulaire, quadrige, quaterne, quadrupède, quadruple, quaker* (couacre), *équitation, équestre, à quia, Quinte-Curce, Quintilien, quinquérème, quindécemvirs, requiem, quinquagésime*.

Il sonne comme *k* dans *quiproquo, liquéfier, quanquan, quasimodo, quatrain, quidam, quinquina, fièvre-quarte, Tarquin, Charles-Quint, Sixte-Quint*.

Il sonne dans *coq, cinq*; il est nul dans *coq d'Inde* et *cinq livres*.

*R* final sonne dans *cher, enfer, fier, mer, amer, fer, hiver, magister, éther, Esther, Jupiter, le stathouder, le Niger*.

Il est nul dans les autres mots : *chercher, aimer* (qui se prononcent *cherché, aimé*, à moins que ces infinitifs ne soient suivis d'une voyelle, comme dans : *chercher à vaincre* où *chercher* sonne *chercher*), *acier, métier, entier*.

*RR* sonnent dans *je mourrai, je courrai*, mais non dans *je pourrai*.

*S* entre deux voyelles a le son du *z* : *raison, blason*; elle sonne de la même manière dans *Alsace, balsamine, transaction, transition, transit, transitif*.

Elle conserve sa prononciation dans *transir, Transylvanie*, et dans *gisant, ils gisent, désuétude, monosyllabe, parasol, vraisemblance, préséance, présupposer*.

Elle est nulle dans *dès que, tandis que*; mais elle sonne dans *as, atlas, Pallas, vasistas, gratis, iris, lapis, locatis, Páris, vis, Rubens, Valens, Délos, pathos, anus, Bacchus, blocus, calus, chorus, fœtus, prospectus, rébus, sinus, en sus, aloès, laps*.

Quoique muette dans *plus*, elle se fait sentir dans *plus que, plusque-parfait*.

Elle sonne encore dans *tous* pris absolument : *tous pensent*; et dans *fils, sens*, à la fin d'une phrase; dans *lis* (excepté *fleur-de-lis*).

*Duguesclin, Shakespear* se prononcent *Duguéclin, Chèkspir*.

*T*, dans les noms et les adjectifs où il n'est pas précédé d'une *s* ou d'une *x*, prend le son du *c* dans les syllabes *tial, tiel, tion, tieux, tie*, comme *partiel, essentiel, mention, captieux, contentieux, ineptie, démocratie* (excepté *garantie, partie, répartie*), où il conserve sa valeur.

Joignez-y *Gratien, Dioclétien, égyptien, vénitien, satiété, insatiable, initier, balbutier, patient, patienter, quotient*.

*Thie* ne prend jamais le son accidentel, comme dans *apathie, sympathie, pythie*.

*T* final sonne dans *abject, accessit, brut, chut, contact, correct, dot, direct, débet, déficit, fat, granit, exact, infect, indult, est, ouest, lest, luth, mat, prétérit, rapt, suspect* (bien qu'il ne sonne pas dans *respect, aspect*), *strict, tacet, tact, toast, transeat, transit, vivat, zénith, zist, zest*.

Il ne sonne pas dans *vingt*, excepté dans *vingt-deux, vingt-trois*, etc.

Il est nul dans *sept maisons, huit livres*, et se prononce dans *sept ans, huit hommes, ils étaient sept, huit, le sept du mois, le huit de pique*.

Il se fait sentir dans *Christ*, et il est entièrement muet dans *Jésus-Christ*.

*U* se fait sentir dans *aiguille, aiguillon, aiguiser*, d'*Aiguillon, Guise*.

*W* a le son du *v* dans *Warvick, Westphalie*, etc.; il sonne comme une *u* dans *Newton*; *Laws* se prononce *Lasse*.

*X* sonne comme *gz* dans *Xavier, Xantippe, Xénophon, Xercès* (prononcez *Gzercès*).

Comme *cs* dans *luxe, axe, Alexandre*, etc.

Comme *ss* dans *Auxerre, Auxonne, Bruxelles*.

Comme *cz* dans *examen, exemple*, etc.

Comme *k* devant un *c* suivi d'une *e* ou d'un *i*, *excite, exception*.

Comme *z* dans *deuxième, dixième, sixain, sixième*.

Comme *s* dans *Aix, dix, six*.

*Z*. *Suez, Rhodez, Metz*, se prononcent *Suesse, Rhodesse, Mètse*.

---

(1) Cette remarque ne concerne que les livres imprimés antérieurement à notre époque. Aujourd'hui tout le monde, y compris l'Académie, écrit *faible, harnais, monnaie, monnayé*.

# INTRODUCTION.

Cette introduction sera divisée en deux parties distinctes et fort disproportionnées ; la première comprendra ce que nous avons à dire sur les origines de la Langue française et sur les étymologies ; dans la seconde, seront indiquées sommairement les principales améliorations à apporter au Dictionnaire de l'Académie, sous le double rapport de la langue poétique et littéraire, et du langage usuel.

## I.

> Les dialectes et les patois, et les noms propres d'hommes et de lieux, me semblent une des mines presque intactes, d'où il est possible de tirer de grandes richesses historiques.
>
> J. DE MAISTRE.

Rien ne paraît plus curieux ni plus attachant que la recherche des étymologies. Il faut bien qu'il en soit ainsi, puisque les deux génies les plus éminents de Rome et d'Athènes s'en sont très sérieusement préoccupés : chez les modernes, l'esprit le plus complet, la plus vaste intelligence peut-être qu'on puisse citer, a fait pour cette étude infiniment plus que Cicéron et l'immortel disciple de Socrate. Si dans les quelques passages où le philosophe consulaire a cherché à découvrir l'origine de certains mots, si surtout Platon, dans son *Cratyn*, tombent dans de puériles et misérables subtilités, à tel point qu'on serait tenté de leur faire l'application d'un passage connu, savoir « que la science étymologique est une curiosité tantôt facile, tantôt paradoxale, » il n'en est pas ainsi de Leibnitz. En effet, cet admirable penseur faisait consister la supériorité du génie non à traiter une question en termes brillants et magnifiques, mais à écrire avec fermeté, et surtout à apprécier chaque chose à sa juste valeur. A ce point de vue, il avait parfaitement compris qu'il était d'un immense intérêt de recueillir les débris (1) de la langue que parlait autrefois ce peuple célèbre (2) qui, au rapport du plus grave des historiens, recherchait par-dessus tout la gloire des armes et le mérite de parler avec esprit. Une semblable conception fait d'autant plus d'honneur à Leibnitz, qu'il vivait parmi des hommes qui depuis..... Mais alors cependant ils ne se croyaient pas les fils aînés des Indous, ni les premiers hommes de l'Europe ; ils ne s'étaient pas encore avisés de faire les autres peuples à leur image et à leur ressemblance (3).

Malheureusement le grand philosophe fut mal secondé. Son correspondant, le père Pezron, commençait cette série outre-cuidante des partisans du celtique, qui a fait tant de bruit par ses audacieuses affirmations et ses prétentions ridicules.

Il n'en est pas moins à remarquer que la haute intelligence de Leibnitz n'était pas satisfaite, relativement aux origines de la Langue française, des travaux exécutés avant l'époque où il a vécu. Cependant les hommes passionnés pour le grec avaient eu un représentant aussi spirituel qu'érudit dans la personne de H. Estienne, qui s'était efforcé de faire remonter une foule de mots français jusqu'à la langue d'Homère, au moyen des Massaliotes. Les Hébraïsants ne s'étaient

---

(1) *Voir* le sixième volume des OEuvres complètes de Leibnitz ; édition in-4°.

(2) Les Gaulois : voici les propres paroles de Caton l'Ancien, qui écrivait plus de deux siècles avant notre ère : *Gallica gens duas res industriosissime persequitur, rem militarem, et arguti loqui.*

(3) C'est là tout le secret du fameux système de l'*hyper-paradoxal* Nieburh. Les Germains n'ayant point de villes, habitant soit sur les lisières des bois, soit au milieu des campagnes, toujours dans des maisons isolées, n'avaient que des poésies aussi vagues, aussi incohérentes que leurs traditions. Donc les Romains, qui habitent une ville, qui se connaissent tous, qui agissent au grand jour, qui presque chaque jour délibèrent ensemble, combattent ensemble pour la patrie, ont vécu de la vie des Germains ; ils n'ont pas eu plus d'histoire que les Germains ; ils n'ont eu que des poésies mensongères, comme les Germains..... Si les contemporains de Leibnitz avaient rêvé de telles extravagances ; ils ne se seraient pas flattés de les faire partager à nos pères.

pas non plus endormis : et les Guischard, les Thomassin, les Bochart avaient fait paraître de savants ouvrages qui tendaient à établir que le français, ainsi que les idiômes dont il est formé, dérivait de l'Hébreu, à n'en pas douter. Enfin les admirateurs de la langue de Virgile, les Caseneuve, les Le Duchat, les Ménage, s'appuyant sur Du Cange, avaient longtemps combattu pour prouver que, si le latin avait doté la Langue française de milliers de vocables, tout le reste, à l'exception de quelques mots qu'on était fier de rattacher aux langues de l'Orient, dérivait du grec ou du latin barbare. Bien entendu qu'on ne pouvait arriver à une semblable conséquence que par de prodigieux efforts d'imagination et d'esprit, que par des rapprochements bizarres et forcés, que par la supposition enfin de transformations successives affirmées avec une imperturbable confiance, mais dont rien ne garantissait la réalité, et qui pouvaient fort bien n'avoir jamais eu d'existence ailleurs que dans l'imagination du philologue bel-esprit. Restait d'ailleurs à expliquer d'une manière quelconque tous ces mots barbares, point du tout grecs, latins pas le moins du monde, mais seulement habillés à la grecque ou à la latine. Mais le brave Ménage, enchanté, comme tous les esprits systématiques, d'avoir soutenu sa thèse d'une manière telle quelle, n'était pas homme à troubler son sommeil pour si peu de chose.

Tout le monde ne pouvait partager cette douce quiétude. En effet, comment admettre, quand on raisonne, que des mots qu'aucun de ceux qui savent le mieux le latin, ne pourrait comprendre s'il ne savait que le latin, fussent généralement entendus non-seulement dans toute la France, mais aussi quelquefois en Espagne et en Italie, et que de tels mots néanmoins ne fussent que des mots altérés, corrompus, transformés ! Un homme aussi profond que Leibnitz n'en était pas à croire à de telles chimères. D'autre part, comme les hommes supérieurs n'ont point cet étroit patriotisme, ni cette puérile vanité qui revendique tout pour le pays où l'on a pris naissance, il ne songea point à réclamer en faveur de la Germanie les mots barbares mêlés au latin du moyen-âge, et remarqués bien plus nombreux dans les langues romanes, dépouillés de cet habit d'emprunt qu'ils devaient au pédantisme et à la mode. Il eût fallu pour cela abjurer les droits de la vérité et les principes d'une saine critique, sacrifice qui ne coûte guère à la foule des érudits, mais auquel ne se résout pas facilement une intelligence de quelque portée. Pezron se faisant fort d'aplanir toutes ces difficultés et d'expliquer tous ces mystères, devait trouver un accès facile auprès du philosophe allemand, très-désireux de trouver la solution d'un aussi important problème. Une chose piquait la curiosité et doublait l'intérêt; c'est que Pezron promettait d'atteindre à son but au moyen de la langue celtique, qu'il croyait avoir retrouvée dans la langue parlée chez les Armoricains et au pays de Galles. C'était faire pressentir l'explication la plus naturelle et la plus plausible.

Ces brillantes promesses ne pouvaient s'accomplir. L'attente excitée ne pouvait être satisfaite sans un ouvrage savant et méthodique, où tous les points d'une question si vaste eussent été convenablement traités et parfaitement éclaircis. Cette tâche excédait les forces de Pezron, qui ne semblait pas se douter de la grandeur de sa mission. Avoir de grandes prétentions, et ne rien faire pour les justifier; tirer des conclusions éblouissantes, alors que rien n'a été bien établi; citer comme faits incontestables, donner en preuve des mots détachés, peu nombreux, quelquefois puisés à des sources justement suspectes : voilà à quoi se réduisent presque toujours ces ouvrages tant vantés par leurs auteurs et consorts, où l'on s'imagine avoir établi d'une manière irréfragable un système qui n'est pas même toujours clairement et uniformément indiqué.

L'impulsion était donnée, et bientôt il se présenta un de ces hommes assez rares, qui ne reculent jamais devant les difficultés, et qui s'acharnent d'autant plus à un sujet, qu'il nécessite des investigations infinies. Bullet, après avoir compulsé non-seulement tous les ouvrages imprimés qui étaient à sa disposition, mais encore un grand nombre de manuscrits (dont quelques-uns appartenaient au savant et spirituel De Brosses), sortit un peu du vague où étaient restés jusque-là presque tous les érudits, et il comprit que dans l'Europe centrale et septentrionale il y avait trois races d'hommes bien distinctes, les Celtes (1), les Germains, et les Slaves. Mais avec la plupart des philologues on se trouve rarement sur un terrain solide ; et, quand, pour se reconnaître, on jette les yeux autour de soi, si l'on aperçoit à la vérité quelques points lumineux, tout le reste est couvert d'une effrayante obscurité, à tel point qu'on se prend quelquefois à regretter la nuit sombre, la nuit avec ses plus épaisses ténèbres. C'est ce qu'on éprouve en parcourant les in-folio de Bullet (2). Au lieu de rappeler minutieusement les faits, de réunir scrupuleusement les textes, de les discuter avec une critique libre et sévère, ce savant homme ne nous présente que des aperçus incomplets; il affirme beaucoup, et il ne songe guère à prouver. S'il cite un passage ou deux, c'est pour en tirer des conséquences à perte de vue. Puis il semble qu'il vise beaucoup plus à nous étonner qu'à nous instruire. N'allons pas croire, en effet, qu'on cherche, avec ce qui nous reste des langues celtiques, à jeter quelques lumières sur nos antiquités nationales, tant sous le rapport de la philologie que sous celui de l'histoire : non, non, ce n'est point du tout là la question pour le docte franc-comtois. Pour lui, il n'y a qu'une chose importante à laquelle il faut tout sacrifier, c'est de reconstituer le celtique, et le *celtique se retrouve dans l'irlandais*, le basque, le gallois et le bas-breton, et DANS NOS ANCIENS MONUMENTS. Eh ! que nous importe le celtique, à moins qu'il ne soit question

---

(1) Cependant, après avoir fait cette distinction remarquable, il retombe dans la confusion, et présente en un autre endroit les Germains presque comme des frères des habitants des Gaules. Ainsi que ses successeurs, il a aussi, je ne sais comment, toujours confondu les Basques avec les Celtes.

(2) V. l'article BULLET, dans l'*Encyclopédie catholique*; il s'y trouve des développements que nous devons nous interdire ici.

d'en faire voir l'influence sur nos patois et notre langue, ou de le rattacher au système général des langues indo-européennes ? Et pourquoi mettre sur la même ligne des idiômes si disparates, l'irlandais, le basque, le gallois ? Avancer que l'on retrouve la langue celtique dans nos anciens monuments, n'est-ce pas méconnaître les règles d'une saine logique, et chercher à prouver la question par la question. « Le celtique existe donc dans les anciens monuments ? » Mais voilà précisément ce qui est en question ; c'est donc là ce qu'il fallait démontrer avec une rigoureuse exactitude.

Le vent soufflait au celtique ; et, quelque incomplets que fussent ces travaux, ils trouvaient quelque faveur dans le monde savant. Nous en trouvons une preuve non douteuse dans un mémoire, ou plutôt une dissertation, insérée dans le vingtième volume des *Mémoires* de l'Académie des Inscriptions et Belles-Lettres, où Falconet, après avoir passé en revue les différents systèmes par lesquels on avait prétendu expliquer l'histoire de la Langue française, repousse celui de Port-Royal, qui avait reproduit les idées de H. Estienne, combat celui de Ménage, et finit par conclure en faveur de celui du père Pezron.

Bientôt Le Brigant parut, et les choses furent poussées beaucoup plus loin. On ne se contenta pas de prétendre que la langue des Gaulois était la plus ancienne de l'Europe, mais on voulait qu'elle fût la plus ancienne du monde, la langue primitive ; on affirmait que c'était la langue universelle, que sur notre globe il n'y avait pas le plus petit coin de terre où elle fut inconnue ; qu'elle était parlée même dans les îles les plus lointaines et les plus sauvages (1). L'héroïque élève de Le Brigant, l'intrépide la Tour-d'Auvergne, s'attacha à défendre toutes les conquêtes d'un maître dont il vénérait les vertus. Et il est à croire que, si ce système n'eût déjà existé, le premier grenadier de la république était homme à l'inventer : et qui oserait reprocher à un tel homme d'avoir pensé que les questions d'érudition s'emportaient comme les postes que l'ennemi lui disputait, sans y faire tant de façons ?

Aussitôt que les lettres purent se reconnaître après la tourmente révolutionnaire, loin que l'exagération et l'extravagance eussent amené une réaction violente, on se retrouva plus engoué du celtique que jamais. Sous les auspices d'un puissant patronage, il se forma une Académie celtique, composée de savants et d'hommes éminents dans l'État et dans l'Armée.

Rien n'est trompeur comme les apparences ; et, à l'époque qui semblait marquée pour le triomphe définitif du celtique, on vit commencer la réaction. Bientôt l'Académie celtique n'osa plus conserver son nom ; elle le quitta pour prendre celui de Société des Antiquaires.

La réaction ne tarda pas à être complète, et l'on revint de nouveau au latin. Il ne faut pourtant pas s'imaginer que l'on veuille ressusciter Ménage ; non, on a d'autres idées, et le système diffère quant au fond et quant à la forme. Ménage donnait force étymologies, M. Raynouard en est très-sobre ; Ménage cherchait son point d'appui dans le latin barbare, M. Raynouard s'occupe exclusivement de la langue romane, telle qu'elle existait surtout dans le Midi, à la brillante époque des troubadours. Le point de départ diffère, bien qu'il semble le même. Les partisans du latin avaient cru jusqu'ici que c'était bien la langue de Rome, et non une autre, qui lors de la conquête s'était répandue dans les Gaules ; mais M. Raynouard, qui semble avoir creusé plus profondément dans le sol, croit s'apercevoir que la conquête et l'occupation romaines, y compris l'établissement du Christianisme, ne suffisent pas pour justifier tout le latin qui se trouve en réalité ou en apparence soit dans les documents écrits avant la formation des langues romanes, soit dans les livres composés en ce dernier idiôme. C'est, comme on voit, toujours la même difficulté qui se reproduit sous des formes différentes. Pour tous les bons esprits, ce qui paraît inexplicable, ce qui reste inexpliqué jusqu'ici, c'est la présence de plusieurs mots étrangers au latin proprement dit, lesquels se trouvent mêlés à cette langue dès les premiers temps, qui semblent se multiplier dans les langues romanes, qui apparaissent en plus grand nombre encore dans le français et les patois. Au reste, M. Raynouard a formulé un système sans le démontrer : ce système est certainement faux, mais il dénote dans son auteur une intelligence de beaucoup supérieure à celle de ses devanciers et une incontestable supériorité sur ceux qui l'ont combattu. Il ne restera donc rien du laborieux académicien que ses publications, qui seront toujours fort utiles pour l'histoire des langues du Midi et en même temps pour l'étude approfondie de la Langue française.

Ce que nous venons de dire montre combien les études philologiques sont attrayantes, puisqu'à toutes les époques on s'y est adonné avec une ardeur incroyable. Cependant il faut convenir qu'en général nous avons trouvé sur notre route des hommes plus passionnés que réellement savants, plus spirituels que judicieux.

---

(1) Le trait suivant, rapporté par les biographes, peut donner une idée du pédantisme ridicule et de l'extravagant enthousiasme de Le Brigant. Marchant à la langue universelle par le bas-breton, selon la spirituelle expression de M. Ch. Nodier, il disait journellement des choses assez extraordinaires sur cet idiôme merveilleux. Alors on s'avisa de lui parler d'un jeune insulaire de l'Océanie, au baragouinage duquel on ne pouvait rien comprendre ; et Le Brigant de répondre qu'il le comprendrait, lui. L'offre fut acceptée avec grand empressement ; et, pour faire briller de tout son éclat le savoir de ce prodigieux linguiste, on convint de donner beaucoup de solennité à cette curieuse entrevue. Au jour fixé, une société nombreuse et brillante se réunit dans un vaste local préparé tout exprès, et Le Brigant, fidèle au rendez-vous, comme on s'en doute bien, prit une attitude théâtrale pour écouter les mots inintelligibles à toute oreille humaine que roucoulait le jeune étranger. Bientôt, l'interrompant, il s'adressa à l'assemblée, et dit : Messieurs et Mesdames, il me dit : *Bonjour, comment vous portez-vous ?* A ces mots, un rire inextinguible éclata dans l'assemblée. Alors Le Brigant, indigné, dominant le bruit d'une voix de Stentor : *Apprenez*, s'écria-t-il, *qu'il parle celtique, et qu'il n'y a que du celtique dans ce monde !* Cette apostrophe véhémente, faite d'un ton d'inspiré, était d'autant plus comique, que l'insulaire, tout le monde était dans le secret, n'était autre qu'un jeune Parisien, stylé à jouer ce rôle par un des amis mêmes de Le Brigant.

Hâtons-nous d'opposer à ceux-ci d'autres érudits qui ont su allier le jugement et la saine critique avec la sagacité et l'ardeur des recherches. M. Amédée Thierry a su déblayer avec courage, dans son estimable *Histoire des Gaulois*, et délimiter avec précision le terrain sur lequel il voulait appeler la discussion. Il a parfaitement compris que, si on ne rappelait les textes positifs, laissés par les anciens, on ne pouvait rien fonder qui pût tenir contre un examen sérieux et attentif; un passage de César, capital pour décider quatre ou cinq questions des plus embrouillées, texte négligé par les partisans du celtique, parce qu'il les embarrassait tous, il l'a intrépidement invoqué; il en a conclu qu'au lieu de ne chercher qu'une langue celtique, il en fallait au moins trouver deux (1). Il a montré, après Camden (2), savant du premier ordre, que la langue des Belges était le kymrique, parlé encore maintenant au pays de Galles et dans l'Armorique : et que la langue des Celtes ou Gaëls, qui habitaient le centre des Gaules, n'était autre que le gaélique en usage encore aujourd'hui en Écosse et en Irlande. Voilà du moins des questions posées avec fermeté : quand on fait de l'érudition, quand on discute quelques points d'histoire sur lesquels tout le monde n'est pas d'accord, c'est avec cette clarté qu'il convient de procéder, afin que le commun même des lecteurs puisse suivre jusqu'au bout une argumentation qui doit se terminer par une conclusion motivée.

Après M. Thierry, qui a surtout prétendu éclaircir les faits historiques, nous devons mentionner honorablement M. Pictet qui a plus fait pour les langues. L'ouvrage de cet habile philologue nous servira à écarter quelques obstacles qui auraient pu, contre notre gré, nous arrêter quelques instants au moment où nous devons sérieusement entrer en matière.

Dans un savant travail, M. Pictet a comparé les langues celtiques avec le sanscrit, et il a montré les nombreuses affinités de ces langues avec l'antique idiôme de l'Inde. Ce long et pénible parallèle était inutile sans la supposition de la réalité des langues celtiques; mais la démonstration obtenue conduit à la preuve de ce qu'on se proposait d'établir, et met en lumière l'authenticité de ces langues, qu'on a presque toujours négligées, et qu'on n'a jamais approfondies aux époques même où l'on en parlait le plus. Si les recherches de M. Pictet ont un grand mérite intrinsèque, si elles supposent d'opiniâtres études, une grande patience, une merveilleuse sagacité, la noble récompense qu'il en a obtenue de l'Institut de France leur donne une valeur nouvelle.

Dans un tel état de choses, nous sommes dispensés, fort heureusement pour nous, d'une ennuyeuse discussion, qui d'ailleurs serait déplacée ici; notre tâche se trouve fort simplifiée. Nous n'avons donc que quelques mots à dire sur les langues celtiques, dont il sera si souvent question dans cette première partie.

Voici de quelle manière s'exprime ce savant linguiste sur ces vieilles langues qu'on s'attendait peut-être à ne jamais retrouver :

« Les langues celtiques se divisent en deux branches distinctes :

1° La branche gaélique, qui comprend l'irlandais et l'erse ou écossais des montagnes ;

2° La branche kymrique (3), à laquelle appartiennent le gallois et le bas-breton (4).

« Ces deux branches, tout en offrant des caractères communs assez saillants pour les distinguer d'une manière tranchée de toutes les autres langues indo-européennes, diffèrent assez entre elles pour constituer deux langues bien séparées. L'irlandais s'éloigne bien plus du gallois, par exemple, que le scandinave du gothique, et presque autant, à certains égards, que le grec du latin. Les idiômes de la branche gaélique sont plus rapprochés entre eux que ceux de la branche kymrique. L'irlandais et l'erse ne sont réellement que des dialectes assez fortement caractérisés d'une même langue ; on peut en dire autant peut-être du *gallois* et du *cornique*; mais le *bas-breton* offre des différences plus prononcées. »

C'est ainsi que s'exprime M. Pictet; ces passages, d'une admirable justesse, nous les adoptons pour notre compte et nous en faisons provisoirement notre point de départ.

Les langues celtiques existent encore; cette vérité résulte de savants travaux exécutés, au moins pour ce qui concerne la question que nous agitons ici, sans système préconçu, sans arrière-pensée, auxquels l'Institut de France a donné son approbation. Un autre savant dont les recherches ont été encouragées de si brillantes récompenses, déclare hautement que cela ne fait pas question, puisque dans le gaélique (l'irlandais et l'écossais des montagnes) et dans le kymrique (le gallois et le bas-breton), on retrouve encore aujourd'hui tous les mots mentionnés comme gaulois par les anciens auteurs (5). C'est à l'aide de ces mots, comme nous le disions tout à l'heure, que M. Amédée Thierry a pu débrouiller l'*Histoire des Gaulois*. Nous constatons ces résultats de la science historique, heureux que nous sommes de nous trouver complètement d'accord avec ces érudits d'un mérite reconnu.

---

(1) La troisième dont il est question dans César, et que M. Thierry explique mal, selon nous, ne concerne que l'Aquitaine. Nous en parlerons à la suite du patois bayonnais. *V.* l'article Basques dans l'*Encyclopédie catholique*.

(2) J'ai fait la biographie de cet érudit si distingué; elle a été insérée dans l'*Encyclopédie catholique*; il s'y trouve certains détails qui ne sont pas étrangers à la question qui nous occupe.

(3) M. Pictet écrit *cymrique*; je crois que c'est à tort, car, dans ces idiômes, le *c* a constamment le son du *k*, et Camden, cet homme d'une si imposante autorité, orthographie *Kumerii*, les Kymris.

(4) M. Pictet ajoute le *Cornique*, lequel n'est pas un rameau assez important, ce semble, pour le faire figurer séparément.

(5) *V.* la plupart de ces mots vers la fin de cette première partie.

Cette satisfaction que nous exprimons si volontiers ne sera pas de longue durée, car à l'instant même nous allons nous trouver en dissidence complète avec eux. Nous en sommes très-fâché; mais il ne dépend pas de nous qu'il en soit autrement. M. Thierry nous paraît être tombé dans une espèce de contradiction : il a prétendu tracer d'un côté le pays occupé autrefois par les Belges ou Kymris, c'est-à-dire, toute la partie septentrionale des Gaules au-delà de la Loire et de la Seine ; il s'est ensuite attaché à indiquer avec précision les provinces que possédaient les Celtes ou Gaëls, c'est-à-dire, toutes les provinces de la Gaule centrale, non compris celles de l'ouest : puis, par un retour inattendu, loin de soupçonner que les divers patois qui existent dans cette grande étendue de pays doivent renfermer, les uns un grand nombre de mots kymriques, les autres une infinité d'expressions gaéliques, il coupe court à toute recherche et à toute discussion en avançant, dans son *Histoire des Gaules* depuis la conquête romaine, qu'à partir du second ou du troisième siècle de notre ère, tout le monde parle la langue de Rome et du Christianisme, et qu'il ne faut espérer que du latin l'explication des patois et de notre langue.

A son tour, M. Ampère prononce magistralement que tous nos patois ne proviennent que de la corruption du latin. Mais, savants hommes, y pensez-vous? Si l'on vous demandait la preuve de ce que vous avancez si lestement, quelle serait votre réponse? A cette question un peu cavalière, « les avez-vous étudiés? » que sortirait-il de votre bouche, sinon une réponse embarrassée qui finirait nécessairement par être négative.

Mais voici bien autre chose. On voit dans Tite-Live un orateur qui en s'adressant à Caton l'Ancien, le menace fièrement de tourner contre lui ses propres *Origines* (1). On pourrait tout aussi facilement opposer le second ouvrage de M. Thierry au premier. On lui dirait donc : de votre aveu, il n'y a de mots kymriques ni dans le normand, ni dans le picard, ni dans le rouchi, ni dans le wallon, ni dans le lorrain, tous patois parlés sur l'antique territoire des Kymris : or, si les Kymris avaient réellement habité autrefois ce territoire, ils y auraient nécessairement laissé quelques traces de leur séjour (2), quelques débris de leur langue : donc tout ce que vous nous révélez de merveilleux relativement à ce peuple ne repose sur rien et se trouve même démenti par les faits. Vous n'avez donc rien fait que conter des histoires.

Mais, pour ne pas pousser les choses aussi loin, de crainte d'exposer à une humiliante palinodie un homme d'une valeur peu commune, hâtons-nous de le prévenir que les judicieuses explications qu'il a données dans son premier ouvrage n'ont rien à craindre du rapprochement du kymrique ou du gaélique avec les nombreux patois qui se parlent sur toute l'étendue de la France, et un peu même au-delà; faisons ce que ni M. Ampère, ni M. Thierry n'a osé entreprendre, et commençons cette revue par le plus célèbre, le plus ancien, le plus littéraire de tous les patois; il doit être aussi le plus compliqué : raison de plus pour commencer par là notre expédition, à l'exemple de nos soldats quand ils se sentent en force, lesquels ne manquent jamais d'attaquer d'abord une place de quelque importance, pour aborder franchement la question de supériorité.

## ÉTUDES SOMMAIRES SUR LE PROVENÇAL.

Le nom de Provence vient de *Provincia* ; les Romains s'étant rendus maîtres d'abord de cette partie des Gaules, la désignèrent, selon leur usage, par cette dénomination, laquelle s'est maintenue jusqu'à nous. Le latin doit donc dater de loin à Marseille et aux environs de cette cité, du moins pour ce qui concerne l'administration, et plusieurs années avant César tous les actes publics y étaient rédigés en cette langue, alors que les Gaulois, des Alpes à la Manche et du Rhin aux Pyrénées, jouissaient d'une complète indépendance. D'autre part, quelle était la capitale de cette province romaine? Massalie, aujourd'hui Marseille, fondée plus de cinq cents ans avant Jésus-Christ, par des Grecs sortis de l'Asie-Mineure pour se soustraire à la domination persane; et si l'on considère que les Massaliotes étaient parvenus en peu d'années à un tel degré de puissance, qu'ils se mesurèrent avec avantage contre les Carthaginois et contre les Etrusques, on sera porté à croire que le grec a été la langue dominante de Marseille, avant et peut-être même depuis l'introduction du latin. Ce n'est pas tout : avant l'arrivée des Grecs, les Phéniciens de Tyr et de Carthage venaient fréquemment avec leurs vaisseaux visiter les côtes de la Méditerranée, où probablement ils avaient établi des comptoirs pour échanger leurs brillantes étoffes contre des métaux précieux. Voilà donc une nouvelle langue, c'est-à-dire, le phénicien ou le punique, qui a pu se parler sur plusieurs points de la Provence, mais avant les Phéniciens. Si l'on en croit quelques érudits, les Basques ou *Escualdunas*, qu'on confond avec les Liguriens, ont dominé longtemps sur tout le

---

(1) C'est ici une de ces méprises si communes chez les écrivains qui visent au brillant beaucoup plus qu'au solide. A l'époque où Tite-Live suppose que ce propos a été tenu, Caton n'avait point encore fait paraître son grand ouvrage historique intitulé *les Origines*. L'élégant historien ne l'ignorait peut-être pas, mais il voulait produire de l'effet...

*Et voilà justement comme on écrit l'histoire.*

(2) On pourrait aller plus loin : on citerait, au besoin, des pays couverts de latin pendant longtemps, à tel point que cette langue savante y était tout à la fois la langue des grands, des assemblées délibérantes, la langue du gouvernement et de l'Église, où, cependant, après dix siècles d'un semblable état de choses, la langue nationale s'est retrouvée à peu près intacte et sans notable mélange de latin. La Hongrie est dans ce cas. On alléguerait aussi l'anglais, langue normande, où le saxon a su se maintenir, et où l'on peut même dire qu'il domine.

littoral depuis Gênes jusque par-delà les Pyrénées : quatrième élément à démêler, dans le provençal et dans les langues du Midi: autres temps, autres invasions; les Goths, peuple fort belliqueux, ont eu aussi la fantaisie de fouler cette terre qui rappelait quelques souvenirs; et, selon toute apparence, ils y ont laissé des traces de leur séjour : cinquième élément à retrouver. Enfin les Arabes ont succédé aux Goths, et pendant plusieurs siècles, rien n'a pu échapper aux brigandages et aux pirateries de ces terribles aventuriers : sixième élément à reconnaître dans les langues du Midi. Après cette longue et imposante énumération, nous osons à peine citer les Celtes, car il est de certains esprits auxquels il paraît prouvé qu'il y a eu dans les Gaules toutes espèces de gens, les Gaulois exceptés.

### PHÉNICIEN.

Nous ne savons pourquoi presque tous les linguistes se sont précipités sur les traces de Bochart (1), voulant absolument que le punique ou phénicien ait modifié, enrichi non-seulement les langues du Midi, mais encore la Langue française.

Il était bien simple de remarquer que, du temps de Bochart, l'hébreu était en vogue, et que ce savant a confondu assez gratuitement, et contrairement aux traditions historiques, le phénicien avec la langue des enfants d'Israël : que dès lors il n'est pas surprenant qu'il ait attaché tant d'importance au phénicien, et qu'il ait eu la prétention d'y rapporter au moins le nom des lieux un peu élevés.

Une autre réflexion qui aurait dû se présenter à l'esprit d'hommes qui n'auraient pas été dénués de toute critique, c'est que le phénicien est depuis longtemps une langue perdue; et que, par conséquent, avant d'en disserter et d'en dériver tant de mots, d'en faire sortir tant d'étymologies, il faudrait l'avoir retrouvée.

Mais voyons quelques-uns de ces mots *incontestablement* phéniciens :

UHEL, haut, élevé, d'où *uheles*, et plus Ουελαυνοὶ, les habitants du Velai.

FYNNON, fontaine, source.

ISTOER, fleuve, rivière.

BEL, une divinité des Gaulois, le soleil.

Hé bien ! tous ces mots appartiennent aux langues celtiques. br. *huel*, *uc'hel*, haut, élevé, fier, hautain; gall. *uch*, supérieur, plus élevé; *uchel*, haut, élevé. Gall., *fynnon*, une fontaine, d'où le normand, *fynnen*, fontaine.

Br., *ster*, pl. *steriou*, rivière, fleuve : ce mot est d'une grande importance, parce qu'il est fort présumable que les Gaulois ont donné au Danube son premier nom. En effet, ce fleuve, dont les rives sont remplies de médailles celtiques, et qui a dû servir de route à nos pères, pour passer de l'Asie dans l'Europe occidentale, est connu de toute antiquité sous le nom d'*Ister*.

*Bel* est un mot irlandais qui signifie le soleil, le dieu *Bel* : il s'écrit *beal*.

Que si on nous reprochait de perdre notre temps à réfuter des assertions qui ne valent pas la peine qu'on s'en occupe, nous rejetterions la faute sur qui de droit, et nous prierions nos lecteurs de s'en prendre à ceux qui couronnent de tels travaux.

Nous confessons cependant que nous en aurions fait bon marché, s'ils ne nous avaient donné l'occasion de montrer en passant l'influence des langues celtiques, influence qu'on ne combat que parce que, faute d'études approfondies, on confond tout, on parle de tout, uniquement d'après les livres des autres, ouvrages mal faits, et qui remontent souvent à des époques qui devraient inspirer quelque méfiance.

### GREC.

Nous ne croyons donc à aucune influence phénicienne, ni sensible, ni éloignée.

Nous n'admettons pas même sans hésitation que les Massaliotes aient apporté, malgré leur supériorité morale incontestable, de bien notables modifications à la langue qui se parlait dans les environs de Marseille, à l'époque de leur établissement sur les côtes méridionales de la Gaule. Et cependant rien n'est plus réel, ni mieux attesté que cet établissement : si les Phéniciens se contentaient de simples comptoirs échelonnés sur les côtes pour assurer leurs opérations commerciales, les Massaliotes cherchèrent une patrie dans les Gaules; ils y fixèrent à jamais leur demeure, bâtirent

---

(1) M. Ampère, après s'être égaré dans des considérations aussi vagues que privées d'autorités, attribue aux Phéniciens notre mot *sac*, mot qu'ils nous auraient apporté dans leurs ballots. Ce qu'il y a de certain, c'est qu'il est faux que ce mot soit phénicien; ce qui est indubitable, c'est que ce mot se trouve à peu près dans toutes les langues; et un savant, qu'on peut très-bien comparer à ceux que je réfute, en a donné cette raison : Lorsque, dit-il, tous les hommes, forcés de renoncer à leur gigantesque entreprise, allaient se disperser, quelqu'un cria, du haut de la tour de Babel, d'une voix de Stentor : « Prenez votre sac! » et ce son vibra si puissamment aux oreilles des humains, qu'ils n'ont pu l'oublier.

« Et voilà justement comme on écrit l'histoire. »

une grande cité qui a bravé les siècles, et déployèrent quelquefois sur mer des forces capables d'en imposer à Carthage même.

Le souvenir de ce degré de puissance auquel parvinrent les Massaliotes, entourés d'ailleurs d'une auréole qu'une érudition enthousiaste prête à tout ce qui émane de la Grèce, persuade aisément à quiconque a été nourri dans l'admiration de Rome et d'Athènes, que l'éclat dont brillait cette colonie célèbre dut éblouir les Gaulois, et les attirer par un ascendant irrésistible vers une civilisation faite pour conquérir le monde : de là à conclure que cette langue d'Ionie, si pleine d'harmonie et de charme, s'est répandue dans les Gaules avec rapidité, et que des traces non douteuses de cette sorte d'infiltration se remarquent encore aujourd'hui dans notre langue, il n'y a qu'un pas, et ce pas est bientôt franchi : et, linguistes d'érudition indigeste, puis linguistes d'érudition d'emprunt, d'entasser à l'envi des milliers de mots grecs qui se trouvent dans notre langue et, à plus forte raison, dans les langues du Midi. Juger ainsi, c'est, si nous ne nous abusons, faire preuve d'une impardonnable légèreté, et méconnaître d'une manière déplorable le génie des anciens peuples (1).

On cite avec enthousiasme une foule de mots grecs qui, aujourd'hui encore, font partie de la langue qui se parle sur les bords du Var et de la Durance. Tout cet attirail d'érudition paraît de loin quelque chose d'imposant; mais si l'on se donne la peine d'examiner attentivement ces mots grecs, comparés pour le sens et pour la forme à ceux qu'on en prétend dériver, ces listes imposantes ne sont plus que des bâtons flottants qui, dans le lointain, avaient paru de gros navires.

Effectivement, en écartant tout esprit de système, et procédant avec une juste sévérité, on ne peut citer que quelques mots qui sont réellement d'origine grecque, et nous en sommes désolé pour l'érudition classique.

Nous pouvons citer *artoun*, du pain, qui vient indubitablement de ἄρτον; mais ce mot n'est point usité partout; à plus forte raison ne le retrouve-t-on pas hors de la Provence; d'ailleurs, il a un synonyme, *pan*, *pen*, *pein*, d'un usage non moins fréquent : ce n'est donc pas un mot nécessaire.

Nous ajoutons *pouna*, boire, qui dérive, nous pensons, de Πίνω, Πόω, je bois. Ce verbe aussi a, en provençal, deux ou trois synonymes.

*Évohé !* ce cri si cher aux suppôts de Bacchus, Ἐυοῖ, est resté là aussi pour rendre témoignage à l'histoire : cette exclamation marque encore aujourd'hui l'allégresse.

Il y a encore *amnistio*, αμνιστια; ce mot, il est vrai, n'est peut-être pas ancien.

---

(1) Un érudit contemporain va même jusqu'à supposer que le grec a pénétré dans l'Armorique, et qu'à une époque quelconque *il y était général*; que de là il passa dans la Bretagne, *dans ce pays qui a repoussé le plus énergiquement et le plus longtemps toute influence étrangère*.

Pour preuve *incontestable* de ce passage, le spirituel érudit cite : *heol*, soleil ; *pemp*, cinq; *karet*, aimer ; *broust*, hallier; *kelen*, instruire, lesquels dérivent à coup sûr, selon lui, de ἕως, qui signifie l'aurore (le mot grec véritable est ἥλιος, soleil) ; πέμπε, χαρίζομαι, θράσκω, κέλω. — Je ne sais ce que font ici ἕως, l'aurore; κέλω, j'ordonne, j'exhorte, et le prétendu θράσκω. Restent donc πέμπε et χαρίζομαι, qui sont assez identiques avec *pemp* et *karet*; mais d'abord ces mots ne sont point gallois, ils sont bretons, ainsi que les trois autres, et rien de plus, et c'est assez faiblement prouver que le grec s'est étendu jusqu'au cœur de la Bretagne, que de citer des mots armoricains. Mais, en les acceptant pour tout ce qu'on voudra, qui se contentera de deux mots communs à deux langues pour conclure que l'une d'elles a fait invasion dans l'autre, surtout si, comme dans le cas présent, il s'agit de deux langues indo-européennes, qui ont nécessairement plusieurs éléments communs? D'après les principes généraux de la philologie comparée, on met sur la même ligne les mots suivants, par exemple :

| Grec. | Latin. | Gallois. | Breton. | Irlandais. | Goth. | Allemand. | Arménien. | Français. |
|---|---|---|---|---|---|---|---|---|
| ἥλιος, | sol, | haul, | heol, | sol, sul, | ...... | ...... | ...... | soleil. |
| Πέμπε, Πέντε, | ...... | pump, | pemp, | ...... | fymfe, | fynfe, | ...... | cinq. |
| | quinque, | ...... | ...... | coig. | ...... | ...... | hink. | cinq. |
| | Carus (cher), cirio, | karet, au futur, kiris, d'où CHÉNIN, | | | | | | aimer. |

Et, apportant plus d'exactitude et de sévérité dans ses exemples, on se garde bien d'en inférer la supériorité ou l'antériorité d'une de ces langues sur les autres, attendu que toutes, elles sont sœurs, et non filles d'une langue privilégiée.

Il serait long, fastidieux, inutile de réfuter en détail des écrivains qui manquent de critique, et qui, du reste, ne se piquent pas d'exactitude.

On met en parallèle : Ταράξας et théro.

θροντὴ et troun (tonnerre).

ῥοῦς et rusco, tan.

Les uns, latins : gibou, bossu, de *gibbosus*;

calamel, chaume, de *calamus*;

fregir, frire, de *frigere*;

gobi, goujon, de *gobio* ou *gobius*.

Les autres viennent des Celtes : belugo, étincelle; de l'irl. *aibhleog*, id.

Et la preuve, c'est qu'on dit aussi : *aibhleoga*, étincelant, éblouissant, qui a donné le provençal *bleouge*, éclatant, étincelant.

*Ceoucle*, cercle, du gal. *cychl* (qu'on pourrait écrire *cwchl*) ;

*Mitzo*, pain, du gal. *maeth*, nourriture, aliment;

*Cuto*, cachette, du gal. *cudd* (br. kuz.), id. ; aussi dit-on toujours en Normandie, pays habité jadis par les Kymris, *jouer à cut* pour *jouer à cache-cache*.

*Laoura* ou *laboura*, labourer, du gal. *llafurio*, travailler, *llafurwr*, laboureur (en prov. *labourour*).

*Troun*, tonnerre, du gal. *taran*, id., ou plutôt de *trwyni*, orage, tourbillon.

*Trau*, dévidoir, du gal. *trul*, id. ; en br. c'est *trool* ;

*Rusco*, écorce, dérivé du br. *rusk*, écorce d'arbre; irl. *ruisg*, ustensile fait d'écorce, RUCHE; en lang. *rusc* ; en prov. *brusc*.

Les dictionnaires indiquent enfin *alabre*, goulu, glouton, fait de λαϐρος, qui signifie vorace : nous sommes loin de combattre cette étymologie ; nous nous contentons de rappeler que le bret. *laper*, ivrogne, eût pu à la rigueur en servir.

On n'a pas manqué de rapporter à Τιτθη, mamelle, le prov. *tète*, terme enfantin, qui a le même sens. Ceci est plausible ; cependant, avant de le déclarer irrévocablement grec, il n'eût pas été déraisonnable d'examiner si quelqu'une des langues indo-européennes ne possédait pas le même radical avec des terminaisons qui permissent d'en tirer en même temps les mots français *tetin, téton* ; lang. et bas limousin, *tetino*. Si l'on avait pris cette précaution, on se serait aperçu que le mot grec n'est point isolé dans la famille, puisque le kymrique présente avec la même signification *tettin, diden*, dont la racine est en br. *tedh, tez*, pl. *tezou* ; gal. *teth*, qui a donné aux Normands *tett*, pour *trayon*, et aux Picards *lette*, mamelle, même appliqué aux femmes. Qu'on n'oublie pas que la Picardie et la Neustrie ont été autrefois habitées par les Kymris. Le grec, nous le disons à regret, n'a donc rien à faire ici.

Parlerons-nous de *truna*, pleurer, sangloter, se lamenter, qui se dit des enfants au berceau ? Ne vient-il pas de Θρηνέω, nous criera un helléniste, en nous interrompant brusquement ? Mais il vient encore mieux de l'irl. *treanadh*, qui présente la même idée ; et l'irlandais a donné dix fois plus de mots et de formes aux Provençaux que les Phéniciens, les Basques et les Grecs réunis.

Nous nous étonnons de ne point rencontrer βυρσα, comme source du prov. *bourso*, bourse : on se souvient que Ménage tenait essentiellement à *byrsa*, pour l'étymologie du mot français. Quel qu'en soit le motif, nous approuvons cette réserve ; car français et provençal tiennent ce mot des Kymris ; gal. *pwrs*, bourse ; *pwrs y bugail*, c'est-à-dire, bourse de berger ; plante toujours appelée BOURSETTE, en Normandie. Βυρσα, d'ailleurs, signifie *cuir* et non *bourse*.

Si nous retranchons de la liste la plupart des mots qui y ont été placés à tort, nous ne cherchons cependant pas systématiquement à la réduire ; et la preuve, c'est que, sans nécessité aucune, nous allons y ajouter un mot auquel n'ont pas pensé ceux même qui tenaient le plus à faire de nous des Grecs pur sang. Ce mot est *tubo*, fumée, connu, dans le patois du Dauphiné, sous la forme de *tufo* ou *tubo*, ce qui le rapproche singulièrement du grec τυφοσ, d'où il vient, ainsi que *tubo*, selon toute probabilité.

GOTHIQUE.

Il était à supposer qu'après avoir fait la part si belle aux Phéniciens et aux Grecs, on n'oublierait pas les Goths (1), ne fût-ce que pour produire quelque effet. C'est ce qui est arrivé. Aussi, sans avoir souci de la vérité, on veut absolument que les Germains de l'Orient aient gratifié les idiômes méridionaux de plusieurs expressions apportées là des bords du Pont-Euxin, et qu'ils aient ainsi marqué leur passage à travers les provinces arrosées par le Rhône et la Garonne.

On nous donne *niboul*, nuage, comme venant de *nebel*, tandis qu'il dérive évidemment du latin *nebula, u* prononcé *ou*.

Nous ne pouvons voir *bandeiroun* et *bandeiro*, bannière, dans *bandum*, qui n'offre ni le même sens, ni la même physionomie ; ce mot est kymrique et vient du gal. *baner* et *banniar* (rac. *ban.* haut, élevé), bannière. De *tener* nous avons fait *tendre* ; de *baner* ou *banniar* les Provençaux ont formé *bandiero*.

Quel homme de sens pourrait reconnaître *branquo*, branche, dans *borkos*, si différent, et qui, si nous en jugeons bien, n'a jamais signifié branche, mais seulement écorce, ce qui est tout autre chose : br. *brank*, pl. *brankou*, branche, *brankek*, branchu, plein de branches.

---

(1) Cette partie est tout aussi mal traitée que les autres : jamais de savantes comparaisons entre les idiômes rivaux, point d'examen, aucune critique, ni sur les mots eux-mêmes qu'on donne pour origines d'autres mots, ni pour ceux pour lesquels on cherche des étymologies. Rarement les uns et les autres, empruntés à des ouvrages sans autorité, sont-ils reproduits avec une exactitude parfaite ; on dirait même que quelques-uns n'ont été cités que pour allonger la liste et compléter la démonstration, sans qu'ils aient jamais existé ailleurs que dans l'imagination ou le caprice.

Voyons quelques mots germaniques, donnés comme gothiques avec beaucoup de légèreté :

*Forst, fourest* (forêt) ; c'est un mot kym. ; br. *forest* ; gal. *fforest*.

*Gloczan*, cloche (provençal *clocho*) ; *clog, cloc'h*, dans les langues celtiques ; gal. *clochdy*, clocher (*cloch-ty*, maison, abri de la cloche).

*Kater*, chat (pr. *gat*), mot essentiellement celtique ; irl. *cat*, un chat ; *caitin*, un petit chat, un chaton ; gal. *cath* (br. *kaz*, parce que le breton change *th* en *z*) ; *cathès*, une chatte ; d'où le latin *catus*, au quatrième siècle ; basq. *gatua*, chat.

*Mantel*, manteau (pr. *mantcou*), mot kym. ; br. *mantel*, pl. *mantellou* ; gal. *mantel*.

*Mat*, fou (pr. *matou*). C'est un mot gaélique. Irl. *madh*, folie.

*Ratt*, rat ; irl. *rata*, un rat ; *radan*, un petit rat, un raton. Le breton change souvent *d, dh, th*, en *z* ; il donne donc *raz*, pl. *razzd*. Le basque reproduit ce mot avec l'article kymrique *ar*, le : *arratoina*, un rat.

*Rauben*, voler (prov. *rauba*) ; ce verbe, rendu par *raubare* dans la loi salique pourrait être germanique. Nous disons *dérober, ro* bref, ce qui me persuade que cette racine est aussi celtique. Irl. *robaim*, je dérobe ; *robair*, voleur. En auvergnat, pays des Gaëls, *roba* est aussi resté.

*Sporn*, éperon (prov. *espéron*), mot kym. gal. *yspardun*, éperon ; racine *par*, pique, *barrog*, pointe.

*Spuren*, épier (*espia, espincha*) ; br. *spia*, attendre, observer ; gal. *yspiendyn, yspientor*, espion (prov. *espien*). Le latin a pris le kym. *spi*, attente, dont il a fait le diminutif *specula*, d'où *speculari*.

Il n'y a donc pas dans le Midi beaucoup de mots d'origine germanique ; nous en citons un qui n'est pas donné par les érudits ; c'est *panso*, ventre, panse, mot pris là comme en français presque toujours en mauvaise part ; c'est de mauvais augure pour les ambitions germaniques. Ajoutons *tasta*, tâter, qui comme le français peut se rapporter à *tasten*. Si *schilla*, sonnette, se disait généralement dans le Midi, on pourrait le faire remonter à l'allemand *schille*, clochette ; mais il est présumable que, s'il est reçu quelque part, ce n'est que dans le voisinage des Basques, alors c'est l'*izquila* de ces derniers qui a le même sens. En Basse-Normandie, *échelette*, se dit pour la sonnette qui sert à l'église ; c'est un diminutif de l'allemand *schille*.

Pour nous réconcilier avec les partisans du gothique, nous venons fournir un second mot exclusivement germanique et universellement employé dans les provinces du Midi ; c'est *toupi*, *toupino*, marmite ; en allemand *tepi*, pot, marmite.

Enfin, pour calmer tant de *flots d'ennemis* et pour rendre la réconciliation complète, nous tirerons de sa profonde obscurité un vocable des plus curieux, *amazeda*, fourmi, qu'ont laissé dans la Haute-Auvergne, non les Goths, qui ne s'y sont jamais fixés, mais sans doute quelqu'une de ces peuplades guerrières, qui, dès le troisième siècle, inondèrent toutes les Gaules, après avoir franchi le Rhin. All. *Ameise*, écrit autrefois *Amaise*, fourmi (1).

ARABE.

Si quelque chose contribue à faire pénétrer une langue étrangère dans un pays, c'est l'influence morale, mille fois plus efficace et plus forte que la prépondérance politique, et assurément le Christianisme par sa douceur, par la confiance et la vénération qu'il inspirait aux peuples, a fait pour la propagation de la langue latine beaucoup plus que la toute puissance et la tyrannie des Romains. Les hommes qui nous plaisent, que nous respectons, que nous admirons, nous feront adopter tout ce qu'ils voudront. Ceux, au contraire, pour lesquels nous ne sentons que de l'éloignement et de l'horreur, tant par leur conduite que pour la religion qu'ils professent, feraient des efforts superflus pour nous faire adopter des mœurs que nous trouvons étranges, une langue qui nous paraît barbare. C'est donc une incompréhensible aberration de certains linguistes d'attribuer une part quelconque (2) dans les langues du Midi à l'idiôme des Arabes, de ces mécréants, comme on les appelait, qui, après avoir épouvanté l'Europe par leurs armées égales en nombre à celle de Xercès, ravagèrent avec une fureur inouïe la Provence, le Dauphiné, le Piémont, la Suisse et la Lombardie, et couvrirent les mers de pirates qui désolèrent, deux siècles durant, la Sicile, l'Italie et les côtes de France, situées sur la Méditerranée. Un peuple aussi justement odieux, que les populations effrayées repoussaient d'instinct, par quel moyen, par quelle puissance, par quel charme se serait-il insinué dans nos mœurs et dans notre langue ? but, au reste, qu'il ne se proposait nullement, satisfait de sa propre supériorité qu'il s'exagérait sans doute. Nous ne prétendons cependant pas qu'il soit absolument impossible de citer un mot arabe quelconque ; il y en a au moins un, c'est *mesquin*, qui a pénétré en France et en Italie (3).

## BASQUE OU LANGUE ESCARIENNE. — EXAMEN PLUS APPROFONDI DU PROVENÇAL.

Si le grec, le gothique et l'arabe n'ont fourni à nos idiômes que quelques mots détachés, la conclusion à en tirer, c'est que ces langues, qui n'ont pu prendre racine sur le sol français, sont restées étrangères à la formation des divers dialectes qui s'y parlent, et n'ont fourni aucune forme, aucune désinence dominante aux idiômes nouveaux. Cela est évident, et nous serions inexcusable d'insister sur ce point, bien que le contraire ait été affirmé par des hommes, il est vrai, peu dignes d'être crus sur parole.

Il y a cependant une chose à craindre ici, une question à se faire. Les Escualdunas ou Basques auraient, selon quelques érudits d'un mérite reconnu, occupé une portion notable des Gaules, peut-être depuis la Loire jusqu'aux Alpes

---

(1) L'autre mot auvergnat pour désigner le même insecte est *mouidre* ; ce n'est plus là de l'allemand ou du gothique, mais du gaulois ; irl. *moirb*, fourmi ; gal. *mor*, *myr* ; pl. *morion*, *myrion*, fourmi. Voilà un mot précieux en linguistique. En effet, c'est un des nombreux anneaux qui unissent les idiômes celtiques avec les langues de la Perse, Pers. *mour*, pelhvi, *mavir* ; une fourmi ; en illyrien (dialecte slave), c'est *mrave*.

(2) Cette part, on la suppose considérable. On suit toujours une méthode des plus rigoureuses. Ainsi, après avoir fait rapporter *camel*, chameau, au latin *camelus*, on en fait honneur ensuite à l'arabe *gâmel*.

*Four*, autrefois *forn*, ne vient ni du latin *furnus*, ni du kym. *forn*, *fwrn*, mais de l'arabe *forn* ; nécessairement, et par ordre supérieur, *camisco*, qui était d'abord le latin *camisia*, est maintenant un prétendu mot arabe, *quamise*. — *Boutou*, baiser, ne trouve pas grâce devant les momentanés partisans de l'arabe. Il n'y faut voir ni l'irl. *puisin* (dérivé de *bus*, *pus*, lèvre), ni le basq. *puta*, baiser. Les méridionaux le doivent exclusivement à l'arabe *bous*. Je passe cent autres facéties pareilles.

(3) Les Provençaux n'ont pas seulement *mesquin*, *mesquino*, malheureux, pauvre, misérable (sens qu'il a en arabe), mais encore *mesquinerie* et *mesquinegea*, gueuser, être fort misérable. — On pourrait encore citer *jasmin* et *tafetas*, mots orientaux, sans aucun doute ; mais on les doit présumablement aux marchands vénitiens plutôt qu'aux Arabes. — *Tafetas* est un mot persan. Je dois cette étymologie au savant M. Dubeux, conservateur adjoint de la Bibliothèque royale.

et aux Pyrénées, longtemps même avant qu'il fût question des Gaulois. Cette hypothèse admise, ne serait-il pas présumable qu'ils auraient laissé sur cette terre, fécondée de leurs sueurs, des vestiges d'une longue possession, et serait-il surprenant de retrouver aujourd'hui, dans les langues du Midi, non-seulement beaucoup de mots originairement basques, mais encore certaines particularités de préfixes ou de suffixes qui rappelleraient un état de choses dont l'histoire a négligé de nous instruire?—Tout cela, assurément, est possible; mais, dans un sujet aussi obscur, il faut se préserver plus que jamais de la précipitation et de l'entraînement, et ne rien affirmer sans des preuves positives. Or, cette conduite prudente, on ne la *tient* pas; ce doute philosophique, on n'en *tient* nul compte; on affiche de grandes prétentions, et ces prétentions ne se trouvent presque jamais justifiées par des citations concluantes ou des témoignages qui ne laissent rien ou presque rien à désirer.

Tout à l'heure nous parlerons brièvement du fond de la langue; maintenant, puisque nous en sommes aux préfixes (1), nous dirons que nous n'en voyons point en provençal qui puissent être justement réclamés par les Basques. Nous n'ignorons pas que l'on a voulu faire honneur à ces derniers du préfixe *e* dans les mots qui commençaient d'abord par *s*, comme quand du celtique *spatha* (2) on a fait *espaso*, épée, ainsi que de *stannum*, *estan* en provençal; étain; br. *staen*, mais en gallois *ystaen*, d'où probablement le basque *estcinua*. On a donc eu tort de conclure que l'influence du basque sur les langues du Midi était manifeste, évidente, indubitable, au moins pour tous les mots semblables. On a beaucoup exagéré l'importance de la langue basque. Cette langue, pour son système grammatical, est très-curieuse, elle est unique en son genre, et s'écarte en cela de presque toutes les langues connues. Mais, pour le vocabulaire, elle n'est pas à beaucoup près aussi originale. On trouve un assez grand nombre d'emprunts qu'elle a faits au latin, sans doute depuis l'établissement du Christianisme. Elle doit encore plus aux langues celtiques dont elle a pris certains mots avec l'article celtique, ainsi qu'on pourra s'en convaincre par les rapprochements qui suivent. Nous supprimons les détails, parce qu'ils seraient ici déplacés. Nous ne donnons donc que quelques exemples, sans nous flatter qu'ils soient les plus frappants, ni les plus curieux.

| | | |
|---|---|---|
| Arraza, | *race*, | ky. *tras* (*ar-ras*), race, lignée, descendants. |
| Arrastelua, | *râteau*, | br. *rastell*, pl. *rastellou*, râteau; lat. *rastrum*. |
| Arratoina, | *un rat*, | irl. *rata*, *radan*, rat, petit rat, br. *radh*, et avec l'article *ar-radh*, un rat. |
| Arroda, | *roue*, | br. *rod*, pl. *rodou*, roue, — *ar-rod*, une roue, gal. *rhod*, lat. *rota*. |
| Arropas, | *robe*, | irl. *roba*, qui avec l'article breton, fait *arroba*, une robe. |
| Erreguela, | *règle*, | irl. *reagal*, lat. *regula*, le br. et le gal. disent *rheol*, *reol*. |
| Erribera, | *rivière*, | c'est un mot irl. *rithbhir*; il est expliqué ci-après. |
| Cadira, | *chaise*, | irl. *cathair*, chaise, br. *kadoer*, gal. *cadair* (l'ital. a conservé le mot latin *cathedra*). |
| Cegalsa, | *seigle*, | irl. *seagal*, br. *segal* : les Romains avaient adopté ce mot qu'ils proclamaient celtique, *secale*. Au moyen-âge, l'orthographe celtique reprenant le dessus, on disait *sigalum*. |
| Dardoa, | *lance*, | c'est un mot qui se trouve dans le gallois et l'armoricain, *dard*, *dardou* et *darda*, DARDER. |
| Guerecia, | *cerise*, | br. *keres*, cerise, lat. *cerasum* (3). |

Nous ne voudrions pas pourtant soutenir que nous ne devions absolument rien aux Basques. Nous leur devons *se morfondre* (*morfondia*, rhume; *morfonditcea*, s'enrhumer), *savate* (*zapata*, soulier). Si *eskila*, *skila*, clochette, existe encore dans les langues du Midi, on peut le rattacher au basq. *isquila*, cloche, clochette.

Souvent le provençal, en conservant tout à la fois le mot latin et un mot celtique, a trouvé moyen de s'enrichir d'une manière fort heureuse.

| PROVENÇAL. | LATIN. | PROVENÇAL. | | FRANÇAIS. |
|---|---|---|---|---|
| Baume | (*balsamum*), | baime, | (irl. *bailm*), | *beaume*. |
| Campano | (*campana*), | clouquo | { kym. *kloch* / -gal. *clog* } | *cloche*. |
| Escaumo | (*squamma*), | escailho | (irl. *sgalaid*) | *écaille*. |
| Fen | (du lat. *fœnum*), | fuen | (br. *fouenn*). | *foin*. |
| Querre | (*quœrere*) | serqua | { gal. *serchu* / br. *kerka* } | *chercher*. |
| Moureno | (*murœna*), | lampre | (kym. *llamprai*), | *lamproie*. |
| Lepro | (*lepra*, irl. *luibhra*), | ladrarie | (irl. *ladhair*). | *lèpre*. |
| Oourino | (*urina*), | pissat | (kym. *pisawd*), | *urine, pissat*. |

(1) Voy. les observations sur les préfixes et suffixes, à l'article du normand d'Angleterre.

(2) Végèce donne *spaltha* comme gaulois. On a donc tort de tirer *espaso* de l'all. *spaten*.

(3) Il n'est pas jusqu'à ce mot singulier, *andrea*, dame, femme mariée, lequel a excité l'attention des linguistes les moins exercés (à cause du rapport qu'il se trouve avoir avec le grec ἀνήρ, ἀνδρός homme, mari), qui ne puisse se rattacher aux langues celtiques. En effet, on trouve en irlandais *aindear*, qui exprime une jeune femme, une fille nubile.

| PROVENÇAL. | LATIN. | PROVENÇAL. | | FRANÇAIS. |
|---|---|---|---|---|
| Sàrtan, | sàrtago, | padelo, | (gal. *padell*), | *poële* (1). |
| Roumpre (2), | rumpere, | embregua, | (gal. *bregu*, briser; *breg*, brèche), | *briser*. |
| Gibo, | gibba ou gibber, | bosso, | (gal. *both*, pl. *bothau*), | *bosse*. |

Il est même quelquefois arrivé que le latin n'ayant pu fournir son contingent, le celtique s'est chargé de donner non-seulement le mot nécessaire aux langues du Midi, mais, par un surcroît de richesses, il en a procuré deux, pour que ces idiômes ne fussent pas privés d'un utile synonyme.

Ainsi le mot *caper*, bouc, n'a pu passer en provençal (car *cabro* signifie chèvre dans cette langue); mais le kymrique a amplement comblé cette lacune; et, à Marseille et aux environs, on se sert de *bouc* et de *menoun* (qui sont presque synonymes) pour désigner cet animal. Gal. *bwch*, pl. *bychod*, un bouc, en br. *bouc'h*, pl. *bouc'hed*, bouc; gal. *mynn*, chevreau; dim. *mynnyn*, petit chevreau; br. *men*, pl. *mennet*, chevreau. En irlandais les mêmes racines se retrouvent : *boc* et *bocan*, bouc; *meann* et *meannan*, chevreau.

### FORMES OU TERMINAISONS DES LANGUES DU MIDI ET EN PARTICULIER DU PROVENÇAL.

Toutes les langues indo-européennes possèdent de certaines formes, de certaines finales qui distinguent un verbe, par exemple, des mots qui en dérivent. Ainsi, avec le verbe latin *amare* nous pouvons former *amator*, amateur, fém. *amatrix*; *tor* et *trix* sont donc en cette langue les suffixes qui font reconnaître les noms de personnes dérivés des verbes. *Adulare*, flatter, nous donnera *adulator* et *adulatrix*, et de plus *adulatio*, flatterie; ce dernier mot fait voir que *tio* est un suffixe latin qui révèle un nom de chose dérivé d'un verbe.

Ces suffixes, *tor*, *trix*, *tio*, (et quelquefois *io* seulement, *legere*, *lectio*) ont été conservés dans l'italien avec une assez grande exactitude.

LAT. Adulator, *flatteur*.     ITAL. Adula*tore*.
Adula*trix* (gén. *icis*), *flatteuse*.     Adula*trice*.
Adula*tio* (abl. *tione*), *adulation*.     Adula*tione*.

Le provençal, au contraire, { s'il possédait ces mots, donnerait { *aduludour* / *adulaire* } comme il donne { *trabailhadour* / *trabailhaire* } travailleur.

En italien *lavoratore*, laboureur, se dit, traduit en provençal par { *labourour* / *labouraire* } laboureur.

Ces deux suffixes provençaux sont dignes d'attention, en ce que l'un est kymrique et ne se voit plus qu'en gallois : c'est probablement *gwr*, homme, prononcé *wr*, ainsi qu'on le voit dans *llafurwr*, laboureur, qui vient de *llafurio*, travailler péniblement.

Le suffixe *labouraire* vient sans aucun doute du gaélique *fear*, homme; toujours est-il qu'en irlandais et en erse le nom de personne dérivé d'un verbe se termine toujours ainsi. En languedocien on ne connaît guère non plus que ce suffixe. Nous reviendrons plus tard là-dessus. Dans d'autres noms cette divergence n'est pas moins sensible. Elle est extrêmement tranchée dans les derniers mots de la liste suivante :

| | | |
|---|---|---|
| Buou, | *bœuf*, | bove. |
| Taulo, | *table*, | tavola. |
| Bano, | *corne*, | corno. |
| Rusquo, | *écorce*, | cortecia. |
| Crouchet, | *agrafe*, | uncino. |
| Keleno, | *houx*, | agrifoglio. |
| Vielo / Villo | *ville*, | citta. |
| Huroux, so, | *heureux*, | felice. |
| Brug, | *bruyère*, | macchia. |
| Ribiero, | *rivière*, | fiume. |
| Sujo, | *suie*, | fuliggine. |
| Fedo, | *brebis*, | pecora. |
| Routo, | *route*, | via. |

Nous n'avons pas besoin de dire que les mots italiens viennent du latin, presque sans aucun changement; *bove* : c'est *bos*,

---

(1) Le br. *pezel*, van. *pedel*, signifie aujourd'hui *jatte* seulement. *Padell*, au contraire, veut dire chaudron, bassine, poêle. On trouve en latin un mot analogue, *patella*, pot, marmite.

(2) Le français *briser* vient de l'irl. *brisim*, je romps, je brise. Le kymrique *breg*, *bregu*, et l'irl. *breogaim* (je romps, je casse), nous ont donné *brèche*, *ébrécher*. J'ajouterais *broyer*, si nous n'avions pour ce dernier le br. *breva*, *bravi*, briser, écraser, broyer (*breier* dans l'Orne); prov. *bronya*.

*bovis*, abl. *bov* ; *tavola*, c'est *tabula* ; *corno*, *cortecia*, *uncino*, *felice*, ne sont autres que *cornue*, *cortex* (*corticis*), *uncus* (dim. *uncinus*), *felix* (*felicis*). Rien de plus simple encore que de reconnaître (nous ne parlons pas de *via* qui n'a subi aucune altération), *fuliggine* dans *fuligo* (*fuliginis*), *pecora* dans *pecus* (*pecoris*), *citta*, dans *civitas*. *Agrifoglio* est pour *aquifoglio*, *aguifoglio* venant du latin *aquifolium* ; il n'y a que *fium* qui présente une petite difficulté pour se tirer de *fluvius*. Cependant on sait que les Italiens ont presque partout substitué *i* à *l* ; il ne reste qu'à justifier le changement de *v* en *m*, et nous convenons, quant à cela, que c'est un exemple fort rare dans les langues néo-latines, bien qu'en thèse générale on doive mettre sur la même ligne, linguistiquement parlant, *b*, *m* (1), *p*, *v* ; les langues celtiques offrent à chaque pas des exemples de ces permutations qui ne se font point au hasard, comme on serait porté à le croire, mais qui paraissent assujéties à des lois fixes et invariables.

Quant aux mots provençaux, à moins de faire venir *alphara* d'*equus* (2), on conviendra qu'il serait difficile de les rattacher de près ou de loin au latin, à l'exception de *buou* et de *taulo*, mais ils sont tout-à-fait semblables aux mots celtiques qui ont la même signification : gal. *bw*, *biw*, un bœuf ; br. *taol*, pl. *taoleou* (tao-leou), table : de plus en gaélique, *bo* signifie bœuf ou vache, et *tabhal*, une planche, une table.

Comment expliquer les autres mots que nous avons indiqués après nous être interdit la recette si commode de prendre par-ci par-là des mots phéniciens, arabes anciens, arabes vulgaires, basques ou gothiques, après avoir renoncé ostensiblement aux rapprochements, aux subtilités raffinées dont on a fait jusqu'ici un si édifiant usage ? Notre méthode sera bien simple, nous puiserons aux sources que nous avons déjà indiquées, et nous en obtiendrons des étymologies qui ne seront douteuses pour personne.

*Bano*, corne, irl. *beann*, corne, *beannach*, cornu, qui a des cornes.

*Rusquo*, écorce, br. *rusk*, *ruskl*, écorce d'arbre et *rusken*, une RUCHE pour les abeilles, parce qu'on les faisait autrefois, et qu'on les fait encore en certains pays avec des écorces.

*Crouchet*, agrafe, br. *krok*, *krog*, pl. *krogou*, CROC, crochet, agrafe.

*Keleno*, houx, petit houx ; gal. *celen*, houx, br. *kelen*, *kelenned*, houx, espèce d'arbustes épineux.

*Vielo*, ville (3) irl. *baile*, une ville ; il a du rapport avec le grec Πολις ville (mot qui termine *Constantinople*, *Andrinople*, *Naples* ; et qui est plus visible encore dans *acropole*, nécropole (haute-ville, ville de morts). Les Savoyards ont conservé le nom gaélique dans toute sa pureté, car ils disent *vaile*, en traînant sur la première syllabe.

*Huroux*, heureux, br. *euruz*, heureux, prospère : ce mot a pour racine *eur*, le temps, la saison, l'époque convenable, l'*heur*, comme on disait autrefois. *Euruz*, est donc ce qui vient à temps, en son temps, au moment opportun, favorable.

*Ribiero*, rivière, mot irl. *rithbhir* : il est expliqué plus haut.

*Sujo*, suie, irl. *suice* et *suithche*, de la suie.

*Fedo*, brebis, le même en languedocien et en auvergnat ; br. *danvad*, pl. *denved* et en vannetais le pl. est *dered*, brebis. Les Gallois ont la même racine, dont les langues du Midi ont retranché la première syllabe.

*Routo*, une route. Nous ne savons combien de jolies choses on pourrait dire sur ce mot, quand on a un peu de fécondité dans l'imagination : nous aimons mieux indiquer tout bonnement l'étymologie, qui est l'irl. *rot*, *rodh*, gén. *roidh*, pl. *roidha*, chemin, route. On trouve encore *roithe*, *raon*, *raonadh*, passage, rue, route.

Nous pourrions citer encore *souen*, qui n'est pas si semblable au latin *somnus* que l'on serait d'abord tenté de le penser. *Somnus* devait naturellement donner *somno*, ce qui s'est réalisé pour l'italien, parce qu'au delà des monts il n'y avait aucune raison d'altérer le latin *somnus* ; mais en deçà il en était autrement. Les Gaëls disaient, comme les Irlandais, *suan*, *suain* (hébreu, *shena*), sommeil, somme, *suainaim*, je sommeille, je dors ; de là sans aucun doute le provençal *souen*, en espagnol *sueno*, parce que l'espagnol aussi, pour plusieurs mots usuels, tient plus de nos langues du Midi que du latin. Pour qu'il n'y ait aucun doute, nous ajouterons le breton *sun*, dont le correspondant est en gal. *hun* ; car le gallois très souvent convertit en *h* le *s* initial de l'irlandais, et quelquefois du breton.

Un autre vocable, qui fera voir avec quelle précaution et quelle sévère critique il faut procéder, quand on se trouve sur le terrain des langues indo-européennes, c'est le prov. *sorre*, *souere*, *souare*, *sur* (car il offre toutes ces variantes)

---

(1) Les dictionnaires breton et gallois renvoient du *b* au *m* et du *m* au *b*, et, dans certains cas, il est à peu près impossible de déterminer par laquelle de ces deux lettres le mot, pris isolément, doit être écrit.

(2) On se souvient qu'à propos des étymologies du docte Ménage, si naturelles et si justes, comme chacun sait, un homme d'autant d'esprit que de sens fit le quatrain suivant :

> *Alphara* vient d'*equus* sans doute,
> Mais il faut avouer aussi
> Qu'en nous arrivant jusqu'ici,
> Il a bien changé sur la route.

(3) Par une sagacité merveilleuse, nos habiles étymologistes ont dérivé ville de *villa*, qui signifie une maison à la campagne ; et, par une logique qui n'appartient qu'à eux, *vilain* émane, suivant eux, de *villanus* ; mais si *villa* est une ville, *villanus* est un citadin, un élégant, un fashionable. Il serait cependant assez bien de s'entendre soi-même avant de chercher à nous instruire d'une façon si cavalière.

lequel signifie *sœur*. Nous ne croyons pas que l'on fût arrivé à écrire et à prononcer ce mot de tant de manières différentes, s'il ne venait que du latin *soror, sororis*. Dans cette dernière supposition, il eût été facile et naturel de dire
*sorore* comme les Italiens, ou simplement *sorre* (mot que les Espagnols ont repoussé pour prendre *hermana*, c'est-
à-dire, *germana*, sœur de père et de mère). Mais les habitants des Gaules, habitués à prononcer soit *sithur* ou *siur*
et *sur*, comme les Irlandais, soit *c'hoar, c'hoer*, ou *chwear* (1), à l'instar des Bretons et des Gallois, devaient hésiter
entre le latin, le gaélique et le kymrique, d'autant plus que ces deux derniers fournissent eux-mêmes des variantes, et ils
devaient retenir un peu de tout.

*Lofi*, vesse, vent qui ne fait point de bruit.
*Loufi* en breton *louf, louv*, pl. *loufou, louvou*, présente le même sens.

*Lego*, lieue, en latin *leuca :* les Romains ont reconnu ce mot pour gaulois; irl. *leige*, lieue, distance d'à peu près
trois milles.

*Les*, largeur d'une étoffe; gal. *lled*, largeur en général; br. *led, let*, largeur, *lec'hed*, lé; lim. *lé ;* norm. *lèse* ou *laise ;*
norm. d'Angl. , *lee*, large.

*Lie*, lego en languedocien, lie, lie de vin ; br. *lec'hid*, vase, sédiment.

*Lichet*, bêche, louchet; irl. *laighe*, LOUCHET, bêche; le diminutif est *laighean*; on trouve de plus *luighne*. pique,
javelot, lance.

*Sain*, graisse, saindoux; en gallois *saim* présente la même idée.

*Pes*, poids, pesanteur, et poids pour peser; le breton *poes*, pl. *poesou*, signifie exactement la même chose; *poesa*,
pèse, dans tous les sens; le gallois *pwys* présente toutes les acceptions où se prend le bret. *poes*; il veut dire de plus
poids qui accablé; et par suite *pwysio*, outre les sens indiqués, se prend encore pour *peser sur*, opprimer, comme
quand nous disons *cela me pèse*.

*Ribiero*, rivière; c'est une expression gaélique; en effet, on trouve en irlandais *rithbhir*, fleuve, RIVIÈRE, composé
de *rith*, couler, courant, et de *bir* ou *bior*, eau, onde. Il serait difficile de trouver un mot plus important.

*Rounka*, ronfler, lang. *rounqua*, id. — br. *ronk*, van. *ronc'hken*, râle. *Rounqua*, *roc'ha*, *ronc'ha*, ronfler; *ron-
c'hella*. van. *roc'hkein*, râler; gal. *rhwng*, ronflement; irl. *roncam*, je ronfle.

*Rouso*, méchante monture; le languedocien *ronsi*, cheval entier, cheval de somme, est mieux conservé. C'est
un mot kymrique que l'on retrouve en breton et en gallois; br. *ronséed*, des chevaux; gal. *rhwnsi*, espèce de cheval,
cheval courtaud, propre à porter de lourds fardeaux, ROUSSIN. Notre mot *roussin* n'offre pas, à beaucoup près, le sens
défavorable attaché au mot *rosse ;* ce dernier nous vient des Germains, et comme presque tous les termes empruntés
à la langue des conquérants, qui d'abord sont odieux, parce qu'ils abusent de leur supériorité, il se prend en fort
mauvaise part. Ceci est d'autant plus frappant qu'en tudesque *ross* signifie *coursier*, palefroi; c'est, en un mot, le
nom poétique du cheval.

*Rouito*, vermillon, c'est le gallois *rhudd*, le rouge, la couleur rouge, le vermillon.

*Roquo,*
*Roucas,* }roche, rocher, mot essentiellement celtique; irl. *roc*, rocher; br. *roc'h*, pl. *rochier*, roche, rocher.

*Sabo,*
*Sevo,* } sève; en breton, dialecte de Treguier, *sabr* veut dire *sève ;* le breton ordinaire nous donne *seu, seo*, sève,
suc qui alimente les arbres.

*Gambi*, boiteux; nous trouvons des analogies en breton et en gallois ; le breton nous donne *kamm*, pl. *kammed*,
boiteux, fém. *kammez*, boiteuse, femme qui cloche ; racine : *kamm*; gal. *camm ;* irl. *cam*, courbe ; de plus en gallois
nous voyons *cwympo*, trébucher, tomber. Ceci nous rappelle qu'en bas-normand *cuimbard* se donne par mépris à un
homme qui boite d'une façon pénible et disgracieuse.

*Hosco*, entaille, coche ; ce mot a une parfaite conformité avec le mot breton *ask*, pl. *askou*, entaille : en languedocien *osco* signifie aussi *entaille*.

Nous pourrions multiplier à l'infini ces parallèles, et toujours avec le même succès. L'élément celtique trouve une part
si large même dans le provençal, qu'on se prend à douter, qui, en définitive, a contribué le plus à former ce dialecte, des
langues celtiques ou du latin. Nous voulons pourtant que ce dernier ait toujours la prépondérance, ne fût-ce que par
la crainte des cris tumultueux qui éclateraient de tous côtés, si l'on nous voyait douter d'une vérité, à laquelle bien des
savants tiennent plus qu'à un dogme révélé. Nous nous arrêtons donc; néanmoins nous voudrions faire voir combien
nos illustres linguistes sont sûrs de leur fait, lorsqu'ils avancent quelque chose. Ils ont prétendu que tous nos patois
n'étaient composés que de mots latins tellement corrompus, qu'ils étaient méconnaissables. Après leur avoir prouvé

---

(1) *Ch'oar, ch'oar, chwear*, sont des termes à citer, attendu qu'ils sont tous semblables à des mots orientaux qui offrent le même sens. Ainsi les Ossites, qui
paraissent être les Médo-Scythes dont parle Hérodote, les Afghans, les Persans et les descendants des Arméniens possèdent *khôr, khoar, khohr, khoir*, qui
signifie *sœur*. Si l'on daignait s'occuper un peu des langues de tous ces peuples aussi bien que du sanscrit, les langues celtiques deviendraient des plus inté-
ressantes à comparer avec ces idiômes de l'Asie.

que ces prétendus mots latins étaient tout autre chose, montrons-leur que le provençal a conservé les mots latins réels plus scrupuleusement que le français, et même que l'espagnol et l'italien : c'est ce qu'on verra dans le parallèle suivant :

| PROVENÇAL. | ITALIEN. | ESPAGNOL. | LATIN. | FRANÇAIS. |
|---|---|---|---|---|
| lagrimo | lagrima | lagrima | lacryma | *larme.* |
| ourtigo | ortica | ortiga | urtica | *ortie.* |
| hourtoulan, hortoulan | | ortolano | hortulanus | *jardinier.* |
| odi | odio | odio | odium | *haine.* |
| can | cane | | canis | *chien.* |
| prega | pregare | | precari | *prier.* |
| legir | leggere | leer | legere | *lire.* |
| lachugo (1) | lattuga | lechuga | lactuca | *laitue.* |
| gobi | | gobio | gobius | *goujon.* |
| espigo | spiga | espiga | spica | *épi.* |

Souvent même cette langue a conservé des mots latins qui ne se trouvent même pas en italien.

*Coumbouri* (2), brûler, consumer, de *comburere*; *crema*, brûler, consumer par le feu, du latin *cremare*.

## LANGUEDOCIEN.

Nous en avons fini, c'est fort heureux, avec les Phéniciens, les Grecs, les Goths, les Arabes, et les Escualdunas ou Basques. Il nous sera donc permis ici d'arriver tout droit à la question, sans nous voir obligé à faire préalablement des excursions à droite et à gauche.

Les pays où se parle le languedocien appartenaient en partie à la *Provincia* des Romains : on ne sera pas surpris que le latin s'y soit introduit avec eux.

Le languedocien ne diffère pas essentiellement du provençal; ce qui n'est pas latin a été emprunté tantôt au gaélique, tantôt au kymrique, fond et formes. On dirait cependant que l'élément kymrique y domine; qu'il y est bien plus sensible que dans le provençal. Cela prouve que les Kymris étaient, dans le Midi, mêlés aux Gaëls; mais que ceux-ci étaient moins nombreux dans les cantons de l'ouest, comme nous le ferons remarquer en traitant particulièrement du bayonnais.

*Bouneou;* c'est un vieux mot qui désignait une borne. On dit encore maintenant *champ bounit*, champ délimité par des bornes, champ autour duquel on a mis des bornes pour en fixer, déterminer l'étendue. Le breton vannetais, *bonn, bunn*, pl. *bonneu* (dans ce dialecte *eu* est la marque du pluriel, comme *ou* l'est dans le breton ordinaire), borne, limite; *bunnein*, limiter, borner, fixer, déterminer; part. *bunnet*, limité. C'est de là que nous vient le verbe *abonner*.

*Braga*, se vanter, tirer vanité, se faire valoir. La même idée est exprimée en breton par *braga*, tout semblable, identique au languedocien.

*Bouto*, bouture, greffe.

*Impeu*, ente, greffe.

Ces deux mots, qui paraissent fort dissemblables, pourraient bien avoir la même origine. *Bouto*, à la vérité, pourrait venir du br. *bot*, extrémité des branches, bouquet : mais il semble bien mieux dériver de *imbouden* ou *ibouden*, ente, greffe. Or, le correspondant d'*imbouden* est en gallois *imp*, pl. *impiau*, greffe; *impio*, greffer, enter : on voit par là d'où nous sont venus *ente* pour *empte*, *enter* pour *empter*.

*Essuch*, desséché (en bayonnais, *isuchi*, essuyer; et essuyer, c'est sécher en frottant). On ne peut expliquer ces mots que par le gallois, qui nous donne *sych*, sec, desséché; *sychu*, sécher, dessécher, ESSUYER.

*Garo*, jarret, jambe. *Garou*, un jarret de porc, de mouton; ce sont là des mots kymriques. Br. *gar*, *garr*, pl. *garou*, jambe. En gallois *garr*, pl. *garrau*, présente l'idée de jarret seulement : mais celle de jambe se retrouve dans le composé *ysgair*.

*Louiro*, femme perdue de mœurs, arrivée au dernier degré de la crapule; il vient du kymrique *loufr*, *lour*, gâté, corrompu, lépreux.

## PATOIS BAYONNAIS.

Il diffère tant soit peu du languedocien, et abonde en éléments kymriques, mieux conservés quelquefois que dans ce dernier; et d'ailleurs nous trouvons-là des mots précieux que nous chercherions vainement ailleurs. Ils nous serviront à réfuter une opinion accréditée, admise beaucoup trop légèrement, sur la foi de quelques érudits en renom,

---

(1) En irlandais *laitis.*
(2) En italien comme en français, il n'y a que les dérivés : *combustibile*, combustible; *combustione*, combustion.

opinion que nous ne croyons nullement fondée en raison, et qui certes ne peut tenir longtemps contre une discussion même peu approfondie.

Au commencement de ses Commentaires, César raconte que les Gaulois se partagent en trois nations ou races distinctes, ayant des mœurs, des langues, des institutions qui diffèrent notablement. Ce sont les Belges au nord, les Gaulois au centre et au sud-est, les Aquitains sur la côte occidentale, au sud-ouest. Tous les historiens ou géographes postérieurs ont répété la même chose, à peu près dans les mêmes termes, à l'exception de Strabon. Ce célèbre géographe, toutefois, ne dément pas César d'une manière formelle; il donne aussi les Aquitains pour des Gaulois: seulement il ajoute, si le texte n'a point été altéré, que les Aquitains, voisins des Ibères, leur ressemblent beaucoup, et pour le costume et pour le langage.

Nous ferons deux observations à ce sujet:

1° Toutes les fois que dix ou douze autorités se trouvent réunies, compétentes, unanimes, toujours et sans conteste, elles emportent la balance, si elles ne trouvent d'opposition que dans un témoignage unique, isolé. Strabon est seul ici contre César, contre Pline, contre une foule d'autres auteurs qui devaient connaître notre pays au moins aussi bien que le géographe grec; donc celui-ci ne doit pas obtenir la préférence qu'on lui a si facilement accordée.

2° L'opinion qui fait des Aquitains non une race gauloise, mais une peuplade ibérienne, quoique partagée aujourd'hui par presque tous les érudits, ne repose néanmoins que sur une base assez fragile, si l'on tient compte de tout et si l'on remonte à la source. Celui qui le premier l'a émise est, si nous ne nous trompons, M. Guillaume de Humboldt, savant fort estimable. Mais cette autorité, qui paraît imposante au premier coup-d'œil, perd beaucoup de sa force, si l'on vient à réfléchir que le célèbre Allemand n'a rappelé avec tant de complaisance le passage de Strabon qu'à l'occasion des Basques, auxquels, semblable à un avocat passionné pour la cause qu'il plaide, il a cherché à donner le plus d'importance possible, supposant qu'à une certaine époque, loin d'être acculé aux Pyrénées et circonscrit dans trois petites provinces, ce peuple remplissait les Espagnes: de là à conclure qu'il s'étendait aussi dans les Gaules, il n'y a qu'un pas bien facile à franchir, surtout si l'on peut s'appuyer sur un témoignage quelconque. Voilà tout le secret.

M. de Humboldt n'a fait que ce que font journellement les philologues et les érudits. Un homme cultive les langues sémitiques: pour lui, n'en doutez pas, l'hébreu est la langue par excellence, et toutes les autres en découlent nécessairement. Un autre qui aura consacré de longues années à l'étude du sanscrit, langue admirable sans aucun doute, qui, par dessus le marché, a donné naissance à une littérature d'une parfaite niaiserie, s'écriera avec enthousiasme que c'est là la langue primitive; il fera preuve d'une modération exemplaire, s'il n'exhale pas des plaintes amères contre un gouvernement assez peu éclairé pour ne pas prescrire dans tous les colléges une étude indispensable, la plus utile de toutes. Quiconque sait un peu de latin, rapporte tout au latin; telle est l'excuse de l'historien des Basques. Après lui est venu M. Thierry. C'était déjà beaucoup que cet habile et laborieux historien eût bien voulu admettre deux idiômes celtiques, et qu'il eût trouvé moyen de n'en être pas trop embarrassé; mais qu'eût-il fait de trois? comment en retrouver des débris distincts? Ce n'était pas facile: M. de Humboldt est donc venu fort à propos en aide à notre érudit, qui ne pouvait manquer d'applaudir à un système qui le tirait si heureusement d'affaire; puis sont venus les moutons de Panurge, qui n'ont jamais compté, quelque nombreux qu'ils soient....

Maintenant que cette opinion est ruinée, il convient d'exposer l'idée que nous nous formons des Aquitains.

Nous l'avons dit, parce que le fait est constant: à mesure qu'on s'approche de la mer de Gascogne, les éléments kymriques se multiplient; c'est une présomption qui autorise à supposer que les Aquitains étaient des Kymris. On pourrait de cette manière expliquer l'erreur des Romains, qui, confrontant ces Kymris de l'Occident avec les Gaëls leurs voisins, et trouvant entre eux très-peu de conformité et pour les mœurs et pour le langage, en concluaient et devaient en conclure que les Aquitains formaient une troisième espèce de Gaulois, assez dissemblable des deux autres. Que s'ils s'étaient avisés de mettre des Belges en présence des Aquitains, nous croyons qu'à leur grand étonnement, ils auraient reconnu entre eux une frappante similitude, qui les eût amenés à conclure l'identité d'origine et de race pour les uns et pour les autres. Cette présomption va se changer à peu près en certitude par ce qui suit:

1° Bayonne est sur l'extrême frontière; cette ville touche au pays des Basques, qui l'ont même possédée plusieurs années, avec toute la Gascogne, avant l'arrivée des Maures: or, si les anciens Aquitains eussent été des Escualdunas, les Bayonnais seraient éminemment Basques, d'après tout ce que nous venons de dire: néanmoins, le bayonnais s'écarte autant que le languedocien de la langue escarienne. Les habitants de Bayonne n'appartiennent donc pas à la race des Ibères; et, s'il en est ainsi des Aquitains les plus rapprochés de l'Espagne, on en doit conclure que les autres n'avaient rien de commun avec les Basques ou Ibères.

2° D'où vient le nom de Gascogne, donné à la partie méridionale de l'Aquitaine ou de la Guienne, comme nous disons maintenant? C'est, dit l'historien Oihenart, que, pendant l'occupation de la Novempopulanie par les Basques, dits en latin *vascones*, les Aquitains, qui préposent un *g* devant *v* ou *b*, appelaient ce pays *Gwasconia*, Gascogne, mot qui est toujours resté depuis. Or, il n'y a au monde que les Kymris qui aient l'habitude d'ajouter *g* devant *v*, *f*, *b*, et au lieu de *vin* ils disent *gwin*, au lieu de *vir* (irl. *fear*), homme, ils disent *gwr*; le latin *vespa* devient en br. *gwespeden*, d'où notre GUÊPE; de notre mot *femme*, prononcé *fame*, les Bretons ont fait *gwamm*, qui se prend toujours en mauvaise part.

3° Il existe un passage de Pline à peu près décisif pour nous. Ce vaste génie, qui avait embrassé toutes les connaissances humaines, nous apprend que l'Aquitaine portait primitivement le nom d'Armorique : or, *armorique* n'est nullement basque; c'est un mot kymrique, et qui ne peut se trouver dans aucune autre langue. Il signifie, comme chacun sait, *maritime*, en br. *arvorek* ou *armorek*, mot au milieu duquel on aperçoit *mor*, qui en gallois et en breton signifie *mer*. On sait du reste qu'en général les Kymris recherchaient les côtes, les montagnes et les forêts.

4° Nous allons voir tout à l'heure qu'un grand nombre de mots bayonnais trouvent leur origine dans le kymrique, et qu'ils ont été conservés avec une rare fidélité. Cela serait impossible si les Aquitains eussent été des Basques. Nous devons citer ici un mot pris dans l'Aquitaine, à une certaine distance de Bayonne, parce qu'il est fort remarquable et qu'il ajoutera une force nouvelle à notre argument. On sait qu'un couvent, fondé il y a au moins douze siècles, a donné naissance à une ville nommée la *Réole* (la règle), en latin *Regula*. Nous savons qu'on peut nous dire que *Reole* ou *Reoule* est une corruption de *regula*; mais qu'on nous cite un pays non occupé par les Kymris, où un pareil changement se soit opéré. En wallon, patois qui renferme tant de termes kymriques, règle se dit *ruille* : gal. *rhéol*, une règle, br. *reoll*. D'ailleurs, règle est facile à trouver en gaélique, c'est *reagal*, d'où le latin *regula* pourrait bien venir comme tant d'autres.

Arrivons enfin au bayonnais.

*Cridem*, nous crions : trouver racine et forme, c'est une bonne fortune assez rare dans les recherches de linguistique. Dans ce mot bayonnais, il y a d'abord une racine kymrique; gal. *grydaw*, crier; *grydym*, nous crions (en breton ce serait *grydeomp*); la forme s'y trouve donc aussi.

*Aryan*, de l'argent; mais dira-t-on, c'est évidemment une corruption du latin; on ne gagnerait rien à cela : car il n'y a que des peuples d'une origine commune qui puissent, parce qu'ils ont les mêmes organes et les mêmes habitudes, dénaturer les mots de la même manière; et les Gallois l'ont fait comme les Bayonnais, en supposant toutefois qu'il y eût corruption. — *Arian*, de l'argent.

*Guit*, canard, en br. *houat* (gal. *hwyad*), pl. *houedi*; ces mots se rapprochent singulièrement du gal. *gwydd*, oie; lequel paraît venir de *gwydd*, sauvage.

*Gouet*, garde, guet; en br. *ghed*, attente, observation, GUET, garde; *gheda*, attendre, observer, examiner, GUETTER.

*Grich*, sauterelle; voilà, selon nous, un mot assez original; il est kymrique encore. Gal. *criccied*, sauterelle, cigale.

*Retz*, *rets*, froid; *grande rets*, grand froid; en gallois, on trouve *rew*, gelée, froid piquant.

*Len*, haleine, ne peut venir du latin *halitus*, qui est fort différent pour la physionomie, mais il est tout breton; *alan*, souffle, haleine; *alana*, souffler, respirer; *alanad*, halenée.

*Mes*, mois; br. *mis*; gal. *mis*, même sens. En bourguignon, c'est *moi*. mot qui vient, comme le français, de l'irlandais *mios*. On sait que les Gaëls habitaient la Gaule centrale, où la Bourgogne d'aujourd'hui se trouvait comprise.

On trouve encore *puble arrat*, le peuple rat. Gal. *pobl*, *pybl*, peuple. Irl. *rata*, rat; *radan*, petit rat; br. *raz*, autrefois *rath*, et avec l'article *ar-rath*, le rat. Rien ne peut être ni plus clair, ni plus concluant : nous avons vu que les Basques l'ont aussi adopté avec l'article.

*P'eis*, contrée, pays; en gallois, *peues* signifie terre habitée, contrée, PAYS.

*Arre hill*, petit-fils. Ce mot est un des plus intéressants que nous puissions citer : il se compose de deux parties : *arre* et *hill*; la première se trouve en breton *are*, *adre*, arrière, en arrière; la seconde en gallois, *hil*, race, fils, descendant.

*Trougne*, nez; en gallois *trwyn* signifie aussi nez; ce mot, qui nous a donné *trogne*, ne diffère que par la première lettre du breton *froen*, narine, en grec ῥίν, gen. ῥινός, narine; irl. *sron*.

*Broï*, joli, agréable, kym. *fraw*, beau, joli, agréable, charmant; le breton *brao*, *brav* a toutes ces acceptions : il signifie de plus, d'après Lepelletier, beau dans l'action, vaillant à la guerre, BRAVE, d'où nous vient *bravô*! qui existe même en breton (*braô*). On sait ce que les Italiens ont fait de ces mots; l'idée primitive est joli, élégant, agréable.

*Carga*, charger. Tous les dialectes celtiques possèdent cette racine, qui leur donne de nombreux dérivés. Notons, en passant, que dans les lois visigothiques, proclamées dans le Midi, cette racine, on en a fait usage, en lui donnant, bien entendu, une forme latine. — Le part. *cargat*, chargé, s'écarte de la conjugaison kymrique, qui termine à peu près tous les participes en *et*, et qui a donné aux dialectes du Nord cette même forme et au français les participes *aimé*, *admiré*, quant à la terminaison seulement, puisque le reste est latin. Nous ferons remarquer aux partisans du latin cette désinence des participes en *at*; elle se trouve dans tous les dialectes du Midi.

*Caminen*, ils cheminent; *en* est la terminaison kymrique de la troisième personne du pluriel. La racine, qui s'est étendue dans tout le Midi et même en Italie, est galloise : *cam, camr*, pas, allure; *camen*, allée, CHEMIN.

*Cas*, des chiens; br. *chas*, des chiens; c'est le pluriel irrégulier de *ki*, chien; en gal. *gast* signifie *chienne*.

## BAS-LIMOUSIN.

Si depuis les Pyrénées jusqu'à Bordeaux inclusivement, on ne trouvait guère que des Kymris, spécialement sur le littoral, ainsi que nous pensons l'avoir assez bien établi dans le paragraphe précédent, de l'aveu de tous, au nord de la Loire, cette race était en très-grande majorité depuis Nantes, Brest et Cherbourg jusqu'au Rhin, en suivant ce fleuve jusqu'à son embouchure. Il reste à savoir, si les peuplades qui occupaient à l'Occident tout le pays compris entre Bordeaux et Nantes, c'est-à-dire, la Saintonge et l'Angoumois, le Poitou et la partie occidentale de l'Anjou, appartenaient aussi aux Kymris. Cela nous paraît probable : mais comme nous n'avons que des renseignements extrêmement incomplets sur les patois particuliers qui sont en usage dans les provinces que nous venons de nommer, nous ne devons rien affirmer. Nous nous contenterons de faire observer deux choses :

1° D'après tout ce que nous savons sur les Kymris, ils affectionnaient les montagnes et les côtes. Si leur présence est constatée sur tout le littoral qui s'étend de l'embouchure du Rhin jusqu'à celle de la Loire, et de Bordeaux jusqu'à Bayonne, on les retrouve encore sur la Méditerranée; il est donc assez vraisemblable qu'ils auront cherché à posséder encore cette portion considérable de terres maritimes qu'ils n'auraient pas vues sans terreur peut-être à la disposition de leurs ennemis, ou, mieux, de leurs rivaux. On sait d'ailleurs que les Kymris l'emportaient sur les Gaëls en courage et en intrépidité; on sait qu'eux seuls avaient des flottes non-seulement dans les Gaules, mais encore tout autour de la Grande-Bretagne, dont ils occupaient toute la partie méridionale (ou ce que nous appelons aujourd'hui l'Angleterre). Ainsi maîtres des mers, vigoureux combattants sur terre, ils pouvaient facilement se saisir d'un territoire à leur convenance, surtout si ce territoire avoisinait la mer, comme les départements de la Charente, des Deux-Sèvres et de la Vendée.

2° Des mots, en trop petit nombre malheureusement, recueillis dans le Bas-Poitou et le Bas-Anjou, nous conduisent à la même conclusion. La plupart de ceux que nous avons eus sous les yeux sont de purs mots bretons. Nous n'insisterons pas davantage sur une question qui n'est pas pour nous de première importance, et que d'ailleurs nous ne sommes pas maintenant en état de décider complètement. De plus, ce qui va suivre tendra à affermir l'opinion vers laquelle nous penchons.

Dans César il est souvent question des *Lemovices* (les Limousins); et, si l'on suit attentivement les mouvements des diverses populations dans leurs nobles tentatives pour assurer ou reconquérir leur liberté, mouvements que César prévoit sans peine et sur lesquels il règle toutes ses opérations avec une admirable sagacité, on remarquera que les agitations de l'Armorique ont presque toujours du retentissement chez les Lemovices, que César fait préalablement surveiller et contenir, aussitôt qu'il redoute quelque entreprise de la part des Armoricains, qui le tenaient toujours dans l'inquiétude et l'anxiété, tant il les connaissait braves et remuants. Nous ne trouverons donc pas extraordinaire de reconnaître dans le Bas-Limousin (1) un grand nombre de mots kymriques.

*Balin*, grand drap pour recevoir le blé, quand on le vanne; *balindza*, langes, linge dont on enveloppe un enfant au maillot (en languedocien, *ballen, bailen* désigne aussi une espèce de drap dont on enveloppe les petits enfants); br. *pallen*, pl. *pallennou*, couverture de lit, housse de cheval; *pallin, ballin*, pl. *ballinou*, couverture de lit, grand drap sur lequel on crible le blé au vent.

*Bequet*, petit saumon; br. *beghek*, becard, femelle du saumon; la racine paraît être le br. *bek, beg*, bec, bouche. Le saumon a la tête fort grosse et l'ouverture de la bouche énorme.

*Budzada*, petite lessive (en provençal *bugado*, lessive; ce mot existe partout où il y a eu des Kymris : en Basse-Normandie on dit la *buée*, latin barbare, *bugata*); br. *bugad*, pl. *bugadou*, petite lessive; *buyadi*, faire une petite lessive.

*Bouri*, des ordures; gal. *ysburiall*, ordures, saletés; br. *burteg*, id. Dans la Basse-Normandie, on appelle les ordures, les balayures, des *bourriés*. Rien n'est plus commun que ce mot dans le département de l'Orne.

*Cluda*, une claie (en rouchi, patois kymrique, c'est *cloie*); br. *kloueden, kloned*, claie d'osier; gal. *clawydd*, id.

*Cicle*, cercle, cerceau. *Cicla*, entourer de cercles, mettre des cerceaux à un tonneau, à une cuve, br. *kelc'h*, pl. *kelc'hou, kelc'hiou*, cercle, cerceau; *kelc'ha*, faire des cerceaux, mettre des cercles...; gal. *cylch*, id; *cylchn*, entourer de cerceaux, consolider en remettant des cercles.

*Fedo*, nous trouvons ici encore *fedo*, brebis, et *fedou* agneau; gal. *dafad*, brebis, pl. *defaid*; le Bas-Limousin a aussi retranché la première syllabe.

---

(1) Le Bas-Limousin a pour capitale Tulle.

*Esquissa*, déchirer, br. *skeja* (pour *skeza*, car les Bretons prononcent le *z* ou le *d* comme *j* dans plusieurs cantons), inciser, déchirer, déchiqueter. On trouve en gal. *cis*, coup, plaie, *ceisio*, élimer, ébarber, déchirer.

*Clopi*, éclopé, gal. *cloff*, boiteux, éclopé; *cloffi*, clocher... *Clopiner*, comme on dit en Normandie, et La Fontaine n'a-t-il pas dit *clopin-clopant?*

*Clouca*, glousser, en breton *kloc'ha*, *kloga* et *skloka*, glousser; ce qui se dit de la poule qui veut couver, ou qui appelle ses poussins. Les Bas-Normands ont mieux conservé le breton que les Limousins, car ils disent en pareil cas *cloquer* : *voilà une poule qui* cloque, c'est-à-dire, voilà une poule qui glousse, parce qu'elle veut couver.

*Crogne* (languedocien, *cregne*, craindre; en provençal *creigne*, *crigne*), craindre, trembler de peur, br. *kren*, tremblement, *krena*, trembler, et comme les Gallois mettent souvent *y* où les Bretons mettent *e*; gal. *crynu*, trembler, trembler de frayeur, d'épouvante, *crynwr*, trembleur, *cryndod*, tremblement, frayeur, CRAINTE. Le Bas-Limousin se rapproche davantage de l'orthographe des Gallois. Nous n'avons pas besoin d'avertir que notre verbe *craindre* vient du breton. Je *crains*, nous *craignons*, *craint*, le montrent assez clairement, puisqu'ils sont en breton *krenann*, *kreneomp*, *krenat*. On sait que très-souvent *g* se glisse avant le *n*, ce qu'il ne faut dire ni aux Espagnols, ni aux Bretons, qui très-souvent prononcent *n* comme *gn*. Toujours faut-il remarquer qu'en général les patois conservent plus fidèlement que le français, non-seulement les mots que nous devons aux Romains, mais encore ceux qui nous ont été transmis de temps immémorial, et qui remontent aux langues celtiques. Une seule chose nous est pénible en terminant cet article, c'est de renverser de fond en comble une des étymologies à laquelle nos brillants philologues tiennent le plus. Personne n'ignore que l'imperturbable et infaillible Ménage faisait venir *crainte* et *craindre* des mots latins *tremor* et *tremere*; cela a paru d'une incomparable évidence aux savants : M. Ampère l'a bravement répété, et s'est acquis par là les vives sympathies de plusieurs membres d'une de nos académies.

*Couble*, couple ; c'est encore un mot kymrique; gal. *cwpl*, assemblage, réunion, paire. L'italien a conservé le latin en changeant à l'ordinaire *l* en *i*; *coppia*, couple de *copula*, lien. L'espagnol n'a rien qui ressemble ni au latin et à l'italien, ni au français.

*Coude*, coudée, aune; gal. *cwydd*, *cwfydd*, coude, coudée. L'italien a pris le mot latin *cubitus* dont il a fait *cubito*; mais l'espagnol, qui a pris naissance en Languedoc et en Guienne, dit *codo*; le provençal, COUIDE, coude, coudée.

*Couder*, jardin; gal. *cader*, enclos.

*Ga*, gué, c'est *ga* en languedocien. Br. *gwe*, *gwev*, gué, l'endroit où une rivière peut se passer aisément.

Voilà un grand nombre de mots kymriques; nous en pourrions allonger de beaucoup la liste, si le temps nous le permettait; nous nous en abstiendrons, dans l'idée que ceux-ci suffisent pour venir en aide à l'histoire et démontrer que les *Lemovices* étaient kymris, généralement parlant. Mais soit que des Gaëls fussent au milieu d'eux, soit que la circonscription moderne des Limousins ait réuni à eux une portion d'hommes appartenant à l'autre race, soit que l'influence de leurs voisins les *Bituriges* et les *Arverni* aient fait passer chez eux un certain nombre de leurs mots, les Limousins ont aujourd'hui un certain nombre de mots exclusivement gaéliques. Ils n'ont même pas le suffixe *our* pour le nom de personne, que nous avons remarqué chez les Provençaux, et à la place de ce suffixe gallois, ils se servent de celui des Gaëls, *aire*, comme dans *cacaire* (cacator).

*Escumo*, écume; irl. *scum*, *sgum*, écume.

*Cial*, le ciel, en irlandais, *ceal*, ciel; c'est un nouvel exemple de l'admirable exactitude des patois à maintenir les mots tels qu'ils étaient dans l'origine. Le latin *cœlum* remonte probablement aux Gaulois.

*Coloto*, espèce de petit bonnet, qui ne couvre ordinairement que le haut de la tête, calotte; irl. *callà*, voile, capuchon; *callaid*, bonnet, perruque, calotte.

*Foi*, dire; nous savons qu'en vieux français, *fit-il* signifie *dit-il*; irl. *feidhim*, je dis, je parle, je raconte.

*Ramo*, rame de bateau; (l'italien et l'espagnol disent *remo*, du lat. *remus*, mais les Limousins ont une excellente raison d'écrire et de prononcer comme ils font). Irl. *ramha*, rame, espèce de longue perche qui s'élargit par un des bouts en s'aplatissant, pour faire avancer un navire, un bateau.

*Puto*, prostituée ; ce mot est répandu dans la Bourgogne, le Lyonnais et le Dauphiné... C'est un mot gaélique; irl. *puile*, synonyme de l'italien *pota*. Le kymrique est un peu différent; il a pénétré dans tous les patois du nord avec ses nombreux dérivés.

Nous arrivons au Nord; nous allons parcourir rapidement l'antique pays des Kymris. Leur territoire était assez étendu, il comprenait l'Armorique (la Bretagne, où leur langue s'est maintenue; car le breton, il le faut bien remarquer, est une langue, non un patois), l'Anjou, une partie du Maine, tout ce qui a été connu sous le nom de Neustrie, puis sous celui de Normandie, une partie de l'île de France, la Picardie, l'Artois, la Flandre et toute la Belgique jusqu'au Rhin, presque toute la Champagne, la Lorraine et l'Alsace. Sur toute cette étendue de pays, non compris la Bretagne, il nous reste plusieurs patois très-curieux. Le normand, que nous partageons en trois parties, le picard, le rouchi, le wallon, le lorrain; dans tous ces patois, si les historiens ne nous ont pas trompé, nous ne devrons guère trouver que kymrique mélangé de latin ; l'élément gaélique n'a dû contribuer presque en rien à la formation de ces dialectes ; ous aurons encore un moyen de piquer vivement la curiosité, ce sera d'enregistrer soigneusement les quelques mots rmaniques qui se sont glissés dans ces dialectes. N'est-ce pas une chose digne d'étonnement que le tudesque it à peu près imperceptible dans des langues parlées dans des pays inondés de Germains à plusieurs reprises fférentes, occupés, dominés par des Germains pendant plusieurs siècles, et aujourd'hui encore entourés, pressés Allemands ?

Selon nous, la philologie et l'histoire doivent toujours aller de front et se prêter un mutuel secours. Avant d'en- eprendre notre rapide revue des patois du Nord, nous allons réunir les principales raisons, les preuves historiques les us saillantes par lesquelles on peut établir que les Kymris occupaient réellement le territoire que nous leur avons signé, et que leur langue a dû se conserver sur les montagnes de Galles et de Cornouailles, ainsi que dans l'Armorique petite Bretagne.

Quels étaient les habitants de la Bretagne, que César, poussé par son génie belliqueux et par un immense désir de oire, voulut visiter après avoir soumis les Belges, et auxquels il reprochait d'avoir envoyé des secours aux Vénètes abitants de Vannes, en Basse-Bretagne), dans le temps où il faisait la guerre à ces derniers ? N'est-il pas probable que les lges apercevant des hauteurs qui dominent le Pas-de-Calais, une île d'une grande étendue et fort rapprochée de leurs tes, s'y seront retirés à une époque inconnue, mais fort ancienne ? Cela semble si naturel qu'il serait difficile admettre une autre hypothèse. Mais quittons le champ des conjectures, et voyons si notre opinion peut s'appuyer r l'autorité des historiens.

Si Tacite, après avoir examiné mûrement la question qui nous occupe, si après avoir réuni tous les éléments de nviction, se prononce enfin et conclut en faveur de l'origine gauloise des Bretons (1), les indications de César ne nt pas moins précises (2). Lorsque ce général part pour la Bretagne, il se fait précéder de quelques personnages ges qui doivent disposer les esprits en sa faveur, mission qu'ils ne pourraient remplir s'ils n'avaient des relations imes avec les Bretons et s'ils ne comprenaient leur langue. Que reproche-t-il aux Bretons ? rien, sinon d'avoir aidé Vénètes, lorsque ceux-ci faisaient la guerre aux Romains ; car les Vénètes étaient Kymris ou Belges (3) : c'étaient nc des Kymris qui venaient secourir leurs frères du continent.

Dans les chapitres si intéressants, mais trop courts, où l'auteur des Commentaires traite du druidisme, les détails 'il donne ont plus de portée encore relativement à l'identité des Bretons et des Gaulois. Il nous apprend que les Gau- s qui voulaient approfondir la science de la religion allaient l'étudier dans la Bretagne, que par une erreur pardon- ble il prend pour le berceau de l'institution des Druides (4) ; c'est qu'à l'approche des Romains, ces prêtres, juste- nt ombrageux, avaient pris la fuite et étaient allés chercher un asile chez des hommes soumis à leur juridiction, cidés à s'enfoncer avec leurs sacrés mystères dans les sombres forêts d'une île qu'ils devaient croire inaccessible à conquérants inquiets et redoutables à tant de titres. Ainsi, en Bretagne, les habitations sont les mêmes que chez Belges ; les villes, les peuples sont désignés par les mêmes noms ; les coutumes, les mœurs sont identiques, les alités saillantes des Gaulois se retrouvent chez les Bretons, qui suivent la même religion, et protègent le drui- me contre l'inquiétante curiosité des Romains. Après des témoignages si positifs, si clairs, si imposants, nous pou- ns nous dispenser de citer ici les textes, d'ailleurs assez vagues, de Mela, de Pline, et de Strabon (5) ; mais il est un torien postérieur qu'il serait injuste de passer sous silence, et dont on ne peut parler par manière d'acquit. Bède, qui ait six siècles après les auteurs dont nous avons rappelé les noms, était breton, et devait connaître un peu ses com- riotes. Eh bien ! cet homme dont l'autorité est d'un si grand poids, était, sur l'origine des Bretons, d'une opinion forme à celle de César et de Tacite.

Nous ferons quelques observations sur ce curieux passage de Bède, que nous citons textuellement (6). D'abord, il raît que notre auteur a rapporté les traditions du pays ; soit qu'il ait ignoré ce qu'avaient écrit César et Tacite, soit in qu'il n'ait pas cru être en opposition avec ces célèbres historiens, il y a pourtant une contradiction au moins parente entre les écrivains de Rome et celui de la Bretagne. En effet, ceux-ci supposent que les Belges ont pénétré

---

) *In universum æstimanti Gallos vicinum solum occupasse credibile est; eorum sacra deprehendas, superstitionum persuasione..... Sermo haud multum* rsus, *in deposcendis periculis eadem audacia..... Cæteri remanent quales Galli fuerunt.* Tac., Agr. 11. Quelques lignes plus haut, on lit : *Proximi Gallis miles sunt.*

) *Maritima pars (Britanniæ) ab eis molitur, qui prædæ et belli causa ex* Belgio *transierunt, qui fere omnes iis nominibus civitatum appellantur,* us orti *ex civitatibus eo pervenerunt..... Hominum est infinita multitudo, creberrima ædificia fere Gallicis consimilia.* Cæs. 5-12.

) *V.* plus bas un passage de Strabon, qui ne laisse aucun doute à cet égard.

) *Druidum disciplina in Britannia reperta, atque inde in Galliam translata esse existimatur; et nunc qui diligentius eam rem cognoscere volunt,* umque *illo discendi causa proficiscuntur.* Cæs. 6-13.

) Pomp. Mala, 3-6 ; Strabon, 4-5-2 ; Plin., 4.

*In primo hæc insula solum, a quibus nomen accepit, incolas habuit, qui de tractu armoricano (ut fertur) Britanniam advecti, australes sibi partes illius* carunt, *et quam plurimam insulæ partem (incipientes ab austro) possederunt.* Bed., His. 1.

en Bretagne en franchissant le détroit peu considérable qui les séparait de l'île; Bède, au contraire, entend, d'après ce qu'il a recueilli, que les colonies partirent de l'Armorique et non du pays des *Morini*. Quoi qu'il en soit, il est très-facile de concilier, ou du moins de rapprocher ces opinions qui paraissent divergentes au premier aspect. En effet, tandis que les Belges envahissaient les côtes orientales de la Bretagne et qu'ils s'établissaient dans le pays de Kent, les Armoricains pouvaient fort bien débarquer dans l'île du côté du sud; et il est à présumer que les choses se sont ainsi passées. Toute la question se réduit maintenant à savoir si les Belges et les Armoricains étaient le même peuple, si les uns et les autres étaient des Kymris (1). La chose n'est plus problématique depuis les savants et judicieux travaux de Camden et de M. Amédée Thierry; et, par là même, nous nous trouvons dispensé de pousser bien loin la discussion d'un fait qui n'est plus controversé. Il nous suffirait presque de dire qu'il faut admettre, avec Strabon et M. Amédée Thierry, que les Kymris occupaient à peu près tous les pays situés au nord de la Loire et de la Seine.

La suite de l'histoire montre que ces esprits éminents ne se sont pas trompés. On sait qu'à la fin du cinquième siècle, les Bretons, victimes de la plus abominable perfidie (2), furent réduits à de bien fâcheuses extrémités, et qu'une partie d'entre eux quittèrent la Bretagne et se réfugièrent en Armorique, où sans doute ils étaient assurés d'être bien accueillis par des hommes de la même nation, et dont ils comprenaient la langue. Et c'est depuis cette époque que l'Armorique a pris le nom de petite Bretagne. Que, si on nous objectait que nous allons trop loin et qu'il n'est pas constant que les Bretons aient parlé la même langue que les Armoricains, au lieu d'alléguer un grand nombre de textes qui les supposent ou l'établissent (3), nous nous contenterions de renvoyer aux Vénètes ou Vannetais, qui sont toujours en possession des côtes où César vint les combattre, et qui parlent un dialecte particulier du kymrique, lequel reproduit, à quelques modifications près, les racines du breton et du gallois.

Cette donnée historique, sur laquelle au besoin nous insisterions davantage, nous paraît de la plus haute importance pour l'étude de nos antiquités et de notre histoire.

D'un côté, on admet que les Gallois, retranchés sur leurs montagnes, et les Bretons, retirés, cantonnés dans leur presqu'île, ont conservé la langue des Belges ou Kymris; de l'autre, on veut qu'il soit prouvé que les Belges ont occupé tout le nord des Gaules depuis le Rhin jusqu'à Nantes; dès lors nous avons un excellent moyen de résoudre d'une manière satisfaisante et définitive des questions naguères agitées avec tant d'ardeur, et cependant restées indécises, et même insolubles, si l'on en croyait un certain nombre d'érudits.

PATOIS NORMAND. — BAS-NORMAND. — LANGUE DES COMPAGNONS DE GUILLAUME-LE-CONQUÉRANT. — BESSIN.

Les textes que nous avons réunis et discutés, nous ont appris des faits précieux, faits que la philologie, réduite à ses seules forces, ne nous eût jamais révélés. Il n'y avait que l'histoire qui pût nous rendre ce service; elle l'a fait : le tour de la linguistique est arrivé. Son rôle doit être ou de confirmer ou d'anéantir les témoignages des auteurs et les traditions des peuples. Nous verrons si elle sera infidèle à sa mission.

Nous n'avons qu'une réflexion générale à faire sur la Normandie; c'est qu'un de ses ports, et assurément le plus ancien, et, commercialement parlant, le plus important de tous, a retenu, pour son nom propre, un nom jadis appellatif ou générique : c'est le HAVRE, autrefois le *Hâvre-de-Grâce*, que nous voulons dire. *Hâvre* est un port dans la vieille langue, et en picard et en wallon *able* signifie un petit port à l'embouchure d'une rivière. Dans les langues celtiques, *aber* présente l'idée d'un confluent, de l'embouchure d'une rivière ou d'un fleuve dans la mer. Il n'y a que le kymrique qui y joigne l'idée de port situé à l'embouchure d'un fleuve ou d'une rivière. Gal. *aber*, br. *aber* avec toutes ces acceptions. Ainsi le Hâvre semble avoir été destiné à annoncer aux générations futures que dans les environs de ce port habitaient autrefois les Kymris, qui y ont au moins laissé ce souvenir. La Normandie nous offre trois dialectes, le *bas-normand*, le *normand importé en Angleterre*, le *patois bessin*.

## BAS-NORMAND.

Il y a un patois bas-normand répandu dans presque tout le département de la Manche, dans la partie méridionale seulement du Calvados, dans l'Orne et l'arrondissement de Mayenne. Ce dialecte est rempli d'expressions kymriques, ainsi qu'on en pourra juger par ce qui suit. Il nous serait facile de quadrupler les exemples que nous donnons, et nous ne nous flattons pas d'avoir choisi ce qu'il y a de plus saillant dans le bas-normand.

*Ardille*, torchis, terre grasse, mortier mêlé d'étoupe, de foin, pour les cloisons. Br. *till* (*ll* mouill.), torchis; *ar–dill*, du torchis. On appelle les cloisons ainsi faites, des *tillasses*, du même *til* ou *till*. Voilà un nouvel exemple d'un mot breton précédé de l'article.

---

(1) Les habitants du pays de Galles s'appellent eux-mêmes, dit Camden, *Kumeris* ou *Kumri*. Flavius Joseph semble avoir connu cette particularité, car il donne aux Celtes le nom de *Gomares*.

(2) La trahison infâme des Anglo-Saxons. *V.* A. Thierry et Lingard.

(3) *V.* la préface du *Dict. breton* de D. Le Pelletier, et D. Lobineau, *Hist. de Bretagne*.

*Hourdin*, paquet, fardeau ou charge qui ne consiste qu'en un seul paquet. Br. *horden*, faix, charge, paquet; *hordenna*, mettre en paquet, faire ou préparer des faix.

*Jeter*, calculer de tête et sans le secours des principes de l'arithmétique. Dans les archives de Metz, les recenseurs sont appelés *jeteurs*. Br. *jed, jet.*, calcul, compte: *jeta*, calculer, compter.

*Couline*, flambeau, torche de paille. A la campagne, surtout dans un pays où l'argent ne se gagne pas aisément, la plus sévère économie est de rigueur. Dans les hameaux une chandelle de suif, et à plus forte raison une lanterne, était une chose de luxe il y a trente ans seulement. Mais comme il est souvent difficile, l'hiver surtout, de ne se point égarer dans un pays couvert de haies et de grands arbres, et où les chemins sont souvent remplis d'eau, on se sert de torches faites de paille de seigle et liées d'anneaux assez rapprochés les uns des autres; avec une de ces torches, bien faite, on fait facilement une demi-lieue et quelquefois davantage. Ces flambeaux improvisés se nomment des *coulines*, on ne connaît que ce nom pour les désigner. C'est une expression qui paraîtra singulière; elle est précieuse, car il est impossible qu'elle ne remonte pas à la plus haute antiquité, tant la chose qu'elle indique est simple et se rapproche des temps primitifs. Br. *goulaouen* ou *goulou*; van. *goleu*, tout ce qui éclaire, flambeau, luminaire, chandelle; *goulaoui*, éclairer, jeter de la lumière, luire, répandre de la clarté; en gallois nous trouvons au moins aussi bien : *goleuni*, flambeau, luminaire.

*Équaigner* (en prononçant sourdement la syllabe du milieu), agacer, vexer de paroles, taquiner; en breton nous trouvons *heskina, esquina*, tourmenter, agacer, impatienter, irriter, vexer, harceler de paroles piquantes, poursuivre par des railleries.

*Clichette*, petit loquet; bret. *klik*, et gal. *clicied*, loquet, cadenas, petit verrou.

*Crouillet*, gros verrou, verrou grossier, matériel, fait ordinairement par des maréchaux de la campagne, qui n'y regardent pas de si près. On ne voit guère que cette espèce de verrou, quelquefois placé aux portes des étables, des granges et même des maisons. Br. van. *kouroull, kroul*, pl. *kroullet* (LE PELLETIER), verrou, targette.

*Pissot*, urine, pissat. On connaît un peu en Basse-Normandie le mot urine; mais il est d'un usage fort rare au fond des campagnes, où jamais il ne s'emploie, lorsqu'il est question des animaux. On dit partout, on dit constamment *pissot* au lieu de *pissat*, qui n'est connu que des personnes instruites. Ceci est assez curieux, car en gallois c'est le même mot : *pisawd*, pissat, urine; *pisaw*, pisser, uriner.

*Guibet*, cousin. C'est le nom de ces nombreux insectes si incommodes le soir pendant les chaleurs de la canicule. Dans l'Orne, on ne sait pas ce que c'est qu'un cousin, on ne connaît que les *guibets*, et l'on appelle *gobe-guibets* un niais dont la moindre chose excite la surprise, et qui, les lèvres entr'ouvertes, s'amuse à considérer bêtement l'objet qui l'a frappé. Ce mot patois répond d'ailleurs à *gobe-mouches*. Dans le bessin on dit *bibet*; br. *c'hwibu*, moucheron; gal. *gwybed*, cousin (en latin *culex*), mot qui vient, selon nous, de *gwybio*, circuler, voltiger.

*Eisser, heisser*, hier au soir. C'est là, nous n'en doutons pas, le mot le plus extraordinaire du bas-normand · c'est le mot consacré à la campagne pour dire hier au soir. En breton, c'est *neiser* ou *neizeur* : en gallois, *neihtwr*, hier au soir. Ce dernier est composé, ce nous semble, de *noeth*, qu'on disait autrefois pour *nos*, la nuit, et de *awr*, heure, moment; c'est donc à l'heure de la nuit. Le *n* initial a disparu, comme on voit.

*Gâter*, répandre; gâter de l'eau, *prends garde de gâter*, dit-on à un enfant qui tient un vase plein d'un liquide quelconque; kym. *gwastrassu*, répandre, disperser, se répandre.

*Ginguer, reginguer*, regimber. S'il est un mot familier aux Bas-Normands, c'est assurément *ginguer, reginguer*. Le premier signifie sauter, bondir comme un troupeau aux premiers beaux jours du printemps ou comme une bande d'enfants vifs et légers. Un tel spectacle ne manque jamais de faire dire à ceux qui en sont témoins : « Comme tout ça *gingue*. » Il s'emploie aussi pour *regimber*, et dans ce dernier cas *reginguer* est plus usité. Ceci vient du gallois, où l'on trouve *gwyngo*, ruer, regimber. — Irl. *sgeing*, saut, bond.

*Calo* signifie paille; mais il se prend en mauvaise part; c'est la paille du blé noir qu'on appelle ainsi. Br. *kolo*, paille; on ne peut douter que ce mot ne soit celtique, puisqu'en irlandais il y a un mot analogue : *geal*, paille (1).

*Grésil*. On appelle ainsi la menue grêle, et l'on fait de ce nom le verbe impersonnel *grésiller*; en breton, *grésill* a la même signification; gal., *grisial, grisiol*, id.

*Seille* (en prononçant les *ll* mouillées), seau; c'est un mot très-usité. Br. *sal*; van., *sel* (en mouillant *l*), pl. *selou, seleu*, seau. Le mot est ancien, et à preuve nous citons l'irlandais *sial, sitheal*, même sens.

## NORMAND ANGLAIS.

On sait que, dans la dernière moitié du onzième siècle, Guillaume, duc de Normandie, fit la conquête de l'Angleterre.

---

(1) De plus, en gal. *calaf* veut dire *paille, chaume*, CALOT, qu'il serait permis d'écrire *calau*; *f. v.* se changent facilement en *u*. On trouve en outre *callsdryn*: d'où l'on peut inférer que les Normands font mieux de dire *calo, calau*, que de prononcer *kolo*, à l'instar des Bretons. — *Calaf*, au reste, correspond au gr. κάλαμος; et au lat. *calamus*.

et introduisit dans cette île l'usage de la langue qu'on parlait dans son duché. Il en fit la langue officielle de son royaume, alors que le latin était presque partout, et surtout en France , la langue du gouvernement. Cette partie de notre langue d'*oil* est d'autant plus curieuse, que, transportée tout d'abord dans un pays éloigné , elle a dû y conserver sa rudesse et son originalité. Il y aurait des volumes à faire sur un sujet aussi intéressant. Nous nous bornons à dire que, dans ce que les Anglais ont conservé de cette langue, il y a presque autant de kymrique que de latin, et que les mots latins, du reste, beaucoup moins altérés qu'en français , y ont manifestement subi l'influence du kymrique. Nous serons très-court, mais nous ferons en sorte que nos exemples soient significatifs et saillants.

Ce qui nous occupe c'est la langue d'OIL : la politesse exige que nous expliquions ce mot, qui est le titre d'honneur, la marque distinctive de cette langue.

*Ail, oil, oyl*, oui, certes. Telles sont les variantes de ce mot fameux. La première orthographe me semble préférable aux autres. Br. *alia*, assurément, oui, certes.

*Ker*, ville, cité. Br. *kaer* ou *kear*, bourg ou ville; gal. *caer*, ville; il signifie aussi muraille : ce qui montre la haute antiquité de ce mot.

*Bro*, pays, contrée. Br. *bro*, pays, patrie : *Bro Saos*, l'Angleterre, le pays des Saxons (gal. *saes*, anglais). Les Bretons n'oublient rien, s'ils n'apprennent pas beaucoup : c'est une petite compensation. — Irl. *bru*, terre, contrée, pays.

*Armor*, la mer. Voilà un mot qui n'a pas besoin d'une longue explication; c'est le mot breton *mor* précédé de l'article *ar*, un, une, *ar-mor*. Nous avons retrouvé l'article breton dans le patois de Bayonne, dans celui du département de l'Orne, il se reproduit encore ici. Nous ne savons rien de plus concluant. En commençant nos recherches, nous ne nous serions pas attendu à une aussi heureuse trouvaille.

*Py, pi*  
*Pye*  
*Piz* } Sein, mamelle, poitrine, pis.  
*Pis*  
*Poux*

Gal. *pith* ou *piw*, mamelle, sein, PIS.

Ce mot *pis* existe encore; mais il est déchu, et il ne se dit guère que des animaux; au lieu qu'autrefois, même au commencement du dix-septième siècle, on s'en servait généralement pour les personnes , et cela , sans aucune nuance défavorable.

*Rowez*  
*Roefr* } des rames (d'où l'ang. *row*, rame, et *to row*, ramer).

Gal. *rhwyf*, pl. *rhwyviau*, aviron, rame; *rhwyvwr*, rameur; *rhwyvo*, ramer, conduire avec la rame , gouverner, régir.

Br. *roev*, pl. *roeviou*, rame, aviron : de plus *roevia*, ramer, faire avancer un bateau avec la rame; *roevier*, rameur. Nous avons vu plus haut que notre nom *rame* vient du gaélique, que ne pouvaient pas connaître les Normands.

*Routez*, troupes, armée (d'où l'ang. *rout*, multitude, troupe, assemblée).

Ce mot se trouve dans tous nos vieux auteurs; on s'en servait du Nord au Midi ; c'est qu'il n'était pas seulement connu des Kymris, qui écrivent *rhawd* (troupe, multitude, armée, en gallois), mais encore des Gaëls, qui, comme les Irlandais, devaient avoir *ruith*, troupe, bande, armée.

*Rues*  
*Ruwes* } rues. Br. *ru*, pl. *ruiou*, rue, passage, chemin.

En gallois *rhew*, pl. *rhewiau*, rue.

*Tripe*  
*Triperie* } tripe (d'où l'angl. *tripe*, tripe, et *tripery*, triperie, marché aux tripes).

En gallois, on trouve *trippa*, entrailles, boyaux, TRIPES ; en breton, c'est *stripen*, tripe ; il se dit des boyaux des animaux, et de certaines parties de leurs intestins; *striper*, pl. *striperiou*, TRIPIER; *striperez*, pl. *striperezed*, TRIPIÈRE, marchande de tripes; *striperez*, pl. *striperezou*, TRIPERIE.

*Trieves*  
*Trèves* } trève (d'où l'angl. *truce*, suspension d'armes, trève).  
*Truce*

En gall. *trwyddew, trwyzew*, congé, trève, liberté.

En breton, *trev*, pl. *treviou*, et *trevers*, trève, suspension d'armes. *Truce* s'explique par *brwyzew*.

*Trousses*  
*Troches* } paquets, amas, trousses. (d'où l'ang. *truss*, faisceau, paquet, et *to truss*, lier, attacher, empaqueter, trousser).

Gal. *trwsa*, pl. *trwsau*, paquet, bagage, TROUSSEAU.

Br. *trons*, pl. *tronsou*, paquet, trousseau, TROUSSE, faisceau; *tronsa*, trousser, replier, retrousser, faire un paquet, un trousseau; part. *tronset*, troussé, retroussé; *tronsad* un faisceau, un trousseau (de clefs).

Le normand *trussez*, empaqueté, s'explique par le participe breton *tronset*, lié, attaché, empaqueté.

Nous ne citons point ici le gallois, qui possède cependant le verbe *trwsaw*; mais ce verbe ne signifie plus mettre en paquets, réunir en faisceau; mais il nous donne l'origine du verbe français *trousser*, dans le sens de parer, arranger, trousser un poulet.

C'est en effet ce que signifie le verbe gallois.

Le breton a ajouté un *n*, ce qui n'est pas sans exemple. D'ailleurs cette racine se trouve aussi dans le gaélique *truss*, trousse, trousseau; *trusaim*, je réunis, je noue, je lie, je trousse, j'empaquette.

*Owel*  
*Oel*  
*Owele* } pareil, semblable, et semblablement, pareillement, également.  
*Ywell*

Gal. *hefel*, égal, semblable; *hefelydd*, ressemblance, égalité; *cyfelyb*, tout semblable, entièrement égal; en latin *consimilis*.

Br. *hevel*, *henvel*, semblable et semblablement, pareillement, également.

*Parquer*, enclore; br. *park*, pl. *parkou*, un champ clos, un parc; gal. *parc*, clôture, enceinte; *parcio*, enclore, enfermer, fermer; irl. *pairc*, un parc, un enclos, un champ environné de bonnes haies ou de murs.

*Destre*, cheval pour la guerre : gal. *eddestr*, cheval. Voilà le vieux *destrier*, si fréquent chez les trouvères. Le gallois, outre ce nom, nous a donné *étalon, roussin, hacquenée, palefroi; cavale* nous vient des Bretons.

ÉLÉMENT GERMANIQUE.

CURIEUSE ADDITION DU G DEVANT V, W, B, F.

Mais, nous dira-t-on, vous ne parlez pas des mots germains ou tudesques; et néanmoins ils devaient se trouver en grand nombre dans la langue de Guillaume et de ses compagnons. Jusqu'ici nous n'en n'avons rien dit pour deux raisons : 1° Parce que nous avions avant tout à établir que les Kymris avaient laissé de nombreuses traces de leur séjour dans le pays connu depuis sous le nom de Normandie; 2° parce que les mots tudesques sont imperceptibles dans le normand; ce qui est fort surprenant : à consulter l'histoire, on croirait que cette langue d'*oil* ne peut guère se composer que d'éléments germaniques. La Neustrie fut des premières envahie par Clovis, et les successeurs de ce fondateur de la Monarchie française y régnèrent sans aucune interruption. Or, Clovis et ses guerriers étaient des Francs et partant des Germains. D'autres Germains, les Normands, vinrent au commencement du dixième siècle s'emparer de cette province, et ils s'y établirent en grand nombre. C'est donc un idiôme germanique que le peuple doit parler sous leur domination, d'autant que précédemment il devait avoir appris l'ancien allemand du temps des premiers rois. Et toutefois, quand on examine cette langue transportée dans un pays lointain telle qu'elle était cent cinquante ans seulement après l'établissement des Normands, on ne revient pas de son étonnement de n'y voir, pour ainsi parler, rien de germain. L'étonnement redouble, quand on réfléchit que le pays où cette langue a été importée était habité par les Saxons, qui font aussi partie de la famille germanique : on est bien sûr au moins que tout ce qui était tudesque fut là religieusement conservé. Enfin l'étonnement est au comble, lorsque nos érudits, malgré l'évidence et comme pour le plaisir de mentir à l'histoire, ne craignent pas de dire hautement que dans la Langue française il se trouve au moins douze cents racines tudesques, non compris les dérivés. Affirmer, sans aucune espèce d'examen, fut toujours un procédé commode; mais il sera compromettant à partir du jour où nos philologues mettront quelque conscience dans leurs recherches, quelque scrupule, quelque pudeur dans leurs assertions. Nous ne savons si dans un certain monde un homme qui se tromperait des neuf dixièmes, passerait pour un excellent calculateur; toujours est-il qu'il serait beaucoup moins en dehors de la vérité que les érudits auxquels il échappe de telles hérésies.

Nous allons ajouter trois mots germaniques qui sont d'une haute importance pour la question qui nous occupe, par une modification remarquable qu'ils ont subie en entrant dans le normand et dans le français. Nous voulons parler de *gault, gaut* (1), forêt, *guerpir, werpir*, quitter, laisser là, *gwer, gurre* (en wallon, *gwar*), guerre, mots qui viennent du germanique évidemment : *wald*, forêt, *warpan*, jeter là, planter là; *war*, dispute, dissension. En parlant des Aquitains (2), nous

---

(1) De *Gault* est venu *Gautier* (*galterius* en bas latin), *forestier*, qui a fini par devenir un nom propre; de *gwer*, nous avons fait *guerre*; enfin, *guerpir* s'est changé en *déguerpir*, verbe neutre, au lieu que *guerpir* était essentiellement un verbe actif. Du latin *vastare*, ravager, les Bretons pourraient bien avoir fait leur verbe *gwastur*, faire dégât, perdre, détruire, ravager, GATER, d'où le *gaster* des Normands d'Angleterre, ravager.

(2) V. *Patois bayonnais*, pag. 55 et 56.

avons dit un mot de cette singulière habitude qu'avaient les Kymris de préposer généralement un *g*, à *b*, *f*, *m*, *v*, *w*. Dans la grande famille des langues indo-européennes, il n'y a que les idiômes kymriques dans lesquels on remarque cette loi singulière, qui seule pouvait nous conduire à la véritable étymologie d'un grand nombre de mots français. Comme la découverte d'une particularité aussi extraordinaire doit on ne peut plus contribuer à la solution des problèmes qui nous occupent, nous ne saurions trop insister sur ce point. Les rapprochements suivants feront mieux voir que toutes les dissertations du monde une partie de ce que le latin avait emprunté des langues celtiques. On y verra aussi quels liens étroits unissent le kymrique au gaélique.

| LATIN. | IRLANDAIS. | GALLOIS. | BRETON. | FRANÇAIS. |
|---|---|---|---|---|
| vir | fear ur | gwr (1) | gour | *homme.* |
| vallum | ball | gwall | | *rempart, mur, retranchement.* |
| vce | fe | gwae | gwa. | *malheur à.* |
| bicia | | gwyg | ves, bens | *vesce, espèce de pois.* |
| vinum | fin. / fion. | gwin | gwin | *vin.* |
| vagire | baichim. / baich, cri. | gwichio | gwika | *crier, vagir.* |
| falco | faolchon | gwalch | falchan | *faucon, oiseau de proie.* |
| Com-pesco | basgaim | gwasgu | gwaska | *presser, comprimer, réprimer.* |
| versus | fears / fearsan | gwerth | gwers. | *vers.* |
| verus | fior / fir. | gwir | gwir | *vrai, juste, équitable.* |
| veritas | fire / fireadh / fircachd. | gwiredd | gwirionez | *vérité, équité.* |
| versura | | gwarth | gwers. | *négoce, trafic.* |
| venenum | | gwenwyn | | *venin, poison.* |
| vacuus | | gwâg | gwak | *vide, vain, faible, vague.* |
| velum | beala. / peall. | hwyl (2) | gwel | *voile, enveloppe.* |
| vilis | | gwael | | *vil, méprisable.* |
| vitium | bead. / beud. | gwyd | | *vice, défectuosité.* |
| vitiare | | gwydio | | *vicier, altérer, corrompre.* |
| vitiosus | | gwydus | | *vicieux, plein de défauts.* |
| vesper / vespera (ἕσπερα) | | gosper | gousper / gwesper. | *le soir, vêpres.* |
| vanus | faon / faoin / fann. | gwann | gwan | *vain, faible, délié.* |
| vicus | fich. | gwic (bois) (3) | gwik | *village, bourg.* |
| volvo | | chwylo | | *tourner, rouler.* |
| veneris (n. venus) | | gwener (4) | gwener | *Vénus.* |
| viridis | fear / feur (la verdure) | gwyrdd | gwer | *verd* |
| vitrum | fear | gwydr (5) | gwer, gwezr | *verre, vitre.* |

| LATIN. | GALLOIS. | BRETON. | FRANÇAIS. |
|---|---|---|---|
| vipera | gwiber. | aer-wiber / viber | *vipère* (6). |
| vesica | chwysigen (7) | | *vessie.* |
| vos | chwi | c'hwi. | *vous.* |
| virtus (fears) | gwyrth | burzut. | *vertu, force, miracle.* |
| vulnus (οὐλη) | gwœli | gouli. | *blessure.* |
| ventus | gwynt { *vent, odeur,* } | gwent. / gwenta (venter). } | *vent.* |

(1) Kym. *anwr* (an-gwr), faible, efféminé, mot à mot NON VIRIL.

(2) Ici le kym. a substitué le *h* au *g*. Il y a quelques exemples d'un semblable changement dans les langues celtiques.

(3) On sait que les Kymris, surtout quand ils étaient en présence d'un ennemi redoutable, établissaient volontiers, et quelquefois systématiquement, leurs demeures au fond ou sur la lisière des bois.

(4) Br. *dez gwener*, vendredi ; Kym. *Seren gwener*, astre de Vénus.

(5) Le kym. a encore : *guydro*, vitrer ; *gwdrwr*, vitrier ; *guydrin*, de verre.

(6) C'est du kym. *gwiber*, dragon, serpent, vipère ; qu'est venu *guivre*, *givre*, serpent, serpent fabuleux, en terme de blazon. Dans le Jura, on dit *vouivre* pour un serpent mythique, fabuleux.

*Gwiber* paraît dérivé du verbe *gwibio*, errer, voltiger, voler, et *gwiber* ne signifie pas seulement en kym. un serpent, une vipère, mais encore un écureuil ; *gwibet*, moucheron, cousin (*guibet* en bas-norm. ; *bibet* en bessin.).

(7) C'est, je n'en doute pas, ce mot qui a donné le provençal *boousigo*, vessie, mot qui ne pouvait se former du latin *vesica*, d'où viennent l'italien *vesica* et l'espagnol *vesiga*.

| GAÉLIQUE. | | KYMRIQUE. | |
| --- | --- | --- | --- |
| IRLANDAIS. | GALLOIS. | BRETON. | FRANÇAIS. |
| earn | gwern | gwern | aune. |
| earna | | gwern (1) | mât d'abord fait d'aune, sans doute. |
| earsaid | | gwersit. | fuseau. |
| anc | gwaneg | gwag. | |
| uaic | (pl. gwanyg). | gwagen / (pl. gwagou) | vague, flot, onde. |
| art | gwarth. | gward (2) | garde, veille, vigilance. |
| ire | (garde, garnison | (la garde) | |
| aireadh | | | |
| airidh | gwarchad | | |
| airighid | gwarchod. | | garder, veiller, observer. |
| | gwarchadw | (ghed) | attente, GUET. |
| aithim | (3) | gheda | attendre avec intention, attendre pour voir, guetter. |
| arant | gwarant. | gwarant. | GARANT, caution. |
| us | gweus (4) | gweus | lèvre, bouche. |
| us | | | |
| uisin | | | |
| a | gwaith (5) | gwer. / gwez. | fois, tour, temps. |
| aoi | | | |
| eil | | gwel / (gouil, en van.) | fête, solennité. |
| eile | gwyl. | | |
| ile | | | |
| aidhim | gweddw | kuita. | s'en aller, quitter, abandonner. |
| aoidhim | | | |
| eis | | gweis. | cochon, truie. |
| ionn | gwynn. | gwenn. | blanc. |
| inn (racine *ban*) | | | |
| eadh | | | |
| adh | gwydd (6) (*les arbres, bois*). | gwez (*arbre*). | BOIS, forêt. |
| iabh | | | |
| oidh | | | |

Dans son beau travail sur la comparaison des langues celtiques et du sanscrit, M. Pictet a indiqué cette loi, sans l'établir, ni la formuler. Nous citerons, d'après ce philologue, les rapprochements suivants.

| SANSCRIT. | IRLANDAIS | GALLOIS. | FRANÇAIS. |
| --- | --- | --- | --- |
| ad, *parler* | fead | gwed. | *parole.* |
| ant, *diviser* | bainim (je tranche) | gwanta. | *trancher.* |
| anesa, *désir* | | gwane. | *avidité.* |
| ask, *se mouvoir* | | gwaisg | *rapide.* |
| illi, *science* | feth, *id* | gwydd (br. gwez) | *science.* |
| ara, *excellent.* | fear (bon) / mor (grand) | gwor. / mawr | *excellent.* |
| e (7), *tisser* | | gweu (**br.** gwea). | *tisser.* |
| alk, *être proéminent* | | gwalchu. | *s'élever.* |

Ces faits confirment les précédents; et en les ajoutant aux preuves déjà présentées, ils servent à montrer le lien intime qui unit les langues celtiques à la famille indo-européenne des langues.

Cette règle n'est cependant pas tellement absolue qu'elle ne souffre quelques exceptions, exceptions qui en font mieux entir la nature et la force, exceptions que l'on a dû pressentir déjà.

(1) En breton, *gwernio*, garnir d'un ou de plusieurs mâts. L'aune, sans doute, fournissait des mâts aux Gaulois, d'où les mots bretons et irlandais.

(2) D'où l'anglais : *ward*, garde, *ward*, garder, et *guard*, garde, défense, protection. *guard*, garder, conserver, défendre.

(3) En gallois ; *cadw* signifie *observer, garder*.

(4) Dans cet exemple, l'identité de la racine primitive peut être d'autant moins contestée, que le diminutif est le même en breton qu'en irlandais.

Br. *muzell,* pl. *muzellou,* lèvre, museau.

Irl. *busiall, muizeall, muisiall,* museau, MUSELIÈRE.

(5) Gal. *ur-waith,* une fois (une *fais* ou *fait* en norm.) ; *ter-waith,* trois fois ; *na-wais* (*naw gwaith*), neuf fois. Je crois que *fois* est dû au *gaélique.* Les Bes-ormands disent *fait,* prononcé fort long.

En irlandais, *fad'a,* deux fois, *fat'ri,* trois fois, *fac'et'air,* quatre fois. — L'espagnol a pris le mot kymrique *vez,* et le latin *vecez,* car *vicis* (dont le nomi-atif *vix* est inusité), pl. *vices,* a du rapport avec les mots celtiques mis ici en parallèle, et il serait fort possible qu'il eût été fait du breton vannetais *gwech* près le retranchement du *g*), *wec'h, vec'h.* L'italien s'écarte de tous nos patois et du français ; *volta,* fois, en cette langue.

(6) En gal. *iar-wydd* (poule des bois), la femelle du faisan, poule faisane.

(7) *Web, weben,* dans les idiomes germaniques.

En composition le *g* se retranche presque toujours, *gwiber*, vipère en gallois, devient en breton *uer-viber*; le gallois, *gwaith*, fois, tour, perd la consonne initiale dans *ur-waith*, une fois... le breton *gwent*, vent, la perd également dans *tro-went*, tourbillon, tournoiement de vent. La même chose se voit dans le gallois *tywas* (*ty*, maison, *gwas*, serviteur), domestique, ainsi que dans *bronwenn*, belette (*bron*, poitrine, ventre, *gwynn*, blanc); l'exemple suivant est curieux.

| IRLANDAIS. | GALLOIS. | BLETON. | FRANÇAIS. |
|---|---|---|---|
| fen. | gwain (1). | | |
| feun | benn. | benn. | tombereau, chariot (2). |
| | menn (pl. *au*) | | |

En voici d'autres non moins frappants :

| BRETON. | GALLOIS. | FRANÇAIS. |
|---|---|---|
| gwela. | wyło | *pleurer, crier, gémir.* |
| gweled. | wele (vois, voilà) | *voir, regarder.* |
| gwabr | wybren | *nuage, ombre.* |
| kouabr. | wybr. | |
| wabre | | |
| gwesken | | *mors de bride.* |
| besken | | |
| gwar. | gor | *sur, au-dessus.* |
| war (3). | | |
| ferw | gwarw. | *amer, âcre.* |
| chwebu. | gwibed | *moucheron, cousin.* |
| fubu. | | |
| vil. | gwael | *vilain, ignoble.* |
| goudi (p. gwedi) | gwedi ou wedi. | *après.* |
| pedi | gwedi. | *demander.* |

Nous allons profiter de l'occasion qui nous est offerte pour donner ici quelques suffixes kymriques qui existent dans les dialectes de nos provinces, et qui sont passés pour la plupart dans la langue française.

Une désinence fort commune dans le normand importé en Angleterre, c'est le suffixe *our* pour les noms de personnes dérivés de verbes.

En examinant le provençal, nous avons déjà signalé ce suffixe, et nous l'avons présenté comme appartenant exclusivement au gallois (4). Ainsi on trouve *robours*, des voleurs, *cardours*, des cardeurs. Bien que *robours* soit un mot gaélique pour la racine *robaim*, je dérobe (en allemand, *rauben*, enlever, ravir), cette forme est aussi restée dans le patois bas-normand, en rouchi aussi; mais alors *r*, comme en provençal, est presque toujours retranché : ainsi on dit *des batous de bled, de grands mangous, un déterminé mentou*. Le féminin se fait en *esse* dans les dialectes. A la suite de *cardours*, cardeurs, on trouve *cardoresses*, cardeuses; puis *mestresse*, maîtresse. Nulle part ce suffixe n'est plus fréquent qu'en bas-normand, où les noms propres n'en sont pas exempts. Ainsi la femme de La Rongère s'appellera *La Rongeresse*, la femme de Philippe, la *Philippesse*... Ce féminin est essentiellement kymrique, s'étendant à tous les dialectes de cette langue, tandis que le gaélique en est complètement privé (il ne le peut même remplacer que par le mot *bean*, femme, femelle). Ainsi le breton *blez*, loup, fait au féminin *blaizez*, louve; le gallois *meistr* fait au féminin *meistres*, maîtresse. Nous nous contentons de ces deux exemples, parce que cette règle est sans exception. De là les mots français *pécheresse, pauvresse, chasseresse, devineresse*. Les Bretons terminent encore de la même manière les noms de choses, d'où nous vient la finale des mots *grossesse, largesse* (*largitio* en latin), *tendresse* (*teneritudo* en latin), *gentillesse, mollesse, prouesse, bassesse*.

On raille souvent les Normands sur ce qu'ils disent *de l'iau, un chapiau*... Nous ne prétendons pas dire qu'on ait tort de le faire, puisque notre langue depuis longtemps a rejeté l'*i*. Pour être juste toutefois, il est nécessaire d'avertir que la langue de leurs pères, à laquelle ils tiennent si fort, sans en avoir maintenant conscience, exigeait le *i* dans certains cas, dans *chapiau* par exemple; car en gallois *cap* veut dire coiffure, bonnet, et le pluriel est *capiau* : or, c'est ce pluriel que

---

(1) D'où l'anglais *wain*.

(2) *Benneau, bennel*, en différents patois.

Ce mot a été reconnu pour celtique par les Romains, qui avaient emprunté à nos ancêtres une notable partie de leur langue : *bænna lingua gallica genus vehiculi appellatur, unde vocantur combennones in eadem bænna sedentes.* FESTUS.

(3) Irlandais. { *air, oir, for,* } sur.

(4) En effet, ces substantifs, que le français termine presque invariablement en *eur*, le breton les finit en *er*, et le vannetais en *eur*, comme le français. C'est le vannetais qui a doté le français de ce suffixe remarquable qui contribue si fort à l'harmonie de cet idiome. Le suffixe breton *er* a été usité au moyen-âge, et l'est encore, dans le patois lorrain surtout. Dans quelques actes de la ville de Metz, on trouve *emparlier* pour avocat; *emparlier* est un parleur. Nous l'avons retenu aussi, mais seulement pour quelques noms de métier, tels que *gaînier, tavernier, tonnelier*; en breton, *gouiner, tavarner* ou *tavarnier, toneler*.

le français a pris également. Quand nous disons *bateau*, c'est le pluriel du gallois *bad*, qui est *badau*, des bateaux.

Les Picards ont trouvé un autre suffixe qui est breton aussi, mais du dialecte vannetais; c'est *eu*, *ieu*(1), qui est la marque du pluriel dans ce dernier dialecte, comme *au*, *iau*, l'est en gallois, *ou*, *iou* (qui se retrouve dans les langues du Midi), l'est en breton. Ainsi ces finales, si bizarres en apparence, ont leur raison d'être telles. Oserons-nous bien maintenant accuser le moyen-âge d'avoir tout corrompu, tout altéré, tout défiguré? Parlerons-nous encore de la barbarie du peuple, de l'accent des provinciaux, de cette prononciation sauvage qui nous déchire les oreilles? Mon Dieu, nous sommes loin de la regretter ou de la défendre : seulement nous trouvons qu'en remontant un peu haut et en pénétrant le fond des choses, on doit tout au moins excuser les enfants d'avoir retenu quelque chose de la langue et de l'accent de leurs pères; et nous qui sommes si fiers de l'harmonie de notre langue, qui en trouvons les finales si douces, si heureuses, qu'avons-nous fait autre chose, sinon de conserver des suffixes gaulois? Nous disons gaulois, et non latins : car pour les formes et les désinences, nous différons profondément de l'italien jeté dans le moule du latin. Quant à cette partie de la langue, tout ce dont nous pouvons nous flatter, c'est d'avoir fait un habile triage, un heureux choix ; mais ne choisit pas qui veut : il faut être riche pour jouir de cet avantage; et à qui donc devons-nous une portion considérable de nos richesses? à qui devons-nous à peu près tous nos suffixes (2), toutes nos désinences, sinon aux Celtes!

Nous citerons deux préfixes qui nous viennent des Kymris.

De *brute*, nous avons formé *abrutir*, de *bête*, *abêtir*, de *bout*, *aboutir*. Cet *a* n'appartient point au latin; aussi ne redouble-t-on point la consonne dans ces mots, chose qui se pratique toujours, quand les mots commençant ainsi dérivent de la langue des Romains. *Accommoder*, *apparaître*, *apprendre*, s'écrivent par deux *c*, par deux *p*, parce qu'ils viennent de *accommodare*, *apparere*, *apprehendere*, (*apprendere*, saisir).

Ce que nous venons de dire est sensible dans les expressions dont la racine est incontestablement kymrique : ainsi *achever* a été fait du gal. *cywaw*, qui signifie *rendre entier, complet, parfait, parfaire*, ACHEVER : *abâtardir*, prov. *abastardi*, a été fait du gal. *bastardd*, lequel veut dire *de basse extraction* (*bas*, peu profond, peu élevé, BAS; *tardd*, rejeton, produit, ou *germer, pousser, pulluler*; br. *bastard*, enfant naturel, bâtard; *bastardez*, une bâtarde; *bastardiez*, *bastardiuch*, bâtardise). Du breton *basta*, suffire (langued. *basta*, même sens). Les Provençaux ont fait *abasta*, suffire.

Il ne serait pas difficile de prouver, par des exemples nombreux, que cette loi ne se remarque pas moins dans la plupart de nos patois que dans la Langue française: on la retrouve dans les idiômes kymriques.

Br. *baô*, *baw*, *bar*, stupeur, engourdissement, étourdissement, niaiserie, timidité; *abaf*, étourdi, stupéfié, ébahi; *abafi*, étourdir, étonner, frapper de stupeur, ébaubir.

On trouve *aborthiaid* (qui vient de *porthi*, nourrir), nourriture.

En gal. *bwyd*, et *abwyd*, nourriture, aliment.

*Mwyth* et *amwyth*, mou.

*Cwyno,*
*cwnn,* } et *achwyn*, accuser, blâmer (AGONIR, comme on disait autrefois) : le peuple de Paris se sert encore de ce vieux mot, que plusieurs patois ont conservé.

Les Provençaux disent *estudi, espera, especi, escrieou* et *escrieoure*; tous ces mots viennent des mots latins *studium, sperare, species, scribere*, orthographe conservée par les Italiens, qui écrivent *studio, sperare, specie, scrivere* : le Français dit *étude* (autrefois *estude*), *espérer, espèce, écrire* (autrefois *escrire*). Les patois du Nord ont plus de tendance encore que les langues du Midi et le français à ajouter *e* dans tous les cas analogues; si vous vous trouvez un dimanche en Picardie, vous entendrez chanter à l'église *esperabis* pour *sperabis*. Si les Provençaux ont *grafina, grafigna*, égratigner, les Picards ne connaissent que *égrafigner*, pour *esgrafigner*; il fallait donc qu'il y eût dans les Gaules (3) une disposition particulière d'organes, par suite de laquelle les mots de cette espèce ont subi régulièrement une modification qui est à remarquer, parce qu'elle est exceptionnelle relativement aux langues germaniques, aux langues slaves, au grec, au latin et à l'italien, et qu'elle est toutefois générale en France. Un physiologiste ne manquerait pas de voir là une influence de climat; et tout serait dit.

Le gaélique ne nous a point donné ce préfixe, qui est très rare même en breton. Les Dictionnaires armoricains ne nous donnent guère que *eskemm*, échange; *eskemma*, échanger. Mais les Gallois en font un grand usage; et il paraîtrait, d'après leur dialecte, le plus pur et le plus complet du kymrique, que les Grecs et les Romains auraient retranché *e* ou *y*

---

(1) Il se trouve aussi en français, comme dans le mot *lieu*, ita. *luogo*, esp. *lugar*. *Lieu* vient du gal. *lle*, pl. *lleau* (et chez les Van. *lleeu*); Br. *levh*, pl. *le-vhiou*, lieu, place.

(2) Nous en verrons d'autres encore, qui appartiennent au gaélique.

(3) Dans bien des mots, on remarque en espagnol le même préfixe : c'est que l'Espagnol, comme nous l'avons déjà remarqué, a pris naissance dans les Gaules.

avant le *s*; *es* ou *ys* est une sorte de préposition (1) qui sert surtout à composer des mots. C'est par le gallois que s'explique le verbe *égrafigner*, qui existe en wallon aussi bien qu'en picard : car si les Armoricains disent *krafina*, les habitants du pays de Galles ne connaissent que *ysgrafiniaw*, qui a le même sens que le breton dont il est formé.

## PATOIS BESSIN.

Il n'y a encore que quelques années, on appelait Bessin le territoire de Bayeux; ce petit pays, tout restreint qu'il est, offre un certain intérêt historique.

On sait en effet que les Saxons, au quatrième siècle de notre ère, en étaient déjà maîtres, y étaient déjà parfaitement bien établis, à tel point que dans la *Notitia imperii*, publiée par le P. Sirmond, qui remonte tout au moins au commencement du cinquième siècle, le Bessin y est marqué sous la dénomination de *littus Saxonicum*, littoral des Saxons. Ces barbares ne devaient pas s'y trouver en petit nombre; car on n'aurait pas manqué de les en expulser, s'ils n'avaient pas été en état d'opposer une vigoureuse résistance. Vers le commencement du neuvième siècle, Charlemagne y fit passer dix mille Saxons qu'il avait convertis au Christianisme. Vinrent les Normands au dixième siècle, qui durent renforcer dans le Bessin l'élément germanique, qui même n'avait pas, ce semble, besoin d'un tel secours, tant il devait y être prédominant. Aujourd'hui, toutefois, le patois particulier du Bessin ne ressemble guère à l'allemand. On y retrouve à peine deux ou trois expressions tudesques, et là, comme en français, tel mot se prend dans un sens défavorable, précisément parce qu'il est saxon. Ainsi *vâtre*, qui, comme l'anglais *water*, a dû primitivement signifier *eau*, ne présente plus que l'idée d'une eau sale et fangeuse; c'est de la *boue*.

Mais si les vocables germains sont rares dans le bessin, les expressions kymriques y abondent : nous n'en citerons qu'un petit nombre, selon la méthode que nous nous sommes prescrite.

*Bibet*, un cousin (un *guibet*, comme on dit dans l'Orne). Ce mot nous montre combien il est facile de retrancher le *g* initial, auquel les Kymris tiennent pourtant si fort; mais les Saxons, à ce qu'il paraît, n'ont pu se faire une prononciation si contraire à leurs habitudes; nous allons en donner trois autres exemples (2). Quant à *bibet*, il vient du gallois *gwybet*, moucheron, cousin, ainsi que nous l'avons déjà dit.

*Fulon*, fouillon, en breton *ch'wilen*, est le nom générique des moucherons, des scarabées; nous avons dit plus haut que *c'h* remplaçait quelquefois le *g* en kymrique.

*Viguet* (wallon *wichs*, anglais *wichet*), guichet; breton *gwichet*, porte brisée, soit la partie inférieure, soit la partie supérieure du guichet : dans l'Armorique, il y a beaucoup de semblables portes.

*Ve* (en rouchi *we*, en wallon *wey*), un gué; en breton *gwe*, *gwev*, pl. *gweou*, id.

*Cohan*, espèce de pot de terre: en gallois *cawn*, espèce de pot qui a l'anse en haut.

*Coine*, gâteau (dans l'Orne, *choine* signifie gâteau, pain blanc; dans un pays où le pain de seigle et le pain noir [le pain de sarrazin] étaient à la campagne d'un usage général, on comprend qu'il était facile de confondre du pain blanc avec du gâteau; pour de tels villageois l'un valait l'autre); en breton *choan*, *choanan*, du pain blanc. En parlant de quelqu'un qui est déchu de son état prospère, on dit dans presque toute la Normandie qu'*il a mangé son choine le premier*. De plus, on trouve en breton *kouin*, gâteau, tourteau (les anciens écrivaient *cwynn*), d'où vient, selon nous, le bessin *guine*, croûton.

*Quaire*, *caire*, lien, corde pour attacher les bestiaux; en gallois, *carrai*, courroie, lien, attache; en breton, *gor*, pl. *goriou*, cordon, corde menue. Ces mots ne sont pas sans rapport avec le latin *corrigium*, courroie.

*Arroquer*, accrocher (le rouchi a encore plus mutilé ce mot, il porte *aoquer*; c'est bien certainement accrocher. On sait que le kymrique possède le préfixe, ce qui ne change rien à la valeur du mot. En breton. *krok*, *krog*, croc, crochet; *kregi* pour *krogi*, accrocher, attacher avec un crochet.

*Aticher*, agacer, exciter; en breton *atiza*, exciter, pousser à… être instigateur.

*Criquet*, grillon. C'est un mot que les Normands ont aussi porté en Angleterre. En gallois, *criccied*, grillon. Dans ce dialecte, le *c* se prononce comme un *k*.

*Balaner*, rôder, courir çà et là (dans le département de l'Orne, c'est *balonner*, lequel se dit des bestiaux qu'on laisse errer à l'aventure le long des chemins); en gallois, *balannaw*, prendre ses ébats, se répandre de côté et d'autre, courir à l'aventure.

## PATOIS PICARD.

Le patois picard est assez connu, au moins de réputation. Il se parle, non-seulement dans la Somme, avec quelques

---

(1) *e*, *es*, *ez*, signifie *en*, *dans*, en armoricain; d'où la préposition *é* ou *ez* dans le bas-normand. C'est aussi de là qu'est venue la préposition française *ès*, qui n'est plus guère usitée que dans *bachelier*, *licencié*, *docteur ès-lettres*, *ès-sciences*.

(2) Ainsi ils prononcent *vêpe*, une guêpe; car de *vespa* les Bretons ont fait *gwespeden*, d'où le français *guêpe*. Le provençal a les deux mots.

changements, pour chaque arrondissement, mais aussi dans le Pas-de-Calais, l'ancien Artois. Il se rapproche des autres patois du Nord; il a surtout des analogies nombreuses avec le rouchi.

Nous voulons signaler en commençant une particule affirmative restée dans notre langue, et dont les Picards font l'usage le plus fréquent : c'est le plus ordinaire assaisonnement des discours. On sent que nous voulons parler de l'adverbe *da*, assurément, certes; *do*, en gallois, a le même sens; le breton cependant nous servira mieux : *da*, comme en picard, sert à affirmer et à peu près dans les mêmes circonstances : *ia-da*, oui-dà.

Le Picard pourrait mettre en défaut les savants. On dit qu'ils trouvent tout ce qu'ils veulent, qu'ils donnent toutes sortes d'étymologies; nous le savons. Longtemps on les a laissé faire, et ils ont étrangement abusé de la permission, en forçant le sens des mots, en torturant et retournant toutes les racines, afin d'arriver au but qu'ils désiraient; malgré cela nos patois semblent les défier.

Qui pourrait dire d'où viennent les mots suivants, par exemple :

*S'égargâter* (c'est un mot fort usité), s'égosiller.

*Cadot* (qui devrait s'écrire *cador*), chaise à bras, fauteuil.

*Égrafigner*, gratter, écorcher, déchirer superficiellement.

*Fringoter*, sauter, danser, gambader, sautiller.

*Mousa*, murmurer, marmoter.

*Mucher*, cacher, mettre dans un lieu secret.

*Raque*, boue.

*Ercrand*, *recrand*, fatigué, rendu, rompu de fatigue.

*Ringhé*, *ringué*, rang, rangée.

*Erchiner*, goûter, faire un léger repas entre le dîner et le souper.

*Pneux*, déconcerté, embarrassé, humilié.

*Rio*, ruisseau.

*Cacouan*, *cahouan*, chouette, chat-huant.

Hé bien! ces expressions si baroques, qu'on est si étonné d'entendre prononcer, lorsque pour la première fois on se trouve en présence des Picards, ces termes si singuliers, si bizarres, quelqu'un vous les expliquera facilement s'il sait l'armoricain et le gallois, et voici comme :

*Égargâter* (S'), s'égosiller, vient évidemment du breton *gargaten*, qui veut dire *gosier*, gorge : il est formé exactement de la même manière que le verbe français *s'égosiller*, dont la racine est *gosier*.

*Cadot*, fauteuil, chaise à bras; on prononce *cado*; mais comme on était persuadé qu'il fallait mettre un *t* à la fin de ce mot, on a fait le verbe *se cadoter*, se balancer dans son fauteuil, prendre ses aises, se donner du bon temps. La prononciation pour ce mot vaut mieux que l'orthographe. En br. *kador*, pl. *kadoriou*, chaise, siége, chaire, br. vannetais, *kadoer*. C'est le breton seul qui donne *cado* mal écrit *cadot*, nous le répétons, car en gallois c'est *cadair*, et en irlandais *cathair*, qui sonne *cair*, d'où vient CHAIRE. En bas-normand on dit toujours une *chaire* pour une chaise. Le patois a donc encore raison ici; c'est le français qui est en défaut.

*Égrafigner* (en wallon *égrafigner*), égratigner, écorcher légèrement; en breton *krafina* existe et signifie la même chose. Les Provençaux l'ont adopté et l'écrivent *grafina* ou *grafigna*. Les Gallois ont ajouté leur suffixe favori *ys* et ils ont *ysgrafinio*, écorcher à la superficie, égratigner. On travaillerait quelquefois deux ou trois ans sans rencontrer quelque chose d'aussi curieux en linguistique que ce qui précède; c'est ce qu'on peut appeler une bonne fortune. La racine paraît être le breton *krapa*, *krafa*, enlever, saisir et égratigner, grec γράφω; je grave, j'écris; irlandais *grabaim*, je cisèle, je sculpte, je GRAVE.

*Fringoter*, danser, sautiller. Breton *fringa*, se divertir en gambadant, en dansant, en sautant; en gallois nous ne voyons que *frangig*, vif, prompt, leste. C'est le verbe breton qui nous a donné *fringant*.

*Mousa*, marmoter, murmurer : breton *mouza*, bouder, se fâcher, faire la moue; en cornique (dialecte de Cornouailles) c'est *moua*, faire la grimace, d'où le français *moue*, ainsi que l'a fort bien remarqué *Furetière*. En vannetais on dit *mouc'hein*, verbe qui se rapproche du gallois *mwngiod*, lequel signifie, comme le picard, devenir mutin, marmoter, murmurer; dans le patois rouchi, *mouser* veut dire *bouder*, et *mousa* signifie *moue*. Les verbes latins *mutire*, *mussare* et *mussitare* viennent peut-être de là.

*Mucher*, dérober à la vue, cacher; breton *moucha*, couvrir, cacher; *mouchik*, cachette. Il paraît que ce verbe se perd en breton, car Légonidec ne l'a point reproduit dans son vocabulaire : ce savant breton donne cependant l'équivalent sans s'en douter, car il indique *mouskomps*, parole couverte, mot à double entente; or ce mot est nécessairement composé de *mous*, caché, couvert, mystérieux, et de *kompz*, parole, discours. Ce *mous* ferait croire qu'au lieu de *moucha* on devrait dire *mousa*. C'est aussi ce qu'il nous semble : les Bretons ont une certaine tendance à changer le *s* final en *z*, ou *sh* (qui se prononce *ch*).

*Raque*, boue. Ce mot ne peut venir que du vannetais *struk*, boue, fange, crotte; avec l'article *ar* ou *eur*, le *s* et le *t* ont pu fort bien disparaître (*ar-rak*, de la boue).

*Ercrand*, *recrand*, fatigué, harassé, *moulu*. Les Gallois ont *crain*, défaillant, qui n'en peut plus, qui est dans un état de prostration. Dans ce dialecte *ar* est un préfixe assez commun qui annonce le complément, l'achèvement de l'action. C'est donc une expression des plus énergiques qui trouve à peine des équivalents en français.

*Erchiner*, goûter; en breton *koan*, souper; vannetais *hoan*, *koona*, souper (d'où vient peut-être *cœna*, souper, chez les Romains et *cænare*, souper, lesquels ne diffèrent pas essentiellement du grec θοίνη, souper, θοινάω, je soupe. Le gallois offre *cwynos*, repas, festin; nous croyons que *rechiner* ou *erchiner* est plutôt: compléter son repas que recommencer à manger; si notre conjecture est fondée, l'expression *erchiner* viendrait de l'habitude des nourrices et des enfants de réserver quelque chose du dîner, du dessert, par exemple, pour avoir de quoi goûter.

*Ringhé*, rang, rangée; breton *renk*, pl. *renkou*, rang, *renka*, ranger, mettre en rang, *ringué*, rangée. Le gallois donne *rhenc*, rang, *rhencio* (prononcez *rhinkio*), ranger, mettre par ordre, *rhenciaid*, action de ranger ou d'être en rang, RANGÉE; pic. RINQUÉ.

*Pneux*, embarrassé, honteux, déconcerté, humilié, affligé, vexé; le breton *poaniuz* ne signifie aujourd'hui que fatigant, laborieux, pénible. Cependant, nous ne doutons pas qu'autrefois il n'ait eu aussi le sens de fatigué, accablé de peine, de chagrin, de malheur, de fatigue; car, d'où vient ce mot? évidemment de *poan*, pl. *poanniou*, qui exprime le chagrin, la douleur, la peine; dérivé *poanio*, lequel verbe signifie *peiner*, causer ou avoir de la peine, du chagrin, de la fatigue, de la douleur. Or, puisque le verbe renferme l'idée d'agent et de patient, l'adjectif *poaniuz* devrait aussi l'exprimer; c'est ce qu'exprime très bien le gallois *poenus*, qui signifie malheureux, affligé, vexé, tourmenté, peiné, PENEUX ou PNEUX. (On trouve en effet *pneux* dans notre vieille langue). Ce mot gallois vient de *poen*, peine, tourment, douleur, supplice, affliction, lequel forme aussi le verbe *poeni*, qui comme le breton, veut dire causer ou souffrir de la douleur, un tourment, de la peine, de la fatigue). *Poan*, *poen*, *poanio* et *poeni* sont des mots à retenir, puisque dans tous ces patois du Nord, en picard, en rouchi, en wallon, on ne dit jamais comme en français, *peine* et *peiner*, mais constamment *poinne* et *poinner*, d'où nous vient *poignant*. Voilà une preuve de plus de cette ténacité du peuple aux anciens usages, de son respect religieux pour ce qui vient des anciens, et disons-le de son habitude involontaire et irréfléchie de répéter ce qui lui a été dit. De tels mots, sans doute, ne valent pas, si nous consultons notre oreille, les mots français qui leur correspondent; mais il est fort heureux qu'ils se soient si bien conservés avec toute cette verdeur barbare; car ils nous en apprennent plus que les misérables jeux d'esprit de tous nos sophistes.

*Rio*, ruisseau (en rouchi *reio*); c'est un mot pur gallois, seulement le picard ici prend à l'ordinaire le pluriel de *rhe*, ruisseau (*rhean*, petit ruisseau ou cours d'eau), qui est *rheau*. Ceci n'a pas besoin de commentaire.

*Caouan*, *cahouan* (nous ne savons trop comment l'écrire), chouette, chat-huant. Nos beaux esprits ne nous passeront pas celui-là; car, pour eux, *cahouan* ne saurait être autre chose que *chat-huant* corrompu; mais si c'était le contraire. Connaissez-vous en effet une langue où ce que nous appelons chat-huant soit ainsi désigné, soit nommé un chat qui crie fort, qui *hue*? D'ailleurs, le bas-normand s'accorde avec le picard, et dit *chouen* ou *chouan* (en prononçant d'une manière sourde). En br. *kaouen*, *kaouan* signifie hibou, chat-huant; *kavan*, corneille. Voilà pourquoi le latin du moyen-âge avait adopté sans scrupule *cauenna*, *cauennus* et *cavanus*, tels que Du Cange les a enregistrés. Notre *chat-huant* est bien certainement une méprise.

On trouve beaucoup d'autres mots qui nous paraissent plus singuliers les uns que les autres. Qu'est-ce par exemple que ce mot de *lousse*, ou *louce*, pour désigner une cuillère? De quel mot latin peut-on le tirer? Au lieu de nous mettre l'esprit à la torture pour arriver à quelque misérable subtilité, il est beaucoup plus simple d'en chercher l'explication dans le breton ou le gallois; le premier de ces dialectes nous donnera *loa*, pl. *loaiou*, une cuillère (en vannetais *loe*, pl. *loeieu*; le second nous fournira *llwy*, pl. *llwyau*, une cuillère, *lletwed*, une cuillère à pot; en br. *loabot* (pour *loapot*; car, *pot* en breton signifie POT).

Nous ne pouvons nous empêcher d'en faire connaître quelques autres.

*Essapi* (dans le sermon picard), signifie *fatigué*, épuisé, altéré par suite d'une marche rude et pénible. Br. *hesp*, tarissement, dessèchement, épuisement. En gallois *hysp*, desséché, épuisé, rendu stérile.

*Corche*, charogne. Br. *gore'hain*, petite charogne; c'est une injure atroce pour une jeune fille. *Gorc'hain* est un mot composé de *kor*, petit, nain; et de *goann*, *gainn*, *gaign* (LE PELLETIER), charogne; et au figuré prostituée; en languedocien *goine* signifie aussi femme perdue, prostituée; le même mot se retrouve en wallon, dans notre vieille langue, et encore aujourd'hui, dans le bas langage *gouine*.

Enfin, *cloque* est une cloche, *cloqui* veut dire clocher. Br. *cloc'h*, une cloche; gall. *cloch*, id.; *clogdy*, clocher, c'est-à-dire *ty*, maison, logement pour la cloche, *clog* pour *cloch*.

*Attaquer*, attacher (en rouchi, *attaque*, poteau auquel on attache les criminels); en br. *stag*, attache, attachement; *staga*, lier, attacher, enchaîner; le prov. *estaqua*, reproduit très-bien le breton.

Enfin, comment oublier les pronoms personnels, empreints d'une si piquante originalité? Les Normands, on le sait, et souvent on les tourne en ridicule pour cela même, les Normands disent, au lieu de *moi, toi, mé, té*, qu'il vaudrait beaucoup mieux écrire *met, tet*, en avertissant qu'il ne faut pas faire sentir le *t* final; et, en cela, les Normands parlent breton; car les Armoricains disent *mé, té*, pour *moi, toi*. Les Picards disent *mi, ti*, c'est-à-dire, qu'ils s'expriment comme les Gallois, qui n'ont que *mi, ti*, pour *moi, toi*, aux cas directs. Ce n'est pas tout, nos Picards n'ont pas dit leur dernier mot. Tâchez de deviner quel mot ils mettent à la place de notre *vous*, si classique et si doux? C'est *o, oz; o* devant les consonnes, *oz* devant les voyelles : O *diriez*, vous diriez; oz *êtes*, vous êtes. Quelle barbarie! mais non, c'est un mot héréditaire ; br., *ho* ou *hoc'h*, vous.

## PATOIS ROUCHI.

Ce patois se parle dans une grande partie du département du Nord : il ressemble beaucoup au picard et au wallon. Feu M. Hécard, de Valenciennes, a publié un très-bon ouvrage sur cet intéressant dialecte. Si jamais nous avons regretté d'être circonscrit dans d'aussi étroites limites, c'est surtout en ce moment. Rien ne mettrait mieux en évidence la thèse que nous soutenons que quelques développements sur le rouchi. Malheureusement ils nous sont interdits, et nous ne faisons qu'indiquer rapidement un mot ou deux.

*Acciper*, prendre subtilement; en gal. *cipio*, prendre, saisir, enlever, CHIPPER. Nous avons déjà fait remarquer le préfixe kymrique *a*, lequel n'ajoute presque rien au verbe, et qui est très fréquent dans ce dialecte; on ne doit donc pas s'étonner de le rencontrer dans les patois qui en dérivent.

*Achefer*, *aq'ver*, achever (norm. d'Angleterre, *achever, eschever*, terminer, accomplir, parfaire); gal. *cyvau*, finir, achever, accomplir, combler, parfinir; rac. *cyw*, entier, parfait; *cyva*, entier, accompli, parfait, complet. Les patois, on ne saurait trop le répéter, sont admirables pour la conservation des mots tels qu'ils existaient autrefois. Le rouchi nous en donne ici une nouvelle preuve : car le gallois *civau* sonne *kivau*; donc, avec le préfixe *a*, il faut dire *akyvau* (que les Bretons écriraient *akevau*), comme le rouchi, qui a seulement modifié la dernière syllabe.

*Broquer*, braire, beugler, crier, pleurer : br. *bredghi*, braire, crier comme un âne.

*Brafe*, élégant, bien mis, joli (bay. *broï*, id.) : br. *brav*, joli, agréable, élégant. Nous avons déjà dit que BRAVA vient du breton : notre *bravô!* qui semble emprunté aux Italiens, est aussi tout breton : *braô!* bravô! Il n'est pas douteux que les Italiens ont adopté ces termes gaulois, puisque tout le nord de l'Italie, jusqu'à Ancône, comprenait la Gaule cisalpine.

*Doguer*, toucher avec un corps dur; c'est ce qu'on appelle *toquer* ailleurs : en Basse-Normandie, on dit que les béliers *doguent*, quand ils aiment à lutter, à donner des coups de tête, souvent très violents. *Doguer*, à Bonneval, frapper contre : br. *toka, touka, tauka*, frapper ; on en fait usage maintenant pour exprimer l'action d'un homme qui frappe dans la main d'un autre en signe d'accord. *Toukad* ou *toukaden*, action de frapper, grand coup de main : *toque*, comme on dit en Basse-Normandie.

*Arnu*, orageux : on dit, *le temps est arnu*, pour donner à entendre qu'il fait de l'orage; en picard, en artésien, on dit, *il fait de l'arnu*, pour exprimer la même chose. Br. *arneô, arnev*, orage, temps d'orage, chaleur d'orage; *arneuz*, orageux, qui produit des orages; *arneuz eo ann amzer* (mot à mot, orageux est le temps, ou, arnu est le temps, d'après le rouchi), le temps est à l'orage. Ainsi, dans la Flandre, on a pris l'adjectif; au lieu que les Picards ont retenu le nom. Horace a dit quelque part que si on brisait les vers d'un poète, et qu'on en fît de la prose, on s'apercevrait encore que ce sont des lambeaux de poète ; *disjecti membra poetæ*. Le kymrique a été ainsi lacéré et mis en pièces, mais chacun de nos patois en a gardé de nombreux fragments, des lambeaux précieux pour l'histoire des langues et des peuples. Et en réunissant toutes ces parcelles éparses, on parviendrait à reconstituer une langue informe sans doute, une langue bien différente de ce qu'elle était autrefois, mais à laquelle il manquerait peu de termes essentiels.

*Havi*, brûlé, desséché par le hâle ou par un soleil ardent. Gal. *haf, hav*, été; *hafaidd, havaiz*, chaleur de l'été. Br. *an*, ou *hanv*, l'été, la plus chaude des quatre saisons de l'année; pl. *hanvou*. Il est probable que cette racine kymrique avait donné lieu à un verbe dont le rouchi *havi* serait le participe.

## PATOIS WALLON.

Écoutons, au sujet des Wallons, un de ces studieux et savants religieux de Saint-Maur, qui nous ont mis sur la voie de toutes choses, s'étant en quelque sorte partagé toutes les branches de l'érudition.

« WALLONS, GAULOIS. On donne ce nom à tous les peuples des Pays-Bas, dont le langage naturel est le vieux français, tel qu'on le parla d'abord jusqu'au temps qu'on le polit pour la cour des princes, qu'il fut appelé roman : ainsi les Wallons sont les habitants du Hainaut, de l'Artois, du comté de Namur, du duché de Bouillon et d'une grande partie du Luxembourg, de la Flandre et du Brabant. »

D. JEAN-FRANÇOIS, Préface du Dict. wallon.

*Baraid*, fraude, tromperie, trahison; *baratere*, trompeur, traître; *barateresse*, trompeuse, perfide. Gal. *brad*, tricherie, perfidie, trahison; *bradu*, user de perfidie, tromper; *bradwr*, traître. Cette racine a presque totalement disparu du breton, et c'est à peine si l'on trouve dans les dictionnaires *barad*, trahison, perfidie, BARATERIE; le verbe breton, qui certainement a existé, devait être *bara*, *bari*; le nom dérivé devait être *barater* pour le masculin, *barateres* au féminin, c'est-à-dire absolument, identiquement les mots wallons correspondants. Il ne nous est resté de tout cela que le mot BARATERIE; mais en languedocien les dérivés sont nombreux.

*Anoi*, *anois*, ennui; *anoier*, ennuyer. Br. *enoi*, *enou*, *inou*, ennui, langueur d'esprit, déplaisir; *enoci*, *enoui*, ennuyer, causer de l'ennui; *dienoui*, *doana*, désennuyer. Gal. *eniwaid*, blessure, mal, dommage, tort; *eniwaw*, *eniwo*, nuire, préjudicier, faire mal, du verbe *niwedu*, nuire, faire tort; *niwed*, tort, préjudice; *niw*, violence. Notre mot ENNUI a longtemps signifié mal, peine d'esprit, douleur, affliction.

> Dans l'Orient désert quel devint mon ennui!

*Petor*, quatre; gal. *pedair*, *pedwar*, quatre. Voilà un mot unique; il n'a d'analogue que l'éolien πέττάρες.

*Jus*, en bas, à bas; *ruerjus*, gîter en bas, renverser, abattre; gal. *iso*, *isôd*, bas, en bas, à bas; on trouve aussi *is*, bas, à bas. Br. *is*. Legonidec écrit *a-is*, à bas, en bas; c'est de là que venait en réalité le bas latin *jusum*, bas, en bas, à bas.

*Beudi*, étable. Les étymologies les moins douteuses, celles qu'on ne trouve qu'avec une sorte de bonheur, sont celles qui se tirent de mots composés de plusieurs autres; alors le mot de la langue dont on cherche à expliquer les origines est le même que celui de l'idiôme auquel il a dû être emprunté; suivant les données de l'histoire, c'est ce qui nous arrive ici. En gallois, *beudy* signifie aussi étable, et ce nom est composé de *bw*, *biw*, pl. *byon*, bœuf, et de *ty*, maison, demeure; et il est bon d'avertir ici que les Gallois et les Bretons composent de la même manière plusieurs noms. *Kardi*, en breton, remise, c'est-à-dire, loge ou logement, *ti*, pour les voitures; *Karr*, en gallois *clogdy*, clocher, c'est-à-dire, *maison*, pour une cloche; *tywus*, domestique, mot que nous avons expliqué au paragraphe consacré au normand.

*Queroller*, danser. *Querolle*, danse. Br. *koroll*, pl. *korollou*, danse, bal, danse publique. *Korolli*, *korolla*, mouvoir le corps en cadence, danser. *Koroller*, danseur; *korollerez*, danseuse et action de danser. *Coroller* est un nom propre fort commun en Bretagne, ce qui est un gage d'antiquité. Gal. *coroli*, mouvoir, se mouvoir en rond, danser en rond, coroler. La racine est *corawl*, qui, en kym., signifie, rond, circulaire. L'italien a parfaitement conservé l'idée primitive, *carola*, le branle, danse en rond.

*Iet*, *wit*, huit; gal. *waith*, *wyth*, HUIT.

*Niès*, *niez*, neveux, nièces; gal. *nai*, neveu, *nith*, nièce; br. *niz*, neveu, *niez*, NIÈCE.

*Tribar*, bâton que l'on met au cou des porcs ou des vaches.

On lit dans le livre de Baudoin : Il fut mout gabé et mocqué. — *Mout* se prononce *mou*, en kym. *miwy*, plus, beaucoup; *mwyav*, le plus, extrêmement. Lorsque les érudits écrivirent leurs ouvrages en français, ils orthographièrent *moult*, ne doutant pas que ce ne fut le *multum* des latins. Br. *goap*, raillerie, ironie, dérision. *Goapa*, *goapaat*, railler, tourner en dérision, tromper (*gaber*). *Goapaer*, railleur (*gabeur*.) Kym. *gwkpio*, *gwapiaw*, moquer, railler; *gwepiwr*, gabeur, railleur, moqueur. La racine est *gwep*, visage, mine, c'est faire la mine, la *moue*, visage refrogné. Le Pelletier le croit composé du kym. en br. *goa*, *gau*, faux, mensonge, et du gal. *heb*, parler, dire. C'est du br. *goapa*, *goaper*, que vient le vieux *gaber*, moquer, railler; *gabeur*, railleur.

Ici, du moins, nous avons pour nous le grand étymologiste, comme l'appelaient ses contemporains : nous en sommes fiers; mais pourtant ce mouvement de satisfaction que nous éprouvons cesse bientôt, quand nous songeons que sans Bochart, qui le lui avait appris, l'illustre Ménage n'eût jamais pensé au breton *goapa*; notons encore qu'ici l'autorité du maître a été comptée pour peu de chose, puisque le dernier éditeur du *Dictionnaire Étymologique*, après avoir donné le sentiment de Ménage, ne manque pas de nous dire qu'il vient d'un verbe teutonique, lequel, à la vérité, ne se trouve, par malheur, dans aucun dictionnaire.

Quant à *mocqué*, c'est encore un mot essentiellement kymrique. En effet, on trouve en gallois *moccio*, *mochiaw*, moquer, railler, se jouer, dont participe *mocciel* (*mokkiel*) ou *mochiet*, MOQUÉ. Nos savants hellénistes n'en persisteront pas moins à tirer du grec le verbe français : mais d'où aurait-il pu nous venir ce vocable grec, sinon de la Provence; hé bien! le provençal ne possède rien qui en approche. Faites donc des théories *à priori*.

*Gayroier*, s'amuser, se divertir, jouer. Kym. *chwar*, jeu, amusement, récréation, divertissement. *Chwarau*, jouer, s'amuser; *chwarewr*, joueur. Br. *c'hoari*, jeu, divertissement; *c'hoari*, s'amuser, se récréer, jouer; *c'hoarier*, joueur; *c'hoarierez*, joueuse; *c'hoariel*, jeu, ou jouet d'enfant. Le kymrique possède encore *gwareu*, jeu; *gwarea*, se jouer, s'amuser.

*Escorner*, mépriser, dédaigner; kym. *ysgorn*, affront, mépris; *ysgorni*, mépriser, dédaigner; *ysgorniad*, outrage. Ce mot est passé dans l'anglais : *scorn*, mépris.

*Menés*, voiture chargée, la charge d'une voiture ; kym. *ben*, *men* ; pl. *meni*, chariot, voiture ; *menai*, tombereau ; *menaid*, *benaid*, voiture chargée, ou la charge d'une voiture (1).

Nous signalerons encore des mots bien remarquables que nous présente le wallon. Nous trouvons *paroler*, parler, traiter d'une affaire ; *parlier*, *amparlier*, avocat. Nous trouvons, en gal. *parliwr* (c'est-à-dire, *parlier*, *parlieur*, *parliour*, toutes formes qui appartiennent à la langue, et entre lesquelles chaque dialecte se partage), discoureur, l'homme qui disserte, traite un sujet. Ce *parliwr* est un des nombreux dérivés du verbe *parliaw*, discourir, raisonner. Quant au verbe *paroler*, bien qu'il appartienne évidemment à la même racine que les précédents, il descend plus directement du gal. *parl*, *paryl*, parole, mot, parole, *parablu*, prononcer un discours, parler en public. La racine la plus simple est *par*, cause, essence, instrument ; mais en arménien, langue avec laquelle les idiômes celtiques ont de nombreux rapports, *par*, veut dire mot, parole. Bien que l'on trouve en italien et en espagnol, *parola*, mot, parole, précepte, et *parola*, éloquence, babil, *parlare*, parler, discourir, et *parlar*, parler, il serait insensé d'admettre que ces mots fussent venus du latin, qui ne possède aucun élément semblable. Mais, s'écrie Ménage avec ce ton tranchant, qui a imposé non-seulement à ses contemporains, mais même à la postérité, *la preuve qu'il en vient, c'est qu'on a dit* parabolare, *parler* ; *il se trouve dans les Capitulaires de Charles-le-Chauve.* Sans doute, mais un homme de sens ne verra là qu'une suite de l'*Arguti loqui* (2) des Gaulois, qui aimaient, comme le rapporte Diodore, les synecdoches, les métaphores. Ainsi, les rédacteurs spirituels de ces formules, trouvaient ingénieux et distingué d'employer de préférence aux mots purement latins qu'ils ne pouvaient ignorer, des expressions qui, sous une apparence latine, n'étaient au fond que des termes celtiques, que tout le monde comprenait parfaitement.

## PATOIS LORRAIN.

Inutile de nous étendre sur ce dialecte, qui a de si nombreux rapports avec le bas-normand, le picard, le rouchi, le wallon.

Nous ne donnons que quelques mots, nous réservant de nous arrêter un peu sur le patois des Vosges.

*Paoue*, peur, épouvante : en bas normand, *poûe*, en provençal, *poou* ; gal. *bw*, crainte, frayeur, épouvante. Br. *baô*, *baw*, *bav*, étonnement, étourdissement, stupéfaction, peur. De ce *bav*, qui pourrait s'écrire *baf*, on forme en breton avec le préfixe *a*, que possèdent aussi les Gallois, le verbe *abafé*, part. *abafer*, étonner, étourdir, intimider, stupéfier ; *abaf*, étourdi, ÉBAHI ; *abaf* et *abafi* méritent d'être remarqués ; car, en roumanche ou vaudois, on trouve *abafa* étonné.

*Poinne*, *pouenne*, peine, souffrance. En normand d'Angleterre, en picard, en wallon, le même mot se retrouve avec la même orthographe. Br. *poan*, gal. *poen*, peine, affliction, douleur, châtiment. (V. le *patois picard*, art. *Pneux*.)

*Saïen*, saindoux : gal. *saim*, graisse, saindoux.

*Send*, *sineau*, grenier à foin ; dans l'Orne on dit *senas* pour exprimer la même idée. Br. *sanal*, pl. *sanalou*, grenier, fenil, galetas. C'est de ce mot breton que vient *arsenal* ; qui n'est autre que *sanal* précédé de l'article *ar* : AR-SANAL.

*Seüe*, suif : dans le département de l'Orne, on dit ordinairement *du sieu*. Br. *soav*, br. vannetais, *soeu*, du suif. Le français vient du gallois sans changement : *Swyf*, du SUIF.

*Teïe*, maison. Br. *ti*, pl. *ties*, *tieu*, maison ; gal. *ty*, maison.

## PATOIS DES VOSGES.

Nous ajoutons au lorrain quelques mots, spécialement usités dans les Vosges, qui nous ont semblé assez saillants :

*Dondé*, bon jour ; il serait amusant de proposer une semblable expression à un partisan de l'allemand ou à un homme engoué de la langue des Romains : tous deux, chacun de son côté, diraient des choses charmantes pour démontrer, l'un, que c'est du germain tout pur, l'autre, que ce terme de politesse est incontestablement latin. Nous en sommes réduits à la simple vérité, de si hauts personnages ne daignant pas descendre à la langue du peuple. Deux racines composent ce mot, le gal. *daion*, *daionaiz*, bon, et le breton *deiz*, *dez*, jour, pl. *deisiou*, *desiou*. La première partie de ce mot est remarquable, en ce qu'elle semble être la racine d'un mot latin, qui était tombé en désuétude longtemps avant la conquête romaine ; *duonus* pour *bonus*, comme nous l'apprend V. Flaccus. Quant à *dé*, qu'on ne s'imagine pas non plus que c'est une corruption de *dies*, ce nom latin n'a pas eu un grand succès, n'ayant pu pénétrer

---

(1) C'est le gallois qui a donné aux patois du Nord la terminaison *ès*, *é*, en français *ée*. Ceci est à remarquer, car les dialectes du Midi ne connaissent que la désinence *ado*, laquelle vient du breton. Je suis heureux de trouver ici l'occasion d'ajouter à ce que j'ai dit sur les suffixes (V. pag. 31), en provençal, en languedocien, *bugado* veut dire lessive, du breton *bugad*, pl. *bugadou*, petite lessive ; en gallois ce serait *bugaid*, d'où le bas-normand *buée*, pour *bugée* : cet exemple me paraît frappant et décisif. Je n'insiste pas davantage, seulement il faut savoir que les noms ainsi terminés sont fort nombreux.

(2) V. le passage de Caton en tête de cette introduction ; τὰ πολλὰ αἰνιττόμενοι συνεκδοχικῶς· Diod. 5-31.

dans les dialectes du Midi, n'ayant pas même été assez heureux pour se maintenir sur le territoire tout latin de l'Italie; et si l'espagnol paraît l'avoir adopté, puisqu'il a *dia*, jour, il est prudent de suspendre son jugement sur ce fait; car, *dia* peut fort bien avoir été adopté par les Goths, lorsqu'ils se trouvaient dans le Languedoc; ils l'auraient emprunté aux Gaëls, qui disent *dia*, jour, pl. *die*.

*Ebraisser*, embrasser, en gal. *braich*, bras; *embrasser*, qui n'existe pas d'un seul mot en latin, se trouve en gallois et il se dérive de *braich*, bras; *braichaidio*, serrer dans ses bras, embrasser. Si le verbe français vaut mieux que celui dont se servent les habitants des Vosges, ce ne peut être que sous le rapport de l'harmonie, de la beauté qu'il a relativement aux autres mots de notre langue; mais celui-ci l'emporte incontestablement quant à la fidélité historique.

*Fioler*, pleurer. Gal. *wylio*, pleurer, répandre des larmes.

*Friche*, gai, vif, alerte, enjoué; l'armoricain donne bien *fresk*, un peu froid, FRAIS, nouveau; mais ce n'est pas précisément cela : le gallois *frysg*, signifie non-seulement *frais*, comme le breton, mais encore GAI, plein de vigueur et de force (comme quand nous disons *des troupes fraîches*); puis encore vif, impétueux, alerte.

*Iodor*, crier; en gallois *udo*, hurler, pousser des cris effroyables; en br. vannetais, c'est *udein*, en breton c'est *iuda*, *iudel*, ou *iuzel*, hurler, rugir, appeler en criant de loin et avec effort. De ces variantes armoricaines le Languedocien a fait *idoula*, hurler, par un léger déplacement du *d* et de l'*u*.

*Gravous*, écrevisse : en breton *krab*, signifie écrevisse, dont le pluriel devrait être *krabou*, lequel donnerait *gravous*; mais ce pluriel, fait irrégulièrement, est *kraket*.

*Grimola*, gronder, murmurer. Nous le croyons, de provenance armoricaine; c'est le breton *krosmola*, murmurer, faire entendre un son sourd et prolongé.

Au reste, le patois des Vosges, comme les autres dialectes, n'a fait subir presqu'aucune altération aux mots latins qu'il a adoptés. Ainsi, *relinquer*, signifie laisser, fait du latin *relinquere*, même sens.

Si dans le Nord nous ne trouvons plus les Phéniciens, les Arabes, les Basques sur notre route, nous n'en sommes pas plus à notre aise; les Germains sont toujours là ardents, nombreux, voulant à toute force faire invasion, sinon sur notre territoire, au moins dans notre langue, dont ils réclament une portion considérable. Le peu de lignes que nous avons tracées sur les patois du Nord sont une première réponse à ces prétentions exagérées et qui n'ont aucun fondement; nous sentons maintenant la nécessité de donner des raisons nouvelles, afin qu'on sache bien d'avance pourquoi dans notre Dictionnaire on rencontrera peu d'étymologies tudesques.

M. Dietz porte à mille environ le nombre des mots français qui correspondent à un mot germanique, sans compter les dérivés et les composés, « et je crois que ce chiffre est loin d'être exagéré, dit M. Ampère ».

Nous ne partageons nullement cette opinion, qui nous paraîtrait tout à fait dénuée de fondement, quand bien même nous n'en jugerions que par les exemples donnés à la suite du raisonnement de M. Ampère, exemples qui font voir l'esprit systématique de M. Dietz et l'absence de critique de notre compatriote.

Voici en peu de mots les motifs qui nous font rejeter les données de M. Dietz : 1° A l'époque de l'invasion, les Francs étaient peu nombreux; ces idolâtres se trouvaient en présence de chrétiens, auxquels le paganisme était en horreur. Ces barbares étaient en butte à la haine d'hommes civilisés, spirituels et railleurs, qui certes ne les épargnaient pas, et qui cherchaient à se venger du mal qu'on leur faisait, au moins par des plaisanteries et des sarcasmes. De là le sens ironique, défavorable, du plus grand nombre de mots germains admis dans notre langue. Les terres des vainqueurs sont des *landes*, leurs coursiers des *rosses*, leurs épées des *rapières*, leurs livres, s'ils en ont, des *bouquins*; et s'ils dominent, s'ils sont les maîtres, ces *lippus* sont des pauvres *hères*. Une langue qui débute chez nous par le ridicule a peu de chances de succès.

2° Les pays où la conquête a déployé toute son énergie, qui ont été accablés par sa toute-puissance, dont les habitants ont été foulés, écrasés par les barbares Germains, auraient dû, si l'influence dont on parle était réelle, en ressentir avant tout les effets; et la langue qu'on y parle se rapprocherait infiniment du langage des conquérants. C'est pourtant ce qui ne se voit nulle part. Ainsi, en Belgique, où les Francs s'établirent tout d'abord, pays qui est toujours resté sous la dépendance des rois de France ou des empereurs d'Allemagne, il y a un patois très-ancien, qui, plus éloigné du latin que le français, ne contient cependant pas cinquante éléments germaniques. On voit, au contraire, que ce patois, auquel tiennent tant les habitants de Liége et de Namur, n'a point été de la part des vainqueurs l'objet d'un injuste dédain. Car deux dialectes germains, le hollandais et le flamand, lui ont emprunté un certain nombre de mots, lesquels, pris pour des mots tudesques par des étymologistes aussi aventureux que M. Ampère, ont été souvent donnés comme l'origine des mots français correspondants; et ce que nous disons du wallon peut s'appliquer au lorrain, au rouchi (département du Nord) et au picard. Mais il est une autre province, la Neustrie, qui fut des premières envahie, et qui offre cela de particulier que, quatre cents ans après l'établissement de la monarchie de Clovis, elle fut de nouveau subjuguée par de nouveaux Germains qui s'y établirent et y dominèrent. Eh bien ! ce sol, où l'on devait trouver deux couches de germanisme, qu'on nous passe ce mot, n'offre, au bout de cent cinquante ans, plus rien de germanique; de telle sorte que les Anglo-Saxons, autre branche de la famille germaine ou gothique, placés en face des habitants de la Neustrie, des Normands, ne peuvent voir en eux des frères, car ils ne comprennent pas un mot de ce que disent ces étrangers (1).

3° Ménage, dans son culte pour la langue savante, a supposé nous ne savons combien de mots latins qui n'ont jamais existé; les partisans du celtique ont fait de même pour leur idiôme de prédilection; ceux qui ne peuvent sans enthousiasme prononcer les noms de l'*Edda* et des *Nibelungen* ne se montrent pas plus sages. Ils sont au comble du bonheur lorsqu'ils peuvent citer à tort et à travers des mots h. all., b. all., a. teutoniques, gothiques, a. scandinaves ou islandais. On dirait vraiment que les Islandais ne sont allés se fixer dans leur île si poétique et si délicieuse qu'après avoir habité notre pays, dont ils ont dédaigné le détestable, l'affreux séjour. On dirait que les Goths, qui n'ont pu se maintenir dans un coin de la France, ont dominé pendant de longs siècles sur toutes les provinces où s'est formée notre langue; qu'enfin nous avons été inondés de tous les flots de la Scandinavie. Quant aux mots qu'on ne trouve que dans le vieux teuton, nous n'avons qu'une question à faire : est-il présumable que des mots qui n'ont pu durer sur le sol natal aient pu prendre et persister sur une terre étrangère? Les mots purement islandais ne peuvent non plus être admis comme origine des termes français qui leur correspondent; car il n'est pas impossible que des insulaires, séparés par un tel intervalle de la mère-patrie, aient adopté un certain nombre de mots étrangers, soit qu'ils les aient pris sur les côtes d'Écosse et d'Irlande, ou dans les îles voisines, pays tout remplis de Celtes, soit qu'ils les aient trouvés même dans cette antique Thulé qui n'était sans doute pas déserte, lorsqu'ils y ont pénétré. Aussi trouve-t-on dans l'islandais plusieurs mots celtiques qui existent encore dans l'irlandais et le gaélique. Les Scandinaves (2) aussi, qui ne connaissaient d'abord que les barques d'osier revêtues de peaux (marine qui n'exigeait pas un vocabulaire bien riche), ont dû emprunter aux Celtes presque tous leurs termes maritimes, chose plus que probable, puisqu'on peut aujourd'hui la prouver. On ferait bien aussi peut-être d'être un peu plus sobre de mots gothiques qui traînent dans des bouquins sans autorité, mais qui ne se voient pas dans *Ulphilas*, seul monument auquel on puisse se fier. D'ailleurs, si les linguistes dont nous parlons se piquaient de quelque exactitude, avant de faire honneur à la langue de Théodoric de tel ou tel mot français, ils examineraient préalablement si le même mot existe en languedocien, seul idiôme que les Goths aient pu enrichir; mais ils s'en gardent bien, dans l'appréhension assez fondée de voir sensiblement diminuer le petit trésor d'origines gothiques auxquels ils tiennent si fort.

## PATOIS DU PAYS DE VAUD, AUTREMENT DIT LE ROUMANCHE.

Dans quelque lieu que les races gauloises se soient fixées, elles ont voulu rester elle-mêmes longtemps, toujours. On dit que «le fonds d'un romain était l'amour de la liberté et de la patrie»; le fonds d'un gaulois était l'estime des siens, un respect inaltérable pour la tradition de ses pères, un attachement inébranlable aux usages qu'il trouvait établis, à la langue qu'on lui avait appris à bégayer. Que l'indigne politique, que la mauvaise foi et la lâcheté des descendants de Romulus les exposent à toutes les horreurs des invasions germaniques du côté du Nord, invasions immenses, invasions qui se succèdent rapidement et qui paraissent sans terme, ils se défendront, autant qu'il leur sera possible; puis ne pouvant résister au nombre toujours croissant d'ennemis dont les bandes ressemblent aux flots de la mer, il faudra bien qu'ils cèdent une partie de leur territoire; mais ce qu'ils ne cèderont jamais, ce qu'on ne leur arrachera qu'avec la vie, c'est leur langue, non plus, celle de leurs pères sans modifications, mais celle que désormais ils veulent parler, une langue qui leur rappelle ce qu'ils vénèrent le plus, leurs aïeux et la religion, une langue composée de celtique et de latin; car s'ils ont fait bonne et rude guerre à ce dernier idiôme, alors que Rome tyrannique faisait peser son sceptre de

---

(1) Un exemple plus frappant encore est celui du Bessin (arrondissement de Bayeux). On voit, par la *Notitia imperii*, que ce pays était déjà au pouvoir des Saxons à la fin du IV° siècle, avant l'invasion des Francs par conséquent; de plus, Charlemagne y fit passer dix mille Saxons convertis; puis vinrent les Normands, qui durent corroborer et ranimer le tudesque. Eh bien! dans ce canton tout germain, le patois qu'on y parle n'offre rien de germanique, si ce n'est *dlingé*, fronde. (V. Patois Bessin, plus haut, page 41.)

(2) D'ailleurs, au moyen-âge, alors que la langue française était parlée en Orient par les Croisés (voir les *Assises* de Jérusalem et de Chypre), introduite dans les États de Naples et de Sicile par quelques seigneurs normands, importée en Angleterre par les compagnons de Guillaume; alors que les empereurs d'Allemagne faisaient des vers à l'imitation des troubadours, les étudiants danois et islandais, en grand nombre à Paris, se faisaient remarquer par leur application et leurs succès et en même temps ils parlaient avec délice notre langue, que l'italien B. Latini préférait à la sienne propre. Puis ces hommes du Nord, à leur retour dans leur patrie, y remplissaient les premiers emplois, y exerçaient une grande influence. Serait-il donc impossible qu'en communiquant à leurs concitoyens des idées nouvelles, ils se fussent servis des mots français qui les exprimaient, mots dont quelques-uns n'auraient pu durer que dans quelques traités, dans des vieilles chartes, mots qui nous sont présentés comme origine des nôtres par des philologues enthousiastes ou peu réfléchis? On serait porté à le croire en voyant, dans un traité islandais du XIII° ou XIV° siècle, un homme d'État recommander à un jeune seigneur l'étude de deux langues, celle du latin et du welche, qui est le wallon ou langue d'Oil. (Voir *Schwab* et la *Biblioth. académ.*) Peut-être cependant était-il imprudent à M. Ampère de s'engager dans cette voie; cela nécessitait de longues et laborieuses recherches, des comparaisons sans nombre; et, outre l'embarras et le dégoût d'une étude aussi fatigante pour un esprit qui est bien plus à l'aise dans les discussions littéraires que dans les investigations philologiques, il était réellement à craindre que le résultat ne démentît, ne renversât de fond en comble le système de Dietz, dont M. Ampère a fait le sien.

fer sur tous les peuples conquis qu'elle avait l'impudeur de nommer ses alliés, ses enfants, Rome bienfaisante, Rome qui prodigue des consolations aux affligés et des ressources aux vaincus, en même temps qu'elle apprivoise et dompte les vainqueurs naguère si farouches, fait aimer la langue qui apporte la paix à la terre, qui unit les hommes et ouvre le ciel à ceux mêmes qui semblaient voués à un éternel désespoir. Voilà pourquoi on trouve en rouchi (1), en wallon, en lorrain, c'est-à-dire, dans les patois les plus exposés à l'influence germanique du latin et du gaulois, à peu près en quantité égale ; mais du tudesque point, tant les peuplades celtiques ont montré d'opiniâtreté à rester elles-mêmes, au milieu des vicissitudes les plus imprévues et des plus effroyables calamités.

Il en a été de même dans les pays où les Gaulois se trouvaient moins nombreux, moins compactes. En Suisse, par exemple, pays dès longtemps ouvert aux Germains, les Celtes qui s'y trouvaient épars se sont, pour ainsi parler, pelotonnés ; et résistant courageusement à toute action du dehors, ils se sont montrés fidèles et religieux à maintenir, à conserver ce qu'ils tenaient de leurs ancêtres ; à tel point qu'après des milliers de siècles on retrouve au milieu d'eux les expressions celtiques presque sans aucune altération. Il est regrettable que l'on ait négligé les patois français qui se parlent dans quelques cantons de l'antique Helvétie. Nous ne doutons pas qu'ils ne donnent lieu à des rapprochements fort curieux. Par suite de cette négligence nous sommes réduits à ce qui a été publié sur le roumanche, patois qui se parle dans le pays de Vaud et à Fribourg.

*Anvoy*, serpent borgne : c'est l'anvin des Bas-Normands, petit serpent que l'on suppose aveugle et que les villageois redoutent extrêmement (2) ; br. *anv*, pl. *anvou* ou *anved*, petit serpent que l'on dit privé de la vue.

*Belossa*, prune et prunelle ; ce mot se trouve en armoricain et en gaélique, sous la forme de *bolos, polass*, prune, *blosse*, dans le Bas-Normand ; prunelle. (V. patois Franc-Comtois ci-après.)

*Abaffa*, étonné ; br. *abaf*, étourdi, étonné, surpris, niais, timide, stupide. (V. le patois Lorrain un peu plus haut.)

*Guignu*, un gâteau ; br. *kouih*, pl. *kouiñou* (prononcez, *kouign*, *kouignou*), gâteau, tourteau, tourte. Il y a même en br. un verbe dérivé de ce mot, *kouinaoux*, aller aux gâteaux, aller chercher des gâteaux comme font les enfants en Bretagne, à l'époque des étrennes. Nous avons déjà remarqué ce mot en bessin, lequel donne *coine*, gâteau, et *guine*, croûton.

*Fringa*, se pavaner ; il était impossible aux Vaudois de mieux conserver ce verbe celtique qu'ils ne l'ont fait ; car le breton est identiquement le même ; *fringa* et par abus *fringal*, gambader, sauter, se divertir. C'est de ce verbe br. qui n'est pas sans dérivés, qu'est venu le français *fringant*, et le picard *fringoter* dont nous avons parlé plus haut.

*Meze*, ladre ; br. d'après le père Lepelletier, *mezell*, ladre, lépreux ; *mezell, pezell*, signifie mou comme un fruit qui commence à se gâter, qui est *blette*.

*Mouw, mouwia*, humide, mouillé ; br. *moues, mouez*, humide, un peu mouillé ; gall. *mwyd*, action d'humecter, de rendre humide ; *mwydio*, humecter, mouiller, *mwydiet*, rendu humide, moite. Le verbe *mouiller* vient aussi du kymrique ; car en br. *moeltr* signifie moite, humide, mouillé ; *moeltra*, rendre moite, mouiller.

*Rankot*, râle (prov. et lang., *rounqua*, râler) ; br. *ronkonel, rokonel*, râlement, râle et en vann. *rochkein*. (V. Provençal, pag. 25 ).

*Sau*, sureau, sorte d'arbuste ; br. *skao, skav*, sureau ; en gall. c'est *yogaw*, id.

*Tetzche*, tas, monceau ; br. van. *tes*, pl. *teseu*, tas, monceau ; les Gall. ont la même expression, mais un tant soit peu différente pour l'orthographe ; *das*, monceau, TAS.

## DIALECTES DÉRIVÉS DU GAÉLIQUE.

Jusqu'ici, nous ne nous sommes pas occupé exclusivement des Kymris : toutefois il faut reconnaître qu'ils ont eu la meilleure part dans nos recherches, et que leurs frères les Gaëls n'ont attiré notre attention que quand, par hasard, ils se sont trouvés sur notre route. Maintenant il est temps de songer à eux, de recueillir leurs titres, et de décider si réellement les érudits ne se sont pas trompés, lorsqu'ils ont cru les montagnards écossais issus des Galls ou Gaëls, qui ont occupé si longtemps les terres situées au centre de la Gaule.

---

(1) Le germanique *brod*, pain a cependant trouvé accès en rouchi ; mais si jamais vos pas vous portent dans le département où ce dialecte se parle, je souhaite qu'on ne vous serve jamais du pain allemand, du *brod* ; car en rouchi comme en français, un mot tudesque s'il vient à se faire jour et à se produire, est toujours pris dans le sens le plus défavorable. Les Gaulois avaient une telle aversion pour les Germains, que tout ce qui venait d'eux était détestable ou du moins de qualité inférieure.

(2) Comme le prouve le proverbe suivant :

Si anvin voyait
Et si sourd oyait (entendait)
Jamais homme sur terre ne serait.

Le sourd est une espèce de salamandre qui inspire aussi de l'effroi.

Il faut convenir que dès l'abord les Gaëls sont dans la condition la moins favorable. Ce n'est qu'à une prodigieuse distance des pays qu'ils ont habités qu'on croit trouver des hommes qu'ils avoueraient pour leurs descendants, s'il était possible de les consulter. Par conséquent aucun lien intime, nécessaire, n'unit leurs neveux à eux-mêmes : on dirait même qu'il est improbable que jamais une portion considérable de Gaëls ait été poussée aussi loin. Mais il est fort possible aussi que ces Gaulois soient arrivés les premiers en Occident, et qu'ils aient d'abord possédé seuls toutes les provinces dont les Kymris et eux-mêmes étaient en possession à l'époque où ils ont été visités par les Grecs et les Romains, et où, par conséquent, l'histoire commence pour eux. Les Kymris, partis de l'Asie-Mineure, ou plutôt d'un point (1) plus rapproché où ils s'étaient d'abord arrêtés, seront venus successivemement s'emparer, moitié de gré, moitié de force, des terres qui étaient à leur convenance. Dans cette hypothèse, les Gaëls, déjà maîtres de la Bretagne, auront été forcément refoulés vers le Nord, et se seront ainsi trouvés fatalement séparés des leurs par les Kymris des Gaules, et par ceux qui s'établissaient dans la partie méridionale de la Bretagne : ainsi s'expliquerait d'une manière plausible une séparation que l'on pourrait tout d'abord traiter de fabuleuse.

Après avoir détruit une invraisemblance, une improbabilité, nous arrivons à quelque chose de positif. Déjà nous avons trouvé un certain nombre de mots gaéliques, et qui ne peuvent être autres, puisqu'on les chercherait vainement ailleurs : non-seulement nous en avons trouvé dans le Midi (et toutes les fois que nous en avons cité, nous n'avons pas donné la sixième partie de ce que nous avions réuni), mais ils étaient presque toujours affectés de formes qui les faisaient facilement reconnaître. Dans le Nord aussi, il s'en est présenté à nous, et quoiqu'ils soient très-peu nombreux, ils se distinguent sans peine de la foule. Et si nous ajoutons à ces faits déjà connus les traditions qui montrent à ces peuples la France comme leur antique berceau, si nous tenons compte de l'opinion des savants, de Thierry, de Pictet et de tous les géographes de la Grande-Bretagne, qui, en parlant des Irlandais et des Montagnards écossais, nous disent que leur langue est un idiôme celtique, il nous sera impossible de ne pas convenir qu'au moins cette opinion paraît fondée, qu'elle réunit plusieurs caractères de probabilité.

Nous avons fait voir un suffixe irlandais dans les langues du Midi (2); mais il n'est pas le seul qui soit resté sur la terre de France. Il en est un entr'autres des plus utiles pour jeter de la variété dans nos désinences; nous voulons parler des noms assez nombreux qui se terminent en *age*, tels que OUVRAGE, ESCLAVAGE… mots qui n'ont point été formés du latin, puisque le suffixe *age* est étranger au latin et à l'italien, moulé en quelque sorte sur le latin, mots que n'a pas non plus fournis le kymrique, lequel possède à peine, et avec quelques modifications, la première racine de ces deux mots, sans présenter rien qui approche du suffixe (3) *age;* ce suffixe se trouve dans la langue erse et en irlandais, et y est d'un grand usage : ainsi on y trouve non-seulement *oibreach, sclabhacht* (faits celui-ci de *sclabh* ou *sclabhadh*, serviteur, serf, ESCLAVE, celui-là de *obair*, dont il est le génitif et le nominatif pluriel (4); ouvrage, esclave; mais une foule d'autres régulièrement formés, soit des verbes, soit des noms qui contiennent la racine sous sa forme la plus simple. Ce suffixe, tellement identifié avec notre langue, qu'elle l'ente, pour ainsi parler, sur toute espèce de racines, ne nous est certainement pas venu par hasard : il faut que, comme tous les autres, il nous ait été légué par nos pères. Cette considération nous paraît assez importante pour le point que nous discutons.

Que si l'on ajoute à ce qui vient d'être dit, que déjà nous avons rencontré, dans les langues du Midi surtout, un nombre assez considérable de mots purement gaéliques; que dans d'autres circonstances, le gaélique se confond avec le kymrique, tantôt avec de certaines modifications qui se retrouvent les mêmes dans des cas analogues, tantôt sans aucune espèce de changement; que, dans les dialectes ou patois qui se sont formés sur un territoire kymrique, on trouve même quelques vocables gaéliques, comme en normand *garçon* (5), *garse* et *garsette, cotte, bonnet, robe, casaque, routs*

---

(1) Ils ont dû séjourner assez longtemps sur les bords du Danube, car ce fleuve est connu de toute antiquité sous le nom d'*Ister*, mot qui, en kymrique, veut dire *fleuve* ou *rivière*. Br. *ster*, rivière ou fleuve. (En gal., ce serait *yster*.)

(2) V. Prov., page 25.

(3) Je parle en général, car il y a des diminutifs en gallois et en breton, qui sont en *ac, ak, alh*; mais ils sont en petit nombre, et d'ailleurs les mots dont je parle ne sont nullement des diminutifs. Il n'y a, parmi tous les dialectes kymriques, que le breton-vannetais qui, terminant régulièrement en *eacht, ach*, les mots bretons et gallois en *adh, aidd, at, ath*, offre quelque chose d'assez semblable au suffixe gaélique *ach, achd.*

(4) Il y a un autre génitif et nominatif pluriel, c'est *oibre*, dont nous avons fait ŒUVRE, autrefois *oevre, œvre;* ital. *opera* (du latin *opera*, pl. de *opus*); espagnol *obro*, comme dans les langues du Midi. L'italien a emprunté le mot gaélique *sclabh* ou *sglabh*, esclave, et en a fait *schiavo*, en changeant, à l'ordinaire, *l* en *i*; mais comme les suffixes latins ont triomphé dans cette péninsule, de *schiaovo* on a fait *schiavitu*, comme de *servo*, esclave, on faisait *servita*, servitude, en latin *servitus*. Les formes pour les langues de nouvelle formation sont encore plus importantes peut-être que les racines; et cependant, tant les progrès sont lents chez les philologues, personne jusqu'ici ne s'en est occupé d'une manière un peu suivie; on peut même dire que personne ne s'en est douté. J'oubliais de dire que le provençal, sur lequel le latin a eu prise plus que sur le français, a ajouté à *esclavo* le suffixe latin et le suffixe gaélique, et a obtenu *esclavitudo* et *esclavagi.*

(5) Écrit *garzon* en normand d'Angleterre; c'est la véritable orthographe. Irl. *garsan, gursun*, enfant, et qui, comme le latin *puer*, s'emploie pour exprimer *serviteur, domestique*, sens qu'il a toujours dans le normand-anglais. Dans le bas-normand, *garçon* existe aussi, mais bien plus souvent on se sert de *gas*, mot des plus communs, des plus indispensables, avec des acceptions multipliées. Celui-ci n'est autre que le kymrique *gwas*, autrefois *enfant, jeune homme, jouvenceau, mari*, aujourd'hui *serviteur, domestique, sujet, subordonné*, toutes acceptions que possède encore maintenant le mot *gas*. — *Garsette* se trouve dans le normand-anglais dans le sens de *jeune fille, demoiselle; garse*, en bas-normand, signifie la même chose, et ne présente rien de désobligeant, excepté

et surtout ROSSIGNOL (1), ce mot qui fait reculer d'épouvante tous les étymologistes, il faudra convenir que tout cela est inexplicable, si les Gaëls sont supposés n'avoir jamais eu aucun rapport avec les Celtes, et ont toujours été relégués au bout du monde, dans les îles les plus écartées, sur des montagnes inaccessibles : l'on sera presque nécessairement amené à conclure que la présence de mots si importants, si nombreux, tous empruntés à la langue des Gaëls, implique le séjour des Gaëls dans notre patrie.

Ce qui suit n'est pas moins concluant : quand on veut prouver que les kymris sont véritablement les fils des Gaulois, on tire un excellent parti des anciens mots gaulois, qu'on trouve dans les auteurs grecs et latins, en faisant voir que ces mêmes mots existent encore en gallois et en bas-breton, comme *mark*, cheval, *benn* ou *menn*, voiture, *bard*, poète, *druid*, philosophe ou théologien : or tout cela existe aussi en gaélique ; bien plus, le kymrique seul ne contient pas tous les termes gaulois dont parlent les anciens, qui nous ont transmis des mots gaulois que l'on chercherait vainement ailleurs que dans le gaélique. *Corma*, vin, boisson enivrante, dont parle Athénée, est un mot irlandais qui exprime la même idée ; *lank*, lance, rapporté par Diodore, est sans aucun doute le *lang*, diminutif, *langhean* des Irlandais ; *murci*, lâches, poltrons, sobriquet donné par les Gaulois aux Italiens, qui, dans le quatrième siècle, se coupaient le pouce pour se soustraire au service militaire, au rapport d'Ammien Marcellin, ne s'explique non plus que par l'irlandais ; en effet, *murcach*, en cette langue, signifie *méchant, mauvais, misérable*. Enfin *allobroges*, d'après le scoliaste Juvénal, *terres, pays des autres*, ne peut non plus nous échapper, grâce à l'irlandais, qui nous fournit *brog*, habitation, demeure, *bruigh*, champ, terre, métairie, et *all*, autre. Les Allobroges avaient pris leur nom de ce qu'ils étaient venus se saisir des terres qui ne leur appartenaient pas. Après des preuves si évidentes, à des rapprochements aussi lumineux, il semble que l'on pourrait très-bien s'en tenir là, puisque la démonstration paraît complète. Nous demandons néanmoins la permission de présenter encore deux arguments.

Un moyen de prouver que les idiômes celtiques étaient encore en vigueur à l'époque des invasions germaines, c'est de s'assurer que plusieurs mots placés à côté des mots latins dans les plus anciens documents de notre histoire, ne sont ni latins, ni tudesques : dans ce cas, Bullet ne manquait jamais de conclure que de tels mots étaient nécessairement celtiques. Nous n'allons pas si vite en besogne, et nous voulons, avant de nous prononcer, être bien certain qu'ils font partie soit du vocabulaire kymrique, soit du vocabulaire gaélique. Alors même que dans une légende nous verrions *follus* (2) ou *follis* (surnom que le peuple donna au roi Charles, que depuis, par civilité, nos historiens ont surnommé le Simple), fût-il dit que ce mot est gaulois, nous ne nous croiserions pas les bras d'une façon superbe, en nous écriant : « Voilà du celtique ! » mais nous chercherions patiemment dans quel idiôme celtique il se trouve ; car c'est ainsi, et seulement ainsi qu'on arrive à des inductions toujours utiles et souvent inattendues. Sur vingt-deux mots de la loi salique, étrangers au latin et qui ne se trouvent dans aucun idiôme germanique, il en est plusieurs qui appartiennent au kymrique ; mais il y en a aussi qui ne sont que gaéliques, *scuria* ou *scœria*, par exemple, qui signifie haras, *écurie* ; en irlandais, *scor, sgor*, gn. *scoir, sgoir*, haras, ÉCURIE. Nous voyons qu'on s'est servi de *involare* dans le sens de prendre, de dérober ; d'où nous est venu *voler*. C'est là de l'ignorance et de la barbarie, ajoutent dédaigneusement nos brillants érudits. De la barbarie tant qu'on voudra ; de l'ignorance, nous n'en croyons rien. Le Gaulois qui a rédigé cette pièce chassait de race, qu'on nous passe le mot, c'est-à-dire que, comme ses compatriotes du temps de Caton, il visait à l'esprit ; et par une ingénieuse invention, par une heureuse combinaison, il parvenait à se faire comprendre des Gaulois (lorsque cela était si important), sans se rendre fort obscur pour ceux qui ne savaient que le latin : pour ceux-ci, en effet, *involare*, à peu près composé comme *invadere*, *insilire*, était un mot facile à saisir ; quant aux Gaulois, ils ne pouvaient s'y méprendre, puisqu'ils avaient la racine du mot dans leur langue. En irlandais, *foghlam* (3), je dérobe, je vole, *fogh-*

---

quand il est précédé de l'article indéfini *une*, sans relation à ce qui vient d'être dit, et sans correctif. *Une garse* tout court est une expression blessante, au lieu que *une belle garse, une bonne garse, tiens, ma garse*, sont des paroles flatteuses, de l'irl. *geirseach* et *geirseog*, jeune fille, demoiselle ; mais *gairseach* se prend en très-mauvaise part, comme le mot français, et le bas-normand lorsque le mot est seul.

(1) Irl. *rossin-ceol* (*rossin-keol*), rossignol ; la première partie de ce nom composé ne se voit plus dans les dictionnaires ; quant à *ceol*, il veut dire *concert, musique*.

(2) Je n'ai pas besoin d'avertir que mon hypothèse repose sur un fait réel. Le célèbre M. Raynouard, qui, comme chacun sait, surpassait tous ses confrères en savoir, expliquait *follis* par le latin *falsus*, faux. De telles étymologies me passent, car *follis* et *falsus* n'ont pas, à beaucoup près, la même physionomie ; le sens me paraît différer encore davantage : un homme faux est loin d'être fou ; un fou n'est presque jamais faux. La méthode de M. Raynouard, qui est celle de Ménage et de tant d'autres savants hommes, exige prodigieusement d'esprit, une pénétration extraordinaire, au lieu que celle que j'ai le malheur de suivre est d'une humiliante simplicité. Je trouve en kymrique, en gallois aussi bien qu'en breton, *ffol*, insensé, extravagant, fou, et je dis : voilà l'étymologie, la raison véritable du mot latin barbare *follis*. *Follis* n'est bien certainement qu'un mot celtique latinisé.

(3) Je trouve également dans la loi salique *canis seguius, segius* ; il me paraît évident que ce *segius* ne se trouve là que pour désigner le chien de chasse. Cette distinction était nécessaire, parce qu'un délit, s'il s'agissait non d'un chien ordinaire, mais d'un chien de chasse, était réputé plus grave, et puni plus sévèrement. *Segius, seguius* était entendu facilement des hommes intelligents qui parlaient spécialement latin ; ceux qui parlaient spécialement gaélique, et c'était principalement à eux qu'on s'adressait, reconnaissaient avec facilité, sous cet habit d'emprunt, leur *seagh* ou *segh*, chien de chasse, mot qui, en zend, exprime la même idée. Ceux qui liront attentivement tout ce qui a été rédigé en latin, s'apercevront sans peine que les mots barbares sont employés à dessein presque toujours en administration, parce que c'est le mot même dont se sert le peuple et qu'il entend, tandis que le mot propre, le mot vraiment latin, outre qu'il n'était pas entendu, n'aurait pas non plus rendu exactement l'idée actuelle qu'on voulait exprimer.

*ladh*, voleur. Les Gaëls ou ceux qui parlent gaélique sont donc confondus avec les Kymris, qui ont leurs affaires à régler avec les Francs ou Germains qui viennent d'envahir les Gaules.

Ils y étaient effectivement. Ils occupaient la partie méridionale de la Champagne et de l'Ile-de-France, toute la Bourgogne, la Franche-Comté, l'Orléanais, la Touraine, le Berry, l'Auvergne, le Lyonnais, une partie du Dauphiné. C'est dans ces provinces que pour avancer nous nommons par leurs noms modernes, que se trouvaient concentrés les Gaëls, répandus au reste et mêlés aux Kymris dans presque tout le Midi.

Pour qu'il n'y ait aucun doute à cet égard, pressé comme nous le sommes, nous ne donnerons que deux faits pour les temps anciens, mais il seront concluants : quant aux temps modernes, nous serons forcé d'entrer dans de certains développements qui, du reste, ne seront pas moins positifs.

C'est surtout dans le cercle imparfait que nous venons de tracer que l'on trouve dans l'antique géographie des Gaules les noms de villes en *dunum* (1). Ce *dunum*, terminé à la latine et redevenu en français ce qu'il était chez les Gaëls, *dun*, comme *Autun* (contracté d'*Augusto dunum*), *Châteaudun*, qui vient de *Castellog-dunum*; ce *dunum*, disons-nous, a exercé nombre de savants. Chacun est venu apporter sa petite conjecture, noyée dans une énorme dissertation, sans, selon nous, convaincre personne. L'un vous dit que c'est nous ne savons plus quel mot *teuton*, qui a donné ce *dunum*; mais, de grâce, les Teutons n'habitaient-ils pas la Germanie? Et c'est avec des mots empruntés aux langues germaniques que vous prétendez expliquer les noms de lieux chez les Gaulois, qui parlent des idiômes tout autres que les idiômes germaniques ou teutoniques? L'autre prend un mot armoricain, *tun*, par exemple, qui signifie *hauteur* : mais d'abord une hauteur, est-ce une ville, nous vous le demandons? Puis, quand bien même vous trouveriez dans le bas-breton un mot convenable, et qu'on vous accorderait que les bretons sont les descendants des Gaulois, vous n'auriez rien fait encore : car on vous prouverait, l'histoire à la main, que les Bretons sont de la même race que les Belges, qu'ils sont Kymris, et que les Kymris ne parlaient pas à beaucoup près la même langue que les Galls ou Gaëls. Il faut donc chercher l'explication de ce mot dans la langue de ces derniers : là seulement on peut se promettre de la trouver. Or, le gaélique possède *dun*, *dim*, *dunan*, place, ville fortifiée, citadelle. C'est assez clair, ce nous semble; et *Lugdunum* (Lyon) et *Augustodunum* signifient la ville de Lucius, la ville d'Auguste, et sont formés identiquement de la même manière que *Adrianopolis*, *Constantinopolis*, Andrinople, Constantinople, c'est-à-dire, comme personne ne l'ignore, la ville d'Adrien, la ville de Constantin. *Dunan*, petite citadelle, est devenu *dunio* dans le latin du moyen-âge, et *donjon* en français.

Les Kymris possédaient un mot analogue, mais un peu différent, *dinas*, ville : ce mot n'existe point en breton ; aussi les érudits n'en ont-ils point parlé. Ce *dinas*, quoique exprimant la même idée que *dunum*, s'en éloigne néanmoins quant à l'orthographe. Et l'orthographe, c'est beaucoup en philologie; et, s'il plaît aux Kymris de se servir de *dinas* comme les Gaëls se servaient de *dunum* pour terminer les noms de villes, ils conserveront, gardez-vous d'en douter, l'orthographe de ce mot; et ils diront non *Londunum*, Londres, mais *londinum*, nom qui signifie la ville des vaisseaux, des navires : gal. *long*, vaisseau, *dinas*, ville.

Le nom des fleuves n'est pas non plus indifférent, ainsi que nous l'avons fait remarquer dans notre prospectus ; nous allons, chemin faisant, en donner une nouvelle preuve. Une des plus considérables rivières qui arrosent l'ancien territoire des Gaëls, c'est le Doubs, *Dubis* en latin. Si nous trouvons ce mot dans le gaélique avec le sens de rivière, fleuve, il sera impossible de ne pas prononcer hardiment que bien réellement les Gaëls ont longtemps habité le pays qui leur est assigné par l'histoire. Eh bien! chez les Écossais comme chez les Irlandais, *dob* veut dire fleuve ou rivière; et bien que les Kymris possèdent un mot analogue, *dwfr*, jamais la logique ne nous eût permis de le rapprocher de *dubis*, puisque *dwfr* ne signifie qu'un fossé plein d'eau dans un petit étang, une DOUVE, idée que les Gaëls expriment par un dérivé de *dob*, par *dobhar*, qui signifie eau, pièce d'eau; br. *dour*, eau.

Les Gaëls sont partout représentés comme plus malléables que les Kymris, beaucoup plus accessibles à la civilisation. Ils furent les premiers soumis par les Romains, et ils semblèrent assez bien s'accommoder de cette servitude dorée que Rome savait imposer. Il est toutefois présumable que le peuple ne fut jamais fort enthousiasmé de cette puissance étrangère, quelque imposante qu'elle fût, quelque attrait quelle eût pour les chefs gaulois dont elle flattait la vanité, dont elle satisfaisait l'ambition. Il dut montrer souvent sa répugnance pour la langue de ceux qui étaient venus appesantir ses chaînes; il dut se montrer opiniâtre à conserver une bonne partie de la langue primitive. Nous n'avons pas besoin de

---

(1) On en trouve aussi ailleurs : deux ou trois en Belgique, autant en Espagne, et quelques-uns, enfin, dans la Germanie, en tirant vers le Danube. Ceux du Nord s'expliquent très-bien. Si l'on admet, avec les érudits les plus célèbres, que les Kymris, arrivés les derniers, ont dû se fixer dans des provinces où les Gaëls avaient formé déjà quelques établissements, ces petites villes ou ces bourgs auront gardé leur première dénomination, même sous les Kymris. On sait que les Celtes avaient pénétré de bonne heure en Espagne, et la philologie nous apprend qu'ils y avaient fondé des villes, sans doute pour les colonies qu'ils y envoyaient. Quant à ceux de la Germanie, ils se comprennent aisément, puisque le Danube est, en quelque sorte, le chemin que suivirent les Celtes pour arriver dans les Gaules. On sait que, pour un peuple, une distance de sept à huit cents lieues ne se franchit pas en quelques jours; un tel voyage s'exécute en plusieurs siècles, et l'on n'arrive enfin sur les terres que l'on cherchait qu'après plusieurs haltes, et une halte absorbe quelquefois plusieurs générations.

disserter, ni de nous étendre longuement sur cette question; voici des faits qui en diront plus que tous les arguments du monde : la logique des faits fut toujours la plus irrésistible.

## PATOIS BOURGUIGNON.

Nous ne sommes cependant pas très-heureux dans cette dernière partie de notre travail. Le patois bourguignon n'a été l'objet d'aucune étude spéciale; et, sans les *Noëls* bourguignons publiés par La Monnoie et quelques renseignements que nous nous sommes procurés, nous serions fort *empêché*, comme dit Jean La Fontaine; mais nous étions sûr de notre fait : et, bien que des Noëls ne soient pas tout ce qu'on peut imaginer de mieux pour mettre dans tout son jour ce qu'il y a de plus original et de plus saillant dans le langage d'une collection d'hommes, les matériaux qu'on nous a mis entre les mains suffiront amplement pour nous permettre de continuer notre démonstration.

Dans une grande partie de la Bourgogne, ainsi qu'en Franche-Comté, on ne dit pas *mâtin* comme nous et comme les habitants du Midi; on prononce toujours *mètin* ou *maitin*. Il en devait être ainsi, car ce sont les Kymris qui écrivent *mastin*, les Gaëls *maistin*, et cette dernière prononciation s'est prolongée de génération en génération jusqu'à nous.

Un mot fort connu en Basse-Bourgogne, c'est le mot *toumer* pour exprimer l'idée de répandre de l'eau; *tu vas toumer*, dit-on à un enfant vif qui s'est saisi d'une carafe pleine d'eau; *verse-moi à boire, mais prends garde de toumer*. Ce mot, qui nous paraît si étrange, est tout simplement un verbe gaélique; irl. *tomaim* ou *tumaim*, je verse, je répands un liquide quelconque.

Un autre qui n'est pas moins extraordinaire, c'est *ghioler, guioler*, crier après des bœufs, les appeler; en irl. *goilim* signifie je crie, j'appelle à haute voix.

*Ketine* se dit par mépris, par dédain de la chair de mouton, quand elle n'a pas belle apparence. *Fi donc! c'est de la ketine*; en irl. *ceadnaid*, qui se prononce *keadnaid*, signifie bélier, mouton.

Ce qui suit est extrait des Noëls bourguignons, qui ont été dernièrement publiés dans une Revue; nous ne citons même pas tous les mots plus ou moins importants qui s'y trouvent.

*Anaée*, année, an; irl. *an* ou *annaid*, an, année, c'est de l'irlandais que vient aux méridionaux leur *annada*, an, année.

*Aibi,*
*Haibi,* } habit.

Ce mot est bien certainement gaélique, ainsi que le mot français habit; irl, *aibhit, aibhait*, habit, vêtement; racine *bith*, manière d'être, de vivre, habit.

*Bode,* farce; irl. *baodh*, léger, inconsidéré, fou; le mot bourguignon est le nom dérivé de l'adjectif irlandais; nous n'avons pu retrouver ce nom, mais l'adjectif suffit de reste.

*Beuiller* (qui devrait, nous pensons, s'écrire *beuyer*), regarder en face; irl. *benchaim*, je regarde, je considère, j'examine, je contemple.

*Bairai*, des marmots, des petits-enfants; irl. *bar*, enfant, fils, lequel fait *bair* au génitif et au nominatif pluriel.

*Bono*, bonnet. C'est un mot gaélique qui existe dans d'autres patois et qui est entré dans notre langue; irl. *boinead*; erse, *bonaid*, même sens.

*Chau*, chaud, le chaud, la chaleur. Nous ne soutiendrions pas que ce mot ne puisse venir du latin *calidum* ou *calor*; il faut avouer toutefois que pour avoir le bourguignon, il est nécessaire de réduire singulièrement le mot latin, au lieu que l'embarras disparaît, si on le suppose de provenance gaélique; irl. *gal*, la chaleur, le chaud, *gail*, vapeur.

*Chair*, chaise, voilà le vrai mot; irl. *cathair*, banc, siége, chaire ou chaise.

*Fit-il, fit-elle*, se trouve souvent en bourguignon, au lieu de *dit-il, dit-elle*. C'est comme dans notre vieille langue, où *faire* avait aussi ce sens dans des phrases analogues; ce n'est point par hasard, ni par nous ne savons quelle circonstance inconnue que ce sens a été donné au verbe *faire*; irl. *feaduim*, je dis, je raconte, je relate, lequel a du rapport avec le grec φημί, φοω, φατίξω.

*Moi*, mois; irl. *mios*, ΜΟΙΣ. Mais, nous dira-t-on, à quoi bon indiquer ce mot, qui n'est autre que le mot français? Parce que dans beaucoup d'autres dialectes, c'est la langue des Kymris qui a triomphé. Dans les langues du Midi, par exemple, c'est *mes*; mais il n'en pouvait être de même sur la terre classique du gaélique : *moi* est donc quelque chose de significatif.

*Noge*, neige; en latin *nix, nivis*, qui ne pouvait produire le mot bourguignon; irl. *sneachd*, neige; les écossais et les irlandais confondent fréquemment l'*a* et l'*o*.

*Ouille*, brebis. Nous ne croyons pas que ce soit une corruption du *ouaille*. En auvergnat, on dit *la fada*, la *ouille*, l'un kymrique, l'autre gaélique; irl. *oluïdh*, brebis; on trouve aussi *oisg* dans le même idiôme pour exprimer la même idée.

*Paquai*, un paquet; irl. *pac*, un paquet, mais on dit aussi *pacadh*, pl. *pacaidh*, paquet.

*Printam*, le printemps. Au premier aperçu, on jurerait que c'est le français prononcé d'une manière plus élégante; mais quand on vient à examiner l'irlandais, on est forcé de changer d'avis; en effet *priomh* ou *primh* signifie premier dans cette langue, et *tàm* veut dire temps, saison; le printemps, c'est la première saison, dans l'année rustique.

*Pone*, peine; le lat. *pœna*, vient bien certainement de πoίνη, ou πoίνα; mais une fois réduit à *pœna*, il ne peut plus reprendre le son de l'*o*. Mais il se trouve dans l'irlandais *pionos* ou *piana*, peine, douleur, châtiment... *pianaim, pionaim*, je tourmente, je châtie, je punis.

## PATOIS AUVERGNAT.

Les patois qui se parlent en Auvergne devraient appartenir presque exclusivement au gaélique, car les *Arverni* étaient incontestablement des Gaëls; il s'y trouve néanmoins des termes kymriques, surtout dans la Haute-Auvergne, et nous avons déjà remarqué qu'en général les Kymris se plaisaient dans les forêts et les montagnes. D'autre part, les patois voisins ont pu faire passer, surtout du côté du sud-ouest, un certain nombre d'éléments armoricains dans l'auvergnat.

*Bofa*, couleuvre; ce mot mérite une attention particulière, vu qu'il s'écarte de tout ce que nous savons; irl. *buafa*, serpent, et *bouafadh*, venin, poison. (Voir patois du Dauphiné.)

*Bona*, corne (en provençal c'est *bano*); irl. *beann*, corne.

*Broieit*, bouillon; irl. *broth*, *bruith*, bouillon, avec les mêmes acceptions que ce mot possède dans notre langue; *broth*, chaleur, échauffement, le chaud; br. *brout*, grande chaleur; gal. *brydio*, brûler, enflammer.

*Co*, chien; ce mot existe au moins à Aurillac; c'est un mot gaélique; irl. *co*, chien, pl. *coin*; au lieu que *tschi*, *tshi*, dont on se sert dans d'autres cantons, est un mot kymrique. (Voir plus bas.)

*Mouidre*, une fourmi. On ne dira sans doute pas que ce soit là un mot latin, pas plus que *amazeda*, qui, dans la Haute-Auvergne, signifie *fourmi*. (Voir plus haut à la fin du paragraphe consacré à l'examen du provençal;) irl. *moirb*, une fourmi; les Auvergnats n'ont fait que changer le *b* en *d*, changement qui s'opérait entre grecs d'une manière régulière et qu'on voit dans *bis* fait de δὶς, deux fois; gal. *mor*, pl. *morion*, une fourmi, ou bien, *myr*, pl. *myrion*. Et qu'on aille pas dire que ces mots sont barbares, ce qui serait d'ailleurs une pure niaiserie; car en persan, *mour*, signifie aussi fourmi; et nos langues celtiques ont des affinités fort étroites avec le persan, le zend et l'arménien.

*Nidger*, laver; nous ne croyons pas que personne s'avise de contester l'originalité d'une telle expression, qui n'a même qu'un rapport éloigné avec le grec νίπτω, laver les mains; irl. *nighim*, je lave, *nighte*, lavé, nettoyé.

Irl. *robaim*, je vole, je DÉROBE.

$$\left.\begin{array}{l}\textit{Roba,}\\\textit{Rouba,}\end{array}\right\}\text{ voler, dérober;}$$

$$\left.\begin{array}{l}\textit{Robail,}\\\textit{Robaladh,}\\\textit{Robuin,}\end{array}\right\}\text{ volerie, larcin.}$$

$$\left.\begin{array}{l}\textit{Roboir,}\\\textit{Robuire,}\end{array}\right\}\text{ voleur.}$$

Nous savons que les idiômes germaniques possèdent un analogue, *rauben*, enlever, ravir; mais l'orthographe est ici pour beaucoup, ainsi que dans notre verbe *dérober*). D'ailleurs, le gaélique a fourni la plupart des mots qui ne sont pas d'origine latine. Nous sommes donc fondé à lui faire honneur de celui-ci. *Mama*, mère (Bas-Limousin, *mamo*, mot qui se rapproche du pl. kymrique); irl. *mam*, ainsi qu'en persan; mais les kymris ont aussi ce nom; br. *mam*, pl. *mammou*, mère, *mammek*, belle-mère, la mère du mari ou de la femme; à l'égard des enfants, la femme que leur père a épousée après la mort de leur mère. En gallois, *mam* existe aussi avec le pl. *mamman*, que les Limousins ont retenu, et de plus avec un diminutif qui est resté dans notre langue, *mamen*, petite-mère, MAMAN.

*Sgima*, écume; irl. *sgim*, *scim*, qui se prononcent *sghim*, *skim*, écume; le gaélique possède aussi *sgum*, *scum*, avec le même sens; c'est de là que nous vient ÉCUME, autrefois écrit et prononcé *escume*.

*Sudza*, suie; irl. *suth* ou *suthch* ou *suithch*, de la SUIE; on sait que le latin porte *fuligo*, suie.

*Seila*, scie, en latin *serra*; irl. *seadha* et *sadhah*, une scie, *seadhaim*, je coupe avec une scie, je scie. On trouve encore en irl. *seagha*, scie, racine identique à celle qu'on remarque dans le latin *secare*, couper, scier; il y a encore *scaoith*.

*Teleu*, volonté, désir; les plus habiles jusqu'ici l'avaient dérivé du grec θέλω, je veux, θέλεμα, volonté : mais pour qu'une semblable dérivation fût admissible pour des gens qui aiment à se rendre compte des choses, il eût été bien de nous montrer une petite succursale de Massalie assise sur les flancs du Cantal, ou au pied du Puy-de-Dôme. Irl. *toil, toilean*, volonté, désir, envie, aux cas obliques *toil* fait *tola, tolaib*.

Voici quelques mots assez remarquables qui se rapportent exclusivement aux langues kymriques.

*Budzada*, lessive, mot que nous avons déjà vu et qui est d'origine armoricaine.

*Eimpela, impela*, enter, greffer (V. languedocien, *impéa*, greffe); br. *imboden, imbouden, ibouden*, ente, greffe, *imbola, ibota*, greffer, ENTER (verbe qui a dû s'écrire autrefois *empter*, car bien certainement il vient du breton; mais sans nos patois, il serait malaisé d'arriver à la certitude sur ce point); en gallois, nous trouvons *imp*, greffe, *impio*, enter, greffer.

*Lossa*, cuillère; br. *loa*, une cuillère; au pluriel *loaïou*; gal. *lhwy*, cuillère.

*Papa*, bouillie d'enfant; br. *pap* ou *papa*, bouillie d'enfant. On dit dans l'Orne : « Cela s'arrange comme du *papin* », c'est-à-dire, cela est facile à manier. C'est sans doute le singulier *papaen*, une petite quantité de bouillie.

*Rognea*, gale; br. *roun*, qui se prononce *rougn*, gale. Lepelletier écrit *rouign*.

*Tschi*, chien : ainsi que dans plusieurs autres patois, tels que le bas-limousin, celui du Jura, le *k*, le *qu* en auvergnat se changent en *tzch, ts, tz*; gal. *ci*, pl. *cwin*, chien, *cies*, chienne; br. *ki*, chien, *kies*, chienne; erse et irl. *co*, pl. *coin*; à Aurillac on dit *co*.

*Tena*, mince : br. *tenaw, teno*, mince, délié, tenu, transparent; gal. *tenau*, maigre, mince, rare, tenu; *tenauder*, ténuité, maigreur; *teneuhau*, atténuer, amincir, raréfier, et s'amincir, se raréfier.

*Souta*, abri; br. *saouddi, saoutti*, étable.

## PATOIS DU DAUPHINÉ.

Le patois du Dauphiné est très-curieux; nous regrettons on ne peut davantage qu'il n'ait pas donné lieu à des travaux plus considérables et plus détaillés. Sans M. Champollion-Figeac, nous eussions été privé de renseignements qui ont une immense valeur relativement au point où est parvenu notre discussion.

*Bacon*, du lard (en Bessin, *bacon*, quartier de lard; lang. et lorrain, *bacon*, lard salé; on sait que les Normands le portèrent en Angleterre); ce mot appartient aux deux idiômes celtiques; gal. *baccwn*, du lard; *bagun, bogun*, en irlandais.

*Bof*, crapaud; irl. *buaf* (passé dans le latin *bufo*), *buafan*, un petit crapaud; *buafadh*, poison, parce que les anciens en attribuaient au crapaud; d'ailleurs, *buafa* signifie serpent; et le latin *bufo* n'a pu se maintenir nulle part, pas même en Italie. En auvergnat *bofa*, serpent.

*Bourel*. Ce mot est indiqué comme appartenant au Dauphiné par Le Duchat, qui prétend, selon l'esprit du temps où il vivait, que ce nom a été donné à la buse, *parce qu'elle est le* bourreau *des oiseaux*. Kym. *bur*, pl. *buriou*, milan, oiseau de proie; br. *burtul*, buse.

*Chala*, petit sentier; irl. *caill*, sentier, d'où probablement le latin *callis*, sentier : le latin est certainement moins antique que le celtique, auquel les Romains eux-mêmes ont reconnu devoir beaucoup de mots. De plus, si les habitants du Dauphiné, autrefois les Allobroges, n'avaient possédé *caill* ou *chala* depuis longtemps, ils auraient eu un autre mot pour exprimer cette idée, et certainement ils n'auraient jamais attendu l'arrivée des Romains pour recevoir d'eux un mot nécessaire à toute langue; *callis*, d'ailleurs, n'est point un de ces mots faciles à populariser, parce qu'ils sont portés par des hommes plus civilisés, plus instruits, aussi bien dans les chaumières que dans les châteaux : la preuve, c'est que ce *callis* ne se trouve dans aucun de nos patois : il n'est pas en français, il n'existe même pas en italien.

*Cortes*, grâce, faveur; irl. *cuirteas*, bonne grâce, civilité, honnêteté, affabilité, COURTOISIE; on trouve aussi *cordadh*, agrément, bonne tenue.

*Crusien*, lampe. C'est une vieille lampe à crochet, qui, dans toutes les parties de la France, porte le même nom plus ou moins altéré. Irl. *cruiscea, cruisgin, cruistin*, lampe; br. *kreusel, kreuseul, kreusol*, pl. *kreuzeliou* ou *kleuzeul*, petite lampe où l'on brûle de l'huile de poisson, et que l'on suspend à la cheminée.

*Coti*, manger, irl. *caithim*, je mange; *coth*, nourriture, mets, aliment.

*Darbi*, dartre; br. *darboed*, dartre; on dit aussi *darvoed*; c'est un nom composé de deux éléments, savoir, *dar*, écoulement, et *boeden*, moëlle, humeur.

*Moda*, partir, c'est un terme kymrique; gal. *mudo*, s'en aller, partir, émigrer, déguerpir; *myned*, aller, s'en aller, partir.

*Noeita*, tort, dommage; gal. *mweid*, tort, injure, dommage.

*Piot*, boisson, vin. On sait que Rabelais affectionnait cette expression; elle est également usitée dans le Maine et une partie de la Normandie, dans le sens de cidre, parce que le cidre est la boisson du pays. En irlandais, *poitaim* veut lire *je bois*, verbe qui se rapproche du grec πόω, je bois, et de πότος, *potus* en latin, boisson. Ce verbe irlandais des dérivés: *poit*, action de boire beaucoup; *poitis* et *boiditz*, ivrognerie, débauche de table; *biotaille*, *biotailla*, boisson enivrante, boisson forte; *poitaim* nous a donné tous les sons pleins de *boire, je bois, bu*. Ici le français a fait le contraire des patois, qui pour la plupart portent *bère*.

*Chougni*, manger. L'armoricain a été suivi pour ce mot. Br. *chaoka*; van. *chagein*, mâcher, triturer; gal. *cegu*, avaler, manger; évidemment verbe dont la racine est *ceg*, gosier. Le sens du breton se rapproche plus du verbe *hiquer*, mais l'orthographe galloise le donne plus facilement.

*Besi*, la mort. Irl. *bas*, *bais* aux cas obliques, la mort; en br. *bez*, pl. *beziou*, tombeau.

## PATOIS DE LA FRANCHE-COMTÉ.

Dans la Franche-Comté, il se trouve un certain nombre de mots gaéliques; mais ils ne sont pas seuls; les kymriques ont peut-être plus multipliés dans le Jura, sans doute à cause de la prédilection des Belges pour les montagnes: celle-ci n'a pu leur échapper.

*Grafougni*, égratigner; br. *krafina*, idem. (Voyez le paragraphe consacré au picard, page 48.)

*Elude*, éclair; en dauphinois, c'est *eilouda*; gal. *aelwdh*, feu, brasier, flammes.

*Epelus*, étincelle. Voilà, sans doute, un mot assez singulier, et il est à remarquer que des nombreux mots employés par les patois pour exprimer cette idée, pas un ne se rapporte au latin: gal. *ufel*, *uvel*, pl. *ufelion*, étincelle, bluette; en breton, c'est *elven*, br. vannetais, *fulen*; ce qui montre à quel point ce mot a été modifié par les divers dialectes.

*Supper*, humer; irl. *sumaim*, j'avale, je hume; *subaim*, je m'abreuve, je m'imbibe; *subh*, jus, brouet, bouillon, soupe; le br. *soupa* est actif, et signifie tremper, imbiber, tremper du pain dans du bouillon; *soupen*, potage, soupe.

*Orvales*, contre-temps, ouragan: en gallois on trouve *ffalm*, coup de vent violent et subit, grand orage, et épouvantable ouragan. Avec l'article *ur* (qui est tel en gallois), on a *ur-falm*, un grand ouragan, un brusque coup de vent. Les marins ont préposé l'article br. *ar* et ont fait de ce mot *rafale* pour *arfall*.

*Miste*, joli, élégant, charmant; br. *mistr*, recherché, propret. La racine est, nous croyons, l'irl. MEAS, mise, dans le sens de grande toilette, mise élégante.

*Plossa*, prune sauvage; dans l'Orne, on dit *blossa*. Les Bas-Normands, très-fiers de leur cidre, qui est, en effet, une boisson excellente, appellent par mépris le petit vin, tel qu'il se récolte dans la Sarthe et la partie méridionale de la Mayenne, *du jus de blosses*. Br. *bolos*, *polos*, prunes communes, *irin-bolos*, prunelle: ce mot est aussi gaélique; pl. *bolos*, prune. La prune des Gaules, la *blosse*, ne valait sans doute pas la prune d'Italie, *prunum*: le latin devait avoir ici l'avantage, le pas; mais il n'a pu entièrement effacer le nom celtique.

*Rache*, gale; br. *rach*, gale: nous ne trouvons point ce mot en gallois, seulement nous apercevons *crach*, même sens, et en gaélique *carradhe*, gale; le breton a donc perdu le *c* ou *k* initial, ce qui a pu se faire aisément à cause de l'article *arcrach*, gale; *ar-rach*, de la gale.

*Rancale*, râle; br. *ronkel*, râle, râlement; *ronkelle*, *ronkenella*, râler.

*Soulie*, grenier: le breton *sôlier* signifie galetas, grenier avec un plancher, plancher; *sôleria*, faire de tels greniers, ménager un bâtiment de manière qu'il y ait des greniers: la racine est *sol*, pl. *soliou*, SOLIVE, poutre; dont on a fait le verbe *solia*, garnir de poutres et de solives. Il est présumable que d'abord *sôlier* s'orthographiait *soliet*, qui est le participe de *solia*, et qui signifie garni de poutres et de solives, ce qui convient au grenier.

*Soulier*, fenil sur un étable: c'est une variante du mot précédent.

*Botta*, soulier; br. *botez*, pl. *botou*, soulier ou plutôt chaussure en général; *botez-koat* (chaussure de bois), sabot; gal. *botas*, chaussure, soulier; ce mot est aussi gaélique: c'est de là que nous vient BOTTE. Il est remarquable que le franc-comtois ait retenu plutôt le sens primitif qu'adopté la signification moderne.

*Billon*, grosse pièce de bois; en gal. *pill*, tronc, souche; *pitlwydh*, billot, une portion d'un tronc d'arbre; br. *pill* ou *bill*, grosse pièce de bois courte et équarrie.

Notre pérégrination a été longue et pénible pour nous, elle aura paru horriblement fatigante au lecteur; nous le craignons du moins; cependant nous ne regrettons nullement de l'avoir entreprise. Jusqu'ici on a dit aux hommes, les traitant en peuple conquis, qu'ils étaient, les uns des Basques, les autres des Phéniciens, ceux-ci des Grecs, ceux-là des Germains: répudiant à bon droit une méthode si peu digne d'hommes instruits, si peu conforme aux sentiments qu'on puise au sein d'une civilisation avancée, nous avons dû prendre le parti d'interroger les peuples, de leur demander qui ils étaient, quelles langues parlaient leurs ascendants.

Nous avons fait plus. Dans la crainte de les embarrasser, nous les avons invités avec douceur à répondre dans le dialecte qu'ils ont appris à parler dès leur enfance: nous avons infiniment à nous en applaudir; car, si leurs souvenirs sont confus et leurs traditions fort embrouillées, les termes qu'ils emploient dans leurs naïves conversations nous ont révélé ce que nous tenions tant à connaître, de vivants débris des langues qui ont eu cours, avec des fortunes diverses, sur toute l'étendue du territoire français. Parmi ces débris, ceux qui ont dû fixer notre attention d'une manière particulière, ce sont ceux des langues celtiques, et cela pour plusieurs raisons :

1° Parce qu'ils sont les plus intéressants, les plus nombreux, et les plus importants sous le rapport historique;

2° Parce qu'ils nous permettent, au moyen des divers dialectes, de saisir les phases successives de plusieurs mots français dont nous parvenons ainsi à connaître l'histoire et à saisir la véritable étymologie;

3° Enfin, parce qu'ils nous ont donné moyen d'établir que les langues celtiques n'étaient pas mortes et perdues sans retour; et qu'ils nous ont ainsi ouvert une mine abondante d'où nous pourrons tirer, presqu'à coup sûr, les étymologies de presque tous les mots qui ne se rapportent pas au latin.

Nous regrettons vivement qu'il ne nous ait pas été donné de nous étendre davantage; ces regrets cependant sont adoucis par l'espoir de traiter un jour la matière *ex professo*, et aussi par la persuasion où nous sommes que, pour ceux qui nous auront suivi avec une attention soutenue, la question des origines de la Langue française, ne sera plus un mystère inexplicable.

Mais pendant que nous ne songeons qu'à remonter la chaîne des temps et à renouer, au moyen de rapprochements philologiques, les fils de l'histoire si souvent brisés, nous touchons, sans nous en douter, à une question d'un autre ordre et d'un intérêt présent. Nous retrouvons avec bonheur des frères nombreux et braves qui dès longtemps nous tendent la main, en disant : « Et nous aussi, nous sommes Gaulois et nos pères autrefois ont habité votre pays. » Que ce soit là une précieuse découverte à une époque où la France a été menacée d'un isolement complet, c'est une chose que nous laissons aux diplomates à décider. Toujours est-il que désormais les Bretons, presqu'humiliés d'appartenir à la France, s'y attacheront sans arrière-pensée et sans retour. C'est à l'avenir à révéler si les Gallois, si religieux à conserver leur vieille langue et à défendre les usages de leurs ancêtres, pourront un jour retrouver une indépendance dont ils sont dignes; si les Irlandais, qui pendant plusieurs siècles nous ont envoyé des légions de missionnaires, et qui ont toujours voulu avoir au milieu de nous des établissements d'instruction religieuse (1), se réveilleront un jour et pourront sortir de l'état d'oppression où ils gémissent; si les Écossais, plus favorablement traités, oublieront à tout jamais les relations amicales qu'ils entretenaient jadis avec la France, relations qui ont pu tenir aux alliances de certaines maisons, mais qui s'appuyaient aussi sur les antiques traditions qui veulent que les Gaëls ne soient pas étrangers à ceux qui habitent les anciennes Gaules.

Si nous sommes assez heureux pour resserrer les liens de confraternité entre tous les enfants de la France (2) et trouver à notre patrie des peuples amis et des alliés naturels, nous voulons encore lui rendre une gloire dont on cherche depuis quelques années à la dépouiller.

D'où est émané ce noble sentiment d'abnégation de soi et de dévouement complet à la faiblesse opprimée, à l'innocence persécutée, sentiment qui s'est converti en institution au moyen-âge? Tout le monde y a reconnu une inspiration du Christianisme. Néanmoins comme à aucune autre époque une aussi admirable manifestation ne s'était faite avec autant de force et d'énergie, il a bien fallu chercher une cause secondaire. Hé bien, ces excellents Français, qui veulent que nous devions aux Allemands une portion considérable de notre langue, prétendent aussi que nous leur sommes redevables de ce bienfait. La noble et glorieuse institution de la chevalerie nous vient de la Germanie; cela n'est nullement douteux pour les fanatiques de l'Edda et du Nibelungen. Cependant, lorsqu'il fut question de se dévouer pour assurer le Saint-Tombeau contre les profanations des mécréants, et surtout, car c'était là le véritable but des croisades, pour affranchir les pieux pélerins des honteuses et cruelles avanies auxquelles ils étaient journellement exposés, de quel point du monde partit ce cri sublime, poussé par tout un peuple : *Partons, Dieu le veut! Dieu le veut!* Est-ce de la Germanie, répondez? Et lorsque, tout récemment, la Pologne, qui avait eu le tort de ne point entrer assez docilement dans l'esprit de servitude qu'on voulait lui inculquer, a poussé un cri de détresse, où donc s'en est-on ému, et qui a recueilli les malheureux proscrits? Sans doute le pays aux sentiments chevaleresques; mais ce pays n'est point au-delà du Rhin, il est en-deçà. Allez, si la France eût été à proximité de ce peuple infortuné comme l'était l'Allemagne, la Pologne eût conservé son indépendance, ou la France elle-même eût succombé. De tels prodiges ne sont pas chose nouvelle dans ce pays qu'on appelle tantôt Gaule, tantôt France. « Quand les Gaulois se trouvent en grand nombre dans une ville, nous rapporte Diodore de « Sicile, et qu'on apprend qu'un peuple a été opprimé par ses voisins, ou qu'une nation est accablée par de cruels

---

(1) Aujourd'hui encore, il y a à Paris le séminaire des Irlandais, placé sous la protection de la France.

(2) Non-seulement la Bretagne regardait, il n'y a que quelques années, sa dépendance de la France comme une espèce de servitude, mais les provinces du Midi ont eu des velléités d'affranchissement : pendant la révolution, il ne tint à rien qu'un schisme funeste n'éclatât entre le Nord et le Midi; c'est que les habitants du Midi croyaient, et cette erreur dure encore, qu'ils étaient une autre espèce d'hommes que nous; on entendait dire à Aix, à Marseille, à Nîmes, à Toulouse : *Vos Français ont fait..... Vous autres Français, vous dites...* Nous espérons que ces vieux restes de discorde vont à jamais disparaître, et que les enfants de la même famille resteront indissolublement unis.

« tyrans, tous manifestent la plus vive indignation ; et, s'il se trouve là un capitaine pour les conduire, ils volent à la
« défense des opprimés, sans calculer ni la distance, ni les périls. » Tels étaient les Gaulois, tels sont les Français ; et
nous ne souffrirons pas qu'une gloire achetée au prix de tant de sacrifices, qu'une gloire unique dans les temps anciens
et dans les temps modernes, qu'une gloire si pure soit ravie à nos compatriotes ; nous ne souffrirons pas que la plus
belle couronne de la France lui soit arrachée par des enfants ingrats ou égarés !

## II.

*Video meliora proboque, deteriora sequor.*
**OVIDE.**

Quelles sont les principales améliorations à apporter au Dictionnaire de l'Académie ?

Nous posons franchement et loyalement la question ; car dans la discussion il faut de la netteté et de la bonne foi.
Cependant on tomberait dans une erreur fâcheuse, si on venait nous accuser d'intentions hostiles envers l'Académie, sur
la simple position de la question, et par suite d'une interprétation peu réfléchie de notre épigraphe. Loin de nous la pensée de combattre systématiquement qui que ce puisse être ; nous préserve le ciel surtout de jamais attaquer sans motif
un corps aussi respectable que l'Académie française ! Nous protestons de toute notre vénération pour elle : son autorité
est grande, elle pourrait être tutélaire ; et certes ce n'est pas nous qui chercherons à l'affaiblir. Pour qu'on n'en doute
pas, montrons tout d'abord que notre vœu le plus sincère et le plus ardent est de nous laisser docilement conduire par
cette éminente compagnie.

On l'a depuis longtemps reconnu, et c'est aujourd'hui une vérité acquise à l'expérience : quelque parfaits que soient
les hommes, il est toujours plus prudent et plus sûr de suivre leurs conseils que leurs exemples. Il vaut donc beaucoup
mieux s'attacher à réaliser l'idée qu'on a, à l'Académie, d'un Dictionnaire complet de la Langue française, que de chercher
à imiter et à reproduire le travail qui a été publié sous son nom. Or, de quelle manière l'Académie a-t-elle compris un
vocabulaire qui serait vraiment digne d'être offert au public ? le voici : « Définitions, étymologies, citations textuelles,
voilà ce qu'on demande au glossaire complet d'une langue. » Vous vous attendez, d'après cette déclaration, à trouver
dans l'œuvre académique avec chaque mot son étymologie : ouvrez le *Dictionnaire* de l'Académie, il ne s'y trouve pas
une étymologie : *mais au moins les citations textuelles*, direz-vous ? Il n'y a pas une citation dans le Dictionnaire de
l'Académie.

Ainsi, d'un côté, en théorie, on convient que les étymologies sont une des trois conditions essentielles d'un bon ouvrage
de lexicographie ; et de l'autre, dans la pratique, on se garde bien d'indiquer d'où viennent les mots qu'on passe en revue : dès-lors l'Académie nous paraît reconnaître elle-même, avouer assez ouvertement, que son vocabulaire est incomplet et demande de nombreuses améliorations, ou plutôt une réforme radicale quant à la partie étymologique, qui a été
absolument omise : *Video meliora...deteriora sequor.* Et, sans aucun doute, elle ne s'est si clairement expliquée que
dans le désir de provoquer, en dehors de son action, des travaux de nature à combler cette immense lacune. Nous avons
dû répondre à son appel.

Mais, nous dira-t-on, les académiciens de nos jours ne font que ce qu'ont fait leurs devanciers, qui ont défini les termes
de la Langue française sans remonter à la source d'où ils pouvaient provenir. Qu'importe, répondrons-nous, que les premiers Quarante aient ou n'aient pas donné les étymologies : ayant tant à faire, tant à recueillir, ayant tout à créer pour
ainsi dire, le temps a pu leur manquer pour une étude qui exige des recherches infinies. De nos jours, nous le demandons
aux hommes de bonne foi, a-t-on une excuse légitime à alléguer ? Plus de cent cinquante ans n'ont pas suffi pour réunir les éléments nécessaires afin de combler une lacune immense, que l'Académie elle-même confesse ?

Que voulez-vous ? fut-il rien d'aussi incertain, d'aussi futile que les étymologies, à commencer par celles de Platon,
pour arriver à Ménage, et même descendre un peu plus bas ? Qu'est-ce que ces rapprochements forcés, ces misérables
subtilités, ces puérils jeux d'esprit, ou, pour mieux dire, ces incroyables extravagances ?

Mais vraiment, parce qu'il n'y a rien au monde de si absurde qui n'ait été avancé par quelque philosophe, a-t-on renoncé
à l'étude de la philosophie ? Parce qu'Aristote et ses prédécesseurs, ainsi que tous les philosophes du moyen-âge, ont dit
des millions d'absurdités sur la matière, sur les corps, sur la nature, a-t-on cessé de demander à la nature ses secrets ?
Au contraire, à force d'observations et d'expériences, n'a-t-on pas su porter un peu d'ordre et des principes certains
dans les sciences naturelles ? N'a-t-on pas su trouver les bases principales de la chimie, tracer les lois de la physique ?
Et de ce que de faibles génies et des esprits superficiels n'ont point réussi dans leurs investigations philologiques, et ont
souvent fait violence au bon sens et insulté à la raison par leurs prétentions ridicules et leurs scandaleuses affirmations,

vous tirerez cette conséquence extrême, qu'il faut désespérer de la science étymologique? Non, non, vous n'oseriez : vous savez bien que, si vous aviez cette imprudence, mille cris improbateurs éclateraient autour de vous.

Qu'est-il donc arrivé?

L'Académie, pour éviter une contradiction par trop choquante entre ses paroles et ses actions, s'est vue forcée de subtiliser à son tour sur les étymologies, et elle a fini par se persuader que de bonnes définitions pouvaient en tenir lieu, et cela, après avoir déclaré préalablement (1) qu'il y avait impossibilité dans bien des cas d'arriver à de bonnes définitions. Tenir un tel langage, ce n'est pas seulement tourner dans un cercle vicieux, c'est encore n'échapper à une contradiction que par une nouvelle contradiction : dénouement qui n'est pas des plus heureux.

Mais, avant d'en venir là, l'Académie avait, qu'on nous passe l'expression, escarmouché avec assez d'habileté; et, mêlant les questions fort ingénieusement et de manière à faire illusion aux lecteurs inattentifs ou peu pénétrants, elle avait su passer des langues dérivées, telle qu'est la nôtre, aux langues mères ou primitives. Mais sur ce terrain nouveau elle ne nous paraît pas mieux à son aise, ni plus sûre de ce qu'elle avance. Voyons plutôt.

« Ce dialogue de Platon (il s'agit du Cratyle), tout semé des jeux de l'esprit grec, n'en renferme pas moins une vérité fine et profonde, qui se retrouve dans toutes les langues, qui peut s'appliquer à la nôtre, et qui touche en même temps aux éléments primitifs du langage et à la perfection de l'art : cette vérité, c'est que les mots, dans l'origine, ne sont pas imposés arbitrairement, mais déterminés par un secret rapport avec la chose qu'ils expriment. C'est pour cela que le peuple fait les langues sous l'action d'une loi commune, modifiée par les climats et les races; et par cette même cause, une langue se gâte, lorsque les mots conventionnels et sans liaison avec le caractère des choses se multiplient à l'excès, et qu'un faux art couvre et altère ce fonds d'expressions musicales et vraies données par la nature. » . . . . . . .

. . . . . . . . . « Le caractère primitif des langues est de faire entendre, autant qu'il se peut, l'objet et l'idée par le son; et ce caractère leur est si essentiel qu'il persiste à toutes les époques. Évidemment la parole a été d'abord figurative, comme plus tard l'écriture. Mais la représentation de chaque objet par le dessin était un mode presque impraticable, auquel ont dû succéder bientôt l'esquisse tronquée, puis les traits de convention, aussi nombreux que les mots, puis enfin la sublime invention de l'alphabet. La langue figurative, au contraire, celle qui peint par le son, est restée la force et la vie de tout langage humain; et l'esprit de l'homme n'y renonce jamais. »

« Ce rapport du son à l'objet n'est point borné à quelques cas, où il nous frappe par une forte onomatopée. On le retrouve partout, dans les mots composés de notre langue, comme dans les dérivés des langues étrangères, pour l'expression des idées, comme pour celle des choses. Il est, à quelques égards, la première étymologie des mots. Ce n'est pas seulement par imitation du grec βρέμειν, ou du latin *fremere*, que nous avons fait le mot *frémir*; mais par le rapport du son avec l'émotion exprimée. *Horreur, terreur, doux, suave, rugir, soupirer, pesant, léger*, ne viennent pas seulement pour nous du latin, mais du sens intime qui les a reconnus et adoptés, comme analogues à l'expression de l'objet. On peut assurer qu'une affinité du même genre se produit partout à divers degrés, et sauf quelques variétés profondes de la constitution humaine et du climat, un certain ordre d'articulations est, en général, affecté aux mêmes sensations. Voilà ce que Platon avait entrevu dans le Cratyle, par l'analyse des éléments mêmes du son, du toucher et de la voix. Avec les seuls exemples des mots grecs, il indiquait comme naturelle et nécessaire une analogie retrouvée depuis dans tant d'idiômes qu'il ignorait, ou qui n'existaient pas encore. »

Ce passage est fort curieux; car, pour peu qu'on ne se paie pas de mots, pour peu qu'on ait su se prémunir contre les chants trompeurs des Sirènes, il montre surabondamment combien, dans le monde de l'érudition et de la littérature, on est éloigné de la méthode sévère, de la critique rigoureuse qui, dans le siècle dernier et de nos jours, a porté si haut les sciences naturelles. Là, on en est encore à l'*horreur du vide*, et l'on ne paraît pas même avoir fait assez de progrès pour savoir jusqu'à quel degré s'étend cette horreur. A l'Académie on en est encore, à ce qu'il semble, à Court de Gebelin, quand on quitte Ménage; et, quand on ne suppose pas des mots qui n'ont jamais existé, on invoque l'harmonie imitative, qui n'a pas plus de réalité, et qui d'ailleurs n'explique rien.

L'harmonie imitative ! En théorie, et sans avoir étudié ni comparé un certain nombre de langues réputées fort anciennes, et qui relativement sont des langues mères, on serait porté à accorder beaucoup à l'imitation des choses par le langage : mais il faut bien vite renoncer à cette donnée trompeuse, pour peu qu'on avance en linguistique. En effet, si l'harmonie imitative était quelque chose, elle se ferait surtout sentir dans les termes consacrés à la désignation des ani-

---

(1) Voici le passage dont nous voulons parler. « Définitions, étymologies, citations textuelles, voilà ce qu'on demande au glossaire complet d'une langue. Mais, pour le premier point, la chose est impossible ; et c'est pour cela qu'elle est d'ordinaire si mal remplie. Il y a beaucoup de mots qu'on ne saurait définir, parce qu'on ne peut les interpréter par une idée plus claire que celle qu'ils portent avec eux......De même pour une foule d'autres mots qui tiennent à la racine même de nos connaissances, et qui nous sont intelligibles par la lumière naturelle : nous pouvons les traduire, les sous-interpréter, les décrire en quelque sorte ; mais nous ne les définissons pas, ou nous risquons de tomber dans une classification arbitraire qui changera, ou dans une dénomination vague qui ne dit rien. »

maux et à l'expression de leurs cris : or, tous les mots de ce genre diffèrent étrangement entre eux dans les langues mêmes qui, sous d'autres rapports, ont de fort nombreuses affinités. Ainsi, dans la grande famille des langues indo-européennes, on remarque une divergence extraordinaire dans cet ordre d'idées, tandis que pour des choses tout-à-fait indifférentes il se trouve une admirable conformité d'expressions. Que devient alors *cette vérité fine et profonde* que l'on croyait avoir aperçue dans le Cratyle de Platon? Pourquoi lui faire honneur d'avoir *indiqué comme naturelle et nécessaire une analogie retrouvée depuis dans tant d'idiômes qu'il ignorait ou qui n'existaient pas encore?*

Pour les langues, comme pour les sciences naturelles, les théories rêvées dans le cabinet et arrangées avec plus ou moins d'art, sont impuissantes et ne font qu'égarer même les meilleurs esprits : il n'y a de ressources que dans l'observation lente et patiente des faits, dans l'examen le plus approfondi qu'il est possible, dans les comparaisons les plus étendues.

L'Académie a trouvé tout aussi facilement moyen de se débarrasser des citations textuelles, dont elle avait reconnu et proclamé elle-même la nécessité. Comme c'est un tour de force non moins étonnant que le premier, il peut paraître curieux de voir avec quelle adresse singulière et quel art merveilleux on en est venu à bout.

« L'Académie fut opiniâtre à les rejeter (les citations textuelles). *Le Dictionnaire*, disait-elle en 1694, *a été commencé et achevé dans le siècle le plus florissant de la Langue française; et c'est pour cela qu'il ne cite point, parce que plusieurs de nos plus célèbres orateurs et de nos grands poètes y ont travaillé, et qu'on a cru devoir s'en tenir à leur sentiment.* Le même raisonnement se renouvela sans doute avec les changements de l'Académie, et servit pour les éditions suivantes. Il n'est pas besoin de dire les objections qu'on y a faites : insuffisance d'un Dictionnaire ainsi conçu, sécheresse d'exemples formés de phrases communes ou proverbiales, manque presque absolu des acceptions oratoires et poétiques. Bien que ces défauts aient été, en grande partie, prévenus ou corrigés, et que toutes les formes essentielles du langage aient successivement passé dans le Dictionnaire, on ne peut nier que l'autre méthode ne soit plus instructive, plus curieuse, plus agréable aux lecteurs, s'il y a des lecteurs de Dictionnaires. Mais elle n'est pas, dans l'application, aussi simple et aussi sûre qu'on le croit. Il y aura toujours une extrême difficulté à poser la limite entre l'emploi même le plus étendu des ressources de la langue et les saillies particulières de la passion et du genre des écrivains. L'idée d'un tel recueil, sous la forme de *Lexique* ou d'*Index*, se retrouve au déclin de toutes les langues; et elle n'est propre souvent qu'à favoriser le retour à l'*archaïsme*, qui est une des phases et une des formes de ce déclin. »

Comme ce qui suit n'est que le développement de ce que nous venons de rapporter, nous le supprimons; d'ailleurs nous pourrons y revenir dans la suite. Nous avons eu beau lire et relire la dernière phrase, il nous a été impossible de la comprendre. Plus on cherche à approfondir le raisonnement de l'Académie, plus on est convaincu qu'il n'est pas très-serré. Il est difficile même de se rendre compte de ce qu'elle a voulu dire.

Nous ne voyons pas de liaison nécessaire entre citer des phrases prises dans nos écrivains et faciliter le retour aux archaïsmes (1); l'un n'entraîne certainement pas l'autre. Est-ce que pour le français, présentement en usage et entendu de tous, on ira fatalement, forcément, demander des autorités au seizième, au quatorzième ou même au douzième siècle ? Jamais nous ne soupçonnerons d'un tel travers l'Académie en corps, pas même le dernier de ses membres.

Si la crainte d'une pareille méprise est chimérique, et même, il faut le dire, ridicule, qu'a prétendu l'Académie? Il nous est impossible de le deviner. Le moyen de soupçonner que si un vocabulaire contenait des phrases extraites de La Bruyère, de Bossuet, de Fénelon, de Massillon, de Bourdaloue, de Corneille, de Racine, de Boileau, de Fontenelle, de Voltaire, de Rousseau, de Montesquieu, de Buffon, nous serions conduits à l'archaïsme! Est-ce qu'il nous faut des *index* particuliers pour lire et entendre ces grands poètes, ces admirables prosateurs? La Langue française est-elle aujourd'hui autre que ne l'ont faite ces immortels génies? Et en quoi l'usage de citations textuelles, empruntées à des chefs-d'œuvre qui font notre orgueil, pourrait-il précipiter la décadence de la Langue française? C'est que, nous répond-on, « loin de fixer et de retenir l'usage, un Dictionnaire ainsi conçu, excellent pour l'histoire de la langue, en rend pour le

<hr>

(1) Il semble pourtant qu'on a voulu faire allusion à ce qui s'est passé chez les Romains ; mais à Rome il n'y avait pas de Dictionnaires semblables aux nôtres. Les recueils en petit nombre qui s'y trouvaient, offrent à peine quelques traits de ressemblance avec ce qui a été fait depuis. Après tout, la langue latine, privée d'une sauve-garde que la langue française trouve dans l'Académie, était exposée à tant de causes de corruption, qu'il lui était impossible d'y résister longtemps et de se maintenir pure au milieu d'une atmosphère empestée. Notre langue, parlée, non par quelques centaines de citoyens, mais par de nombreuses populations, recherchée, affectionnée par de nombreux étrangers, qui s'étudient à se la rendre familière, non par nécessité (elle ne leur est pas imposée), mais par goût, par plaisir, par vanité même; fixée depuis longtemps et maintenue par une autorité grande à la vérité, mais qui le serait beaucoup plus si elle n'affaiblissait elle-même son influence; trouvant dans le bon sens de la nation et le goût public un secours puissant et des garanties fort au-dessus de l'ascendant que l'Académie sait si bien revendiquer, et que nous ne voulons pas lui disputer, est dans des conditions incomparablement meilleures; et elle n'est pas menacée sérieusement d'une ruine prochaine. Ce qui doit rassurer tout le monde sur ce point, c'est l'admiration vive et profonde des grands maîtres du langage français, dont nous sommes fiers à bon droit, et que les étrangers nous apprendraient au besoin à vénérer; ils ont élevé si haut notre idiôme, ils l'ont mis en si grand honneur, qu'il sera désormais l'objet d'une sorte de culte, et qu'on regardera comme sacrilège et impie toute tentative qui aurait pour but de lui ôter cette grandeur, cette noblesse, cette douceur et cette grâce, cette harmonie, cette perfection, en un mot, qu'il a su atteindre dans les deux derniers siècles. Quant à nous, nous sommes pleins de confiance pour l'avenir; il y a chez nous trop de patriotisme pour que nous laissions périr un de nos plus beaux titres de gloire.

goût les applications indécises et illimitées ; car si , comme le remarque Cicéron , il n'est rien de si absurde qui n'ait été dit par quelque philosophe, il n'est rien en fait de langage de si étrange qui ne se trouve dans quelque écrivain, même estimé. » Quelles sont donc ces étrangetés épouvantables qui se rencontrent dans les écrivains dont nous avons cité les noms, ou dans ceux qui ne sont placés qu'au second ou même au troisième rang ? D'ailleurs, en admettant qu'il y ait des singularités, des expressions surannées, en petit nombre cependant, dans Corneille et dans La Fontaine, par exemple, qui supposera soit aux membres de l'Académie, soit à tout autre homme qui entreprendra de faire un Dictionnaire, assez peu de discernement et de sagesse pour qu'il soit à craindre que de telles incorrections, que ces damnés archaïsmes ne paraissent dans le Lexique, et qu'ils ne fixent la préférence de ceux qui en feront usage ? De semblables terreurs nous paraissent un tant soit peu imaginaires ; et il ne serait pas impossible que l'on n'eût tant exagéré les dangers d'une chose reconnue bonne en principe, que parce que l'Académie n'en pouvait procurer les avantages.

Nous ne craignons pas qu'un académicien, ni même qu'un lexicographe de la foule aille citer comme modèles :

C'est à vous, mon esprit, *à qui* je veux parler.
Et je ne vois que vous qui le *puisse* arrêter.
Ce n'est pas moi qui *se ferait* prier.
*Il est toujours tout juste et tout bon* ; mais sa grâce
Ne descend pas toujours avec même efficace.


Maître baudet , tirez-vous de l'esprit
Une vanité si folle :
Ce n'est pas vous , c'est l'idole
A qui cet honneur se rend
Et *que* la gloire en est due.


Au contraire, les grammairiens et les lexicographes sont impitoyables pour les fautes de français, et rien ne les arrête toutes les fois qu'il s'agit d'en faire remarquer quelqu'une. Plus le nom de l'auteur est grand et vénéré, plus leur amour-propre est flatté de le trouver en défaut : il faut redouter de leur part bien plus un excès de zèle qu'une tiédeur ou une timidité blâmable. Par suite de cette disposition, ils cherchent avec ardeur des phrases incorrectes, même dans nos écrivains les plus parfaits, et c'est pour eux une très vive satisfaction que d'en faire voir les imperfections et les défauts. Pourvu que cette manie ne soit pas poussée jusqu'à une sorte de fureur, c'est un procédé utile ; car si les hommes d'un incontestable talent n'ont pas toujours respecté la langue, s'ils n'en ont pas toujours observé les règles, ni connu les finesses, il est salutaire d'avertir les jeunes gens que, pour écrire avec pureté, il faut prendre de très sérieuses précautions.

Tout homme en prenant la plume tremblera, sachant que nos plus admirables modèles laissent quelquefois à désirer, et même qu'ils donnent prise à la critique. Nous sommes donc forcé de convenir que l'usage des citations textuelles offre des avantages réels , avantages dont sont privés ceux qui lisent ou consultent le Dictionnaire de l'Académie. L'Académie non-seulement ne cite personne, mais soit oubli, soit système, elle a négligé jusqu'ici de mentionner les mauvaises manières de s'exprimer, les fautes les plus ordinaires dans des cas faciles à prévoir. C'est, suivant nous, un mal ; car un Dictionnaire est fait pour apprendre à bien parler : or, on ne peut atteindre ce but qu'en corrigeant de leurs défauts ceux qui en ont contracté avant d'avoir recours au livre classique. Tel homme , sans jamais s'en être rendu compte, dira *se rappeler d'une chose*, parce que *se rappeler* est à peu près synonyme de *se souvenir*, et qu'on suppose qu'il peut s'employer de la même manière ; et l'on dit, tout le monde le sait, *se souvenir d'une chose*. Si, instituteur intelligent, vous lui faites voir qu'il se trompe, il se corrige d'abord ; puis, bourgeois gentilhomme, il reprend autour de lui quiconque parle aussi mal qu'il faisait par le passé : et de proche en proche, les mauvaises locutions sont signalées et finissent par disparaître. Mais que par un dédaigneux silence vous omettiez toutes ces petites misères , ces minutieuses bagatelles, ces insipides observations, personne ne se corrige et l'erreur se propage. Ces frivoles remarques ne nous échapperont point dans l'occasion, et autant que possible, pour rendre la leçon et plus piquante et plus profitable, nous mettrons en avant un exemple puisé chez un auteur de quelque renom ; non pour la vaine satisfaction de faire lourdement preuve de savoir, mais afin de contribuer au progrès et de faire pénétrer l'instruction dans les derniers rangs du peuple, si faire se peut.

Mais après tout, s'il y a péril à donner force citations, à présenter des exemples puisés dans nos meilleurs écrivains, admettra-t-on qu'il n'y ait aucun inconvénient à remplir de gros volumes de bouts de phrases qui ne signifient rien ? Et si les rédacteurs sont distraits ou peu instruits, qu'arrivera-t-il ? Il arrivera probablement ce que l'Académie n'a pu éviter, malgré tous ses soins, malgré des efforts *réels et positifs*, c'est qu'au lieu de passages incorrects ou mal écrits, ou remplis de mots tombés en désuétude, on indiquera des locutions vicieuses, de barbares solécismes, de choquantes incorrections. Pour faire voir que nous ne parlons pas en l'air, nous nous contenterons de citer une phrase de l'Académie, donnée en exemple, ce qui est une circonstance aggravante :

« Les spectres *qu'*on croit *qui* apparaissent. »

L'Académie ressemble donc un peu aux simples mortels; et *la crainte d'un danger la jette dans un pire.*

Ajoutons encore quelques citations, afin de mieux savoir à quoi nous en tenir sur cette question.

«Isaïe nous peint si vivement l'homme de douleurs frappé pour nos péchés et défiguré comme un lépreux.» Boss.

C'est bien quelque chose qu'une citation pareille, ne fût-ce que parce qu'on y trouve une admirable expression empruntée aux livres saints et familière aux grands prédicateurs, *l'homme de douleurs.* Comme l'Académie systématiquement ne cite personne, il n'est pas extraordinaire que de telles expressions lui échappent; et c'est peut-être un peu la faute de l'Académie, si notre langue va s'appauvrissant.

«Pour faire voir que le juste a une autre gloire, un autre repos, enfin un autre bonheur que celui qu'on peut avoir sur la terre.» Bossuet.

Voilà une belle pensée, exprimée d'une manière heureuse et en termes qui dénotent un maître : c'est donc un exemple qu'on peut citer sans crainte, et qui remplacera avantageusement un lieu commun. On y trouvera de plus une manière assez piquante d'employer *autre*, laquelle ne se fait remarquer que par son absence dans le dictionnaire classique.

«Que les saletés des dieux, la Vénus, le Ganymède, et les autres nudités du Carache aient été faites pour des princes de l'église qui se disent successeurs des apôtres, le palais Farnèse en est la preuve. » La Bruyère.

Rien de plus ordinaire ni de mieux connu que ces tours qu'on peut diversifier beaucoup et qui font un bel effet dans la prose française. La conjonction *que* en est la base, et elle peut se prêter à un grand nombre de combinaisons analogues. Un certain nombre d'exemples est donc indispensable soit pour faire comprendre nos écrivains à ceux qui savent peu notre langue, soit pour indiquer à qui de droit les ressources du style.

Un je ne sais quel trouble empoisonne ma vie.

L'Académie indique *empoisonner l'existence*, la remplir d'amertume; *la crainte empoisonne les plaisirs*, leur ôte tout leur charme : au lieu de *crainte* Corneille nous donne *trouble* qui peut se dire aussi; nous lui devons en outre *empoisonne ma vie*, locution non indiquée dans l'Académie.

De nos desseins souvent il rompt tous les ressorts.

Cherchez *ressort* dans tous les Dictionnaires et vous serez bien heureux si vous y pouvez découvrir quelque chose qui mette sur la voie des expressions du grand poète.

« Les grands en toutes choses se forment et se moulent sur de plus grands. »

Voilà une de ces observations précieuses qui abondent dans les écrits de ce profond moraliste qu'on appelle La Bruyère. Ces expressions sont simples, naturelles, énergiques, et il faudrait, ce nous semble, une vue bien perçante pour y découvrir quelque malencontreux archaïsme. Une semblable citation a donc quelque prix; quand ce ne serait que pour rappeler à tout le monde qu'on peut dire *se mouler sur quelqu'un*, chose que l'Académie par exception a négligé de nous apprendre.

Mais à me tourmenter ma crainte est trop subtile. Racine.

Il nous semble que ce vers n'est pas seulement irréprochable, mais qu'il est beau; cela vaut toujours mieux qu'un exemple insignifiant. On y voit de plus *subtile* employé pour ingénieux; voilà un synonyme que les écrivains, et surtout les poètes, sauront apprécier; enfin *subtile* a un complément, ce qui est d'autant plus utile à savoir que l'Académie n'a pas pris soin de nous en avertir.

De ce couple perfide<br>J'avais presque oublié l'attentat parricide. Racine.

*Parricide* est bien mentionné comme adjectif, mais on ne le trouve joint qu'à deux noms dans les exemples donnés par l'Académie : *dessein parricide, main parricide* : il n'est pas inutile aux poètes, et même aux orateurs, de savoir que *attentat parricide* peut se dire de l'action d'un fils dénaturé qui veut arracher la vie à celui de qui il la tient, mais encore d'un complot formé contre un prince, regardé comme le père de la patrie.

> Mais plus prompt que l'éclair, le passé nous échappe.

Ici encore, outre l'avantage de rappeler une belle pensée et de citer un vers qui vaut cent phrases banales, on aurait été assez heureux pour indiquer une légère nuance qui a échappé à l'Académie. On trouve *prompt comme un éclair*, *comme l'éclair*; mais *plus prompt que l'éclair*, tour auquel cependant nous n'attachons pas une extrême importance, n'est point dans son recueil.

« Un homme joue et se ruine : il marie néanmoins l'aînée de ses filles de ce qu'il a pu sauver des mains d'un Ambreville. La Bruyère.

Nous ne voulons faire remarquer que l'article *un* que nous mettons quelquefois devant un nom propre : C'est *un Cicéron*, *un Alexandre*, *un Caton*. Dans ces exemples et dans d'autres semblables, où il y a une métonymie, l'article *un* ne présente aucune nuance défavorable, au contraire; mais dans les phrases où le nom propre se trouve employé sans figure, comme dans le passage de La Bruyère, l'article *un* n'est là que pour exprimer le dédain, le dégoût ou l'horreur qu'inspire la personne dont on parle. Voilà une de ces mille ressources que possède notre langue pour exprimer facilement, énergiquement ce que l'on pense, ce que l'on sent : il ne tient pas à l'Académie que nous ne perdions une partie de ces richesses : comme elle ne veut citer personne et qu'elle ne pense pas à tout, elle omet de mentionner des tours heureux, des nuances délicates, des locutions énergiques et particulières dont notre langue emprunte un de ses plus grands mérites.

Tout le monde admire cet incomparable vers de La Fontaine :

> Et la grâce plus belle encor que la beauté.

Eut-il défiguré l'œuvre de MM. de l'Académie? Ne valait-il pas du moins autant que ce qu'ils nous ont donné : *La grâce touche plus que la beauté*.

« L'on ne voit point faire de vœux ni de pélérinages pour obtenir d'un saint d'avoir l'esprit plus doux, l'âme plus reconnaissante, d'être plus équitable et moins malfaisant. » La Bruyère.

Il y a dans ce court passage une bien haute moralité, et la manière dont elle est présentée ne saurait, sauf erreur, déparer le plus beau des dictionnaires. Il s'y trouve autre chose encore, une manière de s'exprimer que l'Académie n'a pas plus remarquée que tant d'autres : *Pour obtenir* d'avoir *l'esprit plus doux* (1).

Ces exemples, quoique en petit nombre, prouvent suffisamment que les citations textuelles, loin de donner lieu à tous les inconvénients que l'Académie s'est plu à accumuler, présentent au contraire des avantages si peu douteux, que nous n'hésitons pas à les adopter. Nous ne désespérons pas même, que l'Académie en voyant des articles de philologie acquérir un degré d'intérêt qu'ils ne devront qu'à Racine, à La Fontaine, à Bossuet, à Fénelon, à Montesquieu, etc., ne dise un jour, par comparaison à ces paragraphes insipides dont ses colonnes sont remplies : *video meliora*, voilà quelque chose de mieux, non que ce que j'ai conçu (2), mais que ce que j'ai fait, et comme nous tenons infiniment au jugement de cet illustre corps, notre ambition serait pleinement satisfaite, s'il daignait ajouter : *proboque*.

Quoi qu'il en soit, il nous paraît à peu près indubitable qu'après le nôtre, aucun Dictionnaire, un peu considérable, ne

_______

(1) Voici encore quelques exemples que nous donnons sans commentaires, pour abréger; nous soulignons ce qui est important pour la question qui nous occupe.

« Son père a pu déroger ou *par la charrue*, ou *par la houe*, ou *par la malle*, ou *par les livrées*. »

« Les grands renoncent volontiers à toutes les *rubriques* d'honneurs et de distinctions dont leur condition se trouve chargée. »

« Le *devoir* des juges est de rendre la justice, leur *métier* de la différer. »

« L'essai et l'apprentissage d'un jeune adolescent qui passe de la férule à la pourpre ............ est de décider souverainement des *vies* et des *fortunes* des hommes. » La Bruyère.

> Des biens passagers
> « Que troublent les soucis, que suivent les dangers ;
> « La mort nous les ravit, la fortune *s'en joue*,
> « Aujourd'hui sur le trône, et demain *dans la boue*;
> « Et leur plus haut éclat fait tant de mécontents
> « Que peu de vos Césars en ont joui longtemps. » Corneille.

« Dans quelque prévention où l'on puisse être sur ce qui doit suivre la mort, *c'est une chose* bien sérieuse *que de mourir*; » où est incorrect; la langue demande *que*.

(2) La théorie de l'Académie est excellente, comme nous l'avons remarqué.

se pourra plus publier sans citations textuelles, et que l'Académie elle-même, s'il lui venait à l'esprit de refaire encore une fois le sien, ne s'en pourrait passer.

Continuons de signaler encore quelques défectuosités dans un ouvrage que tout le monde voudrait trouver parfait.

On a souvent reproché à l'Académie de ne pas user de son autorité, nous allions dire, de son droit, pour réformer des locutions évidemment contraires à l'analogie. L'Académie a répondu qu'elle ne pouvait rien sur des choses consacrées par un long et constant usage, ce législateur tyrannique des langues.

Quem penes arbitrium est et jus et norma loquendi. HORACE.

Nous approuvons fort cette réponse ; une compagnie composée d'hommes éminents n'en pouvait faire d'autre. Mais lorsque l'usage n'est nullement établi, lorsqu'il a en quelque sorte abdiqué, et qu'une bizarrerie choquante existe entre les écrivains, l'Académie ne devrait-elle pas user de sa prérogative pour faire triompher le bon sens et la raison, mettre un terme à cette espèce d'anarchie ? Pourquoi donc ne l'a-t-elle pas fait dans l'occurrence ?

Si jamais belle occasion se présenta pour faire preuve de sagesse, et de haute raison et imposer silence à ses innombrables accusateurs, c'est quand l'Académie a eu, dans la révision de son Dictionnaire, à s'occuper des noms composés, l'écueil des écrivains les plus judicieux, sujet d'interminables discussions dans nos écoles, l'effroi de tous les grammairiens. Là dessus rien d'établi d'avance, pas même un semblant d'usage ; par conséquent liberté entière, complète, d'autant plus que les esprits fatigués de disputer sans fin, révoltés d'un tel désordre, étaient tout prêts à accepter, presque les yeux fermés, une règle quelconque. L'Académie sans doute en a donné une, c'était son droit, son devoir, son intérêt : pas du tout ; et, loin delà, elle a pris soin de se mettre en contradiction flagrante avec elle-même. Lisez plutôt :

CASSE-NOISETTE, petit instrument avec lequel on casse des noisettes.

COUVRE-PIED, sorte de couverture qui ne s'étend que sur une partie du lit, et qui sert à couvrir les pieds.

CURE-DENT, petit instrument avec lequel on se cure les dents, on se les nettoie.

GOBE-MOUCHES, oiseau qui se nourrit de mouches.

PORTE-MOUCHETTES, plateau de métal où l'on met les mouchettes.

SERRE-PAPIERS, arrière-cabinet où l'on serre des papiers…. Petit meuble de marbre ou de plomb qu'on pose sur les papiers d'un bureau pour les empêcher de se disperser. DICT. *de l'Acad.*, 6ᵉ *édit.*

Demandez à l'Académie pourquoi elle écrit : *Un gobe-mouches* avec la marque du pluriel pour mouches : c'est, dira-t-elle, ( du moins nous ne voyons que cette raison à donner ), c'est que un *gobe-mouches* est un oiseau qui saisit, qui gobe *les mouches* ; mouches emporte ici l'idée de pluralité, et partant il doit prendre la marque du pluriel. Nous supposons, pour aller plus vite, que le même principe sera invoqué pour *porte-mouchettes* et *serre-papiers* ; mais continuerez-vous, et *casse-noisette*, et *cure-dent*, et *couvre-pied*! Est-ce pour casser *une noisette, une seule noisette*, qu'on achète un *casse-noisette* ? *un cure-dent* ne peut-il curer ou nettoyer qu'*une dent* ? Est-ce pour couvrir *un seul pied* qu'on fait faire, qu'on met sur son lit un *couvre-pied* ? L'Académie tient peut-être en réserve une excellente explication de ces contradictions au moins apparentes ; mais il nous est absolument impossible de la pressentir, de la deviner : dans ce cas le plus sûr est de nous abstenir. En attendant il nous sera permis, ou nous nous trompons fort, d'écrire un *casse-noisettes*, un *cure-dents*, un *couvre-pieds* : et, si par impossible on nous refusait cette faculté, nous tiendrions au moins à orthographier de la même manière tous ces noms composés, puisqu'ils ne forment pas deux catégories différentes.

L'Académie a longtemps hésité à admettre *préciser* dans son recueil ; plusieurs de ses membres le condamnaient encore naguère, et reprochaient assez aigrement à un jeune écrivain de grande espérance d'avoir employé une expression reprouvée. Qu'ont-ils gagné à tout cela ? rien du tout, sinon une éclatante défaite. *Préciser* était un mot naturellement français ; aussi a-t-il brisé toutes les résistances, si bien que MM. de l'Académie eux-mêmes se sont vus contraints de l'enregistrer ; et celui auquel on ne pardonnait pas de s'en être servi, vient d'être reçu membre de l'Académie, qui a fait une bonne acquisition en ouvrant ses rangs à un homme d'un rare mérite et dont le goût égale le talent.

Qui, en écrivant, en parlant en public, ne dit *infranchissable*, mot qu'il faudrait créer peut-être, s'il n'existait déjà ? L'Académie ne lui a point encore donné ses lettres de créance. C'est peut-être une omission involontaire ; car *infranchissable* ne sent en aucune manière le néologisme, auquel l'Académie résiste avec grande raison, selon nous, puisque c'est le fléau des langues. Le *Complément* a comblé la lacune laissée par l'Académie.

Le *Complément* a pris soin aussi de rétablir *élucider*, que l'Académie avait ou oublié ou proscrit. Nous applaudissons à cette réparation tardive et peut-être incomplète. Ce verbe, qui est loin d'être nouveau, va très bien avec son dérivé *élucidation*, et il paraît indispensable pour les cours et les traités : aussi pas un professeur ne s'en fait faute.

On ne peut songer à tout : et les auteurs du Complément étant hommes aussi bien que les Académiciens, avaient bien

aussi le droit de sommeiller quelque fois. Ils en ont usé ; et ces courageux investigateurs qui vont au bout du monde chercher le mot le plus baroque et le plus inutile, n'ont pas aperçu INEXPLORÉ, si nécessaire à ceux qui font des rapports à la
Société de Géographie, non moins indispensable aux voyageurs et aux journalistes, français enfin et à telles enseignes,
qu'aucun ministre, fût-il de l'Académie française, ne s'est jamais fait scrupule de l'écrire ou de le prononcer.

Parmi les mots que l'Académie veut bien admettre, il s'en trouve plusieurs qui ne sont pas convenablement expliqués.
Voici de quelle manière *faussaire* est exposé :

FAUSSAIRE, substantif masculin. *Celui qui est coupable de faux.* Mais si une femme se rend *coupable de faux*, est-ce
que le mot de *faussaire* ne pourra pas lui être appliqué ? Nous le pensons, n'en déplaise à l'Académie.

> Combien y trouve-t-on d'impudentes faussaires ?　　BOILEAU.

*Fanfan* n'a pas été, selon nous, plus heureusement traité par l'Académie.

FANFAN, substantif masculin. *Terme familier dont les mères et les nourrices se servent quelquefois en caressant leurs
enfants.*

Nous ne croyons pas que, pour employer ce terme familier, il soit absolument nécessaire d'être mère ou nourrice ;
nous ne savons même si, comme *enfant*, dont il est synonyme, il n'est pas tout aussi bien féminin que masculin.

> Ma pauvre fanfan, pouponne de mon âme.　　MOLIÈRE.

Il y a plusieurs manières d'être incomplet : on ne l'est pas seulement en omettant des mots importants ou en les expliquant mal ; on l'est encore, on l'est surtout en négligeant d'indiquer les nuances utiles à connaître, souvent si difficiles à
saisir.

Déjà, quand nous traitions des citations textuelles, nous avons signalé plusieurs manières de s'exprimer, très-fran-
çaises, familières à nos bons écrivains, et que cependant l'Académie ne mentionne pas. Avant d'arriver à quelques faits
nouveaux, qui feront assez voir que nous n'avançons rien à la légère, nous croyons devoir rapporter un nouveau passage
de la préface à laquelle nous en avons emprunté plusieurs, qui montrera combien on est même à l'Académie, ingénieux
à se faire illusion.

Il n'est pas nécessaire de dire que nous trouvons très-justes les premières lignes de ce passage :

« Ce n'est pas ici le lieu de retracer les espérances actuelles de notre belle langue. . . . . . . . . . . . . . . . . . .
. . . . . . . . . . . . . . . il nous suffit que la langue, instrument de la pensée française, ne soit jusqu'à ce jour ni
impuissante ni fausse, et que la magnificence, la mélodie, la précision, la gravité qu'elle peut encore atteindre soient
attestées par des exemples que citera l'avenir. Mais ce qui augmente la gloire de la littérature, ajoute rarement au vocabulaire ; et les changements, les accroissements, que le besoin et l'usage ont consacrés dans notre langue depuis quarante
ans, ne sont pas, à tout prendre, fort nombreux. Ce n'est pas à les constater et à les réunir que se borne la révision aujour-
d'hui publiée par l'Académie. Les hommes qui ont tour à tour dirigé cette œuvre de patience et d'analyse ont porté plus
loin leurs recherches, et ont recommencé pour le passé l'examen attentif de la langue. Rien n'a été négligé pour en
épurer et en compléter le recueil. Les mots ont été expliqués avec plus d'étendue, dans toutes les variétés de leur sens ;
les exemples de locutions et de phrases multipliés avec choix, et empruntés à toutes les nuances du langage écrit. »

Nous ne sommes pas obligés de partager cette confiance de l'Académie ; et dans ce qui précède nous avons donné à
entendre qu'elle était peu fondée.

Ce que nous allons ajouter ne sera pas de nature à nous mettre en contradiction avec nous-même.

Le verbe *avoir* présente bien des acceptions, et il a donné lieu à de longs développements dans le Dictionnaire de
l'Académie, développements auxquels nous ne trouvons rien à redire, sinon qu'ils sont incomplets ; et si l'on oublie
quelque chose dans un vocabulaire, c'est presque toujours ce qu'il y a de plus curieux et de plus essentiel.

Ce verbe donne lieu à une construction particulière, qui ne se rencontre peut-être que dans notre langue : c'est un
tour qui est très-français et qui n'est que français. Raison de plus pour le faire connaître.

On dit tous les jours : *Par suite de cette chute il a eu un bras, ou les deux bras cassés, une jambe démise ; à cette bataille
notre camarade eut la tête emportée d'un coup de canon.*

> Jupin en a bientôt la cervelle rompue :
> Donnez-nous, dit ce peuple, un roi qui se remue.　　LAFONTAINE.
> Le reveille-matin (le coq) eut la gorge coupée.　　　*Id.*

On lit dans une lettre de Turenne :

> M. de Coëtlogon..... eut son chapeau et tous ses cheveux coupés à coups d'épée.

Il ne se trouve rien de tout cela dans l'article de l'Académie, qui est cependant assez long ; rien ne peut même mettre sur la voie de cette singulière construction du verbe *avoir*. C'est une de ces trop nombreuses lacunes, qui ne seront comblées que quand l'Académie aura créé dans son sein une section de grammaire et de philologie.

Rien de plus commun ni de plus conforme au génie de notre langue que l'emploi de la préposition *en*, dans le sens de *comme* ; l'Académie ne s'en est pas souvenue, il est presque inutile de le remarquer.

> Ils ne s'attendaient pas, lorsqu'ils nous virent naître,
> Qu'un jour Domitius me dût parler en maître.　　**Racine.**

> Il fallut pour cet an vivre en mère affligée.　　**La Fontaine.**

> Il fut comme accablé de ce sanglant outrage ;
> Mais bientôt il le prit en homme de courage,
> En galant homme. . . . . . . .　　*Id.*

> Comment veux-tu que l'on te traite ? — En roi.　　**Racine.**

En père aussi tendre que sage, il lui représentait les horreurs de ces sortes d'engagements. **Bourd.** Je vous dirai franchement et en ami, que le mariage n'est pas votre fait. **Mol.** Croyez-vous que ce nous soit une gloire d'être sortis d'un sang noble, lorsque nous vivons en infâmes ? *Id.*

> Puisque entre humains vous vivez en vrais loups.　　*Id.*

La justice est rigoureuse en diable contre cette sorte de crime. *Id.*

> Un ânier, son sceptre à la main,
> Menait, en empereur romain,
> Deux coursiers à longues oreilles.　　**La Fontaine.**

Dans les langues modernes, langues essentiellement analytiques, les particules, les prépositions, sont de la plus haute importance, et souvent elles donnent lieu à des tours particuliers qu'il importe d'autant plus d'exposer, que ces tours varient selon les idiomes et le génie des peuples : et assurément, s'il est une chose qui ne se devine pas, et qui ait besoin même d'explication, ce sont les idiotismes ; ceux qui sont particuliers à la langue française, les gallicismes, présentent souvent de sérieuses difficultés. Raison de plus pour les mentionner avec soin et les rendre faciles à saisir par la multiplicité des exemples. On fait tout le contraire la plupart du temps ; et loin de s'étendre dans l'occasion et d'entrer dans quelques développements, on trouve plus simple de n'en rien dire du tout ; c'est un nouveau reproche qu'on peut adresser à l'Académie, qui n'est pas plus irréprochable pour l'article *de* que pour l'article *en*.

En effet, *de* est souvent parasite et purement explétif ; il ne sert qu'à rendre l'expression plus saillante : *Quel scélérat d'homme ! Ah ! pendarde de femme ! Un drôle de particulier, Une drôle d'affaire, Quel drôle de tour ! Un vieux barbon de père, Ce fou de Caligula,* se disent à chaque instant et sans qu'on y pense.

Elle vit sous la conduite d'une bonne femme de mère qui est presque toujours malade. **Mol.** Je ne me plais point à voir ce chien de boiteux. **Mol.** Cette chienne de coupe, que deviendra-t-elle ? qu'il n'en soit plus parlé. **La Font.** Regardez l'honnête homme de père que vous avez reçu du ciel. **Mol.**

> Ah ! bourreau de Destin, vous en aurez menti ! **Mol.**
> C'était un saint homme de chat. **La Font.**

Ce tour, qui est des plus piquants, qui est tout empreint du génie français, semble pourtant remonter aux Latins, qui disaient : *Scelus viri, monstrum mulieris ; Crime d'homme, monstre de femme.* Si nous substituons *scélérat d'homme* à *crime d'homme, monstre de femme* est tout-à-fait conforme au génie de notre langue.

*De* donne lieu à une autre manière de s'exprimer qui n'a pas non plus fixé l'attention de l'Académie : en voici quelques exemples :

De quoi voulez-vous que je vous entretienne ? *de* vous dire qu'il fait ici le plus beau temps du monde, vous ne vous en mettez guère en peine ; *de* vous..... **Rac.** .... Mais *de* n'oser de la fable employer la figure.... C'est d'un scrupule vain s'alarmer sottement. **Boil.**

> Mais à l'ambition d'opposer la prudence,
> C'est aux prélats de cour prêcher la résidence. Boil.

Il n'est peut-être pas un mot plus important, d'un usage plus fréquent et plus varié que le mot *chose* en français. L'emploi d'un tel mot doit singulièrement embarrasser les étrangers et tous ceux qui n'ont point été élevés à parler français. Et, d'autre part, toutes les fois que ce mot est placé d'une manière juste et convenable, il donne à la phrase nous ne savons quelle allure naturelle et dégagée, qui n'est pas sans charme. Comment se fait-il que l'Académie ait traité cet article d'une façon si sèche, si incomplète? Pourquoi si peu d'exemples, lorsqu'il fallait les multiplier en quelque sorte outre mesure? Car tout ce qui est exceptionnel dans une langue mérite une attention particulière et des développements étendus. On les a omis, sans doute parce qu'ils exigeaient des recherches et de longues méditations.

Une des beautés, un des plus grands avantages des langues synthétiques, et en particulier du grec et du latin, c'est de pouvoir, en prenant le genre neutre de l'adjectif, obtenir autant de noms abstraits qu'on le désire. Cette facilité ajoute aux ressources du style.

Les langues modernes, nous désignons celles du Midi principalement, bien que formées en grande partie de la langue latine, sous le rapport littéraire, sont loin de présenter en cela la même flexibilité : ce n'est que dans des cas assez rares qu'une telle latitude est donnée à l'écrivain. Le français y supplée par l'addition du mot *chose*, qui peut, comme nos articles, se répéter des milliers de fois, sans fatigue ni monotonie.

Ce n'est pas une chose peu étonnante, qu'une des plus fortes villes de Flandre ait été emportée d'assaut en moins d'une heure. Rac. N'est-ce pas une chose terrible, une chose qui crie vengeance au ciel, que d'endurer qu'on dise : *la forme d'un chapeau?* Mol. Ce serait une plaisante chose, si les malades guérissaient et qu'on vînt m'en remercier ! *Id.*

> Certes, c'est une chose indigne, lâche, infâme,
> De s'abaisser ainsi jusqu'à trahir son âme !     Mol.

Oh ! l'étrange chose que d'avoir affaire à des bêtes ! *Id.* Elle sera religieuse, c'est une chose résolue. *Id.* La parure est la chose qui réjouit le plus les filles. *Id.*

L'éducation des enfants est une chose à quoi il faut s'attacher fortement. Mol.

Dans presque toutes ces phrases le mot *chose* eût pu, à la rigueur, se supprimer sans détruire le sens, mais non sans affaiblir le charme, la facilité et l'heureux abandon qu'on y remarque.

Nos écrivains vont beaucoup plus loin, et au lieu de :

*Le jugement de M. Lysidas est considérable*, ils disent : Le jugement de M. Lysidas est quelque chose de considérable. Mol.

Au lieu de : *Le monde, chère Agnès, est bien étrange*,
On lit :

> Le monde, chère Agnès, est une étrange chose.     Molière.

Puis : Avouez que c'est une méchante chose que cette comédie. Mol. Le mariage est une chose sainte et sacrée. *Id.*

Phrases qui semblent calquées sur les suivantes :

*Modus omnibus in rebus, soror, optimum est habitu.* Plaute. La mesure en tout, ma sœur, est une excellente chose à observer.

*Ut mihi concessisti, turpitudo pejus est quam dolor.* Cic. Comme vous me l'avez accordé, l'infamie est chose pire que la souffrance.

*Insanabile ad hosce annos rabidi canis morsus.* Pl. La morsure d'un chien enragé a été jusqu'à ces dernières années quelque chose d'incurable.

*Deforme sub armis vana superstitio.* Sil. It. Une vaine superstition sous les armes est quelque chose de monstrueux.

Et comme les Latins disaient :

> *Triste* senex miles, *triste* senilis amor.     Ov.
> *Variam* et *mutabile* semper-fœmina.     Virg.
> *Triste* lupus stabulis, maturis frugibus umbræ,
> Arboribus venti, nobis amaryllidis iræ.     Virg.

Molière a dit avec la même hardiesse et la même énergie :

Un grand seigneur méchant homme est une horrible chose.

N'est-il pas regrettable que l'Académie, pour son parti pris de ne rien citer, se soit privée d'une instruction aussi utile, et qu'elle ait laissé une lacune aussi considérable ?

Une des choses qui arrêtent le plus souvent l'écrivain, c'est de savoir s'il peut, dans un grand nombre de noms, user du pluriel comme du singulier.

Le devoir du lexicographe est donc d'indiquer avec soin les circonstances où un nom donné peut se dire au pluriel.

L'Académie s'est bien gardée de se donner tant de peine, trouvant peut-être la tâche trop difficile.

Dans toutes les premières éditions, l'Académie n'avait fait aucune mention de *profondeur* au pluriel. Elle se contente, dans la dernière, de donner *les profondeurs de l'âme* : c'est insuffisant, selon nous, et si l'on prétendait indiquer par un seul exemple que l'on peut dire *les profondeurs* dans presque tous les cas possibles, l'exemple est mal choisi.

Il est assez remarquable que l'Académie, qui se ferait scrupule de citer qui que ce soit, n'a trouvé ce pluriel que grâce à une citation qui a dû se faire au moins au sein de la commission : car il n'est pas douteux que celui qui a ajouté *les profondeurs de l'âme*, avait sous les yeux ou dans la mémoire ce passage de Laharpe :

Tacite jeta des lueurs affreuses dans les profondeurs de l'âme des tyrans.

Bien que la phrase du Quintilien français vaille mieux que ce qu'il y a dans l'Académie, ce n'est cependant pas là le plus ordinaire, le meilleur emploi de ce pluriel. M. de Châteaubriand s'en est, selon nous, plus heureusement et plus judicieusement servi :

Le mystère et la religion semblent résider éternellement dans leurs profondeurs (*des bois*) sacrées. Et plus loin : Dans les sacrées profondeurs du tabernacle.

C'est que M. de Châteaubriand s'est toujours inspiré des admirables écrivains du grand siècle, qui, ainsi qu'on s'en aperçoit, surtout en lisant Bossuet et La Bruyère, connaissaient la valeur d'un mot mis à sa place, sans ignorer que le pluriel relevait une expression commune et donnait à la phrase plus de vivacité et d'énergie. On trouve dans Bossuet :

L'apôtre entrant dans les profondeurs des conseils de Dieu.

Et La Bruyère s'en est tout aussi habilement servi. Enfin Voltaire, à une époque où de telles hardiesses étaient plus rares, a dit aussi d'une manière fort heureuse et fort juste :

Les profondeurs de la politique.

Nous ne nous lasserons point de le répéter : c'est au dix-septième siècle qu'on a connu à fond toutes les ressources, toutes les délicatesses de notre langue : c'est donc dans les écrivains de cette heureuse époque qu'il faut continuellement puiser, pour les révéler à ceux qui les ignorent. L'Académie, en rejetant cette étude, expose, malgré sa prétention d'être classique, notre langue à s'appauvrir de plus en plus. Que dirait-elle de ce qui suit, elle qui ne reconnaît pas de pluriel à *fierté* ?

> Oui, je me suis sauvé de toutes vos fiertés.
> Et l'on n'est plus au temps de ces nobles fiertés,
> Que....

Condamnerait-elle Molière ? Elle hésiterait peut-être. Quant à nous, nous croyons qu'on peut d'autant moins lui faire son procès, que le singulier n'eût pas rendu le moins du monde ce que notre immortel comique voulait exprimer.

*Fierté*, quand il exprime une qualité permanente, quand c'est un des traits saillants du caractère d'une personne, ne peut se dire au pluriel, c'est incontestable ; mais s'il est question de manières arrogantes, qu'on se permet à l'égard d'une personne qu'un aveugle et vif attachement retient dans une sorte de servitude, de l'air dédaigneux avec lequel on l'aborde toutes les fois qu'à tort ou avec raison on veut avoir à s'en plaindre, du ton leste et tranchant avec lequel on lui parle dans ces occasions, il en est tout autrement ; *fiertés*, expression pleine de justesse, signifie *des actes de fierté*.

Il en est ainsi d'une foule d'autres noms, sur lesquels l'Académie ne trouve jamais rien à dire, et que nous passons nous-même pour ne pas trop multiplier ces remarques. Qu'il nous soit néanmoins permis d'ajouter l'exemple suivant :

Les sévérités de son père me feront prendre la résolution de..... Moi.

Nous nous arrêtons par pure lassitude ; que nous servirait-il de continuer? Nous augmenterions de plusieurs feuilles cette introduction déjà trop longue, que nous n'épuiserions pas le sujet, tant il est fécond. D'ailleurs notre but est atteint, si ces remarques suffisent pour montrer qu'il reste beaucoup à faire après l'Académie, même depuis qu'elle a refait pour la sixième fois son travail. Ce qui ne veut pas dire pourtant, ainsi que des esprits chagrins et malveillants l'ont prétendu, que cette dernière édition n'ajoute rien aux précédentes : il s'y trouve au contraire de très-notables et très-nombreuses améliorations ; et nous le répétons avec plaisir en terminant.

R. LEUDIÈRE.

# ALPHABET GREC.

| FIGURES DES LETTRES. | NOMS DES LETTRES GRECQUES. | NOMS EN FRANÇAIS. | VALEUR LITTÉRALE. | VALEUR NUMÉRIQUE. |
|---|---|---|---|---|
| A, α. | Αλφα. | Alpha. | a. | 1 |
| B, β, ϐ. | Βητα. | Bêta. | b, v. | 2 |
| Γ, γ, ϝ. | Γαμμα. | Gamma. | g. | 3 |
| Δ, δ. | Δελτα. | Delta. | d. | 4 |
| Ε, ε. | Επσιλον. | Epsilon. | e bref. | 5 |
| Ζ, ζ. | Ζητα. | Dzéta. | z. | 7   6 στ. |
| Η, η. | Ητα. | Éta. | ê, i. | 8 |
| Θ, θ. | Θητα. | Thêta. | th. | 9 |
| Ι, ι. | Ιωτα. | Iota. | i. | 10 |
| Κ, χ. | Καππα. | Kappa. | k, c. | 20 |
| Λ, λ. | Λαμϐδα. | Lambda. | l. | 30 |
| Μ, μ. | Μυ. | Mu. | m. | 40 |
| Ν, ν. | Νυ. | Nu. | n. | 50 |
| Ξ, ξ. | Ξι. | Xi. | x. | 60 |
| Ο, ο. | Ομιχρον. | Omicron. | o bref. | 70 |
| Π, π. | Πι. | Pi. | p. | 80 |
| Ρ, ρ. | Ρω. | Rho. | r. | 100 |
| Σ, σ, ς. | Σιγμα. | Sigma. | s. | 200 |
| Τ, τ. | Ταυ. | Tau. | t. | 300 |
| Υ, υ. | Υπσιλον. | Upsilon. | u. | 400 |
| Φ, φ. | Φι. | Phi. | ph. | 500 |
| Χ, χ. | Χι. | Chi. | ch. | 600 |
| Ψ, ψ. | Ψι. | Psi. | ps, bs. | 700 |
| Ω, ω. | Ωμεγα. | Oméga. | ô long. | 800 |

## LISTE DES PRINCIPALES ABRÉVIATIONS POUR CE QUI CONCERNE LES ÉTYMOLOGIES.

| | | | | | |
|---|---|---|---|---|---|
| abl. | ablatif. | dér. | dérivé, dérivés. | Mén. | Ménage. |
| acc. | accusatif. | dim. | diminutif. | | |
| aff. | affixe. | dor. | dorien. | n. | nom, neutre. |
| afg. | afghan. | | | norm. | normand. |
| all. | allemand. | éol. | éolien. | norm. a. | normand anglais. |
| ang. | anglais. | ers. | erse. | | |
| ang.-s. | anglo-saxon. | esc. | escarienne (langue). | oss. | ossite. |
| ara. | arabe. | esp. | espagnol. | | |
| ara.-p. | arabe-persan. | | | p. des v. | patois des Vosges. |
| arm. | arménien. | flam. | flamand. | part. | particule, participe. |
| armo. | armoricain. | fr.-com. | franc-comtois. | pers. | persan. |
| augm. | augmentatif, tive. | | | pic. | picard. |
| auv. | auvergnat. | g. | génitif, genre. | préf. | préfixe. |
| | | gal. | gallois. | prép. | préposition. |
| bay. | bayonnais. | gaél. | gaélique. | priv. | privatif. |
| b.-br. | bas-breton. | germ. | germanique. | prov. | provençal. |
| b.-lim. | bas-limousin. | goth. | gothique. | | |
| b.-norm. | bas-normand. | gr. | grec, grecque. | rac. | racine, radical. |
| b.-van. | breton vannetais. | gr. m. | grec moderne. | roum. | roumanche. |
| bas. basq. | basque. | | | | |
| bes. | bessin. | héb. | hébreu. | sém. | sémitique. |
| boh. | bohême (de slave). | hol. | hollandais. | sla. slav. | slave. |
| bourg. | bourguignon. | hong. | hongrois. | suff. | suffixe. |
| br. | breton. | | | syr. | syriaque. |
| | | ib. | ibérien. | | |
| chal. | chaldéen. | illy. | illyrien (dialecte slave). | teut. | teuton, teutonique. |
| comp. | composé. | irl. | irlandais. | tud. | tudesque. |
| conj. | conjugaison. | ita. | italien. | | |
| cop. | copte. | | | van. | vannetais. |
| | | kym. | kymrique. | | |
| d. dat. | datif. | | | | |
| daup. | patois du Dauphiné. | lat. | latin. | | |
| déc. | déclinaison. | lor. | lorrain. | | |

## AUTEURS CITÉS DONT LE NOM EST EN ABRÉGÉ.

| | |
|---|---|
| D'ABLAN. | D'ABLANCOURT. |
| ACA. ACAD. | ACADÉMIE. |
| D'AGUES. | D'AGUESSEAU. |
| D'ALEM. | D'ALEMBERT. |
| ANDR. | ANDRIEUX. |
| | |
| BART. | BARTHÉLEMY. |
| BÉRAN. | BÉRANGER. |
| BEAUM. | BEAUMARCHAIS. |
| BEAUZ. | BEAUZÉE. |
| B. ou BERN. DE ST.-P. | BERNARDIN DE ST.-PIERRE. |
| BOIL. | BOILEAU. |
| BOISR. | BOISROBERT. |
| BOSS. | BOSSUET. |
| BOUH. | BOUHOURS. |
| BOURD. | BOURDALOUE. |
| BOURS. | BOURSAUT. |
| BRÉB. | BRÉBEUF. |
| BUFF. | BUFFON. |
| B.-RAB. | BUSSY-RABUTIN. |
| | |
| CHAP. | CHAPELLE. |
| CHAT. ou CHATEAU. | CHATEAUBRIAND. |
| CHÉN. | CHÉNIER. |
| CONDIL. | CONDILLAC. |
| CORN. | CORNEILLE. |
| CRÉB. | CRÉBILLON. |
| C. D'HARL. | COLIN D'HARLEVILLE. |
| | |
| DANC. | DANCOURT. |
| DAUN. | DAUNOU. |
| DEL. | DELILLE. |
| DÉSAU. | DÉSAUGIERS. |
| DESC. | DESCARTES. |
| DEST. | DESTOUCHES. |
| DID. | DIDEROT. |
| DOR. | DORAT. |
| DUB. | DUBOS. |
| DUFR. | DUFRESNY. |
| DUP. | DUPATY. |
| | |
| ÉVREM. | SAINT-ÉVREMONT. |
| FAV. | FAVART. |
| FÉN. | FÉNELON. |
| FÉRA. | FÉRANT. |
| FÉRAU. | FÉRAUD. |
| FLÉC. | FLÉCHIER. |
| FLOR. | FLORIAN. |
| FONT. | FONTANES. |
| FONTE. | FONTENELLE. |
| FRÉ. | FRÉRON. |
| FURE. | FURETIÈRE. |
| | |
| GING. | GINGUENÉ. |
| GIR. | GIRARD. |
| GRES. | GRESSET. |
| | |
| LA BR. | LA BRUYÈRE. |
| LACÉ. | LACÉPÈDE. |
| LA FON. | LA FONTAINE. |
| LA HAR. | LA HARPE. |
| LAMAR. | LAMARTINE. |
| LA ROC. | LA ROCHEFOUCAULD. |
| LEFRANC DE P. | LEFRANC DE POMPIGNAN. |
| LEM. | LEMERCIER. |
| LES. | LESAGE. |
| | |
| MAD. COT. | MAD. COTTIN. |
| M. DE MAIN. | MADAME DE MAINTENON. |
| MALH. | MALHERBE. |
| MALL. | MALLEBRANCHE. |
| MAR. | MARIVAUX. |
| MARM. | MARMONTEL. |
| MASC. | MASCARON. |
| MASS. | MASSILLON. |
| MAUR. | MAURY. |
| MIRA. | MIRABEAU. |
| MOL. | MOLIÈRE. |
| MONTF. | MONTFLEURY. |
| MONT. | MONTESQUIEU. |
| | |
| NIC. | NICOLE. |
| | |
| PASC. | PASCAL. |
| PALIS. | PALISSOT. |
| | |
| RAC. | RACINE. |
| L. RAC. | LOUIS RACINE. |
| REGN. | REGNARD. |
| RETZ. | CARDINAL DE RETZ. |
| RIVA. | RIVAROL. |
| ROLL. | ROLLIN. |
| ROUC. | ROUCHER. |
| RONS. | RONSARD. |
| ROUS. | ROUSSEAU (J.-J.). |
| J.-B. ROUS. | JEAN-BAPTISTE ROUSSEAU. |
| | |
| SCAR. | SCARRON. |
| SENL. | SENLÈQUE. |
| SÉV. | MADAME DE SÉVIGNÉ. |
| ST.-SIM. | SAINT-SIMON. |
| | |
| VAUV. | VAUVENARGUES. |
| VILL. | VILLEMAIN. |
| VOLT. | VOLTAIRE. |
| VOIT. | VOITURE. |
| VOLN. | VOLNEY. |

## LISTE DES ABRÉVIATIONS EMPLOYÉES DANS CE DICTIONNAIRE.

| | | | | | |
|---|---|---|---|---|---|
| a. | actif. | celt. | celtique. | ext. | extension. |
| abl. | ablatif. | chanc. | chancellerie. | | |
| abr. abrég. | abrégé. | chand. | chandelier. | f. | féminin. |
| abrév. | abréviatif, abréviation. | chang. | change. | fab. | fable, fabuleux. |
| abs. | absolu, absolument. | chap. | chapellerie. | fabr. | fabrique. |
| abus. | abusivement. | charc. | charcuterie. | fam. | familier, lière, familièrement. |
| Acad. | Académie. | charp. | charpenterie. | fauc. | fauconnerie. |
| acar. | acarides. | char. | charonnerie. | féod. | féodalité. |
| acc. | accusatif. | chas. | chasse. | fig. | figuré, figurément. |
| adj. | adjectif. | chem. d. f. | chemin de fer. | fin. | finances. |
| adj. des 2 g. | adjectif des deux genres. | chev. | chevalerie, chevaleresque. | fluv. | fluviale. |
| adm, admin. | administration, administratif. | chim. | chimie. | fond. | fonderie. |
| admir. | admiration, admiratif. | chin. | chinois, chinoise. | fort. | fortification. |
| adv. | adverbe, adverbial, adverbiale-ment. | chir. | chirurgie, chirurgical. | fr. | France, français, çaise. |
| | | chron. | chronologie. | f.-maç. | franc-maçonnerie. |
| afr. | afrique, africain. | Cie | compagnie. | fréq. | fréquentatif. |
| agri. | agriculture. | com. | commerce. | fut. | futur. |
| agron. | agronome, agronomie. | comm. | communauté. | | |
| alch. | alchimie. | commu. | commune, communal. | g. | genre. |
| alg. | algèbre, algébrique. | comp. | composé. | gall. | gallicisme. |
| amé. | américain. | compar. | comparaison, comparatif. | gén. | génitif. |
| anal. | analogie. | compl. | complément. | génér. | général, le. |
| ana. | anatomie. | conchyl. | conchyliologie. | généa. | généalogie. |
| anc. | ancien, ancienne. | conf. | confiserie. | géog. | géographie. |
| ang. | anglais. | conj. | conjonction, conjonctif, tive. | géol. | géologie. |
| ann. | annélides. | conjug. | conjugaison. | géom. | géométrie. |
| ant. | antique, antiquités. | cons. | consonne. | germ. | germanique. |
| ant. | antérieur, antérieurement. | const. | construction. | glos. | glossaire. |
| anth. | anthologie. | cord. | cordier. | gr. | grec, grecque. |
| aor. | aoriste. | cordon. | cordonnier. | gram. | grammaire. |
| ar. | are, ares. | corr. | corroyeur. | grav. | gravure. |
| ar. | arabe, arabesque. | cout. | coutume, couturière. | gymn. | gymnastique. |
| arach. | arachnées, arachnidées. | crim. | criminel. | | |
| archéol. | archéologie. | crist. | cristallographie. | héb. | hébreu, hébraïque. |
| archit. | architecture. | crit. | critique. | hect. | hectare. |
| arith. | arithmétique. | couv. | couvreur. | hectol. | hectolitre. |
| art vét. | art vétérinaire. | | | hér. | héroïque. |
| arron. | arrondissement. | dat. | datif. | herm. | hermétique. |
| art. | article. | dép. | département. | hist. | histoire. |
| art c. ou a. cul. | art culinaire. | dév. | dévotion. | hist. anc. | histoire ancienne. |
| artil. | artillerie. | dict. | dictionnaire. | hist. mod. | histoire moderne. |
| asc. | ascétisme, ascétique. | didact. | didactique. | hist. nat. | histoire naturelle. |
| astr. | astronomie. | dim. | diminutif. | horl. | horlogerie. |
| astrol. | astrologie. | div. | divination. | hort. | horticulture. |
| att. | attique. | dipl. | diplomatique, diplomatie. | hydr. | hydraulique. |
| aug. | augmentatif, tive. | dist. | distillerie. | hydrost. | hydrostatique. |
| aut. | auteur. | dog. | dogme, dogmatique. | hyg. | hygiène. |
| autr. | autrefois. | dram. | dramatique. | hyperb. | hyperbole, hyperboliquement. |
| aux. | auxiliaire. | dr. | droit. | | |
| av. | avant. | | | ichth. | ichthyologie. |
| | | eaux et f. | eaux et forêts. | icon. | iconologie, iconographie. |
| b.-art. | beaux-arts. | eccl. | ecclésiastique. | id. | idem. |
| b. emp. | bas empire. | écon. dom. | économie domestique. | imp. | impersonnel. |
| b. lat. | bas latin, basse latinité. | édi. | éditeur, édition. | imparf. | imparfait. |
| banq. | banque. | égl. | église. | impér. | impératif. |
| barb. | barbare, barbarisme. | ellip. | ellipse, elliptique. | impl. | implicite, implicitement. |
| belg. | belge. | émaill. | émailleur. | imprim. | imprimerie. |
| bib. | bible. | encycl. | encyclopédie. | incid. | incident, te. |
| blas. | blason. | entom. | entomologie. | incomp. | incomplexe. |
| bonn. | bonneterie. | éping. | épinglier. | indécl. | indéclinable. |
| bot. | botanique. | équit. | équitation. | indic. | indicatif. |
| briq. tuil. | briquetier tuilier. | épist. | épistolaire. | indir. | indirect, indirectement. |
| burl. | burlesque. | épith. | épithète. | infin. | infinitif. |
| | | escr. | escrime. | interj. | interjection. |
| c. | centime. | esp. | espagnol. | interr. | interrogatif. |
| c.-à-d. | c'est-à-dire. | esthe. | esthétique. | intest. | intestinaux. |
| cal. | calendes, calendrier. | ethno. | ethnographie. | inus. | inusité. |
| can. | canon, canonique. | étym. | étymologie. | invar. | invariable. |
| cant. | canton. | exag. | exagération. | invers. | inversion. |
| cap. | capitale. | excl. | exclamation. | ion. | ionien, ne. |
| card. | cardinal. | exe. | exemple. | iron. | ironie, ironique, ironiquement. |
| cart. | cartonnier. | expl. | explétif. | irrég. | irrégulier, lière. |
| cathol. | catholique. | expr. | expression. | ital. | italien, italique. |

*Suite de la Liste des Abréviations employées dans ce Dictionnaire.*

| | | | | | | | |
|---|---|---|---|---|---|---|---|
| kilog. | kilogramme. | num. | numéral. | r. | racine. |
| kilom. | kilomètre. | numis. | numismatique. | récip. | réciproque. |
| | | | | réfl. | réfléchi. |
| J.-C. | Jésus-Christ. | O. | ouest, Occident. | rég. | régime. |
| jard. | jardinage. | occ. | occulte. | re. rel. | religion, religieux. |
| judic. | judiciaire, judiciairement. | opt. | optique. | rel. | relatif. |
| jurisp. | jurisprudence. | orat. | oratoire. | reli. | relieur. |
| | | ord. | ordinal. | rept. | reptile. |
| (ll m.) | ll mouillées. | orf. | orfévrerie. | rhét. | rhétorique. |
| lap. | lapidaire. | ori. | oriental. | riv. | rivière. |
| lat. | latin. | ornith. | ornithologie. | rom. | romain. |
| législ. | législation. | orth. | orthographe, orthographique. | roy. | royal, royaume. |
| lett. | lettres. | ott. | ottoman. | rur. | rural. |
| lexiq. | lexique, lexicographie. | | | rust. | rustique. |
| ling. | linguiste, linguistique. | p. | père. | | |
| litt. | littéral, littéralement. | p. et m. | poids et mesures. | S. | Sud. |
| littér. | littérature. | pal. | palais. | s. | substantif. |
| litur. | liturgie. | paléog. | paléographie. | sat. | satire, satirique. |
| loc. | locution. | paléont. | paléontographie. | saur. | sauriens. |
| loc. adv. | locution adverbiale. | papet. | papeterie. | sc. | science. |
| loc. conj. | locution conjonctive. | parf. | parfait. | scol. | scolastique. |
| loc. prép. | locution prépositive. | pars. | parse. | sculp. | sculpture. |
| log. | logique. | part. | participe. | sept. | septentrion, septentrional. |
| | | partic. | particule. | sig. | signifie. |
| m. | masculin. | pass. | passif, passivement. | serr. | serrurier. |
| m. à m. | mot à mot. | path. | pathologie. | sing. | singulier. |
| m. lat. | mot latin. | patron. | patronymique. | soléc. | solécisme. |
| m. r. | même racine. | pav. | paveur. | sout. | soutenu. |
| maçon. | maçonnerie. | pêch. | pêcherie. | s. ent. | sous—entendu. |
| mam. | mammalogie. | peint. | peinture. | S. Pèr. | saints-pères. |
| man. | manége. | pers. | persan. | st. | saint. |
| manu. | manufacture. | pers. | personne, personnel. | stat. | statique, statistique. |
| mar. | marine. | persp. | perspective. | sty. | style. |
| maréc. | maréchalerie. | p. et chau. | ponts et chaussées. | subj. | subjonctif. |
| marot. | marotique. | pharm. | pharmacie. | subs. | substantivement. |
| métal. | métallurgie. | phén. | phéniciens. | suj. | sujet. |
| math. | mathématiques. | phénom. | phénomènes. | super. | superlatif. |
| me. | maître. | phil. | philosophie. | syn. | synonyme, synonymie. |
| méca. | mécanique. | philol. | philologie. | synt. | syntaxe. |
| méd. | médecine. | phr. prov. | phrase proverbiale. | | |
| méd. v. | médecine vétérinaire. | phrén. | phrénologie. | t. | terme. |
| men. | menuiserie. | phryg. | phrygien. | tab. | tableau. |
| mép. | mépris. | phys. | physique. | tail. | tailleur. |
| mér. | méridional. | physiol. | physiologie. | tann. | tannerie. |
| métap. | métaphysique. | pl. | pluriel. | techn. | technologie. |
| météor. | météorologie. | pléon. | pléonasme. | teint. | teinturerie. |
| méth. | méthode. | plusq.-parf. | plusque-parfait. | théol. | théologie. |
| méti. | métier. | poés. | poésie. | thérap. | thérapeutique. |
| mil. | militaire. | poét. | poétique. | tonn. | tonnellerie. |
| min. | minéralogie. | pol. | politique. | tox. | toxicologie. |
| mir. | miroitier. | polé. | polémique. | trig. | trigonométrie. |
| mod. | moderne. | pop. | populaire. | typ. | typographie. |
| moll. | mollusque. | poss. | possessif. | | |
| mon. | monastique. | pot. | poterie. | v. | verbe. |
| monn. | monnaies. | pr. | propre. | v. | voyez. |
| mus. | musique. | prat. | pratique. | v. m. | vieux mot. |
| myth. | mythologie. | préc. | précédent. | van. | vannier. |
| | | prép. | préposition, prépositive. | var. | variable. |
| N. | Nord. | prés. | présent. | vén. | vénerie. |
| n. | neutre. | prét. | prétérit. | vét. | vétérinaire. |
| n. | nom. | prim. | primitif. | voc. | vocatif. |
| nat. | naturel. | priv. | privatif. | vocab. | vocabulaire. |
| nég. | négation, négative. | proc. | procédure. | voy. | voyelle, voyelles. |
| néol. | néologie. | pron. | pronom, pronominal. | vulg. | vulgaire, vulgairement. |
| neutr. | neutralement. | pros. | prosodie. | | |
| nom. | nominatif. | prov. | proverbe, proverbialement. | zool. | zoologie. |
| n. pr. | nom propre. | psych. | psychologie. | zooph. | zoophytes. |

# DICTIONNAIRE

DE

# LA LANGUE FRANÇAISE

## A

A, voyelle, première lettre de notre alphabet, et signe qui semble nous être venu des Grecs par les Latins ; il est pourtant certain que les Celtes possédaient un caractère analogue, qui, autant qu'on en peut juger, se trouvait aussi en tête de leur alphabet. On sait qu'en grec ce premier caractère se nomme *alpha*, en hébreu *aleph*, ce qui paraît confirmer la tradition attribuant à CADMUS, sinon l'invention, du moins l'importation de l'alphabet dans la Grèce. En arabe et en syriaque, langues sémitiques comme l'hébreu, ce caractère se nomme *elif* et *olahp*, ce qui indique que le son, presque toujours invariable, donné à cette lettre dans l'Occident, n'a point la même consonnance dans les langues sémitiques, où elle sonne tantôt *a*, tantôt *e*, tantôt *o*, etc. En arabe et en hébreu, pour préciser celui de ces sons que doit avoir cette lettre, ou pour la suppléer quand elle est omise, les savants ont inventé, dans le IVe siècle de notre ère, certains signes ou accents appelés *points voyelles*.

Dans quelques langues, et particulièrement en hébreu, A est négatif ; les Grecs lui ont conservé cette propriété dans un grand nombre de mots où A est initial, et marque la négation de la qualité de l'objet indiqué par le radical avec lequel il se combine ; c'est ce qu'on voit dans les mots *achromatique* (sans couleur), *atrophie* (manque d'alimentation), *acéphale* (sans tête). Certains idiomes ont substitué comme négatif l'E à l'A ; c'est ce qu'on remarque en zend et en irlandais.

Chez les anciens, où les lettres tenaient lieu de caractères numéraux, l'A avait une valeur différente ; pour les Grecs il désignait l'unité ; pour les Romains, le nombre 500, et quand il était marqué d'une barre (Ā), 5,000 ; pour les Hébreux il avait la même valeur que pour les Grecs ; il indiquait en outre le nombre *mille*, et symboliquement *l'infini* ; sur les monuments romains, A suivi d'un point (A.) était employé pour *Aulus, Annius, Augustus, Augusta*, noms propres ; pour *Augustalis*, appartenant à la maison de l'empereur. AA, deux Augustes ; AAA, trois Augustes, ou pour *aurum, argentum, æs* ; or, argent, airain, monnaie.—A, dans le calendrier Julien, est la première des sept lettres dominicales. — A, dans les écrivains modernes, signifie *Année.* — A. D. (*anno Domini*), l'an de notre Seigneur. —A majuscule au revers des médailles grecques, désigne les monnaies d'Argos ; au revers des monnaies françaises, il indique celles qui ont été battues à Paris ; AA, les monnaies de la ville de Metz. — méd. Cette lettre simple ou double, surmontée d'une barre (Ā, ĀĀ) remplace, dans les formules, le mot grec ἀνά, *de chaque. Extrait de ciguë, savon médicinal*, ā ā 5 j.

Dans notre langue, A, comme toutes les autres voyelles, est du masculin ; *un grand* A, *un petit* a, *un a italique*. La voyelle A est longue dans *grâce*, et brève dans *place* ; elle ne se prononce pas dans certains mots : *août, taon*.

La première partie d'un petit *a* (c), dans l'écriture ordinaire, se nomme *une panse d'a. N'avoir pas fait une panse d'a* se dit de celui qui n'a rien écrit ; rien composé, rien copié de ce qu'il devait copier, composer ou écrire. On se sert de la même expression au figuré, pour indiquer qu'un homme n'a rien composé, n'est point auteur. *Je voulais écrire aujourd'hui, mais des visites qui se sont succédé sans interruption m'en ont empêché, et je n'ai pas eu le temps de faire même une panse d'a. Cet homme, qui se donne pour auteur, n'a fait de sa vie une panse d'a.* On dit familièrement d'un ignorant, *Qu'il ne sait ni a ni b.*

A, lorsqu'il devient préposition, est caractérisé par un accent grave (à) : il indique alors, soit physiquement, soit moralement, Le mouvement, la direction, la tendance vers un but ou un être quelconque ; suivie de l'article masculin singulier *le*, la préposition *à* se contracte en *au* (pour *à le*) ; suivie de l'article pluriel *les*, elle se contracte en *aux* (pour *à les*) : *Se rendre de Paris à Londres. Faire des excursions à la campagne. La route d'Alençon à Rennes. Monter à cheval. Courir à la rencontre d'un ami. La reine voyant entrer ce monarque, se précipite à ses genoux. Ce tyran cruel les fit aussitôt traîner au supplice. La débauche même au déshonneur. Où la conduisez-vous ? à la mort ? à la gloire !* CORN. *C'est un ambitieux qui n'aspire qu'aux honneurs. C'est un avare qui ne vise qu'à l'argent.* Et avec un infinitif qui tient lieu de substantif : *Il ne tend qu'à supplanter son rival. Cette opinion conduirait à douter de tout. Cette nouvelle nous détermine à partir. Ce prince n'était entouré que de gens qui n'aspiraient qu'à lui plaire*, etc.

La préposition *à*, suivie d'un infinitif, tient quelquefois lieu du participe présent : *Il serait sur son lit peut-être à trembloter.* BOIL. Avec l'infinitif, cette préposition indique la faculté de faire une chose : *(Deux philosophes) qui sont gens à vous débiter tout ce qu'on peut dire sur ce sujet.* MOL. Employée de la même façon, elle signifie Être capable, soit au propre, soit au figuré : *Je serais personne à ne me le point pardonner.* MOL. *Mon père est un homme à se désespérer.* RAC. *En quoi blesse le ciel une visite honnête, Pour en faire un vacarme à nous rompre la tête ?* MOL.

La préposition à signifie aussi *dans* : *Aux conversations même, il trouve à reprendre.* MOL. Elle est mise aussi pour la préposition *avec* : *Parler à cœur ouvert.* MOL.

Elle s'emploie pour *en* suivie du participe présent : *A le bien prendre. Cette lenteur à comprendre est la marque d'un bon jugement à venir. Toujours à vous louer il a paru de glace.* MOL.

Molière l'a employée au lieu du mot *par* dans la phrase suivante, où il ne pouvait pas répéter deux fois cette dernière préposition : *J'aurai cette faiblesse d'âme de me laisser mener par le nez à ma femme.*

La préposition à s'emploie aussi pour la préposition *pour* : *Je fais tout mon possible, à rompre de ce cœur l'attachement terrible.* MOL.

Répétée deux fois dans l'exemple suivant, elle signifie *pour* dans le premier vers, et, dans le second, elle indique la nécessité : *Vous pensez vous moquer ; mais à ne vous rien feindre, dans le monde je vois cent choses plus à craindre.* MOL.

Dans l'exemple suivant, où elle est aussi employée deux fois, elle signifie d'abord *pour*, et la seconde fois *avec* : *Et je crois, à parler à sentiments ouverts, que nous ne nous en devons guères.* MOL.

La préposition *à* est employée encore au lieu du mot *pour* dans les exemples suivants : *À ne point mentir, à tout considérer, à tout examiner. À vous dire le vrai, mon cher Monsieur.* BOIL. *À vous dire la vérité.* MOL. *Je vous croyais plus sage, à ne vous rien céler.* MOL. *Voilà tantôt dix fois que je me baigne, et à ne vous rien céler, ma voix est tout au même état que quand je suis arrivé.* BOIL. *Je tremble qu'Athalie, à ne vous rien cacher, n'achève enfin sur vous ses vengeances funestes.* RAC.

Dans cet exemple de Molière : *Vous êtes à ravir, et votre figure est à peindre*, le premier *à* signifie *capable de*, et le second est mis pour *est digne qu'on la peigne*. Cette préposition est employée dans le sens de *mériter* dans ce vers de Boileau : *Ce homme à toujours fuir, qui jamais ne vous quitte.* C'est comme si le poète avait dit : *Cet homme qui mérite qu'on le fuie toujours.*

À se met encore au lieu de *pour que*, accompagné d'un pronom personnel : *Il n'y a plus rien à dire, je me rends.* MOL. c'est comme si l'on disait : je n'ai plus rien *pour que* je le dise. *Je n'en ai pas deux à perdre*, dit un borgne en parlant des yeux ; c'est-à-dire, Je n'en ai pas deux *pour que* je les perde.

À s'emploie encore pour la conjonction hypothétique *si* : *Certes, Monsieur Tartufe, à bien prendre la chose, n'est pas un homme, non, qui se mouche du pied.* MOL. *Et à vous prendre depuis les pieds jusqu'à la tête, il y aurait là....* MOL. *À regarder les choses en philosophe, je ne vois pas de plus plaisante momerie.*

On se sert de cette préposition dans le sens de *comme* : *à ce que je vois* (comme je le vois).

Cette préposition se trouve aussi pour la préposition *de* dans les auteurs du siècle de Louis XIV : *J'ai* oublié à lui demander si c'était en long ou en large. MOL. *Elle tâche à couvrir d'un faux voile de prude.* MOL. *J'ai une démangeaison naturelle à faire part de tout ce que je sais. Puis fait un long repli pour tâcher à faire un saut.* LA FONT. Dans cette phrase de Molière : *Chacun à ses périls et fortune, peut on croire ce qu'il lui plaît,* la prép. *à* signifie *en courant des périls et en exposant sa fortune.* On dit aussi dans le même sens : *à ses risques et périls.*

La préposition *à* est quelquefois explétive, comme dans cette phrase : *J'aime à demeurer dans ces paisibles lieux;* de là vient que, dans ce cas là, quelques personnes retranchent abusivement cette préposition et disent : *J'aime habiter, j'aime faire,* etc.

Cette préposition, dont le caractère particulier est d'indiquer la Tendance, sert aussi parfois à signifier l'Extraction : *Ôter ses habits; arracher une dent à quelqu'un.* Elle conserve son acception primitive dans ces propositions elliptiques : *À Dieu très-bon et très-grand. Aux grands hommes la patrie reconnaissante! Malheur aux vaincus;* et dans les suscriptions des lettres : *Au Roi, à S. E. M. le ministre, à Madame,* etc.

Cette préposition se construit avec les verbes *commencer* et *continuer.* (V. ces deux verbes.)

La préposition *à* indique aussi : 1° L'intervalle ou la distance : *Être vêtu de blanc de la tête aux pieds. De Paris à Lyon il y a tant de lieues. Il passe continuellement de la ville à la campagne. À quatre pas d'ici je te le fais savoir.* CORN. — 2° Relation entre des choses ou des personnes : *Traiter de nation à nation, de puissance à puissance, de gré à gré, de Turc à Maure. Agir avec quelqu'un de compère à compagnon. Veiller du soir au matin. Ce changement s'opéra du jour au lendemain.*—3° Position ou situation : *Il habite au faubourg St-Honoré. Sa maison est à la place Vendôme. Ils se trouvaient à la portée du pistolet. Se tenir à la maison. Se baigner à la rivière. Rester à sa place. Vivre au milieu des bois. Manger au restaurant. Passer la journée à la promenade et la nuit au bal. Cette maison est au-dessous du cours de la rivière. Ils l'ont assailli l'épée à la main.*—4° L'enseigne d'un marchand : *À la Boule-d'Or; Au Lion-d'Argent; À l'Y Grec; Au Gagne-Petit; À la Croix-d'Or; Au Veau qui tette; Au Cheval-Blanc; Au Petit-St-Antoine.*— 5° Le corps, l'institution, l'établissement auquel une personne est attachée : *Employé au ministère de l'Intérieur. Conseiller à la Cour de Cassation. Commis aux Subsistances. Avocat à la Cour Royale de Paris.* — 6° Le temps où l'on chose se fait ou se fera : *Se lever à l'aube. Se coucher à minuit. Déjeuner à midi. Se promener au lever du soleil. Rentrer à trois heures du matin. Nous l'attendons à tout moment. À l'heure qu'il est, il se promène. Il mourut à l'âge de trente ans. Il vint me voir à l'instant où j'allais partir.* On dit par ellipse à quelqu'un que l'on quitte : *À demain, à tantôt, à dimanche.* — 7° Un événement ou une circonstance : *Il fut tué au siège de Lille. Il prit la fuite au premier coup de canon. Il quittera la campagne à la chute des feuilles. La foule s'est dispersée à la troisième sommation. Ils fondirent sur l'ennemi au premier signal. On accourut à nos cris réitérés. À ces mots, il se retira. À ce sujet, je vous raconterai une histoire. À cette nouvelle, elle s'évanouit.*—8° Un espace de temps : *Faire une pension à vie, à perpétuité. Louer une maison à l'année. Payer une location au mois. Être dévoué à quelqu'un à la vie et à la mort. On se fatigue à la longue.*—9° Appartenance : *Ce champ est-il à vous? Cet écrivain a un style à lui. Rendez à César ce qui est à César, et à Dieu ce qui est à Dieu. C'est un ami à moi, je vous le recommande.* On dit populairement : *La barque à Caron.* Notre ancienne langue était remplie d'expressions analogues à cette dernière locution.—À, indiquant Appartenance, forme quelquefois un véritable pléonasme, qui donne plus de force au discours : *Mon avis, à moi, est que vous êtes dans l'erreur. Notre devoir à tous est d'obéir à la loi.*—10° Le rapport d'un fait ou d'une chose à une personne : *Ce serait folie à vous, d'entreprendre un tel ouvrage. C'est à faire à lui..... C'est bien dit, bien pensé, bien fait à lui,* etc. *C'est à lui, à moi, à vous de parler. Je trouve à votre ami l'air un peu triste.*—11° L'espèce, la qualité : *Canne à sucre, arbre à pain, vache à lait, pays à blé, femme à vapeurs, homme à imagination, bas à quatre fils, velours à quatre poils, soupe au lait, couteau à ressort.*—12° La structure ou l'accessoire : *Clou à crochet, couteau à gaine, chandelier à deux branches; voiture à deux chevaux, à quatre roues; chaise à* bras; *maison à porte-cochère; instrument à cordes; boîte à double fond; lit à colonnes.*—13° La destination : *Marché aux herbes; moulin à papier; cueiller à café; plat à barbe; pierre à fusil; boîte à thé; pot à l'eau; fille à marier; cartes à jouer; bois à brûler; tabac à fumer.* Cette préposition a une signification analogue dans les locutions suivantes : *Prendre à témoin; prendre à partie; tenir à honneur, à injure.* — 14° L'emploi : *Maître à danser, à chanter.* — 15° Le principe d'action, le mobile : *Armes à feu; chaise à porteur; fusil à vent; bateau à vapeur; moulin à eau; instrument à vent.*—16° La posture : *Demander à genoux; prier à mains jointes; sauter à pieds joints; recevoir à bras ouverts.*—17° La manière dont une chose se fait : *Marcher à quatre pattes; aller à tâtons, à reculons, à la débandade; passer une rivière à la nage; travailler à bâton rompu; crier à tue-tête; chanter à l'italienne. Son sang jaillissait à gros bouillons. Ils manœuvrent à la voile et à la rame. Ils le reçurent à coups de fusil. Saisir une chose à la volée, à belles dents. Se battre à outrance. Se jeter à corps perdu.* — 18° L'instrument : *Dessiner au crayon, à la plume. Combattre à l'arme blanche. Jouer aux échecs. Pêcher au filet. Broder au crochet.* — 19° La quantité, le poids, la mesure : *Acheter au cent, à la livre, à la pinte. Donner à pleines mains. Distribuer de l'or à poignées.* L'emploi de cette préposition dans les phrases qui précèdent n'est pas sans analogie avec son emploi dans celles-ci : *Manger à l'excès. Marcher à petits pas. Voyager à grandes journées.*—20° Le prix : *J'achète ce drap à vingt francs le mètre. Dîner à bon marché. Placer un capital à trois pour cent. Emprunter à un intérêt légal. Louer un cabriolet à douze francs par jour. Acheter à bon compte et revendre à gros bénéfices.*—21° La disposition morale : *Ne faire une chose qu'à bon escient. S'absenter à dessein. Se tourmenter à plaisir. Ne consentir qu'à son corps défendant. Agir à regret, à contre-cœur. Prendre à cœur les intérêts de quelqu'un.* — 22° La cause : *S'éveiller au bruit de la tempête. Se ruiner au jeu, à jouer. S'ennuyer à une discussion. Se fatiguer au travail. Prendre plaisir à médire. Mourir à la peine. Frémir à la vue du péril.* — 23° Le résultat : *Il fut frappé à mort. Courir à perdre haleine. Vendre à perte. Chanter à ravir. Cet événement arriva aux applaudissements unanimes des assistants. Il a reparu à la grande surprise de tout le monde. Il sauva cet homme au péril de ses jours.* 24° La gradation : *Recueillir une liqueur goutte à goutte. Amasser sa fortune sou à sou. Son armure tomba pièce à pièce sous les coups de son ennemi. Ils se dispersèrent un à un. Marcher deux à deux, trois à trois.*—25° La correspondance : *Nous étions dans cette partie de billard trois à douze. Suivre quelqu'un pas à pas. Jouer but à but.* — 26° Jonction et opposition : *Placer deux échelles bout à bout. Cheminer côte à côte. Se placer dos à dos. Disputer le terrain pied à pied. Se battre corps à corps. Se trouver vis-à-vis de quelqu'un. Être face à face, seul à seul avec son adversaire.* —27° La conformité : *Il n'agit qu'à sa fantaisie. Je ne fais rien à votre gré. Il est vêtu à la mode. Il l'a traité à la rigueur.* — 28° L'induction : *A ses manières, on voit bien que c'est un homme bien né. À l'œuvre on reconnaît l'ouvrier. À son maintien, je vis bien qu'il n'était pas content.*—29° À, placé entre deux nombres, laisse supposer un intermédiaire : *Il arrivera à Paris de deux à quatre heures du soir.* À ne se met entre deux nombres consécutifs, que lorsqu'ils se rapportent à des choses qui peuvent se fractionner : *Il a acheté deux à trois livres de café.* À, devant un infinitif, peut aussi se traduire par *de quoi* : *Verser à boire. Il n'y a pas à hésiter.* À, employé de la sorte, indique aussi le Doute : *Je suis encore à savoir.* Devant le relatif *qui, à,* énonce Une concurrence : *Ils tirèrent à qui ferait feu le premier.* À, après certains verbes, en modifie la signification; ainsi, *Prétendre à la première place,* signifie qu'on *travaille à l'obtenir* : tandis que, *prétendre la première place,* veut dire qu'on *l'exige* comme une prérogative qui vous est due : *Comme le plus vaillant, je prétends la troisième.* LA FONT. *Toucher ses revenus,* se dit de Quelqu'un qui les perçoit, et *toucher à ses revenus,* de Celui qui ne les conserve pas intacts. Placé après quelques autres verbes, *à* forme des locutions prépositives qui indiquent le but, la tendance, la conformité : *Par rapport à eux, quant à vous, sauf à le répéter,* etc. En composition, a indique Accroissement, rapprochement, ou tendance : *Accroître, accoupler, appauvrir;* dans ce cas, cette préposition ne prend pas d'accent, et l'on redouble la première consonne du radical avec lequel elle se combine.

**AAM**, s. m. p. et m. Mesure de capacité dont on se sert dans la Belgique et la Hollande, pour les liquides : *L'aam d'Anvers équivaut à litres 142,19; celui d'Amsterdam à 155,224.*

**ABA**, s. m. Étoffe de laine, feutrée ou non feutrée, dont on fait, dans l'Orient, des vêtements aux derviches; en Perse et en Arabie, des manteaux pour la campagne.

**ABAISSE**, s. f. pât. C'est une pâte préparée pour servir d'enveloppe à la viande, quand on fait des pâtés; par extension, la croûte inférieure de plusieurs pièces de pâtisserie : *Fort heureusement, l'abaisse de ce pâté n'est brûlée que d'un côté.*

**ABAISSEMENT**, s. m. (V. *Baisser* et *Bas.*) Diminution de hauteur. — État de ce qui s'est abaissé, de ce qui a été abaissé : *L'abaissement du mur qui masquait cette maison a produit un merveilleux effet. L'abaissement des eaux, du mercure dans le baromètre et l'abaissement de la voix.* — alg. Réduction des équations à un degré moindre. — méd. Ce mot désigne une des méthodes pour opérer la cataracte. On dit aussi *Abaissement de l'utérus* pour exprimer La descente de cet organe. — astron. On nomme *Abaissement des planètes,* La quantité dont, par l'effet de la parallaxe, on voit les planètes plus basses que si on était placé au centre de la terre; - *du cercle crépusculaire,* La quantité dont le soleil s'est abaissé au-dessous de l'horizon, lorsque le crépuscule du soir est totalement fini, ou lorsque l'aurore commence; - *de l'horizon visible,* La quantité dont l'horizon visible est abaissé au-dessous du plan horizontal que touche la terre. — mar. Dépression de l'horizon occasionnée par la hauteur de l'œil au-dessus du niveau de la mer. — au fig., Affaiblissement de crédit, de fortune, de courage, de dignité, de puissance : *Son grand dessein a été d'affermir l'autorité du prince et la sûreté des peuples par l'abaissement des grands.* LA BR. — Humiliation volontaire dans laquelle on se met quand on s'abaisse volontairement devant Dieu : *Dieu se plaît à glorifier ceux qui se tiennent dans l'abaissement.* — Humiliation forcée : *Denys-le-Jeune mourut à Corinthe dans le plus profond abaissement.*

**ABAISSER**, v. a. (V. *Baisser* et *Bas*). Faire descendre, faire aller de haut en bas; diminuer la hauteur d'une chose : *Abaisser un store. Abaisser un réverbère. De peur d'être reconnu, il abaisse son chapeau sur ses yeux. Seigneur, disait un célèbre pénitent, abaissez vos regards sur votre indigne serviteur, et ayez pitié de lui. Abaisser un mur, une muraille. Abaisser une table. Abaisser un terrain, une route. Abaisser la voix,* parler plus bas. — chir. *Abaisser la cataracte,* Opérer par abaissement (V. ce mot). — géom. *Abaisser une perpendiculaire sur une ligne,* Mener une perpendiculaire à une ligne, d'un point pris hors de cette ligne. — alg. *Abaisser une équation,* La réduire à un degré moindre. — pât. *Abaisser de la pâte,* La rendre très mince au moyen du rouleau. — au fig. Humilier; *Dieu résiste aux superbes, et se plaît à les abaisser. La servitude abaisse les hommes jusqu'à s'en faire aimer.* VAUV.—faucon. *Abaisser l'oiseau,* Diminuer sa nourriture habituelle, pour le rendre plus avide. — jard. *Abaisser une branche,* La couper près du tronc. — S'ABAISSER, v. pron. Perdre de son élévation; on dit qu'un terrain, que le niveau d'un fleuve *s'abaisse.* — au fig. S'humilier. *Leur âme ne s'abaissa jamais à des déguisements.* MOL. *Abaissons-nous, ma sœur, à faire des avances.* MOL. — Faire un acte d'humilité chrétienne : *David s'abaissa sous la main de Dieu qui le frappait.*

**ABAISSÉ, ÉE**, part. du verb. *abaisser* : *Sion, jusques au ciel élevée autrefois, jusqu'aux enfers maintenant abaissée.* RAC. —Il est aussi adj. bot. *Abaisse* se dit De la lèvre inférieure d'une corolle labiée, lorsqu'elle forme un angle presque droit avec le tube. — blas. *Abaissé* se dit Des oiseaux, quand leurs ailes sont pliées ou que le bout en est dirigé vers la pointe de l'écu; — Du chevron, ou du pal quand la pointe finit au cœur de l'écu; — en général, De toutes les pièces qui se trouvent au-dessous de leur situation ordinaire.

**ABAISSEUR**, s. m. et adj. méd. Nom générique des muscles qui servent à abaisser ou à faire mouvoir en bas quelque partie. *Muscle abaisseur de l'œil, de l'aile du nez, de la lèvre inférieure; l'abaisseur de la langue, de la mâchoire inférieure,* etc.—chir. Instrument avec lequel on maintient la langue abaissée.

**ABAIT**, s. m. pêc. Appât, amorce.

**ABAITTER**, v. a. pêch. Amorcer. Peu usité.

**ABAITTÉ, ÉE**, part.

**ABAJOUES** ou **SALLAS**, s. f. pl. mammal. Poches placées dans la bouche de certains mammifères, entre les joues et les mâchoires, aux deux côtés de la bouche : *les singes, les hamsters.* — charc. Il se dit Du côté d'un groin de cochon qui paraît, lorsqu'il est cuit, gonflé ou plein à peu près comme une poche d'animal remplie d'aliments.

**ABALIÉNATION**, s. f. (V. *Abaliéner*) dr. rom. Aliénation des choses dites *mancipi.*

**ABALIÉNER**, v. a. (du lat. *abaliénare*, céder, aliéner, se défaire ; dér. *abaliénation*, cession ; V. *Aliéner.*) dr. rom. Consentir une abaliénation.

**ABALIÉNÉ, ÉE**, part.

**ABALOURDIR**, v. a. (V. *Balourd.*) Rendre lourd, stupide. Fam.

**ABALOURDI, IE**, part. Fam.

**ABALOURDISSEMENT**, s. m. Action d'abalourdir; effet de cette action. fam.

**ABAMÉES**, s. f. pl. bot. Famille de plantes de l'ordre des liliacées.

**ABANDON**, s. m. (V. *Abandonner.*) Action de celui qui délaisse; état de celui qui est délaissé : *L'abandon des plébéiens faillit livrer Rome à la domination de ses ennemis. L'abandon de Rome pour Byzance porta un coup mortel à la première de ces deux cités.* — Oubli de ses devoirs ou de ses intérêts : *Ce prince se perdit par l'abandon de ses droits.* — Heureuse facilité qui, dans les œuvres d'art ou les compositions de l'esprit, exclut toute affectation sous une apparente négligence : *Cette actrice a, dans son jeu, un abandon gracieux et séduisant. Il règne dans les écrits de Molière, comme dans les tableaux de Rubens, un heureux abandon joint à une grande vigueur de coloris.*—Il se prend quelquefois dans le sens de Cordialité expansive, d'aisance dans les manières, dans l'accueil, etc. : *L'abandon qu'il a mis dans son entretien a fait sur moi une vive impression. Cette femme a de l'abandon dans ses gestes, dans ses paroles; elle est gracieuse.* — jurispr. Il se d'Un acte conventionnel par lequel le débiteur délaisse ses biens à ses créanciers : *Il a fait à ses créanciers l'abandon de tous ses biens.* — escr. Abandon de l'épée, Mouvement qui fait quitter le fer soit en marchant, soit en prenant le plus long pour aller aux parades.

**À L'ABANDON**, loc. adv. Au désordre, au pillage, sans soin, avec négligence. *Ce général a laissé la ville à l'abandon. Tout est à l'abandon.*

**ABANDONNEMENT**, s. m. (V. *Abandonner.*) Action d'abandonner, de délaisser absolument : *Il est des princes qui ont agi prudemment en faisant à temps l'abandonnement de certaines prérogatives. A son retour, il fit à ses frères un abandonnement général de tous les biens qui provenaient de l'héritage paternel. Généreux abandonnement.*—Ce mot, dans le sens moral, signifie l'Action de se laisser aller, de se livrer avec une dangereuse facilité, sans retenue ni réserve : *Ce fatal abandonnement de ses favoris jeta ce prince dans les plus affreux désordres, et amena la perturbation dans l'État. Ses malheurs sont venus de son abandonnement à ses désirs déréglés.*—Pris absolument, ce mot indique Dérangement dans la conduite; honteux, excessif dérèglement de mœurs : *Il est mort comme il avait vécu, dans le dernier, dans le plus infâme abandonnement.*

**ABANDONNER**, v. a. (V. *Ban.*) Quitter entièrement, Renoncer à — équit. Abandonner un cheval, Le laisser courir de toute sa vitesse. - les étriers, Ôter ses pieds de dedans. — fauc. Abandonner son oiseau, Laisser un faucon libre dans la campagne.—méd. Abandonner un malade, Cesser de le voir, désespérer de sa guérison. — Abandonner, Cesser de soigner ou de défendre : Abandonner sa fortune, son jardin, sa maison. — mar. Abandonner, Ne pas retenir : *N'abandonnez pas ce câble, cette manœuvre.* — fig. Abandonner les honneurs, Y renoncer.—Il se dit encore De l'affaiblissement des facultés physiques ou morales : *Ses forces, son courage, sa prudence l'abandonnent.* — Abandonner une ville au pillage; un ecclésiastique au bras séculier, Livrer une ville, un ecclésiastique, etc. Cette dernière locution est en usage non-seulement pour un ecclésiastique qu'on livre à la juridiction d'un tribunal laïque, mais aussi pour une chose qu'on rejette et dont on ne se soucie plus : *J'avais abandonné mes sens à la dou-*

*ceur du sommeil.* BARTH. — Une chose ou une personne à quelqu'un, Lui permettre d'en dire ou d'en faire tout ce qu'il voudra. — Confier : Abandonner *sa fille à la direction d'une sage gouvernante.* — Laisser à la disposition : *Il m'a abandonné tous les fruits de son verger.* — Livrer en proie : *Vis, méchante, dit-il tout bas, à ton remords je t'abandonne.* LA FONT.—S'abandonner s'emploie absolument dans le sens de Perdre courage : *L'homme s'abandonne trop souvent quand il est abandonné par la fortune.* — Se négliger dans son costume ou son maintien : *Quand on veut plaire, on ne doit pas s'abandonner ainsi.* —Se laisser aller à des mouvements dépourvus d'affectation : *Cette actrice a le talent de savoir s'abandonner.*—S'abandonner, avec un complément, c.-à-d. Se livrer, se laisser aller à quelqu'un ou à quelque chose : S'abandonner *aux voluptés, à ses désirs, à ses passions, à la joie, à la douleur.* - A la Providence, Lui confier ses intérêts : *Tandis que Néron s'abandonne au sommeil.* RAC. - *A la fortune,* Se reposer sur sa destinée. On dit d'Une femme qui se prostitue : *Cette femme s'abandonne à tout le monde.*

**ABANDONNÉ, ÉE**, part. Boileau a dit : *....., Femme désordonnée, sans mesure et sans règle, au vice abandonnée.* — On dit proverbialement d'Une personne qui prend le parti le plus nuisible à son honneur ou à ses intérêts : *Il faut être bien abandonné de Dieu et des hommes pour agir ainsi.* — Un enfant abandonné, C'est un enfant éloigné, privé ou délaissé de ses parents et dénué de secours. Le mot *abandonné, abandonnée,* se prend substantivement pour Un homme, une femme perdue de libertinage; Molière a dit : *Je ne veux point brûler pour une abandonnée.*—Il est aussi adjectif. *Terres abandonnées,* Celles que la mer a laissées à sec. — chass. *Chien abandonné,* Celui qui a quitté la meute, pour prendre les devants et s'abandonner sur la bête.

**ABAPTISTE** ou **ABAPTISTON**, s. m. (du grec α privatif et de βαπτω, je plonge). Nom que l'on donnait anciennement, d'après Galien, à une espèce de trépan garni d'un bourrelet qui l'empêche d'enfoncer trop avant. V. TRÉPAN.

**ABAQUE**, s. m. (du grec αβαξ, lat. *abacus,* comptoir, table, damier). Partie supérieure ou couronnement du chapiteau de la colonne; on le nomme aussi *tailloir* ou *trapèze. C'est sur l'abaque que repose l'architrave.* Vitruve donne également ce nom à des lames de bronze carrées dont on couvrait certains édifices. — mathém. Petite table couverte de poussière, dont se servaient les anciens mathématiciens, soit pour y tracer des figures de géométrie, soit pour y faire leurs calculs. Lorsque l'*abaque* était spécialement disposé pour ce dernier usage, il portait le nom de *Table de Pythagore.* C'est donc à tort que l'on confond ordinairement l'*abaque* des Pythagoriciens avec notre *table de multiplication.*

**ABARTICULATION**, s. f. (lat. *abarticulatio*, de *ab*, préfixe disjonctif, et de *articulatio*, articulation). anat. Synonyme peu usité de *Diarthrose.* (V. ce mot.)

**ABAS** ou **ABASSIS**. s. m. pl. Monnaie d'argent chez les Perses, de la valeur de 2 mamoudis (à peu près 1 franc).

**ABASOURDIR**, v. a. (V. *Sourd.*) Assourdir ou étourdir par un grand fracas : *Ce coup de tonnerre avait abasourdi nos voyageurs.* — fig. Accabler, consterner : *La perte de son procès l'a tout abasourdi. A cette nouvelle, il fut tout abasourdi.* Dans cette dernière acception, *abasourdir* est familier.

**ABASOURDI, IE**, part. *Il en était tout troublé, tout abasourdi.*

**ABAT**, s. m. V. ABATTAGE et ABATTIS.

**ABÂTARDIR**, v. a. (V. *Bâtard.*) Altérer, corrompre, faire déchoir ou dégénérer : *Le défaut d'exercice a abâtardi cette race d'animaux. Ces plants ont été abâtardis par une culture inhabile.* — fig. *L'esclavage abâtardit les plus heureux naturels.* — (S') v. réfl. et pron., a le sens de S'altérer, se corrompre, déchoir ou dégénérer : *Ces guerriers se sont abâtardis au milieu du luxe et de la mollesse. Les plus heureux talents s'abâtardissent dans l'oisiveté. Les plantes d'Asie souvent s'abâtardissent en Europe.*

**ABÂTARDI, IE**, part. Même signification que le v. *Abâtardir. Talent* abâtardi *par le vice. Race, famille, espèce* abâtardie.

**ABÂTARDISSEMENT**, s. m. (V. *Bâtard.*) Déchet, altération, diminution d'une chose. — au prop. et au fig. Abâtardissement *d'une plante, d'une race, des esprits, des talents.*

**ABAT-CHAUVÉE**, s. f. comm. Soie de qualité inférieure qui nous vient du Poitou et de la Saintonge.

**ABAT-FAIM**, s. m. (ce qui *abat la faim.*) art cul. Forte pièce de viande que l'on sert d'abord pour apaiser la première faim des convives. fam.

**ABAT-FOIN**, s. m. (par où on *abat le foin*). agr. Ouverture pratiquée dans le plancher d'un grenier, par laquelle on jette dans le ratelier le foin ou la paille pour la nourriture des chevaux ou des bestiaux.

**ABAT-JOUR**, s. m. (ce qui *abat le jour*; des *abat-jour.* V. *la Gram.*) Sorte de fenêtre ou de soupirail, dont l'appui est en talus à l'intérieur afin de laisser plus facilement pénétrer la lumière.—Il signifie aussi Un bâti en planches placé en avant d'une fenêtre de prison ou d'un atelier où l'on travaille les matières précieuses, afin d'interdire toute communication avec l'extérieur, sans cependant empêcher la lumière de descendre par le haut. *Cette prison, cet atelier sont fort tristes, toutes les fenêtres sont garnies d'abat-jour.* Ce mot sert également à désigner un couvercle qu'on pose sur une lampe pour rabattre la lumière. *L'*abat-jour *est une sorte de réflecteur.* — comm. Sorte de châssis vitré et couvert d'une gaze, disposé en talus, qui sert aux marchands à diminuer le jour pour faire paraître leurs marchandises plus belles.

**ABATTAGE**, s. m. (V. *Abattre.*) Action d'abattre les arbres; frais que ce travail occasionne. *C'est en automne que se fait l'abattage. Commencer trop tôt l'abattage d'un bois.* — mar. Action d'abattre un navire. (V. *Abattre.*) Il signifie encore l'Action d'abattre, de tuer les chevaux, les animaux. *Les règlements prescrivent l'abattage dans le cas de maladie contagieuse.* — arts et mét. Manœuvre pour retourner ou seulement soulever une poutre. — Action, chez les fabricants de bas, de manœuvrer la pièce du métier à bas qui fait descendre les platines à plomb. — art mil. Abattage *du chien,* se dit De la chute du chien d'un fusil.

**ABATTANT**, s. m. (V. *Abattre* et *Battre.*) Espèce de châssis ou de volet fixé par le haut, et qu'on ouvre en l'élevant contre le plafond au moyen d'une poulie. *Le jour de l'atelier d'un peintre doit pouvoir être modifié par un abattant.*—On nomme aussi *abattant* une tablette mobile qui peut se lever ou se baisser pour ouvrir ou fermer l'entrée d'un comptoir.—Il désigne encore dans un secrétaire La partie qui le ferme et s'abaisse pour servir de bureau. *On fait des secrétaires dont l'abattant remonte de lui-même au moyen d'un contrepoids.*—arts et mét. Pièce du métier à bas qui fait descendre les platines à plomb.

**ABATTÉE**, s. f. mar. Mouvement horizontal de rotation, que les lames ou un courant impriment à un vaisseau sur lui-même, lorsqu'il s'est animé d'une vitesse progressive. *Faire son abattée,* se dit Du vaisseau auquel cet accident arrive. *Au moment où nous nous y attendions le moins, notre navire fit une grande abattée.*

**ABATTEMENT**, s. m. (V. *Abattre* et *Battre.*) Diminution, affaiblissement de forces physiques ou morales. *Ce malade est tombé dans un grand abattement. Il y avait dans les esprits un bien grand abattement. Ce que j'avais pris pour du froideur n'était que l'abattement du désespoir. Cette perte cruelle l'a mis, l'a jeté dans cet étrange abattement. A la suite de ce désastre il tomba dans un profond abattement.* — art vét. Chez les animaux, l'*abattement* est le signe précurseur et le premier symptôme d'une maladie.—blas. Il se dit, en Angleterre, de certaines marques ajoutées à l'écu, pour indiquer la suppression d'un honneur ou d'une dignité.—génie. Cahât pour décharger les eaux dans les mines.

**ABATTEUR**, s. m. (V. *Abattre* et *Battre.*) Celui qui abat. En parlant d'un bûcheron : *C'est un grand abatteur de bois.* On dit ironiquement en parlant de Quelqu'un qui fait ou qui se vante de faire beaucoup de besogne, des choses merveilleuses : *C'est un grand abatteur de quilles.* Il ne se dit pas sans complément, comme on le voit par les exemples qui précèdent. Cette dernière phrase se dit encore d'Un grand travailleur.

**ABATTIS**, s. m. (V. *Abattre.*) Amas de choses abattues, démolies, brisées. *Un abattis de maisons obstruaient cette rue. On a fait dans cette forêt un grand abattis d'arbres.* — carr. Masse de pierres que l'ouvrier détache avant de les débiter. — vén. Petit chemin que se fraient les jeunes loups en allant et venant dans les lieux où ils sont nés. — art mil. Il se dit Des arbres ou branches d'arbres que l'on a renversés à terre pour servir de barricades, afin d'arrêter la marche de l'ennemi. — art cul. Abattis *de volailles;* les ailerons, les pattes, le gésier, le foie et le cou de la grosse volaille. *Un abattis d'oie, de dindon. On a servi sur la table des abattis en ragoût.* Dans cette acception, on écrit aussi bien *Abatis.*

ABATTOIR, s. m. Bâtiment où l'on tue les quadrupèdes qui servent à la nourriture de l'homme. *Les principales parties d'un abattoir sont : La bouverie, l'échaudoir, la triperie et le fondoir. Les abattoirs de la ville de Paris, situés près des barrières, sont vastes et bien aérés.*

ABATTRE, v. a. (pour l'étym. et la conjug. V. *Battre.*) Mettre à bas, faire tomber : *La pluie abat la poussière.* — Renverser par terre : *Pour abattre sous nos coups ce sanglier monstrueux.* MOL. — Renverser : *Les grands vents ont abattu les arbres de cette route. Que peuvent les animaux sauvages contre des êtres qui savent les trouver sans les voir, et les abattre sans les approcher?* BUFF. — Couper : *Il a abattu ses bois de haute futaie. Il lui a abattu la tête de dessus les épaules.* — Moissonner : *Ces moissonneurs abattent tant d'arpents de blé en un jour.* — On dit fam. Abattre de la besogne, *— bien du bois,* pour indiquer Qu'on expédie beaucoup d'affaires en peu de temps. — On dit au propre et au fig. : *Petite pluie abat grand vent.* Au propre, cette phrase signifie Que le vent s'apaise quand il vient à pleuvoir; au fig., Que peu de chose suffit parfois pour calmer une grande querelle. — Assommer. *Ce boucher abat beaucoup de bœufs.* — Affaiblir : *Cette fièvre a abattu ses forces. Lâches, où fuyez-vous? Quelle peur vous abat? Il faut secouer l'âme quand elle est abattue.* VOLT. *Dans la plupart des républiques, on a toujours cherché à abattre le courage des esclaves.* MONTESQ. — Démolir : *On va bientôt abattre cette maison.* — *Abattre* a diverses acceptions pour les arts et métiers. corr. *Abattre les cuirs,* Dépouiller les animaux tués. — tann. *Abattre les peaux,* Les pénétrer d'eau. — chap. *Abattre un chapeau,* Aplatir les bords et le dessus de la forme d'un chapeau. — cart. *Abattre,* Étendre les paquets composés d'étresses. — bonnet. *Abattre l'ouvrage,* Faire descendre sous les aiguilles du métier les anciennes boucles qui ont passé par-dessus leurs becs. — chir. *Abattre la cataracte,* Faire l'opération de la cataracte par abaissement. — manég. *Abattre l'eau d'un cheval,* Essuyer un cheval lorsqu'il sort de l'eau, ou lorsqu'il est en sueur. — faucon. *Abattre l'oiseau,* Tenir et serrer l'oiseau entre les deux mains, pour lui faire avaler quelque médicament. — *Abattre son jeu,* à certains jeux de cartes, Avertir qu'on n'a point l'intention de jouer le coup, ou qu'on a évidemment gagné la partie, en étalant ses cartes sur table. — anc. jurispr. *Abattre,* Abolir. *Ce sont des coutumes abattues.* — art. vétérin. *Abattre un cheval,* Le renverser sur le côté pour lui faire quelque opération. *Abattre du pied,* Raccourcir l'ongle du cheval ou des vaches. — Au jeu de trictrac, *Abattre du bois,* C'est avancer les dames, afin de caser plus facilement. — *Abattre,* v. n. mar. Se dit d'Un bâtiment qui tourne sur lui-même autour d'un axe vertical. *Un navire abat,* Quand, l'ancre étant dérapée pour l'appareillage, il donne vent devant un virement de bord. — *Abattre un navire en carène,* ou simplement *Abattre un navire,* Le mettre sur le côté, pour réparer la carène, ou quelqu'autre partie endommagée et qui ordinairement est dans l'eau. — S'écarter du rumb que l'on doit suivre, pour obéir au vent. — *Abattre à la côte,* V. AFFALER — Voy. aussi RABATTRE. — S'ABATTRE s'emploie comme verbe pron. dans le sens de Tomber. *Le choc fut si violent que le mât s'abattit.* — v. réfl. dans le sens de Se précipiter. *Sur l'animal bêlant à ces mots il s'abat.* LA FONT. Dans le sens de Descendre : *Une volée de perdreaux s'abattit dans ce champ.* Dans le sens de Tomber : *Son cheval s'abattit sous lui.* Dans le sens de S'apaiser : *Au moment où nous sortions, le vent s'abattait.* Dans le sens d'Éclater : *Un orage terrible s'abattit sur ces malheureux voyageurs.* — Il s'emploie aussi comme v. récip. *Les Romains et les Carthaginois cherchèrent longtemps à s'abattre les uns les autres.*

ABATTU, UE, part. du v. *abattre,* dont il a toutes les acceptions. Au fig. on dit prov. : *Courir à bride abattue,* pour Courir de toutes ses forces; au fig. *Je m'agite, je cours, languissante,* abattue. RAC. Un visage *abattu* est Un visage où se peint l'abattement.

ABATTUE, s. f. (V. *Abattre.*) sal. Travail d'une chaudière remplie d'eau salée, depuis le moment où on la met au feu jusqu'à celui où on la fait reposer. — archit. V. RETOMBÉE. — mar. Action d'un vaisseau qui suit la direction du vent en se retournant. Quelques-uns écrivent *Abattue.*

ABATTURE, s. f. (V. *Abattre.*) eaux et for. : Action d'abattre les glands. Résultat de cette action. — chass. *Abattures,* s. f. pl. Traces ou foulures que laisse après lui un cerf, dans les broussailles où il a passé.

ABAT-VENT, s. m. (ce qui *abat le vent.*) Assemblage de petits toits inclinés à l'extérieur, et disposés parallèlement au-dessus les uns des autres, dans les fenêtres d'un clocher, pour garantir de la pluie et de la neige, empêcher le son des cloches de se dissiper en l'air, et le renvoyer à terre par réflexion. *Les buies d'un clocher se composent des abat-vent, et des intervalles qui les séparent.* — jard. Paillasson qui garantit du vent les plantes. — arts et mét. Appentis adapté aux fourneaux dans les sucreries. — *Abatvent* ne prend pas d's au pluriel. Quelques auteurs écrivent à tort *Abavent.*

ABAT-VOIX, s. m. Sorte de dais qui surmonte une chaire, et qui rabat vers l'auditoire la voix du prédicateur. *L'abat-voix de cette chaire est surmonté d'une figure d'ange sonnant de la trompette.*

ABBATIAL, ALE, adj. (pour l'étym. V. *Abbé.* Dans *abbatial,* T se prononce comme C; les BB sonnent.) Se dit Des prérogatives et des propriétés appartenant à une abbaye, à un abbé ou à une abbesse. *Palais* abbatial. *Mense, dignité* abbatiale. *Droits* abbatiaux. *Fonctions* abbatiales.

ABBAYE, s. f. (prononcez *Abéïe.* V. *Abbé.*) Monastère d'hommes dont le supérieur est un abbé, ou de filles, dont la supérieure est une abbesse ; —*royale,* Celle qui a été fondée par un roi ; —*sécularisée,* Dont l'abbé peut être un ecclésiastique séculier ; — *en commende,* se dit dans le même sens ; — *en règle,* Celle où l'on ne peut nommer qu'un ecclésiastique régulier, c'est-à-dire, qui porte l'habit et qui est soumis à la règle du monastère. — *Une grasse abbaye,* Qui a de gros revenus. — *Abbaye,* se dit Du bénéfice attaché au titre d'abbé : *Il posséda jusqu'à trois abbayes.* — Se dit aussi Des bâtiments du monastère : — *bien* ou *mal bâtie ;* — *en ruines ;* — *réparée.* — Quand plusieurs personnes ont formé un projet, et qu'il s'exécute malgré l'absence de l'une d'elles, on dit au fig. et prov. : *Pour un moine, l'abbaye ne faut pas ;* et, *Se promettre la vigne de l'abbaye,* pour Se promettre une vie de délices.

ABBÉ, s. m. (du syr. *abba,* père, rendu en grec par αϐϐᾶς.) Celui qui est pourvu d'une abbaye. — *de l'ordre de St-François ;* — *crossé et mitré ;* — *régulier,* Celui qui porte l'habit, et qui est soumis à la règle du monastère ; — *séculier,* Celui qui est dispensé de ces deux obligations ; — *commendataire,* Ecclésiastique séculier chargé de percevoir une partie du revenu d'une abbaye, sans y pouvoir exercer aucune espèce de juridiction ; — *triennal,* Celui qui était nommé tous les trois ans. On dit : *Élire, nommer, bénir un abbé.* — On dit prov. et au fig. : *Nous attendrons comme les moines font l'abbé,* nous nous mettrons à table sans lui. — On dit de la même manière : *Le moine répond comme l'abbé chante,* pour Faire entendre que les inférieurs prennent ordinairement le ton, les manières et les habitudes de leurs supérieurs. — Quand on veut faire entendre que plusieurs personnes ont formé un projet, et qu'elles l'exécuteront malgré l'absence de l'une d'elles, on dit encore prov. et au fig. : *Pour un moine on ne laisse pas de faire un* abbé. — Lorsqu'on joue à une sorte de jeu dans lequel il faut imiter tout ce que fait celui qui y préside, et que l'on nomme *l'abbé,* on dit : *Jouer à l'abbé.* — *Abbé* se dit en général De tout homme qui porte l'habit ecclésiastique. On dit : *Un abbé de cour. Un jeune* abbé. *Un petit* abbé.

ABBESSE, s. f. (V. *Abbé.*) Supérieure d'un monastère de filles. — *Abbesse crossée et mitrée,* Celle qui a le droit de porter la crosse et la mitre ; — *triennale,* Celle qui est nommée pour trois ans ; — *perpétuelle,* Celle qui l'est pour toute sa vie. *Nommer, élire, bénir une* abbesse.

A B C, s. m. (on prononce *abécé.*) Petit livre contenant l'alphabet, la combinaison des lettres, et des lectures graduées pour enseigner à lire aux enfants. *Il lui a donné un* a b c. *Mettre un enfant à l'*a b c. Commencer à lui apprendre à lire. — Il se dit fig.

et fam. pour Les premiers rudiments d'un art, d'une affaire : *Vous n'en êtes qu'à l'a b c des sciences. Ce n'est là que l'a b c de notre art. Renvoyer quelqu'un à l'a b c,* Lui reprocher qu'il sait à peine les premiers principes d'une science ou d'un art. *Remettre, faire revenir quelqu'un à l'a b c,* Lui faire reprendre l'étude des premiers principes.

ABCÉDER, v. n. (autrefois *abscéder,* du lat. *abscedere,* s'en aller, partir, employé par Celse dans le sens d'aboutir; de *abscedere* vient *abscessus,* abcès. racine : *abs,* hors, au loin, et *cedere,* aller). chir. Dégénérer en abcès, *Cette tumeur* abcédera *bientôt.*

ABCÉDÉ, ÉE, part.

ABCÈS, s. m. (V. *Abcéder.*) méd. On appelle *abcès,* Tout amas de pus dans une cavité accidentelle formée aux dépens du tissu de nos organes. Les *abcès* sont internes ou externes. — Le mot *dépôt,* qu'on emploie souvent comme synonyme d'*abcès,* convient mieux à des collections de matières excrémentielles, à des amas d'urine, etc. — Le mot *apostème,* employé longtemps comme syn. d'*abcès,* est aujourd'hui peu usité. — On dit : *Ouvrir un* abcès. *Percer un* abcès. *L'abcès a crevé. L'abcès s'est ouvert. L'abcès a percé,* etc.

ABDALAS, s. m. pl. (il vaudrait mieux écrire *abdalahs,* pour se conformer à l'étymologie, qui est *abid,* serviteur, en arabe-persan, et *alah,* dieu. Serviteur de Dieu.) Nom générique des religieux chez les Persans.

ABDEST, s. m. (du persan *abdest,* lavement des mains, ablution ; ce nom est composé du persan *ab,* eau; et de *dest,* main.) Ce mot désigne, chez les Musulmans, La première ablution, et l'eau qu'on y emploie.

ABDICATION, s. f. (V. *Abdiquer.*) Renonciation volontaire à une puissance souveraine. Cette expression se dit également De la personne qui renonce, et De la chose à laquelle on renonce. *L'abdication de Charles-Quint eut lieu à Bruxelles. L'abdication de la couronne de Suède par la reine Christine.*

ABDIQUER, v. a. (du latin *abdicare,* même sens ; d'où *abdicatio,* abdication.) Renoncer à une dignité souveraine. On le dit Des empereurs, des rois, des consuls, des dictateurs. *Dioclétien* abdiqua *l'empire. Ce romain* abdiqua *la dictature, le consulat...* Selon le Dict. de l'Acad., *Abdiquer* se dit encore pour signifier l'Acte par lequel on renonce aux emplois les plus éminents. *Ce général d'ordre a* abdiqué. — au fig. — *sa volonté, sa dignité, tout empire sur soi-même.* On dit aussi dans ce sens, et d'une manière absolue : *S'abdiquer.*

ABDIQUÉ, ÉE, part. *La puissance qu'il a* abdiquée.

ABDITOLARVE ou NEOTTOCRIPTE, s. m. (composé du mot latin *abditus,* caché, et du mot français *larve.*) entom. Nom donné par Duméril à Une famille d'insectes hyménoptères dont les larves sont contenues dans des végétations monstrueuses, occasionnées par la piqûre de l'insecte et le dépôt de son œuf. Cette famille correspond aux dernières tribus des papivores de Latreille.

ABDOMEN, s. m. (le N sonne; du latin *abdomen,* même sens ; ce mot est composé de *abdere,* cacher, et de *omen, omentum,* enveloppe des intestins.) anat. Une des trois grandes cavités du corps, Celle qui renferme les organes de la digestion, le ventre. *Muscles de l'*abdomen. *Viscères de l'*abdomen.

ABDOMINAL, ALE, adj. Qui appartient ou se rapporte à l'abdomen. *Cavité* abdominale. *Membres* abdominaux, ou *Membres inférieurs. Muscles* abdominaux. *Viscères* abdominaux. — Le mot *abdominal* s'applique aussi à Des insectes qui ont un très-large abdomen.

ABDOMINAUX, s. m. pl. ichth. Quatrième ordre de poissons, selon Linné, pourvus d'une membrane branchiostège, et ayant les nageoires ventrales insérées en arrière des pectorales.

ABDOMINOSCOPIE, s. f. (mot formé du latin *abdomen,* bas-ventre, et du grec σκοπέω, je regarde, j'examine.) méd. Exploration de l'abdomen, pour examiner l'état des parties qui y sont renfermées.

ABDOMINOSCOPIQUE, adj. des 2 g. méd. Qui concerne l'abdominoscopie.

ABDUCTEUR, s. m. et adj. (du lat. *abductor,* abducteur et *abductio,* abduction; *abducere,* écarter.) méd. Nom générique des muscles qui produisent les mouvements d'abduction. *Muscle* abducteur *de l'aile du nez, de l'oreille, du pouce,* etc.

ABDUCTION, s. f. (V. *Abducteur.*) méd. Mouvement qui écarte un muscle, et qui l'éloigne du plan mitoyen qui est supposé partager le corps. — log. Sorte d'argument où le grand terme est évidemment contenu dans le moyen terme, mais où le moyen terme n'est pas intimement lié avec le petit terme. — phil. Élimination d'une ou de plusieurs propositions considérées désormais comme inutiles à la démonstration qu'on veut simplifier. *Raisonner par abduction.* — tact. Effet d'un mouvement qui a lieu lorsque, dans une marche, on fait passer une file ou plusieurs files en arrière.

ABÉCÉDAIRE, adj. des 2 g. Qui concerne l'alphabet. *Ordre abécédaire, Ordre alphabétique. Ignorance abécédaire, Ignorance absolue, celle d'un homme qui est encore à l'a b c.* — *Abécédaire,* subst. Petit livre où l'on apprend à lire : *Il faut un abécédaire à cet enfant.*

ABECQUER, ou ABÉQUER, v. a. (V. *Becquée.*) Donner la becquée à un petit oiseau. fam. — fauc. *Abecquer* ou *Abécher* l'oiseau, Lui donner une partie du pât pour le mettre en appétit.

ABECQUÉ, ÉE, part.

ABÉE, s. f. (de l'irl. *badh,* ouverture, baie.) Ouverture par laquelle on laisse couler l'eau d'un ruisseau, d'une rivière, sur la grande roue d'un moulin pour la mettre en mouvement, et faire moudre.

ABEILLE, s. f. (du lat. *apicula,* petite abeille, dim. de *apis,* abeille.) entom. Genre d'insectes hyménoptères, à antennes filiformes et brisées. — *Ce sont les abeilles qui nous donnent la cire et le miel. Mère abeille, ou abeille mère. L'aiguillon d'une abeille. Abeilles sauvages. Abeilles domestiques. Ruche d'abeilles. Essaim d'abeilles.* — astron. Nom d'une constellation méridionale, qui n'est pas visible dans nos climats, et qui est aussi nommée la *Mouche indienne.* — Chez les anciens, l'*Abeille* était l'image des colonies, et la marque du revers des médailles d'Éphèse, et chez les Égyptiens, l'hiéroglyphe du travail et de l'obéissance. En France, elle était le symbole de l'autorité impériale. *Le manteau de l'empereur était parsemé d'abeilles.* — hist. On appelle *abeille attique,* Xénophon, à cause du charme de son style. Ce surnom a été aussi donné à Sophocle, selon Schœl. — Nom qu'on donnait quelquefois à certaines prêtresses de Cérès, parce qu'on exigeait d'elles la vigilance, l'activité et la pureté des *abeilles.* — Selon la mythologie, les *abeilles* sont regardées comme les nourrices de Jupiter. — blas. Les *abeilles* figurent quelquefois dans les armoiries.

ABÉLANIER, s. m. bot. V. *Avelanier.*

ABEL-MOSCH, s. m. bot. Plus connu sous le nom de *graine d'ambrette, graine de musc.* C'est La graine de l'*abelmoschus moschatus,* odorante, et pour cela, employée dans la parfumerie.

ABÉPITHYMIE, s. m. méd. Paralysie du plexus solaire. — Mort causée par la cessation de l'influence des viscères abdominaux sur le système nerveux.

ABÉRAS, s. m. bot. Vieux nom de l'Ananas.

ABERRATION, s. f. (du lat. l'étym. V *Errer.*) Il se prend dans un sens moral pour signifier Erreur d'imagination, écart de jugement, fausse direction donnée aux sens. *Les aberrations de son esprit, de ses pensées, sont extrêmes. L'aberration des sens.* — opt. *Aberration de sphéricité. Aberration de réfrangibilité,* Dispersion sur divers points des rayons lumineux, partis d'un même point, lorsque réfléchis et réfractés par des surfaces courbes, ils ne peuvent plus exactement être concentrés en un même foyer. — astron. Mouvement apparent observé dans les astres, et qui est le résultat du mouvement de la lumière combiné avec celui de la terre. — méd. Dérangement dans la disposition des organes, dans la direction des fluides, dans l'exercice des fonctions, dans les sensations, dans les jugements. — *Aberration* est quelquefois synonyme d'*anomalie.*

ABÉTIR, v. a. et n. (V. *Bête.*) Rendre ou devenir stupide : *Vous abétirez cet enfant. Cet enfant abétit tous les jours,* ou s'abétit. Ce verbe, comme on le voit, est aussi pronominal.

ABÉTI, IE, part. *Elle est entièrement abétie. Il est tout abéti.*

AB'HOC ET AB HAC, (le T sonne fortement; mots latins qui signifient *d'ici et de là.*) loc. fam. et adv. Sans raison et sans ordre; on dit que Quelqu'un parle ou raisonne *ab hoc et ab hac,* pour faire entendre qu'il ne sait ce qu'il dit, et qu'il parle confusément.

ABHORRER, v. a. (du lat. *abhorrere,* même sens,

de *ab,* aug. et d'*horrere,* avoir en horreur.) Avoir en horreur. *De cette affreuse guerre il abhorre l'image.* Rac. *On aime un bon plaisant, on abhorre un caustique.* Paliss. Il se prend quelquefois comme réfl. : *Il s'abhorre lui-même depuis qu'il a commis ce crime.*

ABHORRÉ, ÉE, part. Même sig. que le verbe : *Chez nos dévôts aïeux le théâtre abhorré.* Boil. *Ces fureurs, jusqu'ici du vain peuple admirées, étaient pourtant toujours de l'Église abhorrées.* Boil. *Race abhorrée, homme abhorré de tout le monde.*

ABIÉTINE, s. f. (du latin *abies, etis,* sapin.) chim. Substance résineuse extraite de la térébenthine d'Alsace.

ABIÉTINÉES, adj. f. pl. (V. *Abiétine.*) bot. Nom d'une des tribus établies par Richard, dans la famille des conifères.

ABIÉTIQUE, adj. m. (V. *Abiétine.*) chim. Se dit de L'acide qu'on trouve dans la résine de sapin.

ABIGEAT, (mot lat., lequel sig., *qu'il chasse, qu'il emmène.*) t. d'anc. droit crim. Délit de celui qui s'approprie les troupeaux d'autrui, en les détournant dans les champs, dans les prairies.

ABIME, s. m. (du latin *abyssus,* gouffre, abime; comp. de α priv. et de ἔυθός, ἐυσσός, fond.) Gouffre immense et très-profond. Endroit de la mer dont le fond ne peut être trouvé : *La nature a creusé dans cette mer des abimes dont la sonde ne peut trouver le fond.* Barth. — Il se dit, en style soutenu ; pour désigner Les profondeurs de la terre et de la mer : les *abimes de la mer, de la terre ;* dans le style de l'Écriture, désigne l'Enfer : *Dieu précipita les anges rebelles dans l'abime.* — fig. *Un abime appelle un autre abime,* signifie qu'Un excès amène un autre excès. *Abime de malheur, Abime de misère,* pour indiquer Un malheur, une misère extraordinaire. *Creuser un abime sous les pieds de quelqu'un,* Travailler à le ruiner. *Être sur le bord de l'abime,* Sur le point d'être ruiné. — *Le jeu, les procès sont des abimes ;* on entend par là que Le jeu et les procès précipitent dans d'excessives dépenses, et qui sont capables de ruiner. — Il signifie encore Les choses trop au-dessus de l'esprit humain pour qu'il puisse les comprendre : *Dieu, dont les jugements sont des abimes.* Fléch. *Les abimes de sa sagesse, de sa miséricorde.* — *L'infini est l'abime du raisonnement,* en parlant des Sciences, qui sont si vastes qu'on risque de s'y égarer. *L'étude des mathématiques est un abime.* — Il indique aussi l'étendue, la capacité : *Cet homme est un abime de science.* — arts et mét. Vaisseau de bois dans lequel on met le suif fondu pour y plonger les mèches avec lesquelles on forme les chandelles à la baguette. — blas. Il se dit Du centre de l'écu, quand il porte une pièce qui ne charge aucune de celles qui l'entourent. *Il porte trois besaces d'or avec une fleur de lis en abime.*

ABIMER, v. a. (V. *Abime.*) Précipiter dans un abime : *Dieu abima les cinq villes pécheresses. Dieu résolut enfin, terrible en sa vengeance, d'abimer sous les eaux tous ces audacieux.* Boil. — au fig. Perdre entièrement : *Ses folles dépenses l'ont abimé. Un ennemi puissant et vindicatif vous abimera.* — On dit hyp. : *L'orage a abimé les moissons ; les pluies ont abimé les chemins ; le mauvais temps a abimé cet habit.* On trouve dans l'Académie *Abimer* employé neutralement : *Cette maison abima tout à coup ;* et fig. *C'est un méchant homme, il abimera avec tout son bien.* — S'ABIMER, v. pron. S'écrouler. *Cette maison s'abima. Ce vaisseau fracassé s'abima tout à coup.* — fig. : S'abimer *dans ses pensées,* S'y plonger avec excès ; et dans le même sens, S'abimer *dans l'étude de la création, dans la contemplation des merveilles de la nature;* s'abimer *dans les plaisirs, dans le libertinage, dans la douleur.* — Se ruiner, se perdre : *Il s'est abimé par son luxe, par ses débauches.* — On dit fam. et hyp. : *Le costume s'abime à la poussière.*

ABIMÉ, ÉE, part. Il se prend dans les mêmes acceptions que ce verbe : *Une ville abimée par un tremblement de terre. J'ai vu madame votre tante, qui m'a paru abimée en Dieu.* Mme DE SÉVIG. — *Des âmes... enfoncées et comme abimées dans les contrats, les titres et les parchemins.* La Br. — *Un habit, un meuble abimé de taches.*

AB INTESTAT, sorte d'adv. (mots lat. *ab, de, par, intestatus,* qui n'a pas testé, point fait de testament. V. *Intestat.*) jurisp. *Hériter ab intestat,* Hériter de quelqu'un qui n'a point fait de testament. *Héritiers ab intestat. Succession ab intestat.*

AB IRATO, adv. (mots lat. qui signifient De la part d'un homme irrité, ou d'un état d'irritation.) Il se

dit d'Une chose faite par une personne en colère. *Satire ab irato.* — jurispr. *Testament ab irato,* se dit d'Un testament qui se ressent des mauvaises dispositions où était le testateur à l'égard d'une personne intéressée.

ABIRRITANT, ANTE, adj. méd. Qui diminue l'irritation.

ABIRRITATIF, IVE, adj. méd. Qui a le caractère de l'abirritation.

ABIRRITATION, s. f. Absence ou défaut d'irritation. — méd. Diminution des phénomènes vitaux dans les tissus organiques.

ABIRRITER, v. a. méd. Diminuer l'irritation.

ABIRRITÉ, ÉE, part.

ABJECT, ECTE, adj. (du lat. *abjectus,* rejeté, part. de *abjicio,* repousser, éloigner ; V. *Jeter; abjectio,* rejet, abjection). Rebuté, rejeté, bas, vil, méprisable, dont on ne fait nul cas. *Ame abjecte ! c'est une triste philosophie qui te rend semblable aux bêtes.* J.-J. Rouss. On dit aussi : *Un langage abject. Des mœurs abjectes. Des emplois abjects.* fig. *Des sentiments abjects*

ABJECTION, s. f. (V. *Abject.*) État d'abaissement, d'avilissement, de mépris : *Il est tombé dans une extrême abjection.* — Il se dit encore De la chose qui rend méprisable : *L'abjection de ses mœurs, de son caractère, de ses sentiments.* — Ce mot se dit, dans l'Écriture, De la personne même qui est dans l'abjection. — On dit en parlant des douleurs et de l'abaissement de J.-C., *Qu'il était l'opprobre des hommes et l'abjection du peuple.*

ABJURATION, s. f. (V. *Abjurer.*) Action publique et solennelle, par laquelle on renonce à une religion, à des croyances. Il se dit De la personne qui abjure, et de la chose qu'elle abjure : *L'abjuration de Henri IV eut lieu à Saint-Denis. On lui imposa l'abjuration de ses erreurs. Abjuration publique, abjuration solennelle. Il fit son abjuration entre les mains de son évêque.* — Acte par lequel on constate cette renonciation : *J'ai obtenu une copie de cette abjuration.* — par extens., Renonciation à des principes, à une doctrine : *Par l'abjuration de ses anciens principes, cet homme s'est fait beaucoup d'honneur.* — Il se dit aussi de la renonciation à une passion : *Il a fait abjuration d'une passion aussi funeste.*

ABJURATOIRE, adj. des 2 g. (V. *Abjurer.*) Qui concerne l'abjuration.

ABJURER, v. a. (du lat. *abjurare,* nier, renier avec serment, d'où *abjuratio,* reniement, abjuration ; rac. *ab,* loin, hors, et *jurare,* jurer, prêter serment). Renoncer solennellement, par serment et acte public, à une religion, à des croyances regardées comme fausses. — *le judaïsme, le mahométisme, les croyances hérétiques.* — On dit dans un sens absolu, *Abjurer.* Il a *abjuré à Saint-Denis entre les mains de tel prélat.* — fig. Il se dit d'Une doctrine, de principes, d'une opinion, d'une erreur. *Il a abjuré les doctrines de son maître, les principes de telle école. Il a abjuré l'opinion qu'il avait si longtemps défendue. Il abjure l'erreur après l'avoir professée.* — On dit aussi : *Abjurer des soupçons, des craintes, des scrupules. Il avait abjuré toute pudeur, tout sentiment d'humanité.* — *Abjurer Aristote, Platon,* pour , Abjurer *la doctrine d'Aristote, de Platon.*

ABJURÉ, ÉE, part.

ABLACTATION, s. f. (du lat. *ablactare,* sevrer, *ablactatio,* action de sevrer, rac. *ab,* loin, hors, sans; et *lactare,* allaiter; *lac, lactis,* lait.) — méd. Cessation de la lactation, en parlant de la mère, et Sevrage, en parlant de l'enfant. Ce mot est peu usité.

ABLANIER, s. m. bot. Arbre de la Guiane, du genre des trichocarpes.

ABLAQUE, s. f. moll. Nom donné à la soie produite par le byssus de la pinne-marine.

ABLAQUÉATION, s. f. agric. Action de creuser une petite fosse aux pieds des arbres, pour y retenir l'eau.

ABLATEUR, s. m. (du lat. *ablator,* qui enlève, emporte, *ablatio,* action d'enlever, du v. *auferre, abstuli, ablatum.*) art vét. Instrument avec lequel on abat la queue des brebis plus promptement qu'avec la cisaille ; la lame, mise en action par un ressort, s'échappe au moyen d'une détente placée au-dessus.

ABLATIF, s. m. gram. Le sixième cas dans les noms latins. Il exprime en général Le lieu d'où une chose est enlevée ; c'est ce que veut dire son nom. Le même rapport est ordinairement exprimé en français par la préposition *de : Il est parti de Paris*

ABLATION, s. f. (V. *Ablateur.*) chir. Action d'emporter, d'extraire, de retrancher du corps une partie quelconque. *L'ablation partielle ou complète d'un membre, d'un organe, d'une tumeur,* etc.

ABLATIVO, loc. adv. Qui ne s'emploie guère que dans l'exemple suivant : *Il a mis ses livres ablativo tout en un tas,* Tous ensemble, en désordre et avec confusion.

ABLE, ABLET ou ABLETTE, s. f. ichth. Petit poisson du genre cyprin, dont les écailles servent à faire de fausses perles. Réduites en poudre, ces écailles portent le nom d'*Essence d'Orient*.

ABLÉGAT, s. m. (du lat. *ablegatus,* part. de *ablegare,* envoyer au loin; *ablegatio,* envoi, renvoi. rac. *ab,* loin, *legare,* députer, envoyer). Vicaire d'un légat.

ABLÉGATION, s. f. (V. *Ablégat.*) hist. eccl. Dignité, fonctions de l'ablégat.

ABLEPSIE, s. m. (du grec ἀβλεψία, cécité; comp. de α priv., et de βλέπω, je vois.) méd. Perte des facultés intellectuelles.

ABLET, s. m. pêch. Appât qui sert à prendre le petit poisson. — fig. et prov. Les éclairs de chaleur qui, le soir, en automne, viennent présager le premier attendrissement du raisin.

ABLERET, s. m. pêch. Filet que l'on attache au bout d'une perche, avec lequel on pêche des ablettes et d'autres petits poissons.

ABLIER, s. m. pêche. Filet de fils très-fins, employé surtout pour prendre des ablettes.

ABLUANT, adj. et s. m. (de *abluere,* laver.) chir. Remède qui a la faculté de nettoyer, au moyen de ses molécules aqueuses, les surfaces organiques des matières tenaces qui les souillent.

ABLUER, v. a. Faire revivre l'écriture à l'aide d'une liqueur faite avec la noix de galle.

ABLUÉ, ÉE, part.

ABLUTION, s. f. (du lat. *ablutio,* même sens, du v. *abluere,* laver, nettoyer; rac. *ab,* et λούω, dont les Latins ont fait *lavo.*)—Il se dit principalement 1° Du vin que le prêtre prend après qu'il a communié; 2° Du vin et de l'eau qui sont versés après la communion sur les doigts du prêtre et dans le calice. — Le vin et l'eau que les premiers chrétiens prenaient après la communion. — Cérémonie religieuse pratiquée chez les Romains, les Juifs, les Musulmans et les Indous. *Chez les Romains, les ablutions précédaient les sacrifices. Les Indous font leurs ablutions dans le Gange.* — Action de nettoyer les habits chez les moines.— pharm. Lavage à l'aide duquel on isole des médicaments les matières étrangères qui peuvent s'y trouver mêlées.

ABNÉGATION, s. f. (du lat. *abnegatio,* renoncement, refus; de *ab* et *negare,* nier, refuser.). Renoncement à tout intérêt personnel en vue de Dieu. *Il a fait abnégation de lui-même, - de tout intérêt.*— fig. Renonciation à des droits, à des prérogatives, à son opinion. *Ce prince a fait abnégation de ses plus belles prérogatives. Je suis assez accommodant pour faire en votre faveur abnégation de tout sentiment personnel.*

ABOI, s. m. (l'étym. d'*aboi, aboyer,* n'est pas facile à donner; ceux qui ne voient là qu'une onomatopée ne font que mettre au grand jour leur parfaite ignorance en cherchant à la dissimuler. Je crois que les mots lat. *boatus, boare,* qui présentent une idée analogue, nous ont donné *aboi, aboyer,* et aux Italiens *abajare*). Cri du chien. *Rien de plus assourdissant que l'aboi de ce chien.* — Il est moins usité qu'*aboiement*.

ABOIEMENT ou ABOÎMENT, s. m. Cri du chien. *Les aboiements de ce chien troublent mon sommeil. Ses longs aboiements m'étourdissent.*

ABOIS, s. m. pl. (ce ne peut être le pl. du mot *aboi*; il vient présumablement du kym. *abwyd,* proie, fait du préf. *a* et de *bwyd,* nourriture, vivre, aliment. Le sens figuré se sera d'autant plus aisément introduit en français, que *abwy,* tout semblable à *abwyd,* signifie *corps mort, cadavre.*) Extrémité où le cerf se trouve réduit, lorsque de toutes parts il est assailli par les chiens qui le pressent et le déchirent : *Ce cerf n'en peut plus; il sera bientôt aux abois.* On dit aussi dans le même sens, *Tenir les abois.* — fig. *Être aux abois,* se dit de Quelqu'un qui est près de mourir, ou qui a épuisé toutes ses ressources : *Il était aux abois, son médecin l'avait abandonné. Il a tout perdu, il est aux abois.*—On dit encore, en parlant d'une forteresse qui ne peut plus se défendre : *Cette citadelle est aux abois.* Boileau a dit en parlant du Palais : *Où l'on voit tous les jours l'innocence aux abois.*

ABOLIR, v. a. (du lat. *abolere,* qui a le même sens, et qui est composé de *ab* et de ὄλλυμι, ὀλέω, perdre, détruire.) Annuler, détruire, mettre hors d'usage : *Les nouveaux usages abolissent les anciens. Louis XIV fit un édit pour abolir les duels. Quelques anciens législateurs ont fait des lois pour abolir les dettes. Le Christianisme a aboli le culte des faux dieux.*—Dans l'ancienne jurisprudence, *Abolir un crime,* En arrêter, en interdire la poursuite par un acte d'autorité souveraine. — S'ABOLIR, v. pron. Être détruit, cesser d'être en usage : *Les lois de Dracon s'abolirent d'elles-mêmes. Cette vieille pratique s'est abolie.* — jurispr. *Au bout d'un certain nombre d'années, tout crime s'abolit,* Il est couvert par la prescription, il ne peut plus être poursuivi.

ABOLI, IE, part. *Crime aboli, coutume abolie.*

ABOLISSABLE, adj. des 2 g. Qui est de nature à être aboli, qu'on peut, qu'on doit abolir.

ABOLISSEMENT, s. m. (V. *Abolir.*) Action d'abolir : *l'abolissement des anciens usages.*

ABOLITION, s. f. (du lat. *abolitio,* même sens, V. *Abolir.*) Extinction, destruction, anéantissement opéré par une longue désuétude : *Abolition d'un culte, d'une cérémonie, d'un ordre, d'un tribunal, d'un impôt.*—jurispr. Il signifiait Le pardon que le prince accordait d'autorité absolue, pour un crime qui, par les ordonnances, ne pouvait être remis : *Abolition générale, lettres d'abolition. Il a eu, il a pris, il a obtenu son abolition. Le Parlement a entériné son abolition, ses lettres d'abolition.*—On appelait *Porteur d'abolition,* Celui par qui les lettres d'abolition avaient été obtenues.

ABOLITIONNISTE, s. m. (V. *Abolir.*) Partisan de l'abolition de l'esclavage en Amérique. — Il est aussi adj. : *Doctrine abolitionniste.*

ABOMASUS ou ABOMASUM, s. m. (*ab,* sous; *omasum,* panse.) anat. On appelle ainsi la caillette ou quatrième estomac des animaux ruminants.

ABOMINABLE, adj. des 2 g. (V. *Abomination.*) Ce qui mérite d'être détesté, ce qui est ou ce qui doit être en horreur. *Un homme abominable, une abominable calomnie, des écrits abominables.*—Il se dit par exagération, De tout ce qui est extrêmement mauvais : *Un drame, une musique abominable; une saison, un climat abominable ; un mets, une saveur, une odeur abominable.*

ABOMINABLEMENT, adv. (V. *Abomination.*) D'une manière qui est ou qui mérite d'être en horreur. *Il s'est conduit abominablement envers moi.* Il se dit aussi par exagération : *Il parle, il écrit, il chante abominablement.*

ABOMINATION, s. f. (Abomination, abominable et l'anc. abominer viennent du lat. *abominari,* d'où *abominatio* et *abominabilis,* p. *abominandus,* repousser comme un mauvais présage : omen; abhorrer, détester.) Exécration, aversion extrême. *Cet homme est en abomination à toute la terre.* Ce mot se dit aussi De la personne qui est en abomination. *Ce scélérat est l'abomination de tous les gens de bien.*—Ce mot s'emploie encore pour désigner Les actions qui sont ou qui méritent d'être en horreur : *Cette troupe de bandits a commis nombre d'abominations dans cette contrée. Les abominations des Gentils pour le culte idolâtre. L'abomination de la désolation,* locution empruntée à l'Écriture sainte, et qui indique Les plus grands excès de l'impiété, le comble de la profanation.

A-BON-COMPTE, s. m. adm. mil. Se dit d'Un paiement provisoire à régulariser ou à compléter.

ABONDAMMENT, adv. (V. *Abonder.*) En grande quantité : *Cette source coule abondamment. Il pleuvait abondamment. Il possède abondamment tout ce qui peut satisfaire ses désirs. Le Ciel abondamment répand sur lui ses dons.*—Il signifie aussi quelquefois Amplement : *Les règles de la rhétorique sont abondamment expliquées dans ce livre. Ce sujet fournirait abondamment de quoi remplir les cinq actes d'une tragédie. Cette dissertation prouve abondamment, démontre abondamment la vérité qui avait été attaquée.*

ABONDANCE, s. f. (V. *Abonder.*) Quantité considérable, quantité plus que suffisante : *Il répandait une abondance de larmes. Vivre dans l'abondance des biens de la terre.*—Il se dit encore absolument pour indiquer Les biens de la terre et les choses nécessaires à l'homme. Boileau a dit en parlant d'un avare : *Rencontrant la disette au sein de l'abondance.*
—*Parler d'abondance* signifie Parler sans préparation; *Parler avec abondance,* Parler avec une facilité unie à une grande variété d'expressions; *Parler d'abondance de cœur,* Parler avec une entière confiance. On dit aussi proverb. : *La bouche parle de l'abondance du cœur,* pour faire entendre qu'on ne peut retenir les pensées, les sentiments dont l'âme est remplie. — *Corne d'abondance,* Corne remplie de fruits et de fleurs, dont on fait le symbole de la richesse. En économie domestique, on appelle *abondance* un mélange d'un peu de vin et de beaucoup d'eau servant de boisson aux écoliers.

ABONDANT, ANTE, adj. (V. *Abonder.*) Qui possède, produit, ou se trouve en quantité plus que suffisante. *Contrée abondante en troupeaux, en moissons ; maison abondante en richesses ; style abondant en comparaisons.* Il se prend aussi absolument : *Une récolte abondante; une pluie abondante; une abondante nourriture.* Une langue *abondante* est Celle qui fournit à celui qui s'en sert un grand nombre d'expressions pour exprimer les pensées avec toutes leurs nuances. Un style *abondant* est Un style dont les expressions coulent naturellement et comme de source. Un écrivain *abondant* est Celui qui écrit d'une manière facile et naturelle. — arith. Un *nombre* entier est dit *abondant,* lorsque la somme de ses parties aliquotes est plus grande que le nombre lui-même. (V. les mots *Parfait, Défectif.*)

D'ABONDANT, loc. adv., qui a vieilli, et qui signifie De plus, en outre : *Je vous ai déjà convaincu par ce que je vous ai dit, j'ajouterai d'abondant....*

ABONDER, v. a. (du lat. *abundare,* déborder, regorger, abonder, et qui a donné *abundans, - tis,* abondant; *abundanter,* abondamment; *abundantia,* abondance; rac. *unda,* flot, onde.) Avoir ou se trouver en quantité plus que suffisante : *Cette campagne abonde en herbages; ce vivier abonde en poissons. Les fruits abondent dans ce verger; les marchandises abondent dans ce magasin.* — Se dit aussi de Quelqu'un qui est attaché à son opinion, et de Celui qui s'attache à l'opinion d'un autre : *Il abonde dans son propre sens; il abonde dans le sens de ce jurisconsulte.*— On dit en jurisprudence : *ce qui abonde ne vicie ou ne nuit pas,* pour Faire entendre soit qu'un argument ou un droit de plus ne peut nuire dans une affaire, soit que l'observation d'une formalité qui, sans être défendue, n'est pas prescrite, ne saurait être préjudiciable.

ABONNATAIRE, s. des 2 g. (V. *Abonner.*) adm. Agent comptable qui reçoit les denrées pour la manutention desquelles il a passé un abonnement. — Celui ou celle qui s'abonne. — Celui ou celle qui doit s'abonner à un journal. *Le style piquant de ce journal doit plaire aux abonnataires et les transformer bientôt en abonnés.* — *Abonnataire d'un canal d'irrigation,* Celui qui obtient une concession d'eau par abonnement.

ABONNEMENT, s. m. (V. *Abonner.*) Convention par laquelle on obtient, pour un temps déterminé, une chose ou un avantage, à un prix inférieur au prix ordinaire : - *pour prendre des repas; - pour prendre des bains. Faire obtenir un abonnement avantageux. Contracter un abonnement désavantageux. Payer par abonnement. Proposer un journal par abonnement. Établir des concerts par abonnement. Prendre, recevoir des abonnements à un spectacle.* — On dit, en parlant d'Une représentation dramatique, que les *Abonnements sont suspendus,* Quand les abonnés d'un spectacle sont obligés de payer leurs places comme les personnes qui n'ont point d'abonnement. On dit encore que Certains *impôts s'acquittent par abonnement,* en parlant d'Une convention à prix fixe pour l'acquittement d'une taxe.

ABONNER, v. a. (ce mot paraît venir du v. *Bonne,* qui signifiait borne, limite : en effet, *abonner,* limiter, taxer quant au prix et quant au temps. *Bonne* est un mot kym.; br. *bonn,* pl, *bonnou,* bornes, limites.) Contracter un abonnement pour un autre et en son nom : *Il m'a abonné à ce journal, à tel spectacle.* — On disait autrefois dans ce sens : *On a abonné cette province à telle somme,* pour Indiquer que, moyennant la somme fixée, cette province a été exemptée de toute autre contribution. — S'ABONNER, v. pron. Contracter un abonnement pour soi - même et en son propre nom : *Je me suis abonné à cette revue, à ce théâtre. Ce marchand de vin s'est affranchi de l'exercice en s'abonnant avec la régie.*

**ABONNÉ, ÉE**, part. Il se prend subst. : *Ce journal a très-peu d'abonnés. Je suis un des abonnés de ce théâtre.*

**ABONNIR**, v. a. (V. *Bon.*) Rendre bon ou meilleur : *Cette cave est assez fraîche pour* abonnir *votre vin.* — v. n. *C'est un méchant homme qui n'*abonnira *jamais.* — **S'ABONNIR**, v. pron. *Ce vin s'est* abonni *en traversant la mer.* Les deux dernières acceptions de ce verbe commencent à vieillir.—poter. Faire sécher la terre à demi, la mettre en état d'être rebattue.

**ABONNI, IE**, part.

**ABONNISSEMENT**, s. m. techn. Action d'abonnir ; effet de cette action.

**ABORD**, s. m. (V. *Bord.*) Approche, accès, terrain qui avoisine une ville, une citadelle, une maison : *Les* abords *d'une place de guerre.* — mar. Il se dit surtout des Lieux où les vaisseaux peuvent mouiller : *Cette côte, ce port, cette rade est de facile abord, de difficile abord.* Il se dit aussi de l'Action d'aborder dans un port ou à une côte : *Nous tentâmes l'abord de cette plage. A notre abord dans l'île, nous fûmes attaqués par les naturels du pays.*—Il se dit, au fig., de l'Accueil que l'on reçoit des personnes dont on s'approche : *Cette personne est d'un abord facile, gracieux, bienveillant... d'un abord rude, fâcheux, désobligeant.* — Affluence de personnes, abondance de choses : *Il y avait dans cette ville un grand abord de personnes. Il y a sur ce marché un grand abord de denrées.* Cette dernière acception a vieilli. — mar. Commandement qu'on fait en mer pour faire venir un navire à bord de son bâtiment : *Abord ! abord !* Accoste à bord.

· **A L'ABORD, D'ABORD, TOUT D'ABORD, DÈS L'ABORD, AU PREMIER ABORD, DE PRIME-ABORD**, loc. adv. et fig., signifient Dès le premier instant, premièrement, au commencement, sur-le-champ : *A l'abord de cette question, j'aurai quelques réserves à proposer.......Il faut d'abord employer la douceur..... Il a pensé tout d'abord que je ne lui résisterais pas.... Il m'a offert dès l'abord tout ce que je lui demanderais.... Au premier abord, nous nous sommes entendus.... Il m'a reconnu de prime-abord.* — Commencement d'une action.

**ABORDABLE**, adj. des 2 g. (V. *Aborder.*) mar. *Cette côte, ce rivage est peu abordable en hiver. Les rescifs qui hérissent ces parages ne les rendent abordables que difficilement.* — au fig. Qui est de facile abord : *Cet homme est fort abordable.... Il n'est pas* abordable.

**ABORDAGE**, s. m. (V. *Aborder.*) Action d'aborder un vaisseau dans un combat : *Aller à l'abordage. Ce vaisseau fut pris à l'abordage, par abordage.*—On dit encore *Sauter à l'abordage, tenter, manquer l'abordage. L'abordage est devenu presque impossible par la nouvelle manière dont on construit les vaisseaux.* —Il se dit encore de Deux bâtiments qui viennent à s'entrechoquer : *Dans les gros temps, ce qu'il y a le plus à craindre, c'est l'abordage. La frégate française fit un abordage au vaisseau anglais. La corvette avait malheureusement reçu un abordage.*

**ABORDER**, v. n. (V. *Bord.*) mar. Prendre terre, toucher à bord : *Les vents contraires soufflaient avec trop de force pour que nous pussions aborder. La côte à laquelle nous abordâmes était couverte de coquillages. Nous courûmes au rivage où avaient abordé les naufragés. Ils abordèrent dans une ville où régnait un printemps perpétuel. Nous abordâmes au bâtiment que nous avions hélé.* Dans cette dernière phrase, *Aborder* signifie Diriger son embarcation de manière à toucher un bâtiment sans le heurter. — Ce verbe est aussi actif : *Nous ne pûmes aborder la côte sans éprouver quelques avaries. Aborder un vaisseau ennemi,* signifie Y monter de vive force : *Ces deux vaisseaux se sont abordés.* — *Nous abordâmes la corvette qui nous convoyait,* signifie que Les deux vaisseaux se sont heurtés, qu'on s'est heurté contre la corvette, etc. — Approcher ; il se construit avec la prép. de : *On ne peut aborder de ce palais tant le peuple s'y presse.* Ce verbe a vieilli employé dans ce sens. — v. a. au fig. Accoster quelqu'un pour lui parler : *Je n'ai pu aborder le ministre. J'ai abordé votre ami dans la rue.* — Commencer : *Aborder une question, une discussion, un sujet. Cette question est difficile à aborder, pour dire que Cette question est délicate et demande des ménagements.* — fauc. Aborder la remise, S'approcher de l'endroit où la perdrix s'est réfugiée. — **S'ABORDER**, v. récip. *Ils se sont abordés dans cette promenade.*

—mar. S'aborder de franc-étable, se dit De deux bâtiments qui, marchant en sens contraire, s'abordent de façon que les deux étraves se choquent l'une contre l'autre.

**ABORDÉ, ÉE**, part.

**ABORDEUR**, s. m. (V. *Aborder.*) mar. Celui qui aborde ou qui fait un abordage. *Vaisseau abordeur.*

**ABORIGÈNES**, s. m. pl. (du lat. *aborigines,* qui désignait les premiers habitants de l'Italie : rac. *origo, -inis,* origine ; les Aborigènes sont ceux qui habitent un pays dès l'origine.) Naturels d'un pays, premiers habitants : *Les Aborigènes ne sont pas au Mexique aussi nombreux que les Européens.*

**ABORNEMENT**, s. m. (V. *Borne.*) Action d'aborner ; effet qui résulte de cette action. *L'abornement est nécessaire pour distinguer les propriétés de chacun.*

**ABORNER**, v. a. (V. *Borne.*) Planter des bornes, poser des limites. — Marquer l'étendue d'un terrain par des bornes : *Aborner un champ, un pré.*

**ABORNÉ, ÉE**, part.

**ABORTIF, IVE**, adj. (du lat. *abortivus,* même sens ; du v. *aboriri,* avorter.) Venu avant terme, qui n'a pu acquérir tout son développement ; chétif : *Un enfant abortif. Feuille abortive. Fruits abortifs.* — méd. *Enfant abortif,* ou *avorton,* Né avant l'époque où il est réputé viable. — *Substances abortives,* Qui ont pour résultat de provoquer l'avortement. — bot. Il se dit de Certaines plantes qui ont une ressemblance, quoique bien imparfaite, avec la figure de l'homme.

**ABOT**, s. m. Espèce d'entrave qu'on met au pâturon afin de retenir les chevaux dans les pâturages.

**ABOUCHEMENT**, s. m. (V. *Aboucher.*) Entrevue ou entretien entre deux ou plusieurs personnes : *L'abouchement de ces deux hommes d'État n'eut aucun succès.* Il commence à vieillir. — anat. Union, anastomose de deux vaisseaux. — arts et mét. Point de jonction de deux tuyaux.

**ABOUCHER**, v. a. (du subst. *bouche;* en effet, *aboucher* deux personnes c'est Les faire approcher l'une de l'autre, les mettre *bouche à bouche.*) Réunir en un même lieu deux ou plusieurs personnes pour une entrevue, une conférence : *J'ai abouché ces ministres.* — **S'ABOUCHER**, v. récip. *Ces deux princes se sont abouchés, ou doivent s'aboucher au premier jour.* Il est aussi réfl., et l'on dit : S'aboucher avec quelqu'un. — anat. Il se dit de Deux vaisseaux qui se réunissent et se communiquent.

**ABOUCHÉ, ÉE**, part.—arts et mét. *Ces deux tuyaux sont abouchés l'un à l'autre;* c'est-à-dire, Appliqués l'un à l'autre du côté de leurs ouvertures.

**ABOUCHOUCHOU**, s. m. comm. Drap de laine qui se fabrique en Languedoc, et s'expédie au Levant.

**ABOUEMENT**. s. m. men. (V. **BOUEMENT**.)

**ABOUQUEMENT**, s. m. sal. et admin. Addition de nouveau sel sur un meulon.

**ABOUQUER**, v. a. sal. Faire un abouquement. — Aboucher. Vieux en ce sens.

**ABOUQUÉ, ÉE**, part.

**ABOUT**, s. m. charp. Extrémité des pièces de bois employées, depuis une entaille ou une mortaise. — Bout de planche joint au bout d'un bordage ou à l'extrémité d'une autre planche qui se trouve trop courte. — pap. Base du cylindre qui broie les chiffons pour fabriquer le papier. — couv. *Manier about,* Relever l'ardoise ou la tuile d'un toit, pour réparer le lattis, remettre les tuiles cassées, etc.— pav. Relever le pavé d'une rue, etc., pour renouveler la forme des pavés et replacer ceux qui sont cassés ou usés.

**ABOUTEMENT**, s. m. arts et mét. Action d'abouter ; résultat de cette action.

**ABOUTER**, v. n. arts et mét. Joindre deux choses bout à bout. — (S') v. pr. Se joindre par les bouts.

**ABOUTÉ, ÉE**, part. — Il est aussi adj. blas. Se dit Des pièces d'armoiries dont les bouts se joignent en croix, ou se répondent par les bouts ou par les pointes.

**ABOUTIR**, v. n. (V. *Bout.*) Se terminer, toucher d'un bout à...· tendre à... : *Ce champ aboutit au grand chemin. Cette pièce de terre aboutit à un marais.*—au fig. Il se dit d'Une affaire, d'un raisonnement, d'une entreprise : *Tous ces projets n'aboutiront à rien. Cette affaire n'a abouti qu'à sa ruine. Ce raisonnement a abouti à convaincre son adversaire.*—méd. vét. *Aboutir,* Venir à bout, finir, se terminer : *Cette tumeur inflammatoire aboutira à la suppuration.*—On trouve quelquefois ce verbe em-

ployé avec l'aux. *être : Tant qu'enfin au baiser le tout est abouti,* LA FONT. —jard. Boutonner, pousser des boutons. On dit aussi *S'aboutir* en ce sens. — hydraul. Raccorder un gros tuyau sur un petit, au moyen d'un collet ou tambour de plomb. (V. *Amboutir.*)

**ABOUTI, IE**, part.

**ABOUTISSANT, ANTE**, adj. Qui aboutit : *Une forêt aboutissante à une rivière.* Il s'emploie au pluriel substantivement : *Connaître les tenants et les aboutissants d'une affaire,* En connaître toutes les circonstances. — droit. *Les tenants et aboutissants d'un héritage,* sont Les héritages ou pièces de terre qui y sont adjacentes : *En matière réelle ou mixte , les exploits doivent énoncer deux au moins des tenants et aboutissants de l'héritage litigieux.*

**ABOUTISSEMENT**, s. m. (V. *Aboutir.*) Action d'aboutir ; il se dit d'Une tumeur, d'un abcès qui vient à crever. Il vieillit. — coutur. Pièce d'étoffe que l'on coud à une autre pour l'allonger.

**AB OVO**, loc. adv. (du lat. *ab ovo,* mot à mot, dès l'œuf, par allusion à un poète qui, ayant à parler des Tyndarides, était remonté jusqu'aux œufs de Léda.) Dès l'origine, dès le commencement : *Prendre un récit, un événement, un fait ab ovo.*

**ABOYANT, ANTE**, adj. Des dogues aboyants, des meutes aboyantes.

**ABOYER**, v. n. (V. *Aboi.*) Il ne se dit au propre que D'un chien qui jappe : *Ce chien aboie à la lune, aux voleurs, après les passants, contre tout le monde.* On dit proverb. et fig. : *Tous les chiens qui aboient ne mordent pas,* Les gens qui menacent ne sont pas le plus à craindre. On dit : *C'est aboyer à la lune,* en parlant D'un homme qui crie inutilement contre un plus fort que lui. — *Aboyer après un emploi, une succession,* Les désirer ardemment. — Crier après quelqu'un, le poursuivre d'une manière importune : *Nous avons de tous côtés des gens qui aboient après nous.* MOL.

**ABOYÉ, ÉE**, part. On ne l'emploie guère qu'au fig. : *Un débiteur aboyé de tous ses créanciers.*

**ABOYEUR**, s. m. (V. *Aboi.*) chass. Chien qui aboie : *Là, l'on voit la biche légère, loin du sanguinaire* aboyeur. RAC. — au fig. Celui qui poursuit une chose ou qui la désire passionnément : *Aboyeur d'emplois, d'héritages, de fortune.* Ce sens a vieilli. — Celui qui fatigue par d'importunes criailleries, par des injures réitérées : *Ce créancier est un fâcheux* aboyeur. *Ce journaliste n'est qu'un aboyeur de parti.* — Crieur volontaire qui se tient à la porte des théâtres pour appeler les voitures, et avertir les maîtres de leur arrivée. fam. — ornith. Oiseau échassier du genre chevalier, dont le cri a quelque rapport avec l'aboiement du chien.

**ABRACADABRA** ou **ABRACALAN**, s. m. Terme cabalistique, auquel nos pères attribuaient des vertus magiques pour la guérison de la fièvre hémitritée ; mais pour arriver à cet heureux résultat, il fallait qu'ils le portassent autour du cou, écrit d'une certaine manière.

**ABRACHIE**, s. f. (*abrakie* : α priv. et βραχίων, bras.) anat. État d'un fœtus qui n'a pas de bras.

**ABRANCHE**, adj. ( du grec α privatif et βράγχια, ouïes de poisson.) annél. Qui n'a pas de branchies : *Les abranches forment un ordre d'annélides établi par Cuvier sous la considération de l'absence des branchies.*

**ABRANPLE**, s. f. ichth. Nom vulgaire de la lotte, *gadus lotta.*

**ABRAQUER**, v. a. mar. V. **AMBRAQUER**.

**ABRAS**, s. m. forg. Garniture de fer qui entoure le manche d'un marteau de forge.

**ABRASION**, s. f. chir. Ulcération superficielle, avec perte de substance, de la membrane interne des intestins ; ulcération de la peau.

**ABRAXAS**, s. m. Sorte d'amulette, pierre gravée, chargée de figures symboliques, et portant ordinairement le mot Αβραξας. Ces monuments appartiennent au culte d'une divinité du même nom inventée par les Basilidiens, secte gnostique du 11e siècle de l'ère chrétienne. *Un abraxas bien conservé. C'est à tort qu'on confond parfois les abraxas avec certaines amulettes égyptiens.*

**ABRÉGÉ**, s. m. (V. *Abréger.*) Écrit dans lequel est résumé succinctement ce qui est ou pourrait être exprimé avec plus d'étendue : *Cet auteur a fait un abrégé de son propre ouvrage. Voici un abrégé d'histoire de France. Ce savant a composé un excellent abrégé de physique.* — Réunion de tout ce qu'il y a de plus parfait dans un vaste ensemble : *Pythagore regardait l'homme comme un abrégé de l'univers.* — mus. Mécanisme qui, dans l'orgue, transmet aux soupapes des sommiers respectifs le mouvement des touches du clavier.

ABRÉGÉ (EN) loc. adv. En peu de paroles : *Je vais vous conter cette histoire* en abrégé. — Par abréviation : *Il a écrit* en abrégé *l'indication demandée.*

ABRÉGEMENT, s. m. Action d'abréger, raccourcissement. Peu usité.

ABRÉGER, v. a. (du lat. *abbreviare*, même sens ; dont la racine est *brevis*, court, bref.) Raccourcir, au propre et au fig. : *Cette méthode abrège le temps des études. Son activité abrégea les délais que faisaient naître ses adversaires.* — Il s'emploie aussi dans le sens de Faire paraître plus court. C'est l'acception que lui a donnée Millevoye dans ce vers : *Quelquefois une histoire abrège la veillée.*—Il s'emploie parfois absolument. *Vous êtes trop long*, abrégez.

ABRÉGÉ, ÉE. part.

ABREUVER, v. a. Faire boire, donner à boire, en parlant des bêtes et quelquefois des hommes : Abreuver *des troupeaux. Il a abreuvé largement tous ses convives.* L'Académie pense que dans cette dernière application, le mot *abreuver* ne s'emploie que par plaisanterie. Bossuet a dit cependant : *On montre encore les puits qu'ils avaient creusés dans les pays secs pour abreuver leurs familles et leurs troupeaux.* — On dit au fig. : *La pluie a abreuvé ces terres. Il a abreuvé ses parents de chagrins.* — b.-arts. Mettre sur un fond poreux une couche d'huile, d'encollage, de couleur ou de vernis, pour en remplir les pores, et en rendre la surface unie. — écon. dom. Abreuver *des cuves, des tonneaux*, Les remplir d'eau pour s'assurer qu'ils ne couleront point. — mar. Remplir d'eau un navire avant de le lancer, pour s'assurer s'il n'y existe pas des voies d'eau.—S'ABREUVER v. réfl. s'emploie dans le même sens que le v. act. : *La rivière où s'abreuvent ces troupeaux. Il s'abreuve d'excellent vin. Il s'abreuve de larmes.*—fig. S'abreuver *de fiel et d'amertume.*

ABREUVÉ, ÉE, part. *Une femme de larmes abreuvée.* RAC. — méd. Pris adjectivement, il signifie Humide : *Une plaie abreuvée de sucs. Un appareil abreuvé de pus.*

ABREUVOIR, s. m. Glacis ordinairement pavé ou dallé conduisant à une rivière ou à un bassin pour abreuver les animaux domestiques. On donne aussi ce nom au bassin même destiné à cet usage. *Un bel abreuvoir. Il est défendu de laisser entrer des porcs dans les abreuvoirs.*—On dit prov. : *Bon cheval va tout seul à l'abreuvoir*, en parlant de Ceux qui vont chercher eux-mêmes ce dont ils ont besoin.—chass. Endroit d'un ruisseau où les oiseaux vont se baigner et se désaltérer : *Prendre des oiseaux à l'abreuvoir.* — maç. Intervalle que l'on laisse dans les pierres pour y mettre du mortier. — eaux et for. Fente d'un arbre ou creux intérieur causé par la gelée.—On dit au fig. : Abreuvoir à mouches, en parlant D'une plaie large et saignante.

ABRÉVIATEUR, s. m. (du lat. *abbreviator*, même sens. V. *Abréger.*) Celui qui abrège : *Justin fut l'abréviateur de Trogue-Pompée. L'abréviateur de Baronius.*—Il se dit encore de l'Officier de la chancellerie romaine chargé de dresser la minute des bulles et des lettres apostoliques.

ABRÉVIATIF, IVE, adj. philol. Qui abrège, Qui indique une abréviation, comme 1° pour *premièrement*; M. pour *monsieur*; etc. *Signes abréviatifs.*

ABRÉVIATION, s. f. (du lat. *abbreviatio*, même sens. V. *Abréger.*) Retranchement de lettres dans un mot, pour gagner du temps ou de l'espace : *Les écritures de la cour de Rome abondent en abréviations.* On écrit par *abréviation* : 1°, 2°, 3°, pour *premièrement, secondement, troisièmement*; M., Mme, Mlle, V. A. R., V. M., au lieu de *monsieur, madame, mademoiselle, votre altesse royale, votre majesté.* On appelle encore *abréviation*, Certains signes employés par les médecins, dans leurs ordonnances, pour indiquer des quantités. Par ex. : ℥ pour *once*, etc.

ABRÉVIATIVEMENT, adv. philol. Par abréviation, d'une manière abrégée.

ABRÉVIER, v. a. Se servir d'abréviations en écrivant. Il a vieilli.

ABRÉYER, v. a. mar. Mettre à l'abri, à couvert. *Dans un coup de vent, l'élévation de la lame abrèye parfois le peu de voilure qu'un bâtiment a dehors.*

ABRÉYÉ, ÉE. part.

ABRI, s. m. Lieu où l'on est à couvert des intempéries de la saison. *Cette rade offre un abri sûr aux navires. Ce port nous procure un abri contre le mauvais temps. Nous avons trouvé un abri sous cet arbre. Nous nous sommes fait un abri de ce mur. Cette montagne, cette plantation, cette forêt prêtent un excellent abri à ma demeure.* On dit prov. *Un homme sans abri, c'est un oiseau sans nid.* — art. mil. Tout ce qui garantit un corps de troupes des projectiles de l'ennemi. — mar. *La corvette s'était mise à l'abri sous le vent d'une île.* — hort. Ce qui sert à protéger les plantes contre l'influence des vents froids; dans les champs et dans les jardins, Murailles de haie, plantations diverses, souvent aussi des planches et des paillassons, pour garantir les fleurs naissantes des arbustes. *Des montagnes élevées, de hautes forêts servent d'abri à des contrées entières. Les collines et les bois, quand ils servent d'abri aux vignobles et aux plaines, contribuent à leur fécondité.* — fig. Le mot *abri* se dit de Tout ce qui garantit d'un péril : *Le Dante trouva un abri chez plusieurs princes de l'Italie. La solitude est un abri contre les dangers du monde. La campagne lui offrit un abri contre l'importunité des sollicteurs.*

A L'ABRI, locution tantôt adverbiale, tantôt prépositive : *Dès que la pluie tomba, nous nous mîmes à l'abri. A peine arrivés dans cette cabane, nous fûmes à l'abri du mauvais temps.* — au fig. : *Les plus rigoureuses austérités ne mettent pas toujours à l'abri des tentations*; — il se dit aussi quelquefois de La chose même qui met à couvert : *Il se reposait à l'abri d'un chêne.* — fig. *Il vivait sans inquiétude à l'abri de la faveur royale.*

ABRICOT, s. m. bot. Fruit à noyau que produit l'abricotier. *Compote, pâte, marmelade d'abricots. Abricots confits; abricot-pêche; abricot royal.*

ABRICOTÉ, s. m. confis. Bonbon fait d'un morceau d'abricot enveloppé de sucre.

ABRICOTIER, s. m. bot. Arbre de la famille des rosacées, qui produit les abricots. On distingue l'Abricotier *en espalier*, et l'Abricotier *en plein vent*; mais celui-ci réussit mieux que le premier.

ABRITANT, ANTE, adj. bot. Il se dit des feuilles, lorsque, pendant le sommeil de la plante, elles paraissent abriter les fleurs placées au-dessous d'elles.

ABRITER, v. a. Mettre à couvert : *Le bois abrite cette maison.* — en hort. on dit : Abriter des espaliers, des plants délicats. — (S'), v. réfl. mar. Ce navire s'abrite sous le canon du fort. Ce vaisseau s'est abrité dans cette rade. Voici le mauvais temps, abritons-nous. — milit. Dans les sièges, on fait des épaulements pour s'abriter contre le canon de l'ennemi.

ABRITÉ, ÉE, part.

ABRIVENT, s. m. briq. tuil. Paillasson qui sert à garantir le fourneau. — jard. Paillasson qui sert à garantir certaines plantes des coups de vent. — art milit. Petite hutte de bivouac pour un garde, pour un poste.

ABRIVER, v. n. (V. Rive.) mar. fluv. Aborder au rivage. Vieux et peu usité.

ABRIVÉ, ÉE, part.

ABRODIÈTE, adj. et s. m. méd. V. HABRODIÈTE.

ABROGATION, s. f. (du lat. abrogatio, annulation; du v. abrogare, annuler, casser; rac. ab, hors, loin, et rogare, demander.) Suppression d'une loi, d'un usage, d'une coutume, d'une cérémonie ou d'un acte. L'abrogation de cette loi causa de grands troubles à Rome. L'abrogation des vieilles coutumes qui régissaient la Russie est due à Pierre-le-Grand.

ABROGER, v. a. (V. Abrogation.) Annuler, mettre hors d'usage, abolir. Abroger une coutume, une loi, une ordonnance. — (S'), v. pron. : Cet usage s'est abrogé de lui-même.

ABROGÉ, ÉE, part.

ABROHANI, s. m. comm. Sorte de coton du Bengale et des Indes Orientales.

ABROTONE, s. f. (de a priv. et βροτός, mortel.) bot. Plante odoriférante qui reste toujours verte. Elle porte également le nom d'Aurone : c'est l'artemisia abrotanum de Linné. V. CITRONELLE.

ABROTONOÏDE, adj. des 2 g. Qui ressemble à l'abrotone.

ABROUTI, IE, adj. (V. Brouter.) eaux et for. On s'en sert pour désigner Les bois dont les premières pousses ont été broutées par le bétail. Des branches abrouties. Des rejetons abrutis.

ABROUTISSEMENT, s. m. (V. Abrouti.) agric. État d'un arbre qui a été brouté par le gibier ou les bestiaux.

ABRUPT, UPTE, adj. (prononcez *abrupte*; du lat. *abruptus*, part. de *abrumpere*, briser, rompre.) On s'en sert pour qualifier des Rochers et des terrains coupés bizarrement et comme s'ils avaient été rompus. *Un site abrupte et sauvage.* — au fig., en parlant d'Un style rompu, heurté, sans liaison. — bot. *Feuille abrupte*, se dit d'Une feuille pennée sans foliole impaire terminale.

ABRUPTION, s. f. (V. *Abrupt.*) méd. Fracture dans laquelle l'os est séparé transversalement autour de l'articulation, de manière que les extrémités fracturées sont écartées l'une de l'autre. — litt. Figure d'élocution qui consiste à supprimer, dans le dialogue, les transitions ordinaires, afin de le rendre plus animé.

ABRUPTIPENNÉ, ÉE, adj. bot. Feuille composée non terminée par une foliole impaire ou une vrille. Ce mot est synonyme de *pennée sans impaire.*

ABRUPTO (EX), loc. latine francisée qui ne s'emploie guère qu'avec le verbe Parler; et le subst. Exorde. *Parler* ex abrupto, Parler sans préparation. *Exorde* ex abrupto, Exorde vif et impétueux, dépourvu de précautions oratoires, et l'opposé de l'*Exorde* par insinuation.

ABRUS, s. bot. Nom d'un arbre de la famille des légumineuses, connu dans les Antilles sous le nom de *Liane à réglisse*, parce que ses racines ont la même saveur et la même propriété que la réglisse. On en mange les gousses, et on fait des colliers avec ses graines rouges, d'où son nom. *Abrus precatorius.*

ABRUTIR, v. a. (V. *Brute.*) Rendre semblable à la brute. *Les coups et les mauvais traitements le avaient abrutis. L'usage immodéré du vin et du plaisir, abrutit l'intelligence. Elle vante l'avantage d'avoir été élevée dans une religion raisonnable et sainte qui, loin d'abrutir l'homme, l'ennoblit et l'élève.* ROUS. — (S'), v. réfl. Se rendre semblable à la brute : *Voilà des hommes qui se sont abrutis par les excès auxquels ils se sont livrés.*

ABRUTI, IE, part. s'emploie comme le v. Abrutir, et de plus, sert, en bot., à désigner Une plante dégénérée.

ABRUTISSANT, ANTE, adj. (V. *Abrutir.*) Qui rend semblable à la brute : *Un travail abrutissant. Des jouissances abrutissantes.*

ABRUTISSEMENT, s. m. (V. *Abrutir.*) État de celui qui est semblable à la brute : *La débauche l'a plongé dans le dernier abrutissement.*

ABRUTISSEUR, s. m. (V. *Abrutir.*) Celui qui abrutit.

ABSCISION ou ABSCISSION, s. f. (V. *Abscisse.*) méd. Ôter, retrancher. Action de retrancher, de couper une partie molle du corps.—Diminution ou extinction brusque de la voix. Peu usité. V. EXCISION.

ABSCISSE, (du lat. *abscisio, abscissus*, coupure de *abscindere*, couper : ab, de, hors, scindere, couper.) géom. Distance comprise, sur une droite fixe tracée dans le plan d'une courbe, entre un point constant pris pour *origine*, et la rencontre de l'ordonnée. (V. ces deux mots, ainsi que les mots *axe, coordonnées.*)

ABSENCE, s. f. (V. *Absent.*) Éloignement de quelqu'un qui n'est point, soit dans sa résidence ordinaire, soit dans le lieu où il devrait se trouver : *Il fait une longue, une courte absence. Mon absence ne sera pas de longue durée. Quoiqu'il n'assistât point à cette fête, on ne laissa point de se divertir en son absence.*—jurispr. Il se dit D'une personne dont on n'a aucune nouvelle, et dont la résidence actuelle est inconnue : Absence *constatée par un jugement.* Absence *présumée*, etc. — Défaut de présence à une assignation : *On ordonna de procéder tant en absence qu'en présence.* — On dit au fig. : *Il y a dans cet ouvrage* absence *de toute instruction*, pour faire entendre qu'il n'y a aucune instruction dans l'ouvrage dont on parle. — d'esprit, et souvent même absence, sans être déterminé, signifie Distraction : *a de fréquentes absences.*

ABSENT, ENTE, adj. (du lat. *absens,-tis*, qui [a] le même sens, lequel vient d'*abesse*, formé de *ab*, hors de, loin de, et de *esse*, être; de là aussi *absentia*, absence. De *absens* nous avons fait *s'absenter*.) Éloigné de son domicile, du lieu où l'on devrait se trouver. *Un militaire absent de sa garnison*, absent au moment de l'appel. Joint au subst. esprit, il signifie fig. Distrait, inattentif : *Son esprit était absent tandis que je lui parlais.* On le prend substantivement, et l'on dit fam. : *Les absents ont tort.* — jurisp.

Il se dit Des personnes dont le domicile est inconnu, et dont on n'a pas de nouvelles : *La loi règle les effets de l'absence par rapport aux biens que l'absent possédait au jour de sa disparition.*

**ABSENTER** (S'), v. réfl. (de *absens, -tis,* absent.) S'éloigner du lieu qu'on habite ; où votre profession exige que vous résidiez. *Il s'est absenté de Paris. Cet officier a obtenu la permission de s'absenter de son corps. Il a passé la soirée avec moi ; mais au bout de quelques instants, il a été obligé de s'absenter.*

**ABSIDE,** s. f. arch. Niche, partie circulaire, voûte ; châsse où l'on mettait les reliques des saints ; partie du chœur dans une église où le clergé se rangeait en cercle autour de son évêque. Il a vieilli. — *Absides,* s. m. pl. astron. L'apogée et le périgée d'une planète. On écrit mieux APSIDES. Voir ce mot.

**ABSINTHATE,** s. m. chim. Sel produit par la combinaison de l'acide absinthique avec une matière salifiable.

**ABSINTHE,** s. f. (de α, priv. et ψινθος, douceur ; *artemisia absinthium.*) Espèce d'armoise, de la famille des corymbifères de Jussieu, employée en médecine comme amère et aromatique. — bot. Plante vivace, à racines pivotantes, à tiges cannelées, à feuilles blanchâtres. Toutes ses parties ont un goût amer et sont très-odorantes. *Amer comme de l'absinthe.* — dist. Liqueur faite avec la feuille d'absinthe infusée dans de l'eau-de-vie. *Prendre un verre d'absinthe. De l'extrait d'absinthe. Vin, teinture d'absinthe.*

**ABSINTHÉ, ÉE,** adj. pharm. Qui contient de l'absinthe. *Préparation absinthée.*

**ABSINTHINE,** s. f. chim. Substance qui est la source de l'amertume de l'absinthe.

**ABSINTHIQUE,** adj. des 2 g. chim. L'acide que l'on rencontre dans l'absinthe.

**ABSOLU, UE,** adj. (du lat. *absolutus,* achevé, absolu, part. du v. *absolvere,* achever, consommer.) Souverainement indépendant : *Monarchie, autorité* absolue. *Pouvoir, commandement* absolu. Dans ce sens, il s'applique aussi aux personnes : *Un prince* absolu. Il signifie encore Celui qui commande avec la volonté d'être obéi immédiatement et sans la moindre résistance : *C'est un caractère* absolu. *C'est un homme* absolu *dans tout ce qu'il veut. Ordonner d'un ton* absolu, D'un ton qui n'admet pas de réplique. — Total, sans restriction, complet : *Vous avez pris mes paroles dans un sens trop* absolu. *Les vérités* absolues *sont peu nombreuses. Je suis dans l'impossibilité* absolue *de me prononcer à cet égard.* — arithm. *Valeur* absolue *d'un chiffre,* Le nombre d'unités qu'il représente, abstraction faite de l'ordre de ces unités. *Nombre* absolu. (V. *Nombre abstrait.*) — alg. *Nombre* absolu, le Terme tout connu d'une équation. — gram. Qui ne se rapporte à rien dans la phrase. En ce sens il est opposé à *relatif. Proposition* absolue, Celle qui est parfaitement complète en elle-même, comme : *Le temps est à la pluie. Superlatif* absolu, Celui qui est exprimé par *très-fort, extrêmement,* parce qu'il ne demande rien qui le détermine : *Aristide était très-juste.* — *Ablatif* absolu, Terme de la syntaxe latine ; mot à l'ablatif au commencement d'une phrase, et sans préposition qui le gouverne. En grec il y a aussi un cas absolu ; C'est le génitif (rarement l'accusatif) qui joue tout-à-fait le même rôle que l'ablatif absolu dans le latin. — phil. Ce qui n'emporte point l'idée de relation. *Homme,* par exemple, est un terme absolu, au lieu que *créature, père,* sont des termes relatifs, parce que le premier suppose *créateur,* et le second *enfant.* — *Absolu,* en métap., se prend aussi substantiv., et signifie Ce qui existe indépendamment de toute condition, et il est opposé à *contingent.* — chim. *Alcool* absolu, Alcool parfaitement pur, dégagé de toute substance étrangère.

**ABSOLUMENT,** adv. (V. *Absolu.*) D'une façon absolue, sans partage, sans restriction : *Ce ministre dispose absolument de tout dans l'État.* Il a encore quelques autres sens. — gram. *Prendre, employer un mot* absolument, Employer sans complément un mot susceptible d'en avoir un. Ainsi, quand on dit, en jurispr., que *le propriétaire peut user et abuser,* on emploie *absolument* ces deux verbes, puisqu'ils ne sont ici accompagnés d'aucun complément. *Adjectif pris* absolument, c'est-à-dire sans se rapporter à un substantif : *le vrai, le beau, le convenable.* On dit aussi qu'il est pris substantivement.



**ABSOLUTION,** s. m. (V. *Absoudre.*) dr. crim. Jugement qui renvoie de l'accusation une personne déclarée coupable parce que le crime ou le délit n'a pas été prévu par la loi. — On l'emploie aussi par extension et improprement pour Une sentence par laquelle les juges déclarent qu'un accusé est innocent. *Tous les jurés opinèrent pour l'absolution.* — Rémission d'un crime, pardon des péchés dans le sacrement de la pénitence, paroles par lesquelles le prêtre remet les péchés. *Un profond repentir peut seul obtenir de Dieu l'absolution d'un tel crime. Il lui a refusé l'absolution. Formule d'absolution. On lui a donné l'absolution. Une absolution trop facile enhardit au péché. Mourir sans recevoir l'absolution. Absolution générale. Absolution de toutes ses fautes.*

**ABSOLUTISME,** s. m. Système de gouvernement où le pouvoir est absolu.

**ABSOLUTISTE,** s. m. adj. des 2 g. Partisan du gouvernement absolu. *Les absolutistes sont peu nombreux.*

**ABSOLUTOIRE,** adj. des 2 g. (V. *Absoudre.*) Qui porte absolution, qui absout. *Sentence absolutoire. Bref absolutoire.*

**ABSORBABLE,** adj. des 2 g. (V. *Absorber.*) méd. Qui peut s'absorber, qu'on peut absorber, propre à être absorbé. *Substance absorbable.*

**ABSORBANT, ANTE.** (V. *Absorber.*) méd. et pharm. Il se dit des Substances, des préparations médicales capables d'absorber les acides qui se développent dans l'estomac. *Substance absorbante, poudre absorbante.* — Plus ordinairement il se prend substantivement : *Il lui faut des absorbants. Faites-lui prendre des absorbants au plus tôt.* — anat. *Système absorbant,* l'Ensemble des vaisseaux et des glandes qui contribuent à l'absorption. *Vaisseaux absorbants.* Dans le même sens on dit *Les absorbants.*

**ABSORBANTER,** v. a. pharm. Appliquer des remèdes absorbants. Peu usité.

**ABSORBANTÉ, ÉE,** part.

**ABSORBER,** v. a. (du lat. *absorbere,* à peu près même sens ; la racine est *sorbere,* humer, boire ; *ab* ici et dans quelques autres composés, signifie tout-à-fait, entièrement.) Engloutir successivement les différentes parties d'un tout : *Toutes les vallées avoisinantes sont formées d'une terre molle et spongieuse qui absorbe en un instant les eaux produites par la fonte des neiges.* B. DE SAINT-PIERRE. *Le gouffre avait absorbé tout ce qui s'élevait sur ses bords. Arrivé à cet endroit, le fleuve fait un détour subit et va se perdre au milieu des sables qui l'absorbent.* DUPATY. — Il se dit également Des corps qui ont la faculté de pomper les fluides placés à leur portée : *L'éponge absorbe l'eau. Il faut émonder ces branches qui absorbent la nourriture des autres.* — Au fig. Consumer entièrement : *Ses folles dépenses ont absorbé tout son bien. Ce procès a absorbé toutes mes ressources. Il ne faut pas que ces amusements absorbent tout votre temps. Les flammes avaient d'un seul coup absorbé tout son héritage.* AUBERT. — Neutraliser, diminuer l'effet, se dit principalement en parlant des couleurs, des saveurs, des sons, des odeurs : *L'orchestre absorbe la voix des chanteurs. Le noir absorbe la lumière. Cette odeur est si forte qu'elle absorbe toutes les autres.* — Occuper fortement, s'emparer de l'attention, de l'intérêt : *Les soins de sa charge l'absorbent tout entier. Les projets ambitieux absorbaient toutes ses pensées. Ce personnage absorbe tout l'intérêt du roman. Cet incident avait suffi pour absorber l'attention générale.* — Avec le pronom personnel : *Les pluies s'absorbent dans les terres. Il s'absorbe dans le travail, dans une idée unique. S'absorber dans la douleur.*

**ABSORBÉ, ÉE,** part. d'*Absorber.* Qui est fortement préoccupé d'une idée, d'un travail, d'un chagrin : *Il est entièrement absorbé dans cette idée. Il est absorbé dans l'étude des sciences. Absorbée dans sa douleur, la pauvre mère put à peine répondre à nos questions.* Mme COTTIN. *Cet homme est tout absorbé en Dieu,* se dit de Quelqu'un dont toutes les pensées sont tournées vers Dieu.

**ABSORPTIF, IVE,** adj. (V. *Absorber.*) chim. Qui absorbe, qui a la faculté d'absorber.

**ABSORPTION,** s. f. (du lat. *absorptio,* même signification, dérivé du v. *absorber.*) L'action d'absorber : *L'absorption des eaux, l'absorption des aliments.* — hist. nat. Action par laquelle certains corps se pénètrent et s'imprègnent de fluides ou de solides très-divisés. — physiol. Se dit principalement de cette Fonction par laquelle les vaisseaux lymphatiques chylifères attirent à eux et pompent les fluides qui les environnent, ou épanchés intérieurement : *L'absorption, très-active chez les enfants et les femmes.*

**ABSORPTIVITÉ,** s. f. (V. *Absorber.*) chim. Faculté d'absorber.

**ABSOUDRE,** v. a. (du lat. *absolvere,* délier tout-à-fait ; donner liberté entière ; *absolutio,* action de délier, absolution ; *ab* préf. aug. et du v. *solvere,* délier. *J'absous, tu absous, il absout ; nous absolvons....... j'absolvais, j'absoudrais, absous, absolvons, absolvez ; que j'absolve, absolvant.*) Renvoyer de l'accusation une personne reconnue coupable, parce que son crime ou son délit n'a pas été prévu par la loi : *Ce délit n'étant pas qualifié par la loi, il a été renvoyé absous.* — Il signifie aussi par extension et improprement : Déclarer par une sentence qu'un accusé est innocent. *L'accusé a été absous à l'unanimité. L'éloquence de son avocat le fit absoudre. Il vaut mieux absoudre un coupable que condamner un innocent. Malgré les preuves qui s'élevaient contre lui, ses protecteurs eurent assez de crédit pour le faire absoudre.* — fig. : Pardonner une faute, un délit : *Je vous absous pour cette fois, mais ne retombez plus dans la même faute. C'est un crime impardonnable et dont rien ne pourrait vous absoudre.* — Remettre les péchés par le sacrement de la pénitence : *Le pape l'a absous de toutes ses fautes. Absoudre en confession. Il s'est fait absoudre au tribunal de la pénitence. L'évêque ou le pape a seul le pouvoir d'absoudre des cas réservés.* — **ABSOUS, TE,** part. *Elle a été* absoute.

**ABSOUTE,** s. f. (V. *Absoudre.*) Absolution publique et solennelle qui se donne le mercredi saint au soir, ou le jeudi saint au matin, à tous les fidèles assemblés : *L'évêque a fait la cérémonie de l'absoute. On a prononcé l'absoute.*

**ABSTÈME,** s. ou adj. des 2 g. (du lat. *abstemius,* qui ne boit pas de vin ; mot comp. de *abs,* hors, sans, et de *temetum,* vin.) Celui ou celle qui ne boit point de vin, qui s'abstient généralement de toute liqueur alcoolique. *L'Église, par sagesse et condescendance, dispensait du calice les* abstèmes.

**ABSTENIR** (S'), v. pron. et réfl. (du lat. *abstinere,* même sens ; d'où *abstinentia,* abstinence. V. *Tenir,* dont il suit la conj.) Se priver de l'usage d'une chose, se retenir de faire une chose : *La loi de Mahomet veut que l'on s'abstienne de vin. Dans les dernières années de sa vie, il s'était complètement abstenu de l'usage des viandes.* VOLT. *Tâchez de vous abstenir de faire ce qui vous est nuisible. S'abstenir de parler. Vous pouviez vous abstenir de faire une pareille réponse.* — Il s'emploie aussi d'une manière absolue : *Dans le doute abstiens-toi. Il est deux choses qu'il ne faut pas pousser à l'extrême : user et s'abstenir.* RIVAROL. — jurispr. *S'abstenir de juger,* ou absolument *S'abstenir,* se dit d'Un juge qui se récuse. *S'abstenir d'une succession,* La refuser.

**ABSTENTION,** s. f. (V. *Abstenir.*) jurispr. Acte par lequel un juge s'abstient, se récuse lui-même. — Renonciation tacite d'un héritier à une succession.

**ABSTERGENT, ENTE,** adj. (du lat. *abstergens, -tis,* part. prés. du v. *abstergere,* essuyer, nettoyer ; *abstersio,* action de nettoyer, abstersion ; mot comp. de *abs,* de, et de *tergere,* essuyer.) Qui a la faculté d'enlever les matières visqueuses et putrides des ulcères, des plaies. On dit aussi absolument, *Les abstergents.* — Autrefois on donnait ce nom aux Substances auxquelles on attribuait une action efficace sur les duretés, sur les épaississements.

**ABSTERGER,** v. a. (V. *Abstergent.*) Nettoyer, essuyer, purifier.

**ABSTERGÉ, ÉE,** part.

**ABSTERSIF, IVE,** adj. V. ABSTERGENT.

**ABSTERSION,** s. f. (V. *Abstergent.*) méd. Action de nettoyer ; effet des médicaments, ou des moyens abstergents.

**ABSTINENCE,** s. f. (V. *Abstenir.*) Privation volontaire ou forcée ; action de s'abstenir, vertu qui pousse à cette action : *Abstinence complète de viande, de vin. Il vit dans l'abstinence de tous les plaisirs. L'abstinence peut être favorable à la santé, quand elle n'est pas poussée à l'excès. L'abstinence est une vertu assez rare chez les gens de cette espèce. C'est contre son gré qu'il fait abstinence. L'Église commande l'abstinence.* Dans ce sens on le met aussi au pluriel : *Les veilles et les abstinences l'avaient exté-*

nué. *De là lui* (au chrétien) *viennent les abstinences, les jeûnes, les veilles.* CHAT. Il s'emploie
particulièrement en religion, pour la Privation de
viande qui n'est pas accompagnée de jeûne. *Il y a
les jours déjeûne, et les jours d'abstinence.*—didact.
Privation d'un aliment quelconque.

ABSTINENT, ENTE, adj. (V. *Abstenir.*) Qui est
sobre, tempérant; il ne s'emploie guère que pour
le boire et le manger; peu usité. — hist. *Les
abstinents étaient des hérétiques qui condamnaient
le mariage et proscrivaient l'usage du vin et de la
viande.*

ABSTRACTIF, IVE, adj. (V. *Abstraire.*) phil. Qui
sert à exprimer les idées abstraites. *Terme abstractif.*

ABSTRACTION, s. f. (V. *Abstraire.*) Opération de
l'esprit par laquelle on examine une chose en la
séparant en idée de toutes celles auxquelles elle se
trouve unie; acte par lequel se fait cette opération:
*Il faut considérer cette action en elle-même, et faire
abstraction des motifs qui l'ont produite. Examinez
chaque partie isolément, et abstraction faite de toutes
les autres. L'homme se porterait à la vertu, abstraction faite de l'affection qu'il a pour elle. La couleur
est ici considérée par abstraction d'avec son sujet. Il
y a des esprits pour qui l'abstraction est une difficulté
insurmontable.* — Il s'emploie aussi pour exprimer
l'idée obtenue à l'aide de l'abstraction. *Couleur et
pesanteur sont des abstractions.* Quelquefois il signifie,
dans un sens peu favorable, Des idées trop méta-
physiques, des théories vagues dont l'application est
impossible. *Se jeter dans les abstractions. On ne
gouverne pas les hommes à l'aide d'abstractions.*—
Rêverie, distraction, forte préoccupation causée par
les pensées intérieures; dans ce sens il ne se prend
qu'au pluriel; ainsi, l'on dit de quelqu'un: *Qu'il est
dans des abstractions continuelles,* pour exprimer
qu'il est toujours distrait, qu'il rêve continuellement.

ABSTRACTIVEMENT, adv. (V. *Abstraire.*) Par
abstraction, *Considérer abstractivement les propriétés de la matière. On peut examiner abstractivement les qualités des corps.*

ABSTRAIRE, v. a. (du lat. *abstrahere,* tirer de,
retrancher de, séparer; d'où: *abstractio,* séparation,
abstraction, *abstractus,* part. enlevé, séparé, abstrait;
comp. de *ab,* de, hors, et de *trahere,* tirer, traîner;
v. *Traire* dont il suit la conj.) Faire une abstraction,
examiner une chose en la séparant par l'idée de
toutes celles auxquelles elle se trouve unie: *Il faut
abstraire la qualité du sujet.*

ABSTRAIT, TE, part. Il s'emploie aussi comme
adj., et sig. avec un nom de personne, Qui est rê-
veur, qui est absorbé dans la pensée intérieure qui
le préoccupe: *Un homme abstrait n'a point l'esprit
où il est; rien de ce qui l'environne ne le frappe.*
Avec un nom de chose il signifie: Trop métaphy-
sique, difficile à comprendre: *Voilà des idées bien
abstraites. Son discours m'a semblé bien abstrait.*
On dit également dans ce dernier sens avec un nom
de personne: *Un philosophe, un écrivain abstrait,*
pour Un philosophe, un écrivain dont les idées sont
abstraites. — log. *Un terme abstrait* est celui qui
désigne Une qualité, un accident, considérés séparément de leur sujet. *La bonté, la douceur, la ron-
deur, sont des termes abstraits.* Par opposition, le
*terme concret* est Celui qui exprime la qualité unie
à son sujet. *Un caractère doux, un homme bon, une
table ronde, sont des termes concrets.* — subst. On
dit *l'abstrait* et *le concret.*—gram. *Noms abstraits.*
Ceux qui expriment des abstractions, le lieu, le
temps, la qualité. — *Verbe abstrait,* le v. *être,* qui
ne contient en lui que l'idée de l'existence, par opposition aux autres verbes, qui y joignent celle
d'une qualité particulière exprimée par leur participe présent. — mathm. *Le nombre abstrait* est
Celui qui énonce une collection d'unités, sans faire
connaître la nature de ces unités. *Dix, cent, mille,
sont des nombres abstraits; dix hommes, cent moutons, mille francs, sont des nombres concrets.*—
*Mathématiques abstraites* ou mathématiques pures,
Les diverses branches des sciences mathématiques
dans lesquelles on considère les grandeurs en elles-
mêmes et d'une manière abstraite, c'est-à-dire, abstraction faite de leurs applications. — arithm. *Nombre abstrait,* Nombre pris d'une manière absolue et
sans application à aucune espèce de grandeur déterminée.

ABSTRAITEMENT, adv. D'une manière abstraite.

ABSTRUS, SE, adj. Difficile à pénétrer, à concevoir, à étudier; il se dit des choses et des sciences
dont l'étude exige une très-grande application. *Ce
raisonnement me paraît assez abstrus. L'étude des
sciences abstruses.*—On l'applique aussi aux écrivains. *Cet auteur est bien abstrus.*

ABSURDE, adj. des 2 g. (du lat. *absurdus,* même
sens; *absurditas,* absurdité.) Déraisonnable, qui est
contraire au sens commun, ridicule. Il se dit des choses
et des personnes: *C'est un raisonnement absurde.
Une fois qu'il est dans des idées absurdes, on ne
peut l'en faire revenir.* HOFFMAN. *Il n'y a rien de
plus absurde que de prétendre que... Une conséquence absurde. C'est l'homme le plus absurde que
j'aie jamais entendu. Vous êtes tout à fait absurde.*
— extens. *Un homme absurde,* Celui qui a l'habitude de dire des absurdités. — Il s'emploie aussi
comme subst: *Il est tombé dans l'absurde. Vous êtes
dans l'absurde. En raisonnant ainsi on arrive à
l'absurde. Réduire son adversaire à l'absurde,* Le
forcer à se rendre ou à déraisonner. *Réduire un
raisonnement, une proposition à l'absurde,* Démontrer par les conséquences qu'on en tire, qu'elle est
contraire à la raison. — mathm. Démontrer une
proposition par la *réduction à l'absurde,* C'est prouver que toute proposition contradictoire à celle-là
est nécessairement fausse ou se réduit à une absurdité. Ce n'est donc pas la proposition elle-même
que l'on réduit *à l'absurde,* comme le dit l'Encyclopédie méthodique, mais bien les propositions qui
lui sont contraires.

ABSURDEMENT, adv. (V. *Absurde.*) D'une manière absurde. *Raisonner, parler absurdement.*

ABSURDITÉ, s. f. (V. *Absurde.*) Défaut de la personne ou de la chose absurde: *L'absurdité de cet
homme perce dans toutes ses paroles. Voilà un homme
d'une étrange absurdité. Il est facile de démontrer
l'absurdité d'un pareil raisonnement.*—Il se prend
aussi pour La chose absurde elle-même: *Il se plaît
à dire des absurdités.*

ABSURDO (EX ou AB). Locution adverbiale, empruntée au latin. D'après l'absurde: *Démontrer, raisonner ex absurdo,* D'après l'absurde.

ABUS, s. m. (du lat. *abusus,* mauvais usage,
abus, nom dérivé du v. *abuti, abusus sum,* user
mal; abuser; *abusor,* abuseur; rac. *uti, usus sum,* se
servir de, user.) Usage mauvais, immodéré, injuste,
pernicieux, d'une chose; désordre qui en résulte:
*Abus de confiance. Gardez-vous de confondre l'abus
avec l'usage. Il s'est perdu lui-même par l'abus
qu'il a fait de son autorité. Les choses les plus sacrées se discréditent quelquefois par l'abus que l'on
en fait.* FONTEN. *Il a retranché bien des abus dans
l'administration de la justice. Corriger, réformer,
retrancher les abus. Il s'est introduit de grands
abus. Les abus qui détruisent les bonnes institutions ont le fatal privilège de faire subsister les
mauvaises.* LEM. — *Appel comme d'abus,* Recours
auprès d'un tribunal supérieur contre le jugement
d'un tribunal inférieur, que l'on prétend avoir dépassé son pouvoir, ou d'avoir contrevenu aux lois
du royaume. *Appeler comme d'abus, interjeter appel
comme d'abus: Au Conseil-d'État il a paru qu'il y
avait abus. Le Conseil-d'État a décidé qu'il y avait
lieu de faire droit à l'appel comme d'abus.* — *Abus*
signifie quelquefois Erreur. *C'est un grand abus de
croire. Tout n'est qu'abus dans ce monde.* — prov.
*Ce monde-ci n'est qu'abus et vanité. Vous en êtes
encore à croire à la bonne foi de tout le monde:
abus.*

ABUSER, v. act. (V. *Abus.*) Tromper, séduire:
*Abuser les esprits faibles. Il abusa longtemps le
peuple sur son compte. Vous m'avez cruellement
abusé par vos promesses. Abuser une fille en lui pro-
mettant mariage.* — *S'abuser,* se tromper: *Il s'est
abusé dans ses calculs. Vous commencez à reconnaître que vous vous êtes abusé sur son compte.
Dans la passion on est ingénieux à s'abuser.* —
*Abuser,* v. n. Faire un mauvais usage, user d'une
manière immodérée: *Il abuse de ses forces, de sa
santé, de son crédit, de sa puissance.*—*Abuser de
son esprit, de son intelligence. Abuser de la confiance, de la crédulité, de la bonne foi de quelqu'un.
Vous avez trop longtemps abusé de notre patience.
Celui qui abuse de tout, s'expose à ne pouvoir user
de rien.* BOISTE. *Il n'était pas homme à abuser des
grâces que le roi pouvait lui faire.* ST-SIM. *C'est
une permission dont il ne faut pas abuser.*—*Abuser
d'une fille,* Avoir commerce avec elle avant le mariage.—*Abuser* s'emploie quelquefois d'une manière
absolue: *Usez, n'abusez pas.*—dr. *Abuser* se prend
pour Consommer, détruire. *Tout propriétaire a le
droit d'user et d'abuser.*

ABUSÉ, ÉE, part.

ABUSEUR, s. m. (V. *Abus.*) Qui abuse: *C'est un
grand abuseur.* fam. et peu usité.

ABUSIF, IVE, adj. Qui est contraire aux formes,
aux règles, à l'usage: *Une coutume abusive. Un
usage abusif. Un moyen abusif.* — dr. *Procédure
abusive.*

ABUSIVEMENT, adv. D'une manière abusive: *Ce
terme est pris abusivement. On l'a privé abusivement de sa liberté.*

ABUSSEAU, s. m. ichth. Petit poisson, *atharina
presbyter* de Valencienne, très-commun et très-
estimé pour la table, sur les côtes de la Bretagne et
de La Rochelle. Il appartient à l'ordre des acanthoptérygiens, et à la famille des percoïdes.

ABUTER, v. n. (V. *But.*) Jeux. Jeter des palets vers
un but pour voir qui jouera le premier. — mar.
Toucher par le bout. — (S') S'appliquer à quelque
chose. Dans ce sens, il a vieilli.

ABUTÉ, ÉE, part.

ABUTILON, s. m. bot. Plante de la famille des
mauves, qui croît aux Antilles, et dont l'écorce,
rouie comme notre chanvre, fournit une filasse de
médiocre qualité.

ABYME, s. m. V. ABÎME.

ABYMER, v. a. V. ABÎMER.

ABYSSIQUE, adj. géol. Alex. Brongniart nomme
abyssiques, ou terrains ivémiens abyssiques, les
formations aqueuses des terrains inférieurs ou primaires.

ACABIT, s. m. (sans étym. certaine.) Qualité de
certaines choses. Il s'applique principalement aux
fruits: *Ces pommes, ces légumes ne sont pas d'un
bon acabit.* On l'emploie fig. et fam. en parlant des
personnes: *Ce sont tous gens de même acabit. C'est
un garçon d'assez mauvais acabit. Il n'y a rien à y
faire, c'est son acabit.*

ACACIA ou ACACIE, s. m. Il ne faut pas le confondre avec le robinier, faux acacia. Genre de végétaux légumineux de la famille des mimosées.

ACADÉMICIEN, s. m. (V. *Académie.*) Philosophe
de la secte de l'Académie: *Les académiciens avaient
posé en principe. Cette opinion avait été accréditée
par les académiciens.* — Celui qui fait partie d'une
société de gens de lettres, d'artistes ou de savants,
établie par autorité publique, et dont les membres
sont en nombre limité: *Les académiciens de Bordeaux. Un académicien de province. Les quarante
académiciens,* ou simplement *Les Quarante,* se dit
absolument pour Les membres de l'Académie française. On l'emploie quelquefois au fém.: *Pourquoi,
au fait, n'aurait-on pas aussi des académiciennes?*
ROUS.

ACADÉMIE, s. f. (Le jardin d'Académus, où Platon enseignait, fit appeler son école ακαδημία, académie, d'où ακαδημιχός, académicien, académique.)
Jardin situé près d'Athènes, où s'assemblait une
secte de philosophes, qui prirent de là le nom
d'académiciens, et qui suivaient la doctrine de
Platon. Il s'emploie aussi pour exprimer La secte
même et la doctrine de ces philosophes: *C'était une
opinion reçue à l'Académie. Ses idées sur l'âme
l'avaient mis en contradiction avec l'Académie.* —
*Académie,* Société de savants, de gens de lettres,
d'artistes; l'endroit où se réunissent les membres
de cette société: *L'Académie française. L'Académie
des inscriptions et belles-lettres. L'Académie des
beaux-arts. L'Académie des sciences. L'Académie
royale de médecine. L'Académie de Bordeaux, de
Marseille, de Besançon. L'Académie des jeux
floraux. Les académies d'Italie. L'Académie de la
Crusca. Les membres d'une académie. Il est de
l'Académie des beaux-arts. Il a lu un mémoire à
l'Académie des sciences. Se présenter à l'Académie
française.* — On l'emploie quelquefois, d'une
manière absolue, pour indiquer l'Académie française: *Le dictionnaire de l'Académie. L'Académie
fut fondée par Richelieu. Son discours a été cou-
ronné par l'Académie.* — Il se dit encore Des divisions de l'Université de France, dont chacune est
dirigée par un recteur. *L'Académie de Paris, de
Toulouse, de Bordeaux. Le recteur de l'Académie
de Poitiers. Les bureaux de l'Académie.* — Il a
même, dans quelques pays, le même sens qu'Université — *Académie royale de musique,* Titre
accordé, par lettres patentes, au théâtre du Grand-
Opéra.—On appelle également *académie,* Une école

spéciale où l'on se fortifie dans certains exercices du corps, comme équitation, escrime : *Il a ouvert une académie de danse. Mon père me fit passer toute cette saison à l'académie.* St.-Simon. *Il tient une académie. Faire son académie. Compléter ses exercices à l'académie. Mon frère et moi, avions fait ensemble notre académie, et depuis nous ne nous étions pas rencontrés.* Lesage. Il se prend quelquefois Pour les écoliers eux-mêmes : *Il y eut ce jour-là réunion de toute l'académie.* Cette acception du mot *académie* a vieilli, ainsi que toutes ses locutions. — *Académie de jeux*, ou simplement *Académie*, Endroit où l'on donne publiquement à jouer. *Perdre son argent dans une académie. Il tenait une académie secrète.* Ce sens vieillit; on dit mieux aujourd'hui : *Maison de jeu.* — *Académie des jeux*, Livre où se trouvent déterminées les règles de tous les jeux.—peint. *Académie*, Figure entière, peinte ou seulement dessinée d'après un modèle nu, qui n'est pas destinée à entrer dans la composition d'un tableau.

ACADÉMIQUE, adj. des 2 genres. Ce qui a rapport à l'Académie française; ce qui appartient aux membres de cette académie, à leurs ouvrages : *Un discours académique, langue académique, style académique, Style soigné et conforme aux traditions de l'Académie. Dans les éloges académiques, les plus grands écueils à éviter sont la froideur de l'écrivain et l'enthousiasme fictif du panégyrique.* Fiévée. *Il y a eu une séance académique. Les exercices académiques ne sont souvent que de vains jeux d'esprit.* — On dit quelquefois d'un homme qui a tous les titres pour être élu membre de l'Académie : *C'est un sujet académique.* Dans un sens opposé et fam.: *Ce n'est pas une matière académique.*

ACADÉMIQUEMENT, adv. D'une façon académique. *Vous traitez cela trop académiquement.*

ACADÉMISER, v. n. b. arts. Dessiner d'après un modèle.

ACADÉMISÉ, ÉE, part.

ACADÉMISTE, s. m. (V. *Académie.*) Celui qui tient une académie où l'on se forme aux exercices du corps; celui qui suit les cours d'une académie de cette espèce. *C'est un de nos meilleurs académistes. Il forme d'assez bons académistes.*

ACAGNARDER, v. a. (au 16e siècle, on appelait, à Paris, *cagnards*, des gueux qui, l'été, logeaient sous les ponts. Acagnarder, c'est donc Habituer quelqu'un à imiter les *cagnards*; à vivre dans l'abandon et l'oisiveté. *Cagnard* est un mot du Midi, corrompu sans doute de canard. Le verbe provençal *canarda, acanarda*, s'acoquiner à..., en imitant le canard paresseux et vivant dans la fange, rend cette étymologie certaine.) Accoutumer à l'oisiveté, à la fainéantise, à une vie obscure : *Les mauvais exemples l'ont acagnardé.* — Avec le pronom personnel : *Il s'est acagnardé dans ses terres, et il vit loin de toute société.* — v. réfl. S'acagnarder *auprès du feu.* famil.

ACAJOU. s. m. hist. nat. Arbre d'Amérique dont le bois est blanc, et dont la pomme ou noix réniforme renferme une amande émulsive et d'une saveur agréable. *Dans la teinture en noir on fait usage de la noix d'acajou. La pomme d'acajou contient une résine qui a des propriétés éminemment vésicantes.*

ACAJOU. s. m. (On dit aussi *Bois d'acajou*.) hist. nat. Bois rougeâtre, provenant du Mahogon, arbre d'Amérique, susceptible d'un beau poli, et d'un grand usage dans l'ébénisterie, la menuiserie, la tabletterie. *Secrétaire d'acajou. Il a fait peindre sa bibliothèque en couleur d'acajou, en acajou*

ACALANTHIS, s. m. ornith. Nom donné au tarin par quelques anciens auteurs.

ACALÈPHES, s. m. pl. zooph. Sorte d'animaux à forme rayonnante et circulaire, d'une substance molle, formant la 3e classe des zoophytes de Cuvier.

ACALICAL, ALE, adj. des 2 g. bot. Se dit De l'étamine, lorsque son insertion part du réceptacle sans que cet organe contracte d'adhérence avec le calice.

ACALICINÉ, adj. (de α priv., et du *calix, calicis*, coupe, calice : *caliculus*, petit calice, du grec κυλιξ.) bot. Se dit d'Une plante dépourvue de calice.

ACALICULÉ, ÉE, adj. (V. le mot précédent.) bot. Se dit d'Une fleur (généralement d'une malvacée) dépourvue de calicule.

ACALIFOURCHONNÉ, ÉE, adj. (V. *Califourchon.*) Qui est à califourchon. fam.

ACALYPHE, s. f. (du grec ἀκάλυπτος, non couvert; α priv., et καλύπτω, je couvre, je cache.) bot. Nom que Dioscoride donnait à notre ortie dioïque, et que l'on trouve dans quelques anciennes traductions de cet auteur.

ACAMPSIE, s. f. (de α, priv., et κάμπτω, je plie.) chir. Soudure des articulations.

ACAMPTE, adj. des 2 g. (de α priv., et du grec κάμπτω, fléchi, part. de κάμπτω, je courbe, je plie.) phys. Inflexible, infléchi; qui n'est point apte à réfléchir la lumière.

ACAMPTOSOME, adj. des 2 g. zool. Dont le corps ne se plie pas. — *Acamptosomes*, s. m. pl, Famille d'animaux cirripèdes.

ACANACÉ, ÉE, adj. bot. Garni de piquants comme le chardon. Il est aussi subst. f. pl. *Acanacées*. Famille de plantes à fleurs composées.

ACANOR, s. m. chim. Fourneau dont on se sert dans les opérations chimiques.

ACANTHABOLE, s. m. (de ἄκανθα, épine, et βάλλω, je jette.) chir. Espèce de pinces destinées à l'extraction de corps étrangers introduits dans le pharynx, ou situés dans quelque autre partie du corps.

ACANTHACÉ, ÉE, adj. (V. *Acanthe.*) bot. Se dit des Plantes garnies d'épines comme l'acanthe. — pl. Famille de plantes épineuses.

ACANTHE, s. f. (du grec ἄκανθος, plante épineuse, ou ἄκανθα, épine.) bot. Genre de plante furmant le type de la famille des acanthacées. L'*acanthus mollis* a, selon Vitruve, fourni le premier modèle du chapiteau corinthien. — arch. L'*acanthe cultivée*, ou *branche ursine*, joue un grand rôle dans l'ornementation grecque et romaine, principalement dans la composition du chapiteau corinthien. L'*acanthe sauvage*, bien moins riche de détails, et moins élégante de formes, a été préférée dans les sculptures de l'époque dite gothique. *Une guirlande d'acanthe. Un chapiteau orné de feuilles d'acanthe.*

ACANTHIES, s. f. pl. hist. nat. Genre d'insectes hémiptères.

ACANTHOCARPE, adj. des 2 g. bot. Se dit des Plantes dont les fruits sont recouverts d'épines.

ACANTHOCÉPHALES, s. f. pl. (du grec ἄκανθα, épine, et κεφαλη, tête.) intest. Second ordre des enzoaires, établi par Rudolphi, dans la classe des intestinaux.

ACANTHOPHAGE, adj. des 2 g. (de ἄκανθα, épine, et φάγω, je mange.) Qui vit de chardons : *L'âne est un animal acanthophage.*

ACANTHOPOMES, s. m. pl. (du grec ἄκανθα, épine, et πωμα, couvercle.) ichth. Famille de poissons appartenant au sous-ordre des thoraciques, selon Duméril, et ayant l'opercule épineux.

ACANTHOPTÉRYGIENS, s. m. pl. (du grec ἄκανθα, pince, et πτερυξ, -υγος, aile, nageoire.) ichth. Ordre de poissons établi par Artédi, sur la considération des rayons durs et piquants de leurs nageoires.

ACARDIE, s. f. (de l'α priv., et de καρδία, cœur.) anat. État d'un fœtus privé de cœur.

ACARIÂTRE, adj. des 2 g. (point d'étymologie certaine, ni même vraisemblable.) Qui est d'un caractère difficile, d'une humeur aigre et fâcheuse : *Une femme acariâtre est une cruelle plaie.* Man. *C'est l'humeur la plus acariâtre. Un enfant acariâtre.*

ACARIDES, s. f. pl. (du grec ἀκαρίδες, qui comme ἄκαρης, signifie *Qui ne peut être coupé*, à cause de sa petitesse; α priv., et καιρω, je coupe.) arachn. Famille nombreuse démembrée de celle des holètres, appartenant aux arachnides trachéennes et au dernier ordre de la classe des acères. Ces animaux, toujours très-petits, et souvent microscopiques, sont vulgairement connus sous le nom de *cirons, mites et tiques.*

ACARIDIENS, ACARIDIES, ACARIENS, ACARINS, s. arach. Synonymes d'Acarides. V. ce mot.

ACARUS, s. m. (V. *Acarides.*) arachn. Genre d'insectes microscopiques de la famille des acarides, dont une espèce vit dans les boutons de la galle.

ACATALECTE ou ACATALECTIQUE, adj. et s. des 2 g. Mot par lequel les anciens désignaient des vers complets, et auxquels il ne manquait rien à la fin. C'est l'opposé de *catalectique. Vers acatalecte.*

ACATALEPSIE, s. f. (du grec ἀκαταληψια, impossibilité de comprendre; α priv., et καταλαμβανω, je saisis, je conçois.) Doctrine de quelques philosophes anciens, qui n'admettaient aucune certitude dans les connaissances humaines. — méd. Incertitude dans la perception. État contraire à la catalepsie. Épilepsie.

ACATALEPTIQUE, adj. des 2 g. (V. *Acatalepsie.*) Il se dit de Celui qui suit la doctrine appelée acatalepsie; de ce qui a rapport à l'acatalepsie.

ACATAPOSE, s. f. (du grec α privatif, et de καταποσις, action d'avaler, dérivé de καταπίνω, j'avale.) méd. Difficulté, impossibilité d'avaler.

ACATASTATIQUE, adj. des 2 g. (de α, priv., et de καταστασις, ordre.) Irrégulier. — Nom donné à une fièvre dont les symptômes se succèdent sans observer un ordre régulier.

ACAULES, adj. et s. f. pl. (du grec ἄκαυλος, sans tige, α, priv., καυλος, tige.) bot. Se dit des Plantes dépourvues de tige. *Plantes acaules. Les acaules.*

ACCABLANT, ANTE, adj. (V. *Accabler.*) Qui accable, qui est difficile à supporter : *Un poids accablant. Une chaleur accablante. Y a-t-il une douleur plus accablante que celle-là? Une nouvelle accablante. Un reproche accablant.* — procéd. Ce dont on ne peut se défendre. *Une déposition accablante. Un témoignage accablant. Une preuve accablante. Les charges les plus accablantes s'élevaient contre cet accusé.* — Il s'emploie aussi, par exagération, dans le sens d'importun, d'incommode, de fatigant : *Il a une conversation accablante. Rien de plus accablant que tous ces petits-maîtres.* C. d'Harlev. *C'est une personne accablante.*

ACCABLEMENT, s. m. (V. *Accabler.*) État d'affaissement, d'abattement de corps ou d'esprit, sentiment de faiblesse avec engourdissement : Accablement *du corps.* Accablement *de l'esprit. Cette perte l'a laissé dans un profond* accablement. *Les maladies qui ruinent le corps jettent souvent l'âme dans l'accablement.* Nicole. *Cette maladie l'a mis dans un grand* accablement. — *Excès d'affaires : L'accablement des affaires. Il est dans un grand accablement d'affaires et de travail.*

ACCABLER, v. a. (Il paraît venir du gal. *cablu*, charger d'injures et de calomnies; *a* est un préfixe kymrique qui s'ajoute aux verbes et aux noms, sans en modifier le sens d'une manière notable.) Charger avec excès, faire succomber sous le poids, sous une force supérieure : *Les ruines de la maison accablèrent une grande partie des assistants. Ce fardeau m'accable. Accablé sous le poids d'un énorme fagot.* Lemonnier. *Malgré sa valeur, il finit par être accablé sous le nombre.* — Au figuré : *Le travail, les veilles, les soucis l'accablent. Ne vous laissez pas accabler à la douleur, à la tristesse,* et plus ordinairement *par la douleur, par la tristesse. Il est accablé de dettes. Cet affreux souvenir qui m'accable et me tue.* Volt. — Il s'emploie, par exagération, pour Incommoder, fatiguer, importuner : *Cet homme m'accable. J'ai été accablé de visites toute la matinée.* — Accabler *d'injures, de reproches,* Faire beaucoup de reproches, dire de grandes injures à quelqu'un. — Accabler *quelqu'un de grâces, de biens, de bienfaits,* Le combler outre mesure de grâces, de bienfaits. *Je t'en (de bienfaits) avais comblé, je veux t'en accabler.* Corn. On dit aussi : Accabler *quelqu'un de caresses, de louanges.* — Avec le pronom personnel : *Il s'accable de travail,* Il en prend plus qu'il n'en peut faire.

ACCABLÉ, ÉE, part. Il se prend aussi substantiv. Abattu, surchargé. *Elles sont accablées de fatigue.*

ACCALMIE, s. f. (Il vient de calme. Voy. ce mot.) mar. Calme momentané qui succède à des coups de vent très-violents.

ACCAPAREMENT, s. m. (V. *Accaparer.*) Action d'acheter ou de retenir à l'avance, moyennant des arrhes, une quantité considérable de denrées, comme blé, vin, ou autres marchandises, afin de se rendre maître des prix, faute de concurrents dans la vente. *Il a été accusé d'accaparement. Le blé avait considérablement enchéri par suite des accaparements.* — Il ne s'emploie guère qu'en mauvaise part, ainsi que les mots suivants.

ACCAPARER, v. a. (dit pour accomparer, du préf. *ad*, à, vers, et du verbe lat. *com-parare*, se procurer, amasser à prix d'argent.) Acheter ou arrher des marchandises pour les vendre plus cher, faute de concurrents. *Ils se sont réunis pour accaparer tout le bois de chauffage.* — Au fig : Accaparer *les suffrages*, Les réunir en sa faveur. — Accaparer *une chose*, La détourner à son usage exclusif. *Il accapare tout le feu. Il a accaparé tout ce qu'il y avait de mieux dans l'hôtel.* — Accaparer *quelqu'un*, S'en emparer, l'occuper exclusivement. *Il nous a accaparés une journée entière.*

ACCAPARÉ, ÉE, part.

**ACCAPAREUR**, s. m. **ACCAPAREUSE**, s. f. (Voy. *Accaparer*.) Celui, celle qui fait des accaparements : *Le peuple se souleva contre les accapareurs. Crier à l'accapareur. La loi ne saurait avoir de peines trop sévères contre les accapareurs*. NECKER. *Accapareur de grains.* — Au fig. : Qui s'empare de, qui tourne à son usage exclusif. *Accapareur de la faveur publique. Vous êtes une accapareuse de cœurs.* DUFRESNY.

**ACCASTILLAGE**, s. m. (du br. *kastell*, qui ne signifie pas seulement château, mais un assemblage fait avec symétrie ; ainsi, *kastell-lestr*, c'est la hune, et *kastell-karr*, le corps d'une voiture.) mar. Partie de l'œuvre morte d'un vaisseau qui s'élève au-dessus du second pont. — Il se dit aussi des Dispositions relatives à l'ornement et à la commodité d'un navire.

**ACCASTILLER**, v. a. mar. Garnir un bâtiment d'un accastillage.

**ACCASTILLÉ, ÉE**, part. Il est aussi adj. *Accastillé*, Muni de ses deux châteaux.

**ACCÉDER**, v. n. (du lat. *accedere*, s'approcher de, se rendre à ; de *ad*, vers, à, et de *cedere*, aller, venir, céder.) Consentir, entrer dans un engagement déjà contracté par d'autres personnes : *Nous accédons volontiers à votre proposition. Accéder à toutes les clauses d'un contrat. Il ne veut pas accéder aux engagements que nous avons pris.* — Il se dit principalement de l'adhésion donnée par une puissance à un engagement contracté par d'autres états. *L'Espagne ne voulut pas accéder au traité d'alliance conclu par ces trois puissances.*

**ACCÉLÉRATEUR, TRICE**, adj. (V. *Accélérer*.) Qui donne une plus grande vitesse : *Une force accélératrice. Un mouvement accélérateur.* — anat. Il se dit du principal muscle de l'organe de la génération dans l'homme.

**ACCÉLÉRATION**, s. f. (V. *Accélérer*.) Augmentation de vitesse, mouvement plus rapide, prompte expédition. *On a obtenu ce moyen une grande accélération dans la marche des bateaux. Il faut tâcher de donner de l'accélération à ce travail.* — astron. *Accélération des étoiles fixes*, Différence entre le premier mobile et la révolution solaire ; — des *planètes*, Mouvement propre des planètes d'Occident en Orient, qui, relativement à la terre, paraît plus grand qu'il ne l'est en effet. — méd. *Accélération du pouls*, Augmentation de la vitesse du mouvement vital.

**ACCÉLÉRÉES** ou **CÉLÉRIFÈRES**, s. f. pl. Nom qu'on a donné à Certaines voitures très-légères, ou diligences qui marchent rapidement et qui desservent les environs de Paris.

**ACCÉLÉRER**, v. a. (du lat. *accelerare*, qui veut dire la même chose, dont les dérivés *accelerator*, *-trix* et *acceleratio*, ont donné *accélérateur*, *-trice*, *accélération* ; de *ad*, vers, à, et de *celerare*, presser, avancer, ou *celer*, prompt, vif, vite.) Augmenter la vitesse, hâter, presser : *Un vent favorable accélérait notre marche. Accélérez ce travail. Nous accélérons nous-mêmes notre ruine en cherchant à hâter celle des autres.* VOLT. — S'ACCÉLÉRER. v. pron., être accéléré : *Avec un peu d'ardeur cet ouvrage pourrait s'accélérer.*

**ACCÉLÉRÉ, ÉE**, part. méc. *Mouvement accéléré*, Mouvement qui continuellement reçoit des accroissements d'accélération ou de vitesse. — *Uniformément accéléré*, Se dit d'Un mouvement dont les accroissements sont égaux dans des temps égaux. — Il se prend aussi adject. pour signifier, en méd., Que le pouls est plus fréquent que dans l'état ordinaire.

**ACCENSER**, v. a. (de *ad*, auprès, et *census*, bien.) Joindre un bien rural à un autre. — adm. Réunir sous une même division deux cantons qui étaient jusque-là restés séparés.

**ACCENSÉ, ÉE**, part.

**ACCENSES**, s. m. pl. (du lat. *accensus*, même sens.) Officiers publics à Rome ; espèce d'huissiers qui étaient chargés d'avertir le peuple de s'assembler ; ils marchaient devant les consuls, lorsque ceux-ci n'avaient pas de faisceaux, et introduisaient au tribunal du préteur.

**ACCENT**, s. m. (du lat. *accentus*, même sens ; *ad*, à, vers, et *cantus*, chant ; nous en avons formé *accentuer*, *accentuation*.) gram. Se prend dans trois sens : 1° Pour le son plus ou moins fort de la voix, selon la passion qui domine l'orateur ; c'est l'*accent oratoire* ou l'*accent du discours*. Il s'emploie aussi dans ce sens, au fig., comme dans les phrases suivantes : *L'accent est l'âme du discours.* J.-J. ROUS. *Oreille accoutumée aux accents majestueux de Bossuet.* MAURY. *Ce feu d'imagination et cet accent d'enthousiasme qu'un éloge solennel attend de l'éloquence.* MAURY. 2° Pour l'intensité de la voix qui se porte sur certaines syllabes préférablement aux autres ; c'est l'*accent tonique*. 3° Pour certaines petites marques employées dans l'écriture, et qui se placent sur les voyelles, et en différencient la prononciation. Dans ce dernier sens, on distingue l'accent aigu ('), qui ne se met que sur l'*é*, pour indiquer le son fermé ; l'accent grave (`), qui se met sur *à* préposition, sur *è*, et sur *où* et *là*, adv., et il indique le son ouvert ; l'accent circonflexe (^), qui, autrefois, indiquait le retranchement d'une lettre (*tempête* pour *tempeste*), mais qui n'exprime plus guère aujourd'hui que l'allongement de la voyelle. — *Accent* s'emploie quelquefois pour indiquer l'expression de certains sentiments de l'âme : *Les accents de la douleur, de la pitié, de la tendresse. Des accents de joie. L'accent de la reconnaissance. Il parle de lui avec le plus touchant de l'admiration, de la tendresse et de la douleur.* MAURY. *Il a l'accent de la conviction, l'accent de la vérité.* On dit poétiquement : *Les accents de sa voix. Accents plaintifs, douloureux. Tristes accents.* — mus. Agrément du chant. *Des accents agréables.* — Il se prend aussi pour Les inflexions de voix qui sont particulières aux habitants d'un pays, d'une province, aux personnes de certaines classes : *L'accent espagnol, anglais, allemand. On conserve toujours l'accent national. Accent normand. Accent picard. Il a l'accent du Midi. À votre accent on voit que vous êtes Gascon. Ce n'est pas là l'accent des gens comme il faut.* — *Accent* se dit absolument de la Prononciation des personnes de province par égard à celle des habitants de la capitale. *Depuis trente ans qu'il est à Paris, il n'a pas perdu l'accent. Conserver l'accent. Avoir un peu d'accent.*

**ACCENTEUR**, s. m. zool. Genre d'oiseaux qui ont du rapport avec la fauvette.

**ACCENTUATION**, s. f. (V. *Accent*.) gram. Art d'accentuer.

**ACCENTUER**, v. transitif et intrans. Mettre les accents sur les voyelles qui doivent les recevoir. — Prononcer d'une manière convenable et suivant les règles de la prosodie, ou augmenter les inflexions et les tons de la voix pour faire mieux sentir ce que l'on dit : *Cet acteur accentuait parfaitement. Ce vers aurait besoin d'être plus fortement accentué.*

**ACCENTUÉ, ÉE**, part. Il est aussi adj. *Syllabe accentuée*, Celle qui porte l'accent tonique. — *Langue accentuée*, Langue où l'accent tonique est sensible et varié.

**ACCEPTABLE**, adj. des 2 g. (V. *Accepter*.) Qui doit, qui peut être accepté. *Ces propositions ne sont pas acceptables. De semblables offres, de pareilles conditions me paraissent acceptables.*

**ACCEPTANT, ANTE**, adj. dr. prat. Celui qui accepte ce qui lui est donné ou vendu, ce qu'on fait en sa faveur. *Le donataire, l'acquéreur, le légataire étant présent et acceptant.*

**ACCEPTATION**, s. f. (V. *Accepter*.) Action de recevoir volontairement ce qui est donné ou offert. *Il a été désigné pour ministre, mais on n'a pas encore son acceptation.* — pal. *Acceptation d'un legs, d'une donation. Acceptation d'une succession*, Acte par lequel l'héritier légitime déclare accepter la succession qui lui échoit naturellement ; acte par lequel un héritier autre que l'héritier légitime déclare accepter une succession qui lui est déférée par un testateur. — *Acceptation sous bénéfice d'inventaire*, Acte par lequel un héritier déclare accepter une succession, avec la condition qu'il ne sera tenu du passif que jusqu'à concurrence de la valeur de l'actif constatée par inventaire. — *Acceptation de la communauté*, Acte par lequel une femme, après la dissolution de la communauté, déclare accepter sa part dans l'actif et le passif qui la composent. — banq. *Acceptation d'une lettre de change*, Engagement écrit de la payer à l'échéance. — eccl. *Acceptation*, Acte par lequel on accepte les constitutions données par les papes. — *Acceptation solennelle*, se dit de Celle qui se fait dans les lieux mêmes où s'est élevée l'erreur condamnée. *Acceptation tacite*, Celle que donnent les prélats du monde chrétien, que la constitution ne concerne pas expressément.

**ACCEPTER**, v. a. (du lat. *acceptare*, même signification, d'où viennent *acceptatio*, *acceptabilis*, *acceptation*, *acceptable*, composé de *ad*, à, et *capere*, prendre. V. *Captation*.) Recevoir volontairement ce qui est offert ou donné : *Accepter une offre, un héritage, un présent, une tutelle. Accepter une succession sous bénéfice d'inventaire.* (V. *Acceptation*.) De là cette locution familière : *Il est certaines choses qu'il ne faut accepter que sous bénéfice d'inventaire. J'accepte volontiers tout ce qui vient de vous. Il n'a pas accepté l'emploi qu'on lui offrait. Il y a des gens dont il ne faut rien accepter, car les présents qu'ils vous font ne sont que des placements à un très-haut intérêt.* B. DE ST-P. *Les ennemis ont accepté la trève. Au milieu de ses désastres, le roi ne voulut pas accepter une paix honteuse. Accepter un pari. Accepter un défi. Accepter un combat. J'en accepte l'augure*, Je souhaite que la chose arrive, suivant l'espérance qui m'est donnée. — banq. *Accepter une lettre de change*, Prendre par écrit l'engagement de la payer à l'échéance.

**ACCEPTÉE, ÉE**, part.

**ACCEPTEUR**, s. m. (V. *Accepter*.) banq. Celui qui accepte une lettre de change. *L'accepteur devient personnellement débiteur, suivant la maxime : Qui répond paie.*

**ACCEPTILATION**, s. f. comm. Remise d'une créance sans paiement ; quittance feinte. Il vieillit.

**ACCEPTION**, s. f. (V. *Accepter*.) Préférence marquée. Il ne s'emploie guère en ce sens que dans cette locution : *Acception de personne*, c'est-à-dire, Certains égards de préférence que l'on a pour certaines personnes. *Dieu ne fait pas acception de personne. Le juge ne doit jamais faire acception de personne. Il faut juger seulement les faits, sans acception de personnes.* — gram. Se dit pour Le sens dans lequel un mot se prend. *Vous aurez à indiquer toutes les différentes acceptions de ce mot. Ce mot n'est pas français dans cette acception. Il faut prendre ici le mot dans son acception naturelle, et ne pas l'entendre dans une acception détournée.* — méd. Tout ce que le corps reçoit, soit par la peau, soit par le canal intestinal. Peu usité.

**ACCÈS**, s. m. (V. *Accéder*.) Approche, abord ; il se dit également pour les personnes et pour les choses : *Ces rivages sont d'un accès un peu difficile. L'accès de la place était défendu par des ouvrages fortifiés. Cette ville située à mi-côte est d'un facile accès. Les accès de la science ne sont pas sans difficultés. Les grands ne sont pas toujours d'un accès facile et commode.* MARM. *Avoir accès, un libre accès auprès de quelqu'un*, Avoir la facilité de l'aborder, de lui parler. *Il a accès auprès des ministres, — dans un endroit*, Avoir la liberté d'y entrer. *Il est souvent plus difficile d'avoir accès dans les maisons bourgeoises que dans les palais des rois.* GIR. — *Accès*, se dit de Ce qui a lieu au conclave, lorsque personne n'ayant eu, au premier scrutin, le nombre de voix requises pour être pape, on distribue de nouveaux billets sur lesquels on marque que l'on se range du côté de l'un de ceux qui ont été proposés au scrutin : *Après le scrutin on alla à l'accès. Il a eu tant de voix à l'accès. Il a été nommé pape à l'accès.* — méd. *Accès*, se dit de Certains phénomènes morbides qui se produisent à des intervalles ordinairement réguliers, et particulièrement de ceux qui caractérisent les fièvres intermittentes : *Les accès présentent toujours, au milieu de symptômes variables, un frisson suivi de chaleur et de froid. Avoir un accès, un violent accès de fièvre. Premier, second accès. Petit, faible accès. Un accès avec redoublement. L'accès avance, retarde, diminue.* — Il se dit encore Des attaques de certaines maladies sujettes à des retours, à des redoublements, comme la rage, la goutte, l'épilepsie, la folie : *Il a eu un accès de goutte. Il n'est pas toujours sûr de rester auprès des gens qui ont de temps à autre des accès de folie. Au moment où l'on y pensait le moins, il lui prit un accès de rage.* — *Accès*, se dit dans le sens moral de Certains mouvements passagers qui vous font agir : *Des accès de dévotion, de libéralité. Il a des accès de colère épouvantables. C'est un homme d'humeur inégale, il a des accès d'enthousiasme qu'on ne comprend pas. Il est courageux par accès.*

**ACCESSIBLE**, adj. des 2 g. (du lat. *accessibilis*, fait de *accedo*, je m'approche, d'où *accessibilitas*, accessibilité.) Dont on peut s'approcher ; se dit des lieux et des personnes : *Cette île n'est pas accessible. Les abords de la montagne ne sont pas accessibles. Accessible à tous, il savait même se faire pardonner ses refus. — *Accessible,* se dit aussi Des choses auxquelles l'intelligence peut atteindre : *Ces sciences abstruses ne sont pas accessibles à tous les esprits.*

ACCESSION, s. f. Consentement par lequel une puissance adhère à un traité déjà contracté par d'autres : *Le roi d'Angleterre refusa publiquement son accession au traité.* — Il se dit en général de Toute adhésion à un acte, à un contrat : *Il a donné son accession à ce mariage.* — Il s'emploie aussi quelquefois dans le sens de Jonction : *L'accession de ces trois nouveaux magistrats.* — jurisp. Droit que le propriétaire d'une chose, mobilière ou immobilière, a sur ce qu'elle produit, ou sur ses dépendances, ou ses accessoires naturels ou artificiels. On le dit aussi quelquefois des Choses mêmes sur lesquelles ce droit s'exerce : *Le croît des animaux et les fruits de la terre appartiennent, par droit d'accession, au propriétaire, comme les atterrissements insensibles. Les arbres plantés par le locataire sur le terrain loué, et les constructions qu'il y fait pendant la durée de son bail, sont des accessions, qui appartiennent, par cela même, au propriétaire.* — Bossuet a employé *Accession* dans le sens de Avénement au trône.

ACCESSIT, s.m. (mot lat., *accessit,* il s'est approché; il a approché souvent du prix : on prononce le T final. On commence à écrire *accessits,* au pl.) Récompense honorifique que l'on accorde dans les maisons d'éducation ou les académies, à ceux qui ont le plus approché du prix : *Son fils a obtenu deux prix et trois accessit. Un accessit de vers latins. Son discours a obtenu l'accessit à l'Académie française.*

ACCESSOIRE, adj. des 2 g. (du b. lat. *accessorius,* dérivé de *accedere,* s'approcher, se joindre à.... (V. *Accéder.*) Qui suit, qui accompagne le principal, qui en dépend : *Pour qu'une composition soit parfaite, il faut en soigner également toutes les parties accessoires. Vous ajouterez cette clause accessoire. Une idée accessoire. Un personnage accessoire.* — Il s'emploie aussi comme substantif masculin : *Ne négligez pas l'accessoire. L'accessoire suit le principal.* — Dans les œuvres d'art ou de littérature, il se dit de Tout ce qui contribue à l'effet général, sans être partie essentielle de la composition : *Il a sacrifié dans sa tragédie le sujet principal aux accessoires.* — beaux-arts. *Il faut que les accessoires soient traités largement pour laisser valoir le sujet. Les Flamands ont souvent trop étudié les accessoires.* — Au théâtre, on appelle *accessoires* tous les objets portatifs nécessaires à la représentation, tels que meubles, armes, ustensiles, corbeilles de fleurs, etc. *Un grand opéra exige beaucoup d'accessoires. Le feu a pris dans le magasin des accessoires.* — méd. Muscle *accessoire* d'un autre muscle, c'est-à-dire Servant d'auxiliaire à ce muscle. Nerf *accessoire* ou auxiliaire d'un autre nerf.

ACCESSOIREMENT, adv. Par suite : *Voici d'abord les principaux personnages; quant aux autres, nous les ferons connaître accessoirement.*

ACCIDENCE, s. f. phil. État, qualité, possibilité de l'accident.

ACCIDENT, s. m. (du lat. *accidens;* lequel se dit de ce qui arrive par hasard; *accidentia,* chance, hasard, accident; d'*accidere,* arriver, survenir; *ad,* à, vers, et *cadere,* tomber.) Événement fortuit, qui arrive par hasard; il se prend habituellement dans le sens de Malheur, infortune, à moins qu'une épithète n'en détermine autrement la signification : *On n'oserait pas vivre, si l'on songeait à tous les accidents dont la vie humaine est semée.* J. J. Rouss. *Un accident imprévu, terrible, étrange. Il vient d'arriver un accident épouvantable. C'est un heureux accident.* — jard. *Accidents de terrain,* Certaines inégalités du sol, élévations ou abaissements. *Il y a là des accidents de terrain dont on pourrait tirer un parti très-heureux.* — log. *Accident,* Ce qui peut être abstrait d'un sujet, sans qu'il puisse cesser d'exister ou d'être conçu : *La couleur, la dureté, la mollesse sont des accidents de la matière; impénétrabilité et l'étendue lui sont au contraire essentielles.* — méd. *Accident,* Symptôme, lésion qui survient dans le cours d'une maladie interne ou externe, sans qu'on ait eu lieu de s'y attendre. Il ne peut pas être synonyme de *symptôme,* qui désigne Un phénomène inhérent à l'état morbide. — nir. Écoulement de sang plus abondant, douleur plus vive que de coutume. Quand l'accident devient assez important pour exiger des secours particu-

liers, on l'appelle *complication.* — théolog. Il se dit en parlant du saint sacrement de l'Eucharistie, de la figure, de la saveur, de la couleur, etc., qui restent après la consécration : *Tous les accidents qui étaient dans les espèces, avant la consécration, subsistent encore après.* Acad. — gram. *Accidents,* Modifications des noms, des adjectifs ou des verbes : *Les nombres, les genres sont des accidents des noms; les temps et les modes sont ceux des verbes.* — mus. *Accident;* On donne ce nom aux *dièze, bémol* ou *bécarre* (V. ces mots), placés dans le courant d'un morceau de musique; car placés à la clé d'une pièce de musique, ils ont le nom générique d'*armure* (V. ce mot). — peint. *Accident de lumière,* Un rayon qui vient frapper vivement une partie du tableau et faire contraste avec des masses d'ombre qui en sont voisines. *Le plus grand talent des peintres d'intérieurs est de savoir bien placer les accidents de lumière. Murillo et Rembrandt affectionnent les accidents de lumière.* — arts et mét. Petite élévation que les patenôtriers forment sur les perles factices, en soufflant dans le tube. — gram. hébr. Par opposition à *racine:* Élément du mot qui indique les rapports secondaires du genre, du nombre, etc.

Par accident, loc. adv., Par hasard; par cas fortuit. *Il s'est trouvé là par accident; il s'est blessé par accident.*

ACCIDENTALITÉ, s. f. philol. Qualité, état de ce qui est accidentel. *L'accidentalité d'une question, d'une proposition.*

ACCIDENTÉ, ÉE adj. (il vient d'*accident*). Ne se dit qu'en parlant Des mouvements de terrain qui présentent des aspects variés et inattendus : *Le pays n'est pas accidenté. Un terrain plat et peu accidenté.*

ACCIDENTEL, ELLE, adj. (V. *Accident.*) Fortuit, qui arrive par hasard : *C'est un cas accidentel.* — gr. et log. Qui est de la nature des accidents : *La couleur est accidentelle à la matière.* — méd. *Symptômes accidentels, lésion accidentelle,* Phénomènes qui surviennent dans le cours d'une maladie, sans avoir une liaison nécessaire avec elle. — anat. path. *Tissus accidentels,* Ceux qui se développent à la suite d'un travail morbide. — perspec. *Point accidentel,* Point d'une ligne horizontale où se rencontrent les projections de deux lignes, parallèles l'une à l'autre, dans l'objet que l'on veut mettre en perspective, et qui ne sont pas perpendiculaires au tableau.

ACCIDENTELLEMENT, adv. Par hasard et par accident. *Il se trouvait alors accidentellement à Rome. Ce qui arrive accidentellement est un événement qui survient contre votre attente.* Girard. — En philosophie, il s'emploie pour Ce qui n'existe pas d'une manière essentielle : *Les couleurs ne se trouvent qu'accidentellement dans la matière.*

ACCINITE, s. f. minér. V. Axinite.

ACCIPITRES, s. m. pl. (du lat. *accipiter,* épervier, qui vient d'*accipere,* prendre, saisir). ornith. Ordre des oiseaux de proie de Linné, Vieillot, etc., correspondant aux rapaces de Temminck.

ACCIPITRIN, INE, adj. (V. *accipitres.*) Il se dit Des animaux ou des parties d'animaux qui ont des rapports avec les oiseaux de proie, les *accipitres,* quant à la configuration.

ACCIPITRINE, s. f. V. Épervière.

ACCIPITRINÉES, s. f. pl. (V. *Accipitres.*) ornith. Sous-famille des oiseaux de proie, selon Willughby, renfermant les éperviers.

ACCIPITRINS, s. m. pl. (V. *Accipitres.*) ornith. Troisième famille des accipitres ou oiseaux de proie, selon Vieillot.

ACCISE s. f., ou EXCISE. Nom d'une taxe qui se lève en Angleterre sur le vin, la bière et autres boissons. *Les employés de l'accise.* — Bureaux où l'on perçoit cette taxe. *Les bureaux de l'accise.*

ACCLAMATION, s. f. (*Acclamatio;* même sens, rac. ad, à, vers et *clamare,* crier. V. Clameur.) Cri de joie par lequel un nombre plus ou moins grand de personnes marquent leur satisfaction ou leur approbation : *Ce discours fut suivi de longues et bruyantes acclamations. Les acclamations furent telles que nous en demeurâmes quelque temps étourdis.* Dupaty. *Tout le rivage retentit des acclamations du peuple. Il fut reçu dans l'assemblée avec de grandes acclamations. Nous nous joignîmes de grand cœur aux acclamations générales. Être salué par les acclamations de la multitude.*

Par acclamation, loc. adv. Élire quelqu'un par acclamation, l'Élire tout d'une voix et sans aller au

scrutin. On dit dans le même sens : *Voter, adopter une loi par acclamation. La loi passa par acclamation.*

ACCLAMPER, v. a. mar. Renforcer un mât à l'aide de pièces de bois que l'on met sur les côtés. — Fortifier. Il a vieilli. V. Jumelen.

ACCLAMPÉ, ÉE, part.

ACCLIMATATION ou ACCLIMATEMENT, s. m. (V. *Climat.*) hyg. Modification plus ou moins profonde qui s'opère dans l'organisme chez l'homme lorsqu'il change de climat ou qu'il passe d'un climat dans un autre. — bot. Se dit de l'Acclimatation des végétaux, considérée sous les rapports philosophiques et physiologiques, habitude que contractent les plantes et les animaux pour vivre dans un autre climat que le leur.

ACCLIMATER, v. a (V. *Climat.*) Accoutumer une personne, un animal ou une plante aux influences d'un climat étranger : *On commence à acclimater nos soldats dans l'Afrique. Ce fut lui qui le premier acclimata, dans les pays du Nord, ces animaux du Midi. Il est parvenu à acclimater plusieurs plantes étrangères.* — S'acclimater, v. pron. Se faire à un climat. *Les peuples du Nord s'acclimatèrent facilement dans l'Italie.* — Au figuré, Se faire aux habitudes : *J'aurai de la peine à m'acclimater dans cette famille.*

ACCLIMATÉ, ÉE, part. — On l'emploie quelquefois comme adjectif, pour signifier Qui a subi l'acclimatement.

ACCLINÉ, ÉE, adj. zool. Se dit d'une partie qui en couvre une autre par le côté.

ACCOINÇON, s. m. couvr. Partie de charpente qu'on ajoute au toit pour le rendre égal.

ACCOINTANCE, s. f. (du v. *coint,* joli, gentil, agréable; mot de provenance bretonne : *koant,* joli, agréable, plaisant). Liaison, habitude, familiarité : *Gardez-vous de telles accointances.* Mar. Avoir accointance *avec une femme. Ils avaient eu ensemble des accointances.*

ACCOINTER (S'), v. pron. (V. *Accointance*). Se lier, entrer en familiarité avec quelqu'un : *Je vous engage à ne pas vous accointer d'un pareil homme.* Il s'emploie aussi d'une manière absolue : *Elle s'est mal accointée, il est mal accointé,* Il ou elle a de mauvaises accointances.

ACCOINTÉ, ÉE, part.

ACCOLADE, s. f. (V. *Accoler.*) Action d'embrasser en jetant les bras autour du col; embrassement solennel : *Il me reçut avec de grandes accolades. L'accolade fraternelle; donner l'accolade à un officier,* après l'avoir fait reconnaître. — Il se dit particulièrement d'Une cérémonie employée autrefois dans la réception d'un chevalier, et qui consistait à donner trois coups du plat de l'épée sur l'épaule ou le col du nouveau chevalier; après quoi on l'embrassait : *Bayard donna l'accolade à François premier. Il tira son épée pour lui donner l'accolade.* — De là est venue l'expression ironique *Donner l'accolade,* pour Frapper de son épée. *Il lui donna de son épée une telle accolade, que jamais l'autre ne s'en releva depuis.* Scarron. — On appelle *accolade* deux traits légèrement arrondis et joints ensemble ( ——— ) qui servent, en écrivant ou en imprimant, à embrasser plusieurs objets destinés à former un tout, ou ayant entre-eux des rapports d'analogie : *Il faut réunir tous ces articles par une accolade. Cette dernière ligne ne doit pas être comprise dans l'accolade. Une accolade horizontale, perpendiculaire. Il faut placer ici une accolade. Tirer une accolade.* — art c. *Une accolade de lapereaux,* Deux lapereaux servis ensemble. — En architecture, on appelle *arcade en accolade,* ou *arcade en doucine,* Une arcade surbaissée, se relevant au milieu à angle aigu, et ayant la forme de l'accolade employée dans l'écriture et la musique. *Les arcades en accolade étaient très-communes au XVe siècle.* — paléog. *Accolade* ou *circonduction,* Sorte de crochet ou de demi-cercle dans lequel on enferme les mots ou fins de mots écrits au-dessous de la ligne et à son extrémité.

ACCOLADER, v. a. impr. Joindre par une accolade plusieurs mots, etc.

ACCOLADÉ, ÉE, part.

ACCOLAGE, s. m. agric. Action d'accoler ou de lier la vigne ou le cep de la vigne à un échalas ou à une palissade.

ACCOLER, v. a. (ce mot paraît venir, ainsi que *accolade,* du latin barbare *adcolare,* forgé avec le préf. *ad* et *collum*, cou. Mais le nom dérivé *accolade* et non *accollation* fait voir qu'il se compose du français *col* du préf. *a*, kymrique d'origine.) Jeter les bras autour du col : *A la première vue il s'en vint m'accoler.* MONTFLEURY. — Accoler *la cuisse, la botte à quelqu'un,* Lui serrer la cuisse, la botte avec les bras, comme marque d'hommage et de soumission.—S'ACCOLER, v. réc. S'embrasser. *Ils descendirent de cheval et s'accolèrent.* fam. — agric. Accoler *une vigne,* L'attacher à un échalas, à un arbre. Accoler *les vignes aux ormeaux.*—Au fig. Mettre ensemble, réunir dans un discours, dans un récit : *Ce fut un étonnement général que de voir ces deux noms accolés ensemble.* SAINT-SIMON. *Je vous prierai de ne pas m'accoler à une telle personne.* —com. Accoler *deux articles dans un seul compte,* Les réunir par une accolade, ou bien comprendre sous une même dénomination, dans une même somme, deux articles séparés. — charp. Joindre ensemble, sans aucun assemblage, plusieurs pièces de bois pour les mettre en état de résister, en les fortifiant les unes par les autres. — arch. Tordre ou entrelacer quelques branches de feuillage autour du fût d'une colonne. — Réunir ; ce mot comporte généralement une idée de blâme ou de mépris : *Je ne sais comment on ose accoler une façade corinthienne et une église gothique.* — (S') v. réc. Embrasser. *Des guirlandes s'accolent au fût de cette colonne : Des pampres s'accolent souvent aux colonnes torses.* — (S') v. pron. agric. S'embrasser, s'entrelacer, en parlant de la vigne, du houblon, etc.

ACCOLÉ, ÉE, part., — Il s'emploie aussi en terme de blason, comme adjectif, pour Deux choses qui sont jointes ensemble : *Et dès-lors les armes de nos deux maisons se trouvèrent accolées.*

ACCOLURE, s. f. agric. Lien propre à accoler la vigne. — arts et mét. Assemblage des premières mises de bûches dans un train de bois ; ce qui lie ou attache cet assemblage.—reli. Ligature dans la reliure d'un livre.

ACCOMBANT, ANTE, adj. bot. Se dit D'une partie couchée sur le bord d'une autre

ACCOMMODABLE, adj. des 2 g. (V. *Accommoder.*) Qui peut s'arranger à l'amiable : *Au point où elle en était, la discussion n'était plus accommodable. Par quel moyen la discussion est-elle accommodable ?*

ACCOMMODAGE, s. m. art c. Apprêt que l'on donne aux viandes : *Payer l'accommodage des viandes.* — Il se dit aussi du Travail de ceux qui arrangent les cheveux : *L'accommodage d'une perruque.* Il a vieilli dans ce sens.

ACCOMMODANT, ANTE, adj. (V. *Accommoder.*) Qui est d'un commerce aisé, avec qui l'on peut s'entendre facilement : *C'est un homme très-accommodant. Un marchand accommodant. Il n'est pas d'une humeur très-accommodante. L'esprit le plus accommodant qu'il y ait jamais eu.*

ACCOMMODEMENT, s. m. (V. *Accommoder.*) Accord entre des personnes dissidentes, conciliation : *Voilà un excellent accommodement. Ce serait un mauvais accommodement. Voici l'accommodement qu'il propose. Être en voie d'accommodement. Trouver un bon accommodement. Je les avais disposés à l'accommodement lorsqu'il est venu tout rompre.* DIDEROT. *Nous en viendrons à un accommodement. Elle ne veut entendre à aucune espèce d'accommodement. Il n'était pas éloigné d'entrer en accommodement. Je venais de les disposer à cet accommodement. S'entremettre d'accommodement.* — prov. : *Un mauvais accommodement vaut mieux qu'un bon procès.*—Accommodement, Moyen de conciliation, expédient pour terminer à l'amiable une affaire en litige, pour concilier des choses opposées. *Il y a mille accommodements pour un. Voyez à trouver un accommodement à la chose. Il a trouvé un accommodement entre votre oncle et vous.* DANCOURT. *Il est avec le Ciel des accommodements.* MOL. vers de *Tartufe* qui s'emploie aujourd'hui proverbialement pour exprimer Que les personnes, même les plus rigides, se relâchent quelquefois de leur sévérité aux dépens de leur devoir. *Les accommodements ne font rien en ce point, les affronts à l'honneur ne se réparent point.* CORN. *C'est un homme de facile accommodement,* ou simplement, *d'accommodement,* Il est aisé de s'entendre avec lui. — peint. Accommodement, se dit de la Manière dont les ajustements et les draperies sont choisis et disposés.

ACCOMMODER, v. a. (du lat. *accommodare,* ajuster, accommoder, d'où les mots *accommodable, accommodant, accommodement : ad,* à, vers, et *commodare,* arranger, ajuster ; composé de *cum,* avec, et *modus,* mode, façon, manière). Mettre d'accord, terminer un différend à l'amiable : *Ce n'est que par votre intervention que l'on peut accommoder ce différend. On a eu beaucoup de peine à les accommoder.* — Il s'emploie aussi avec le pron. : *Après bien des discussions, ils ont fini par s'accommoder. S'accommoder avec ses créanciers,* Entrer en accommodement avec eux. *Pour ce qu'il lui devait encore, il s'est accommodé avec lui.*—Accommoder ; Être commode, convenir : *Cela m'accommoderait assez. Il prend tout ce qui l'accommode.* —Accommoder *quelqu'un de quelque chose,* Lui abandonner une chose qui lui convient par suite d'une convention, d'un marché : *Si cette maison-là vous plaît, je pourrai vous en accommoder. Je vous accommoderai de cette pièce de terre, si vous voulez y mettre le prix.* On le dit, dans le même sens, sans régime indirect : *Si cette étoffe vous convient, je pourrai vous accommoder ;* ou bien en l'employant comme verbe réciproque : *Si vous voulez faire un échange avec lui, je crois que vous pourrez vous accommoder ensemble.* — Accommoder, Ajuster, arranger, mettre dans un état convenable : Accommoder *une maison. Il a très-bien accommodé son jardin. Laissez-lui accommoder vos cheveux.* Dans le même sens on dit : Accommoder *la tête ;* accommoder *le feu ;* accommoder *la table,* Mettre en ordre les choses nécessaires pour le repas. *Il est parvenu à accommoder ses affaires,* A les mettre en meilleur état. On dit aussi dans ce sens *S'accommoder : Malgré le désordre de ses affaires, il a fini par s'accommoder. Ce spéculateur était alors dans une position misérable, mais il s'est bien accommodé.* Il a vieilli.—ironiq. Accommoder *quelqu'un,* Le maltraiter : *Je vous accommoderai comme il faut ; il l'a joliment accommodé ; il l'a accommodé d'importance ; nous l'avons accommodé de toutes pièces. Ah ! si vous aviez vu comme je l'ai accommodé.* MOL. Se dit encore ironiquement De quelqu'un qui est en désordre, en mauvais état : *Vous voilà bien accommodé ; il est étrangement accommodé. Comment êtes-vous donc accommodé ? Qui vous a si bien accommodé ?* — Accommoder, Apprêter à manger : *Il y eut grand débat sur la manière dont on accommoderait notre gibier.* REGN. *Il accommode parfaitement bien le poisson. A quelle sauce voulez-vous qu'on l'accommode ?* — Accommoder *son humeur, son caractère,* Le conformer à... *Tâchez d'accommoder votre humeur à celle des autres, sans raideur, mais aussi sans complaisance outrée.* MAS. —S'ACCOMMODER, v. pron. Se conformer, se prêter : *Le sage s'accommode au temps, aux usages, aux événements. Il ne faut pas outrer la mode, mais il faut savoir s'y accommoder.* — S'accommoder *de tout,* Trouver que tout vous convient, vous est commode, être de facile accommodement : *Heureux celui qui sait s'accommoder de tout ! la vie lui est facile, et il la rend de même à ceux qui l'approchent.* SUARD. Dans le sens opposé : *Il ne s'accommode de rien, il ne trouve rien à son gré.* — S'accommoder *d'une chose,* La trouver à son gré, et par suite Consentir à l'acheter, à la prendre en échange. *Pour les frais de justice, et le dérangement de mes gens, je m'accommoderai bien de cette petite chaîne.* LESAGE. *Donnez-moi en échange votre bibliothèque, je m'en accommoderai fort bien.* Cette expression s'emploie aussi pour signifier Que l'on s'empare cavalièrement d'une chose, qu'on la tourne à son usage : *Il s'accommode de tout ce qui lui tombe sous la main.* — S'accommoder se dit quelquefois absolument pour Se mettre à son aise, prendre ses commodités : *Il s'accommode partout où il est.*—proverb. et ironiq. S'accommoder *comme il faut,* Prendre du vin avec excès : *Il s'est accommodé d'importance à notre dernier repas.*

ACCOMMODÉ, ÉE, part. *Être peu accommodé des biens de la fortune,* Être mal à son aise, n'être pas riche. fam. — *Mal coiffé, mal vêtu, mal accommodé.* Dans ce sens il vieillit. Il est aussi adj. et signifie En ordre : *Voilà une affaire accommodée.*

ACCOMPAGNAGE, s. m. fabr. Trame fine dont on garnit le fond d'une étoffe de soie brochée en or, pour empêcher qu'il ne paraisse au travers de la dorure.

ACCOMPAGNATEUR, TRICE, s. musiq. La personne qui accompagne en jouant ou en chantant une partie secondaire d'un morceau de musique, la partie principale exécutée par une ou plusieurs voix, un ou plusieurs instruments : *Il est difficile de trouver un aussi bon accompagnateur.*

ACCOMPAGNEMENT, s. m. (V. *Compagnon*). Action d'accompagner dans des occasions solennelles : *On porta ce souverain au tombeau de ses ancêtres, et plusieurs princes furent désignés pour l'accompagnement du corps.* ACAD. Il s'emploie aussi quelquefois pour exprimer l'Ensemble de ceux qui accompagnent : *Le cortège, l'accompagnement de l'ambassadeur de France était supérieur à tout ce qu'on avait vu auparavant.* SAINT-SIMON. Il a vieilli dans ce sens. — Accompagnement, Ce qui est un accessoire, une suite nécessaire d'une chose principale : *Cette draperie sera fort belle quand il y aura tous les accompagnements nécessaires. Vous aurez à subir son désespoir avec tous les accompagnements de rigueur.*—blas. Il se dit de tout Ce qui est hors de l'écu, comme le cimier : *Il n'a point d'accompagnement à ses armoiries.* — mus. Accompagnement, se dit des Parties secondaires qui servent à accompagner la partie principale, ou bien de la mélodie secondaire qu'exécutent un ou plusieurs instruments pour soutenir une voix ou un autre instrument : *Un accompagnement de flûte, de violon. Il a composé un morceau de piano avec accompagnement de basse. Un accompagnement obligé. Il ne faut pas que l'accompagnement couvre la voix. Ces accompagnements sont de mauvaise facture. Un accompagnement pauvre, mal écrit.* Accompagnement *de quatuor,* Composé seulement de violons, altos, basses et contrebasses. Accompagnement *d'harmonie,* Où il n'y a que les instruments à vent. Accompagnement *à grand orchestre,* Avec tous les instruments. — méd. Accompagnement *de la cataracte,* matière visqueuse et blanchâtre qui entoure le cristallin opaque, et qui, en restant après l'opération, produit quelquefois une cataracte secondaire. — art. mil. Accompagnement *d'enceinte,* se dit D'une berme de fortifications.

ACCOMPAGNER, v. a. (V. *Compagnon.*) Faire route avec quelqu'un, le reconduire par honneur : *Son domestique l'a accompagné dans tous ses voyages. Je l'ai accompagné une partie du chemin. A ces mots, le prince se leva et lui fit l'honneur de l'accompagner jusqu'à la porte de la salle.* HAMILTON. *Malgré mes efforts, il voulut m'accompagner jusqu'à la porte de la ville.* JACQUEMONT. — figurém. *La fortune accompagne cet homme dans toutes ses entreprises,* Il est heureux dans tout ce qu'il entreprend.—Escorter, suivre par honneur : *On ne voulut pas le laisser partir à une heure aussi avancée sans lui donner quatre hommes pour l'accompagner.* LES. *Le docteur se tourna avec surprise vers ceux qui l'accompagnaient.* VOLT. *Cette milice a pour emploi d'accompagner le prince à la chasse. Lorsqu'il sortit, tous ceux qui étaient du parti de M. le Prince se levèrent et l'accompagnèrent.* RETZ. *On ne peut s'aventurer hors de la ville que bien accompagné. Il marchait toujours accompagné d'une escorte d'honneur.*—Accompagner *une chose d'une autre,* Ajouter une chose à une autre : *Il accompagnait ces injures de gestes qui me semblaient peu rassurants.* LES. *Il a accompagné ses conseils de quelques paroles de consolation. Sa lettre était accompagnée de l'envoi de cinquante pistoles.* — Il s'emploie aussi avec un nom de chose et joint à un adverbe, dans le sens de Convenir à, être assorti, s'accorder avec : *Cette bordure accompagne très-bien votre meuble. Cette coiffure accompagne assez mal son visage. Une garniture d'argent accompagnait merveilleusement bien sa jupe de velours bleu.* HAMILTON. — Avec le pronom personnel, il signifie S'entourer, prendre plusieurs personnes avec soi pour l'exécution d'un projet : *Les gens dont il s'accompagne ne sont pas très-bien famés. Il s'était accompagné de quelques hommes décidés pour mettre son projet à exécution.* Dans ce sens, il ne se prend guère qu'en mauvaise part. — mus. Accompagner, Jouer sur un ou plusieurs instruments les parties accessoires d'un morceau de musique, tandis qu'un autre instrument exécute la partie principale ; soutenir une voix soit à l'aide d'autres voix, soit avec le secours des instruments : *L'orchestre a parfaitement accompagné ce morceau. Vous accompagnez ce chant un peu trop fort. Je vais vous accompagner pendant que vous chanterez.* Il s'emploie aussi absolument : Accompagner *avec le violon, sur le piano, sur la guitare.*

Accompagner *à livre ouvert. Cet instrument n'est guère bon que pour accompagner avec goût et sentiment.* Il se dit aussi avec le pronom personnel, Lorsque la personne qui chante exécute elle-même l'accompagnement : *Il faut apprendre à s'accompagner. Cette chanteuse aime mieux s'accompagner elle-même.*

Accompagné, ée, part. Il s'emploie aussi comme adj. vén. Il se dit Du cerf lorsque, pressé par les chiens, il se mêle avec d'autres cerfs ou d'autres animaux, pour donner le change. — blas. Il se dit Des pièces qui sont en séantes partitions auprès d'une pièce principale et surtout des croix, sautoirs, etc., quand ils sont disposés également dans les quatre cantons de l'écu.

ACCOMPLIR, v. a. (de *ad*, préf. augmentatif et du v. lat. *complere*, remplir, combler). Achever complètement, mettre à exécution, réaliser une chose projetée, perfectionner : *Il a accompli le temps de son noviciat. Nous avons enfin accompli notre voyage. Faire des promesses et ne pas les accomplir peut être d'un homme habile, mais n'est certes pas d'un honnête homme.* Rouss. *Accomplissez l'œuvre que vous avez commencée. Accomplir un vœu, un dessein. Priez Dieu qu'il accomplisse vos désirs. Accomplir un oracle, une prophétie. Accomplir ses obligations, ses engagements, ses devoirs,* Y satisfaire. *Il faut accomplir la loi, il faut faire ce qu'elle ordonne.* — Avec le pronom personnel, Se réaliser, être mis à exécution : *Que vos prières s'accomplissent ! Cet ouvrage s'accomplira avec l'aide de Dieu. Les prophéties se sont accomplies. Ce ne fut que dix ans après que leur union s'accomplit. C'est avant que les malheurs s'accomplissent que l'on doit chercher à les prévenir. Il faut que la loi s'accomplisse, que le châtiment s'accomplisse.* — teint. *Accomplir la cuve,* mettre dans la cuve un nouveau brevet.

ACCOMPLI, IE, part. *Il n'avait pas quinze ans accomplis. Le meurtre une fois accompli. Les temps sont accomplis, princesse, il faut parler.* Rac. — Il s'emploie aussi comme adjectif pour indiquer Une perfection quelconque : *C'est un jeune homme accompli, une femme accomplie de tous points, un orateur accompli, une beauté accomplie, un scélérat accompli. Il est d'une sottise accomplie.*

ACCOMPLISSEMENT, s. m. Entière exécution, réalisation d'une chose projetée, achèvement, perfectionnement : *L'accomplissement d'une promesse, d'un vœu, d'une prière, d'un désir, d'un serment. L'accomplissement de pareils projets ne peut avoir lieu pendant sa vie.* Volt. *L'accomplissement du parfait bonheur ne peut donc avoir lieu ici-bas.* Fén. *L'accomplissement des prophéties. Cette prédiction a reçu son accomplissement.*

ACCON, s. m. mar. Bateau à fond plat, qui sert dans divers endroits, lors du chargement des navires de commerce.

ACCORAGE, s. m. mar. Action d'accorer, de poser des accores.

ACCORD, s. m. (le D final ne sonne pas; *accord*, du gaël. *coirdeas*, accord, accommodement, agrément; *cordaim*, j'accorde, je conviens; de là *accorder* et tous ses dérivés : on devrait écrire acorder; *corder* dans certains patois veut dire convenir, s'entendre; *nous cordons ensemble.*) Consentement de plusieurs, union de volontés, conformité de sentiments : *Un commun accord. Tous d'un commun accord se levèrent pour prendre sa défense. Un pays ne peut guère subsister lorsque l'accord ne règne plus entre les citoyens.* Maum. *Ce fut un accord général de louanges à son égard. Cette famille vit dans un accord parfait. Être d'accord avec quelqu'un. Je tombe d'accord avec vous sur ce point. Demeurer d'accord. Mettre plusieurs personnes d'accord.* On dit par ellipse, *d'accord,* pour Je suis d'accord avec vous, je conviens de ce que vous voulez. *Vous voulez que je m'éloigne, d'accord; mais qu'allez-vous devenir?* Mar. *Être de tous, bons accords,* Être d'une humeur aisée, accommodante. Il est vieux. Acad. — *Accord,* Symétrie, proportion, convenance de rapports entre plusieurs choses. *Si vous n'admettez pas un créateur intelligent, comment expliquerez-vous cet accord merveilleux qui règne entre toutes les parties de l'univers?* Fén. *Tâchez de mettre plus d'accord entre vos gestes et vos paroles. Il n'y a le moindre accord entre les différentes parties de ce livre.* — Il se dit particulièrement de l'Ensemble à mettre dans les mouvements

de plusieurs personnes. *Il faut que ce mouvement soit exécuté d'accord. Vous n'allez pas d'accord.* — *Accord,* accord. *Voici l'accord qui a été conclu entre eux. En venir à un accord. Rompre l'accord conclu.* — *Accords* s'emploie quelquefois au pluriel pour signifier Les conventions préliminaires d'un mariage. *On a signé les accords. Il vieillit.* — mus. *Accord* signifie l'Union de plusieurs sons entendus à la fois et formant harmonie : *Bel accord, accord parfait, accord consonnant, accord dissonnant. C'est une pièce où il y a de beaux accords. Pour que les accords dissonnants fassent un bel effet, il faut qu'ils soient bien préparés et bien sauvés.* — poés. *Les accords de la lyre,* La poésie lyrique, les vers, la poésie en général : De là : *de doux, de sublimes, de célestes accords.* — Il s'emploie aussi pour désigner l'État d'un instrument de musique dont les cordes sont montées juste au ton où il faut qu'elles soient : *Mettez votre harpe d'accord. Les violons ne sont pas d'accord.* — peint. Effet qui résulte d'une heureuse combinaison de toutes les parties d'une œuvre d'art, lorsque sans se nuire entre elles, elles concourent toutes à la perfection de l'ensemble : *L'accord résulte de l'harmonie des couleurs et de l'unité dans la composition. Cet édifice manque d'accord; il y a des parties trop nues, et d'autres trop ornées.* — gramm. *Accord* exprime Le rapport des mots entre eux, marqué par le genre et le nombre, et aussi par le cas dans les langues savantes : *L'accord de l'adjectif et du nom. L'accord du verbe avec son sujet; la syntaxe d'accord.*

ACCORDABLE, adj. des 2 g. (V. *Accord*). Que l'on peut accorder; s'emploie dans toutes les acceptions du verbe *Accorder* : *Un instrument accordable. Ces deux frères ne sont pas accordables. Un bienfait accordable.*

ACCORDAILLES, s. f. pl. (V. *Accord*). Réunion qui a lieu pour la signature du contrat de mariage. *On a célébré les accordailles.* pop.

ACCORDÉON, s. m. Instrument de musique à soufflets et à touches, nouvellement inventé.

ACCORDÉ, s. m. ACCORDÉE, s. f. Celui et celle qui sont engagés mutuellement par la signature du contrat de mariage : *Faites venir l'accordée. Que l'accordé paraisse. Jamais on n'a vu deux accordés en si mauvaise intelligence.* Gher.

ACCORDE, imp. du v. *Accorder,* mar. Commandement qu'on fait aux rameurs d'une chaloupe pour les avertir de ramer ensemble.

ACCORDER, v. a. (V. *Accord*). Mettre d'accord, concilier : *Il est parvenu à accorder ensemble des plaideurs obstinés. Croyez-vous qu'il soit aisé d'accorder toutes les volontés diverses et de les réduire à une seule?* Geoff. — *Accorder les esprits, les cœurs, les opinions. Accorder un différend, un procès, une affaire.* — *Accorder une doctrine, des textes, des auteurs, des lois,* Les concilier ensemble, enlever toute apparence de contradiction : *Vous aurez beaucoup fait si vous accordez cette doctrine avec le bons sens.* Did. *Il s'agissait d'accorder toutes les lois qui semblaient contradictoires. Il a travaillé inutilement pour accorder ensemble tous ces historiens. Accorder les différents passages de l'Écriture.* — mus. *Accorder une harpe, un violon, un piano,* En mettre les cordes juste au ton où elles doivent être entre elles : *Il faut souvent bien du temps pour accorder une harpe. Accorder les instruments,* Les mettre tous au même ton; d'où le prov. *Accordez vos flûtes,* Convenez de ce que vous voulez faire, concertez vos moyens pour faire réussir votre projet. — peint. *Accorder les tons,* Assortir les couleurs par une habile combinaison ou par la dégradation des nuances, de manière à produire un ensemble harmonieux. — *Accorder,* Donner, octroyer : *Le Sénat vous a accordé votre demande. Veuillez accorder à ma prière la grâce d'une pauvre égarée.* Mar. *Le ciel ne m'a pas accordé de voir tant de merveilles s'accomplir.* Fl. — *Accorder sa fille en mariage,* accorder sa main, accorder la main de sa fille, La promettre solennellement à celui qui la demande pour l'épouser. — *Accorder une demande;* phrase elliptique pour Accorder l'objet demandé : *Si vous m'accordez cette demande, c'est la dernière que je vous ferai.* — *Accorder du temps,* Retarder l'époque où doit se faire une chose. *Il a accordé six mois pour le payer. Accordez-lui encore un peu de temps pour terminer cet ouvrage.* — *Accorder,* Reconnaître la vérité d'un fait, d'une opinion, d'une proposi-

tion. *Accordez-moi ce fait, je vous accorderai tout ce que vous voudrez, sauf la vérité de cette proposition. Le tribunal voudra bien nous accorder que nous sommes ici dans notre droit.* — Avec le pronom personnel, il exprime l'Accord de volontés, d'opinions, la sympathie d'idées, de caractère, la conformité des esprits : *C'est ici que nous commençons à ne plus nous accorder. Il ne sait même pas s'accorder avec lui-même. Je crois qu'ils se sont tous accordés pour me répéter la même chose.* Dufr. *Il ne s'accordait pas là-dessus avec les Stoïciens. Ils s'accordaient en particulier et se déchiraient en public.* Saint-Sim. *C'est un caractère à ne s'accorder avec personne. Leurs humeurs, leurs esprits s'accordent on ne peut mieux.* — *S'accorder comme chiens et chats,* se dit proverbialement De gens qui sont continuellement en dispute. — *S'accorder en parlant des choses,* Avoir des rapports de conformité, de convenance : *Son rapport s'accordait assez avec le contenu de vos lettres. Son langage s'accorde avec sa conduite. Ces deux voix s'accordent bien ensemble. Jamais son opinion de la veille ne s'accordait avec celle du lendemain.* Les. *Il faut trouver des couleurs qui s'accordent mieux. L'adjectif s'accorde en genre et en nombre avec le substantif.* — On dit en retranchant le pronom, faire accorder : *Tâchez de faire accorder vos actions avec vos discours.*

ACCORDÉ, ÉE, part.

ACCORDEUR, s. m. (V. *Accorder*.) Celui qui fait profession d'accorder des instruments de musique : *Un accordeur de pianos. Ce piano a besoin de l'accordeur.*

ACCORDO, s. m. Lyre barberine, sorte de basse italienne à quinze cordes.

ACCORDOIR, s. m. (V. *Accorder*.) Espèce d'outil qui sert à accorder les instruments de musique.

ACCORE, s. m. mar. Étai placé presque verticalement pour maintenir un vaisseau échoué ou en construction. Approche d'un banc; point où il s'élève.

ACCORER, v. a. mar. Poser des accores. — Il se prend figurément pour *Appuyer, soutenir.*

ACCORÉ, ÉE, part.

ACCORNÉ, ÉE, adj. blas. Se dit Des animaux dont les cornes sont d'un autre émail que le corps. — art. mil. Se dit D'une demi-lune en forme de corne.

ACCORT, ORTE, adj. (V. *Accortise*.) Souple, doux, accommodant, qui sait se plier à l'humeur des autres. *Il a l'esprit accort. D'une humeur douce et accorte. Elle est vive et accorte.* Il s'emploie surtout au féminin.

ACCORTISE, s. f. (de l'irl. *coirdeas,* rapport, convenance, sympathie, agrément; *coiraid,* bonté, probité, justice; *coir,* probe, honnête, bon, juste.) Douceur, humeur complaisante, souplesse conciliante : *Avec cela beaucoup de complaisance et d'accortise.* St-Sim. Il est familier.

ACCOSTABLE, adj. des 2 g. (V. *Accoster*). Qui est d'un abord facile; il ne s'emploie qu'en parlant des personnes. *Il commence à devenir accostable. Il avait fini par n'être plus accostable.* Il est familier et d'un usage fort rare.

ACCOSTE, imp. du v. *Accoster.* mar. Commandement qu'on fait au maître timonier d'un navire ou d'un bâtiment marchand d'accoster un autre bâtiment, un quai ou tout autre objet.

ACCOSTÉ, adj. blas. Se dit Du pal, de la bande, de la barre, qui ont à leurs côtés d'autres pièces moindres. On écrit aussi *accoté.*

ACCOSTER, v. a. (du latin *costa*, côte, nous avons fait *côte* et *côté,* qu'on écrivait autrefois *coste, costé;* de là *accoster* quelqu'un, s'approcher de lui, se mettre à *côté* de lui.) Aborder quelqu'un, s'approcher de lui pour lui parler : *Aussitôt il m'accoste et me dit à voix basse.* Dufr. *Il traversa la rue pour venir m'accoster.* — mar. D'un bâtiment, de toute embarcation qui vient se placer à côté d'un objet. *Le capitaine nous cria d'accoster. Nous accostâmes la frégate anglaise. Ils accostèrent le quai.* — Avec le pronom personnel, il signifie Fréquenter quelqu'un, vivre familièrement avec quelqu'un, et ne se prend guère qu'en mauvaise part. *Vous avez tort de vous accoster de pareilles gens. Il s'est accosté d'un mauvais sujet.*

ACCOSTÉ, ÉE, part. *Accosté par un homme de mauvaise mine à une heure indue, je m'enfuis à toutes jambes.*

ACCOTAR, s. m. mar. Pièce de bordage endentée dans les membres d'un vaisseau, pour empêcher l'eau d'y pénétrer.

**ACCOTEMENT**, s. m. (V. *Accoter*) p. et chauss. Espace compris entre le fossé et la chaussée, entre la maison et le ruisseau. — horl. Frottement d'une pièce contre une autre.

**ACCOTEPOT**, s. m. arts et mét. Portion de cercle en fer, qu'on met au pied d'un pot, pour l'empêcher de tomber.

**ACCOTER**, v. a. (du bret. *skoadhel*, appui, soutien; *skoadhia*, appuyer, soutenir, étayer : rac. *skoadh*, épaule; en gal. *ysgwydd*.) Appuyer de côté: Accotez-*là votre tête*. Accoter *une meule de foin*. — mar. Il se dit d'Un navire couché sur le côté par la force du vent, et dont il faut couper les écoutes pour le redresser. — Avec le pronom personnel : S'accoter *sur le bras d'un fauteuil*. S'accoter sur quelqu'un. Il s'était accoté *contre le mur*. Il est familier et peu usité. — horl. Il se dit Des pièces qui frottent l'une contre l'autre.

**ACCOTÉ**, ÉE, part. blas. Il se dit Des pièces qui sont posées à côté d'une autre pièce de l'écu. *Le pal peut être accoté de quatre ou de six annelets*.

**ACCOTOIR**, s. m. (V. *Accoter*.) Appui pour s'accoter. *Les accotoirs d'un fauteuil, d'une voiture. Il voudrait qu'on mît là des accotoirs. Est-ce que tu veux que je te serve d'accotoir?* — mar. Étai sur lequel on appuie les vaisseaux dans le chantier de construction. — arts et mét. Planche placée debout pour servir d'égouttoir dans les fabriques de papier.

**ACCOUCHÉE**, s. f. Femme qui vient de mettre un enfant au monde; *L'accouchée est-très mal. L'accouchée relèvera dans neuf jours. — Elle est parée comme une accouchée*; se dit d'Une femme qui est très-parée dans son lit. — proverb. *Le caquet de l'accouchée*; Babillage, conversations futiles qui se tiennent dans les visites que l'on fait aux accouchées. On dit aussi prov. et fig. *Faire l'accouchée*, Rester au lit par paresse et sans nécessité.

**ACCOUCHEMENT**, s. m. Action d'enfanter: *Un heureux accouchement, un accouchement laborieux. Son accouchement a été très-pénible*. — Il se dit aussi de l'Action d'aider la femme à accoucher : *Faire un accouchement. Ce médecin est fort habile dans la science des accouchements. Il est chargé du cours d'accouchements à la Faculté de Médecine*. — Au fig. il s'emploie quelquefois pour l'Enfantement de productions intellectuelles : *L'accouchement d'une pareille idée n'a pas dû lui coûter beaucoup de peine*.

**ACCOUCHER**, v. n. (V. *Couche*.) Enfanter, mettre au monde : *Elle est accouchée d'un garçon, d'une fille. Accoucher de deux jumeaux, d'un enfant mort*. — On l'emploie avec le verbe *avoir* quand on veut exprimer principalement l'Action : *Elle a accouché avec un grand courage. Elle a accouché très-péniblement. Elle a accouché hier à dix heures, après avoir souffert toute la nuit*. — Accoucher, pris comme verbe actif, signifie Aider une femme à accoucher : *C'est ce médecin qui l'a accouchée. Il a une grande réputation pour accoucher. Elle s'est fait accoucher par une sage-femme.* — Au fig. *Accoucher* se dit en parlant De l'esprit et des productions intellectuelles : *Il vient d'accoucher de deux gros volumes. Il restait quinze jours enfermé dans son cabinet, et au bout de ce temps il accouchait d'un sonnet ou d'une épigramme*. Bussy-Rabutin. *Le grand talent de l'écrivain est de faire accoucher l'esprit de ses lecteurs*. Cette expression figurée est venue probablement de ce que disait Socrate, en prétendant que dans la discussion il savait faire accoucher l'esprit de ses interlocuteurs.— *Accouchez donc!* se dit familièrement à quelqu'un qui est trop lent à rendre une idée. Dans un sens analogue : *On a bien de la peine à le faire accoucher*, A lui faire dire ce dont il s'agit.

**ACCOUCHÉ**, ÉE, part.

**ACCOUCHEUR**, s. m.; **ACCOUCHEUSE**, s. f. Celui, celle qui fait profession d'accoucher les femmes; *Un médecin accoucheur. C'est un très-bon accoucheur. Elle a fait venir son accoucheur. C'est une excellente accoucheuse*. On emploie plutôt pour le féminin le nom de *sage-femme*.—Le masculin se dit quelquefois au figuré : *Un accoucheur d'idées*, Celui qui fait naître les idées chez les autres. — zool. Nom spécifique d'un crapaud de notre pays, l'*Alyte accoucheur*, ainsi nommé parce

qu'il aide sa femelle dans l'accouchement de ses œufs.

**ACCOUDEMENT**, s. m. art. mil. Tact des coudes; État de rapprochement, dans les rangs pendant la marche des soldats d'infanterie.

**ACCOUDER** (S'), v. pron. (V. *Coude*.) S'appuyer du coude : *S'accouder sur une balustrade. Il n'est pas convenable de s'accouder ainsi sur la table*.

**ACCOUDÉ**, ÉE, part. *Il réfléchissait profondément, négligemment accoudé sur son cheval*.

**ACCOUDOIR**, s. m. Chose faite pour s'accouder, dont on se sert pour s'accouder: *L'accoudoir d'une croisée ne doit pas être trop élevé. Les accoudoirs d'un prie-Dieu. Vous me fatiguez horriblement, allez chercher ailleurs des accoudoirs*.

**ACCOUER**, v. a. chass. Couper le jarret à un cerf ou lui porter le coup au défaut de l'épaule.

**ACCOUÉ**, ÉE, part.

**ACCOULINS**, s. m. pl. arts et mét. Attérissements de rivières, propres à faire la brique.

**ACCOUPLE**, s. f. (V. *Couple*.) vén. Lien avec lequel on attache les chiens.

**ACCOUPLEMENT**, s. m. (V. *Couple*.) Assemblage, réunion par couple. On le dit particulièrement des animaux : *Accouplement de bœufs pour la charrue, de chiens pour la chasse*. Les poètes s'en servent quelquefois, en parlant des personnes (ce que ne dit pas l'Académie) : *De ce fatal accouplement célébrer l'heureuse journée*. Malherbe. — archit. Disposition de colonnes réunies deux à deux, en ne réservant entr'elles qu'un très-petit espace, et en conservant au contraire l'entre-colonnement ordinaire entre chaque couple. *La colonnade du Louvre est un bel exemple* d'accouplement. — Il signifie aussi La conjonction du mâle et de la femelle pour la reproduction de l'espèce. *Le mulet provient de l'accouplement d'un âne avec une jument*.

**ACCOUPLER**, v. a. (V. *Couple*). Joindre deux choses ensemble : Accoupler *des bœufs pour le labour. Ce serait accoupler le loup et la brebis. Ces deux mots vont mal ensemble, ne cherchez pas à les accoupler*. — On l'emploie aussi pour les personnes, et alors il signifie Marier : *Il n'est point de partis au monde que je ne trouve moyen d'accoupler*. Mol. *Voilà deux personnes qui sont bien mal accouplées*. — archit. Disposer deux par deux les colonnes d'un péristyle: *L'usage d'accoupler les colonnes était peu répandu dans l'antiquité*. — Accoupler *du linge*, accoupler *des serviettes*, En faire des paquets, en attacher plusieurs ensemble pour les mettre à la lessive. — trictrac. Accoupler *ses dames*, Les mettre deux à deux sur les flèches. — Apparier ensemble le mâle et la femelle pour avoir des petits: Accoupler *des pigeons, des serins, des tourterelles*. Et dans ce dernier sens il se conjugue avec le pronom personnel : *Les perdrix s'accouplent ordinairement avant le mois de mai*.

**ACCOUPLÉ**, ÉE, part. archit. *Colonnes accouplées*, Colonnes disposées deux par deux : *Au moyen-âge, les colonnes accouplées ont souvent un socle et un sailloir communs*.

**ACCOURCIE**, s. f. (V. *Accourcir*.) mar. Passage dans le fond de cale et des deux côtés pour aller de la poupe à la proue le long d'un bâtiment. Quelques-uns écrivent abusivement *accoursie*. — adj. blas. V. Alezé.

**ACCOURCIR**, v. a. (V. *Court*.) Retrancher de la longueur, rendre plus court: Accourcir *un manteau, une robe*. Accourcir *un bâton, une planche, une solive*. Accourcir *d'une ligne, de six lignes, d'un pouce, d'un pied*. Accourcir *une scène, un discours, un ouvrage. Je crains que cela ne paraisse long, je vais l'accourcir*. — Accourcir *son chemin*, Rendre son chemin plus court, en prenant un sentier, une route de traverse. On dit dans un sens analogue : *Le passage qu'on a pratiqué dans ce bois accourcit le chemin*. On dit absolument : *Si vous prenez par les prés, vous accourcirez*. — *Accourcir* s'emploie aussi avec le pronom personnel, et signifie Devenir plus court. *Dès le mois de juillet, les jours commencent à s'accourcir d'une manière sensible*.

**ACCOURCI**, IE, part.

**ACCOURCISSEMENT**, s. m. (V. *Court*.) Diminution de longueur ou de durée. Il ne se dit guère que quand il est question d'un chemin ou des jours : *La chaussée nouvellement construite sert beaucoup à l'accourcissement du chemin. C'est incroyable combien l'accourcissement des jours attristait ma tante*.

**ACCOURIR**, v. n. (pour l'étymologie et la conjugaison des temps simples, V. *Courir*.) Courir, venir promptement en un lieu où quelque chose nous attire, nous appelle. Aux temps composés, il prend *avoir* ou *être*, suivant qu'on veut exprimer l'*action* de se mettre en mouvement, ou l'*état* qui résulte de cette action. Cette nuance se trouve indiquée dans cette phrase : *Dès que je l'ai entendu se plaindre, j'ai accouru à son secours. Arrivé près de lui, je lui ai dit : ne craignez rien, je suis accouru à votre aide*.—Accourir en diligence, en grande hâte. Accourir au besoin. Accourir en foule. *Il est accouru au bruit. Je suis accouru pour la fête*, etc. *Ses amis ont accouru pour le féliciter de son succès. On y accourut de tous côtés. Il accourut à moi. Vous m'appelez, j'accours. Depuis ce temps les rois ont accouru de toutes parts à l'Église*. Boss. Par les exemples que nous avons donnés, on voit que le verbe *accourir* prend aux temps composés l'un ou l'autre des verbes auxiliaires, mais cela n'est pas indifférent comme l'insinue l'Académie (V. la Grammaire, *Conjug. des verbes neutres*.)

**ACCOURU**, UE, part. *La garde étant accourue, se saisit des tapageurs. Athalie accourue au bruit*. Rac.

**ACCOURRES**, s. f. pl. vén. Plaines qui se trouvent entre deux bois, et où l'on place les chiens pour coiffer l'animal au débucher.

**ACCOURSE**, s. f. archit. Galerie extérieure propre à établir des communications entre différentes pièces d'un local, etc.

**ACCOUTREMENT**, s. m. Habillement. *Il avait ses beaux accoutrements*. En ce sens, il est ordinairement pris en mauvaise part : *Voyez le bel accoutrement. Accoutrement ridicule*.

**ACCOUTRER**, v. a. (Étymologie tout à fait incertaine.) Habiller, parer d'une façon ridicule :*On l'a plaisamment accoutré.*—S'accoutrer, v. pron. *Elle s'est accoutrée d'une manière bien ridicule*. — prov. et fig. *Cet homme est bien accoutré. Accoutré de toutes pièces*, Il a été fort maltraité, ou l'on a dit beaucoup de mal de lui.

**ACCOUTREUR**, s. m. arts et mét. Ouvrier (tireur d'or, qui resserre et polit le trou de la filière dans laquelle passe le trait, quand il faut le tirer à fin.

**ACCOUTUMANCE**, s. f. (rac. *coutume*) Habitude de faire, de souffrir quelque chose: *Mauvaise accoutumance. Un esprit abattu et comme dompté par l'accoutumance au joug, n'oserait plus s'enhardir à rien*. Boil. *La jeunesse change ses goûts par l'ardeur du sang, et la vieillesse conserve les siens par l'accoutumance*. Vieux.

**ACCOUTUMÉE**, s. f. Ce mot est vieux et n'est usité que dans cette locution adverbiale : *A l'accoutumée*, De la manière qu'on avait accoutumé de faire. *On a raccommodé ces amis qui étaient brouillés; ils vivent maintenant à l'accoutumée. Il en a usé à l'accoutumée*.

**ACCOUTUMER**, v. a. (rac. *coutume*). Faire prendre une coutume, une habitude. Accoutumer *quelqu'un à quelque chose. L'étude de la critique accoutume l'esprit à chicaner*. S. Évr. *Nous sommes si accoutumés à nous déguiser aux autres qu'enfin nous nous déguisons à nous-mêmes*. La Rochef. — man. Accoutumer *un cheval*, L'habituer à quelque exercice, à quelque bruit que ce soit, pour qu'il n'en ait point peur.—S'accoutumer, v. pron. Prendre une coutume, une habitude. *Il s'est accoutumé à la fatigue. Je m'accoutume à prendre les choses sans m'affliger. Accoutumez-vous à haïr le vice*. Corn.—Il est aussi v. n., et alors il veut dire : Avoir coutume : *Il avait accoutumé de faire tous les jours cinq à six lieues à pied*. On le dit quelquefois des choses inanimées : *Vos terres avaient accoutumé de produire beaucoup*.

**ACCOUTUMÉ**, ÉE, part. passé d'*accoutumer*. Qui a pris la coutume, l'habitude. *Un homme accoutumé à la fatigue*. — Qui est passé en habitude et devenu une coutume.

**ACCOUVER**, (S') v. pron. (V. *Couver*.) Commencer à couver ses œufs, en parlant d'un oiseau : *Ces poules, ces cannes s'accouvent*. — A la campagne on dit : Accouver *une poule, une canne*, Faire préparer un nid avec des œufs pour qu'elle couve.

**ACCOUVÉ**, ÉE, part. passé de *s'accouver*. au fig. Qui garde habituellement une même place, le coin de son feu : *Cet artisan passe tout l'hiver accouvé au coin de son feu*. fam.

**ACCRÉDITER**, v. a. (V. *Crédit*.) Mettre en crédit,

en réputation. *Sa bonne foi l'eut bientôt accrédité parmi les marchands.* — Donner cours, autoriser, rendre plus vraisemblable : Accréditer *une nouvelle, un bruit, une opinion.* — Accréditer *un ministre, un ambassadeur,* c'est, de la part d'une puissance, Autoriser sa mission auprès d'une autre puissance, par des lettres de crédit.—S'ACCRÉDITER, v. pron. S'acquérir du crédit, de la faveur : *Ce marchand commence à s'accréditer. Cette nouvelle ne s'accrédite pas.*

ACCRÉDITÉ, ÉE. part. passé de *accréditer. Un marchand bien* accrédité. *Un ministre* accrédité *à une cour. Est-ce un prodige qu'un sot riche et accrédité?* LA BRUY.

ACCRESCENT, ENTE. adj. bot. Qui prend de l'accroissement après l'époque ordinaire où un organe n'en prend plus. *Style* accrescent, Qui persiste et prend de l'accroissement après la fécondation. *Calice* accrescent, Qui persiste et prend de l'accroissement avec le fruit, après la floraison.

ACCRÉTION, s. f. (V. *Croître.*) méd. et physiol. Accroissement, augmentation.

ACCROC, s. m. (On ne prononce pas le C.) Déchirure que fait ce qui accroche : *Il y a un grand accroc, un vilain accroc à votre robe. Qui est-ce qui a fait cet accroc à votre habit? Il est difficile de passer au travers des haies sans se faire quelque accroc.* — Ce qui accroche, ce qui déchire : *J'ai rencontré un accroc qui a déchiré mon habit. Prenez garde à cet accroc.* — fig. et fam. Tout ce qui retarde et arrête une affaire : *Il y a quelque accroc à cette affaire. Il est survenu un accroc qui retarde ce mariage. Je ne prévoyais pas tous ces accrocs.* — mir. Se dit Des endroits d'un miroir ou d'une glace dont le tain a été enlevé.

ACCROCHANT, ANTE, adj. technol. Qui accroche, qui arrête : *Clou* accrochant. *Machine* accrochante. — bot. Se dit De l'arête d'une fleur graminée, lorsqu'elle est munie dans sa longueur de très-petits crochets dont la pointe regarde le sommet de l'épi.

ACCROCHE, s. f. Agrafe, attache, croc. vieux. — Difficulté, embarras. pop. Voy. ANICROCHE.

ACCROCHEMENT, s. m. Action d'accrocher. *L'accrochement de deux voitures.*—phys. L'accrochement *des atomes.* — horl. Vice de l'échappement qui fait arrêter l'horloge, ce qui arrive lorsqu'une dent de la roue de rencontre s'appuie sur une palette avant que son opposée ait échappé de dessus l'autre palette.

ACCROCHER, v. a. (rac. *croc.*) Attacher, suspendre quelque chose à un clou, à un crochet : Accrocher *un tableau, une montre.* — Arrêter en perçant, en déchirant : *Prenez garde que l'on n'accroche votre habit. Je fus accroché par ma robe.* — mar. Accrocher *un vaisseau,* Jeter des grapins et des crocs d'un vaisseau à un autre pour venir à l'abordage. *Il accrocha le vaisseau amiral des ennemis.* — Accrocher *une voiture,* se dit d'Une voiture qui, passant trop près d'une autre, la heurte et l'arrête avec l'extrémité de son moyeu. *Prenez garde à cette grosse charrette; elle accrochera votre voiture. D'un carosse en tournant il accroche une roue.* BOIL. — Accrocher s'emploie quelquefois d'une manière absolue : *Ce cocher est maladroit, il accroche souvent.* — fig. et fam. Retarder, arrêter : *On a accroché cette affaire. Ce procès est accroché depuis longtems. Cette négociation est accrochée.*— horl. Se dit de Tout ce qui arrête le mouvement d'une montre, pendule ou horloge.— fig. et fam. Ce verbe signifie encore Attirer à soi, gagner, obtenir quelque chose avec finesse : *Cette fille aura bien de la peine à accrocher un mari. A force de sollicitations, il a accroché une bonne place.* — fig. et prov. *Belle fille et méchante robe trouvent toujours qui les accroche. Ce joueur lui a accroché son argent.* — S'ACCROCHER, v. pron. Être retenu par quelque chose de crochu ou de pointu; s'attacher, s'arrêter à quelque chose que ce soit : *Sa robe s'accrocha à des roues. Les semences du graderon s'accrochent aux vêtements. Quand on se noie, on s'accroche où l'on peut. Les deux voitures se sont accrochées. Les deux vaisseaux s'accrochèrent l'un à l'autre.*— fig. et fam. S'accrocher à tout, s'accrocher à ce qu'on peut, Employer toutes ses ressources pour se tirer d'affaire, d'embarras. — S'accrocher à quelqu'un, S'attacher à sa fortune, dans l'espérance d'en être secouru : *Il ne savait où donner de la tête, il s'est accroché à ce grand seigneur. Il fait bien d'accrocher.*

ACCROCHÉ, ÉE. part. fig. et fam. *Cet homme est accroché à moi,* se dit d'Un importun dont on ne peut se débarrasser.

ACCROCHEUR, s. m. arts et mét. Outil dont on se sert pour retirer les portions de sonde qui se sont brisées pendant le creusement des puits artésiens.

ACCROIRE, v. a. (du lat. *accredere*.) Il n'est en usage qu'à l'infinitif, et est toujours précédé du verbe *faire.* Faire croire, chercher à persuader une chose qu'on croit fausse, et avec dessein de tromper : *Faire* accroire *quelque chose à quelqu'un. Il veut me faire accroire cette fable. Le peuple est si sot qu'on lui fait accroire tout ce qu'on veut.* — Avec en, faire accroire est neutre, et signifie également Tromper, en imposer : *Ce n'est pas un homme à qui l'on puisse en faire accroire.*—S'EN FAIRE ACCROIRE, v. pron. Présumer trop de soi-même, avoir une trop bonne opinion de son mérite : *Il a quelque talent, mais il s'en fait trop accroire.*

ACCROISSANCE, s. f. (V. *Croître.*) Augmentation. Il se dit surtout par opposition à *décroissance.* Peu us.

ACCROISSEMENT, s. m. (V. *Croître.*) Augmentation, agrandissement d'un corps quelconque, d'une chose par l'adjonction de parties semblables : *Les chênes reçoivent de l'accroissement jusqu'à cent ans. On juge de la fertilité de l'Egypte par l'accroissement du Nil. Grand* accroissement. Accroissement *notable, considérable, soudain.* Accroissement *d'une plante, du corps humain. L'accroissement de son parc, de sa maison.* — méd. Accroissement *du palais,* Épaississement de la membrane muqueuse qui revêt le palais. — fig. Augmentation: Accroissement *de biens, d'honneurs, de fortune. L'accroissement de la religion chrétienne dans les Indes.* — alg. Augmentation soit finie, soit infiniment petite, que subit une quantité variable.

ACCROÎT, s. m. Augmentation. inus.

ACCROÎTRE, v. a. (rac. *croître.*) Augmenter, rendre plus grand : Accroître *son bien, ses revenus.* Accroître *de beaucoup, de la moitié.* Accroître *sa puissance, sa gloire, son autorité.* — verbe neut. Aller en augmentant : *Son bien, son revenu accroît tous les jours.* — dr. il se dit de ce qui revient à quelqu'un par la mort, l'absence, la non-acceptation ou le désistement d'autres personnes : *Entre co-héritiers, co-légataires, la portion de l'un accroît à l'autre. Dans une société, dans une communauté, la part des absents accroît aux présents.* On dit de même : *Cette portion de terre est accrue à ma propriété, à mon domaine, par attérissement, par alluvion.*—S'ACCROÎTRE, v. pron. S'augmenter : *Cette ville s'est fort accrue par son commerce. Sa fortune, son bien s'accroît tous les jours. Sa terre était fort bornée, il s'est accru. Ma peur à chaque pas s'accroît.* MOL.

ACCRU, UE. part. Qui a augmenté : *Plus il le* (son trésor) *voit accru, moins il en sait l'usage.*

ACCROUPIR (S'), v. pron. (V. *Croupir.*) Se tenir dans une posture où la plante des pieds posant à terre, le derrière touche presque aux talons. Il se dit Des hommes et des animaux : S'accroupir *auprès du feu. Les nègres s'accroupissent pour manger.*

ACCROUPI, IE, part. *Une vieille qui était cachée et accroupie derrière un buisson entendit tout leur entretien.* — blas. Il se dit Des animaux assis : *Il porte d'azur au lion accroupi d'argent.*

ACCROUPISSEMENT, s. m. (V. *Croupir.*) État d'une personne accroupie, d'un animal accroupi : *L'accroupissement d'un lièvre, d'un lapin.*

ACCRUE, s. f. (V. *Accroître.*) Augmentation que reçoit un terrain par la retraite insensible des eaux, ou par attérissement. — eaux et forêts. Augmentation de l'étendue d'un bois, qui se fait naturellement, sans qu'on ait planté ni semé. — arts et mét. Maille qu'on ajoute à chaque rangée des mailles d'un filet, pour en accroître la largeur. — vén. *Jeter des accrues aux filets,* Faire des boucles au lieu de mailles pour accrocher les filets. — hort. Accrues, s. f. pl. Rejetons produits par les racines.

ACCUEIL, s. m. Réception qu'on fait à quelqu'un qui arrive, qui nous aborde : *Bon accueil, mauvais accueil.* Accueil *froid, civil, favorable, gracieux.* Faire un bon, un mauvais accueil. *Il fait accueil se prend toujours en bonne part. Il fait accueil à tout le monde.*

ACCUEILLANT, ANTE. adj. Qui fait accueil, bon accueil : *Cette dame est très-accueillante.* fam.

ACCUEILLIR, v. a. (pour l'étymologie et la con-

jugaison, V. *Cueillir.*) Recevoir bien ou mal quelqu'un qui vient à nous, qui se présente chez nous : *Il nous accueillit très-froidement. Il l'accueillit très-favorablement.* — Il a aussi pour régime un nom de choses : *Il accueillit fort mal cette proposition.* — au fig. il se dit encore, dans le sens De surprendre, de tous les accidents qui surviennent : *La tempête, le vent nous accueillit. Ils furent accueillis d'un violent orage. Le détachement, en approchant du bois, fut accueilli par un déluge de coups de fusil. La misère, la pauvreté, tous les malheurs du monde l'ont accueilli. Assailli vaudrait mieux dans cette dernière phrase.*

ACCUEILLI, IE, part.

ACCUL, s. m. (On pron. l'L; V. *Cul.*) Lieu qui n'a point d'issue, où l'on est acculé : *Pousser dans un accul. Quand on est dans un accul, on ne peut sortir que par où l'on est entré.* — vén. Retraite, repaire, fond du terrier où les chiens poussent les renards, les blaireaux et autres animaux : *Quand on voit que le renard est à l'accul. Avant que de lâcher les bassets, il faut savoir où sont les acculs.* — mar. Petite anse, espèce de crique trop petite pour de grands bâtiments. — artill. Piquets qu'on enfonce en terre pour empêcher le recul du canon.

ACCULEMENT, s. m. (V. *Cul.*) État de ce qui est acculé. — État d'une voiture qui baisse son arrière, par l'effet de son chargement.—mar. Quantité dont l'extrémité des varangues s'élève au-dessus de la quille. — Espèce de secousse qui trouble le tangage, lorsque la proue du vaisseau, s'élevant rapidement sous la lame, la poupe ne peut simmerger assez promptement.

ACCULER, v. a. (V. *Cul.*) Pousser quelqu'un dans un coin, dans un endroit où il ne puisse plus r eculer : *Notre armée avait* acculé *celle des ennemis contre la montagne.* — Faire pencher une voiture en arrière. — mar. Se dit d'Un navire qui reçoit certaines secousses qui troublent son tangage. V. *Acculement.* — chass. *Les chiens acculèrent le blaireau dans son terrier.*—S'ACCULER, v. pron. Se retirer, se ranger dans un coin, contre une muraille, pour mieux se défendre, et pour n'être pas pris par derrière : *Ce brave s'accula contre la muraille et se défendit longtemps.* — man. Le cheval s'accule, Il ne va pas assez en avant à chacune des voltes, ou, Il s'abandonne quand on l'arrête ou qu'on veut le faire reculer.

ACCULÉ, ÉE, part. blas. il se dit adj. Du cheval et du lion quand ils sont cabrés.—artill. Il se dit De deux canons sur leurs affûts, et dont les culasses sont opposées l'une à l'autre. — mar. (V. *Acculer.*) *Varangues acculées,* Celles qui forment un angle aigu peu différent du droit.

ACCUMULATEUR, TRICE, s. (V. *Accumuler.*) Celui qui accumule : *Voilà un grand accumulateur d'écus, de vivres.* peu usité.

ACCUMULATION, s. f. (du latin *accumulatio.*) Entassement, amas de plusieurs choses ajoutées les unes aux autres. Accumulation *de matériaux, de marchandises.* — Au fig. Accumulation *de biens, d'honneurs, de preuves, d'intérêts. Ce discours n'est qu'une accumulation de mots sonores, d'images disparates, de phrases vides de sens.* — Action d'accumuler. (V. *Accumuler.*) — rhét. Figure qui consiste à rassembler dans une période, sous une même forme, et dans le même mouvement oratoire, un grand nombre de détails qui développent l'idée principale. — jurisp. Accumulation *de droit,* Augmentation de droit sur quelque chose.

ACCUMULER, v. a. (V. *Cumuler.*) Entasser, amasser et mettre ensemble : Accumuler *des marchandises.* — Au fig. Accumuler *des biens, des trésors, sou à sou, trésors sur trésors, crimes sur crimes.* — absol. *Il ne songe qu'à accumuler, qu'à thésauriser.* —S'ACCUMULER, v. pron. *Les denrées s'accumulent dans ce magasin. Les arrérages, les années s'accumulent. Les preuves s'accumulent contre lui.*

ACCUMULÉ, ÉE, part.

ACCUSABLE. adj. des 2 g. (du latin *accusabilis.*) Qui peut être accusé.

ACCUSATAIRE, adj. des 2 g. jurispr. Qui accuse, qui occasionne, qui soutient l'accusation.

ACCUSATEUR, s. m. ACCUSATRICE, s. f. (V. *Accuser.*) Celui ou celle qui accuse quelqu'un en justice. *Se rendre accusateur. Se porter accusateur. Elle s'est rendue accusatrice.* — Au fig. *Au dernier jour, nos peines se présenteront comme autant de crimes accusateurs.* NICOLE.—législ. mil. Accu-

sateur *militaire*, Délégué militaire près les conseils
de guerre ou de révision, dont les fonctions correspondent à celles de procureur du roi près les tribunaux civils. On le désigne aujourd'hui plus
ordinairement sous le nom de *rapporteur*. — *Accusateur*, adj. *Indice* accusateur, *fer* accusateur.
   ACCUSATIF, s. m. (du latin *accusativus*, s. ent.
*casus*, cas qui sert à accuser.) Terme de gram. Cas,
dans les langues où les noms se déclinent, qui sert
principalement à indiquer le régime direct des
verbes actifs : *La désinence de l'accusatif. Accusatif
singulier, pluriel. Ce verbe régit l'accusatif.*
   ACCUSATION, s. f. (V. *Accuser*.) Action, plainte en
justice contre quelqu'un, par laquelle on l'accuse :
*Accusation capitale. Il y a plusieurs chefs d'accusa-
tion contre lui. Former, intenter, susciter une accusation. Il a été mis en accusation. Lire au prévenu
son acte d'accusation.*—Reproche, imputation d'un
délit, d'une faute, d'un vice : *Vous m'accusez de
paresse, de peu d'exactitude, cette accusation est
sans fondement. Des accusations graves, légères,
vagues.* — Déclaration de ses péchés faite au prêtre
dans le tribunal de la pénitence : *Il faut faire une
sincère accusation de ses péchés au prêtre.*
   ACCUSER, v. a. (du lat. *accusare*, même sens; d'où
*accusator*, *accusatrix*, accusateur, accusatrice : rac.
*causa*, cause.) Déférer quelqu'un à la justice pour
un crime, pour un délit : *Accuser un homme de vol,
d'assassinat. On l'accusa d'avoir eu des intelligences
avec les ennemis. Le crime dont on l'accuse. Caton,
l'homme le plus juste de son siècle, avait été
accusé quarante-deux fois.* — Soutenir. Il est
vieux en ce sens : *Accuser un acte faux.* — Imputer, reprocher quelque faute, quelque défaut à
quelqu'un : *Je l'accuse de négligence. On accuse les
Français de légèreté. Sa conscience l'accuse.* — fig.
Blâmer, gourmander, reprendre : *Accuser le sort, la
lenteur, la négligence de quelqu'un.* — fig. Servir
de preuve ou au moins d'indice contre quelqu'un :
*Cette lettre, ce fait vous accuse. Toutes les appa-
rences accusent sa mauvaise intention.*—Déclarer,
faire connaître: Accuser : *son jeu, son point au jeu.
juste, faux au jeu.* Accuser le *chiffre de ses dettes.
Accuser son âge.* — Rapporter, raconter : *Il accuse
juste, faux.*—com. Accuser *réception,* Donner avis
qu'on a reçu. *Accusez-moi réception de ma lettre,*
ou absolument : *Accusez-moi réception.* — point.
Indiquer, faire sentir certaines parties ou formes
des corps recouvertes par quelque enveloppe : *Accuser les os, les muscles sous la peau. Accuser le nu
par les plis des draperies.* — S'ACCUSER, v. pron.
Déclarer les fautes qu'on a commises, déclarer ses
péchés au tribunal de la confession : *Il faut s'accuser de tous ses péchés. S'accuser d'avoir offensé Dieu.*
— S'accuser *soi-même,* Avouer un crime en justice.
*Accusé,* ÉE, part. Il est accusé *de meurtre.*—
ACCUSÉ, s. m. ACCUSÉE, s. f. Celui, celle que
l'on accuse en justice : *L'accusateur et l'accusé.* Plus
exactement, on nomme *accusé* Celui qui est renvoyé
devant les tribunaux criminels pour être jugé;
jusque là il n'est que *prévenu. Amenez l'accusé,
l'accusée.*—b.-arts. Partie sentie, indiquée : *Dans
la chapelle Saint-Sévère, à Naples, les formes du
Christ sont admirablement accusées, malgré le lin-
ceul qui l'enveloppe.*
   ACÉLUPHE, adj. m. zool. Se dit d'Une partie qui
n'est pas enveloppée.
   ACÈNE, s. f. zool. Genre de papillons.
   ACENS, s. m. (V. *Cens.*) anc. cout. Fonds de terre,
maison tenue à cens.
   ACENSEMENT, s. m. (V. *Cens.*) anc. cout. Action
de donner à cens : *L'acensement de cet héritage.*
   ACENSER, v. a. (V. *Cens.*) anc. cout. Donner à
cens : *Mon frère, avant de partir, avait acensé sa
maison avec toutes ses dépendances, sous la redevance d'une rente annuelle de cinq mille francs.*
   ACENSÉ, ÉE, part.
   ACÉPHALE, adj. et s. des 2 g. (du grec α priv.,
et κεφαλή, tête.) Qui est sans tête : *Monstre,
statue acéphale.* — anat. Fœtus privé de la tête,
ou d'une portion considérable de la tête. —
fig. Qui est sans chef : *Secte acéphale, hérétique*
acéphale. — ACÉPHALES, s. m. pl. moll. Nom général des mollusques dont la coquille est composée de
deux pièces ou valves, tel que l'huître.
   ACÉPHALÉ, ÉE, adj. Qui n'a pas de tête.
   ACÉPHALIE, s. f. (V. *Acéphale.*) anat. État d'un
embryon ou d'un fœtus privé de tête.
   ACÉPHALIENS, s. m. pl. hist. nat. Famille de

monstres unitaires, appartenant à l'ordre des om-
phalosistes, manquant de tête ou n'en ayant qu'un
faible vestige.
   ACÉPHALOBRACHE, adj. (α priv., κεφαλή, tête;
βραχίων, bras.) méd. Fœtus privé de la tête et des
bras.
   ACÉPHALOCARDE, adj. des 2 g. Qui n'a ni tête,
ni cœur.
   ACÉPHALOCHIRE, adj. (de ὁ priv., κεφαλή, tête;
χείρ, main.) méd. Fœtus sans tête et sans mains.
   ACÉPHALOCYSTE, s. m. (de α priv., κεφαλή,
et κύστις, vessie. ) zool. Vésicule hydatiforme,
a ns tête et sans organes visibles, assez communes
dans diverses parties du corps humain.
   ACÉPHALOGASTRE, adj. (α priv., κεφαλή, tête;
γαστηρ, ventre.) méd. Fœtus dépourvu de tête et de
ventre.
   ACÉPHALOPHORE, adj. des 2 g. zool. Animaux
sans vertèbres et dont la tête n'est point distincte
du corps.—ACÉPHALOPHORES, s. m. pl. moll. Classe
de mollusques.
   ACÉPHALOPODE, ad. des 2 g. anat. Qui n'a ni
tête, ni pieds.
   ACÉPHALORACHE, adj. des 2 g. anat. Privé de
la tête et de la colonne vertébrale.
   ACÉPHALOSTHORE, adj. (α priv., κεφαλή, tête;
θωραξ, poitrine.) méd. Fœtus sans tête et sans poitrine.
   ACÉPHALOSTOME, adj. (α priv., κεφαλή, tête;
στομα, bouche.) méd. Fœtus dépourvu de tête et de
bouche.
   ACÉRACÉ, ÉE, adj. bot. Qui a de la ressemblance
avec l'érable. — ACÉRACÉES, s. f. pl. Synonyme
d'*Acérinées.*
   ACÉRAIN, NE, adj. Qui tient de l'acier, qui est
de la nature de l'acier.
   ACÉRAS, s. m. bot. Genre de plantes orchidées.
   ACÉRATE, s. m. bot. Espèce de plantes venues
d'Amérique.
   ACÉRATHÉRIUM, s. m. mamm. Genre de mammifères dont on ne connaît que des débris fossiles.
   ACERBE, adj. des 2 g. (du lat. *acerbus*, âpre, sûr,
*acerbitas*, âpreté, acerbité.) Qui a une saveur âpre
avec une pointe piquante et astringente : *Ce vin a
un goût acerbe. Les poires, les pommes qui ne sont
pas mûres sont acerbes.* — fig. Sévère, dur, amer :
*Des paroles acerbes, un ton acerbe, des formes acer-
bes,* sont Des manières de parler et d'agir grossières.
   ACERBITÉ, s. f. (V. *Acerbe.*) Qualité de ce qui
est acerbe : *Ce fruit est d'une acerbité insupportable.*
—fig. Âpreté, sévérité : *L'acerbité d'un pareil langage a de quoi m'étonner.*
   ACÈRE, adj. entom. Sans cornes; Insecte qui n'a
point d'antennes, ou mollusque dont la tête est dépourvue de son acule.
   ACÉRÉ, ÉE, ou ACÉRELLÉ, ÉE, adj. entom. Se
dit De la pointe d'une antenne qui a quelque
raideur.
   ACÉRER, v. act. (du lat. *acies*, pointe, tranchant.)
Souder de l'acier à un instrument de fer, pour le
rendre susceptible d'être trempé et de devenir
ainsi plus propre à couper ou à percer. *Acérer un
couteau, un burin.* — fig. Aiguiser : *Acérer une
épigramme.*
   ACÉRÉ, ÉE, part. et adj. Qui est rendu plus
tranchant ou plus perçant par le moyen de l'acier :
*Lame acérée. Pointe acérée. Flèches acérées.*—fig.
Qui déchire, qui blesse : *Plume acérée. Style acéré.
Langue acérée. Les traits acérés de la calomnie.*—
bot. On appelle ainsi les feuilles cylindriques, raides
et piquantes. — méd. Il est quelquefois employé
pour indiquer Une saveur acide et astringente.
   ACÈRES, s. m. pl. entom. Grande division des insectes établie par Walcknaer et Latreille, correspon-
dant aujourd'hui à celle des arachnides.
   ACÉREUX, EUSE, adj. bot. Se dit Des feuilles
longues, minces, pointues et persistantes.
   ACÉRIDE, s. f. (α priv., et κηρός, cire.) Emplâtre
dans lequel il n'entre pas de cire.
   ACÉRINE, s. f. zool. Genre de poissons.
   ACÉRINÉ, ÉE, adj. bot. V. ACÉRACÉ.
   ACÉRIQUE, adj. m. chim. Se dit De l'acide que
l'on extrait de la sève de l'érable.
   ACÉRURE, s. f. arts et mét. Morceau d'acier pré-
paré que l'on soude à une pièce pour l'acérer.
   ACÉRVULAIRE, s. f. zool. Sorte de polypiers.
   ACESCENCE, s. f. (V. *Acescent.*) chim. Qualité de
ce qui est *acescent;* disposition à devenir acide.
*Acescence des humeurs.*

   ACESCENT, ENTE, adj. (du lat. *acescens,* qui commence à s'aigrir; c'est le part. présent du v. *aces-
cere,* commencer à devenir sûr, aigre; d'où *acidus,*
aigre, acide, *acetum,* vinaigre.) chim. Qui tend à
devenir acide; qui commence à prendre les caractères de l'acidité : *Liqueur acescente.*
   ACÉTABULAIRE, s. f. zool. Genre de polypiers
ayant forme d'une petite ombrelle déployée.
   ACÉTABULARIÉES, s. f. pl. bot. Famille d'algues
marines, ne renfermant que le genre acétabule.
—ACÉTABULARIÉES, polyp. 6° ordre des calcifères,
appartenant aux polypes flexibles. Ces singuliers
animaux se composent d'une tige grêle, simple et
fistuleuse, terminée par une sorte de petite ombrelle, composée de tubes réunis, ou par une tête de
petits corps pyriformes.
   ACÉTABULE, s. m. anat. Cavité d'un os qui sert
à recevoir un autre os. — zool. Suçoir des bras
des mollusques céphalopodes. — Espèce de ventouse produite par la réunion des nageoires pectorales chez certains poissons. — Cavité d'une coquille ou d'un polypier qui reçoit le corps de l'animal. — Partie creuse du tronc des insectes dans
laquelle s'implante la patte de derrière.
   ACÉTABULÉ, ÉE, adj. bot. Qui a la forme d'une
coupe.
   ACÉTABULEUX, EUSE, adj. Qui a la forme d'un
vase ou d'une coupe.
   ACÉTABULIFÈRES, s. m. pl. moll. Division des
céphalopodes, renfermant tous les animaux de cet
ordre pourvus de cupules ou ventouses.
   ACÉTABULIFORME, adj. des 2 g. hist. nat. Qui a
de la ressemblance dans sa conformation avec un
bocal ou une coupe.
   ACÉTAL, s. m. chim. Qui est composé d'acide
acétique et d'éther, ou seulement des éléments de
ces deux corps.
   ACÉTATE ou ACÉTITE, s. m. chim. Noms que
l'on donnait aux combinaisons de l'acide acéteux
avec les bases salifiables, lorsque l'on croyait que
l'acide acéteux était autre que l'acide acétique.
   ACÉTEUX, adj. m. (V. *Acescent.*) chim. Nom
donné autrefois au vinaigre ordinaire, que l'on
croyait chimiquement différent de l'acide acétique.
   ACÉTIFICATION, s. f. (V. *Acescent.*) chim. Conversion en vinaigre, à l'acide acéteux.
   ACÉTIFIER (S') v. pron. chim. Se changer en
acide acétique.
   ACÉTIFIÉ, ÉE, part.
   ACÉTIMÈTRE, s. m. chim. Instrument destiné à
mesurer la force du vinaigre.
   ACÉTIQUE, adj. m. chim. Nom systématique du
vinaigre réduit à sa partie acide.
   ACÉTOL, s. m. pharm. Nom du vinaigre ordinaire.
   ACÉTOLAT, s. m. pharm. Nom du vinaigre médicinal préparé par distillation.
   ACÉTOLATURE, s. f. pharm. Nom donné par les
praticiens au vinaigre médicinal préparé par infusion ou macération.
   ACÉTOLÉ, s. m. pharm. Nom du vinaigre médicinal préparé par solution.
   ACÉTOLIQUE, adj. des 2. g. pharm. Se dit Des
médicaments qui ont pour base le vinaigre tenant
en dissolution un élément médicamenteux quelconque.
   ACÉTOLOTIF, s. m. pharm. Nom donné au vinaigre
médicinal destiné à un usage externe.
   ACÉTOMEL, s. m. pharm. Sirop de vinaigre préparé avec du miel.
   ACÉTOMELLÉ, s. m. pharm. Préparation médici-
nale, formée d'un principe médicamenteux de la
nature des acétates et d'acétomel.
   ACÉTOSELLÉ, ÉE, adj. bot. Qui a la saveur ou la
forme de l'oseille. — ACÉTOSELLÉES, s. f. pl. Famille de plantes.
   ACHADE, s. f. agric. Sorte de houe qui sert à
biner les vignes.
   ACHAINE, ACHÈNE ou AKÈNE, s. m. (de α priv.
et χάω, j'ouvre.) bot. Espèce de fruit uniloculaire,
monosperme, indéhiscent, et dont la graine est
distincte du péricarpe.
   ACHALANDAGE, s. m. (V. *Chaland.*) L'art, l'action d'achalander : *Toute la fortune d'un marchand
consiste dans l'achalandage de sa boutique.* Sa clien-
tèle. *Ce marchand a vendu son fonds 10,000 fr.,
savoir : 2,000 fr. pour le matériel, 8,000 fr. pour
l'achalandage.*
   ACHALANDER, v. a. (V. *Chaland.*) Procurer des

chalands, donner des pratiques, accréditer une boutique, un marchand : *Ce marchand n'a pas su achalander sa boutique. La bonne marchandise et le bon marché achalandent fort une boutique. Il est bien achalandé.* — S'ACHALANDER, v. pron. *Cette boutique commence à s'achalander. Ce marchand n'a pu s'achalander.*

ACHALANDÉ, ÉE, part. de *achalander.* Qui a des chalands. *Boutique achalandée. Marchand bien achalandé.*

ACHARNEMENT, s. m. (du latin *ad,* à, et *caro, carnis,* chair.) Action d'un animal qui s'attache opiniâtrément à sa proie : *L'acharnement d'un loup, d'un tigre.* — Fureur opiniâtre avec laquelle les hommes et les animaux se battent les uns contre les autres : *Des deux côtés on combattit avec un égal acharnement. Ces deux dogues se battirent avec acharnement.* — Au fig. Animosité opiniâtre : *Ces deux auteurs se déchirent avec acharnement. Tous les dévots de cœur sont aisés à connaître ; jamais contre un pécheur ils n'ont d'acharnement.* MOL. —Forte passion, attachement opiniâtre : *Acharnement pour le jeu, pour la débauche.* Dans ce sens, il se prend en mauvaise part.

ACHARNER, v. a. vén. Donner aux bêtes le goût, l'appétit de la chair : *On acharne les chiens, les oiseaux de proie à la curée.* — Au fig. Exciter, animer, irriter : *On les a acharnés les uns contre les autres. Ces deux plaideurs sont furieusement acharnés l'un contre l'autre. Ils sont acharnés au combat.* —S'ACHARNER, v. pron. S'attacher avec fureur ; avec opiniâtreté à quelque chose, à quelqu'un : *Le lion s'acharne sur sa proie. Ces deux tigres s'acharnent l'un contre l'autre.* — fig. S'attacher avec ardeur à nuire, à persécuter, à blâmer : *Je ne sais pourquoi il s'acharne ainsi contre moi. Il déchire l'église, il s'acharne contre elle,* LA BASTIDE. — S'attacher avec excès : *Il est dangereux de s'acharner au jeu.*

ACHARNÉ, ÉE, part. ; il est aussi adj. Furieux, opiniâtre : *Combat acharné.* — Attaché avec fureur : *Animal acharné sur sa proie.* — Attaché avec excès : *Homme acharné au jeu.*

ACHARDS, ACHAR, AICHAR, ATTCHAR ou ATSCHI, s. m. écon. dom. Espèce de conserves qui nous vient des Indes orientales, et qui portent le nom de leur inventeur. Elles se composent ordinairement de fines tranches de giromont ou de cardes poirées, confites au sel et au vinaigre, avec du gingembre et des piments rouges ; quelquefois de fruits, le bourgeons de palmier et de bambou, de choux, de légumes divers, d'ails et autres bulbes et racines, fortement épicés, assaisonnés de moutarde et de piment, et mis en infusion dans le jus de citron et le vinaigre le plus fort : *Les achards de l'île Bourbon et de Batavia sont les plus renommés. Les achards, imprégnés d'huile verte, ou accommodés avec de la crème de lait de chèvre, se servent en hors-d'œuvre en guise de cornichons.* (NÉO-PHYS. DU GOÛT.)

ACHAT, s. m. (V. *Acheter.*) Acquisition faite à prix d'argent, emplette : *Un bon, un mauvais achat. Faire achat de marchandises.*—Chose achetée. *Je vais vous montrer mon achat.*—comm. *Livre d'achats,* Journal où l'on écrit les marchandises achetées.—syn. *Achat, acquisition.* Le premier se dit des objets mobiliers, le second des immeubles : *J'ai fait aujourd'hui achat de chaises, de tables, d'une tabatière. J'ai fait l'acquisition d'une maison, d'un pré, d'une terre.* —prov. On dit : *Achat passe louage,* pour signifier que Celui qui a acheté un immeuble peut jouir malgré le bail fait à un tiers et déposséder le locataire ; — ou Qu'il faut payer plus cher pour posséder une chose que pour la louer.

ACHATE, s. m. (*akate.*) Les anciens donnaient ce nom ou celui de calcédoine, à une variété d'agate.— zol. Famille de papillons.—Pour éterniser le dévouement du fidèle compagnon d'Énée, on a fait de ce nom propre *Achate,* un nom commun qui signifie un ami, un compagnon qu'on ne quitte jamais : *C'est mon fidèle achate.*

ACHE, s. f. bot. Espèce de persil. *Dans certains jeux de la Grèce, on donnait une couronne d'ache au vainqueur. On mettait une couronne d'ache sur les tombeaux. Les Romains se couronnaient d'ache dans les festins.*

ACHEMENT, s. m. blas. Lambrequin découpé qui enveloppe le casque et l'écu.

ACHEMINEMENT, s. m. (rac. *chemin.*) Ce qui est propre à faire parvenir au but qu'on se propose.

Disposition, préparation : *C'est un grand acheminement à la paix. Un premier pas si heureux fut un acheminement à une plus grande fortune.* SCUD.

ACHEMINER, v. a. (rac. *chemin.*) En parlant d'affaires, Mettre en état de pouvoir réussir : *Mon avocat a bien acheminé mon affaire. Le gain d'une bataille peut acheminer la paix.*—man. Acheminer *un cheval,* Habituer un jeune cheval à marcher, à suivre une allure.— S'ACHEMINER, v. pron. Se mettre en chemin. *Il s'achemina vers la ville.* — fig. *Cette affaire s'achemine, Elle est en bon train, elle avance.*

ACHEMINÉ, ÉE, part. et adj. *Voilà l'affaire acheminée.*—man. *Cheval acheminé,* Dégourdi, presque dressé. — arts et mét. Glace *acheminée,* Celle dont on a déjà enlevé les plus grosses aspérités.

ACHÈNE, s. m. V. ACHAINE.

ACHÉNION, s. m. zool. Genre d'insectes coléoptères.

ACHÉNODE, s. m. bot. Fruit résultant de plusieurs achaines, disposés sur le même plan.

ACHÉRON, s. m. mythol. Fleuve des enfers.— poét. L'enfer, la mort : *Et l'avare Achéron ne lâche point sa proie.*

ACHETER, v. a. (prov. *acata, acheta ;* v. fr. *acater ;* variantes justifiées par les divers dialectes kym. br. *kaout, kavout ;* part. *kavet,* acquérir, posséder ; van. *keut,* id. gall. *cafforel, cydosad,* se procurer, acquérir, avoir ; la valeur du préf. a. a déjà été indiquée.) Acquérir quelque chose à prix d'argent. *J'achète, nous achetons* (l'e muet du radical se change en e ouvert, et prend l'accent grave quand la syllabe suivante renferme un e muet.) Acheter *des provisions, une terre.* Acheter *comptant, argent comptant, au comptant,* Sous la condition de payer sur-le-champ ;—*à crédit, à terme,* Sous la condition de ne payer qu'à une époque convenue ; — *en gros,* Une grande quantité de marchandises ;—*en détail,* De petites portions de marchandises ; — *pour son compte,* Pour soi-même ; —*par commission,* Pour le compte d'autrui. Acheter *des voix, des suffrages,* Se les procurer à prix d'argent ;—*le silence de quelqu'un,* Le payer pour qu'il se taise.— Acheter *un homme,* Un remplaçant dans le service militaire. Acheter *une chose à quelqu'un.* 1° Acheter de lui : *Je lui ai acheté un volume qu'il m'a fait payer cher.* 2° Acheter pour lui : *Je lui ai acheté une montre pour ses étrennes.* — Au fig. Obtenir, se procurer avec peine. *C'est une dignité qu'il a achetée au prix de son sang. Vous me faites acheter bien cher la grâce que vous m'accordez.* — S'ACHETER, v. pron. *Les grâces, les faveurs, tout s'achète à la cour de ce prince.*

ACHETÉ, ÉE, part. *Marchandises achetées. Dignités achetées par des bassesses.*

ACHETEUR, s. m. Celui qui achète : *Le vendeur et l'acheteur.* Celui qui a l'habitude et la passion d'acheter : *C'est un grand acheteur.* Le féminin, *acheteuse,* est usité en ce sens : *Cette femme est une grande acheteuse.*

ACHÉTIDES, s. m. pl. entom. Nom adopté par quelques auteurs pour désigner la famille des grylloniens de Latreille.

ACHEVAGE, s. m. pot. Se dit De la dernière façon que l'en donne à une pièce de poterie moulée.

ACHEVALER, v. a. et n. art mil. Occuper les deux rives d'un fleuve, d'une route, en parlant de corps de troupes : *L'armée française achevalait le fleuve. L'armée anglo-saxonne achevalait les deux côtés de la grande route.*

ACHEVALÉ, ÉE, part.

ACHÈVEMENT, s. m. Action d'achever. Fin, exécution entière, accomplissement d'une chose : *L'achèvement d'un édifice. Il ne manque plus qu'un portail pour l'achèvement de cette église. L'achèvement de son travail dépendra de sa santé.* — Au fig. Perfection dont un ouvrage est susceptible : *Il n'a pas pris les soins nécessaires pour l'achèvement de son ouvrage.* Dans ce sens, il se dit Du point précis où se termine le dénouement d'un poème.

ACHEVER, v. a. (du kym. *cyva,* entier, parfait ; *integre,* rendre entier, achever, parfaire.) Finir, terminer une chose commencée. (L'e muet du radical se change en e ouvert, et prend l'accent grave, quand la syllabe suivante renferme un e muet. Ils achèvent, ils achèveront, ils ont achevé leur entreprise. Il travaille à achever sa tragédie. Cette aventure achève sa ruine, sa honte, son malheur. Achever ses jours dans la retraite.* Achever

paisiblement sa carrière. Achever quelqu'un,* un blessé,* Lui porter le coup mortel. *Voyant qu'il respirait encore, ils l'achevèrent sans pitié.* — man. Achever *un cheval,* Le dresser entièrement.—verbe neut. Achever *de dîner, de vivre.* — fig. et fam. Consommer la ruine, la perte, le malheur de quelqu'un : *Voilà de quoi l'achever. Il ne fallait plus que cela pour l'achever. Pour l'achever de peindre. C'est pour l'achever de peindre.*—fig. et fam. Enivrer complètement : *Cette dernière bouteille l'acheva.* — S'ACHEVER, v. pron. *Tout le travail s'est achevé en deux mois.*

ACHEVÉ, ÉE, part. *Son discours achevé, il s'assit.* — adj. Accompli, parfait, excellent : *Un ouvrage achevé. Une beauté achevée. L'Apollon du Belvédère est un ouvrage achevé.*—Il se prend aussi en mauvaise part : *C'est un fou achevé, un sot achevé, un scélérat achevé.*

ACHEVEUR, s. m. techn. Se dit Du plus grand des moules dont font usage les batteurs d'or.

ACHEVOIR, s. m. techn. Outil qui sert à donner la dernière façon à certains ouvrages ; le lieu, le temps où on la donne.

ACHILLÉES, s. f. pl. bot. Nom donné par Jussieu à une tribu de la famille des corymbifères, tribu aujourd'hui fondue dans la famille des anthémidées.

ACHILLÉOIDE, adj. des 2 g. bot. Qui ressemble aux achillées.

ACHIRE, adj. (α priv. χείρ, main.) méd. Manchot. inusité.—ichth. s. m. Genre de poissons exotiques qui ressemblent à la sole.

ACHIT, s. m. bot. Sorte de vigne sauvage qu'on trouve dans l'île de Madagascar.

ACHLYS, s. f. (αχλυς, brouillard.) méd. Nom donné tantôt à l'obscurcissement de la vue causé par les ulcérations de la cornée transparente, tantôt à ces ulcérations elles-mêmes.

ACHLYSIE, s. f. zool. Genre d'insectes aptères.

ACHMITE ou AKMITE, s. m. min. Minerai découvert par Strom, analogue, dans sa forme seulement, avec le pyroxène.

ACHNATÉRION, s. f. bot. Genre de plantes graminées.

ACHNE, s. m. méd. Stries muqueuses étendues sur la conjonction de l'œil.

ACHOPPEMENT, s. m. (du v. mot *chopper,* broncher, lequel venait du kym. *cwympo,* tomber.) Obstacle contre lequel le pied peut heurter. Il n'est usité qu'au figuré et dans cette locution : *Pierre d'achoppement,* Occasion de faillir, de tomber dans l'erreur, dans le désordre : *La rencontre de cette personne a été pour lui une pierre d'achoppement. De pareilles propositions sont des pierres d'achoppement pour les faibles.* — Obstacle imprévu. *L'affaire sera bientôt terminée si nous ne rencontrons pas quelque pierre d'achoppement.*

ACHORES, s. m. pl. (du gr. αχωρες, teigne, ulcère à la tête.) méd. Petits ulcères de la tête, ainsi nommés à cause de leur peu d'étendue.—Espèce de teigne humide qui se porte quelquefois aux joues des enfants.

ACHORISTE, adj. des 2 g. (de αχωριστος, inséparable, α priv. et χωρίζω, je sépare.) Symptôme qui accompagne nécessairement la maladie ; inséparable de la maladie.

ACHROMATIQUE, adj. 2 g. (de α priv., et χρωμα, couleur.) phys. Se dit De verres à travers lesquels on voit les objets sans qu'ils soient entourés d'un cercle irisé. — opt. *Lunettes* achromatiques, Celles qui font voir exactement les images des objets sans aucun mélange de couleurs étrangères.

ACHROMATISME, s. m. phys. Qualité, état d'un corps transparent qui est achromatique, qui se laisse traverser par la lumière sans la décomposer.—opt. Propriété des lunettes achromatiques ; leur effet.

ACHRONIQUE, ad. V. ACRONYQUE.

ACHTEL, ou ACATELNG, s. m. p. et m. Mesure de capacité pour les matières sèches que l'on emploie en Allemagne et qui équivaut à litres : 114,745.

ACHTÉOGRAPHE, s. m. du gr. αχθος, poids, γράφη, description.) p. et m. Qui décrit les poids.

ACHTÉOGRAPHIE, s. f. p. et m. Description des poids.

ACHTHÈRE, s. m. zool. Genre de vers.

ACHYRITES, s. m. pl. min. Synon. de *calcaire oolitique.*

ACICOLE, adj. des 2 g. bot. Qui croît sur les feuilles pointues du pin.

ACICULAIRES ou ACICULES, s. m. pl. polyp. et

échin. Nom donné à Des polypiers, des bélemnites, et des pointes d'oursins fossiles. — adj. bot. Qui est long, grêle, pointu comme une aiguille. Se dit Des épines, des aiguillons, des feuilles de quelques conifères, etc.

ACICULES, s. m. polyp. Soies plus grosses que les autres, très-aiguës, contenues dans une sorte de fourreau, et qu'on observe, au nombre de deux, sur les rames des pieds ou mamelons sétifères qui occupent les côtés du corps de plusieurs annélides.

ACICULÉ, ÉE, adj. ent. Quand un palpe se termine par un article très-court, aigu, qui termine l'article précédent.

ACICULIFORME, adj. des 2 g. Qui a la forme d'une aiguille.

ACICALÉE, s. f. ichth. Sorte de poisson.

ACIDE, s. m. (V. *Accescent.*) chim. Ce terme, réservé autrefois pour Les substances d'une saveur extrêmement acide, et qui s'unissaient aux alcalis pour former des sels, s'applique aujourd'hui à tous les corps qui, dans une combinaison saline, jouent le rôle électro-négatif. — adj. des 2 g. Aigre : *Ces fruits sont fort acides.* — chim. Il se dit De ce qui a la propriété des acides : *Sel acide. Liqueur acide.*

ACIDIFÈRE, adj. des 2 g. min. Minéral contenant un acide, soit libre, soit combiné avec un ou plusieurs autres corps.

ACIDIFIABLE, adj. des 2 g. min. On donne ce nom à Des substances qui, par leur combinaison avec tel ou tel principe, peuvent acquérir les propriétés des acides.

ACIDIFIANT, ANTE, adj. min. Principe qui peut s'unir à des bases acidifiables. — chim. Qui constitue un acide.

ACIDIFICATION, s. f. chim. Action d'acidifier; passage à l'état d'acide.

ACIDIFIER, v. a. chim. Rendre acide; convertir un corps liquide, gazeux ou solide en acide. Avec le pronom personnel, il se dit D'une substance qui prend le caractère de l'acide.

ACIDIFIÉ, ÉE, part.

ACIDITÉ, s. f. chim. Qualité De ce qui est acide. *L'acidité de l'oseille.*

ACIDO-BASIQUE, adj. des 2 g. chim. Se dit D'un corps susceptible de donner naissance à des acides.

ACIDOTE, adj. des 2 g. bot. Qui est terminé en pointe.

ACIDULE, s. m. min. Nom donné à quelques sels qui existent naturellement à l'état de combinaison, avec un excès d'acide. — adj. des 2 g. Qui est légèrement acide : *Eaux minérales acidules.*

ACIDULER, v. a. Rendre une substance légèrement acide; lui donner un goût aigrelet au moyen d'une petite quantité d'acide : *Il faut aciduler cette tisane avec un peu de jus de citron.*

ACIDULÉ, ÉE, part. *Une boisson légèrement acidulée est excellente pour étancher la soif.*

ACIER, s. m. min. Aussi nommé *proto-carbure de fer.* Modification du fer, ou plutôt, sa combinaison avec le carbone, dans des proportions qui peuvent varier de un à vingt-millièmes : *Tremper l'acier,* le rendre plus dur, en le plongeant tout rouge dans de l'eau froide : *Acier de bonne, de forte trempe. Acier d'Allemagne, de Damas..... Ressort d'acier,* lame d'acier, *acier fin, acier cassant.* — fig. Instrument d'acier, un *fin* acier. *Un homicide acier lui fait voler la tête de dessus les épaules.* TRÉV. *J'ai vu des têtes couronnées tomber sous l'acier d'un bourreau.* REG. DESM. *Sous l'acier subtil et tranchant* (une lancette) *le sang à grands flots s'épanchant.*

ACIÉRATION, s. f. didact. Opération par laquelle a lieu la production de l'acier; sa formation.

ACIÉRER, v. a. didact. Convertir le fer en acier. Aciérer *le fer.* — Avec le pronom personnel : *Ce fer commence à s'aciérer.*

ACIÉRÉ, ÉE, part.

ACIÉREUX, adj. m. didact. Il se dit Du fer converti en acier.

ACIÉRIE, s. f. atelier, usine où l'on fabrique l'acier.

ACIFORME, adj. des 2 g. Qui a la forme d'une aiguille.

ACINACIFOLIÉ, ÉE, adj. bot. Qui a ses feuilles en forme de sabre.

ACINACIFORME, adj. bot. Qui a la forme d'un sabre comprimé, à 3 angles, à carène tranchante, et un peu redressé vers la partie supérieure.

ACINAIRE, adj. des 2 g. didact. Qui ressemble au grain du raisin.

ACINE, s. m. (lat. *acinus,* gr. ἄκινος, grain de raisin.) bot. Baie très-molle, pleine de sucs, transparente, à une seule loge, renfermant plusieurs graines osseuses; telles sont celles de la vigne et des groseilles.

ACINÉSIE, s. f. (*acinésia,* de α priv. et de κινειν, mouvoir.) Mot employé par Galien, et usité en médecine pour désigner Le repos du pouls, c'est-à-dire l'intervalle qui sépare la contraction et la dilatation du cœur et des artères.

ACINÉTINES, s. f. pl. hist. nat. Famille d'infusoires à une seule ouverture et à cils allongés, raides, non vibratiles, selon Ehrenberg.

ACINEUX, EUSE, adj. didact. Qui est rond comme le grain du raisin.

ACINIER, s. m. bot. Nom que porte l'aubépine dans quelques parties de la France.

ACINIFORME, adj. (du grec ακινος, grain de raisin, et *forma,* forme.) Qualification donnée en anatomie à une des membranes de l'œil, appelée aussi *uvée,* et qui a quelque ressemblance avec un grain de raisin.

ACINODENDRE, adj. des 2 g. Qui porte ses fruits disposés en grappes.

ACINOPE, s. m. zool. Genre d'insectes coléoptères.

ACINOS, s. m. bot. Espèce de thym commun dans les champs et dont l'odeur est moins aromatique que celle du thym cultivé.

ACIPHORÉ, ÉE, adj. (de ακη, pointe, et φερω, je porte.) zool. Il se dit Des insectes dont une partie du corps à la forme d'une aiguille. — ACIPHORÉES, s. f. pl. Famille de mouches à l'abdomen pointu par le bout.

ACIPHYLLE, adj. des 2 g. (du gr. ακη, pointe, et de φυλλον, feuille.) Se dit, en botanique, Des plantes qui ont les feuilles ou leurs divisions pointues.

ACISELER, v. a. agric. Coucher pour la première fois le plant de la vigne.

ACISELÉ, ÉE, part.

ACKERMAUS, s. m. mamm. Synonyme de *Campagnol.* V. ce mot.

ACLADIE ou ACLADION, s. m. bot. Espèce de champignon.

ACLÉIDIEN, ENNE, adj. (de α priv. et de κλης, κληιδος, clef, clavicule.) anat. et zool. Se dit Des animaux qui n'ont pas de clavicule.

ACLINIQUE, adj. des 2 g. techn. Il se dit D'une espèce de lunette nouvelle, dont on se sert quand on est au spectacle.

ACLYTHROPHITE, s. m. bot. Plante dont la graine est réputée n'avoir aucune enveloppe.

ACMASTIQUE, adj. (de ακμη, vigueur.) méd. Les anciens donnaient cette épithète à toute Maladie qui augmente graduellement d'intensité jusqu'à un certain point, et qui décroît ensuite dans la même proportion. V. PÉRIODE.

ACMÉ, s. m. méd. Le plus haut degré d'intensité d'une maladie.

ACNÉ, s. f. méd. Maladie particulière de la peau.

ACOCAT, s. m. tech. Linteau servant, dans les fabriques de velours, à avancer ou à reculer le battant du métier.

ACOCHETON, s. m. agric. Tas qu'on forme des avoines coupées.

ACOCHLIDES, s. m. pl. (de α priv. et de κοχλ, κοχιδος, coquille, conque, écaille.) moll. Familles de céphalopodes acétabulifères, dont les animaux sont dépourvus de coquilles, et ont 8 pieds, selon Latreille.

ACOGRAPHIE, s. f. (ακος, remède, et γραφω, je décris.) méd. Description des remèdes.

ACOGRAPHIQUE, adj. des 2 g. Qui a rapport à l'acographie.

ACOLE, s. m. et adj. zool. Se dit De certains animaux qui n'ont aucun appendice extérieur.

ACOLLE, s. f. écon. dom. Mélange de farine de maïs et de chocolat. *L'acolle fut un mets en usage chez les Américains.*

ACOLOGIE ou ATHOLOGIE (de ακος, remède, et de λογος, discours.) C'est la science des médicaments, désignée aujourd'hui sous les noms de matière médicale et de thérapeutique. inus.

ACOLOGIQUE, adj. des 2 g. méd. Qui a rapport à l'acologie.

ACOLYTE, s. m. t. d'égl. (du grec ακολουθος, valet.) Clerc promu au plus haut des quatre ordres mineurs, et ayant pour fonctions de préparer le feu, l'encensoir, le vin, l'eau, de porter les cierges et de servir, à la messe, le diacre et le sous-diacre. *Il a fait les fonctions d'acolyte à la grand'messe.* — Il se dit famil. d'Une personne qui accompagne, assiste une autre personne. *Vous et votre acolyte. Vous avez là de mauvais acolytes.*

ACOMAS, ou ACOMAT, s. m. bot. Arbre des Antilles, dont le bois est propre à la menuiserie et aux constructions navales.

ACONIT, s. m. (T se prononce; en lat. *aconitum,* gr. ἀκόνιτον, plante vénéneuse.) bot. Plante fort vénéneuse.

ACONITATE, s. m. chim. Sel formé d'une base quelconque et d'acide aconitique.

ACONITINE, s. f. chim. Substance alcaline découverte par Brandt dans le suc du napel.

ACONITIQUE, adj. des 2 g. chim. Qui est de la nature de l'aconitine.

ACONTIAS, s. m. (du gr. ακοντιον, javelot, flèche.) rept. Genre de serpent de la famille des scincoïdiens saurophthalmes. Les Grecs donnaient ce nom à un serpent qui, disait-on, s'élançait des arbres sur les passants.

ACONTIE, s. f. bot. Espèce de champignons.

ACONTISMOLOGIE, s. f. Traité du tir à l'arc, du maniement des armes à pointes.

ACOPE, adj. des 2 g. (de α priv., et de κοπος, fatigue, travail, lassitude.) méd. Il se dit des moyens propres à diminuer la lassitude.

ACOQUINANT, ANTE, adj. Qui attire, qui retient par quelque appât. *Un mets acoquinant. Une vie acoquinante.* fam.

ACOQUINER, v. a. Attirer par un appât, attacher par l'habitude, faire contracter une habitude : *Je ne sais comment cette femme qui n'a rien a pu ainsi l'acoquiner. Il ne faut pas se laisser acoquiner à l'oisiveté. Un bon feu vous acoquine. Je ne m'étonne pas qu'un si bon métier vous ait acoquiné.* LESAGE. — Il s'emploie comme verbe pron., et signifie S'adonner, s'attacher, s'accoutumer trop à ce qui attire : *S'acoquiner au jeu. Il s'acoquine un peu trop à la douceur du repos. Nous nous étions complètement acoquinés dans cette ville.* — Il se dit aussi Des habitudes que prennent certains animaux domestiques ; *Les chiens s'acoquinent facilement à la cuisine.* — On écrit aussi *Accoquiner.*

ACOQUINÉ, ÉE, part. *Il en est tout acoquiné.* fam.

ACORACÉES, s. f. pl. bot. Synon. d'Acoroïdées. V. ce mot.

ACORE, s. m. bot. Genre de plantes dont une acore. espèce sert à aromatiser l'eau-de-vie de Dantzick.

ACORIE, s. f. (de α, priv., et κορεω, je rassasie.) méd. Faim insatiable.

ACORINÉ, ÉE, adj. bot. Qui ressemble à une

ACORINÉES, s. f. pl. bot. Famille de plantes.

ACORMOSE, adj. des 2 g. bot. Se dit D'une plante dont les feuilles et les fleurs partent de la racine.

ACOROÏDÉES, s. f. pl. bot. Famille de plantes établie aux dépens de la famille des aroïdées.

ACOSMIE, s. f. (*acosmia;* de α, priv., et de κοσμος, ordre.) nath. Désordre, dérangement des jours critiques dans les maladies. — Dérangement de la santé.

ACOT, s. m. agric. Adossement de fumier autour d'une couche.

ACOTAI ou ACOTAY, s. m. techn. Pied de chèvre qui, dans les fabriques de papier, empêche la vis de la presse de la cuve de rétrograder.

ACOTER, v. a. agric. Faire un acot.

ACOTÉ, ÉE, part.

ACOTYLE, s. m. et adj. zool. Se dit De certains animaux sans vertèbres, privés de bouche centrale et de cavités latérales.

ACOTYLÉDONÉ, ÉE, adj. bot. Première classe du règne végétal, comprenant, selon Jussieu, toutes les familles de plantes sans cotylédons ou inembryonées.

ACOTYLÉDONIE, s. f. État de la plante privée de cotylédons.

ACOTYLOPHORE, adj. des 2 g. zool. Il se dit D'animaux qui n'ont pas de suçoir. — ACOTYLOPHORES, s. m. pl. Famille de vers.

ACOUCHI, s. m. mamm. Espèce de mamammifère du genre cabiai d'Amérique, on écrit aussi *acouchit.* V. *Agouti.*

ACOUMÈTRE, s. m. (de ακουω, j'entends, et μετρον, mesure.) phys. Instrument pour mesurer l'étendue de l'ouïe chez l'homme. — méd. Instrument pour s'assurer des degrés de la surdité incomplète.

A-COUP, s. m. invar. Mouvement saccadé; temps

d'arrêt brusque. S'emploie en termes de manœuvres milit., pour Les exercices d'équitation : *Ce cheval trotte par à-coup. Le guide du peloton, par sa mauvaise marche, a déjà occasionné trois à-coup.*

ACOUSTICO-MALLÉEN, s. m. et adj. (ἀκούω, j'entends, et *malleus*, marteau.) anat. Muscle externe du marteau de l'oreille.

ACOUSTIQUE, s. f. Science qui traite de l'ouïe et des sons. *Il a fait un traité d'acoustique.* — Il s'emploie aussi, comme adj. des 2 g., pour Tout ce qui a rapport à l'ouïe et à la science de l'acoustique : *Un cornet acoustique. Une voûte acoustique.* — s. m. et adj. méd. Nerf qui sert à l'audition. — Remèdes employés contre la surdité. Ce mot est aussi subst. dans ces deux sens.

ACQUÉRAU, s. m. art. mil. Nom donné aux pièces d'artillerie le plus anciennement en usage.

ACQUÉREUR, s. m. Celui qui, par un marché quelconque, devient propriétaire d'un objet, principalement d'un immeuble ou d'une chose produisant un revenu. *C'est le nouvel acquéreur de ce domaine. Il s'est rendu acquéreur de cette maison moyennant la somme de...* Acquéreur d'une rente, d'une action. Acquéreur de bonne foi. Tiers acquéreur. — prov. *Il y a plus de fous acquéreurs que de fous vendeurs.*

ACQUÉRIR, v. a. (du lat. *acquirere*, même sens, dont les dérivés sont *acquisitio*, acquisition, *acquisitor*, acquéreur, *acquisitus*, acquis; rac. *ad*, à, vers, ajouter à, et *quærere*, chercher à avoir, acquérir. *J'acquiers, tu acquiers, il acquiert, nous acquérons, vous acquérez, ils acquièrent. J'acquérais, j'ai acquis, j'acquis, j'acquerrai, acquiers, acquérons, que j'acquière, que nous acquérions, que vous acquériez, qu'ils acquièrent; que j'acquisse, que j'acquisse, rant, acquis.*) Devenir propriétaire, par un marché, d'un objet quelconque et principalement d'un immeuble, ou d'une chose produisant un revenu. *Il vient d'acquérir un domaine magnifique. Il a acquis une charge de ses propres deniers. Acquérir un bien des deniers d'autrui. Acquérir du bien aux dépens d'autrui. Il avait acquis cette propriété, non pas en son nom, mais au nom de son frère. Nous avons acquis tous ses droits sur cet immeuble. Par le gain de ce procès nous avons acquis de nouveaux droits sur la propriété. Il s'est acquis beaucoup de bien par de mauvaises voies, par des voies infâmes.* — Il s'emploie aussi absolument pour Faire des acquisitions : *Il a beaucoup acquis l'année dernière. Il acquiert de tous les côtés. Il est bien en état d'acquérir.* — Acquérir se dit au figuré pour Tout ce que l'on peut regarder comme un avantage, une chose désirable : *Acquérir de l'honneur, de la gloire, des vertus, des connaissances, du crédit. Son père s'était acquis une grande réputation de probité dans l'exercice de sa charge.* VOLT. *Dites à votre mari qu'il s'est acquis mon amitié à tout jamais.* MAD. DE SÉV. *Acquérir de la faveur, acquérir les bonnes grâces de quelqu'un. Votre frère a acquis des droits à l'estime publique; ou simplement à l'estime.* Dans un sens tout opposé on dit quelquefois : *Acquérir une mauvaise réputation. Trois mois lui avaient suffi pour acquérir une réputation détestable.* MARM. *Voilà un garçon qui s'est acquis à bon droit une réputation de fripon.* MARIV. Il s'emploie d'une manière absolue : *Il a beaucoup acquis, Il a beaucoup gagné en vertus, en qualités. Auprès de vous et de votre frère, mon fils ne pourra qu'acquérir.* RAC.

ACQUIS, ISE, part. *Il a tout pour lui, qualités naturelles et qualités acquises.* — prov. *Bien mal acquis ne profite jamais.* — *Ce droit m'est acquis*, Il m'appartient incontestablement, personne ne peut me le disputer. *Je vous suis acquis*, Je vous suis dévoué en tout. *Cet homme m'est acquis*, Je dois compter sur son entier dévouement. — Acquis est aussi substantif, et s'emploie pour exprimer Des connaissances acquises par l'étude ou la pratique : *Cet homme a beaucoup d'acquis dans sa profession. Ce professeur n'a pas encore assez d'acquis pour occuper la chaire de rhétorique.* Il se dit aussi quelquefois pour La connaissance du monde : *Il a trop d'acquis, de savoir et d'habileté pour laisser paraître son mécontentement.* — méd. *Maladies acquises*, Pour les distinguer des maladies héréditaires ou congénitales.

ACQUÊT, s. m. (de *acquisitum*, chose acquise. V. *Acquérir*.) jurispr. Ce que l'on a acquis : *C'est un mauvais acquêt.* — prov. *Il n'y a si bel acquêt que le don*, Rien n'est plus agréablement acquis que ce qui est donné. Ce sens a vieilli. — Il s'emploie plus habituellement au pluriel pour Les biens meubles ou immeubles que l'on a acquis. *Les acquêts et les propres. Acquêts et conquêts. Chacun est maître de ses acquêts. Les acquêts de la communauté*, Biens acquis pendant le mariage et sous le régime de la communauté. *Certaine clause du contrat lui permettait de disposer des acquêts de la communauté sans le consentement de sa femme.* — Il se dit aussi familièrement au singulier pour Avantage, profit : *Il n'y a pas grand acquêt à faire dans ce commerce.* Ce sens a vieilli.

ACQUÊTER, v. a. (formé de *acquêt*. V. ce mot.) jurisp. Acquérir un immeuble pour un autre. Il est familier.

ACQUÊTÉ, ÉE, part.

ACQUIESCEMENT, s. m. (V. *Acquiescer*.) Adhésion à, action de se soumettre à une volonté, à une opinion : *Il a donné un plein acquiescement à tout ce que vous avez prescrit. Nous ne saurions refuser notre acquiescement à cette demande. Un entier acquiescement aux volontés d'autrui.* — *La nécessité, le destin, Le ciel se passe de notre acquiescement.* BOISTE. — jurisp. Consentement donné à une clause, à une condition, à un jugement; adhésion sans appel, ni opposition.

ACQUIESCER, v. a. (du lat. *acquiescere*, se reposer sur, consentir à ... rac. *ad*, à, vers, et *quiescere*, se reposer). Adhérer, consentir, se soumettre à une volonté, à une opinion : *Je crois devoir acquiescer à une pareille demande. Acquiescer à une sentence. Il ne faut pas acquiescer à l'aveugle aux sentiments de ceux qui nous entourent.* DID. *Il vous faut bien acquiescer à la volonté du ciel.*

ACQUIESCÉ, ÉE, part.

ACQUISITION, s. f. (V. *Acquérir*.) Action d'acquérir : *Nous avons fait acquisition de cette maison. Notre acquisition est du mois dernier. Faire une acquisition. Un contrat d'acquisition, un acte d'acquisition. L'acquisition d'un pareil talent a dû lui coûter bien des études.* — Il signifie aussi La chose acquise : *Une excellente acquisition, Une nouvelle acquisition. Une pauvre acquisition. Cédez-moi votre acquisition.* — Dans l'un et dans l'autre sens, il se dit figurément des personnes : *L'acquisition d'un pareil homme n'est pas à dédaigner. Le jeune homme que vous m'avez envoyé pour secrétaire m'a paru une excellente acquisition.*

ACQUIT. s. m. (V. *Quitte*.) fin. et com. Quittance, certificat de paiement. *J'en ai reçu l'acquit. Fournir de bons et valables acquits. Mettez votre acquit au bas de la facture.* — *Pour acquit*, expression elliptique que l'on met au bas d'un compte, d'une facture pour certifier que Le paiement en a été fait. *Signer pour acquit. Payer une dépense à l'acquit ou en l'acquit d'un autre*, La payer à la décharge d'un autre. *Cette dépense ira à l'acquit des mineurs. Il a soldé ce compte à l'acquit de la succession. Cela ira à l'acquit des héritiers.* De là l'expression figurée: *Faire quelque chose à l'acquit*, et plus souvent *pour l'acquit de sa conscience*, c'est-à-dire Afin de n'avoir pas la conscience chargée. — *Jouer à l'acquit* se dit Lorsque, dans une partie entre plusieurs personnes, celles qui ont perdu jouent entre elles à qui paiera le tout. — *Faire une chose par manière d'acquit*, Avec négligence, et sans avoir le désir de la mener à bien. *Par manière d'acquit il mit la main à la poche, mais il n'en tira rien.* VOISENON. — *Acquit*, au billard, lorsque l'on joue la poule, se dit Du premier coup que l'on joue, seulement pour placer la bille. *Donner son acquit; il a donné un mauvais acquit.* — *Acquit de douane*, Reçu constatant qu'on a payé les droits d'entrée ou de sortie pour certaines marchandises.

ACQUIT-A-CAUTION, s. m. Autorisation délivrée sur papier timbré par les employés d'une administration fiscale, pour qu'une marchandise qui n'a point encore payé les droits de consommation puisse passer librement d'un entrepôt à l'autre, avec la garantie qu'elle parviendra à sa destination. — *Acquit-à-caution de transit*; Autorisation de libre circulation pour des marchandises exemptes de droits, et pour les objets qui servent à leur fabrication. — *Acquit ou certificat de franchise*; Exemption des droits de sortie pour des marchandises destinées à être exportées et achetées pendant la durée de la franchise des foires.

ACQUIT-PATENT. V. PATENT.

ACQUITTABLE, adj. des 2 g. Qui peut ou qui doit être acquitté.

ACQUITTEMENT, s. m. (V. *Acquitter* et *Quitte*.) Action de payer des dettes. *C'est lui qui s'est chargé de l'acquittement des dettes de la Société.* — En droit, il signifie Le renvoi d'un accusé déclaré non coupable. *La cour a prononcé l'acquittement de l'accusé.*

ACQUITTER, v. a. (V. *Quitte*.) Libérer de dettes. Il s'applique aux personnes et aux choses. *Il a acquitté complètement son fils. Ce notaire n'a pas encore acquitté sa charge. Acquitter une succession; acquitter une propriété.* — Avec le pronom personnel. *Il s'est acquitté de toutes ses dettes. À force d'économie je parvins à m'acquitter complètement. Acquitter une facture, un billet, une lettre de change*, Certifier en signant l'acquit que le montant en a été payé. — fig. *Acquitter sa promesse, sa parole*; Se libérer de sa parole en remplissant la promesse que l'on a faite. *Acquitter sa conscience*, Obéir à sa conscience en remplissant son devoir. — Il se dit aussi dans le sens de Payer. *Acquitter ses dettes. Acquitter une obligation. Acquitter une facture, un billet, une lettre de change, un mémoire*, En payer le montant. — jurisp. *Acquitter*, Renvoyer un accusé en le déclarant innocent. *On l'a acquitté à l'unanimité. Il n'a été acquitté qu'à la majorité d'une seule voix.* — Avec le pronom personnel, *Acquitter* prend le sens figuré de Remplir un devoir, satisfaire à une obligation morale. *Il faut s'acquitter de ses devoirs et ne pas s'inquiéter du résultat.* VOLT. *Il s'est toujours bien acquitté de ses fonctions. Il s'est mal acquitté de sa charge. Acquittez-vous de ce qui vous a été ordonné. Votre frère s'est parfaitement acquitté de la commission que vous lui aviez donnée. Il s'en est, ma foi, très-bien acquitté.* — *S'acquitter des obligations que l'on a à quelqu'un*, Les reconnaître par des services. Dans le même sens, on dit : *Je ne saurai jamais m'acquitter envers vous.* — Il s'emploie en t. de jeux pour Rester quitte à quitte. *J'ai fini par m'acquitter de ce qu'il m'avait gagné.* — Quelquefois aussi au billard, il se dit pour Donner son acquit; mais dans ce sens on se sert plutôt de cette dernière expression.

ACQUITTÉ, ÉE, part. *Une facture acquittée. Une dette acquittée. Un accusé acquitté.*

ACRANIE, s. f. anat. V. ACÉPHALIE.

ACRANTE, s. m. zool. Genre de reptiles sauriens.

ACRASIE, s. f. (de α priv., et κρᾶσις, tempérament.) méd. Intempérance, incontinence, écart de régime.

ACRATIE, s. f. (du grec ἀκράτεια, défaillance, faiblesse; α priv., et κράτος, force.) méd. Faiblesse, incapacité de se mouvoir, débilité, impuissance.

ACRE, s. f. Mesure de terre, qui varie selon les localités, et qui valait en ancienne mesure à peu près soixante perches. *Un terrain de vingt acres.*

ÂCRE, adj. des 2 g. (du latin *acer, acris, acre*, aigre, sûr, âcre, d'où *acredo* et *acritas*, âcreté, *acrimonia*, acrimonie.) Piquant, corrosif. *Une humeur âcre. Une bile âcre. Cette substance est âcre au goût. Cette herbe a un goût âcre.* — au fig. *Il a l'humeur un peu âcre. Vous le prenez sur un ton un peu âcre. Sa critique est beaucoup trop âcre. Des paroles âcres.*

ACREMONIEN, ENNE, adj. bot. Qui ressemble à l'acremonion.

ACREMONION, s. m. bot. Espèce de champignons parasites.

ÂCRETÉ, s. f. (V. *Âcre*.) Qualité de ce qui est âcre. *L'âcreté d'un suc. La cuisson a fait disparaître l'âcreté de cette herbe.* — fig. *Il a de l'âcreté dans l'esprit. C'est un caractère plein d'âcreté.*

ACRÉTOPOTE, adj. et s. m. Qui boit du vin pur.

ACRIDIENS, s. m. pl. entom. Famille d'insectes appartenant à l'ordre des orthoptères. Ces animaux sont vulgairement connus sous le nom de sauterelles.

ACRIDOPHAGE, adj. et s. m. (de ἀκρίς, sauterelle, et φάγω, je mange.) Qui mange des sauterelles.

ACRIMONIE, s. f. (V. *Âcre*.) Âcreté. *L'acrimonie des sels. L'acrimonie des hommes.* — Il s'emploie au figuré pour exprimer L'aigreur, le ressentiment. *L'acrimonie de son caractère. Elle a mis une trop grande acrimonie dans sa réponse.* — méd. Altération de la bile, du sang, de la lymphe.

ACRIMONIEUX, EUSE, adj. Qui est âcre. *Des substances acrimonieuses.*

ACRINIE, s. f. méd. Absence ou diminution d'une sécrétion.

**ACRIPENNE**, adj. des 2 g. ornith. Qui a des plumes pointues.

**ACRISIE**, s. f. (du gr. α priv. et κρίσις, crise, jugement.) méd. Absence de crise dans une maladie.

**ACRITES**, s. m. pl. zool. Division du règne animal, comprenant, selon Mac-Leay, les infusoires, les polypes, et une partie des intestinaux.

**ACRITIQUE**, adj. des 2 g. (V. *Acrisie.*) méd. Sans crise, qui n'annonce pas de crise. *Maladie acritique. Pouls acritique.*

**ACROAMATIQUE**, adj. didact. Il se dit des doctrines philosophiques renfermant un sens profond et mystérieux.

**ACROBAPHE**, adj. des 2 g. hist. nat. Qui porte une tache colorée au bout d'une de ses parties.

**ACROBATE**. s. des 2 g. (du gr. ἄκρος, haut, élevé, extrême, mais qui, dans sa signification propre, indique l'extrémité d'une chose. βαίνω, marcher. Qui marche sur la pointe des pieds.) Danseur, danseuse de cordes. *Les acrobates étaient connus dans l'antiquité; on en trouve dans les peintures de Pompéi.*

**ACROBATIQUE**, adj. des 2 g. Qui a rapport aux acrobates. — méc. Il se dit De machines propres à monter des fardeaux.

**ACROBRYES**, s. m. pl. bot. Groupe de végétaux, établi par Mohl, dont l'accroissement a lieu uniquement par le sommet de la plante : les hépatiques, les mousses, les équisitacées, etc.

**ACROCARPE**, adj. f. bot. Il se dit De mousses dont la fructification se trouve à l'extrémité des rameaux.

**ACROCÈRE**, s. m. zool. Genre d'insectes diptères dont les antennes s'insèrent sur le vertex.

**ACROCÉRIDES**, s. m. pl. ent. Nom d'une famille établie par Bach, dans l'ordre des diptères.

**ACROCHORDE**, s. m. rept. Genre de reptiles ophidiens, dont tout le corps est revêtu d'écailles semblables à des verrues.

**ACROCHORDON**, s. m. méd. Nom donné aux productions organiques pédiculées, qui, comme les verrues et les porreaux, semblent pendre comme à une corde.

**ACRODACTYLE**, s. m. zool. Face supérieure des doigts des oiseaux.

**ACROGÈNES**, s. m. pl. bot. Nom donné par Lindley à la grande division des acotylédones de Jussieu.

**ACROGYRE**, adj. f. bot. Se dit D'une fougère dont les fruits ont un anneau à leur sommet.

**ACROMIAL**, adj. méd. Qui appartient à l'acromion. *Artère acromiale.*

**ACROMIO-CORACOÏDIEN**, s. m. anat. Nom d'un ligament tendu entre les apophyses coracoïde et acromion.

**ACROMIO-HUMÉRAL** (et sous-), adj. et s. m. anat. Nom d'un muscle qui s'étend de l'acromion à l'humérus. On le désigne aussi sous le nom de *deltoïde.*

**ACROMION**, s. m. (du grec ἄκρος, extrême, et ὦμος, épaule.) anat. Éminence qui termine l'épine de l'omoplate en haut et en dehors, présente un aplatissement en sens inverse de cette dernière, et s'articule avec la clavicule.

**ACROMPHALE**, s. m. (du gr. ἄκρος, extrémité, et ὀμφαλός, nombril.) Extrémité du cordon ombilical qui reste attaché au fœtus, après la naissance. Inusité.

**ACRONE**, adj. m. bot. Ovaire qui ne s'élargit pas à sa base.

**ACRONYCTE**, s. f. zool. Genre de papillons.

**ACRONYQUE**, adj. des 2 g. Se dit D'une partie recourbée comme un angle crochu. — astr. *Lever acronyque,* Celui d'un astre qui se lève à l'instant où le soleil se couche; et *Coucher acronyque,* Celui d'un astre qui se couche à l'instant où le soleil se lève. On écrit aussi *Acronique.*

**ACROPATHIE**, s. f. (de ἄκρος, extrême, et πάθος, maladie.) méd. Maladie d'une extrémité.

**ACROPATHIQUE**, adj. des 2 g. méd. Qui a rapport à l'acropathie.

**ACROPODE**, s. m. zool. Côté supérieur du pied d'un oiseau.

**ACROPOLE** ou **ACROPOLIS**, s. f. (du gr. ἄκρος, haut, et πόλις, ville.) Nom que dans plusieurs villes de la Grèce on donnait à la citadelle qui les dominait : *les acropoles les plus célèbres étaient celles d'Athènes et de Corinthe. C'est dans l'acropolis d'Athènes que se trouve le Parthénon, le chef-d'œuvre de l'architecture grecque.*

**ACROSARQUE**, s. m. bot. Fruits hétérocarpiens, sphériques, quelquefois didymes, charnus et soudés avec le calice, qui souvent les couronne.

**ACROSPERME**, s. m. bot. Espèce de champignons.

**ACROSPIRES**, s. f. bot. Filament que pousse l'orge au moment de la germination.

**ACROSTIC**, s. m. bot. Genre de fougère appartenant à la tribu des polypodiacées.

**ACROSTICHASÉES**, s. f. pl. bot. Tribu de la famille des fougères, secte des polypodiacées.

**ACROSTICHE**, s. m. (du gr. ἄκρος, extrême, qui est à l'extrémité de, et στίχος, rang, rangée, file.) Petite pièce de poésie dont les vers sont disposés de manière que chacun commence par une des lettres du nom de la personne ou de la chose qui en fait le sujet. On trouve au devant des comédies de Plaute, des vers qui en expliquent le sujet, et dont les premières lettres forment le titre de la pièce. — *Acrostiche,* adj. *Vers acrostiches. L'acrostiche est un pauvre jeu d'esprit. Il a pris son nom pour en faire un acrostiche.*

**ACROSTOME**, s. m. zool. Genre de vers intestinaux.

**ACROTARSE**, s. m. zool. Face inférieure de la patte d'un oiseau, depuis le pli du pied jusqu'au genou.

**ACROTÈRE**, s. m. (du gr. ἀκρότερος, comparatif de l'adj. gr. ἄκρος, extrême, qui est à l'extrémité d'une chose.) On appelle *acrotères* Des piédestaux que l'on dispose de distance en distance dans la longueur et aux angles d'une balustrade. *Les acrotères doivent être placés au-dessus des pleins, et les balustes au-dessus des vides.* — On donne également ce nom aux piédestaux placés au sommet et aux extrémités d'un fronton pour porter des statues : *Il faut éviter de placer des acrotères hors de l'aplomb des colonnes qui supportent les angles du fronton.* — numism. Proue de navire qui désigne, sur une médaille, soit une ville maritime, soit une victoire remportée sur mer. — zool. et anat. Extrémités du corps : *La tête, les mains et les pieds sont des acrotères.*

**ACROTÉRIASME** s. m. (du gr. ἀκροτηρίασις, amputation, lequel vient de ἀκροτηριάζω, je coupe les extrémités : rac. ἄκρος, extrême, et τέμω, je coupe.) chir. Amputation d'un membre.

**ACROTHYMION**, s. m. (du gr. ἄκρος, extrémité, et θυμιόν, verrue.) méd. Espèce de tumeurs semblables à des verrues.

**ACROTISME**, s. m. phil. Recherche, étude des causes premières et des principes fondamentaux ; philosophie transcendantale.

**ACTE**, s. m. (du lat. *actum,* même sens, dérivé du v. *agere,* agir. V. *Agir.*) Effet résultant de l'action d'un agent, opération de la volonté : Acte *volontaire, instinctif, instantané, réfléchi. Les mêmes actes plusieurs fois répétés forment l'habitude. Tous les actes de l'entendement qui nous portent à Dieu nous élèvent au-dessus de nous-mêmes.* Rouss. — *Acte,* Se dit spécialement, en certains cas, par rapport à ses conséquences. *Il aura à rendre compte des actes de son administration. Il est responsable de ses actes. C'est un acte trop important.* — mor. Il se dit De toutes les actions bonnes ou mauvaises. *Acte de générosité, de courage, de scélératesse, de mauvaise foi, de grandeur d'âme, de prudence, de perfidie.* — dév. Il exprime Le mouvement intérieur de l'âme manifesté par la prière. *Faire un acte de foi, un acte de contrition, un acte d'humilité.* Il se dit De la prière elle-même par laquelle se manifestent ces sentiments. *Ce livre contient des actes d'espérance et de charité.* — jur. Ce mot se prend dans le sens particulier De ce qui est réellement par opposition à ce qui est seulement possible : *De l'eau liquide est de l'eau en acte ;* elle est *en puissance* de l'hydrogène et de l'oxygène, c'est-à-dire qu'elle peut se transformer en ces deux gaz. (V. *Actuellement.*) — *Acte,* Preuve, manifestation. *En se conduisant ainsi il a fait acte de démence. Faire acte de soumission. Faire acte de complaisance,* Faire par complaisance une chose à laquelle on n'est pas tenu. *Faire acte de bonne volonté, Essayer une chose pour acquit de conscience sans espérer de succès. Je vous sais toujours gré d'avoir fait acte de bonne volonté.* Acte *hostile* ou acte *d'hostilité,* Agression entreprise sur un parti ennemi. Acte *d'autorité,* Action par laquelle on manifeste son autorité ; il se dit d'un particulier aussi bien que d'un pouvoir établi. Acte *arbitraire,* Abus de l'autorité, sans égard pour la loi ou la justice naturelle. *Les actes d'autorité relèvent un gouvernement, les actes arbitraires*

*le ruinent. En agissant ainsi il a voulu faire acte d'autorité.* Acte *de présence; Faire acte de présence,* Se présenter dans un lieu où les convenances vous appellent. — jurisp. Il exprime Tout ce qui se fait en justice. Acte *de procédure. La grosse d'un* acte. *Délivrer un* acte. Acte *judiciaire, extra-judiciaire. Passer un* acte. *Signer un* acte. Acte *conservatoire.* Acte *nul, Prouver la fausseté d'un* acte. *Formule d'un* acte. Acte *d'accusation,* Acte dans lequel l'officier public énonce les preuves d'un crime ou d'un délit. Acte *de désaveu. Prendre* acte *d'un aveu, d'une déclaration,* Déclarer qu'on se prévaudra d'un aveu. *Prendre acte de la présence de quelqu'un,* Attestation des juges pour constater quelques circonstances de la procédure. *Donner* acte *de comparution. Demander* acte *d'une décision. Prendre* acte a passé dans la langue usuelle. *Je prends acte de votre bonne volonté. Il a pris acte de ma proposition. Faire acte d'héritier,* Manifester par des actes le dessein que l'on a de se porter comme héritier. Dans un sens analogue : *Faire acte de possession.* — Actes *d'état civil,* Actes destinés à constater les naissances, adoptions, mariages et décès. Actes *respectueux,* Démarches faites par les majeurs auprès des parents qui s'opposent à leur mariage. Acte *d'engagement,* Acte par lequel on engage un soldat. Acte *de libération,* Qui constate qu'on est libéré du service militaire. Acte *sous seing privé,* Convention passée entre des particuliers sans l'intervention de l'officier public. Acte *notarié,* Acte passé par-devant notaire. Acte *double,* Acte public ou privé dont on fait deux originaux semblables. Acte *de dernière volonté,* Par lequel un mourant exprime ses dernières volontés. Acte *capitulaire,* Délibération canonique prise dans un chapitre de chanoines ou de religieux. — *Actes* au pluriel exprime Les décisions des autorités et des assemblées délibérantes rédigées et inscrites dans les registres publics. *On a rassemblé tous les actes des Conciles. Les actes du Parlement de Paris. César fut le premier qui fit publier les actes du Sénat. Les Actes des Apôtres.* Livre écrit par saint Luc, et où se trouve en grande partie l'histoire des apôtres. On le dit aussi des mémoires ou journaux publiés par certaines sociétés de savants ou hommes de lettres : *Les actes de la Société des Antiquaires de la Morinie.* — école. *Soutenir un* acte, signifie Soutenir une discussion publique. *Faire un acte, Présider un acte.* Acte *de philosophie.* Soutenir un acte en Sorbonne, à l'École de Médecine. — théât. Indique Les différentes parties d'une pièce séparées par des repos ou des intermèdes, et qui elles-mêmes se subdivisent en scènes. *Une comédie en trois actes, en deux actes. Il a donné une tragédie en cinq actes.* On dit quelquefois *un acte* pour Une pièce en un acte. *C'est un des plus jolis actes qu'on ait donnés au Théâtre-Français.* — En médecine, on dit, L'Acte *générateur de la reproduction,* etc. — législ. Acte *constitutionnel,* La Constitution d'un État. — théol. Acte *humain,* Action faite avec connaissance et liberté ; Acte *de l'homme,* Action faite sans délibération et sans liberté : *Donner à plus pauvre que soi, c'est un acte humain; remuer le bras ou la jambe est un acte de l'homme.*

**ACTÉE**, s. f. bot. Genre de plantes de la famille des renonculacées, dont la racine est un purgatif violent et dont les baies sont vénéneuses.

**ACTÉON**, s. m. zool. Genre de coquilles univalves. Genre de mollusques nus. Espèce de papillons.

**ACTEUR**, s. m. **ACTRICE**, s. f. (V. *Agir.*) Celui ou celle qui représente un personnage dans une pièce de théâtre. *Tous les acteurs ont parfaitement joué dans cette pièce. Il y a plus de vingt acteurs dans ce drame. Nous n'avons pas assez d'actrices pour tous les rôles.* — Qui exerce la profession de comédien. *Les bons acteurs sont devenus rares. C'est un grand, un puissant acteur. Une spirituelle actrice. Une actrice intelligente. Un acteur comique. Un acteur tragique. Un acteur de grand talent. Il a formé d'excellentes actrices. Ce sont surtout les bonnes pièces qui font les bons acteurs.* — fig. *Acteur, actrice;* Celui ou celle qui joue un rôle dans une affaire importante, qui est l'agent d'une action quelconque, qui feint, pour tromper les autres, des sentiments et des passions qui n'existent pas dans son âme. *Il a été un des principaux acteurs dans les derniers événements. Il ne paraît pas souvent sur la scène du monde des acteurs de* cette taille. *Cette femme a été la principale* actrice *de la ruine de votre frère. Elle a joué le rôle d'affligée en* actrice consommée. *Les plus grands* acteurs *ne sont pas au théâtre.*

ACTIDION, s. m. bot. Espèce de champignons.

ACTIF, VE, adj. (du lat. *activus*, même sens : rac. *agere*, faire, agir, V. *Agir*.) Qui a la puissance d'agir, qui produit un effet en agissant : *Qualités* actives. *Principe* actif. *L'homme est un être* actif *et pensant. La nature est un ouvrier sans cesse* actif. *Avoir une voix* active *dans une élection*, c'est-à-dire, Y contribuer par son suffrage, se dit par opposition à : *Avoir une voix passive*, Se trouver en possession d'être élu. En 1793, on appelait citoyen actif, *celui qui réunissait les conditions requises pour avoir droit de suffrage dans les assemblées. Dettes* actives, Les sommes dont on est créancier, par opposition à : *Dettes passives*, c'est-à-dire, Celles dont on est débiteur. — *Actif*, Qui agit promptement, qui agit avec efficacité, avec force. Il se dit des personnes et des choses. *C'est le moyen le plus* actif *que vous puissiez employer. Un poison très-*actif. *Sensation* active, Celle dans laquelle l'organe de perception va, pour ainsi dire, au-devant d'elle, en dirigeant son attention vers l'objet qui la fait naître. *Maladie* active, Celle qu'occasionne ou que caractérise l'exaltation de la vitalité. *C'est un remède des plus* actifs. *Il n'y a rien de plus* actif *que la haine. Il a pris dans cette affaire une part très-*active.—Laborieux. *C'est l'homme le plus* actif *que je connaisse.* — mil. *Service* actif indique Le temps passé sous les drapeaux. *Il a vingt-six ans de service* actif. — Il s'emploie aussi en administration pour Certains services où il faut agir physiquement. *Il est dans le service* actif. *Les douaniers font partie du service* actif. — dév. *La vie* active exprime Celle qui se consacre aux œuvres de charité, et est opposée à *la vie contemplative. La vie* active *est meilleure pour gagner le ciel que la vie contemplative.* — méd. *Hémorrhagies* actives, par opposition à *hémorrhagies passives*, Celles qui proviennent d'un surcroît d'énergie des organes qui en sont le siège, *Traitement* actif. *Remède* actif. *Anévrysmes* actifs, Ceux qui sont dus à l'hypertrophie du cœur. —*Actif*, gram. Qui exprime une action ; ce mot s'applique surtout aux verbes: *frapper, allumer, poursuivre*, sont des verbes actifs. On appelle aussi actifs les verbes qui prennent un complément sans préposition, quelle que soit l'idée qu'ils expriment. Tels sont : *Souffrir, recevoir*, vraiment *passifs* par leur signification, mais qui prennent des compléments directs. Il vaudrait mieux réserver le mot actif pour ceux qui expriment une action véritable, comme *battre, courir*, etc., et appeler *transitifs* ceux qui prennent un complément. *Sens* actif, opposé à *sens passif* et *sens neutre*, se dit Des mots qui peuvent se prendre avec ou sans complément. *Cet homme augmente son revenu; augmente* est pris dans le *sens* actif. *Son revenu augmente sans cesse*; il est pris dans le *sens neutre*. Il vaudrait mieux dire dans ces cas : *Sens transitif* et *sens intransitif*.—statist. *Commerce* actif, se dit Lorsqu'un État vend à l'étranger plus de denrées qu'il ne lui en achète, il est opposé à *Commerce passif*. — entom. Il se dit Des pattes qui servent, par leurs mouvements, à transporter l'insecte. *Quelques papillons n'ont que quatre pattes* actives; *les deux antérieures sont inertes.*

ACTIGÉE, s. f. bot. Espèce de champignons.

ACTILE, s. f. zool. Genre de coquilles.

ACTINE, s. f. zool. Genre d'insectes diptères.

ACTINÉE ou ACTINELLE, s. f. bot. Genre de plantes, de la famille des synanthérées corymbifères. On n'en trouve que dans l'Amérique méridionale, sur les bords de la Plata.

ACTINENCHYME, s. m. bot. Tissu cellulaire des végétaux, disposé sous la forme de rayons.

ACTINIAIRES, s. m. pl. polyp. Vingtième ordre de la troisième division des polypes sarcoïdes. — ACTINIAIRE, adj. des 2 g. zool. Qui ressemble à une actinie.

ACTINIES, s. f. pl. acal. Genre de zoophytes de la classe des acalèphes, puis de celle des polypes charnus, de Cuvier.

ACTINIFORME, adj. des 2 g. hist. nat. Qui a une forme rayonnée.

ACTINOCARPE, adj. dès 2 g. bot. Dont les fruits sont rayonnés.

ACTINOCHLOÉ, s. m. (du gr. ἀκτίς, -ίνος, rayon, χλόα, herbe, gazon, chiendent.) bot. Genre de plantes graminées.

ACTINOCRINITE, s. m. zool. Genre de polypières.

ACTINOLITE, s. f. min. V. ACTINOTE.

ACTINOMORPHES, s. m. pl. annel. et moll. Nom donné par Blainville à son deuxième sous-règne, comprenant les animaux rayonnés.

ACTINOPHRYDE, s. f. zool. Genre d'animalcules infusoires.

ACTINOSTOME, adj. des 2 g. hist. nat. Qui a la bouche ou l'ouverture rayonnée.

ACTINOTE, s. m. min. Pierre qui se cristallise en longs prismes à six pans.

ACTINOTEUX, EUSE, adj. min. Qui contient de l'actinote.

ACTINOZOAIRES, s. m. pl. zooph. Syn. de *Radiaires*, selon Blainville.

ACTION, s. f. (du lat. *actio*, même sens; rac. *agere*, agir, faire; V. *Agir*). En général, L'exercice de toute puissance active, l'opération par laquelle se produit un effet, l'influence de l'agent: *L'*action *est opposée au repos. Action soudaine, instantanée, imprévue. L'*action *des corps les uns sur les autres;* action *irréfléchie*, action *vitale, naturelle, mécanique,* action *de penser, de réfléchir, de se mouvoir. L'*action *du feu a été instantanée. La force d'*action *d'un levier. La puissance d'*action. *C'est un homme d'*action. *La parole de cet homme a une grande* action *sur les masses.* — *Action* dans le sens moral, Bonne ou mauvaise action : Action *noire, lâche, généreuse; faire de belles* actions, *commettre une mauvaise* action. *Vous vous portez à ces honteuses* actions. Mol. *Chaque jour de la vie était marqué par une* action *louable.* Action *de marcher,* action *de parler, de réfléchir, de manger, de courir*, etc.—prov. *Les* actions *sont des mâles, les paroles sont des femelles*, Il vaut mieux agir que parler. — *Action*, Véhémence, mouvement : *Il a parlé avec beaucoup d'*action. *Il parle d'*action. *Les enfants sont continuellement en* action. — *Action* s'emploie dans le sens de Combat : *L'*action *fut très-sanglante et dura huit heures. Un jour d'*action, *c'est un homme qui vaut son prix. Entrer en* action, *engager l'*action, Commencer le combat. *Les troupes entrèrent en* action *dès le matin, et il s'engagea une* action *assez vive entre un régiment français et un détachement espagnol.* Il ne se dit guère dans ce sens que D'une petite bataille, d'un engagement partiel. — *Action* s'employait autrefois pour exprimer Une session d'un concile : *Le concile avait ainsi décidé dans sa dernière* action. — *Action* s'emploie quelquefois dans le sens de Contenance, attitude : *Il s'est présenté devant moi en* action *de suppliant.*—Mouvements, gestes de l'orateur : *L'*action *de cet avocat est gauche et embarrassée. L'*action *n'est pas seulement dans le geste, mais aussi dans le son de voix, dans les intonations, dans le regard de l'orateur.* —*Langage d'*action, Celui qui a lieu par les mouvements, par les signes : *Le langage d'*action *est le plus naturel de tous.* — *Actions de grâces*, Remercîment, vive expression de reconnaissance : *Ce fut comme un concert général d'*actions *de grâces. Il vous rend mille* actions *de grâces.* — *Action*, Poursuite contre quelqu'un en justice, droit de poursuite : *Il a une* action *contre vous; il a intenté une* action *contre son débiteur. Action au civil, au criminel*, action *mixte*, action *personnelle*, action *en garantie*, action *principale. Exercer les* actions *de quelqu'un*, Agir pour lui en justice. *Il l'a mis en ses droits, noms et actions.*—litt. *Action* exprime Le principal évènement à exposer, le sujet d'un poème épique, d'un drame, d'un roman. : *Homère est le premier qui ait suivi l'unité d'*action *dans son poème. L'unité d'*action *a été violée dans cette tragédie.* Conduite d'un ouvrage : *L'*action *bien ménagée, bien conduite. L'*action *de ce poème est mal dirigée.* — Mouvement, abondance de faits : *Il n'y a pas assez d'*action *dans les drames de cet auteur.*—beaux-arts. Mouvement énergique et vrai d'une figure peinte ou sculptée : *Dans l'incendie du bourg par Raphaël, toutes les figures sont bien en* action. — banq. *Action*, Somme partielle versée dans une entreprise pour contribuer à former le capital nécessaire, et devant rapporter à son propriétaire un intérêt proportionnel; il se dit aussi Du titre qui constitue le droit de celui qui possède l'action : *Une* action *de cinq cents francs, une* action *de la banque de France. Il a pris vingt* actions *dans les chemins de fer. Créer, proposer des* actions; *vendre, négocier des* actions. Action *nominative,* action *au porteur. Les* actions *sont tombées au-dessous du pair*, Elles sont au-dessous de leur valeur d'émission. *Les* actions *montent, descendent.* — fig. *Les* actions *haussent, les* actions *baissent*, c'est-à-dire Son crédit augmente, diminue. — chim. *Actions chimiques, physiques, physistiques ou vitales*, Qui dépendent des formes propres aux corps organisés; telle est l'action des muscles, celle de l'estomac : *Action d'un remède sur une partie du corps. Action d'un poison sur l'hyanisme.* — droit rom. Ordre donné par le préteur à un juge de vérifier l'existence d'un fait, et, selon que ce fait serait reconnu vrai ou faux, de prononcer telle ou telle décision. — méc. Effort qu'un corps ou une puissance exerce sur un autre corps ou sur une autre puissance. — man. *Avoir de l'*action, Se dit D'un cheval qui a de l'ardeur; *Avoir la bouche en* action, de Celui qui mâche sans cesse son mors et jette beaucoup d'écume.

ACTIONNAIRE, s. m. (Il vient de *action.*) Celui qui a des actions dans une entreprise de finances et de commerce : *On a réuni les* actionnaires *dans une assemblée générale. Les* actionnaires *de la compagnie des Indes. Les* actionnaires *de la banque de France, d'un canal, d'un théâtre.*

ACTIONNER, v. a. prat. Agir en justice contre quelqu'un: *S'il ne paie pas, vous le ferez* actionner, *vous l'*actionnerez. — Avec le pronom possessif, il signifie Se donner du mouvement, agir avec activité.

ACTIONNÉ, ÉE, part.

ACTIVEMENT, adv. D'une manière active. — gramm. On dit d'un verbe neutre qu'il s'emploie activement, Lorsqu'il remplit le rôle d'un verbe actif et qu'il est suivi d'un complément. C'est ainsi que Bossuet a dit : *Dormez votre sommeil grands de la terre.*—Avec promptitude, diligence : *Si vous n'agissez pas* activement, *la partie sera perdue.*

ACTIVER, v. a. (de l'adj. *activus*, actif. V. ce dernier.) Presser quelqu'un, quelque chose. Activez *vos gens. Il vous faudra* activer *cette affaire. Faites* activer *les travaux.* — méd. Activer *la circulation du sang.*

ACTIVÉ, ÉE, part.

ACTIVITÉ, s. f. Force, puissance, faculté active : *L'*activité *a été donnée à l'homme. L'âme humaine est douée de deux propriétés principales : de passivité et d'*activité. *L'*activité *vitale. Sphère d'*activité, Espace dans lequel peut se développer la faculté active d'un agent.—fig. Se dit Du cercle dans lequel un homme dirige ses entreprises où il fait agir un certain nombre de personnes : *Gardez-vous de vous trouver dans sa sphère d'*activité. — *Activité*, Diligence, promptitude : *L'*activité *de César fut une des principales causes de ses succès. Je crois qu'il n'y a pas de génie sans* activité. VAUV. *Donner de l'*activité *à des travaux.* — *Être en* activité *ou en* activité *de service*, se dit D'un fonctionnaire ou d'un militaire qui exerce actuellement les fonctions de sa place, de son grade. — Dans l'armée on emploie par opposition le terme de *Non-activité*. — phil. Principe intérieur de détermination ou d'action ; Caractère de celui qui le possède. *Activité libre, fatale, etc.*

ACTUALITÉ, s. f. (V. *Actuel*.) Qualité d'une chose qui présente une utilité, un intérêt actuel : *La proposition qu'il a faite ne manque pas d'actualité. Ces questions sont palpitantes d'actualité. Ces idées pouvaient jouir dans ce temps-là d'une assez grande actualité* — Il se prend aussi quelquefois pour La chose elle-même qui présente cette qualité, et dans ce sens il s'emploie surtout au pluriel : *Le journalisme ne peut vivre que d'actualités. Courir après les actualités.*

ACTUEL, LE, adj. (du lat. *actualis*, même sens, *actualitas*, actualité; rac. *actum*, acte, lequel vient du v. *agere*, agir; V. *Agir*.) Effectif, réel : *Un paiement* actuel. — Il s'emploie surtout dans le sens de *présent*, soit par rapport au moment où l'on parle, soit par rapport à un temps passé dont on s'occupe, et il se dit des personnes et des choses : *L'état* actuel *des affaires, la position* actuelle. *Les ministres* actuels. *La situation* actuelle *du royaume n'empêchait pas Louis XIV de donner des fêtes à Marly. Il avait fini par élever sa réputation au-dessus de celle de tous les généraux* actuels. — log. Qui est en acte, ou réellement. Il se dit dans *péché* actuel, *intention* actuelle, *grâce* actuelle.

par opposition à *péché originel, intention virtuelle, grâce habituelle.*—chir. On appelle *Cautère actuel,* Un fer rougi au feu et destiné à cautériser une tumeur, une plaie, etc.

ACTUELLEMENT, adv. Présentement (V. *Actuel*). *Il est actuellement à Paris.* — log. En acte ; il est opposé à *virtuellement*, qui veut dire *en puissance.*

ACUDIE, s. f. zool. Insecte phosphorescent qui vit dans les Indes.

ACUITÉ, s. f. mus. Modification du son qui le fait considérer comme *aigu* ou *haut*, par rapport à d'autres sons appelés *graves* ou *bas.*

ACULÉIFORME, adj. des 2 g. bot. En forme d'aiguillon. Se dit Des rameaux raides et aigus, des stipules persistantes, raides et pointues, etc.

ACULÉIFORME, adj. des 2 g. zool. Se dit Des poils raides et piquants de certains animaux ; plus particulièrement des écailles de quelques poissons ayant la forme de pointes recourbées.

ACUMINÉ, ÉE, adj. (du lat. *acumen inis,* pointe, sommet). bot. Il se dit Des feuilles, des bractées, des divisions du calice, etc., lorsque leur extrémité offre une pointe allongée et très-aiguë. *Les feuilles du noisetier sont* acuminées.

ACUMINEUX, EUSE, adj. Qui se termine subitement à son sommet par une pointe aiguë.

ACUMINIFERE, adj. des 2 g. Qui porte de petits tubercules pointus et allongés.

ACUMINIFOLIÉ, ÉE, adj. bot. Dont les feuilles sont acuminées. *Le cornouiller pousse des feuilles* acuminifoliées.

ACUPALPE, s. m. zool. Genre d'insectes de l'ordre des coléoptères.

ACUPUNCTEUR, s. m. et adj. (V. *Acupuncture.*) *Acuponcteur.* — chir. Qui opère l'acupuncture C'est aussi le nom de l'instrument destiné à cette opération.

ACUPUNCTURE, s. f. (mot composé du lat. *acus,* aiguille, et *punctura,* piqûre ; formé de *pungo,* je pique.) On ne donne ce nom qu'à L'introduction volontaire et plus ou moins méthodique d'une ou de plusieurs aiguilles dans les tissus vivants.

ACUPUNCTURER, v. a. (V. *Acupuncture.*) — chir. *Pratiquer* l'acupuncture.

ACURNIER, s. m. bot. Syn. de Cornouiller, dans le midi de la France.

ACUT, s. m. Extrémité d'une forêt ou d'un grand bois, vieux.

ACUTANGLE, adj. (du lat. *acutus,* aigu, et *angulus,* angle. — géom. Un *triangle* est dit *acutangle* Lorsque chacun de ses angles est aigu. V. AIGU.

ACUTANGULAIRE, adj. des 2 g. (V. *Acutangle.*) géom. Figure qui présente des angles aigus.

ACUTANGULÉ, ÉE, adj. hist. nat. Qui a des angles aigus.

ACUTICAUDE, adj. des 2 g. zool. Se dit Des animaux qui ont la queue terminée en pointe.

ACUTICORNE, adj. des 2 g. zool. Se dit Des animaux qui ont les cornes en pointe, ou les antennes terminées en pointe.

ACUTICOSTÉ, ÉE, adj. zool. Dont la surface est chargée de côtes aiguës.

ACUTIFLORE, adj. des 2 g. bot. Dont les segments de la corolle ou du calice se terminent en pointe aiguë.

ACUTIFOLIÉ, ÉE, adj. bot. Qui pousse des feuilles acuminées.

ACUTILOBÉ, ÉE, adj. bot. Se dit Des feuilles dont les lobes sont aigus.

ACUTIPENNE, adj. des 2 g. zool. Se dit Des animaux dont les plumes ou les pennes sont terminées en pointe.

ACUTIROSTRE, adj. des 2 g. zool. Qui a le bec pointu.

ACUTO-ÉPINEUX, EUSE, adj. zool. Se dit Des animaux qui ont le corps chargé d'épines aiguës.

ACYANOBLEPSIE, s. f. (de α priv., κύανος, bleu, et βλέπω, je vois.) Vice de la vue qui consiste en ce qu'on n'aperçoit pas la couleur bleue.

ACYPHYLLE, s. m. bot. Genre de plantes ombellifères.

ADACTYLE, adj. des 2 g. zool. Privé de doigts.

ADAGE, s. m. (du lat. *adagium*, même sens.) Ancien proverbe, maxime : *C'est un vieil* adage. *Ne parler que par* adages. *Les* adages *d'Érasme,* Recueil fait par Érasme des proverbes grecs et italiens.

ADAGIO, adv. Terme de musique, qui nous vient des Italiens et qui veut dire : Lentement, sans se presser. *Jouez ce morceau* adagio.

ADAM, n. pr. m. Selon la Genèse, c'est le nom du premier homme. Dans le langage usuel, il s'emploie proverbialement : *Il n'est pas de la côte d'Adam,* Il n'est pas d'une naissance bien relevée. *Je ne le connais ni d'Ève ni d'Adam ; Je ne le connais pas du tout.* — théol. *Le vieil Adam,* l'homme en état de péché ; *Le nouvel Adam,* l'homme en état de grâce.

ADAMANTIN, s. m. min. V. FELDSPATH.

ADAMARAN, s. m. bot. Nom donné aux badamiers, par Adanson.

ADAMAS, s. m. min. Nom sous lequel les anciens connaissaient le diamant.

ADAMARIE, s. f. bot. Plante de la famille des liliacées.

ADAMIQUE, adj. des 2 g. *La race* adamique, La race primitive de l'espèce humaine, qu'on suppose originaire de la contrée qui fut le berceau d'Adam.

ADAPIS, s. m. zool. Genre de mammifères dont on ne connaît que des débris fossiles.

ADAPTATION, s. f. Action d'adapter. Il est peu usité.

ADAPTER, v. a. (du lat. *adaptare,* même sens ; *adaptatio,* adaptation ; rac. *ad,* à, vers, et *aptare,* ajuster, approprier, appliquer. Ajuster, appliquer contre, faire cadrer : *On a adapté des tuyaux à la fontaine.* Dans le sens figuré, il signifie Faire l'application d'un mot, d'un passage : *Les paroles que vous citez sont parfaitement* adaptées *à la circonstance. Il a adapté très-habilement ce passage de Tacite au reste de son discours.*—Il s'emploie aussi comme verbe pronominal : *Ce chapiteau ne s'adapte pas bien à cette colonne. Les meilleures lois sont celles qui s'adaptent le mieux aux mœurs et aux habitudes d'un peuple.* VOLT.

ADAPTÉ, ÉE, part. *Un tuyau bien* adapté : *Une comparaison bien* adaptée. *Un passage bien* adapté *à la circonstance.*

ADATIS, s. m. Mousseline des Indes : *Il a rapporté de très-beaux* adatis *des Indes orientales.*

ADCLIVITÉ, s. f. anat. Surface saillante et raboteuse, qui sépare les deux cavités articulaires de l'extrémité supérieure du tibia.

ADDA, s. m. rept. saur. Nom du scinque officinal, sorte de petit lézard.

ADDENTAL, adj. et s. m. anat. L'une des pièces élémentaires d'une des vertèbres céphaliques.

ADDÉPHAGE, adj. des 2 g. (de ἄδην, beaucoup, et φάγω, je mange.) méd. Vorace, affamé, inus. — hist. nat. *Animaux* addéphages, se dit De tous les animaux voraces et carnassiers.

ADDÉPHAGIE, s. f. méd. Appétit vorace, insatiable.

ADDÉPHAGIQUE, adj. des 2 g. méd. Qui concerne l'addéphagie.

ADDITIF, VE, adj. (du lat. *additivus,* qui s'ajoute ; il vient du v. *addere,* ajouter. V. *Addition.*) math. Il se dit D'un nombre ou d'une quantité qui doit être ajoutée. (V. *Addition, additionner.*)

ADDITION, s. f. (en lat. *additio,* même sens ; dér. du v. *addere,* ajouter ; comp. de *ad,* à, vers, et de *dare,* donner. De *addition* nous avons fait *additionner* et *additionnel.*) L'action d'ajouter, ce qu'on ajoute : *Faire des* additions. *Cet ouvrage doit paraître avec des* additions. *Les lois des Lombards reçurent plutôt des* additions *que des changements.* MONT. — imp. *Addition* s'emploie pour exprimer Les dates, les citations, les petites notes que l'on ajoute en marge d'un livre, et hors de la justification. — jurispr. Nouvelles écritures que l'on signifie après avoir fourni défenses et répliques. — anc. prat., on disait : *Informer par* addition, pour ajouter une nouvelle information à la première. — Arithm. et alg. Opération par laquelle on ajoute ensemble plusieurs nombres, plusieurs quantités : *Il ne sait faire que l'addition. Il ne sait même pas l'addition, faire une* addition, *faire la preuve d'une* addition. *Une longue* addition, *une addition compliquée. Cette* addition *est juste, exacte.*

ADDITIONNEL, ELLE, adj. (V. *Addition.*) Ce qui est ou doit être ajouté : *Parties* additionnelles, *articles* additionnels, *une clause* additionnelle. *Cela a été l'objet, dans la nouvelle loi, d'un article additionnel.* — *Centimes additionnels,* Partie supplémentaire et proportionnelle que l'on ajoute à l'impôt de chaque contribuable : *Il paie pour seize fr. de centimes additionnels.*

ADDITIONNER, v. a. math. Ajouter plusieurs nombres l'un à l'autre pour en former le total : *Il faut* additionner *toutes ces sommes. Il y a encore trois colonnes à* additionner.

ADDUCTEUR, adj. et s. m. (*adductor ;* de *adducere.*) anat. Qui opère l'adduction, *Muscles adducteurs,* Muscles dont la fonction consiste à rapprocher de l'axe du corps une partie qui s'en était écartée. (V. *Adduction*). On dit : *Le muscle* adducteur *de l'œil,* ou tout simplement *l'adducteur de l'œil. Vaisseaux adducteurs,* Ceux qui amènent un liquide quelconque vers une partie du corps.

ADDUCTION, s. f. (V. *Adducteur.*) anat. Mouvement qui rapproche de l'axe du corps une partie qui en avait été écartée. — phil. Introduction d'une ou plusieurs propositions assomptives dans une démonstration.

ADDUCTORES, s. m. pl. bot. crypt. Pistils avortés ; placés le long ou au bas de la gaine d'où part le pédoncule qui supporte la capsule dans les mousses.

ADECTE, adj. des 2 g. (de α priv., et δάκνω, je mords.) Accidents occasionnés par des médicaments très-actifs.

ADÈLE, s. f. zool. Genre de papillons diurnes.

ADÉLIDE, adj. des 2 g. (de α priv., et δῆλος, clair.) méd. *Symptôme* adélide, Celui qui est obscur et peu manifeste.

ADÉLIE, s. f. bot. Genre de plantes comprenant plusieurs arbrisseaux d'Amérique. méd. Embonpoint excessif. Synonyme de *Polysarcie.*

ADÉLIPARIE, s. f. (de ἄδην, abondamment, et λιπαρός, gras.) méd. Embonpoint excessif.

ADÉLOBRANCHES, s. m. pl. moll. Nom donné par Duméril aux mollusques gastéropodes, dont les branchies ne sont pas apparentes. — adj. des 2 g. Dont les branchies ne se voient pas à l'extérieur du corps.

ADÉLODERME, adj. et s. m. zool. Qui a les branchies cachées sous la peau.

ADÉLOGÈNE, adj. des 2 g. géol. Il se dit D'une roche résultant d'un mélange de parties tellement fines, qu'elles semblent formées d'une seule substance ne présentant point les caractères d'un minéral connu, et dont la composition n'est par conséquent pas saisissable à l'œil.

ADÉLOPNEUMONES, s. m. pl. moll. Groupe des mollusques pulmobranches, selon Gray. Il renferme les mollusques qui respirent l'air en nature, et qui ont l'organe respiratoire disposé pour recevoir le contact de ce fluide. — Il est aussi adjectif.

ADÉLOPODE, adj. des 2 g. Qui n'a pas les pieds apparents.

ADÉLOSTOMITES, s. m. pl. entom. Ayant la bouche cachée. Nom de la huitième tribu de la famille des collaptérides, selon Solier, correspondant en partie à celle des mélastomées de Latreille.

ADELPHE, adj. des 2 g. bot. Il se dit Des étamines dont les filets sont soudés ensemble.

ADELPHIE, s. f. bot. On désigne par ce mot La réunion des étamines par leurs filets, considérée d'une manière générale. Ainsi on dit : *Monadelphie, diadelphie, polyadelphie,* etc. V. *ces mots.*

ADELPHIQUE, adj. des 2 g. bot. V. ADELPHE.

ADELPHIXIE, s. f. (de ἀδελφός, frère.) anat. Confraternité des parties organiques.

ADÉMONIE, s. f. (de ἀδημονέω, je suis désespéré.) Anxiété, inquiétude, agitation extrême.

ADEMPTION, s. f. (du lat. *ademptio,* action d'ôter, d'enlever.) jurisp. Révocation d'un legs, d'une donation. Il est peu usité.

ADÉNALGIE, s. f. (de ἀδήν, glande, et ἄλγος, douleur, souffrance.) méd. Douleur qui a son siège dans une glande.

ADÉNALGIQUE, adj. des 2 g. méd. Qui a rapport à l'adénalgie.

ADÉNANDRE, s. f. bot. Genre de plantes à anthères glanduleuses.

ADÉNANTHE, adj. des 2 g. bot. Il se dit des plantes dont les fleurs proviennent d'organes glanduleux.

ADENANTHÈRE, s. m. bot. Genre de plantes des Indes et des Moluques.

ADÉNEMPHRAXIE, s. f. (de ἀδήν, glande, et ἐμφράσσω, ἄττω, j'obstrue.) méd. Engorgement, obstruction des glandes.

ADÉNITE, s. f. (de ἀδήν, glande) méd. Inflammation des glandes.

ADÉNOCALICÉ, ÉE, adj. bot. Il se dit Des plantes dont le calice est parsemé de pointes glanduleuses.

ADÉNOCARPE, s. m. (du gr. ἀδήν, glande, et de καρπός, fruit.) bot. Plante légumineuse, comprenant plusieurs arbrisseaux, dont quelques uns croissent en France.

ADÉNOGRAPHE, s. m. (de ἀδήν, glande, et γράφω, je décris.) anat. Celui qui écrit sur des glandes.

ADÉNOGRAPHIE, s. f. (V. Adénographe.) anat. Description des glandes.

ADÉNOGRAPHIQUE, adj. des 2 g. (V. Adénographe.) anat. Qui a rapport à l'adénographie.

ADÉNOÏDE, adj. V. GLANDIFORME.

ADÉNOLOGIE, s. f. (de ἀδήν, gland, et λόγος, discours.) méd. Traité des glandes ; partie de l'anatomie qui traite de la structure et des fonctions des glandes.

ADÉNOLOGIQUE, adj. des 2 g. (V. Adénologie.) anat. Qui a rapport à l'adénologie.

ADÉNO-MÉNINGÉE, adj. f. (de ἀδήν, glande ; et μῆνιγξ, -γγος, membrane.) méd. C'est le nom que Pinel a donné à la fièvre muqueuse ou pituiteuse, parce qu'elle lui a paru avoir son siège dans la membrane muqueuse intestinale.

ADÉNONCOSE, s. f. (de ἀδήν, glande, et de ὄγκος, tumeur.) méd. Tumeur formée par une glande.

ADÉNO-NERVEUSE, adj. f. (Febris adeno-nervosa ; de ἀδήν, glande, et νεῦρον, nerf.) méd. Nom que Pinel a donné à la peste d'Orient, à cause des symptômes nerveux et de l'engorgement de certaines glandes qui l'accompagnent.

ADÉNO-PHARYNGIEN, adj. et s. m. (de ἀδήν, glande, et de φάρυγξ, gosier.) anat. Qui appartient au pharynx et à la glande thyroïde.

ADÉNO-PHARYNGITE, s. f. méd. Inflammation des amygdales et du pharynx.

ADÉNOPHORE, adj. des 2 g. bot. Qui porte des glandes.

ADÉNOPHTHALMIE, s. f. (de ἀδήν, glande, et de ὀφθαλμός, œil.) Inflammation des glandes qui garnissent le bord des paupières.

ADÉNOPHYLLE, adj. des 2 g. bot. Il se dit Des plantes dont les feuilles sont garnies de glandes.

ADÉNOPODE, adj. des 2 g. bot. Il se dit Des plantes dont les pétioles portent des glandes.

ADÉNOS, s. m. comm. Coton qui nous vient d'Alep. On le nomme aussi Coton de marine.

ADÉNOSCLÉROSE, s. f. (de ἀδήν, glande, et σκληρός, dur.) méd. Induration non douloureuse, mais avec tuméfaction, des glandes.

ADÉNOSE, s. f. (du gr. ἀδήν, glande, et de νόσος, maladie.) méd. Nom de la huitième famille de la nosologie naturelle d'Alibut, dans laquelle se trouvent comprises toutes les maladies chroniques qui ont leur siège spécial dans les glandes.

ADÉNOSTÉMONE, adj. des 2 g. bot. Il se dit Des plantes qui ont les filets des étamines chargés de glandes.

ADÉNOSTYLE, s. m. bot. Grande plante à fleurs composées.

ADÉNOSTYLÉ, ÉE, adj. des 2 g. bot. Qui ressemble à un adénostyle.

ADÉNOSTYLÉES, s. f. pl. bot. Une des nombreuses tribus des synanthérées, selon H. Cassini. C'est aussi la troisième tribu des eupatoriées de Candolle.

ADÉNOTOMIE, s. f. (de ἀδήν, glande, et τομή, incision.) anat. Dissection des glandes.

ADÉNOTUMPÈRE, adj. des 2 g. anat. Qui a rapport à la dissection, à l'anatomie des glandes.

ADENT, s. m. charp. Entailles faites en sens inverse sur les faces opposées de deux pièces de bois, que l'on ajuste de manière à assurer leur parfaite liaison.

ADENTER, v. a. charp. Ajuster deux pièces de bois, au moyen d'adents, pour les lier ensemble.

ADENTÉ, ÉE, part.

ADEPTE, s. m. Il se disait proprement de Ceux qui prétendaient ou croyaient être parvenus au grand œuvre. Celui qui est initié dans les mystères d'une secte religieuse ou politique; celui qui a approfondi une science : Chez les Égyptiens, la difficulté des épreuves diminuait le nombre des adeptes. — Au fig. En parlant De ceux qui prétendent comprendre un écrivain obscur et prétentieux dans son style. Dans ces différentes acceptions, il se prend également au féminin. Ce mot s'emploie assez généralement en mauvaise part.

ADÉQUAT ou ADÆQUAT, TE, adj. (Adéqouat, du lat. adæquatus, égalé, égal à ; æquare, égaler;



æquus, pareil, égal.) log. Égal en tout et partout : Quelque image qu'on tâche de se faire de Dieu, on n'en peut avoir une idée adéquate, c'est-à-dire, Égale à sa grandeur, à sa bonté réelles. Le corps humain, autant qu'il peut être guéri, est l'objet adéquat de la médecine.

ADESMACÉS, s. m. pl. (du gr. ἄδεσμος, non lié, détaché, comp. de α priv., et de δεσμός, lien, chaine.) moll. Groupe de mollusques bivalves n'ayant point de ligament pour réunir ses deux valves, selon Blainville. Les pholades sont des adesmacés.

ADESME, s. m. zool. genre d'insectes coléoptères.

ADEXTRÉ, ÉE, adj. (du lat. dexter, ra, rum, droit, droite.) blas. Il se dit Des pièces qui se placent au côté dextre de l'écu, ou De celles qui en ont une autre à leur droite. Pal adextré d'un lion.

ADGUSTAL, s. m. et adj. anat. Pièce élémentaire d'une des vertèbres céphaliques.

ADHÉRENCE, s. f. (V. Adhérer.) Jonction étroite d'une chose à une autre : L'adhérence de ces deux corps. Il y avait adhérence du poumon aux côtes. Propriété de certains corps de s'attacher à d'autres. — fig. Attachement à un parti, à une opinion mauvaise : Il a été puni de son adhérence au parti des rebelles. On l'a accusé d'adhérence aux opinions des hérétiques. Ce sens vieillit. — méd. Réunion de deux parties qui ne doivent être que contiguës : Ainsi il se développe, sous l'influence d'une inflammation dite alors adhésive, une réunion de viscères et de membranes naturellement séparés.

ADHÉRENT, ENTE, adj. (V. Adhérer). Qui est fortement attaché, ce qui tient à un autre objet de façon à ne former qu'une seule pièce : La statue est adhérente au socle. Il avait le poumon adhérent aux côtes. — bot. Feuille adhérente, Lorsqu'elle ne peut pas se séparer de la tige sans déchirement. Ovaire adhérent, Lorsqu'il fait corps avec le calice de manière à paraître placé dessous, comme, par exemple, dans le pommier. Calice adhérent, Lorsqu'il fait corps avec l'ovaire. Nectaire adhérent, Quand sa marge s'étend à la surface de l'ovaire et fait corps avec lui dans toute son étendue. Induvie adhérente, Faisant corps avec le fruit. subst. m. il signifie Qui est du sentiment, du parti : On le mit hors la loi ainsi que tous ses adhérents. Les fauteurs et adhérents. Dans ce sens, il ne se dit guère qu'en mauvaise part et s'emploie plus ordinairement au pluriel.

ADHÉRER, v. n. Être fortement attaché : Ses vêtements adhéraient à la plaie. L'écorce adhère au bois. Son poumon adhérait aux côtes.—fig. Adhérer, Être de l'opinion, du sentiment de quelqu'un : Adhérer à une doctrine, aux idées d'autrui. Il adhéra à toutes les opinions de ses adversaires. — Acquiescer, se conformer à : Les assiégés se trouvèrent obligés d'adhérer à toutes les conditions qu'on leur imposa. — anc. prat. Adhérer, signifie Confirmer un premier acte par un acte subséquent : La cour adhérant aux conclusions du procureur-général....

ADHÉSIF, IVE, adj. Qui adhère, qui exprime l'adhésion : Signe adhésif.—méd. Emplâtre adhésif, Qui adhère à la peau. Inflammation adhésive, Qui donne lieu à une adhérence anormale.

ADHÉSION, s. f. (V. Adhérer). Action d'adhérer, union, jonction, attraction : La force d'adhésion qui unit la matière est une des lois constitutives de l'existence des mondes. Ce corps est joint à un autre par une puissante adhésion.—Soumission, consentement à, acquiescemement : Il donna publiquement son adhésion à la doctrine de Luther. Les puissances belligérantes ont donné leur adhésion au traité. Acte d'adhésion, L'acte par lequel l'adhésion est donnée. — jurisp. Acquiescement à un arrangement, à un contrat auquel on n'a pas couru personnellement ni par fondé de pouvoir. Demande en adhésion, Action formée par un des époux pour forcer l'autre à se réunir à lui et à vivre en commun. — méd. Mode particulier selon lequel a lieu une adhérence. On l'emploie aussi comme synonyme de ce mot.

AD HOMINEM. (Prononcez toutes les lettres; m. à m. à l'homme.) Terme emprunté au latin. Argument ad hominen, Argument qui attaque directement la personne à qui l'on s'adresse.

AD HONORES. (Prononcez resse; m. à m. pour les honneurs, quant aux honneurs.) Terme emprunté au latin. Titre sans fonctions et sans émoluments : C'est une place ad honores.

ADIANTHE, s. f. (du gr. ἀδίαντον, même sens, comp. de α priv., et de διαίνω, je mouille, parce que les feuilles de cette plante ne conservent pas l'humidité.) bot. Nom d'une fougère chez les anciens Grecs. Linné s'est emparé de ce nom pour en doter un de ses genres de fougères vulgairement connues sous le nom de Capillaires.

ADIANTACÉES, s. f. pl. (V. Adiante.) bot. crypt. Tribu de la famille des fougères, diversement limitée par plusieurs botanistes.

ADIANTIDÉ, ÉE, adj. bot. Qui ressemble à l'adiante.

ADIANTIFOLIÉ, ÉE, adj. bot. Dont la feuille ressemble à la feuille de la capillaire.

ADIANTITE, s. m. géol. Empreinte de fougère que l'on voit dans certains schistes.

ADIAPHANE, adj. des 2 g. didact. Qui n'est pas transparent. (V. Diaphane.)

ADIAPHORÈSE, s. f. méd. Suppression de la transpiration cutanée.

ADIAPHROSE, s. f. V. ADIAPNEUSTIE, dont ce mot est synonyme.

ADIAPNEUSTIE, (de α priv., et de διαπνέομαι, je transpire.) méd. Défaut ou suppression de transpiration.

ADIARRHÉE, s. f. (Adiarrea, de α priv., et de διαῤῥεῖν, couler.) Suppression ou rétention d'une évacuation quelconque. Inusité.

ADIEU, terme de politesse et d'amitié dont on se sert en se séparant : Adieu, monsieur. Je ne veux vous dire que bonjour et adieu. Adieu, jusqu'au revoir. Sans adieu. Je ne vous dis pas adieu, c'est-à-dire, Je vous reverrai bientôt. Je vous dis adieu. Adieu, à demain. — Dire adieu, Prendre congé de quelqu'un : Vous ne partirez pas sans venir me dire adieu. Nous irons lui dire adieu demain matin. — Adieu, vous dis, Se disait autrefois familièrement. — Dire adieu à quelque chose, Y renoncer : Il a dit adieu à toutes les vanités de ce monde. Il a dit adieu au commerce, aux plaisirs, aux fatigues de la guerre. — Adieu s'emploie comme substantif masculin : J'ai dit à l'espérance un éternel adieu. LAM. Il nous a fait ses adieux. Un dernier adieu. C'est ainsi qu'en partant je vous fais mes adieux. — Adieu, C'en est fait, c'est fait de : Si ce parti l'emporte, adieu la tranquillité du pays. Adieu mes nourrissons si vous les rencontrez. LA FONT. — prov. Adieu paniers, vendanges sont faites, se dit. Lorsqu'une affaire est manquée sans ressource, qu'il ne faut plus y compter, et quelquefois Lorsque une affaire est entièrement terminée.

ADIEU-VA, s. m. mar. Commandement donné par le timonier à l'équipage d'un bâtiment pour virer de bord vent devant.

ADIL, s. m. mam. Nom sous lequel Belon désigne le chacal ou jakal.

ADINOLE ou ADHINOLE, s. f. min. Nom donné par Beudan à une albite mêlée de quartz, que l'on trouve à Sahlberg, et qui forme une variété de pétrolisen.

ADIPEUX, EUSE, adj. (du lat. adiposus, gras; rac. adeps, -ipis, graisse, embonpoint.) ichth. Qui est graisseux. On nomme ainsi des poissons qui ont les nageoires adipeuses, c'est-à-dire, Formées par un repli de la peau, sans aucun rayon pour les soutenir. — anat. Gras, qui ressemble à de la graisse, qui se rapproche de la nature de la graisse. Le tissu cellulaire a été longtemps appelé le tissu adipeux. Aujourd'hui on distingue l'un de l'autre.

ADIPIDE, s. f. (V. Adipeux.) chim. Genre de principes immédiats des corps organisés, qui, par leurs propriétés, ont du rapport avec la graisse.

ADIPOCIRE, s. f. (V. Adipeux.) min. synon. de Hatchétine. En zoologie et en chimie, on nomme adipocire Une espèce de savon animal que présentent certains cadavres enfouis depuis un temps assez long dans certains terrains, ou tenus plongés sous l'eau.

ADIPPE, s. f. zool. Genre de papillons.

ADIPSIE, s. f. (de α priv., et de δίψα, soif.) Absence de la soif; dégoût pour les liquides.

ADIPSON, s. m. bot. Nom de la réglisse, dans Dioscoride.

ADIRE ou ADIVE, s. m. zool. Animal du genre chien, habitant les pays chauds.

ADIRER, v. a. Perdre, égarer ; s'emploie surtout en jurisp. ou dans le langage populaire : Il a adiré son titre. Cette pièce est adirée. Voilà trois jours que je cherche ma clef, elle est adirée.

ADIRÉ, ÉE, part. Remplacer un titre adiré.

**ADISCAL, ALE,** adj. bot. On l'emploie particulièrement en parlant de l'insertion d'un organe floral, lorsqu'elle a lieu sans l'intermédiaire d'un disque.

**ADITION,** s. f. dr. Acceptation d'une succession : *Adition d'hérédité.* Peu usité.

**ADJACENT, TE,** adj. (du lat. *adjacens, -tis,* couché auprès, situé près ; *ad,* à ; *jacens,* couché.) Qui est situé auprès, qui est contigu ; il ne s'emploie que pour un peuple, un pays, une portion de terre : *Tous les pays adjacents se trouvèrent inondés. Les maisons, les rues adjacentes.* — géom. *Angle adjacent à la base d'un triangle,* c'est-à-dire, Dont cette base est un des côtés ; *Angles adjacents,* Qui ont un côté commun, et plus particulièrement Lorsque les deux autres côtés forment une même ligne droite.

**ADJECTIF,** s. m. (du lat. *adjectivus,* qui s'ajoute, lequel vient du v. *adjicere,* ajouter.) gramm. Mot qui se joint au subst. pour le qualifier ou le modifier ; exemple : *Le malheureux roi fit périr son fils innocent ; malheureux, innocent,* désignent les êtres *roi* et *fils* par l'idée des qualités qu'ils expriment. Quand il s'agit de vers, l'adjectif prend plus souvent le nom *d'épithète.*

**ADJECTIF, IVE,** adj. chim. *Couleurs adjectives,* Celles qui ne peuvent être fixées sur les étoffes qu'à l'aide d'autres substances.

**ADJECTIVEMENT,** adv. gramm. En manière d'adjectif. Un substantif est pris adjectivement quand il exprime une quotité et non un être, ex : *Dois-je être époux ou père en cette conjoncture?* Corn.

**ADJECTION,** s. f. Jonction d'un corps à un autre corps.

**ADJOINDRE,** v. a. (du lat. *adjungere,* ajouter à, lier à, adjoindre ; *adjunctio,* adjonction ; *ad,* à, vers: *jungere,* lier, joindre, unir.) Joindre une personne à une autre pour l'aider dans son travail, dans une affaire : *Les travaux devinrent si considérables qu'il fallut lui* adjoindre *quelqu'un.* Avec le pronom personnel : *Il s'est adjoint un aide.*

**ADJOINT, TE,** part. *Professeur adjoint.* Celui qui est chargé d'aider le professeur en titre. Il s'emploie aussi comme subst : *On lui a donné un adjoint. Il a son frère pour adjoint.* —adminis. C'est un officier établi pour aider le principal officier ou le remplacer momentanément : *Le maire et ses adjoints.*

**ADJONCTION,** s. f. (V. *Adjoindre.*) Action de joindre une personne à une autre : *On a proposé l'adjonction d'un second commissaire.* — gram. Figure par laquelle on supprime un mot déjà exprimé : *Racine est né à la Ferté-Milon et La Fontaine à Château-Thierry,* c'est-à-dire, La Fontaine est né à Château-Thierry.

**ADJUDANT,** s. m. Officier ou sous-officier d'état-major nommé pour seconder les chefs dans les commandements : *Adjudant-major,* adjudant *sous-officier.* On dit également : *Adjudant-général,* adjudant-*commandant.*

**ADJUDICATAIRE,** s. des 2 g. Celui ou celle à qui l'on adjuge une propriété, un marché, une entreprise : *Il est adjudicataire de cette propriété. Il s'est rendu* adjudicataire *au rabais de la fourniture des draps. Votre sœur est* adjudicataire *de ce marché.*

**ADJUDICATEUR,** s. m. **ADJUDICATRICE,** s. f. prat. Celui, celle qui adjuge.

**ADJUDICATION,** s. f. (du lat. *adjudicatio,* action d'attribuer, d'adjuger, dérivé de *adjudicare,* adjuger, attribuer ; *ad,* à, vers ; *judicare,* juger.) Action d'adjuger : *Bail par* adjudication; *Acte d'adjudication.* Adjudication *sur soumissions cachetées.* Adjudication *publique. L'adjudication a eu lieu à la chambre des notaires. On a prononcé l'adjudication de la fourniture.*

**ADJUGER,** v. a. Déclarer par autorité de justice que quelqu'un devient acquéreur d'un bien mis à l'enchère : *On lui a adjugé la maison après trois enchères successives. La propriété a été adjugée au dernier enchérisseur, au prix de soixante mille fr.* — *Adjuger,* Juger qu'une chose contestée entre plusieurs parties doit appartenir à l'une d'elles : *Adjuger au demandeur ses conclusions,* Rendre un jugement conforme à ses prétentions. On dit dans un sens analogue : *Adjuger les dépens.*—Il se dit également De fournitures, d'entreprises que l'on accorde au rabais : *On lui a adjugé la fourniture*

des hôpitaux. — Décerner, accorder quelque chose à quelqu'un de préférence à ses concurrents : *On lui a adjugé le prix. Tout le monde lui adjugeait la première place.* — *S'adjuger une chose,* Se l'approprier : *Il s'est adjugé la part du lion. En armoiries, on n'aime pas les minuties, on passe droit aux couronnes, cela est plus simple ; on s'en croit digne, on se l'adjuge.* LA BRUY. Il est surprenant que l'Académie n'ait pas indiqué l'emploi de ce verbe avec le pronom personnel).

**ADJUGÉ, ÉE,** part. Il se dit par ellipse dans les enchères, pour L'objet en vente *est adjugé.*

**ADJURATION,** s. f. (V. *Adjurer.*) Formule dont on se sert dans les exorcismes. Action d'adjurer. *Il fit une adjuration à l'esprit. Après plusieurs adjurations, l'esprit se retira. On faisait alors de fréquentes adjurations.*

**ADJURER,** v. a. (du latin *adjurare,* jurer, protester avec serment ; d'où *adjuratio,* conjuration, adjuration : *ad,* à, vers ; *jurare,* jurer.) Commander au nom de Dieu de dire ou de faire quelque chose. *Je t'adjure par le Dieu vivant de dire la vérité.* Il s'emploie surtout dans les exorcismes. *Il adjura le démon de lui déclarer....*—Dans le style oratoire, il se dit quelquefois pour Commander solennellement de dire ou de faire quelque chose. *Par tout ce qu'il y a de plus sacré, par tous les dieux du ciel et de la terre, je vous adjure, Catilina, de nous déclarer vos projets.*

**ADJURÉ, ÉE,** part.

**ADJUVANT,** s. m. et adj. (*adjuvans,* de *adjuvare,* céder.) pharm. Médicament qu'on fait entrer dans une formule pour seconder l'action de celui qu'on regarde comme plus énergique.

**AD LIBITUM** (prononcez *tome*), locution empruntée du latin. A volonté, comme il plaît. *Ce mot peut être placé avant ou après,* ad libitum, c'est-à-dire, Il est assez indifférent de le placer avant ou après.

**ADMETTRE,** v. a. (du latin *admittere,* envoyer à, laisser passer, permettre, admettre ; d'où *admissio,* permission, admission : *ad,* à, vers ; *mittere,* envoyer, mettre. Il se conjugue comme *Mettre.*) Recevoir quelqu'un à la participation d'un avantage. Admettre *dans une société, dans un corps savant, dans une réunion.* Admettre *parmi ses amis.* Admettre *aux sacrements, aux ordres sacrés.* Admettre *à la communion, à la participation des saints mystères. Il fut admis à l'audience du cardinal-ministre. Malgré les répugnances du roi, Montesquieu se vit* admettre *à l'Académie en 1728. Tous ces peuples barbares devaient être admis à partager, comme une proie, les dépouilles de l'Empire.* MICHELET. — *Admettre,* Accepter quelqu'un comme ayant certaines qualités. *Je n'admets pas cet homme comme un génie supérieur. Je ne l'admets pas comme un bon écrivain. Il aura beau faire, il ne parviendra jamais à se faire admettre comme un homme honorable.*—Admettre *quelqu'un à se justifier,* Lui donner la liberté de se justifier dans les formes ; dans le même sens, Admettre *quelqu'un à ses preuves justificatives,* A ses faits justificatifs. Admettre *quelqu'un à faire preuve,* ou même *à prouver.* — *Admettre,* Recevoir, accepter, supporter; se dit des personnes et des choses : Admettre *des excuses,* admettre *une requête,* admettre *des raisons. La haute poésie ne doit pas* admettre *tous les mots de la langue populaire. Votre affaire n'admet pas de retard. Il faut rechercher les substances principales que cette composition peut* admettre.—Reconnaître un fait, un principe pour véritable. *Les philosophes de la Grèce admettaient en principe que... Je ne saurais admettre cela. Il y a des gens qui consentent à admettre l'existence de Dieu, à la condition d'en faire un être complétement inutile.*

**ADMIS, ISE,** part. du v. *Admettre.*

**ADMINICULE,** s. m. (du lat. *adminiculum,* aide, secours.) jurisp. Ce qui ne donne pas une preuve directe, mais qui contribue à faire preuve, à établir la preuve, dans un procès quelconque : *S'il n'y a pas de preuves formelles, il y a au moins des adminicules. Un grand, un puissant adminicule.*—méd. Ce qui sert à faciliter le bon effet d'un remède. — num. Attributs qui, sur les médailles, servent à faire reconnaître la figure de Junon : *D'après les adminicules, cette médaille doit porter la tête de la Junon d'Argos.* — zool. Couronne de petites dents, garnissant le ventre des nymphes

souterraines, qui leur servent à sortir de terre. — bot. Soutien quelconque d'une plante.

**ADMINISTRATEUR, TRICE,** s. (V. *Administrer.*) Celui, celle qui régit, dirige au bénéfice d'une communauté ou d'un individu; qui surveille des intérêts publics ou privés ; au masculin, Celui qui est chargé d'une partie du gouvernement. *C'est une belle charge que celle d'administrateur du bien des pauvres; mais il ne faut pas en faire un bénéfice. Suger fut un grand administrateur. Un sage, un excellent administrateur. Il a été nommé administrateur des biens de son frère.* On disait autrefois : *Administrateur de la justice, administrateur des Finances. Les hommes d'esprit peuvent être de très-mauvais administrateurs.* — Il se dit aussi, d'une manière absolue, De quelqu'un qui sait administrer. *Cet homme n'est pas administrateur. Il faut être administrateur pour occuper cette place.* — *Administrateur* se dit aussi De ceux qui sont chargés de la direction des consciences, ou du soin du salut des âmes : *Dieu a établi ses anges comme esprits administrateurs.*

**ADMINISTRATIF, IVE,** adj. (V. *Administrer.*) Qui appartient, qui a rapport à l'administration. *Fonctions administratives. Cet homme a de grands talents administratifs. L'autorité administrative doit diriger l'autorité militaire.* — Qui est conforme à l'administration : *Ce sont des mesures administratives.* — statist. *Division administrative,* Celle d'après laquelle un gouvernement partage, en départements, provinces, cercles, etc., le territoire appartenant à la nation; Portion déterminée du territoire qui est confiée à un fonctionnaire : *Les départements, les arrondissements, les cantons et les communes, forment la division du territoire français. Les départements et les arrondissements sont en France autant de divisions administratives, confiées à des préfets et à des sous-préfets.*

**ADMINISTRATION,** s. f. (V. *Administrer.*) Conduite, gouvernement, direction des affaires publiques ou privées : *Il n'entend rien à l'administration. Il ne sait rien en administration. Cette affaire sera présentée au conseil d'administration. Les actes de l'administration. L'administration du royaume, des affaires publiques. Colbert lui succéda dans l'administration des Finances.* VOLT. *Ces changements eurent lieu pendant son administration. On lui a ôté l'administration de ses biens.* — *Administration* se dit pour exprimer La réunion des administrateurs et des employés chargés d'une partie du gouvernement. *Les employés de l'administration des Postes, des Domaines, des Hospices. Toutes les affaires doivent aboutir à l'administration centrale. L'administration des Domaines lui a intenté un procès. Les bureaux, les registres de l'administration. L'administration doit avoir égard aux intérêts de ses employés. Il est employé dans une administration publique.* — Le lieu où elle se tient : *Il est allé ce matin à l'administration.* — *Administration de la justice,* Exercice de la justice avec autorité publique, action de la rendre. *Des comtes nommés par le roi étaient chargés de l'administration de la justice.* VOLT. *Il se commettait des abus intolérables dans l'administration de la justice.* — *Administration des sacrements,* Action de conférer les sacrements. *L'administration des sacrements ne leur appartient pas.*

**ADMINISTRATIVEMENT,** adv. D'une manière administrative, par raison administrative, par mesure administrative.

**ADMINISTRER,** v. a. (du lat. *administrare,* gouverner, conduire; d'où *administrativus,* administratif; *administrator,* administrateur; *administratio,* administration: *ad,* à, vers; *ministrare,* servir; *minister,* serviteur, ministre.) Gouverner, conduire, surveiller les affaires publiques ou particulières. *Administrer les affaires publiques, un hôpital, les Finances, les revenus de l'État. Il avait mal administré le royaume. La reine Blanche administra l'État pendant la minorité de son fils. Il a été chargé d'administrer les biens des mineurs. Il ne sait pas administrer son bien.* —Administrer *la justice,* Rendre la justice. *Les magistrats qui administrent la justice doivent, autant que possible, être exempts de toute passion.* — Administrer *un malade,* Lui donner l'extrême-onction, les sacrements, conférer les sacrements. *On lui a administré le sacrement de l'Eucharistie.* — Familièrement : Donner : *Je t'administrerai quelques coups de* *bâton* ; administrer *des férules.* Administrer un *remède.* — *Administrer*, en termes de pratique, Fournir. *Il administra les témoins et les preuves nécessaires pour se justifier.*

ADMINISTRÉ, ÉE, part. Pris substantivement et surtout au pluriel, il exprime Ceux dont les intérêts sont surveillés par les administrateurs. *Les pauvres doivent être vos plus chers administrés. Ce magistrat veille aux intérêts de tous ses administrés.*

ADMIRABLE, adj. des 2 g. (V. *Admirer.*) Qui est digne d'admiration, qui attire l'admiration. Il se dit des hommes et des choses : *Ce peintre est admirable dans tous ses ouvrages. Sa conduite a été admirable en cette occasion. Il vendait une eau qui avait, disait-il, des propriétés* admirables. VOLT. *Dieu est admirable dans ses saints. Combien d'hommes admirables, et qui avaient de très-beaux génies, sont morts sans qu'on en ait parlé.* LA BR. — Il s'emploie fam. et ironiquement, et quelquefois même pour Marquer la surprise ou le mécontentement : *Oh! dans tout ce qu'il fait, il doit être admirable!* DUFR. *Vous êtes vraiment admirable de venir me parler ainsi!*

ADMIRABLEMENT, adv. D'une manière admirable : *Ces deux adverbes-là sont admirablement.* MOL. *Voilà qui est admirablement travaillé. Il parle admirablement, admirablement bien.*

ADMIRANT, ANTE, adj. Qui exprime l'admiration. Peu usité.

ADMIRATEUR, s. m. ADMIRATRICE, s. f. (V. *Admirer.*) Celui, celle qui admire, dont l'esprit est porté à l'admiration : *Il y a des gens qui jouent le rôle d'admirateurs, comme d'autres celui de dépréciateurs. Cet homme est un de vos plus chauds admirateurs. Une admiratrice de l'antiquité.* Admirateur *banal, perpétuel.*

ADMIRATIF, IVE, adj. (V. *Admirer.*) Qui exprime l'admiration : *Ton admiratif, gestes admiratifs. Genre admiratif,* se dit Des ouvrages littéraires où l'admiration se trouve principalement excitée : *Corneille est supérieur dans le genre admiratif.* — gram. *Point admiratif* ou *d'admiration,* Signe de ponctuation qui se marque ainsi (!) et que l'on place à la fin d'une phrase qui exprime l'admiration. On appelle *Particule admirative,* Celle qui sert également à marquer l'admiration, l'étonnement, comme *ah! oh!*

ADMIRATION, s. f. (V. *Admirer.*) Sentiment de plaisir mêlé d'étonnement, que fait éprouver une action morale, une œuvre intellectuelle ou uns pectacle merveilleux : *Je fus saisi d'admiration en lisant la vie de ce grand homme. Il faut prendre garde à ne pas user son admiration. Être en admiration devant quelqu'un. Il est dans l'admiration de vos vertus. S'attirer, exciter l'admiration ; mouvement, transport d'admiration. C'est une admiration générale à propos de son ouvrage. C'est un grand sujet d'admiration. Voilà de quoi me donner de l'admiration pour cet homme. Y a-t-il une chose plus digne d'admiration?* On dit, suivant le degré de force que l'on veut donner à l'expression : *Être frappé, transporté, ravi d'admiration.* On l'emploie aussi par extension pour exprimer L'objet même que l'on admire : *Cet ouvrage est mon admiration perpétuelle. C'est une de mes plus vives admirations.*

ADMIRER, v. a. (du lat. *admirari,* être surpris, admirer ; d'où *admirator,* admirateur ; *admiratrix,* admiratrice ; *admiratio,* admiration, *admirabilis,* admirable : *ad,* part. augmentative, et *mirari,* admirer.) Considérer quelqu'un ou quelque chose avec le sentiment de l'admiration : *Les personnes d'esprit ont en elles les semences de toutes les vérités, de tous les sentiments; rien ne leur est nouveau; elles paraissent peu, elles approuvent. Admirez la nature et croyez à son auteur.* ROLS. *Il admire la beauté de ce génie. Admirer vivement, avec transport. J'admirais la magnificence de ce palais. Je vous admire d'être venu à bout d'une telle entreprise.* — Avec le pronom personnel, il s'emploie comme verbe réciproque ou réfléchi : *Je ne suis pas étonné que ces deux écrivains s'admirent mutuellement. Nous aimons à nous admirer dans nos ouvrages. Cette femme s'admire un peu trop.* — Il s'emploie aussi d'une façon ironique et critique, pour Marquer la surprise ou le mécontentement : *Je vous admire vraiment de me faire une telle proposition. On ne saurait trop admirer la folie de ces hommes, qui*

*font incessamment des projets pour un avenir auquel ils n'arriveront pas.*

ADMIRÉ, ÉE, part. *Les choses les plus admirées ne sont pas toujours les plus admirables. Que d'hommes admirés de leur vivant, sont oubliés après leur mort!* FONTEN.

ADMISSIBILITÉ, s. f. En parlant des personnes, et des choses, État de ce qui est admissible.

ADMISSIBLE, adj. des 2 g. (V. *Admettre.*) Qui peut être reçu, admis : *Cette excuse me semble admissible. Un pareil homme n'est pas admissible en bonne compagnie. Votre requête a paru admissible. Cet avocat a plaidé des moyens qui ne sont pas admissibles. Ses moyens de faux n'ont pas été déclarés admissibles.*

ADMISSION, s. f. (V. *Admettre.*) Action d'être admis : *Son admission a eu lieu immédiatement. Son admission dans la compagnie date de trois mois.* Admission *aux ordres sacrés.* — prat. Il se dit Des preuves et des moyens reçus comme pertinents et concluants.

ADMONESTER, v. a. V. ADMONÉTER.

ADMONÉTER, v. a. (du latin *admonere,* avertir ; d'où *admonitio,* admonition ; *ad,* part. augmental., *monere,* avertir.) jurispr. Il s'employait Lorsque quelqu'un ayant commis une faute qui ne méritait pas une punition très-sévère, le juge le faisait venir pour lui faire une remontrance à huis-clos, en lui intimant de ne pas récidiver : *Le tribunal a ordonné que le coupable serait mandé et admonété. Il l'a sévèrement admonété.* — Plusieurs disent et écrivent *Admonester,* et c'est avec cette orthographe qu'il a passé dans le langage usuel, où l'on dit *admonester quelqu'un,* pour Lui faire une réprimande. *Nous l'avons sévèrement admonesté, en l'engageant à ne plus retomber dans cette faute.*

ADMONÉTÉ, ÉE, part. Il s'emploie quelquefois comme substantif pour exprimer l'Action même d'admonéter. *L'admonété n'emportait ni interdiction ni infamie.*

ADMONITIF, IVE, adj. Qui censure, qui admonète.

ADMONITIF, IVE, adj. bot. Il s'emploie en parlant de la germination d'une graine, quand son enveloppe reste fixée près de la base du cotylédon renflé.

ADMONITION, s. f. (V. *Admonéter.*) Action d'admonéter, de réprimander, d'avertir : *On lui fit une sévère admonition. Plusieurs admonitions lui ont été adressées inutilement.*

ADNASAL, s. m. et adj. anat. L'une des pièces élémentaires d'une des vertèbres céphaliques.

ADNÉ, ÉE, adj. (*adnatus, adnasci,* croître sur) Attaché dans toute sa longueur à une autre partie. — *Anthère adnée,* Fixée au filet dans toute sa longueur. *Placenta adné,* Attaché dans toute sa longueur. *Les stipules sont adnées au pétiole dans les rosiers,* parce qu'elles sont comme soudées avec lui.

ADNEXION, s. f. (du lat. *adnexio,* même sens.) didact. État d'une partie attachée ou soudée à une autre.

ADNOTATION, s. f. chancel. Réponse du pape à une supplique, particulièrement quand cette réponse ne consiste qu'en une signature.

ADOLESCENCE, s. m. (V. *Adolescent.*) Âge entre la puberté et l'âge viril, depuis quatorze ans jusqu'à vingt-cinq. Il ne s'emploie d'habitude que pour les garçons : *Il entre dans l'adolescence ; il est dans l'adolescence ; au sortir de l'adolescence.*

ADOLESCENT, s. m. ADOLESCENTE, s. f. (de *adolesco,* je crois.) Celui, celle qui est dans l'adolescence. Il ne se dit guère que d'un jeune homme : *Un jeune adolescent ; ce n'est qu'un adolescent ;* et s'emploie souvent comme adjectif : *il est encore adolescent.*

ADOLPHE, s. m. monn. Pièce de monnaie suédoise, en or, qui vaut 15 fr. environ de notre monnaie.

ADOMBRATION. s. m. V. SCIAGRAPHIE.

ADONHIRAMITE, adj. et s. des 2 g. franc.-maç. *Les francs-maçons du rite français ne sont pas* adonhiramites, *c'est-à-dire qu'ils ne reconnaissent pas Adonhiram pour chef des ouvriers employés à la construction du temple de Salomon.*

ADONIDE ou ADONIS, s. f. bot. Genre de plantes de la famille des renonculacées, très-communément cultivées dans nos jardins.

ADONIEN, adj. V. ADONIQUE.

ADONIQUE, adj. (ce mot vient d'*Adonis,* favori de Vénus, aux fêtes duquel on chantait cette es-

pèce de vers.) t. de gram. anc. désignant Un vers composé d'un dactyle et d'un spondée. Ex. : *ōcĭŏ ēurŏ.*

ADONIS, s. m. (V. *l'art. précédent.*) Se prend comme substantif commun, pour indiquer Un jeune homme d'une grande beauté, et qui donne trop de soin à sa parure : *C'est un véritable* Adonis.

ADONISER, v. a. Parer avec trop de recherche : *Vous adonisez trop vos enfants.* Il est familier. Il s'emploie surtout avec le pronom personnel : *Il aime trop à s'adoniser,* Il met trop de soin à se parer.

ADONISÉ, ÉE, part.

ADONISTE, s. m. bot. Celui qui décrit les plantes cultivées dans un jardin public ou particulier.

ADONNER, v. n. mar. On dit : *Le vent adonne,* Lorsque le vent, d'abord contraire à la marche d'un bâtiment, lui devient enfin plus favorable.

ADONNER (S'), v. pron. (V. *Donner.*) S'abandonner, se livrer, s'appliquer à quelque chose qui plaît : *Il cultivait les arts, aujourd'hui il s'adonne à l'étude des sciences.* — Fréquenter habituellement un lieu, une société, une personne : *Pour calmer ses chagrins, il s'adonna à boire.* S'adonner *au jeu, à la table, aux plaisirs de la table, à la chasse, à la débauche.* — On dit qu'*Un chien s'adonne à quelqu'un,* Lorsque le rencontrant par hasard il se met à le suivre. Dans un sens analogue : *Ce chien s'adonne à la cuisine,* Il y est toujours. — On dit dans un sens qui a vieilli : *Vous irez là, si votre chemin vous y adonne,* c'est-à-dire, Si votre chemin vous y conduit en allant ailleurs.

ADONNÉ, ÉE, part. Adonné *à la boisson. Une femme adonnée aux plaisirs.* Adonné *aux femmes, à la débauche, aux études sérieuses.*

ADOPTABLE, adj. des 2 g. qui peut être adopté.

ADOPTANT, s. m. (V. *Adopter.*) dr. Celui qui adopte : *L'adoptant s'engage envers l'adopté.*

ADOPTER, v. a. Choisir un enfant étranger et le considérer comme le sien en lui en donnant, par certaines formalités légales, tous les droits civils : *Chez les Romains, ceux qui étaient* adoptés *passaient dans la famille et sous la puissance de celui qui les avait adoptés.* ACAD. *Claude avait imprudemment adopté Néron. La loi ne permettait pas aux ecclésiastiques d'adopter des enfants. Ils ont adopté un orphelin.* — Il se dit par extension de Celui qui, sans l'emploi des formes légales, prend d'un enfant un soin tout à fait paternel : *Il a adopté cet enfant dont personne ne voulait se charger.* — Au fig. Considérer comme sien un sentiment, une idée, un avis : *J'adopte toutes les idées du préopinant.* — Adopter *un projet, un sentiment,* Accepter, choisir. *Je ne connais point de grands hommes qui n'aient adopté de modèles.* VAUV. *Il a adopté un singulier plan de conduite. Vous avez adopté une mauvaise marche. Il ne faut pas adopter une carrière à l'étourdie.* BUF. *Cet écrivain adopte un style assez étrange.* — S'approprier. Dans ce sens, il est fam. et peu usité.

ADOPTÉ, ÉE, part. On dit substantivement l'*adopté* par opposition à l'*adoptant. Le contrat entre l'adopté et l'adoptant.*

ADOPTIF, IVE, adj. (V. *Adopter.*) Qui est adopté, qui adopte : *Fils adoptif, père adoptif. Une fille adoptive, une mère adoptive.*

ADOPTION, s. f. Action d'adopter : *Chez les Romains, l'adoption conférait à l'adopté le nom et les droits de l'adoptant. La loi a déterminé avec le plus grand soin les formes et les effets de l'adoption. — Fils d'adoption, père d'adoption.* — Action d'accepter, de choisir : *L'adoption dans une langue des mots étrangers ne saurait se faire avec trop de précaution.* VOLT. *L'adoption d'une pareille coutume serait très-nuisible à la nation.* L'Académie n'indique pas le sens fourni par ces deux exemples.

ADORABLE, adj. des 2 g. Qui doit être adoré : *Dieu seul est adorable. La bonté de Dieu est adorable. Les mystères adorables de la religion. N'est-elle pas adorable cette Providence qui veille incessamment sur nous?*—extens. et exagér. se dit de Ceux que l'on aime ou que l'on doit aimer : *Vous êtes, je l'avoue, une femme adorable.* — Charmant, parfait: *C'est un caractère adorable. Et dans les bouts rimés vous êtes adorable.* MOL. *Vous avez été adorable pour moi,* c'est-à-dire, Vous vous êtes conduit parfaitement à mon égard.

ADORATEUR, s. m. (V. *Adorer.*) Celui qui adore : *Il enseignait aux Arabes, adorateurs des étoiles,* qu'il ne faut adorer que le Dieu qu'il les a faites. VOLT. *Les Guèbres étaient des adorateurs du feu. Les peuples adorateurs des faux dieux.* — extens. Qui aime avec excès, qui vénère : *C'est un de vos adorateurs. C'est l'adorateur de toutes les puissances. L'ombre que font vos adorateurs vous empêche d'apercevoir vos envieux.* Un adorateur banal, Qui se déclare adorateur de toutes les femmes. *Elle traîne à sa suite un grand nombre d'adorateurs.*

ADORATIF, IVE, adj. Qui a le caractère de l'adoration. Il ne s'emploie guères que dans ce cas : *Culte adoratif.*

ADORATION, s. f. (V. *Adorer.*) Action d'adorer : *Les dix autres tribus s'abandonnèrent à l'adoration des idoles. Le soleil et les astres, le feu et les éléments, dont les effets étaient si universels, furent les premiers objets de l'adoration publique.* Boss. — extens. : Adoration de la Croix, Cérémonie du culte catholique, où l'on va baiser une croix renfermant un fragment de la vraie Croix. *Aller à l'adoration de la Croix.* — Adoration du pape, Hommage que les cardinaux rendent au pape, lorsqu'après son élection il est sur l'autel : *Les cardinaux sont allés à l'adoration du pape.* - On dit qu'un Pape a été fait par voie d'adoration, Lorsque les cardinaux sont allés le reconnaître ainsi sans avoir procédé au scrutin. — Adoration, extens. Amour, affection poussée à l'extrême, vénération profonde : *L'amour que le peuple lui portait allait jusqu'à l'adoration. Être en adoration devant quelqu'un. Il est en adoration devant vos vertus.*

ADORBITAL, adj. et s. m. anat. C'est le nom que l'on donne à l'un des os de l'orbite, chez quelques animaux.

ADORER, v. a. (du lat. *adorare*, même sens; d'où *adoratio*, adoration.) Rendre un culte au vrai Dieu ou à de fausses divinités : *Ils apprirent à adorer le Dieu des chrétiens. Oui, je viens dans son temple adorer l'Éternel.* RAC. *Ils étaient séparés par cette marque des peuples qui adoraient les fausses divinités. Malheureux, vous quittez le maître des humains pour adorer l'ouvrage de vos mains.* RAC. Adorer la croix, Donner un témoignage de vénération particulière à Jésus-Christ. *C'est l'heure où l'on va adorer la Croix.* C'est dans un sens analogue que l'on dit : *Adorer la Vierge, adorer les reliques.* — Adorer s'emploie quelquefois d'une manière absolue : *Ils allaient tous les mois adorer sur la montagne*, Rendre un hommage exigé en se prosternant. *Les rois de Perse se faisaient adorer. Il s'approcha du trône, et se prosternant sur la dernière marche, il adora le roi.* — Adorer, Chérir, aimer avec excès, vénérer profondément, se plaire beaucoup à une chose : *Je vois là-bas un mari qui vous adore.* Mme DE SÉV. *Il adore ses parents. C'est un homme qui adore tout ce qui est étranger. Nous adorons tout ce qui vient de vous. Il adore tout ce qui est vieux. J'adore cet auteur. Il adore ces sortes d'ouvrages.* —prov. et fig. : *Adorer le veau d'or*, Faire la cour à un homme de grande fortune et de peu de mérite.

ADORÉ, ÉE, part. *Adoré de tous, il n'avait pas un seul envieux. Un objet adoré. Une femme adorée.*

ADORION, s. m. bot. Nom de la carotte dans Dioscoride. — zool. Genre d'insectes coléoptères.

ADOS, s. m. hort. Terre élevée en talus, du côté du midi, pour préserver les plantes de l'influence des vents du nord et hâter la végétation de quelque chose qu'on y a semé, et qui ne viendrait pas aussi vite en pleine terre.

ADOSSÉ, ÉE, adj. entom. Il se dit de L'abdomen quand il tient au prothorax par un pédicule très-court, un point, comme dans les araignées. —blas. Il se dit de deux pièces d'armoiries mises dos à dos, et en général de toutes les pièces de longueur qui ont deux faces différentes. —b.-arts. Têtes adossées, Deux têtes mises sur une même ligne, mais en sens opposé.

ADOSSER, v. a. (rac. *Dos.*) Mettre dos à dos, appuyer le dos contre quelque chose : *Nous fûmes obligés de les adosser les uns contre les autres. Adossez-le à la muraille.* —Il s'emploie au figuré pour signifier Appuyer une chose contre une autre : *Il a adossé une échelle à la maison. Adosser un appentis contre une maison. On adossa le bâtiment au rivage.* — Être adossé, être appuyé contre, avoir derrière soi : *Le presbytère est adossé à l'église. Nos troupes étaient adossées à la montagne.* —Avec le pronom personnel, S'appuyer, tourner le dos à : *Nous nous adossâmes à la muraille pour ne pas être surpris par derrière.*

ADOSSÉ, ÉE, part.

ADOSSETTE, s. f. bot. Famille de mousses.

ADOUBER, v. n. (du br. *adober*, refaire, réparer; de *ad*, particule réduplicative et de *obar*, faire : on a dit autrefois *adouber* pour *radouber*, c'est-à-dire, refaire, réparer.) t. du jeu de trictrac ou d'échecs, pour exprimer Que l'on a touché une pièce pour l'arranger et non pour la jouer. Quelques personnes emploient *adouber* dans le sens de *radouber* (V. *Radouber.*)

ADOUBÉ, ÉE, part.

ADOUCI, s. m. manuf. Première façon donnée aux glacés brutes, ou au cristal ébauché par la taille. (V. *Poli.*)

ADOUCIR, v. a. (rac. *Doux.*) Rendre plus doux, diminuer l'âcreté, l'amertume : Adoucir *l'amertume d'un médicament. L'homme sut également* adoucir le *suc des fleurs.* Boss. Adoucir *l'âcreté du sang. Ce remède adoucira les humeurs. La pluie a beaucoup* adouci le temps. — Au fig. Apaiser, calmer, rendre plus supportable : Adoucir *l'amertume, une peine, un regret.* Adoucir un esprit irrité. *Je ne pus adoucir son fier ressentiment.* CORN. Adoucir ses traits, *l'expression de son visage, sa voix. Avocat! de votre voix vous-même adoucissez l'éclat.* RAC. Adoucir *l'humeur,* adoucir le caractère. *Le temps seul peut* adoucir *ses douleurs.* — Adoucir, Polir, rendre plus doux au toucher : *On adoucit les glaces avec l'émeri. Il faut adoucir les aspérités de ce bois.* — Adoucir une expression, La rendre moins forte, moins rude. — fam. : *Tâchez d'adoucir vos expressions*, Tâchez de parler plus poliment. Dans un sens analogue, on dit : Adoucir un reproche, adoucir un refus. *Il faut qu'un homme en place sache adoucir les refus auxquels son devoir l'oblige.* —Avec le pron. personnel, S'ADOUCIR signifie Devenir plus doux, plus supportable : *Le temps s'est beaucoup adouci depuis hier. Les plus grandes douleurs s'adoucissent avec le temps. Son ressentiment commence à s'adoucir.* Il se dit aussi dans ce sens en parlant des personnes. *Cette femme, qui était si revêche, s'est considérablement adoucie.* —beaux-arts. En peinture et en sculpture, Diminuer ce que la couleur ou les formes ont de trop sec, de trop tranché : *Les muscles de cette statue sont trop fortement indiqués, il faudrait les adoucir. Dans ce tableau, la couleur des seconds plans est trop éclatante; elle a besoin d'être adoucie.*

ADOUCI, IE, part.

ADOUCISSAGE, s. m. manuf. Poli que l'on donne aux métaux, à l'aide de la poussière de diverses substances; manière d'adoucir; poussière qui sert à cet usage. — teint. Manière de rendre une couleur moins vive, par un mélange de substances qui l'éclaircit.

ADOUCISSANT, ANTE, adj. (V. *Adoucir.*) t. de méd. Qui est propre à adoucir, à calmer la douleur, l'irritation : *Remède adoucissant. Tisane adoucissante.* —Il se prend aussi substantivement : *Plusieurs pestiférés ont été sauvés par les adoucissants.*

ADOUCISSEMENT, s. m. (V. *Adoucir.*) Action d'adoucir; état de ce qui est adouci; soulagement d'une peine morale ou physique : *L'adoucissement du temps, de l'humeur, du caractère. Ce ne fut pas là un petit adoucissement à mes peines. Il y a certaines douleurs qui ne peuvent recevoir d'adoucissement.* ROUS. *Les souffrances que lui causaient ses blessures ne pouvaient trouver d'adoucissement.* — Au moral, il s'emploie dans le sens de Correctif, tempérament, expédient propre à concilier : *Il y a des adoucissements à tout. Ne sauriez-vous mettre quelque adoucissement à vos procédés? L'aigreur de la querelle ne permettait pas d'espérer qu'on pût y apporter de l'adoucissement.* —beaux-arts. En peinture et en sculpture, Action par laquelle la couleur ou la forme sont adoucies. — En architecture, Réunion d'un nombre à un autre par le moyen d'une moulure circulaire. — adm. Il signifie *Adoucissage* et s'emploie particulièrement pour désigner l'Opération à la lime douce, que font sur les armes les armuriers de régiments.

ADOUCISSEUR, s. m. Ouvrier qui adoucit.

ADOUÉ, ÉE, adj. (V. *Doux.*) Terme de chasse. Accouplé : *Les perdrix sont adouées.*

ADOUX, s. m. teint. Pastel qui commence à jeter une fleur bleue, aussitôt mis dans la cuve.

ADOXA, s. f. bot. Plante cultivée sous le nom de moscatella, à cause de la légère odeur de musc qu'elle exhale. Elle est voisine des viburnées, des araliacées et des saxifragées.

AD PATRES. (en lat. *ad*, à, *patres*, les pères; aux pères; prononcez *tress*.) Locution prise du latin. *Aller* ad patres, Aller vers ses pères, c'est-à-dire, Mourir. *Il est* ad patres, Il est mort; *il l'a envoyé* ad patres, Il l'a tué. Il est familier.

ADPHALANGINE, s. f. anat. Phalangine accessoire.

ADRAGANT, s. m. bot. Vulgairement *Gomme adragante.* Sorte de gomme découlant d'une espèce d'astragale qui croît en Perse.

ADRAGANTHINE, s. f. chim. Principe immédiat de la gomme adragant.

AD REM. (prononcez toutes les lettres; en latin *ad*, à, pour, *rem*, la chose; à la chose, pour la chose.) Locution empruntée au latin. A la chose même. *Réponse* ad rem; Réponse catégorique.

ADRESSE, s. f. (V. *Adroit* et *Adresser.*) Désignation précise du domicile d'une personne, d'un lieu où il faut aller, où l'on doit faire parvenir une lettre, un envoi : *Veuillez me donner votre* adresse. *Laissez-moi votre* adresse. *Il a donné une fausse* adresse. *Mettre l'adresse sur une lettre. Écrire l'adresse. Vous porterez cette lettre à son* adresse, c'est-à-dire, à l'adresse indiquée par la suscription. *Faire tenir une lettre à son* adresse, *des lettres à leur* adresse, *ou à leurs* adresses. — Au fig. et fam. *Le reproche va droit à son* adresse, A celui qui le mérite. *Le paquet est arrivé à son* adresse, se dit D'une raillerie ou d'un reproche énoncé d'une façon absolue, et qui est compris de celui à qui on le destine. —*Bureau d'adresses*, Établissement où l'on s'adresse pour les renseignements. —Au fig. Endroit où l'on débite des nouvelles : *Cette maison est un vrai bureau d'adresses.* Il se dit quelquefois D'une personne qui aime à débiter des nouvelles : *C'est un bureau d'adresses ambulant.* — Adresse, Lettre collective de respect, de félicitation, de condoléance, ou de demande adressée par un corps constitué au chef de l'État : *Projet d'adresse; l'adresse de la Chambre des Députés; la réponse à l'adresse. Le Conseil municipal de Rouen a présenté une adresse au Roi, à propos de cet événement. On a nommé une commission pour la rédaction de l'adresse.* —Habileté ordinaire, dextérité habituelle du corps ou de l'esprit : *Il montre beaucoup d'adresse dans les exercices du corps. L'adresse du corps consiste dans l'agilité des membres, dans un talent particulier à se servir du bras et de la main, ministres ordinaires de la volonté. Il fait cela avec beaucoup d'adresse. Il a beaucoup d'adresse dans tous les exercices du corps. Le maniement du fusil exige une grande adresse. Il est arrivé à son but par adresse. Il a beaucoup d'adresse au billard; il a eu l'adresse de terminer cette affaire. Il employa toute son adresse à le convaincre.* — Tour d'adresse, Tour de subtilité de main. *Cet escamoteur est admirable pour ses tours d'adresse.* — Il se prend quelquefois, mais plus rarement, pour exprimer un Tour de finesse d'esprit : Adresses de style, Finesses, tournures subtiles et délicates. *Fontenelle est surtout remarquable par ses adresses de style.* — Adresse de pinceau, Manière fine de peindre; au pluriel, Les touches qui indiquent de la finesse, de la facilité.

ADRESSER, v. a. (Dans la vieille langue, on disait *drect, dret* pour droit; de ce *drect*, précédé du préf. kym. *a*, on a obtenu *adrecter*, adresser; *direach*, en irl., droit, le droit, juste, droit, perpendiculaire : *di* préf. *reacht*, loi.) Envoyer quelqu'un ou quelque chose; faire parvenir à une adresse, à une personne : *Adresser une lettre, un paquet, des renseignements. Je vous adresserai mon frère. Il m'a adressé un homme très-instruit. Adressez-lui directement tout ce que vous aurez à me faire tenir. Vous lui adresserez ce paquet à la ville prochaine. En adressant vos lettres à mon frère, vous serez certain qu'elles me parviendront.* —Au fig. : Adresser la parole à quelqu'un, lui parler directement. *A qui adressez-vous ces mots?* Adresser un reproche; adresser une prière, des vœux, des hommages, des remercîments. *Adressez-lui vos prières; c'est à Dieu seul que vous devez adresser vos remercîments.* — Adresser ses pas, Se diriger vers... — Adresser s'emploie quelquefois comme verbe neutre et d'une manière absolue : *Il a adressé au but, vous avez mal adressé. Bien adresser n'est pas petite affaire.* LA FONT. — S'ADRESSER, v. pron. *Où s'adressent les* pas? *Où j'ai dessein d'aller.* MOL. — S'adresser à quelqu'un, Lui adresser la parole. *Je m'adresse à vous directement. Car c'est, comme j'ai dit, à vous que je m'adresse.* MOL. *C'est à vous, comme à leur seul refuge que s'adresseront tous les malheureux.* MASS. *Vous vous adressez mal. Vous avez tort de vous adresser à cette personne. Vous ne sauriez mieux vous adresser qu'à moi.* — *A qui pensez-vous vous adresser?* Expression pour marquer la surprise causée par une demande peu convenable. — S'ADRESSER, Être adressé. *Cette lettre s'adresse à vous. C'est à vous, s'il vous plait, que ce discours s'adresse.* MOL. *Cela s'adresse à moi,* Cela me concerne.

ADRESSÉ, ÉE, part.

ADROIT, TE. adj. (autr. *adestre, adret,* du préf. kym. *a,* et du lat. *dexter,* adroit; habileté vient de *dexteritas* par le même procédé.) Qui a de la dextérité de corps ou d'esprit, habile, entendu : *Il est adroit comme un singe. Elle est très-adroite à travailler. Il est très-adroit à tous les exercices du corps. Il faut être bien adroit pour mener de pareils esprits. Le plus adroit l'emporte toujours sur le plus fort.* — Il s'emploie également en s'appliquant aux choses : *Dans un discours fort adroit, il passa en revue tous les arguments de son adversaire.*

ADROITEMENT, adv. D'une manière adroite : *Il a agi très-adroitement en cette circonstance. Mener adroitement une affaire. Il manie très-adroitement le fusil. Il fait cela très-adroitement.*

ADROGATION, s. f. dr. rom. Adoption d'une personne *sui juris;* c'est-à-dire, D'un chef de famille.

ADROSTRAL, adj. et s. m. anat. C'est le nom de l'une des pièces de la mâchoire supérieure dans certains animaux.

ADROSTRE-LABIAL, adj. et s. m. anat. Nom de l'un des muscles de la bouche du têtard de grenouille.

ADSCAPÉAL, adj. et s. m. anat. Nom de l'une des pièces osseuses de l'oreille interne.

ADSCAPULO-HUMÉRAL, adj. et s. m. anat. Nom de l'un des muscles du bras de la salamandre.

ADSCAPULUM, s. m. anat. Nom de l'une des pièces de l'omoplate.

ADULAIRE, s. m. min. Variété du *feldspath orthosa,* selon le père Pini, de couleur blanchâtre, remarquable par son éclat nacré, et qui est employée par les lapidaires pour monter des bagues et des épingles.

ADULATEUR, TRICE, s., Celui, celle qui dans des vues basses et intéressées, donne des louanges exagérées à quelqu'un qui ne le mérite pas : *Gardez-vous de ces adulateurs qui ne vous flatteront que pour vous perdre.* FÉN. *C'est un lâche, un vil, un bas adulateur. Cette femme est une perfide adulatrice.* — Il s'emploie aussi comme adjectif dans le style soutenu : *Un langage adulateur, des paroles adulatrices.*

ADULATION, s. f. (V. *Aduler.*) Flatterie basse et intéressée : *Les louanges données à un roi sont toujours voisines de l'adulation.* MAL. *Une adulation honteuse.*

ADULER, v. a. (du lat. *adulare,* même sens; *adulatio,* flatterie, adulation; *adulator, adulatrix,* flatteur, flatteuse, adulateur, adulatrice.) Flatter bassement : *Les gens qui adulent la puissance sont toujours les plus ardents à opprimer la faiblesse. Il aime à se voir aduler.*

ADULÉ, ÉE, part.

ADULTE, adj. des 2 g. (du lat. *adultus, ta, tum,* qui a grandi, qui s'est formé.) Qui est parvenu à l'âge de raison, qui a pris tout son développement. On emploie ce terme pour exprimer spécialement le temps qui s'écoule de l'adolescence à la vieillesse : *Il n'est pas encore adulte. L'âge adulte.* — Il s'emploie aussi comme subst. : *On a établi des écoles pour les adultes. Le baptême des adultes. Ces ne sont pas exposés à cette maladie.* Il se disait, dans l'ancienne jurisprudence, des Personnes pubères, qui étaient mineures de vingt-cinq ans.

ADULTÉRATION, s. f. (du lat. *adulteratio,* altération, corruption.) pharm. Action d'altérer la pureté d'une substance par le mélange d'autres substances de qualité inférieure; résultat de cette action : *Adultération d'un médicament.* — jurispr. Il s'applique aussi à la Falsification des monnaies : *L'adultération des monnaies ruine le crédit public.* Il est peu usité.

ADULTÈRE, s. m. (du lat. *adulterium,* même sens; *ad,* à, vers, *aller,* autre.) Commerce illégitime avec une personne mariée, violation de la foi conjugale : *Les femmes accusées d'adultère étaient tenues de nommer un champion, qui attestât leur innocence en combattant pour elles.* ST. FOIX. *Ils ont été accusés d'adultère. On l'a surpris en adultère. Commettre un adultère.* — On appelle *Double adultère,* Celui qui a lieu entre deux personnes mariées; *Adultère simple,* Celui commis par une personne mariée avec une personne non mariée. — Il s'emploie aussi comme adj. pour qualifier, soit une personne qui viole la foi conjugale, soit le sentiment qui la pousse à cette faute : *Une femme adultère, une flamme adultère,* etc. — fig. : *Mélange adultère,* mélange vicieux.

ADULTÉRER, v. a. pharm. Altérer, falsifier les médicaments ou les aliments, de sorte qu'ils semblent être de bonne qualité, sans avoir l'efficacité de ceux qui le sont réellement; — v. n. et dans le sens de Commettre un adultère, il n'est plus usité.

ADULTÉRÉ, ÉE, part.

ADULTÉRIN, INE, adj. Qui est né d'un adultère. Il se prend quelquefois comme substantif : *Les adultérins ne peuvent pas être reconnus.*

ADUNCIROSTRE, adj. et s. m. ornith. Qui a le bec crochu.

ADUSTE, adj. des 2 g. (du lat. *adustus,* brûlé; *ad,* préf. aug. et *ustus,* brûlé, venant de *urere.*) méd. *Sang aduste, humeur aduste;* inusité.

ADUSTION, s. f. (du lat. *adustio,* brûlure.) méd. Cautérisation d'une partie du corps à l'aide du feu.

ADUTÉRIN, INE, adj. anat. Qui appartient, qui a rapport à l'adutérum.

ADUTÉRUM, s. m. anat. Portion de l'organe sexuel des oiseaux femelles, correspondant aux cornes de la matrice des mammifères.

ADVENIR, v. n. Arriver par accident; on écrit quelquefois *Avenir.* Il ne s'emploie qu'aux troisièmes personnes : *Advienne que pourra. Nous sommes préparés à ce qui peut advenir. Je ne puis me rendre responsable de toutes les choses qui adviendront. Vous direz, j'étais là, telle chose m'advint.* LA FONT. *S'il advenait par hasard; dans le cas où telle chose adviendrait. Quoi qu'il advienne; si le cas advenait.*

ADVENTICE, adj. des 2 g. (du lat. *adventitis,* qui arrive, qui vient.) log. Il s'applique, d'après la philosophie cartésienne, Aux idées venues du dehors, par opposition aux *idées innées.* — bot. Il se dit D'un bourgeon qui se développe hors de sa place ordinaire, comme sur les racines, les feuilles, etc. — méd. Il se dit Des maladies qui ne tiennent pas à la constitution, et qui ne sont pas héréditaires.

ADVENTIF, IVE, adj. (V. *Adventice.*) Il se dit dans le droit romain d'Une sorte de pécule concédé aux fils de famille en nue-propriété; il s'emploie quelquefois pour exprimer Une succession collatérale : *Une succession adventive.*

ADVERBE, s. m. (du lat. *adverbium,* même sens : *ad,* à, *verbum,* verbe.) gram. Mot qui se joint le plus souvent à un adjectif ou à un verbe, pour en déterminer la signification : *Agir prudemment, très-beau,* etc. *Prudemment, très,* qui modifient *agir* et *beau,* sont des adverbes.

ADVERBIAL, ALE, adj. gram. Qui tient de l'adverbe : *Sens dessus dessous* est une locution adverbiale. *Ab ovo, ad patres, ad honores* le sont également.

ADVERBIALEMENT, adv. gram. D'une manière adverbiale. Dans *courir vite, parler haut,* les adjectifs *vite, haut* sont pris *adverbialement.*

ADVERBIALITÉ, s. f. gram. Qualité de l'adverbe ou d'un mot pris comme adverbe.

ADVERSAIRE, s. m. (du lat. *adversarius,* même sens : *ad,* vers, contre; *versus,* tourné.) Celui qui nous est opposé dans un combat, une affaire, une discussion, un procès; celui qui nous dispute un avantage : *Désarmer, vaincre son adversaire; il ménage son adversaire. Il a en tête un puissant adversaire, un faible adversaire. Ce n'est pas un adversaire méprisable. Je ne puis que remercier Dieu de m'avoir donné de tels adversaires.* BEAUM. *On peut toujours se dispenser de réfuter ce qu'un adversaire s'est dispensé de prouver.* DUSS. — On l'emploie aussi pour une femme : *Cette femme est un terrible adversaire pour vous.*

ADVERSATIF, IVE, adj. gram. On appelle *injonction ou particule adversative* Celle qui est placée entre deux membres de phrase pour indiquer que le second forme une sorte d'opposition avec le premier, comme *mais,* dans cette phrase : *La racine de la science est amère, mais les fruits en sont doux.*

ADVERSE, adj. des 2 g. (V. *Adversaire.*) Contraire, opposé. Il ne s'emploie guère que dans cette locution : *La fortune adverse;* ou en termes de barreau : *La partie adverse,* La personne contre laquelle on plaide; *L'avocat adverse,* L'avocat de cette personne. — bot. Il se dit d'Une vrille qui naît du point diamétralement opposé à la feuille. — *Stigmate adverse,* Tourné vers la circonférence de la fleur. *Anthère adverse,* Attachée de manière à ce que la suture de ses vulves regarde le pistil.

ADVERSITÉ, s. f. (du lat. *adversitas,* même sens : V. *Adversaire.*) Mauvaise fortune, rigueur du sort, état de celui qui l'éprouve : *Être, tomber dans l'adversité. Rester ferme dans l'adversité. Succomber, résister à l'adversité. L'adversité ne l'a pas abattu. Louis XIV ne fut pas moins grand dans l'adversité, qu'il l'avait été dans la prospérité.* VOLT. Il s'emploie au pluriel pour exprimer Une suite de malheurs, d'infortunes : *Il a essuyé bien des adversités. Il faut subir les adversités que Dieu envoie. Il s'est toujours montré inébranlable au milieu des plus grandes adversités.*

ADY, s. m. bot. Nom d'un palmier des Antilles, dont on retire la liqueur fermentée nommée *Vin de palmier.*

ADYNAMICO-ATAXIQUE, adj. des 2 g. méd. Maladie qui réunit les caractères de l'adynamie et de l'ataxie.

ADYNAMIE, s. f. (de α priv. et de δύναμις, force.) méd. Faiblesse, défaut de forces, maladie par débilité, caractérisée par les prostrations des forces musculaires.

ADYNAMIQUE, adj. des 2 g. méd. Qui a rapport à l'adynamie, qui tient à l'adynamie.

ADYSETON, s. m. bot. Genre de plantes crucifères.

ÆCHMÉE, s. f. bot. Petite plante qui croît au Pérou.

ÆCIDINÉES ou OECIDINÉES, s. f. pl. bot. crypt. Petite famille de champignons formée aux dépens de celle des urédinées.

ÆDE, s. m. zool. Genre d'insectes diptères.

ÆDÉLITHE, s. f. min. Minéral gris, jaunâtre, verdâtre ou rouge pâle, en petites masses tuberculeuses, et à tissu fibreux, faisant feu avec l'acier. C'est la *zéolithe siliceuse* de Bergmann.

ÆDYCIE, s. f. bot. Famille de champignons qui croissent en Amérique.

ÆGAGRE, s. m. zool. Espèce de chèvre sauvage.

ÆGÉRIE, s. f. zool. Espèce de papillons nocturnes.

ÆGÉRITE, s. f. bot. Espèce de petits champignons parasites.

ÆGIALIE, s. f. zool. Genre d'insectes coléoptères.

ÆGIALITES, s. m. (du gr. αιγιαλίτης, du bord de la mer, αιγιαλός, le bord de la mer.) ornith. Troisième famille de l'ordre des échassiers, selon Vieillot, correspondant en partie à la famille des pressirostres de Cuvier. — *Ægialite* est aussi adjectif et se dit en parlant d'Oiseaux qui vivent sur le bord des eaux.

ÆGICÈRES, s. m. bot. Arbuste qui croît dans les régions intertropicales.

ÆGILOPINÉ, ÉE, adj. bot. Qui ressemble à l'ægilops.

ÆGILOPINÉES, s. f. pl. bot. Famille de plantes graminées.

ÆGILOPS, s. m. bot. Genre de plantes appartenant à la famille des graminées. Le professeur Latapie, de Bordeaux, pense que le blé a été obtenu par une culture longue et soignée de l'*ægilops ovata,* qui croît particulièrement en Sicile. — méd. Ulcère placé au grand angle de l'œil; fistule lacrymale.

ÆGINE, s. f. zool. Genre d'acalèphes.

ÆGINÉTIE, s. f. bot. Genre de plantes qui croissent sur les côtes du Malabar.

ÆGIPHILE, s. f. bot. Genre de plantes qui croissent dans l'Amérique méridionale.

ÆGIRINE, s. m. min. Minéral dont les cristaux ont de l'analogie avec ceux de l'amphibole hornblende.

ÆGITHALES, s. m. pl. (du gr. αιγίθαλος, même sens.) ornith. Neuvième famille de l'ordre des sylvains, selon Vieillot : *La mésange.* — *Ægithale,* adj. des 2 g. Se dit D'oiseaux qui se nourrissent d'abeilles.

**ÆGITHE**, s. m. zool. Genre d'insectes coléoptères.

**ÆGITHINE**, s. m. zool. Genre d'oiseaux communs en Afrique et dans l'île de Ceylan.

**ÆGLIFIN** ou **AIGREFIN**, s. m. ichth. Espèce de poisson du genre gade.

**ÆGOCÉPHALE**, adj. des 2 g. hist. nat. Qui a la tête semblable à celle d'une chèvre.

**ÆGOCÈRE**, s. f. zool. Genre de papillons.

**ÆGOLIEN, ENNE**, adj. (du gr. αἰγωλιὸς, chat-huant.) zool. Qui ressemble au hibou.

**ÆGOLIENS**, s. m. pl. ornith. Famille d'oiseaux renfermant tous les accipitres nocturnes, selon Vieillot.

**ÆGON**, s. m. zool. Genre de papillons.

**ÆGOPODE**, adj. des 2 g. (du gr. αἴξ, αἴγος, chèvre, et ποῦς, πόδος, pied.) zool. Dont les pattes ressemblent à celles d'une chèvre.

**ÆGOPODION** ou **ÆGOPODE**, s. m. bot. Genre de plantes ombellifères.

**ÆGYPTIAC**, s. m. et adj. pharm. vét. Onguent composé avec du vinaigre, du miel et du vert-de-gris, qui passe pour dessicatif et cathérétique.

**ÆLIE**, s. f. zool. Genre d'insectes hémiptères.

**ÆLODÉON**, s. m. mus. Sorte d'instrument, dans lequel le son provient de la vibration de languettes d'acier, différentes de longueur, et qui sont mises en mouvement au moyen de l'air.

**ÆLODON**, s. m. zool. Genre de reptiles.

**ÆNÉICOLLE**, adj. des 2 g. hist. nat. Qui a le col de couleur bronzée.

**ÆOLIPYLE**, s. f. V. ÉOLIPYLE.

**ÆQUINOLITHE**, s. m. min. Minéral du Mexique, trouvé dans les cavités de l'obsidienne, et ayant quelque analogie avec la sphérolithe ou sphérulithe.

**AÉRAGE**, s. m. didact. Il se dit Du renouvellement de l'air, dans l'intérieur d'une mine, au moyen de conduits qui communiquent avec le dehors.

**AÉRATION**, s. f. didact. Action de donner de l'air, dans les lieux où ce fluide a un accès difficile.

**AÉRER**, v. a. (V. *Air.*) Donner de l'air, purifier l'air d'une salle : Aérer *une salle de spectacle. On a établi des ventilateurs pour* aérer *convenablement.* Aérer *une galerie.* — Aérer, v. n. chass. Faire son aire, en parlant des oiseaux de proie.

**AÉRÉ, ÉE**, part. et adj. : *Cette maison est bien* aérée. Elle est exposée au grand air. *C'est un pays bien* aéré, L'air y est sain et vif.

**AÉRICOLE**, adj. des 2 g. hist. nat. Il se dit D'une plante, ou d'un animal qui vit dans l'air.

**AÉRIDE**, s. f. bot. Espèce de plante parasite qui croît sous les tropiques.

**AÉRIDUCTE**, s. m. zool. Nom de l'organe respiratoire spécial, qu'on voit sur diverses parties de certaines larves aquatiques d'insectes.

**AÉRIEN, ENNE**, adj. (V. *Air.*) Qui appartient à l'air, qui en est formé, qui habite dans l'air : *Phénomène* aérien. *Les esprits* aériens.—*Léger, pur, comme* l'air. *C'est une créature* aérienne. —anat. *Conduits aériens ou aérifères,* Destinés à porter l'air dans les poumons. — b.-arts. *Perspective aérienne,* Art de graduer la couleur et la lumière d'un tableau de manière à lui donner la profondeur, et repousser à leur plan les objets qui doivent paraître éloignés : *La perspective linéaire est une science positive; la perspective* aérienne *doit être toute de sentiment.*

**AÉRIFÈRE**, adj. des 2 g. (du lat. *aer*, air, et *ferre*, porter.) anat. Il se dit Des conduits qui servent à l'introduction de l'air dans le corps des êtres vivants.

**AÉRIFICATION**, s. f. chim. Action de convertir un corps en gaz ou en fluide élastique.

**AÉRIFORME**, adj. des 2 g. (V. *Air.*) Il se dit de Certains fluides qui sont transparents, compressibles et élastiques, comme l'air atmosphérique, mais qui en diffèrent par leur nature propre : *Le gaz hydrogène est une substance* aériforme.

**AÉRIQUE**, adj. des 2 g. min. Il se dit Des minéraux placés sous l'influence de l'air, tels que les combustibles.

**AÉRISER**, v. a. phys. Réduire à l'état de gaz.

**AÉRISÉ, ÉE**, part.

**AÉRITE**, adj. et s. m. zool. Il se dit en parlant Des animaux qui vivent exclusivement dans l'air.

**AÉRIVORE**, adj. des 2 g. hist. nat. Qui se nourrit d'air.

**AÉRODYNAMIQUE**, s. f. (ἀήρ, air, et δύναμις, force.) phys. Partie de cette science qui s'occupe de rechercher les lois des mouvements des gaz ou celles de la pression atmosphérique.

**AÉROGASTRE**, adj. et s. m. bot. Il se dit De certains champignons charnus qui viennent à la surface de la terre.

**AÉROGNOSIE**, s. f. (de ἀήρ, air, et γνῶσις, connaissance.) météor. Branche des sciences naturelles, traitant des propriétés de l'air, et du rôle qu'il joue dans la nature.

**AÉROGRAPHIE**, s. f. (du lat. *aer*, air, et γράφη, description.) Description, théorie de l'air.

**AÉROHYDRE**, adj. d. 2 g. (du gr. ἀήρ, air, et ὕδωρ, eau.) min. Il se dit en parlant D'un corps creux dont la cavité renferme une bulle d'air et un liquide.

**AÉROLITHE**, s. m. (de ἀήρ, air, et λίθος, pierre.) Pierre tombée du ciel : *Il est tombé dans le champ voisin un* aérolithe *de plus de dix livres.*

**AÉROLOGIE**, s. f. (de ἀήρ, air, et λογος, discours.) Partie de la physique médicale qui traite de l'air et de ses propriétés.

**AÉROMANCIE**, s. f. (de ἀήρ, air et de μαντεία, divination.) Art de deviner l'avenir d'après l'état de l'atmosphère et l'observation des météores.

**AÉROMÈTRE**, s. m. (μετρον, mesure.) Instrument pour mesurer la densité de l'air : *Construire un* aéromètre.

**AÉROMÉTRIE**, s. f. Science qui traite des propriétés de l'air, et qui en calcule les effets mécaniques : *Ce livre contient quelques éléments d'*aérométrie.

**AÉRONAUTE**, s. des 2 g. (du lat. *aer*, air, et *nauta*, nautonnier.) Celui, celle qui parcourt les airs dans un aérostat.: *C'est un célèbre* aéronaute. *Cette femme est une de nos plus célèbres* aéronautes.

**AÉROPHOBE**, adj. des 2 g. (de ἀήρ, air, et de φόβος, peur.) méd. Qui a peur, qui a horreur de l'air.

**AÉROPHOBIE**, s. f. (V. *Aérophobe.*) méd. Peur, horreur de l'air. Symptôme qui accompagne quelquefois la rage, l'hystérie et autres affections nerveuses.

**AÉROPHONES**, s. m. ornith. Huitième famille de l'ordre des échassiers, selon Vieillot, correspondant à la première tribu des cuttrirostres de Cuvier, et faisant partie de la deuxième famille des grailes de Temminck. —*Aérophone*, (gr. φωνη, son.) adj. zool. Qui a la voix retentissante.

**AÉROPHORE**, adj. des 2 g. (gr. φερω, je porte.) zool. Il se dit Des vaisseaux qui, chez certains animaux, transportent de l'air.

**AÉROPHYTES**, s. m. pl. bot. Dénomination par laquelle on désigne toutes les plantes qui vivent sur la terre, par opposition aux plantes hydrophytes, qui ne végètent que dans l'eau. Cette opposition se fait tout aussi bien sentir par les *plantes terrestres et les plantes aquatiques.*

**AÉROSITE**, s. f. min. Nom donné par Selb à une variété d'argent rouge sombre ou d'argyrithrose.

**AÉROSPHÈRE**, s. f. phys. La masse d'air qui enveloppe le globe terrestre.

**AÉROSTAT**, s. m. (du lat. *aer*, air, et *status*, action de se tenir, de se maintenir.) Ballon gonflé à l'aide d'un fluide plus léger que l'air, et au moyen duquel on peut s'élever dans l'atmosphère : *L'aérostat s'éleva aussitôt dans les airs.*

**AÉROSTATION**, s. f. Art de faire des aérostats et de les employer : *L'aérostation a fait de grands progrès depuis le commencement de ce siècle.*

**AÉROSTATIQUE**, adj. des 2 g. Qui appartient à l'aérostation. *Machine* aérostatique. — s. f. phys. Partie de la physique qui recherche les lois de l'équilibre des gaz.

**AÉROSTIER**, s. m. Celui qui dirige un aérostat. — art. mil. : C'est le nom d'un corps d'ingénieurs, créé et attaché à l'armée pendant les guerres de la Révolution. *A la bataille de Fleurus, les aérostiers rendirent des services signalés.*

**AÉROTONE**, s. m. art. mil. Sorte de fusil à vent.

**AÉROZOÉE**, adj. et s. m. zool. Il se dit Des animaux à qui l'air est indispensable.

**ÆRUGINEUX, EUSE**, adj. (du lat. *æruginosus*, rouillé, plein de rouille; rac. *ærugo, -inis*, rouille, vert-de-gris.) Il s'emploie pour désigner Des corps qui offrent soit la teinte de vert-de-gris, soit celle de la rouille.

**ÆSALIDES**, s. f. pl. entom. Famille ou tribu de coléoptères pentamères, de la division des rectocères thaléophages, selon Mac-Leay.

**ÆSCHYNITE** ou **AISCHYNITE**, s. m. min. Minéral des monts Ilmen, noir par réflexion, d'un jaune brunâtre par transparence, à éclat résineux et à cassure imparfaitement conchoïdale, selon Berzélius.

**ÆSCHYNOMÈNE**, s. m. bot. Genre de plantes légumineuses de l'Amérique.

**ÆSCULACÉES**, s. m. pl. bot. Nom donné par Lindley à la famille des hippocastanées.

**ÆSCULE**, s. m. (du lat. *æsculus*, sorte de chêne.) bot. Synonyme de *Maronnier d'Inde.*

**ÆSCULINE**, s. m. chim. Substance alcaline dont on a admis la présence dans les marrons d'Inde.

**ÆSHNE**, s. m. entom. Genre d'insectes vulgairement connus sous le nom de demoiselles.

**ÆSTHÈME**, m. didact. Sensation, sentiment.

**ÆSTHÉSIE**, s. f. didact. Sensibilité.

**ÆSTHÉTÈRE**, s. m. didact. Centre des sensations; faculté de sentir.

**AÉTÉE**, s. f. zool. Petit polypier de la mer Méditerranée.

**AÉTÉOLOGIE**, s. f. V. ÉLÉOLOGIE.

**ÆTHALIN, INE**, adj. bot. Qui ressemble à l'æthalion.

**ÆTHALION**, s. m. bot. Espèce de champignon.

**ÆTHÉOGAME**, adj. et s. f. bot. Épithète dont on se sert pour désigner la seconde classe de végétaux cryptogames, renfermant des plantes semi-vasculaires.

**ÆTHÉOGAMIE**, s. f. bot. Mot proposé par Palisot de Beauvoir, pour remplacer celui de cryptogamie.

**ÆTHIOMÈNE**, s. m. bot. Genre de plantes crucifères.

**ÆTHIONIQUE**, adj. m. chim. Il se dit De l'acide sulfovinique.

**ÆTHUSE**, s. f. bot. Genre de plantes ombellifères.

**ÆTIOLOGUE**, s. m. V. ÉTIOLOGUE.

**AÉTITE**, s. f. (du gr. ἀετος, aigle.) Espèce de pierre, connue aussi sous le nom de *Pierre d'aigle*, parce qu'on prétend qu'elle se trouve dans le nid de cet oiseau.

**AFATONIER**, s. m. Nom vulgaire du prunellier.

**AFFABILITÉ**, s. f. Qualité de celui qui accueille avec douceur et prévenance ceux qui ont affaire à lui. Il se dit surtout dans les rapports avec les inférieurs. *La reine les reçut avec une* affabilité *qui lui gagna tous les cœurs. Il nous a accueillis avec une* affabilité *charmante.*

**AFFABLE**, adj. des 2 g. (du lat. *affabilis*, même sens, *affabilitas*, affabilité: *ad*, à, vers; *fari*, parler.) Qui a de l'affabilité : *C'est un homme* affable *dans ses manières et dans son langage.* — Qui annonce l'affabilité : *Il a une figure très-*affable. *Des manières* affables.

**AFFABLEMENT**, adv. Avec affabilité. (V. *Affable*) Il est peu usité.

**AFFABULATION**, s. f. (du lat. *affabulatio*, même sens : *ad*, à, et *fabula*, fable.) litt. La morale d'une fable, d'un apologue, sentence morale qui résume la fable.

**AFFADIR**, v. a. (V. *Fade.*) Rendre fade, causer du dégoût. Il s'emploie également dans ces deux sens, au propre et au figuré : Affadir *un mets, un ragoût.* Affadir *une sauce. Cette nourriture m'*affadit. *Gardez-vous de ces expressions recherchées et prétentieuses, qui ne servent qu'à* affadir *le style.* VOLT. *Vos compliments* affadissent *le cœur.* — S'AFFADIR, Devenir fade : *Son esprit commence à s'affadir.*

**AFFADI, IE**, part.

**AFFADISSEMENT**, s. m. Malaise que produit la fadeur. Il s'emploie aussi au figuré : *Louer jusqu'à l'affadissement.*—méd. Altération du sens du goût, caractérisée par un affaiblissement de l'appétit et des forces digestives.

**AFFAIBLIR**, v. a. (V. *Faible.*) Rendre faible, diminuer, amoindrir : *Le travail a affaibli sa vue. Le temps affaiblit les douleurs les plus fortes. L'excès des plaisirs affaiblit le corps. Le temps a affaibli les partis. L'âge a affaibli son esprit, sa mémoire. Le chagrin a affaibli sa tête. Le vin affaiblit les nerfs. Son corps est affaibli par la maladie. Cette défaite a affaibli le parti. Les maladies ont affaibli l'armée.*—Affaiblir *les monnaies, les espèces d'or et d'argent,* En diminuer le titre. — S'AFFAIBLIR, Devenir faible, perdre de son énergie : *A soutenir ces luttes perpétuelles, l'âme finit par s'affaiblir. Sous leurs corps tremblotants leurs genoux s'affaiblissent.* BOIL.

**AFFAIBLI, IE**, part.

**AFFAIBLISSANT, ANTE**, adj. Qui affaiblit : *Un*

*nède* affaiblissant. *Une nourriture* affaiblissante.

**AFFAIBLISSEMENT**, s. m. Débilitation, diminu-... de forces, état de ce qui est affaibli, *L'affaiblis-... ment graduel de ses forces. L'affaiblissement de... facultés le força de quitter les affaires. L'affai-... ssement de la puissance royale fut le résultat de... te mesure. L'affaiblissement où il se trouvait ne... permit pas de parler plus longtemps.* MARIVAUX. *...affaiblissement d'un parti, d'une armée: L'affai-... ssement de nos troupes.* — Affaiblissement *des... nnaies*, Diminution de titre. *L'affaiblissement... s monnaies fut bientôt remplacé par la taille et... aides.* On l'emploie absolument: *Charles VII... ussa l'affaiblissement fort loin.* COMP.

**AFFAIRE**, s. f. Chose à faire, ce qui est l'objet... une occupation: *Avoir une affaire importante.... re en affaire, se trouver en affaire. Il a bien des... aires, il a mille affaires. Il est accablé, étourdi... affaires. Les affaires l'absorbent, les affaires le... ont. Il faut nous occuper de cela, toute affaire ces-... nte. Je n'en ferai mon affaire, je m'en charge.* — Prov. *...eu vous garde d'un homme qui n'a qu'une affaire,* c'est-à-dire, Un homme qui n'est occupé que d'une *ule affaire en fatigue tout le monde. C'est mon... aire,* C'est la chose que j'ai à faire, qui me regarde, doit inquiéter que moi. *Ce n'est pas votre affaire,... ilà votre affaire,* Voilà ce que vous avez à faire. *...ne s'occupe plus que de l'affaire de son salut. Je... is mon affaire de votre demande,* Je réponds de *à* succès.

**AFFAIRE.** Tout ce qui a rapport aux intérêts pu-... cs ou privés: *Affaires publiques, affaires de... État. Les affaires de l'Église. Les affaires spiri-... elles, temporelles. Suivre le cours des affaires.... iriger les affaires du royaume. L'administration... s affaires publiques. Les affaires sont en bon état.... a face des affaires, l'état des affaires. Vous pouvez... confier la conduite de vos affaires. Gérer les... aires de quelqu'un.* Il cherche à parvenir aux *aires. Il est mal dans ses affaires. Il a laissé ses... aires en désordre. Cela ne fait qu'embrouiller ses... aires. Il s'est chargé de toutes les affaires de la... ccession. Il a le maniement des affaires publiques.* — Homme d'affaires, Celui qui par profession sur-... ille les affaires d'autrui: *Vous verrez pour cela... n homme d'affaires. Une affaire d'intérêt.*—Faire *affaires*, Faire un gain, trouver un avantage. *...rsaires à corsaires, l'un l'autre s'attaquant, ne font... s leurs affaires.* LA FONT. *Cela ferait bien mon... aire, cela serait bien mon affaire; Cela me con-... ndrait. Et le moindre ducaton serait bien mieux... n affaire.* LA FONT. *J'ai trouvé votre affaire, cet... mme est votre affaire.*—Avoir affaire à quelqu'un, *oir* besoin de lui, avoir à lui parler. *Ce ne sont... s là mes affaires; mêlez-vous de vos affaires.*

**AFFAIRE.** Transaction commerciale, négoce, opé-... tion d'argent, entreprises: *Faire des affaires avec... elqu'un. Venise faisait beaucoup d'affaires avec... Orient. Il a mis son fils dans les affaires. Entrer... ns les affaires, quitter les affaires. Cette affaire... rait bonne. Il y a à gagner dans cette affaire. Les... aires ont été très-mal cette année. Nous avons... t pour cinquante mille francs d'affaires.*—Faire *aire*, Terminer une transaction. *Je ne crois pas... e nous fassions affaire ensemble.*—Faire ses pro-... res, Réussir dans ses entreprises, dans sa pro-... sion: *C'est un homme qui fait très-bien ses af-... res.*—Embarrassé dans ses affaires. *Il est très-mal... ns ses affaires. Il entreprend trop d'affaires. Il... ntend bien aux affaires. Il n'est pas propre aux... aires.*—ironiq. *Il a fait l'une belle affaire,* Il s'est *rdement* trompé dans une entreprise. — Gens *ffaires,* hommes d'affaires, Ceux qui s'occupent *négoce,* de banque, d'entreprises: *Le manieur... rgent, l'homme d'affaires, est un ours qu'on ne... rait apprivoiser.* LA BR.

**AFFAIRE.** Embarras, difficulté, danger, tout ce que *à à discuter avec quelqu'un: Il s'est mis une... uvaise affaire sur les bras. Une fâcheuse affaire.... tirer adroitement d'une affaire épineuse. Voilà... t le nœud de l'affaire. Susciter une affaire à... lqu'un. Sortir d'une affaire difficile avec hon-... r.* Entendre, débrouiller une affaire. Se charger *ne affaire. Rendre bon compte d'une affaire. Vous... s ferez, vous vous attirerez de méchantes affaires.... se fait des affaires avec tout le monde. Il se... une affaire de la moindre chose. Pesez bien les... séquences de cette affaire. Il faut vider cette... ire. Assoupir une affaire. Il ne veut avoir au-*

*cune affaire. Les trois frères trouvent un bien fort... grand, mais fort mêlé d'affaires.* LA FONT. *Ce n'est... pas une grande affaire.*—Avoir affaire à quelqu'un, Avoir contestation avec quelqu'un: *Prenez bien garde... à qui vous aurez affaire. C'est à moi que vous aurez... affaire.* — *Votre affaire est faite, Votre affaire est... bonne,* Termes ironiques pour exprimer qu'une pu-... nition, un malheur vous menace *Il est parvenu à se... tirer d'affaire. Ce malade est hors d'affaire,* Il est hors de danger.—Affaire d'honneur, Difficulté qui intéresse l'honneur, duel. On dit aussi simplement *une affaire. Il s'est très-bien tiré de sa première af-... faire.*—Affaire de cœur, Où le cœur se trouve engagé. —Procès, tout ce qui appartient au contentieux, ce qui est du ressort des tribunaux civils ou crimi-... nels: *Une affaire civile, criminelle. Une affaire... délicate, pénible, embrouillée. C'est une affaire de... rien, de peu d'importance. Il y a encore trois affaires... à juger avant la vôtre: Plaider une affaire au civil,... au criminel.* On a expédié quatre affaires depuis ce *matin.* On va vider votre affaire. Cette affaire se *rapportera la semaine prochaine. Être rapporteur... d'une affaire. Poursuivre une affaire.* Il entend bien le point, le fin de l'affaire.

**AFFAIRE** s'emploie dans le sens de Combat, action militaire: *Cet officier s'est bien montré dans la der-... nière affaire. Ce général s'est trouvé à toutes les... affaires. Il a vu bien des affaires. La dernière affaire... a été très-vive, très-chaude.*

**AFFAIRES DU TEMPS.** Événements publics: *Il s'oc-... cupe beaucoup des affaires du temps et néglige les... siennes.* Dans un sens analogue et plus étendu, on dit: *Les affaires de ce monde. Les affaires humaines.* —Avoir affaire de, Avoir besoin de: *Ne vous éloi-... gnez pas, j'aurai affaire de vous. Il a affaire d'ar-... gent.* N'avoir pas affaire de, N'avoir pas à s'occuper de, ne pas se soucier de: *Je n'ai pas affaire de toutes... vos discussions.* Dans un sens analogue, on dit iro-... niquement: *J'ai bien affaire de cet homme,* Je me soucie bien de lui. *Qu'ai-je affaire de tout ce bavar-... dage? Qu'aviez-vous affaire de lui dire cela?* Quel be-... soin aviez-vous. — *Avoir affaire avec une femme,* Être en commerce de galanterie avec elle; on dit également: *Elle a eu affaire avec cet homme.* — *Faire ses affaires. S'occuper de ses affaires.* — On dit prov.: *Traiter les affaires en commençant... par Argus et en finissant par Briarée,* pour dire; Agir en affaire avec vigilance et énergie. — fauc. Oiseau de bonne affaire, Celui qui est bien dressé.

**POINT D'AFFAIRES,** loc. adv. Nullement, en aucune façon: *Des conseils tant que vous voudrez, mais de... l'argent, point d'affaires.*

**AFFAIRÉ, ÉE,** adj. Qui a beaucoup d'affaires, qui est très-occupé d'une affaire: *Il est trop affairé... pour venir vous voir.*—Qui affecte d'être occupé. *Et... sans aucune affaire est toujours affairé.* MOL. Avoir l'air affairé, Paraître profondément occupé, avoir l'air inquiet, soucieux. *Il avait aujourd'hui l'air... bien affairé.*

**AFFAISSEMENT,** s. m. (V. *Affaisser.*) État de ce qui est affaissé: *Affaissement des terres, de l'esprit.... Je l'ai trouvé dans un grand affaissement. Ces ter-... rains ont éprouvé un grand affaissement. L'affais-... sement d'une maison, d'un mur.* — méd. Chute des forces. On dit aussi: *L'affaissement d'une... tumeur, de la cornée,* etc.

**AFFAISSER.** v. a. (V. *Faix.*) Faire baisser, faire ployer, faire courber, au propre et au figuré: *Les... pluies ont affaissé les terres. La trop grande quan-... tité de grains a affaissé le grenier. L'âge et le mal-... heur ont affaissé son esprit.* — S'AFFAISSER, Baisser: *Nos champs se sont considérablement affaissés. Il a... fallu étayer le mur qui s'affaissait. Il s'est affaissé... sous le poids des années.*

**AFFAISSÉ, ÉE,** part.

**AFFAITAGE,** s. m. fauc. Éducation d'un oiseau de proie.

**AFFAITER,** v. a. fauc. Apprivoiser, dresser un oiseau de proie.

**AFFAITÉ, ÉE,** part.

**AFFAITEUR,** s. m. fauc. Celui qui apprivoise un oiseau de proie, celui qui le dresse.

**AFFALE,** imp. du v. *affaler.* mar. Commande-... ment que l'on fait pour faire baisser une man-... œuvre.

**AFFALER,** v. a. mar. Soulever un cordage pour qu'il puisse courir plus facilement dans sa poulie, le faire descendre plus facilement: *Il faut affaler... la manœuvre.* Avec le pronom personnel il signifie

Se laisser glisser le long d'un cordage: *A ce signal,... le matelot s'affala le long du cordage, et fut tout de... suite à terre.* — *Affaler,* se dit aussi pour exprimer que Le vent met un bâtiment en danger d'échouer en le poussant vers la côte: *Le vent était sur le... point de nous affaler sur les rochers.* —Il s'emploie aussi dans ce sens avec le pronom personnel: *Un... instant de plus et le navire s'affalait sur la côte.*

**AFFALÉ, ÉE,** part. *Le vaisseau est* affalé, Il est arrêté par le vent sur la côte.

**AFFAMÉ, ÉE,** adj. (V. *Faim* et *Affamer.*) Qui est avide, qui désire ardemment: *Ton courage* affamé *de péril et de gloire.* BOIL. *Il est* affamé *de vous revoir. Ce cœur nourri de sang et de guerre* affamé. RAC. —Il se dit aussi d'Une écriture maigre et sans corps, d'un habit ou d'un meuble où l'on a ménagé l'étoffe. Ce sens a vieilli.

**AFFAMER,** v. a. (du préf. *a,* et de *fames,* faim.) Priver de vivres, amener la disette, exciter la faim: Affamer *une place, une province. Afin de forcer... les assiégés à se rendre, on prit la résolution de les* affamer.— fig. et fam.: *C'est un homme capable* d'affamer *toute une table,* C'est un gros mangeur. — pêch. Attirer au moyen d'un appât les sar-... dines à fleur d'eau, à l'endroit où l'on a tendu un filet.

**AFFAMÉ, ÉE,** part. Qui est pressé par la faim, qui est privé de nourriture: *Un tigre* affamé. *Comment... percer de rimeurs* affamés *cette foule effroyable?* BOIL. — prov. et fig.: *Ventre* affamé *n'a pas d'oreilles,* Celui qui est pressé par la faim n'est pas disposé à écouter ce qu'on lui dit.

**AFFANURE,** s. m. agric. Salaire en nature que l'on paie aux ouvriers employés à faire les récoltes.

**AFFÉAGEMENT,** s. m. Action d'afféager.

**AFFÉAGER,** v. a. anc. cout. Aliéner une partie de son fief, le faire tenir en arrière-fief ou en roture.

**AFFÉAGÉ, ÉE,** part.

**AFFECTATION,** s. f. (V. *Affecter.*) Manière de parler ou d'agir trop étudiée. *Cette femme est pleine... d'affectation. C'est une de ses affectations ordinaires.... Affectations de langage, de style, de manières.... Affectation marquée. Toutes vos petites affectations... ne le séduiront pas. Il met dans tout ce qu'il dit et... dans tout ce qu'il fait une affectation détestable.*— Conduite ayant pour but de se faire attribuer des qualités qu'on n'a pas: *Cette* affectation *de grave... extérieur.* MOL. Affectation *de modestie, de généro-... sité, de sensibilité.* — jurisp. Obligation hypothé-... quée sur un héritage — dr. can. Attribution exclu-... sive d'une place à certains sujets; réserve d'un bénéfice au pape, aux gradués, etc.

**AFFECTER,** v. a. (de *afficere,* et *affectare,* même sens; *ad,* à, préf. aug. et *facere,* faire, *factare,* faire souvent.) Feindre une qualité, un sentiment, une manière d'être qui n'est pas naturelle: *Il affecte... d'aimer beaucoup ses parents. Il* affecte *beaucoup... de sensibilité. Il* affecte *une modestie, une humi-... lité qu'il est loin d'avoir. Il* affecte *quelquefois de... la hauteur. Il* affecte *une dureté qu'il n'a pas. Il... affectait pour vous des sentiments fort tendres.* BOISSY. — Exagérer: *Il y a autant de faiblesse à... fuir la mode qu'à l'affecter.* LA BRUY.—Faire quel-... que chose avec intention, de dessein formé: *Il a... affecté de ne pas en dire un mot. Il* affecte *toujours... d'être occupé profondément. Si l'on* affecte *de cor-... rompre certains noms en les prononçant, c'est par... la bonne opinion qu'on a du sien.* LA BRUY.—Mar-... quer de la prédilection pour, Employer fréquem-... ment: *Nous* affectons *certaines positions dont nous... apercevons l'avantage sans en avoir les inconvé-... nients. Il* affecte *toujours la même place. Il* affecte *toujours certaines façons de parler qui ne sont plus... de ce temps.*—Affecter se dit de La disposition qu'ont certaines substances à prendre certaines figures: *Ces cristallisations* affectent *toujours la même forme.* — Aspirer à quelque chose d'élevé: *Il* affecte *le... pouvoir suprême.* Affecter *le premier rang.*—Affec-... ter, Toucher, émouvoir, chagriner: *La mort de son... frère l'a cruellement* affecté. — Rendre malade: *L'usage des liqueurs* affecte *la poitrine.*—Affecter, Destiner à un usage: *Il* affectait *chaque année une... somme considérable au soulagement des pauvres. Il... a* affecté *la moitié de ses revenus au paiement de ses... dettes. Le gouvernement a* affecté *cette somme à... l'entretien de la ville.* — Joindre, attacher: Affecter *une prérogative à telle ou telle dignité.*—S'AFFECTER, Se chagriner: *Il s'affecte de la moindre chose.... Il s'est beaucoup* affecté *de sa disgrâce.*

**AFFECTÉ, ÉE**, part. *Une somme affectée à une dépense. La partie affectée s'est enflée prodigieusement. Sincèrement affecté de votre douleur, il vous exprime la part qu'il y prend. J'ai été on ne peut plus affecté de votre manière d'agir. C'est une place affectée par votre frère.*—Employé comme adjectif, il signifie Qui a de l'affectation, où il y a de l'affectation : *Cette personne est affectée dans ses manières, dans son parler. Votre langage, votre style est trop affecté. Cette actrice est affectée en tout. Une modestie affectée.* — dr. can. Il se dit D'un bénéfice chargé de quelque réservation du pape. — alg. *Quantité affectée d'un coefficient, d'un exposant, d'un signe d'addition ou de soustraction,* c'est-à-dire, A laquelle est joint un coefficient, un exposant, etc.—*Équation affectée,* Équation dans laquelle l'inconnue est élevée à plusieurs puissances différentes. Cette dernière locution n'est plus en usage.

**AFFECTIF, IVE**, adj. t. de piété. Qui inspire de l'affection, qui est de nature à inspirer de l'affection: *Ce prédicateur a une éloquence très-affective. Une œuvre de théologie affective. C'est un prédicateur très-affectif.* — méd. On dit les *Facultés affectives,* pour exprimer Les aptitudes organiques qui disposent aux émotions, aux sentiments. On appelle *Causes affectives* Celles qui produisent une émotion. —didact. Il se dit Des facultés qui, par suite de l'impression des objets extérieurs, nous mettent dans telle ou telle disposition d'esprit. — phil. Qui peut être affecté.—théol. Qui ne consiste que dans l'affection du cœur et ne se manifeste pas au dehors par des effets sensibles.

**AFFECTION**, s. f. (du lat. *affectio,* amour, affection, d'où *affectionner.*) Amitié, sentiment de tendresse que l'on éprouve pour quelqu'un, vif attachement à quelque chose : *Il n'y a pas de moyen plus sûr de gagner l'affection des autres, que de leur donner la sienne.* ROUS. *Ne vous laissez pas aller à des affections trop ardentes pour les choses de ce monde.* MASCARON.—*Sentiment d'affection. Porter, témoigner de l'affection à quelqu'un. Il a mis en lui toutes ses affections. Elle est l'objet de toute son affection. Il parle de nous avec une grande affection. Il aime beaucoup son art et il en parle toujours d'affection. Il a fini par se détacher de toutes ses affections. Affection paternelle, maternelle. Avoir de l'affection. Je lui porte une grande affection. Témoignage d'affection. C'est en lui qu'elle a mis toute son affection. Il a la musique en grande affection. Il a pris son neveu en affection. N'avoir pas d'affection. N'avoir affection à rien. Se livrer avec affection à une étude. Toutes ses affections sont de ce côté-là.*—Pris en général, il exprime Les diverses manières dont l'âme est affectée. *Affections humaines. Affections de l'âme.*—méd. Il est synonyme de maladie : *Affection aiguë, lunatique, nerveuse,* etc. — géom. *Les affections des courbes* sont Les diverses propriétés qui appartiennent en particulier à chacune d'elles. — en théol. et surtout au pl., il se dit en parlant Des actes de la volonté et des élancements de l'âme vers Dieu.

**AFFECTIONNEMENT**, adv. Avec affection.

**AFFECTIONNER**, v. a. Aimer, s'intéresser vivement à : *Il affectionne beaucoup votre frère. L'étude des mathématiques est la seule chose qu'il affectionne.* — S'AFFECTIONNER, S'attacher à : *Il s'affectionne à tout ce qu'il entreprend.*

**AFFECTIONNÉ, ÉE**, part. Il s'emploie surtout comme Terme de civilité dans les formules placées au bas des lettres : *Votre affectionné serviteur. Votre très-humble et très-affectionné serviteur. Votre affectionné à vous servir, à vous rendre service.* Ces deux dernières formules ont vieilli.

**AFFECTUEUSEMENT**, adv. D'une manière affectueuse : *Il s'est conduit très-affectueusement à mon égard.*

**AFFECTUEUX, EUSE**, adj. Qui marque de l'affection, qui est disposé à l'affection : *Ses manières sont très-affectueuses. Il est très-affectueux pour moi. Des sentiments affectueux. Des paroles affectueuses. Il a prononcé un discours très-affectueux. Des mouvements affectueux. Il n'y a pas d'orateurs aussi affectueux que lui.*

**AFFENAGE**, s. m. (V. *Foin.*) agric. Action de donner à manger aux brebis. On le dit aussi pour les autres bestiaux.

**AFFÉRENT, ENTE**, adj. jurispr. Il ne s'emploie guère qu'au féminin et dans cette locution : *Une part, une portion afférente,* La part qui revient à chacun des intéressés dans un partage ou dans une propriété indivise. On dit aussi : *La somme, la dépense qui lui est afférente,* pour La somme, la dépense qu'il a à payer. — anat. *Vaisseaux afférents,* Les vaisseaux lymphatiques qui se rendent aux ganglions.

**AFFERMER**, v. a. Donner ou prendre à ferme. *L'État a affermé la perception des impôts. Il a reçu un pot-de-vin de celui qui a affermé sa propriété. Votre frère a affermé ses terres à la même personne.*

**AFFERMÉ, ÉE**, part.

**AFFERMIR**, v. a. (V. *Ferme.*) Rendre stable, consolider, assurer. Il s'emploie au propre et au figuré. : *Il faut affermir cette muraille. Il faut l'affermir dans sa résolution. Affermissez l'autorité du trône. Affermir quelqu'un dans un sentiment, dans une opinion. Affermir les croyances. Ce régime a affermi sa santé. Il sut affermir le repos de l'État. Affermir le crédit public, la tranquillité publique. Affermissez votre foi chancelante. Cette dernière victoire affermit la domination romaine en Espagne.* VERTOT. *Tâchez par vos discours d'affermir son courage.* VOLT. *C'est lui qui a affermi le roi sur son trône. Cette action a eu pour but d'affermir les soldats dans le devoir. Sa victoire affermit son sceptre dans ses mains.* CRÉBILLON. *Il a besoin qu'on l'affermisse dans cette idée. Affermir quelqu'un dans ses croyances. Affermir la couronne sur la tête d'un jeune prince.*—Donner de la consistance : *On affermit les gencives avec l'esprit-de-vin. La sécheresse avait affermi les terres.* On dit également dans ce sens *Raffermir. Ces terrains se sont affermis. Ces viandes s'affermissent par la cuisson. Affermissez-vous contre les coups du sort. Il faut que sa santé s'affermisse. Affermissez-vous dans ce dessein.* — man. On dit : *Affermir un cheval sur les hanches,* pour L'habituer à tenir les hanches basses; et *Affermir la bouche d'un cheval,* pour L'accoutumer à la bride.

**AFFERMI, IE**, part.

**AFFERMISSEMENT**, s. m. Action d'affermir, amélioration dans l'état d'une chose, appui : *L'affermissement des gencives.* Il ne s'emploie guère qu'au fig. : *L'affermissement de la santé; l'affermissement des lois, de la religion, du crédit public, de la tranquillité générale. Tous ces événements semblaient devoir contribuer à l'affermissement de la nouvelle dynastie.* GUIZOT. *C'est à cette mesure que l'on doit l'affermissement du crédit public.*

**AFFÉRON**, s. m. arts et mét. Petite pièce de métal, qui garnit les aiguillettes et les lacets.

**AFFÉTÉ, ÉE**, adj. Qui a de petites affectations dans les manières, le langage : *Cette femme est très-affétée dans ses manières. Il est trop affété pour un homme.* Il se dit aussi Des choses qui marquent l'affectation : *Paroles affétées. Je laisse aux doucereux ce langage affété.*— b.-arts. Il s'emploie, mais toujours en mauvaise part, pour signifier Une élégance qui n'est point naturelle.

**AFFÉTERIE**, s. f. Affectation mesquine et ridicule : *Il n'y a guère de petits-maîtres sans affectation, ni de petites-maîtresses sans afféterie.* ENCYC. *Afféterie de style, de langage.* — b.-arts. Élégante manière et peu naturelle. *Il y a beaucoup d'afféterie dans ses poses.*

**AFFETTO**, adv. mus. V. AFFETTUOSO.

**AFFETTUOSO**, adv. mus. Avec lenteur, avec sentiment, avec grâce. Ce mot nous vient de l'italien.

**AFFICHE**, s. f. (V. *Afficher.*) Feuille écrite ou imprimée que l'on placarde dans les rues pour annoncer quelque chose au public : *Une affiche de spectacle. Une affiche de vente. La muraille est tapissée d'affiches. Allez voir les affiches de spectacle. L'affiche de la comédie.* — *Petites affiches,* Journal d'annonces pour les terres, les maisons à vendre, les personnes à placer, les propriétés à louer. *Il a fait mettre sa maison dans les petites affiches. La vente est annoncée dans les petites affiches. Les affiches parisiennes.* — pêch. *Affiche,* Petit engin dont se servent les pêcheurs pour tendre un verveux. Longue perche garnie de fer par le bout avec laquelle les pêcheurs arrêtent et fixent leurs bateaux.

**AFFICHER**, v. a. (du lat. *Affigere,* attacher à, ficher; *ad,* à, *figere,* ficher.) Apposer une affiche, un placard : *Afficher une vente,* Annoncer une vente par une affiche. *Le tribunal a ordonné que l'on afficherait le jugement à cinquante exemplaires. On a affiché une nouvelle ordonnance de police.*—fig. Exposer en public, affecter de faire paraître : *Il a tort d'afficher de pareils sentiments. Il affiche de hautes prétentions. On dirait que vous prenez à tâche d'afficher votre déshonneur. Afficher l'irréligion,* Faire parade de son irréligion. *Afficher le bel esprit,* Se donner pour un bel esprit. *Afficher une femme,* Prendre plaisir à la compromettre : *Cette femme s'affiche,* Elle met elle-même le public dans la confidence de ses désordres.—S'AFFICHER, Se faire passer pour : *Il s'affiche partout pour homme de bien.*—cord. *Afficher,* Couper les extrémités du cuir lorsqu'il est sur la forme.

**AFFICHÉ, ÉE**, part.

**AFFICHEUR**, s. m. Celui qui pose les affiches : *Un afficheur de spectacle. Il a une permission d'afficheur.*

**AFFIDÉ, ÉE**, adj. A qui l'on donne sa confiance : *Je vous enverrai une personne affidée.* — Il s'emploie plus souvent comme subst. : *C'est mon affidé. Il a mis tous ses affidés à mes trousses.*

**AFFILE**, s. m. arts et mét. Nouet de toile plein de graisse.

**AFFILER**, v. a. (V. *Fil.*) Aiguiser le tranchant d'un instrument, lui donner le fil : *Affiler un rasoir, un couteau.* — fig. *Avoir la langue bien affilée, le caquet bien affilé,* se dit familièrement d'Une personne qui parle beaucoup et facilement : *Vous avez le caquet bien affilé pour une paysanne.* MOL. —agric. *Affiler.* Planter des arbres à la file les uns des autres, les aligner.—arts et mét. *Affiler,* Mettre un lingot d'or ou d'argent dans la filière.

**AFFILÉ, ÉE** part. Pris adjectiv., il s'emploie en parlant Des blés, quand la gelée en a rendu les fanes petites, pointues et filiformes.

**AFFILIATION**, s. f. (V. *Affilier.*) Association à une compagnie, association d'une communauté à une autre : *Il y a affiliation entre ces communautés religieuses.* Association mystérieuse d'un individu à une société, à une réunion d'hommes, etc.

**AFFILIER**, v. a. Associer à une société, à une compagnie, à une corporation : *On avait formé le projet d'affilier toutes ces compagnies à une société centrale.* Il s'emploie surtout avec le pronom personnel : *Il s'est affilié à une société, à une compagnie. L'Académie de Bordeaux sentit le besoin de s'affilier toutes ces sociétés savantes.* LAH.

**AFFILIÉ, ÉE**, part. Il s'emploie comme substantif : *Cette société a beaucoup d'affiliés dans la province.*

**AFFILOIR**, s. m. (V. *Affiler.*) techn. Sorte de pince qui sert à prendre le fer tranchant avec lequel l'ouvrier rature le parchemin.

**AFFILOIRES**, s. f. pl. (V. *Affiler.*) men. Assortiment, assemblage de pierres à aiguiser, placées dans un morceau de bois, et qui servent à affiler ou affûter les divers outils de fer ou d'acier.

**AFFINAGE**, s. m. (V. *Fin.*) Opération par laquelle on purifie les métaux en leur enlevant les corps étrangers qu'ils contenaient en mélange ou en combinaisons.

**AFFINEMENT**, s. m. techn. Action d'affiner, en parlant des métaux.

**AFFINER**, v. a. (V. *Fin.*) Nettoyer, purifier, n'importe par quel moyen : *Affiner les métaux. Affiner l'or et l'argent. Affiner de l'étain, du fer. Affiner le lin, le chanvre,* Le rendre plus délié en le passant par l'affinoir. *Affiner du sucre,* Le rendre plus fin plus pur. On dit encore, mais moins souvent qu'autrefois : *La cave, le temps affine le fromage,* Lui donne un goût plus relevé. — S'AFFINER, Devenir plus fort et meilleur : *Plusieurs métaux s'affinent aisément. Le fromage s'affine dans la cave.* — fig. *L'esprit s'affine dans le commerce du monde, par la conversation des hommes expérimentés.* — *Affiner* signifie encore Tromper, prendre par ruse : *Notre maître Mitis les trompe et les affine.* — mar. *Ce temps affine,* Devient plus beau. Dans cette dernière acception, affiner est toujours neutre. — rel. Renforcer le carton. — clout. Passer les clous sur la meule pour en former la pointe. — maç. Réduire en poudre très-fine le ciment.

**AFFINÉ, ÉE**, part.

**AFFINERIE**, s. f. (V. *Affiner.*) métal. Lieu où l'on affine. Forge où l'on tire le fer en fil d'archal. — com. Fer affiné et mis en rouleaux.

**AFFINEUR**, s. m. (V. *Affiner.*) métal. Celui qui affine les métaux, surtout l'or et l'argent : *Maître affineur. Des règlements ont souvent été rendus sur les affineurs.*

**AFFINITÉ**, s. f. (du lat. *affinitas*, parenté, alliance, lequel vient de *affinis*, allié, parent. Ce mot est composé de *ad*, à, et de *finis*, limite ; qui est sur la limite, voisin, allié.) Rapport de conformité ou de convenance qui se trouve entre deux choses : *Il y a une grande* affinité *entre ces deux sciences. L'*affinité *des caractères devrait être le principe de toute liaison. Ces langues ont entre elles beaucoup* d'affinité, *de nombreuses* affinités. Duc. — *Affinité* s'emploie aussi pour exprimer Une liaison que deux personnes ont ensemble, en raison d'une sympathie de caractère : *Il finit par s'établir entre nous deux une* affinité *assez étroite.* — *Affinité*, Alliance que le mariage établit entre un homme et les parents de sa femme, entre une femme et les parents de son mari : *Son mariage avec ma sœur a établi une* affinité *entre nous deux. Les divers degrés* d'affinité.— Affinité *spirituelle,* Celle que le baptême établit entre les parrains et les marraines, ou entre ceux-ci et les parents dont ils ont tenu les enfants. — chim. Disposition que des substances diverses ont à s'unir entre elles, pour former des composés nouveaux, où les qualités des composants aient en grande partie disparu. — min. chim. On nomme ainsi La force attirante qui s'exerce sur les molécules des corps et les tient unies entre elles.

**AFFINOIR**, s. m. (V. *Affiner.*) Instrument à travers lequel on fait passer le chanvre pour l'affiner.

**AFFIQUAGE**, s. m. techn. Opération qui consiste à faire ressortir les points de broderie du point d'Alençon, en y faisant passer l'extrémité d'une grosse patte de homard.

**AFFIQUER**, v. a. techn. Faire l'opération de l'affiquage.

Affiqué, ée, part.

**AFFIQUET**, s. m. Ajustement ; il se dit au pluriel, familièrement et par ironie, des accessoires de parure qu'emploie une femme : *Mon Dieu, que de brimborions et d'affiquets !* Danc. On appelle aussi *affiquet,* Un petit bâton qui sert, en tricotant, à soutenir l'aiguille, sur laquelle on place la maille faite, lorsqu'on veut en faire une nouvelle.

**AFFIRMATIF, VE**, adj. (V. *Affirmer.*) Qui assure qu'une chose est vraie. Il se dit des choses et des personnes : *Un geste, un air, un signe* affirmatif. *Il est très-affirmatif. Parler d'une manière* affirmative. *Je crois qu'il a été trop affirmatif là-dessus. Ses paroles étaient très-affirmatives. Il m'a fait une réponse* affirmative. *Avoir le ton trop affirmatif,* Être par habitude trop disposé à affirmer. — math. *Affirmatif,* Même signification qu'*additif.* — log. *Proposition* affirmative, Celle où il n'entre pas de négation : *Dieu est grand.* — **Affirmative** s'emploie substantivement pour exprimer Une proposition qui affirme : *Sur la question de culpabilité, tous les jurés furent pour l'affirmative. Les uns soutenaient l'affirmative, les autres la négative. Prendre l'affirmative. Il se tient à l'affirmative.*

**AFFIRMATION**, s. f. (V. *Affirmer.*) Action d'affirmer : *Une simple affirmation suffit dans cette circonstance. Je n'ai besoin que de votre affirmation.* — log. Proposition par laquelle on affirme l'expression qui rend la proposition affirmative. — procéd. Assurance avec serment : *Selon la déclaration et l'affirmation des parties. Recevoir une affirmation. Affirmation de compte. Le greffe des affirmations. Un acte d'affirmation. Le tribunal a reçu nos affirmations.* — Affirmation de voyage, Acte par lequel une partie affirme qu'elle s'est rendue à l'endroit où se plaide le procès dans lequel elle est intéressée, pour obtenir l'indemnité fixée par la loi.

**AFFIRMATIVEMENT**, adv. (V. *Affirmer.*) D'une manière affirmative : *Répondez-moi affirmativement. Il m'en a parlé affirmativement.*

**AFFIRMER**, v. a. (du lat. *affirmare*, assurer, affirmer : *affirmatio*, affirmation, *affirmativus*, affirmatif : *ad*, part. augm., et *firmare*, rendre ferme, *firmus*, ferme.) Déclarer, certifier la vérité d'une chose : *Il les fit paraître devant lui et affirmer par serment qu'ils n'avaient eu aucune connaissance de la conspiration.* Roll. — log. Exprimer par une proposition qu'une chose est : *Ma proposition affirme et la vôtre nie.* — procéd. Certifier avec serment : *Il nous a déclaré et affirmé par serment.*

Affirmé, ée, part.

**AFFIXE**, adj. des 2 g. (du lat. *affixus*, attaché à, joint à.) gram. Qui se joint ou s'attache ; il se dit Des particules qui se joignent aux mots, soit au commencement, soit à la fin. *Pré* dans *préposer,*

et *dà* dans *oui-dà,* sont des *affixes,* ou des particules affixes. — On le prend très-souvent substantivement. *Cette langue possède de nombreux* affixes. *En hébreu certains affixes ne s'emploient que dans le style poétique.* (V. *Préfixe* et *Suffixe.*)

**AFFLÉ, ÉE**, adj. (du kym. *avelet,* éventé, part. pass. du v. *aveli,* exposer à l'air, au vent, éventer : rac. *avel, awel,* pl. *avelou, awelau,* vent, souffle, air agité. Autrefois on disait : *affle,* vent, souffle.) Altéré par le contact de l'air : *Vin* afflé. *Liqueur* afflée.

**AFFLEURAGE**, s. m. pap. Action de délayer la pâte qui sert à fabriquer le papier.

**AFFLEURANT, ANTE**, adj. (V. *Affleurer.*) pap. Il se dit De la pile qui délaie à maillet nu et qui sert pour la fabrication du papier.

**AFFLEURÉE**, s. f. pap. Pâte qui est broyée par la pile affleurante.

**AFFLEUREMENT**, s. m. (V. *Fleur.*) géol. Portion apparente à la surface du sol, d'un *banc,* d'un *amas* ou d'un *filon,* dont les autres parties sont plus ou moins profondément cachées sous d'autres masses minérales.

**AFFLEURER**, v. a. (V. *Fleur.*) arch. Mettre à fleur, au niveau, réduire à une même surface deux corps saillants l'un sur l'autre : *Ce claveau sort plus que les autres ; il faut les affleurer.*—boul. Faire un mélange convenable de froment, de seigle et d'orge.

Affleuré, ée, part.

**AFFLICTIF, VE**, adj. (V. *Affliger.*) Il ne s'emploie guère qu'au féminin en se joignant au substantif *peine* : *Il a été condamné à une peine* afflictive. *Il a subi plusieurs peines afflictives. La peine* afflictive est le châtiment physique qui frappe la personne du condamné.

**AFFLICTION**, s. f. (V. *Affliger.*) Profond chagrin, accablement d'esprit, causé par une grande douleur : *Être dans l'affliction. Affliction profonde. Une* affliction *mortelle. Causer de l'affliction à quelqu'un. Les grandes afflictions ne sont pas toujours celles qui font le plus de bruit. Toute cette famille est plongée dans l'affliction. Il n'y a qu'une affliction qui dure, qui est celle qui vient de la perte des biens : le temps, qui adoucit toutes les autres, aigrit celle-ci.* La Bn. — Il s'emploie aussi pour exprimer Les malheurs mêmes qui font naître l'affliction : *Il faut nous soumettre aux afflictions que Dieu nous envoie. Les afflictions dont elle a été frappée.*

**AFFLIGEANT, ANTE**, adj. Qui cause de l'affliction : *Une nouvelle* affligeante. *Ce que vous me dites est bien* affligeant.

**AFFLIGER**, v. a. (du lat. *affligere*, punir, affliger : de *afflictio,* punition, affliction : *ad,* part. aug., et *plectere,* punir, châtier.) Causer de l'affliction : *La mort de votre frère m'a cruellement* affligé ! *Ce qui m'afflige le plus c'est sa conduite à votre égard. Votre lettre l'a bien* affligé. —Désoler, dévaster. *L'arrivée de ce prince au trône mit un terme aux maux qui affligeaient le pays.* Volt. On l'emploie quelquefois pour les personnes dans un sens analogue. *Cette mère a été cruellement affligée en la personne de ses enfants. Lorsque Dieu veut nous affliger, il nous envoie de pareils hommes.* Marmontel. —On dit aussi *Affliger son corps,* pour Le mortifier : *C'est ainsi qu'il affligeait son corps par des jeûnes et des macérations.* —Avec le pronom personnel, il signifie Se faire du chagrin, éprouver de la peine de quelque chose. *Vous avez tort de vous affliger pour si peu. Il s'afflige beaucoup de cette perte. Votre mère s'afflige à l'avance d'une séparation inévitable.*

Affligé, ée, part. *Une personne* affligée. Il se dit vulgairement d'Une partie du corps qui est malade : *La main est la partie la plus* affligée. —*Il est* affligé *de cent mille livres de rentes!* Antiphrase que l'on emploie en plaisantant. — Il se prend aussi comme substantif : *Secourir les malheureux, et consoler les* affligés. *Votre présence rendra la vie à un pauvre* affligé. Rouss.

**AFFLUENCE**, s. f. (V. *Affluer.*) Concours d'eaux et de matières liquides : *L'affluence des eaux fit déborder la rivière. L'affluence des humeurs vers cette région fut la cause de sa maladie.*—fig. Concours de personnes, grande abondance de choses : *La curiosité y attira une telle* affluence *de gens de toute espèce, que plus de la moitié passa la nuit hors des murs de Barante. Une immense* affluence *s'était portée à ce spectacle. Dès ce moment les grains abondèrent en* affluence. *Une grande* affluence *de peuple se pressait sous ses fenêtres. Il vit dans l'affluence de tous les biens.*

**AFFLUENT, ENTE**, adj. (V. *Affluer.*) *Une rivière* affluente, Une rivière qui se jette dans une autre rivière ou dans un fleuve : *Ce fleuve compte plus de quinze rivières* affluentes. On l'emploie comme substantif au masculin : *Le Rhône et ses* affluents. *Cette rivière est un des* affluents *du Rhin.* — méd. Il se dit Des humeurs en général, lorsqu'elles se dirigent vers un endroit plutôt que vers un autre.

**AFFLUER**, v. n. (du latin *affluere,* couler vers, venir en foule : dér. *affluxus,* action de couler vers, afflux, *affluens,* coulant vers, affluent : *ad,* vers, et *fluere,* couler.) Couler vers un même lieu.—fig. Se diriger vers un centre commun, arriver en abondance : *Toutes ces eaux affluent dans le Rhin. Le sang afflue vers le cœur. De toutes les parties de l'Europe les étrangers affluaient à Paris. Les vivres affluaient dans la ville. Croyez-vous, ignorants, qu'ils soient heureux ces hommes chez qui affluent tous les biens de la terre ?* Mercier.

**AFFLUX**, s. m. (V. *Affluer.*) méd. Concours des humeurs en général et du sang en particulier, vers un point quelconque de l'organisme.

**AFFOLAGE**, s. m. (rac. : *folium,* feuille.) hort. Maladie des anémones qui ne leur fait pousser que des feuilles, et les empêche de fleurir.

**AFFOLEMENT**, s. m. (V. *Affoler.*) phys. État d'une aiguille aimantée qui est affolée.

**AFFOLER**, v. a. (V. *Fou,-fol.*) Rendre violemment épris ; il ne s'emploie guère qu'au participe, ou avec le pronom personnel, et il se dit pour les choses comme pour les personnes : *Il s'est* affolé *de sa femme. Il est* affolé *de son château. S'affoler de quelqu'un, de quelque chose.* Il est familier.— hort. *Affoler,* v. n. (V. *Affolage.*) Pousser des feuilles au lieu de fleurs, en parlant des anémones.

Affolé, ée, part. mar. *Une aiguille* affolée, se dit d'Une aiguille de boussole que le voisinage du fer ou un violent orage a dérangée de sa direction naturelle : *On est quelquefois obligé d'aimanter de nouveau une aiguille* affolée. Acad.

**AFFORAGE**, s. m. t. de féodalité. On appelait ainsi Le droit que l'on payait à un seigneur pour la vente du vin.

**AFFOUAGE**, s. m. Droit que l'on a de prendre du bois dans les forêts pour se chauffer : *Ils prétendaient que l'affouage dans les forêts royales était un droit qui leur revenait.* — usin. Entretien en combustibles d'un établissement, d'une usine.

**AFFOUILLEMENT**, s. m. (V. *Fouiller.*) Action de creuser le fond des eaux pour y faire des recherches, ou pour y enlever des corps arrêtés par les sables : *L'affouillement des eaux.*

**AFFOUILLER**, v. a. (V. *Fouiller.*) Creuser le fond des eaux, chercher au fond des eaux les objets arrêtés dans les sables.

Affouillé, ée, part.

**AFFOURCHE**, s. f. (V. *Fourche.*) t. de mar. On appelle *Ancre* d'affourche, *câble* d'affourche, L'ancre et le câble qui servent à affourcher un bâtiment.

**AFFOURCHEMENT**, s. m. (V. *Affourcher.*) mar. et charp. Action d'affourcher ; effet de cette action.

**AFFOURCHER**, v. a. (V. *Fourcher.*) mar. Disposer deux ancres en les jetant à la mer de manière que leurs câbles forment une espèce de fourche : *On a affourché le bâtiment. Le vaisseau est* affourché *sur ses ancres. Le vaisseau est* affourché.—Il s'emploie également avec le pronom personnel ou comme verbe neutre : *Le bâtiment a* affourché *ou s'est* affourché. — mar. Il se dit D'un bâtiment qui est mouillé sur deux ancres qui manœuvrent ensemble et dont les câbles ressemblent à une fourche. — *Affourcher à la voile,* Porter l'ancre d'affourche avec le bâtiment, lorsque celui-ci a mouillé une ancre du bossoir, et en profitant de l'erre qu'il a conservée. — *Affourcher en patte d'oie,* Mouiller sur trois ancres formant une patte d'oie.

Affourché, ée, part. *Un vaisseau* affourché. — Il se dit famil. De celui qui est à califourchon sur une chose ou sur une bête de somme : *Il est* affourché *sur le mur. Il s'en allait sur son âne* affourché.

**AFFOURCHIE**, s. f. (V. *Affourcher.*) mar. Augmentation de vent, plus frais ou plus fort, qui oblige d'affourcher le vaisseau : *Vent* d'affourchie.

**AFFOURRAGEMENT**, s. m. agric. Action de donner du fourrage aux bestiaux.

**AFFOURRAGER**, v. a. Donner du fourrage aux bestiaux. — v. pr. *S'affourrager,* S'approvisionner de fourrage.

Affourragé, ée, part.

**AFFRAÎCHE,** s. f. mar. V. Affraîchie.

**AFFRAÎCHIE,** s. m. mar. Il se dit Du vent lorsqu'il augmente.

**AFFRAÎCHIR,** v. n. mar. Il se dit quand Le vent devient plus fort : *Le vent affraîchit, et nous approchâmes de l'ennemi.*

**AFFRANCHIR,** v. a. (V. *Franc.*) Déclarer libre, exempter d'une charge, d'une dépendance, délivrer de : *Avant de mourir, il affranchit tous ses esclaves. Il affranchit la ville d'un impôt aussi lourd.* Affranchir *quelqu'un de la taille. Ce mariage l'a affranchi de toute tutelle. Il ne fallait qu'un homme intrépide pour les affranchir de la servitude.* Vertot. *Votre démarche m'a affranchie de toute inquiétude. Il n'y a que la mort qui puisse nous affranchir des maux d'ici-bas. Vous devriez bien nous affranchir de votre présence. Cette dernière victoire nous a affranchis de la domination étrangère.* — t. de féod. Affranchir *un héritage,* Libérer un héritage de quelque servitude, de quelque charge. — Il s'emploie aussi avec le pronom personnel : *Les cantons réunis s'affranchirent du despotisme de l'Autriche. Il y a des préjugés dont il ne faut pas s'affranchir. Il a jugé à propos de s'affranchir de tout devoir, de toute gêne.* — Affranchir *une lettre, un paquet,* En payer le port au bureau d'où on le fait partir : *Il fait affranchir toutes les lettres qu'il m'adresse.* — art. et m. Affranchir *une futaille,* Faire brûler de l'esprit-de-vin dans son intérieur, avant de s'en-servir, afin d'enlever le goût du bois pour qu'il ne se communique pas au liquide qu'il doit renfermer. — art c. Affranchir *une friture,* Y jeter un morceau de croûte brûlée, la première fois qu'on la met sur le feu. — Affranchir *la pompe,* Lui faire jeter plus d'eau qu'il n'en entre dans le bâtiment. — vét. Châtrer un animal

**AFFRANCHI, IE,** part. Affranchi *de toute inquiétude, je coulerai désormais des jours heureux et tranquilles.* Fén. Il s'emploie souvent comme substantif pour exprimer Un esclave à qui l'on a donné la liberté : *C'était un simple affranchi qui gouvernait le monde. C'était une affranchie de son père. Rome à trois affranchis si longtemps asservie.* Rac.

**AFFRANCHISSEMENT,** s. m. (V. *Franc.*) Action d'affranchir un esclave, état de celui qui est affranchi : *La première chose qu'il proposa fut l'affranchissement des esclaves.* St-Réal. *On n'avait pas observé à son égard toutes les formalités de l'affranchissement. C'était à lui que ce nègre devait son affranchissement.* —Délivrance d'un pouvoir tyrannique, exemption d'une charge, d'une taxe, d'un droit onéreux : *Un peuple est invincible quand il combat pour son affranchissement. C'est de cette époque que date l'affranchissement des communes en France. Ils ont obtenu du roi des lettres d'affranchissement. Ils ne demandaient rien moins que l'affranchissement de toute taxe.* Dubos. *L'affranchissement d'une terre, d'une ville.* Action d'affranchir *une lettre, un envoi.* Affranchissement *libre ou facultatif, forcé ou obligatoire.* Affranchissement *limité,* Celui que l'on doit payer jusqu'à des limites désignées : *L'affranchissement des lettres est forcé jusqu'à la frontière.* —Ce que l'on paie pour affranchir : *Vous mettrez en compte l'affranchissement de nos lettres.*

**AFFRE,** s. f. (il paraît venir du gal. *afar,* deuil, tristesse.) Frayeur excessive. Il ne s'emploie guère qu'au pluriel et dans cette locution : *Les affres de la mort.*

**AFFRÉTEMENT,** s. m. (V. *Fréter.*) mar. Prix dont on convient pour le louage d'un vaisseau, acte qui établit cette convention : *Il n'a payé que la moitié de l'affrétement.*

**AFFRÉTER,** v. a. (V. *Fréter.*) mar. Prendre un vaisseau à louage en totalité ou en partie : *Nous affrétâmes un navire de deux cents tonneaux.*

**AFFRÉTÉ, ÉE,** part.

**AFFRÉTEUR,** s. m. mar. Celui qui prend un vaisseau à louage.

**AFFREUSEMENT,** adv. (V. *Affreux.*) D'une manière affreuse : *Il s'est affreusement conduit à mon égard. Il est affreusement laid.*

**AFFREUX, EUSE,** adj. (du gal. *afrwydd,* malheureux, funeste.) Qui est d'une laideur extrême, qui épouvante par son aspect : *Imaginez-vous la plus affreuse vieille qu'il fût possible de voir.* Ham. *Aussi c'était une chose affreuse. Il poussait des cris affreux. Dieux! quel affreux spectacle à mes yeux se présente!* Créb. — *Affreux,* Qui est à redouter par ses effets, qui est horrible à supporter : *C'est*

---

*un affreux écueil où les joueurs viennent se briser et se perdre.* La B. *On les fit périr dans les tortures les plus affreuses.* — Il s'emploie aussi au moral : *C'est l'âme la plus affreuse. Il a commis des actions affreuses. C'est une affreuse calomnie. Rien de plus affreux que l'ingratitude. Une pensée affreuse se présenta à mon esprit. N'est-ce pas affreux de se conduire ainsi? Le cœur saigne à la vue d'une aussi affreuse misère.* Dans ce sens on dit, *C'est un homme affreux,* non pas pour indiquer La laideur physique, mais La dépravation, l'excessive noirceur de l'âme.

**AFFRIANDER,** v. a. (V. *Friand.*) Rendre friand d'une chose, exciter l'appétit, le désir. — fig. Allécher par quelque chose d'agréable : *Cette nourriture m'affriande. On affriande le poisson à l'aide de ces mouches. Le récit du prétendu moine l'avait affriandé.* Les. — S'affriander, v. pron. S'accoutumer à la friandise, devenir gourmand. Il est familier.

**AFFRIANDÉ, ÉE,** part.

**AFFRICHER,** v. a. (V *Friche.*) agric. Laisser une terre en friche.

**AFFRICHÉ, ÉE,** part.

**AFFRIOLEMENT,** s. m, Action d'affrioler, effet de cette action.

**AFFRIOLER,** v. a. Il se dit familièrement pour *Affriander,* il est employé par Molière. — fig. Attirer par quelque chose d'agréable : *Ces promesses nous avaient affriolés.*

**AFFRIOLÉ, ÉE,** part.

**AFFRITER,** v. a. (V. *Frire.*) Faire fondre du beurre pour une friture. Il n'est pas dans l'Académie. — techn. Faire fondre du beurre dans une poêle neuve pour lui ôter le goût du fer.

**AFFRITÉ, ÉE,** part.

**AFFRONT,** s. m. (V. *Front.*) Injure grave, outrage : *Achève et prends ma vie après un tel affront.* Corn. *On ne doit jamais prendre pour affront ce qui vient de la part des religieux ou des femmes. Essuyer un affront,* Le recevoir. *Il a dévoré cet affront,* Il l'a souffert patiemment. Dans le même sens on dit : *Boire, avaler un affront. J'avalais en même temps le dîner et l'affront.* Did. *Il ne peut digérer cet affront,* Il ne peut l'oublier, il l'a toujours sur le cœur. *Il a reçu un affront public. Cet affront m'est bien sensible, bien cruel. Un sanglant affront. Je ne puis endurer cet affront.* — *Affront,* Honte, déshonneur : *Sa vie est un affront pour toute la famille. Nos armes eurent à subir un cruel affront dans cette fatale journée. L'affront de votre faute vous demeurera tout entier. Si vous répondez pour lui il ne vous fera pas affront,* Il ne trahira pas votre confiance. — *Sa mémoire lui a fait un affront, sa mémoire lui fait souvent affront;* se dit d'Un orateur ou d'un acteur à qui la mémoire a manqué ou manque d'habitude.

**AFFRONTAILLES,** s. f. pl. prat. Limites d'un terrain, marques où ces limites touchent d'autres terrains.

**AFFRONTER,** v. a. (V. *Affront.*) Braver, s'exposer à un danger, attaquer avec hardiesse : *Affronter les hasards de la guerre, les dangers d'un lointain voyage. J'ai vingt fois affronté la mort dans les combats et jamais je n'ai pu la rencontrer.* Volt. *Seul il osa affronter une armée entière. D'un peuple de mutins affronter la colère.* Créb. — Il s'emploie, mais rarement, pour Tromper, duper ; il a vieilli dans ce sens : *Vous m'avez affrontée, ah! trompeuse du diable.* Scarr.

**AFFRONTÉ, ÉE,** part. *Que de dangers affrontés pour ne parvenir à rien! Combien de gens affrontés par lui!* — blas. Il se dit de Deux animaux qui se regardent : *Il porte deux lions affrontés.*

**AFFRONTERIE,** s. f. (V. *Affront.*) Action d'affronter. Peu usité.

**AFFRONTEUR, EUSE,** adj. Celui, celle qui affronte, qui trompe : *Voyez donc l'affronteur qui m'en donne à garder.* Montf. *Quelle affronteuse!*

**AFFUBLEMENT,** s. m. (V. *Affubler.*) Habillement ridicule qui couvre le corps en entier ou en partie : *Allez-vous vous présenter devant lui avec un pareil affublement?*

**AFFUBLER,** v. a. (il paraît venir du lat. bar. *affibulare,* attacher avec une agrafe, fait de *fibula,* crochet, agrafe.) Couvrir, envelopper le corps en entier ou en partie, habiller ridiculement. — *Comme vous voilà affublé,* Comme vous voilà bizarrement vêtu : *Votre tailleur vous a joliment affu-*

---

blé. Il s'emploie dans le même sens avec le pronom personnel : *Notre vieille s'affublait d'un jupon crasseux et détestable.* La Font.

**AFFUBLÉ, ÉE,** part. Affublé *d'une longue mante. Des hommes affublés de manteaux qui leur cachaient la moitié du visage, se glissèrent parmi nous.* — fig. et fam. *C'était un homme affublé de ridicules, et fourré de vices comme d'hermine.* Did.

**AFFUSION,** s. f. (du lat. *affusio,* action de verser, de répandre.) pharm. Action de verser un liquide quelconque sur des médicaments. — thér. Versement abondant d'eau froide sur la totalité ou sur une partie du corps, ce qui se pratique surtout dans les fièvres de mauvais caractères.

**AFFÛT,** s. m. chass. Lieu où l'on se cache, où l'on se poste pour attendre le gibier et tirer dessus au moment où il passe : *Nous avons choisi un bon affût. Nous sommes restés à l'affût pendant trois heures. Il a tué deux lièvres à l'affût. Il est sorti de son affût sans avoir rien tué. Attendre un loup, un sanglier à l'affût.* — fig. *Être à l'affût de quelque chose,* Épier l'occasion de faire, d'obtenir quelque chose : *Il est toujours à l'affût de la faveur. Il est des esprits qui ne peuvent rien attraper qu'à la volée, d'autres à la piste, d'autres à l'affût.* Boiste. *Être à l'affût des nouvelles,* Rechercher les nouvelles. Dans un sens analogue, on dit : *Il est à l'affût de toutes les conversations,* Il épie tout ce que l'on dit. — art mil *Affût,* Machine de bois ou de métal pour soutenir ou mouvoir un canon : *Affût de campagne, de place.* Affûts *non mobiles, roulants, glissants. Poser un canon sur son affût. Mettre l'affût en mouvement. Cet affût est hors d'état de servir.* — Affût-traineau, espèce d'Affût d'artillerie de montagne.

**AFFÛTAGE,** s. m. Action d'aiguiser, de mettre des outils en bon état; façon que le chapelier donne à un vieux chapeau. — Assortiment d'outils nécessaires à un ouvrier. — Action de disposer le canon pour le tirer : *On a tout fait pour l'affûtage.* Il n'est plus usité dans ce sens.

**AFFÛTER,** v. a. Aiguiser un outil, le mettre en bon état : *Il est en train d'affûter son ciseau.* Affûter *son burin.* On dit aussi : *Affûter son crayon,* pour En refaire la pointe. — Disposer une pièce d'artillerie pour tirer : *Il fit préparer ses hommes au combat et affûter les pièces.* Il n'est plus usité dans ce sens. — chass. S'affûter, v. pron. Se mettre à l'affût; fig. et fam. Épier l'occasion de faire quelque chose.

**AFFÛTÉ, ÉE,** part.

**AFFÛTIAU,** s. m. Affiquet, brimborion, bagatelle. Il est populaire. — pl. Ce dont on a besoin pour faire quelque chose : *Donnez-moi tous mes affûtiaux.*

**AFIN,** conj. qui marque l'Intention, le but, la fin. Afin *de* régit l'infinitif, *afin que* exige le subjonctif : *Il faut veiller sur ses paroles, afin de ne pas nuire au prochain. La loi était ainsi faite, afin qu'il fût évident pour les citoyens qu'ils étaient tous enfants de la patrie.* (V. *Pour, pour que.*)

**AFIOUME,** s. m. comm. Espèce de lin très-fin qui nous vient du Levant.

**AFISTOLER,** v. a. Terme populaire qui s'emploie plaisamment et ironiquement dans le sens d'Orner, de parer, d'ajuster : *Qui vous a afistolé de la sorte? Elle était joliment afistolée ce jour-là.*

**AFISTOLÉ, ÉE,** part.

**AFROSALINO,** s. m. minér. Sorte de gypse à stries très-fines, de consistance farineuse, quoique assez ferme, qui se trouve en Italie.

**AFZÉLIE,** s. f. bot. Genre de plantes légumineuses qui croissent en Afrique.

**AGA,** s. m. (c'est un mot oriental qui signifie, maître, seigneur, chef.) Titre que prennent en général les chefs militaires chez les Turcs : *Aga des janissaires.* — vén. Cri que les chasseurs font entendre pour encourager les chiens à quêter le gibier dans les bois, et à les remettre sur la voie du gibier lorsqu'ils l'ont perdue.

**AGAÇANT, ANTE,** adj. (V. *Agacer.*) Qui excite, qui cherche à exciter : *Des manières agaçantes. Les propos agaçants de toutes nos coquettes.* Dest. *C'est une personne assez agaçante.*

**AGACE ou AGASSE,** s. f. (du br. *agas,* espèce de pie.) ornith. Nom populaire de la pie dans plusieurs parties de la France. On dit aussi *agache.*

**AGACEMENT,** s. m. Sensation désagréable que produisent les acides sur les dents : *Les dents éprou-*

vent un agacement *insupportable*. Agacement *des nerfs*, Légère irritation du système nerveux. Dans ce sens on l'emploie aussi absolument : *Ce bruit me cause des agacements.*

AGACER, v. a. Causer aux dents cette sensation désagréable qui est produite par les acides : *Les fruits verts agacent les nerfs*. Agacer *les nerfs*, Les irriter légèrement. *Ce bruit, ce frottement m'agace les nerfs.* — fig. *Agacer*, Provoquer, irriter : *Ne soyez pas toujours à agacer cet enfant. Si vous agacez ce chien, il va vous mordre.* — Avec un nom de chose pour sujet, il signifie Contrarier, impatienter : *Il n'y a rien qui agace comme ces contrariétés continuelles.* — Ils emploient aussi pour Animer, exciter quelqu'un : *A force de l'agacer, on parvient à le rendre aimable.* Il se dit spécialement d'Une femme qui cherche à attirer l'attention d'un homme par des regards ou des paroles : *Elle est continuellement à l'agacer.*

AGACÉ, ÉE, part. *Elle a les nerfs agacés, les dents agacées. Je suis tout agacé. Il n'a de conversation que quand il est agacé.*

AGACERIE, s. f. Petites manières, discours dont on se sert pour attirer l'attention de quelqu'un à qui l'on veut plaire ; il s'applique surtout aux femmes : *Elle lui a fait beaucoup d'agaceries. Il n'a pas su résister à ses agaceries.*

AGADA, s. m. mus. Instrument à vent de la grandeur et de la forme d'une flûte, en usage chez les Égyptiens et les Abyssiniens.

AGALACTE, adj. des 2 g. (du gr. ἀγάλακτος, sans lait, composé de α priv. et de γάλα, γάλακτος, lait.) méd. Qui n'a point tété, s'il s'agit d'un enfant ; qui n'a point de lait, s'il est question d'une nourrice.

AGALACTIE, s. f. (du gr. ἀγαλακτία, privation de lait. V. *Agalacte.*) méd. Absence de lait chez les nouvelles accouchées et chez les nourrices. On dit aussi, mais moins bien, *Agalaxie.*

AGALER, v. a. agric. Faire un premier sarclage dans un champ de maïs.

AGALÉ, ÉE, part.

AGALIKEMAN, s. m. mus. Instrument à archet avec un pied, en usage chez les Turcs, et qui se joue comme le violoncelle.

AGALLOCHE, s. m. (du gr. ἀγάλλοχον, qui signifie aloès.) pharm. Bois résineux et très-aromatique, employé aujourd'hui beaucoup moins qu'autrefois. (V. *Aloès.*)

AGALMATOLITHE, s. f. (du gr. ἄγαλμα, ἀγάλματος, ornement, et λίθος, pierre.) min. Synonyme de *Pagodite.* (V. ce mot.) Sorte de talc, variété de la pierre de fard de la Chine, dont on fait des figures grotesques ou *magots.*

AGALME, s. f. zool. Genre d'acalèphes.

AGALOSTÉMONE, s. f. bot. Sorte de plante à étamines insérées alternativement sur la corolle et sur le calice. — Il est aussi adj. des 2 g.

AGALYSIEN, adj. m. géol. Il s'emploie pour désigner Un terrain composé de roches par cristallisation confuse.

AGAMES, s. et adj. des 2 g. (du gr. γάμος, noce, mariage, précédé de l'α priv.) bot. crypt. Sans noces ou sans sexe. On a donné ce nom à une grande classe de plantes chez lesquelles les organes de la fécondation n'existent pas, ou ne sont pas apparents : *Les champignons sont des plantes agames.* — moll. Second grand embranchement des mollusques, selon Latreille.

AGAMI, s. m. ornith. Oiseau échassier, de l'ordre des alectorides de Temminck. Il est de la grosseur d'un faisan, se plie à la domesticité, et montre, en cet état, une intelligence approchant de celle du chien. Il garde la maison, les troupeaux, crie contre les malfaiteurs et les étrangers, fait sa ronde de surveillance matin et soir, etc.

AGAMIDES, s. m. pl. zool. Famille de reptiles sauriens. Il est aussi adjectif des 2 g. et signifie Qui ressemble à un agame.

AGAMIE, s. f. bot. État d'une plante dépourvue d'organes sexuels.

AGAMIENS, s. m. pl. rept. Lézards appartenant à la première section des iguaniens, selon Cuvier.

AGANIDE, s. m. zool. Genre de coquilles fossiles.

AGAPANTHE, s. f. (du gr. ἀγάπη, j'aime, et ἄνθος, fleur.) bot. Genre de plantes appartenant à la tribu des hémérocallidées, dans la famille des liliacées. L'agapanthe en ombelle est aujourd'hui très-commune dans nos jardins.

AGAPE, s. f. (du gr. ἀγάπη, amour, d'où vient ἀγαπητός, aimable.) Repas fraternel que les premiers chrétiens prenaient en commun dans les églises : *Plusieurs peintures des Catacombes représentent des agapes.*

AGAPÈTES, s. f. pl. (V. *Agape.*) Filles qui, dans les premiers siècles de l'Église, vivaient en communauté sans avoir prononcé de vœux.

AGAPHITE, s. f. min. Pierre bleue, nommée calaïte par Pline, et turquoise orientale par nos joailliers.

AGARIC, s. m. (du gr. ἀγαρικόν, champignon.) bot. crypt. Genre de plantes appartenant à la famille des champignons. Quelques espèces d'agarics sont alimentaires, le champignon de couche, le mousseron, etc.; mais beaucoup d'autres sont très-vénéneuses. — bot. pharm. Nom donné par les pharmaciens au boletus laricis, de Bulliard, et au boletus purgans ou officinalis, d'autres naturalistes. Il croît sur le mélèze, et est employé en médecine comme drastique violent. — Agaric *des chirurgiens*. Les pharmaciens nomment ainsi L'amadou qui n'a pas été trempé dans une solution d'azotate de potasse. On le prépare avec la chair des polyporus ignarius, fomentarius et autres.

AGARIC-MINÉRAL, s. m. min. Nom donné par les anciens minéralogistes à une variété de calcaire blanche et spongieuse, comme la chair d'un champignon. On la connaît aussi sous les noms de farine fossile, lait de lune, moelle de pierre et lait de montagne.

AGARICICOLE, adj. des 2 g. (du gr. ἀγαρικόν, champignon, et du lat. colere, cultiver, habiter.) zool. Il se dit de certains insectes qui se nourrissent dans les agarics.

AGARICIE, s. f. zool. Genre de polypiers.

AGARICIFORME, adj. des 2 g. (du gr. ἀγαρικόν, champignon, et du lat. forma, forme.) bot. Qui est en forme d'agaric : *Plante agariciforme.*

AGARICIN, INE, adj. hist. nat. Qui ressemble à un agaric, qui croît sur les agarics, qui vit dans les agarics.

AGARICINÉES, AGARICÉES, AGARICOÏDES, s. f. pl. bot. crypt. Tribu, ordre, ou sous-ordre de la famille des champignons.

AGARICITE, s. m. paléont. Nom donné par certains géologues à des Polypiers fossiles plus ou moins voisins des agaricinées.

AGARICON, s. m. V. *Agaric des chirurgiens*, au mot AGARIC.

AGARISTE, s. m. zool. Genre d'insectes lépidoptères.

AGAS, s. m. bot. Nom vulgaire de l'érable champêtre, dans une partie de la France.

AGASSIN, s. m. agric. Bouton de vigne placé tout au bas du cep et qui ne donne jamais de grappe.

AGASTRAIRE, adj. et s. m. V. AGASTRIQUE.

AGASTRIQUE, adj. des 2 g. et s. m. (de α priv. et de γαστήρ, ventre.) zool. Qui n'offre aucune trace de canal intestinal.

AGASTRONERVIE, s. f. méd. Manque d'action nerveuse dans l'estomac.

AGASTROZOAIRE, adj. des 2 g. et s. m. Il se dit Des animaux auxquels il manque un canal intestinal.

AGATE, et non AGATHE, s. f. (du gr. ἀχάτης, même sens.) min. Nom que l'on donne à Toutes les variétés de quartz qui n'ont pas l'aspect vitreux, qui sont compactes, demi-transparentes, ont la cassure semblable à celle de la cire, et se distinguent des silex ordinaires par la finesse de leur pâte, le brillant de leur poli, la vivacité et la variété de leurs couleurs. — Agate d'Islande (V. *Obsidienne.*) — Agate noire (V. *Jayet.*) — Agates herborisées ou arborisées, Celles dans lesquelles on aperçoit des accidents semblables à des buissons, rameaux ou arbrisseaux entiers. — joail. Agate se dit de Toute sorte d'ouvrages d'agate représentant quelque chose. *C'est dans le cabinet du roi que l'on voit la plus belle agate. Une agate d'Alexandre*, La représentation de la tête d'Alexandre sur une agate.. — arts et mét. Agate, Instrument dans lequel est enchâssée une agate, et qui sert à brunir l'or ou la tranche marbrée des livres reliés.

AGATÉ, ÉE, adj. min. Il s'emploie en parlant d'Une substance minérale qui est interrompue par des portions d'agate.

AGATHIDIE, s. m. (du gr. ἀγαθίς, -ίδος, petite pelote.) zool. Genre d'insectes de l'ordre des coléoptères.

AGATHIE, s. f. bot. Petite plante du cap de Bonne-Espérance.

AGATHINE, s. f. zool. Genre de coquilles voisines du limaçon terrestre.

AGATHIRSE, s. m. zool. Genre de coquilles.

AGATHISTIQUE, adj. et s. m. zool. Certaines coquilles univalves.

AGATHOÏDE, adj. des 2 g. (du gr. ἀγαθόν, bon, d'où τὸ ἀγαθόν, le bien ; et de εἶδος, apparence, vue.) Qui fait naître le sentiment du bien, qui ressemble au bien.

AGATHOPHOLIDOPHIDES, adj. et s. m. (du gr. ἀγαθός, bon, φολίς, φολίδος, écaille, et ὄφις, serpent.) rept. Nom ridicule par sa longueur, que donne Rilgen à une famille de reptiles ophidiens, comprenant Les serpents écailleux qui n'ont pas de crochets à venin.

AGATIFÈRE, adj. des 2 g. minér. Qui renferme, qui contient de l'agate.

AGATIFIER (S'), v. pron. minér. Se changer, se former en agate. On dit aussi s'agatiser.

AGATIFIÉ, ÉE, part.

AGATIN, INE, adj. zool. Qui a la teinte ou la couleur d'une agate.

AGATOÏDES, adj. des 2 g. (ἀχάτης, agate, et εἶδος, apparence.) min. Épithète que l'on donne à Certaines pierres quand elles affectent de la ressemblance avec l'agate.

AGATOÏQUE, adj. des 2 g. min. Qui a l'apparence de l'agate.

AGAVÉ, s. m. (du gr. f. ἀγαυός, ή, όν, admirable, illustre.) bot. Genre de plantes grasses, connues et cultivées dans nos jardins sous le faux nom d'aloès, appartenant à la famille des amaryllidées. Toutes les espèces sont d'Amérique : *En certains pays on fait avec l'agavé des haies impénétrables.*

ÂGE, s. m. (du gal. oed, ou oes, âge ; oedfog, âgé.) Durée ordinaire de la vie humaine : *L'âge moyen de l'homme ne dépasse guère soixante ans.* Il se dit aussi en ce sens Des animaux : *L'âge du cheval va de vingt à trente ans.* — Époques de la vie de l'homme : *Premier âge, second âge. Bonnets, chemises du premier âge*, Bonnets, chemises que l'on met aux enfants. *Bas âge, âge de raison, âge nubile, âge de discrétion, âge mûr, âge avancé. Il a atteint l'âge d'homme ; il est parvenu à l'âge viril. La vigueur, la caducité de l'âge, le bel âge*, pour la jeunesse ; la fleur de l'âge, l'âge des plaisirs. — Âge critique, Auquel les femmes cessent d'avoir leurs règles. — Âge du lait, Le temps qui s'est écoulé depuis qu'une nourrice est accouchée. — Temps qui s'est écoulé depuis la naissance : *Il a atteint l'âge de quarante ans ; il est de mon âge ; quel âge a votre frère ? Je voudrais qu'à cet âge on sortît de la vie ainsi que d'un banquet.* LA FONT. *Une femme coquette oublie que l'âge est écrit sur le visage.* LA BRUY. On dit d'une personne : *Que sa figure n'a point d'âge ;* c'est-à-dire, qu'A la voir, on ne saurait deviner son âge. — Être d'âge à, avoir un âge qui permet de.... : *Votre sœur est bien d'âge à savoir se conduire.* DUFRESNY. — Il s'emploie aussi pour les animaux ; on dit d'un cheval : *Qu'il est hors d'âge*, Lorsqu'il n'a plus les marques par lesquelles on connaît l'âge des chevaux ; *qu'il est de bon âge*, pour dire qu'il est dans toute sa force. — agric. Age, Flèche en bois à laquelle se lie le soc de la charrue sans avant-train.

Âge se prend quelquefois absolument dans le sens de Maturité, de vieillesse : *L'âge amortit les passions. Laissez venir l'âge, et vous changerez d'idée. Un homme d'âge*, Un homme âgé : *C'est un homme d'un certain âge, entre deux âges, de moyen âge. Un homme de moyen âge, et tirant sur le grison.* LA F. *Prendre de l'âge, l'âge commence à le gagner.* — Président d'âge, Celui à qui l'on donne provisoirement la présidence d'une assemblée parce qu'il est le plus âgé. — N'être pas en âge, Se dit particulièrement pour exprimer qu'On n'a pas atteint l'âge requis par la loi pour certaines fonctions, certains actes civils ou la jouissance de certains droits : *Vous n'êtes pas encore en âge d'être reçu notaire. Elle n'est pas en âge de se marier. Votre frère n'est pas en âge de disposer de ses biens.* — On appelait autrefois : *Lettres de bénéfice d'âge, de dispense d'âge*, Des lettres par lesquelles le chef de l'État accordait à quelqu'un le privilège d'exercer une charge avant l'âge prescrit par la loi.

L'Âge d'un bois, l'âge d'un arbre, signifient Le temps qui s'est écoulé depuis que ce bois, cet arbre ont été coupés. *Il est des marques certaines auxquelles on peut reconnaître l'âge d'un arbre.* — Eaux·

et-forêts. Âge *de consistance,* L'âge où les arbres cessent de croître : *Les chênes, à cent ans, ont atteint leur âge de consistance.* — *L'âge de la lune,* Le temps qui s'est écoulé depuis le renouvellement de la lune : *L'épacte nous fait connaître l'âge de la lune.*

Âge *du monde,* Temps qui s'est écoulé depuis la création du monde : *Cela arriva justement dans la millième année de l'âge du monde.*—*Age* s'emploie également pour exprimer les Grandes divisions de l'histoire : *Le premier âge du monde va depuis la création jusqu'au déluge.* — Il exprime aussi Un siècle, une époque particulière : *L'âge d'Auguste. C'est un des événements les plus importants de notre âge. Ces deux généraux ont vécu dans le même âge. Il semblait qu'il fût venu au monde pour célébrer les merveilles de son âge.*—*D'âge en âge,* De génération en génération : *Ces grandes traditions se transmettaient ainsi d'âge en âge.* Boss. — *L'âge d'or, l'âge d'argent, l'âge d'airain, l'âge de fer,* expressions employées par les poètes pour exprimer Les états successifs d'innocence, de bonheur, de crimes et de malheurs à travers lesquels ils prétendent que l'humanité a passé. — On dit aussi particulièrement l'âge d'or, pour Un temps heureux; l'âge *de fer,* pour Un temps de malheur et de dépravation. *Le règne de ce bon prince fut l'âge d'or de la Provence. On peut appeler ce temps l'âge de fer de l'Europe.* — *Le moyen-âge,* Le temps qui s'est écoulé depuis la chute de l'empire romain jusqu'à la prise de Constantinople par Mahomet II. — physiol. *Age,* Période d'un certain nombre d'années de la vie, caractérisée par les changements successifs qu'éprouve l'organisation. On en a distingué plusieurs et ces distinctions varient avec les auteurs. On compte 1° celui de la première enfance depuis la naissance jusqu'à 7 ans, *infantia;* 2° celui de la seconde enfance, depuis 7 ans jusqu'à la puberté, *pueritia;* 3° l'adolescence, *adolescentia,* qui coïncide avec le développement de la puberté, de 11 ou 12 ans jusqu'à 21 pour les femmes, et de 14 ou 15 à 25 pour les hommes; 4° l'âge adulte, *virilitas,* de 21 ou de 25 jusqu'à 50 ou 60; 5° la vieillesse, *senectus,* de 50 ou 60 jusqu'à 80 ; 6° la décrépitude, de 80 ans à la mort.

ÂGE, ÉE, adj. (V. *Âge.*) Qui a un certain âge : *Sa femme est âgée de vingt ans. Je le croyais beaucoup plus âgé. Il est moins âgé que moi. Ils sont aussi âgés l'un que l'autre.* Il signifie quelquefois Qui est d'un âge avancé : *C'est une femme âgée. Il doit être âgé maintenant.*

AGÉDOÏTE, s. m. chim. Substance qu'on trouve dans le suc de réglisse.

AGENCE, s. f. (V. *Agent.*) Direction, conduite, administration. *C'est à lui qu'appartient l'agence du trésor public. Durant son agence bien des abus se sont établis. On vient de le nommer à l'agence du clergé. Il est employé à l'agence générale.*

AGENCEMENT, s. m. Action de disposer, de conduire, de mettre en ordre; état de ce qui est disposé. *J'ai dirigé l'agencement de toutes les parties. Dans l'agencement des affaires humaines, il y a mille choses qui nous échappent.* VOLT. *L'agencement des os est une chose admirable.* — b.-arts. Action d'agencer, d'arranger ; état de la chose agencée : *L'agencement des draperies de cette figure n'est pas heureux.*

AGENCER, v. a. Disposer, mettre en ordre, conduire, approprier certaines parties d'une chose : *Il a parfaitement agencé tous ces petits ornements. Il s'entend très-bien à agencer des parties de plaisir. Il a mal agencé tout cela. Cet orateur agence mal ses phrases.* — Il se dit quelquefois, mais il a vieilli, dans le sens de Parer quelqu'un ou quelque chose : Agencer *l'épousée.* Agencer *un rideau.* — b.-arts. Disposer, arranger les différentes parties d'une œuvre d'art de la manière la plus favorable à l'effet de l'ensemble.— S'AGENCER, v. pron. Se joindre, s'adapter, se coordonner.

AGENCÉ, ÉE, part. *Des ornements bien* agencés. Il se dit aussi des personnes, fam. et iron., pour Paré, ajusté. *Il est joliment bien* agencé. *Comme vous voilà* agencé !

AGENDA, s. m. (part. fut. n. du v. *ago,* faire; *agenda,* des choses à faire. V. *Agir.*) Petit livret, portefeuille sur lequel on prend note des choses que l'on a à faire : *Un agenda enrichi de fermoirs d'argent.*

AGÈNE, adj. des 2 g. (du gr. ἀγενής, sans enfant, sans postérité, comp. de α priv. et de γίνος, race, lignée.) bot. Qui ne produit pas, dépourvu de tout



appendice d'accroissement, en parlant des végétaux.

AGÉNÉIEN, IENNE, adj. (du gr. ἀγένειος, imberbe, sans barbe, comp. de α priv. et de γενίον, poil follet, barbe.) ornith. Qui n'a point de barbe, dépourvu de poils ou de soies à la base du bec. — *Agénéiens,* s. m. pl. ornith. Famille de l'ordre des oiseaux grimpeurs, selon Ranzoni, comprenant ceux qui n'ont pas de soies à la base du bec.

AGÉNÉIOSE, s. m. ich:h. Genre de poissons.

AGÉNÉSIE, s. f. (de α priv. et de γένεσις, génération.) Impuissance, impossibilité d'engendrer. On emploie aussi ce mot pour désigner le Défaut de développement d'un ou de plusieurs organes dans le fœtus.—zool. syn. de *Monstruosité par défaut.*

AGÉNOSOME, s. m. zool. Nom donné par Geoffroy St-Hilaire à Un genre de monstres unitaires ; appartenant à la famille des célosomiens.

AGENOUILLER, v. p. (du v. mot *genouil,* genou.) Se mettre à genoux ; il ne s'emploie d'habitude qu'avec le pronom personnel : *Il* s'agenouille *devant l'autel, les bras croisés sur la poitrine, et la tête baissée.* SÉGUR. *Les chameaux* s'agenouillent *pour recevoir leur charge.* Avec le verbe *faire* on supprime le pronom. *On fit* agenouiller *tous les assistants.* —Agenouiller, v. a. Contraindre une personne à s'agenouiller.

AGENOUILLÉ, ÉE, part.

AGENOUILLOIR, s. m. Escabeau sur lequel on s'agenouille : *L'Agenouilloir d'un prie-Dieu.*

AGENT, s. m. (du lat. *agens, -tis,* faisant, agissant, lequel est le part. prés. du v. *agere.* V. *Agir.*) En général tout ce qui agit, tout ce qui opère ; puissance active, productive : Agent *naturel,* agent *surnaturel,* agent *chimique. L'agent et le patient, Celui qui produit et celui qui subit l'effet. La vapeur est devenue par l'industrie de l'homme un agent tout puissant.* — *Agent,* Celui qui est chargé d'une mission publique : *Des agents* habiles et discrets *furent envoyés dans toutes les cours de l'Europe.* VOLT. *Ce gouvernement entretient des agents dans toutes les cours étrangères. L'agent de la République.* — Agent *secret,* Celui qui est chargé par un gouvernement d'une mission secrète. *Agent* se dit en général de Celui qui est chargé d'une fonction ou de la conduite d'une affaire par une administration ou par un particulier : Agents *forestiers,* agent *de l'administration des douanes,* agent *comptable. Choisissez pour votre entreprise des agents intègres et elle réussira. Il a mis ses agents en campagne. Je lui ai servi d'agent dans cette affaire délicate.* — AGENTE au fém. ne s'emploie guère qu'en mauvaise part : *Elle a été leur* agente *dans toutes ces menées. Elle fut une des principales* agentes *de la conspiration.* — Agent *d'affaires,* Celui qui, par profession, poursuit les affaires d'autrui. — Agents *d'une faillite,* Gérants nommés pour l'administrer jusqu'à la nomination des syndics définitifs.—Agent *de remplacement,* Celui qui fait métier de fournir des remplaçants pour l'armée. — Agent *d'intrigues,* Celui qui s'occupe de basses pratiques au bénéfice d'autrui. — Agent *de police,* Officier subalterne employé par la police pour veiller à la sécurité publique. — Agents *du clergé.* On appelle ainsi Deux ecclésiastiques de second ordre choisis par les deux provinces ecclésiastiques qui ont le droit de les nommer, pour prendre soin des affaires du clergé : *Ils ont été nommés* agents *du clergé.*—fin. Agent *de change,* Celui qui a pour emploi de s'entremettre entre les banquiers, les marchands et les autres particuliers pour le commerce de l'argent et des lettres de change, l'achat des actions industrielles ou des rentes sur l'État. — log. Tout ce qui agit ou opère. Il est opposé à *patient,* qui reçoit l'action faite par l'*agent.* — méd. On dit : Agents *hygiéniques, morbifiques, thérapeutiques, topiques,* etc. — phil. L'être en qui réside la faculté de se déterminer, et qui est quelquefois l'intermédiaire entre la cause et l'effet. — administ. Agent *comptable,* Employé qui tient la comptabilité et qui administre les fonds; et, dans les hôpitaux maritimes et les bagnes, Celui qui est chargé particulièrement de la comptabilité matérielle et financière : *Voilà trois ans qu'il est* agent *comptable. Un* agent *comptable des chiourmes.*

AGÉRASIE, s. f. (de α priv. et γέρας, vieillesse.) Absence de vieillesse, vieillesse verte, vigoureuse, exempte des infirmités de l'âge.

AGÉRATE, s. m. bot. Sorte de plante qui croît dans les deux Indes.



AGÉRATÉ, ÉE, adj. Qui ressemble à l'agérate.

AGÉRATÉES, s. f. pl. bot. Famille de plantes à fleurs composées.

AGEUSTIE, AGHEUSTIE ou AGEUSIE, s. f. (*ageustia* ou *agheustia,* de α priv. et de γεῦσις, goût.) Absence de goût, diminution de goût.

AGGÉDULE, s. f. bot. C'est l'urne d'une mousse. Cupule de quelques champignons.

AGGLOMÉRAT, s. m. (V. *Agglomérer* et *Conglomérat.*) min. Toute roche visiblement composée de débris d'inégales dimensions et de diverses textures, accumulées sans ordre, telles que *les poudingues, les brèches,* etc.

AGGLOMÉRATION, s. f. (V. *Agglomérer.*) Action d'agglomérer, état de ce qui est aggloméré : *L'agglomération considérable des neiges commençait à inspirer des craintes. Il s'était fait une telle agglomération de gens qu'il nous fut difficile de fendre la foule.*

AGGLOMÉRER, v. a. (du lat. *agglomerare,* réunir, rassembler, *agglomeratio,* agglomération : de *ad,* à, et *glomerare,* pelotonner; rac. *glomus,* peloton.) Réunir en masse des parties isolées ; assembler : *Les avantages qu'il offrait aux artisans en avaient* aggloméré *un grand nombre dans cette partie de la province.* — Il s'emploie surtout avec le pronom personnel. *Les sables qui s'étaient* agglomérés *avec le temps formaient comme des montagnes entre les vallées.* MARM.

AGGLOMÉRÉ, ÉE, part. *Une population* agglomérée. *Des sables* agglomérés. — méd. *Tumeurs* agglomérées, Les tumeurs qui sont comme pelotonnées les unes autour des autres. — bot. *Racines* agglomérées, *Fruits* agglomérés, Racines, fruits réunis en paquets.

AGGLUTINANT, ANTE, adj. (V. *Agglutiner.*) méd. Il se dit des remèdes regardés comme propres à rejoindre, à recoller les parties divisées. *Remède topique* agglutinant. — Il se prend aussi substantivement. *Les baumes sont des* agglutinants.

AGGLUTINATIF, TIVE, (V. *Agglutiner.*) méd. Qui s'attache fortement à la peau. *Emplâtres* agglutinatifs, *bandelettes* agglutinatives.

AGGLUTINATION, s. f. (V. *Agglutiner.*) méd. Action d'agglutiner, de s'agglutiner.

AGGLUTINER, v. a. (du lat. *agglutinare,* coller, joindre, souder; *agglutinatio,* jonction, soudure : de *ad,* à, et de *gluten,* colle, glu.) Rejoindre, réunir, recoller les parties divisées. On dit plus souvent S'agglutiner, en parlant des parties divisées qui se réunissent.

AGGLUTINÉ, ÉE, part.

AGGRAVANT, ANTE, adj. (V. *Aggraver.*) droit crim. Qui augmente la gravité d'un délit, d'un crime. Il ne s'emploie guère que dans cette locution : *Une circonstance aggravante. L'avocat de l'accusé a écarté avec beaucoup d'adresse toutes les circonstances aggravantes.*

AGGRAVATION, s. f. (V. *Aggraver.*) dr. crim. Il ne se dit que dans cette locution : Aggravation *de peine,* Ce que l'on ajoute à une peine pour la rendre plus rigoureuse. *Une défense aussi effrontée n'a fait que lui attirer une aggravation de peine.* — méd. Aggravation *du mal.*

AGGRAVE, s. f. (V. *Aggraver.*) adm. eccl. La seconde fulmination solennelle d'un monitoire à chandelles éteintes, après trois publications du même monitoire, pour avoir révélation de quelque cas, avec menace de fulminer les dernières censures de l'Église sur ceux qui, sachant quelque chose, ne voudraient rien révéler. *Fulminer une aggrave. Faire fulminer une aggrave.* — art vét. Maladie qui survient aux pattes des chiens, lorsqu'ils ont couru sur un terrain dur et pierreux.

AGGRAVÉ, ÉE, adj. (rac. *gravis,* pesant, grave.) adm. eccl. Celui contre lequel on a prononcé une aggrave. — art vét. Il se dit d'Un chien atteint de l'aggrave. (V. ce mot.)

AGGRAVEMENT, s. m. Ce qui aggrave : Aggravement *de maux.*

AGGRAVER, v. a. (du lat. *aggravare,* appesantir, dont le part. *aggravans, -tis,* a donné aggravant; dériv. *aggravatio,* aggravation, aggrave.) Rendre plus grave, augmenter le mal : *Ce sont toutes ces circonstances réunies qui aggravent votre faute. Croyez-vous que votre conduite n'ait pas encore* aggravé *mes souffrances?* FÉN. *Son intervention maladroite n'a fait qu'aggraver la position de l'accusé. Il n'est permis à personne d'aggraver la peine* ortée par la loi. — adm. eccl. Porter, prononcer une aggrave. — Avec le pronom personnel, il signifie Devenir plus grave : *Pendant toutes vos inertitudes, le mal ne fait que s'aggraver.*

AGGRAVÉ, ÉE, part.

AGGRÉGAT, AGGRÉGATION, AGGRÉGER. Voyez AGRÉGAT, AGRÉGATION, AGRÉGER.

AGHIRINEUX, s. m. pl. ichth. 5e ordre des poissons jugulaires, d'après Rafflnesque.

AGIAU, s. m. techn. Sorte de pupitre sur lequel le tireur d'or place le livret qui contient les feuilles d'or.

AGIHALID ou AGIAHALID, s. m. bot. Arbrisseau de la Haute-Égypte dont les feuilles servent de vermifuge, et dont le fruit est purgatif.

AGILE, adj. des 2 g. (du lat. *agilis*, même sens; dériv. *agilitas*, agilité.) Léger, qui se meut avec facilité et rapidité : *Ce sauteur est très-agile. Le lièvre est un animal très-agile. Ce cerf blâme ses pieds qui le rendent agile, il estime un bois qui lui nuit.* LA FONT.

AGILEMENT, adv. Avec agilité : *Il a fait cela très-agilement. Il saute très-agilement.*

AGILES, s. m. pl. mamm. 9e famille du 4e ordre des mammifères, selon Illiger, comprenant les sauriens de Desmarets.

AGILITÉ, s. f. (V. *Agile.*) Légèreté, facilité, rapidité dans les mouvements : *Si vous aviez vu avec quelle agilité il a disparu. Tous ces mouvements s'exécutent avec une grande agilité.*

AGINOEI, s. f. ( du gr. α priv. et de γονη, γονια, femme, femelle ) bot. Genre de plantes de la famille des euphorbiacées, où le pistil manque de style et de stygmate. Il vient de la Chine.

AGIO, s. m. ( de l'ital. *aggio*, droit de change.) h. banq. Bénéfice que l'on fait en échangeant de l'argent contre des effets de commerce ; bénéfice qui résulte de la différence de la valeur entre l'argent et les papiers publics, ou de l'échange d'une monnaie contre une autre : *L'agio est indépendant du taux de l'intérêt ou de l'escompte en matière de négociation.* ACAD. *Dans l'échange de ces monnaies, l'agio peut quelquefois monter à des sommes très-considérables.*

AGIOTAGE, s. m. Spéculation sur la hausse ou la baisse des effets publics. Il se dit aussi des Spéculations sur la hausse ou la baisse de telle ou telle marchandise : *Il s'est enrichi par l'agiotage. Tout ce qu'il avait s'est perdu à l'agiotage.*—Il se dit en mauvaise part et s'emploie également pour exprimer les Manœuvres clandestines auxquelles se livrent certaines personnes pour faire hausser ou baisser les fonds publics, suivant leur intérêt, ou le prix de telle ou telle marchandise sur laquelle on spécule : *Ce fonctionnaire a profité de sa position pour se livrer à un honteux agiotage.*

AGIOTER, v. n. (V. *Agio.*) Se livrer à l'agiotage : *Il s'est ruiné à agioter. Sa vie s'est passée à agioter.*

AGIOTEUR, s. m. Celui qui s'occupe d'agiotage : *Les agioteurs sont une peste publique. Il fait le métier d'agioteur.*

AGIR, v. n. (du lat. *agere*, faire, agir; dér. *actio, action; actus, actum,* acte; *activus,* actif; *activitas, activité; actor, actrix,* acteur, actrice; *agens, -tis,* agissant, agent; *agitare,* agir souvent, agiter.......) faire quelque chose, prendre du mouvement : *Pour votre santé vous auriez besoin d'agir davantage. Il reste souvent plusieurs heures sans agir. Ces enfants sont continuellement à agir.* — Produire une action, mettre en exécution. *C'est Dieu qui agit en nous. La sagesse veut que, dans tout ce que nous faisons, nous agissions avec réflexion.* GIRARD. *On parle beaucoup, on n'agit pas et l'on ne réussit à rien. C'est à vous de délibérer, à nous d'agir.* — *Agir,* traiter une affaire, négocier : *Il a agi contre moi dans cette affaire. Je vous ai donné tout pouvoir d'agir d'autorité, agir d'office. Il m'a donné tout pouvoir d'agir. Pendant ce temps on agissait auprès du prince pour obtenir sa rentrée en grâce.* VOLT. *Je me gardais bien de faire agir quelqu'un qui pût me compromettre.* — *Agir,* Produire un effet sur quelqu'un ou quelque chose : *La musique agit sur les nerfs. Son éloquence douce et persuasive ne tarda pas à agir sur tous les cœurs.* FÉN. *Le feu agit sur tous les métaux. Votre exemple agira beaucoup sur vos confrères. C'est la foi qui agit en lui. Le remède agira avec activité.* — Se conduire d'une certaine manière : *C'est une mauvaise façon d'agir. C'est*

très-mal agir. *Vous n'avez pas bien agi. Il a parfaitement agi avec moi, à mon égard. Agir contre ses intérêts. Vous avez bien mal agi à l'égard de votre frère. Je trouve qu'il a agi en homme d'esprit plutôt qu'en homme d'honneur.* ROUSS. — Il signifie aussi Poursuivre en justice : *Il a été obligé d'agir contre son tuteur. Agir criminellement. Agir civilement. Agir contre les malfaiteurs.* — S'AGIR, v. pron. s'emploie impersonnellement pour Marquer de quoi il est question : *C'était bien de cela, ma foi, qu'il s'agissait.* LA FONT. *De quoi s'agit-il? Partout il ne s'agissait que de lui. Il s'agit de bien autre chose. Il s'agit de notre salut. Il ne s'agit pas de plaisanter.* — Il s'emploie quelquefois dans le sens de *il faut* : *Il s'agit maintenant de vous mettre à l'œuvre. Il s'agit de partir.* — *Agir* est syn. de *en user* dans un très-grand nombre de cas. Mais parce qu'on dit *en user,* il ne faut pas croire qu'il est permis de dire aussi *en agir;* c'est au contraire un impardonnable solécisme, qui est malheureusement trop commun aujourd'hui. Cette faute ne date pas d'hier ; et toujours elle a été relevée par les hommes de goût, comme le prouve le passage suivant, extrait d'une lettre de Racine à son fils : « Vous voulez bien que je vous fasse une petite critique sur un mot de votre dernière lettre : *Il en a agi avec toute la politesse du monde;* il faut dire, *il en a usé.* On ne dit point, *il en a bien agi,* et c'est une mauvaise façon de parler. »

AGISSANT, ANTE, adj. (V. *Agir.*) Qui agit beaucoup, qui a beaucoup d'activité : *C'est une personne très-agissante.* On dit dans un sens analogue, *Une vie agissante.* — Qui a de l'action sur, qui produit de l'effet : *Je crains que ce remède ne soit pas encore assez agissant. Cette eau est très-agissante.* — méd. *Médecine agissante,* Qui emploie des remèdes énergiques et en grand nombre, par opposition à la médecine dite *expectante.*

AGITATEUR, s. m. (V. *Agiter.*) Qui excite du trouble, qui soulève les esprits : *Des agitateurs nombreux se répandaient parmi les groupes, et provoquaient à l'insurrection.*

AGITATION, s. f. (V. *Agiter.*) Mouvement général, ébranlement prolongé, secousses diverses et répétées : *L'agitation de l'air. L'agitation de la mer, des flots. L'agitation du vaisseau était violente. L'agitation du cheval l'incommoda. Je ne puis encore supporter l'agitation de la voiture.* — Se dit particulièrement en thérapeutique du Mouvement continuel et pénible du corps, ou de l'inquiétude accablante de l'esprit : *Dans les maladies, l'agitation prolongée est toujours un symptôme fâcheux. Sans cette agitation fatigante le malade n'irait pas mal.* — fig. Mouvement qui se manifeste dans le public : *L'agitation qui régnait dans le public commençait à devenir inquiétante. Il y avait de l'agitation dans les groupes.* — Inquiétude, trouble de l'âme excité par les passions : *Son esprit est en proie à une agitation perpétuelle. Il y a une grande agitation dans les esprits, il faut tâcher de la calmer. Il n'y a que la religion qui puisse calmer les agitations de l'âme.* MASS. *Cette nouvelle lui a causé une grande agitation d'esprit.*

AGITATO, adv. mus. Emprunté de l'italien, pour signifier, dans l'exécution, Une expression vague et agitée.

AGITER, v. a. (du lat. *agitare,* fréq. de *agere,* duquel dérivent *agitator,* agitateur, *agitatio,* agitation.) Secouer, remuer en divers sens et d'une manière continue : *Le zéphir agitait à peine la tête des longs peupliers.* PARNY. *Il agite tout son corps en parlant. Tout à coup le vent tomba et cessa d'agiter nos voiles. Un homme marchait devant lui portant un drapeau qu'il agitait en divers sens.* THIERRY. — *Agiter,* avec le pronom personnel : *Il ne fait que s'agiter. Le flot s'agite et monte.* DEL. *Et sur son col nerveux s'agite sa crinière.* DEL. — On dit d'un malade, Qu'il s'agite continuellement, c'est-à-dire Qu'il est dans un mouvement perpétuel. — fig. Inquiéter, troubler, tourmenter : *Je ne sais ce qui l'agitait le plus, ou l'embarras du présent, ou le souvenir du passé.* MARIV. *Toutes les passions agitaient son âme. On voit qu'une secrète inquiétude agite son esprit. La colère vous agite. La pitié, l'indignation m'agitaient à la fois.* — *Agiter,* Exciter le trouble parmi les esprits : *Ce sont eux qui agitent le peuple. La nouvelle de sa mort agita tous les esprits.* — *Agiter,* Examiner, discuter une question : *On agita longtemps la question de l'hérédité.* — Avec le pronom

personnel il prend aussi ce sens figuré : *A notre dernière assemblée, il s'agita une question assez singulière.* RAYN.

AGITÉ, ÉE, part. *La rivière devint tout à coup agitée.* LA FONT. *Du triste état des Juifs jour et nuit agité.* RAC. *Il a l'esprit agité. La nuit, sa nuit a été très-agitée,* Se dit en parlant d'Un malade, qui a passé la nuit dans une grande agitation.

AGLAISME, s. m. zool. Genre d'acalèphes.

AGLAJE, s. f. zool. Genre d'acalèphes.

AGLAOPE, s. f. zool. Genre d'insectes lépidoptères.

AGLAOPHÉNIE, s. f. bot. Genre de polypiers marins.

AGLIE, s. f. (du gr. αγλη, taie.) chir. Cicatrice blanche à la cornée transparente. — entom. Genre de papillons.

AGLOMÉRATION, AGLOMÉRER, V. AGGLOMÉRATION, AGGLOMÉRER.

AGLOSSE, adj. des 2 g. (de α priv. et de γλωσσα, langue.) anat. Qui n'a point de langue.

AGLOSSIE, s. f. (V. *Aglosse.*) Privation de la langue.

AGLUTINANT, AGLUTINATIF, AGLUTINATION, AGLUTINER. V. AGGLUTINANT, AGGLUTINATIF, etc.

AGLUTITION. s. f. (de α priv. et de *glutitio,* action d'avaler.) path. Impossibilité d'avaler.

AGNAN, s. m. mar. Petite plaque de cuivre ou de fer, qui, percée d'un trou, sert à supporter le rivet des clous qui relient les bordages à clins.

AGNAT, s. m. (du lat. *agnatus,* parent du côté du père : le *g* est dur dans *agnat.*) Les agnats sont dans une famille les collatéraux qui descendent par mâles d'une même souche masculine.

AGNATION, s. f. Qualité des agnats.

AGNATHE, adj. et s. m. (de α priv. et de γναθος, mâchoire.) zool. Qui n'a point de mâchoire, ou de mandibules.

AGNATIQUE, adj. des 2 g. Qui appartient aux agnats : *Ligne agnatique.* Peu usité.

AGNEAU, s. m. (du lat. *agnus,* même sens; dim. *agnellus,* petit agneau.) mamm. Petit du bélier et de la brebis. En langage mystique : *L'agneau sans tache,* expression figurée, indiquant Jésus-Christ, victime des péchés des hommes. C'est dans le même sens que l'on dit : *L'agneau qui efface les péchés du monde.* — blas. C'est le symbole de la douceur et de la franchise.— fig. *Etre doux comme un agneau,* se dit d'Une personne d'humeur très-douce. Il se dit aussi Du cheval, du chien, et dans le même sens : *C'est un agneau.*

AGNEAU DE SCYTHIE, s. m. bot. Nom que les charlatans donnent à la racine du *polypodium Barometz,* après l'avoir taillée grossièrement en forme d'agneau. Ils lui attribuent des propriétés merveilleuses, pour le vendre aux gens crédules.

AGNEL, s. m. num. (V. *Agneau.*) Petite monnaie d'or frappée sous le règne de saint Louis, qui avait pour type un agneau, et valait environ 10 fr. de notre monnaie.

AGNÈLEMENT, s. m. (V. *Agneler.*) art vét. Action de mettre bas, en parlant de la brebis.

AGNELER, v. n. (fait du vi. *agnel,* petit agneau.) part. Mettre bas, en parlant de la brebis.

AGNELET, s. m. Diminutif d'agneau ; il est vieux.

AGNELINE, adj. f. *Laine agneline,* Qui vient de l'agneau.

AGNELIN, s. m. mamm. Laine des agneaux tondus pour la première fois. — mégis. Peau d'agneau mégissée à laquelle on a laissé la laine.

AGNÈS, s. f. (Nom propre devenu nom appellatif, ce qui vient d'une pièce de Molière, où une jeune fille, nommée Agnès, est représentée comme une personne tout à fait inexpérimentée et d'une incroyable ingénuité. Dans Agnès, S se fait sentir.) Jeune personne fort innocente : *C'est une Agnès, une vraie Agnès. As-tu remarqué cette Agnès? Elle fait l'Agnès. Elle veut absolument passer pour une Agnès renforcée.* fam.

AGNIÉE, s. f. mar. Large tresse en bitord, sur laquelle s'assied un homme que l'on hisse le long du mât.

AGNIO, s. m. V. ORPHIE.

AGNOIE, s. f. (de αγνοια, ignorance; comp. de α priv. et de γιγνωσκω, je connais.) thérap. État d'un malade lorsqu'il ne reconnaît ni les objets qui l'entourent, ni les personnes qui l'approchent.

AGNOSIE, s. f. didact. Ignorance.

AGNOSTE, s. m. zool. Genre de trilobites.

AGNOTHERION, s. m. paléont. Nom d'un carnassier fossile, qui se rapproche du chien, selon le naturaliste Kaup.

AGNUS, s. m. (On prononce l'S finale.) Cire bénite par le pape, sur laquelle est imprimée la figure d'un agneau. — Petites images de piété, découpées ou ornées de broderies, rehaussées d'or et d'argent, que l'on donne, comme récompense, aux enfants.

AGNUS-CASTUS, s. m. (mots latins qui signifient *Agneau chaste* et qui doivent être prononcés comme le latin.) bot. Syn. de *vitex*, en général, et plus souvent du *gattilier* commun ou arbre au poivre.

AGNUS-DÉI, s. m. lit. L'endroit de la messe où le prêtre se frappe la poitrine, en répétant trois fois à haute voix une prière qui commence par les mots *Agnus Dei* : *La messe en était à l'*Agnus-Dei.

AGOMPHE, adj. des 2 g. (de α priv. et γόμφος, clou.) zool. Dont les mâchoires sont dépourvues de dents.

AGOMPHOSE, s. f. (de α priv. et γομφόω, je cloue.) zool. État des dents lorsqu'elles vacillent dans leurs alvéoles.

AGON, s. m. ichth. Nom vulgaire d'une espèce particulière de hareng.

AGONATE, adj. des 2 g. zool. Qui est privé de mâchoires et de mandibules.

AGONATES, s. m. pl. zool. Ordre de la classe des insectes.

AGONEN, s. m. ichth. Nom que les pêcheurs donnent à la vandoise ou vaudoise, lorsqu'elle a acquis tout son développement.

AGONIE, s. f. (du b.lat. *agonia*, grande souffrance, fait du gr. ἀγών, combat, danger.) Dernière lutte de la nature contre la mort; il ne se dit que de l'homme. État du malade à l'extrémité : *Il est mort sans agonie. Il est à l'*agonie. *Il a eu une longue et pénible* agonie. — Inquiétude excessive, extrême angoisse : *Un tel spectacle lui causa une véritable* agonie. *Depuis votre départ nous sommes dans des agonies continuelles. L'agonie de Notre-Seigneur au jardin des Olives,* l'État douloureux où il se trouva au jardin des Olives.

AGONIR, v. a. (du gal. *achwyn*, accuser, blâmer; du préf. *a*, qui n'ajoute presque rien au premier, et de *cwyno*, crier contre, se plaindre, accuser hautement.) Il ne se dit guère que dans cette phrase : *Agonir d'injures.* pop. — Il se prend quelquefois absolument : *On se plaît à l'*agonir, *parce qu'elle est trop méchante.*

AGONI, IE, part.

AGONISANT, ANTE, adj. Qui est à l'agonie : *Il était là* agonisant. *Nous l'avons laissé* agonisant. Il s'emploie aussi comme substantif : *On dit les prières des* agonisants.

AGONISER, v. n. (V. *Agonie.*) Être à l'agonie : *Je l'ai laissé qui* agonisait.

AGONISTIQUE, s. f. (du gr. ἀγωνιστική, l'art du combat, du jeu : rac. ἀγών, combat, jeu. Nous retrouverons cette racine dans *antagoniste.*) Chez les anciens, Partie de la gymnastique qui avait rapport aux combats.

AGONOTHÈTE, s. m. (du gr. ἀγωνοθέτης, même sens, formé de ἀγών, combat, jeu, et de θιτῆμι, disposer, ordonner.) Magistrat qui chez les Grecs présidait aux jeux publics : *Le tribunal des* agonothètes.

AGOUCHI, s. m. zool. Petit mammifère d'Amérique.

AGOUPI, s. m. V. ROUGE-GORGE.

AGOUTI ou CAVIA, s. m. mamm. Genre d'animaux de l'ordre des rongeurs, de la famille des caviens, et représentant en Amérique les lièvres et les lapins d'Europe.

AGRAFE, s. f. (du gal. *craff*, crochet, agrafe : en br. *krap*, pl. *krapou*, *grappin*; *krapa*, accrocher.) Petit crochet qui passe par un anneau appelé porte, et qui sert, d'habitude, à joindre ensemble deux objets, ou les deux extrémités d'un seul : Agrafe *de diamants,* Agrafe enrichie de diamants. On appelle *Porte de l'agrafe,* Le petit anneau qui reçoit le crochet de l'agrafe. — arch. Crampon de fer qui sert à retenir des pierres, des marbres, de peur qu'ils ne se désunissent. C'est aussi Un ornement sculpté à la tête des arcs, qui semble unir entre elles, par une console ou un mascaron, les moulures de l'archivolte avec la clef de l'arc. — vann. L'osier tortillé au bord d'un panier, d'un van. — jard. Ornement qui sert à lier deux figures dans un parterre. — serr. Morceau de fer qui sert à en accrocher un

autre. — bot. Poils rudes, courbés en hameçon, qu'on trouve sur certaines plantes.

AGRAFER, v. a. (V. *Agrafe.*) Attacher à l'aide d'une agrafe : *Agrafez votre ceinture.*

AGRAFÉ, ÉE, part. *Un manteau mal* agrafé.

AGRAIRE, adj. des 2 g. (du lat. *agrarius*, qui concerne les champs, les terres; rac. *ager*, *agri*, champ, terre.) hist. et jurisp. rom. Il se dit Des lois relatives à la répartition des terres conquises entre les citoyens pauvres, et plus tard entre les soldats : *Les lois agraires furent l'occasion de grands troubles et de violentes séditions.* — Lois agraires, loi agraire, s'entend aujourd'hui parmi les radicaux d'Une mesure qui aurait pour objet le partage universel des terres d'un pays entre tous ceux qui l'habitent. On appelle *Agrairien* le partisan d'un tel système. V. LE SUPPLÉMENT.

AGRANDIR, v. a. (V. *Grand.*) Accroître, augmenter, rendre plus grand : *En agrandissant son terrain, on augmente son bien.* GIRARD. *Les princes qui agrandissent leurs états ne sont pas toujours ceux qui savent le mieux les gouverner.* MERCIER. *Il a agrandi sa maison de deux étages. Il faudra agrandir la porte.* — fig. Augmenter en puissance, en bien, en dignité morale : *L'instinct qui nous porte à nous agrandir n'est aucune part si sensible que dans l'ambition.* VAUVEN. *Quand le malheur ne nous abat pas, il nous agrandit toujours.* DUCLOS. — Agrandir *ses prétentions,* Les porter plus haut. — Faire paraître plus grand : *Ce vêtement* agrandit *la taille. Ce nouvel arrangement* agrandit *beaucoup le salon.* — Donner un caractère de grandeur : *Ce que je vous reprocherai, c'est d'avoir trop* agrandi *le héros principal.* VOLT. *Il faut quelquefois que l'écrivain sache agrandir son sujet. Agrandissez vos idées en traitant un sujet pareil.* — On le dit familièrement et par manière de critique, dans le sens d'Exagérer : *Il est un peu sujet à agrandir ses récits.* — S'AGRANDIR, Donner plus d'étendue à ses états, à ses propriétés : *Il n'y a pas de plus incommode voisin que celui qui ne pense qu'à s'agrandir. Nous nous sommes beaucoup agrandis dans notre habitation.* GIRARD. — Devenir plus grand : *Si vous ne bouchez pas ce trou, il s'agrandira. Son génie s'agrandissait devant les difficultés.*

AGRANDI, IE, part. Agrandie *par son successeur, l'Egypte se trouva dépasser les limites qu'elle ne pensait pas pouvoir atteindre.* ROLLIN. *L'homme agrandi par le succès échappe à notre appréciation.* CHAMPFORT.

AGRANDISSEMENT, s. m. (V. *Grand.*) Action d'agrandir, état de ce qui est agrandi : *On travaille en ce moment à l'agrandissement de la ville. Il a acheté un terrain qui doit donner à sa propriété un agrandissement considérable.* — au fig. Accroissement en puissance, en biens : *C'est à ce prince que notre famille doit son agrandissement. Le désir de l'agrandissement cause dans la politique la circulation des états, dans la police celle des conditions.* GIRARD.

AGRASSOL, s. m. bot Syn. vulgaire du *groseiller* épineux.

AGRAVANT, AGRAVATION, AGRAVER. V. AGGRAVANT, AGGRAVATION, AGGRAVER.

AGRE, s. f. entom. Genre d'insectes coléoptères.

AGRÉABLE, adj. (V. *Gré*) Qui plaît, qui convient: *Cela me sera très-agréable. Une figure, des manières agréables. Cette personne est assez* agréable. *Il a une conversation très-agréable Cet homme est d'un commerce très-agréable. Il est si* agréable *de faire cela! Cette campagne est fort* agréable. *Rien de plus agréable que cette petite maison. Le premier degré du sentiment* agréable *de notre existence est la gaîté.* VAUVEN. *Prendre pour* agréable. *Avoir pour* agréable, Consentir à, trouver bon : *Et je vous supplierai d'avoir pour* agréable *que je me fasse un peu grâce sur votre arrêt.* MOL. Il s'emploie quelquefois comme substantif : *Heureux qui peut mêler l'utile à l'*agréable. — *Faire l'*agréable, Chercher à plaire, tâcher d'être agréable : *Il fait l'*agréable *auprès de cette femme.* — Il se prend souvent en mauvaise part : *Il fait trop l'*agréable. On dit dans le même sens : *C'est un* agréable. *Et les fades discours de tous nos* agréables. ANDR.

AGRÉABLEMENT, adv. (V. *Gré.*) D'une manière agréable : *Il a parlé fort* agréablement. *Il compose* agréablement. *Nous fûmes chez lui très-agréablement. Nous sommes logés assez* agréablement.

AGRÉÉ, s. m. Défenseur admis à plaider habituellement devant un tribunal de commerce : *Il est



agréé près le tribunal de Commerce de Paris. C'est mon agréé. Je l'ai choisi pour agréé.*

AGRÉER, v. a. (V. *Gré.*) Accepter, recevoir favorablement, approuver, trouver bon : *Il a bien voulu agréer nos services. Le roi a agréé sa démission. Veuillez agréer les motifs que je vous expose.* — On disait d'Un officier qui avait acheté une charge : *Le roi l'a agréé, ou ne l'a pas agréé. Agréez mes excuses. Je suis parvenu à lui faire agréer ma conduite. Sa nomination n'a pas été agréée par le roi. Sa proposition a été agréée. Agréez que je vous réponde. Agréez mes civilités, mes hommages, mes respects, l'assurance de ma considération;* Formules de politesse que l'on emploie pour clôtures de lettres. — prov. *Quand on doit, il faut payer ou agréer,* c'est-à-dire, Quand on ne peut pas payer ses dettes, il faut au moins bien recevoir son créancier. — mar. Il signifiait autrefois Munir un vaisseau de ses agrès. On dit aujourd'hui *Gréer.* — *Agréer,* v. n. signifie Plaire, convenir, être agréable : *Sa figure ne m'a jamais agréé. Je désire que mon service vous agrée toujours.*

AGRÉÉ, ÉE, part.

AGRÉEUR, s. m. t. de mar. Celui qui prépare ou fournit les agrès d'un navire

AGREFOUS, AGRIFOUS, AGRÉOU, s. m. bot. syn. vulgaire de *houx*, dérivé d'*agrifolium*, nom que les anciens donnaient à cet arbre.

AGREGAT, s. m. (V. *Agréger.*) min. et géol. Syn. de *roches agrégées,* quand elles ont été formées instantanément et à la même époque, telles que le *granit,* le *porphyre,* etc. V. *Agrégées,* au mot AGRÉGÉ.

AGRÉGATIF, TIVE, adj. (V. *Agréger.*) Qui rapproche, qui réunit. — méd. *Pilules* agrégatives, ainsi appelées, parce qu'on pensait qu'elles réunissaient les propriétés d'un grand nombre de médicaments. — hist. nat. Qui sert à réunir : *Molécules* agrégatives. *La puissance* agrégative.

AGRÉGATION. s. f. (V. *Agréger.*) Admission dans un corps, une société : *Personne ne s'est opposé à son agrégation.* Il se dit d'une manière absolue en parlant Du titre d'agrégé pour l'Université : *Il a concouru pour l'agrégation. Concours d'agrégation.* — chim. Adhérence, réunion de matières formant entre elles une masse solide.

AGRÉGER, v. a. (du lat. *Aggregare,* réunir, rassembler en corps, d'où nous vient *agrégation*; rac. *grex, gregis,* troupeau, réunion.) Admettre quelqu'un comme associé à une compagnie, à un corps savant, pour le faire participer aux prérogatives des membres de cette compagnie : *La Faculté de Droit vient de l'agréger. Bien qu'il ne remplisse pas toutes les conditions voulues, cette académie désire se l'agréger. Il a été* agrégé *à l'Académie de Médecine.*

AGRÉGÉ, ÉE, part. Il s'emploie comme substantif pour indiquer Ceux qui sont parvenus à l'agrégation, et dont les fonctions sont, dans les Facultés de Médecine et de Droit, d'assister aux examens, et dans l'Université, de suppléer les professeurs en titre : *On a choisi trois professeurs et trois agrégés pour les examens. Il a été reçu comme agrégé pour les classes de grammaire. Il est agrégé en droit. Agrégé à la Faculté de Médecine. Il a le titre d'agrégé.* On ne lui donne que le traitement d'agrégé. — bot. Réuni : *Fleurs agrégées,* Réunies dans un réceptacle commun, comme la *scabieuse. Fruits agrégés,* Réunis sur un même réceptacle, comme la *framboise* et les cônes de pin. — géol. *Agrégées,* se dit Des roches dont tous les individus composants sont formés sur place, par voie de cristallisation, sans ciment intermédiaire.

AGRÉMENT, s. m. (V. *Gré.*) Approbation, consentement : *Il a obtenu l'agrément du roi pour exercer cette charge. Il n'est pas encore d'âge à se marier sans l'agrément de son père. Il faut que vous obteniez l'agrément de vos collègues. Donner son agrément à une chose.* — Ce qui plaît dans quelqu'un ou quelque chose, ce qui est un sujet de satisfaction, un avantage : *Cette femme a beaucoup d'agrément. Les agréments de la figure ne valent pas ceux de l'esprit. Sa conversation est d'un grand agrément. Vous ne sauriez croire l'agrément que j'ai eu pendant mon séjour à la campagne. Il n'y a pas de grands agréments dans cette profession. Je servis trois ans sous ses ordres avec beaucoup d'agrément. La ville a ses agréments et la campagne a les siens. Pour attirer les cœurs, il faut que la vertu présente l'attrait de l'agrément.* VAUVEN. *Je n'ai jamais trouvé dans la société des hommes les agréments que ma *procurait la solitude.* VOLT. *C'est un emploi qui lui donne beaucoup d'agrément.*—On l'emploie au pluriel pour exprimer Certains ornements que l'on met aux vêtements et aux meubles : *Les agréments de ce meuble sont de fort bon goût.* — Autrefois il signifiait aussi les Divertissements de danse et de musique joints à des pièces de théâtre : *On y donna le Bourgeois-Gentilhomme avec tous ses agréments.* Ce sens vieillit.

AGRÉMINISTE, s. m. V. AGRIMINISTE.

AGRÉNER, v. a. mar. Vider l'eau qui se trouve accidentellement dans une chaloupe ou un canot.

AGRÉNÉ, ÉE, part.

AGREUR, s. m. techn. V. AGRÉYEUR.

AGRÈS, s. m. pl. t. de marine. Tout ce qui sert à garnir la mâture d'un bâtiment, comme voiles, cordages, etc : *Les agrès de ce vaisseau sont en très-mauvais état. On a fait renouveler tous les agrès.* — *Les agrès et les apparaux,* s'emploie pour exprimer Tout ce qui est nécessaire à l'équipement complet d'un navire.

AGRESSEUR, s. m. (V. *Agression*, du l. *aggressor,* qui attaque.) Celui qui attaque, qui provoque : *Qui de vous deux a été l'agresseur? Commencez toujours par donner tort à l'agresseur.* ROUSS.

AGRESSIF, IVE, adj. (V. *Agression*.) Qui a le caractère de l'agression : *Il est une manière agressive de discuter qui ne saurait convenir à des hommes bien élevés. Cet orateur eût obtenu de bien plus brillants succès, s'il eût été moins agressif dans son langage. Une démonstration agressive est celle où l'on ne se contente pas d'établir une opinion, mais où l'on combat sans ménagements et en termes peu mesurés toutes les opinions contraires.*

AGRESSION, s. f. (du lat. *Aggressio*, attaque, lequel est dérivé du verbe *aggredi*, attaquer ; rac. *ad,* vers, et, *gradi,* marcher.) Action de celui qui attaque : *Espérons que les dieux nous feront justice de votre agression.* MARMONTEL. *Un acte d'agression. Une injuste agression. Vous avez fait acte d'agression. Ces paroles doivent être prises comme une véritable agression.*

AGRESTE, adj. des 2 g. ( du lat. *agrestis,* champêtre ; rac. *ager,* champ, campagne.) Champêtre, rustique, sauvage : *Un site agreste. Des fleurs agrestes.* — au moral, Sans culture, grossier : *Son humeur est un peu agreste. Il a des manières agrestes, Il n'a pas l'usage du monde.*

AGRÉYEUR, s. m. techn. Ouvrier qui fait passer le fil de fer par la filière.

AGRICOLE, adj. des 2 g. (du lat. *agricola,* cultivateur ; *ager, agri,* champ, et *colere,* cultiver.) Qui cultive la terre, qui a rapport à la culture de la terre. Dans le premier sens il ne s'applique d'habitude qu'à une collection d'individus : *Une nation, un peuple agricole. C'est un pays agricole. L'industrie agricole doit toujours être la base de la richesse des nations.* B. DE ST.-PIERRE. *Les ressources agricoles ne nous manqueront jamais. Produits agricoles.*

AGRICULTEUR, s. m. (du lat. *agricultor,* lequel s'est quelquefois mis pour *agricola,* cultivateur ; mot comp. de *ager, agri,* champ, terre, et *colere,* cultiver ; *cultor,* qui cultive.) Celui qui cultive la terre : *La classe des agriculteurs ne devrait-elle pas être la plus estimée de toutes?* MARM.

AGRICULTURE, s. f. (du lat. *agricultura,* même sens. V. *Agriculteur*.) Art de cultiver la terre, soin que l'on donne à la culture de la terre : *Législateurs, dirigez vos premiers soins vers l'agriculture.* BARTH. *Il a composé un traité d'agriculture. Il s'est établi dans le département une société d'agriculture, une école d'agriculture. Cet homme n'entend pas l'agriculture.*

AGRIDE, adj. des 2 g. zool. Il se dit D'insectes qu'on trouve dans les endroits arides et pierreux.

AGRIE, s. f. (du gr. *αγρια,* fait de l'adj. *αγριος,* sauvage, cruel.) méd. Nom donné à la dartre rongeante ou ulcérée.

AGRIFFER (S'), v. pron. (V. *Griffe*.) Se retenir, s'attacher avec les griffes : *Les chats s'agriffent partout où ils peuvent.*

AGRIFFÉ, ÉE, part.

AGRIMINISTÉ, s. des 2 g. techn. Celui, celle qui prépare les agréments dont on se sert pour orner les meubles et les robes de femmes.

AGRIMONIÉ, ÉE, adj. bot. Qui ressemble à l'aigremoine. — *Agrimoniées,* s. f. pl. Famille de plantes rosacées.

AGRIMONOÏDE, adj. des 2 g. V. AGRIMONIÉ.

AGRIOCINARA, s. m. (du gr. *αγριος,* sauvage, et de *κιναρα,* artichaut.) bot. Synon. de l'*artichaut* et de l'*échinops,* selon Dioscoride.

AGRIONS, s. m. pl. entom. Nom d'une famille de névroptères établie aux dépens des libellules.

AGRIOTHYMIE, s. f. (du gr. *αγριος,* sauvage, cruel, et de *θυμος,* esprit, caractère.) méd. Inclination maladive à commettre des actes de cruauté.

AGRIOTHYMIQUE, adj. des 2 g. méd. Qui a rapport à l'agriothymie.

AGRIPAUME, s. f. (en lat. *agripalma,* palmier des champs.) bot. Plante du genre *leonurus,* nommée aussi *cardiaque,* parce qu'on la croyait bonne à guérir la cardialgie des enfants.

AGRIPENNE, adj. des 2 g. ornith. Il se dit Des oiseaux chez lesquels les plumes de la queue ont une tige aiguë.

AGRIPPA, s. m. (du gr. *αγρα,* capture, et *πους,* pied.) Terme dont on se sert pour désigner Un enfant qui vient au monde par les pieds. On se sert de *agrippine* pour le féminin.

AGRIPPER, v. a. (V. *Gripper*.) Prendre, saisir avidement : *Il agrippe tout ce qu'il trouve. Il agrippa la pomme et s'enfuit.* AUBERT. Il est populaire.

AGRIPPÉ, ÉE. part.

AGRONOME, s. m. (du gr. *αγρονομος,* administrateur des terres, *αγρονομια,* administration des terres, agronomie : rac. *αγρος,* champ, terre, et *νεμω,* je distribue, j'ordonne.) Celui qui connaît la théorie de l'agriculture : *Depuis quelques années, la France a produit des agronomes habiles et expérimentés.*

AGRONOMIE, s. f. (V. *Agronome*.) Science agricole, théorie de l'agriculture : *Il a de grandes connaissances en agronomie. Il a contribué à perfectionner l'agronomie en France.*

AGRONOMIQUE, adj. des 2 g. Qui a rapport, qui appartient à l'agronomie : *La science agronomique. Des études agronomiques.*

AGROSTEMME, s. f. (du gr. *αγρος,* champ, et de *στεμμα,* bandelette, couronne.) bot. Genre de plantes cariophyllées, comprenant la coquelourde, agronomie : rac. *αγρος,* champ, terre, et cultivée dans les jardins, et la nielle des blés.

AGROSTIDE ou AGROSTIS, s. f. (du gr. *αγρωστις,* chiendent.) bot. Genre de plantes graminées.

AGROSTIDÉ, ÉE, adj. (V. *Agrostide*.) Qui tient de l'agrostide, qui lui ressemble. — *Agrostidées,* s. f. pl. Famille de plantes graminées.

AGROSTOGRAPHE, s. m. (V. *Agrostographie*.) bot. Botaniste qui s'occupe spécialement des graminées.

AGROSTOGRAPHIE, s. f. (du gr. *αγρωστις,* chiendent, et *γραφω,* j'écris, je décris.) bot. Nom donné à la science qui a pour objet L'étude des plantes de la famille des graminées.

AGROSTOGRAPHIQUE, adj. des 2 g. bot. Qui a rapport à l'agrostographie.

AGROSTOLOGIE, s. f. (du gr. *αγρωστις,* chiendent, et de *λογος,* discours.) Traité ou ouvrage sur les plantes de la famille des graminées.

AGROSTOLOGIQUE, adj. des 2 g. Qui a rapport à l'agrostologie.

AGROTIDE, s. m. entom. Genre de papillons.

AGROUPER (S'), v. pron. peu usité. (V.*Groupé*.) Se former en groupe : *Une foule nombreuse s'était agroupée autour de la voiture.* Il s'emploie aussi comme v. a. et signifie Mettre en groupe.

AGROUPÉ, ÉE, part. : *Un peuple agroupé. Une famille agroupée.*

AGRYPNIE, s. f. (du gr. *αγρυπνια,* insomnie, comp. de *αγρος,* sauvage, dur, difficile, et de *ὑπνος,* sommeil.) méd. Manque de sommeil, insomnie.

AGRYPNOCOME, s. m. (du gr. *αγρυπνια,* insomnie, et de *κωμα,* sommeil.) méd. État d'un malade tout à la fois agité et assoupi.

AGUERRIR, v. a. (V. *Guerre*.) Accoutumer à la guerre, aux dangers et aux fatigues ; habituer à quelque chose de pénible : *Aguerrir des soldats. Il faut aguerrir les enfants aux dangers, car c'est le meilleur moyen de leur apprendre à surmonter ceux qui se présenteront à eux.* ROUSS. *Il faut aguerrir les ouvriers aux fatigues. Tant d'afflictions m'ont aguerri à la douleur.* ROUSS. — *Aguerrir contre une chose,* Se mettre en garde contre ses séductions : *Tâchez de vous aguerrir contre les voluptés.* BARTH. — S'AGUERRIR, v. pron.

*Ses soldats commençaient à s'aguerrir. Il faut s'aguerrir aux railleries. S'aguerrir contre le ridicule.*

AGUERRI, IE, part. *Un soldat parfaitement aguerri contre les périls et contre la fatigue.* BOIL. *Il craignait, avec des troupes aussi peu aguerries que les siennes, de se trouver un pareil ennemi en tête.* VERT.

AGUETS, s. m. pl. (V. *Guet*.) Il ne s'emploie que dans les locutions suivantes : *Être aux aguets, se tenir aux aguets,* Épier, être en observation, observer l'occasion. *Mettre quelqu'un aux aguets,* Mettre en un poste choisi pour guetter : *Il est resté aux aguets toute la journée. Nous avons mis deux hommes aux aguets pour nous avertir de son approche.* — fig. *Voilà deux ans que je suis aux aguets pour obtenir quelque chose.*

AGUEUSTIE, s. f. V. AGNEUSTIE.

AGUI, s. m. mar. Sorte de nœud.

AGUILLE, s. f. manuf. Toile de coton qui se fabrique à Alep.

AGUIMPER, v. a. Revêtir d'une guimpe. (V. LE SUPPLÉMENT.

AGUL, s. m. bot. Arbrisseau épineux à fleurs légumineuses, qui croît en Perse et en Arabie, et sur les feuilles duquel on recueille de la manne. (V. *Alhgi*.)

AGUSTITE, s. f. (peut-être de *α* priv. et de *gustus,* goût.) min. Chaux phosphatée, de couleur bleuâtre, trouvée en Saxe. On l'appelle aussi *béryl de Saxe.*

AGYNAIRE, adj. des 2 g. (V. *Agine*.) bot. Qui manque de pistil, en parlant d'une fleur.

AGYNE, adj. des 2 g. (de *α* priv. et de *γυνη,* femme, femelle.) Il s'applique aux Plantes dont la fleur n'a point d'organe femelle.

AGYRIAS, s. m. (de *αγυρις,* amas, collection.) méd. Opacité du cristallin.

AGYNIQUE, adj. des 2 g. bot. Il se dit de l'insertion des étamines, lorsqu'elles ne sont point adhérentes à l'ovaire.

AH. Exclamation, qui sert à marquer, suivant les diverses circonstances, la joie, la douleur, l'admiration, etc. : *Ah! que je suis satisfait de ce que vous me dites! Ah! quel plaisir d'être soldat! Ah! que je souffre! Ah! quelle jolie chose!* — Quelquefois *ah !* ne sert qu'à donner plus d'expression à la phrase : *Mais hier, il m'aborde et me serrant la main* : Ah! *Monsieur, m'a-t-il dit, je vous attends demain.* BOIL. — AH! AH! exprime énergiquement la surprise, l'ironie : Ah! ah! *vous voulez en tâter aussi!* Ah! ah! *nous vous y prenons!*

AHALER, v. n. Pousser son haleine au dehors, lorsqu'on marche, et la pousser fortement et rapidement, lorsqu'on a couru ou qu'on est fatigué. Il est familier.

AHAN, s. m. (c'est une onomatopée.) Grand effort que l'on fait pour venir à bout d'un travail pénible, comme de soulever un fardeau. Il ne s'emploie que dans cette phrase : *Suer d'ahan.* Il est populaire.

AHANER, v. n. Haleter en travaillant, faire quelque chose avec beaucoup de peine : *Nous avons bien ahané pour faire cet ouvrage.* Il est populaire et peu usité.

AHM, s m. V. AAM.

AHÉGAST, s. m. bot. Arbre des Indes dont les racines servent à teindre en rouge.

AHEURTEMENT, s. m. (V. *Heurter*.) Opiniâtreté dans un sentiment, une idée : *Cet aheurtement à la même idée est trop fort.*

AHEURTER, v. a. (V. *Heurter*.) Obstiner quelqu'un, exciter son humeur : *Vous êtes toujours à l'aheurter. Ne l'aheurtez pas davantage avec vos réponses.* fam. et peu us. — S'AHEURTER, v. pron. S'opiniâtrer dans un sentiment, une idée : *Il s'est aheurté à cette idée, et rien ne l'en fera démordre. S'aheurter à faire quelque chose. Quand il s'est aheurté à une difficulté, il ne l'abandonne pas qu'il ne l'ait surmontée.*

AHEURTÉ, ÉE, part. *Un esprit aheurté. Un homme aheurté à une opinion.*

AHI. Sorte d'interjection qui exprime la douleur. On dit aussi *aïe.* (V. *Aïe.*)

AHU, s. m. zool. Espèce de chevreuil de Tartarie.

AHURIR, v. a. (du préf. *a* et du gal. *hurtio,* étonner, stupéfier : s'étonner, être stupéfait.) Troubler, étourdir, faire perdre la tête : *Vous êtes continuellement à l'ahurir.* Il est fam.

**AHURI, IE.** part. *Il est resté tout ahuri.* Il s'emploie comme substantif des 2 g., et signifie Brouillon, étourdi : *Vous pouvez vous vanter d'être un fameux ahuri.*

**AÏ,** s. m. mam. Quadrupède très-lent dans ses mouvements ; il diffère de l'unau, en ce qu'il est pourvu d'une queue.

**AÏAULT,** s. m. bot. Syn. de *Narcisse.* (V. ce dernier.)

**AICHE,** s. m. (du br. *léoh,* pl. *leoged,* ver qui se trouve dans les grèves et qui sert d'appât pour prendre le poisson à la ligne ; en b.-norm. on dit *achée.*) pêch. Ver de terre employé comme appât par les pêcheurs.

**AICHER,** v. a. (V. *Aiche.*) pêch. Mettre un ver de terre, un *aiche* à la ligne.

**AICHÉ, ÉE,** part.

**AIDE,** s. f. (de l'irl. *adh, aidh, eadh,* félicité, bonheur, aide, aide, protection ; *edh,* garde, secours, défense ; d'où le v. *aider,* qui viendrait difficilement du lat. *adjuvare.*) Aide, secours, assistance, ce qui nous met en état de faire quelque chose : *Donnez-lui de l'aide. Accordez-lui aide et protection. Avec votre aide, il viendra à bout de tout. Le sage est roi sans l'aide de la fortune.* BALZAC. *Prêter aide et assistance, aide et faveur. Tu t'es vengé sans aide et tu veux m'en donner.* CORN. *Crier à l'aide,* appeler à l'aide. *Venez à mon aide,* ou simplement par ellipse *, à l'aide !* A l'aide*, mes amis, à l'aide, on m'assassine !* SCAR. — *Aide* s'emploie également pour exprimer La personne ou la chose dont on tire le secours : *Vous avez été toute mon aide. Je n'ai pas d'autre aide que les notes que j'avais prises.* — *Aide,* Secours, utilité que l'on tire de certaines choses : *Cette nouvelle machine lui a été d'une grande aide pour son travail. Il est obligé d'emprunter l'aide de ses lunettes. Avec l'aide de l'algèbre on arrive promptement à la solution de ce problème. A l'aide de la vapeur, les distances qui séparent les peuples se sont rapprochées.* — proverb. *Un peu d'aide fait grand bien. Bon droit a besoin d'aide,* Quelque juste que soit une cause, quelque bonne que soit une affaire, il ne faut pas négliger de se faire appuyer. *Dieu vous aide,* Souhait dont on gratifie un mendiant à qui l'on ne fait pas l'aumône. *Dieu vous aide, Dieu vous soit en aide,* se dit aussi à Quelqu'un qui éternue. Il a vieilli ; on dit aujourd'hui dans le même cas et fam. *Dieu vous bénisse !* — *Aide* désigne aussi Une église, ou une chapelle bâtie pour être la succursale d'une paroisse : *L'Assomption est une aide de la Madeleine.* — On appelait autrefois *Aides* Les impôts levés sur les marchandises vendues dans l'étendue du royaume, et *Cour des Aides,* la Cour qui jugeait en dernier ressort les affaires contentieuses relatives à tous les genres d'impôts : *Il avait commencé par être commis dans les aides. Conseiller à la cour des aides. Il fut nommé premier président à la cour des aides.* — *Aides,* en terme de manége, s'emploie au pl. pour tous les Moyens par lesquels le cavalier manie le cheval, et il s'entend principalement de l'Action des mains et des jambes sur le cheval : *Les aides de la voix, de la main, du genou, des jambes, des talons, de l'éperon. Un cheval qui connaît bien les aides, qui sait bien répondre aux aides, qui est sensible aux aides, qui est confirmé dans les aides. Donner les aides extrêmement fines,* Bien manier le cheval, lui faire marquer avec une grande justesse ses temps et ses mouvements. On dit aussi d'Un cheval qui est très-sensible aux aides : *qu'il a les aides fines.* — arch. *Aides,* Petites pièces ménagées près des grandes, pour leur servir de dégagement.

**AIDE,** s. des 2 g. La personne qui aide, dans son travail ou dans ses fonctions, quelqu'un auquel elle est soumise : *Il a été obligé de prendre un aide. On a donné une aide à la première sage-femme.* — Ceux qui servent sous le chef de cuisine ou d'office : *Aide de cuisine, aide d'office.* —*Aide-maçon,* et autrefois, *aide à maçon,* Celui qui gâche le plâtre et apporte tout ce dont le maçon a besoin. — *Aide des cérémonies,* Officier qui sert sous le grand maître des cérémonies. — *Aide-de-camp,* Officier attaché au service d'un prince ou d'un général et particulièrement chargé de porter ses ordres : *Le premier aide-de-camp du roi. Il a fait les fonctions d'aide-de-camp auprès du général. Il envoya un de ses aides-de-camp donner le signal de l'attaque.* — *Aide-chirurgien,* et plus vulgairement

aide-*major,* Celui qui est adjoint au chirurgien-major d'un régiment : *Il vient d'être nommé aide-major.* On appelait aussi *Aide-major,* L'officier soumis au major et le remplaçant dans son absence ; et aide-*majorité,* l'emploi de cet officier : *Il était alors aide-major dans les gardes-françaises. Il fut fait aide-major d'une place de guerre.* —*Sous-aide,* Celui qui est subordonné à l'aide : *Il est sous-aide dans un hôpital.*

**AIDEAU,** s. m. techn. Morceau de bois qu'on passe dans les barres d'une charrette pour soutenir les charges élevées.

**AIDER,** v. a. (V. *Aide.*) Donner de l'aide à quelqu'un, le seconder, le servir. Il se dit pour les personnes et pour les choses : *Voulez-vous m'aider dans ce travail ? Je l'ai aidé de ma bourse, de mes conseils. Il pria le cheval de l'aider quelque peu.* LA FONT. *Hercule veut qu'on se remue, puis il aide les gens.* LA FONT. *Je me ferai aider par mon frère. Cette nouvelle machine aide beaucoup les ouvriers dans les travaux de construction. Il a inventé une méthode pour aider la mémoire.* — *Aider à,* Contribuer à une action, à son succès : *Il a beaucoup aidé à la réussite de notre entreprise. Le café aide à la digestion. Son oncle l'a aidé à payer ses dettes. Vous nous aiderez à finir ce travail. Je l'ai aidé à déménager. Il ne faut pas l'aider à mettre de tels projets à exécution. Il a besoin qu'on l'aide à marcher.*— On dit aussi : *Aider à quelqu'un,* L'assister momentanément pour un objet déterminé, surtout quand il s'agit d'un travail physique, et le verbe qui suit se met à l'infinitif avec la préposition *à.* prov. : *Dieu aide à trois sortes de personnes, aux fous, aux enfants et aux ivrognes. Aidez à cet homme à placer son fardeau sur les épaules.*—Avec le pron. personnel. *Aidons-nous les uns les autres.* — prov. *Aide-toi le ciel t'aidera,* Il faut agir soi-même pour surmonter une difficulté. C'est dans le même sens que l'on dit : *Aidez-vous, c'est à vous de vous aider, vous ne vous aidez pas assez, Vous restez trop inactif.* — *Aider à la lettre,* Suppléer par l'intelligence à ce qu'il y a d'obscur dans une phrase. — fig. Entrer dans l'intention de Quelqu'un qui parle, en expliquant ce qu'il a dit d'une manière obscure. Il se dit aussi de Quelqu'un qui altère la vérité dans un récit en exagérant certains faits. — S'AIDER de, Faire usage de, tirer secours de quelque chose : *Je me suis aidé de vos remarques pour ma traduction. Il s'aida des pieds et des mains, et si bien qu'il parvint au bord de la machine.* AUBERT. — manég. *Donner les aides.* V. **AIDE.**

**AIDÉ, ÉE,** part. *Aidée de vos conseils, je suis certaine de réussir.*

**AÏE,** Exclamation qui marque la douleur : *Aïe ! que vous me faites mal ! aïe ! que je souffre !* — Il s'emploie plus fréquemment seul, quand on éprouve une douleur imprévue : *Aïe !*

**AÏEUL,** s. m. (du lat. *avus,* grand-père, *avia,* grand'mère ; rac. *ab,* qui, dans les langues sémitiques et en irlandais, signifie père.) Grand-père : *Aïeul paternel,* grand-père du côté du père ; *Aïeul maternel,* du côté de la mère. plur. *Aïeuls* pour désigner précisément Les deux grands-pères : *A six mois de distance il a perdu ses deux aïeuls.* — *Aïeul* se dit aussi pour indiquer Un ancêtre sans préciser le degré : *Il avait même un roi pour aïeul.* Dans ce cas on dit *Aïeux* au pluriel, pour désigner en général Ceux dont on descend : *La liste de mes aïeux.* — *Nos aïeux,* Ceux qui ont vécu dans les siècles antérieurs : *Nous nous imaginons toujours être plus sages que nos aïeux.* — *Aïeul* n'a pas de composé au-delà de ceux de *bisaïeul* et de *trisaïeul* ; quand on veut préciser les degrés plus éloignés, on dit : *Quatrième aïeul, cinquième aïeul.*

**AÏEULE,** s. f. (V. *Aïeul.*) Grand'mère : *Aïeule paternelle, aïeule maternelle. Nos aïeules s'habillaient de la sorte.*

**AIGAIRE,** s. m. agric. Sillon large et profond qui sépare les billons pour l'écoulement des eaux pluviales.

**AIGLE,** s. m. (de l'irl. *acuil, aicheal,* qui a le même sens ; plutôt que du lat. *aquila,* mot emprunté aux Celtes par les Romains.) ornith. Grand oiseau de proie, appartenant au genre faucon, selon Temminck, et formant un genre à part selon la plupart des autres naturalistes. — fig. *Aigle* s'emploie pour exprimer Un homme d'un puissant

génie ou qui est supérieur dans une spécialité : *Bossuet a été surnommé l'aigle de Meaux. Cet administrateur n'est pas un aigle.* Il se dit aussi d'Une supériorité relative, quel que soit le plus ou moins de mérite de celui qui l'emporte sur un autre : *Tout médiocre que soit son protégé, c'est encore un aigle auprès du vôtre.* VOLT. — *Des yeux d'aigle,* Des yeux perçants. — fig. *Un regard d'aigle,* Un esprit pénétrant : *Il portait sa vue d'aigle sur les petits détails aussi bien que sur les grandes choses.* ST. RÉAL. — *Crier comme un aigle,* Crier d'une voix aigre et perçante. — fém. *Aigle* signifie Les enseignes, que l'on appelle ainsi parce que la figure d'un aigle s'y trouve : *L'aigle romaine, les aigles des Césars. La France a promené à travers l'Europe ses aigles victorieuses. C'était le premier affront que subissait l'aigle romaine.* — Il s'emploie aussi au fém. en termes d'armoiries et de devises : *Les armes de la France étaient alors une aigle portant une foudre dans ses serres.* — D'une manière absolue : *L'aigle impériale,* Les armes d'Autriche, qui sont un aigle à deux têtes. — *Aigle,* au masc., se dit De la représentation en cuivre d'un aigle ayant les ailes étendues et qui sert de lutrin à l'église. — monn. Monnaie d'or qui a cours aux États-Unis, qui vaut 10 dollars ou 55 fr. 24 c. de France ; *Demi-aigle,* monnaie d'or qui vaut 27 fr. 60 c. *Quart d'aigle,* 13 fr. 80 c. — num. Symbole de la divinité ou de l'empire sur les médailles.—comm. *Bois d'aigle,* Bois odoriférant qui croît en Chine et au royaume de Siam, et dont les Japonais font un grand trafic. — relat. *Aigle blanc,* Ordre militaire de Pologne ; — *noir,* Ordre militaire de Prusse ; *rouge,* Autre ordre militaire de Prusse. — pap. *Grand-Aigle,* Papier du plus grand format ; *Petit-Aigle,* Sorte de papier plus petit que le grand-aigle.

**AIGLETTE,** s. f. blas. V. **ALÉRION.**

**AIGLON,** s. m. (V. *Aigle.*) Le petit de l'aigle : *Un jeune aiglon. L'aigle habitue ses aiglons à se nourrir de chair.*

**AIGLURES,** s. f. pl. fauc. Taches rousses semées sur le corps de l'oiseau, qui en rendent le plumage bigarré.

**AIGOCÉROS,** s. m. (du gr. αἴξ, αἰγός, chèvre et de κέρας, corne.) bot. Plante cultivée en plusieurs pays et plus connue sous le nom de *fenu-grec.*

**AIGRE,** adj. des 2 g. (du gal. *egr,* sûr, acide, aigre ; *gwinegr,* vinaigre, lat. *acetum.*) Qui a de l'acidité, piquant au goût : *Le vin est devenu aigre. Cette liqueur est aigre au goût. Une substance d'un goût aigre et désagréable.* — *Odeur aigre,* Odeur désagréable et qui est produite par l'altération de certaines substances. *Sentir l'aigre,* Exhaler une odeur qui annonce l'altération : *Cette liqueur sent un peu l'aigre.* Dans ce cas, aigre est substantif comme dans ces phrases : *Une odeur d'aigre, un goût d'aigre.* — *Aigre* s'emploie aussi pour exprimer Un son aigu et perçant : *Il a une voix aigre qui vous perce la tête. Les sons qu'il tire de son instrument sont un peu aigres. Il m'a répondu d'un ton très-aigre. Le son aigre d'une cloche.* — peint. *Couleurs aigres,* Celles qui ne sont pas liées par des passages qui les accordent. — *Aigre* s'emploie aussi en parlant des Métaux, pour signifier Que leurs parties ne sont pas liées et se séparent facilement les unes des autres : *Ce fer, ce cuivre est fort aigre. On ne saurait forger ce fer, tant il est aigre. Aigre* signifie Fâcheux, revêche, sévère : *Vous avez l'humeur bien aigre aujourd'hui. Il lui a fait une remontrance assez aigre. C'était un de ces esprits aigres s'irritant de la moindre joie qui se manifeste autour d'eux.* DID. *Il m'a écrit d'un style un peu aigre. Le vent est un peu aigre ce soir,* Il pique un peu. Il est peu usité. Dans un sens analogue, on dit : *Il y a encore de l'aigre dans l'air,* c'est-à-dire, L'air n'est pas encore tout-à-fait adouci.

**AIGRE-DE-CÈDRE,** s. m. Sorte d'orangeade aiguisée de citron vert, édulcorée de miel épuré, au suc de mûres blanches, et légèrement aromatisée par de l'écorce de cédrat rouge, ou par le reste d'un pourcire ou d'une bergamote : *L'aigre-de-cèdre à la royale est une boisson fort agréable.* — **AIGRE-DE-LIMON,—DE-BIGARADE,** etc., Liqueurs qui se font avec le jus de ces fruits, du sucre et de l'eau, et font le goût est légèrement acide.

**AIGRE-DOUX, OUCE,** adj. Qui est à la fois aigre et doux : *Des fruits aigres-doux, une liqueur aigre-*

douce. — fig. Il se dit d'Un caractère, d'un ton de voix, d'une manière de parler où l'aigreur perce sous l'apparence de la douceur : *C'est un esprit aigre-doux. Un ton aigre-doux, des paroles aigres-douces.*

**AIGREFIN**, s. m. (probablement du gal. *craiffyn*, croc, harpon, grappin, et qui, comme le lat. *har-pago*, a pu se prendre au fig. pour voleur; avec l'art. *aïn craiffyn*.) Chevalier d'industrie, escroc : *Des aigrefins et des dupes, voilà ce qui forme la plus grande partie de la population.* DUP. Il est injurieux et populaire.

**AIGRELET, ETTE**, adj. Qui est un peu aigre, au propre et au fig. : *Ce petit vin est aigrelet. Cette liqueur a un goût aigrelet. Elle m'a répondu de sa petite voix aigrelette.* HAMIL. Il est familier.

**AIGREMENT**, adv. Avec aigreur. Il ne s'emploie guère que pour la parole ou le style : *Il m'a écrit assez aigrement là-dessus. Il aurait dû me parler moins aigrement. Il a reçu assez aigrement mes remontrances. Mêlez-vous de boire, je vous prie, a l'auteur sur-le-champ aigrement reparti.* BOIL.

**AIGREMOINE**, s. f. (en lat. *agrimonia*.) bot. Plante de la famille des rosacées, vulgairement connue sous le nom d'*eupatoire*, employée en mé-decine, surtout en gargarismes détersifs.

**AIGREMORE**, s. m. Charbon de bois tendre, ré-duit en poussière par les artificiers.

**AIGRET, ETTE**, adj, (V. *Aigre*.) Un peu aigre : *C'est un fruit qui a un goût aigret. Sauce aigrette.*

**AIGRETTE**, s. f. Faisceau de plumes effilées et droites qui orne la tête de quelques oiseaux : *Le paon a une belle aigrette.* — Il se dit pareillement d'Un bouquet de plumes qui sert d'ornement de tête pour les hommes et pour les chevaux, et dont on décore aussi les dais et les lits de parade : *Un casque surmonté d'une aigrette, ajoute à la taille des guerriers. Une aigrette entourée de plumes flot-tantes.* — extens. Espèce de pompon en crin : *L'ai-grette d'un schako, aigrette rouge, aigrette jaune.* On le dit encore d'Un bouquet de perles, de dia-mants disposés en forme d'aigrette.—*Aigrette de verre*, Sorte d'ornement composé de fils de verre droits et fins. — *Aigrette d'eau*, Jet d'eau en forme d'aigrette. — phys. *Aigrettes lumineuses*, Bouquets de rayons divergents, qui s'échappent des pointes et des extrémités anguleuses des corps électrisés.— bot. Touffe de poils ou d'écailles surmontant cer-taines graines, telles que *le pissenlit et le chardon. Aigrette simple. Aigrette pédiculée. Aigrette plu-meuse.*—On donne aussi ce nom à une Espèce de héron blanc dont la tête est ornée d'une aigrette.

**AIGRETTÉ, ÉE**, adj. entôm. L'antenne qui se ter-mine par un article en forme de palette, portant une soie latérale nue ou garnie de poils, est dite *aigrettée.* — bot. Qui porte une aigrette.

**AIGREUR**, s. f. (V. *Aigre*.) Qualité de ce qui est aigre : *Il y a un peu d'aigreur dans le goût de cette sauce. Il faut mettre le lait au frais pour prévenir l'aigreur. Ces vins ont de l'aigreur.*—Il s'emploie au pluriel pour exprimer les Rapports que cause une mauvaise digestion : *Causer des aigreurs.*—*Aigreur*, Amertume dans le caractère, dans la conduite, dans les paroles; manière offensante de s'exprimer : *L'ai-greur de son caractère avait fini par éloigner tout le monde.* MARIV. *L'aigreur qu'il mettait dans ses reproches avait soulevé mon indignation. Il ne peut rien dire sans aigreur. Un caractère plein d'aigreur. Vous répondez toujours avec aigreur. Vous mettez de l'aigreur dans toutes vos paroles. Cette réponse annonce beaucoup d'aigreur.* — Irritation, brouille, trouillerie : *Depuis quelque temps il y avait un peu d'aigreur entre nous. Il y a quelque aigreur entre les deux frères.* — b.-arts. Les graveurs se servent de ce mot au pluriel, en parlant des Tailles où l'eau-forte a trop mordu.

**AIGRIÈRE**, s. f. (V. *Aigre*.) écon. rus. Petit lait dans lequel on mélange du son pour le donner comme nourriture aux cochons.

**AIGRIR**, v. a. (V. *Aigre*.) Rendre aigre, faire tourner à l'acide : *La grande chaleur a aigri le lait. Le levain est une pâte que la fermentation a aigrie.* —fig. Irriter, exciter au ressentiment, mettre dans une mauvaise disposition : *Toutes vos paroles ne fe-ront qu'aigrir sa douleur. La douleur est injuste, et toutes les raisons qui ne la flattent pas aigris-sent ses soupçons.* RAC. *En cherchant à ménager vous les partis, il ne fit que les aigrir contre lui.* VOLT. *Les malheurs ont aigri son caractère. Je crains*

bien que son intervention n'aigrisse encore les af-faires. — Il s'emploie quelquefois comme verbe neutre, et signifie Devenir aigre; mais plus souvent avec le pronom personnel : *Cette pâte a aigri par la fermentation. Ce vin s'aigrira à l'air. Ces viandes se sont aigries.*—fig. *Les esprits s'aigrissaient contre lui. Son mal s'aigrit tous les jours.*

**AIGRI, IE**, part. *Un homme aigri par la souffrance. Un caractère aigri.*

**AIGU, Ë**, adj. (du lat. *acutus*, même sens, lequel paraît être le part. passé du v. *acuere*, aiguiser.) Qui se termine en pointe, qui est acéré par le bout, dont le tranchant est affilé : *Cet outil n'est pas assez aigu. Il faut rendre cet instrument plus aigu. Le tranchant de cette hache est très-aigu.* — fig. *Une voix aiguë, des cris aigus*, Une voix perçante, des cris perçants. *Il poussait des cris aigus qui parve-naient jusqu'à nous. Il a dans la voix des tons graves et des tons aigus.* — Il s'emploie substantivement : *L'aigu et le grave.*—*Aigu*, Vif, violent, dangereux : *Une douleur aiguë. Il a été emporté par une fièvre aiguë. Une maladie longue et aiguë.*—gram. adj. m. S'applique au mot accent; dans la grammaire grec-que, il désigne la Syllabe sur laquelle porte l'effort de la voix. Chez nous, il signifie le Petit signe que l'on place sur l'*e* fermé, comme dans *bonté.*—géom. *Un angle est dit aigu* lorsqu'il est moindre qu'un angle droit. (V. *Droit, Obtus*.) — bot. *Feuilles ai-guës*, Celles qui se terminent en pointe.

**AIGUADE**, s. f. (prononcez *aighade*; V. *Aiguayer*.) Provision d'eau douce que font les vaisseaux près d'un rivage lorsqu'ils viennent à en manquer pen-dant la traversée : *On a été faire aiguade. Il y a là une bonne aiguade.*

**AIGUAIL**, s. m. (du lat. *aqua*, eau.) chas. Petites gouttes de rosée qui demeurent sur les feuilles des herbes et des arbres.

**AIGUAYER**, v. a. (du lat. *aquari*, aller à l'eau, faire aiguade, abreuver : rac. *aqua*, eau.) Laver, baigner dans l'eau : *Aiguayer un cheval*, Le faire promener dans l'eau pour le laver. *Aiguayer du linge*, Le remuer, le faire tremper dans l'eau avant que de le tordre.

**AIGUAYÉ, ÉE**, part.

**AIGUE-MARINE ou BÉRYL**, s. f. min. Variété d'é-meraudes de couleur vert-de-mer ou bleuâtre. L'ai-gue-marine orientale est une variété vert-jaunâtre ou bleu-verdâtre du corindon hyalin.

**AIGUIÈRE**, s. f. (du lat. *aqualis*, pot à l'eau : rac. *aqua*, eau.) Vase très-ouvert, à anse et à bec, où l'on met de l'eau pour différents usages : *Une ai-guière d'or. Une aiguière d'argent. Une aiguière de porcelaine, ou en porcelaine. Une aiguière pleine d'eau. Il lui a donné une aiguière de vermeil ornée de ciselures.... Laissé d'un esprit négligent dérober quelque aiguière ou quelque plat d'argent.* MOL.

**AIGUIÉRÉE**, s. f. La quantité de liquide conte-nue dans une aiguière : *Il m'a répandu sur le pied une aiguiérée d'eau chaude.*

**AIGUILLADE**, s. f. (V. *Aiguille*.) Gaule pointue dont on se sert pour piquer les bœufs. fam. *Donner une aiguillade*, Pour donner un coup d'aiguillade.

**AIGUILLAT**, s. m. ichth. Sorte de petit squale que l'on pêche sur nos côtes.

**AIGUILLE**, s. f. (du lat. *aculeus*, pointe, dard, aiguillon, lequel paraît être un dim. irrég. de *acus*, aiguille. Dans *aiguille* et sens dérivés, ainsi que dans *aiguiser*, ui est diphthongue.) Petit outil d'acier pointu par un bout, percé par l'autre, et qui sert à coudre, à broder, à faire de la tapisserie : *Une grosse, une petite aiguille. Enfiler une aiguille. Le trou ou le chas d'une aiguille. Cette aiguille est épointée. La tête, la pointe d'une aiguille. Une aiguille d'emballeur. Un travail fait à l'aiguille. Des travaux d'aiguille. Une broderie à l'aiguille. Travailler à l'aiguille.*—*Aiguille* se dit également pour Toute espèce de petites verges en métal servant à différents usages : *Une aiguille à tricoter. Aiguille d'horloge, la grande, la petite aiguille. Aiguille marine. Aiguille aimantée*, Petite verge d'acier, aimantée par un bout, et tournant sur un pivot, dont on se sert pour trouver le Nord. *Ai-guille d'oculiste. Aiguille de balance. Une aiguille de tête*, Grande aiguille dont les femmes se servent pour arranger leurs cheveux. — fig. et prov. *De fil en aiguille*, De propos en propos, d'une circonstance à une autre : *De fil en aiguille ils nous mirent au fait de tout ce qui leur était arrivé. De fil en aiguille nous avons fini par nous fâcher. Bâtir un ouvrage sur la pointe d'une aiguille*, L'établir sur une idée

futile : *Ce roman est bâti sur la pointe d'une ai-guille. Élever une discussion, disputer sur la pointe d'une aiguille. Il est homme à faire des procès sur la pointe d'une aiguille*, Contester sur un objet de peu d'importance. — On dit aussi d'Une chose que l'on cherche, mais que sa petitesse ou le désordre des objets au milieu desquels elle doit être, rend difficile à trouver, que *C'est chercher une aiguille dans une botte de foin.* — arch. Nom que l'on donne aux obélisques : *L'aiguille de Cléopâtre.* — Il sert aussi à désigner Les clochers aigus, et même les ornements pyramidaux qui surmontent certaines parties des églises ogivales. — chem. de fer. Pièce de fer qui indique, sur un cadran, le degré de force de la vapeur d'une locomotive. — mar. Sorte de bâtiment propre à la pêche. — Il se dit de Plusieurs pièces de bois placées les unes sur les autres pour former l'é-peron. — fauc. Sorte de maladie des faucons cau-sée par de petits vers et des poux qui s'engendrent dans leur chair. — Nom qu'on donne aussi Au sommet d'une montagne, lorsqu'il est prismati-que et anguleux, comme dans les Alpes. Dans le même sens, on dit: *Corne et Dent.* — prov. et. fig. *Cette fille ne sait pas faire un point d'aiguille*, Cette fille est ignorante et paresseuse. *Il faut la fournir de fil et d'aiguilles*, La fournir de tout, même des plus petites choses.

**AIGUILLÉ, ÉE**, adj. hist. nat. Qui a la forme d'une aiguille.

**AIGUILLÉE**, s. f. (V. *Aiguille*.) Une certaine lon-gueur de fil, ou de soie ou de laine, que l'on passe dans le trou de l'aiguille pour coudre : *Faire de lon-gues aiguillées. Couper, apprêter des aiguillées. Il n'y a pas de quoi faire une aiguillée.*

**AIGUILLETAGE**, s. m. (V. *Aiguille*.) mar. Action d'aiguilleter, effet de cette action : *Faire un ai-guilletage.*

**AIGUILLETER**, v. a. (V. *Aiguille*.) Attacher, nouer à l'aide d'aiguillettes : *Aiguilleter son haut de chausses.* Il est vieux dans ce sens et ne s'emploie maintenant que dans cette locution : *Aiguilleter des lacets*, Les ferrer. — mar. Attacher ensemble avec un petit cordage deux objets qui ne se croisent pas et se trouvent même quelquefois à distance l'un de l'autre : *Aiguilleter une voile à un piton. On a bien aiguilleté ces poulies à leurs pitons.*

**AIGUILLETÉ, ÉE**, part.

**AIGUILLETTE**, s. f. (V. *Aiguille*.) Ruban ou cor-don ferré par les deux bouts, et servant comme at-tache ou comme ornement : *Une aiguillette de soie. Ferrer des aiguillettes. Une aiguillette ferrée d'or, d'argent. Un ferret d'aiguillette. Les hauts de chausses étaient noués avec des aiguillettes. L'uniforme était bleu, avec une aiguillette sur l'épaule gauche. Une aiguillette plate, ronde.* — *Aiguillette*, Morceau de chair ou de peau, coupé ou arraché en long : *Ils lui avaient taillé la peau du dos en aiguillettes. Couper de la viande par aiguillettes. Des aiguillettes de pou-let. Servir des aiguillettes de canard.* — mar. Petit cordage d'une certaine longueur, et qui sert à join-dre deux objets ensemble sans les croiser, et même en les laissant quelquefois à distance l'un de l'autre : *Aiguillettes de bouée. Aiguillettes d'amarrage. Nouer des aiguillettes. Maintenir une poulie à l'aide d'ai-guillettes.* — péch. Verge de fer que termine une sorte de boulon, pour retirer du sable certains co-quillages. — techn. *Nouer l'aiguillette*, au propre, Faire un nœud au milieu du fil passé dans l'aiguille, pour empêcher le fil d'aller plus avant. — man. *Nouer l'aiguillette.* Se dit du sauteur, lorsqu'il rue du train de derrière en allongeant les jambes de toute leur étendue. — prov. *Il ne fait pas bon servir un maître qui serre les vieilles aiguillettes*, On gagne peu de chose avec un maître trop économe.

**AIGUILLETTIER**, s. m. Celui dont la profession est de ferrer les lacets, de faire des aiguillettes.—techn. Celui qui fabrique et vend des aiguilles : *Il y a beaucoup d'aiguillettiers dans les foires.*

**AIGUILLER**, s. m. Petit étui où l'on sert des ai-guilles : *Un aiguiller d'argent. Aiguiller en buis.*

**AIGUILLEUR**, s. m. (V. *Aiguille*.) chem. de f. Ce-lui qui, en tournant le robinet adapté au cadran, donne issue à la vapeur lorsqu'il s'aperçoit que l'ai-guille marque un degré de force trop élevé.

**AIGUILLIER**, s. m. techn. Celui qui fabrique, ce-lui qui vend des aiguilles.

**AIGUILLIÈRE**, s. f. péch. Sorte de filet qui res-semble assez à la battude et au sardinal, que l'on tend entre deux eaux.

**AIGUILLON**, s. m. (V. *Aiguille*.) Bâton ferré et pointu dont on pique les bœufs pour les faire marcher : *Un coup d'aiguillon. Un aiguillon de bouvier. Et de son pas pesant que presse l'aiguillon, Le bœuf a parcouru le fertile sillon.* DEL. — Petit dard des guêpes, des mouches à miel : *L'abeille darde son aiguillon. L'aiguillon lui est resté dans la chair. L'aiguillon de la guêpe est légèrement venimeux. Une piqûre d'aiguillon lui a fait enfler la main.* — fig. Tout ce qui stimule, tout ce qui excite à quelque chose : *L'amour de la gloire fut le seul aiguillon qui le poussa à toutes ces actions.* RAYNAL. *Le plaisir et la douleur sont les deux aiguillons dont la nature stimule toute la matière animée.* BOISTE. — dév. *L'aiguillon de la chair,* Se dit pour les tentations de la chair. — bot. Piquant naissant sur la tige, seulement appliqué sur l'écorce, et pouvant s'en détacher sans endommager cette dernière, comme dans le rosier. — vén. Pointe qui termine les fumées des bêtes fauves : *Une bête fauve a passé dans cette forêt, ses fumées ont des aiguillons.* — techn. Fausse direction du diamant à rabot qu'on aperçoit sur une glace.

**AIGUILLONNER**, v. a. (V. *Aiguillon.*) Piquer avec l'aiguillon : *Aiguillonner un bœuf.* — fig. Exciter, animer : *La gloire, l'intérêt, nous aiguillonnent. Il faut l'aiguillonner un peu pour le faire sortir de cette apathie. Il n'a besoin que d'être aiguillonné pour agir.*

**AIGUILLONNÉ, ÉE,** part. Aiguillonné *par le besoin.* — adj. bot. Qui a un ou plusieurs aiguillons. — vén. Il se dit des fumées qui se terminent par une pointe : *Les fumées du cerf sont aiguillonnées.*

**AIGUILLONNEUX, EUSE,** adj. bot. Qui est sujet à avoir des aiguillons; qui est couvert ou formé d'aiguillons.

**AIGUILLOTE,** s. m. pl. (V. *Aiguille.*) Nom qu'on donne quelquefois aux gonds dont le gouvernail est garni pour être attaché à l'étambot d'un vaisseau. V. FERRURE.

**AIGUISAGE,** s. m. techn. Action d'aiguiser une lame, un instrument de fer; Effet de cette action.

**AIGUISEMENT,** s. m. (V. *Aiguiser.*) Action d'aiguiser : *Aiguisement d'un sabre.* Peu usité.

**AIGUISER,** v. a. (du lat. *acuere,* même sens.) Rendre plus aigu, plus tranchant : *Aiguiser une pique, aiguiser un canif. Aiguiser le tranchant, la pointe d'une épée. Aiguiser des ciseaux. Une pierre à aiguiser.* — prov. et fig. *Aiguiser ses couteaux,* Se préparer au combat. — Aiguiser *une épigramme,* Lui donner plus de piquant : *Quand d'une égale ardeur mille auteurs animés, Aiguisent contre nous leurs traits empoisonnés.* BOIL. — Rendre plus vif : *Le grand air aiguise l'appétit.* — Donner plus de subtilité : *Tous ces empêchements aiguisent mon génie.* DUF. *La nécessité aiguise l'esprit.*

**AIGUISÉ, ÉE,** part.

**AIGUISERIE,** s. f. techn. Atelier dans lequel on aiguise les lames, pièces ou instruments de fer : *Il y a beaucoup d'ouvriers dans cette aiguiserie.*

**AIGUISEUR,** s. m. techn. Ouvrier qui aiguise, ou qui donne le fil aux lames de fer.

**AIGUÏTÉ,** s. f. maçonn. État d'un angle aigu : *Il faut éviter, dans la taille des pierres, de donner aux pierres trop d'aiguïté.*

**AIL,** s. m. (du lat. *allium,* même sens; pl. *aulx,* et quelquefois *ails.*) bot. Genre de plantes bulbeuses, de la famille des asphodèles de Jussieu; plusieurs espèces sont employées en cuisine : l'ail commun, l'ognon, le porreau, l'échalotte, la civette ou ciboule, la rocambole, etc. — *Gousse d'ail, frotter son pain d'ail. On nous servit un gigot à l'ail. Sentir l'ail. Aulx cultivés. Aulx sauvages.*

**AILE,** s. f. (du lat. *ala,* même sens.) Membre garni de plumes ou de membranes chez les oiseaux, chez certains insectes et autres animaux, dont ils se servent pour s'élever et se soutenir dans les airs : *Étendre, déployer ses ailes. L'aile de la cigale est transparente. Cet oiseau perd les plumes de ses ailes. Une aile de chauve-souris. S'envoler à tire d'aile, battre des ailes. Ce pauvre oiseau ne battait plus que d'une aile. Tirer de l'aile. Le cygne a l'aile forte et roide. Les petits oiseaux trémoussent des ailes. Le vautour plane les ailes étendues. Traîner de l'aile.* LA FONT. *L'aile du papillon est recouverte d'une fine poussière. L'aigle l'a renversé d'un coup d'aile. L'oiseau rassemble ses petits sous ses ailes. Nous nous représentons les anges avec des ailes. Mercure avait des ailes aux pieds.* — poétiq. *Porté par l'aile des zéphyrs. Sur les ailes du temps la tristesse s'envole.* LA FONT. — *Aile* se dit aussi particulièrement de La partie charnue elle-même, dégarnie de plumes et préparée pour être mangée : *Manger une aile de chapon. Il a pris les deux ailes de la perdrix. L'aile est la partie la plus délicate du poulet. Le haut, le bas, le bout de l'aile.* — On appelle *Bouts d'aile,* Des plumes à écrire que l'on tire du bout de l'aile de l'oie, et qui sont plus petites et plus dures que les autres. — Dans le langage figuré on emploie les expressions suivantes : *Tirer une plume de l'aile à quelqu'un,* Lui prendre, lui emprunter quelque chose, se faire donner de l'argent par lui : *C'est encore une plume que vous voulez me tirer de l'aile.* DANC. — *Il saura bien lui tirer pied ou aile,* Il trouvera bien moyen d'en Tirer quelque chose. *Rogner les ailes à quelqu'un,* Lui retrancher de ses profits. Il se dit principalement lorsqu'il s'agit de profits illicites. Diminuer le crédit, l'autorité : *Il ne vole plus si haut depuis qu'on lui a rogné les ailes.* — *Voler de ses propres ailes,* Être en état de se passer du secours d'autrui. — *Il ne faut pas chercher à voler sans avoir des ailes,* Il faut se garder d'entreprendre ce qui est au-dessus de ses forces. — *Ne battre que d'une aile,* Avoir perdu de sa santé, de sa force, de son autorité : *Il y avait longtemps que le pauvre homme ne battait plus que d'une aile. Le ministère ne battait plus que d'une aile.* — *En avoir dans l'aile,* Avoir éprouvé quelque mécompte un peu grave, quelque altération de santé ou de crédit. — On dit aussi : *Il en a dans l'aile pour cette femme,* Il en est devenu amoureux. — *Elle est toujours restée sous l'aile de sa mère, elle est encore sous l'aile de sa mère* ; se dit d'Une fille qui est toujours restée sous la conduite de sa mère : *Elle quittait l'aile de sa mère pour la première fois.* — En langage mystique : *L'aile du Seigneur, les ailes du Seigneur,* La protection de Dieu : *Le Seigneur nous a couvert de ses ailes. Je ne crains rien, Seigneur, à l'ombre de vos ailes.* LEFR. — Par analogie, on donne le nom d'*aile* à diverses choses : *Les ailes d'un moulin à vent,* Châssis allongés et garnis de toile, qui sont mus par le vent, mettent en mouvement des meules placées dans l'intérieur du moulin et entre lesquelles le grain se trouve broyé : *Mettre en marche les ailes d'un moulin, les arrêter.* Il se dit aussi au singulier : *Une aile de moulin. Et de quelque côté que vînt souffler le vent, il y tournait son aile.* AND. — archit. *Ailes,* Parties symétriques jointes aux côtés du corps principal d'un édifice : *Les ailes de ce château sont en avant-corps. L'aile droite du palais a été incendiée. Ailes de mouche,* Ancres employées aux angles des coffres de cheminées en brique. On appelle *Ailes d'un pont,* L'élargissement pratiqué entre les parapets sur les culées pour faciliter les abords. On donne quelquefois le nom d'*ailes* aux Bas-côtés d'un monument, d'une église. — Enfin, on nomme *Ailes de théâtre,* Les côtés du théâtre où se meuvent les châssis de décorations, formant les coulisses. — *Les ailes d'une armée,* sont Les deux corps placés aux deux extrémités d'une armée rangée en bataille : *Les deux ailes se replièrent sur le centre. Il commandait l'aile droite de l'armée, et son frère avait le commandement de l'aile gauche. On avait garni de tirailleurs les ailes de la première ligne. L'aile droite fut enfoncée par l'ennemi, tandis que le centre avait l'avantage. On annonça au général que l'aile gauche venait de plier. Par cette manœuvre les deux ailes se trouvèrent subitement dégarnies.* — art mil. *Aile marchante,* Celle qui se meut, tandis que l'aile opposée, appelée *pivotante,* ne marche pas ou ne gagne du terrain qu'à petits pas. — gén. *Aile de fortification,* Plans d'un bastion, d'un ouvrage à couronne, à corne, etc. — moll. Lèvre intérieure remarquablement dilatée de certaines coquilles; dans ce cas, les coquilles sont dites AILÉES. — bot. On donne le nom d'*ailes* aux Deux pétales latéraux, souvent rapprochés par leur face interne, entrant dans la composition d'une fleur papilionaire. Quelquefois on donne le nom d'*aile* à Une expansion membranacée naissant sur une partie quelconque d'un végétal. — horl. *Les ailes d'un pignon,* Les dents d'un pignon. — cord. *Les ailes d'un touret,* Les deux planchettes placées en croix qui servent à retenir le fil sur le touret, lorsqu'il est prêt d'être rempli. — anat. *Les ailes du nez,* Les deux parties du nez qui forment le côté extérieur des narines. — fauc. *Monter sur l'aile,* Quand l'oiseau s'incline sur une aile et qu'il s'élève par le mouvement de l'autre. — techn. *L'Aile,* La branche d'un volant de sonnerie. — Partie de lardoire où l'on met le lardon. — Bande de plomb qui sert à engager les losanges du verre dans le panneau des vitres. — Une des pièces du tour des tourneurs. — pêch. Bande de filet ajoutée aux côtés d'un filet à manche. — man. Pièce de bois mise aux côtés de la lance pour la charger vers la poignée. — mar. *Aile de pigeon,* Voile triangulaire qui remplace le papillon. — blas. *Aile,* V. VOL, DEMI-VOL. — méc. *Ailes* ou *volées,* Espèce de contrepoids qu'on applique aux manivelles pour sauver l'inégalité des puissances qui les font agir. — pav. *Ailes d'un pavé,* Les deux côtés en pente d'un pavé de chaussée, depuis le tas droit jusqu'aux bordures.

**AILE,** s. f. (c'est un mot ang. *ale,* bière forte, lequel se prononce *èle* ou *aile.*) Mot emprunté de l'anglais, que l'on écrit aussi *ale* et que l'on prononce *èle*; espèce de bière qui se fait sans houblon : *Un tonneau d'aile.*

**AILÉ, ÉE,** adj. (du lat. *alatus,* muni d'ailes; rac. *ala,* aile.) Qui a des ailes : *Tous les animaux ailés.* — Il se dit particulièrement de Certains animaux dont l'espèce n'est pas habituellement pourvue d'ailes : *Il y a des poissons ailés dans cette mer. Il prétendit avoir trouvé dans cette île un grand nombre de serpents ailés. Il le fit monter sur un cheval ailé.* — blas. Il se dit Des oiseaux dont les ailes sont d'un autre émail que le corps; — et de Tout ce qui, contre nature, est peint avec des ailes. — bot. Qui a une ou plusieurs expansions membranacées. *Tige ailée,* Celle sur laquelle se prolonge la membrane des feuilles, comme dans certains chardons. *Semences ailées,* Quand l'enveloppe s'étend et s'élargit en membrane, comme dans l'érable. *Feuilles ailées; mieux, pennées ou pinnées.* (V. ces mots.)

**AILERON,** s. m. (V. *Aile.*) La partie extrême de l'aile d'un oiseau : *On lui a coupé les ailerons.* — Il se dit aussi De cette partie dégarnie de plumes et préparée pour être mangée : *Une fricassée d'ailerons. Faire manger des ailerons.* — *Ailerons,* Petites planches adaptées aux roues des moulins à eau pour les faire tourner : *Il y a à cette roue un aileron de rompu.* — On l'emploie aussi pour Les nageoires de certains poissons : *Les ailerons d'une carpe.* — archit. Sorte d'amortissement en enroulement, ou de console renversée, qui, principalement aux XVIIe et XVIIIe siècles, était souvent appliqué aux côtés des lucarnes, ou aux étages supérieurs des grands portails d'église. — mar. Il se dit de Deux planches que l'on cloue momentanément sur le safran du gouvernail, afin d'en augmenter l'effet dans les passes étroites. — arts et mét. Petit morceau d'étoffe qu'on mettait aux pourpoints, afin de couvrir les coutures du haut des manches.

**AILERON,** s. m. entom. V. CUEILLERON.

**AILETTE,** s. f. archit. Avant-corps ajouté à un bâtiment, mais plus petit qu'une aile. — techn. Petite pièce qu'on ajoute sur le côté d'un bas, d'un soulier, d'une manche de chemise, etc., pour servir de renforcement.

**AILLADE,** s. f. Sauce faite avec de l'ail.

**AILLEURS,** adv. (du kym. *all leu* : ce qui signifie *autres lieux.*) En un autre lieu, dans une autre partie : *Vous trouverez ailleurs ce qu'il vous faut. Si vous n'êtes pas bien ici, vous pouvez aller ailleurs. Nous ferons venir d'ailleurs les objets que nous ne trouverons pas ici. Cela lui est parvenu d'ailleurs. Je ne suis pas bien aillé que chez vous. Le chemin que nous avons pris n'est plus praticable, nous serons forcés de nous en retourner par ailleurs.* — fig. *Nous avons dit cela ailleurs,* c.-à-d., dans un autre passage. *Nous ne reprendrons pas dans notre récit ce que l'on a pu apprendre ailleurs. On ne trouve pas ces renseignements ailleurs que dans cet historien.* — *D'ailleurs,* D'une autre part, d'un autre côté, par un autre motif : *Ce que vous me cachez je le saurai d'ailleurs.* MONTF. *C'est d'ailleurs que vient ce malheur qui m'accable.* CRÉB. *Ce n'est pas pour cela qu'il me poursuit, il m'en veut d'ailleurs depuis longtemps.* — De plus, en outre : *Et puis d'ailleurs nous avons d'autres accusations à porter.*

**AILLOLIS,** s. m. (V. *Ail.*) art c. Coulis d'ail, finement trituré avec de l'huile d'olive : *Tous les mets qu'on sert dans les Antilles françaises sont arrosés d'aillolis.*

**AIMABLE,** adj. des 2 g. Qui attire l'affection, qui

érité d'être aimé. Il se dit également des per-nnes et des choses : *Il n'y a rien de si aimable ue la vertu. Un caractère aimable. Des manières ai-ables. Une personne aimable. Il n'y a rien de si ai-able que celui qui ne s'aime point.* NICOLE.— Qui lait par certains agréments : *C'est un homme très-imable en société. Il a une conversation très-aima-le.* — *Aimable*, Doux, affable : *Il a été très-aima-le avec lui. Vous seriez bien aimable de faire cela, ous me rendriez service de....*— Par forme de re-merciement on dit : *Vous avez été bien aimable de ous charger de cette affaire. Faire l'aimable*, em-orte une idée de ridicule : *Il fait beaucoup trop l'ai-mable. Elle veut faire l'aimable et elle n'est que ridi-ule.*

AIMABLEMENT, adv. D'une manière aimable. eu usité.

AIMANT, s. m. (du gal. *ehedmaen*, même sens, m. à n. pierre à voler, qui fait voler.) min. substance du enre fer, jouissant de la double propriété d'attirer e métal et de lui communiquer la faculté d'attirer 'autre fer, en même temps que l'une de ses extré-ités se dirige vers le nord, et l'autre vers le sud, e qu'on appelle *Les pôles* : *Les pôles d'un aimant, ierre d'aimant. L'aimant communique ses proprié-s au fer et à l'acier. La vertu, la force attractive de aimant. Aimant naturel, aimant artificiel. Aiguille rottée d'aimant. Déclinaison de l'aimant.* (V. *Bous-ole.*) — *Armer un aimant*, L'environner de plaques e fer pour en augmenter la force attractive.— fig. *a vertu est un aimant qui attire les cœurs.*

AIMANT DE CEYLAN, s. m. min. Synonyme de *Tourmaline.*

AIMANT, TE, adj. (V. *Aimer.*) Qui est porté par sa ature à l'affection : *Être d'un caractère aimant; c'est ne personne très-aimante. Les âmes aimantes ont une ouble part de souffrances, celles qui leur sont per-onnelles, et celles que leur apporte la douleur d'au-rui.* Rous.

AIMANTAIRE, adj. dés 2 g. (V. *Aimant.*) min. Il e dit D'une mine de fer d'où l'on tire l'aimant aturel : *C'est une mine aimantaire.*

AIMANTER, v. a. Frotter avec un aimant naturel, rtificiel, un autre corps, pour lui en communiquer es propriétés : *Aimanter l'aiguille d'une boussole.*

AIMANTÉ, ÉE, part. et adj. *Aiguille aimantée, arre aimantée.*

AIMANTIN, INE, adj. Propre à l'aimant, qui lui ppartient : *Vertu aimantine.* L'Académie dit qu'il st vieux et qu'on le remplace par *magnétique;* sans oute, mais *aimantin* n'a jamais été d'un usage gé-éral.

AIMER, v. a. (du lat. *amare*, aimer, chérir; *mans*, aimant; *amor*, amour; *amabilis*, aimable.) prouver de l'affection, avoir un vif attachement;  se dit aussi en parlant des animaux et des choses : *elui qui aime Dieu trouvera toujours la vertu fa-ile.* FLÉCHIER. *L'Évangile commande d'aimer le rochain comme soi-même, et défend d'aimer la réature plus que le créateur.* GIRARD. *Aimer quel-qu'un de bonne amitié. Aimer d'un amour honnête. Il ime passionnément sa femme. Aimer quelqu'un lus que ses yeux, à la folie, éperdument, plus que a vie. Aimer de toute son âme. Il lui a juré de l'ai-mer jusqu'à la mort. Aimer à en mourir, à en perdre a raison, plus que l'on ne peut dire. C'était une emme qui aimait son chien et son chat, mais rien de lus.* MARIVAUX. *Aimer son pays, la gloire, l'étude, e travail, son devoir. Il faut aimer la gloire plus que a richesse, et la vertu plus que la gloire. Aimer une hose,* C'est se complaire dans sa possession, sa grâce, on accroissement. VAUVENARGUES. Il s'emploie aussi vec un nom d'animal pour sujet : *Les femelles des animaux ai-ment leurs petits, tant qu'ils ont besoin de leur se-ours. L'ours aime la solitude.*—*Aimer*, employé 'une manière absolue et sans régime, signifie Res-entir de l'amour : *Il est dangereux d'aimer. J'ai quelquefois aimé.* LA FONT. prov. *Qui aime bien, châtie ien*, On punit sévèrement les fautes de ceux aux-quels on porte intérêt. — prov. *Qui m'aime aime non chien*, Quand on aime une personne, on aime out ce qui a rapport à elle.—prov. *Qui m'aime me uive*, Celui qui nous aime doit suivre en tout notre parti, prendre en tout nos intérêts.

AIMER, Avoir un goût décidé pour certaines per-onnes ou certaines choses : *Aimer les enfants; ai-mer les femmes; Aimer les plaisirs, la table, les hevaux, les chiens, les animaux. Il n'aime que ses livres. Cet enfant aime beaucoup l'étude. Il aime la chasse. Aimer le scandale. Aimer les procès, les que-relles, la discussion. Richelieu aimait la poésie, mais n'avait que peu d'estime pour la prose.* TALLEMANT. Il s'emploie aussi pour exprimer qu'Une chose ou une action vous est agréable, vous plaît : *Nous ai-mons beaucoup la manière de ce peintre. J'aime assez cette musique. Il a beaucoup aimé la manière dont vous lui avez répondu. Mon frère n'a pas aimé votre procédé à son égard.* — Il se dit également dans ce sens pour Ce qui sert à l'alimentation : *Il n'aime pas la viande. Aimer les légumes. Il faut apprendre à aimer tout.* — Avec un nom de chose ou d'animal pour sujet, il signifie quelquefois Avoir besoin de : *Le saule aime l'humidité. Cet animal aime la cha-leur.* — On l'emploie comme verbe pronominal pour exprimer Une affection réciproque : *Deux pigeons s'aimaient d'amour tendre.* LA FONT. *Aimez-vous les uns les autres. Nous nous aimons comme deux frères.* —Comme verbe réfléchi : *Celui qui s'aime beaucoup aime rarement autrui. Cet homme s'aime trop pour s'apercevoir de ses défauts*, Il a trop d'amour-propre. *Il n'aime que lui*, Il ne s'occupe que de lui. — *S'ai-mer dans un lieu*, S'y plaire. *Je m'aime partout où vous êtes.*—*S'aimer avec quelqu'un*, Prendre plaisir à sa compagnie : *Nous ne nous aimions qu'ensemble.* —On dit aussi Des animaux et des plantes qu'ils s'aiment quelque part, pour exprimer Qu'ils y réus-sissent. *La vigne s'aime sur la pente des coteaux. Les bœufs s'aiment dans les gras pâturages.*

AIMER *mieux*, Préférer : *Une âme honnête aime-rait mieux être déshonorée par les calomnies les plus atroces que de se déshonorer elle-même par la moin-dre des injustices.* GIRARD. *J'aime mieux perdre la moitié que le tout. J'aime mieux votre société que la sienne.*—fam. et en style de palais : *Si mieux n'aimez. Si mieux n'aime le sieur.....*

AIMER *que*, Trouver bon : *Il n'aime pas qu'on lui fasse des observations. Aimez qu'on vous conseille, et n on pas qu'on vous loue.* BOIL.

AIMER *à*, Prendre plaisir à : *J'aime à vous entre-tenir à toute heure, et c'est ma seule consolation.* SÉ-VIGNÉ. *J'aime à voir comme vous l'instruisez.* RAC. *Aimer à travailler, à jouer, à courir, à boire, à rire. Il aime à être bien traité, à être flatté.* — Avec un nom de chose ou d'animal pour sujet : *Cet arbre aime à être arrosé. Les jeunes poulains aiment à fo-lâtrer.* — jeux. *Aimer par* A *et par* B. Jeu de société où celui auquel on fait la question : *Pourquoi ai-mez-vous telle personne?* doit répondre par un mot qui commence par un A ou un B ; par exemple : *Parce qu'elle est aimable, bonne, belle*, etc. — *Jouer à comment l'aimez-vous*, se dit D'un jeu de société, dans lequel une personne doit deviner par les ré-ponses que chacun fait aux questions : *Comment l'aimez-vous? Qu'en faites-vous? où le mettez-vous?*

AIMÉ, ÉE, part. : *Une personne aimée. L'objet aimé n'a jamais de défauts.*

AIMOS. s. m. bot. Synonyme de *Ronce*, selon Dios-coride.

AIMOSTARIS, s. m. bot. Synonyme de *Nérion*, selon Dioscoride.

AINARD, s. m. pêche. Ganse qui sert à attacher le bord d'un filet sur une ralingue.

AINE, s. f. (autr. *aingne*, du lat. *inguen*, même sens. prov. *ingue*.) anat. Partie du corps humain, située entre le haut de la cuisse et le bas-ventre : *Il reçut un coup dans l'aine. Avoir un bubon, une excrois-sance dans l'aine.* — tech. Petit bâton dans lequel on enfile les harengs que l'on destine à être fumés.

AÎNÉ, ÉE, adj. (du gal. *hen, henaidd*, vieux, âgé, *henydd*, plus âgé, aîné, *henaint*, grand âge, aînesse : br. *hena*, le plus âgé, l'aîné, *henanded, henavelez*, aînesse.) Le plus âgé ou la plus âgée des enfants d'une même famille : *Il a perdu son fils aîné; il a marié sa fille aînée; votre frère aîné, votre sœur aînée.* — On appelle *Branche aînée d'une famille, d'une maison*, Celle qui a pour tige le fils aîné du chef de cette famille : *A l'extinction de la branche aînée, la couronne échut à la branche cadette.* On ap-pelait le roi de France : *Le fils aîné de l'Église*; et l'Université : *La fille aînée des rois de France.* — On l'emploie comme substantif des deux genres : *Il est l'aîné de toute la famille.* — Il s'emploie éga-lement pour Le second d'une famille, par rapport au troisième et ainsi des autres : *Mon frère est le second de la famille et mon aîné.*—Pris en général, il signi-fie Plus âgé : *Votre sœur est votre aînée. Il est mon aîné de dix ans,*

AÎNESSE, s. f. (V. *Aîné.*) Priorité d'âge entre frères et sœurs : *Droit d'aînesse*, Droit qui revient à l'aîné. — fig. Droit de priorité : *L'invention des arts étant un droit d'aînesse.* LA FONT.

AINS, conj. adv. (du gal. *ond, onid*, mais.) Mais, au contraire; il est vieux : *Ains a péri; la voyelle qui le commence, si propre à l'élision, n'a pu le sauver.* LA BR.

AINSI, adv. De cette manière, de cette façon, de la sorte : *Vous agissez ainsi! Je défends ainsi mes armes! Du haut de la montagne, Dieu parla ainsi aux enfants d'Israël. La chose se passa ainsi. Cela étant ainsi*, ou *les choses étant ainsi*, ou *puisqu'il en est ainsi, il n'y a plus rien à faire. Il n'en ira pas ainsi, je vous le promets. Ainsi veut la raison. Ainsi porte la loi; ainsi va le monde; ainsi passe la gloire du siècle, du monde.*—ellipt. *Ainsi des autres; ainsi des autres choses; ainsi du reste*, Il en est ou il en était ainsi des autres choses, du reste.

AINSI est quelquefois conjonction, et alors il si-gnifie Par conséquent, c'est pourquoi : *Ainsi il re-poussa toutes les propositions qui lui étaient faites. Ainsi vous ne concluez à rien, et vous me renvoyez.* — Il sert aussi à marquer le second membre d'une comparaison : *Comme un torrent furieux, grossi par les orages, se précipite du haut des montagnes, et renverse tout ce qui s'oppose à son cours, ainsi nos valeureux soldats s'élancèrent sur les bataillons en-nemis.*—*Ainsi* marque quelquefois Le souhait : *Ainsi Dieu vous conduise. Ainsi soit-il*, Que cela soit ainsi, locution employée à la fin des prières.—*S'il est ainsi que*, pour S'il est vrai que : *S'il est ainsi que tout doive périr avec nous.* BOURDALOUE. —Tournure vieillie : *Comme ainsi soit*, Attendu que. Dans le même sens on dit : *Puisque ainsi est, puisque ainsi va.*

AIOPHYLLE, adj. des 2 g. (du grec αἰών, temps, âge, siècle, et de φύλλον, feuille.) bot. Il se dit Des plantes dont les feuilles sont persistantes au delà d'une année.

ALPHANES, s. m. bot. Genre de palmiers qui croissent dans l'Amérique.

AIR, s. m. (en lat. *aer*, gr. ἀήρ; mais il se trouve aussi dans les langues celtiques : irl. *aer*, br. *ear, er*, gal. *awyr*; le breton et l'irlandais ont le v. *aérer*, qui manque en grec et en latin. br. *cara*, aérer, donner de l'air, mettre en bel air; irl. *aeraim*, même sens; de plus, irl. *aedhar*, air; *aedharaim*, aérer.) météor. Dénomination générale donnée à tout fluide élastique et invisible : *Air inflammable*, air *méphitique*, etc. L'air respirable est composé de 21 parties d'oxygène, environ 79 d'azote ou nitrogène, plus une très-petite quantité d'acide carbonique; c'est lui qui compose, en très-grande partie, la masse atmosphérique : *Air atmo-sphérique. Une colonne d'air. L'air est trop raréfié à cette hauteur. Condenser, comprimer l'air. La masse de l'air prend une teinte bleue. La basse, la haute, la moyenne région de l'air. Le ressort de l'air. L'air fait ressort. L'air pénètre partout.* — Il se dit au pluriel : *La vaste étendue des airs. Le vague des airs. Dans les airs. Au plus haut des airs. La pression de l'air. La circulation de l'air. La dilatation, l'élasticité de l'air.* On a fait des expériences fort curieuses sur la pesanteur de l'air. — poétiq. *Dans les plaines de l'air l'aigle altier s'éleva. Il me semblait que mon âme planait dans le vague de l'air.* — au fig. *Être libre comme l'air*, Être dans une indépendance complète. — *Air* s'emploie particulièrement pour La température et pour l'air respirable : *Un air vif, frais, doux, humide, sec, tempéré. Air étouffé, corrompu. Bon air. Bel air. Grand air. L'air de ce pays est sain et froid. Le soleil dardait ses rayons, et nous ne res-pirions qu'un air sec et brûlant.* BARTH. *L'air était vicié par les vapeurs qui s'élevaient. Chasser le mauvais air. Respirer un air malsain. Prendre l'air. Se promener au grand air. Nous allons pren-dre l'air sur la terrasse. Renouveler l'air d'un appartement. Donner de l'air à un appartement*, Y laisser pénétrer l'air extérieur. *Il faut exposer ce linge au grand air. Vous mettrez ces peintures à l'air, afin de les faire sécher plus vite. Ces fleurs ont besoin d'être presque toujours tenues à l'air.*— *Donner de l'air à un liquide*, Déboucher le vase où il est contenu pour que l'air extérieur puisse y pénétrer. *Il a passé la nuit en plein air.* — *Changer d'air*, Changer de séjour.—*Fendre l'air*, Voler très-vite. Il s'emploie aussi pour exprimer Une marche très-rapide : *L'oiseau fend l'air de ses ailes rapides.* Malfil. *Nous ne marchions pas, nous fendions l'air.* — *Cela tient à l'air du pays, cela est dans l'air,* se dit de certaines choses que l'on croit provenir de la température particulière d'un pays. — Air natal, Air du pays où l'on est né : *Il avait besoin de respirer l'air natal. Il lui faut l'air natal pour se guérir.* — *Prendre un air de feu,* Se chauffer un instant : *Se donner un air de feu.*—*Mauvais* air, Contagion : *Porter le mauvais air quelque part. Prendre le mauvais air.* — fig. *L'air de la cour est contagieux.* La Br.

Air, Souffle, vent, agitation de l'atmosphère : *L'air était devenu très-vif le soir. Il n'y avait pas un seul souffle d'air. Il n'y a pas un brin d'air. Vous êtes là entre deux airs. Il ne fait point d'air. Il vient beaucoup d'air par cette fenêtre. Il commence à faire un peu d'air. Un courant d'air a été établi dans cette salle.* — Coup d'air, Douleur provenant de ce qu'on a été exposé à un air trop vif, ou de ce qu'on s'est trouvé dans un courant d'air. — fig. Air du bureau, expression métaphorique indiquant Le sentiment apparent de ceux qui doivent juger un procès, décider d'une affaire : *Il a été prendre l'air du bureau. L'air du bureau n'est pas pour lui,* Ceux qui doivent décider ne lui paraissent pas favorables.

Air, Toute façon de parler ou d'agir, manière de faire une chose : *Il se tient d'assez mauvais air. Vous avez bon air à tousser.* Mol. *Votre frère s'habille d'un bien mauvais air. De l'air dont il nous a parlé, nous avons vu qu'il savait tout. A l'air dont il marche il est facile de reconnaître un militaire. Cet air ne réussira pas avec moi. Vous le prenez d'un air qui ne vous convient pas. Il vous faudra rabattre de votre air quand vous lui parlerez. Ne prenez pas cet air-là avec moi. Il y a à toutes les choses un air qui est nécessaire pour plaire. De l'air dont il s'y prend il ne réussira pas. Vous avez un air de dire les choses auquel on ne saurait résister.* Danc. *A son air de nous regarder on devinait son désappointement.* St.-Sim.

Air, Apparence extérieure, attitude, physionomie que l'on a ou que l'on affecte : *Avoir l'air simple, niais, enfantin, enjoué, agréable, badin. Avoir l'air bas, ridicule, provincial, bourgeois; l'air sombre, renfrogné, gai, hautain, spirituel, prévenant. Vous avez l'air chagrin. Votre femme a l'air railleur quand elle parle. Elles ont l'air hautain, mais l'accueil familier.* Volt. *L'air guerrier. L'air d'un homme de qualité. Air de mauvais sujet. L'air grave a perdu beaucoup de son prix, l'air avantageux en a pris la place.* Gir. *Il affecte toujours un air affairé. Il semble que l'on livre en gros aux premiers de la cour l'air de hauteur, de fierté, de commandement, afin qu'ils le distribuent en détail dans les provinces.* La Br. — Il se dit également au moral : *Affecter un air de probité, de hardiesse. Il y avait dans toutes ses actions un air de magnificence qui décelait le grand seigneur.* Retz. — Homme du grand air, Celui qui vit ou affecte de vivre à la manière des grands. — Il se dit dans un sens à peu près analogue en parlant de certaines choses : *Cette maison a un grand air. Son train de maison est monté sur un grand air. Tout chez lui va du grand air, du bel air,* Tout y est sur le pied de la grandeur. Cette manière de parler a vieilli. — Se donner des airs, Prendre un certain ton, de certaines manières : *Les airs de grandeur que nous nous donnons mal à propos ne servent qu'à faire remarquer notre petitesse.* Gir. — Prendre de grands airs, Affecter un ton, une conduite au-dessus de sa position : *Il se donne des airs de savant.* — *Se donner des airs penchés,* Affecter certains mouvements de tête prétentieux.—Bel air, Expression qui s'emploie ironiquement pour Ceux qui cherchent à se distinguer par leurs manières : *L'air modeste sied beaucoup mieux que ce que l'on nomme le bel air.* St.-Évrem. — Avoir l'air, Sembler, paraître. Avec cette signification, il est naturel de faire accorder l'adjectif qui suit le mot air avec le sujet de la phrase : *C'était de ces visages qui ont l'air plus anciens que vieux. Sylvia, vous avez l'air bien embarrassée.* Mariv. *Vous avez l'air d'être blessé de ma demande. Vous avez tous l'air fâchés de ce que je vous ai dit. Elle n'avait pas l'air très-contente de votre conduite. Il a l'air de ne pas savoir de quoi il s'agit. Il a bien l'air de vouloir nous manquer de parole. Vous avez l'air de ne pas nous quitter de sitôt,* Vous risquez de ne pas nous

quitter. Il s'emploie aussi dans le même sens avec un nom de chose pour sujet : *Ces fruits n'ont pas l'air assez mûrs. Cette viande ne m'a pas l'air d'être assez cuite. Sa maladie commence à avoir l'air d'être sérieuse. Cette histoire m'a tout l'air d'un conte.*

Air, L'expression générale de la physionomie : *Les traits sont rendus assez fidèlement, mais l'air n'y est pas. Il n'a jamais pu parvenir à attraper l'air de mon visage.* — *Avoir de l'air de quelqu'un,* Avoir quelque chose de sa tournure, de sa physionomie : *Il a un faux air de mon frère,* Il lui ressemble à la première vue. — Air de famille, Ressemblance plus ou moins forte qui existe entre les membres d'une même famille. — man. Air, Il se dit pour les Allures d'un cheval. *Ce cheval a des airs bas,* Il manie près de terre. — *Il a des airs relevés,* Il s'enlève davantage. — *Il va à tous les airs,* Il prend toutes les allures que l'on veut. — b.-arts. *Air* se dit, en peinture, du Résultat de l'heureuse application de la perspective aérienne. (V. ce mot.) *Un tableau a de l'air,* Quand la couleur des divers plans est dégradée comme elle nous apparaît dans la nature par l'effet de l'interposition des couches d'air. — mus. Air, Suite de notes, de tons qui composent un chant : *Air gai, air triste. Air ancien, air nouveau. Air connu. Air noté. Air à la mode. Un petit air; un grand air. Un bel air; un air charmant, délicieux. Un air de violon, de flûte, de hautbois. Un air de ballet, de vaudeville, de danse. Apprendre un air. Chanter un air. Composer un air; faire un air sur des paroles. Faire une chanson, des paroles sur un air. L'air est approprié aux paroles. N'être pas dans l'air,* Détonner, s'écarter de l'air.— prov. et fig. *J'ai entendu des paroles sur cet air-là, j'ai entendu donner les mêmes raisons, les mêmes excuses en pareille circonstance.* — *Air* signifie assez souvent Le chant et les paroles à la fois : *Un livre d'airs. Un air à boire.*—fauc. *Prendre l'air,* se dit d'un Oiseau qui s'élève très-haut dans l'air. — *Houer entre deux airs,* Manière de voler qui est particulière aux oiseaux de proie. — art mil. *Être en l'air,* Être dans une position mal appuyée, facilement abordable. — prov. *Tirer en l'air,* Se vanter d'une chose qu'on n'a pas faite. — lit. Dans l'Église grecque, Voile qui couvre le calice et la patène. — *Airs,* chim. Nom qu'on donnait, avant l'invention du mot *gaz,* à tous les fluides aériformes.

En l'air, loc. adv. qui se prend dans plusieurs acceptions différentes. *Jeter quelque chose* en l'air, *regarder* en l'air, *Tirer un coup de fusil* en l'air, *tirer son coup* en l'air, Tirer un coup de fusil ou de pistolet sans le diriger vers aucun but. On le dit fig. et famil. pour Faire une démarche inutile : *Je crois que toute la peine que vous vous êtes donnée n'est qu'un coup tiré en l'air.* — *Avoir toujours le pied en l'air,* Être toujours prêt à partir, à courir, à sauter. — *Être toujours en l'air,* Être toujours en mouvement, en agitation : *Les enfants sont toujours en l'air. Croiriez-vous qu'avec ses soixante-huit ans et sa goutte il était toujours en l'air?* St.-Sim. — Dans un sens analogue on dit : *Tout le monde était en l'air à cette nouvelle. Toute la ville fut mise en l'air par leur arrivée. Il a mis tout en l'air chez lui pour nous recevoir.* — On dit aussi qu'*Une chose est en l'air,* Lorsqu'elle n'est soutenue ou ne semble soutenue par rien : *Cet escalier ne tient pas, il est tout en l'air. Ce corps de logis est bâti en l'air.* — fig. *Toute sa fortune est en l'air,* Elle n'est fondée sur rien de solide. — On le dit aussi fig. au moral des Choses qui n'ont pas de fondement ou qui sont de pure imagination : *Il nous fait des contes en l'air. Ce sont des projets, des idées en l'air. Des craintes en l'air. Pour une Iris en l'air il pleure nuit et jour.* Col. d'Harlev. — *Parler, raisonner en l'air,* Parler, raisonner sans fondement.

AIRAGE, s. m. (V. *Air.*) didact. Renouvellement de l'air dans une mine. (V. *Aérage.*)

AIRAIN, s. m. (en lat. *æs, æris;* mais comme ce mot n'est resté ni en ital. ni en espag., il est probable que le gaël. *iaran,* fer, est pour quelque chose dans le mot *airain;* prov. *aran.*) métal. Métal composé de cuivre jaune mêlé avec du zinc, d'étain et d'antimoine en petite quantité, dont on se sert surtout pour construire les cloches : *L'airain s'ébranle et tonne.* Esmén. *Toutes ces statues sont en airain. Ces paroles sont gravées sur l'airain. Travailler l'airain, en airain, sur l'airain. Une plaque,*

une chaudière, un vase d'airain. *On a fondu tous les ornements en airain.* — Il s'emploie fréquemment au fig. dans les expressions suivantes : *Un cœur d'airain,* Un cœur impitoyable. *Ces hommes au cœur d'airain.* — On dit aussi : *Avoir le cœur recouvert d'un triple airain,* Être inaccessible à toute crainte. — *Un front d'airain,* Une extrême impudence : *Il faut un front d'airain pour oser avancer de pareilles choses.* — *Ciel d'airain,* se dit poét. pour Marquer une longue sécheresse : *Les cieux par lui fermés et devenus d'airain.* Rac. — *Siècle d'airain* dans la fable, Siècle de corruption, celui qui a suivi le siècle d'argent; il se dit par extension d'Une époque corrompue et malheureuse. — prov. et fig. *Les injures s'écrivent sur l'airain et les bienfaits sur le sable;* c'est-à-dire, On garde longtemps le souvenir des injures, celui des bienfaits passe vite.

AIRE, s. f. (du lat. *area,* même signification.) Place unie pour battre le grain : *L'aire d'une grange.* — *Aire,* Nid des gros oiseaux de proie; on lui donne ce nom parce qu'ils le construisent d'habitude sur un terrain plat comme une aire : *L'aigle bâtit son aire au milieu des nuages.* Chénedollé. *Un faucon de bonne aire.* — mar. On appelle Aire de vent, Toute direction dans laquelle le vent souffle : *Il y a trente-deux aires de vent principales.* — On écrit assez souvent dans ce sens *air* sans *e* en le mettant au masculin : *Cet air de vent ne nous était pas bon.* — archit. Aire, Toute espèce d'enduit étendu sur un sol de niveau, soit pour former le fond d'un bassin, soit pour recevoir un plancher ou en tenir lieu. *Aire* se dit aussi d'Une superficie plane et horizontale sur laquelle on trace un plan, une épure. — géom. Mesure d'une surface. — num. Trous carrés qui existent au revers de certaines médailles, et qui sont formés par les clous qui servaient dans l'origine à fixer la pièce pendant qu'on frappait la face. — techn. Le dessus d'une grosse enclume. — sal. Le plus petit des bassins carrés d'un marais salant. — eaux et for. *Couper le bois à cire et à aire,* Les couper entre les lisières marquées, en ne laissant que les arbres de réserve, et sans choisir çà et là.

AIRÉE, s. f. (V. *Aire.*) La quantité de gerbes que l'on peut mettre à la fois sur une aire : *Une airée de blé.*

AIRELLE, s. f. (*vaccinium myrtillus.*) bot. Genre de plantes de la famille des bruyères de Jussieu. Les baies de l'airelle myrtille servent à faire du vin dans quelques cantons de la France et de l'Allemagne. Les teinturiers en retirent un principe colorant rouge. On en fait usage aussi en médecine.

AIRER, v. n. Faire son nid, en parlant de certains oiseaux de proie.

AIRURE, s. f. labour. Frais de labour et de culture : *Rembourser les airures.* — minér. Extrémité d'une veine de charbon de terre, qui finit en s'amincissant.

AIS, s. m. (en lat. *asser;* mais le mot fr. vient plutôt du gal. *ais,* de petits ais, lequel fait au sing. *asen, aisen.*) Planche de bois : *Un ais de chêne, un ais de sapin, un ais de dix pieds. Scier des ais. Faire une cloison d'ais. Scieur d'ais. La table où l'on servit le champêtre repas fut d'ais, non façonnés à l'aide du compas.* La F.—*Renfermé entre quatre ais,* Renfermé dans une bière. — Des ais de bateau, Des planches qui servent à la construction d'un bateau. — Au jeu de paume, on appelle un coup d'ais, Le coup qu'une balle lancée donne dans un ais : *Donner un coup d'ais.* — techn. Outil du fondeur en sable. Établi sur lequel le boucher place la viande qu'il met en vente. — apprêt. Planches en bois, assemblées avec des tringles, qui servent à presser les étoffes. — impr. Planches également en bois, destinées au trempage du papier, ou à recevoir les formes que l'on desserre, après le tirage, en attendant que la lettre soit livrée au compositeur pour la distribution : *Un grand, un petit ais.*—reli. Petites planches entre lesquelles on place les livres que l'on veut relier, pour les presser ou les serrer avant d'y mettre les nerfs : *Un ais in-12; un ais in-8°.*

AISANCE, s. f. (V. *Aise.*) Facilité dans l'action ou la parole, liberté de mouvements, manières dégagées dans le commerce habituel : *Il parle avec beaucoup d'aisance. Il s'acquitta de cette commission difficile avec une aisance parfaite. On ne saurait trop admirer la présence de son esprit et l'aisance de ses manières.* Duc. *Ses manières ont de l'aisance. Ses mouvements sont remplis d'aisance. Il a beaucoup d'aisance dans tout ce qu'il fait. —*

**Aisance**, État de fortune satisfaisant : *Il jouit d'une honnête aisance. Il y a des gens qui, avec une grande fortune, ne se trouvent jamais dans l'aisance.* MARIV. *Vivre dans l'aisance. C'est à lui que nous devons notre aisance. Il a de l'aisance.* — *Lieux d'aisances*, Endroit où l'on satisfait à ses nécessités naturelles : *Fosses d'aisances.* — On dit aussi quelquefois : *Les aisances d'une maison. Un cabinet d'aisances.*

**AISCEAU**, s. m. tonnel. Sorte d'outil recourbé dont on se sert pour polir le bois.

**AISE**, s. f. (de l'irl. *aisdeach*, gai, divertissant, aise; *aisdeachan*, gaieté, jeu, divertissement, aise et aisance. V. *Aisé*.) Satisfaction, sentiment de joie, émotion causée par quelque chose d'agréable : *Être ravi d'aise. Cette nouvelle le comblera d'aise. Je sens d'aise mon cœur tressaillir par avance.* MOL. *Il ne se sent pas d'aise.* — *Aise*, Commodité : *Mettez-vous à votre aise. Asseyez-vous à votre aise. Prenez bien votre aise. Vous n'êtes pas là à votre aise. Il travaille à son aise, Sans se gêner. Vous ferez cela à votre aise, Quand il vous sera commode, quand vous voudrez; ou simplement et par ellipse : À votre aise.* — *Vous en parlez bien à votre aise*, se dit à Quelqu'un qui parle légèrement d'une chose qui vous est pénible, et à l'abri de laquelle il se trouve ; ou bien à quelqu'un qui donne un conseil presque impraticable, qu'il n'a pas besoin d'exécuter. *Être à son aise, Vivre à l'aise*, Être dans l'aisance, avoir les commodités de la vie : *C'est une famille qui est très à son aise. Ils vivent fort à l'aise avec ce revenu. Voilà de quoi le mettre à l'aise pour le reste de ses jours.* — *Mettre quelqu'un à son aise*, Lui ôter toute gêne, lui aider à vaincre sa timidité : *On est toujours à son aise avec lui. Il a un talent admirable pour mettre les gens à leur aise. N'en prendre qu'à son aise*, Travailler négligemment, ne faire que ce qui vous plaît. *Se mettre trop à son aise*, Se conduire d'une façon trop dégagée, manquer aux convenances. — *Aises*, au pluriel, Commodités de la vie : *On ne peut pas avoir toutes ses aises. Les gens délicats et valétudinaires aiment leurs aises.* GIR. — Il ne se dit guère au pluriel que dans ces sortes de phrases. prov. *Paix et aise*, Doucement, paisiblement. *Vivre, paix et aise*, Vivre tranquillement. *Il ne demande que paix et aise, et rien de plus*, Il ne demande qu'une vie tranquille.

A L'AISE, loc. adv. Commodément, sans fatigue, sans peine : *Asseyons-nous ici pour écouter à l'aise.* MOL. *Ce cheval porte à l'aise. On tiendrait vingt personnes à l'aise dans cette chambre. Un bon marcheur peut y aller à l'aise en deux heures. On est bien mal à l'aise dans ces nouvelles voitures.*

**AISE**, adj. des 2 g. (V. *Aise*. subst.) Content, satisfait : *Il était si aise de cette nouvelle, que... J'en suis aise au dernier point. Il ne se reconnaissait plus tant il était aise de votre arrivée. Nous sommes fort aises de votre bonheur. Combien je suis aise de vous voir en bonne santé! Vous me faites bien aise en me disant cela. Lorsque l'on est affecté de basse jalousie, on n'est jamais bien aise du bien d'autrui.* GIR. *Il fut tout heureux et tout aise de rencontrer un limaçon.* LA FON. *Vous chantiez, j'en suis fort aise.* LA FON.

**AISÉ, ÉE**, adj. (du br. *eaz*, facile, aisé ; *eaz*, facilité, aise, aisance ; *aes* a dû aussi exister; car en gal. on trouve *hawdd, hawz*, aisé, facile, *hawsdest*, facilité, aise.) Qui est facile, qui peut s'exécuter sans peine : *Il n'y a rien de si aisé. Cela est plus aisé à dire qu'à faire. Il est aisé de comprendre. L'habitude rend tout aisé. Ce n'est pas chose si aisée que d'écrire un livre.* VOLT. *Le chemin de la gloire n'est jamais aisé. Un travail aisé à faire.* — Il se dit aussi en parlant des personnes : *Cet homme n'est pas aisé à conduire. Un homme aisé à vivre,* Dont le commerce est facile. *Cet enfant est très-aisé à élever.* — *Cela lui est bien aisé à dire*, se dit fam. de Quelqu'un qui parle légèrement d'une chose pénible pour un autre, ou qui donne un conseil presque impraticable et qu'il n'est pas obligé de suivre. — *Aisé*, Qui est sans contrainte, naturel : *Des manières aisées. La noblesse a un air aisé, simple, précis, naturel.* VAUVEN. *Style aisé. Vers aisés*, Qui sont coulants, naturels. *Lui seul des vers aisés possède le talent.* MOL. *Une taille aisée,* Qui est dégagée. *Avoir l'esprit aisé*, Être d'une conception facile. *Une conversation aisée,* Une conversation facile et agréable. *Une morale, une dévotion aisée,* Qui est

---

*un peu relâchée.* — Dans le même sens on dit quelquefois : *Une conscience un peu aisée.* — *Aisé, Commode : Des souliers aisés. Des vêtements aisés. Une voiture aisée. Cet habit est un peu trop aisé. Il est un peu trop large. Ce cheval a des allures aisées.* — *Aisé*, Qui est dans l'aisance : *Les bourgeois les plus aisés de la ville se cotisèrent pour fournir la somme nécessaire.* — *Aisé* s'employait aussi dans ce sens comme substantif, mais il a vieilli : *La taxe des aisés. Le cardinal le fit mettre à la taxe des aisés.* TALLEMANT.

**AISELLE**, s. f. bot. Sorte de betterave rouge extérieurement, et blanche intérieurement.

**AISÉMENT**, s. m. Commodité. Il ne s'emploie guère que dans cette locution : *A ses bons points et aiséments.* ACAD.

**AISÉMENT**, adv. Facilement, commodément, avec aisance : *Nous ferons ce travail aisément. Vous le mettrez aisément de votre parti. Cela ne marche pas aussi aisément qu'on le croit. Cette voiture va aisément. Il y a parler bien, parler aisément, parler juste, parler à propos.* LA BRUY. *Il fait les vers aussi aisément que la prose. Un cheval qui va aisément, Qui a les allures douces et faciles.*

**AISSADE**, s. f. agric. Sorte de pioche pointue; elle est de fer. — mar. Aissade de poupe, L'endroit où la poupe commence à se rétrécir, et où se trouvent les adiers.

**AISSANTE**, s. f. Petite planche fort mince, faite à peu près comme une tuile, qui sert à couvrir les maisons et les granges.

**AISSAUGUE**, s. m. pêch. Filet composé de deux ailes, avec un manche au milieu.

**AISSEAU**, s. m. V. AISCEAU.

**AISSELIER**, s. m. (V. *Aisselle*.) charp. L'endroit où se réunissent, en formant un angle, deux pièces de bois droites ou arquées, de telle sorte que l'aisselier est la base d'un triangle, dont les parties supérieures des pièces assemblées forment les côtés. Rayon d'une roue qui excède les circonférences.

**AISSELLE**, s. f. (du lat. *axilla*, même sens : *axilla* était regardé comme aug. de *ala*, aile : en kym. *askel, asgel*, signifie *aile*. Dès le cinquième siècle, *ascella*, qui paraît formé du mot celt., remplace *axilla* chez les chroniqueurs.) anat. Partie creuse du corps humain, placée sous l'épaule, à la jointure du bras. *Aisselle droite. Aisselle gauche. Qu'avez-vous sous l'aisselle? Les maladies de l'aisselle ne sont pas toujours faciles à traiter.* — bot. Angle plus ou moins aigu, que forme avec la tige un rameau ou une feuille : *Il y a des aisselles de feuilles qui portent des pédoncules et des glandes. La fleur naît quelquefois dans les aisselles des pétioles.*

**AISSIEU**, s. m. V. ESSIEU.

**AISSON**, s. m. mar. Petite ancre à quatre bras.

**AISTHÉTÈRE**, s. m. V. ESTHÉTÈRE.

**AISUS**, s. m. entom. Sorte de papillon.

**AISY**, s. m. Petit lait qu'on retire de la cuite de certains fromages, qui ont quelque ressemblance avec le gruyère.

**AIT ACTE**, t. de prat. Ordonnance par laquelle acte est donné à l'une des parties de sa déclaration qu'elle veut employer pour sa défense une pièce produite au procès, ou des faits révélés pendant l'instruction.

**AITHEMOMA**, s. m. (de αἶθω, je noircis.) Confusion des humeurs de l'œil qui devient tout noir.

**AITIOLOGIE**, s. f. V. ÉTIOLOGIE.

**AITONE**, s. f. bot. Arbrisseau du cap de Bonne-Espérance, de la famille des méliacées. (Ainsi nommé, parce que cet arbrisseau fut dédié à J. Aiton.)

**AIZOÏDE**, adj. des 2 g. et AIZOÏDE, ÉE, adj. (V. *Aizoon*.) bot. Qui ressemble à l'aizoon. — *Aizoïdées*, s. f. pl. Genre de plante de la famille des ficoïdes, dont les espèces sont presque toutes étrangères.

**AIZOON**, s. m. (du gr. ἀείζωος, qui vit toujours, éternel ; d'où ἀείζωον, joubarbe, laquelle est toujours verte, ainsi que l'aizoon.) bot. Plante aquatique qui ressemble à l'aloès, et qui, comme lui, a des feuilles grasses et épineuses sur les bords : *L'aizoon croît dans les pays chauds, au milieu des marais.*

**AJOINTER**, v. a. techn. Joindre des tuyaux ensemble bout à bout. — charp. Joindre deux planches ensemble l'une contre l'autre, ou bout à bout.

**AJOINTÉ, ÉE**, part.

**AJONC**, s. m. bot. Arbuste épineux, de la famille des légumineuses, qui croît abondamment en

---

France, dans les terrains les plus incultes : *La fleur de l'ajonc est jaune comme celle du genêt. Dans l'ouest on se sert de fagots pour d'ajonc chauffer le four. Les jeunes pousses de l'ajonc servent pendant l'hiver à nourrir les bestiaux.*

**AJOURÉ, ÉE**, adj. blas. Se dit Des pièces percées à jour, des créneaux ou des jours, d'un autre émail que le champ. Il se dit particulièrement de l'Ouverture du chef.

**AJOURNEMENT**, s. m. (V. *Jour, Journée.*) Renvoi d'une affaire à un autre jour : *Le conseil a décidé l'ajournement à quinzaine. L'ajournement de cette affaire me cause un grand dommage. On a consenti à l'ajournement.* — prat. L'action d'assigner une personne à se présenter en justice à un jour déterminé : *Il lui a signifié un exploit d'ajournement. L'ajournement a été fait à domicile, parlant à la personne.* — *Ajournement personnel*, Assignation de comparaître en personne pour répondre sur des faits qui vous sont imputés : *Le lendemain je suis décrété d'ajournement personnel.* BEAUMARC. *Les juges ont décerné un ajournement personnel.* C'est un terme d'ancienne procédure criminelle qui n'est plus usité.

**AJOURNER**, v. a. (V. *Jour, Journée.*) Renvoyer une affaire, un projet à une autre époque : *On ajournera la discussion à la semaine prochaine. La délibération fut ajournée indéfiniment. Le temps nous fit ajourner notre voyage. Pourquoi ne pas ajourner cette partie de plaisir? L'affaire fut ajournée au mardi suivant. Il nous faudra ajourner ce projet.* — pal. Il s'emploie neutralement ; *Le tribunal ajourne à huitaine pour le prononcé du jugement.* — parl. Il s'emploie avec le pronom personnel : *La chambre s'ajourne au mardi dix janvier pour discuter le projet de loi.* — *Ajourner*, prat. Assigner quelqu'un à comparaître en justice à un jour marqué : *On l'a ajourné par exploit. On le fera ajourner devant le tribunal. Ajourner à son de trompe. Vous ajournerez les témoins pour le premier du mois. On vous ajournera pour que vous puissiez exposer vos causes d'opposition.* — fig. Ajourner *devant Dieu*, Citer à comparaître à une époque fixe devant Dieu. *Le grand maître ajourna Philippe, roi de France, à comparaître dans l'année devant Dieu.*

**AJOURNÉ, ÉE**, part.

**AJOUTAGE**, s. m. (V. *Ajouter*.) arts et m. Adjonction d'une chose à une autre; la chose qui est ajoutée.

**AJOUTER**, v. a. (en lat. *adjicere*, ou *adjectare*, ital. *aggiungere*, lequel vient du lat. *adjungere*; prov. *ajusta* : le v. fr. vient plutôt du kym. *adodi*, placer auprès ou dans, que de *adjicere.*) Joindre une chose à une autre, amplifier, mettre quelque chose de plus, faire addition d'un nombre : *Bien des gens ne se font pas scrupule, pour augmenter leur bien, d'y ajouter celui d'autrui.* GIRARD. *Cette phrase a été ajoutée après coup. Ajoutez à cela que vous lui avez rendu de grands services. Je n'ai qu'un mot à ajouter. Vous ajouterez cette somme à celles que vous avez déjà reçues. La grâce avec laquelle on donne ajoute au bienfait lui-même.* MASSILL. — *Ajouter foi à quelqu'un, à quelque chose,* Croire, donner confiance : *Il ne faut pas ajouter foi à ce que dicte la douleur. Vous avez tort d'ajouter foi à cet homme. N'ajoutez pas foi à tous ces mensonges.* — *Ajouter à la lettre,* Amplifier un récit, en inventant des circonstances. On dit dans le même sens : Ajouter au conte.

**AJOUTÉ, ÉE**, part. — géom. Ajoutée, s. f. Ligne ajoutée à une autre pour la prolonger.

**AJOUTOIR**, s. m. V. AJUTAGE.

**AJOUVÉ**, s. m. bot. Arbuste de la Guyane, dont les fleurs n'ont que six étamines : famille des lauriers.

**AJUGA**, s. f. bot. V. BUGLE.

**AJUGOÏDE**, adj. des 2 g. Qui ressemble à l'ajuga ou à la bugle. — bot. *Ajugoïdes*, s. f. pl. Famille de plantes.

**AJUST ou AJUSTE**, s. m. mar. Sorte de nœud que l'on fait pour réunir les bouts de deux cordages.

**AJUSTAGE**, s. m. monn. Action de donner à une pièce le poids légal. — techn. Petit tuyau qu'on ajuste à l'extrémité d'un tuyau de fontaine. V. AJUTAGE.

**AJUSTEMENT**, s. m. (V. *Ajuster.*) Action par laquelle on donne de la justesse à un poids, à une mesure; disposition régulière des diverses parties d'une chose : *L'ajustement d'une balance, L'ajustement des différentes parties de cette machine n'est pas à l'abri de tout reproche. L'ajustement de sa maison annonce beaucoup de goût.* — On l'emploie quelquefois au pluriel : *Il faudra faire quelques nouveaux* ajustements *à cette machine.* Il se prend alors dans le sens de Facilité. — Parure, ornement, parties de l'habillement : *Votre jardin était beaucoup mieux avant tous ces* ajustements. *Une figure comme la sienne peut se passer* d'ajustements. *Elle a mis ses plus beaux* ajustements. *C'est un* ajustement *des mouches emprunté.* LA F.— Accommodement, tempérament, moyen pour concilier deux personnes ou arranger une affaire : *Il n'y a pas eu* d'ajustement *possible entre eux deux. Il faut tâcher de trouver un* ajustement, *des* ajustements, *pour concilier cette affaire.*

AJUSTER, v. a. (rac. *Juste.*) Rendre juste une machine, un poids, une mesure : Ajuster *une mesure, un poids sur l'étalon. Cette balance n'est pas bien* ajustée. On dit : Ajuster *une pièce de monnaie,* pour Lui donner exactement le poids légal. — *Ajuster,* Mettre une chose en état convenable pour bien agir : Ajuster *un ressort, une machine;* ajuster *son fusil.* — Ajuster *son coup,* Se mettre en état de frapper juste : *A peine avait-il* ajusté *son coup que l'homme tomba.* Ajuster *quelqu'un,* Le viser : *Le lièvre était parti avant que j'eusse le temps de l'*ajuster. — On emploie aussi *ajuster* dans le même sens, sans régime : *Je n'ai pas eu le temps d'*ajuster. — fig. Ajuster *toutes choses pour un dessein,* Prendre toutes les mesures pour le faire réussir. —*Ajuster* une chose à une autre, l'y adapter : *Vous* ajusterez *cette porte à la muraille. Il faudra* ajuster *cette barre à la porte d'entrée. Le couvercle n'est pas bien* ajusté *à la boîte.* Ajuster *une pièce au théâtre,* L'y adapter, la rendre propre à la scène, par suite arranger, mettre d'accord. *Prenez, bergers, vos musettes;* ajustez *vos chalumeaux.* MOL. —fig. *Il est souvent plus court et plus facile de cadrer aux autres, que de faire que les autres s'ajustent à nous.* LA BRUY.—Ajuster *ensemble deux esprits,* Les mettre d'accord : *Il vous sera assez difficile d'*ajuster *ces deux personnes.*—Ajuster *un différend,* Le terminer à l'amiable.—Ajuster *ensemble deux auteurs,* ajuster *deux passages,* Les concilier ensemble, démontrer qu'ils s'accordent pour le sens : *Il s'est donné beaucoup de peine pour* ajuster *ces deux auteurs. Il est parvenu à* ajuster *deux passages qui paraissaient opposés.* — prov. Ajustez *vos flûtes,* Tâchez d'être d'accord avec vous-même. Il se dit aussi pour Engager plusieurs personnes à bien s'entendre dans une entreprise projetée. — S'AJUSTER, v. pron. S'entendre, s'accommoder, s'accorder : *Ils n'ont jamais pu s'ajuster ensemble. Cela ne s'ajuste guère à ce que vous m'avez dit. Ces passages ne s'ajustent pas. Cela ne s'ajuste pas du tout au dessein, au projet que vous aviez de.......* S'ajuster *au temps,* S'y accommoder, s'y conformer : *Il faut savoir s'ajuster au temps et aux circonstances.* — S'ajuster, Se mettre de concert pour exécuter un projet : *Vous êtes-vous bien ajustés ensemble pour votre affaire? Vous viendrez me trouver quand vous vous serez bien ajustés.* — S'ajuster signifie aussi Se préparer à, se mettre en état de faire quelque chose : *Il faut bien vous ajuster, afin de ne pas manquer votre coup. Vous êtes bien long à vous ajuster. Ce mauvais coup provient de ce que vous ne vous êtes pas ajusté assez longtemps.* — Ajuster, Embellir, parer, orner : *Il a très-bien ajusté son appartement. Cette femme passe un temps infini à s'ajuster. Ce jour-là nous passâmes plus de trois heures à l'ajuster.* LES. — ironiq. *Comme vous voilà ajusté! Elle était singulièrement ajustée.*—fig. *Il a été bien mal* ajusté, On l'a maltraité, on s'est moqué de lui.—*On l'a ajusté de toutes pièces,* se dit d'Un homme qui a perdu un procès et est condamné aux dépens.—On emploie aussi cette locution dans le langage usuel : *Cette mauvaise langue l'a ajusté de toutes pièces,* Elle en a dit tout le mal possible. *Je vous ajusterai comme il faut,* terme de menace, Je vous traiterai comme vous le méritez.—b.-arts. Accommoder les parties d'une œuvre d'art de la manière la plus convenable : *Les accessoires d'un tableau sont difficiles* à ajuster. *Il faudra bien du talent pour* ajuster *ces deux ordres d'architecture.* — mar. Réunir bout-à-bout deux cordages au moyen du nœud qu'on appelle *Ajust.* — manége. Ajuster *les rênes,* Rendre les deux rênes égales,

de sorte que l'une ne soit ni plus courte ni plus longue que l'autre. Ajuster *un cheval, l'ajuster sur les voltes,* Lui enseigner les exercices, lui donner toutes les grâces propres aux différentes allures. — manuf. Ajuster *les lisses de soie,* Leur donner la disposition convenable à l'ouvrage qu'on veut faire : *On ne peut avancer et rien faire de bien que quand les lisses sont parfaitement* ajustées.

AJUSTÉ, ÉE, part. *Un coup bien* ajusté, *une personne mal* ajustée. — mus. Quelques auteurs disent *Tétracorde des ajustées,* au lieu de *Tétracorde synnéménon.*

AJUSTEUR, s. m. monn. Celui qui ajuste les flancs des monnaies et les met au poids légal. *Il est ajusteur à la Monnaie, L'emploi d'ajusteur.*— tech. Ouvrier qui dans un art quelconque réunit certaines pièces qu'un autre a fabriquées, pour en former une machine, et la mettre en état de servir.

AJUSTOIR, s. m. On appelait ainsi autrefois Une petite balance qui servait à peser les monnaies avant de les marquer. On emploie aujourd'hui pour la désigner le mot de *Trébuchet.*

AJUSTURE, s. f. maréch. Légère concavité ménagée dans un fer, afin qu'il puisse s'adapter au pied de l'animal qu'on veut ferrer.

AJUTAGE, AJUTOIR ou AJOUTOIR, s. m. arch. hyd. Embouchure de métal qu'on visse ou soude à l'orifice du tuyau d'un jet d'eau ou d'une fontaine pour déterminer la direction, la hauteur et la grosseur du jet. *Ajutage simple, ajutage composé, un gros, un petit ajutage. On a disposé un ajutage en forme de tête d'arrosoir. L'ajutoir adapté à cette fontaine est trop petit. L'eau s'échappe par un ajutage disposé à cet effet.*

AKANTICONE, s. f. min. L'un des noms de l'épidote.

AKÉESIE, s. f. Arbre cultivé à la Jamaïque, et qui y a été importé d'Afrique.

AKÈNE, s. m. (du grec ἀχὴν, pauvre, qui n'a rien; α priv. et ἔχω, j'ai, je possède.) bot. Une seule graine nue, c'est-à-dire dont le péricarpe membraneux adhère à la graine proprement dite, et en est cependant distinct, comme dans les composées.

AKENOCARPE, adj. des 2 g. (du grec ἀχὴν, pauvre, et κάρπος, fruit.) Il s'applique aux plantes dont le fruit est un akène.

AKIDE, s. f. (du grec ἀκίς, -ιδος, pointe.) entom. Genre d'insectes coléoptères de la famille des photophyges.

AKNÈME, adj. et s. des 2 g. (du grec ἄχνημος, sans jambes, sans cuisses; α priv. et κνήμη, cuisse, jambe.) anat. Qui n'a pas de jambes ou de cuisses.

AKYSTIQUE, adj. des 2 g. (de α priv. et de κύστις, vessie.) ichth. Il se dit d'un poisson qui n'a pas de vessie natatoire.

ALABANDINE, s. f. (de *Alabanda,* ville de Carie, d'où l'on tirait autrefois cette pierre.) min. Pierre précieuse très-dure et d'un rouge foncé, qui tient du grenat et du rubis.

ALABASTRE, s. m. bot. Nom donné aux boutons à fleur, avant épanouissement.

ALABASTRIN, NE, adj. (V. *Albâtre.*) min. Qui tient de l'albâtre, qui ressemble à l'albâtre.

ALABASTRITE, adj. f. C'est l'épithète dont se servent plusieurs minéralogistes pour caractériser la chaux sulfatée compacte.

ALABE, s. m. (du grec ἀλαβής, qu'on ne peut saisir; α priv. et λαμβάνω, λάβω, prendre.) ichth. Genre de poisson des Indes, de la famille des ophichthes.

ALADJA, s. m. comm. Sorte de bourre fabriquée à Magnésie.

ALAIRE, adj. des 2 g. (du lat. *alaris,* de l'aile, rac. *ala,* aile.) ornith. Qui appartient, qui se rapporte à l'aile. — *Os alaire,* ou *ptéréal,* Nom donné par Geoffroy-St-Hilaire à la grande aile du sphénoïde. — techn. Inséré dans l'angle de deux parties.

ALAISE, s. f. techn. Allonge pour une porte ou pour un lambris, qui se place surtout dans la hauteur : *Il ne faut pas confondre une alaise avec une tringle.*

ALALIE, s. f. du grec ἀλαλία, privation de l'usage de la parole; α priv. et λαλέω, parler.) méd. Privation de la parole, mutisme, impossibilité de parler.

ALALITE, s. f. min. Variété du pyroxène blancverdâtre de la vallée d'Ala, en Piémont.

ALALUNGA, s. f. ichth. Genre de poissons de la Sardaigne.

ALAMBIC, s. m. (de l'arabe *anbik, enbik,* et avec

l'art. *al, alenbik,* même sens.) chim. Vase d'une construction plus ou moins compliquée qui sert à distiller : *Les parties les plus essentielles d'un alambic sont la cucurbite et le chapiteau. Un alambic en verre, en cuivre. Des alambics de terre. Le col de l'alambic est cassé. Un bec d'alambic. Cette composition a passé par l'alambic. Mettre à l'alambic. Tirer à l'alambic. Tirer par l'alambic.* — fig. *Cette affaire a passé par l'alambic,* Elle a été examinée longtemps et sous toutes ses faces, elle a été approfondie par une discussion sérieuse.

ALAMBIQUER, v. a. (V. *Alambic.*) Fatiguer, tourmenter par des choses abstraites. Il s'emploie surtout avec le pronom personnel et dans ces phrases : S'alambiquer *l'esprit, la cervelle. Tout cela n'est bon qu'à m'*alambiquer *l'esprit. C'est bien s'alambiquer mal à propos la cervelle. S'alambiquer l'esprit sur des questions insolubles. Il s'était alambiqué l'esprit sur ces recherches, si bien qu'il avait été sur le point de perdre la raison.* SAINT-SIMON. Employé sans régime, il signifie : Chercher de vaines subtilités. *Vous êtes toujours à alambiquer. Il s'agit d'aller au fait et non pas d'alambiquer.*

ALAMBIQUÉ, ÉE, part. Qui pèche par un excès de recherche, de subtilité : *Il s'était fait une petite réserve de phrases bien entortillées, et de pensées joliment* alambiquées.

ALANDIER, s. m. techn. Sorte de foyer qui se trouve à la base d'un four.

ALANGIÉ, ÉE, adj. bot. Qui ressemble à un alangion.

ALANGIÉES, s. f. pl. bot. Famille de plantes phanérogames, dicotylédones, polypétales, dont la classe est encore incertaine.

ALANGION, s. m. bot. Genre de plantes assez mal déterminé, renfermant plusieurs arbres du Malabar.

ALANGUIR, v. a. Rendre languissant. On l'emploie plus souvent neut. ou pron. dans le sens de Perdre son énergie, s'énerver, se ralentir. Ce verbe ne se voit point dans la cinquième édition du Dictionnaire de l'Académie.

ALANGUI, IE, part.

ALANGUISSEMENT, s. m. Langueur, ralentissement. Bien que l'Académie ne donne pas ce mot, nous le croyons très-français, et il est en usage parmi les personnes qui parlent le mieux. On leur entend dire, par exemple : *Les affaires étaient très-actives, aujourd'hui il y a un peu d'*alanguissement.

ALANTINE, s. f. chim. Substance particulière que l'on extrait de l'arnica.

ALAOUATE, s. m. V. ALOUATE.

ALAPI, s. m. ornith. Oiseau de la Guiane.

ALAQUE, s. f. arch. Membre carré et plat qui fait le fondement de la base des colonnes. On l'appelle aussi *Plinthe.*

ALAQUECA, s. m. min. Fer sulfuré du Bengale, auquel on attribuait autrefois la propriété d'arrêter les hémorrhagies.

ALARGUER, v. n. (du br. *lark, larg,* au loin, loin.) mar. S'écarter d'une côte ou d'un écueil; s'éloigner de tout objet dont on craint l'approche. Il est aussi pron. : *La chaloupe s'était alarguée du vaisseau.*

ALARGUÉ, ÉE, part.

ALARIE, s. f. entom. Genre de vers intestinaux.

ALARMANT, ANTE, adj. (V. *Alarme.*) Qui effraie, qui inquiète : *Nous avons reçu des nouvelles très-alarmantes. Sa position est très-*alarmante.

ALARME, s. f. (on le croyait formé du cri à *l'armé,* pour *aux armes,* dans les alertes; il vient du gaël. *larum,* émotion, épouvante; avec le préf. *a.* en gal. *larum,* sig. *alerte,* qui fait courir aux armes. Cri de guerre, signal pour faire prendre les armes: *Cri d'alarme. Sonner l'alarme, donner l'alarme, tirer le canon d'*alarme. — Il s'emploie pour exprimer Le trouble causé par l'approche d'un danger, de l'ennemi : *L'alarme est au camp. Ce n'était qu'une fausse alarme. L'alarme a été chaude.*—Vive inquiétude, crainte, frayeur, épouvante bien ou mal motivée : *Cette nouvelle avait porté l'alarme parmi nous. Être toujours en alarme. Nous calmerons ses alarmes. Ce pauvre père était dans de continuelles alarmes à l'égard de son fils. Vous n'êtes pas encore revenu de vos alarmes. Nous vivons dans une alarme continuelle. Remettez-vous, monsieur, d'une alarme aussi chaude.* MOL. *Certain de votre foi, je n'aurai plus la moindre alarme.* FLOR. *Prendre faussement l'alarme.* — S'inquiéter, s'effrayer sans sujet : *Vous avez pris* l'alarme *sur un faux bruit. Vous avez pris* l'alarme *bien légèrement. Alarmes* au pluriel et dans le style poétique s'emploie aussi pour Dangers : *Il a été nourri au milieu des* alarmes.

**ALARMER**, v. a. (V. *Alarme.*) Jeter l'alarme. Causer de l'inquiétude, de l'effroi : *La nouvelle de l'approche de l'ennemi avait* alarmé *tous les habitants. Tout* alarme *le cœur d'une mère. Une injuste frayeur vous* alarme *peut-être.* Rac. — S'*alarmer,* Prendre l'alarme, s'effrayer, s'inquiéter : *Je ne m'*alarme *pas de toutes ces paroles.* Lachaussée. *Vous avez tort de vous* alarmer. *Elle aime à s'*alarmer. *Il s'*alarme *de peu de chose.*

**ALARMÉ, ÉE**, part.

**ALARMISTE**, s. des 2 g. Celui, celle qui répand des nouvelles vraies ou fausses pour semer l'alarme : *Il n'y a pas de peste plus dangereuse que les* alarmistes. Mirabeau, *Il y a des gens qui s'en vont partout, faisant le métier d'*alarmistes. Maury. On le dit aussi d'Une personne qui, par prévention ou par calcul, voit et présente les choses sous le côté le plus défavorable : *Les partisans exclusifs d'un pouvoir déchu sont naturellement* alarmistes. *Prenez garde, c'est un médecin* alarmiste. Lam.

**ALAS**, s. m. pêch. On appelle ainsi une partie des ailes du boulier; sorte de filet.

**ALASMIDES**, s. m. pl. moll. Genre de mollusques acéphales qui comprend les asmidontes.

**ALASMIDONTE**, s. f. moll. Espèce de coquilles bivalves de l'Amérique septentrionale.

**ALATERNE**, s. m. bot. Sorte de nerprun dont les feuilles sont rangées le long des tiges alternativement : *Les feuilles de l'*alaterne *étaient autrefois regardées comme détersives et astringentes.* (V. *Nerprun.*)

**ALATERNOÏDE**, adj. des 2 g. bot. Qui tient de l'alaterne, qui ressemble à l'alaterne.

**ALATION**, s. f. (V. *Aile* et *Ailé.*) ornith. Configuration, disposition des ailes.

**ALATLI**, s. m. ornith. Espèce d'alcyon au Mexique.

**ALAUNITE**, s. f. min. Schiste qui contient de l'alun, et duquel on peut le retirer.

**ALBACORE** ou **ALBICORE**, s. m. ichth. Nom donné par les voyageurs à plusieurs espèces de scombres.

**ALBÂTRE**, s. m. (du lat. *alabastrum,* en grec ἀλάβαστον, mot qui signifie, dans l'une et l'autre langue, un vase d'albâtre plutôt que l'albâtre même; c'est *alabastrites,* ἀλαβαστρίτης, qui exprime la pierre d'albâtre.) min. Chaux carbonatée, concrétionnée, rarement blanche, le plus souvent jaunâtre ou tirant sur le rouge, et veinée de blanchâtre. Il y a un autre albâtre appelé *gypseux,* qui est la chaux sulfatée compacte : L'albâtre *qui s'emploie en sculpture aujourd'hui est l'*albâtre *gypseux, qui est remarquable par sa blancheur.* Albâtre *naturel,* Albâtre *artificiel. Une statuette d'*albâtre. *Une pendule en* albâtre. *Un vase d'*albâtre. Albâtre *oriental. Blanc comme* l'albâtre.fig.—*Une gorge d'*albâtre,Une gorge d'extrême blancheur; de même : *Un teint d'*albâtre, Un teint remarquablement blanc. On dit plus hardiment encore : L'albâtre *de son cou.*

**ALBATROS**, s. m. (Prononcez albatrosse.) ornith. Oiseaux aquatiques, de l'ordre des palmipèdes, habitant les mers australes et leurs rivages : *L'*albatros *est très-vorace. L'*albatros *est le plus grand des oiseaux aquatiques.*

**ALBEN**, s. m. min. Tuf calcaire incrustant et de formation récente.

**ALBERÈSE**, s. f. géol. Pierre de Florence ou marbre ruiniforme; sorte de chaux carbonatée.

**ALBERGE**, s. f. bot. Sorte de pêche d'un goût plus ou moins agréable : *L'*alberge *jaune est précoce et se cueille vers la fin de juillet;* l'alberge *rouge est moins précoce que l'*alberge *jaune, mais elle est d'une qualité supérieure et se fait rechercher par son goût vineux et relevé. On nous apporta dans les derniers jours du mois d'août un panier d'*alberges *violettes. On servit à la fête des* alberges *confites. C'est d'ailleurs un dessert de qualité assez médiocre,* car, dans la Touraine, on dit familièrement en parlant d'Une femme dont le caractère est impérieux · *Elle est rêche et coriace comme une* alberge.

**ALBERGIER**, s. m. bot. Arbre qui produit des alberges.

**ALBERTINIE**, s. f. bot. Arbuste du Brésil.

**ALBIBARBE**, adj. des 2 g. (du lat. *albus,* blanc, et de *barba,* barbe.) zool. Qui a la barbe blanche.

**ALBICAUDE**, adj. des 2 g. (mot comp. du lat. *albus,* blanc, et de *cauda,* queue.) zool. A queue blanche, qui a la queue blanche.

**ALBICAULE**, adj. des 2 g. (du lat. *albus,* blanc, et du grec καυλος, tige.) bot. A tige blanche ou blanchâtre; dont la tige tire sur le blanc.

**ALBICEPS**, adj. des 2 g. (du lat. *albus,* blanc, et de *caput,* tête, lequel devient *ceps* dans quelques composés.) zool. Qui a la tête blanche.

**ALBICOLLE**, adj. des 2 g. (du lat. *albus,* blanc, et de *collum,* col, cou.) zool. A cou ou corselet blanc; qui a le cou blanc.

**ALBICORNE**, adj. des 2 g. (du lat. *albus,* blanc, et de *cornu,* corne.) mam. et entom. A cornes ou antennes blanches.

**ALBICOSTÉ, ÉE**, adj. (du lat. *albus,* blanc, et de *costa,* côte.) zool. Relevé de côtes blanches.

**ALBIDIPENNE**, adj. des 2 g. (du lat. *albidus,* un peu blanc, blanchâtre, et de *penna,* plume, aile.) ornith. Dont les ailes tirent sur le blanc, qui a les ailes blanchâtres.

**ALBIFLORE**, adj. des 2 g. (du lat. *albus,* blanc, et de *flos, floris,* fleur.) bot. Qui donne ou porte des fleurs blanches.

**ALBILABRE**, adj. des 2 g. (du lat. *albus,* blanc, et de *labrum,* lèvre.) zool. Qui a le labre, le museau blanc.

**ALBIMACULÉ, ÉE**, adj. (du lat. *albus,* blanc, et de *macula,* tache.) zool. Tacheté de blanc.

**ALBIMANE**, adj. des 2 g. (du lat. *albus,* blanc, et de *manus,* main.) mam. Qui a les mains blanches.

**ALBINE**, s. f. (du lat. *albineus,* tirant sur le blanc, blanchâtre.) min. Substance minérale d'une belle couleur blanche, variété de l'apophyllite.

**ALBINERVE**, adj. des 2 g. (du lat. *albus,* blanc, et de *nervus,* nerf, nervure.) bot. Qui a les nervures de ses feuilles blanches.

**ALBINIE**, s. f. (V. *Albinos.*) méd. Affection dont sont atteints certains individus des races nègre et caucasienne, de l'un et de l'autre sexe, dont la peau est d'un blanc fade, les cheveux et les poils blancs, l'iris extrêmement pâle et tirant sur le rouge, et dont les yeux sont d'une extrême sensibilité.

**ALBINISME**, s. m. (V. *Albinos.*) méd. et bot. Altération de l'organisation animale et végétale, caractérisée surtout par la couleur blanche des tissus extérieurs.

**ALBINOS**, s. m. (mot espagnol d'origine portugaise, dérivé du lat. *albus,* blanc.) méd. Ce nom sert à désigner ceux qui sont affectés d'*albinie.* Infortunés qui peuvent difficilement supporter la lumière du jour et dont les facultés intellectuelles sont très-faibles : *Les* albinos *se trouvent non-seulement en Afrique et aux Indes Orientales, mais on en a découvert de l'un et de l'autre sexe, qui étaient nés en Europe, et d'autres en Amérique.* — zool. Épithète donnée à tout animal attaqué d'albinisme.

**ALBIONE**, s. f. zool. Genre de vers à sang rouge.

**ALBIONIEN, NIENNE**, adj. zool. Qui ressemble à une albione.—*Albioniennes,* s. f. pl. Famille de vers à sang rouge.

**ALBIPÈDE**, adj. des 2 g. (du lat. *albus,* blanc, et de *pes, pedis,* pied.) zool. Qui a les pieds blancs, qui a les pattes blanches.

**ALBIPENNE**, adj. des 2 g. (du latin *albus,* blanc, et de *penna,* plume, aile.) ornith. Qui a les ailes blanches.

**ALBIROSTRE**, adj. des 2 g. (du lat. *albus,* blanc, et de *rostrum,* bec, museau.) Qui a le bec ou le museau blanc.

**ALBITARSE**, adj. des 2 g. Dont les tarses sont blancs.

**ALBITE**, s. f. min. Minéral blanc ou incarnat, qui se trouve en Finlande; il est analogue au *feldspath.*

**ALBIVEINÉ, ÉE**, adj. (du lat. *albus,* blanc, et de *vena,* veine, artère.) bot. Qui a les nervures de ses feuilles blanches.

**ALBIVENTRE**, adj. des 2 g. (de *albus,* blanc, et de *venter, ventris,* ventre.) zool. A ventre blanc, qui a le ventre blanc.

**ALBODACTYLE**, adj. des 2 g. (mot comp. du lat. *albus,* blanc, et du grec δάκτυλος, doigt.) zool. Qui a les doigts blancs.

**ALBRAN**, s. m. V. Halbran.

**ALBRENÉ**, s. m. V. Halbrené.

**ALBUCA**, s. m. bot. Plante liliacée de la famille des asphodélées.

**ALBUGINÉ, ÉE**, adj. (du lat. *albugo,-ginis,* taie ou peau blanche.) anat. Blanc, blanchâtre, en par-

lant d'un tissu, d'une membrane : *Fibre* albuginée, *tunique* albuginée; *la tunique, membrane albuginée de l'œil. Quelques médecins appellent humeur* albuginée, *l'humeur aqueuse de l'œil.*

**ALBUGINEUX, EUSE**, adj. (V. *Albuginé.*) anat. On se sert de cette expression pour désigner les parties formées par la fibre albuginée.

**ALBUGO**, s. f. (du lat. *albugo,* même signification.) méd. Taie, tache ou opacité de la cornée, produite par la déposition d'une matière blanche entre ses lames : *Les médecins distinguent maintenant l'*albugo *du leucoma.*

**ALBUM**, s. m. (du lat. *album,* table, planche ou tablette blanchie, sur laquelle on écrivait; par suite, registre, mémoires, annales.) Cahier de papier blanc, tablettes destinées à recevoir des sentences, des signatures de personnages marquants. — On appelle aussi *albums* des Cahiers que l'on fait remplir de dessins d'artistes différents et de morceaux de prose ou de vers : *On nous offrit un* album *pour y inscrire nos noms. Il y a des gens qui ont la manie des* albums, *comme d'autres ont la manie des animaux.* Nodier.

**ALBUMEN**, s. m. (du lat. *albumen, - inis,* glaire ou blanc d'œuf.) bot. Partie de l'amande dans certaines graines, qui est différente de l'embryon; on l'appelle aussi *endosperme, périsperme.* (V. ces mots.)

**ALBUMINE**, s. f. (V. *Albumen.*) chim. Substance connue vulgairement sous le nom de *blanc d'œuf,* et qui se trouve non-seulement dans les œufs, mais encore dans un grand nombre de matières animales ou végétales. Albumine *animale,* albumine *végétale.* On dit aussi *albumen.*

**ALBUMINÉ, ÉE**, adj. bot. Pourvu d'un albumen, en parlant d'un embryon végétal.

**ALBUMINEUX, EUSE**, (V. *Albumine.*) chim. Qui contient de l'albumine : *Suc* albumineux. *Substance* albumineuse.

**ALBUMINO-CASÉEUX**, s. m. chim. Substance particulière, de la nature de l'albumine et de la matière caséeuse, qui existe dans les amandes.

**ALCABALA**, s. f. (de l'esp. *alcabala,* droit sur les marchandises.) comm. Droit de douanes perçu en Espagne et dans les colonies de ce royaume. On écrit aussi *Alcavala.*

**ALCADE**, s. m. (de l'art. ara, *al,* le, la, et de *kada,* qui signifie gouverner, régir; *kaid,* gouverneur; voilà pourquoi on trouve souvent, au lieu de *alcade, alcaide* qui vaut mieux, et que Ménage a mis en tête de l'article consacré à l'explication de ce mot.) Nom porté en Espagne par certains magistrats qui exercent à peu près les fonctions combinées de nos juges de paix et de nos commissaires de police, mais avec une autorité beaucoup plus étendue : *L'attribut distinctif des* alcades *est une longue baguette blanche.* — bot. Il se dit subst. et adj. d'Un oiseau qui se rapproche de ceux appelés *alca.*

**ALCADIE**, s. f. relat. Lieu dans lequel se réunissent les alcades en Espagne.

**ALCAHEST**, s. m. alch. Prétendu dissolvant universel des alchimistes.

**ALCAÏQUE**, adj. des 2 g. (de Ἀλκαῖος, traduit par *Alcaeus* en latin, Alcée, poète célèbre de l'antiquité, auquel on doit cette sorte de vers.) gramm. et pros. anc. Espèce de vers grec et plus tard latin, ainsi appelé du nom de son inventeur : *Un vers* alcaïque, *et subst. un* alcaïque, *des* alcaïques. On dit aussi *Strophe* alcaïque, *ode* alcaïque, Strophe qui contient un nombre déterminé de vers alcaïques, ode qui ne se compose que de strophes alcaïques.

**ALCALESCENCE**, s. f. (V. *Alcalescent.*) Qualité de ce qui est alcalescent, fermentation alcaline.

**ALCALESCENT, ENTE**, adj. (comme les alchimistes et les chimistes d'abord parlaient latin, ils ajoutèrent à *alcali* le suffixe latin *esco*; qui dans les verbes marque commencement d'action, ils eurent *alcalesco*; ils commence à devenir alcali, puis *alcalescens, alcalescentia,* alcalescent, alcalescence.) chim. Il se dit d'Une substance dans laquelle les propriétés alcalines commencent à se développer ou sont même déjà prédominantes.

**ALCALI**, s. m. (de l'ara. *kali,* mot qui désigne la soude, *solsona* soda, dans Linné, et de l'art. ara. *al,* le, la ; en effet, c'est par l'incinération de cette plante marine qu'on obtient aujourd'hui un des principaux alcalis.) min. On désigne sous ce nom, Toute substance ayant les propriétés de verdir les couleurs bleues végétales, et s'unir aux acides pour former des sels, de se mêler aux huiles en les convertissant en savon, de désorganiser et dissoudre la matière animale, etc. Les alcalis connus sont : la soude, la potasse, l'ammoniaque, la chaux, la strontiane et la baryte. — Alcalis *fixes*, La potasse et la soude, chez les anciens, qui ne connaissaient que trois alcalis : *L'alcali volatil*, l'ammoniaque, le troisième alcali admis par les anciens ; ainsi appelé, parce qu'il se volatilise : Alcali *volatil liquide*, l'ammoniaque pure ; Alcali *volatil concret*, le sous-carbonate d'ammoniaque solide.

ALCALICITÉ, s. f. V. ALCALINITÉ.

ALCALIFIABLE, adj. des 2 g. (V. *Alcali.*) chim. Qui peut devenir alcali ; susceptible d'être converti en alcali.

ALCALIFIANT, ANTE, adj chim. Propre à déterminer dans certaines substances les propriétés alcalines.

ALCALIGÈNE, adj. des 2 g. (v. *Alcali.*) chim. Qui fait naître les alcalis : *Principe alcaligène*, l'Azote, qui, comme Fourcroy se l'était à tort imaginé, était le principe de l'alcalinité.

ALCALIMÈTRE, s. m. (de l'ara. *alcali*, et du gr. μέτρον, mesure.) techn. Instrument propre à mesurer la quantité d'alcali pur que contient une quantité donnée de potasse ou de soude : Àcalimètre *pondéral*.

ALCALIMÉTRIQUE, adj. des 2 g. techn. Qui a rapport à l'alcalimètre, qui dépend de l'alcalimètre : *Tube* alcalimétrique. *Faire l'essai* alcalimétrique. *Degré* alcalimétrique.

ALCALIN, LINE, (V. *Alcali.*) chim. Qui a rapport aux alcalis : *Caractère* alcalin. *Propriété* alcaline.— méd. Qui s'approche des alcalis, qui contient une plus ou moins grande quantité d'alcali : *La bile, le sérum du sang, sont des liqueurs* alcalines.

ALCALINITÉ, s. f. chim. Qualité de ce qui est alcalin. Qualité de l'alcali ; c'est l'opposé d'*acidité*.

ALCALINO-TERREUX, EUSE, adj. chim. Qui tient de la nature des alcalis et de la terre.

ALCALINULE, adj. m. chim. Il se dit d'Un sel alcalin qui contient un léger excès d'alcali.

ALCALISATION, s. f. chim. Action d'alcaliser.

ALCALISER, v. a. chim. Séparer d'un corps la partie acide qui y était contenue, de manière qu'il n'y reste plus que la partie alcaline.

ALCALISÉ, ÉE, part.

ALCALOÏDE, s. m. (m. à m. qui a l'apparence de l'alcali.) chim. Alcali organique qui se rapproche des alcalis minéraux par ses propriétés basiques, mais qui en diffère par ses propriétés générales.

ALCANNA, s. f. bot. Nom donné à quelques plantes du Levant, employées dans la teinture. V. *Henné* et *Orcanette*.

ALCANTARA, s. m. Ordre militaire d'Espagne institué en 1170 : *Chevalier* d'Alcantara. *Il a été nommé grand-maître de l'ordre d'*Alcantara.

ALCARAZAS, s. m. (le S final sonne.) Mot emprunté à l'espagnol. Vase de terre très-poreux, qui sert à tenir l'eau fraîche, quand il se trouve exposé à un courant d'air : *Ces* alcarazas *sont d'une forme très-élégante.*

ALCARON, s. m. Espèce de serpent d'Afrique.

ALCÉE, s. f. bot. Genre de plantes de la famille des malvacées. Aujourd'hui on a réuni les alcées aux althéa.

ALCÉLAPHE, s. m. mam. Genre de mammifères ruminants.

ALCHIMÉLECH, s. m. Espèce de trigonelle qui croît en Égypte.

ALCHIMIE, s. f. (de l'art. ara. *al*, le, la, et du mot *chimie.* V. *Chimie.*) Science hermétique, art chimérique qui prétend à la découverte d'un remède universel, et d'un procédé certain pour la transmutation des métaux. *L'alchimie a fait souvent découvrir de belles vérités sur le grand chemin de l'imaginaire.* DIDEROT.

ALCHIMILLE, s. f. V. PIED-DE-LION, à l'article PIED.

ALCHIMIQUE, adj. des 2 g. Qui appartient à l'alchimie : *Des travaux* alchimiques. *Opérations* alchimiques. *Extravagances* alchimiques.

ALCHIMISTE, s. m. (V *Alchimie.*) Celui qui s'occupe d'alchimie : *Un profond* alchimiste. *Les rêveries d'un* alchimiste. *On a obligation aux* alchimistes *de plusieurs découvertes fort importantes.*

ALCICORNE, adj. des 2 g. (comp. de *alcis*, élan, et de *cornu*, corne.) En forme de corne d'élan.

ALCIDE, s. m. (de Ἀλκείδης, Alcide ou Hercule ;

rac. ἀλκή, force.) Surnom donné à Hercule à cause de sa force prodigieuse. — fig. Homme d'une force extraordinaire.—entom. Espèce de grand scarabée — Genre de papillons.

ALCIDON, s. m. jard. Variété d'œillets piquetés.

ALCINE, s. f. bot. Genre de plantes de la famille des corymbifères.

ALCOOL, s. m. (de l'ara. *koïal, koll*, rendre léger, réduire, volatiliser.) Nom donné autrefois aux matières réduites en poudre impalpable, mais qui ne s'applique aujourd'hui qu'à *l'esprit-de-vin*. (V. ce mot.)

ALCOOLAT, s. m. (V. *Alcool.*) pharm. Préparation pharmaceutique faite par la macération et la distillation, ou seulement la filtration, de certaines substances avec l'alcool. Dans ce dernier cas, on lui donne le nom de *teinture* ou d'*élixir*. V. ces mots. *L'eau de Cologne est un* alcoolat.

ALCOOLATE, s. m. chim. Combinaison en proportions définies d'alcool et de sel.

ALCOOLATURE, s. f. (V. *Alcool.*) pharm. Macération des médicaments dans l'alcool, pour obtenir un alcoolat.

ALCOOLÉ, s. m. (V. *Alcool.*) pharm. Médicament préparé par la solution d'une substance quelconque dans l'alcool.

ALCOOLIDES, s. m. pl. (V. *Alcool.*) chim. On appelle ainsi les différents composés organiques, qui renferment de l'alcool.

ALCOOLIME, s. m. (V. *Alcool.*) chim. C'est l'un des noms donnés à l'alcool dans son état de pureté.

ALCOOLIQUE, adj. des 2 g. De la nature de l'alcool, qui contient de l'alcool : *Liqueur* alcoolique.

ALCOOLISATION, s. f. Autrefois l'action de réduire en poudre impalpable.

ALCOOLISER, v. a. Autrefois réduire en poudre impalpable ; aujourd'hui, réduire à l'état de l'alcool.

ALCOOLISÉ, ÉE, part. et adj. *Substance* alcoolisée.

ALCOOLOMÈTRE, s. m. phys. Instrument servant à déterminer la quantité d'alcool absolu contenu dans un mélange d'eau avec ce liquide : Alcoolomètre *centésimal*.

ALCOOLOTIF, s. m. pharm. Médicament alcoolique destiné à l'usage externe : Alcoolotif ou *teinture de cantharides*.

ALCORAN, s. m. ; et mieux, le CORAN (mot d'origine arabe.) Livre qui contient les prescriptions de la religion de Mahomet.—Il s'emploie Pour exprimer la religion elle-même : *Abandonner l'Évangile pour l'Alcoran.*—fig. Il exprime quelque chose d'Obscur, d'inintelligible : *Ce que vous me dites est de l'*alcoran *pour moi.*

ALCORNÉE ou ALCHORNÉE, s. f. bot. Genre de plantes de la famille des euphorbiacées, dont l'espèce principale croît aux Antilles.

ALCORNINE, s. f. chim. Substance particulière, que l'analyse chimique a fait découvrir dans l'écorce de l'alcornoque.

ALCORNOQUE, s. f. pharm. Écorce d'un arbre qu'on croit être du genre apocynée, et regardée comme un spécifique de la phthisie pulmonaire.

ALCÔVE, s. f. (espag. *alcoba*, de l'ar. *al*, le, *koubad*, tente.) Enfoncement pratiqué dans une chambre à coucher pour placer le lit ; cloisons qui servent à former l'alcôve : *Il a fait construire une belle* alcôve *dans sa chambre. Une* alcôve *cintrée. Une chambre à* alcôve.

ALCÔVISTE, s. m. (V. *Alcôve.*) Vieux mot désignant ceux qui fréquentaient certaines réunions de précieuses : *Ce fut un grand remue-ménage parmi tous les* alcôvistes. TALL.

ALCYON, s. m. (gr. ἀλκύων, lat. *alcedo* ou *alcyon*.) ornith. Nom donné par les anciens au martin-pêcheur. On nomme aussi *alcyons* le septième ordre des oiseaux, selon la méthode de Temminck. — moll. Genre de polypiers de l'ordre des alcyonées. Ces animaux, habitants des mers, affectent les formes les plus étranges, celles d'une orange, d'un nid de guêpes, d'un petit arbre, d'un concombre, etc.

ALCYONAIRE, adj. des 2 g. Qui ressemble à un alcyon. — zool. *Alcyonnaires*, s. m. pl. Famille de zoophytes qui renferme les alcyons.

ALCYONE, ÉE, adj. (V. *Alcyon.*) ornith. Qui concerne l'alcyon.

ALCYONÉES, s. f. pl. Ordre appartenant à la division des polypiers sarcoïdes.

ALCYONELLE, s. m. moll. Genre de polypiers de l'ordre des alcyonées, qui se trouvent dans les étangs des environs de Paris.

ALCYONELLIN, INE, adj. des 2 g. moll. Qui ressemble à l'alcyonelle, qui a les caractères de l'alcyonelle. — *Alcyonellins*, s. m. pl. polyp. Famille de zoophytes.

ALCYONIDIE, s. f. bot. Genre particulier de plantes marines.

ALCYONIDIÉ, ÉE, ad. bot. Qui ressemble à une alcyonidie. — *Alcyonidiées*, s. f. pl. Nom d'une famille de plantes marines.

ALCYONIEN, NIENNE, adj. Qui appartient à l'alcyon : *Jours* alcyoniens.—Les sept jours qui précèdent le solstice d'hiver et les sept qui le suivent, pendant lesquels, dit-on, l'alcyon fait son nid, et la mer est calme.

ALCYONITE, s. m. fossil. Nom donné à Tout fossile appartenant aux polypiers sarcoïdes.

ALDÉBARAN, s. m. (mot emprunté de l'arabe.) astr. Nom d'une étoile fixe qui est dans l'œil du Taureau. Elle est de la première grandeur.

ALDÉE, s. f. géog. Ce mot sert à désigner Les bourgs et villages des possessions européennes en Afrique et dans les Indes.

ALDERMAN, s. m. (mot ang. qui signifie échevin, sénateur ; *alder*, plus âgé, ancien, et *man*, homme.) Officier municipal d'Angleterre, adjudant au lord-maire.

ALDINE, s. f. bot. Arbre qui croît à la Jamaïque et forme un genre de la famille des légumineuses : *Les jolies cannes d'aldine sont très-fragiles.*

ALDROVANDE, s. f. bot. Plante d'Italie et du midi de la France, paraissant appartenir à la famille des capparidées. Son nom générique lui a été donné en mémoire du célèbre médecin Aldrovand.

ALÉATOIRE, adj. des 2 g. (du lat. *aleatorius*, qui concerne les jeux de hasard ; *alea*, jeu de hasard.) Il se dit d'Une convention dont le résultat repose sur un événement encore incertain : *Un contrat* aléatoire. *En nous vendant à l'avance les profits de cette affaire, il a fait un marché* aléatoire. On l'emploie aussi quelquefois dans le langage usuel ; dans le même sens qu'Incertain : *Se soumettre aux coups* aléatoires *de la fortune. Les biens de la fortune sont chose* aléatoire.

ALÉATOIREMENT, adv. D'une manière aléatoire.

ALEBRAN, s. m. V. HALBRAN.

ALEBRANDE ou ALDEBRANDE, s. f. Nom vulgaire de la sarcelle.

ALECTORIDE, adj. des 2 g. (du gr. ἀλέκτωρ, un coq.) ornith. Qui ressemble à un coq. — *Alectorides*, s. m. pl. Onzième ordre des oiseaux, selon la méthode de Temminck.

ALECTORIE, s. f. bot. Genre de plantes de la famille des lichens.

ALECTOROLOPHE, adj. des 2 g. (du gr. ἀλεκτορολόφος, crête de coq, sorte de plante ; comp. de ἀλέκτωρ, coq, et de λόφος, crête.) bot. Il se dit de plantes crénelées ou disposées en forme de crête de coq, comme les *rhinantées*, les *pédiculariées*.— *Alectorolophe*, s. m. bot. Nom particulier d'un genre de plantes.

ALECTRE, s. f. bot. Nom donné par Thumberg à Une petite plante du cap de Bonne-Espérance.

ALECTRIDES, s. m. pl. (du gr. ἀλέκτορίς-ίδος, poule.) ornith. Trentième famille d'oiseaux de l'ordre des sylvains, selon la méthode de Vieillot, et qui renferme le faisan, le dindon, le paon, etc.

ALECTRIMORPHE, adj. des 2 g. (du gr. ἀλέκτορίς, poule, et μορφή, forme.) ornith. Il se dit d'Oiseaux ayant de la ressemblance avec la poule. — *Alectrimorphés*, s. m. pl. Famille d'oiseaux qui par leur forme ont beaucoup de ressemblance avec les poules.

ALECTRURE, adj. des 2 g. (du gr. ἀλέκτωρ, un coq, et de οὐρα, queue. ornith.) Il s'applique à des Oiseaux dont la queue ressemble à celle du coq.

ALÈGRE, s. m. V. ALLÈGRE.

ALÈGREMENT, adv. V. ALLÉGREMENT.

ALÉGRESSE, s. f. V. ALLÉGRESSE.

ALÉGRETTO, adv. V. ALLÉGRETTO.

ALÉGRO, s. m. V. ALLÉGRO.

ALEMBROTH, s. m. pharm. Hydrochlorate de mercure et d'ammoniaque.

ALÈNE, s. f. (prov. *aleno*, ital. *lesina*, esp. *alesna*. Le français et le prov. viennent du kym. gal. *blaen*, pointe, dont on aura fait, avec le préf. a ou l'art. *ar*, *al*, *alblaen*, *ablaen*, ALÈNE, qu'on a

plus tard écrire *alesne* parce que l'*e* était long,
ou l'esp. *alesna*, et l'ital. *lesina* par la suppression
préf.) Poinçon de fer recourbé et emmanché
un morceau de bois rond, dont les cordonniers se
vent pour percer le cuir : *Un manche d'alène.*
*e* alène *plate. Un fer d'alène.* — Espèce de raie.
com. Coquilles univalves, chez les marchands.
EN ALÈNE, loc. adv. ou plutôt adj. bot. *Feuilles
* alène. V. SUBULÉ.

ALÉNÉ, ÉE, adj. bot. V. SUBULÉ.

ALÉNIER, s. m. (V. *Alène.*) Celui qui fait ou
i vend des alènes.

ALÉNOIS, s. m. bot. V. CRESSON.

ALENTOUR, adv. (V. *Entour.*) Aux environs : *Les
hos d'alentour. On a bâti des maisons alentour.*
uelques-uns écrivent *à l'entour,* quand il n'est
s précédé de la préposition *de.* Au pluriel, il s'em-
oie comme substantif pour exprimer les Lieux cir-
onvoisins : *N'osant pas entrer dans la ville, je me
ontentais d'en parcourir les alentours.* BERN. DE
AINT-PIERRE. — au fig. *C'était un esprit que l'on
ouvait toujours dans les alentours de la vérité,
ais il n'y pénétrait jamais.* RIVA. — ALENTOURS
gnifie aussi Les gens dont on s'entoure, avec qui
on a familiarité : *Il avait formé ses alentours des
ns les plus corrompus. Ce qui me déplaît chez
ous, ce sont vos alentours.*

ALÉOCHARE, s. m. entom. Genre d'insectes
oléoptères de la famille des brachélytes.

ALÉOCHARIDE, adj. des 2 g. entom. Qui se rap-
orte, qui ressemble à un aléochare.—*Aléocharides,*
f. pl. entom. Famille d'insectes coléoptères, dont
nt partie les aléochares.

ALÉOCHARIN, INE, adj. V. ALÉOCHARIDE.

ALÉPASE, s. f. mar. Jumelle en bois de chêne
u'on a liée avec des cordages aux deux pièces de
pin qui forment une vergue à antenne.

ALÉPIDÉE, s. f. bot. Genre de plantes ombelli-
res.

ALÉPIDOTE, adj. des 2 g. (du gr. $\dot{\alpha}\lambda\epsilon\pi\dot{\iota}\delta\omega\tau\sigma\varsigma$,
ns écailles, comp. de α priv. et de $\lambda\epsilon\pi\dot{\iota}\varsigma$,-ίδος,
caille.) ichth. Il se dit Des poissons sans écailles.

ALÉPINE, s. f. com. Sorte d'étoffe dont la tissure
st faite de laine et la chaîne de soie.—Noix de galle
ui nous vient d'Alep.

ALÉPOCÉPHALE, adj. des 2 g. ichth. Se dit Des
oissons dont la tête est dépourvue d'écailles.—
lépocéphale, s. m. Nom particulier d'un poisson
ui se rencontre dans la Méditerranée.

ALÉPYRE, s. m. bot. Nom donné à un Genre
e plantes de la Nouvelle-Hollande.

ALÉRION, s. m. t. de blason. Petit aigle repré-
nté sans bec ni pieds et les ailes étendues.

ALERTE, adj. des 2 g. Actif, vigilant, gai, vif :
n enfant alerte. Tâches d'être plus alerte. A
oixante-cinq ans il était encore très-alerte.* — Qui
eille à ses intérêts, qui est prompt à saisir ce qui
st avantageux : *J'ai toujours vu les honnêtes gens
ssez tranquilles, les fripons toujours alertes. Nous
*. DE ST-PIERRE. *Il est très-alerte pour ses intérêts.*

ALERTE, adv. Debout, soyez sur vos gardes :
lerte, alerte, criait-on de toute part, l'ennemi ap-
roche.* — Il s'emploie aussi comme substantif au
enre féminin, et signifie Un mouvement excité par
ne alarme qui vous engage à vous tenir sur vos
ardes : *Donner l'alerte. Une fausse alerte. Nous
vons eu une terrible alerte. Je vous laisse à penser
l'alerte fut vive.* DEST. *Voilà trois alertes depuis
ier soir.*

ALÉSAGE, s. m. techn. Action d'aléser ; résultat
 cette action.

ALÈSE, s. m. V. ALÈZE.

ALÉSER, v. a. mon. Arrondir les bords d'un trou
u d'un carreau.—artill. Agrandir le calibre d'un ca-
on, en forer et en polir l'intérieur.

ALÉSÉ, ÉE, part.

ALÉSOIR, s. m. techn. Sorte d'outil dont on se
rt pour aléser.

ALESTER, ou ALESTIR, v. a. (V. *Leste.*) mar.
endre un bâtiment plus léger, en diminuant son
oids, ou en ôtant ce qui peut nuire par son poids.
- *S'alestir,* v. pron. Se disposer à faire quelque
hose dans un vaisseau.

ALESTÉ, ÉE, ou ALESTI, IE, part.

ALÉSURE, s. f. techn. Parties de métal détachées
une pièce par l'alésoir. — On emploie ce mot plus
équemment au pluriel : *Alésures.*

ALÈTHE ou ALAIS, s. m. ornith. Oiseau de proie
es Indes.



ALÈTRES, s. m. pl. bot. Genre de plantes de la
famille des liliacées.

ALÉTRINÉ, ÉE, adj. bot. Qui ressemble à un alétris.—*Alétrinées,* s. f. pl. Famille de plantes liliacées.

ALÉTRIS, s. f. bot. Plante liliacée d'Afrique et
d'Amérique.

ALETTE, s. f. mar. Prolongement des bordages
de l'arrière dans les bâtiments levantins, qui sert à
former cette sorte de poupe à laquelle on donne le
nom de *Cul-de-poule.*

ALEURIE, s. m. bot. Genre de plantes de la famille des champignons.

ALEURISME, s. m bot. Genre de moisissures.

ALEURITES, s. m. bot. Arbre de l'Île-de-France.

ALEUTÈRE, s. m. ichth. Genre de poissons.

ALEVIN, s. m. Menu poisson dont on se sert pour
peupler les étangs : *On a jeté l'année dernière de
l'alevin dans notre étang.*

ALEVINAGE, s. m. pêch. Petits poissons que les
pêcheurs rejettent à l'eau quand ils les ont pris.

ALEVINIER, s. m. pêch. Petit étang où l'on élève
de l'alevin.

ALEVINER, v. a. Peupler un étang en y jetant
de l'alevin : *On alevinera cet étang.*

ALEVINÉ, ÉE, part.

ALEXANDRIN, adj. (du nom d'Alexandre le Grand,
devenu synonyme de *héros.*)—Il ne s'emploie qu'au
masculin et dans cette locution : *Un vers alexandrin;* c'est-à-dire un vers de douze syllabes, ou
de treize syllabes, lorsque la dernière est formée par
un e muet, comme *re* dans *victoire.* On dit : *Le vers
alexandrin,* ou tout simplement l'*alexandrin. L'a-
lexandrin est le seul vers qui convienne aux poèmes
épiques et aux tragédies.* VOLT. *Ronsard a cherché
à donner une césure mobile à l'alexandrin.* — Il se
prend aussi quelquefois substantivement : et d'une
manière absolue. *L'alexandrin plus roide en sa
démarche altière.* DELILLE. *Dans sa tragédie de
Tancrède, Voltaire a employé l'alexandrin à rimes
croisées.*

ALEXIPHARMAQUE, adj. (*alexipharmacus,* de
$\dot{\alpha}\lambda\dot{\epsilon}\xi\epsilon\iota\nu$, repousser, et de $\varphi\dot{\alpha}\rho\mu\alpha\kappa\sigma\nu$, venin, poison.)
Synonyme d'*Antidote.*

ALEXIPYRÉTIQUE, adj. (*alexipyreticus,* de
$\dot{\alpha}\lambda\dot{\epsilon}\xi\epsilon\iota\nu$, repousser, et de $\pi\nu\rho\epsilon\tau\dot{\sigma}\varsigma$, fièvre.) Synonyme
de *Fébrifuge,* qui est seul usité.

ALEXIS, s. m. entom. Nom imposé à une Espèce
de lépidoptère de la tribu des papillons.

ALEXITÈRE, adj. (*alexitarius,* de $\dot{\alpha}\lambda\epsilon\xi\eta\tau\dot{\eta}\rho$, défenseur, ou de $\dot{\alpha}\lambda\dot{\epsilon}\xi\omega$, je repousse, et θήρ, bête veni-
meuse.) méd. Antidote contre la morsure des bêtes
venimeuses.

ALEYRODE, s. m. entom. Nom d'une Espèce d'insecte hémiptère connu en Europe.

ALEYRODE, ÉE, adj. entom. Ayant de la ressemblance avec un aleyrode.—*Aleyrodés,* s. m. pl. Nom
d'une famille d'insectes dont l'aleyrode est le type.

ALEZAN, E, adj. (de l'esp. *alazan,* même sens,
mot d'origine arabe.) Cheval bai ou fauve tirant sur
le roux : *Un cheval alezan, une jument alezane.
Ce cheval a le poil alezan. Alezan-brûlé, alezan-
doré.*—On l'emploie quelquefois comme substantif:
*Vous monterez mon alezan.*

ALÈZE, s. m. (du br. *lec'hed,* lé de toile ; alèse
n'est pas autre chose.) méd. Grand morceau de toile
dont on se sert surtout dans les hôpitaux pour envelopper les malades et les tenir propres : *Il a fourni
une grande quantité de vieux linge pour faire des
alèzes. Il faut placer une alèze sous le malade. Soulever un malade avec un alèze.*

ALEZÉ ou ALESÉ, ÉE, adj. blas. Il se dit Des
parties honorables de l'écu, qui sont retranchées
ou diminuées, qui ne vont pas jusqu'à ses bords, ou
qui ne touchent pas les deux flancs : *Un pal alezé,
une croix alezée, un chevron alezé.*

ALFONSIE, s. f. bot. Genre de la famille des palmiers, ne comprenant encore que l'*alfonsia oleifera,*
découvert par M. de Humboldt, dans la Nouvelle-
Grenade.

ALFRÉDIE, s. f. bot. Plante de la Sibérie, analogue à la bardane, dont on a fait un genre de la famille des cynarocéphales.

ALGACÉ, ÉE, adj. bot. Qui ressemble à une algue.
—*Algacées,* s. f. pl. Nom donné à la famille nombreuse de plantes marines connues sous le nom
d'algues.

ALGALIE, s. f. (d'un mot arabe, qui signifie sonde,
sonde creuse.) chir. Instrument pour évacuer l'u-
rine; sonde creuse.

ALGANON, s. m. Sorte de chaîne que l'on met
aux galériens.

ALGARADE, s. f. (de l'esp. *algarada,* cri subit,
attaque imprévue.) Insulte faite sans sujet; sortie
brusque contre quelqu'un : *C'étaient tous les jours
des discussions ridicules et de continuelles* algarades.
LES. *Il m'a fait une* algarade *à propos de vous.* Il
est familier.

ALGARISME, ou ALGARITHME, s. m. (Ce mot
nous paraît dérivé de la rac. sém. *ghor,* membrane,
parchemin ; son premier emploi a été de désigner
les procédés du calcul arithmétique tels qu'ils existent aujourd'hui, par opposition au calcul sur l'abaque (V. ce mot), dont il se distingue essentiellement
en un point, savoir : L'adjonction du *caractère zéro*
aux neuf *chiffres significatifs* (V. ces mots), adjonction rendue nécessaire par l'absence de colonnes
tracées d'avance.) math. Méthode et notation de
toute espèce de calcul; chaque classe de quantités a
son algarithme propre; ainsi l'on dit : *L'algarithme
des nombres entiers,* l'algarithme *des fractions,* l'algarithme *du calcul différentiel.*

ALGAROT, s. m. (du nom d'Algarotti, médecin
de Vérone, son inventeur.) chim. V. CHLORURE
D'ANTIMOINE.

ALGATRANE, s. f. mar. Espèce de poix fossile ou
de pétrole, qui se rencontre dans la baie que forme
la pointe de Ste-Hélène, au sud de l'île de la Plata,
et qu'on emploie à calfater les vaisseaux.

ALGAZELLE, s. f. mamm. Espèce de gazelle du
Sénégal.

ALGÈBRE, s. f. (Il y a quelque obscurité pour
l'étymologie de ce mot; toujours est-il qu'il doit être
d'origine arabe, comme la science qu'il exprime.
Algèbre, dit un de nos savants collaborateurs, vient
de *jebr,* qui en arabe signifie restauration ; il indique le rétablissement d'une quantité positive qui
était affectée d'un terme négatif (V. ces mots), et
que l'on restaure par la suppression de ce terme.
La considération des quantités négatives est en effet
le premier degré de généralisation de la science des
nombres. — Non-seulement les Arabes possèdent le
mot *algèbre* auquel ils attachent la même idée que
nous, mais ils y joignent toujours *macadelah,* qui
signifie opposition et comparaison.) math. Science
du calcul des grandeurs considérées d'une manière
générale et représentées par les lettres de l'alphabet; c'est la généralisation de l'arithmétique, qui
traite des nombres considérés dans leurs valeurs
particulières et représentés par les chiffres (V. ce
mot.)—On l'emploie aussi pour Un traité d'algèbre ;
*On estime beaucoup l'algèbre de cet auteur.* — Il se
dit, fig. et fam., D'une chose qui est obscure; ou
bien D'une chose que l'on n'est pas en état de comprendre : *Tout ce qu'il dit est de l'algèbre pour ceux
qui l'écoutent. Toutes simples que sont ces questions, c'est de l'algèbre pour lui.*

ALGÉBRIQUE, adj. des 2 g. Ce qui appartient à
l'algèbre. Ainsi l'on dit : *Signes algébriques, symbole algébrique, fonctions algébriques, courbes algébriques;* dans ces deux derniers exemples, le mot
*algébrique* est employé par opposition au mot
*transcendant* (V. ce mot).

ALGÉBRIQUEMENT, adv. D'une manière algébrique, selon les règles de l'algèbre.

ALGÉBRISER, v. n. S'occuper d'algèbre, s'appliquer à l'algèbre.—fig. Traiter un sujet trop scienti-
fiquement : *Certains écrivains ont un grand penchant à algébriser dans leurs ouvrages.* — fig.
*Algébriser Un mémoire, un écrit trop algébrisé,*
Un mémoire où domine le langage scientifique.

ALGÉBRISTE, adj. des 2 g. Celui, celle qui cultive l'algèbre : *Un bon algébriste. Viette, Descartes et Mallebranche ont été de savants algébristes.
Mlle Sophie Germain était une excellente algébriste.*

ALGÉDO, s. m. (du grec $\ddot{\alpha}\lambda\gamma\sigma\varsigma$, douleur.) méd.
Accident inflammatoire, qui accompagne quelque-
fois la gonorrhée virulente, et qui consiste dans la
suppression de l'écoulement commencé.

ALGÉRINE, s. f. pharm. Nouvelle boisson qui
possède toutes les qualités de la bière et des eaux-
limonades gazeuses.

ALGIDE, s. f. (du lat. *algidus,* qui glace.) méd.
*Fièvre algide,* Espèce de fièvre intermittente perni-
cieuse dans laquelle le froid est très-intense et se
prolonge pendant toute la durée de l'accès. — hist.
nat. Il se dit adj. Des plantes qui croissent et des
animaux qui vivent dans les contrées du Nord.

**ALGINES**, s. m. pl. zooph. Nom donné à une famille de zoophytes.

**ALGIRE**, s. f. rept. Espèce de lézard du genre des scinques, caractérisé par quatre lignes jaunes.

**ALGOÏDE**, adj. des 2 g. bot. Qui se rapporte aux algues, qui leur ressemble.

**ALGOL**, s. m. V. Tête de Méduse.

**ALGOLOGIE**, s. f. bot. C'est la partie de la botanique qui traite particulièrement des algues.

**ALGOLOGIQUE**, adj. des 2 g. bot. Ce qui a rapport à l'algologie.

**ALGOLOGUE**, s. m. bot. Celui qui se livre plus spécialement à l'algologie ou à l'étude des algues.

**ALGOMÉIZA**, s. m. V. Procyon.

**ALGUAZIL**, s. m. (U sonne. Ce nom vient d'un mot espag. *alguacil*, même sens, mot d'origine arabe.) Nom que l'on donne en Espagne à certains agents de police. On le dit en français, par plaisanterie, Des gens qui sont chargés de faire des arrestations : *Il a été arrêté par des alguazils. Il a une vraie figure d'alguazil.*

**ALGUE**, s. f. (du lat. *alga*, plante maritime, algue.) bot. Les algues sont des plantes aquatiques, la plupart marines, formant le troisième ordre de la cryptogamie de Linné.

**ALGUETTE**, s. f. bot. Petite algue. Alguette est un diminutif.

**ALHAGÉ, ÉE**, adj. bot. Qui ressemble à l'alhagi. — *Alhagées*, s. f. pl. Famille de plantes de la classe des légumineuses.

**ALHAGI**, s. m. bot. Sorte de sainfoin de la Perse.

**ALHANDAL**, s. m. (de l'art. ar, *al*, et de *handal, handel*, coloquinte.) pharm. Coloquinte. Il ne s'emploie que dans *Trochisques d'alhandal*, Trochisques composés de gomme et de coloquinte, mais où la coloquinte domine.

**ALIBI**, s. m. (du lat. *alibi*, adv. de lieu, qui signifie ailleurs, autre part.) jurisp. Preuve que l'on donne de l'innocence d'un accusé, en faisant voir qu'il était présent dans un autre lieu que celui où a été commis le délit : *Il a prouvé son alibi. Plusieurs témoins ont appuyé l'alibi par leurs dépositions. Il avait cherché à se justifier par un faux alibi.* — Il ne prend pas la marque du pluriel : *Ils ont tous allégué des alibi.*

**ALIBIFORAIN**, s. m. Vaine excuse, propos qui a peu de rapport avec ce dont il est question : *A tout ce qu'on lui dit, il répond par des alibiforains.* Peu usité.

**ALIBILE**, adj. des 2 g. (du lat. *alibilis*, nutritif, dér. du v. *alere*, nourrir.) méd. Ce qui est propre à la nutrition, qui s'assimile aisément : *Substance alibile.*

**ALIBORON**, s. m. Terme d'injure pour désigner Un homme ridicule, stupide. Il ne s'emploie que dans cette locution : *Maître aliboron. C'est un maître aliboron.* Acad. La Fontaine s'est cependant servi de ce mot au propre pour désigner un âne : *Arrive un troisième larron, qui saisit maître Aliboron.* D'où les locutions rapportées plus haut.

**ALIBOUFIER**, s. m. bot. Nom vulgaire du styrax.

**ALICATE**, s. f. techn. Espèce de pince à l'usage des émailleurs à la lampe.

**ALICES**, s. f. pl. méd. Rougeurs qui précèdent le développement des pustules de la variole.

**ALICHON**, s. m. techn. On appelle ainsi Les dents dont on garnit extérieurement la circonférence d'une grande roue, et qui sont destinées à engrener dans les fuseaux d'une lanterne pour les moulins et les autres machines : *On fait les alichons de bois très-dur, souvent même on y emploie le cormier.*

**ALIDADE**, s. f. (de l'esp. *alhada*, règle.) Règle mobile qui tourne sur le centre d'un instrument avec lequel on mesure les angles.

**ALIDRE**, s. f. rept. Espèce de couleuvre.

**ALIÉNABLE**, adj. des 2 g. Il s'emploie surtout en termes de jurisp. Qui peut se vendre : *Une propriété aliénable. Les terres constituées en majorats ne sont pas aliénables.*

**ALIÉNATAIRE**, s. m. (V. *Aliéner*.) prat. Celui, celle en faveur de qui on aliène.

**ALIÉNATEUR**, s. m., **ALIÉNATRICE**, s. f. (V. *Aliéner*.) prat. Celui, celle qui aliène.

**ALIÉNATION**, s. f. (V. *Aliéner*.) jurisp. Transport, vente d'une propriété foncière ou d'une rente. Il s'emploie surtout en termes de jurisp. : Aliéna-

tion *d'un domaine*. Aliénation *d'un revenu*. Aliénation *forcée, volontaire*. — Aversion que l'on ressent pour quelqu'un : *L'aliénation générale des esprits fut le résultat de cette funeste mesure.* — Aliénation *d'esprit*, Folie, démence. On dit aussi : Aliénation *mentale* : *Est-ce ivrognerie, aliénation d'esprit ou méchante plaisanterie?* Mol. *Il a imaginé un nouveau traitement pour l'aliénation mentale.*

**ALIÉNER**, v. a. (du lat. *alienare*, éloigner, dér. de *alienus*, d'un autre pays, étranger; rac. *alius*, autre; de *alienare*, vient, *alienatio*, éloignement, aliénation.) Vendre, faire transporter à un autre une propriété. Il s'emploie surtout en termes de jurisp. : *On a aliéné une grande partie des domaines de l'État. Aliéner une rente. Afin de frustrer ses héritiers, elle avait trouvé moyen d'aliéner la majeure partie de ses biens. Cette propriété ne peut pas être aliénée. Il a aliéné les immeubles qui provenaient de la succession. Aliéner ses biens-fonds.* — *Aliéner*, Enlever à quelqu'un l'affection, l'estime des autres : *Il cherchait à lui aliéner tous les esprits.* Rayn. *Il s'est aliéné tout le monde.* — Il se dit aussi avec un nom de chose pour sujet : *Sa conduite lui a aliéné toutes les affections. L'orgueil de ce ministre lui a aliéné bien des cœurs. Les esprits étaient complétement aliénés.* — Aliéner *l'esprit*, Faire perdre la raison : *Cette perte lui a complétement aliéné l'esprit.*

**ALIÉNÉ, ÉE**, part. *Une terre aliénée. Des esprits aliénés. Aliéné d'esprit. Avoir l'esprit aliéné.* — Il se prend comme substantif pour exprimer Ceux qui ont perdu la raison : *Il dirige une maison d'aliénés. On l'a soumis au traitement des aliénés.*

**ALIFÈRE**, adj. des 2 g. hist. nat. Qui porte des ailes.

**ALIFORME**, adj. des 2 g. zool. Qui a la forme d'une aile.

**ALIGNEMENT**, s. m. (V. *Aligner* et *Ligne*.) Direction en ligne droite que l'on donne à un chemin, à une allée, à une suite de bâtiments : *Vous avez mal pris vos alignements. Ces arbres ont été plantés sans aucune espèce d'alignement.* — *Ce mur n'est pas d'alignement.* N'est pas en ligne droite.— Ligne indiquée par la police de la voirie pour la direction d'une rue, bien qu'elle ne se trouve pas toujours parfaitement droite : *Cette maison n'est pas sur l'alignement. Il faudra faire ici une courbe pour suivre l'alignement. On abattra toutes les maisons qui seront en dehors de l'alignement. On n'a pas encore terminé l'alignement de cette rue.* — *Alignement*, Action d'aligner des personnes rangées sur une ou plusieurs files. On l'emploie surtout en parlant des troupes; Position qu'elles occupent quand elles sont alignées. *S'occuper de l'alignement des troupes, rentrer dans l'alignement, sortir de l'alignement, se jeter en dehors de l'alignement. A gauche, alignement; Commandement de s'aligner en se réglant sur la gauche; A droite, alignement! au centre, alignement!*—archit. Ligne que l'on donne, que l'on tire, afin qu'une muraille, une rue ou une allée aille en ligne droite : *Donner un alignement. Prendre un alignement!*—ant. *Alignements*, Rangées de pierres brutes, élevées par les druides, et sur la destination desquelles les antiquaires ne sont pas d'accord : *Les alignements de Carnac sont les plus considérables qu'on connaisse.*

**ALIGNER**, v. a. (V. *Ligne*.) Ranger en ligne droite : Aligner *des arbres, des bâtiments, des jardins. On commence à aligner les rues. Aligner une troupe, des soldats. Il faut aligner les troupes sur la direction de ces arbres.*—*S'aligner*, Se mettre sur une ligne droite, rentrer dans la ligne droite : *Le bataillon s'est aligné. Alignez-vous avec les autres.* — fig. Aligner *les esprits*, Vouloir les réduire au même niveau : *Pensez-vous pouvoir aligner toutes les intelligences comme un plant d'arbres?* Did. — Aligner *des phrases*, Écrire. Il s'emploie dans un sens ironique : *Singulière chose que de passer sa vie à aligner des phrases.* Merc. — Aligner *ses mots, ses phrases*, Écrire avec un soin trop affecté : *Il écrirait beaucoup mieux s'il ne prenait pas tant de peine à aligner ses mots et ses phrases.* — vén. Couvrir une femelle. — archit. Réduire plusieurs corps à une même saillie, comme quand on dresse des murs de face. — jard. Aligner *des arbres*, Les disposer de manière qu'ils forment des allées droites.—mar. Aligner *en tonture*, Ranger les sabords,

diriger le cours des précinctes et des banquières suivant la courbure longitudinale du pont.

**ALIGNÉ, ÉE**, part. *Bataillon aligné sur le drapeau, sur le centre.*

**ALIGNOIR**, s. m. (V. *Aligner*.) techn. Instrument dont on se sert pour fendre l'ardoise.

**ALIGNOLE**, s. f. mar. Sorte de filet de pêche en usage sur la Méditerranée.

**ALIGNONET**, s. m. techn. V. Alignoir.

**ALIMENT**, s. m. (du lat. *alimentum*, nourriture, entretien, dér. de *alere*, nourrir, élever, verbe d'origine celt.; irl. *ala*, nourriture, *alaim*, je nourris. D'*aliment* nous avons fait *alimenter*, *alimentation*.) Tout ce qui se mange, ce qui nourrit, ce qui est destiné à réparer les pertes, à entretenir la vie : *Le pain est un aliment presque général. Pendant trois jours nous n'eûmes pas d'autre aliment que des racines. Ces aliments sont trop substantiels. C'est un aliment un peu lourd, un aliment malsain. Des aliments grossiers. C'était là le seul aliment qu'elle prît en ce moment.* La Font. — Il se dit aussi, mais rarement, pour l'Action de nourrir : *Nous travaillons pour l'aliment de la population.* — fig. Ce qui entretient : *Sa colère avait besoin d'un aliment continuel. C'était un esprit actif, et à qui il fallait toujours un aliment.* Vert. *Cela servait d'aliment à sa colère. La gloire est l'aliment de la vertu. Cela sert d'aliment aux passions. Les factions y trouvèrent un nouvel aliment. Tout tire d'elle (la monarchie) l'aliment.* La Font. *Les sciences sont l'aliment du siècle; elles le nourrissent.* La Bn.—On le dit même de Ce qui entretient une maladie : *Il en porte la cause en ses brûlantes veines; c'est de là que le mal tire son aliment.*—*Aliments* s'emploie au pluriel, en termes de jurisp., pour la Pension que l'on doit faire à une personne, afin qu'elle puisse s'entretenir : *Les enfants doivent des aliments à leurs parents. On a fixé une somme pour ses aliments.*

**ALIMENTAIRE**, adj. des 2 g. Qui est destiné, qui est propre à servir d'aliment : *Des plantes alimentaires. Des sucs alimentaires.* — *Régime alimentaire*, Régime que l'on doit suivre dans l'emploi des aliments. — jurisp. *Pension alimentaire*, Pension que l'on fait à quelqu'un pour son entretien, et qui est réglée par convention mutuelle ou par autorité de justice : *Sa pension alimentaire a été fixée à mille écus.* — *Provision alimentaire*, Somme fixée par les juges, et attribuée, jusqu'à l'issue d'un procès, à l'une des parties : *On lui a accordé mille francs de provision alimentaire.*

**ALIMENTATION**, s. f. (mot assez nouveau. V. *Aliment*.) hyg. Action de nourrir, de se nourrir. C'est un terme à peu près exclusivement consacré à l'hygiène : *Substituer un mode d'alimentation à un autre. Un mauvais mode d'alimentation.*

**ALIMENTER**, v. a. Fournir les aliments nécessaires : *Il avait alimenté la ville pour trois mois. Ces deux provinces alimentaient à elles seules la moitié du royaume.* — S'ALIMENTER, v. pron. Tirer ses aliments : *Rome s'alimenta longtemps du blé de la Sicile.* — au fig. Entretenir : *Il faut mettre du bois pour alimenter le feu. Il y a de quoi alimenter les journaux pour une semaine. Alimenter la sédition. Il semblait que son désir de vengeance s'alimentait de toutes ces insultes.* Thiers.

**ALIMENTÉ, ÉE**, part.

**ALIMENTEUX, EUSE**, adj. Qui nourrit. Il ne s'emploie guère qu'en médecine : *Des remèdes, des sucs alimenteux.*

**ALIMOCHE**, s. m. ornith. Espèce de petit vautour, appelé vautour percnoptère.

**ALINÉ**, s. f. bot. Nom donné à un genre de plantes.

**ALINÉA**, s. m. (des mots lat. *ad lineam*, à la ligne, commandement de celui qui dictait; par l'usage, *alinea* a été substitué à *ad lineam* par le retranchement du *d* et du *m* final; francisé, il a pris l'accent : *alinéa*.) On appelle ainsi, Quand on écrit ou qu'on imprime, L'endroit où l'on quitte la ligne inachevée pour en commencer une autre au-dessous : *Mettez cela à l'alinéa. Il faut faire un alinéa. Observez en lisant les alinéa. Cet écrivain dispose très-bien les alinéa.* — Quand on dit le celui auquel on dicte : *alinéa*, cela signifie : *Faites un alinéa.* — Alinéa *aligné*, Alinéa qui commence en alignement avec les autres lignes. Alinéa *saillant*, Alinéa qui ressort en dehors ou en marge des autres lignes. Alinéa *rentrant*, Alinéa qui commence un peu en dedans des autres lignes. — On l'emploie également pour exprimer Un paragraphe compris entre deux alinéa : *Cet alinéa est bien trop long. Encore un petit alinéa.*

**ALINÉAIRE**, adj. des 2 g. (V. *Alinéa*.) Qui se rapporte à un alinéa.

**ALINETTE**, s. f. techn. Baguette au moyen de laquelle on embroche les harengs par la tête pour les faire saurer.

**ALINGER**, v. a. Fournir le linge à quelqu'un. Avec le pronom personnel on dit : *S'alinger.* Peu usité dans les deux cas.

ALINGÉ, ÉE, part.

**ALIPATE**, s. m. bot. Espèce d'arbre des îles Philippines, qu'on croit être l'*Excœcaria* des botanistes : *L'ombrage de l'alipate est réputé nuisible. Le bois et le suc de l'alipate causent l'aveuglement.*

**ALIPÈDE**, adj. et s. m. zool. Il se dit Des animaux dont les pattes sont faites en ailes comme celles des chauves-souris.

**ALIPTIQUE**, s. f. (du gr. ἀλείφω, j'oins.) méd. Art d'oindre et de frotter le corps pour en entretenir la souplesse ; partie de l'ancienne médecine qui traitait des onctions.

**ALIQUANTE**, adj. des 2 g. (du lat. *aliquantus*, en quelque quantité.) math. Se dit d'Une partie qui, répétée plusieurs fois, n'est pas exactement contenue dans un tout, mais dans un nombre plus grand ou plus petit, au contraire d'une partie aliquote, dont la multiplication donne un tout complet. Ainsi 4 et 5 sont des parties aliquantes de 18, dont la première, multipliée par 4, donne un nombre inférieur à ce dernier, et 5, multiplié également par 4, donne un nombre qui lui est supérieur : *Le nombre 5 est une partie aliquante de 12, qui, prise 2 ou 3 fois, donne un nombre inférieur ou supérieur à 12.*

**ALIQUOTE**, adj. f. (du lat. *aliquotus*.) math. Une partie aliquote est Celle qui, répétée plusieurs fois, donne un nombre juste : *2 est partie aliquote de 8. 5 est partie aliquote de 15.* — Le mot *aliquote* se prend quelquefois substantivement : *4 est une aliquote de 12. Le professeur nous demanda quelles étaient les aliquotes de 24.* — mus. Il se dit des Sons secondaires ou concomitants que fait entendre une corde en même temps que le son principal.

**ALISE**, s. f. bot. Fruit de l'alisier.

**ALISIER**, s. m. bot. Genre d'arbres et arbrisseaux appartenant à la famille des rosacées, section des pomacées, telle que l'*aubépine.*

**ALISMACÉ, ÉE**, adj. bot. Qui ressemble à l'alisme. — *Alismacées*, s. f. pl. bot. Famille de plantes qui comprend les alismes et leurs analogues.

**ALISME**, s. m. bot. Genre de plantes aquatiques, appelées autrement *plantain d'eau.*

ALISMÉ, ÉE, adj. bot. V. ALISMACÉ, ÉE.

**ALISMOÏDE**, adj. bot. V. ALISMACÉ.

**ALITER**, v. a. (V. *Lit.*) Obliger de garder le lit : *Cette maladie m'a alité pendant plus de quinze jours.* — Il s'emploie plus habituellement avec le pronom, et signifie Se mettre forcément au lit : *Elle était si mal hier, qu'elle a été obligée de s'aliter.* — pêch. *Aliter,* Disposer par lits : *Aliter des sardines, des anchois.*

ALITÉ, ÉE, part. *Elle est alitée depuis trois mois.*

**ALITRONC**, s. m. zool. La partie postérieure du tronc des insectes sur laquelle sont placées les ailes.

**ALIVRER**, v. a. (V. *Livre.*) comm. Diviser, séparer par livres.

ALIVRÉ, ÉE. part.

**ALIZARI**, s. m. comm. Racine de garance venant de Smyrne.

**ALIZARINE**, s. f. chim. Principe colorant, de couleur rouge, que fournit la garance.

**ALIZARIQUE**, adj. des 2 g. chim. Qui se rapporte à l'alizarine, qui en provient : *Acide alizarique.*

**ALIZÉ**, adj. mar. Il ne s'emploie qu'au masculin et dans cette locution : *Vents alizés,* Certains vents réguliers ; spécialement ceux qui règnent entre les deux tropiques, et qui soufflent de l'est à l'ouest.

**ALKAEST**, s. m. chim. Mot par lequel les alchimistes désignaient Un dissolvant universel, qu'ils croyaient entrer dans la composition de tous les dissolvants particuliers.

**ALKALI**, s. m. V. ALCALI.

**ALKÉKENGE**, s. m. bot. Petite plante de la famille des solanées, qui croit communément dans les champs cultivés.

**ALKERMÈS**, adj. des 2 g. (rac. *kermès*, précédé de l'art. ara. *al.*) pharm. Préparation dans laquelle il entrait plusieurs ingrédients, et en particulier du kermès : *Confection alkermès.* — On appelle aussi *alkermès* une liqueur qui se préparait en Italie, et dans laquelle entrait la baie de Kermès : Alkermès *de Florence.* — Il se prend aussi substantivement : *Boire de la liqueur d'alkermès. Prendre de la confection d'alkermès.*

**ALLAGITE**, s. f. minér. Nom donné à un minerai de manganèse siliceux ou silicifère.

**ALLAGOPTÈRE**, s. f. bot. Genre de végétaux de la famille des palmiers.

**ALLAH**, s. m. (mot ara. qui signifie Dieu : les deux LL sonnent.) Nom que les Mahométans donnent à Dieu : *C'est l'ordre d'Allah. Allah tout-puissant.* — Il s'emploie aussi chez eux comme Exclamation, invocation, cri de guerre, etc. : *Toute l'armée s'ébranla en criant :* Allah!.. Allah! *s'écrièrent-ils, en se tordant les mains de désespoir.*

**ALLAISE**, s. f. Amas de sable ou de terre qui se forme sur le bord des rivières.

**ALLAITEMENT**, s. m. Action de nourrir son enfant avec du lait. On distingue l'allaitement maternel, l'allaitement étranger, l'allaitement artificiel, et l'allaitement par une femelle de quelque animal domestique. — Action d'allaiter : *L'allaitement de ses enfants était l'objet de sa sollicitude. L'enfant s'est très-bien porté pendant tout l'allaitement.*

**ALLAITER**, v. a. (formé de *ad*, augm. et de *lactare*, allaiter.) Nourrir de son lait, en parlant des femmes et des femelles d'animaux. Nourrir un enfant de son lait : *Les femmes des campagnes allaitaient leurs enfants, tout en se livrant aux occupations les plus pénibles.* — Il se dit également Des femelles des animaux : *La louve allaite ses petits pendant quelques semaines, et leur apprend bientôt à manger de la chair.* BUFF.

ALLAITÉ, ÉE, part.

**ALLAITES**, s. f. pl. chass. Tettes de la louve.

**ALLANITE**, s. min. Minéral d'un noir brunâtre et d'un éclat vitreux, appartenant au genre cerium. L'orthite et le pyrothite de Berzélius n'en sont que de simples variétés.

**ALLANT**, s. m. (V. *Aller.*) Celui qui va, qui est en marche. Il ne s'emploie guère qu'au pluriel : *Les allants et venants. Une maison ouverte à tous les allants et venants ;* au singulier dans cette locution : *Tout allant et venant.*

**ALLANT, ANTE**, adj. (V. *Aller.*) Qui aime à marcher, qui est dispos : *A soixante ans elle est aussi allante que si elle en avait vingt. Il est encore très-allant pour son âge.*

**ALLANTE**, s. m. entom. Genre d'insectes de l'ordre des hyménoptères.

**ALLANTOATE**, s. m. chim. Sel produit par la combinaison de l'acide allantoïque avec une base salifiable.

**ALLANTODIE**, s. f. bot. Genre de plante de la famille des fougères, dont les espèces connues croissent dans la terre de Diemen.

**ALLANTOÏDE**, s. f. (de ἀλλᾶς, gén. ἀλλᾶντος, saucisse, boudin, et de εἶδος, forme.) anat. Une des vésicules qui enveloppent le fœtus pendant les deux premiers mois de la gestation, et qui a la forme d'un long boyau.

**ALLANTOÏQUE**, adj. des 2 g. anat. Qui est propre à l'allantoïde.

**ALLANTOPHORE**, ad. des 2 g. (du gr. ἀλλᾶς, -ᾶντος, saucisson, boudin, et de φέρω, porter.) zool. Qui porte des appendices cylindroïdes en forme de saucisses.

**ALLASIE**, s. f. bot. Arbre de la côte de Mozambique, dont on n'a pu déterminer encore la famille naturelle, de la tétrandrie monogynie de Linnée. Ses feuilles appliquées en cataplasmes facilitent l'accouchement.

**ALLÈCHEMENT**, s. m. (V. *Allécher.*) Appât, moyen par lequel on attire : *Il n'y a rien de plus à craindre que les allèchements de la fortune.* MAUN. *Saurez-vous éviter les séductions et les allèchements du monde?* ROUSS.

**ALLÉCHER**, v. a. (du lat. *allicere*, attirer, charmer, ALLÉCHER.) Attirer par un appât : *Maître renard par l'odeur alléché.* LA FONT. — au fig. Séduire par des biens, des plaisirs, etc. : *On allèche les hommes par des promesses. L'espérance de jouir de ma fortune l'avait singulièrement alléché.* LES.

ALLÉCHÉ, ÉE, part.



**ALLÉE**, s. f. (V. *Aller.*) Passage pratiqué entre deux murs parallèles, et conduisant de la rue dans l'intérieur d'une maison : *Une allée sombre et étroite. Une allée longue et obscure. Vous sortirez par la porte de l'allée. Une allée à double issue. C'est une maison à allée.* — Promenade qui s'étend en longueur entre deux rangées d'arbres bien alignés : *De belles et longues allées de marronniers. Une allée de tilleuls, d'ormes. Il a fait sabler les allées de son jardin. C'est un grand espace de terrain tout planté en allées. Une allée tortueuse faisant mille détours. Nous prendrons par la grande allée. Au fond du parc se trouve pratiquée une allée qui s'étend à perte de vue.* ROUSS. — On appelle *Contre-allées,* Deux petites allées qui se prolongent parallèlement à une plus grande.

**ALLÉE**, Action d'aller vers un lieu : *On l'a défrayé de tout pour l'allée et pour le retour. Allées et venues,* Pas et démarches pour la réussite d'une affaire. *Toutes mes allées et venues ont été sans résultat. J'ai fait pour cela bien des allées et venues.* — ant. *Allées couvertes,* Grands monuments druidiques composés de pierres brutes, plantées de champ sur deux lignes parallèles, et supportant un toit formé d'autres pierres placées horizontalement. On leur donne aussi le nom de *grottes des fées* ou *grottes aux fées : Les allées couvertes de Saumur et d'Essé sont les plus grandes qui existent en France.*

**ALLÉGATEUR**, s. m. (V. *Alléguer.*) Celui qui allègue, ou qui fait une allégation.

**ALLÉGATION**, s. f. (V. *Alléguer.*) Action d'avancer un fait, une excuse, une justification : *Toutes vos allégations sont fausses. Il a détruit toutes les allégations de son adversaire. L'éclat de la vérité fera disparaître ces perfides allégations.* — Citation d'une autorité, d'un passage, d'une loi. *Il n'y a rien à répondre à l'allégation d'une telle autorité.*

**ALLÉGE**, s. f. (même étymologie que pour *alléger* ; V. ce mot.) mar. Bâtiment de moyenne grandeur, à fond plat et tirant peu d'eau, fait pour charger et décharger les vaisseaux, les lester et les délester, ou pour faire de petites traversées : *L'allége d'un bâtiment, d'un navire. Il y a des alléges d'une certaine grandeur qui vont à la voile ; d'autres n'ont ni mâts, ni voiles.* — On l'emploie aussi pour désigner Une espèce de machine au moyen de laquelle on soulève un vaisseau. — arch. Petit mur qui sert d'appui dans les croisées, et qui est moins épais que les pieds-droits.

**ALLÉGEANCE**, s. f. (V. *Alléger.*) Soulagement, consolation, aide : *Nos chagrins ne sauraient trouver d'allégeance. Prêtez-lui secours et allégeance.* -Il a vieilli. — On appelle, en Angleterre, *Serment d'allégeance,* Le serment par lequel, en faisant acte de soumission au roi, on reconnaissait sa souveraineté temporelle et son indépendance à l'égard du pape : *Ils refusèrent de prêter au roi le serment d'allégeance.*

**ALLÉGEAS**, s. m. com. Sorte d'étoffe de lin ou de coton que l'on fabrique aux Indes Orientales.

**ALLÉGEMENT**, s. m. (V. *Alléger.*) Action d'alléger, aide, soulagement : *Il faut donner de l'allégement à ce bateau. Donnez-lui un peu d'allégement. Recevoir, prêter allégement.* — Il se dit aussi au figuré : *Allégement d'une peine. Cette nouvelle a été un allégement pour mon âme. Mon âme aurait trouvé dans le bien de te voir l'unique allégement qu'elle eût pu recevoir.* CORN.

**ALLÉGER**, v. a. (du lat. *alleviare* et *allevare*, rendre plus léger, alléger, soulager...) Décharger quelqu'un ou quelque chose d'une partie d'un fardeau, soulager, rendre un poids plus léger : *Tâchez d'alléger la voiture par ici. Allégez-le de ce fardeau. Alléger une charge. Le plancher risque de s'écrouler si on ne l'allège pas. Ils se mirent immédiatement à alléger le bateau.* — au fig. Calmer, soulager, adoucir, diminuer : *Le seul moyen d'alléger sa douleur est de soulager celle d'autrui.* BOISTE. *Le repos a beaucoup allégé sa souffrance.* — *Alléger les taxes,* Les diminuer. — *Alléger les contribuables,* Les décharger d'une partie des impôts. — mar. *Alléger un vaisseau,* Lui ôter une partie de sa charge pour le mettre à flot, ou pour le rendre plus léger à la voile : *Alléger un câble, un grelin,* Soutenir une partie de leur poids par des puissances convenables appliquées en divers points de leur longueur.

ALLÉGÉ, ÉE, part. *Sa douleur est allégée. Le bateau allégé.*

**ALLÉGÉRIR**, v. a. mar. V. ALLÉGIR.

**ALLÉGIR**, v. a. (rac. *léger*.) arts et mét. Diminuer dans tous les sens le volume d'un objet : *Cette tablette est trop lourde pour ses supports, il faut l'allégir.* —man. Rendre un cheval plus léger du devant.

**ALLÉGORIE**, s. f. (les LL sonnent ainsi que dans les dérivés ; du grec ἀλληγορία, même sens, dér. de ἀλληγορέω, donner à entendre autre chose que ce qu'on dit, exprimer une chose en termes allégoriques ; rac. ἄλλος, autre, différent, et ἀγορά, discours, harangue.) Figure ou fiction qui consiste à présenter un objet à l'esprit, de manière à lui donner l'idée d'un autre : *L'allégorie est une métaphore prolongée. Les religions anciennes étaient remplies d'allégories, dont l'intelligence échappait au vulgaire et quelquefois même aux prêtres les plus instruits. Les travaux d'Hercule peuvent être envisagés comme une allégorie des épreuves auxquelles la vertu est assujettie. Un tableau trop chargé d'allégories. Pour plaire, les allégories en peinture doivent être ingénieuses et finement présentées.* —*Allégorie* s'emploie aussi pour désigner Un petit poëme, un morceau de littérature où l'on affecte de donner le change à l'esprit : *L'apologue et la parabole sont des espèces d'allégories. Les allégories de ce poëte ne sont pas ce qu'il a laissé de mieux.*

**ALLÉGORIQUE**, adj. des 2 g. (V. *Allégorie*.) Qui tient de l'allégorie, qui a rapport à l'allégorie : *Sens allégorique. Style allégorique. Tableau allégorique. Poëme allégorique. Personnage allégorique. Discours allégoriques. L'Écriture a un sens littéral et un sens allégorique. Le sens allégorique ne fait point une preuve, c'est seulement une explication arbitraire.* SAINT-ÉVREM. *La parabole de l'Enfant prodigue a un sens purement allégorique. Le géant Adamastor de la Lusiade est un personnage allégorique. Les bouquets que composent les Orientaux, les noms qu'ils donnent à leurs femmes, sont presque toujours allégoriques.*

**ALLÉGORIQUEMENT**, adv. (V. *Allégorie*.) Dans un sens allégorique, d'une manière allégorique, en termes allégoriques : *Il ne faut pas prendre l'Apocalypse à la lettre, elle doit s'entendre allégoriquement. On doit prendre le sens de ce passage allégoriquement et non littéralement.*

**ALLÉGORISER**, v. a. et n. (V. *Allégorie*.) Donner un sens allégorique, parler allégoriquement, expliquer les mythes anciens par des allégories : *Les Orientaux se plaisent à allégoriser. Les Pères ont allégorisé presque tout l'Ancien Testament.*

**ALLÉGORISÉ, ÉE**, part.

**ALLÉGORISEUR**, s. m. (V. *Allégorie*.) Celui qui allégorise. Il s'emploie presque toujours dans un sens défavorable, en parlant d'Un homme qui abuse dans ses discours ou dans ses écrits de l'emploi du sens allégorique : *C'est un allégoriseur fatigant.*

**ALLÉGORISME**, s. m. littér. Métaphore prolongée et continue, qui, au contraire de l'allégorie, n'offre qu'un seul objet à l'esprit, et ne donne lieu de s'entendre qu'un seul et même sens.

**ALLÉGORISTE**, s. m. (V. *Allégorie*.) Se dit de Celui qui explique un texte dans un sens allégorique : *Saint Augustin, Origène, ont été de grands allégoristes.*

**ALLÉGRADOR**, s. m. Boiste indique ce mot pour désigner Un morceau de papier dont on se sert en guise d'allumette, pour allumer un flambeau.

**ALLÈGRE**, adj. des 2 g. (du lat. *alacris*, gai, vif, prompt ; *alacritas*, gaieté, allégresse). Gai, dispos : *Toujours content, toujours allègre. Un esprit allègre. Il a l'humeur allègre.* —Agile, vif : *Pour nous échapper, Dieu sait s'il est allègre.* RAC.

**ALLÉGREMENT**, adv. Avec allégresse.

**ALLÉGRESSE**, s. f. (V. *Allègre*.) Joie vive, joie bruyante, joie publique : *Cela a causé une bien vive allégresse dans cette pauvre famille. Mon cœur est plein d'allégresse.* PASCAL. *Cette nouvelle changea l'allégresse publique en un morne désespoir. Des transports d'allégresse avaient lieu de toutes parts. Le peuple poussait des cris d'allégresse.* —*Les sept allégresses*, Prières à la Vierge, dans lesquelles on exprime Les sept différents sujets de joie qu'elle a eus pendant sa vie.

**ALLEGRETTO**, adv. mus. Diminutif d'*allégro*. V. ce mot.

**ALLÉGRO**, adv. (de l'ital. *allegro*, vif, gai.) mus. Mot qui se met au commencement d'un air, Pour marquer qu'il se doit jouer vivement et gaiement. —s. m. Le morceau ou l'air qu'il faut jouer ainsi : *Jouer un allégro.*

**ALLÉGUER**, v. a. (du lat. *allegare*, député, envoyer, adresser, ALLÉGUER, citer ; comp. de *ad*, à, et de *legare*, envoyer.) Avancer un fait, une excuse, une justification : *Les raisons que vous alléguez ne valent rien. Jean Lapin allégua a coutume et l'usage.* LA FONT. *Alléguez la beauté, la vertu, la jeunesse.* LA FONT. *Il allégua pour excuse son ignorance des usages.* —Prétendre que... : *L'un alléguait que l'héritage était frayant et rude.* LA FONT. —*Alléguer*, Citer un texte, un auteur, une autorité : *Vous nous alléguez des auteurs auxquels on ne peut ajouter foi. Le passage que vous alléguez n'existe pas. Vous pouvez alléguer plusieurs pères de l'Église à l'appui de votre opinion. C'est de lui que je tiens la nouvelle, je ne puis vous alléguer une meilleure autorité. Alléguer faux, alléguer juste.*

**ALLÉGUÉ, ÉE**, part. *Les textes allégués sont complètement faux.*

**ALLÉLOMACHIE**, s. f. (du grec ἄλληλα, l'un, l'autre, réciproquement, et de μαχομαι, je combats.) scolast. Conflit entre deux choses, contradiction.

**ALLÉLUCHIE**, s. f. (du grec ἀλληλουχία, cohérence, enchaînement, connexion ; rac. ἄλληλα, l'un, l'autre, les uns, les autres, et ἔχω, j'ai.) scolast. Accord, liaison entre deux choses.

**ALLÉLUIA**, s. m. (prononcez *alléluïa* ; c'est un mot hébreu qui signifie : *Louez Dieu*.) Nom d'une prière adoptée par l'Église pour exprimer la joie : *Chanter un* alléluia.

**ALLELUIA**, s. m. bot. Sorte d'oxalide, *oxalis acetosella*, cultivée dans les potagers pour être employée aux mêmes usages que l'oseille.

**ALLEMAND**, s. m. Qui est d'Allemagne. Ce mot est employé en français dans quelques locutions proverbiales : *Faire à quelqu'un une querelle d'Allemand*, Lui chercher querelle sans motif. *Tout cela est du haut allemand, de l'allemand pour moi*, c'est-à-dire, Je ne puis rien y comprendre.

**ALLEMANDE**, s. f. Sorte de danse assez vive, originaire d'Allemagne : *Nous avons dansé plusieurs allemandes. Elle danse très-bien l'allemande.* —Il se dit aussi De l'air sur lequel cette danse s'exécute : *Il m'a envoyé un joli recueil d'allemandes. Elle nous a joué une allemande au piano.*

**ALLEMANDERIE**, s. f. techn. Atelier dans lequel on forge le fer pour le calibrer.

**ALLER**, v. n. (verbe où trois racines se confondent dans la conjugaison française, *je vais, allé, été.* La 1re du latin *vado*, ou plutôt du gaël *fuoidh* ; *aller, s'en aller, partir* ; la 2e du kym. *el* ; gallois *elym*, nous allons ; breton *iela*, j'irai ; gaël *al*, *aill* ; cette dernière forme se retrouve dans *que j'*AILLE ; la 3e du gaël *cath*, aller, racine que possèdent aussi les Kymris : gal, *aeth*, il est allé, il a ÉTÉ ; br. *eat*, *eet*, allé, ÉTÉ.) Se mouvoir, se transporter d'un lieu à un autre : *Je vais, tu vas, il va ; nous allons ;.... ils vont. J'allais. J'allai. Je suis allé, j'ai été. J'irai. Va ; vas-y, vas en prendre, allons, allez. Que j'aille, que nous allions, que vous alliez.* L'Académie indique *je fus*, pour *j'allai* ; mais cette locution, répudiée par le génie de Voltaire, n'est pas française, et elle n'est jamais employée par les bons écrivains, pas plus que *je vas* : il est vrai qu'on dit *j'ai été, il a été à Rome* ; mais ici *été* signifie *allé* (V. plus haut l'étym.) On fait encore une distinction entre *il est allé à Rome*, et *il vient d'écrire qu'il y est arrivé bien portant*, et *il a été à Rome*, et *il est de retour depuis un mois... Allez donc. Il ne peut plus aller, tant il est fatigué. Il ne fait qu'aller et venir. Les planètes vont continuellement. Aller de Paris à Rome, de France en Italie. Aller aux Indes, au Japon, en Suisse, à la ville, à la campagne, à l'église, au marché, au café, de ville en ville, de porte en porte. Aller près, loin, à trois lieues, à deux pas. Aller vite, doucement, comme le vent, à grands pas, à petits pas. Ce cheval va au trot, au galop, il va l'amble, le grand galop, Il connaît ses allures, il peut les suivre. Aller bon train, aller terre à terre*, Côtoyer le rivage ; et au fig., Ne point s'élever au-dessus de sa condition, de sa capacité : *Ce vaisseau allait à pleines voiles. Aller en avant, en arrière, devant soi, droit devant soi, droit son chemin. Aller contre le courant de l'eau, contre vent et marée. Aller sur la terre, sur le pavé, sur une planche, sur l'eau, dans l'eau, dans la boue, dans la poussière. Aller par eau, par terre, par mer, par la voie de terre, par la voie de mer, par le chemin de fer,* Se servir de ces différentes voies pour atteindre son but. *Aller par le chemin le plus court, par un chemin de traverse, par la grande route, à travers les bois, à travers champs. Aller à pied, à cheval, en voiture, en bateau, en poste, par la diligence, par les bateaux à vapeur,* Se servir de ces différents moyens de transport. *Ces bâtiments vont à voile et à rame,* Se meuvent à l'aide des voiles et des rames. *Aller de compagnie, en troupe, par troupes,* plusieurs ensemble.

**ALLER** *à quelque chose*, Avoir quelque chose pour but, ou pour motif de son mouvement, de son action : *Aller à la messe, au sermon, à la promenade, au spectacle, au jeu, au bain, à la guerre, à l'armée, à un siège. Aller à la chasse, à la pêche, en vendange, en pèlerinage. Aller à la gloire, à la mort, au supplice, à sa perte. Aller aux nouvelles, à la découverte. Aller à la rencontre de quelqu'un. Aller au-devant de quelqu'un,* C'est aller à sa rencontre, pour lui faire honneur. *Aller au combat, au feu, à l'ennemi,* C'est s'avancer pour combattre l'ennemi qui est en présence, s'exposer à son feu. *Aller au feu, à la lessive,* en parlant d'un vase, d'une étoffe, C'est résister à l'action du feu, de la lessive. *Aller au bois, à l'eau, à la provision,* C'est aller quelque part pour s'y pourvoir de bois, d'eau, pour y faire sa provision. *Aller à l'eau,* en parlant d'un chien, C'est s'y jeter volontiers quand on le lui commande. *Aller aux voies, aux opinions, aux avis,* C'est recueillir les voix, les opinions, les avis. *Aller aux informations, aux renseignements sur quelqu'un,* C'est chercher à se procurer des renseignements sur son compte. *Aller au plus pressé,* C'est s'occuper d'abord de l'affaire qui souffrirait le plus d'un retardement.

**ALLER** *à quelqu'un*, S'adresser à lui : *Aller au ministre, au roi, à l'évêque. Aller au médecin, au devin,* C'est aller les consulter. *Allez au diable, à tous les diables,* expression de colère, d'impatience, pour dire : Cessez de m'importuner. *Aller faire quelque chose,* Aller dans le but, dans l'intention de faire quelque chose. *Aller se promener, étudier, savoir des nouvelles de quelqu'un. Allez voir ce qui se passe. Allez le trouver, J'irai lui parler, Va-t'en informer. Vas en savoir des nouvelles. Allez me chercher cela. Allez vous promener. Qu'il aille se promener,* se dit par impatience à Quelqu'un ou de quelqu'un qui nous importune. —Être sur le point de : *Ils vont partir. Le jour va finir. Elle va chanter. Allez-vous recommencer vos doléances? On va se mettre à table. J'allais me coucher quand il est venu.* — loc. purement explétive, pour donner plus d'élégance ou plus de force au verbe suivant : *Voyez où j'en serais, s'il allait faire telle chose*, c'est-à-dire, S'il faisait, s'il lui venait à l'esprit de faire. *N'allez pas vous imaginer*, c'est-à-dire, Ne vous imaginez pas, gardez-vous bien de vous imaginer. — *Aller faisant, en faisant quelque chose*, Continuer d'aller et de faire, prolonger le mouvement et l'action : *Aller chantant, dansant, criant.* fig. *Un ruisseau qui va serpentant. L'intérêt va croissant de scène en scène. Le mal, l'inquiétude va toujours croissant, en augmentant, en diminuant, en déclinant.*

**ALLER**, Continuer son mouvement particulier en parlant de certaines choses qui appartiennent aux arts : *Cette montre va trente heures. Cette horloge va bien, va mal* ; et dans un sens analogue : *Son pouls va bien, va mal. Ce ressort, cette machine ne va plus. Il y a quelque chose qui empêche la roue d'aller.* —S'écouler, en parlant du temps : *Le temps va toujours, Rien ne va plus vite que le temps.* —Avancer, s'approcher du but du terme : *Ces ouvriers vont bien lentement. Ce bâtiment-là est allé fort vite. Ce cheval va sur ses quatre ans,* Il atteindra bientôt quatre ans. —S'étendre, se prolonger, en parlant de certaines choses : *La forêt va depuis le village jusqu'à la rivière. Cette montagne va jusqu'aux nues. Ses cheveux lui vont jusqu'à la ceinture. Son manteau va jusqu'à terre. Son discours n'ira qu'à une demi-heure. Cette allée va en pente, en montant, en serpentant. Cette pièce de terre va en pointe. Cela va en rond. Cette étoffe va de biais.* —Aboutir : *Ce chemin va à la ville, ce sentier va à la fontaine.* — fig. *Tous ses vœux vont à la paix, vont au bien de l'État. Toute son entreprise est allée en fumée. Cette affaire peut aller à vous perdre. Cela va à vous déshonorer. Cela va trop loin, cela pourrait aller trop loin.* — Sortir des bornes de la raison, de la convenance : *C'est aller trop loin que de prétendre,* C'est avoir trop de prétentions. *Il est allé aux grands en-*

plois par la faveur. *Il va droit au fait. C'est un homme fait pour aller à tout,* Ses talents le mettent en état d'arriver aux plus hauts emplois.—Être dans un état bon ou mauvais, en parlant de certaines choses : *Comment va votre santé ? comment vous en va ? comment cela va-t-il ? Tout va bien ; le commerce ne va pas. Ses affaires vont bien, ne vont pas trop bien. Sa digestion va bien, va mal. Le feu va, la lampe ne va pas.* — Se conduire, se comporter, agir (en ce sens, il est ordinairement précédé de la particule *y*) : *Vous y allez trop étourdiment. L'affaire est bonne, mais il faut y aller avec de grandes précautions. Il y va de bonne, à la bonne foi, tout à la bonne foi. Aller contre la volonté de Dieu, contre les intentions, contre les ordres de quelqu'un.*—Être bien ou mal confectionné, bien ou mal placé, mis, en parlant de ce qui regarde l'habillement : *Ce collet va mal, ce manteau ne va pas bien.*—Être à la taille, à la mesure de quelqu'un, s'adapter, s'ajuster à quelque chose : *Cet habit vous va bien. Cette perruque lui va mal. Ce chapeau ne peut m'aller. Ces bottes ne me vont pas. Cette clef va, ne va pas à cette serrure.* — Produire un effet agréable, étant mis ou appliqué à quelqu'un, ou à quelque chose : *La couleur feuille-morte ne va pas aux brunes. Cette garniture va bien à cette robe. Ce ruban va bien à votre chapeau. Cette broderie va très-bien sur ce fond-là.* — Convenir bien ensemble : *Le bleu et le rose vont bien ensemble. Cette couleur va bien avec telle autre.* — Être apparié, de manière à ne pouvoir se vendre ou s'employer séparément : *Ces deux gants vont ensemble, ces deux bas vont l'un avec l'autre. Cela va par-dessus le marché,* Cela s'ajoute gratuitement aux choses vendues.—Avoir des évacuations alvines : *Le remède qu'il a pris l'a fait aller cinq ou six fois. Il est allé deux fois. Aller par haut,* Vomir : *Aller par haut et par bas.* — Déclaret son enjeu, ce que l'on hasarde à certains jeux de cartes : *De combien y allez-vous ? allez-vous ? Je vais, j'y vais de cinq francs. Il y va de son reste. Va mon reste, va tout.*—Précédé de la particule *y* et employé impersonnellement, il marque De quoi il s'agit, de quelle importance est la chose dont on parle : *Songez qu'il y va de votre fortune, de votre honneur, de votre vie. Il y va de ma charge. Il y va de ma vie.* Corn. *Quand il devrait y aller de tout mon bien. Le mariage est une plus grande affaire qu'on ne peut croire ; il y va d'être heureux ou malheureux toute sa vie.* Mol. (Dans cette signification et en général dans tous les sens du verbe *aller*, la particule *y* se supprime, par euphonie, devant le condition. prés. et le futur abs. : *Quand il irait de tout mon bien, il ira de votre réputation. Ira-t-il à Rome? il ira.*) — Précédé de la part. *en* et employé impersonnellement, il a le sens du verbe *être* : *Il en va de cette affaire comme de l'autre,* Il en est. *Il n'en ira pas de cette affaire comme vous pensez,* Il n'en sera pas. — Précédé du verbe *laisser*, il signifie Ne pas empêcher d'aller, ne plus retenir, lâcher : *Je le laisse aller où il veut. On a laissé aller le prisonnier. Je vais crier, si vous ne me laissez aller. Laissez aller cette corde.* — fam. *Ce malade laisse tout aller sous soi,* Ne peut retenir ses excréments. —fig. et fam. : *Cet homme laisse tout aller,* Néglige entièrement ses affaires. — *Se laisser aller,* S'abandonner, ne pas résister comme on le pourrait ou comme on le devrait : *Il se laisse aller à la douleur, à la tristesse, au désespoir. Elle s'est laissée aller à ses passions, au torrent de la coutume, à la tentation. Je me suis laissé aller à ses prières. Cet homme se laisse aller,* Il est trop facile, ou, Il se néglige, il ne prend aucun soin de sa personne.

— Aller, donne lieu à diverses phrases familières et proverbiales : *Aller son chemin,* Poursuivre son entreprise. *Aller son petit bonhomme de chemin,* Poursuivre ses entreprises tout doucement et sans éclat. *Aller son grand chemin,* N'entendre point finesse à ce qu'on fait, à ce qu'on dit. *Aller le droit chemin,* Procéder avec sincérité. *Il ne faut pas aller par quatre chemins,* Il ne faut pas chercher tant de détours. *Aller vite en besogne,* Agir avec précipitation. *Aller à tout vent,* N'avoir pas de résolution fixe. *Aller aux nues,* Avoir un grand succès. *Cette comédie est allée aux nues. A force de mal aller, tout ira bien,* Après beaucoup de malheurs, il arrivera quelque changement heureux. *On va bien loin depuis qu'on est las,* Il ne faut pas se décourager dans les affaires. *Tant va la cruche à l'eau qu'enfin elle se casse,* Une action hasardeuse, souvent répétée,

finit par devenir funeste. *Tous chemins vont à Rome,* Divers moyens conduisent à la même fin. *Les premiers vont devant,* Les plus diligents ont toujours de l'avantage. *Il va comme on le mène,* Il n'est pas capable de prendre une résolution de lui-même. *On l'a bien hâté d'aller,* On lui a fait une rude réprimande. *Cela va tout seul,* La chose est aisée. *Cela va comme il plaît à Dieu,* C'est une affaire négligée, mal menée. *Tout va à la débandade,* Tout va en désordre. *Aller de pair avec quelqu'un,* Lui être égal, ne lui céder en rien. *Faire aller quelqu'un,* Lui faire faire des démarches inutiles, abuser de l'ascendant qu'on a pris sur son esprit. *Prenez garde à cet homme, il vous fera aller. Tout y va, la paille et le blé,* On n'y a rien épargné. *N'y pas aller de main morte,* Frapper rudement. — fig. Mettre de la violence, de la rudesse, dans un procédé. *Y aller rondement, y aller de franc jeu, de bon jeu,* Parler, agir sans détour, loyalement. — mar. *Le vaisseau va de l'avant,* Avance. *Il va à culer, ou de l'arrière,* Il recule. *Aller vent arrière,* Naviguer avec un vent qui vient de l'arrière du vaisseau. *Aller vent largue,* Recevoir le vent dans une direction perpendiculaire à la quille. *Aller au plus près ou à la bouline,* Recevoir le vent de manière qu'il fasse le plus petit angle possible avec la partie de la quille qui est de l'avant. *Aller debout au vent,* Naviguer avec un vent directement contraire et qui vient par l'avant du vaisseau. *Aller terre à terre,* Naviguer le long de la côte. *Aller en dérive,* Dériver beaucoup en s'écartant de la route. *Aller à petites voiles,* Faire route sous peu de voiles. *Aller en course,* Croiser sur les ennemis. *Aller à la sonde,* Descendre dans la mer une corde chargée d'un gros plomb, afin d'en connaître la profondeur. *Aller proche du vent,* Approcher du vent, faire usage d'un vent qui semble contraire à la route. *Aller entre deux écoutes, Aller vent en poupe.*—vén. *La bête va de bon temps,* Elle vient de passer dans un taillis. *Elle va de hautes erres,* Elle est passée depuis sept ou huit heures, *Elle ne va plus de temps,* Il y a un ou deux jours qu'elle est passée. *Elle va d'assurance,* Elle va au pas, le pied serré, sans rien craindre. *Elle va au gagnage,* Elle va dans les grains pour y viander. *Elle va sur soi, elle se sur-va,* Elle revient sur ses pas. *Le veneur va enquête,* Va dans le bois avec son limier, pour y détourner une bête. — escr. *Aller à l'épée,* S'ébranler sur une attaque, et faire de trop grands mouvements avec son épée pour trouver celle de l'ennemi. — man. *Aller large,* S'éloigner ou s'approcher du centre du manège. *Aller par surprise,* Se servir des aides de manière à surprendre le cheval, au lieu de l'avertir. *Aller à trois jambes,* C'est lorsque le cheval boite. *- de l'oreille,* quand à chaque pas il fait une inflexion de tête.— imp. *Aller en paquet,* Faire provisoirement de la composition sans folio et sans signature. *Aller en page,* Placer, à mesure que l'on compose, les folio et les lignes de pied avec les signatures et tous les blancs nécessaires aux différentes parties d'un ouvrage.

— ALLER, se prend substantivement dans quelques locutions : *Au long aller petit fardeau pèse,* Une charge légère devient pénible à la longue. *Cet homme a eu l'aller pour le venir,* Il a fait un voyage inutile. *Le pis aller,* Le pis qu'il puisse arriver. *S'il ne réussit pas dans sa nouvelle carrière, son pis aller sera de rentrer dans celle qu'il a quittée. Si vous ne trouvez mieux, je serai votre pis aller. Appelez-vous cela un pis aller? Vous ne risquez rien, vous avez un bon pis aller. Au pis aller,* En supposant, en mettant les choses au pis. *Au pis aller, il en sera quitte pour une amende.*

S'EN ALLER, v. pron. Partir, sortir d'un lieu : *Il s'en va, ils s'en iront bientôt. Il s'en est allé. Je m'en étais allé* (dans les temps composés, la part. *en* doit précéder l'aux. *être.*) *Je m'en irai. Allez-vous-en, allons-nous-en d'ici. Va-t'en. Va-t'en porter ma lettre.* La Font. — S'écouler, se dissiper : *L'huile s'en va. Tout le vin s'en ira par là. La fumée s'en va par la chambre. Si l'on ne bouche bien cette fiole, tout l'esprit-de-vin s'en ira. Ce tonneau de vin s'en va,* Le vin qui est dans le tonneau s'écoule. — Disparaître, se passer, s'effacer : *On ne croit pas que la fièvre s'en aille sitôt. Son mal s'en va peu à peu. Son rhumatisme s'en est allé par les sueurs. Sa beauté s'en va. L'éclat de son teint commence à s'en aller. Cette tache s'en ira.* — Se consumer, s'user : *Tout son argent s'en va en procès. Tout son temps s'en est allé à cette affaire. Voilà un habit qui s'en va.* — S'appro-

cher du terme de la vie : *Les jeunes gens viennent, et les vieillards s'en vont. Ce malade s'en va, il s'en ira avec les feuilles.*—On dit aussi : *Cet homme s'en va mourir, s'en va mourant.*—Être sur le point de... *Je m'en vais vous dire... Qui s'en va devenir l'éternel entretien des siècles à venir.* Rac. —fig. et prov. *S'en aller comme on est venu,* N'avoir rien fait de ce qu'on devait faire, avoir perdu son temps. *Jean s'en alla comme il était venu, Mangeant son fonds avec son revenu.* La Font. *Biens mal acquis s'en vont de même. Ce qui vient de la flûte s'en va par le tambour,* Les biens acquis par des voies peu honorables se dépensent follement : *Tout s'en est allé en fumée,* On n'a pas réussi. *Cela s'en est allé à vau-l'eau, en eau de boudin,* A trompé les espérances qu'on en avait conçues. *Cette chose s'en va faite,* Elle est sur le point d'être achevée. *Il s'en va onze heures, il s'en va midi,* Il est bien près de onze heures, de midi. — fam. *Faire en aller* (avec ellipse du pronom personnel), Faire que quelqu'un, que quelque chose s'en aille : *Faire en aller tout le monde. Un secret pour faire en aller les punaises, les rousseurs, la fièvre. Une pierre pour faire en aller les taches.*—Jeu de cartes: *S'en aller d'une carte,* Se défaire d'une carte, la jouer. *Allez-vous-en de votre carreau.* — Jeu de trictrac : *S'en aller,* Annoncer que le coup est fini et qu'on va en commencer un autre.

**Allé, ée,** part. *Elle s'en est allée. Ils s'en sont allés depuis longtemps.*

**ALLÉSAGE,** techn. V. Alésage.

**ALLÉSER,** techn. V. Aléser.

**ALLÉSOIR,** techn. V. Alésoir.

**ALLÉSURE,** techn. V. Alésure.

**ALLEU,** s. m. (Mot exprimé par le latin barbare *allodium* dans les premiers documents de notre histoire, dont l'adj. était *allodialis.* Il vient peut-être du kym. *laid, lod,* pl. *lodeu, lodou, lot,* portion, partage ; et avec l'art. *al,* on aurait eu un pl. *allodeu,* ce qui conduit à *alleu* ; sens qui conviendrait parfaitement aux alleux, si tant est que dans l'origine ce fussent des terres conquises sur l'ennemi et partagées entre les chefs.) jurisp. Primitivement bien patrimonial héréditaire : *Cet alleu n'était jamais sorti de leur famille.* On a ensuite ajouté à cette expression l'idée d'une franchise complète de toute dépendance féodale, en y joignant habituellement l'épithète de franc : *Franc-alleu,* Immeuble, fonds de terre ne relevant d'aucune autorité supérieure. — Le mot de *franc-alleu* se dit aussi De la franchise elle-même, en vertu de laquelle on possède la terre libre de tous droits et devoirs féodaux : *Posséder une terre en franc-alleu.*

**ALLIACÉ, ÉE,** adj. (V. Ail.) Qui tient de l'ail : *Une odeur alliacée. L'arsenic répand dans le feu une odeur alliacée.*

**ALLIAGE,** s. m. (V. Allier.) min. Résultat de l'union de deux métaux seulement, jouissant d'autres propriétés que ses composants : *L'alliage du plomb et de l'antimoine est spécifiquement plus pesant que chacun de ces deux métaux.* — fig. *Il est bien rare de trouver des cœurs purs et sans alliage. Il y a toujours un peu d'alliage dans ces grandes vertus.* — math. Règle d'arithmétique par laquelle on réduit deux ou plusieurs quantités inégales, ou de prix différents, à une seule quantité moyenne, ou à un seul prix moyen, qui leur est commun.

**ALLIAIRE,** s. f. bot. Plante crucifère qui a l'odeur et le goût de l'ail.

**ALLIANCE,** s. f. (V. Allier.) Mélange, union de plusieurs choses différentes : *Vous faites une singulière alliance de choses les plus opposées. Alliance de l'erreur et de la vérité.*—*Alliance de mots,* Union de mots qui semblent s'exclure, et qui se font valoir par leur opposition même : *Corneille a souvent de ces alliances de mots qui touchent le sublime.* Volt. — *Alliance,* Union, affinité qui s'établit entre deux familles par le mariage de deux de leurs membres : *Il désirait vivement une alliance entre leurs deux familles. Il rejetait bien loin de lui l'idée d'une alliance avec une famille de parvenus.* Retz. — Il se dit également De l'union qu'on contracte un individu avec une famille par le fait du mariage : *Il fait alliance avec une famille noble et puissante. C'est une alliance magnifique pour lui.* — *Alliance spirituelle,* Affinité qui s'établit entre ceux qui tiennent ensemble un enfant sur les fonts de baptême. — *Alliance,* Pacte fédératif, union établie entre deux États, entre deux peuples pour des intérêts communs : *L'alliance entre la cour de Rome et la cour* *de France.* — *Traité d'alliance,* Acte solennel par lequel l'alliance est établie : *Un traité d'alliance fut signé entre les deux nations.* Alliance *offensive et défensive. Nous avons fait* alliance *avec les Anglais. Ces deux peuples ont renouvelé la vieille* alliance *qui les unissait. Ces souverains ont contracté, ont conclu une* alliance. *L'alliance de ces deux puissances peut être à craindre pour nous. Briser, rompre une* alliance, *un traité d'alliance. Tous les États de l'Europe briguaient son alliance.* — Il se dit également De l'union que font entre eux deux partis opposés : *Les deux partis ennemis ont conclu une* alliance *qui doit terminer toutes les dissensions.* — *L'ancienne* alliance, *L'alliance que Dieu a contractée avec* Abraham *et sa postérité. La nouvelle* alliance, *Celle qu'il a faite avec ceux qui croient en Jésus-Christ.* — *Alliance,* Anneau d'or ou d'argent qui se porte au doigt annulaire comme signe de mariage : *Une* alliance *de mariage. Il ne porte plus son alliance. Il a acheté une alliance en or.*

ALLIEMENT, s. m. techn. Nœud de la corde d'une grue : *Le nœud d'alliement.*

ALLIER, v. a. (du lat. *alligare,* lier, attacher à, enchaîner : du lat. barbare *alligantia* pour *alligatio,* action de lier, d'attacher, nous avons fait *alliance.*) Mélanger, combiner ensemble : *Allier l'or avec l'argent. Allier ensemble plusieurs espèces de vins. Ces matières ne peuvent s'allier ensemble.* — *Allier,* Unir, joindre, rapprocher des choses différentes : *Il faut savoir allier l'esprit du monde avec celui de son état.* DID. *Il alliait la prudence au courage, et la sévérité du général à une sorte de bienveillance paternelle.* FLÉCH. *Il savait allier les qualités les plus opposées. Ces deux mots ne sont pas faits pour être alliés. Ces deux idées ne sauraient s'allier ensemble. Il avait réuni deux qualités qui semblaient ne pouvoir s'allier.* — *Allier,* Unir deux familles une personne à une famille par le mariage. Dans ce sens il s'emploie plus souvent avec le pronom personnel : *Ces deux familles se sont alliées. Il s'est allié à une famille puissante. Il cherche à se bien allier. Il s'est allié en bon lieu,* A une famille distinguée. — Il se dit aussi De l'alliance que font entre eux les États, les peuples, les partis ou les particuliers : *L'intérêt du moment avait allié la France et la Turquie. Le désir de ma perte les avait alliés ensemble.* Avec le pronom personnel : *Les peuples d'Occident ont cru devoir s'allier contre une puissance qui les menaçait. Que l'Orient contre elle à l'Occident s'allie.* CORN. *Tous les partis s'étaient alliés contre cet ennemi commun.*

ALLIÉ, ÉE, part. et adj. *Elle est alliée à ma famille. Des peuples alliés. L'armée alliée,* Composée de plusieurs peuples confédérés. *Les chefs alliés.* — Il s'emploie aussi comme substantif, Celui qui est joint à un autre par affinité : *Vous êtes un allié de ma famille. Elle est mon alliée. Je suis votre allié et vous êtes le mien.* — Confédérés : *L'armée des alliés, les chefs des alliés. Les alliés pénétrèrent dans l'intérieur de la ville.*

ALLIER, s. m. chass. Filet pour prendre des oiseaux et principalement des perdrix. On ne l'emploie guère qu'au pluriel : *Nous avons tendu des alliers pour prendre des perdrix.*

ALLIGATOR, subst. rept. Genre de crocodiles américains, à museau large, dents inégales, et pieds à demi palmés.

ALLINGUE, s. f. techn. Pièce que l'on enfonce dans une rivière, à peu distance du bord, pour arrêter le bois flottant.

ALLITÉRATION, s. f. rhét. Figure consistant dans la répétition affectée de syllabes pareilles : *Je m'instruisis mieux par suite que par suite.* MONT.

ALLIVREMENT, s. m. administ. Il se dit De la cote-part des impositions que supporte chaque commune.

ALLOBROGE, s. m. (mot gaulois, qui signifie Pays d'autrui ; V. l'*Introd.* page 58.) Nom d'un ancien peuple que l'on emploie en français par allusion et familièrement pour désigner Un homme grossier, brutal, dont le raisonnement n'est pas droit : *C'est un franc allobroge, un vrai allobroge.* Il est peu usité.

ALLOCARPE, s. m. bot. Genre de plantes à fleurs composées.

ALLOCATION, s. f. (V. *Allouer.*) Action d'allouer une somme pour une dépense : *Le conseil a accordé l'allocation de cette somme. Nous avons obtenu*

*l'allocation d'une somme de mille francs. Il a été décidé que cette* allocation *n'aurait pas lieu.* — jurisp. Approbation d'un article de compte. — adm. mil. Article porté à un compte ; genre de fournitures assignées à certains grades, à certains emplois.

ALLOCHROÉ, ÉE, adj. (du gr. ἄλλος, autre, et de χρόα, couleur.) hist. nat. Qui n'offre pas la même couleur, qui est sujet à changer de couleur.

ALLOCHROÏSME, s. m. (V. *Allochroé.*) hist. nat. Diversité de couleurs.

ALLOCHROÏTE, s. (du gr. ἄλλος, autre, divers, différent, et de χρόα, couleur.) min. Variété de grenat compacte, d'un blanc verdâtre, ou tirant sur le rougeâtre et la couleur de paille, à texture feuilletée, dure, faisant feu avec l'acier.

ALLOCUTION, s. f. (du lat. *allocutio,* action d'adresser la parole, dér. du v. *alloqui,* parler à : *ad,* à, vers, et *loqui,* parler.) Courte harangue par un chef à des soldats ou à une multitude ; il s'emploie surtout pour les harangues que les empereurs et les généraux romains adressaient à leurs troupes : *César se tourna vers les troupes, et dans une vive* allocution *il leur fit passer sous les yeux,* etc. *Cette* allocution *avait calmé les esprits de la multitude.* — Il se dit aussi Des médailles au revers desquelles les généraux romains sont représentés sur un gradin, haranguant des soldats : *Il y a une* allocution *de Trajan parfaitement conservée.*

ALLODIAL, ALE, adj. (V. *Alleu.*) jurisp. féod. Qui est libre de droit, qui est tenu en franc-alleu : *Terre allodiale. Des domaines allodiaux.*

ALLODIALITÉ, s. f. (V. *Alleu.*) jurisp. féod. Qualité de ce qui est libre de droit : *L'allodialité d'un domaine.*

ALLODROME, adj. des 2 g. zool. Qui s'élance en bondissant sur sa proie.

ALLOGNE, s. f. V. ALOGNE.

ALLOGONE, adj. des 2 g. min. Il s'emploie en parlant Des cristaux, qui, à la forme d'un noyau, réunissent celle d'un dodécaèdre à triangles scalènes, dont chacun a son angle obtus égal à la plus grande incidence des faces du noyau.

ALLOÏTE, s. f. min. Pouzzolane, tuf volcanique.

ALLONGE, s. f. (V. *Allonger.*) Pièce d'étoffe ou morceau de bois que l'on ajoute à un vêtement ou à un meuble : *Elle a mis une allonge à sa robe. Il faut une allonge à cette table. Une allonge de toile. Ajouter une allonge à des rideaux.* On dit plus souvent *Rallonge.* — distill. et chim. Sorte d'entonnoir de grès que l'on ajoute au bec d'une cornue. — com. Bande supplémentaire de papier que l'on attache ou colle à un effet de commerce, pour recevoir des endossements, lorsqu'il n'offre plus de place pour recevoir de nouvelles signatures. — bouch. Crochet de fer qui sert à accrocher les viandes. — fourb. et ceint. Il se dit Des deux bandes de cuir qui soutiennent la partie du ceinturon dans laquelle passe le sabre ou l'épée. — cord. Morceau de cuir qui se met entre le couche-point et le sous-bout. — mar. Le nom d'*Allonge* se donne à Toute pièce de bois destinée à en allonger ou prolonger une autre : *Dans un vaisseau chaque couple a des allonges placées à la suite des varangues et des genoux pour former ses deux branches, et leur donnent une longueur convenable. Première allonge. Allonge de revers. Allonges de tableau ou de poupe.*

ALLONGEABLE, adj. des 2 g. (V. *Allonger.*) Qui peut être allongé. Peu usité.

ALLONGEMENT, s. m. Augmentation de longueur, action d'étendre, d'allonger : *L'allongement de ce chemin établira une communication directe entre ces deux endroits. L'allongement d'une rue, d'une allée, d'une avenue.* — fig. Lenteurs volontaires dans la poursuite d'une affaire : *Il cherche des allongements continuels, au lieu d'aller droit au but.* Il est peu usité dans ce sens.

ALLONGER, v. a. (V. *Long.*) Augmenter la longueur d'une chose : *Allonger une robe, un écrit, une narration. Vos étriers ont besoin d'être allongés. Il faudra allonger cette avenue. Allonger une galerie. Toutes ces descriptions allongent le récit. Il a fait de nouveaux chapitres pour allonger son ouvrage.* — fig. et prov. *Il* allonge *le parchemin,* Il augmente les écritures pour en tirer plus de profit ; il invente des chicanes, des formalités, pour allonger un procès. — *Allonger la courroie,* Tirer de trop grands profits d'une charge, d'une affaire ; tirer d'une petite somme le plus grand parti pos-

sible en économisant ; abuser d'une permission, d'un congé, en prolonger la durée : *Quand on a si peu de revenu, on a bien de la peine à allonger assez la courroie pour vivre. On reproche à ce fonctionnaire d'allonger un peu trop la courroie. En* allongeant *la courroie, vous prendrez six semaines au lieu d'un mois.* — Allonger *le pas,* Faire de plus grands pas : *Vous aurez beau allonger le pas, vous n'arriverez pas à temps.* — Allonger *le bras, la jambe, le cou,* Les étendre, les déployer : *L'éléphant* allonge *sa trompe. Le héron allongea son cou.* Allonger *un coup d'épée. Il lui allongea une si furieuse estocade, qu'il le perça de part en part.* LES. — *Allonger,* Augmenter la durée d'une chose : *Vos lenteurs ont beaucoup allongé votre affaire. Ils imaginèrent une foule d'expédients afin d'allonger le procès. Il* allonge *inutilement notre travail. Le malheur allonge la vie, le bonheur l'abrège.* — Dans ce sens, on dit plutôt Prolonger. Il s'emploie avec le pronom personnel : *Ces cordes se sont allongées. L'homme, sans dire mot, s'allonge et puis s'endort.* AUB. *Ses jambes s'allongent sous la table. Plus cette affaire marche, plus elle semble s'allonger.* — mar. Allonger *une manœuvre,* La prolonger sur les ponts et les gaillards. Allonger *une ancre ou un grelin,* Porter une ancre à jet avec son grelin, au large du navire. Allonger *la terre,* Aller le long de la côte, et la ranger à petite distance. Allonger *l'ennemi,* Se placer parallèlement à lui et le prolonger. Allonger *un navire,* Le prendre en long pour l'aborder, ou se mettre par son travers. Allonger *la ligne,* Augmenter la distance qui sépare les vaisseaux dont une escadre est formée. — fabr. de soie. Rendre plus longues les figures que le dessin ne l'exige, lorsque l'ouvrier a mal frappé l'étoffe et a faussé les contours.

ALLONGÉ, ÉE, part. et adj. Il s'emploie spécialement pour Une chose qui a une forme oblongue, par opposition aux choses de même espèce dont la forme est plus ramassée : *Ces sortes de poires ont une forme plus allongée. On reconnaît ce poisson à sa tête allongée.* — fig. *Une figure allongée,* Une figure dont l'expression marque le mécontentement, le désappointement : *Il est sorti du cabinet du ministre avec une figure allongée. D'où lui vient ce visage allongé, cette mine allongée ?* — vén. Il se dit D'un chien qui a les doigts du pied étendus par quelque blessure qui a offensé les nerfs. — fauc. *Oiseau allongé,* Celui qui a des pennes entières et de la longueur requise. — entom. *Allongé,* est employé pour qualifier les élytres quand elles dépassent l'abdomen. — bot. Il se dit Des cotylédons, lorsqu'ils sont plus de deux fois et demie plus longs que larges. — anat. *La moelle allongée,* Celle qui remplit la cavité de toutes les vertèbres depuis le cervelet jusqu'à l'os sacrum. — math. Ce qui est plus long que large : *Ovale allongé, cycloïde allongé, sphéroïde allongé.*

ALLONGERESSE, s. f. entom. Nom qu'on donne à certaines chenilles, par suite de la manière dont elles se traînent.

ALLONYME, adj. et s. des 2 g. (du gr. ἄλλος, autre, et de ὄνυμα, orthographe éolienne, pour ὄνομα, nom.) bibliog. Il se dit quelquefois D'un ouvrage de littérature publié sous le nom d'un autre.

ALLOPATHE, s. m. méd. V. ALLOPATHISTE.

ALLOPATHIE, s. f. (du gr. ἄλλος, autre, et πάθος, souffrance, maladie.) méd. Système de médecine qui consiste à attaquer les maladies par les contraires, suivant cet aphorisme latin : *Contraria contrariis curantur,* mot nouvellement créé par opposition à l'*homœopathie.* V. ce mot.

ALLOPATHIQUE, adj. des 2 g. (V. *Allopathie.*) Qui se rapporte à l'allopathie.

ALLOPATHIQUEMENT, adv. méd. D'une manière allopathique.

ALLOPATHISTE, s. m. méd. Partisan de l'allopathie.

ALLOPHANE, s. f. (du gr. ἄλλος, autre, et de φαίνω, paraître.) min. Variété d'alumine hydratée.

ALLOPTÈRE, s. m. (du gr. ἄλλος, autre, et de πτερόν, πτέρυξ, aile, rame, nageoire.) ichth. Nageoire ventrale des poissons.

ALLOTRÈTE, adj. des 2 g. (du gr. ἄλλος, autre, et de τρητός, percé, troué, part. p. du v. τράω, je perce.) zool. Se dit Des animaux dont le corps est allongé et percé à ses deux bouts d'un anus et d'une bouche.

**ALLOTRIOLOGIE**, s. f. (du gr. *ἀλλότριος*, contraire, différent, étranger, et de *λόγος*, parole, discours.) scol. Défaut qui consiste à introduire dans une doctrine ou un discours des pensées peu analogues au fond du sujet.

**ALLOTRIOPHAGE**, s. m. (du gr. *ἀλλότριος*, autre, contraire, étranger, et de *φάγω*, je mange.) path. Qui est atteint d'allotriophagie.

**ALLOTRIOPHAGIE**, s. f. (V. *Allotriophage.*) path. Dépravation de l'appétit, faim morbide qui porte à manger des substances étrangères à l'alimentation. Cette maladie ou ce symptôme s'appelle aussi *pica*. V. ce mot.

**ALLOUABLE**, adj. des 2 g. Qui peut s'allouer : *Une dépense allouable.* Peu usité.

**ALLOUER**, v. a. (V. *Louer.*) Attribuer une somme d'argent, dans un compte, à un objet, à un service : *Le Conseil municipal a alloué cinquante mille francs pour cette dépense. On n'a pas consenti à lui allouer cette dépense.*—Allouer un traitement à quelqu'un, le déterminer : *On a alloué six mille francs d'appointements à chaque administrateur.*—Allouer une indemnité, L'accorder : *On a alloué une indemnité à tous les employés.* — jurisp. Allouer à une partie ses frais, Condamner une partie à payer à l'autre le montant des frais.

**ALLOUÉ, ÉE**, part. *Un traitement alloué.*

**ALLOUVI, IE**, adj. Affamé, avide. Il vieillit.

**ALLUCHON**, s. m. V. ALICHON.

**ALLUCINATION**, s. f. Illusion des yeux ; erreur ; égarement.

**ALLUME**, s. m. (V. *Allumer.*) Morceau de bois allumé, que l'on nomme aussi *flambart* dans certains ateliers. — *Allume*, s. f. Petit bois dont on se sert pour allumer un fourneau, une forge, etc.

**ALLUMELLE**, s. f. (V. *Allumer.*) arts et m. Fourceau de charbon, quand le feu commence à s'y mettre. (V. *Alumelle.*)

**ALLUMER**, v. a. (de la prép. *ad*, à, et du lat. *lumen*, lumière ; *luminare*, briller, éclairer.) Mettre le feu à quelque chose de combustible : *Allumer du bois, une bougie, une allumette, du papier, une mèche. Allumer une lampe.* — On dit de même, en prenant le contenant pour le contenu : *Allumer une lanterne, un bougeoir.*—Et dans un sens analogue : *Allumer une salle,* Pour allumer les lampes, les bougies qui doivent l'éclairer. — *Allumer sa pipe,* Allumer le tabac qui est dans la pipe.—*Allumer du feu,* Allumer le bois qui est dans le foyer : *Ce feu n'est pas bien allumé.* — *S'allumer,* Prendre feu, commencer à brûler : *Ces allumettes s'allument par le frottement. Le feu commence à s'allumer.* — fig. Allumer le sang, L'échauffer outre mesure : *Ces longs travaux lui avaient allumé le sang.* — *Allumer,* Exciter, irriter : *Ces détails lui avaient allumé l'imagination. Rien que ce souvenir allume sa colère.* VOLT. — Allumer la guerre, La causer : *Allumer la discorde.*—*S'allumer,* v. pron. A ce propos, ses yeux s'allument de colère. Ainsi, pour satisfaire l'ambition d'un homme, une guerre générale allumait en Europe. VOLT. — prov. Allumer la lampe, Verser du vin dans le verre d'une personne afin de l'obliger à boire.

**ALLUMÉ, ÉE**, part. *Il tenait à la main une lampe allumée.* — fig. *Un visage allumé, un teint allumé, rouge, éclatant.* — adj. blas. Il se dit Des yeux, lorsqu'ils sont d'un autre émail que le corps de l'animal.—Il se dit aussi De la flamme d'un flambeau, d'un bâton, etc.

**ALLUMETIER**, s. m., **ALLUMETIÈRE**, s. f. arts et m. (V. *Allumette.*) Ouvrier, ouvrière, qui fait des allumettes. —Marchand ou marchande d'allumettes.

**ALLUMETTE**, s. f. (V. *Allumer.*) Petit brin de bois soufré aux deux extrémités, et dont on se sert pour allumer une lampe, une bougie, etc. : *Vendre des allumettes. Acheter un paquet d'allumettes. Soufrer des allumettes.*

ALLUMETTES CHIMIQUES, Allumettes allemandes. On donne ce nom à des Allumettes d'invention récente, préparées avec un mélange de phosphore et d'un chlorate métallique (poudre fulminante) uni au soufre. Ces allumettes s'enflamment par le frottement en faisant une vive explosion, et causent très-souvent des accidents.

ALLUMETTES OXYGÉNÉES, d'une invention antérieure aux précédentes, quoique moderne, préparées avec un mélange de soufre et de chlorate de potasse, s'enflamment dans l'acide sulfurique.

ALLUMETTES PHOSPHORIQUES, dues à l'union du soufre et du phosphore ; s'enflammant, comme les premières, par le frottement, mais sans explosion. C'est une heureuse simplification des briquets phosphoriques.

Ces trois préparations absorbent facilement l'hydrogène de l'air et s'enflamment alors difficilement.

**ALLUMEUR**, s. m. Celui dont le métier est d'allumer régulièrement dans les rues ou dans un lieu public : *Allumeur de réverbères,* allumeur *de théâtre. Il n'y eut pas jusqu'à l'allumeur de chandelles qui ne se mît à fondre en larmes.* SCAR.

**ALLUMI**, s. m. (V. *Allumer.*) arts et m. Petit morceau de bois allumé dont on se sert pour éclairer l'intérieur d'un four.

**ALLUMIÈRE**, s. f. arts. et m. Lieu, atelier où l'on fabrique des allumettes. Boîte aux allumettes.

**ALLURE**, s. f. (V. *Aller.*) Façon de marcher : *Contrefaire l'allure de quelqu'un. Il est facile de le reconnaître à son allure. Il a l'allure un peu lente.* Il est familier.— man. Il s'applique principalement aux chevaux : *Ce cheval a l'allure un peu rude, une belle allure, une allure douce.* — Allures *naturelles,* par opposition aux *allures artificielles,* c'est-à-dire Celles que l'on donne aux chevaux par l'éducation : *Les allures naturelles du cheval sont le pas, le trot et le galop ; l'amble est une allure artificielle.*— ALLURE, au fig., Tournure que prend une affaire, manière dont elle est dirigée : *Notre procès prend une mauvaise allure. Il a donné une mauvaise allure à nos affaires.*—Manière dont quelqu'un se conduit : *Je vous engage à changer d'allure.*

ALLURES s'emploie au pluriel dans le même sens : *On reconnaît l'hypocrite à ses allures.* BOISTE. *Nous devons régler nos allures par la décence et la circonspection.* GIRARD.—*Avoir des allures,* se dit pour Un commerce secret de galanterie : *On la soupçonne d'avoir des allures. Il a vieilli dans ce sens.*— vén. Manière dont marchent les bêtes fauves.—Endroit par où elles passent. — min. Marche d'un filon dans la roche qu'il traverse.—mar. Disposition d'un vaisseau en marche, relativement au vent. On distingue trois allures : *Au plus près, Vent largue, Vent arrière.*

**ALLUSION**, s. f. (prononcez les *ll* : du lat. *allusio,* action de jouer avec, dér. du v. *alludere,* jouer, badiner avec, comp. de *ad,* à, et de *ludere,* jouer.) lit. Figure de rhétorique par laquelle en disant une chose, on en rappelle une autre avec finesse, avec malice. Quand Caracalla prenait les titres de *très-grand parthique, très-grand sarmatique,* à cause de ses prétendues victoires sur les Parthes et les Sarmates, un sénateur ajouta : et le *très-grand gétique* ; il faisait allusion au meurtre de Géta, son frère, que Caracalla avait assassiné dans les bras de leur mère. *Allusion fine, ingénieuse. Allusion naturelle. Allusion insipide.*—Il s'emploie dans le langage habituel : *En me parlant ainsi elle faisait allusion à ma conduite passée.* MARIV. *Son discours a été une allusion perpétuelle aux événements qui se passent. La censure a soigneusement effacé tout ce qui pouvait paraître allusion politique. Ce passage a été saisi comme une allusion ingénieuse aux mœurs d'aujourd'hui. Cette allusion est bien froide et bien forcée.*

**ALLUVIAL, ALE**, adj. (V. *Alluvion.*) géol. Qui est le produit ou qui a les caractères d'une alluvion : *Terre alluviale. Plaine alluviale.*

**ALLUVIEN, ENNE**, adj. (du lat. *alluvius,* laissé, abandonné par les eaux après un débordement.) géol. Se dit Des terrains qui sont formés des dépôts qu'abandonnent les eaux dans les terres voisines de la mer ou des grands fleuves.

**ALLUVION**, s. f. (du lat. *alluvio, -nis,* débordement, produit d'un débordement, alluvion, dérivé de *alluere,* laver, baigner, se déborder ; rac. *luo,* délayer, laver, lequel vient du grec *λούω,* je lave.) Accroissement successif du sol qui a lieu par l'amoncellement insensible de terre à l'un des bords d'une rivière, ou qui se trouve formé par le retrait de cette rivière, lorsqu'elle se dirige d'un autre côté : *Ce terrain a été formé par alluvion. Les terrains d'alluvion. Ces terres se sont augmentées par des alluvions successives. Droit d'alluvion.*— géol. Produit de matières transportées et roulées par les eaux, puis déposées par elles de manière à former en certains lieux ce qu'on appelle des terrains d'alluvion.

**ALLUX**, s. m. zool. Avant-dernier article du tarse des insectes.

**ALMADIE**, s. f. mar. Petite barque mal construite, à l'usage des sauvages de la côte d'Afrique. — Long vaisseau des Indes qui ressemble à une navette.

**ALMAGESTE**, s. m. (en grec *σύνταξις μεγίστη,* arrangement, ou traité très-grand, titre d'un ouvrage de Ptolémée, dont les Arabes, lorsqu'ils ont traduit l'ouvrage, prenant le dernier mot et y joignant l'art. *al,* ont fait *almageste.*) Collection très-ancienne d'observations astronomiques : *L'Almageste de Ptolémée.*

**ALMAGRA**, s. f. Sorte d'argile rougeâtre, ocreuse, qui, réduite en poudre, remplace le fard dans les Indes : *Les femmes de l'Inde se servent de l'almagra pour se teindre le visage.*

**ALMANACH**, s. m. (CH est absolument muet, mot formé de l'art. arab. *al,* et du semit. *mana, manach,* compter, calculer, supputer.) Calendrier contenant en détail les divisions de l'année, l'indication de chaque jour, des fêtes religieuses et des phénomènes célestes, des éclipses, le cours du soleil et de la lune, etc. : *L'almanach de cette année. L'almanach nouveau n'a pas encore paru. Un almanach de poche, de cabinet. Almanach perpétuel. L'almanach de l'année dernière. Ce saint n'est pas dans l'almanach. Consulter, ouvrir un almanach. Faire des almanachs. Un fabricant d'almanachs. Il vend des almanachs pour vivre.* — On emploie ce mot par extension, pour désigner Certaines publications annuelles, qui contiennent, outre l'almanach, un grand nombre d'indications, telles que le personnel des administrations publiques et les mutations qui y surviennent, détails de statistique et diverses autres notions d'un intérêt général : *L'Almanach royal,* l'Almanach *du commerce,* l'Almanach *populaire,* l'Almanach *des campagnes.* — fig. et prov. : *C'est un almanach de l'an passé,* C'est une chose dont l'utilité est passée, qui n'a plus aucun intérêt : *Je ne prendrai plus de ses almanachs,* Je ne me conduirai plus d'après ses conseils, d'après ses prévisions. Dans un sens contraire : *Je vous engage dorénavant à prendre de mes almanachs,* A avoir foi en mes prévisions et à vous conduire en conséquence. — On appelle fam. *Un faiseur d'almanachs,* Un homme qui fait pour les autres des pronostics en l'air, ou qui se nourrit d'idées dont la réalisation est impossible. Dans le même sens : *Faire, composer des almanachs.* — ALMANACH NAUTIQUE, s. m. mar. Livre de la connaissance des temps, dont les tables sont calculées pour le méridien de Paris depuis 1788.

**ALMANDINE**, s. f. min. Sorte de rubis rougeâtre assez estimé.—(V. *Alabandine.*)

**ALMÈNE**, s. m. poids et m. Poids de deux livres environ (un kilo), usité dans les Indes Orientales.

**ALMODIA**, s. f. V. ALMADIE.

**ALMUD** ou **ALMOUD**, s. m. poids et m. Mesure de capacité pour les liquides, qui est usitée en Portugal et en Turquie : *L'almud des Canaries vaut* 5,218 *litres ; celui de Constantinople* 5,227 *litres ; et celui de Portugal,* 16,144 *litres de France.*

**ALOÈS**, s. m. (lat. *aloe,* gr. *ἀλόη.*) bot. Genre de plantes appartenant à la famille des asphodèles. On donne encore le nom d'aloès à un suc concret extrato-résineux, que l'on tire de ces plantes pour l'employer en médecine.

ALOÈS (bois d') ou BOIS D'AIGLE, s. m. bot. On nomme ainsi Le bois, non pas d'un aloès, mais de l'aquilaire de Malacca, *aquilaria malaccensis.* Ce bois est résineux, d'une odeur agréable et aromatique. Dans l'Inde, on le brûle dans des cassolettes pour jouir de son délicieux parfum.

**ALOÉTIQUE**, adj. des 2 g. pharm. Il se dit De préparations dans la composition desquelles il entre principalement de l'aloès.

**ALOGANDROMÉLIE**, s. f. (nom composé de *ἄλογος,* absurde, irrégulier, anormal, de *ἀνήρ, ἀνδρός,* homme, et de *μέλος,* membre.) mam. Monstruosité réelle ou supposée, dans laquelle des membres d'homme sont adhérents au corps d'un animal.

**ALOGIE**, s. f. (du gr. *ἀλογία,* déraison, absurdité, comp. de *α* priv. et de *λόγος,* discours, verbe, pensée, raison.) scol. Absurdité, extravagance.

**ALOGIQUE**, adj. des 2 g. (de *α* priv. et de *λόγος,* raisonnement.) scol. Qui n'a pas besoin de raisonnement, qui ne doit pas être discuté ; certain, indubitable.

**ALOGNE** ou **ALLOGNE**, s. f. artill. Cordage qui sert à affermir les pontons pour former un pont :

*Une alogne, longue de cent quatre-vingts pieds et n'ayant qu'un pouce de diamètre, pèse ordinairement cent livres.*

**ALOGOTROPHIE**, s. f. (du gr. ἄλογος, sans raison, sans règle, disproportionné, et de τροφή, nourriture, nutrition.) méd. irrégularité de la nutrition ; mot surtout employé pour désigner la manière anormale dont se fait la nutrition des os chez les rachitiques.

**ALOI**, s. m. Titre de l'or et de l'argent : *Or, argent de bon aloi*, Qui est au titre légal ; - *de bas aloi*, Qui n'est pas à ce titre : *Ces lingots sont de bas aloi.* — Il se dit par extension pour exprimer La qualité d'une marchandise, d'une drogue : *Ce sont des denrées de mauvais aloi. Ces drogues ne sont pas de bon aloi.* — fig. *Vos procédés ne sont pas de bon aloi*, Ne sont pas conformes à la justice, à la probité. *Une conduite de mauvais aloi. Un homme de bas aloi*, De basse condition. *Voici des vers de bon aloi*, De bons vers, bien frappés. De même on dit : *Des vers de mauvais aloi, de bas aloi,* Qui sont mal pensés et mal tournés : *Ce n'est pas là un style de bon aloi. C'est une pensée de bon aloi. Cela est de bon aloi*, Cela est juste, cela doit être : *Entre rivaux, mon cher, tout est de bon aloi.* C. D'HARL.

**ALOÏNE**, s. f. chim. Alcali d'existence problématique qu'on dit se trouver dans l'aloès.

**ALOÏNÉ, ÉE**, adj. bot. Qui a de la ressemblance avec l'aloès. — *Aloïnées*, s. f. pl. Groupe de plantes liliacées.

**ALOÏQUE**, adj. des 2 g. chim. Il se dit De l'acide qu'on obtient en traitant l'aloès par l'acide sulfurique.

**ALOMIE**, s. f. bot. Genre de plante de la Nouvelle-Espagne.

**ALOMIÉ, ÉE**, adj. bot. Qui ressemble à l'alomie. — *Alomiées*, s. f. pl. Groupe de plantes à fleurs composées.

**ALOPÉCIE**, s. f. (du gr. ἀλωπεκία, la *chose* du renard, mal de renard : rac. ἀλώπηξ, ἀλώπεκος, renard. D'après une opinion accréditée, le renard est sujet à une maladie qui le dépouille de tous ses poils.) méd. Maladie qui fait tomber les poils et les cheveux.

**ALOPÉCURE**, s. f. (du gr. ἀλωπέκουρος, queue de renard ; composé de ἀλώπηξ, -υκος, renard, et οὐρά, queue.) bot. Plante de la famille des graminées.

**ALOPÉCUROÏDE**, adj. des 2 g. (V. *Alopécure*.) hist. nat. Qui a de la ressemblance avec l'alopécure ou la queue de renard.

**ALORS**, adv. de temps. (V. *Lors*.) En ce temps-là, dans cette circonstance : *Alors parut un homme. C'est alors que ces événements se passèrent. Alors, j'allai le trouver.* — *Les hommes d'alors, la mode d'alors, les mœurs d'alors*, Les hommes, la mode, les mœurs de ce temps-là. — *Jusqu'alors*, Jusqu'à ce temps-là, jusqu'à ce moment : *Jusqu'alors, je l'avais considéré comme un honnête homme.* — *Alors comme alors*, expression proverbiale pour exprimer que Lorsque les temps ou cette circonstance seront arrivés, on avisera à ce qu'il faudra faire : *Ne vous inquiétez pas de l'avenir, alors comme alors.* — *Alors que* s'emploie dans le haut style pour lorsque : *Alors que du Très-Haut la voix se fit entendre.* CHÉNED.

**ALOSE**, s. f. (du lat. *alosa*, même sens, lequel vient sans doute du gr. ἀλοσύνη, qui habite la mer, parce que l'alose est un poisson de mer qui remonte dans les fleuves.) ichth. Nom d'un poisson du genre clupée et du sous-genre hareng, qui remonte annuellement dans nos grands fleuves : *Pêcher aux aloses. Nous avons là des aloses bien fraîches.*

**ALOSIER**, s. m., ou **ALOSIÈRE**, s. f. (V. *Alose*.) pêch. Sorte de filet qui sert à prendre des aloses. V. VERVEUX.

**ALOUATE** ou **SINGE HURLEUR**, s. m. mam. Espèce de quadrumane américain appartenant à la famille des sapajous.

**ALOUCHE**, s. m. bot. Fruit comestible de l'alouchier ou alisier blanc, *cratægus aria*.

**ALOUCHI**, s. m. com. Résine odoriférante qui découle du cannelier blanc ou plutôt du *wintera aromatica* : *Il se fait à Londres un immense débit d'alouchi.*

**ALOUCHIER**, s. m. bot. Nom vulgaire des alisiers terminal et blanc.

**ALOUETTE**, s. f. (du br. *alc'houedez*, pl. *ac'houe-*

*dezed*, même sens, d'où par contraction on aura fait *alouedez*, orthographe donnée par Lepelletier. Ce nom, que les Romains ont reconnu pour gaulois, était rendu en latin par *alauda*, prononcé sans doute *ala ouda*.) ornith. Petit oiseau de l'ordre des granivores, dont le chant est assez agréable : *Les alouettes font leur nid dans les blés, quand ils sont en herbe.* LA FONT. *Chasser aux alouettes. Prendre des alouettes au miroir. Embrocher des alouettes. Le chant de l'alouette. Acheter une demi-douzaine d'alouettes.* — On appelle vulgairement *Terres à alouettes*, Des terres sablonneuses. — prov. *Dans ce pays-là, les alouettes tombent du ciel toutes rôties*, C'est un pays où la vie est très-facile. *Il attend que les alouettes lui tombent toutes rôties*, Il veut que les choses lui réussissent sans se donner la moindre peine. — *Si le ciel tombait, il y aurait bien des alouettes prises*, signifie Qu'à l'aide de suppositions on peut arriver aux conclusions les plus absurdes ou les plus impossibles.

**ALOUETTE DE MER**, s. f. On donne ce nom à deux oiseaux, l'un du genre des chevaliers, l'autre du genre des bécasseaux.

**ALOUETTINE**, s. f. (V. *Alouette*.) ornith. Nom de l'alouette des prés, *alauda pratensis*, que l'on nomme aussi *Pipit* et *Fourlous*.

**ALOURDIR**, v. a. (V. *Lourd*.) Rendre plus pesant : *Les années l'ont terriblement alourdi. L'âge avait alourdi son pas.* — au fig. *Ces travaux ont alourdi son imagination.* — S'ALOURDIR, v. pron. Devenir lourd : *Le temps s'alourdit. Ma tête s'alourdit.* Fam.

**ALOURDI, IE**, part. *Avoir la tête alourdie par le travail.*

**ALOYAGE**, s. m. techn. Sorte d'alliage dont se servent les potiers d'étain. Action de donner l'aloi à l'or et à l'argent ; résultat de cette action.

**ALOYAU**, s. m. (du gal. *aelod ol*, lombes, dos ; à la lettre : membre de derrière, membre postérieur.) bouc. et art c. Pièce de bœuf coupée le long du dos : *Un aloyau rôti. Un morceau d'aloyau. Un gros, un petit aloyau. Aloyau de la première, de la seconde pièce. Filet d'aloyau au vin de Madère.*

**ALOYER**, v. a. techn. Donner à l'or et à l'argent l'aloi ou le titre ordonné par la loi. — pot. Mettre un alliage dans l'étain.

**ALOYÉ, ÉE**, part.

**ALPACO.** V. ALPAGA.

**ALPAGA** ou **ALPAGAS**, s. m. Brillante étoffe de laine : *Un manteau d'alpaga.* V. ALPAQUE.

**ALPAGA** ou **ALPAGUE**, s. f. mam. Quadrupède d'Amérique assez semblable au lama et à la vigogne, qui sert, au Pérou, de bête de somme et dont la laine est fort utile, quoique moins fine que celle de la vigogne.

**ALPAM**, s. m. bot. Arbrisseau toujours vert des Indes.

**ALPES**, s. f. pl. (de *Alpes*, nom des hautes montagnes qui séparent la France de l'Italie, nom que les anciens croyaient gaulois ou celtique, et que nous retrouvons en gaélique : *alpa*, des montagnes, dont la racine paraît être *ailp*, masse. On reconnaît encore la même racine dans *sliab*, mot plus usité aujourd'hui en irl. et dans la langue erse pour exprimer une montagne.) bot. et agric. Ce nom, en agriculture et en botanique, ne s'applique pas à une montagne ou à une chaîne de montagnes particulières, mais bien à des pâturages très-élevés, près du sommet des hautes montagnes de tous les pays : *Il y a des alpes en Savoie, dans les Pyrénées, en Auvergne, dans les Cordilières, dans les Hymalayas, et sur toutes les hautes montagnes de la terre.*

**ALPESTRE**, adj. des 2 g. (du lat. *alpestris*, formé de *alpes*, Alpes.) Qui appartient aux Alpes, qui provient des Alpes : *Les mœurs alpestres. Des plantes, des productions alpestres.*

**ALPHA**, s. m. Première lettre de l'alphabet grec, dont le nom s'emploie au figuré dans cette locution : *L'alpha et l'oméga*, Le commencement et la fin. *Je suis l'alpha et l'oméga.*

**ALPHABET**, s. m. (de *alpha* et *béta*, noms des deux premières lettres de l'alphabet grec, prononcées *alpha béta*, par suite *alphabet*.) Réunion des lettres admises dans l'écriture d'une langue, rangées selon l'ordre établi par l'usage. Il se dit aussi D'un livre où sont contenus les premiers éléments de la lecture : *On a distribué des alphabets aux enfants de cette école.* — fig. *Il n'est encore qu'à l'alphabet de cette science*,

Il n'en est encore qu'aux premiers rudiments. *Renvoyer quelqu'un à l'alphabet*, Le renvoyer aux principes d'une chose dont il n'a pas la moindre connaissance et qu'il affecte de connaître. — impr. Système des lettres de l'alphabet qu'on emploie dans leur ordre naturel comme signatures des feuilles qui forment un volume : *Ce volume a deux alphabets.* Cette manière de mettre ou marquer les signatures d'un ouvrage est remplacée plus communément par les chiffres 1, 2, 3, etc. — com. Registre composé de vingt-quatre feuillets, cotés et marqués chacun d'une lettre de l'alphabet, en se succédant les unes aux autres sur une même ligne verticale. — diplom. *Alphabet* où les lettres sont disposées par ordre, avec les caractères ou chiffres qui y correspondent, etc.

**ALPHABÉTAIRE**, adj. des 2 g. (V. *Alphabet*.) *Auteur* alphabétaire, Qui suit l'ordre alphabétique dans son ouvrage : *Table* alphabétaire. V. ALPHABÉTIQUE.

**ALPHABÉTIQUE**, adj. des 2 g. (V. *Alphabet*.) Qui est de l'alphabet : *Ordre alphabétique*, Ordre dans lequel se trouvent rangées les lettres de l'alphabet. *Table* alphabétique, Table dont les matières sont disposées par ordre alphabétique : *Il faudra ranger tous ces noms par ordre* alphabétique. *La manière la plus simple pour disposer ces matières, serait de suivre l'ordre* alphabétique. — On appelle : *Écriture* alphabétique, Celle qui se fait au moyen des lettres, par opposition à l'*écriture hiéroglyphique*.

**ALPHABÉTIQUEMENT**, adv. Dans l'ordre alphabétique : *Rangez ces noms* alphabétiquement.

**ALPHANET** ou **ALPHANETTE**, s. m. V. TUNISIEN.

**ALPHÉNIC**, s. m. (c'est le nom arab. du sucre candi.) pharm. Sucre candi. Sucre d'orge.

**ALPHITIDON**, s. m. (du grec ἄλφιτον, farine.) chir. Fracture du crâne, dans laquelle les os sont tellement broyés qu'ils semblent réduits en farine.

**ALPHONSIN**, s. m. (du prénom de *Ferri*, son inventeur, qui s'appelait *Alphonse*.) chir. Instrument de chirurgie, espèce de tire-balle.

**ALPHOS**, s. m. (du grec ἀλφός, blanc.) méd. variété de la lèpre, caractérisée par des taches blanches. La *lèpre blanche* des anciens peut être rapportée à cette maladie.

**ALPIN, INE**, adj. hist. nat. Il se dit souvent Des plantes qui croissent sur les hautes montagnes, ou des animaux qui vivent sur le sommet de ces montagnes. On l'emploie aussi en parlant Des roches auxquelles on a cru que celles des Alpes se rapportaient.

**ALPINIE**, s. f. bot. Genre de plantes qui croissent dans les deux Indes.

**ALPINE**, adj. bot. Plantes alpines, celles qui ne se trouvent que sur le sommet des hautes montagnes.

**ALPICOLE**, adj. des 2 g. (du lat. *alpes*, Alpes, hautes montagnes, et *colere*, cultiver, habiter.) bot. Qui habite les Alpes ou les hautes montagnes.

**ALPIOU**, s. m. jeu. A la bassette, Marque que l'on fait à sa carte pour indiquer que l'on double sa mise après avoir gagné.

**ALPISTE**, s. m. bot. Genre de plantes de la famille des graminées, dont la graine sert de nourriture aux petits oiseaux. Celle du *phalaris canarius*, plus connue sous le nom de *graine d'aspic*, donne une farine nutritive que les anciens employaient pour calmer les douleurs de reins et de la vessie.

**ALQUIER**, s. m. p. et mes. Mesure de capacité pour les liquides, usitée en Portugal. Elle vaut 13,5650 litres. — Alquier *de Lisbonne*, Mesure pour les grains, de la contenance de dix-neuf setiers de Paris.

**ALQUIFOUX**, s. m. (d'un mot arabe précédé de l'article, lequel signifie galène ou plomb sulfuré.) com., art et mét. Galène ou sulfure de plomb natif : *Les femmes d'Égypte et de Syrie se teignent les paupières avec un cosmétique où entre l'alquifoux. Dans quelques-unes de nos provinces du Midi, l'alquifoux sert à vernir les poteries de terre.*

**ALSINE**, s. f. (du gr. ἀλσίνη, margeline, rac. ἄλσος, bois, forêt, parce que cette plante croît dans les bois.) bot. Mouron des oiseaux, ou morgeline. V. MORGELINE.

**ALSINÉ, ÉE**, adj. (V. *Alsine*.) bot. Qui ressemble à l'alsine. — *Alsinées*, s. f. pl. Familles de plantes phanérogames, dicotylédones, polypétales des cariophyllinées.

**ALSODÉE**, s. f. (du gr. ἀλσώδης, qui vient dans

les bois.) bot. Genre de plantes de la famille des violacées, comprenant des arbres ou arbrisseaux de Madagascar.

**ALSODINÉ, ÉE**, adj. (V. *Alsodée*.) bot. Qui ressemble à une alsodée, qui en a les caractères. — *Alsodinées*, s. f. pl. Famille de plantes ayant pour type les alsodées.

**ALSOPHILA**, s. f. (du gr. ἄλσος, bois, et de φίλος, ami.) bot. Genre de plantes de la famille des fougères, comprenant une espèce arborescente de la Nouvelle-Hollande.

**ALSTROÉMÉRIE**, s. f. bot. Genre de plantes de la famille des narcissoïdes, et de l'hexandrie monogynie : *Le lis des Incas, dont la fleur est si remarquable, est une alstroémérie. L'alstroémérie comestible s'appelle, aux Antilles, topinambour blanc, et sert à nourrir les esclaves.*

**ALSTROÉMÉRIÉ, ÉE**, adj. bot. Qui a les caractères d'une alstroémérie. — *Alstroémériées*, s. f. pl. Famille de plantes tenant son nom de l'alstroémérie.

**ALTAMBOR**, s. m. Sorte de tambour en usage chez les Maures.

**ALTÉRABLE**, adj. des 2 g. (V. *Altérer*.) Qui est susceptible d'être altéré, dont la nature peut être modifiée : *Cette matière est très-altérable. Tous les métaux ne sont pas également altérables.*

**ALTÉRANT, TE**, adj. Qui cause de la soif : *Le sel est très-altérant.* — méd. On appelle *altérants* Les médicaments qui changent ou modifient l'état des solides et des liquides.

**ALTÉRATION**, s. f. (V. *Altérer*.) Modification apportée dans l'état général d'un corps ou dans certaines de ses qualités : *L'altération d'un sel. Ces matières subissent des altérations graduelles et presque insensibles. Cette altération est lente. L'altération des qualités d'un corps.* — Il se prend habituellement pour exprimer Un changement en mal dans l'état d'une chose : *Le temps a fait subir aux couleurs de ce tableau une grave altération. Ses excès ont causé une grande altération dans sa santé. Jamais mon amitié pour vous n'a éprouvé la moindre altération. L'altération du sang. L'altération que la maladie avait causée dans ses traits m'empêchait de le reconnaître. Il était facile de voir que ce passage avait éprouvé des altérations frauduleuses. Certaines parties des livres saints avaient subi des altérations considérables.* FLEURY. *L'altération des organes a été la suite de ce régime. Dès lors on pouvait apercevoir des altérations sensibles dans les mœurs et les usages du peuple romain.* BOSS. *L'altération de son caractère vient de ses longs chagrins.* ACAD. — *Altération du visage, des traits, de la voix.* Avec ces derniers mots, il n'exprime souvent qu'Un changement passager produit par une émotion vive : *L'altération de ses traits nous annonça d'abord qu'il venait d'échapper à un danger terrible.* PRÉV. *L'altération de sa voix témoignait de l'émotion qu'il éprouvait. Il fut trahi par l'altération subite de son visage.* — *Altération des monnaies,* Falsification qu'on leur fait subir en y mettant trop d'alliage, etc. *Sous les premiers Valois, l'altération des monnaies fut portée à un excès monstrueux.*

**ALTÉRATION**, Soif excessive : *Il a une altération continuelle. Ces travaux m'avaient causé une grande altération.* — méd. *Altération de la face;* altération *des médicaments* ou sophistication ; altération *des aliments dans l'estomac,* soif intense, accompagnée de sécheresse du gosier et de la langue. — méd. vét. Altération *du flanc,* Lorsque les mouvements du flanc sont fréquents et irréguliers. — agric. Diminution de l'activité de la sève dans un végétal. Dessèchement progressif qui a lieu dans les terres qui n'ont pas été suffisamment arrosées.

**ALTÉRATRICE**, adj. f. méc. Il se dit d'Une force qui change ou diminue une autre force dans une machine.

**ALTERCATION**, s. f. (du lat. *altercatio*, querelle, dispute, débat; dér. de *altercari*, disputer, débattre.) Dispute, débat entre plusieurs personnes : *La séance a été troublée par de fréquentes altercations. Ce sont entre eux des altercations continuelles. On n'aurait pas cru qu'il y eût là matière à altercation. Terminez cette altercation.* On dit aussi *Altercas;* mais ce mot a vieilli.

**ALTÉRER**, v. a. (du lat. *alterare*, changer, *alteratio*, changement ; et aussi de *adulterare*, gâter, corrompre.) Modifier l'état général d'une chose ou quelques-unes de ses qualités, la modifier



en mal : *Le soleil altère les couleurs. Les longs travaux altèrent la santé. Cette maladie lui a altéré le sang. La mauvaise nourriture altère les organes de la digestion. De longues fatigues ont altéré ce tempérament robuste. Les souffrances altèrent et aigrissent le caractère. Ne devraient-ils pas être punis comme empoisonneurs, ceux qui, par des livres infâmes, altèrent les mœurs publiques?* MER. *Il n'y a rien qui puisse altérer notre amitié. Les années ont cruellement altéré sa beauté. Rien que le souvenir d'un pareil homme suffit pour altérer notre bonheur.* PRÉV. — Causer une modification passagère : *L'émotion altère sa voix. Quel sujet inconnu vous trouble et vous altère?* BOIL. — fig. Altérer *un livre, un discours,* Y faire des changements : *Vous avez altéré le texte de ce passage dans votre citation. Vous ne l'avez pas cité tel qu'il est. Altérer la vérité dans un récit,* Ne pas raconter un fait tel qu'il s'est passé. Altérer *le sens d'un passage,* Détourner ce passage de son véritable sens. Altérer *les monnaies,* Les falsifier en y mettant trop d'alliage. — Altérer, Causer de la soif : *Le travail l'a altéré.* — S'ALTÉRER, Subir des modifications en mal : *Le vin s'altérera si vous ne le renfermez pas. Nos mœurs se sont beaucoup altérées.* — S'altérer, Gagner de la soif : *Il s'altère à force de travailler.*

**ALTÉRÉ, ÉE**, part. Son visage, ses traits sont altérés. *Il s'exprimait d'une voix altérée par la crainte. Ce cheval a le flanc altéré. Les mouvements de son flanc sont fréquents et irréguliers. — Cet homme est toujours altéré,* Il a toujours soif, ou bien, il aime à boire, il y est toujours disposé. — fig. Altéré *de sang, tigre altéré de sang,* se dit d'Un homme qui aime à répandre le sang.

**ALTERNAT**, s. m. Action ou droit d'alterner : *On lui a proposé l'alternat.* — hist. Il se dit Du privilège en vertu duquel deux villes deviennent alternativement le siège du gouvernement.

**ALTERNATIF, IVE**, adj. Qui a lieu l'un après l'autre ; se dit de Deux choses qui agissent tour à tour : *Un mouvement alternatif. Ces deux machines font un service alternatif. Ce sont deux ressorts alternatifs.* — Il se dit aussi Des charges exercées successivement par deux ou plusieurs personnes : *Un office alternatif. Des charges alternatives.*

**ALTERNATION**, s. f. (V. *Alterner*.) Action d'alterner ; changement qui résulte de cette action. Peu usité. — algèb. *Alternation.* V. PERMUTATION.

**ALTERNATI-PENNÉ, ÉE**, adj. bot. Se dit d'Une feuille composée, dont les folioles sont alternes et et non opposées.

**ALTERNATIVE**, s. f. (V. *Alterner*.) Option, choix à faire entre deux choses : *Il est très-embarrassé sur l'alternative. Nous nous trouvons dans une cruelle alternative. Laisser à quelqu'un l'alternative.* — Succession de deux choses qui ont lieu tour à tour : *L'alternative des jours et des nuits. Sa vie a été une alternative de grandes joies et de grands chagrins.*

**ALTERNATIVEMENT**, adv. Tour à tour, l'un après l'autre : *Commander alternativement. Selon la Fable, les deux frères vivaient et mouraient alternativement.* — bot. *Feuilles placées alternativement.* V. ALTERNE.

**ALTERNE**, adj. des 2 g. (du lat. *alternus*, qui se fait tour à tour, qui se met l'un après l'autre.) Il se dit généralement Des choses qui sont l'une d'un côté, l'autre de l'autre : *Angles alternes,* par rapport à une même droite. On dit encore qu'une *Proportion est alterne,* par rapport à une autre. Quand les moyens y sont disposés dans un ordre inverse. — bot. Placé alternativement des deux côtés : *Feuilles alternes,* Placées alternativement de chaque côté de la tige. l'une plus basse que l'autre; *pétales alternes,* Placés dans l'intervalle qui existe entre les divisions du calice ; *étamines alternes,* Placées entre les pétales ou les divisions de la corolle, non devant.

**ALTERNER** (du lat. *alternare,* faire tantôt une chose, tantôt une autre, faire tour à tour; *alternus,* mis l'un après l'autre, qui se fait alternativement ; r. *alter,* l'un, l'autre.) Remplir à deux et tour à tour les mêmes fonctions, faire tour à tour la même chose : *Il alterne avec son frère pour la surveillance des travaux.* — Il se dit également Des choses qui se succèdent : *Leurs fonctions doivent alterner.* — Des objets qui se reproduisent successivement d'une façon régulière : *Rien de plus délicieux que ces champs d'or et de pourpre qui alternent avec de magnifiques bouquets de verdure.* ROUSS. — agric. Alterner *un champ,*

Lui faire produire successivement du blé et du fourrage. On l'emploie aussi dans ce sens d'une façon absolue : *Il faut alterner tous les ans.* — v. n. dr. polit. Avoir le privilège de l'alternat. V. ALTERNAT.

**ALTERNÉ, ÉE**, part. Il se dit adj. en t. de blas. en parlant des pièces qui se correspondent.

**ALTERNIFLORE**, adj. des 2 g. (du lat. *alternus,* l'un après l'autre, et de *flos, floris,* fleur.) bot. Qui produit des fleurs alternes.

**ALTERNIFOLIÉ, ÉE**, adj. (du latin *alternus,* l'un après l'autre, alterne, et de *folium,* feuille.) bot. Qui a des feuilles alternes.

**ALTERNIPÈDE**, adj. des 2 g. (du lat. *alternus,* l'un après l'autre, alterne, et de *pes, pedis,* pied, patte.) hist. nat. Qui a les pattes alternativement de deux couleurs différentes.

**ALTESSE**, s. f. Titre d'honneur que l'on donne à certains princes : *Altesse électorale, Altesse royale, sérénissime. Donner de l'altesse à quelqu'un. Je lui donnais de l'altesse, et il me donnait du monseigneur.* VOLT. — On écrit souvent par abréviation : *S. A.* pour *Son Altesse.*

**ALTHÆA**, s. f. (du gr. ἀλθαίνω, je guéris, parce que cette plante s'emploie de temps immémorial en médecine.) bot. Nom devenu vulgaire de l'*hibiscus syriacus.* V. KETMIE.

**ALTHÉINE**, s. f. (du gr. ἀλθαία, mauve. V. *Althœa.*) chim. Principe salifiable qu'on croit exister dans la guimauve.

**ALTIER, ÉRE**, adj. (du lat. *altus,* haut, élevé.) Orgueilleux, superbe, fier, hautain : *Un caractère altier. Une personne altière.* — Qui a de la fierté : *Une mine altière, une démarche altière. Lève, Jérusalem, lève ta tête altière.* RAC. — poét. Élevé : *Un chêne altier.*

**ALTIÈREMENT**, adv. (V. *Altier.*) D'une manière altière. Peu usité.

**ALTILOQUE**, adj. des 2 g. (du lat. *altus,* haut, élevé, et du suff. *loquax,* qui parle, parlant, dérivé de *loqui,* parler.) zool. Il s'applique à des oiseaux à ramage bruyant.

**ALTIMÈTRE**, s. m. (du lat. *altus,* haut, et de *metrum, μέτρον,* mesure.) géom. Instrument pour mesurer les hauteurs.

**ALTIMÉTRIE**, s. f. (V. *Altimètre.*) géom. Art de mesurer la hauteur, mesure des hauteurs : *L'altimétrie fait partie de la géométrie pratique.*

**ALTIMÉTRIQUE**, adj. des 2 g. géom. Qui a rapport à l'altimétrie.

**ALTIN**, ou **ALTINO**, s. m. fin. et com. Monnaie russe qui vaut trois kopecks, à peu près 12 cent.

**ALTIROSTRE**, adj. des 2 g. (du lat. *altus,* haut, élevé, et de *rostrum,* museau, bec.) ornith. Il se dit Des oiseaux dont le bec est plus long que large.

**ALTISE**, s. f. (du gr. ἄλλομαι, sauter, bondir; der. ἄλτικός qui saute.) entom. Genre de coléoptères sauteurs, appartenant à la famille des crysomélines, vivant en grand nombre sur les plantes crucifères, et faisant beaucoup de ravages dans nos potagers.

**ALTIVOLE**, adj. des 2 g. (du lat. *altus,* haut, et de *volare,* voler.) bot. Qui grimpe jusqu'au sommet des arbres les plus élevés, en parlant de certaines plantes.

**ALTMICHLEC**, s. m. com. et fin. Monnaie d'argent turque, qui vaut 60 paras, ou 3 fr. 52 cent. de France. Quelques-uns écrivent *Altmichles.*

**ALTO**, s. m. (de l'ital. *alto,* haut, élevé, qui vient du lat. *altus,* même sens.) mus. Sorte de violon plus grand que le violon ordinaire et monté à une quinte au-dessus. *Jouer de l'alto. Dans ce concert, il y avait deux altos.*

**ALTO-BASSO**, m. mus. Sorte d'instrument à cordes, carré, que l'on frappe avec des baguettes.

**ALTO-VIOLA**, s. m. mus. V. VIOLE.

**ALUCITADE**, adj. des 2 g. entom. Qui ressemble, qui a le caractère de l'alucite. — *Alucitades,* s. m. pl. Famille de papillons qui comprend les alucites.

**ALUCITE**, s. f. entom. Genre de papillons tinéites, dont les chenilles, connues sous le nom de teignes, font beaucoup de tort à nos récoltes, et particulièrement aux blés renfermés dans les greniers.

**ALUCO**, s. m. hist. nat. Nom vulgaire du hibou.

**ALUDE**, s. m. chim. Sorte de pots ou de chapiteaux ouverts par leurs parties inférieure et supérieure et qui peuvent s'emboîter exactement les uns sur les autres, de manière à former un tuyau plus ou moins long, selon le nombre des aludes. Le dernier alude est fermé, ou n'a qu'un petit trou à sa partie supérieure. — L'*Alude* est aussi L'assemblage de ces pots *sans fond* dont on se sert pour sublimer.

**ALUDEL**, s. f. (du lat. *aluta*, qui exprime une peau molle et délicate, passée à l'alun et mise en couleur, pour bourses, gants...) Espèce de basane colorée, qui a l'envers velu, dont on se sert pour couvrir les livres.

**ALUINE**, s. f. bot. Un des noms sous lesquels on désigne l'absinthe. V. ce mot.

**ALULE**, s. f. ornith. et entom. Nom donné au bout de l'aile d'un oiseau et à une petite écaille qui se rencontre à l'extrémité de l'aile de certaines espèces d'insectes diptères.

**ALUMELLE**, s. f. Longue lame d'épée ou de couteau. Il vieillit. — tabl. et peig. Outil d'acier avec lequel les tabletiers-peigneurs polissent et achèvent leurs peignes. — mar. *Alumelles*. Petites plaques de fer dont on tapisse les deux faces verticales des trous quadrangulaires pratiqués dans la tête d'un gouvernail, d'un cabestan ou d'un guindeau, afin que les barres destinés à mouvoir ces machines y rencontrent un appui solide. — *Alumelle* signifie encore Soutane ou robe sans manche. C'est probablement à cette acception qu'il faut rapporter le vieux proverbe : *Il s'est tué de sa propre* alumelle, c'est-à-dire, Il s'est ruiné, perdu par des excès, des débauches de plus d'un genre.

**ALUMINAIRE**, adj. des 2 g. (V. *Alumine*.) min. Il se dit De pierres volcaniques dans lesquelles il se trouve de l'alun tout formé.

**ALUMINATE**, s. m. (du lat. *aluminatus*, mêlé d'alun, où il entre de l'alun.) chim. Sel dans lequel l'alumine est un acide combiné avec une base salifiable.

**ALUMINE**, s. f. (du lat. *alumen*, *-inis*, même sens.) min. Substance terreuse, blanche, douce, onctueuse, insipide, happant à la langue, infusible sans addition, et qui n'est rien autre chose qu'un oxyde d'aluminium.

**ALUMINÉ**, ÉE, adj. min. Qui contient de l'alumine, qui a les caractères de l'alumine. V. les dérivés d'*Alumine* dans le Supplément.

**ALUMINEUX**, EUSE, adj. (du latin *aluminosus*, mêlé d'alun.) Qui est de la nature de l'alun.

**ALUMINIQUE-AMMONIQUE**, adj. des 2 g. chim. Se dit De deux sels combinés, l'un à base aluminique, et l'autre à base ammonique.

**ALUMINICO-BARYTIQUE**, adj. des 2 g. chim. On appelle ainsi Deux sels combinés, l'un à base aluminique et l'autre à base barytique.

**ALUMINICO-CALCIQUE**, adj. des 2 g. chim. S'applique à la Combinaison de deux sels à base aluminique et à base de calcium.

**ALUMINICO-HYDRIQUÉ**, adj. des 2 g. chim. Se dit d'un Sel à base aluminique, combiné avec un composé hydrique.

**ALUMINICO-LITHIQUE**, adj. des 2 g. chim. S'applique à l'Union d'un sel aluminique avec un sel lithique.

**ALUMINICO-MAGNÉSIQUE**, adj. des 2 g. chim. Se dit De deux sels combinés, l'un à base aluminique et l'autre à base magnésique.

**ALUMINICO-POTASSIQUE**, adj. des 2 g. chim. S'applique à l'Union de deux sels, l'un à base aluminique et l'autre à base potassique.

**ALUMINICO-SODIQUE**, adj. des 2 g. (V. *Alumine* et *Sodium*, sodique.) chim. Se dit d'Un sel à base aluminique uni à un sel sodique.

**ALUMINICO-ZINCIQUE**, adj. des 2 g. (V. *Alumine* et *Zinc*.) chim. Indication de la Combinaison d'un sel à base aluminique avec un sel à base de zinc.

**ALUMINIÈRE**, s. f. (V. *Alun*, *Alumine*.) min. Mine où fabrique d'alun.

**ALUMINIFÈRE**, adj. des 2 g. (du lat. *alumen*, *-inis*, alun, et de *fera*, *-um*, qui porte; dér. de *ferre*, porter.) min. Qui contient de l'alumine.

**ALUMINO-SILICATE**, s. m. (V. *Alumine* et *Silicate*.) chim. Sel dans lequel l'alumine et la silice jouent le rôle d'acide.

**ALUMINIQUE**, adj. des 2 g. (V. *Alumine*.) chim. Il se dit des Sels dans lesquels l'alumine entre comme base.

**ALUMINITE**, s. f. (V. *Alumine*.) Alumine pure. — *Aluminites*, s. m. pl. Famille de minéraux qui ont l'alumine pour base.

**ALUMINIUM**, s. m. (V. *Alumine*.) chim. Métal qui, combiné avec l'oxygène, produit l'alumine.

**ALUMINOXYDE**, s. m. (de *alumen*, alun, et du grec ὀξύτης, âpreté, aigreur, acidité, acide ; rac.

ὀξύς, aigre, sûr, acide.) min. Oxyde d'alumine, ou simplement Alumine.

**ALUMO-CALCITE**, s. f. min. Sorte d'opale.

**ALUN**, s. m. (du lat. *alumen*, *-inis*, même sens, par contraction.) chim. Sulfate d'alumine, sel de saveur austère et astringente, formé par la combinaison de l'acide sulfurique avec l'alumine, et une petite quantité de potasse ou d'ammoniaque : *L'alun est d'une grande utilité dans les arts. Les mégissiers et surtout les teinturiers font un continuel usage de l'alun. L'alun de Roche* (de Rocha, en Syrie) *nous arrive en grosse masse transparente. Alun brûlé ou calciné. Les aluns de France, bien épurés, peuvent rivaliser avec l'alun de Rome. Eau d'alun. Poudre d'alun. L'alun était connu autrefois sous la dénomination de vitriol d'argile ou d'alumine vitriolée.* —*Alun de plume*, L'alumine sulfatée fibreuse. *Alun naturel*, en filaments réunis.

**ALUNAGE**, s. m. teint. Action de tremper une étoffe dans une dissolution d'alun, pour la rendre propre à s'imprégner, d'une manière durable, des matières colorantes où on la plonge ensuite.

**ALUNATION**, s. f. (V. *Alun*.) chim. Préparation de l'alun.

**ALUNER**, v. a. (V. *Alun*.) chim. teint. Faire l'opération de l'alunage. V. ce mot. Aluner *des étoffes*, aluner *du papier*, aluner *du vin*.

**ALUNÉ**, ÉE, part.

**ALUNIÈRE**, s. f. min. Lieu d'où l'on tire de l'alun.

**ALUNIFÈRE**, adj. des 2 g. (de *alun*, et du suff. lat. *fer*, *fera*, *ferum*, qui porte, lequel vient du v. *ferre*, porter.) min. Qui contient de l'alun : *C'est une mine* alunifère.

**ALUNIQUE**, adj. des 2 g. (V. *Alun*.) min. Qui contient de l'alun pur ou tout formé.

**ALUNITE**, s. f. (V. *Alun*.) min. Espèce minérale venant à la suite de l'alumine sulfatée alcaline, ayant pour forme primitive un rhomboïde très-obtus, qu'on serait tenté de confondre avec le cube.

**ALURNE**, s. m. entom. Genre d'insectes coléoptères, de la famille des phytophages.

**ALUTACÉ**, ÉE, adj. (du lat. *aluta*, peau préparée, d'où dériv. *alutaceus*, de peau préparée, ou alutacé.) Qui ressemble à *l'alude*. V. ce mot.

**ALVARDE**, s. f. bot. Genre de graminées.

**ALVÉOLAIRE**, adj. des 2 g. (V. *Alvéole*.) anat. Qui est relatif aux alvéoles des dents : *Arcades* alvéolaires. (V. *Alvéoles*.) *Artère* alvéolaire. *Nerfs* alvéolaires. *Membrane* alvéolaire.—bot. Il se dit aussi des Paillettes d'un réceptacle commun, quand elles forment comme de petites alvéoles.

**ALVÉOLARIFORME**, adj. des 2 g. hist. nat. Qui a la forme d'une alvéole.

**ALVÉOLE**, s. m. (du lat. *alveolus*, dim. de *alveus*, loge, cavité.) On donne ce nom aux Petites cellules formées par les abeilles avec la cire, pour renfermer le miel, ou pour loger les larves et les nymphes. — anat. On appelle par analogie *Alvéoles*, Les cavités maxillaires dans lesquelles les racines des dents sont enchâssées.

**ALVÉOLÉ**, ÉE, adj. (V. *Alvéole*.) hist. nat. Qui a des alvéoles ou fossettes; semblable à un alvéole.— bot. *Réceptacle* alvéolé, Réceptacle dont la surface est creusée de trous anguleux, à bords élevés, amincis et mitoyens.

**ALVÉOLIFÈRE**, adj. des 2 g. (du lat. *alveolus*, petite loge, alvéole, et du suff. *fer*, *fera*, *ferum*, qui porte, lequel vient de *ferre*, porter.) hist. nat. Qui porte des alvéoles.

**ALVÉOLIFORME**, adj. des 2 g. (du lat. *alveolus*, alvéole, et de *forma*, forme.) hist. nat. Qui a la forme d'une alvéole d'abeilles.

**ALVÉOLITHE**, s. f. fossil. Genre de polypiers de l'ordre des milléporées, dans la division des polypiers entièrement pierreux, formés de couches concentriques, composées chacune d'une réunion de cellules alvéolaires.

**ALVÉOLO-LABIAL**, adj. m. (de *alveolus*, alvéole, et du lat. bar. *labialis*, labial, dér. de *labias*, lèvre.) anat. Il se dit d'Un muscle qui s'étend de la racine des dents aux lèvres. V. Buccinateur.

**ALVÉOLO-NASAL**, adj. m. (de *alveolus*, alvéole, et du lat. bar. *nasalis*, adj. formé de *nasus*, nez.) anat. Il se dit d'Un muscle, l'abaisseur du nez, parce qu'il tient à la fois aux alvéoles et au nez.

**ALVIN**, s. m. pêch. V. Alevin.

**ALVINAGE**, s. m. V. Alevinage.

**ALVINER**, v. a. V. Aleviner.

**ALVINIER**, s. m. V. Alevinier.

**ALVIN**, INE, adj. (du lat. *alvinus*, du ventre, du bas-ventre, dér. de *alvus*, ventre.) anat. et path. Qui concerne le ventre, le bas-ventre. Il ne s'emploie guère que dans ces phrases : *Déjections* alvines. *Évacuations* alvines.

**ALVI-THORAX**. (du lat. *alvus*, ventre, et de *thorax*, θώραξ, cuirasse.) zool. On appelle ainsi Le test des animaux articulés, qui couvre un tronc séparé de la tête : *La tortue est un* alvi-thorax.

**ALYDE**, s. f. entom. Genre d'insectes de l'ordre des hémiptères.

**ALYPE** ou **ALYPON**, s. m. V. Turbith.

**ALYSIE**, s. f. entom. Genre d'insectes hyménoptères de la tribu des ichneumonides, se rencontrant à terre au milieu des excréments.

**ALYSME**, s. m. (du grec ἀλυσμός, peine d'esprit, dér. de ἀλύω, ἀλύσσω, être inquiet, se chagriner, tomber dans l'abattement.) path. État d'anxiété, inquiétude, perplexité.

**ALYSON**, s. m. entom. Genre d'insectes hyménoptères, de la famille des crabonites.

**ALYSSE**, s. m. V. Alysson.

**ALYSSINÉ**, ÉE, adj. des 2 g. (V. *Alysson*.) bot. Qui ressemble à l'alysson.—*Alyssinées*, s. f. Tribu de la famille des crucifères qui comprend le genre alysson.

**ALYSSOÏDE**, adj. des 2 g. bot. V. Alyssiné.

**ALYSSON**, s. f. (du gr. ἄλυσσον; même signification, nom comp. de α priv. et de λύσσα, rage, parce que cette plante était réputée bonne contre la rage.) bot. Genre de plantes de la famille des crucifères, dont l'une, l'alysse saxatile, est très-cultivée dans nos jardins.

**ALYTES**, s. m. rept. Genre de reptiles de l'ordre des batraciens.

**ALZATÉE**, s. f. bot. Arbre qui croit au Pérou.

**AMABILITÉ**, s. f. (du lat. *amabilitas*, charme, agrément, dér. du v. *amare*, aimer, V. *Aimer*.) Douceur, politesse de caractère : *C'est une personne pleine d'*amabilité. — Manières douces et polies : *Il m'a reçu avec beaucoup d'*amabilité.—Il s'emploie quelquefois au pluriel : *Toutes ses petites* amabilités *se trouvèrent* en pure perte. Mariv.

**AMADES** ou **HAMADES**, s. f. pl. blas. On appelle de ce nom Trois listes plates et pareilles, qui traversent l'écu sans toucher aux bords d'aucun côté.

**AMADELPHE**, adj. des 2 g. (du gr. ἅμα, avec, ensemble, et de ἀδελφή, sœur.) bot. Il se dit de certaines plantes qui vivent réunies plusieurs ensemble.

**AMADIS**, s. m. (le S final se fait sentir; cette dénomination vient de ce que les acteurs qui représentèrent l'opéra d'Amadis, sous Louis XIV, avaient des manches ainsi faites.) Manche étroite de robe ou de veste, qui se boutonne exactement sur le poignet sans faire aucun pli : *Une manche en* amadis. *Essayer des* amadis. — phil. On l'emploie fam. pour signifier Un homme d'un caractère chevaleresque : *Ce militaire est un* amadis.

**AMADOU**, s. m. bot. Nom donné à plusieurs sortes de champignons, quand ils ont reçu une préparation qui les rend propres à prendre feu et à le retenir. Les espèces les plus employées pour faire de l'amadou sont les *polyporus igniarius* et *fomentarius*, connus sous le nom d'*amadouviers*.

**AMADOUEMENT**, s. m. Action d'amadouer, flatteric. Peu usité.

**AMADOUER**, v. a. Flatter quelqu'un, tâcher d'attirer à soi par de douces paroles, tâcher de vaincre la rudesse : *On obtient tout de lui en l'*amadouant. *C'est un caractère qui n'est pas facile à* amadouer. *Dans l'art d'*amadouer *les créanciers vous ne trouverez pas son pareil.* Il est familier.

**AMADOUÉ**, ÉE, part.

**AMADOUERIE**, s. f. (*Amadou*.) techn. Fabrique d'amadou.

**AMADOUEUR**, s. m. (*Amadouer*.) Celui qui amadoue, flatteur, flagorneur. fam. et peu usité. — techn. Fabricant d'amadou.

**AMADOURI**, s. m. comm. Sorte de coton qui nous vient d'Alexandrie, et d'après Trévoux.

**AMADOUVIER**, s. m. (V. *Amadou*.) bot. Champignon avec lequel on fait l'amadou et l'agaric des chirurgiens.

**AMAIGRIR**, v. a. (V. *Maigre*.) Rendre maigre : *Sa maladie l'a bien* amaigri. *On prétend que l'usage du vinaigre* amaigrit. — Il s'emploie aussi comme verbe neutre et signifie Devenir maigre : *Il amaigrit de jour en jour. Nos troupeaux amaigris-*

sent *sans que nous en puissions trouver la cause*. — Dans ce même sens il se dit plus souvent av c le pronom personnel : *Il n'était pas étonnant que je m'amaigrisse au métier qu'il me faisait faire*. MAUM. —sculpt. On dit d'Une figure de terre nouvellement faite, *qu'elle s'amaigrit en séchant*, Parce que les différents traits qui la composent diminuent et se réduisent. — techn. Amaigrir *une pierre, une pièce de charpente*, Les diminuer, les couper en angle aigu, afin de les mettre plus aisément à leur place. (V. *Démaigrir*.) — mar. Rendre le bordage d'un navire moins épais.

AMAIGRI, IE, part.

AMAIGRISSEMENT, s. m. (V. *Amaigrir*.) Diminution d'embonpoint : *Ce régime amènera un amaigrissement progressif*. État de la personne dont l'embonpoint a disparu : *Je la trouvai dans un état d'amaigrissement qui m'effraya. Ordinairement l'amaigrissement accompagne et suit les maladies. Quand l'amaigrissement précède la maladie, il annonce qu'elle sera fort dangereuse*.

AMAINE, s. f. mar. Cheville de chêne passée à l'un des montants de la rambade, afin d'y enrouler l'hisson de trinquet.

AMAIRADE, s. f. pêch. V. DEMI-FOLLE.

AMALGAMATION, s. f. (V. *Amalgamer*.) chim. Action d'amalgamer.

AMALGAME, s. m. chim. Combinaison du mercure avec un autre métal. — fig. Union, mélange, se prend presque toujours en mauvaise part. Il se dit familièrement dans le langage usuel pour exprimer Un mélange de personnes qui ne se conviennent pas ou de choses un peu incohérentes : *Cette réunion était un amalgame incroyable des personnes les moins faites pour se trouver réunies*. MONT. *C'est l'amalgame le plus singulier des idées les plus contradictoires*.

AMALGAMER, v. a. Faire un amalgame. — fig. Mélanger. — Il se dit familièrement dans le langage usuel pour Réunir entre elles des choses qui sont différentes l'une de l'autre : *Il ne faut pas chercher à amalgamer les unes avec les autres des idées aussi contradictoires*. — S'AMALGAMER, Se joindre, s'unir : *Ces deux esprits ne sauraient s'amalgamer*.

AMALGAMÉ, ÉE, part.

AMALOUASSE, s. f. ornith. Nom vulgaire de la pie-grièche.

AMALTHÉ, s. m. bot. Fruit à péricarpe sec composé, selon Desvaux.

AMANDE, s. f. Fruit de l'amandier, d'une forme oblongue, d'une substance blanche et compacte, d'une saveur douce ou amère, selon la nature de l'arbre : *L'amande, comme la noix, est enfermée dans une coque recouverte d'une écale verte*. Amandes *fraîches; huile d'amandes douces; pâte d'amandes amères; un gâteau d'amandes; biscuits d'amandes amères*. Amandes *pralinées*, ou *à la praline*. *Pralines*, Amandes cuites dans du sucre brûlant. Amandes *lisses*, Amandes couvertes de sucre en dragées. — bot. Graine contenue dans un noyau, laquelle se compose tantôt de l'embryon seul, tantôt de l'embryon et de l'endosperme : *Amandes d'abricot, amande d'un noyau de pêche*. Quelquefois aussi on donne ce nom aux graines des fruits nommés *Drupes*. (V. ce mot.) — lap. et miroit. Morceau de cristal taillé en amande. — fourb. Partie de la branche de la garde d'une épée, de forme ovale, et qui en occupe ordinairement le milieu.

AMANDÉ, s. m. Sorte de boisson faite avec du lait et des amandes pilées et passées : *Il a pris un amandé*.

AMANDÉ, ÉE, adj. pharm. Qui est mélangé avec du suc d'amande : *Émulsion amandée*.

AMANDIER, s. m. bot. Arbre appartenant à la famille des amygdalacées ou drupacées.

AMANITE, s. f. bot. Nom que Galien, Paul d'Égine et quelques auteurs des XVᵉ et XVIᵉ siècles donnaient à une sorte de champignons comestibles connus aujourd'hui sous les noms de *cèpes* ou *bolets*.

AMANITINE, s. f. chim. Principe vénéneux des champignons.

AMANSIE, s. f. bot. Genre de plantes marines, de la famille des algues, section des olvacées : *Les amansies viennent des Antilles et de la Nouvelle-Hollande*.

AMANT, ANTE, adj. pris substantiv. ( du latin *amans, -antis*, qui aime, aimant; part. pr. de *amare*, aimer.) Celui, celle qui aime une personne d'un autre sexe : *Un amant heureux, une fidèle*

amante; une amante *désespérée. Heureux amants, voulez-vous voyager ? que ce soit aux rives prochaines*. LA FONT. — Il ne se dit habituellement que De celui ou de celle dont l'amour est avoué et manifeste : *On ne peut empêcher un homme d'être amoureux; il ne prend guère le titre d'amant qu'on ne le lui permette*. ENCYCL. *Un amant en titre*. — Il s'emploie au pluriel pour exprimer Deux personnes qui ont de l'amour l'une pour l'autre : *On appelait ce lieu la tombe des deux amants*. — fig. Celui, celle qui aime ardemment quelque chose : *Les amants de la liberté. Un amant de la poésie*.

AMAPER, v. a. mar. Prendre avec force une voile pour la serrer.

AMAPÉ, ÉE, part.

AMARACIN, s. m. (du grec ἀμάρακον, lat. *amaracum*, marjolaine , d'où ἀμαράκινος, de marjolaine, dont les Latins firent *amaracinum*, huile ou essence de marjolaine.) méd. et pharm. Sorte d'emplâtre dans lequel il entre plusieurs aromates, et surtout de la marjolaine.

AMARANTACÉ, ÉE, adj. (V. *Amarante*.) bot. Qui ressemble aux amarantes.

AMARANTACÉES, s. f. pl. Famille de plantes phanérogames, dicotylédones, polypétales, de la classe des caryophyllinées.

AMARANTE, s. f. (lat. *amaranthus*, gr. ἀμάραντος, nom composé de α priv. et de μαραίνω, je flétris, parce que cette fleur ne se flétrit pas.) bot. Genre de plantes de la famille des amaranthacées, tribu des achyranthées, sous-tribu des amarantées, dont on connaît plus de 50 espèces, toutes herbacées et annuelles, et quelques-unes cultivées dans nos jardins comme plante d'ornement. L'amarante d'un rouge de pourpre velouté s'appelle chez les fleuristes *fleur d'amour*, ou *passe-velours*, et chez les Persans, *lumière des jardins*. L'amarante est le symbole de l'immortalité.

AMARANTE DE MER, s. f. polyp. Nom vulgaire d'Une espèce de méandrine, polype auquel on a cru trouver de la ressemblance avec une amarante.

AMARANTINE, s. f. bot. Genre de plantes de la famille des amarantacées, tribu des gomphrénées. On en connaît 40 espèces, toutes herbacées. Quelques-unes sont cultivées comme plantes d'ornement. Les espèces du Brésil sont réputées très-toniques.

AMARANTHOÏDE, adj. des 2 g. V. AMARANTACÉ.

AMAREILLEUR, s. m. techn. Ouvrier qui soigne le parcage des huîtres.

AMAREL, s. m. bot. Nom vulgaire du cerisier mahaleb.

AMARESCENT, ENTE, adj. (du lat. *amarescens, -entis*, part. prés. du v. *amarescere*, devenir amer, commencer à être amer; rac. *amarus*, amer.) didact. Un peu amer, qui a un léger goût d'amertume.

AMARINAGE, s. m. mar. Action d'envoyer sur un bâtiment capturé des matelots pour remplacer l'équipage ennemi.

AMARINE, s. f. (du lat. *amarus*, amer.) chim. Substance particulière à laquelle on a attribué la saveur amère des corps.

AMARINE ou AMARINO, s. m. bot. Nom vulgaire du saule osier, dans quelques parties de la France.

AMARINER, v. a. mar. Envoyer des matelots pour remplacer l'équipage d'un bâtiment capturé. — Il se dit aussi pour Accoutumer à la mer : *L'équipage de ce vaisseau n'est pas encore suffisamment amariné. Ces hommes feront de bons matelots quand on les aura amarinés*.

AMARINÉ, ÉE, part. *Un navire amariné. Des matelots amarinés*.

AMARINE, s. f. chim. Principe immédiat qui existe dans les végétaux qui sont doués d'une extrême amertume.

AMARQUE, s. f. mar. Vieux mot qui signifie Tonneau flottant, mis comme marque, dans le but d'indiquer un écueil. (V. *Balise* ou *Bouée*.)

AMARRAGE, s. m. (V. *Amarre*.) mar. Action d'attacher un bâtiment à l'aide d'un cordage. Il se dit aussi De la jonction de deux cordages unis entre eux par un plus petit : *Faire un amarrage. Ces amarrages ne sont pas bien faits*. On appelle *Ligne d'amarrage*, Le cordage qui sert à faire cette jonction.

AMARRE, s. f. (V. *Amarrer*.) mar. Cordage dont on se sert pour attacher un bâtiment à un autre, ou pour le retenir au rivage. Il se dit aussi de Tout cordage que l'on emploie pour attacher divers objets dans un vaisseau : *Nous attachâmes notre chaloupe au vaisseau à l'aide d'une amarre. Lier des*

canons avec des amarres. *On leur jeta une amarre pour les aider à aborder. Les amarres d'un vaisseau*. On dit : *Ce bâtiment est sous ses amarres*, Il est à l'ancre.

AMARRE! impér. du v. *Amarrer*. mar. Commandement fait aux hommes qui halent sur une manœuvre, de la tourner, de tenir bon, d'arrêter ou d'amarrer : Amarre *sans larguer* ! Amarre *partout* ! Ce dernier commandement n'a lieu que lorsque le bâtiment s'abat sur le côté.

AMARRER, v. a. (du br. *amarr*, qui signifie lier, attacher, AMARRER.) Lier avec une amarre : *Le bâtiment est amarré au rivage. Amarrez cette chaloupe. Amarrer un canot à un navire. Il a été blessé par un canon qui n'était pas bien amarré*.

AMARRÉ, ÉE, part.

AMARYLLIDÉ, ÉE, adj. Qui ressemble, qui a rapport à l'amaryllis.—*Amaryllidées*, s. f. pl. Famille de plantes phanérogames, monocotylédones, de la classe des ansifères.

AMARYLLIDIFORME, adj. des 2 g. (de *Amaryllis, -idis*, et du suff. lat. *formis*, fait de *forma*, forme.) bot. Il se dit Des plantes qui ressemblent à l'amaryllis, qui ont la forme de l'amaryllis.

AMARYLLIS, s. f. bot. Genre de plantes bulbeuses, formant le type de la famille des amaryllidées. Toutes sont fort jolies et recherchées pour l'ornement de nos serres et de nos jardins.

AMAS, s. m. (mot qui est de provenance gaélique; ers. et irl., *mas*, masse, masse d'armes, amassé, ramassé; *mais*, monceau, AMAS.) Assemblage, accumulation de plusieurs choses de même espèce, que l'on a réunies comme en un tas : *Amas de boue. Faire des amas de blé. Il est tombé contre un amas de pierres. On a trouvé chez lui un amas de pièces de monnaie. On avait fait un amas d'armes de toute espèce : Un amas de fruits, de provisions*. — Il se dit également Des choses qui s'amassent naturellement comme les liquides : *Un amas d'eaux pluviales. Il s'était formé dans sa tête un amas de sang, de sérosité, d'humeurs*.—Concours de personnes : *Un amas de gens de toute classe encombrait les portes. Il s'était formé devant la maison des amas considérables de curieux*. — Appliqué aux choses morales il ne se prend guère qu'en mauvaise part : *Ses ouvrages ne sont qu'un amas de mensonges. Ce qu'il vous a dit est un amas de calomnies et de faussetés. On vit alors que la vie de cet homme, si vertueux en apparence, n'avait été qu'un amas de crimes et d'infamies*. LESAGE. — géol. Sorte de gisement des substances minérales constituant une masse irrégulière qui semble comme enveloppée par d'autres substances.

AMASSER, v. a. (V. *Amas*.) Assembler plusieurs choses, accumuler, mettre en tas, mettre en réserve : *Amasser des provisions, de grands biens, des sommes considérables. Il amasse sou sur sou*. — fig. Amasser *des connaissances, des matériaux pour un ouvrage. Amasser des preuves contre un accusé*.—Il signifie aussi Réunir du monde, exciter un concours : *Ses cris avaient amassé la foule. Il ne perdit pas de temps et eut bientôt amassé cinq ou six cents hommes*. VERTOT.—Avec le pronom personnel, S'accumuler, se former en tas : *Il s'est amassé beaucoup de terre de ce côté-là. Les haines s'amassaient contre lui. La foule commençait à s'amasser à ses cris. Le sang s'est amassé de ce côté-là*. — Employé d'une manière absolue et sans régime, il signifie Thésauriser : *Cet homme a passé sa vie à amasser*.

AMASSÉ, ÉE, part.

AMASSETTE, s. f. (V. *Amasser*.) Couteau à palette, dont la lame mince et flexible sert à ramasser, à rassembler les couleurs. — Petit instrument à l'aide duquel on amasse la pâte.

AMASTOZOAIRES, s. m. pl. zool. M. de Blainville donne ce nom à Un groupe du règne animal comprenant les animaux vertébrés qui sont dépourvus de mamelles.

AMATELOTAGE, s. m. (V. *Matelot*.) mar. Action d'amateloter.

AMATELOTEMENT, s. m. V. AMATELOTAGE.

AMATELOTER, v. a. (V. *Matelot*.) mar. Classer deux à deux les hommes d'un équipage de façon qu'ils puissent se remplacer mutuellement dans le même service.

AMATELOTÉ, ÉE, part.

AMATEUR, s. m. ( du lat. *amator*, même signification. V. *Aimer*.) Celui qui a un goût décidé pour quelque chose : *C'est un amateur de la chasse. Un amateur de la table. Quant aux amateurs de la gloire, il les regardait comme des fous.* LESAGE. *Amateur de la nouveauté. Il est plus amateur de la vertu que des richesses. Il est grand amateur de louanges.* — Appliqué aux arts, il emporte habituellement l'idée d'un goût intelligent : *C'est un amateur de belles peintures, de bonne musique.* — Dans ce sens il s'emploie aussi d'une manière absolue et sans régime pour indiquer Celui qui exerce les arts sans en faire profession : *Il a un assez joli talent d'amateur. C'est un ouvrage d'amateur. Un concert d'amateurs.*—b.-arts. Celui qui a le goût des arts : *C'est un amateur éclairé.* — Parmi les artistes, le mot *amateur* se prend souvent en mauvaise part, et entraîne une idée de médiocrité : *Il faut se méfier des concerts d'amateurs.*

AMATI, s. m. comm. et mus. On appelle ainsi Un violon fabriqué par les Amati, célèbres luthiers de Crémone : *C'est un véritable amati. Les amatis sont fort recherchés.*

AMATIR, v. n. et a. (V. *Mat.*) orf. Laisser l'or mat, sans le polir et le brunir, ou faire disparaître le poli et le bruni de ce métal et de l'argent. On dit plus volontiers *blanchir*, lorsqu'il s'agit de ce dernier métal. — monn. Faire disparaître le poli des flans d'une pièce d'or ou d'argent.

AMATI, IE, part.

AMATITE, s. f. min. L'un des noms de l'*hématite* V. ce mot.

AMAUROSE, s. f. (du gr. ἀμαύρωσις, obscurcissement, dont la racine est ἀμαυρός, obscur.) path. Affection de l'œil qui affaiblit ou fait perdre la vue sans altération appréciable dans l'organisation de l'œil : *Amaurose complète*, Lorsque cette infirmité empêche de distinguer le jour des ténèbres. *Amaurose incomplète*, Quand le malade entrevoit les objets au travers d'une sorte de nuage. On la nomme *goutte sereine* ou *cataracte noire.*

AMAUROTIQUE, adj. (V. *Amaurose.*) Qui se rapporte à l'amaurose, qui est affecté d'amaurose, en parlant d'une personne ou d'un œil.

AMAUZITE, s. f. min. Minéral composé, ou roche, décrit par Gerhard, paraissant être une variété de leptinite. On la trouve en Moravie, en Silésie, etc.

AMAZONE, s. f. (du grec Ἀμαζόνες, Amazones, femmes guerrières, qui, suivant l'opinion des anciens, savaient par leur courage maintenir leur indépendance ; rac. α priv. et μαζός, mamelle, parce qu'elles se coupaient la mamelle pour tirer de l'arc.) Femme d'un courage mâle : *C'est une véritable amazone.* Cette signification provient du nom des Amazones, femmes guerrières qui, selon les anciens, habitaient un pays de l'Asie. On appelle aussi fam. *amazone*, Une femme qui a la force et l'apparence d'un homme. — *Habit d'amazone*, ou absolument *amazone*, Longue robe de drap boutonnée jusqu'en haut, que les femmes portent pour monter à cheval : *Mettre une amazone.* On dit également Une *amazone* pour désigner Une femme ainsi vêtue : *Elle était habillée en amazone.*—ornith. Buffon appelait ainsi Des perroquets d'Amérique dont le fouet de l'aile est garni de plumes rouges ou jaunes.

AMBAGES, s. f. pl. (du lat. *ambages*, n. pl. qui a le même sens.) Amas de paroles obscures, longues circonlocutions : *Arrivez au but sans ambages. Il ne parle que par ambages. Allons, point d'ambages, de circonlocutions.* MOL. Peu usité.

AMBAGINAL, ALE, adj. (rac. *ambo*, mot latin qui signifie tous deux.) anc. jurisp. Acte par lequel le mari et la femme se font donation mutuelle, en faveur du dernier survivant. Acte par lequel une femme fait donation à deux enfants ou deux autres personnes, avec réversion d'une partie dont elle aurait retenu l'usufruit : *Acte ambaginal, charte ambaginale.*

AMBAÏBA, s. m. bot. Arbre de la famille des urticées, genre cécropie, qui croît à la Jamaïque, et dont le bois est tendre et poreux. *Les fruits de l'ambaïba, agréables et sucrés, servent à la nourriture des hommes.*

AMBASSADE, s. f. (bien qu'on trouve dès l'origine *ambascia*, qui semble désigner une ambassade, les étymologies données pour ce nom, et pour celui d'ambassadeur sont loin d'être satisfaisantes.) Fonction d'un envoyé, chargé de représenter son gouvernement auprès d'un gouvernement étranger : *Envoyer quelqu'un en ambassade. Son ambassade n'a pas été glorieuse. Il a été nommé à l'ambassade d'Autriche.* — Mission auprès d'un gouvernement ou d'une autorité : *Ils allèrent en ambassade auprès du gouvernement. Le général accueillit fort bien notre ambassade. Voilà quel était le but de notre ambassade. L'ambassade se composait de trois officiers.* — Il se dit collectivement pour Tout ce qui fait partie des conseillers et de la suite d'un ambassadeur : *Il fait partie de l'ambassade de Perse. Un attaché d'ambassade.* — L'hôtel même où est logé l'ambassadeur et sa suite : *Il demeure à l'ambassade. L'ambassade de France se trouvait placée au centre même de la ville.* — *Ambassade*, Mission quelconque, message, entre particuliers : *C'était M. de Chaulnes lui-même qui s'était chargé de cette belle ambassade.* Mme DE SÉV.

AMBASSADEUR, s. m. Envoyé chargé de représenter une puissance auprès d'une autre, avec un caractère public : *Ambassadeur ordinaire*, Ambassadeur accrédité auprès d'une cour ; *ambassadeur extraordinaire*, Celui d'une mission temporaire ; *ambassadeur plénipotentiaire*, Qui est chargé de pleins pouvoirs : *L'ambassadeur d'Angleterre en France. Le roi l'a nommé ambassadeur auprès de la cour de Vienne. Le titre d'ambassadeur put à peine lui servir de sauvegarde. Le roi a reçu l'ambassadeur de Perse. Notre ambassadeur à Rome vient d'être rappelé. Introducteur des ambassadeurs.* — Il se dit aussi Des membres d'une députation ordinaire, et principalement quand il s'agit des anciens, ou de nations éloignées avec lesquelles nous n'avons que peu de relations politiques : *Darius répondit ainsi aux ambassadeurs des Scythes. Les ambassadeurs furent enfin admis auprès du grand roi. Les ambassadeurs du roi de Siam.* — Il se dit fam. pour désigner Toute personne qui se charge d'une mission, qui fait un message : *Vous avez choisi un pauvre ambassadeur.*

AMBASSADORIAL, ALE, adj. (V. *Ambassade.*) diplom. Qui appartient à une ambassade, qui concerne un ambassadeur : *Cérémonie ambassadoriale.*

AMBASSADRICE, s. f. La femme d'un ambassadeur. *Le bal de l'ambassadrice.*—Femme chargée d'un message, d'une mission quelconque : *Depuis ce jour je n'ai pas revu votre ambassadrice.* — Il est familier dans ce sens : *Vous voilà tout à propos ; je suis une ambassadrice de joie, et je viens......* MOL.

AMBASSIDE, s. m. ichth. Genre de poissons.

AMBATTAGE, s. m. (du vieux v. *Ambattre*, qui signifiait Battre en dedans, enfoncer, ficher.) techn. Opération par laquelle le charron garnit une roue de son bandage, ou d'un cercle de fer qui en tient lieu.

AMBE, s. m. Combinaison de deux numéros de loterie pris ensemble sortis de la roue : *Il a gagné un ambe. Il lui est sorti un ambe de cent cinquante francs.* — On l'emploie également au loto pour désigner La sortie de deux numéros placés sur la même ligne horizontale du tableau que le joueur a devant lui : *Marquer un ambe. Il a déjà trois ambes.* — Il se dit aussi au jeu de trictrac, Quand les dés marquent deux : *Amener ambe, quand il fallait terne.* — loter. On appelait *Ambe déterminé*, Deux numéros qui sortaient de la roue de fortune dans l'ordre que le joueur avait indiqué.

AMBELANIER, s. m. bot. Arbre de la Guyane et de Cayenne, de la famille des apocynées, à fruit laiteux et assez agréable au goût : *Le fruit confit de l'ambelanier est employé quelquefois contre la dyssenterie.*

AMBERBOA, s. f. Genre de plantes très-voisines des centaurées, renfermant environ dix-sept espèces, dont quelques-unes sont cultivées dans nos jardins comme plantes d'ornement, et connues sous le nom vulgaire d'*Ambrette.*

AMBESAS, s. m. (m. à m. deux as.) t. du jeu de trictrac. Deux as amenés par le joueur : *Amener ambesas.* On dit plus ordinairement, *beset.*

AMBI, s. m. (du gr. ἀμβη, bord en saillie, spatule.) chir. Instrument de chirurgie inventé par Hippocrate, pour réduire les luxations de l'humérus. On croit que cet instrument est nommé ainsi, parce que son levier est taillé en rond comme un sourcil, pour être adapté à la cavité de l'aisselle. On y a renoncé à cause de ses inconvénients.

AMBIANNULAIRE, adj. des 2 g. (du gr. ἀμφι autour, tout autour, et du lat. *annulus*, anneau.) min. On donne cette qualification aux substances cristallisées en prismes dont chaque base est entourée d'un anneau de facettes.

AMBIANT, TE, adj. (du lat. *ambiens*, qui environne, qui entoure, comp. de ἀμφι, autour, à l'entour, et de *iens,-ientis*, part. prés. du v. *ire*, aller.) phys. Qui enveloppe, qui entoure : *Fluide ambiant, l'air ambiant*, L'air qui nous environne, le fluide qui forme l'atmosphère, lequel enveloppe la terre de toutes parts.

AMBIDENTÉ, ÉE, adj. Qui a des dents aux deux mâchoires.

AMBIDEXTÉRITÉ, s. f. (V. *Ambidextre.*) État de celui qui est ambidextre.

AMBIDEXTRE, adj. des 2 g. (du lat. *ambidexter*, adroit de l'une et de l'autre main ; ἀμφι, de tous côtés et *dexter*, droit, adroit.) Qui se sert aussi facilement de la main gauche que de la main droite : *Un homme ambidextre, une femme ambidextre.* — Il s'emploie aussi comme substantif : *Un ambidextre, une ambidextre. Celse pensait que le chirurgien doit toujours être ambidextre. Hippocrate enseignait que la femme ne peut pas être ambidextre.*

AMBIGÈNE, adj. des 2 g. (du préf. lat. *ambi*, pour *ambo*, deux, double et du suff. *genus,-a,-um*, qui vient de *genus*, gr. γένος, genre, espèce; de deux sortes, de deux espèces.) Il se dit Du calice quand il est d'une nature verte et foliacée à l'extérieur et d'une nature pétaloïde et colorée à l'intérieur. — géom. Il se dit d'Une hyperbole qui a une branche infinie inscrite, l'autre circonscrite, à l'angle de ses asymptotes.

AMBIGU, UE, adj. (du lat. *ambiguus*, même sens, *ambiguitas*, ambiguïté.) Qui présente deux sens, douteux, obscur : *Des paroles ambiguës. Les oracles étaient rendus en termes si ambigus, que les réponses pouvaient s'appliquer aux événements les plus opposés.* ROLLIN. *Ses façons d'agir ont toujours quelque chose d'ambigu. Une décision ambiguë. On ne peut admettre des preuves aussi ambiguës.*— bot. et entom. Épithète dont on se sert pour désigner Les organes d'une forme indéterminable, d'une insertion douteuse, etc. — Il se dit aussi en botanique De la cloison d'un péricarpe, quand elle tient au centre et à la paroi d'un péricarpe qui ne s'ouvre pas, et qu'elle n'a pas une origine bien distincte.

AMBIGU, s. m. (V. *Ambigu*, adj.) Repas composé de viandes et de fruits servis ensemble, service de mets froids : *Faire préparer, servir un ambigu. Une collation magnifique fut servie en ambigu. L'ambigu était composé des mets les plus recherchés. Le souper fut servi en ambigu. Les dîners champêtres, les haltes de chasse, les repas servis la nuit pendant un bal, sont généralement des ambigus.* — fig. Mélanges de choses diverses ou même opposées, de qualités qui semblent s'exclure : *C'est un ambigu de précieuse et de coquette que leur personne.* MOL. — jeu. Sorte de jeu de cartes qui offre plusieurs manières de jouer propres à différents jeux : *On joue l'ambigu avec un jeu de cartes dont on a retiré toutes les figures.* C'est dans un sens analogue qu'on a donné à un théâtre le nom d'*Ambigu-Comique*, parce qu'on y joue des pièces où presque tous les genres sont confondus et qu'il serait difficile de caractériser.

AMBIGUÏFLORE, adj. des 2 g. (du lat. *ambiguus*, ambigu, et de *flos*, fleur.) bot. Il se dit d'Un assemblage de fleurs dont les corolles ont une forme ambiguë.

AMBIGUÏTÉ, s. f. (V. *Ambigu*, prononcez ui, comme diphthongue.) Obscurité de paroles, double sens : *Parler avec ambiguïté. L'ambiguïté est peut-être plus souvent l'effet d'une confusion d'idées, que d'un dessein prémédité de ne point instruire ceux qui nous écoutent.* GIR.

AMBIGUMENT, adv. (V. *Ambigu.*) D'une manière ambiguë, à double sens : *Parler ambigument.*

AMBIPARE, adj. et s. m. (du préf. *ambi*, qui signifie doublement, et de *parere*, enfanter, produire.) Il se dit D'un bouton ou germe renfermant à la fois des rudiments de feuilles et de fleurs.

AMBITÉ, adj. m. techn. Se dit Du verre qui, étant affiné, perd sa transparence et parait rempli de boutons.

AMBITIEUSEMENT, adv. (V. *Ambitieux.*) Avec ambition, d'une façon ambitieuse, avec ostentation : *Agir ambitieusement, parler ambitieusement.*

AMBITIEUX, EUSE, adj. (V. *Ambition.*) Qui est

...ris d'une passion excessive pour l'autorité, pour la gloire, les distinctions : *C'était le personnage le plus ambitieux. Une reine ambitieuse.* — Il s'emploie aussi substantivement, et a la même signification : *Il ne faut pas confondre tous les ambitieux : les uns atteignent la grandeur solide à l'autorité des emplois, les autres aux grandes richesses, les autres au faste des titres.* VAUVENARGUES. — *Ambitieux*, adj., exprime aussi Tout ce qui marque l'ambition : *Vos désirs sont trop ambitieux. Des souhaits ambitieux. Voilà des prétentions bien ambitieuses.* — *Ambitieux de*, Désireux de : *Je suis trop ambitieux de vous plaire. Il est plus ambitieux de gloire que d'argent.* — *Style ambitieux*, Ampoulé, recherché. *Une expression ambitieuse. Des ornements ambitieux*, En parlant du style, Des ornements affectés.

AMBITION, s. f. (du lat. *ambitio*, recherche, prétention, ambition, dér. de *ambire*, chercher en allant tout autour, briguer; d'où *ambitiosus*, ambitieux.) Passion excessive pour l'autorité, pour la gloire, les distinctions : *Une ambition déréglée, sans bornes, insatiable. L'ambition le dévore. L'instinct qui nous porte à nous agrandir n'est aucune part si sensible que dans l'ambition.* VAUVEN. *Cet homme est mort à l'ambition, Il y a renoncé. Il est sans ambition. Il a vécu exempt d'ambition. Vous avez trop d'ambition.* Il se prend quelquefois pour un désir louable, quand il est modifié dans ce sens par une épithète ou une incidence : *Une noble, une sainte ambition. Je mets toute mon ambition à être utile aux autres hommes. Il n'a pas d'autre ambition que de vous voir heureux.*

AMBITIONNER, v. a. (du subst. fr. *ambition*. V. ce mot.) Éprouver un violent désir pour une chose, la rechercher avec ardeur : *Ambitionner le pouvoir souverain. Il ambitionne toutes les dignités.* — Il se dit par exagération d'Un simple désir : *Je n'ambitionnais pas autre chose que votre approbation. Vous rendre service en cette circonstance, voilà tout ce que j'ambitionnais.*

AMBITIONNÉ, ÉE, part.

AMBLANT, TE, adj. des 2 g. (V. *Ambler*.) man. Se dit d'Un cheval qui va l'amble.

AMBLE, s. m. (V. *Ambler*.) Allure d'un cheval qui avance simultanément les deux jambes d'un même côté. Il se dit aussi Des ânes et des mulets : *Aller l'amble.* — prov. *Mettre quelqu'un aux ambles*, Le ranger à son devoir. *Amble doux, rude. On lui a appris à marcher à l'amble. Il mit son cheval à l'amble. Cette jument est franche d'amble. Elle va d'elle-même à l'amble. On ne peut pas mettre un cheval de l'amble au galop sans l'arrêter.* — man. Cheval qui va l'amble.

AMBLÉMÉ, s. m. zool. Genre de coquilles de l'ordre des bivalves, qui vivent dans l'Amérique septentrionale.

AMBLÉMIDE, adj. des 2 g. Qui a la forme et les habitudes d'un amblème. — *Amblémides*, s. m. pl. Famille de mollusques établie par Rafinesque aux dépens du genre unio.

AMBLÉOCARPE, adj. des 2 g. (du gr. ἀμβλύς, obscur, faible, et de καρπὸς, fruit.) bot. Il se dit Des plantes qui fournissent peu de semences.

AMBLER, v. n. (du lat. *ambulare*, marcher.) Aller l'amble : *Ce cheval amble bien, il amble naturellement.* Il est vieux.

AMBLEUR, s. m. (V. *Ambler*.) vén. Nom donné par les chasseurs au cerf, lorsque la trace de son pied de derrière dépasse celle du pied de devant. On appelait autrefois *ambleur* un des officiers attachés à la grande et à la petite écurie du roi.

AMBLIER, s. m. V. *Amblant*.

AMBLYGONE, adj. géom. Même signification qu'*obtusangle*. V. ce mot.

AMBLYGONITE, s. f. min. Substance vitreuse, verte ou d'un blanc verdâtre, transparente, en petites masses cristallines ou en petits cristaux disséminés, en prismes rhomboïdes droits, de 106° 10', clivables parallèlement à leurs pans; pesanteur spécifique, 3,04. Elle se trouve dans le granite de Chursdorf, en Saxe, et paraît être un phosphate d'alumine et de lithine.

AMBLYOPE, adj. des 2 g. (du gr. ἀμβλυωπὸς, qui a la vue basse ou faible; de ἀμβλυωπία, affaiblissement de la vue; rac. ἀμβλὺς, émoussé, obtus, et ὤψ, ὄπος, œil, vue.) méd. Atteint d'amblyopie. — zool. Il se dit plus fréquemment d'Un animal qui, à raison de la petitesse de ses yeux, y voit à peine.

AMBLYOPHIDE, s. f. zool. Genre d'animalcules infusoires.

AMBLYOPIE, s. f. (V. *Amblyope*.) méd. Obscurcissement de la vue: premier degré de l'amaurose, qui ne permet de distinguer que les objets volumineux et bien tranchés.

AMBLOME, s. m. méd. Avortement. V. ce mot.

AMBLYRHAMPHE, s. m. (du gr. ἀμβλὺς, obtus, émoussé, et de ῥάμφος, bec.) ornith. Genre d'oiseaux.

AMBLYRHYNQUE, s. m. rept. Genre de reptiles sauriens.

AMBLYTÈRE, adj. des 2 g. (du gr. ἀμβλύτης, état de ce qui est obtus, émoussé.) Dont les angles et les bords sont tronqués, en parlant des cristaux de certaines substances.

AMBON, s. m. (du gr. ἄμβων, saillie, éminence, tribune; lat. *ambo*.) Sorte de chaire destinée à la lecture de l'épître et de l'évangile, qu'on retrouve encore dans quelques anciennes églises.

AMBORE, s. f. bot. Arbre de Madagascar de la famille des urticées, dont le tronc sert aux nègres à faire des ruches et des tambours.

AMBORÉ, ÉE, adj. bot. Qui ressemble à l'ambore. — *Amborées*, s. f. pl. Famille de plantes.

AMBOTRACE, s. m. tech. Sorte d'instrument avec lequel on peut écrire deux lettres à la fois.

AMBOUTIR, v. a. (du br. *bounta, bunta*, pousser avec effort, heurter, choquer, dont on avait fait *bouter*, et auquel on a ajouté le préf. *am*, prononcé exclusivement *am* par les hommes du peuple.) arts et m. Rendre une pièce de métal convexe d'un côté et concave de l'autre.

AMBOUTISSOIR, s. m. (V. *Amboutir*.) arts et m. Outil qui sert à amboutir. — chaudr. Marteau à tranches ou à pannes rondes, dont les chaudronniers se servent pour donner de la profondeur à une pièce plate. — clout. Poinçon d'acier trempé dont l'extrémité inférieure est concave et de la forme qu'on veut donner aux têtes de clous.

AMBRANLOIRE, s. f. agr. Poignée de bois à l'aide de laquelle on serre la haie d'une charrue à tourne-oreille.

AMBRE, s. m. (de l'ar. *anbar*, même sens, dont on a fait *amburum* en latinité barbare.) Substance d'une nature de cire ou d'huile concrète, qui se rapproche du bitume, et qu'on trouve flottante sur les côtes de certaines mers, en masses opaques et légères plus ou moins volumineuses: *L'ambre jaune était seul connu des anciens; on le trouve sur les côtes de la mer Baltique. L'ambre jaune est susceptible d'un beau poli. Par le frottement on peut électriser l'ambre jaune. Chapelet d'ambre. Collier d'ambre. L'ambre jaune est beaucoup plus solide que l'ambre gris. L'ambre gris répand une odeur forte et pénétrante. Essence d'ambre. Sentir l'ambre et le musc.* — prov. et fig. *Il est fin comme l'ambre*, Il a l'esprit fort délié, très-pénétrant.

AMBRÉADE, s. f. (V. *Ambre*.) comm. Faux ambre jaune des anciens. *L'ambréade était d'un grand usage pour la traite.*

AMBRÉATE, s. m. (V. *Ambre*.) chim. Sel qu'on obtient en combinant l'acide ambréique avec une base salifiable.

AMBRÉINE, s. f. (V. *Ambre*.) chim. On nomme ainsi la substance qui fait la base de l'ambre gris.

AMBRÉIQUE, adj. m. (V. *Ambre*.) chim. *Acide ambréique*, Acide obtenu par l'action de l'acide nitrique sur l'ambréine.

AMBRER, v. a. (V. *Ambre*.) Parfumer avec de l'ambre : *Ambrer des étoffes, des gants.*

AMBRÉ, ÉE, part. et adj. : *Des pastilles ambrées. Couleur ambrée*, Couleur d'ambre jaune. *Odeur ambrée*, Odeur d'ambre gris.

AMBRESIN, INE, adj. (V. *Ambre*.) chim. Composé d'ambre : *Poudre ambresine.*

AMBRETTE, s. f. (dimin. d'*ambre*. V. ce mot.) bot. et comm. Plante dont la graine, dite *graine de musc* à cause de l'odeur d'ambre qu'elle répand, sert dans la parfumerie : *La graine d'ambrette sert à parfumer la poudre pour les cheveux; elle était naguère d'un grand usage.* — *Poire d'ambrette*, Sorte de poire d'un goût exquis, qui a quelquefois l'odeur de l'ambre gris.

AMBROLOGIE, s. f. chim. Traité sur l'ambre.

AMBROLOGIQUE, adj. des 2 g. Qui est relatif à l'ambrologie.

AMBROSIACÉ ou AMBROSIÉ, ÉE, adj. (V. *Ambrosie*.) bot. Qui ressemble à l'ambrosie. — *Ambrosiacées*, s. f. pl. Famille de plantes de l'ordre des composées, offrant le singulier caractère de fleurettes constamment unisexées, dans laquelle sont compris les ambres.

AMBROSIÉ, adj. V. *Ambrosiacé*.

AMBROSAÏQUE, adj. des 2 g. didact. Qui a une odeur agréable, une odeur d'ambre.

AMBROSIE ou AMBROISIE, s. f. (du gr. ἀμβροσία nourriture des immortels, aliment divin; comp. de α priv. et de βροτὸς, mortel.) Nom donné par les Grecs à une nourriture délicieuse, destinée, suivant la Fable, aux divinités de l'Olympe, et qui donnait l'immortalité : *Le nectar et l'ambroisie.* — fig. Aliment ou liqueur exquise; tout objet délicieux : *Mes amis, versons l'ambroisie sans nous embarrasser de rien*, dit un refrain devenu populaire. — bot. Genre de plantes dont les feuilles, quand on les froisse, répandent une odeur forte et agréable. Les ambrosies forment le type de la famille des ambrosiacées.

AMBROSIEN, ENNE, adj. (du lat. *Ambrosius*, Ambroise; qui vient du gr. ἀμβρόσιος, immortel, divin. V. *Ambrosie*.) De saint Ambroise : *Chant ambrosien*, Chant de l'office divin attribué à saint Ambroise. *Messe ambrosienne*, Messe selon le rite de l'Église de Milan, dont saint Ambroise fut évêque.

AMBROSINIE, s. f. bot. Nom d'un genre de plantes de la famille des aroïdes, dont l'espèce unique croît en Sicile et en Barbarie.

AMBULACRAIRE, adj. des 2 g. (V. *Ambulacre*.) hist. nat. Qui a tous les caractères d'un ambulacre.

AMBULACRE, s. m. (probablement du lat. *ambulacrum*, galerie, promenade à couvert; dér. de *ambulare*, marcher, se promener.) moll. Nom que l'on donne Aux mamelons multisériés d'où sortent, dans les oursins, les tentacules ou piquants leur servant pour la marche ou la préhension.

AMBULACRIFORME, adj. des 2 g. hist. nat. Qui est en forme d'ambulacre.

AMBULANCE, s. f. (V. *Ambulant*.) Établissement temporaire et mobile de pansements, hôpital ambulant qui suit les armées : *On a porté les blessés à l'ambulance. Chirurgien, infirmier d'ambulance. On avait établi l'ambulance dans un vieux bâtiment non loin du champ de bataille. Chariots d'ambulance.* — adm. mil. *Ambulance principale*, L'ambulance qui suit le quartier-général. *Ambulance volante*, Détachement de l'ambulance principale, équipé de manière à aller très-vite. — Hôpital provisoire, lieu de secours que l'on établit pendant une fête publique, ou dans un endroit très-fréquenté : *On établit une ambulance pour les accidents qui pourront arriver.* — On appelle aussi *ambulance*, en termes de contributions indirectes et des domaines, l'Emploi d'un commis que ses fonctions obligent d'aller de côté et d'autre : *Obtenir une ambulance dans les contributions indirectes, dans les domaines.*

AMBULANT, ANTE, adj. (du lat. *ambulans, -antis*, qui marche, qui se promène; part. prés. du v. *ambulare*, se promener, marcher.) Qui n'est pas fixe en un lieu, qui n'est pas sédentaire : *Des comédiens ambulants*, Des comédiens qui vont jouer successivement dans plusieurs villes. *Des marchands ambulants*, Qui courent les foires, les fêtes, les villages. *Hôpital ambulant*, Qui suit les armées. *Un commis ambulant*, Celui que ses fonctions obligent d'aller de côté et d'autre. *Des chanteurs, des musiciens ambulants*, Qui vont chanter, faire de la musique dans les rues. — fam. *Vous êtes toujours ambulant*, Vous êtes toujours à changer de place, de résidence. *Il mène une vie bien ambulante.* — méd. *Érysipèle ambulant, dartre ambulante*, Érysipèle ou dartre qui change de place. *Vésicatoire ambulant*, Celui qu'on promène d'une partie du corps à une autre.

AMBULATOIRE, adj. des 2 g. (du lat. *ambulatorius*, qui se peut transporter, qui se fait en marchant; dér. du v. *ambulare*, marcher. V. *Ambulant*.) Qui change de place, qui va et vient, sujet au changement : *Il y a eu des tribunaux ambulatoires. Les parlements, d'ambulatoires qu'ils étaient, sont devenus sédentaires.* — prov. *La volonté de l'homme est ambulatoire*, Elle est sujette à changer. *Mais comme son humeur est fort ambulatoire, ne perdez point de temps, si vous m'en voulez croire.* J.-B. ROUSS. *Les choses d'ici-bas sont bien ambulatoires.* DUF. Dans cette dernière acception, non indiquée par l'Académie, *Ambulatoire* ne peut guère s'employer que dans le style badin ou familier. — entom. On appelle *ambulatoires*, Les pattes qui ont des tarses munis d'une brosse ou d'une soie.

**AMBULIE**, s. f. bot. Plante aquatique de l'Inde, qui paraît appartenir à la famille des lysimachées, et qui répand une odeur suave : *La décoction d'ambulie est un excellent fébrifuge.* On fait prendre *l'ambulie dans du lait contre le vertige.*

**AMBULIPÈDE**, adj. des 2 g. (mot composé du lat. *ambulare*, marcher, et de *pes*, *pedis*, pied, patte.) Qui peut marcher, qui a des pattes faites pour marcher, en parlant de certains animaux.

**ÂME**, s. f. (du lat. *anima*, ou plutôt du gaël. *anam*, principe de vie, esprit ; d'où *anmann*, qui a vie, animal.) En général, Le principe de la vie chez tous les êtres animés : Âme *raisonnable*, âme *sensitive*, âme *végétative.* — Âme *du monde*, L'esprit universel que les philosophes anciens prétendaient être répandu dans tout l'univers. — Il se dit particulièrement de Ce qui est à la fois chez l'homme le principe de la vie et celui de la pensée, ce qui, dans notre être, est distinct du corps : *Le corps seul est périssable, l'âme est immortelle. Les facultés, les mouvements, les passions de l'âme. Nous sommes si peu faits pour être heureux ici-bas, qu'il faut nécessairement que l'âme ou le corps souffre, quand ils ne souffrent pas tous les deux.* Rouss. *Dieu veuille avoir son âme ! Prier pour l'âme de quelqu'un, pour le repos de son âme. Recommander son âme à Dieu. Devant Dieu soit son âme ! L'âme échappée de sa prison mortelle va regagner son divin séjour.* Fén. *Les âmes des bienheureux, Les âmes du purgatoire.*

**ÂME**, au point de vue religieux : *Notre âme a été régénérée par le baptême. Les âmes chrétiennes. Sauver une âme. Avoir charge d'âmes. Bénéfices à charge d'âmes. Son âme est sanctifiée par la grâce. Les âmes dévotes. Les âmes chrétiennes. Les âmes saintes. Perdre son âme. Damner son âme. C'est une âme damnée.* — au fig. *Être l'âme damnée de quelqu'un*, Suivre aveuglément ses ordres, quelque odieux qu'ils puissent être.

**ÂME** s'emploie pour exprimer L'ensemble de nos qualités bonnes ou mauvaises : *C'est une âme noble, une âme petite, une âme faible, une âme de boue. Une âme vénale. Peu de beaux corps hôtes d'une belle âme.* La Font. *Dans les âmes bien nées, la valeur n'attend pas le nombre des années.* Corn. *On confond souvent les qualités de l'âme et celles de l'esprit.* Vauven. *Il n'est ni rang, ni naissance, ni fortune qui ne disparaissent devant une âme comme la tienne.* Mariv. *Grandeur d'âme. Droiture d'âme. Bonté d'âme. Noirceur d'âme. Bassesse d'âme. C'est une bonne âme*, se dit familièrement pour indiquer Un homme sans méchanceté aucune. Il s'emploie aussi au pluriel dans ce sens : *Il y a de bonnes âmes dans le monde qui ne croient pas à l'existence du mal, par la raison qu'elles sont incapables d'en faire.* — Dans un sens analogue on dit : *Les âmes sensibles*, pour désigner Les personnes qui sont accessibles aux doux sentiments et à la pitié. — On dit d'une manière absolue de quelqu'un : *Qu'il a de l'âme*, pour exprimer Qu'il a des sentiments généreux ; *qu'il n'a point d'âme*, pour exprimer L'absence complète de ces sentiments.

**ÂME**, Conscience, pensée intime : *Découvrir son âme à quelqu'un. Bien habile qui découvrirait ce qu'il a dans l'âme. Le vin fait dire ce que l'on a dans l'âme. Il a l'âme bourrelée de remords. En mon âme et conscience. Son âme est peinte sur sa figure. Il faudrait pouvoir pénétrer jusqu'au fond des âmes.*

**ÂME**, Cœur : *De toute mon âme. Aimer quelqu'un de toute son âme. Vous me déchirez l'âme. Mon âme a été profondément émue. Mon âme en a été toute navrée.*

**ÂME** se prend quelquefois pour La vie elle-même : *Il vient de rendre l'âme*, Il vient de mourir. *Il a l'âme sur les lèvres*, Il est sur le point d'expirer. *Sur mon âme, Sur ma vie.* — fig. *Arracher l'âme à quelqu'un*, Le désoler. *Ne parlez pas de cela, vous m'arrachez l'âme.* — Émouvoir profondément : *Ce chanteur a des accents qui arrachent l'âme. Donner de l'âme à un ouvrage*, Lui donner de la vie, l'animer : *La sculpture donne de l'âme au marbre.* Acad., Elle anime le marbre, le fait vivre en quelque sorte. *Être l'âme d'une entreprise*, En être le principal agent. *Il est l'âme de nos réunions*, C'est lui qui les anime. *Loin de vous je suis un corps sans âme,*

Il semble que la vie m'abandonne. *Cette étoffe n'a que l'âme*, Elle n'a aucune consistance. *Elle n'a plus que l'âme*, Elle est complètement usée. *La bonne foi est l'âme du commerce*, Acad., C'est par elle surtout qu'il subsiste. — Dans le même sens on dit : *La discipline doit être l'âme d'une armée.*

**ÂME**, Chaleur, sensibilité : *Mettez plus d'âme dans votre débit. Saint-Prix est un excellent acteur, il ne lui manque que de l'âme.* Geoff. *Cet acteur a beaucoup d'âme, il n'a point d'âme, il chante avec âme. Il y a de l'âme, il n'y a point d'âme dans son chant.*

**ÂME** s'emploie quelquefois pour exprimer Une personne, homme, femme ou enfant, comme faisant partie de la population : *C'est une ville de cinquante mille âmes. La population est de trente-deux millions d'âmes. Il n'y avait pas une âme dans la ville.* — Dans un sens analogue, un prédicateur appelle ses auditeurs : Âmes *chrétiennes.*

**ÂME**, par extension, s'emploie pour exprimer, dans certains objets physiques, Des parties absolument nécessaires à l'ensemble. — sculp. Ébauche grossière faite avec du mortier sur une armature, et destinée à servir de noyau à une figure modelée. — artill. L'intérieur d'un canon, d'un mortier, ou de toute autre arme à feu. — pyrotech. Trou conique en forme de canal, pratiqué dans l'intérieur d'une fusée volante le long de son axe, afin que la flamme s'y introduise assez avant pour l'élever et la soutenir en l'air pendant sa course. — Bâton au bout duquel est monté le tabac cordé. — Il se dit Des petites feuilles qui garnissent l'intérieur des andouilles de tabac. — Petite masse légère, sèche et longue qui se trouve dans l'intérieur du tube d'une plume à écrire. — cart. Étresse bien étirée. — mar. Mèche d'une corde ou des fils placés au milieu des torons d'un cordage. — Dans un métier à bas, Assemblage des parties qui concourent à la formation des mailles de l'ouvrage. — cordon. Semelle très-mince qui se place entre deux plus fortes en fabriquant le soulier. — mus. inst. Petit morceau de bois droit qu'on met dans le corps d'un instrument, sous le chevalet, pour soutenir la table.

**ÂMÉ**, adj. ( du lat. *amatus*, aimé, chéri ; part. passé du v. *amare*, aimer. V. ce mot.) En style de chancellerie, Aimé : *Nos âmés et féaux conseillers ; notre âmé et féal cousin. Notre très-cher et très-âmé frère. Notre âmé et féal.* Il est vieux.

**AMÈBE**, s. m. inf. Nom attribué à un genre d'animalcules infusoires.

**AMÉBIEN**, ENNE, adj. inf, Qui ressemble à un amèbe. — *Amébiens*, s. m. pl. Nom d'une famille d'animalcules infusoires.

**AMÉCER**, v. a. agric. Couper à une vigne tous les sarments faibles, pour n'en laisser qu'un seul qu'on pourra tailler plus tard.

**AMÉCÉ**, ÉE, part.

**AMED**, s. f. comm. Droit de douane auquel sont sujettes les marchandises indigènes de la Turquie, au lieu de leur exportation.

**AMÉIVE**, s. m. rept. Genre de lézards que l'on trouve en Amérique.

**AMÉIVODÉ**, ÉE, adj. rept. Qui ressemble aux améives. — *Améivodés*, s. m. pl. Famille de reptiles très-voisins des lézards.

**AMELANCHE**, s. f. bot. Fruit de l'amelanchier.

**AMELANCHIER**, s. m. bot. Espèce d'alizier, genre d'arbres appartenant à la famille des pomacées, composé de 5 ou 6 espèces, dont les fruits, nommés pommettes ou amelanches, sont mangeables.

**AMELET**, s. m. archit. Petit listel ou filet dont on orne les chapiteaux.

**AMÉLIORANT**, ANTE, adj. (V. *Améliorer.*) méd. Qui améliore : *Des remèdes améliorants.* — chim. Rendre plus parfait : *Opération améliorante. Il faut ajouter des substances plus améliorantes.* — Il est aussi subst. m. : *Des améliorants.*

**AMÉLIORATION**, s. f. (V. *Améliorer.*) Progrès vers le bien, meilleur état, action de rendre meilleur : *Les améliorations que le premier ministre fit subir aux lois donnèrent une position plus stable au gouvernement.* Sism. *Nous avons remarqué une grande amélioration dans sa conduite. Il a travaillé longtemps à l'amélioration de sa fortune. Pour que les améliorations soient acceptées, il faut y procéder avec prudence et lenteur.* Montesq. *Ces choses ne sont pas susceptibles d'amélioration.*

**AMÉLIORATIONS** se dit aussi Des réparations que

l'on fait subir à une propriété foncière, pour la mettre en bon état ou en augmenter le revenu : *Avec les améliorations que je fais faire, la valeur de vos terres se trouvera augmentée d'un quart.* De Cout. *Il faut faire passer les améliorations utiles avant les améliorations d'agrément. En achetant sa terre je n'entends pas payer les prétendues améliorations qu'il y a faites.* — t. de droit : Améliorations *voluptuaires*, Améliorations d'agrément.

**AMÉLIORER**, v. a. (du lat. *meliorare*, Rendre meilleur ; rac. *melior*, comp. irrég. de *bonus*, bon, meilleur.) Rendre meilleur, mettre dans un état plus satisfaisant : *Améliorer les mœurs. Améliorer sa fortune, sa position, sa santé, ses affaires. Pour améliorer les hommes, il faut une patience à toute épreuve.* Did. *Lorsque le génie du mal vit que la philosophie pouvait améliorer l'espèce humaine, il se hâta d'envoyer le philosophisme.* Boiste. *Il s'occupe d'améliorer les terres de son père. Vous avez considérablement amélioré l'héritage qu'il vous avait laissé. Ces titres améliorent beaucoup votre droit. Les nombreuses réparations qu'il a fait faire, beaucoup amélioré ce château et ses dépendances.* — S'AMÉLIORER, Devenir meilleur : *Sa santé s'améliore depuis quelque temps. Dans un état de sage liberté les mœurs s'améliorent. Dites-moi si les hommes se sont améliorés depuis Socrate.* Volt. *Cette terre s'est beaucoup améliorée sous son administration.*

**AMÉLIORÉ**, ÉE, part.

**AMELLAOU**, s. m. bot. Nom vulgaire d'une variété d'oliviers.

**AMELLE**, s. m. bot. Genre de plantes de la famille des corymbifères, de la tribu des extérées, comprenant des arbres toujours verts de la Jamaïque et du cap de Bonne-Espérance.

**AMELLOÏDÉ**, ÉE, adj. (nom formé de *amelle* et du suff. *oïde*, semblable, lequel vient du gr. *εἶδος*, apparence.) bot. Qui ressemble à un amelle. — *Amelloïdées*, s. f. pl. Famille de plantes ayant pour type les amelles.

**AMEN**. (prononcez le N final : c'est un mot d'origine hébraïque.) Ainsi soit - il. Il s'emploie à la fin des prières de l'Église. — fam. *Aller jusqu'à l'amen*, Aller jusqu'à la fin d'un discours, d'un récit. Dans un sens analogue : *Depuis pater jusqu'à amen*, Depuis le commencement jusqu'à la fin. *Dire amen*, Consentir, acquiescer : *Il dit amen à tout ce qu'on lui demande.*

**AMÉNAGE**, s. m. (V. *Ménage.*) Transport, effets que l'on transporte.

**AMÉNAGEMENT**, s. m. eaux et for. Action d'aménager, résultat de cette action : *Vous devez tant pour l'aménagement de ces arbres.*

**AMÉNAGER**, v. a. eaux et for. Régler les coupes et le repeuplement d'une forêt : Aménager *un bois, une forêt. Aménager un arbre*, aménager *du bois*, Le débiter pour la charpente où le chauffage.

**AMÉNAGÉ**, ÉE, part.

**AMENDABLE**, adj. des 2 g. Qui peut s'améliorer : *Un terrain, un champ amendable.* — Il signifiait aussi, en vieux termes de palais, Qui mérite une amende.

**AMENDE**, s. f. (du lat. *emendatio*, correction. V. *Amender.*) Peine pécuniaire à laquelle on est condamné pour un délit, une contravention : *Condamné à une amende de quinze francs. Une amende arbitraire, prononcer une amende, une amende infamante ; le maximum de l'amende. Il a été mis à l'amende pour contravention au règlement. Le produit des amendes est versé dans la caisse commune. Vous paierez directement au receveur des amendes.* Faire amende *honorable*, Peine infamante qui consistait à reconnaître publiquement son crime et à en demander pardon. *On faisait amende honorable à genou, en place publique, la corde au cou et la torche au poing* — au fig. *Faire amende honorable auprès de quelqu'un*, Lui demander pardon d'une faute commise ou d'un mot à son égard : *Il a fait amende honorable pour sa conduite passée.* — prov. : *Les battus paient l'amende*, se dit lorsque Celui qui a été lésé subit encore une condamnation au lieu de recevoir un dédommagement.

**AMENDEMENT**, s. m. Changement en mieux, retour vers le bien : *Nous avons trouvé un grand amendement dans sa santé. Sa conduite ne témoigna pas d'un sérieux amendement. Faites des vœux au ciel pour mon amendement.* Boissy. *Vous savez que je ne désire rien autre chose que l'amendement* *du pêcheur.* Mariv.—En agriculture, tout ce qui tend à rendre une terre meilleure : *Les* amendements *naturels sont l'air, l'eau, la lumière, la chaleur.* Acad. *Les* amendements *artificiels sont ceux qui sont le résultat du travail de l'homme, comme les labeurs, les engrais, etc.*

AMENDEMENT, Modification faite ou à faire à un projet de loi, dans le but de le compléter ou de lui donner plus de précision et de clarté : *Son amendement a été rejeté à la majorité de quinze voix. La loi a passé avec les amendements proposés. On a adopté votre* amendement *après l'avoir discuté et mis aux voix.*

AMENDER, v. a. (l. *amendare*, corriger, améliorer.) Rendre meilleur, corriger, rectifier : *Que Dieu vous* amende. *Tâchez d'amender vos mœurs. Il a amendé sa position. Ce sont les bons exemples qui amendent la jeunesse, encore mieux que les bons conseils.*—*Un projet de loi*, Y faire des modifications pour le rendre plus complet, ou plus clair.—Amender *une terre*, Y mettre de l'engrais, l'améliorer par des soins. — *Amender*, s'emploie aussi comme verbe neutre, pour exprimer Devenir meilleur, se trouver en meilleur état : *Ce malade n'a point* amendé. — Il se disait aussi autrefois pour Baisser de prix : *Le blé a bien amendé depuis la dernière récolte. Cette vendange fera* amender *le vin.* — S'Amender, Se corriger : *Nous nous amenderons dans quinze ou vingt ans d'ici. Ces terres* s'amendent, *avec de bons soins.* — prov. *Mal vit qui ne* s'amende, Celui qui ne se corrige pas mène une mauvaise vie. — Amender *quelqu'un*, Le mettre à l'amende. t. de palais qui n'est plus usité.

AMENER, v. a. (V. *Mener.*) Mener, conduire, faire venir vers l'endroit où l'on est ou dont on parle : *Amenez-moi votre protégé. Le roi le fit amener devant lui. Je l'ai amené de force. Toutes ces marchandises sont amenées sur des bateaux. Ils étaient perdus si vous ne leur eussiez amené du secours. Nous l'avons amené à coups de poings liés. On va amener des chevaux d'Allemagne. Veuillez amener du vin par la première occasion. Je regrette qu'il m'ait amené ici. S'il résiste*, amenez-le *par le collet.* — fam. *Quel bon vent vous amène? Quel heureux hasard vous fait venir.* — Dans un sens contraire : *Qui vous a amené ici? Qui m'a amené un pareil homme?* Expressions de mécontentement lorsque la personne venue nous déplaît. — *Mandat d'amener*, Ordre lancé par un juge pour faire comparaître un accusé. — Au figuré et lorsqu'il s'agit d'ouvrages littéraires, *Amener* signifie Bien préparer, faire venir à propos : *Cet auteur est très-habile à amener les coups de théâtre. Cette situation est bien mal amenée. Il n'était pas facile d'amener ce dénouement.* On dit également dans un sens analogue : *Vos preuves sont amenées de bien loin.* Amener *un sujet de conversation* ou amener *la conversation sur un sujet.* Amener *à soi*, Tirer de son côté : *Amenez le bâteau à vous. Il* amène à *lui toute la couverture.* — fig. *Il* amène *toutes les faveurs à lui.* Amener *quelqu'un à une opinion*, La lui faire adopter. On dit dans un sens analogue : *J'ai fini par l'amener où je voulais. J'ai eu beaucoup de peine à l'amener à agir selon ses intérêts.*— *Amener*, Introduire, mettre en usage : *Il y a quelques années que l'on a amené la mode de ne plus porter ses cheveux.* Mont. *Cet usage fut* amené *parmi les peuples du Nord. C'est lui qui nous a amené ce jeu.*—*Amener*, Engendrer, produire, faire naître : *On dit qu'un malheur en* amène *toujours un autre. Ce sont les abus qui* amènent *les révolutions. Combien d'un est-il peu fallu qu'un incident aussi puéril n'amenât une guerre générale?* Volt. — En termes de jeu, on dit Amener *gros jeu*, Pour dire qu'il nous vient gros jeu : *Il a* amené *le double-six.* Au jeu de dés : *Il a* amené *douze du premier coup.*—mar. Amener *les vaisseaux à bord*, ou simplement, Amener *à bord*, Faire venir les vaisseaux à bord. Amener *les voiles*, Les baisser. Amener *le pavillon*, ou simplement, *Amener*, Baisser le pavillon pour indiquer Que l'on se rend à un ennemi supérieur : *Après une vigoureuse défense, ils se virent obligés d'amener.*

Amené, ée, part. *Un incident bien amené. Une idée amenée de loin. Des preuves bien amenées.* Il s'emploie comme substantif dans cette locution qui appartient à la jurisprudence : *Un amené sans scandale*, Ordre donné par le juge d'amener quelqu'un devant lui sans bruit, sans scandale.

AMÉNIE, s. f. méd. État d'une femme qui n'a plus ou qui n'a jamais eu ses menstrues.

AMÉNITÉ, s. f. (du lat. *amœnitas*, même sens.) Agrément d'une chose : *L'aménité d'un lieu, l'aménité de l'air, de la température, l'aménité du ciel. L'aménité de ce lieu m'y retenait comme par enchantement.* Rous. — au fig. Grâces, douceur de caractère : *Elle a beaucoup d'aménité. Son caractère est plein d'aménité. Il m'a accueilli avec beaucoup d'aménité. L'aménité des mœurs nous attire. Trouvez-moi un homme dont la haute et forte intelligence se trouve unie à autant de grâce et d'aménité.* Mass. — On dit également : Aménité *du style, du langage. Il a beaucoup d'aménité dans le style. Son langage est plein d'aménité.*

AMÉNOMANIE, s. f. (du lat. *amœnus*, agréable, gai, riant, et du gr. μανία, folie, frénésie, manie.) méd. Folie caractérisée par un délire gai, par opposition à la *tristimanie*, qui est une forme de la folie caractérisée par un délire mélancolique.

AMÉNORRHÉE, s. f. (nom comp. de α priv., de μὴν, moins, et par suite, règles, menstrues, et de ῥέω, couler, écouler.) méd. Suppression accidentelle du flux menstruel chez la femme.

AMENTACÉE, s. (du lat. *amentum*, lien, attache.) bot. Division de végétaux ligneux dont les fleurs mâles sont réunies en chaton, et dont Jussieu avait formé une famille aujourd'hui très-subdivisée. Fleur amentacée, Fleur qui est comprise dans cette famille.

AMÉNUISER, v. a. (V. *Menu.*) Rendre plus menu, moins épais : Aménuiser *du bois, des planches.*

Aménuisé, ée, part.

AMER, adj. (du lat. *amarus*, amer; *amaritudo, amertume*.) méd. On donne ce nom à un grand nombre de médicaments végétaux qui appartiennent à la classe des toniques. On peut les employer alors substantivement : *L'usage des* amers. *Prescrire les* amers.

AMER, s. m. Fiel de certains animaux, particulièrement de la carpe : *On a crevé l'amer de cette poule.* — Remède amer : *Le médecin lui fait prendre des* amers.

AMER, ÈRE, adj. (du lat. *amarus*, amer, *amaritudo*, amertume.) Ce qui est rude et désagréable au goût : *Amer comme chicotin. Des sucs amers. Une liqueur amère. Ce vin est amer à la bouche. Ces herbes ont un goût amer. Donner à quelque chose un goût amer.*—*Avoir la bouche amère*, Avoir un mauvais goût dans la bouche : *Cette boisson rend la bouche amère.* — au fig. Triste, douloureux, cruel, affligeant : *Sa perte a été pour moi un sujet de regrets amers.*—*Une douleur* amère, Une douleur profonde. *Larmes amères*, Les larmes qu'elle fait verser : *Les larmes les plus amères sont celles qui se versent dans la solitude.* Linguet. *Ne buvez pas à la coupe du crime, au fond est l'amère détresse.* Lamennais. *Il est bien amer pour lui d'avoir de pareils reproches à se faire. Ce fut un sacrifice bien amer.* — Dur, piquant, offensant : *Elle l'a poursuivi des reproches les plus amers. Une réponse amère. Une raillerie amère. Elle répondit avec un ris amer. Cette critique est trop amère.*—*Une bêtise amère, une sottise amère*, Une bêtise rare et profonde : *Je vous félicite du choix de votre envoyé, il est de bêtise la plus amère.* Marm. — Amer s'emploie aussi substantivement : *L'amer et le doux. Il y a trop d'amer dans le suc de cette plante.*

AMÈREMENT, adv. Avec amertume : *Il s'est plaint amèrement de vous. Ce livre a été critiqué trop amèrement. Elle a pleuré bien amèrement sa faute.*

AMERS, s. m. pl. mar. Signes apparents sur les côtes, qui servent à guider les navigateurs lorsqu'ils sont à vue de terre et leur indiquent l'entrée d'une rade ou d'un fleuve : *Prendre ses* amers.

AMERTUME, s. f. (V. *Amer.*) Saveur amère : *Ce vin a de l'amertume.*— au fig. Douleur morale, profonde affliction : *J'ai le cœur plein d'amertume. Il m'a fait passer par bien des amertumes. Je vous le dis dans l'amertume de mon cœur. Il y a trop d'amertume dans une pareille douleur. La vie est une longue suite d'amertumes. Abreuver quelqu'un d'amertumes.* — Âcreté d'esprit, mordant : *Il y a dans cet écrit une amertume continuelle. Ses paroles sont toujours pleines d'amertume. Il m'en a parlé avec une profonde amertume.*

AMESTREMENT, s. m. teint. Action d'amestrer; résultat de cette action : *L'amestrement est terminé depuis une heure.*

AMESTRER, v. a. teint. Mêler le carthame lavé avec de la cendre gravelée, en le piétinant par petites parties.

Amestré, ée, part.

AMÉTABOLE, adj. des 2 g. (du gr. ἀμετάβολος, immuable, qui ne change pas, mot formé de α priv. et μεταβάλλω, changer.) entom. Nom proposé par Leach et adopté par plusieurs entomologistes pour désigner Les insectes qui ne subissent pas de métamorphose complète.

AMÉTAMORPHOSE, s. f. zool. Les zoologistes comprennent sous cette dénomination Les animaux articulés qui ne subissent pas de métamorphose, tels que les crustacés, les arachnides, etc.

AMÉTHODIQUE, adj. des 2 g. (de α priv. et de μεθοδικός, méthodique, μεθος, moyen, méthode.) didact. Sans ordre, sans méthode. Opposé à *méthodique*.

AMÉTHYSTE, s. f. (du gr. ἀμέθυστος, sans ivresse, qui garantit ou qui guérit de l'ivresse; de α priv. et de μεθύω, s'enivrer, qui se dit en gal. *meddwi* : rac. μέθυ, vin. Nom donné à cette pierre parce qu'on lui attribuait la vertu de préserver de l'ivresse.) Pierre transparente, de couleur violette, que dans le commerce on met au rang des pierres précieuses : *Pour bannir ou prévenir l'ivresse, les anciens buvaient dans des coupes d'améthyste. Chez les Juifs, le pectoral du grand-prêtre était orné d'une améthyste. Les évêques portent l'améthyste en anneau, ce qui l'a fait appeler* pierre d'évêque. *L'améthyste orientale est une gomme de la couleur violette la plus pure et la plus parfaite, d'un brillant extraordinaire, et aussi dure que le saphir. Les améthystes propres aux colliers de femmes et aux sachets se vendent fort chers. L'améthyste occidentale n'est qu'un cristal de quartz coloré. Il y a aussi une fausse* améthyste.

AMÉTHYSTÉ, ÉE, adj. (V. *Améthiste.*) didact. Qui a une couleur violacée.

AMÉTHYSTÉE, s. f. bot. Petite plante de Sibérie, de la famille des labiées, que l'on cultive dans nos jardins à cause de la beauté de ses fleurs.

AMÉTHYSTIN, INE, adj. didact. Qui est de couleur violette, de couleur de l'améthyste.

AMÉTRIE, s. f. (du gr. ἀμετρία, défaut, manque, mesure, excès : α priv. et μέτρον, mesure.) didact. Irrégularité, défaut de mesure.

AMEUBLEMENT, s. m. (V. *Meuble.*) Assortiment de meubles propres à garnir une chambre ou un appartement : *Un* ameublement *complet. Un riche* ameublement. *Un* ameublement *de velours. Il s'est donné un nouvel* ameublement.

AMEUBLER, v. a. Garnir de meubles. V. Meubler.

Ameublé, ée, part.

AMEUBLIR, v. a. (V. *Meuble* et *Mobile.*) jurisp. Rendre de nature mobiliaire un immeuble et le faire entrer ainsi dans la communauté conjugale, comme tous les meubles y entrent par l'effet de la loi : *On a ameubli ce domaine. Ils ont fait ameublir leurs propriétés foncières jusqu'à concurrence de trois cent mille francs.* —Ameublir se dit aussi en termes d'agriculture pour Une terre devenue trop rude, et que l'on rend plus légère : *Il faut établir des courants d'eau à travers ce terrain pour l'ameublir.*

Ameubli, ie, part.

AMEUBLISSEMENT, s. m. jurisp. Action d'ameublir un immeuble, effet de cette action : *L'ameublissement de cet immeuble était la principale clause du contrat. Nous ne consentons à l'ameublissement de cette propriété que pour une somme déterminée. L'ameublissement s'élève à cent mille francs.* Ameublissement *général, partiel, indéterminé.* — agric. *Ameublissement*, Action de rendre une terre plus légère : *Il fait travailler à l'ameublissement de sa terre.*—jurisp. *Clause d'ameublissement*, Clause par laquelle on fait entrer des immeubles en communauté, en leur donnant fictivement la qualité de meubles.

AMEULONNER, v. a. (verbe qui vient du celt. irl. *mul, mual*, sommet, éminence, *meall, mol* et *moil*, balle, botte, tas, monceau, meule ; gal. *mwdwl*, meule, tas, et *mwdyla*, mettre en tas, en meules.) agric. Mettre en meules du blé, de la paille, du fourrage.

Ameulonné, ée, part.

AMEUTER, v. a. Mettre les chiens en meute, les mettre en état de chasser de concert : *Ces chiens n'ont pas été bien* ameutés *pour chasser ensemble.* — au fig. Attrouper du monde, rassembler, exciter contre : *Il ameuta le peuple par ses cris. Il avait* ameuté *tous ses amis contre moi.* — S'ameuter, S'attrouper, se rassembler bruyamment et avec des intentions hostiles : *Le peuple s'était* ameuté *autour de l'hôtel du premier ministre.* — mar. Animer le zèle de l'équipage pour établir le plus d'accord et d'ensemble dans une grande manœuvre.

Ameuté, ée, part. *Une foule* ameutée; *un peuple* ameuté.

AMI, IE, s. (du lat. *amicus*, même sens : rac. *amare*, aimer.) La personne avec laquelle on est lié d'une affection mutuelle : *C'est mon meilleur, mon plus fidèle ami. Ami intime; ami de cœur. C'est un ami sûr, dévoué, éprouvé, généreux, à toute épreuve. Je vous traite en ami. Je vous regarde comme mon ami le plus solide. Un ami chaud et de ma qualité.* Mol. *Entretenir ses amis. Cultiver ses amis. Mettez-moi au nombre de vos amis. Entre amis tout doit être commun. Nous serons amis jusqu'à la mort. Se brouiller avec ses amis; perdre ses amis. Elle est fort de mes amies. Elles sont très-amies entre elles. La meilleure chose qu'il y ait au monde c'est un vieil ami. Il fut mon ami dans la bonne comme dans la mauvaise fortune. Adressez-vous à vos amis. Votre sœur est une des bonnes amies de la mienne. Il s'était fait beaucoup d'amis. Il faut savoir ménager ses amis. Parler, agir en ami. C'est un conseil d'ami que je vous donne. Cela n'est pas d'un bon ami. C'est assez pour soi d'un fidèle ami, c'est même beaucoup de l'avoir rencontré; on ne peut en avoir trop pour le service des autres.* La B. *Un ami d'enfance; un ami de collège. Un mauvais, un faux ami. Un ami maladroit. Un ami dangereux. Cela est d'un mauvais ami. Un ami de table, de bouteille, de débauche,* Celui qui vous sert de compagnon habituel dans les parties de plaisir. — On appelle Ami *de tout le monde,* Celui dont l'amitié est banale, et il se dit plaisamment d'Un homme naturellement timide et qui redoute jusqu'à l'ombre d'une querelle, comme dans ce passage de Molière : *Messieurs, ami de tout le monde.* Ami de cœur, Celui qui n'a que les apparences de l'amitié; ami *de la maison,* Celui qui fréquente une famille d'une manière intime; ami *jusqu'à la bourse,* Celui dont l'amitié ne va pas jusqu'à vous aider de son argent. Ami *jusqu'aux autels,* Celui qui est prêt à faire tout pour vous, excepté ce qui est contraire à la religion : *C'est un ami de ma fortune,* Un homme qui ne tient à moi qu'à cause de ma fortune.

Ami, Qui a de l'affection, de l'attachement pour une chose : *C'est un ami de la vérité; les amis de la raison; un ami de l'ordre. Il est assez ami de la table, du plaisir.* — Il s'emploie aussi avec un nom d'animal pour exprimer L'affection que cet animal a pour l'homme : *Le chien est l'ami de l'homme;* avec un nom de chose pour exprimer La sympathie : *Le lierre est l'ami de l'ormeau,* ou pour indiquer L'influence favorable qu'une chose exerce sur nous : *Le vin est l'ami de l'homme. Le vert est l'ami de l'œil. Des couleurs amies,* Des couleurs qui s'accordent bien ensemble. *Le rose et le blanc sont deux couleurs bien amies.*

Amis se dit de Personnes liées par un intérêt commun ou un esprit de coterie : *Nous ferons agir nos amis. Nul n'aura de l'esprit que nous et nos amis.* Mol. — Il s'emploie également pour les souverains, pour les nations unies par des traités ou des relations commerciales : *Des peuples amis; des nations amies. Les maisons de France et d'Autriche ne furent pas longtemps amies.* — Ami, terme de familiarité : Ami *lecteur; mon cher ami; le lion tint conseil et dit : Mes chers amis.* La Font. — Il s'emploie quelquefois dans un sens de familiarité méprisante ou ironique : *Savez-vous bien, mon petit ami, à qui vous vous adressez?* Les. *Hé! l'ami, savez-vous que vous m'échauffez les oreilles?* Danc. *Elle est morte, monsieur mon ami.* Mol. — prov. *Les bons comptes font les bons amis,* Lorsqu'il s'agit d'intérêts, il faut bien s'entendre ensemble pour rester amis. Ami *au prêter, ennemi au rendre,* En redemandant de l'argent prêté, on se fait quelquefois un ennemi de celui à qui l'on a rendu service : Ami *à pendre et à dépendre,* Absolument dévoué. *Un ami est comme une étoffe, on le connaît à l'user.*

AMI, IE, adj. Propice, favorable, bienveillant : *Puisse un destin ami guider toujours vos pas!* Léon. *Il m'a toujours tendu une main amie; un regard*

ami; *des paroles* amies; *je ne rencontre partout que des visages amis.* Marm.

AMIE, s. f. S'emploie quelquefois dans le sens de Maîtresse : *Cette femme est son amie, sa bonne amie.* On dit aussi, par abréviation, *M'amie* pour mon amie, ou ma mie : *J'aime mieux ma mie, ma douce amie.* Il est vieux. — Nom que les enfants donnent quelquefois à leur gouvernante : *Vous aimez bien votre mie.*

AMIABLE, adj. des 2 g. (du lat. *amabilis*, même sens : rac. *amare*, aimer.) Doux, gracieux, bienveillant : *Des paroles amiables, Un compositeur amiable,* Celui qui se charge de terminer un différend par la douceur et sans l'autorité de la justice.

Amiable (A L'), adv. Par la douceur, sans contrainte : *Tout s'est terminé à l'amiable; nous avons traité à l'amiable. Vente à l'amiable,* Vente faite de gré à gré, sans enchères. — arithm. Il se dit De deux nombres dont chacun est égal à la somme des parties aliquotes de l'autre : tels sont les nombres 220 et 284.

AMIABLEMENT, adv. D'une manière amiable : *Il nous a traités fort* amiablement. *Il vaut mieux terminer ce procès* amiablement. Peu usité.

AMIAN ou AMIHAN, s. m. mar. On appelle ainsi Tout objet de peu d'importance, qui, dans un navire, est étranger au gréement.

AMIANTACÉ, ÉE, adj. (V. *Amiante.*) Qui tient de l'amiante, qui en a les propriétés : *Teigne amiantacée,* Espèce de teigne qui, par ses écailles fines et nacrées, donne aux cheveux qu'elle entoure et qu'elle suit dans tout leur trajet un aspect soyeux et chatoyant analogue à celui de l'amiante.

AMIANTE, s. f. (du gr. ἀμίαντος, non souillé, incorruptible, de α priv. et de μιαίνω, gâter, corrompre.) Variété d'asbeste, minéral fibreux et incombustible, dont on se sert pour tisser une espèce de toile et fabriquer des mèches sur lesquelles le feu n'a point d'action : *Fil d'amiante; tissu; toile d'amiante.* — Amiantoïde, adj. des 2 g. Qui a quelque ressemblance avec l'amiante.

AMIANTINITE, s. f. (V. *Amphibole.*) min. Variété de l'actinote fibreuse.

AMIANTOÏDE, s. f. (du gr. ἀμίαντος, amiante, et de εἶδος, apparence.) min. Substance minérale, connue aussi sous les noms de byssolite, asbestoïde, qui est une variété capillaire d'actinote ferro-manganésifère, en filaments déliés, bruns ou verdâtres, et qui ne diffère de l'amiante que par la roideur et l'élasticité de ses fibres. — *Amiantoïde,* adj. des 2 g. Qui a quelque ressemblance avec l'amiante.

AMIATITE, s. f. min. Variété de silex résinite concrétionné, d'un blanc opaque.

AMICAL, ALE, adj. (du bas lat. *amicalis,* d'ami, amical, dériv. de *amicus,* ami. V. Ami et Aimer.) Qui provient d'un sentiment d'amitié, qui marque l'amitié : *Des paroles amicales, des exhortations amicales. Il s'est montré très-amical à mon égard. Il m'a fait des offres amicales. Il a toujours un air amical.* — Il ne s'emploie pas au pl. masc. On dit fam. : *Un homme amical,* pour Un homme qui fait beaucoup de démonstrations d'amitié.

AMICALEMENT, adv. D'une façon amicale : *Ils vivent très-amicalement. Nous avons causé* amicalement.

AMICT, s. m. (du lat. *amictus,* manteau, dér. de *amicire,* envelopper, couvrir; prononcez *ami.*) t. d'égl. Un des six ornements communs aux prêtres et aux évêques, et que portent aussi les diacres, les sous-diacres et même les acolytes, quand ils servent à l'autel. *L'amict qui autrefois servait à envelopper la tête, se met maintenant sur les épaules, ou se rabat sur le cou.* — Sorte de linge bénit que le prêtre met sur sa tête ou sur ses épaules quand il s'habille pour dire la messe.

AMIDIN, s. m. (V. *Amidon.*) chim. Nom donné de nos jours à la pellicule, d'une finesse extrême, dont chaque grain d'amidon est enveloppé.

AMIDINE, s. f. (V. *Amidon.*) Substance gommeuse distincte de l'amidon, qui constitue l'amidon presque en totalité, et qui se dissout dans l'eau parvenue à un certain degré de chaleur.

AMIDIQUE, adj. des 2 g. (V. *Amidon.*) chim. Qui provient de l'amidon : *Acide amidique.*

AMIDON, s. m. (lat. *amylum,* du gr. ἄμυλον, m. à m. non moulu.) bot. et chim. Substance grenue, blanche, brillante, constituant la fécule, et que l'on trouve dans les tubercules de pommes de terre, les graines de céréales, la moelle du sagouier, et dans un grand nombre d'autres végétaux. — L'a-

midon du commerce, extrait à peu près en totalité des recoupettes de blé, d'orge et de seigle ou de grains avariés, se présente sous forme de larmes striées, d'un grain très-fin et doux au toucher et d'une blancheur remarquable : *Achetez-moi trois livres d'amidon. La poudre à poudrer provient de l'amidon le plus fin. L'amidon n'est pas soluble dans l'eau froide.* Dans l'eau bouillante ou même très-chaude l'amidon se dissout avec une grande facilité et devient empois. (V. ce mot.) — J.-B. Rousseau, en donnant au mot parfumeur un sens figuré, a pris *amidon* dans le sens de Louange fausse, vain compliment : *Séduit surtout et gâté chaque jour par l'amidon des parfumeurs de cour.* V. Fécule.

AMIDONITE, s. f. chim. Nom applicable à l'amidon et à l'amidin.

AMIDONNER, v. a. (V. *Amidon.*) arts et m. Couvrir ou enduire d'amidon, passer à l'amidon : *Amidonner du linge.* — Autrefois, Mettre de la poudre. — S'amidonner, v. pr. Se poudrer : *Mais qu'un abbé tous les jours s'amidonne........ voilà ce qui m'étonne.*

AMIDONNÉ, ÉE, part.

AMIDONNERIE, s. f. arts et m. Fabrique d'amidon, lieu où l'on prépare l'amidon, art de le fabriquer.

AMIDONNIER, s. m. (V. *Amidon.*) Fabricant ou marchand d'amidon.

AMIERTES, s. f. pl. comm. Toiles de coton que l'on fabrique dans les Indes.

AMIHAN, V. Amian.

A-MI-LA, t. de mus. qui désigne la note *la. Cet air n'est-il pas en a-mi-la? Prenez le ton d'a-mi-la.* Il a vieilli.

AMINCIR, v. a. (V. *Mince.*) Rendre plus mince : Amincir *du bois.* — fig. Diminuer, affaiblir : *C'est un de ces esprits que les menus détails de la vie ont cruellement* amincis. Volt. — Faire paraître plus mince : *Le noir amincit beaucoup. Ce vêtement vous* amincit. — Il s'emploie avec le pr. pers. et signifie, Devenir plus mince : *Le fer s'amincit au laminoir.*

Aminci, ie, part. et adj. bot. Il se dit Du chaton quand il diminue de grosseur, de la base au sommet.

AMINCISSEMENT, s. m. (V. *Amincir.*) Action d'amincir, état de ce qui est aminci.

AMIRAL, s. m. (nom formé de deux mots arabes, *amir,* émir, chef, et *alma,* eau, mer, gr. ἁλμή, eau salée, la mer.) Le chef de toutes les forces navales d'un État : *Il était grand amiral de France. L'amiral de France manqua d'être fait prisonnier à ce combat. Il remplit pendant trente ans la charge de grand amiral. Amiral d'Angleterre.* — Cette dignité suprême n'existe plus en France, et le nom d'*amiral* ne désigne plus aujourd'hui que le grade le plus élevé dans l'armée navale, grade qui est conféré à plusieurs officiers : *Le roi a nommé deux nouveaux amiraux. Il a été élevé au rang d'amiral. La flotte est commandée par un amiral.* — *Amiral,* se disait aussi quelquefois De celui qui, bien qu'il n'eût pas la charge d'amiral, commandait une escadre ou une flotte : *On le désigna pour amiral de la flotte.* — *Vaisseau* amiral, Le vaisseau monté par un amiral, ou le principal vaisseau d'une flotte. On dit aussi, dans ce sens, simplement, l'*Amiral : Il avait toujours servi sur l'amiral.* — Dans les ports militaires, on désigne par le nom de *Vaisseau* amiral, Celui sur lequel ont lieu les revues des officiers et tous les actes principaux qui concernent le service : *On fit passer tous les officiers supérieurs sur l'amiral.*

AMIRAL, s. m. conchyl. Joli coquillage univalve de la mer des Indes, du genre cône.

AMIRALE, s. f. (V. *Amiral.*) Bâtiment à bord duquel se rendent et s'exécutent les jugements dans les ports. Femme d'un amiral. — Autrefois, on appelait *amirale* ou *galère amirale,* La galère que montait l'amiral, le chef d'une flotte ou d'une escadre.

AMIRAUTÉ, s. f. (V. *Amiral.*) Charge, office d'amiral : *L'amirauté d'Angleterre.* — On désigne par ce nom en Angleterre, en Russie, en Amérique, l'Administration supérieure de la marine, et tout ce qui s'y rattache : *Le lord de l'amirauté. Une décision de l'amirauté russe. L'hôtel, les bureaux de l'amirauté.* — Il y a eu en France un conseil dit *Conseil de l'Amirauté,* qui était présidé par le ministre de la marine et administrait avec lui : *Le secrétaire* du *Conseil de l'Amirauté. — Amirauté*, se disait autrefois Du tribunal qui connaissait de toutes les affaires contentieuses relatives à la marine : *La cause a été jugée par l'Amirauté. L'Amirauté a décidé que la prise serait ainsi partagée. Le tribunal de l'Amirauté. Le lieutenant de l'Amirauté.*

**AMISSIBILITÉ**, s. f. (V. *Amissible.*) théol. et contr. État de ce qui est amissible. *L'amissibilité de la grâce, de la justice.*

**AMISSIBLE**, adj. des 2 g. (du lat. *amissibilis*, qu'on peut perdre, perdable, dér. de *amittere*, perdre.) théol. et contr. Qui se peut perdre : *Soutenir contre les partisans de Calvin que la grâce est amissible.*

**AMISSION**, s. f. (du lat. *amissio*, perte, dér. du v. *amittere*, lâcher, abandonner, perdre.) jurisp. Perte, amende.

**AMITES** ou **AMMITES**, s. f. min. Petits corps ronds, de nature calcaire, semblables à des graines de millet, et qui ne sont probablement que des oolithes ou concrétions globuleuses à couches concentriques.

**AMITIÉ**, s. f. (du lat. *amicitia*, même sens, dér. de *amicus*, ami; rac. *amare*, aimer.) Attachement mutuel, affection que deux personnes ont l'une pour l'autre : *Ils sont liés d'une étroite amitié. Leur amitié a toujours été constante. C'est une ancienne, une étroite, une ferme amitié. Je ne vous demande qu'une bonne et sincère amitié. Amitié fausse, feinte, intéressée, simulée. Les engagements de l'amitié sont sacrés. Il répondait à mon amitié. J'aimerais mieux tout perdre que renoncer à votre amitié.* Rouss. *Il y a des amitiés si fragiles qu'il suffit d'un mot jeté imprudemment pour les rompre.* Rivarol. *Les nœuds de l'amitié nous joignaient tous les deux.* Collin. *Malheureux celui qui n'a jamais goûté les plaisirs de l'amitié.* Did. *Faire contracter amitié avec quelqu'un. Promettre, jurer amitié. Faire une chose par amitié. Manquer aux lois de l'amitié. Rompre, renouer une amitié. Lier amitié avec quelqu'un. Ils vivent ensemble sur le pied d'une grande amitié. Il n'y a guère de véritable amitié qu'entre égaux.* Acad. *Il y a un goût dans la pure amitié où ne peuvent atteindre ceux qui sont nés médiocres.* La Bruy. *L'on ne manque jamais d'amis quand on peut payer l'amitié de ceux qui nous aiment.* Mass. — prov. *Les petits présents entretiennent l'amitié. — Amitié*, Affection que l'on éprouve pour quelqu'un, même sans qu'elle soit partagée : *Le prince avait beaucoup d'amitié pour lui. L'amitié que je lui portais n'a jamais été payée de retour. Cet homme se prend d'amitié pour tous les nouveaux venus.* — Affection de certains animaux pour l'homme : *Votre chien a beaucoup d'amitié pour moi.* — Alliance entre deux souverains, entre deux nations : *L'amitié qui unissait les cours de France et d'Espagne.* St.-Simon. — On dit familièrement : *Faites-moi l'amitié de lui dire cela; faites cela par amitié pour moi,* Rendez-moi ce service. *Vous me ferez bien l'amitié de vous charger de cette commission. Faites-nous l'amitié de venir dîner.* — *Amitiés*, au pluriel, Marques d'affection, caresses, paroles obligeantes : *Il m'a fait des amitiés sans nombre. Faites-lui bien mes amitiés. Agréez mes sincères amitiés,* Formule qui termine une lettre écrite à un ami. On dit dans le même sens avec le singulier : *Faire amitié à quelqu'un.* — hort. Fumier tout ce qui sert à amender la terre. — comm. Sorte de moiteur onctueuse à laquelle on reconnaît le bon grain : *Ce blé a de l'amitié.* On dit aussi dans un sens analogue : *Ce blé a de la main.*

**AMMAN**, s. m. Titre donné en Suisse aux chefs des cantons catholiques.

**AMMANE**, s. f. bot. Genre de la famille lythraire.

**AMMANIE**, s. f. bot. Genre de plantes aquatiques du Nouveau-Monde et des Indes.

**AMMAPTÉNODYTE**, adj. des 2 g. (du gr. *ἄμμος*, sable, *πτερὸν*, aile, et *δύνω* ou *δύω*, plonger, entrer dans, vivre dans.) ornith. Qui ne vole pas et qui vit dans le sable comme l'autruche.

**AMMEISTRE** ou **AMMESTRE**, s. m. Titre donné en Allemagne aux échevins de plusieurs villes.

**AMMI**, s. m. (du gr. *ἄμμι*, même signification.) bot. Plante de la famille des ombellifères, originaire du Levant et qui présente plusieurs espèces : *L'ammi commun; l'ammi majus* des botanistes a des semences aromatiques, réputées carminatives, qui sont du moins toniques et excitantes. Les rayons des ombelles de l'ammi *visnago*, ou herbe aux cure-dents, sont aromatiques et servent aux Turcs à faire des brosses à dents qu'on expédie pour Marseille.

**AMMINÉ**, ÉE, adj. bot. Qui ressemble à l'ammi. — *Amminées*, s. f. pl. Groupe de plantes dans lequel l'ammi se trouve compris.

**AMMOBATE**, s. m. (du gr. *ἀμμοβάτης*, qui va, qui se promène dans le sable; nom comp. de *ἄμμος*, sable, et de *βαίνω*, je vais, je marche.) entom. Genre d'insectes hyménoptères.

**AMMOCÈTE**, s. m. (nom comp. de *ἄμμος*, sable, et de *κοίτη*, lit, demeure. On écrivait d'abord, *ammo cœte.*) ichth. Genre de poissons qui vivent dans le sable, comme les lamproies.

**AMMOCHOSIE**, s. f. (du gr. *ἀμμοχωσία*, non comp. de *ἄμμος*, sable, et du v. *χέω*, ou *χεύω*, je verse, je répands, j'enterre.) méd. Moyen d'agir sur le corps humain en le plongeant dans un bain de sable chaud ou dans du sel.

**AMMOCHRYSE**, s. m. min. Nom que les anciens minéralogistes donnaient au mica pulvérulent de couleur d'or qui sert à poudrer l'écriture.

**AMMODYTE**, s. m. (du gr. *ἀμμοδύτης*, qui habite dans le sable, *ἄμμος*, sable, et *δύνω*, *δύω*, j'entre.) ichth. Petit poisson de l'ordre des ophidiens, qui habite nos mers et se cache dans le sable, où il s'enfonce avec une grande prestesse pendant la marée basse. Nos pêcheurs le désignent sous le nom de *lançon.* Les anciens le connaissaient fort bien, témoin ce passage : *Concolor exustis atque indiscretus arenis, ammodytes*, etc. Lucanus, lib. 9.

**AMMOLIN**, s. f. chim. Base salifiable fournie par l'huile animale de Dippel.

**AMMOLIQUE**, adj. m. chim. Qui tient de l'ammolin : *Sel* ammolique, Celui qui a pour base l'ammolin.

**AMMON**, s. m. V. **Ammonite**.

**AMMONACÉ**, ÉE, adj. (V. *Ammonite.*) zool. Qui ressemble à des cornes d'ammon. — s. m. pl. Famille de mollusques dans laquelle se trouvent les cornes d'ammon.

**AMMONALUM**, s. m. min. Synon. d'*Alun ammoniacal.*

**AMMONÉEN**, adj. m. géol. Il se dit Des terrains secondaires, et particulièrement de ceux qui sont compris entre la craie et le lias inclusivement, parce qu'ils renferment un très-grand nombre d'ammonites.

**AMMONÉ**, ÉE, adj. V. **Ammonacé**.

**AMMONIAC**, s. m. chim. Sel ammoniac, formé par la combinaison de l'acide chlorydrique avec le gaz ammoniaque.

**AMMONIAC**, AQUE, adj. chim. *Sel* ammoniac, *gaz* ammoniac. Celui-ci est une combinaison d'hydrogène et d'azote. On l'appelle aussi *alcali volatil.*

**AMMONIACAL**, ALE, adj. chim. Qui tient de l'ammoniac.

**AMMONIACÉ**, ÉE, adj. chim. Qui contient de l'ammoniac.

**AMMONIACO-MAGNÉSIEN**, adj. m. chim. Il se dit d'Un sel qui contient de l'ammoniaque et du mercure.

**AMMONIAQUE**, s. f. chim. Eau chargée de gaz ammoniac, alcali volatil du commerce. — Gaz incolore, d'une odeur piquante, caractéristique, provoquant la mort chez l'homme et les animaux qui le respirent.

**AMMONIAQUE MURIATÉE**, s. f. min. Synonyme de *salmiac* et de *chlorure ammoniaque.*

**AMMONIAQUE SULFATÉE**, s. f. min. Synonyme de *mascagnine.*

**AMMONIAQUÉ**, ÉE, adj. v. **Ammoniacé**.

**AMMONIATE**, s. m. chim. Combinaison d'ammoniaque et d'un oxyde métallique.

**AMMONICO-ARGENTIQUE**, adj. m. chim. Il se dit d'Un sel ammoniac combiné avec un sel argentique.

**AMMONICO-CALCIQUE**, adj. m. chim. Il se dit d'Un sel ammoniac combiné avec un sel calcique.

**AMMONICO-HYDRIQUE**, adj. m. chim. On le dit d'Un sel ammoniac combiné avec un sel hydrique.

**AMMONICO-LITHIQUE**, adj. m. Il se dit d'Un sel ammoniac combiné avec un sel lithique.

**AMMONICO-MAGNÉSIQUE**, adj. m. Il se dit d'Un sel ammoniac combiné avec un sel magnésique.

**AMMONICO-MERCUREUX**, adj. m. chim. Il se dit d'Un sel ammoniac combiné avec un sel mercureux.

**AMMONICO-MERCURIQUE**, adj. m. chim. Il se dit d'Un sel ammoniac combiné avec un sel mercurique.

**AMMONICO-POTASSIQUE**, adj. m. chim. Il se dit d'Un sel ammoniac combiné avec un sel potassique.

**AMMONICO-SODIQUE**, adj. m. chim. Il se dit d'un sel ammoniac combiné avec un sel sodique.

**AMMONICO-URANIQUE**, adj. m. chim. Il se dit d'un sel ammoniac combiné avec un sel uranique.

**AMMONICO-AZOTURE**, s. m. chim. Combinaison d'un azoture avec l'ammoniac.

**AMMONICO-CHLORURE**, s. m. chim. Combinaison d'un chlorure avec l'ammoniac.

**AMMONIQUE**, adj. m. chim. On le dit Des sels produits par la combinaison de l'ammoniac avec les acides contenant de l'eau.

**AMMONITE**, s. f. (de *Ἄμμων*, Ammon, surnom de Jupiter en Afrique, où il était représenté avec une tête de bélier.) paléont. Genre de coquilles fossiles enroulées sur le même plan et à cloisons découpées. Leur ressemblance avec les cornes de bélier les a fait nommer *cornes d'Ammon* par les anciens auteurs.

**AMMONIUM**, s. m. chim. Métal hypothétique composé de gaz ammoniac et d'un atome d'oxygène; de telle sorte que l'ammoniaque liquide soit l'oxyde de ce métal, et se combine selon la loi générale avec les oxacides sans aucun dégagement de gaz.

**AMMONIURE**, s. f. chim. Combinaison de l'ammoniac avec des sels métalliques.

**AMMONOÏDE**, adj. des 2 g. (V. *Ammonite.*) Il se dit De coquilles qui ressemblent à des cornes d'Ammon.

**AMMOPHILE**, adj. des 2 g. (du gr. *ἄμμος*, sable, et de *φίλος*, ami; qui aime le sable.) hist. nat. Qui croît et qui vit dans les endroits sablonneux.

**AMMOTHÉ**, s. m. zool. Genre d'arachnides. — Genre de polypiers.

**AMNÉSIE**, s. f. (de *α* priv. et de *μνῆσις*, mémoire : rac. *μνάομαι*, je me souviens.) path. Perte de la mémoire; ce qui est considéré par quelques nosologistes comme une maladie particulière, et rangé par les auteurs parmi les divers symptômes qui peuvent se manifester dans certaines affections.

**AMNESTIQUE**, s. f. (V. *Amnésie.*) didact. Art d'oublier.

**AMNESTOTHALE**, adj. des 2 g. (mot composé de deux mots gr. *ἀμνήστευτος*, non demandé en mariage, non marié, et *θάλος*, *θαλλὸς*, rejeton, rameau vert, feuille.) bot. *Plantes* amnestothales, Plantes dont les sexes se trouvent dans des fleurs séparées.

**AMNICOLE**, adj. des 2 g. (du lat. *amnicola*, habitant d'un fleuve, qui croît ou habite le long d'un fleuve : *amnis*, fleuve, et *colere*, cultiver, habiter.) Qui vit sur le bord des rivières.

**AMNIOS**, s. m. (du gr. *ἀμνίον.*) anat. La plus interne des membranes qui enveloppent le fœtus. — bot. Dans les fruits, Liqueur vitrée, gélatineuse ou émulsive, qui n'est visible qu'après la fécondation, dans laquelle nage l'embryon, qui paraît servir à sa nourriture, et dont le résidu concrété forme le périsperme.

**AMNIOTIQUE**, adj. des 2 g. (V. *Amnios.*) anat. Qui appartient à l'amnios.

**AMNISTIE**, s. f. (du gr. *ἀμνηστία*, oubli; de *α* priv. et de *μνῆσις*, mémoire : rac. *μνάομαι*, je me souviens.) Pardon général accordé par le souverain aux auteurs de certains délits et surtout de celui de rébellion : *On leur fit savoir qu'une amnistie générale leur serait accordée. Les chefs ne furent pas compris dans l'amnistie. A cette occasion, on publia une amnistie pour tous les délits de presse. Il n'a pas voulu accepter l'amnistie. On l'a excepté de l'amnistie.*

**AMNISTIER**, v. a. Pardonner : *Amnistier quelqu'un,* Le comprendre dans l'amnistie. — Le participe s'emploie quelquefois comme substantif : *Tous les amnistiés.*

**AMODIATEUR**, s. m. Qui prend une terre à ferme. Il n'est usité que dans quelques provinces : *Je me suis rendu* amodiateur *de votre terre.*

**AMODIATION**, s. f. Action de prendre ou de donner à ferme une terre; bail que l'on passe pour la location de cette terre.

**AMODIER**, v. a. Affermer une terre en denrées

ou en argent : *Nous avons* amodié *notre terre à trois mille francs.*

AMODIÉ, ÉE, part.

AMOEBE, s. m. V. AMÈBE.

AMOINDRIR, v. a. (V. *Moindre.*) Rendre plus petit, diminuer : *Vos consolations ont amoindri sa douleur. Ces derniers événements avaient considérablement* amoindri *nos forces.* — Employé comme verbe neutre ou avec le pronom personnel, il signifie Devenir moindre : *Son revenu amoindrit tous les jours. Ses forces se sont beaucoup amoindries.*

AMOINDRI, IE, part.

AMOINDRISSEMENT, s. m. Diminution : Amoindrissement *de forces, de fortune. L'*amoindrissement *de ses ressources.*

AMOLETTE, s. f. mar. Nom qu'on donne aux trous percés dans la tête d'un cabestan, d'un gouvernail ou d'un guindeau, pour recevoir l'extrémité de chaque barre employée à faire tourner ces machines.

AMOLLIR, v. a. (du lat. *mollire*, même sens : rac. *mollis*, mou.) Rendre mou : Amollir *de la cire par l'action du feu. On parvient à amollir cette matière de façon à en faire une pâte.* — fig. Énerver, efféminer : *Les voluptés de Capoue* amollirent *les soldats d'Annibal.* VERTOT.— Fléchir, adoucir : *Rien ne peut amollir cet esprit implacable.* VOLT. *Nos larmes, nos supplications, la vue de tant de malheureux prosternés à ses pieds, rien ne put l'amollir.* FÉN. — S'AMOLLIR, Devenir mou : *Ces terrains se sont bien amollis par les pluies qu'il y a eu.* — S'amollir, S'énerver, s'adoucir : *Il s'amollit au milieu des délices. Je sens que mon cœur s'amollit.*

AMOLLI, IE, part. : *Aux accents dont Orphée emplit les monts de Thrace, Les tigres amollis dépouillaient leur audace.* BOIL.

AMOLLISSEMENT, s. m. Action d'amollir, état de ce qui est amolli : *L'*amollissement *de la cire.*— au fig. *L'*amollissement *des mœurs, du courage.*

AMOISES, s. f. pl. charp. Pièces de bois qui embrassent les sous-faîtes, liens et poinçons pour consolider les parties d'assemblage. V. MOISE.

AMOME, s. m. (en gr. ἄμωμον, lat. *amomum.*) bot. Genre de plantes de la famille des balisiers, presque toutes originaires des régions chaudes de l'Asie, et généralement remarquables par leur saveur piquante et aromatique : *Selon le plus grand nombre des botanistes, le gingembre est une espèce d'*amome.

AMOME CARDAMOME. V. CARDAMOME.

AMOMÉ, ÉE, adj. (V. *Amome.*) bot. Qui est semblable à l'amome. — Amomées, s. f. pl. Famille de plantes phanérogames, monocotylédones, de la classe des scitaminées, et qui comprend les amomes.

AMONCELER, v. a. (du v. *moncel*, qui se disait pour monceau. V. *Monceau.*) Réunir en tas, faire un amas confus de choses semblables ou différentes : *Le vent* amoncelle *les sables. La tempête avait amoncelé tous ces débris sur le rivage. Amoncelez les richesses si vous voulez être toujours pauvre et malheureux.* ROUS. — fig. Amonceler *des preuves contre un accusé. Vous* amoncelez *des raisons sans suite.* — S'AMONCELER : *Les nuées s'amoncellent. Des nuages sombres et menaçants s'amoncelaient au-dessus de nos têtes.* MARMONT. *Les idées les plus confuses s'amoncellent dans son cerveau.* — man. Il se dit d'Un cheval qui marche sur les hanches sans se traverser : *Ce cheval* amoncelle, *ou s'amoncelle.*

AMONCELÉ, ÉE, part. *Des gerbes amoncelées.*

AMONCELLEMENT, s. m. Action d'amonceler; état de ce qui est amoncelé : *A quoi vous servira l'*amoncellement *de tant de richesses? L'*amoncellement *des capitaux dans les mêmes mains est nuisible à la prospérité publique.* ACAD. Amoncellement *des sables, des neiges.*

AMONT, adv. Terme dont les bateliers se servent pour désigner Le côté d'où descend un fleuve, une rivière. Il ne s'emploie guère qu'avec la préposition *de* : *Le pays d'amont. Le vent vient, souffle d'amont. Ces marchandises viennent d'amont.* — On dit également : *En amont du pont, en amont du port*, pour désigner Un endroit du fleuve, de la rivière qui est au-dessus du pont, du port que l'on indique : *Les bateaux sont arrêtés en amont du pont. Aller en amont*, Aller en remontant le cours d'une rivière. —*Vent d'amont*, Vent qui souffle sur les côtés de l'un des points compris entre le nord-est et le sud-est, passant par l'est, surtout quand la terre est au levant. — arch. hydr. Côté d'où vient

l'eau d'une rivière, opposé à aval : *C'est en amont que les piles d'un pont doivent présenter la plus grande résistance.* — fauc. Tenir amont, se dit De l'oiseau qui se tient en l'air, attendant qu'il découvre quelque gibier.

AMONTAL, ALE, adj. mar. Qui vient de l'est : *Vent* amontal.

AMORÇAGE, s. m. techn. Action d'amorcer une arme à feu. — pêch. Action d'amorcer une ligne, un filet.

AMORCE, s. f. (probablement du lat. *morsus*, action de mordre; dér. de *mordere*, mordre.) Appât pour attirer et attraper les poissons ou les oiseaux : *Attacher une amorce au bout d'un hameçon. Ils se servent de terre grasse pour amorce.* — fig. Tout ce qui attire par la séduction des sens ou de l'esprit : *Les amorces de la volupté. De douces amorces. Il s'est laissé prendre à l'amorce. Une trompeuse, une dangereuse amorce. La gloire a pour nos cœurs de puissantes amorces.* CRÉB. — artill. Poudre à canon que l'on met dans le bassinet d'une arme à feu; mèche allumée destinée à mettre le feu à un canon ou à des fusées; poudre fulminante qui prend feu par la percussion : *Mettre le feu à l'amorce. Le coup n'a point parti parce que l'amorce était mouillée. Ils ont pénétré dans la citadelle sans brûler une amorce. Une corne d'amorce. L'amorce n'a pas pris.* — techn. Dissolution d'or, d'argent ou de platine, dans laquelle on plonge les plaques de cuivre destinées à être plaquées. — pêch. On nomme Amorces vives, Du poisson qui sert d'amorce.

AMORCER, v. a. Garnir d'une amorce : Amorcer *un hameçon*, Y mettre un appât pour attirer le poisson. Amorcer *un pistolet, un fusil, un canon.* Amorcer *des poissons*, ou simplement *Amorcer*, Jeter quelque chose dans un endroit de l'eau pour les y attirer. — fig. Attirer quelqu'un par la séduction des sens ou de l'esprit : *Ce n'est pas un homme à se laisser* amorcer. *L'espoir du gain l'a amorcé. C'est une maîtresse femme pour conduire les affaires et amorcer les gens.* DANC. — Amorcer, Ôter quelque chose du fer avant de le percer. — Commencer un trou dans un morceau de bois. — techn. Tremper des plaques de cuivre dans une dissolution d'or, d'argent ou de platine, pour en faire des plaqués. — hydr. Faire couler de l'eau dans une pompe pour s'assurer si l'air passe par de petites fissures, dans le but d'y remédier. — chim. Remplir un siphon de liquide, et le renverser pour en faire plonger la courte branche. — forg. Aplatir un morceau de fer à l'un de ses bouts à peu près comme un coin. — charp. Commencer à percer dans une pièce de bois un trou qu'on achève avec la tarière ou le laceret.

AMORCÉ, ÉE, part.

AMORÇOIR, s. m. Espèce de tarière qui sert aux ouvriers pour amorcer. On dit plus communément, *ébauchoir.* — tech. Petit instrument qui sert à amorcer un fusil à piston.

AMOROSO, adv. (ital. *amoroso*, amoureux.) mus. Mot placé au commencement d'un air, d'une phrase, pour indiquer Une expression tendre ou un mouvement un peu lent, mais gracieux.

AMORPHE, adj. (de ἄμορφος, informe, difforme, de α priv. et de μορφή, forme.) min. Épithète par laquelle on désigne Les minéraux qui se présentent en masse irrégulière.

AMORPHIE, s. m. (V. *Amorphe.*) hist. nat. Défaut de conformation, difformité, état de ce qui est informe.

AMORPHOPHYTE, s. m. (du gr. ἄμορφος, informe; et de φυτὸν, arbrisseau, tige.) bot. Plante dont les fleurs sont irrégulières ou anomales.

AMORPHOSE. s. m. V. ANAMORPHOSE.

AMORPHOTE, adj. des 2 g. (du gr. ἀμόρφωτος, informe, sans forme.) zool. Qui n'a point de forme déterminée, irrégulier.

AMORPHOZOAIRE, adj. et s. (V. *Amorphe.*) zool. Il se dit d'Animaux qui n'ont aucune forme déterminée.

AMORTIR, v. a. (rac. *mort.*) Rendre moins violent, moins ardent : Amortir *l'action du feu. Ce ne fut qu'à force d'eau que l'on put amortir l'ardeur des flammes.* — Adoucir l'effet d'un coup, lui ôter de sa force : *Le coup était si violent, que sans son buffle qui l'amortit, il ne s'en fût pas retiré.* CYR. Il eut le bonheur de rencontrer, en tombant, une branche d'arbre qui amortit sa chute. — Amortir *des herbes*, et mieux, *les faire* amortir, Leur ôter de l'âcreté en

les faisant bouillir : *Nous mangeâmes ces herbes après les avoir fait amortir dans l'eau bouillante.*—Amortir *des couleurs*, En diminuer l'éclat : *Il faut laisser au temps le soin d'amortir ces couleurs. Ces nuances trop vives ont besoin d'être amorties pour donner de l'harmonie à l'ensemble.* — Dans un sens analogue on dit : Amortir *le son*, amortir *le bruit*, amortir *l'éclat. Des tapis épais* amortissaient *le bruit de nos pas. La souffrance avait amorti l'éclat de ses yeux.* —Amortir *le vent*, L'arrêter, en diminuer les effets.

Amortir, au fig., Rendre moins vif, apaiser, adoucir : *Cette ardeur est trop forte, il la faut amortir. L'âge amortit les passions.* Amortir *le feu des passions, le feu de la jeunesse. Cette révélation inattendue* amortit *singulièrement la violence de sa passion.* MAR. —Amortir *ses dettes*, Les éteindre peu à peu; —*une rente*, La supprimer en remboursant le capital : Amortir *la dette publique.* Amortir *une redevance.* — mar. Ôter à un bâtiment sa vitesse ordinaire par un moyen quelconque. — v. n. Rester échoué au moment du reflux de la mer. — S'AMORTIR : *Les passions s'amortissent avec l'âge. Le feu de son érysipèle s'est amorti. La balle s'est amortie sur sa poitrine.*

AMORTISSABLE, adj. des 2 g. Qui peut être amorti, en parlant d'Une rente ou d'une pension : *Cette rente est amortissable.*

AMORTISSEMENT, s. m. Extinction d'une pension, rachat d'une rente : *L'amortissement d'une redevance*, Extinction graduelle d'une dette : *Il travaille à l'amortissement de ses dettes.* — Caisse d'amortissement, Caisse établie pour l'extinction graduelle de la dette publique. Fonds d'amortissement, Fonds destinés à cette extinction. — *Amortissement* se disait à propos d'Un domaine, d'une terre tombée en mainmorte, et de la faculté accordée aux mainmortables de devenir propriétaires du fonds amorti, à la charge de ne pouvoir le vendre : *Ils n'avaient pas encore acquitté les frais d'amortissement.* — Il s'emploie quelquefois, mais rarement, au figuré : *Il est une langueur, un amortissement, qui mènent doucement à la mort.* BOISTE. *L'amortissement des feux, des passions.* — archit. Il se dit De tout ornement qui surmonte et termine un bâtiment ou un membre quelconque d'architecture : *Une énorme pomme de pin de bronze servait d'amortissement au mausolée d'Adrien.* — mar. État d'un bâtiment qui est amorti.

AMOUILLANTE, adj. f. agric. On nomme *Vache amouillante*, Celle qui est près de vêler, ou qui vêle.

AMOUILLE, s. f. agric. Premier lait d'une vache qui vient de vêler.

AMOUILLER, v. n. agric. Il se dit d'Une vache qui est sur le point de vêler, ou qui a vêlé.

AMOUR, s. m. (du lat. *amor*, même signification : rac. *amare*, aimer.) Affection qui nous entraîne instinctivement vers ce qui nous paraît aimable, et en fait l'objet de nos désirs. L'adjectif que l'on joint au mot amour ou le complément qui le suit détermine la nature de l'affection que l'on veut exprimer : *Amour honnête*, amour *conjugal*, amour *céleste*, amour *filial*, amour *terrestre*, amour *platonique*, amour *charnel*, amour *de charité*, amour *d'intérêt*, amour *de concupiscence*, amour *désordonné*, *déréglé*, *sensuel*; amour *réciproque*, amour *mutuel. L'amour divin est la source de toutes les vertus.* MASS. *L'amour maternel est de tous les amours le seul qui soit réel.* — Le complément qui suit le mot *amour* indique souvent l'objet vers lequel l'affection se dirige : *L'amour du prochain, l'amour de la gloire, l'amour de la liberté, l'amour de la justice, l'amour des richesses*; ou bien le sujet qui éprouve l'affection : *L'amour des pères pour leurs enfants. L'amour des rois pour leurs peuples. Faire quelque chose pour l'amour de quelqu'un*, c'est-à-dire, En raison de l'affection qu'on lui porte. *Si ce n'est pour votre intérêt faites-le pour l'amour de moi.* — *Pour l'amour de Dieu*, Expression familière qui signifie Que l'on fait une chose sans aucun but d'intérêt personnel : *J'ai fait cela pour l'amour de Dieu. Comme pour l'amour de Dieu*, Se dit d'une façon ironique, pour exprimer qu'Une chose a été faite sans aucun soin, qu'un don a été accordé à contre-cœur ou avec trop de parcimonie. *Vous avez l'air de travailler comme pour l'amour de Dieu. Vous lui en avez donné comme pour l'amour de Dieu.*

Amour *s'emploie pour exprimer Celui ou celle qui est l'objet de l'affection : *Cet enfant est l'amour *de ses parents. Elle vient de mourir, cette princesse qui était l'amour de tous ceux qui l'environnaient. Mon cher pays, mon premier amour.* M<sup>me</sup> DE GENL. *Mon amour*, Terme de tendresse que l'on emploie familièrement à l'égard d'une femme que l'on aime. On disait aussi dans le même sens et par contraction : *M'amour*. Dans un sens analogue on se sert du pluriel : *Voilà mes amours. Cette femme a été longtemps ses amours.* — Il se dit également Des choses que l'on aime de préférence : *Les arts et les sciences sont mes seuls amours.* — On dit qu'*Un ouvrage est fait avec amour*, pour exprimer Qu'on a pris plaisir à le faire, qu'on l'a exécuté avec un soin extrême : *On voit que l'artiste a fait cette statue avec amour.*

AMOUR, Divinité de la mythologie grecque à qui l'on attribuait le pouvoir de faire aimer et que l'on représentait sous la figure d'un enfant ou d'un jeune homme : *Le bandeau, les traits, le flambeau, les ailes de l'Amour. Beau comme l'Amour. On l'a représenté sous les traits de l'Amour.* — Il s'emploie au pluriel pour désigner Les frères que les anciens donnaient à l'Amour, et les statues ou peintures qui les représentaient : *Les Jeux et les Amours. Les Nymphes et les Amours se jouaient dans la plaine. Sculpter, peindre des Amours Une bande de petits Amours. Les Amours joufflus de Boucher.* — fig. et fam. : *Beau comme un Amour, belle comme l'Amour*, se dit d'Un enfant, d'une femme d'une grande beauté. Dans un sens analogue : *C'est un Amour.* — On emploie aussi cette expression pour exprimer Un sujet très-joli : *Cette montre est charmante, c'est un véritable amour.*

AMOUR-PROPRE, *amour de soi*, dans le sens philosophique, exprime Le sentiment très-louable qui nous porte à veiller à notre conservation et à notre bien-être : *L'amour de soi bien entendu ne se sépare jamais de l'amour de l'humanité.* VOLT. *L'amour-propre bien entendu est le fondement de plusieurs de nos vertus et le mobile de beaucoup de bonnes actions.* ACAD. *Lorsque l'amour de soi est porté à l'excès ce n'est plus autre chose que de l'égoïsme.*

AMOUR-PROPRE, dans le sens vulgaire, Amour exagéré de soi-même, opinion trop avantageuse que l'on a de sa personne, et par extension Orgueil, vanité : *L'amour-propre est le premier des vices quand on n'a pas su le régler. Rien ne caractérise l'amour-propre comme la complaisance qu'on a dans soi-même et les choses qu'on s'approprie.* VAUV. *La tendresse n'existe qu'autant que l'amour-propre se néglige. Cet homme est pétri d'amour-propre. Il faut avoir bien de l'amour-propre pour parler ainsi. Un ridicule amour-propre perce dans toutes ses paroles.*

AMOUR s'emploie particulièrement et d'une manière absolue pour exprimer La passion qui entraine un sexe vers l'autre : *Donner de l'amour à quelqu'un. Ressentir tous les tourments de l'amour. Son amour est évanoui. Il s'est marié par amour. Plus d'amour, partant plus de joie.* LA FONT. *L'amour se forme sans examen et sans réflexion.* GIRARD. *L'amour nous attache uniquement à une personne et lui livre notre cœur sans aucune réserve.* ENCYCL. *Languir d'amour, brûler, mourir d'amour. Filer le parfait amour, S'aimer longtemps et avec une réserve respectueuse. Faire l'amour, Se livrer à la galanterie ; il est familier.* — *Être en amour*, se dit Des femelles des animaux et signifie Être en chaleur : *Une chatte qui est en amour. Au printemps les animaux sont en amour.* — En termes de labourage : *La terre est en amour*, Elle est dans un état de fermentation propre à la végétation.

AMOURS, au pluriel, se met souvent au féminin surtout en poésie : *De folles amours. Des amours insensées. Les printemps amours. Les amours printanières.* LA FONT. — Il prend aussi le féminin en poésie quoiqu'au singulier, et s'emploie alors pour Toute espèce d'affection : *Et cependant viens recevoir le baiser d'amour fraternelle.* LAFONT. — b.-arts. Attention, patience, plaisir qu'un artiste met à terminer ses ouvrages : *Terburg et Gérard Dow peignaient avec amour.* — prov. *Amour apprend aux ânes à danser*, c'est-à-dire, L'amour donne de la grâce aux personnes les plus grossières : *Les lunettes et les cheveux gris sont des remèdes d'amour*, On ne doit plus prétendre inspirer de l'amour, lorsque les ans et les infirmités sont venus. — jeu. *Jeu de l'amour*, Sorte de jeu qui se joue avec des tableaux et des dés, comme le jeu de l'oie. — fauc. *Voler d'amour* en parlant Des oiseaux, qu'on laisse voler en liberté, afin qu'ils soutiennent les chiens.

AMOURACHER, v. a. (V. *Amour*.) Jeter dans des amours folles et passagères : *Voici un petit minois qui a amouraché en diable.* GUER. — Il est plus usité avec le pronom personnel : *Croyez-vous qu'il soit homme à s'amouracher d'une pareille créature?* LES. — Il se dit aussi De la passion que l'on a pour une chose : *Depuis quelque temps il s'est amouraché de ce jeu.*

AMOURACHÉ, ÉE, part.

AMOURETTE, s. f. (dim. d'*Amour*.) Affection passagère, amour qui n'a rien de sérieux : *Des amourettes de jeunesse ; de folles, de joyeuses amourettes. Il a toujours quelque amourette en tête. Mariage d'amourette*, Mariage disproportionné que fait contracter une passion déraisonnable. — On appelle aussi *Amourettes*, La moelle qui se trouve dans les reins du veau ou du mouton : *On lui sert les amourettes.* — bot. Nom vulgaire donné aux *briza media, briza maxima*, et *lichnis flos cuculi.*

AMOUREUSEMENT, adv. (V. *Amoureux*.) Avec amour, à la façon de celui qui aime : *Parler amoureusement. Regarder amoureusement.* — *Faire quelque chose amoureusement*, Le faire avec goût, avec plaisir, avec grâce : *On voit que le peintre a travaillé amoureusement cette figure.*

AMOUREUX, EUSE, adj. (V. *Amour*.) Qui aime d'amour, qui a une vive affection pour quelqu'un : *Il est amoureux de votre fille. Il en est éperdument amoureux. Cette femme est amoureuse de lui. Un honnête homme peut être amoureux comme un fou, mais non pas comme un sot.* LA ROC. — Qui est porté naturellement à l'amour : *Il est d'un tempérament très-amoureux, d'une complexion amoureuse.* — *Il est amoureux des onze mille vierges*, se dit prov. d'Un homme qui s'éprend de toutes les femmes qu'il voit. On dit dans le même sens : *Il serait amoureux d'une chèvre coiffée.* — AMOUREUX DE, Qui est passionné pour une chose ; désireux de, *Je suis amoureux de la justice ; et je veux toujours la rencontrer chez les autres.* DID. *Ce prince était amoureux d'une gloire plus solide que de celle que l'on obtient en répandant le sang de ses semblables.* FÉN. *Il n'est amoureux que de la science. Il est amoureux fou de la musique. Amoureux de son propre mérite, de ses ouvrages. Amoureux d'une bonne réputation.* — On dit, qu'*Un homme est trop amoureux de ses sentiments, de ses opinions*, pour exprimer Qu'il en est entêté. — AMOUREUX, se rapportant à un nom de chose, Qui provient de l'amour, qui marque de l'amour, qui est propre à inspirer de l'amour : *Des regards amoureux ; des transports amoureux. Il pousse jusqu'au ciel ses soupirs amoureux.* DEST. *Tous ses discours amoureux ne produisirent chez moi d'autre effet que de me mettre en garde contre l'amour.* M<sup>me</sup> DE LA FAYETTE. *L'on peut tracer en vers une amoureuse flamme.* BOIL. *Il se porte vers Dieu de lui-même, par un mouvement tout libre, tout volontaire, tout amoureux.* PASC.

AMOUREUX s'emploie aussi comme substantif : *C'est son amoureux ; c'est un amoureux banal ; l'amoureux de tout le monde.* On dit dans le même sens : *L'amoureux des onze mille vierges. Un amoureux transi. Avoir un amoureux. Elle ne manque pas d'amoureux. Les amoureux se présentaient en foule.* — Jouer les amoureux au théâtre, Remplir les rôles d'amoureux. On dit également : *L'emploi des amoureux ; emploi de première, de seconde amoureuse. Elle avait été autrefois les premières amoureuses, mais avec le temps tout passe, et elle en était aux duègnes.* MAR. — anat. *Muscle amoureux*, Le grand muscle oblique de l'œil, dans l'ancienne médecine. — b.-arts. On dit d'un peintre, qu'*Il a le pinceau amoureux*, Lorsque sa touche est douce, moelleuse, délicate et légère. — agric. *Terre amoureuse*, Terre ameublie par les labours et les engrais, et plus susceptible qu'une autre de fomentation fécondante.

AMOVIBILITÉ, s. f. (V. *Amovible*.) Qualité, état de ce qui est amovible : *L'amovibilité des gens en place. Il y a certaines fonctions qui excluent nécessairement l'amovibilité.*

AMOVIBLE, adj. des 2 g. (du b. lat. *amovibilis* ou *amobilis*, fait d'*amovere*, mouvoir d'un lieu à un autre, comme *mobilis*, mobile, de *movere*, mouvoir.) Qui peut être ôté d'une place, à qui l'on peut ôter son emploi : *Un fonctionnaire amovible. Les juges, pour conserver leur indépendance, ne doivent pas être amovibles.* — On dit également : *Un emploi, une place amovible.*

AMPAC, s. m. bot. Arbre des Indes-Orientales dont les feuilles ont une odeur très-forte. — Sorte de gomme, ou résine odoriférante qui découle de l'écorce de cet arbre.

AMPASTELER, v. a. techn. V. EMPASTELER.

AMPELIDE, adj. des 2 g. (du gr. ἄμπελος, vigne.) bot. Semblable à la vigne. — *Ampelides*, s. m. pl. ornith. Famille d'oiseaux. — *Ampelides* ou *Ampelidées*, s. f. pl. bot. Classe de plantes phanérogames, dicotylédones, polypétales.

AMPÉLITE, s. f. (du gr. ἄμπελος, vigne, et de λίθος, pierre.) min. et géol. Schiste argileux, noir, appartenant à la famille des roches anthraciteuses. C'est un mélange d'anthracite et de matières phylladiennes schisteuses fortement chargé de pyrites blanches : *L'ampélite se mettait autrefois au pied des vignes, soit pour servir d'engrais, soit pour détruire les insectes nuisibles.* — techn. On appelle aussi *d'ampélite: Crayon des charpentiers*, parce que ce schiste leur sert à faire d'excellents crayons noirs, qui deviennent très-durs au bout de fort peu de temps.

AMPÉLOGRAPHIE, s. f. (du gr. ἄμπελος, vigne, et de γραφή, description.) Traité sur la nature et la culture de la vigne.

AMPANTHE, s. m. bot. Nom donné par Link aux réceptacles dilatés qui contiennent ou enveloppent les fleurs.

AMPHARISTÈRE, adj. des 2 g. (du gr. ἀμφαριστερός, gaucher des deux mains, opposé à ἀμφιδέξιος, ambidextre : ἀμφί, autour, des deux côtés, de tous côtés, et ἀριστερός, gauche, gaucher.) didact. Qui n'est pas plus adroit de la main droite que de la gauche, ou maladroit des deux mains.

AMPHÉMÉRINE, adj. f. V. AMPHIMÉRINE.

AMPHÉRÈSE, s. f. bot. Genre de plantes à fleurs composées.

AMPHIARTHROSE, s. f. (du gr. ἀμφί, de part et d'autre, doublement, et ἄρθρον, articulation.) anat. Articulation mixte, qui ne permet que quelques légers mouvements, tenant de la diarthrose quant à la mobilité, et à la synarthrose quant au mode de connexion.

AMPHIBICORISES, s. f. pl. (du gr. ἀμφίβιος, amphibie, et de κόρις, punaise.) entom. Famille d'insectes hémiptères, qui renferme les punaises aquatiques.

AMPHIBIE, adj. des 2 g. (du gr. ἀμφίβιος, qui a deux vies, qui vit sur la terre et dans l'eau ; ἀμφί, doublement, et βίος, vie.) zool. Les anciens donnaient ce nom à Tout animal qu'ils croyaient pouvoir vivre également sur terre et dans l'eau. Aujourd'hui que les organes de la respiration, mieux connus, ont fait rejeter ce fait parmi les fables, ce mot a reçu une nouvelle acception, et ne s'applique qu'à Des animaux respirant l'air par des poumons comme les autres animaux terrestres, mais aimant les eaux, et se plaisant à y nager une grande partie de leur temps, sans néanmoins pouvoir rester longtemps dans leur sein, faute de respirer : *Les loutres, les castors, sont des animaux amphibies.* — bot. Il se dit aussi De certaines plantes qui poussent tout aussi bien dans l'eau que hors de l'eau. — Il s'emploie aussi substantivement : *C'est un amphibie. Cet animal doit être rangé dans la classe des amphibies.* — fig. et fam. *Cet homme est un amphibie, c'est un véritable amphibie*, se dit De quelqu'un qui exerce deux professions tout à fait disparates, ou quelquefois De celui qui manifeste alternativement des opinions complétement opposées : *C'est un amphibie en politique.*

AMPHIBIEN, ENNE, adj. (V. *Amphibie*.) zool. Qui respire l'air et l'eau pendant toute son existence, ou pendant une partie de son existence.

AMPHIBIES, s. m. pl. mam. Troisième tribu des mammifères carnassiers, comprenant les phoques et les morses, qui passent dans l'eau la plus grande partie de leur vie.

AMPHIBIOLITE, s. m. (du gr. ἀμφίβιος, qui vit sur terre et dans l'eau, et de λίθος, pierre.) géol. Pétrification d'animaux amphibies.

AMPHIBIOLOGIE, s. f. (du gr. ἀμφίβιος, amphibie, et de λόγος, discours, traité.) zool. Partie de l'histoire naturelle qui traite des amphibies.

AMPHIBIOLOGIQUE, adj. des 2 g. (V. *Amphibiologie*.) zool. Qui a rapport à l'amphibiologie.

AMPHIBIOLOGISTE, s. m. (V. *Amphibiologie*.) zool. Naturaliste qui se livre spécialement à l'étude des reptiles.

AMPHIBLESTROÏDE, s. f. (du gr. ἀμφίβληστρον, filet de pêcheur, verveux, et de εἶδος, forme, ressemblance.) anat. On a appelé la rétine *Membrane amphiblestroïde*, à cause, sans doute, du réseau que forment les vaisseaux qui s'y réunissent.

AMPHIBOLE, s. f. (du gr. ἀμφιβολία, ambiguïté, équivoque, ἀμφί, doublement, et βάλλω, je jette.) min. Substances minérales qui ont de l'analogie avec les pyroxènes, les épidotes et les tourmalines. — zool. Qui frappe des deux côtés, équivoque, ambigu. — *Amphiboles*, s. m. pl. ornith. Famille d'oiseaux qui ont deux doigts en avant et deux en arrière, dont le postérieur externe est versatile.

AMPHIBOLIE, s. f. (V. *Amphibole*.) philol. Sens double, défaut de clarté, ambiguïté.

AMPHIBOLIFÈRE, adj. des 2 g. min. Qui contient de l'amphibole.

AMPHIBOLIN, INE, adj. (du gr. ἀμφίβολος, mot comp. de ἀμφί, des deux côtés, et de βάλλω, je jette, je mets.) ornith. Il se dit De certains oiseaux qui ont la faculté de diriger l'un de leurs doigts en avant et en arrière.

AMPHIBOLIQUE, adj. des 2 g. géol. On donne ce nom aux Roches dans lesquelles l'amphibole entre comme partie constituante essentielle.

AMPHIBOLITE, s. f. (V. *Amphibole*.) géol. Roche composée essentiellement et presque exclusivement d'amphibole à l'état cristallin.

AMPHIBOLOÏDE, adj. des 2 g. (du gr. ἀμφιβολία, amphibole, et de εἶδος, forme, apparence.) géol. Qui a toute l'apparence de l'amphibole.

AMPHIBOLOGIE, s. f. (du gr. ἀμφίβολος, douteux, équivoque, ambigu, ἀμφιβολία, ambiguïté : ἀμφί, des deux côtés, βάλλω, jeter, et de λόγος, discours.) gram. Ambiguïté, double sens, équivoque : *Il y a dans la phrase une fâcheuse* amphibologie. *Pour éviter l'amphibologie, il faut prendre un autre tour. Ne parler que par amphibologie. Apollon ne maintenait son* crédit *que par ses habiles* amphibologies.

AMPHIBOLOGIQUE, adj. des 2 g. (V. *Amphibologie*.) Équivoque, ambigu, à double sens : *Phrase, réponse* amphibologique. *Discours* amphibologique. *Le roi de Lydie fut trompé par un oracle amphibologique ainsi conçu : Crésus ayant passé l'Halys, renversera un grand empire.*

AMPHIBOLOGIQUEMENT, adv. (V. *Amphibologie*.) D'une manière amphibologique : *Parler, répondre, écrire* amphibologiquement.

AMPHIBOLOSTYLE, adj. des 2 g. bot. Il se dit De plantes dont le style est peu apparent.

AMPHIBULIME, s. m. zool. Genre de coquilles univalves.

AMPHIBULIN, s. m. moll. Genre de coquilles à une seule valve, voisin des bulnées et des succinées.

AMPHICARPE, adj. des 2 g. (du gr. ἀμφίκαρπος, qui porte du fruit des deux côtés, ἀμφί, doublement, et καρπός, fruit.) bot. Il se dit Des plantes dont les fruits sont de deux formes ou mûrissent à des époques différentes.—*Amphicarpe*, s. f. bot. Genre de plantes légumineuses qui croissent dans le nord de l'Amérique.

AMPHICÉPHALE, adj. des 2 g. (du gr. ἀμφί, des deux côtés, et de κεφαλή, tête.) zool. Qui a deux têtes opposées.

AMPHICOME, adj. des 2 g. (du gr. ἀμφίκομος, qui a une longue chevelure ou un feuillage épais : ἀμφί, de tous côtés, et κόμη, chevelure.) entom. Genre d'insectes de l'ordre des coléoptères.

AMPHICORDON, s. m. mus. V. ACCORDO.

AMPHICTÈNE, s. m. annél. Genre de vers à sang rouge.

AMPHICTYON, s. m. (du gr. Ἀμφικτύων, nom du fondateur de l'alliance amphictyonique ; selon d'autres du mot ἀμφικτίονες, voisins.) Député de l'une des douze nations du nord de la Grèce formant la ligue amphictyonique : *Le conseil des* amphictyons.

AMPHICTYONAT, adj. V. AMPHICTYONIE.

AMPHICTYONIDE, s. f. Titre que prenaient les villes qui faisaient partie de la ligue amphictyonique : *Thèbes et Delphes étaient des villes* amphictyonides.

AMPHICTYONIE, s. f. Droit des villes amphictyonides d'envoyer des députés au conseil des amphictyons : *Le droit d'*amphictyonie.

AMPHICTYONIQUE, adj. des 2 g. Qui a rapport aux amphictyons : *Délibération* amphictyonique. *Conseil* amphictyonique. *La ligue* amphictyonique.

AMPHICUSTE, adj. des 2 g. didact. Qui a une forme arrondie ou presque hémisphérique.

AMPHICYON, s. m. mam. paléont. Animal fossile, trouvé dans le département du Gers, qui devait avoir la taille d'un lion, le corps d'un ours, la tête et les dents d'un chien.

AMPHIDASITE, s. f. (du gr. ἀμφίδασυς, garni de poil, velu des deux côtés : ἀμφί, autour, des deux côtés, et δασύς, épais, couvert, fourré.) entom. Genre de papillons.

AMPHIDE, adj. m. chim. Il se dit Des sels produits par la combinaison de corps composés et amphigènes.

AMPHIDESME, s. m. (du gr. ἀμφιδεσμίος, lié des deux côtés : ἀμφί, doublement, δεσμίος, lié, enchaîné.) conchyl. Genre de coquilles comprises dans la classe des bivalves, remarquables par un double ligament cardinal.

AMPHIDESMITE, adj. des 2 g. (V. *Amphidesme*.) Il se dit De certaines coquilles bivalves. V. le mot précédent.

AMPHIDIARTHROSE, s. f. (du gr. ἀμφί, de chaque côté, et de διάρθρωσις, articulation.) anat. Articulation qui permet le mouvement en deux sens : telle est celle de la mâchoire inférieure avec les temporaux.

AMPHIDONTE, s. f. zool. Genre de coquilles.

AMPHIGAME, adj. des 2 g. (du gr. ἀμφί, doublement, des deux côtés, et de γάμος, mariage.) bot. Synonyme d'*agame* et d'*acotylédones*. On donne ce nom aux Plantes cellulaires dont on ne connaît pas les organes de la fécondation. — *Amphigames*, s. f. pl. Nom quelquefois donné aux Végétaux cryptogames formant la quatrième classe du règne végétal et comprenant les lichens, les champignons et les algues.

AMPHIGASTRE, s. m. (du gr. ἀμφί, autour, tout autour, et de γαστήρ, ventre.) bot. Nom du troisième rang de feuilles qui, dans un grand nombre de jongermanniées, recouvre la partie inférieure ou le ventre de la tige.

AMPHIGASTRIÉ, ÉE, adj. (V. *Amphigastre*.) bot. Muni d'un amphigastre.

AMPHIGÈNE, s. m. (du gr. ἀμφί, doublement, et γίνος, genre, espèce.) min. Synon. de *leucite, leucolithe, grenat blanc*. C'est un silicate d'alumine et de potasse.—adj. m. Il se dit De corps simples, qui, par leur combinaison avec d'autres, produisent des acides et des bases.

AMPHIGÉNIQUE, adj. des 2 g. (V. *Amphigène*.) min. Il se dit De certaines substances qui renferment des cristaux d'amphigène.

AMPHIGÉNITE, s. f. géol. Basalte et basanite dans lesquels le feldspath est remplacé en grande partie par de l'amphigène.

AMPHIGOURI, s. m. Discours burlesque, petit poème, dont les idées sont à dessein sans aucune suite : *Collé a composé des amphigouris.*—Il se dit également d'Un discours, d'un écrit dont les idées sont confuses involontairement : *Son livre est un recueil d'amphigouris. Cet ouvrage est un long amphigouri.* Il est familier.

AMPHIGOURIQUE, adj. des 2 g. Qui a tous les défauts de l'amphigouri, obscur, burlesque : *Discours amphigourique, vers amphigouriques.*

AMPHIGOURIQUEMENT, adv. D'une manière amphigourique.

AMPHIHEXAÈDRE, adj. des 2 g. (du gr. ἀμφί, des deux côtés, ἕξ, six, ἕδρα, siège, face.) min. Il se dit De certaines substances dont les cristaux offrent, dans leurs faces prises en deux sens différents, le contour d'un prisme hexaèdre.

AMPHILOBE ou AMPHILOBION, s. m. (du gr. ἀμφί, doublement, et de λοβός, gousse.) bot. Genre de plantes de l'Amérique Méridionale.

AMPHIMÉRINE ou AMPHÉMÉRINE, adj. et s. f. (de ἀμφί, et de ἡμέρα, jour.) méd. Nom donné par Galien à Une fièvre dont les accès reviennent tous les jours sans rémission.

AMPHIMÉTRIQUE, adj. des 2 g. (du gr. ἀμφί, tout autour, et de μετρικός, métrique, μέτρον, mesure, mètre.) min. Il se dit De certaines substances à cristaux offrant une incidence égale dans quelques-unes de leurs faces.

AMPHIMIMÉTIQUE, adj. des 2 g. (du gr. ἀμφί, des deux côtés, doublement, et de μιμητικός, imitateur.) min. Il se dit De quelques substances dont les cristaux présentent, dans leur forme, une double imitation de la forme d'autres cristaux.

AMPHINOMÉES ou AMPHINOMIENS, s. m. pl. annél. Famille d'annélides sétigères ou vers chétopodes.

AMPHIOBOLITHE, s. f. paléont. On désigne sous ce nom Certains fossiles que l'on croit être les restes d'animaux que les anciens regardaient comme amphibies.

AMPHIODON, s. m. ichth. Genre de poissons.

AMPHION, s. m. entom. Espèce de papillons.

AMPHIOPHTHALME, adj. des 2 g. (du gr. ἀμφί, de tous côtés, et de ὀφθαλμός, œil.) entom. Environné en tout ou en partie par des yeux.

AMPHIPNEUSTE, adj. des 2 g. (du gr. ἀμφί, des deux côtés, doublement, et de πνέω, πνεύσω, respirer.) moll. Il se dit Des animaux aquatiques qui respirent en même temps par les branchies et par les poumons. — *Amphipneustes*, s. m. pl. Famille de mollusques.

AMPHIPODE, adj. des 2 g. (du gr. ἀμφί, doublement, et de πους, ποδός, pied.) ichth. Qui a deux sortes de pieds. — *Amphipodes*, s. m. pl. Ordre de la classe des crustacés.

AMPHIPODIFORME, adj. des 2 g. (V. *Amphipode*.) zool. Qui a la forme d'un amphipode.

AMPHIPROSTYLE, s. m. (du gr. ἀμφί, de part et d'autre, πρό, devant, στύλος, colonne.) archit. Temple qui a un péristyle à chacune de ses extrémités, et qui ne présente pas de colonnes sur les grands côtés.

AMPHIPTÈRE, s. m. (du gr. ἀμφί, autour, et de πτέρον, aile.) blas. Dragon ailé, ou serpent qui figure souvent dans les armoiries.

AMPHIPYRE, adj. f. (du gr. ἀμφίπυρος, entouré de feu : ἀμφί, autour, tout autour, et πῦρ, feu.) entom. Genre de papillons nocturnes.

AMPHIPYRIDES, s. entom. Tribu de lépidoptères nocturnes établie aux dépens de celle des noctuellistes de Latreille.

AMPHIRHOÉ, s. m. (du gr. ἀμφί, des deux côtés, et de ῥίω, je coule, je découle.) moll. Genre de polypiers flexibles.

AMPHISARQUE, adj. des 2 g. bot. Desvaux nomme ainsi Des fruits simples, indéhiscents, à péricarpe sec.

AMPHISBÈNE, s. f. (du gr. ἀμφίσβαινα, même sens ; ἀμφίς, des deux côtés, et βαίνω, je vais, je marche.) erpt. Les anciens nommaient ainsi Un serpent qui jouissait de la faculté de marcher en avant et en arrière. C'est aujourd'hui le nom d'Un genre de serpents appartenant à la famille des amphisbéniens.

AMPHISBÉNÉ, ÉE, adj. zool. V. AMPHISBÉNIEN.

AMPHISBÉNIEN, ENNE, adj. (V. *Amphisbène*.) rept. Qui ressemble à une amphisbène.

AMPHISBÉNIENS, s. m. pl. Famille ou ordre de reptiles ayant de l'analogie avec les sauriens et avec les ophidiens. Ces serpents sont complètement dépourvus d'écailles.

AMPHISBÉNOÏDES, adj. des 2 g. V. AMPHISBÉNIEN.

AMPHISCIENS, adj. m. pl. (du gr. ἀμφί, des deux côtés, et σκία, ombre.) astr. Il se dit en parlant Des habitants de la zone torride, qui ont leur ombre tantôt dirigée vers le midi, tantôt vers le nord, suivant que le soleil est au nord ou au midi de l'équateur.

AMPHISMÈLE ou AMPHISMILE, s. f. (de ἀμφί, des deux côtés, et σμίλη, scalpel.) chir. Sorte de bistouri ou de scalpel à deux tranchants.

AMPHISPORE, s. m. (de ἀμφίς, des deux côtés, et πορος, passage, trou, pore.) bot. Genre de champignons.

AMPHISTOME, adj. des 2 g. (de ἀμφί, autour, tout autour, et de στόμα, bouche.) zool. Qui entoure la bouche ou une ouverture quelconque. — *Amphistome*, s. m. annél. Genre de vers intestinaux, dont les espèces vivent surtout dans les oiseaux.

AMPHITANE, s. m. min. Pierre que les anciens disaient se trouver dans les mines d'or de l'Inde, et être de couleur jaune comme ce métal. Ils lui attribuaient les propriétés de l'aimant, ce qui ferait croire que c'était une pyrite magnétique.

AMPHITHÉÂTRAL, ALE, adj. Qui concerne un amphithéâtre, qui se rapporte à un amphithéâtre.

AMPHITHÉÂTRE, s. m. (ἀμφί, de part et d'autre, θέατρον, théâtre, de θεάομαι, regarder.) arch. Chez les anciens, Grand édifice de forme elliptique, entouré de gradins, destiné aux combats de gladiateurs ou de bêtes féroces : *L'amphithéâtre de Vérone est un des mieux conservés.* Chez les modernes, l'amphithéâtre est une enceinte semi-circulaire entourée de gradins dans la partie courbe seulement, et servant aux leçons publiques : *Le grand amphithéâtre était rempli d'auditeurs.* — Ce mot désigne plus spécialement L'endroit où se font les dissections et les démonstrations anatomiques : *Que de malheureux ne sortent de l'hôpital que pour passer à l'amphithéâtre !* — Dans nos théâtres, on désigne par le mot *amphithéâtre*, Un certain nombre de rangées de places en gradins, situées soit derrière le parterre, soit dans la partie supérieure au-dessus des loges. — On dit qu'*Un terrain va en amphithéâtre, s'élève en amphithéâtre,* lorsqu'il va en s'élevant graduellement. Dans le même sens : *Ce terrain forme un amphithéâtre. Devant nos croisées, s'étendent de vastes plaines, et derrière elles la forêt qui forme un magnifique* amphithéâtre. VOLT. *Un* amphithéâtre *de verdure*, plus particulièrement appelé *vertugadin.*

AMPHITHÉRION, s. m. (du gr. ἀμφί, doublement, et de θηρ, dim. θηρίον, bête sauvage.) paléont. Nom du Fossile de Stonefield, que des auteurs regardent comme un didelphe, et d'autres comme un saurien ou un poisson.

AMPHITHOÉ, s. m. (du gr. ἀμφί, des deux côtés, et de θοός, pointu.) ichth. Genre de crustacés de la famille des ézopodes.

AMPHITRYON, s. m. Nom d'un capitaine thébain, qui, depuis l'emploi que Molière en a fait dans ces vers : *Le véritable* amphitryon *est l'amphitryon où l'on dîne*, se prend pour exprimer Celui qui donne à dîner, ou qui paie à lui seul la dépense de plaisirs communs : *Le premier devoir d'un* amphitryon *est de bien appareiller ses convives.* BRILLAT.

AMPHITRITE, s. f. (du gr. ἀμφιτρίτη, la mer.) annél. Genre d'annélides tubicoles dont les espèces très-nombreuses peuplent nos mers.

AMPHITRITÉ, ÉE, adj. (V. *Amphitrite.*) Semblable à une amphitrite. — *Amphitrités*, s. m. pl. Famille de vers tubicoles.

AMPHITROPE, adj. m. (du gr. ἀμφί, autour, des deux côtés, doublement, et de τρέπω, tourner, retourner.) bot. Il se dit De l'embryon, quand il se replie sur lui-même et se rapproche par les deux bouts.

AMPHITROPIE, s. f. (V. *Amphitrope.*) bot. État de l'embryon dont les deux bouts sont recourbés.

AMPHIUME, s. m. erp. Genre de reptiles batraciens.

AMPHIUMIDÉ, ÉE, adj. erp. Qui est semblable à un amphiume.

AMPHIUMOÏDES s. erp. Famille de reptiles du groupe des trématodères, appartenant au sous-ordre des batraciens urodèles.

AMPHODÉLITE, s. f. min. Minéral approchant du feldspath, qu'on trouve en Russie.

AMPHORA, s. f. Nom latin du Signe du verseau.

AMPHORE, s. f, (du gr. ἀμφορεύς, ou ἀμφιφορεύς, rac. ἀμφί, des deux côtés, et φέρω, je porte.) ant. Vase à deux anses destiné chez les anciens à conserver le vin ou l'huile. — Mesure de capacité pour les liquides chez les Grecs et les Romains, répondant à environ trente-huit de nos litres. — bot. Valve inférieure de certains fruits qui se fendent en travers à l'époque de la maturité.

AMPLE, adj. des 2 g. (du lat. *amplus*, étendu, large, ample; *amplitudo*, amplitude, étendue.) Qui dépasse la mesure ordinaire : *Ces draperies sont trop amples. Une ample redingote.*—Qui est très-étendu en longueur et en largeur : *Il portait par-dessus ses habits un manteau ample et flottant.* MARM. — fig. *Il a fait d'amples provisions. Une ample comédie à cent actes divers.* LA FONT. *Mes pouvoirs ne sont pas assez amples pour cela. Il m'a fait une ample relation de ses voyages. On lui accorde d'amples privilèges. Une permission, un congé assez ample. Un ample repas. Un ample traité. Si vous voulez nous faire le récit de toutes ses peccadilles, vous trouverez que le sujet est bien ample.* LESAGE. *Il y a là ample matière à récriminations. Après un ample examen; sans plus ample informé. Le champ était assez ample pour les conjectures. Nous aurions un bien plus ample prétexte de crédulité et de défiance.* PASCAL.

AMPLECTIF, IVE, (du lat. *amplecti*, embrasser.) bot. Il se dit De tout organe qui en embrasse un autre complètement, mais particulièrement de la préfoliation.

AMPLEMENT, adv. D'une manière ample : *Il m'a amplement satisfait. Vous en serez tantôt instruit plus amplement.* RAC. *Il m'a amplement répondu à ce sujet. Nous avons eu amplement de quoi souper. Il fut plus amplement informé.*

AMPLEUR, s. f. (V. *Ample.*) Étendue, qualité de ce qui est ample : *Cet habit n'a pas assez d'ampleur. Il faudra donner plus d'ampleur à ces draperies.* — fig. *Il y a dans le style de Bossuet une majesté, une ampleur, une dignité naturelle et sublime.*

AMPLEXATILE, adj. f. bot. Il se dit De la radicale, quand elle s'élargit et enveloppe l'embryon.

AMPLEXICAUDE, adj. des 2 g. (mot comp. du lat. *amplexus*, entouré, entortillé, et de *cauda*, queue.) zool. On le dit Des animaux dont la queue est renfermée dans une membrane tendue entre les cuisses.

AMPLEXICAULE, adj. des 2 g. (du lat. *amplexus*, entouré, entortillé, et de *caulis*, tige.) bot. Il se dit De toute partie dont la base entoure la tige.

AMPLEXIFLORE, adj. (du lat. *amplexus*, entouré, entortillé, et de *flos, floris*, fleur.) bot. Épithète donnée aux squamelles du clinanthe des composées ou synanthérées.

AMPLEXIFOLIÉ, ÉE, adj. (du lat. *amplexus*, entrelacé, et de *folium*, feuille.) bot. Il se dit Des plantes dont les feuilles sont amplexicaules.

AMPLIATIF, IVE, adj. (du lat. *ampliare*, étendre, *ampliatio*, ampliation, *amplus*, ample.) Qui ajoute à ce qui a déjà été fait. Il ne se dit guère que Des brefs, des bulles et autres lettres apostoliques qui ajoutent aux précédentes : *Le bref* ampliatif *du pape. Une bulle* ampliative.

AMPLIATIFLORE, adj. (du lat. *ampliatus*, élargi, et de *flos, floris*, fleur.) bot. Il se dit Des plantes de la famille des composées, quand la couronne se compose de fleurs plus développées que celles du disque.

AMPLIATIFORME, adj. bot. Il se dit Des corolles des composées, quand elles ressemblent à celles des ampliatiflores.

AMPLIATION, s. f. (V. *Ampliatif.*) fin. et adm. Le double, la copie ou expédition d'une quittance ou d'un autre acte que l'on garde pour le produire au besoin : *L'ampliation d'une quittance, d'un arrêté, d'une ordonnance. Délivrer un acte par ampliation. Ampliation d'un contrat*, Expédition d'un contrat d'après la minute déposée chez un notaire. (On écrit ordinairement au bas de ces expéditions, *Pour ampliation*, qui signifie Pour copie conforme, et on les revêt d'une signature qui fait foi.) — chanc. Bref *d'ampliation*, V. *Ampliatif.* — jurisp. Grosse délivrée suivant la grosse originale déposée. — anc. jurisp. *Lettres d'ampliation*, Lettres qui donnent des moyens omis dans une requête civile.

AMPLIÉ, ÉE, adj. entom. Il se dit Des élytres quand elles sont disproportionnellement larges à leur extrémité, comme le *lycus fasciatus.*

AMPLIFICATEUR, s. m. (du lat. *amplificator*, même sens, dér., ainsi que *amplificatio*, amplification, du v. *amplificare*, amplifier, *amplus*, ample, et *facere*, faire.) Celui qui augmente, qui amplifie. Il ne se dit qu'en mauvaise part à propos du langage ou du style : *C'est un ennuyeux* amplificateur.

AMPLIFICATION, s. f. (V. *Amplificateur.*) rhét. Développement des moyens oratoires fournis par l'invention : *Il y a trop d'amplification dans ce discours. Une longue, une lourde amplification. Ce n'est qu'une amplification de ce que l'autre avait déjà dit.* — Exagération : *Il y a de l'amplification dans ce que vous nous racontez. Dites-nous la chose telle qu'elle est et sans amplification.* — Discours que font les écoliers sur un sujet qui leur est donné à développer : *Cet écolier réussit dans les amplifications. Il a eu le prix d'amplification.* — opt. Augmentation du disque apparent des corps célestes vus à l'aide du télescope. Augmentation que paraissent avoir le corps lumineux, comparés aux corps obscurs.

AMPLIFIÉ, ÉE, adj. V. AMPLIATIFLORE.

AMPLIFIER, v. a. (V. *Amplificateur.*) Étendre un sujet, une chose quelconque, en parlant ou en écrivant : *Vous avez trop amplifié ce récit. Cet historien amplifie tout ce qu'il raconte. Il a beaucoup trop amplifié les détails de cet événement. Vous amplifiez trop les choses.* — D'une manière absolue : *Vous êtes toujours à amplifier.*

AMPLIFIÉ, ÉE, part. *Un récit trop amplifié.*

AMPLIPENNE, adj. des 2 g. (du lat. *amplus*, étendu, large, et de *penna*, plume, aile.) ornith. Qui a les ailes grandes ou larges.

AMPLISSIME, adj. des 2 g. Très-ample. Peu usité. Titre d'honneur que recevait autrefois le recteur de l'Université.

AMPLITUDE, s. f. (V. *Ample.*) géom. Ligne droite comprise entre les deux extrémités de l'arc d'une parabole. — artil. Amplitude *du jet*, Projection horizontale de l'arc de courbe parcouru par un projectile. — astr. Arc de l'horizon compris entre le vrai levant ou le vrai couchant et le point où un astre paraît se lever ou se coucher : *Amplitude orientale* ou *ortive du soleil; Amplitude occidentale* ou *occase.*

AMPONDRE, s. m. bot. Nom donné aux gaines des feuilles et aux spathes flocales de certains palmiers qui croissent dans les îles de Madagascar et de Mascareigne.

AMPOULAOU, s. m. bot. Nom d'une variété d'olivier, dans le midi de la France.

AMPOULE, s. f. (du lat. *ampulla*, bocal, bouteille, ventouse.) Fiole, petite bouteille. En ce sens, il ne se dit que de *La sainte ampoule*, fiole où était l'huile sainte destinée à l'onction des rois de France. — chim. Vaisseau à gros ventre, comme les cucurbites, les ballons, etc. — phys. Sorte de petite bouteille ou d'enflure pleine d'air, qui se forme sur la surface de l'eau lorsqu'il pleut. — méd. Synon. de *Cloche* ou *Phlyctène.* Petite tumeur formée par la sérosité sous l'épiderme. On l'appelle *pinçon* lorsque la sérosité est mêlée de sang. — bot. Nom d'un renflement plein d'air qui se voit sur plusieurs parties des plantes fucacées.

AMPOULÉ, ÉE, adj. (du lat. *ampullatus*, boursouflé; rac. *ampulla*.) Gonflé, enflé. Il ne se prend qu'au figuré : *Style* ampoulé. *Laissez là vos phrases ampoulées et vos mots de six pieds.* DID.

AMPOULETTE, s. f. art. mil. Cylindre de bois qui sert à prendre l'œil d'un projectile creux et à en contenir la fusée. — mar. Petite fiole servant de sablier sur les vaisseaux.

AMPULLACÉ, ÉE, adj. (du lat. *ampullaceus*, en forme de bouteille, *ampulla*.) bot. Qui a la forme d'une bouteille ou d'une vessie.

AMPULLAIRE, adj. des 2 g. (du lat. *ampullarius*, en forme de bouteille boursouflée.) didact. Qui a la forme d'une petite bouteille.—s. f. conchyl. Genre de coquilles univalves.

AMPULLARIÉ, ÉE, adj. (V. *Ampullaire.*) moll. Qui ressemble à une ampullaire.

AMPULLARIÉS, s. m. pl. Famille de mollusques.

AMPUTATION, s. f. (V. *Amputer.*) chir. Opération par laquelle on enlève avec un instrument un membre, ou une portion d'un membre, ou une partie saillante du corps : *Faire l'amputation d'une jambe, du sein,* etc. *Les chirurgiens furent d'avis de l'amputation.*

AMPUTER, v. a. (de *amputare*, même sens : de *am*, qui vient d'*ἀμφί*, autour, et *putare*, couper.) chir. Faire une amputation, pratiquer l'amputation : *Amputer un membre,* amputer *un blessé.*

AMPUTÉ, ÉE, part. Qui a subi l'amputation : *Membre* amputé. *Il a été amputé.* — s. m. *Un* amputé, *un homme qui a été amputé.*

AMSONIE, s. f. bot. Genre de plantes de l'Amérique du Nord.

AMULETTE, s. m. (lat. *amoliri*, éloigner; arabe *hama*, protéger, *hamaïl*, préservatif.) Petite figure gravée ou sculptée, caractères écrits, petit objet portatif que l'on garde sur soi comme un préservatif : *Les Arabes ont foi aux amulettes. Il porte sur soi un amulette pour se préserver des dangers de la mort.*

AMUNITIONNER, v. a. (V. *Munition.*) adm. mil. Fournir une place des munitions nécessaires : *Il avait amunitionné la place pour trois mois.*

AMUNITIONNÉ, ÉE, part. *Place bien amunitionnée.*

AMURE, s. f. mar. Cordage servant à fixer le coin d'une basse voile opposé à celui qui est attaché à la vergue du côté du vent : *Avoir les amures à bâbord, à tribord,* selon que la voilure est disposée pour recevoir le vent par la gauche ou par la droite. *Prendre les amures à tribord, à bâbord. Changer d'amures. Changer les amures.*

AMURER, v. a. mar. Bander les cordages, tendre un coin de la voile, afin de la présenter selon l'angle qu'elle doit former avec le vent : *Amurer une voile.*

AMURÉ, ÉE, part.

**AMUSABLE**, adj. des 2 g. (V. *Amuser*.) Qui peut être amusé : *C'est un caractère triste et peu amusable, comme vous savez.* Volt. Il est peu usité.

**AMUSANT, ANTE**, adj. Qui récrée, qui divertit agréablement l'esprit : *Une personne amusante. Les esprits les plus solides ne sont pas toujours les plus amusants. La controverse n'est pas plus amusante en politique qu'en théologie.* Boiste.

**AMUSEMENT**, s. m. (V. *Amuser*.) Ce qui récrée, divertit l'esprit ; ce qui délasse du travail ; occupation agréable : *Un lecteur sage fuit un vain amusement.* Boil. *De la manière que nous faisons notre métier, ce n'est qu'un amusement.* Montesq. *Les amusements de la campagne. Il court après de frivoles amusements. C'est un amusement bien innocent. Cette occupation fait tout mon amusement. Je ne fais cela que par amusement. Il se fait un amusement de ma douleur.*—Perte de temps, tromperies, promesses fallacieuses : *Il cherchait par ces amusements à arrêter les justes effets de ma colère. Voilà assez d'amusements, allons au fait. Il y a longtemps que vous me traînez avec tous ces amusements. Il vieillit dans ce sens.*—*Amusement* s'emploie quelquefois en parlant d'Une personne qui est l'objet des railleries des autres : *Il était devenu l'amusement de tous ceux qui le connaissaient.*

**AMUSER**, v. a. (du gaël. *mus*, agréable, plaisant.) Récréer, divertir agréablement l'esprit, faire passer le temps. *Avec des contes on vous amuse, avec des fêtes on vous divertit.* Girard. *On ne peut pas dire d'une tragédie qu'elle amuse, parce que le genre de plaisir qu'elle fait est sérieux et pénétrant.* D'Alembert. *Les hommes sont comme des enfants, il faut qu'on les amuse.* —*Amuser*, Faire perdre le temps, tromper par des promesses, par de fausses espérances : *Il faut un rien pour l'amuser, Lui faire perdre son temps. Il y a longtemps qu'il vous amuse par de belles promesses. Toutes les paroles qu'il me débitait n'étaient que pour m'amuser. Tandis que le ministre l'amusait par des remises continuelles, son concurrent obtenait l'emploi.* Volt. *Par ses discours trompeurs, Il tâchait vainement d'amuser mes douleurs.* Delille. *Amuser l'ennemi*, Le tromper par des ruses, le traîner par des lenteurs.—S'AMUSER, v. pron. Se divertir, se distraire, s'occuper de choses qui ne fatiguent pas : *S'amuser à faire des vers. Nous nous amusions tous les matins à parcourir les environs. Favorisez les jeux où mon esprit s'amuse.* La Font.—*S'amuser de quelque chose*, S'en divertir. *Il n'est pas homme à s'amuser de si peu de chose. S'amuser de quelqu'un*, Le railler, le tourner en ridicule : *On s'amusait beaucoup de lui dans notre société. Les sots s'amusent des gens d'esprit, aussi bien que ceux-ci peuvent s'amuser des sots.* Duclos. —*S'amuser à quelque chose*, Y perdre son temps : *Ne vous amusez pas à bavarder. Tandis qu'il s'amuse à débiter ses nouvelles, notre homme part et le prévient de deux heures auprès de Ponchartrain.* Saint-Simon.—S'était amusé en ce sens.—fam. *A quoi vous amusez-vous de vouloir leur faire entendre raison*, c'est-à-dire De quoi vous avisez-vous. Dans le même sens on dit : *Ne vous amusez pas à le tourmenter, il vous en ferait repentir.*—prov. et fam. : *S'amuser à la moutarde*, Laisser de côté des choses importantes pour s'arrêter à des bagatelles.

**AMUSÉ, ÉE**, part.

**AMUSETTE**, s. f. Bagatelle, petit amusement ; il est familier : *Pour les enfants tout est amusette. Cela ne sera qu'une amusette pour lui.* Il est familier. — art. mil. Gros fusil sans affût qu'on plaçait sur les remparts dans le dix-huitième siècle. N'est plus en usage.

**AMUSEUR**, s. m. Qui amuse, qui fait perdre le temps, qui trompe : *C'est un amuseur assez agréable. Avec tous vos propos vous n'êtes qu'un amuseur.*

**AMUSOIRE**, s. f. Ce qui récrée, ce qui distrait, fait passer le temps : *Ce sera une amusoire pour vous.* Il est populaire.

**AMYCTIQUE**, adj. m. (du gr. ἀμυκτικὸς, déchirant ; dér. de ἀμύσσω, gratter, égratigner, déchirer ; ἀμυχὴ, dans Hippocrate, excoriation ou solution de continuité dans l'épiderme.) méd. Mot par lequel on désigne les médicaments qui corrodent ou cautérisent.

**AMYÉLIE**, s. f. (du gr. ἀμύελος, sans moelle : α priv. et μυελὸς, moelle.) Privation, absence de moelle épinière.

**AMYGDALAIRE**, adj. géol. Il se dit de La structure d'une roche qui présente, dans son intérieur,

des parties minérales en forme d'amandes plus ou moins grosses.

**AMYGDALE**, s. f. (du gr. ἀμυγδάλη, amande.) anat. On donne ce nom à Deux glandes ovoïdes placées entre les deux piliers des voiles du palais, aux deux côtés de la gorge. On les appelle aussi *torsilles*.— adj. *Glandes* amygdales.

**AMYGDALÉ, ÉE**, adj. bot. Semblable à un amandier.

**AMYGDALÉES**, s. f. pl. bot. Famille de plantes phanérogames, dicotylédones, polypétales, de la classe des calophytes.

**AMYGDALIFÈRE**, adj. des 2 g. hist. nat. Qui contient des espèces d'amandes.

**AMYGDALIN, INE**, adj. (du gr. ἀμυγδάλινος, d'amande ou d'amandier, fait d'amande, ἀμύγδαλον, lat. *amygdalum*, amande.) Où il entre de l'amande, fait avec des amandes : *Savon amygdalin ; looch amygdalin.*

**AMYGDALINE**, adj. f. géol. Se dit d'Une roche composée de parties ovoïdes serrées les unes contre les autres, et comme liées par un réseau.

**AMYGDALINE**, s. f. chim. Substance produite par les amandes amères.

**AMYGDALINÉ, ÉE**, adj. bot. V. AMYGDALÉ.

**AMYGDALITE**, s. f. Inflammation des amygdales ou torsilles, appelée aussi *angine torsillaire, esquinancie*.

**AMYGDALOÏDE**, adj. V. AMYGDALAIRE.

**AMYLACÉ, ÉE**, adj. did. Qui ressemble à l'amidon, qui a rapport à l'amidon.

**AMYLIDES**, s. f. pl. (du gr. ἄμυλον, lat. *amylum*, amidon.) chim. Famille de composés organiques qui contiennent de l'amidon.

**AMYLONINE**, s. f. (V. *Amylides*.) chim. Substance développée par l'action de certains acides sur l'amidon.

**AMYNTIQUE**, adj. m. (du gr. ἀμυντικὸς, défensif, fortifiant, dér. du v. ἀμύνω, secourir, défendre, protéger, fortifier.) méd. Secourable, fortifiant. Épithète donnée à un emplâtre que l'on croit fortifiant.

**AMYON**, adj. m. (du gr. ἄμυος, sans muscles, dont les muscles ne sont pas apparents ; α priv., et μυὼν, muscle.) path. Il se dit d'Un membre dont les muscles atrophiés ne se peuvent plus dessiner sous les téguments.

**AMYRIDE**, ou **AMYRIS**, s. f. (du gr. μύρον, μυρίδιον, parfum.) bot. Arbre qui produit le baume : *Il y a deux espèces d'amyris, celle qui donne la résine élemi, et celle d'où l'on tire le baume de Giléad.* V. BAUMIER.

**AMYRIDACÉ**, adj. V. AMYRIDÉ.

**AMYRIDÉ, ÉE**, adj. bot. Qui a quelque ressemblance avec l'amyride.

**AMYRIDÉES**, s. f. pl. Famille de plantes phanérogames, dicotylédones, polypétales, de la classe des térébinthinées.

**AMYRINE**, s. f. chim. Sorte de résine.

**AN**, s. m. (en lat. *annus* ; mais ce mot vient, ainsi que le français *an*, du gaël. *an*, ou *annaid*, mots qui nous ont donné non-seulement *an*, mais encore *année*, qui est *annado* dans les langues du midi de la France.) Durée de la révolution de la terre autour du soleil, espace de douze mois : *Un an révolu. Tous les ans. Il reçoit dix mille francs par an. Le premier jour de l'an. Le jour de l'an. Le nouvel an. Dès ses plus jeunes ans*, Dès sa jeunesse. *Dans ses vieux ans*, Dans sa vieillesse. *Il a dix ans, vingt ans. Il y a vingt cinq ans de cela. Plus de quinze ans s'étaient écoulés. Il doit revenir dans dix ans, au bout de dix ans. Après un an entier d'absence. L'an passé. Il est âgé de quarante ans au plus.*—*Ans* s'emploie d'une manière absolue et sans supputation précisée, pour exprimer Le temps et l'effet qu'il produit : *Il a éprouvé l'outrage des ans. Les ans ont ralenti sa marche chancelante.* Volt. *Baucis en égala les appuis chancelants Du débris d'un vieux vase, autre injure des ans.* La Font. *Lorsque les ans seront venus, vous rirez bien de toutes ces folles idées de jeunesse.* Marm. *L'an du monde. L'an de Notre-Seigneur*, ou *l'an de grâce*, Formules employées pour la supputation des années en les comptant depuis la création du monde, ou depuis la naissance de Jésus-Christ ; de même on employait ces termes : *L'an deux, l'an trois*, Pour indiquer la deuxième, la troisième année de l'ère républicaine, commencée le 22 septembre 1792. *La Constitution de l'an III. Service du bout de l'an*, ou simplement

*bout de l'an*, Service religieux que l'on fait pour une personne un an après sa mort. *Bon an, mal an*, En compensant les bonnes et les mauvaises années. *Ils peuvent, bon an, mal an, tout au plus mettre deux mille francs de côté. Il vit que, bon an, mal an, le métier lui rapportait juste de quoi mourir de faim.* Scarr. *Bon jour, bon an*, Formule populaire dont on se sert pour saluer quelqu'un la première fois qu'on le voit dans les premiers jours de l'année.— En jurisp. *An et jour*, L'année révolue plus un jour. *Prescription de l'an et jour.* V. ANNÉE.

**ANA**, s. m. Terminaison que l'on ajoute à un nom propre pour indiquer Un recueil de ses pensées, de ses bons mots ou des anecdotes qu'il a ramassées. *Le Ménagiana.*—*Ana* s'emploie aussi seul, comme substantif invariable pour désigner Les recueils de cette espèce : *Cette histoire traîne dans tous les ana.* — méd. *Ana*, préposition grecque, employée dans les formules de médecine, qui signifie Autant de l'un que de l'autre. On écrit par abréviation $\bar{a}\bar{a}$, ou $\bar{a}$. V. la lettre A.

**ANABANTOÏDE**, adj. des 2 g. (de ἀναβὰς, βάντος, montant, grimpant, ou *Anabas*, et de εἶδος, forme, apparence.) ichth. Semblable à l'anabas.—*Anabantoïdes*, s. m. pl. Famille de poissons.

**ANABAPTISTE**, s. m. Nom donné à une Secte de chrétiens qui veulent que l'on rebaptise les enfants quand ils ont atteint l'âge de raison.

**ANABAS**, s. m. (du gr. ἀναβὰς, part. aorist. du v. ἀναβαίνω, je monte, je grimpe.) ichth. Genre de poissons de la famille des leptosomes : *L'anabas habite la mer des Indes et grimpe sur les arbres aquatiques.*

**ANABASE**, s. f. (du gr. ἀνάβασις, action de monter, de s'élever, de grimper.) bot. Genre de plantes de la famille des atriplicées.—path. La première période des maladies, période d'accroissement ou augment.

**ANABASÉ, ÉE**, adj. (V. *Anabase*.) bot. Analogue ou semblable à une anabase. — *Anabasées*, s. f. pl. Groupe de plantes.

**ANABASSE**, s. f. comm. Sorte de couvertures qui se fabriquent en Normandie et dans la Hollande.

**ANABATE**, s. m. (du gr. ἀναβάτης, qui monte.) ornith. Genre d'oiseaux.

**ANABATIQUE**, adj. des 2 g. (V. *Anabase*.) path. Qui augmente toujours, qui s'accroît sans discontinuer.

**ANABÈNE**, s. m. (du gr. ἀναβαίνω, je monte, je grimpe.) erp. Il s'applique à Certains reptiles qui grimpent sur les arbres.

**ANABÉNODACTYLE**, adj. des 2 g. (du gr. ἀναβαίνω, je monte, je grimpe, et de δάκτυλος, doigt.) zool. Il se dit Des animaux qui ont des doigts faits pour grimper.

**ANABÉNOSAURIENS**, s. m. pl. erp. Nom donné par Ritgen à la famille des caméléoniens de Cuvier.

**ANABICE**, s. m. bot. Partie des plantes cryptogames qui pousse en dehors de terre.

**ANABLASTÈME**, s. m. (du gr. ἀναβλάστημα, ce qui repousse, rejeton ; dér. de ἀναβλαστάνω, repousser : ἀνὰ, de rechef, et βλαστάνω, pousser.) bot. Pousse particulière du feuillage de quelques lichens.

**ANABLASTÈSE**, s. f. bot. Formation des organes nommés anablastèmes.

**ANABLEPS**, s. m. (du gr. ἀναβλέπω, je regarde en haut, à travers : ἀνὰ, en haut, au travers, et βλέπω, je vois.) ichth. Poisson singulier, qui a quatre grands yeux, deux pour voir dans l'eau, deux pour voir dans l'air ; il ne fait pas d'œufs, mais des petits ; enfin il habite les eaux de la Guyane.

**ANABOLE**, s. f. (du gr. ἀναβολή, action de ramener de bas en haut : ἀνὰ, en haut, et βάλλω, pousser, lancer.) path. Évacuation par en haut, acte par lequel certaines matières sont rejetées par la bouche.

**ANABROCHISME**, s. m. (de ἀνὰ, avec, à travers, et de βρόχος, nœud, lacet.) chir. Opération imaginée autrefois et abandonnée aujourd'hui pour remédier au renversement des cils contre le globe de l'œil.

**ANABROSE**, s. f. (du gr. ἀνάβρωσις, corrosion ; dér. de ἀναβιβρώσκω, je ronge : ἀνὰ, avec, et βιβρώσκω, je mange, je broute, je ronge.) path. Érosion, ulcération spontanée chez les anciens.

**ANABROTIQUE**, adj. des 2 g. (du gr. ἀναβρωστικός, qui ronge. V. *Anabrose*.) path. Corrosif chez les anciens.

**ANACAMPTIQUE**, adj. des 2 g. (du gr. ἀνακάμπτω,

réfléchis, je recourbe : ἀνὰ, de nouveau, de rechef, κάμπτω, je courbe, je plie, je fléchis.) phys. et coust. Qui réfléchit les rayons de lumière, ou le n, qui marque les courbes produites par la réflexion de la lumière, eu égard à l'œil. V. CATOPTRIQUE.

ANACAMPTIQUEMENT, adv. (V. *Anacamptique*.) coust. Par réflexion, d'une manière anacamptique : *l'écho est produit par des sons formés* anacamptiquement.

ANACAMPYLE, (du gr. ἀνακάμπτω, je recourbe.) bot. On désigne par ce nom Les écailles étalées et recourbées au sommet, qui se trouvent sur quelques plantes agames et en particulier sur les champignons.

ANACANDÉ, s. m. erp. Nom que l'on donne à un Petit serpent qui, selon Flacourt, s'introduirait dans le corps des animaux pour leur percer les entrailles.

ANACARA, s. m. mus. Sorte de tambour dont on se sert dans la cavalerie orientale.

ANACARDE, s. f. (du gr. ἀνακάρδιον, qui signifie semblable au cœur : ἀνὰ, avec, et καρδία, cœur.) bot. Nom que porte, dans les boutiques, Le fruit du *semecarpus anacardium*.

ANACARDIACÉ, ÉE, adj. bot. Qui ressemble à l'anacardier. — *Anacardiacées* ou *Anacardiées*, s. f. pl. bot. Famille de plantes démembrée de la famille des térébinthacées de Jussieu.

ANACARDIÉ, ÉE, adj. V. ANACARDIACÉ.

ANACARDIER, s. m. (V. *Anacarde*.) bot. Arbre de la famille des térébinthacées de Jussieu, originaire de l'Inde et de l'Amérique Méridionale.

ANACATHARSIE, s. f. (de ἀνὰ, en haut, et de καθαίρειν, purger.) méd. Purgation par en haut, expectoration d'une matière quelconque. Peu usité.

ANACATHARSIQUE, adj. des 2 g. méd. Qui excite ou facilite l'expectoration. V. EXPECTORANT.

ANACATHARTIQUE, adj. et s. m. (V. *Anacatharsie*.) path. Qui facilite ou provoque l'expectoration : *Les tablettes de guimauve et divers sirops sont réputés anacathartiques.* V. EXPECTORANT.

ANACÉPHALÉOSE, s. f. (du gr. ἀνὰ, de rechef, et κεφαλή, tête, chapitre, point capital.) didact. Récapitulation courte et sommaire des points principaux d'un discours. Peu usité.

ANACHORÈTE, s. m. (du gr. ἀναχωρητής, retiré, solitaire ; dér. du v. ἀναχωρέω, je me retire, je m'éloigne : ἀνὰ, en haut, au loin, et χωρίω, je vais.) Religieux retiré dans une solitude complète : *Les anachorètes de la Thébaïde.* Il se prend au figuré pour exprimer Celui qui vit très-retiré : *Il mène une vie d'anachorète.*

ANACHREMPSIE, s. f. (ἀνάχρεμψις ; de ἀνὰ, en haut, et χρέπτομαι, expectorer.) méd. Expectoration.

ANACHRONISME, s. m. (de ἀνὰ, en haut, et de χρόνισμος, durée, période : rac. χρόνος, temps ; m. à m. époque mal indiquée, parce qu'on remonte trop haut.) Faute contre la chronologie, qui consiste principalement à placer un événement avant la date où il a eu lieu : *Vous avez fait un terrible anachronisme en faisant remonter à cette époque la bataille de Poitiers.* — La faute qui consiste à placer l'événement après sa date s'appelle *Parachronisme*, mais ce mot est peu usité et le premier s'emploie d'habitude dans l'un et l'autre cas. — On donne par extension le nom d'*anachronisme* à Toute faute qui consiste à déplacer les usages, les idées, les connaissances d'une époque et à les transporter à une époque où ils ne pouvaient exister : *La plupart de nos romans historiques fourmillent d'anachronismes de mœurs et d'usages. C'est un singulier anachronisme que d'avoir placé l'usage des armes à feu au temps des Romains. Vous trouverez beaucoup d'anachronismes de costumes dans les plus belles œuvres des peintres hollandais.*

ANACINÈME, s. f. (de ἀνακίνημα, commotion, grande agitation ; ἀνὰ, en haut, et κινέω, mouvoir, agiter.) Commotion qui se fait sentir dans toutes les parties du corps, par suite de certains exercices gymnastiques.

ANACLASE, s. f. (du gr. ἀνάκλασις, réfraction, répercussion.) didact. Déviation de parties.

ANACLASTIQUE, adj. des 2 g. (du gr. ἀνάκλαστος, réfléchi, réfracté ; part. du v. ἀνακλάω, je répercute ; ἀνὰ, de nouveau ; et κλάω, je brise.) opt. Il se dit Du point qui donne lieu à la réfraction de la lumière : *Point* anaclastique, Point où un rayon de lumière se rompt, c'est-à-dire où il rencontre la surface rompante. *Courbes* anaclastiques, Courbes apparentes que forme le fond d'un vase plein d'eau, ou tout autre milieu réfringent. — Il s'emploie aussi comme substantif féminin : *L'anaclastique est la partie de l'optique qui a pour objet les réfractions.* V. DIOPTRIQUE.

ANACLINTÈRE, s. f. (du gr. ἀνακλιντήρ, comp. de ἀνὰ, en haut, et de κλιντήρ, fauteuil, chaise longue, lit de repos ; κλίνω, incliner, pencher.) hyg. Chaise longue sur laquelle on se met pour dormir, sans être étendu horizontalement.

ANACLISIE, s. f. (du gr. ἀνάκλισις, situation d'un homme couché, action de s'étendre sur : ἀνακλίνω. V. *Anaclintère*.) path. Position d'un malade dans son lit.

ANACOLLÈME ou ANACOLLÉMAST, s. m. (du gr. ἀνακόλλημα, même sens ; dér. de ἀνακολλάω, je comprime par un médicament collant.) méd. Remède collant qui s'applique sur le front pour comprimer une fluxion ou arrêter une hémorragie.

ANACOLUTHE, s. f. (du gr. ἀνακολουθία, manque de suite ; α priv. et ἀκόλουθος, compagnon.) gramm. Figure de construction qui consiste à retrancher l'un des deux mots qui doivent se suivre dans la construction : *Qui sert bien son pays n'a pas besoin d'aïeux.* VOLT. C'est-à-dire, Celui qui sert bien, celui a été sous-entendu.

ANACONCHYLISME, s. m. (du gr. ἀνακογχυλιάζω, ἀνακογχυλίζω, je me gargarise ; d'où ἀνακογχυλισμος.) thérap. Action de se gargariser ; gargarisme.

ANACONDO, s. m. erp. Nom par lequel plusieurs voyageurs et erpétologistes désignent une espèce d'ophidien du genre cunecte.

ANACOSTE, s. f. comm. Sorte de serge que l'on tire de la Normandie et de la Hollande.

ANACRÉONTIQUE, adj. des 2 g. Il se dit De poésies galantes composées à la manière de celles d'Anacréon : *Une ode* anacréontique. *Une petite pièce* anacréontique. *Voilà de vraies poésies* anacréontiques. *Il a écrit dans le genre* anacréontique.

ANACRISE, s. f. (du gr. ἀνάκρισις, question, demande, enquête ; dér. du v. ἀνακρίνω, j'interroge : ἀνὰ, par le moyen de, et κρίνω, je discerne, je juge.) jurisp. Enquête exercée par l'interrogatoire des témoins ou de la partie même, par la confrontation des personnes instruites de l'état des choses.

ANACTÉSIE, s. f. (du gr. ἀνάκτησις, rétablissement, dér. de ἀνακτάομαι, je reprends, je recouvre, je redeviens possesseur : ἀνὰ, de rechef, et κτάομαι, je me procure, j'acquiers, je possède.) méd. Réparation, recouvrement des forces.

ANACYCLE, s. m. (comp. de ἀνὰ, en haut, et de κύκλος, cercle.) bot. Genre de plantes de la famille des corymbifères, odorantes et aromatiques.

ANACYCLIQUE, adj. des 2 g. (du gr. ἀνακυκλόω, rouler, redire, répéter : ἀνὰ, de nouveau, κυκλόω, tourner ; κύκλος, cercle.) philol. *Vers* anacyclique, Qu'on peut lire à rebours, en rétrogradant. V. RÉTROGRADE.

ANADÉNIE, s. f. bot. Genre de plantes de la Nouvelle-Hollande.

ANADIPLOSE, s. f. (du gr. ἀναδίπλωσις, réduplication, redoublement ; dér. du v. ἀναδιπλόω, je redouble : ἀνὰ, de nouveau, et διπλόω, je double.) gramm. Réduplication, figure qui a lieu quand on commence une proposition par le mot qui termine la proposition précédente. — path. Redoublement qui survient dans les accès d'une fièvre intermittente, lorsque, par exemple, de tierce qu'elle était, elle devient double tierce.

ANADOSE, s. f. (du gr. ἀνάδοσις, distribution ; dér. du v. ἀναδίδωμι, je donne à plusieurs, je partage, je distribue : ἀνὰ, avec, et δίδωμι, je donne.) physiol. Distribution des principes nutritifs dans tout le corps.

ANADROME, s. f. (de ἀνὰ, en haut, et de δρόμος, course.) path. Transport d'une humeur des parties inférieures aux supérieures. V. ANASTASE.

ANADROME, adj. des 2 g. (du gr. ἀναδρέμω, revenir, remonter : ἀνὰ, en haut, et δράω, δρέμω, courir.) ichth. Qui remonte de la mer dans les fleuves, en parlant de certains poissons.

ANADYOMÈNE, s. m. (du gr. ἀναδυομένη, f. du part. du v. ἀναδύω, sortir, sortir de l'eau.) zool. Genre de polypiers.

ANÆMIE, s. f. V. ANÉMIE.

ANÆSTHÉSIE, s. f. V. ANESTHÉSIE.

ANAGALLIDÉES, s. f. pl. V. PRIMULACÉES.

ANAGALLIS, s. m. bot. V. MOURON.

ANAGÉNITE, s. f. géol. Ce nom désigne Une espèce de roche de la famille des roches talqueuses, composée d'une pâte phylladienne, avec fragments plus ou moins gros de feldspath, de quartz et de protogyne.

ANAGLYPHE, s. m. (du gr. ἀνάγλυφον, ἀνάγλυπτον, ouvrage ciselé ou relevé en bosse, ouvrage en relief : ἀνὰ, en haut, en dessus, par-dessus, et γλύφω, je sculpte.) ant. Nom donné par les anciens à Tout ouvrage sculpté ou ciselé en relief : *Nous donnons le nom de camées aux* anaglyphes *de pierres dures.*

ANAGLYPHIQUE, adj. des 2 g. (V. *Anaglyphe*.) didact. Dont la surface est couverte de ciselures ou sculptures en bosse, en relief.

ANAGLYPTE, s. m. V. ANAGLYPHE.

ANAGNOSTE, s. m. (du gr. ἀναγνώστης, lecteur ; dér. de ἀναγιγνώσκω, prendre connaissance, lire : ἀνὰ, de rechef, et γιγνώσκω, je connais.) Esclave qui, chez les Romains, faisait la lecture pendant le repas.

ANAGOGE, s. f. (du gr. ἀνὰ, en haut ; ἄγω, pousser.) méd. Évacuation par en haut, vomissement.

ANAGOGIE, s. f. (du gr. ἀναγωγή, élévation ; dér. du v. ἀνάγω, élever, enlever ; ἀνὰ, en haut, ἄγω, je pousse, j'entraîne.) théol. et philol. Élévation de l'âme vers les choses spirituelles. — Interprétation au moyen de laquelle on découvre un sens mystique ou religieux.

ANAGOGIQUE, adj. des 2 g. (du gr. ἀναγωγικός, qui élève l'âme aux choses divines. V. *Anagogie*.) Il ne s'emploie guère que dans cette locution : *Interprétation* anagogique, c'est-à-dire Celle que l'on tire d'un sens naturel et littéral, pour s'élever à un sens spirituel et mystique.

ANAGRAMMATISER, v. n. Faire des anagrammes. Il est peu usité.

ANAGRAMMATISME, s. m. philol. Art de faire des anagrammes.

ANAGRAMMATISTE, s. m. Celui qui fait des anagrammes. Il est peu usité.

ANAGRAMME, s. f. (du gr. ἀναγραμματισμός, transposition de lettres : ἀνὰ, à travers, et γράμμα, lettres ; qui vient de γράφω, j'écris.) gramm. Transposition de toutes les lettres d'un mot. — Jeu d'esprit qui consiste à former des mots nouveaux en déplaçant les lettres d'un mot donné. *Pilatre du Rosier ayant osé, le premier, s'élever dans un ballon, on trouva dans son nom cette* anagramme *singulièrement heureuse : tu es premier roi de l'air. C'est un triste métier que de faire des* anagrammes.

ANAGRAMMER, v. a. inus. V. LE PARTICIPE et ANAGRAMMATISER.

ANAGRAMMÉ, ÉE, part. *J'ai vu qu'un sonnet acrostiche,* anagrammé *par l'hémistiche aussi bien que par les deux bouts, passait pour miracle chez vous.* ST-AMANT.

ANAGRAPHE, s. m. méd. Formule, recette, prescription médicale.

ANAGYRE, s. m. (du gr. ἀνὰ, en haut, et de γυρός, rond.) bot. Légume courbé par l'extrémité, genre de la décandrie monogyne.

ANAL, ALE, adj. anat. Qui se rapporte à l'anus, qui est voisin de l'anus : *Région* anale. — ichth. *Nageoire* anale, Celle que les poissons portent ordinairement sous le tronçon de la queue, immédiatement après l'ouverture de l'anus.

ANALCIME, s. m. (de α priv. qui devient ἀν devant une voyelle, et de ἄλκιμος, fort, ἀλκή, force.) min. Silicate d'alumine et de soude hydratée.

ANALDIE, s. f. (du gr. ἀναλδής, qui ne se nourrit point ; α, ἀν priv. et ἀλδαίνω, faire croître.) path. Défaut de nutrition, langueur, marasme.

ANALECTES, s. m. pl. (du gr. ἀνάλεκτος, recueilli, ramassé ; part. du v. ἀναλέγομαι, je recueille ; lat. *analecta*, id.) Fragments choisis d'un auteur ou de plusieurs, collection de morceaux différents.

ANALECTEUR, s. m. (V. *Analecte*.) philol. Auteur qui a recueilli des analectes.

ANALEMME ou ANALÈME, s. m. (du gr. ἀνάλημμα, hauteur, parce que l'analemme sert à trouver la hauteur du soleil.) astr. Planisphère ou projection orthographique de la sphère sur le plan du méridien, l'œil étant supposé à une distance infinie, et dans le point oriental ou occidental de l'horizon ; on appelle aussi quelquefois *analemme* le trigone des signes. — ant. Instrument de gnomonique.

ANALEMMATIQUE, adj. des 2 g. (V. *Analemme*.) Qui a rapport à l'analemme : *Cadran* analemmatique.

**ANALEPSIE**, s. f. (du gr. ἀνάληψις, recouvrement, réparation : ἀνὰ, de rechef, et λαμβάνω, prendre.) path. Rétablissement des forces après une maladie. — rarement, Espèce d'épilepsie sympathique.

**ANALEPTIQUE**, adj. (V. *Analepsie*.) path. Il se dit De tout ce qui tend à rétablir les forces des convalescents. —Partie de l'hygiène.—s. m. pl. *Administrer les* analeptiques.

**ANALGÉSIE**, s. f. (du gr. ἀναλγησία, absence de douleur : α priv. et ἄλγος, douleur.) méd. Absence de la douleur.

**ANALGINE**, s. f. Absence de douleur. Peu usité.

**ANALLUVION**, s. f. géol. Agglomération de débris détachés de rochers tombés en décomposition.

**ANALOGIE**, s. f. (du gr. ἀναλογία, rapport, proportion : ἀνὰ, avec, et λόγος, raison, proportion.) Espèce de rapport, similitude partielle plus ou moins considérable qui existe entre des objets différents dans l'ordre physique, intellectuel ou moral : *La plus grande analogie qui existe entre l'homme et la brute, c'est ce sentiment de conservation qui leur est commun.* CONDILLAC. *La partie basse d'une montagne s'appelle le pied de la montagne par analogie avec le pied de l'homme. Il y a entre ces deux versions une analogie évidente. Il serait difficile de rencontrer entre ces deux langues des analogies bien frappantes. Ce n'est pas toujours l'analogie des caractères qui forme les liaisons. Il y a une analogie complète entre les pensées de ces deux auteurs. Les analogies qui se rencontrent entre ces deux récits sont tellement frappantes, qu'il est hors de doute que l'un a été imité de l'autre. Raisonner, juger, conclure par analogie,* Former un raisonnement, un jugement, donner une conclusion d'après les rapports d'une chose avec une autre. On dit également : *Être guidé par l'analogie, être trompé par l'analogie.* — *Analogie,* en grammaire, se dit particulièrement Du rapport qu'ont ou peuvent avoir entre eux divers mots d'une langue, soit dans leur formation, soit dans leur construction : *César n'avait pas dédaigné de s'occuper de grammaire, et il composa deux livres sur l'analogie. Bien qu'émotionner se forme d'émotion, par la même analogie qu'affectionner est formé d'affection, il ne peut passer dans la langue, parce qu'il n'est pas nécessaire. A l'aide de l'analogie, bien des mots nouveaux peuvent s'introduire dans une langue. Un bon grammairien s'appuie principalement sur l'analogie, mais bien souvent il est forcé de céder à l'usage. Consulter l'analogie à suivre, violer les lois de l'analogie.* —Ce mot sert encore à marquer Le rapport qu'ont ensemble certaines consonnes : *Il y a de l'analogie entre M et B. B et P ont entre eux une grande, une frappante analogie.*

**ANALOGIQUE**, adj. des 2 g. (du gr. ἀναλογικὸς, proportionnel. V. *Analogie*.) Qui a de l'analogie : *Ce sont deux termes analogiques.*

**ANALOGIQUEMENT**, adv. Conformément aux lois de l'analogie : *Procéder analogiquement. Cela se dit analogiquement.* —Par analogie, d'une manière analogique.

**ANALOGISME**, s. m. phil. Raisonnement fondé sur l'analogie.

**ANALOGUE**, adj. des 2 g. (du gr. ἀνάλογος, qui répond à, analogue, semblable. V. *Analogie*.) Qui a de l'analogie avec un autre objet : *C'est un fait analogue à celui qu'il m'a raconté. Quand vous rencontrez dans l'histoire des faits presque identiques, soyez certains qu'ils sont produits par des circonstances analogues.* ENCYCL. *Ces deux mots sont pris dans une acception tout à fait analogue. Il faut trouver une pensée analogue à celle-ci. Deux formes analogues. Nous devons d'abord chercher dans ces deux définitions tous les termes analogues.* —Il s'emploie comme substantif masculin : *C'est un génie auquel vous ne trouverez d'analogue dans aucun temps. Ce terme n'a pas d'analogue dans les langues étrangères. Cette locution et ses analogues doivent être bannis du haut style.*

**ANALOSE**, s. f. (du grec ἀνάλωσις, perte ; dér. du v. ἀναλίσκω, dépenser, perdre.) path. Dépérissement, consomption. Aujourd'hui inusité.

**ANALYSE**, s. f. (du grec ἀνάλυσις, action de résoudre, résolution ; dér. de ἀναλύω, résoudre : ἀνὰ, de nouveau, et λύω, délayer, dissoudre.) Résolution d'une chose en ses éléments, d'un tout en ses parties. — chim. Opération qui consiste à décomposer les corps et à séparer les divers éléments : *Analyse*

*chimique. Analyse mécanique. Analyse spontanée ou naturelle. Analyse par le fer, par les réactifs. Analyse vraie, fausse. L'analyse du sang, l'analyse de l'eau, l'analyse d'une plante.* — fig. : *L'analyse des facultés de l'âme. L'analyse des sentiments, des passions, du cœur humain.*

**ANALYSE**, en logique, Méthode de décomposition, celle qui cherche à déterminer toutes les idées simples ou abstraites qui entrent dans une idée concrète ou composée : *L'analyse est opposée à la synthèse. Procéder par voie d'analyse. Faire l'analyse d'un raisonnement. Appliquer l'analyse à l'étude de certaines sciences. Connaître, expliquer les règles de l'analyse. Avoir l'esprit d'analyse.* — gram. Décomposition méthodique d'une phrase, où l'on rend compte de ses mots. *Analyse logique,* Celle qui explique la nature, le nombre et la composition des propositions. *Analyse grammaticale,* Celle qui fait connaître à fond les espèces des mots, leurs formes et les rapports qui les lient entre eux dans les phrases où ils entrent. — *Analyse,* en mathématiques, Méthode de résoudre les problèmes en les réduisant à des équations au moyen de l'algèbre : *L'analyse est le moyen général par lequel on a fait, depuis deux siècles, de si étonnantes découvertes en mathématiques.* — *Analyse* signifie encore Précis, abrégé méthodique et raisonné d'une composition littéraire : *Faire l'analyse d'un sermon, d'un poëme épique, d'une pièce de théâtre. Analyse incomplète et décolorée. Donner, présenter l'analyse des ouvrages nouvellement publiés. Courte et rapide analyse. L'analyse d'un dossier. L'analyse des mémoires d'une société savante.*

**EN DERNIÈRE ANALYSE**, loc. adv. Pour conclusion, en dernier résultat : *Pensez-vous, en dernière analyse, qu'un tel secret soit fort important pour la prospérité des États et le bonheur du genre humain?*

**ANALYSER**, v. a. (V. *Analyse*.) Faire une analyse, procéder par voie d'analyse : *Analyser une substance, des aliments, un végétal. Analyser un raisonnement, une phrase, un discours, une épopée. De tels hommes sont incapables d'analyser les idées et de suivre avec une attention soutenue une discussion tant soit peu approfondie. La musique est un de ces plaisirs intimes dont il faut jouir avec transport, sans en analyser froidement les causes.* GRESSET.

**ANALYSÉ, ÉE**, part.

**ANALYSTE**, s. m. (V. *Analyse*.) Versé dans l'analyse. Il ne se dit guère qu'en mathématiques. Qui analyse : *Habile analyste. Les deux derniers siècles ont eu d'illustres analystes.*

**ANALYTIQUE**, adj. des 2 g. Qui tient de l'analyse, qui est de sa nature ou se fait par elle : *Méthode analytique. Examen analytique. Tables analytiques. Esprit analytique,* au propr. et au fig.

**ANALYTIQUEMENT**, adv. D'une manière analytique, par voie d'analyse : *Procéder analytiquement.* ACAD.

**ANAMARTÉSIE**, s. f. (du gr. ἀναμαρτησία, innocence, état d'un homme qui ne pèche pas ; α priv. et ἁμαρτάνω, manquer, faillir.) didact. Impeccabilité, infaillibilité.

**ANAMIRTE**, s. f. bot. Sorte de plante.

**ANAMNÉSIE**, s. f. (du gr. ἀνάμνησις, ressouvenir, dér. du v. ἀναμνάομαι, se ressouvenir : ἀνὰ, de nouveau, et μνάομαι, se souvenir, μνήσις, mémoire.) path. Retour de la mémoire, réminiscence.—didact. Art de se ressouvenir.

**ANAMNESTIQUE**, adj. des 2 g. (V. *Anamnésie*.) méd. Qui fait ressouvenir, qui rétablit la mémoire : *Signes anamnestiques,* Moyen à l'aide desquels on se souvient de ce qui a précédé. *Remèdes anamnestiques,* Médicaments qu'on croyait propres à rendre la mémoire.

**ANAMORPHIQUE**, adj. des 2 g. (V. *Anamorphose*.) min. Il s'applique aux Cristaux placés dans une situation parallèle et dont le noyau se trouve renversé.

**ANAMORPHOSE**, s. f. (du gr. ἀνὰ, à travers, et μόρφωσις, configuration : μορφὴ, forme, image.) persp. Art de dessiner les images qui ne ressemblent aux objets qu'elles doivent représenter, qu'autant qu'on les regarde à une certaine distance, ou dans un miroir, ou à la faveur d'un autre corps; état d'une ou de plusieurs images ainsi disposées.—techn. Projection d'un dessin dans les manufactures d'étoffes chinées. — bot. Ce mot désigne La dégénérescence morbide ou atypique, qui fait qu'un lichen, ou tout

autre végétal agame, devient méconnaissable et peut être pris pour une autre espèce.

**ANAMORPHOSIQUE**, adj. persp. Qui produit des effets visuels opposés.

**ANANAS**, s. m. bot. Plante de la famille des broméliacées et du genre ananassa, produisant un fruit excellent, et cultivée pour cela dans nos serres chaudes : *Le fruit de l'ananas est excellent et se sert sur les tables les plus splendides. Manger des ananas. L'ananas, originaire des Indes-Orientales, a été transplanté avec succès dans l'Amérique.*

**ANANDRAIRE**, adj. des 2 g. (V. *Anandre*.) bot. Se dit Des fleurs dont les étamines manquent complètement ou se sont transformées en pétales. Toutes les fleurs doubles et pleines sont de ce nombre.

**ANANDRE**, adj. (du gr. α priv., et de ἀνήρ, ἀνδρὸς, homme, mâle.) bot. Qui manque d'étamine.

**ANANDRINE**, adj. des 2 g. (V. *Anandre*.) Plante dépourvue d'organes mâles.

**ANANDRIQUE**, adj. bot. V. **ANANDRAIRE**.

**ANANTHE**, s. m. bot. Qui ne porte pas de fleurs.

**ANAPESTE**, s. m. (du gr. ἀναπαίω, frapper de nouveau.) terme de prosodie ancienne. Pied de vers grec ou latin composé de deux brèves suivies d'une longue. C'est l'opposé du *dactyle.*

**ANAPESTIQUE**, adj. des 2 g. t. de poésie ancienne. Il se dit Des vers où domine l'anapeste. *Récit anapestique.*

**ANAPÉTIE**, s. f. (du gr. ἀνάπτιτια, ouverture, dilatation : ἀνὰ, à travers, et πετάω, ouvrir.) méd. Dilatation des vaisseaux ou de l'orifice de quelques viscères, comme l'estomac, la vessie. Aujourd'hui inusité.

**ANAPHIE**, s. f. entom. Insecte aptère qui vit sur les côtes de la Caroline.

**ANAPHONÈSE**, s. f. (du gr. ἀναφώνησις, énonciation, exclamation : ἀνὰ, en haut, et φωνὴ, son, voix.) physiol. et mus. Exercice ou éclat de la voix. Action de crier. On l'emploie rarement.

**ANAPHORE**, s. f. (du gr. ἀναφορά, produit, éruption, reprise : ἀνὰ, de nouveau, en haut, et φέρω, je porte.) gramm. Figure qui consiste à répéter le même mot au commencement des phrases ou des membres d'une période de la manière suivante : *Rome, l'unique objet de mon ressentiment, Rome à qui vient ton bras d'immoler mon amant, Rome qui t'a vu naître...* CORN.—méd. Évacuation d'une matière quelconque par la bouche.

**ANAPHORIQUE**, adj. des 2 g. (V. *Anaphore*.) Il se dit en gram. d'Une période qui renferme la figure appelée *anaphore* ; en médecine, De ce qui fait évacuer par en haut : *Substance anaphorique.*

**ANAPHRODITE**, s. m. V. LE SUPPLÉMENT.

**ANAPHRODITIQUE**, adj. des 2 g. hist. nat. On le dit Des corps organisés dont le développement a lieu sans le concours des sèves.

**ANAPLASIE**, s. f. (du gr. ἀνάπλασις, action de faire, de former de nouveau, reformation, rétablissement, dér. de ἀναπλάσσω, refaire, reformer : ἀνὰ, de nouveau, et πλάσσω, faire, façonner, former.) chir. Consolidation d'un os fracturé.

**ANAPLÉROSE**, s. f. (du gr. ἀναπλήρωσις, action de remplir, de combler, réplétion ; ἀναπληρωματικὸς, qui remplit, qui comble, explétif ; dér. de ἀναπληρόω, remplir, combler : ἀνὰ, part. réduplicative, et πληρόω, emplir.) thérap. chir. Art de reproduire une partie enlevée par accident ou refusée par la nature.

**ANAPLÉROTIQUE**, adj. des 2 g. (V. *Anaplérose*.) Il se dit De tout ce qui est propre à favoriser la reproduction des chairs et à faciliter la cicatrisation dans les plaies avec perte de substance. V. **INCARNATIF**.

**ANAPTYSIE**, s. f. (du gr. ἀνάπτυσις, crachement, dér. de ἀναπτύω, cracher en haut : ἀνὰ, et πτύω, cracher.) méd. Crachement, salivation.

**ANARCHIE**, s. f. (du gr. ἀναρχία, état d'une ville, d'un pays sans magistrats, sans chefs : α priv. et ἀρχὴ, pouvoir, autorité.) Absence de lois et de gouvernement dans un pays : *Le despotisme a souvent pour dernier effet l'anarchie.* MARM. *A cette anarchie qui avait si malheureusement déchiré le pays, il fit succéder un gouvernement sage qui y ramena la paix et le bonheur.* ROLL. *Les fauteurs de l'anarchie. Réprimer, dompter l'anarchie. Le pays est sorti de cette anarchie à laquelle il était en proie.*

**ANARCHIQUE**, adj. des 2 g. Qui tient de l'anarchie : *Un état anarchique. Des idées anarchiques.*

**ANARCHISTE**, s. des 2 g. Fauteur, partisan de

troubles, de l'anarchie : *C'est un anarchiste. Le parti des anarchistes.* — Il s'emploie aussi comme adjectif : *Des principes, des opinions anarchistes, Qui sont favorables à l'anarchie, qui prédisposent à l'anarchie.*

**ANARMOSTIQUE**, adj. des 2 g. (du gr. ἀνάρμοστος, mal ajusté, mal approprié, dér. de ἁρμόζω, ajuster : α priv. et ἁρμός, assemblage, réunion, ajustement.) min. Il se dit De substances minérales dont les cristaux présentent des faces produites par accident et sans régularité.

**ANARNAK**, s. m. ichth. Dauphin du Groënland.

**ANARRHÉE**, s. f. (du gr. ἀνάρροια, reflux; ἀνά, en haut, ῥέω, je coule.) path. Afflux des humeurs vers les régions supérieures.

**ANARRHÉGNYME**, adj. m. (du gr. ἀναρρήγνυμι, je brise de nouveau : ἀνά, de rechef, et ῥήγνυμι, je brise, je romps.) chir. On le dit d'Un ulcère que la rupture de sa cicatrice fait renaître.

**ANARRHÉIQUE**, adj. méd. Qui fait affluer les humeurs vers la tête ou le cerveau.

**ANARRHINE**, s. f. bot. Scrofulaire, plante qui appartient au genre de la didynamie et de la famille de son nom.

**ANARRHIQUE**, s. m. (du gr. ἀναρρίχαομαι, je grimpe.) ichth. Genre de poissons connus sous le nom de grimpeurs et de loups marins, qui se pêchent abondamment depuis la Manche jusque dans le Groënland, et dont les Suédois et les Norwégiens font un commerce assez considérable, après les avoir salés.

**ANARRHIZÉ, ÉE**, adj. (de α, ἀν, ἀνά, priv. et de ῥίζα, racine.) bot. Dénomination appliquée aux plantes acotylédones qui, étant privées de graines, sont, selon L.-C. Richard, sans radicule, et par conséquent sans racines.

**ANARRHOPIE**, s. f. (du gr. ἀνάρροπις, qui va en montant : ἀνά, en haut, et ῥέπω, se glisser, ramper.) path. Fluxion dans la partie élevée du corps; tendance du sang à se porter vers la tête.

**ANARRHOPIQUE**, adj. des 2 g. (V. *Anarrhopie.*) méd. Qui se rapporte à l'anarrhopie.

**ANARTHRE**, adj. des 2 g. (du gr. α, ἄν, priv. et de ἄρθρον, membre, articulation.) Dépourvu d'articulation.

**ANARTHRIE**, s. f. (de α, ἄν, priv. et de ἄρθρον, articulation, nœud.) bot. Genre de plantes de la famille des rutacées, dont la tige est dépourvue de nœuds, et qui sont originaires de la Nouvelle-Hollande.

**ANASARQUE**, s. f. (du gr. ἀνά, au travers, et de σάρξ, σαρκός, chair.) méd. Hydropisie générale du tissu cellulaire. Lorsqu'elle est partielle, on l'appelle *OEdème.* On emploie quelquefois comme synonyme le mot *Leucophlegmatie.*

**ANASCOT**, s. m. comm. Étoffe qui se fabrique en Picardie.

**ANASPASE**, s. f. (du gr. ἀνάσπασις, serrement, constriction : ἀνά, de nouveau, et σπάω, je retire.) méd. Contraction des parois de l'estomac.

**ANASPE**, s. m. (de α priv. et de ἀσπίς, bouclier, écu, écusson.) entom. Genre d'insectes coléoptères de la famille des sténoptères, caractérisé par l'extrême petitesse de son écusson.

**ANASSER**, s. m. bot. Arbre de l'île Bourbon, qui forme un genre dans la famille des apocynées.

**ANASTALTIQUE**, adj. des 2 g. (du gr. ἀναστέλλω, je resserre.) méd. Ce qui est astringent, styptique. Peu usité.

**ANASTASE**, s. f. (du gr. ἀνά, en haut, et de ἵστημι, mettre, placer.) méd. Transport des humeurs dans une partie supérieure. Inusité.

**ANASTATICA**, s. f. bot. Genre de plantes de la famille des crucifères siliculeuses, fondé sur une seule espèce, l'*anastatica hierochuntica*, ou Rose de Jéricho.

**ANASTATICÉ, ÉE**, adj. bot. Qui ressemble à l'anastatica ou rose de Jéricho. — *Anastaticées*, s. f. pl. Groupe de plantes crucifères.

**ANASTÉCHÉIOSE**, s. f. (du gr. ἀνά, à travers, et de στοιχεῖον, élément.) path. Résolution d'un corps ou d'une de ses parties dans ses éléments.

**ANASTOME**, s. m. zool. Oiseau de la côte de Coromandel.

**ANASTOMOSE**, s. f. (du gr. ἀνά, avec, ensemble, par, à travers, et de στόμα, bouche.) anat. Aboutchement, communication des cavités de deux ou plusieurs vaisseaux artériels, veineux ou lymphatiques.

Par extension, on a donné le nom d'*anastomose* Aux communications de nerfs entre eux, quoiqu'il soit fort douteux aujourd'hui que les nerfs puissent être regardés comme des canaux où circule un fluide nerveux : *L'anastomose des veines, des artères. Les anastamoses facilitent la circulation du sang.* — zool. On appelle ainsi L'embranchement des vaisseaux, leur abouchement, et par extension celui des nervures et autres organes. — Il se dit, en botanique, De la réunion de diverses parties rameuses les unes avec les autres. — entom. C'est une tache cornée ou épaisse, marginale, où se croisent plusieurs nervures. C'est le *point épais*, le *stigmate* de la plupart des entomologistes.

**ANASTOMOSER (S')**, v. pron. anat. S'aboucher l'un dans l'autre : *Les artères s'anastomosent entre elles. Un vaisseau peut s'anastomoser avec un autre.*

**ANASTOMOSÉ, ÉE**, part. et adj. entom. Qui a des veines ramifiées, saillantes, et dont les extrémités se joignent.

**ANASTOMOTIQUE**, adj. (V. *Anastomose.*) anat. Qui a rapport aux anastomoses : *Rameaux anastomotiques,* Ceux qui font communiquer deux vaisseaux ou deux nerfs. — méd. Autrefois on appelait *anastomotiques* les apéritifs. (V. ce mot.)

**ANASTROPHE**, s. f. (du gr. ἀναστροφή, inversion, renversement : ἀνά, de nouveau, à travers, et τρέπω, tournure.) gram. Figure, ou plutôt vice de construction qui consiste à employer des inversions que le bon usage repousse : *Fort envie de rire nous avons.* MOL. Il se dit encore Du renversement de la construction naturelle, renversement sanctionné par l'usage. En latin, *mecum* (pour *cum me*, avec moi) est une anastrophe; de même en français, *me voici*, pour voici moi.

**ANASTROPHIE**, s. f. (V. *Anastrophe.*) chir. Ordre inverse ou renversement d'une partie quelconque.

**ANATASE**, s. f. min. Espèce de minéral du genre titane. V. TITANE.

**ANATE**, ou **ATTOLE**, s. f. comm. Teinture rouge qui se fait aux Indes-Orientales avec la fleur d'un arbrisseau de ce nom.

**ANATHÉMATIQUE**, adj. des 2 g. philol. Qui est dédié, qui est offert.

**ANATHÉMATISER**, v. a. (du gr. ἀνάθεμα, offrande aux dieux, action de dévouer aux divinités infernales, aux Furies.) Frapper d'excommunication, lancer un anathème contre quelqu'un, et, par extension, Frapper de réprobation une personne ou une action : *Le pape a anathématisé les hérétiques. L'austérité de ces nouveaux sectaires allait jusqu'à anathématiser les plaisirs les plus innocents.* FLEURY.

**ANATHÉMATISÉ, ÉE**, part.

**ANATHÉMATISME**, s. m. philol. Écrit religieux qui a pour but d'anathématiser une hérésie réelle ou supposée.

**ANATHÈME**, s. m. (V. *Anathématiser.*) Excommunication lancée par l'Église. — fig. Blâme, réprobation : *On frappa d'anathème tous ceux qui donneraient asile à ces malheureux.* VOLT. *La cour de Rome fulmina un anathème contre le prince sacrilège.* SISMONDI. *L'Église a levé l'anathème. Les plus terribles anathèmes furent prononcés contre lui. Oserez-vous frapper d'anathème, pour une erreur passagère, le fils que vous avez si tendrement aimé?* RAYNAL. *C'est un anathème lancé contre vous.* — Anathème s'emploie aussi comme adj. des 2 g. et signifie Excommunié : *Qu'il soit anathème, celui qui a levé la main sur l'oint du Seigneur!* SALVANDY.

**ANATIDE**, adj. des 2 g. (du lat. *anas, anatis,* canard.) ornith. Qui ressemble au canard.

**ANATIDES**, s. m. pl. ornith. Famille d'oiseaux de l'ordre des palmipèdes.

**ANATIDÉES**, s. f. pl. ornith. V. ANATIDE.

**ANATIFE**, s. f. moll. Nom d'Une famille de mollusques, de l'ordre des cirrhipodes, dont la coquille a ordinairement de cinq à sept valves.

**ANATIFE, ÉE**. adj. V. ANATIFÉRACÉ.

**ANATIFÉRACÉ, ÉE**, adj. moll. Qui ressemble à un anatife. — *Anatiféracées,* s. f. pl. Famille de mollusques.

**ANATIFÈRE**, adj. et s. f. (du lat. *anas, -atis,* canard, et du v. *ferre,* porter.) moll. On le dit d'Une coquille qu'on croyait donner naissance aux canards sauvages : *Coquille anatifère.*

**ANATIFÉRIDE**, adj. V. ANATIFÉRACÉ.

**ANATIFÉRIFORME**, adj. des 2 g. (de *anatifère* et

du lat. *forma,* forme.) zool. Qui a la forme d'une anatifère.

**ANATIN, INE**, adj. (V. *Anatide.*) ornith. Analogue au canard, qui se rapproche du canard.

**ANATINE**, s. f. zool. Genre de coquilles bivalves.

**ANATIPÈDE**, adj. des 2 g. didact. Composé de deux parties égales.

**ANATIQUE**, adj. des 2 g. didact. Qui est composé de parties égales.

**ANATOCISME**, s. m. (du gr. ἀνατοκισμός, renouvellement des intérêts : ἀνά, part. réduplicative, et τόκος, usure, intérêt.) banq. et prat. Conversion des intérêts en principal; ce qu'on fait soit en joignant les intérêts au principal, soit en comprenant dans le même billet les intérêts et le principal.

**ANATOMICO-PATHOLOGIQUE**, adj. des 2 g. méd. Qui se rapporte à l'anatomie pathologique.

**ANATOMIE**, s. f. (du gr. ἀνατομή, action de découper, dissection, opération anatomique, dér. de ἀνατέμνω, découper, disséquer : ἀνά, à travers, et τέμνω, couper.) Il signifie proprement *dissection*; mais on l'emploie pour désigner La science qui a pour objet la structure des corps organisés. On dit quelquefois, en en conservant la signification primitive, *Faire l'anatomie d'un corps.* — Art de disséquer et ensemble des connaissances dues à cet art : *Il possède parfaitement l'anatomie.* — Anatomie *de l'homme,* ou Anthropotomie, androtomie. — Anatomie *des animaux,* ou Zootomie. — Anatomie *vétérinaire,* Celle des animaux domestiques. — Anatomie *végétale* ou *des plantes,* ou Phytotomie. V. plus bas. — Anatomie *physiologique,* Science de la structure d'un corps vivant considéré en état de santé. — Anatomie *pathologique,* Science de la structure d'un corps vivant considéré en état de maladie. — Anatomie *générale,* La science qui a moins égard aux connexions et aux formes des organes qu'à la disposition des éléments qui les composent. — Anatomie *descriptive,* La science qui a moins égard à la disposition des tissus élémentaires qu'aux annexions et aux formes des organes. — Anatomie *des régions* ou Anatomie *topographique,* Particulièrement étudiée au point de vue des opérations chirurgicales. — Anatomie *chirurgicale,* Application des notions anatomiques à l'étude des maladies chirurgicales. — Anatomie *comparée,* Science des analogies et des différences de structure qui existent entre les divers corps organisés. — Anatomie *artificielle,* L'art de suppléer aux dissections par la représentation des organes au moyen de la cire ou du carton. — Anatomie *pittoresque,* L'ensemble des notions anatomiques nécessaires aux peintres et aux sculpteurs. On donne aussi ce nom à l'enseignement de l'anatomie au moyen de dessins ou de gravures. — Synonymes : *Organologie, sématologie, morphologie.* Ce dernier nom appartient plus spécialement à l'anatomie pittoresque ou à l'anatomie des formes extérieures du corps humain. — *Amphithéâtre* d'anatomie, Le lieu destiné aux leçons d'anatomie. *Cabinet* d'anatomie, Le lieu destiné à conserver des pièces d'anatomie. *Pièces* d'anatomie, Les organes ou les fragments d'organes préparés et conservés de manière à en faciliter l'étude. — bot. Anatomie *végétale* ou *Organographie,* Étude de la structure des organes des végétaux.

**ANATOMIQUE**, adj. (V. *Anatomie.*) Qui appartient à l'anatomie; qui a rapport à l'anatomie : *Travaux, observations, recherches anatomiques. Sujet anatomique. Démonstrations anatomiques; séances anatomiques.*

**ANATOMIQUEMENT**, adv. D'une manière anatomique : *Un historien de goût ne s'attache pas à décrire anatomiquement les blessures des grands personnages.*

**ANATOMISER**, v. a. (V. *Anatomie.*) Faire l'anatomie : *Anatomiser un cadavre.* On dit plus ordinairement *Disséquer.* (V. ce mot.) — fig. Anatomiser *une épopée, un livre, un discours,* En examiner avec un soin minutieux toutes les parties.

**ANATOMISÉ, ÉE**, part.

**ANATOMISTE**, s. m. Celui qui cultive l'anatomie, qui sait l'anatomie : *Le scalpel de l'anatomiste. Un grand, un habile, un excellent anatomiste. Un médecin doit être un bon anatomiste.*

**ANATRÉSIE**, s. f. (du gr. ἀνατρήσις, action de percer, de trouer : ἀνά, à travers, et de τραέω, percer.) Trépanation, action de trépaner.

**ANATRIPSIE**, s. f. (du gr. ἀνάτριψις, frottement.) chir. Friction.

ANATRIPSOLOGIE, s. f. (de ἀνάτριψις, frottement, et λόγος, discours.) méd. Traité sur les frictions.

ANATRIPSOLOGIQUE, adj. Qui concerne l'anatripsologie.

ANATRIPTIQUE, adj. des 2 g. (V. *Anatripsie.*) méd. Qui sert à faire les frictions.

ANATRON, s. m. chim. Carbonate de soude naturel. V. Natron.

ANATROPE, adj. des 2 g. (du gr. ἀνατρέπω, retourner, renverser : ἀνά, de nouveau, et τρέπω, tourner.) bot. On donne ce nom Aux ovules chez lesquels l'exostome et la chalaze sont diamétralement opposés. Il se dit aussi De l'embryon quand son axe est rectiligne, par la raison que la secondine et la nucelle se renversent sans se courber, de manière que l'endostome vient se placer auprès du brile, tandis que la chalaze se trouve opposée à celui-ci, et ne communique plus avec lui que par le raphe.

ANAUDIE, s. f. (du gr. ἀναυδία, impuissance de parler : a, ἄν priv. et αὐδή, voix.) méd. Extinction de voix.

ANCELOT, s. m. Sorte de fromage du Perche et du Vexin normand. On dit aussi *Angelot.*

ANCEPS, adj. Synonyme de *Gladié.* (V. ce mot.)

ANCETTES, s. f. pl. (ce sont de petites anses.) mar. Bouts de cordes attachés à la ralingue de la voile, dans lesquels on passe d'autres cordes appelées pattes boulines. (V. *Patte.*) — *Ancette* se dit, selon Boiste, en technologie, pour désigner Un bout de corde terminé par un œil.

ANCÊTRES, s. m. pl. Les aïeux; en particulier Ceux de qui descend une famille illustre, et en général Tous ceux qui nous ont devancés, sans que nous soyons de leur race : *Que diraient donc vos ancêtres s'ils voyaient leur race ainsi dégénérée? Il est loin de marcher sur les traces de ses ancêtres. On doit l'enterrer dans le tombeau de ses ancêtres. Vous vous targuez du mérite de vos ancêtres, et vous avez bien raison, puisqu'il ne vous reste que cela.* Rouss. *Les coutumes de nos ancêtres n'étaient ni meilleures ni pires que les nôtres, elles étaient accommodées à leur temps.* Did.

ANCHE, s. f. Petit bec plat, ordinairement formé de deux lames de roseau aminci, par lequel on souffle dans les instruments à vent, tels que les hautbois, les clarinettes : *L'anche d'un basson.* — *Anche d'orgue,* Demi-tuyau de cuivre qu'on met dans les tuyaux d'orgue. *Jeu d'anche,* La série des tuyaux embouchés comme des instruments à anche. — techn. Petit conduit par lequel la farine descend dans la huche d'un moulin.

ANCHEAU, s. m. mégis. Vase dans lequel on fait détremper la chaux.

ANCHER, v. a. techn. Garnir de ses anches un instrument.

ANCHÉ, ÉE, part. et adj. blas. Recourbé : *Cimeterre anché.*

ANCHIFLURE, s. f. tonn. Trou que fait un ver dans une douve de tonneau, à l'endroit où cette douve est couverte par le cerceau.

ANCHILOPS, s. m. V. Anchylops.

ANCHINIE, s. f. moll. Genre de mollusques.

ANCHOIS, s. m. Petit poisson de mer sans écaille, qui se pêche surtout sur les côtes de la Méditerranée : *Une salade d'anchois. De bons anchois.*

ANCHOITÉ, ÉE, adj. techn. On le dit Des sardines ou petits poissons préparés de la même manière que les anchois.

ANCHOLIE, s. f. V. Ancolie.

ANCHOMÈNE, s. m. (du gr. ἀγχόμενος, serré, étranglé; part. passif du v. ἄγχω, étrangler.) Insecte du genre coléoptère.

ANCHONIÉ, ÉE, adj. bot. Qui ressemble à un anchonion.

ANCHONION, s. m. bot. Plante qui croit en Syrie et en Palestine.

ANCHORELLE, s. m. annél. Genre de vers.

ANCHUE, s. f. techn. L'un des noms de la trame des étoffes de laine.

ANCHUSATE, s. m. chim. Sel que produit la combinaison de l'acide anchusique avec une base.

ANCHUSE, s. f. (en gr. ἄγχουσα.) bot. Les Grecs nommaient ainsi Une plante qui parait être notre orcanette.

ANCHUSINE, s. f. chim. Principe colorant rouge de l'orcanette.

ANCHUSIQUE, adj. m. chim. On le dit d'Un acide qui constitue le principe colorant de l'orcanette.

ANCHYLOPS, s. m. (ἀγχίλωψ : de ἄγχι, proche, et ὤψ, œil; on a contesté à tort cette étymologie.) méd. Petite tumeur située vers le grand angle de l'œil. Quand la tumeur s'ouvre, on appelle l'ulcère qui lui succède *Ægilops.* Pour être fidèle à l'étymologie, il faudrait écrire *ankylops* au lieu de *anchylops.*

ANCHYLOSE, s. f. V. Ankylose.

ANCIEN, IENNE, adj. Qui a été autrefois : *Les anciens peuples de la Grèce. Les anciennes coutumes sont tout à fait éteintes. Qu'est devenue cette ancienne amitié qui, plaisirs et peines, rendait tout commun entre nous?* Mariv. *Les monuments anciens de la Grèce. Les anciens philosophes. Un ancien poète a dit. Il connait les langues anciennes. Les anciens gouvernements de l'Italie.* — Il s'emploie substantivement pour désigner Les peuples ou les écrivains de l'antiquité : *Les anciens avaient d'autres règles de conduite. Pour apprendre à penser et à écrire il faut étudier les anciens. Méditez sans cesse les ouvrages admirables que nous ont laissés les anciens. Voici ce qu'un ancien a dit à ce propos. Ce procédé n'était pas connu des anciens. Les anciens ont beaucoup écrit là-dessus.*

ANCIEN, Qui existe depuis longtemps : *C'est une ancienne coutume du pays. On a découvert un ancien manuscrit. Cet usage est déjà fort ancien. C'est une ancienne loi qu'il faudrait réformer. Les droits d'une ancienne amitié. Une des plus anciennes familles du pays. Des titres très-anciens. Un meuble ancien. Nos plus anciens monuments sont encore bien modernes, en comparaison des pyramides.* Buff.

ANCIEN s'emploie par opposition à moderne : *L'Ancien et le Nouveau Testament; l'ancienne loi et la nouvelle. Entre les peuples anciens et les modernes il y a le christianisme, l'ancienne Rome et la nouvelle.* Il s'emploie aussi substantivement en ce sens: *La querelle des anciens et des modernes.* Dans l'Écriture sainte, on appelle Dieu, *l'Ancien des jours.*

ANCIEN, Celui qui a rempli une charge et ne l'occupe plus, ou qui a cessé d'exercer une profession; celui qui a été reçu avant un autre dans un emploi : *C'est un ancien magistrat. Cet homme était mon ancien professeur. L'ancien évêque de Nimes. Un ancien ministre. L'ancien préfet de police. Celui qui se présenta le premier devant eux était l'ancien prévôt des marchands.* Ban. *C'était d'habitude le plus ancien en charge qui présentait les comptes au parlement.* Thierry. *Comme au plus ancien du conseil c'était à lui à prendre la parole. Le plus ancien officier de la compagnie. On choisit pour la députation les trois membres les plus anciens. Il était mon ancien dans cet emploi.* — Il se dit également par analogie pour exprimer La priorité d'âge : *Il est mon ancien.* — *Ancien* se dit quelquefois familièrement De quelque chose qui a l'air vieux : *Elle est grande et sèche avec une figure longue et ancienne.* Mᵐᵉ de Sév.

ANCIENS, au pluriel, Terme de dignité chez certains peuples : *Les anciens d'Israël. Les anciens du peuple.* — Le Conseil des Anciens désignait, sous la constitution de l'an III, La section du Corps Législatif à laquelle appartenait le droit d'approuver ou de rejeter les décisions du Conseil des Cinq-Cents, qui formait l'autre section : *Le Conseil des Anciens se trouvait réduit à l'impuissance.*

ANCIENNEMENT, adv. Autrefois, dans les temps passés : *Cela se disait anciennement. Anciennement on avait plus de religion et moins de savoir.* B.

ANCIENNETÉ, s. f. (V. *Ancien.*) Qualité de ce qui est ancien, longue durée d'une chose : *L'ancienneté des coutumes n'est pas toujours un garant de leur excellence. L'ancienneté de cet usage se perd dans la nuit des temps. Cet édifice finira par périr d'ancienneté. Dans l'ancienneté,* Autrefois, anciennement. *De toute ancienneté,* Dans les temps les plus reculés : *De toute ancienneté cela s'est toujours passé ainsi.*

ANCIENNETÉ, Priorité de réception dans un emploi : *Il a deux ans d'ancienneté de plus que moi. Il a été nommé capitaine par rang d'ancienneté. Vous prendrez rang selon l'ancienneté. Je les ai engagés par rang d'ancienneté.*

ANCIENNETÉ, familièrement, État de ce qui a l'air vieux : *L'ancienneté de ses vêtements et la roideur de ses manières n'annonçaient pas un homme de cour.* Mont.

ANCILE, s. m. (du lat. *ancile,* bouclier échancré, pl. *ancilia.*) Nom que les Romains avaient donné à Un bouclier sacré qu'ils croyaient être tombé du ciel, et qu'ils regardaient comme un gage de la durée de leur empire. Ce nom avait également été donné à onze autres boucliers absolument semblables, que Numa fit faire pour rendre plus difficile l'enlèvement du véritable : *Les prêtres commis à la garde des anciles.*

ANCILLAIRE, s. m. conchyl. Genre de coquilles univalves.

ANCIPITÉ, ÉE, adj. (du lat. *anceps, ancipitis,* à deux tranchants.) bot. Comprimé et à double tranchant, imitant un peu la figure d'un glaive. Il se dit d'Une feuille, d'un bouton, d'une gaine, etc.

ANCISTRE, s. m. bot. Genre de plantes de la famille des rosacées et de la diandrée trigynée, qui approche des pimprenelles et des sanguisorbes.

ANCISTROCARPE, adj. des 2 g. (du gr. ἄγκιστρον, hameçon, crochet, et καρπός, fruit.) bot. Qui a les fruits garnis d'épines filiformes crochues.—*Ancistrocarpe,* s. m. Plante qui croit en Amérique.

ANCISTROÏDE, adj. des 2 g. (du gr. ἀγκιστροειδής, fait en forme d'hameçon, mot composé de ἄγκιστρον, hameçon, crochet, et de εἶδος, forme.) didact. Qui a la forme d'un hameçon, qui ressemble à un crochet.

ANCISTROPODE, adj. des 2 g. (du gr. ἄγκιστρον, crochet, et de πούς, ποδός, pied.) mamm. Qui a les pieds garnis d'ongles crochus.

ANCOLIE, s. f. (en lat. *aquilegia.*) bot. Genre de plantes de la famille des helléboracées, dont plusieurs espèces, entre autres celle qui est connue vulgairement sous le nom de *Gant Notre-Dame,* sont cultivées dans nos jardins.

ANCON, s. m. (du gr. ἀγκών, courbure.) Vase à boire de forme recourbée, en usage chez les Romains.

ANCONÉ, s. et adj. (du gr. ἀγκών, l'olécrâne.) Nom donné aux muscles qui s'attachent à l'olécrâne ou éminence du cubitus qui forme le coude. — On en comptait quatre : *le grand* anconé, *l'anconé externe,* et *l'anconé interne,* qui ne sont réellement que les divisions du muscle appelé aujourd'hui *triceps brachial* et *le petit* anconé, qui est en conséquence le seul qui ait conservé le nom d'anconé.

ANCRAGE, s. m. Lieu où l'on peut jeter l'ancre : *Un bon* ancrage. *Cette côte offre un bon* ancrage. Ce mot a vieilli et ne s'emploie guère que dans cette locution : *Droit d'ancrage,* Droit que l'on paie pour pouvoir jeter l'ancre dans un port, dans une rade.

ANCRE, s. f. (du gr. ἄγκυρα, lat. *anchora,* gal. *angor,* all. *anker.*) mar. Instrument de fer, monté sur une pièce de bois qui le traverse, et formé d'une verge au bout de laquelle sont soudées deux branches fortes et recourbées, terminées par deux pattes de forme triangulaire : *On jette l'ancre au fond de la mer pour maintenir un vaisseau dans une position convenue et choisie, par le moyen d'un câble qui tient par une extrémité à l'anneau de l'ancre, et par l'autre au corps du vaisseau. Quelquefois on enfonce l'ancre sur le rivage, pour empêcher un bâtiment d'être entraîné par les eaux. A peine avions-nous jeté l'ancre, qu'un ordre du gouverneur arriva pour nous défendre de descendre dans la ville.* Flor. *La grande* ancre, *la maîtresse* ancre, appelée aussi autrefois *l'ancre* de miséricorde. *La troisième* ancre *s'appelle* ancre *d'affourche. La verge, les bras d'une* ancre. *Demeurer à l'ancre. Se tenir à l'ancre. Lever l'ancre. Notre vaisseau avait perdu toutes ses* ancres. *Un vaisseau qui chasse sur ses* ancres. — fig. *On ne jette pas l'ancre dans le fleuve de la vie.* B. de St-P. *C'est notre* ancre *de salut,* Nous n'avons pas d'autre ressource pour nous sauver, nous garantir.—Généralement Ce qui sert à affermir, à consolider, à garantir des dangers physiques ou moraux : *Une famille vertueuse est un vaisseau tenu dans la tempête par deux* ancres : *la religion et les mœurs.* Montesq.

ANCRE, par analogie, se dit en architecture d'Une forte barre de fer qui sert principalement à retenir une poutre, à consolider une voûte, ou à affermir les pilots de garde dont on garnit les devants d'un quai ou d'une jetée, pour les garantir du choc des vagues et du frottement des vaisseaux: *Comme vous voulez de grandes pièces dans votre maison, et que les murs en sont fort écartés les uns des autres, il faudra mettre des* ancres *à tous les étages. Il y a des* ancres *de plusieurs formes et de forces différentes.*

ANCRER, v. n. Jeter l'ancre : *Nous résolûmes d'ancrer dans cette baie.* Il n'est plus guère usité. On dit actuellement *mouiller*. Il s'emploie avec le pron. person. au figuré pour S'affermir, se consolider, se mettre en crédit : *Il était parvenu à s'ancrer à la cour. Il s'était ancré dans sa nouvelle dignité.*

ANCRÉ, ÉE, part. et adj. *Une frégate bien ancrée.* —fig. Bien affermi, bien établi : *Une fois ancré dans les bonnes grâces du prince, il songea à renverser ses ennemis.* ROLLIN. *Cette idée est profondément ancrée dans sa tête. La vanité est tellement ancrée dans le cœur de l'homme, qu'un goujat, un marmiton, un crocheteur se vante et veut avoir des admirateurs.* PASC. — Il s'emploie même quelquefois sans régime : *Comme le cardinal n'était pas encore entièrement ancré, il fallait qu'il cédât à ce coup.* LA CHÂTRE.—blas. *Ancré*, se dit Des croix et des sautoirs dont les bouts se divisent en deux, et sont tournés comme les pattes d'une ancre.

ANCREUR, adj. m. hist. nat. Qualification par laquelle on caractérise les pulpes qui, dans certains arachnides, font office d'ancres.

ANCRURE, s. f. techn. Pli qui se fait aux étoffes que l'on tond, quand on ne les a pas également tondues partout : *On aperçoit aisément la corde du drap où il s'est formé des ancrures. Une ancrure dans une pièce d'étoffe est un défaut irréparable.*

ANCYLANTHE, s. m. bot. Arbrisseau fort commun sur les côtes d'Afrique.

ANCYLE, s. m. (du gr. ἀγκύλος, courbé.) moll. Genre de mollusques gastéropodes et fluviatiles.

ANCYLÉ, ÉE, adj. moll. Semblable à un ancyle.

ANCYLÉS, s. m. pl. moll. Troisième famille de mollusques, selon Menké, appartenant aux inférobranches de Cuvier.

ANCYLOBLÉPHARON, s. m. V. ANKYLOBLÉPHARON.

ANCYLODON, s. m. Cétacé qu'on trouve dans les mers du Groënland.

ANCYLOGLOPE, s. m. V. ANKYLOGLOPE.

ANCYLOMÉRISME, s. m. V. ANKYLOMÉRISME.

ANCYLOMISÉ, s. f. V. ANKYLOMISE.

ANCYLOSE, s. f. V. ANKYLOSE.

ANCYLOTOME, s. m. V. ANKYLOTOME.

ANCYROÏDE, s. f. V. ANKYROÏDE.

ANDABATE, s. m. (du gr. éol. ἀνδνημα, bandelette, bandeau, ἀγάετος, pour ἀνάδετος, couvert, lié d'un bandeau, et du v. βαίνω je vais, je marche.) Gladiateur qui combattait à cheval, et les yeux bandés.

ANDAILLOT, s. m. Espèce d'anneau fixé sur la ralingue des voiles triangulaires, des focs et des voiles d'étai, pour faciliter le développement de ces voiles.

ANDAIN, s. m. agric. Étendue en longueur d'un pré qu'on fauche, sur la longueur de ce qu'un faucheur peut couper d'herbe à chaque coup de faux : *Il n'y a pas vingt-cinq andains dans ce pré.* —On appelle plus fréquemment *andain*, L'herbe même qu'un faucheur laisse après lui, disposée en sillons : *Quand le temps n'est pas sûr, il vaut mieux laisser le foin en andain que de l'étendre.*

ANDALOUSITE, s. f. min. Feldspath qui se rencontre en Andalousie.

ANDANA, s. m. Pêche à la nasse pratiquée par les Espagnols.

ANDANTE, adv. (du part. ital. *andante*, en allant ; l'E final a le son de l'É fermé.) mus. Mot emprunté à la langue italienne, pour indiquer Un mouvement modéré dans l'exécution d'un morceau de musique.

ANDANTINO, adv. mus. Qui avertit d'exécuter un air d'un mouvement moins lent et un peu plus vif que l'andante.

ANDELANG, s. m. diplom. On appelle de ce nom Une charte ou acte de donation.

ANDELLE, s. m. V. BOIS.

ANDERS, s. m. pl. art vétér. Dartres laiteuses qui affectent quelquefois les veaux.

ANDERSONIE, s. f. bot. Genre de plantes de la famille des liserons, et qu'on ne trouve que dans la Nouvelle-Hollande.

ANDIRA, s. m. bot. V. ANGELIN.

ANDOUILLE, s. f. Boyau de porc que l'on remplit d'autres boyaux et de la chair hachée du même animal : *Une andouille fumée. Une grosse, une petite andouille.* — On appelle par extension, Andouille de tabac, Des feuilles de tabac roulées comme une andouille.

ANDOUILLER, s. m. Petite corne qui vient sur le bois d'un cerf ou d'un daim : *Premier, second andouiller. Le cerf s'est défendu à coups d'andouillers. Les andouillers d'un daim.*

ANDOUILLETTE, s. f. (dim. d'*andouille*.) art c. Chair de veau hachée garnie de jaunes d'œufs et roulée en ovale : *Les andouillettes de Troyes, en Champagne, et celles d'Arras, dans le Pas-de-Calais, sont les plus renommées.*

ANDRACHNE, s. f. (ἀνδράχνη, pourpier.) bot. Nom grec du pourpier, que les botanistes modernes ont abusivement transporté à un autre genre de plantes appartenant à la famille des euphorbiacées.

ANDRALOGOMÉLIE, s. f. (du gr. ἀνήρ, ἀνδρὸς, homme, ἄλογος, déraisonnable, incohérent, absurde, et μέλος, membre.) hist. nat. Monstruosité où un corps d'homme semble pourvu de membres d'animal.

ANDRANATOMIE, s. f. V. ANDROTOMIE.

ANDRARTHROCACE, s. f. (du gr. ἀνήρ, ἀνδρὸς, homme, de ἄρθρον, jointure, articulation ; et de κακὸν, mal.) méd. Carie des articulations chez l'homme.

ANDRÉACÉES, s. f. pl. bot. Nouvelle famille de végétaux créée par Lindley, entre les mousses et les hépatiques pour placer le genre *andræa*.

ANDRÉASBERGOLITHE, s. f. min. Nom donné au hartz, à l'harmotome d'Andréasberg, que l'on nomme encore *Andréolithe.*

ANDRÉE, s. f. bot. Genre de plantes de la famille des mousses.

ANDRÈNE, s. f. entom. Genre d'insectes hyménoptères, de la famille des mellites.

ANDRÉNÈTE, adj. des 2 g. entom. Qui est semblable à une andrène. — *Andrénètes*, s. m. pl. Famille d'insectes hyménoptères.

ANDRÉNIDE, adj. des 2 g. entom. V. ANDRÉNÈTE.

ANDRÉNOÏDE, adj. des 2 g. entom. Qui ressemble aux andrènes, qui a la forme d'une andrène, en parlant de certains insectes.

ANDRÉOÏDES, s. f. pl. (rac. *andrée*.) bot. Famille en groupe, appartenant à la famille des mousses.

ANDRÉOLITHE, s. f. V. HARMOTOME.

ANDRIAGUE, s. m. philol. Nom d'un animal fabuleux qui sert de monture aux héros des anciens romans.

ANDRIENNE, s. f. (Nom donné à cette espèce de robe parce que la première fut portée par l'actrice Dancourt dans le rôle d'Andrienne.) Genre de robe à parements qui devint à la mode à la suite de la représentation de la comédie de Baron, intitulée : *l'Andrienne.*

ANDROCÉPHALOÏDE, s. f. (du gr. ἀνήρ, ἀνδρὸς, homme, κεφαλή, tête, et de εἶδος, forme, ressemblance.) min. Sorte de pierre qui a la forme d'une tête humaine.

ANDROCÈRE, s. f. bot. Plante qui croît sur les bords du Missouri.

ANDROCYMBION, s. m. (du gr. ἀνήρ, ἀνδρὸς, homme, et κύμβιον, petite barque.) bot. Genre de plantes qui ne croît qu'au cap de Bonne-Espérance.

ANDRODYNAME, adj. des 2 g. (du gr. ἀνήρ, ἀνδρὸς, homme, mâle, et de δύναμις, force, puissance.) bot. Dont les étamines prennent un grand développement.

ANDROGÉE, s. f. bot. Nom donné quelquefois à L'ensemble des étamines, comme on donne celui de corolle à l'ensemble des pétales.

ANDROGÉNÉE, s. f. (du gr. ἀνδρὸς, homme, et γένεσις, genre.) Étude ou science du développement de l'humanité.

ANDROGLOSSE, s. m. (du gr. ἀνήρ, homme, et γλῶσσα, langue.) ornith. Genre d'oiseaux.

ANDROGYN, NÉ, adj. (lat. *androgynus*, fait du gr. ἀνδρογύνης, hermaphrodite : ἀνήρ, homme, mâle, et γυνή, femme, femelle.) En zoologie, ce terme signifie aussi *hermaphrodite*, mais avec une restriction ; il ne s'applique qu'aux animaux qui, tout en ayant les deux sexes, ne peuvent se reproduire qu'en s'accouplant deux à deux, comme les limaces, et l'on réserve le nom d'hermaphrodites à ceux qui, ainsi que les huitres, peuvent se reproduire seuls et sans accouplement. — bot. Il se dit d'Une plante qui a les deux sexes. V. HERMAPHRODITE.

ANDROGYNAIRE, adj. f. bot. Épithète qui s'applique aux fleurs doubles dont les étamines et les pistils se sont métamorphosés en pétales, sans que les enveloppes florales (calice et corolle) aient éprouvé de modification.

ANDROGYNE, s. m. Hermaphrodite, qui participe de l'un et de l'autre sexe. — bot. Il se dit d'Une plante qui présente à la fois des fleurs mâles et des fleurs femelles sur le même réceptacle. V. LE SUPPLÉMENT.

ANDROGYNÈTE, s. f. (V. *Androgyn*.) bot. Genre de mousse, de la famille des lycopodes.

ANDROGYNIE, s. f. (V. *Androgyn*.) bot. On nomme ainsi La classe des plantes qui réunissent les deux organes sexuels soit sur un même individu, mais non dans la même enveloppe florale : alors la plante est *monoïque*, comme le melon ; soit dans la même enveloppe florale, et alors la plante est *hermaphrodite*. V. LE SUPPLÉMENT.

ANDROGYNIFLORE, adj. bot. Il se dit Des plantes dont la fleur synanthérée est entièrement composée de fleurettes hermaphrodites.

ANDROGYNI-MASCULIFLORE, adj. des 2 g. (V. *Androgyn*, lat. *masculus*, mâle, et *flos*, *floris*, fleur.) bot. Il se dit Des plantes qui offrent des fleurs hermaphrodites et des fleurs mâles.

ANDROGYNIQUE, adj. V. ANDROGYN.

ANDROGYNISME, s. m. V. ANDROGYNIE.

ANDROÏDE, s. m. (du gr. ἀνήρ, ἀνδρὸς, homme, et de εἶδος, forme, ressemblance.) Automate représentant une figure humaine et exécutant par le moyen de ressorts quelques-unes des actions de l'homme : *Le flûteur de Vaucanson était un androïde.* — adj. Qui ressemble à l'homme surtout quant à l'esprit.

ANDROMACHIE, s. f. bot. Genre de plantes de la famille des corymbifères.

ANDROMANIE, s. f. path. V. LE SUPPLÉMENT.

ANDROMÈDE, s. f. Nom d'un personnage de la fable. —astr. Constellation de l'hémisphère septentrional, entre Persée et la Chaise de Cassiopée. — bot. Genre de plantes cultivées dans nos jardins et appartenant à la famille des éricacées. —conchyl. *Andromède*, Genre de coquilles microscopiques.

ANDRONIE, s. f. phys. Principe atmosphérique hypothétiquement admis par quelques chimistes allemands.

ANDROPÉTALAIRE, adj. bot. Fleurs doubles ou pleines, dans lesquelles les étamines se sont métamorphosées en pétales, tandis que le pistil est resté intact.

ANDROPHOBE, s. des 2 g. (du gr. ἀνήρ, ἀνδρὸς, homme, et de φόβος, crainte, effroi, terreur.) didact. Qui redoute les hommes ou les fuit.

ANDROPHOBIE, s. f. (V. *Androphobe*.) didact. Haine, horreur pour le genre humain.

ANDROPHORE, s. m. bot. Qui porte les anthères. On donne ce nom au filet des étamines quand il porte plusieurs anthères.

ANDROPOGON, s. (de ἀνήρ, ἀνδρὸς, homme, et πώγων, barbe.) bot. Genre de plantes de l'ordre des graminées. Le *vétyver*, dont on se sert pour aromatiser le linge et les habits, est la racine de l'*andropogon squarrosus* de Linné ; le nard indien est formé par l'*andropogon nardus* ; enfin l'*andropogon schœnanthus* est très-aromatique dans toutes ses parties et entre dans plusieurs préparations pharmaceutiques.

ANDROPOGONÉ, ÉE, adj. bot. Qui est semblable à un andropogon. — *Andropogonées*, s. f. pl. Groupe de plantes appartenant à la famille des graminées.

ANDROSACE, s. m. bot. Nom donné par les anciens auteurs à l'acétabulaire de la Méditerranée.

ANDROSACÉ, s. m. bot. Plantes du genre lysimachie, qui croît sur les Alpes.

ANDROSELLE, s. f. bot. Espèce de primevère androsacée.

ANDROSÈME, s. m. (de ἀνήρ, ἀνδρὸς, homme, et de αἷμα, sang.) bot. Espèce de millepertuis dont le fruit contient un suc rouge sanguin. — Genre de belles plantes appartenant à la famille des hipéracées, et cultivées dans les jardins.

ANDROSÉMIFOLIÉ, ÉE, adj. bot. Qui a les feuilles semblables à celles de l'androsème.

ANDROTOME, adj. des 2 g. bot. On le dit Des plantes dont les étamines paraissent coupées par une articulation.

ANDROTOMIE, s. f. (du gr. ἀνήρ, ἀνδρὸς, homme, et de τομή, section.) Anatomie de l'homme, dissection du corps humain.

ANDRUM, s. m. méd. Mot indien, latinisé par Kœmpfer pour désigner Une espèce d'éléphantiasis du scrotum endémique dans l'Asie méridionale.

ÂNE, s. m. (autre f. *asne*, all. *azel*, gaël. *asal* ; le

mot français vient soit du kym. *asyn*, *azen*, pl. *azened* ou *esyn*, *exen*, soit du lat. *asinus*, formé lui-même du kym.; quant à *ânesse*, il ne peut venir que du kym.; gal. *asen*, br. *azenèz*.) Animal domestique, du genre cheval : Âne *sauvage, domestique.* Âne *rayé.* V. ZÈBRE. *Bâter un* âne. *Un* âne *mal bâté. Monter, aller sur un* âne. *Les marchandises se transportaient à dos d'*âne.—On dit de certaines choses qu'Elles sont disposées en *dos d'*âne, Lorsqu'elles sont formées de deux parties qui présentent un talus de chaque côté en s'élevant vers le milieu : *La route est en dos d'*âne. *Le toit de cette maison est fait en dos d'*âne *pour faciliter l'écoulement des eaux.* — prov. et fig. *Nul ne sait mieux que l'*âne *où le bât le blesse,* Celui qui souffre de quelque chose sait mieux que tout autre où gît sa souffrance. — *A laver la tête d'un* âne *on perd sa lessive,* C'est prendre une peine inutile que de vouloir instruire et redresser une personne inepte et incorrigible. — *L'*âne *du commun est toujours le plus mal bâté,* Les intérêts d'une communauté sont toujours négligés, parce que personne ne veut y donner autant de soin qu'aux siennes propres. *Il cherche son* âne *et il est dessus,* se dit De quelqu'un qui cherche une chose qu'il a dans les mains. — *Faute d'un point Martin perdit son* âne, se dit lorsque, faute de peu de chose, on manque la réussite d'une affaire. — fig. et fam. *C'est un* âne *bâté,* C'est un homme inepte, un franc ignorant. *Têtu comme un* âne, Qui est fort entêté. *Il est méchant comme un* âne *rouge,* se dit pour exprimer Un caractère malicieux ou une humeur indomptable. — *C'est le pont aux* ânes, se dit d'Une chose que tout le monde peut faire, d'une chose que personne ne peut ignorer. — *C'est un* âne *véritable,* C'est un homme ignorant, stupide, grossier. *Quel* âne *vous m'avez envoyé! Il sera* âne *toute sa vie. Vous ne ferez jamais de lui qu'un* âne. Il est très-familier. — *Des oreilles d'*âne, Espèce de cornets de papier figurant des oreilles d'âne et que l'on met aux deux côtés de la tête d'un enfant, pour le punir d'une faute de paresse ou d'ignorance : *Cela mériterait des oreilles d'*âne. — *Contes de peau d'*âne, Contes merveilleux à la portée des enfants, ainsi appelés du conte de Perrault dont l'héroïne a le nom de *Peau-d'*Âne. — Âne, donne lieu à d'autres proverbes non moins familiers que les précédents : *Il ressemble à l'*âne *de Buridan,* C'est un homme qui ne sait pas prendre un parti. *Faire l'*âne *pour avoir du chardon,* Faire l'imbécile pour attraper quelque chose. *C'est l'*âne *couvert de la peau du lion,* C'est un fanfaron, un faux brave. *Le jour du jugement viendra bientôt, les* ânes *parlent latin,* se dit quand un homme sans esprit veut faire l'entendu, quand un ignorant parle avec aplomb de ce qu'il ignore complètement. *C'est un* âne *parmi des singes,* C'est un sot ou un imprudent, qui sans le savoir est le jouet d'hommes rusés et railleurs. — *C'est l'*âne *du moulin,* se dit en parlant De quelqu'un connu pour maladroit et sur qui retombent tous les reproches, quand il y a quelque chose de mal fait, alors même qu'il n'est pas coupable.— *Brider l'*âne *par la queue,* S'y prendre gauchement, faire une chose tout de travers. On disait, il n'y a que quelques années : *Les chevaux courent les bénéfices, et les* ânes *les attrapent,* Pour donner à entendre que de basses intrigues conduisent bien plus sûrement à la faveur, à la fortune, qu'un mérite réel et d'honorables services.—*Âne,* en techn., est d'un assez fréquent emploi : rel. Sorte de coffre dans lequel tombent les rognures de papier. — Outil dont les peigniers se servent pour évider les dents des peignes qu'ils fabriquent. — maç. et charp. Sorte d'étau qui sert à assurer les bois ou les pierres que l'on veut fendre. — Banc à l'usage des menuisiers pour tenir avec les pieds les pièces de bois qu'ils façonnent à deux mains : rel. C'est aussi le nom d'un étau dont se servent les tabletiers.

ÂNE, ou TÊTE D'ÂNE, s. m. ichth. Nom vulgaire du chabot de nos rivières, ou *cottus gobio.*

ANÉANTIR, v. a. (V. *Néant.*) Réduire au néant, et par extension, détruire, renverser, faire périr : *Pensez qu'il ne faudrait à Dieu qu'un signe pour* anéantir *l'univers.* MASSIL. *Ce monstre eût volontiers* anéanti *l'univers pour satisfaire un désir.* CRBY. *Cette puissance colossale de Rome voyait déjà venir de loin les Barbares qui devaient l'*anéantir. SISM. *Sais-tu que d'un seul mot je puis t'*anéantir? CRÉBIL. *Un mois a suffi pour* anéantir *cette for-*

*tune.* — Anéantir, Jeter dans l'effroi, l'accablement, l'affaissement, au physique et au moral : *Cette affreuse nouvelle m'avait complètement* anéanti. *Tâchez de ranimer ses esprits* anéantis. *Je demeurai* anéanti *devant une effronterie aussi audacieuse.* — S'ANÉANTIR, Se détruire, se dissiper, se réduire à rien : *Voyez que tout s'en va, tout s'efface, tout s'*anéantit *autour de nous.* MASSIL. *Tous ses arguments s'*anéantissent *devant les miens. Cette fortune que ses pères avaient si longuement amassée menaçait de s'*anéantir *dans ses mains.* VOLT. — S'anéantir *devant Dieu,* S'humilier profondément devant lui, rentrer en esprit dans son néant.

ANÉANTI, IE, part. *Je suis* anéanti.

ANÉANTISSEMENT, s. m. Réduction au néant, et par extension, destruction complète, renversement d'un empire, d'une puissance, d'une grande fortune : *L'*anéantissement *de l'univers entier. Ce sera un grand jour que celui où l'on verra l'*anéantissement *complet du despotisme. Ce dernier coup a été l'*anéantissement *total de mes espérances. Le premier cri de la Révolution fut l'*anéantissement *des privilèges.* Mme DE STAËL. — En terme de dévotion, Humiliation, mépris de soi-même, anéantissement devant Dieu. — *Anéantissement,* État d'abattement, d'affaissement du corps ou de l'âme : *Ce malheur l'a jeté dans un* anéantissement *complet. L'*anéantissement *où il se trouvait ne lui permit pas de répondre.*

ANÈBE, adj. des 2 g. (du gr. ἄνηβος, impubère ; α, ἄν priv. et ἥβη, puberté, jeunesse.) méd. Qui n'a pas encore atteint l'âge de puberté.

ANECDOTE, s. f. (du lat. *anecdotus,* dériv. du gr. ἀνέκδοτος, non publié ; α priv. et ἐκδίδωμι, je mets au jour, je fais paraître.) Particularité historique, secrète, histoire privée d'une personne, récit d'un fait intime : *L'*anecdote *est souvent plus utile à l'intelligence de l'histoire. Un recueil d'*anecdotes. *Bois-Robert avait aussi pour charge d'aller ramasser les* anecdotes *scandaleuses, et les rapporter au cardinal.* VOLT. *Sa mésaventure devint l'*anecdote *du jour.* — Il s'employait aussi autrefois comme adjectif : *Une histoire* anecdote. Il n'est plus en usage dans ce sens.

ANECDOTIER, s. m. Celui qui fait métier de recueillir et de rapporter des anecdotes. Celui qui fabrique de fausses anecdotes et les répand : *C'est le plus grand* anecdotier *que je connaisse.*

ANECDOTIQUE, adj. des 2 g. Qui appartient à l'anecdote, qui est basé sur une anecdote : *La partie* anecdotique *est très-soignée dans son histoire. Il a fait jouer une petite comédie* anecdotique.

ÂNÉE, s. f. La charge d'un âne. — métrol. Ancienne mesure de capacité en usage dans une partie de la France. — C'était aussi le nom d'une ancienne mesure de superficie.

ANÉILÈSE, s. f. (du gr. ἀνείλησις, roulement, dér. du v. ἀνειλέω, rouler, dérouler : ἀνά, avec, à travers, et εἱλέω.) path. Mouvement des gaz intestinaux; tranchées qui en sont la suite.

ANÉLASTE, s. m. entom. Genre d'insectes coléoptères.

ANÉLECTRIQUE, adj. des 2 g. (V. *Électrique.*) phys. Il se dit De tous les corps conducteurs du fluide électrique, qui ne sont pas électriques par le frottement, quand ils ne sont pas isolés.

ANÉLOPTÈRE, adj. et s. m. (du gr. ἀνέλυτρος, découvert, sans voile : α priv. et ἔλυτρον, voile, étui des ailes de certains insectes, et de πτερόν, aile.) entom. Nom donné par quelques auteurs aux insectes à quatre ailes, dont les supérieures n'ont pas la consistance des élytres.

ANÉLYTRE, adj. et s. m. (V. *Anéloptère.*) entom. Qui n'a pas d'élytre. On donne ce nom aux insectes dont les ailes ne sont recouvertes par des étuis ou élytres.

ANÉMASIE, s. f. V. ANÉMIE.

ANÈME, adj. des 2 g. (du gr. ἄναιμος, qui n'a point de sang, qui manque de sang : α, ἄν priv. et αἷμα, sang.) path. Qui manque de sang, qui n'en a pas suffisamment.

ANÉMIE, s. f. (V. *Anème.*) path. Diminution considérable de la quantité du sang; état opposé à la pléthore. — bot. Genre de fougère.

ANÉMOCORDE, s. m. (du gr. ἄνεμος, vent, et de χορδή, corde d'instrument de musique.) mus. Clavecin à vent dont les touches font sortir l'air par plusieurs soufflets.

ANÉMOGRAPHIE, s. f. (du gr. ἄνεμος, vent, et γραφή, description.) phys. Science ou description des vents; traité sur les vents.

ANÉMOGRAPHIQUE, adj. des 2 g. (V. *Anémographie.*) Qui concerne l'anémographie.

ANÉMOMÈTRE, s. m. (du gr. ἄνεμος, vent, et de μέτρον, mesure.) phys. Instrument propre à marquer les divers degrés de la force du vent.

ANÉMOMÉTRIE, s. f. (V. *Anémomètre.*) phys. Partie de la physique qui s'occupe de la mesure des vents.

ANÉMOMÉTROGRAPHE, s. m. (du gr. ἄνεμος, vent, μέτρον, mesure, γράφω, j'écris, je marque, je décris.) phys. Instrument propre à mesurer les vents, leurs variations, leur vitesse, leur durée, et qui, par son mécanisme, offre la même utilité en l'absence de l'observateur. C'est l'anémomètre adapté à un pendule qui fait mouvoir une pointe fixe ou un crayon qui trace sur le papier les variations du vent.—Il se dit de l'observateur lui-même. V. ANÉMOMÈTRE.

ANÉMONE, s. f. (du gr. ἀνεμώνη, exposé aux vents, parce qu'on suppose que la fleur de cette plante ne s'ouvre que dans les lieux battus par les vents; rac. ἄνεμος, vent.) bot. Genre de plantes de la famille des renonculacées, très-cultivées dans nos jardins. — *Griffe* ou *patte d'*anémone, c'est la racine de l'amémone qui, divisée, sert à la reproduction de la plante.

ANÉMONE-DE-MER, s. f. polyp. Nom que l'on donne quelquefois aux actinies, parce que souvent elles ressemblent à une fleur épanouie sous les eaux.

ANÉMONÉ, ÉE, adj. (V. *Anémone.*) bot. Qui ressemble à l'anémone.—*Anémonées,* s. f. pl. Groupe de plantes où sont comprises les anémones.

ANÉMONIFOLIÉ, EE, adj. (*anémone,* et *folium,* feuille.) bot. Dont les feuilles ressemblent à celles de l'anémone.

ANÉMONINE, s. f. chim. Sorte de liqueur camphrée que donne la distillation de l'anémone.

ANÉMONIQUE, adj. m. chim. Épithète par laquelle on caractérise l'acide extrait de l'anémone.

ANÉMONOÏDE, adj. des 2 g. V. ANÉMONÉ.

ANÉMOSCOPE, s. m. (du gr. ἄνεμος, vent, et de σκοπέω, voir, examiner.) phys. Instrument propre à faire connaître les variations du vent. — Instrument analogue au baromètre, qui marque les variations du poids de l'air.

ANÉMOTROPES, s. m. pl. (du gr. ἄνεμος, vent, et de τρέπω, tourner.) techn. Moteurs par le vent appropriés à une mécanique destinée à fabriquer le chocolat.

ANENCÉPHALE, adj. (du gr. α priv. et ἐγκέφαλος, encéphale ou cerveau; ἐν, dans, et κεφαλή, tête.) État d'un fœtus qui est sans encéphale, c'est-à-dire sans cerveau. — *Anencéphale,* adj. et s. m. hist. nat. Genre de monstres unitaires chez lesquels la tête manque entièrement.

ANENCÉPHALIE, s. f. (V. *Anencéphale.*) anat. Absence de l'encéphale.

ANENCÉPHALIENS, s. m. pl. hist. nat. Nom donné à la famille des monstres unitaires sans tête.

ANENTÈRE, adj. et s. m. (de α priv. et de ἔντερον, intestins, entrailles.) zool. Qui n'a point de canal intestinal.

ANENTÉRÉMIE, s. f. (de α priv., ἔντερον, intestins, entrailles, et de αἷμα, sang.) méd. Absence de sang dans les intestins.

ANENTÉRÉS, s. m. pl. infus. Nom de la première légion des animalcules infusoires polygastriques, selon Erhenberg.

ANENTÉROTROPHIE, s. f. (de α priv. ἔντερον, entrailles, et τρέφω, nourrir.) path. Diminution du volume des intestins.

ANÉPIGRAPHE, s. m. (de α priv. et de ἐπιγραφή, épigraphe.) Qui est sans titre, sans inscription : *Livre* anépigraphe.

ANÉPITHYMIE, s. f. (de α priv., et de ἐπιθυμία, désir.) méd. Perte des désirs, des appétits.

ANÉRÈTE, s. f. astrol. C'est, selon Trévoux, la planète qui donne la mort lorsqu'elle arrive par direction à l'*aphéte.*

ANÉRÉTHISME, s. m. (de ἄν pour α priv. devant une voyelle, et de ἐρεθισμός, provocation, irritation, dér. du v. ἐρέθω, irriter.) méd. Absence d'irritabilité.

ÂNERIE, s. f. Ignorance profonde des choses les plus simples, fautes grossières que fait commettre cette ignorance : *Ce n'est pas à moi à supporter la conséquence des* âneries *de votre éditeur.* DIDEROT. *Il est d'une* ânerie *incroyable là-dessus.*

ANERPONTE, adj. des 2 g. (du gr. ἀνέρπων,-οντος, grimpant, part. du v. ἀνέρπω, se traîner en haut, monter en rampant : ἀνά, en haut, et ἕρπω, ramper, se traîner.) ornith. Qui peut grimper le long les arbres et des murs.—*Anerpontes*, s. m. pl. Famille d'oiseaux.

ANERVÉ, ÉE, adj. (du gr. ἄνευρος, privé de nerf; *α* priv. et νεῦρον, nerf.) entom. Dont les ailes sont dépourvues de nervures.

ANERVIE, s. f. (du gr. ἄνευρος, sans nerfs, énervé, faible.) path. Manque d'action nerveuse; paralysie.

ANÉSIE, s. f. (du gr. ἄνεσις, relâchement, nom dér. de ἀνίημι, remettre, relâcher : ἀνά, de nouveau, et ἵημι, envoyer, laisser aller, lâcher) path. Diminution dans les symptômes d'une maladie.

ANÉSIPÔME, adj. et s. m. (du gr. ἄνεσις, relâchement, liberté, et de πῶμα, couvercle, opercule.) ichth. Il se dit Des poissons qui ont l'opercule mobile. — *Anésipômes*, s. m. pl. Famille de poissons.

ÂNESSE, s. f. (V. *Âne*.) Femelle de l'âne : *Lait d'ânesse. Prendre du lait d'ânesse. Être au lait d'ânesse. On l'a mis au lait d'ânesse.*

ANESTHÉSIE, s. f. (de α priv. et αἴσθησις, sensibilité.) méd. Privation partielle ou générale de la faculté de sentir.

ANETH, s. m. (du gr. ἄνηθον, même sens.) bot. Plante de la famille des ombellifères, dont la semence, réputée excitante et tonique, est employée en médecine contre les flatuosités intestinales : *Le fenouil est une espèce d'aneth.*

ANÉTIQUE, adj. et s. m. méd. Mot employé autrefois comme synonyme de *parégorique*, pour désigner les remèdes calmants.

ANÉVRISMAL, ALE, adj. méd. V. ANÉVRYSMAL.

ANÉVRISMAUX, adj. m. pl. V. ANÉVRYSMAUX.

ANÉVRISME, s. m. V. ANÉVRYSME.

ANÉVROSE, s. m. V. ANÉVRYSME.

ANÉVRYSMAL, ALE, adj. méd. Qui appartient à l'anévrysme, qui concerne l'anévrysme : *Sac anévrysmal. Poche anévrysmale.*

ANÉVRYSMATIQUE, adj. des 2 g. V. ANÉVRYSMAL.

ANÉVRYSMAUX, adj. m. pl. Qui a les caractères de l'anévrysme.

ANÉVRYSME, s. m. (du gr. ἀνεύρυσμα, dilatation, tumeur causée par la dilatation ou la rupture d'une artère, dér. du v. ἀνευρύειν, dilater, distendre.) Tumeur ou poche formée par la dilatation d'une des cavités du cœur : *Par rapport à leur siège, on a divisé ces dangereuses tumeurs en anévrysmes internes et anévrysmes externes. On croit que Napoléon est mort d'un anévrysme. Il avait un anévrysme au cœur.*

ANFORA, s. f. (V. *Amphore.*) Mot italien qui signifie Mesure de capacité pour les liquides. L'*anfora* de Venise vaut 418,400 litres.

ANFRACTUEUX, EUSE, adj. (V. *Anfractuosité.*) Qui est plein de détours, de sinuosités : *Il nous mena par les chemins les plus anfractueux.*

ANFRACTUOSITÉ, s. f. (du lat. anfractus, courbure, sinuosité; am, d'ἀμφί, autour, et fractus, coupé, brisé.) Cavités profondes, détours irréguliers : *Les anfractuosités de la route. Nous pénétrâmes dans les sombres anfractuosités de la montagne.* BARTHÉL. — anat. Ce mot est employé au pluriel pour désigner Les sillons qui séparent les circonvolutions cérébrales.

ANGAR, s. m. V. HANGAR.

ANGARIE, s. f. (du lat. angaria, contrainte, corvée, charge publique onéreuse; en gr. ἀγγαρεία.) adm. et mar. Mise en réquisition d'un navire national ou étranger, afin qu'il charge pour ce gouvernement.

ANGE, s. m. (du lat. angelus, mot venu du grec ἄγγελος, envoyé, messager, parce que les anges sont les messagers de Dieu.) Créature spirituelle et intellectuelle. Il se dit en général De tous les esprits bienheureux qui, dans la croyance chrétienne, composent la hiérarchie céleste : *Le chœur des anges; les neufs chœurs des anges. Les anges de lumière. L'ange de la mort. Les anges sont les ministres de la volonté de Dieu.* ACAD. *Je crus apercevoir les anges rangés autour du trône de Dieu. Lorsque les cieux s'ouvriront et que la voix de l'ange exterminateur se fera entendre.* MASSIL.—*Ange gardien,* Celui qui veille sur chacun de nous et nous éloigne du péché.—*Les anges rebelles, les anges déchus,* Les esprits que Dieu a précipités dans l'enfer après leur révolte : *Il était beau mais sinistre comme l'ange déchu.* SALVANDY.—*Ange,* s'emploie au figuré pour

exprimer La perfection morale, et quelquefois La beauté physique : *C'est un ange de bonté, de douceur, de piété. Si vous saviez quel ange j'ai auprès de moi, et comme elle sait endormir toutes mes douleurs:* MARM. *C'était avec une figure d'ange, une dépravation de cœur incroyable.* Mme DE SÉVIGNÉ.—*Mon ange, mon bel ange, mon petit ange;* Expressions de tendresse. — *L'ange de l'école,* Surnom donné à saint Thomas d'Aquin, pour l'excellence de ses écrits de scolastique.—*Comme un ange,* Locution qui sert à exprimer La perfection avec laquelle on fait une chose : *Elle danse, elle parle comme un ange. Je ne saurais tarir sur vous, vous vous êtes conduite comme un ange.* DID. —mar. et artill. Espèce de boulet de canon coupé en deux ou quatre parties égales, jointes ensemble par une barre ou une chaîne de fer, et qu'on lance dans un combat naval sur les vaisseaux de l'ennemi pour les désemparer.—*Être aux anges,* Être dans un grand transport de joie : *Nous étions tous aux anges de le revoir.—Rire aux anges,* Rire niaisement et sans sujet connu : *Il rit aux anges d'un sot rire.* VOLT. — ANGE OU ANGELOT, ANGE-DE-MER, ichth. Nom vulgaire d'un poisson commun dans nos mers, appartenant au genre squatine, dont la peau sert à polir les ouvrages de bois ou d'ivoire.

ANGÉIAL, ALE, adj. (du gr. ἀγγεῖον, vaisseau.) anat. Vasculaire rempli de vaisseaux.

ANGÉIOGRAPHE, s. m. (de ἀγγεῖον, vaisseau, et de γράφω, je décris.) anat. Qui décrit les vaisseaux du corps humain ou des animaux.

ANGÉIOGRAPHIE, s. f. Description des vaisseaux du corps humain ou des animaux.

ANGÉIOGRAPHIQUE, adj. Qui se rapporte à l'angéiographie.

ANGÉIOHYDROGRAPHE, s. m. (de ἀγγεῖον, vaisseau, de ὕδωρ, eau, et γράφω, je décris.) Qui décrit les vaisseaux lymphatiques.

ANGÉIOHYDROGRAPHIE, s. f. (V. *Angéiohydrographie.*) Description des vaisseaux lymphatiques.

ANGÉIOHYDROGRAPHIQUE, adj. des 2 g. Qui concerne l'angéiohydrographie.

ANGÉIOHYDROLOGIE, s. f. (de ἀγγεῖον, vaisseau, ὕδωρ, eau, et de λόγος, discours.) Traité des vaisseaux lymphatiques.

ANGÉIOHYDROLOGIQUE, adj. des 2 g. Qui a rapport à l'angéiohydrologie.

ANGÉIOHYDROTOMIE, s. f. (de ἀγγεῖον, vaisseau, ὕδωρ, eau, et de τμή, section.) Anatomie des vaisseaux lymphatiques.

ANGÉIOHYDROTOMIQUE, adj. Qui a rapport à l'angéiohydrotomie.

ANGÉIOLEUCITE, s. f. (de ἀγγεῖον, vaisseau, et de λευκὸς, blanc.) méd. Inflammation des vaisseaux lymphatiques.

ANGÉIOLOGIE, s. f. (de ἀγγεῖον, vaisseau, λόγος, discours.) Traité des vaisseaux du corps humain.

ANGÉIOLOGIQUE, adj. Qui a rapport à l'angéiologie.

ANGÉIOPYRIE, s. f. (de ἀγγεῖον, vaisseau, et de πυρετὸς, fièvre.) Nom donné par Alibert à la fièvre inflammatoire.

ANGÉIORRHAGIE, s. f. (de ἀγγεῖον, vaisseau, et ῥέω, je coule.) méd. Hémorragie active, perte de sang par excès de forces.

ANGÉIORRHAGIQUE, adj. (V. *Angéiorrhagie.*) Qui a rapport à l'angéiorrhagie.

ANGÉIORRHÉE, s. f. (V. *Angéiorrhagie.*) méd. Hémorragie passive, perte de sang par défaut de forces.

ANGÉIORRHÉIQUE, adj. Qui a rapport à l'angéiorrhée.

ANGÉIOSCOPE, s. m. (de ἀγγεῖον, vaisseau, et de σκοπέω, je considère.) Microscope pour examiner les vaisseaux capillaires.

ANGÉIOSCOPIE, s. f. (V. *Angéioscope.*) Art d'examiner les vaisseaux capillaires au moyen de l'angéioscope.

ANGÉIOSCOPIQUE, adj. des 2 g. Qui a rapport à l'angéioscopie.

ANGÉIOSPERME, adj. des 2 g. V. ANGIOSPERME.

ANGÉIOSPERMIE, s. f. bot. V. ANGIOSPERMIE.

ANGÉIOSPHORE, adj. des 2 g. (de ἄγγος, vase, et de σπόρος, semence.) bot. Qui a des graines cachées.

ANGÉIOSES, s. f. pl. méd. Classe de maladies qui ont pour siège le système sanguin. Peu usité.

ANGÉIOSTASIE, s. f. (de ἀγγεῖον, vaisseau, et de ἔκτασις, dilatation.) méd. Mot employé par quelques auteurs pour désigner Toutes les dilatations des vaisseaux ou celles du cœur.

ANGÉIOSTÉNIE, s. f. (du gr. ἀγγεῖον, vaisseau, et de στενὸς, étroit, resserré.) méd. Fièvre inflammatoire qui agit fortement sur les vaisseaux sanguins.

ANGÉIOSTÉNIQUE, adj. des 2 g. (V. *Angéiosténie.*) méd. On le dit d'Une fièvre inflammatoire caractérisée par la tension ou l'excitation du système vasculaire.

ANGÉIOSTOME, s. m. moll. V. ANGIOSTOME.

ANGÉIOTOMIE, s. f. (de ἀγγεῖον, vaisseau, et de τμή, section, dissection.) Anatomie des vaisseaux.

ANGÉIOTOMIQUE, adj. des 2 g. Qui a rapport à l'angéiotomie.

ANGÉLICÉ, ÉE, adj. bot. Qui ressemble à l'angélique. — *Angélicées,* s. f. pl. Groupes de plantes ombellifères.

ANGELIN, s. m. bot. Grand arbre de Java, de la famille des légumineuses.

ANGÉLIQUE, adj. des 2 g. (en lat. angelicus, du gr. ἀγγελικὸς. V. *Ange.*) De l'ange, qui appartient à l'ange, qui tient de la nature de l'ange : *Les esprits angéliques. Les chœurs angéliques. Une nature spirituelle et angélique.*—Il est plus usité au figuré, et signifie Excellent, parfait : *Elle supportait tous ces outrages avec une douceur angélique. Une figure angélique. La véritable coupable qui fut découverte, était cette femme qui avait toujours mené en apparence une vie angélique.* LESAGE. *Résignation angélique.—Salutation angélique,* Paroles par lesquelles l'ange vint annoncer à la vierge Marie qu'elle devait mettre Jésus au monde.—Prière où sont contenues ces paroles, et que l'on nomme plus souvent *Ave Maria,* des deux mots latins qui la commencent.

ANGÉLIQUE, s. f. musiq. Ancien instrument composé du luth et du théorbe, à seize cordes et à dix touches.—*Angélique,* bot. Genre de plantes de la famille des ombellifères, dont une espèce, l'*angelica archangelica,* est cultivée à cause de son parfum aromatique. — confis. Baume, extrait d'angélique. *Un morceau, un bâton d'angélique confite. L'angélique est stomachique et diaphorétique.*

ANGÉLIQUEMENT, adv. D'une façon angélique, à la manière des anges. Peu usité.

ANGÉLOLÂTRIE, s. f. (de ἄγγελος, ange, et de λατρεία, servitude, culte, adoration.) relig. Culte des anges.

ANGELOT, s. m. Sorte de petit fromage rond que l'on fait en Normandie. — Monnaie d'or qui avait cours en France et en Angleterre au Moyen-Âge, et qui devait son nom à la figure d'ange qu'elle portait : *Les angelots les plus anciens datent du règne de Philippe de Valois.*

ANGELUS, s. m. (mot latin par lequel commence la prière qu'on récite au son de la cloche; prononcez *angelusse.*) Prière commençant par ce mot, et qui se fait trois fois par jour, le matin, sur le midi et le soir, en l'honneur du mystère de l'Incarnation. — Heure à laquelle on doit réciter cette prière : *L'angelus vient de sonner. Dire l'angelus. A l'angelus tout le monde se prosterne.*

ANGEMME, s. f. blas. Fleur imaginaire qui a six feuilles arrondies, ayant une certaine analogie avec la quinte-feuille.

ANGÉNIEUX, EUSE, adj. V. ANGÉIAL.

ANGENIN, s. m. blas. V. ANGEMME.

ANGÉOLEMENT, s. m. agric. Léger binage qu'on donne aux plantations nouvelles.

ANGIECTASIE, s. f. méd. Dilatation des vaisseaux.

ANGIECTASIQUE, adj. des 2 g. méd. Qui a rapport à l'angiectasie.

ANGINE, s. f. (de angere, suffoquer, étrangler.) méd. Maladie inflammatoire de la gorge, du larynx ou du pharynx.

ANGINEUX, EUSE, adj. Qui a rapport à l'angine.

ANGIOCARPE, adj. des 2 g. bot. Il se dit Des plantes dont les fruits sont enveloppés dans quelque organe étranger.

ANGIOCARPIEN, ENNE, adj. bot. V. ANGIOCARPE.

ANGIODÉSIE, s. f. didact. Démonstration des vaisseaux.

ANGIOGASTRE, adj. et s. m. bot. Il se dit Des champignons dont les corpuscules reproducteurs sont cachés par une enveloppe membraneuse.

ANGIOGRAPHE, ANGIOGRAPHIE, ANGIOGRAPHIQUE, ANGIOHYDROGRAPHE, ANGIOHYDROGRAPHIE, ANGIOHYDROGRAPHIQUE, ANGIOHYDROLOGIE, ANGIOHYDROLOGIQUE, ANGIOHYDROTOMIE, ANGIOHYDROTOMIQUE, ANGIOLEUCITE, ANGIOLOGIE, ANGIOLOGIQUE, ANGIOPYRIE, ANGIORRHAGIE, ANGIORRHAGIQUE, ANGIOR-

RNÉE, ANGIORRHÉIQUE, ANGIOSCOPE, ANGIOSCOPIE, ANGIOSCOPIQUE, ANGIOSES, ANGIOSTASIE, ANGIOTÉNIQUE, ANGIOTOMIE. V. ANGÉIOGRAPHE, ANGÉIOGRAPHIE, ANGÉIOGRAPHIQUE, etc., etc.

ANGIOSPERME, adj. des 2 g. bot. Couvert d'un péricarpe distinct. Les plantes dont les graines sont cachées dans le péricarpe sont *Des plantes* angiospermes.

ANGIOSPERMIE, s. f. bot. Second ordre de la quatrième classe des végétaux, selon la méthode de Linné. Il se compose des plantes qui ont quatre étamines didynames et les graines renfermées dans une capsule.

ANGIOSPHORE, adj. des 2 g. V. ANGÉIOSPHORE.

ANGIOSTOME, s. m. moll. Famille de mollusques dont l'ouverture de la coquille est fort étroite, appartenant à l'ordre des paracéphalophores siphonobranches, selon de Blainville.

ANGIROLLE, s. f. mar. Nom d'un palan servant à soutenir la vergue qui porte la voile de tréou.

ANGLAISE, s. f. Danse d'un mouvement assez vif, air qui en marque la mesure.—*Anglaises*, Gros galons de fil ou de soie dont les tapissiers garnissent les étoffes pour meubles.—On donne aussi le nom d'*anglaises* à des boucles de cheveux allongées qui, dans certaine coiffure de femme, tombent le long des tempes : *Elle était coiffée avec des* anglaises.

ANGLAISER, v. a. Couper la queue d'un cheval à la manière anglaise.

ANGLAISÉ, ÉE, part. *Un cheval* anglaisé.

ANGLARITE, s. f. min. Phosphate de fer hydraté, en petite masses rayonnantes, vertes, se trouvant à Anglar, près de Limoges.

ANGLE, s. m. (du lat. *angulus*, coin, angle.) géom. Ouverture de deux lignes qui se rencontrent en espace indéterminé, formé par l'inclinaison de deux lignes ou de deux plans qui se touchent par une de leurs extrémités, et qui s'écartent et s'éloignent par l'autre : Angle *rectiligne*, Celui dont les côtés sont des lignes droites. Angle *curviligne*, Celui dont les côtés sont des lignes courbes. Angle *mixtiligne* ou *mixte*, Quand l'un des côtés de l'angle est une ligne droite et l'autre une ligne courbe. Angle *oblique*, Un angle formé par la rencontre de deux lignes obliques, c'est-à-dire non perpendiculaires entre elles. Angle *aigu*. Angle *obtus*. Angle *saillant*. Angle *rentrant*.—fort. Angle *du centre d'un bastion*, Angle formé par deux demi-gorges ou par le prolongement de deux courtines dans le bastion. Angle *du centre du polygone*, Celui qui est formé au centre d'un polygone régulier par deux lignes droites, tirées du centre du polygone aux deux extrémités de l'un de ses côtés. Angle *de la courtine, de l'épaule, du flanc*, etc.—phys. Angle *d'incidence*, Celui qui est formé par la direction d'un mobile, et le plan sur lequel il tombe, ou vers lequel il est dirigé. Angle *de réflexion*, Angle que forme la direction d'un mobile qui rebondit, après avoir touché une surface avec cette surface même. Angle *de réfraction*, Celui qui est formé par la direction que suit un corps, après avoir passé obliquement d'un milieu dans un autre plus ou moins pénétrable, et par la perpendiculaire imaginée au plan qui sépare ces deux milieux. Angles *optiques ou visuels*, Ceux sous lesquels on voit un ou plusieurs objets.—astron. Angle *se dit dans plusieurs circonstances; on distingue surtout l'angle d'élongation, l'angle horaire, l'angle d'azimuth, l'angle de position, l'angle parallactique.* — bot. *Angles*, Saillies marginales, aiguës, de corps plats, ou formées longitudinalement sur les solides par la rencontre des faces interposées. (V. *Angulaire*.)—anat. Angle *des lèvres*; angles *de l'œil*; angles *de la mâchoire, du pubis*, etc. Angle *facial*, imaginé par Camper pour mesurer la saillie du front. — entom. Partie du prothorax où les bords antérieurs et postérieurs se joignent aux épaules.

ANGLER, v. a. Donner la forme d'un angle.—orf. Former exactement les moulures dans les petits angles du contour des tabatières en métal à l'aide d'un ciselet et suivant le procédé usité pour les moulures en relief.

ANGLÉ, ÉE, adj. blas. On le dit d'Une croix disposée en sautoir, lorsque des figures mouvantes sortent de ses angles : *La croix de Malte des Français est anglée d'une fleur-de-lis.*

ANGLÉSITE, s. f. min. Sulfate de plomb naturel, qui se trouve en Irlande, à Anglésea.

ANGLET, s. m. arch. Sorte de rainure à angle droit qui sépare les bossages dont une muraille est revêtue.



ANGLEUX, EUSE, adj. Il se dit en parlant Des noix dont la substance est tellement renfermée en de certains petits angles ou coins, qu'il est difficile de l'en tirer.

ANGLICAN, ANE, adj. Ce qui appartient à la religion dominante d'Angleterre : *L'Église* anglicane. *Le clergé* anglican. *Cette famille est* anglicane. — Il s'emploie aussi substantivement pour désigner Une personne qui suit cette religion : *Les* anglicans. *C'est un* anglican.

ANGLICANISME, s. m. Religion dominante de l'État en Angleterre : *Il est partisan de l'anglicanisme.*

ANGLICISME, s. m. Locution particulière à la langue anglaise : *Son style est plein d'anglicismes. Il y a beaucoup d'anglicismes dans cet ouvrage.*

ANGLOIR, s. m. techn. Instrument propre à mesurer et à prendre toutes les espèces d'angles; fausse équerre.

ANGLOIS, s. m. art c. Pâtisserie aux pruneaux.

ANGLOMANE, adj. des 2 g. qui se prend souvent comme subst. masc. Admirateur outré des Anglais et de leurs coutumes.

ANGLOMANIE, s. f. Enthousiasme outré, admiration exagérée pour tout ce qui vient des Anglais; imitation des coutumes anglaises : *L'anglomanie fait tant de progrès parmi nous, que les usages français finiront par nous devenir complètement étrangers.* LINGUET.

ANGOISSE, s. f. (du lat. *angor*, suffocation, ou du br. *ankou, ankeu*, agonie, angoisse de la mort.) Douleur amère mêlée d'inquiétude, anxiété extrême: *Si vous aviez vu, comme moi, le désespoir et les angoisses de cette malheureuse mère, votre cœur ne serait pas inaccessible à la pitié.* Mme COTTIN. *Ce ne fut qu'après avoir subi les plus cruelles* angoisses *que nous le revîmes parmi nous.* FLOR. *Elle est restée tout le jour dans une angoisse mortelle.* — *Angoisse*, Suffocation, palpitation vive accompagnée d'oppression. — *Poire d'angoisse*, Poire dont le goût est très-âpre. — Espèce de bâillon en fer et en forme de poire, que l'on introduit dans la bouche, et qui en s'ouvrant par le moyen d'un ressort, empêche de pousser des cris. — fig. *Avaler des poires d'angoisse*, Éprouver des mortifications très-sensibles, de mauvais traitements : *Vous nous avez fait avaler bien des poires d'angoisse.* — méd. Anxiété extrême d'une constriction douloureuse de l'épigastre avec palpitation et oppression.

ANGON, s. m. Espèce de javelot en usage chez les Francs et dont le fer était accompagné de deux pointes recourbées : *L'angon servait à combattre de loin et de près.* — On appelle actuellement, *angon*, Un bâton armé d'un crochet dont les pêcheurs se servent pour retirer les crustacés d'entre les rochers.

ANGONE, s. f. path. Sentiment de strangulation, accompagné de la crainte d'être suffoqué, qui survient assez fréquemment chez les femmes hystériques.

ANGORA, adj. mam. Épithète de certaines variétés à poils longs et soyeux, de chats, de lapins et de chèvres, que l'on croit originaires d'Angora dans l'Anatolie.

ANGOULEVENT, s. m. blas. V. ENGOULEVENT.

ANGOURIE, s. f. bot. Genre de plantes de la famille des cucurbitacées.

ANGOUYA, s. m. mam. Gros rat d'une espèce qui n'est connue qu'au Brésil.

ANGREC, s. m. bot. Nom technologique de la vanille.

ANGROIS, s. m. techn. Petit coin pour assujettir un marteau à son manche.

ANGSTER, s. m. monn. Petite monnaie de compte usitée en Suisse. Il vaut à peu près neuf millièmes d'un franc.

ANGUICHURE, s. f. chass. Baudrier auquel est attaché le cor de chasse.

ANGUICIDE, adj. des 2 g. (du lat. *anguis*, serpent, et de *cædere*, couper, tuer.) Esprit qui a la propriété de faire périr les serpents.

ANGUIDÉ, ÉE, adj. erp. Qui est semblable à un orvet ou serpent ovipare non venimeux.—*Anguidés*, s. m. pl. Classe de reptiles sauriens.

ANGUIFORME, adj. des 2 g. didact. Qui a la forme d'une anguille ou d'un serpent.

ANGUILLADE, s. f. Coup donné avec une peau



d'anguille ou avec un mouchoir roulé en forme d'anguille. — fam. *Donner des* anguillades.

ANGUILLARD, s. m. erp. Nom d'une espèce de protée aveugle, faisant le passage des poissons aux reptiles, et vivant dans les eaux souterraines de la Carniole.

ANGUILLE, s. f. (du lat. *anguilla*, même signification.) ichth. Nom d'un poisson du genre murène, dont les naturalistes ne connaissent pas encore le mode de reproduction : *Pêcher, écorcher des anguilles. Anguilles de mer, d'eau douce. Couper une anguille par tronçons. Anguille bouillie, anguille à la tartare. Pâté d'anguilles.* — prov. et fig. *Toujours pâté d'anguilles*, se dit pour désigner La répétition continuelle d'une même chose, qui, malgré son excellence, fatigue par sa monotonie. — *Écorcher l'anguille par la queue*, Commencer une entreprise par ce qu'elle a de plus difficile, commencer une chose par où on devrait la finir.—*Il est comme les anguilles de Melun, il crie avant qu'on l'écorche*, se dit de Quelqu'un qui se plaint avant que le mal ne lui arrive, ou qui s'effraie sans sujet. — *Il y a quelque anguille sous roche*, Il y a dans cette affaire quelque chose qu'on dissimule. Il ne s'emploie guère qu'en mauvaise part.—*Il m'a échappé comme une anguille*, se dit moralement De quelqu'un qui, à propos d'une convention, d'une affaire à conclure, etc., vous échappe au moment où l'on croit le tenir. On dit dans un sens à peu près analogue et d'une façon générale: *Quand vous croyez le tenir, il vous glisse dans les mains comme une anguille*, Lorsqu'il s'agit d'un homme difficile à persuader ou à réfuter.

ANGUILLE-DE-HAIE, s. m. erp. Nom vulgaire de l'orvet, petit serpent qui se mange dans quelques parties méridionales de la France.—infus. Anguille *du vinaigre, de la colle* ou *Anguillule*, noms réservés aujourd'hui pour Les seuls infusoires filiformes, sans organisation appréciable, et sans organes locomoteurs visibles.

ANGUILLÉ, ÉE, adj. ichth. Qui est semblable à l'anguille.

ANGUILLÉS, s. m. pl. Poissons appartenant à la famille des anguilles.

ANGUILLIER, s. m. mar. Petit canal pratiqué sur la face extérieure de chaque couple, propre à conduire au pied des pompes les eaux qui se répandent à l'arrière ainsi qu'à l'avant d'un vaisseau.

ANGUILLIDIEN, ENNE, adj. V. ANGUILLÉ.

ANGUILLIÈRE, s. f. Vivier où l'on conserve et nourrit les anguilles.—Caisse placée sous une vanne pour prendre des anguilles.

ANGUILLIFORME, adj. des 2 g. ichth. On le dit Des poissons qui ont la forme d'une anguille.

ANGUILLOÏDE, adj. des 2 g. ichth. Qui est semblable à une anguille.

ANGUIN, INE, adj. erp. Qui a une sorte de ressemblance avec une anguille. —*Anguins*, s. m. pl. Famille de reptiles.

ANGUINÉE, adj. f. géom. Hyperbole de troisième ordre, avec point d'inflexion qui coupe l'asymptote.

ANGUINOÏDE, adj. des 2 g. V. ANGUINÉ.

ANGUI-VIPÈRES, s. m. pl. (du lat. *anguis*, serpent, dont *anguilla*, anguille, paraît être un diminutif, et de *vipera*, vipère.) erp. Famille de serpents venimeux, qui ressemblent à des anguilles.

ANGULAIRE, adj. des 2 g. géom. On le dit de toutes les figures qui affectent la forme d'un angle. — bot. Se dit D'un aiguillon placé sur l'angle d'une tige. — astrol. Il se dit des plus fortes des douze maisons du thème généthliaque, et surtout des première, quatrième, septième et dixième. — s. m. anat. L'une des parties élémentaires de la mâchoire inférieure.

ANGULAIREMENT, adv. En forme d'angle, avec des angles.

ANGULÉ, ÉE, adj. bot. Pourvu d'angles : *Tige angulée*. — Il se dit d'Une partie relevée d'angles, dont le nombre est indéterminé.

ANGULEUX, EUSE, adj. Qui présente plusieurs angles, dont les angles sont très-saillants : *Une surface anguleuse, un corps très-anguleux.* On dit fam. *Un visage anguleux*, Pour un visage dont les traits sont peu adoucis et présentent des angles assez saillants.

ANGULICOLLE, adj. des 2 g. (du lat. *angulus*, angle, et de *collum*, cou, col, corselet.) entom. Dont le cou ou corselet est anguleux.

ANGULIFÈRE, adj. des 2 g. Qui présente des angles.

ANGULINERVÉ, adj. m. bot. Épithète que l'on donne aux feuilles qui ont une nervure primaire centrale, ou plusieurs nervures primaires divergeant en droite ligne de la base du limbe, et dont les diverses subdivisions partent aussi en droite ligne, de manière à fournir des angles à leur origine.

ANGULIROSTRE, adj. des 2 g. ornith. On le dit Des oiseaux dont le bec est anguleux. — *Angulirostres*, s. m. pl. Nom donné par C. Bonaparte, Illiger, Goldfuss, etc., à Une famille de l'ordre des passereaux, à bec pointu et anguleux.

ANGULO-BRACHIAL, adj. et s. m. anat. Muscle de la larve de la salamandre.

ANGUSTATION, s. f. méd. Rétrécissement d'un organe, contraction.

ANGUSTICLAVE, s. m. (lat. *angusticlavum*, de *angustus*, étroit, *clavus*, nœud en forme de clou.) ant. Tunique ornée d'un nœud et d'une étroite bordure de pourpre. C'était, avec l'anneau, la marque distinctive des chevaliers romains. On l'appelait ainsi par opposition au *laticlave*, dont les bandes étaient fort larges et que portaient les sénateurs.

ANGUSTICOLLE, adj. des 2 g. entom. On le dit Des insectes dont le corselet est étroit.

ANGUSTIDENTÉ, ÉE, adj. zool. On le dit Des animaux qui ont des dents étroites.

ANGUSTIE, s. f. méd. Étroitesse, anxiété.

ANGUSTIÉ, adj. m. Étroit, resserré. Se dit D'un chemin. Peu usité.

ANGUSTIFOLIÉ, ÉE, adj. bot. Il se dit De toute plante dont les feuilles sont étroites et plus ou moins linéaires.

ANGUSTIMANE, adj. des 2 g. (du lat. *angustus*, étroit, et de *manus*, main.) mam. Qui a les mains étroites.

ANGUSTIPENNE, adj. des 2 g. entom. Il se dit Des insectes qui ont les élytres rétrécis au bout.

ANGUSTIRÈME, adj. des 2 g. (du lat. *angustus*, étroit, et de *remus*, rame.) zool. Qui a des pattes faites comme des rames étroites.

ANGUSTIROSTRE, adj. des 2 g. (du lat. *angustus*, étroit, et de *rostrum*, bec.) ornith. Qui a le bec étroit.

ANGUSTISEPTÉ, ÉE, adj. (du lat. *angustus*, étroit, et de *septum*, enclos, cloison.) bot. Épithète donnée aux plantes qui ont la cloison de leur fruit étroite.

ANGUSTISILIQUÉ, ÉE, adj. (du lat. *angustus*, étroit, et de *siliqua*, gousse.) bot. Il se dit Des plantes à fruits étroits et allongés.

ANGUSTURE, s. f. (de *Angostura*, nom vulgaire de la ville de Saint-Thomas, où l'écorce d'angusture forme un article considérable de commerce.) bot. Bel arbre de la famille des Magnoliers, qui croît dans les forêts de l'Amérique Méridionale : *L'écorce* d'angusture, *qui est très-amère, passe pour tonique et fébrifuge. L'écorce* d'angusture *nous arrive en baril, soigneusement enveloppée de larges feuilles de palmier. L'écorce de la véritable angusture se réduit en poudre jaunâtre.* V. BONPLANDIA.

ANHAPHIE, s. f. (de α priv. et de ἁφή, toucher, tact; dér. du v. ἅπτομαι, toucher, palper.) path. Privation ou diminution du toucher.

ANHÉLATION, s. f. (anhelatio, même sens.) méd. Respiration courte et fréquente, essoufflement.

ANHÉLER, v. a. techn. Dans les verreries, ce mot signifie Entretenir le feu à un degré convenable de chaleur.

ANHÉLÉ, ÉE, part.

ANHÉLEUX, EUSE, adj. Il se dit De la respiration lorsqu'elle est fréquente et laborieuse. — On le dit aussi d'Une personne essoufflée ou qui est sujette à l'être.

ANHÉMASE, s. f. V. ANHÉMIE.

ANHÉMATOSE, s. f. méd. V. ANÉMATOSE.

ANHÉMIE, s. f. V. ANÉMIE.

ANHÉRAGE, s. m. techn. Arrhes qu'on donne aux ouvriers pour conduire un train.

ANHINGA, s. m. ornith. Genre d'oiseaux de l'ordre des palmipèdes, de la famille des podoptères, qui habitent les régions les plus chaudes des deux continents : *L'anhinga recherche les eaux douces.*

ANHISTE, adj. des 2 g. bot. On caractérise par cette épithète Certains organes des végétaux dans lesquels on n'observe, au plus fort grossissement du microscope composé, aucune structure cellulaire.

ANHOMOMÉRÉ, ÉE, adj. (du gr. α, ἄν, priv., ὁμοίος, semblable, et μέρος, partie du corps.) zool. Dont le corps est formé d'articulations dissemblables.

ANHYDRE, adj. des 2 g. Épithète que l'on donne à Tout corps qui est, ou que l'on suppose être privé d'eau.

ANHYDRITE, s. f. min. Espèce de la famille des roches à base de chaux, formée de chaux et d'acide sulfurique, et par conséquent ne contenant pas d'eau de composition. Syn. de *Karstenite*.

ANHYDROHÉMIE, s. f. (du gr. ἄνυδρος, sans eau, et αἷμα, sang.) path. Diminution du sérum dans le sang.

ANHYDROSE, s. f. (du gr. ὕδωρ, ὕδατος, eau, d'où ὑδρόω, être en eau, en sueur, précédé de α priv.) path. Diminution ou cessation de la sueur.

ANHYDRO-SULFATÉ, ÉE, adj. min. Il se dit d'Une base à l'état de sulfate et qui ne contient pas d'eau de cristallisation.

ANI, s. m. ornith. Genre d'oiseaux de l'Amérique Méridionale.

ANICROCHE, s. f. (ce mot nous paraît venir du br. *krok*, croc, *krogik*, précédé de l'article *ann*, *eunn*, un; ce qui nous confirme dans cette opinion, c'est qu'autrefois *anicroche* désignait une arme en forme de croc.) Petit obstacle, petit embarras, mauvaises difficultés créées volontairement : *De quelque côté que l'on se tourne, ce monde est toujours rempli d'*anicroches. VOLT. *Voyons, allez-vous encore nous trouver de nouvelles* anicroches? DANC. fam.

ANIDES, ANIDIENS, s. m. pl. térat. Famille de monstres unitaires, composée du seul genre anide, caractérisée par l'absence de toute forme spécifique. Ces monstres consistent entièrement en un sac ovoïde ou globuleux, sans appendices, comme sans caractères spéciaux de forme.

ANIER, IÈRE, s. Celui, celle qui conduit des ânes : *Un* ânier, *son sceptre à la main.* LA FONT.

ANIGOSANTHE, s. f. bot. Genre de plantes de la Nouvelle-Hollande.

ANIL, s. m. bot. Plante de la famille des fausses légumineuses, indigène des climats de la zone torride : *C'est l'*anil *qui donne l'indigo.* V. INDIGO.

ANILLE, s. f. blas. Figure en forme de deux crochets adossés et liés ensemble, dont chacun a la forme d'un C : *Il portait d'azur à une* anille *d'argent entourée d'une couronne de gueules.*—techn. Espèce d'anneau en fer qui soutient la meule d'un moulin.—hydraul. Sorte de tirans ou d'anneaux de fer qu'on scelle dans le parement des bajoyères d'une écluse, pour retenir les poteaux de garde posés le long des branches et sur les faces de l'avant-bec des piles.

ANILLÉ, ÉE, adj. blas. Pourvu d'une anille.

ANILOCRE, s. m. ichth. Genre de crustacés.

ANIMADVERSION, s. f. (du lat. *animadversio*, punition, châtiment, correction.) Blâme, forte désapprobation, haine motivée par une action blâmable : *On entendait de toute part des paroles* d'animadversion contre lui. *Ce nouvel impôt augmente encore l'*animadversion générale. *Je vous demande si une action aussi basse ne doit pas éveiller l'*animadversion *de tous les honnêtes gens.* ROUSS.

ANIMAL, s. m. (du lat. *animale*, même sens, adj. pris substantivement, dérivé de *anima*, vie, principe de vie, âme : ces mots latins viennent sans doute des langues celtiques; gal. *anifais*, br. *anival* et *enival*, animal; gaël. *aninhach*, dont la racine est *anam*, vie, esprit.) Être vivant et plus ou moins doué de sensibilité : *Tout* animal *a l'instinct de sa conservation. L'homme est un* animal *raisonnable. Le plus sot* animal *à mon avis c'est l'homme.* BOIL. — Il se dit particulièrement Des êtres animés qui ne sont pas doués de raison : *Dieu a donné à l'homme l'empire sur les* animaux. *Ce qui distingue essentiellement l'homme des* animaux, *c'est qu'il a l'idée de Dieu.* B. *Les* animaux *domestiques,* Ceux qui vivent avec l'homme et lui rendent des services : *les* animaux *sauvages, les* animaux *féroces. Animal carnassier, frugivore. Animal terrestre, aquatique. Les* animaux *nuisibles. Animal amphibie.—Animal,* se dit au figuré et familièrement pour indiquer Une personne stupide, grossière, brutale : *C'est un grand* animal. *C'est l'*animal *le plus inepte qui soit possible. C'est un franc* animal. MOL. *Ce n'est qu'un* animal.

ANIMAL, ALE, adj. (du lat. *animalis*, même sens. V. *Animal*.) Qui est de l'animal, ce qui lui est propre, ce qui le concerne : *La vie* animale. *Les facultés, les fonctions* animales. *L'économie* animale. *Les esprits* animaux. — Il se dit particulièrement par opposition à ce qui est intellectuel : *La partie*

animale *de l'homme doit toujours céder le dessus à la partie intellectuelle. Mener une vie purement* animale, *Une vie matérielle, sensuelle. Matière, substance* animale, Substance qui entre dans la constitution des êtres animés.— *Chimie* animale, Celle qui s'occupe de l'étude des matières animales. — méd. Par *Fluide nerveux,* quelques auteurs ont désigné les *esprits animaux.* — hist. nat. *Le règne* animal, est L'ensemble des êtres organisés connus sous le nom d'animaux.

ANIMALCULE, et mieux ANIMACULE, s. m. (V. *Animal*.) infus. Nom que l'on donne à de très-petits animaux, visibles seulement au microscope, et paraissant d'une organisation le plus souvent très-simple : *Les* animalcules *infusoires s'appellent aussi* animaux *microscopiques.*

ANIMALCULISME, s. m. V. LE SUPPLÉMENT.

ANIMALCULISTE, s. m. V. LE SUPPLÉMENT.

ANIMALCULOVISME, s. m. V. LE SUPPLÉMENT.

ANIMALCULOVISTE, s. m. V. LE SUPPLÉMENT.

ANIMALIFÈRE, adj. des 2 g. phys. Qui porte ou qui contient des animaux.

ANIMALISATION, s. f. (V. *Animaliser*.) Transformation des aliments en la propre substance du corps de l'animal qui s'en nourrit : *Par l'*animalisation *les substances alimentaires changent de nature, de composition chimique; de plus elles se revêtent de la vie dont sont doués les organes qu'elles viennent nourrir.*

ANIMALISER, v. a. (V. *Animal*.) Rabaisser au rang des animaux : *Le philosophisme* animalise *l'homme, la religion le divinise.* B. — S'ANIMALISER, v. réfl. didact. Se réduire aux habitudes instinctives d'une vie purement animale, en n'accomplissant que des actes matériels réclamés par les besoins physiques, exclusifs ou indépendants de toute espèce d'exercice intellectuel. — Acquérir la propriété caractéristique de la matière animale.

ANIMALISÉ, ÉE, part.

ANIMALISME, s. m. V. LE SUPPLÉMENT.

ANIMALISTE, s. m. V. LE SUPPLÉMENT.

ANIMALITÉ, s. f. État, mode d'existence, conditions constitutives de l'animal : ensemble de ses attributs et de ses facultés.

ANIMATEUR, adj. et s. m. Qui donne l'âme, la vie : *Souffle* animateur. *Dieu est l'animateur de tous les êtres.* On dit au féminin *Animatrice*.

ANIMATION, s. f. (du lat. *animatio*, infusion de vie, nom dér. du v. *animare*. V. *Animer*.) Action d'animer, de donner la vie, état de l'être animé, moment supposé où se fait dans le fœtus l'union de l'âme avec le corps : *Dieu de son souffle tout-puissant a donné l'*animation *à la matière.* FÉNEL. —fig. Chaleur, vie apparente : *Il y avait beaucoup d'*animation *dans ses paroles.*

ANIMÉ, s. m. pharm. Sorte de résine, tirée des Indes.

ANIMELLES, s. m. pl. V. LE SUPPLÉMENT.

ANIMER, v. a. (du lat. *animare*, donner de l'âme, du courage, animer; rac. *anima*, âme.) Donner la vie, l'âme à un corps : *Un souffle créateur il* anime *l'argile.* DEL. *C'est une puissance inconnue qui* anime *tous les corps. Le principe de vie qui nous* anime. — fig. Donner une vie apparente à la matière : *il est une œuvre d'art : L'homme* anime *le marbre et fait vivre l'airain.* DEL. — Donner de la chaleur, de l'animation à un ouvrage : *Il faut des images pour* animer *le style.* MARM. *C'est à l'acteur qu'il appartient, nouveau Prométhée, d'*animer *cette froide statue, que le pauvre génie de l'auteur a si maladroitement créée.* GEOFF. — Animer la conversation, La réveiller : *Il n'y a rien qui* anime *la conversation comme un bon repas.* LESAGE. — Animer le teint, les yeux, Leur donner de l'éclat : *La joie* anime *les yeux. Cela vous a* animé *le teint.* — Animer, Exciter, éveiller, encourager : *Ce peu de paroles suffit pour les* animer, *et ils marchèrent gaiement à l'ennemi.* VERTOT. *Ce qui doit nous* animer *dans cette vie, c'est l'espérance d'une vie meilleure.* FLÉC. — Irriter contre, exciter le ressentiment, exciter les passions, agiter violemment : *Par ces paroles insidieuses il cherchait à l'*animer *contre moi. Si vous aviez vu quelle fureur l'*animait *au seul nom de son frère.* DID. — Animer quelqu'un de son esprit, Faire passer ses propres sentiments, ses propres idées dans son âme. Dans un sens analogue : Animer *de l'Esprit-Saint. L'Esprit-Saint l'*animait, *L'esprit de Dieu s'était emparé de lui.* — méd. Exciter, rendre actif : Animer *un* *vésicatoire*, L'exciter à suppurer. — man. Animer *le cheval*, Le réveiller quand il ralentit son mouvement. — danse. Animer *le pas*, Exécuter le pas avec plus d'agilité en s'élevant sur la pointe des pieds.

S'ANIMER, Prendre de la vie, s'échauffer, s'exciter, s'irriter, prendre de l'éclat : *Le marbre s'anime sous ses mains. Alors vous le voyez tout à coup s'animer, prendre feu, il parle, et rien ne résiste à cette parole puissante et convaincue.* FONT. *En me parlant ainsi son œil s'animait, son corps tremblait d'émotion.* LA HARPE. *A ce discours, vous voyez toute la multitude s'animer, on crie aux armes, on court les prendre.* ST.-RÉAL. *Le coursier s'animant au bruit de la trompette.* DEL. *La conversation s'animait. Il me sembla que cette peinture s'animait.*

ANIMÉ, ÉE, part. et adj. *Les créatures animées. Tous les êtres* animés. *Elle a des yeux bien animés. D'un air, d'un ton* animé. *Une figure* animée. Animé *par le ressentiment. Une physionomie peu* animée. *Une beauté peu* animée, *Qui a peu d'expression.* — b.-arts. On dit dans le langage des arts, qu'*Une peinture est animée*, que *des figures de bronze sont* animées, qu'*un marbre est animé*, pour donner à entendre que l'artiste a su communiquer à son ouvrage le sentiment particulier, dont, selon lui, était animée la figure vivante qu'il a voulu reproduire.

ANIMINE, s. f. Base saline de l'huile qu'on extrait de certains animaux.

ANIMIQUE, adj. des 2 g. chim. On le dit Des sels dont l'animine est la base.

ANIMISME, s. m. (du lat. *anima*, âme.) phys. Doctrine qui fait intervenir l'âme dans toutes les opérations de l'organisme.

ANIMISTE, adj. Celui ou celle qui regarde l'âme comme le principe directeur de toutes les opérations de l'organisme.

ANIMOSITÉ, s. f. (de *animositas*, même sens.) Violent ressentiment, haine, désir de vengeance qui anime contre quelqu'un : *Il agit ainsi par* animosité, *par pure* animosité. *Il était porté d'*animosité *contre moi. Il faut laisser là toute* animosité. *Dans certaines familles les haines et les* animosités *se transmettent en héritage.* — Violence dans la discussion, emportement passager : *Il y a eu de part et d'autre trop d'*animosité *dans la discussion. Tâchez de répondre sans trop d'*animosité.

ANIMOVISME, s. m. phys. V. ANIMALCULOVISME AU SUPPLÉMENT.

ANION, s. m. phys. Corps qui par l'action galvanique peut être transporté au pôle négatif d'une pile électrique.

ANIS, s. m. (du gr. ἄνισον, même signification.) bot. Nom vulgaire des grains aromatiques de plusieurs végétaux, savoir : anis *étoilé*, graine de l'*illicium anisatum* ; anis *de France*, graine de deux espèces de fenouil ; anis *commun*, graine du *pimpinella anisum*, ou *anisum vulgare*, plante de la famille des ombellifères. C'est principalement avec les graines de cette dernière espèce que l'on prépare les petites dragées connues sous le nom d'*anis* : *L'anis est une plante indigène de l'Égypte. Les terres chaudes et légères conviennent pour la culture de l'anis. Dans quelques pays on mêle des semences d'anis avec le pain ; partout elles entrent dans les pâtisseries. On emploie l'anis en thérapeutique comme carminatif, diurétique... Ce gâteau sent l'anis.*

ANISANTHE, adj. des 2 g. (du gr. ἄνισος, inégal, et de ἄνθος, fleur.) bot. Dont les fleurs sont inégales, de forme différente. Plante de l'Amérique Méridionale.

ANISER, v. a. (V. *Anis*.) Donner à quelque chose le goût de l'anis en y mêlant quelque extrait de cette graine : Aniser *une liqueur, un gâteau.*

ANISÉ, ÉE, part. *Des bonbons* anisés.

ANISETTE, s. f. (V. *Anis*.) Liqueur spiritueuse où il entre de l'essence d'anis : Anisette *de Bordeaux, de Hollande. De la vieille anisette. L'anisette de la Martinique était alors très-renommée. Donnez-moi de l'*anisette. *Une bouteille, un verre d'*anisette.

ANISIME, s. m. chim. Substance dont le parfum est analogue à celui de l'anis.

ANISOBRIÉ, ÉE, adj. bot. On le dit Des plantes dont l'embryon se développe plus d'un côté que de l'autre.

ANISOCÉPHALE, adj. des 2 g. (du gr. ἄνισος, inégal, et de κεφαλή, tête.) bot. Il sert à caracté-

---

riser Les plantes dont les fleurs forment des têtes fort inégales.

ANISOCHÈLE, adj. des 2 g. (du gr. ἄνισος, inégal, et de χηλή, serres, pince, tenaille, ongle.) On le dit Des oiseaux de proie qui ont des serres d'inégale grandeur.

ANISODACTYLE, adj. des 2 g. (du gr. ἄνισος, inégal, et de δάκτυλος, doigt.) hist. nat. Dont les doigts sont d'inégale longueur. — Genre d'insectes coléoptères.

ANISODONTE, adj. des 2 g. (du gr. ἄνισος, inégal, et de ὀδούς, ὀδόντος, dent.) mam. Il se dit Des animaux ruminants dont les dents sont inégales.

ANISODYNAME, adj. des 2 g. (du gr. ἄνισος, inégal, et de δύναμις, puissance, force.) bot. On le dit Des plantes dont les deux côtés ne parviennent pas au même degré d'accroissement.

ANISOMÈLE, s. f. (du gr. ἄνισος, inégal, et de μέλος, membre.) bot. Genre de plantes labiées à fleurs monopétales irrégulières, terminées par une limbe.

ANISOMÈRE, adj. des 2 g. (du gr. ἄνισος, inégal, et de μέρος, partie.) entom. Qui est formé d'inégales parties. — s. m. Insecte du genre diptère.

ANISOMÉRIQUE, adj. des 2 g. V. ANISOMÈRE.

ANISOMÉTRIQUE, adj. m. (du gr. ἄνισος, inégal, et de μέτρον, mesure.) minér. On le dit d'Un système de cristallisation composé de trois axes inégaux.

ANISONYX, s. m. (du gr. ἄνισος, inégal, et de ὄνυξ, ongle, griffe, serres.) entom. Genre d'insectes coléoptères ou ovipares à ailes en étui. — zool. Mammifères de l'ordre des rongeurs.

ANISOPÉTALE, adj. des 2 g. (du gr. ἄνισος, inégal, et de πέταλον, lame, feuille, pétale.) bot. Se dit d'Une corolle dont un ou plusieurs pétales sont plus courts que les autres.

ANISOPHYLLE, adj. des 2 g. (du gr. ἄνισος, inégal, et de φύλλον, feuille.) bot. Qui a des feuilles de grandeur inégale.

ANISOPLIE, s. f. entom. V. ANISONYX.

ANISOPOGONE, adj. des 2 g. (du gr. ἄνισος, inégal, et de πώγων, barbe.) entom. Il se dit Des plumes de certains oiseaux dont les barbes ne sont point égales des deux côtés.

ANISOSTÉMONE, adj. des 2 g. (du gr. ἄνισος, inégal, et de στῆμα, couronne.) On le dit Des plantes dont le calice, la corolle ou les étamines ne sont point égaux.

ANISOSTÉMOPÉTALE, adj. des 2 g. (du gr. ἄνισος, inégal, στῆμα, couronne, corolle, et de πέταλον, lame, large feuille, feuille, pétale.) bot. Il se dit Des plantes chez lesquelles les étamines n'égalent pas en nombre les divisions de la corolle.

ANISOTAQUE, adj. m. méd. On le dit Du pouls dont les pulsations rapides ne sont point égales.

ANISOTIQUE, adj. des 2 g. min. Il se dit De substances cristallisées d'après des lois irrégulières.

ANISOTOME, adj. des 2 g. (du gr. ἄνισος, inégal, et de τομή, coupure ; dér. de τέμνω, couper.) bot. Coupé, partagé en divisions inégales. Il s'applique au périanthe, soit interne, soit externe, lorsque les divisions en sont alternativement inégales. — *Anisotome*, s. m. entom. Genre d'insectes coléoptères, de la famille des myrétobies.

ANISOTOMIDE, adj. des 2 g. (V. *Anisotome*.) entom. Semblable à un anisotome. — *Anisotomides*, s. m. pl. Famille de coléoptères établie par Stéphen.

ANISTIOPHORE, adj. des 2 g. (de α, ἀν priv. et de ἱστίον, tissu, voile, et du suff. gr. φορός, qui porte, dér. de φέρω, porter.) zool. Sans appendice sur le nez. — *Anistiophores*, s. m. pl. mam. Famille de chauves-souris sans aucun appendice sur le nez.

ANKER, s. m. métrol. Mesure de capacité pour les liquides en usage dans plusieurs États d'Allemagne.

ANKÉRITE, s. f. min. Nom d'un minéral de Styrie, consistant en un mélange de carbonate de chaux et de carbonate de fer. Syn. de *Rohwand*, fer spathique blanc.

ANKILOSE, s. f. méd. V. ANKYLOSE.

ANKYLOBLÉPHARON, s. m. (de ἀγκύλη, resserrement, et de βλέφαρον, paupière.) Adhérence des paupières par leurs bords ou avec le globe de l'œil.

ANKYLOGLOSSE, s. f. (du gr. ἀγκύλη, empêchement, resserrement, et de γλῶσσα, langue.) Adhérence de la langue avec la partie inférieure de la bouche ou avec la partie postérieure des gencives.

ANKYLOMÈLE, s. m. (de ἀγκύλος, courbé, et de μήλη, sonde.) thérap. Sonde recourbée.

---

ANKYLOMÉRISME, s. m. (de ἀγκύλος, courbé, resserré, et de μέρος, partie.) chir. Adhérence anormale d'une partie quelconque.

ANKYLOSE, s. f. (de ἀγκύλος, courbé.) thérap. Cohésion anormale des parties d'une articulation naturellement mobile.

ANKYLOTOME, s. m. (de ἀγκύλος, courbé, et de τομή, section.) chir. Toute espèce de couteau courbe.

ANKYROÏDES, adj. des 2 g. (de ἄγκυρος, crochet, et de εἶδος, forme.) Pince en forme de crochet. Il est employé comme synonyme de *Coracoïdes*. (V. ce mot.)

AGNABASSE, s. m. comm. V. ANABASSE.

ANNAL, LE, adj. (du lat. *annalis*, annuel ; rac. *annus*, année ; dans annal et les trois mots suivants, les NN se font sentir.) jurisp. Qui n'est valable que pendant une année : *Une procuration* annale. *Une location* annale.—*Possession* annale, Possession paisible et absolue pendant un an et un jour.

ANNALES, s. f. pl. (du lat. *annales*, pl. de l'adj. *annalis*, annuel, parce que, dans ces sortes d'histoires, les faits de chaque année sont présentés à part.) Histoire détaillée des événements racontés année par année : *Les annales de Tacite. Annales ecclésiastiques, politiques, militaires. Les annales de France. Il a fait, écrit des annales. On lit dans les annales littéraires un fait assez curieux.* — *Annales*, se prend aussi dans le sens absolu d'histoire : *Ouvrez les annales de tous les peuples, et nulle part vous ne verrez la dépravation publiquement approuvée.* VOLT. *Ce fait mérite d'être enregistré dans les annales de l'humanité.*

ANNALISTE, s. m. (V. *Annales*.) Celui qui écrit des annales : *Un bon, un fidèle* annaliste.

ANNAS, s. f. banq. et métrol. Monnaie de compte qui a cours dans les possessions anglaises de l'Hindoustan, la seizième partie d'une roupie, et qui vaut 0,13 à 0,16 centimes de France.

ANNATE, s. f. (de *annus*, année.) Droit que les bénéficiers paient à la chambre apostolique, et qui consiste dans l'abandon du revenu d'une année : *Droits d'*annate. *Payer l'*annate. *On a supprimé les* annates.

ANNEAU, s. m. (autr. *annel*, du lat. *annellus*, *annulus*, même sens ; rac. *ain*, anneau en gaélique.) Cercle de matière dure habituellement de métal, faisant partie d'une chaîne ou servant à joindre deux objets ensemble : *Un anneau de rideau. Passer une corde dans un* anneau. *Les deux bouts d'une chaîne par des* anneaux. *Le gros anneau d'une ancre. On conduit les buffles à l'aide d'un anneau que l'on passe entre les deux naseaux.* DUPATY. *Si dans une chaîne vous détachez un seul anneau, vous brisez la chaîne tout entière.* — *Anneau*, se dit particulièrement d'Une bague de métal : *Il lui passa son* anneau *au doigt.* — prov. *Ne mets à ton doigt* anneau *trop étroit*, Ne contracte pas d'alliance inégale. *L'anneau* nuptial. *Un anneau d'or. Un* anneau *en argent.*—Anneau *du pêcheur*, Sceau apposé à certaines expéditions de la cour de Rome : *Les brefs donnés sous l'anneau du pêcheur.* — *Anneaux*, Boucles formées par la frisure des cheveux : *Être frisé en* anneaux. — Anneau astronomique ou *universel*, Instrument composé de deux ou trois cercles qui sert à trouver l'heure du jour en quelque lieu de la terre que ce soit ; c'est une espèce de cadran équinoxial fait à l'imitation des armilles d'Ératosthène —Anneau *de Saturne*, Bande circulaire, large et lumineuse, qui environne à une certaine distance le globe de Saturne, et qui paraît être dans le plan de son équateur.—anat. Écartement des fibres musculaires ou aponévrotiques pour laisser passage à des vaisseaux ou des nerfs : Anneau inguinal. Anneau ombilical. — *Anneaux*, Ensemble de petits cercles qui se suivent et qui forment l'abdomen des insectes. —hort. Ride ou pli sur l'écorce des branches qui doivent donner du fruit ; cercle formé autour d'une branche par les œufs de la chenille, et qu'il faut détruire si l'on veut empêcher les feuilles de l'arbre d'être, au printemps, dévorées par cet insecte. — bot. Dans les mousses, c'est Un rebord saillant, quelquefois crénelé, qui garnit l'orifice de l'urne. Dans les fougères, c'est Une sorte de bourrelet qui le plus souvent, entoure leurs capsules, et qui jouissant d'une grande élasticité, facilite leur rupture et la dispersion des graines. Dans les champignons, C'est le collier.—blas. Cercle, tantôt garni de pierres précieuses, tantôt uni don on garnit les écus.

ANNÉE, s. f. (V. *An.*) Espace de temps que la terre emploie à faire sa révolution autour du soleil : *L'année présente. L'année passée. L'année prochaine. L'année a commencé un mercredi. Le budget de l'année passée. L'année se divise en douze mois. Les quatre saisons de l'année. Cela n'a lieu qu'au commencement et à la fin de l'année. Cet événement arriva la même année que la mort du roi. D'année en année. Nous reviendrons vers le milieu de l'année prochaine. En l'année mil huit cent quarante. Le cours, la suite, la marche des* années.—On l'emploie pour exprimer Un espace de douze mois, sans avoir égard au commencement et à la fin de l'année véritable : *Il y a trois années révolues que j'ai quitté cet endroit. On lui paie tant par* année. *Nous passerons une année dans cette ville.*—Année *astronomique,* Le temps que la terre emploie à faire une révolution entière dans son orbite, durée pendant laquelle le soleil nous semble parcourir les douze signes du zodiaque : *L'année astronomique est de trois cent soixante-cinq jours cinq heures quarante-huit minutes quarante-huit secondes, au lieu que l'année civile n'est ordinairement que de trois cent soixante-cinq jours.*—Année *bissextile,* Celle qui revient tous les quatre ans dans le calendrier grégorien, et qui est de trois cent soixante-six jours : *Comme l'année est bissextile, nous avons eu vingt-neuf jours en février.*—Année *républicaine,* Celle qui avait été adoptée sous la République française, et qui commençait à l'équinoxe d'automne.—Année *scolastique ou scolaire,* Le temps qui s'écoule entre la rentrée des classes et les vacances : *L'année scolaire commence ordinairement dans les premiers jours d'octobre.*—Année *d'exercice,* L'année où l'on exerce une charge, un emploi dans lequel les fonctionnaires doivent se succéder d'année en année : *Il est dans son année d'exercice,* ou simplement, *Il est en* année.—Année *de deuil,* Espace de temps pendant laquelle on porte le deuil : *Elle ne peut pas se marier dans l'année de son deuil.*—Année *de probation,* Celle pendant laquelle un religieux ou une religieuse fait son noviciat. — *Souhaiter la bonne année à quelqu'un,* Lui exprimer au commencement de l'année le désir qu'il la passe heureusement : *Souhaits, compliments, vœux de bonne* année. — *Année,* par rapport à la température, à la fertilité de la terre : *L'année dernière a été très-pluvieuse, celle-ci sera trop sèche. Une année froide, une année chaude. L'année est très-orageuse. Cette année n'est pas bonne pour les biens de la terre. Nous n'avons pas eu d'année plus abondante que celle-ci. L'année sera riche, fertile. C'est une année assez médiocre. Cette propriété rapporte,* année *commune, quinze mille francs,* Compensation faite des bonnes et des mauvaises années. Demi-année, Celle où la récolte ne produit que la moitié d'une année ordinaire.—Par extension, le mot *Année* s'emploie pour exprimer La somme elle-même que l'on paie à quelqu'un par année : *Il doit à ses gens deux années de gages. Son fermier est en arrière de trois années. On lui a demandé une année de loyer d'avance.* — *Année,* se dit au pluriel pour exprimer L'âge, le cours du temps et ses effets : *Dès ses plus jeunes, dès ses premières années. Il avait formé ce projet dans ses dernières années. Il marchait accablé sous le poids des années.* DEL. *C'est là qu'il a passé ses plus belles* années.—lit. On nomme, à Rome, Année *chrétienne,* ou *sainte,* Celle où a lieu l'ouverture du grand jubilé. —*Année,* se dit aussi De certains livres de piété qui contiennent les exercices pour chaque jour de l'année : *Une année chrétienne.*

ANNELER, v. a. Former en anneaux; signifie principalement Boucler les cheveux, les disposer en anneaux. — arts et m. Passer un anneau sur le bord du groin d'un cochon pour l'empêcher de fouiller la terre. V. LE SUPPLÉMENT.

ANNELÉ, ÉE, part. et adj. *Des cheveux* annelés. — arch. Se dit d'Une colonne coupée dans sa hauteur par des espèces d'anneaux : *Dans les églises gothiques, les colonnes sont souvent* annelées. — hist. nat. Pourvu d'un anneau, d'un collet, entouré d'anneaux, d'une saillie ou d'une couleur différente : *Pédicule* annelé. *Le corps des scolopendres est* annelé. *Serpents* annelés. *Le corps de plusieurs serpents est* annelé *de brun et de jaune.* — entom. *Queue* annelée, Queue formée d'une suite de pièces transversales.

ANNELET, s. m. (V. *Anneau.*) arch. Petit listel ou filet, ornant un chapiteau ; on l'appelle aussi



*armille. Le chapiteau dorique porte plusieurs* annelets.

ANNÉLIDES, s. m. pl. (V. *Anneau.*) hist. nat. Ce sont des animaux qui diffèrent des insectes par leur sang rouge, leur tête à peine distincte, leur corps divisé en anneaux très-nombreux, recouvert d'une peau molle et jamais membraneuse ou coriace; ils ne subissent point de métamorphoses.

ANNÉLIDAIRES, s. m. pl. (V. *Anneau.*) Blainville nomme ainsi Les vers apodes des genres borbase, planaire, douve et tœnoïde, parce qu'ils ressemblent aux annélides. Quelquefois aussi il leur donne le nom de subannélidaires.

ANNELURE, s. f. (V. *Anneau.*) Frisure de cheveux qui sont disposés en boucles, en anneaux. Peu usité.

ANNEXE, s. f. ( pron. *an-nexe,* du lat. *annexus,* attaché à, part. du v. *annectere,* joindre, lier à : *ad,* à, et *nectere,* nouer, joindre, lier.) Ce qui est uni à une chose principale; terres attachées à une seigneurie sans en être absolument dépendantes; église servant de succursale à une paroisse : *Cette pièce est une annexe très-importante. Toutes ces terres étaient des annexes de l'abbaye. Saint-Louis est une annexe de la Madeleine.* — anat. Tout ce qui dépend d'un organe principal qui y est annexé : Annexe *de l'utérus.*

ANNEXER, v. a. (V. *Annexe.*) Joindre, unir, attacher : *Il faudra* annexer *cette déclaration aux autres pièces du procès.*—Il se dit particulièrement d'Un domaine, d'une province que l'on joint à un État : *La Bretagne fut* annexée *au royaume de France par le mariage de l'héritière de cette province avec Charles VIII.* ACAD. *On a* annexé *un nouveau prieuré à l'évêché.*

ANNEXÉ, ÉE, part. *Les pièces* annexées.

ANNEXION, s. f. V. LE SUPPLÉMENT.

ANNIHILATION, s. f. (du lat. *nihilum,* rien, mis pour *ne* ou *nec,* non, non pas même, et *nullum,* quelque chose, petite chose.) Destruction, anéantissement : *L'annihilation de tous ses droits.*

ANNIHILER, v. a. (V. *Annihilation.*) Détruire, anéantir, réduire à rien, — On l'emploie en termes de pratique, mais plus souvent *annuler* : Annihiler *une donation.*

ANNIHILÉ, ÉE, part.

ANNIVERSAIRE, adj. des 2 g. (du lat. *anniversarius,* qui se fait et revient tous les ans; *annus,* an, année, et *vertere,* tourner.) Qui se trouve à la même époque de l'année : *Jour anniversaire d'un événement,* Jour qui correspond à celui où cet événement a eu lieu dans une année précédente. *Fête anniversaire, cérémonie anniversaire,* Fête, cérémonie ayant pour but de rappeler le souvenir de cet événement en le célébrant à une époque semblable. *Les fêtes anniversaires de juillet.* — Il s'emploie également comme substantif masculin : *C'est aujourd'hui l'anniversaire de la bataille d'Austerlitz. Tout le peuple se trouvait réuni pour célébrer l'anniversaire de sa délivrance. C'est aujourd'hui mon anniversaire,* Le jour correspondant à celui de ma naissance : *Fêter l'anniversaire de quelqu'un.* — *Anniversaire,* se dit spécialement Du service religieux que l'on fait pour un mort au jour correspondant à celui de son décès : *Il a fondé un anniversaire pour son frère.*

ANNOMINATION, s. f. gram. Jeu de mots qui roule sur les noms.

ANNONAIRE, adj. V. LOI ANNONAIRE.

ANNOISE, s. f. bot. Plante appelée communément *Herbe de la Saint-Jean.*

ANNONCE, s. f. Avis d'une chose donné au public : *J'ai fait mettre des annonces dans les journaux. Annonce d'une maison à vendre.* — Action de rendre publique une nouvelle : *On a fait l'annonce de son livre. L'annonce de son arrivée ne tarda pas à se répandre. Feuille d'annonces,* Écrit périodique où se trouvent réunies les annonces que l'on a à publier. *Payer les frais d'annonce.* — *Faire l'annonce du spectacle,* Annoncer à la fin du spectacle du jour les pièces qui doivent être jouées le lendemain.—Annonces *de mariage,* Publications de mariage chez les protestants : *Il y a deux annonces de faites. On fait aujourd'hui la première* annonce. — diplom. Déclaration qu'on transcrit souvent dans les chartes et les diplômes, et qui fait connaître que telle ou telle formalité a été remplie, ou qui désigne les droits ou les biens dont l'acte consacre l'investiture.

ANNONCER, v. a. Donner au public avis d'une chose, publier un événement, faire connaître publiquement une vérité : *Ayez soin d'annoncer dans votre prochain numéro comment les philosophes entendent la tolérance à notre égard.* SAB. *Les feuilles publiques ont annoncé la mort du roi d'Angleterre. Aussi s'empresse-t-il d'annoncer à l'Europe entière que le prince a daigné s'occuper d'un misérable gazetier.* VOLT. *Quand il s'agit d'annoncer la vérité, il n'y a ni fatigues ni danger qui doivent rebuter l'homme de bien.* MARM. *Allez, dit-il à ses apôtres, et annoncez partout la parole de Dieu.* MASS. Annoncer *une vente.* — *Annoncer,* Avertir de quelque chose, lui faire savoir particulièrement une nouvelle : *Je lui annonce le mariage de votre sœur. J'ai à vous annoncer une nouvelle tellement surprenante que je ne la crois pas encore.* VOLT.— Annoncer *quelqu'un,* Avertir de son arrivée : *Je vous annonce votre frère pour la fin de la semaine.* — Avertir de l'entrée d'une personne en prononçant son nom à haute voix : *Nous étions tous réunis lorsque l'on annonça M. le prince.* RETZ.—*Se faire* annoncer, Se faire nommer avant d'entrer quelque part : *Il s'est fait annoncer sous un faux nom.* — *Se faire* annoncer *comme,* Se faire donner la réputation de : *Dans toutes les villes où il devait se rendre il se faisait annoncer comme un médecin miraculeux.* — S'ANNONCER, Se faire connaître à l'avance d'une certaine manière, se présenter bien ou mal. Se dit Des personnes et des choses : *Voici de quelle manière il s'était annoncé dans ma famille. Cette affaire, qui s'annonçait si bien, s'est vue subitement arrêtée. Dès ses plus jeunes années il s'était annoncé comme un garçon très-subtil.* LES. *Mahomet s'est annoncé lui-même sans aucun témoignage précédent.* BOSS. *On s'éveillait les uns les autres pour s'annoncer ce qu'on en avait appris.* LA BR.—*Annoncer,* Prédire, publier d'une manière certaine qu'une chose doit arriver : *Saint Jean-Baptiste annonçait la venue du Messie. Tout ce que les prophètes avaient annoncé se trouva alors vérifié.* — Annoncer *l'Evangile,* Prêcher devant les fidèles. Il se dit surtout De ceux qui vont annoncer la religion chrétienne aux peuples qui ne la connaissent pas. — Dans un sens analogue à prédire, il se dit des choses pour Faire connaître à l'avance, faire pressentir ; *Le baromètre sert à annoncer le temps. Il suffit quelquefois d'un seul mot pour annoncer le dénouement.* — *Annoncer,* Être l'avant-coureur, le présage, marquer, signaler : *Ces nuages pourprés que vous voyez à l'horizon annoncent pour demain une belle matinée. Un été humide annonce un hiver rigoureux. L'aurore annonce le soleil. Une pareille action annonce de sa part une scélératesse consommée. Ce que vous dites annonce une grande délicatesse. Cette dernière crise annonçait une heureuse délivrance.* — Promettre : *Les commencements de Néron semblaient devoir annoncer à l'univers un règne bienheureux.* LA HARP. *Tout nous annonce le succès.*

ANNONCÉ, ÉE, part.

ANNONCEUR, s. m. Se disait autrefois Du comédien qui venait annoncer les pièces que l'on devait jouer.—familièrement. *Un annonceur de nouvelles.* Celui qui est à l'affût des nouvelles pour les répandre : *Outre cela il faisait encore métier d'annonceur de nouvelles.* SCARR.

ANNONCIADE, s. f. Ordre religieux institué en l'honneur du mystère de l'Annonciation. — On dit aussi une *Annonciade,* pour Une religieuse de cet ordre.

ANNONCIATEUR, s. m. (V. *Annoncer.*) t. d'église. Celui qui annonce les fêtes. Peu usité.

ANNONCIATIF, IVE, adj. Destiné à annoncer. Peu usité.

ANNONCIATION, s. f. (V. *Annoncer.*) Message de l'ange Gabriel auprès de la Vierge pour lui annoncer le mystère de l'Incarnation. — Fête instituée par l'Église pour célébrer ce mystère : *Le jour de l'Annonciation.*

ANNONÉ, ÉE, adj. bot. V. ANONÉ, ÉE.

ANNOTATEUR, s. m. (V. *Annoter.*) Celui qui ajoute des notes à un ouvrage, des remarques sur un texte.

ANNOTATION, s. f. (V. *Annoter.*) Note explicative ajoutée à un texte, remarque détaillée faite à un ouvrage : *Ce livre est devenu précieux par les annotations qu'il y a faites. Il faut que des annotations soient à la fois claires et succinctes.* — Il s'employait autrefois en terme de pratique pour désigner L'inventaire des biens d'un accusé saisis par autorité de justice.

**ANNOTER**, v. a. (du lat. *annotare*, noter, prendre note, faire des remarques ; dér. *annotatio*, annotation, *annotator*, annotateur : rac. *nota*, note, remarque, marque.) Ajouter des notes à un texte, éclaircir une œuvre par des remarques : *Il a annoté les œuvres de Platon. C'est lui qui a annoté cette édition de Virgile.* Annoter un *code*. — On l'employait aussi autrefois en termes de pratique pour Faire l'inventaire des biens saisis sur un criminel : *Tous ses biens furent aussitôt annotés et saisis.*

**ANNOTÉ, ÉE**, part. *Un Montaigne annoté. Il a fait paraître un code annoté.*

**ANNUAIRE**, s. m. Livre publié tous les ans, contenant le résultat des observations de l'année précédente sur l'astronomie et la météorologie ; le résumé des événements, et des renseignements sur l'industrie et la statistique : *L'annuaire du bureau des Longitudes. On a édité un nouvel annuaire historique et un annuaire commercial.*

**ANNUEL, ELLE**, adj. (du lat. *annuus*, même sens, dér. de *annus*, année.) Qui dure un an, qui revient tous les ans : *Une magistrature annuelle. On finit par rendre le consulat annuel. Le vote annuel de l'impôt.* — *Un magistrat* annuel, Celui dont les fonctions s'exercent pendant une année. — *Fête* annuelle, Fête que l'on célèbre tous les ans à une époque fixe. — *Revenu* annuel, *rente* annuelle ; Que l'on touche par année. — *Droit* annuel, *redevance* annuelle, Ce que l'on doit payer tous les ans. *Mouvement* annuel *du soleil*, se dit De la révolution apparente du soleil autour du zodiaque.

— **ANNUEL**, s. m. lit. Messe que l'on fait dire pour un mort, tous les jours pendant une année, à partir du jour du décès : *Faire dire un annuel. Il a laissé de quoi payer un annuel après sa mort.*—méd. *Maladies* annuelles, Celles qui se manifestent chaque année à la même époque. — bot. On appelle ainsi les plantes qui, ne vivant généralement qu'une année, périssent après avoir donné une seule récolte de fruit. Cet adjectif s'applique aussi à certaines parties d'un végétal : *Les tiges sont* annuelles *dans l'asperge ; les racines dans la tulipe*, etc.

**ANNUELLEMENT**, adv. Tous les ans , par an : *Cette terre produit* annuellement *deux mille fr. Il reçoit* annuellement *plus de dix mille écus. Cette fête avait lieu* annuellement.

**ANNUITÉ**, s. f. Emprunt par lequel le débiteur s'engage à rembourser annuellement avec les intérêts une partie du capital, jusqu'au moment où la dette se trouve complètement amortie : *Payer par* annuité. *Solder des* annuités. — On appelle , en Angleterre , *Bref d'annuité*, Une autorisation de poursuivre un débiteur qui ne paie pas un revenu annuel.

. **ANNULABILITÉ**, s. f. dr. Qualité de ce qui est annulable.

**ANNULABLE**, adj. des 2 g. (V. *Annuler*.) dr. Qui peut, qui doit être annulé.

**ANNULAIRE**, adj. des 2 g. Qui a la forme d'un anneau , qui est propre à recevoir un anneau. — *Éclipse* annulaire, Éclipse de soleil dans laquelle les bords du disque n'étant pas cachés laissent apercevoir un cercle lumineux. — *Doigt* annulaire, Quatrième doigt , celui qui porte l'anneau. —*Annulaire*, anat. *Cartilage* annulaire. *Protubérance* annulaire. *Ligaments* annulaires. *Apophyses* annulaires. —bot. Se dit Du filet et d'un nectaire , quand les parties ressemblent à un anneau. — géom. Ce qui a la figure d'un anneau : *Surfaces* annulaires.

**ANNULATIF, IVE**, adj. jurisp. Qui annule : *Sentence* annulative.

**ANNULATION**, s. f. (V. *Annuler*.) Action de rendre nul : *L'annulation d'un acte, d'une décision.*

**ANNULEMENT**, s. m. mar. Signal qui annule le précédent.

**ANNULER**, v. a. (de *nullus*, nul.) Rendre nul, déclarer nul : *Annuler un acte, une procédure. Le Parlement* annula *solennellement l'arrêt qui l'avait frappé. Une obligation réciproque est* annulée *par les parties qui se la sont imposée; lorsqu'elles en conviennent.* GIRARD.

**ANNULÉ, ÉE**, part.

**ANNULICAUDE**, adj. des 2 g. (du lat. *annulus*, anneau, et de *cauda*, queue.) zool. Qui a la queue annelée ou formée d'anneaux.

**ANNULICORNE**, adj. des 2 g. (du lat. *annulus*,

anneau , et de *cornu*, corne.) zool À cornes ou à antennes annelées.

**ANNULIFÈRE**, adj. des 2 g. (de *annulus*, anneau, et du suff., lat. *fer, fera, ferum*, qui porte ; fait du v. *ferre*, porter.) zool. Qui a le corps annelé, d'une couleur tranchée, qui porte des anneaux colorés. *Le corps de ce serpent est* annulifère.

**ANNULIGÈRE**, adj. des 2 g. (de *annulus*, anneau, et du suff. lat. *ger, gera, gerum*, qui porte ; dér. de *gerere*, porter.) zool. Dont le corps est marqué d'anneaux colorés.

**ANNULIPÈDE**, adj. des 2 g. (de *annulus*, anneau, et de *pes, pedis*, pied, patte.) zool. A pieds annelés, à pattes annelées.

**ANOLIS**, s. m. erp. Genre de reptiles de la famille des sauriens eumérodes, renfermant plusieurs lézards des pays chauds : *On distingue l'anolis spulateur , qui , dit-on, lance au loin une salive noire très-dangereuse.*

**ANOBLIR**, v. a. (du lat. *nobilitare*, rendre noble, illustre ; rac. *nobilis*, noble, célèbre, illustre.) Déclarer noble , donner des titres de noblesse : *Le roi avait consenti à l'anoblir, moyennant les restrictions que j'ai déjà dites.* ST.-SIM. *Les guerres de la Révolution ont* anobli *toute la nation française; chaque famille a produit un héros.* B. *Cette charge* anoblissait *ceux qui l'avaient exercée.* Anoblir une *famille.* — *Le ventre anoblit ;* par cette expression on voulait dire que, dans certaines provinces, La noblesse pouvait se transmettre par la mère, malgré la roture du père.

**ANOBLI, IE**, part. Il s'emploie aussi comme substantif, pour exprimer Celui qui a reçu des lettres de noblesse depuis peu de temps : *Rien de plus fier qu'un nouvel anobli. Les nouveaux anoblis furent blessés de cette mesure.*

**ANOBLISSEMENT**, s. m. Action d'anoblir, effet de cette action : *L'anoblissement de cette famille pouvait remonter à 1500. Des lettres d'anoblissement.*

**ANODE**, s. m. (du gr. ἄνοδος, chemin qui conduit à un lieu élevé, chemin montant : ἀνά, en haut , et ὁδός, chemin, route.) phys. Surface par laquelle un courant électrique pénètre dans un corps.—*Anode*, s. f. bot. Genre de plantes malvacées.

**ANODIN, INE**, adj. (du gr. ἀνώδυνος, sans douleur, qui ne sent point de douleur, ou qui ôte la douleur ; α priv. et ὀδύνη, douleur; d'après l'étymologie , il faudrait écrire *anodyn, anodyne*, à l'exemple de plusieurs savants médecins.) thérap. Il se dit Des remèdes qui ont la propriété de calmer la douleur, et même de la faire entièrement cesser : *Les préparations de ciguë, de belladone, les émulsions, etc.,* sont des remèdes anodins. *Purgations* anodines. — Il se prend aussi substantivement : *Avoir recours aux* anodins.—fig. et ironiq. *Des vers* anodins, Des vers qui n'ont pas de sel, pas de piquant. On dit aussi : *Une plaisanterie* anodine, Une plaisanterie douce, qui ne blesse pas.

**ANODINIE**, et mieux **ANODYNÉE**, s. f. (du gr. ἀνωδυνία, état de ce qui est sans douleur. V. *Anodin*.) nosol. Cessation de la douleur ; maladie caractérisée par la cessation de la douleur et l'exaspération des autres symptômes.

**ANODONTE**, adj. des 2 g. (du gr. ἀνόδοντος, sans dents, qui n'a point de dents ; α priv. et ὀδούς,-όντος, dent.) moll. Privé de dents.—*Anodonte*, s. m. moll. Nom que l'on donnait autrefois à un genre de coquillages bivalves, très-commun dans nos rivières et nos étangs, entrant aujourd'hui dans le genre mulette.

**ANODONTÉE**, s. f. (V. *Anodonte*.) bot. Genre de plantes de la famille des mousses , voisin des gymnostomes.

**ANODONTIDE**, adj. des 2 g. (V. *Anodonte*.) moll. Qui ressemble à un anodonte.

**ANODORHYNQUE**, s. m. (du gr. ἄνοδος, chemin remontant, qui va en montant, et de ῥύγχος, bec.) ornith. Genre d'oiseaux.

**ANOEMA**, s. m. mamm. Nom scientifique donné par F. Cuvier au cochon d'Inde.

**ANOGLOCHIS**, s. m. mam. Quadrupède dont on ne connaît que des débris fossiles.

**ANOÏE**, s. f. (du gr. ἄνοος, manque d'esprit ; α priv. et νόος, esprit, connaissance. ) path. Démence , délire, idiotisme, imbécillité.

**ANOLÈNE**, adj. des 2 g. (de α priv. et de ὠλένη, coude , avant-bras, bras.) mam. Qui est sans bras. — *Anolènes*, s. m. pl. térap. Genre de monstres acéphales manquant de bras.

**ANOLIS**, s. m. erp. Genre de reptile appartenant à la famille des lézards iguaniens.

**ANOMAL, ALE**, adj. ( V. *Anomalie*.) didact. Irrégulier, qui s'écarte de la règle, de la loi commune.—gram. *Verbe* anomal, Verbe qui s'écarte du modèle des conjugaisons, qui présente des exceptions dans la manière dont il faut le conjuguer : *Dans presque toutes les langues, Aller est un verbe* anomal, *essentiellement* anomal. — méd. *Maladies* anomales, Celles qui dans leurs symptômes ou dans leur marche présentent quelque chose d'insolite. On donne aussi l'épithète d'*anomales* Aux affections qu'on ne peut rapporter à aucune espèce connue ; ainsi on nomme *Exanthème* anomal, Celui qui n'a pas été décrit, et qui par conséquent n'a pas reçu de nom particulier. — bot. Il se dit De toute partie d'un végétal , corolle , calice , feuille , etc. , quand elle affecte une forme singulière, extraordinaire, ne pouvant se rapporter à aucune formule descriptive usitée, ou à un animal s'éloignant par quelques caractères des autres animaux dans la classe desquels ses analogies sembleraient le placer.

**ANOMALAISE**, s. f. (de α priv., νόμος, règle, et λακίζω, je déchire.) Nom donné par Richard à la vingt-cinquième et dernière classe de son système et qui correspond à la polygamie de Linné.

**ANOMALIE**, s. f. (du gr. ἀνωμαλία, disparité, inégalité, irrégularité ; ἀνώμαλος, désuni, inégal, irrégulier; α, ἄν priv. et ὁμαλός, uni, égal.) didact. Irrégularité : *Il y a de l'anomalie dans ce nom, dans la conjugaison de tel verbe. Dans toutes les langues on remarque de nombreuses anomalies. Publierez-vous votre traité sur les anomalies du langage? Combien d'anomalies dans le règne végétal ?* — chim. *Effets variés et en apparence contradictoires que présentent les mêmes matières dans leur union et leur désunion.* — astron. La distance du lieu vrai ou moyen d'une planète à l'aphélie ou à l'apogée : *Anomalie excentrique. Anomalie moyenne.*

**ANOMALIFLORE**, adj. des 2 g. (du gr. ἀνώμαλος, inégal , irrégulier ; et du lat. *flos, floris*, fleur.) bot. Qui a des fleurs anomales.

**ANOMALIPÈDE**, adj. des 2 g. (du gr. ἀνώμαλος, inégal, irrégulier, et du lat. *pes, pedis*, pied.) zool. Dont les pattes ne se ressemblent pas ou offrent quelque anomalie.

**ANOMALISTIQUE**, adj. f. (V. *Anomal*.) astron. *Année* anomalistique, Temps que la terre met à parcourir son orbite , à revenir précisément et exactement au point d'où elle était partie l'année précédente. On dit aussi dans ce sens : *Année sidérale ;* selon d'autres, l'année anomalistique serait plus longue que l'année sidérale.

**ANOMALOECIE**, s. f. bot. Nom que Richard pense devoir substituer à celui de polygamie pour la vingt-quatrième classe du système de Linné.

**ANOMALON**, s. m. entom. Genre d'insectes hyménoptères.

**ANOMALOPÈDE**, adj. des 2 g. V. *Anomalipède*.

**ANOMALOPORE**, adj. des 2 g. (V. *Pore*.) didact. Qui a des pores de grandeur différente.

**ANOMAUX**, s. m. pl. crust. Nom imposé par Latreille à une grande section des décapodes macroures.

**ANOMIAL, LE**, adj. conchyl. Qui ressemble à une anomie.

**ANOMIDE**, adj. des 2 g. (V. *Anomie*.) entom. Il se dit De certains insectes fort bizarres dans leur conformation.

**ANOMIE**, s. f. (du gr. ἄνομος, sans loi, sans règle fixe, irrégulier ; α priv. et νόμος, loi.) conchyl. Genre de mollusques testacés, de la famille des acéphales, remarquable par l'inégalité des valves de la coquille.

**ANOMOCARPE**, adj. des 2 g. (du gr. ἄνομος, sans règle, et de καρπός, fruit.) bot. Qui donne des fruits anomaux.

**ANOMOCÉPHALE**, s. m. (du gr. ἄνομος, irrégulier, et de κεφαλή, tête.) anat. Nom donné à tous les êtres dont la tête présente quelque difformité.

**ANOMODON**, s. m. bot. Genre de mousses.

**ANOMOÏODIPÉRIANTHÉ, ÉE**, adj. (du gr. ἀνόμοιος, différent, δίς, deux fois, et περίανθος, fleur.) bot. Il sert à caractériser Toutes les plantes dont le calice et la corolle n'ont pas un même nombre de divisions.

**ANOMOURE**, adj. des 2 g. (du gr. ἄνομος, sans loi, sans règle, contraire à la règle ; α priv. , νόμος, loi, et de οὐρά, queue.) zool. Il se dit Des animaux dont la queue est irrégulière, extraordinaire.

**ANOMPHALE**, adj. des 2 g. (du gr. α priv. et ὀμφαλός, nombril.) anat. Qui est sans nombril : *On a prétendu qu'Adam et Ève étaient anomphales.*

**ANON**, s. m. Le petit d'une ânesse : *Élever des ânons. L'ânesse et son ânon.*

**ANONACÉ, ÉE**, adj. V. Anoné.

**ANONE**, ou **COROSSOL**, s. f. bot. On désigne ainsi Des arbres ou arbrisseaux de la famille des anonacées ou anonées, ou leurs fruits, renommés pour leur bonté. Tous habitent les zones tropicales, où l'on en cultive près de quarante espèces.

**ANONÉ, ÉE**, adj. bot. Qui ressemble à l'anone. — *Anonées*, s. f. pl. Famille de plantes dicotylédones, polypétales, hypogynes.

**ANONNEMENT**, s. m. Hésitation, sorte de bégaiement en lisant ou en récitant : *Lire sans ânonnement. Il a un ânonnement détestable.*

**ANONNER**, v. n. Parler, lire en hésitant, en répétant plusieurs fois les mêmes mots : *On devrait surtout apprendre aux enfants à ne pas ânonner en lisant. Il ânonne toujours en parlant.* — On l'emploie aussi activement, en parlant d'un orateur : *Il a ânonné tout son discours.* — Il se dit aussi d'une ânesse qui met bas.

**ANONYME**, adj. des 2 g. (du gr. ἀνώνυμος, sans nom, qui n'a pas de nom, mot passé en latin sous la forme de *anonymus* avec le même sens ; α, ἄν priv., et ὄνυμα, éol. ὄνυμα, nom.) Qui n'a pas de nom, dont le nom est caché : *Un auteur anonyme. Un écrit anonyme*, Celui dont on ne connaît pas l'auteur. *Un écrit anonyme est d'un malhonnête homme. Écrire des lettres anonymes est un divertissement bien puéril ou une perfidie bien lâche.* Rouss. — Il s'emploie également comme substantif : *Ce livre est l'ouvrage d'un anonyme.* — *Garder l'anonyme*, Garder le secret de son nom à propos d'une œuvre d'esprit. *L'auteur de la pièce désire garder l'anonyme. Déchirer le voile de l'anonyme, lever l'anonyme*, Faire connaître l'auteur ignoré d'un ouvrage. — comm. *Société anonyme*, Celle qui n'existe pas sous son nom social, qui n'est désignée sous le nom d'aucun des associés, et qui est seulement qualifiée par l'objet de son entreprise : *Une société anonyme ne peut exister qu'avec l'autorisation du roi et qu'avec son approbation pour l'acte qui la constitue.*

**ANONYMEMENT**, adv. Sous l'anonyme, en gardant l'anonyme. Peu usité.

**ANOPÉTALE**, adj. des 2 g. (du gr. ἀνά, en haut, et de πέταλον, pétale.) bot. Dont les pétales sont dressés.

**ANOPHÈLE**, s. m. entom. Genre d'insectes de l'ordre des diptères.

**ANOPISTHE**, adj. des 2 g. (de α priv. et de ὄπισθεν, par-derrière, d'où ὀπίσθιος, de derrière, qui est par-derrière.) Qui n'a point d'anus.

**ANOPLE**, s. m. (du gr. ἄνοπλος, désarmé, sans défense ; α priv. et ὅπλον, défense.) zool. Genre d'insectes coléoptères.

**ANOPLOPE**, s. m. erp. Genre de reptiles sauriens.

**ANOPLOTHÈRE**, s. m. (du gr. ἄνοπλος, désarmé, sans défense, et de θήρ, bête.) Genre de quadrupèdes, de l'ordre des pachydermes, dont on ne connaît que des débris fossiles.

**ANOPLURE**, adj. et s. m. (du gr. ἄνοπλος, désarmé, et οὐρά, queue.) entom. Dont la queue est dépourvue de filaments. — *Anoplures*, s. m. pl. Selon Leach, Ordre de la classe des insectes sans métamorphoses, comprenant ceux qui ont la queue dépourvue de filaments.

**ANOPLURIFORME**, adj. (V. Anoplure.) entom. Qui ressemble à un anoplure. — *Anopluriformes*, adj. m. pl. Épithète que l'on donne aux larves de coléoptères quand elles sont carnivores, antennifères, à corps oblong et déprimé, comme la larve des coccinelles.

**ANOPTÈRE**, s. m. (du gr. ἀνά, en haut, et de πτερόν, aile.) Genre de plantes de la famille des gentiacées, qui renferme un arbre de la Nouvelle-Hollande dont les semences sont surmontées d'une aile membraneuse.

**ANORCHIDE**, adj. et s. m. V. le Supplément.

**ANORDIE**, s. f. mar. Vent qui souffle du nord.

**ANORDIR**, v. n., ou **S'ANORDIR**, v. pron. mar. Venir du nord, en parlant du vent.

**ANORDI, IE**, part.

**ANOREXIE**, s. f. (du gr. ἀνορεξία, manque d'appétit, inappétence : α priv. et ὄρεξις, envie, désir, appétit.) méd. Absence d'appétit, qu'il ne faut pas confondre avec le dégoût d'aliments.

**ANORGANIQUE**, adj. des 2 g. (du gr. ἀνόργανος, sans instrument, sans organe ; α priv. et ὄργανον, mécanisme, organe.) hist. nat. Synonyme peu usité d'*inorganique*, Qui n'a pas d'organe.

**ANORGANOGÉNIE**, s. f. (du gr. ἀνόργανος, sans organe, anorganique, et de γένος, race, genre, origine, en lat. *genus*.) hist. nat. Partie de l'histoire naturelle qui recherche l'origine et la nature des corps inorganiques.

**ANORGANOGNOSIE**, s. f. (du gr. ἀνόργανος, anorganique, et de γνῶσις, connaissance, science, doctrine.) Science des corps inorganiques. V. Minéralogie.

**ANORGANOGRAPHIE**, s. f. (du gr. ἀνόργανος, anorgane, et de γραφή, description.) min. Description des corps inorganisés.

**ANORGANOGRAPHIQUE**, adj. des 2 g. (V. Anorganographie.) Qui a rapport à l'anorganographie.

**ANORGANOLOGIE**, s. f. (du gr. ἀνόργανος, inorganique, et λόγος, discours, traité.) min. Traité des corps inorganiques. — Discours sur les corps inorganiques.

**ANORGANOLOGIQUE**, adj. des 2 g. (V. Anorganologie.) Qui a rapport à l'anorganologie.

**ANORGIQUE**, adj. des 2 g. V. Anorganique.

**ANORGISME**, s. m. (V. Anorganique.) phys. Ensemble de tous les corps et de toutes les forces physiques, étrangères au règne organique.

**ANORMAL, LE**, adj. (du gr. α priv. et de νόμος, règle.) Qui n'est pas selon les règles : *Une conduite anormale, un état anormal.* — bot. Il se dit De l'organe d'une plante, quand il présente des altérations produites par des maladies, des dégénérescences, etc.

**ANORRHYNQUE**, adj. et s. m. (de α priv. et de ῥύγχος, bec.) helm. Dépourvu de bec. — *Anorrhynques*, s. m. pl. Nom de la troisième famille des bothrocéphalés, le renflement céphalique n'ayant ni tentacule ni mamelons proboscidiformes garnis de crochets.

**ANORTHITE**, s. f. selon Rose, ou **CHRISTIANITÉ**, selon Monticelli. min. Minéral en petites masses à structure grenue, ayant par sa composition et sa forme cristalline de grands rapports avec les feldspaths.

**ANOSIE**, s. f. (du gr. ἀνοσία, absence de maladie ; α priv. et νόσος, maladie.) hyg. Absence de maladie, santé.

**ANOSMIE**, s. f. (du gr. ἀνοσμία, défaut ou manque d'odeur ; α priv. ὀσμή, odeur.) path. Diminution de l'odorat, privation de la faculté olfactive.

**ANOSPHRÉSIE**, s. f. (de α priv. et de ὄσφρησις, senteur, odorat.) path. Diminution, privation ou perte de l'odorat.

**ANOSTÉOPHORE**, adj. et s. m. (du gr. α priv. et de ὀστέον, ος, et du suff. φόρος, qui porte, dér. de φέρω, porter.) moll. Qui n'a ni os ni parties dures dans le corps. — *Anostéophores*, s. m. pl. Ordre de mollusques céphalopodes ne renfermant qu'un seul genre, celui des poulpes.

**ANOSTÉZOAIRE**, adj. des 2 g. (du gr. ἀνόστεος, qui manque d'os, et ζῶον, animal.) zool. Qui n'a point d'os. — *Anostéozaires*, s. m. pl. Type du règne animal comprenant, selon de Blainville, les animaux dépourvus de véritables os.

**ANOSTOME**, adj. des 2 g. (du gr. ἀνά, en haut, et de στόμα, bouche.) ichth. et conchyl. Qui a la bouche à la partie supérieure du museau. — *Anostomes*, s. m. pl. conchyl. Genre de coquilles univalves. — ichth. Genre de poissons de la famille des dermoptères.

**ANOTIE**, s. f. entom. Genre d'insectes de l'ordre des hémiptères.

**ANOURE**, adj. des 2 g. (du gr. ἄνουρος, privé de queue ; α priv. et οὐρά, queue.) erp. Privé de queue, sans queue. — *Anoures*, s. m. pl. Seconde famille des reptiles batraciens, qui comprend les pipas, les crapauds, les grenouilles, etc.

**ANSE**, s. f. (du lat. *ansa*, même sens.) Sorte de bras recourbé en arc, adapté à certains vases ou autres ustensiles et par lequel on les prend pour les porter : *Un pot à deux anses. L'anse d'un panier. L'anse d'un seau, d'un pot. Prendre un panier par l'anse. Les anses du canon.* — *Faire danser l'anse du panier*, Se dit d'une cuisinière qui gagne sur les achats qu'elle fait : *L'anse du panier lui rapporte plus que ses gages.* — *Anse*, Petite baie où relâchent les bâtiments : *Il y a plusieurs anses fort commodes sur cette côte. Aborder dans une anse.* — anat. *Une anse d'intestin. Une anse nerveuse.* — serr. Partie du cadenas qu'on passe dans un crampon de fer ou piton, et qui rentre ensuite dans sa châsse. — **Anse de panier**, géom. Courbe discontinue, composée de plusieurs arcs de courbes différentes mutuellement tangents deux à deux et tous concaves du même côté. Voûte ou arcade surbaissée ayant la forme d'une moitié d'ellipse prise dans le sens du grand diamètre : *A l'époque de la Renaissance, les portes en anse de panier étaient fort communes.*

**ANSE**, s. f. V. Hanse.

**ANSÉATIQUE**, adj. f. V. Hanséatique.

**ANSER**, v. a. techn. Garnir d'une anse une pièce quelconque.

**ANSÉ, ÉE**, part.

**ANSÈRES**, s. m. pl. (V. Anséride.) ornith. Linné désigne ainsi l'Ordre des oiseaux palmipèdes de Cuvier ou des nageurs de Vieillot.

**ANSÉRIDE**, adj. des 2 g. (du lat. *anser, anseris*, une oie.) ornith. Semblable à l'oie. — *Ansérides*, s. m. pl. Famille d'oiseaux.

**ANSÉRIEN, ENNE**, adj. ornith. V. Anséride.

**ANSÉRINE**, s. f. (du lat. *anserinus*, d'oie, adj. dér. de *anser*, oie.) bot. Genre de plantes dont les espèces sont nombreuses et presque toutes employées en médecine. — adj. f. path. Qualification donnée à la peau, quand elle s'est couverte de petites aspérités analogues à celles qu'on remarque sur une oie plumée.

**ANSETTE**, s. f. (V. Anse.) techn. Attache dans laquelle on passe le ruban d'une croix. — Bout de corde terminé en forme d'anneau. — Petite anse. — orf. Anse d'une tasse. — mar. Petit anneau par lequel on fait passer les voiles. V. Ancette.

**ANSIÈRE**, s. f. (rac. *anse*.) pêch. Il se dit Des filets que l'on tend dans les anses.

**ANSPECT**, ou **AUSPECK**, s. m. (du br. *spek*, pl. *spegou*, levier ; *ann spek*, un levier ; ce mot est donc passé, comme quelques autres, avec l'article.) mar. Barre de bois, ayant la forme de pince, et qui sert à remuer les fardeaux. Il se dit spécialement Du levier que l'on emploie à la manœuvre des canons.

**ANSPESSADE**, s. m. Vieux mot qui désignait autrefois un bas-officier d'infanterie placé au-dessous du caporal.

**ANTACIDE**, adj. méd. V. Anti-acide.

**ANTAGONISME**, s. m. (du gr. ἀνταγωνισμός, combat ; ἀντί, contre, et ἀγών, combat.) anat. Action d'un muscle contraire à celle d'un autre muscle. — physiol. Opposition entre deux ordres de fonctions : *Antagonisme du système nerveux et du système musculaire. Antagonisme des fonctions du cerveau et de l'estomac.* — fig. Rivalité, état de lutte : *Nous vivons dans un siècle de lutte et d'antagonisme.* Il est nouveau dans ce sens.

**ANTAGONISTE**, s. m. (du gr. ἀνταγωνιστής, même sens. V. Antagonisme.) Adversaire, rival, celui qui est opposé, avec lequel on a à lutter : *Nous avions en tête un terrible antagoniste. Les passions sont antagonistes, l'orgueil combat l'ambition, l'avarice combat l'amour, la vanité lutte contre toutes.* B. — anat. *Muscles antagonistes*, Ceux qui agissent en sens contraire.

**ANTALGIQUE**, adj. (du gr. ἀντί, contre et ἄλγος, douleur.) méd. Qui calme la douleur. Synonyme, *Anodin*.

**ANTAN**, s. m. (du lat. *ante*, avant, auparavant, et *annus*, année.) L'année qui précède l'année courante. Il est vieux et ne s'emploie guère que dans cette locution : *Les neiges d'antan.* — prov. *Je ne m'en soucie, non plus que des neiges d'antan.*

**ANTANACLASE**, s. f. (du gr. ἀντί, contre, et ἀνακλάω, répercuter.) gram. Figure de rhétorique par laquelle on répète un mot en le prenant dans un sens différent.

**ANTANAGOGE**, s. f. (du gr. ἀντανάγω, aller au-devant de l'ennemi, ἀντί, contre, et ἀνάγω, pousser, lancer.) rhét. Figure de rhétorique par laquelle on rétorque contre son adversaire une preuve ou une accusation généralement connue sous le nom de *récrimination*.

**ANTANNAIRE**, adj. des 2 g. (dérivé d'*antan*.) fauc. De l'année précédente, de l'année dernière : *Oiseau antannaire*, Oiseau qui n'a pas mué, et conserve par conséquent le pennage de l'année précédente.

**ANTANNIER, ÈRE**, adj. fam. V. Antannaire.

**ANTANOIS, OISE**, adj. V. Antenois.

**ANTAPHRODISIAQUE**, adj. V. Antiaphrodisiaque.

**ANTAPHRODITIQUE**, adj. V. Antiaphroditique.

**ANTAPODOSE**, s. f. (du gr. ἀνταπόδοσις, liaison, corrélation; dér. de ἀντὶ, contre et ἀπωδίδωμι, rendre.) gram. Première partie d'une période : l'apodose est la fin de la période; l'antapodose en est le contraire, c'est-à-dire le commencement, qu'on appelle plus souvent protase.

**ANTARCTIQUE**, adj. des 2 g. (du gr. ἀνταρκτικὸς, méridional; mot comp. de ἀντὶ, devant, contre, à l'opposite, et de ἀρκτικὸς, arctique ou septentrional; rac. ἄρκτος, ourse, parce que la constellation de l'Ourse est fort rapprochée du pôle septentrional.) Qui est opposé au pôle arctique ou septentrional : Pôle antarctique, Pôle austral. Les régions antarctiques. Le cercle polaire antarctique.— hist. nat. Qui croît ou habite dans les terres australes.

**ANTARÈS**, s. m. astron. Étoile de la première grandeur située dans la constellation du Scorpion, l'un des douze signes du zodiaque : Nous avons déterminé la position de la lune par sa conjonction avec Antarès ou le cœur du Scorpion.

**ANTE**, s. f. (en lat. antœ, du gr. ἀντηρὶς, pilier, arc-boutant.) arch. Nom donné dans les temples dits in antis, à une espèce de pilastre carré qui terminait la partie des murs latéraux prolongée en avant, aux côtés de la façade de l'édifice. Il se dit aussi Des arrière-corps qui accompagnent la colonnade d'ordre toscan. — techn. Pièce de bois sur l'avant des ailes d'un moulin à vent. — peint. Sorte de petit manche qui sert à tenir le pinceau à laver.

**ANTÉBRACHIAL, ALE**, adj. (du lat. ante, avant, en avant, et de brachium, bras, d'où vient l'adj. brachialis, du bras.) Qui a rapport, qui appartient à l'avant-bras.

**ANTÉCÉDEMMENT**, adv. Avant, précédemment. Peu usité.

**ANTÉCÉDENCE**, s. f. (V. Antécédent.) astron. Il se dit Du mouvement d'une planète, lorsque cette planète paraît s'avancer, contrairement à l'ordre des signes, d'orient en occident; on dit alors que Cette planète est en antécédence.

**ANTÉCÉDENT, TE**, adj. (du lat. antecedens, qui précède, part. du v. antecedere, aller devant, précéder. V. Antécesseur.) Qui est auparavant, qui précède dans l'ordre de temps : Les rapports antécédents étaient en contradiction absolue avec celui qu'on lui présentait. Volt. Les plaidoieries antécédentes.

**ANTÉCÉDENT**, s. m. Ce qui s'est passé précédemment, fait antérieur, action passée de la vie d'un homme : La corruption, le pillage, le vol, voilà les antécédents qu'il offrait pour garanties de son administration. — Il se dit spécialement d'Un fait antérieur que l'on peut rappeler comme justification d'un autre fait : Admettre une pareille exception, serait établir pour l'avenir un antécédent dangereux. — log. La première partie d'un enthymème : c'est je pense dans l'enthymème si connu : Je pense, donc j'existe. — gram. Nom ou pronom auquel se rapporte un pronom relatif, comme qui, lequel, etc. — math. Le premier des deux termes d'un rapport.

**ANTÉCESSEUR**, s. m. (du lat. antecessor, qui marche devant, en avant, qui précède; dér. du v. antecedere, précéder; ante, avant, auparavant, et cedere, aller, marcher.) Il se disait autrefois d'Un professeur en droit dans une Université.

**ANTÉCHRIST**, s. m. (du lat. antichristus, mot d'origine grecque : ἀντὶ, contre; et χριστὸς, part. de χρίω, oint, l'oint du Seigneur, le Christ.) Celui qui est opposé à Jésus-Christ, celui qui, selon l'opinion commune, doit venir à la fin des siècles pour établir une religion opposée à celle de Jésus-Christ : Les temps marqués par l'antechrist. C'était lui que les prédicateurs désignaient comme l'antechrist.

**ANTÉCIEN**, adj. et s. m. (du gr. ἄντοικος, qui habite en face, vis-à-vis : ἀντὶ, contre, à l'opposite, et οἶκος, demeure, habitation, οἰκέω, demeurer.) géogr. Il se dit Des peuples qui, sous le même méridien et à une égale distance de l'équateur, habitent deux hémisphères opposés.

**ANTÉDILUVIEN, NE**, adj. (du lat. ante, avant, auparavant, et diluvium, déluge. V. Déluge.) géol. Les Anglais qualifient ainsi les formations alluviales et les animaux perdus qu'ils supposent avoir précédé le déluge de la Genèse. Les Français ont restreint l'emploi de ce mot à la désignation des terrains de trass et d'alluvion qui ont dû précéder la période animale. Par conséquent, ils nomment antédiluviens les animaux, tels que mastodonte, palœothérium, dinotherium, tapir, etc., dont les os fossiles se trouvent dans les terrains de transport appelés diluviens. — Histoire antédiluvienne, Celle qui traite des temps qui ont précédé le déluge, et plaisamment, Celle qui se perd dans la nuit des temps.

**ANTÉFIXE**, s. f. (du lat. antefixa, appentis ou saillie des toits; ante, devant, et fixus, placé, fixé.) Ornement ayant ordinairement la forme d'une palmette ou d'une tête de lion, et qu'on appliquait au bord des toits couverts de tuiles creuses pour en masquer les vides : Chez les anciens, les antéfixes étaient souvent de terre cuite, et coloriées des plus vives couleurs.

**ANTÉMÉDIAIRE**, adj. des 2 g. (du lat. ante, devant, avant, et de medius, du milieu, au milieu.) bot. Il se dit Des pétales opposés aux divisions du calice.

**ANTÉNÉASME**, s. m. path. Variété de la manie dans laquelle les malades tournent leurs mains contre eux-mêmes, et semblent attenter à leurs jours. Peu usité.

**ANTENNAIRE**, s. m. ichth. V. Lophie.

**ANTENNAIRE**, s. f. bot. Genre de plantes à fleurs composées.

**ANTENNAIRE**, adj. des 2 g. entom. Qui a rapport aux antennes des insectes. — Antennaires, s. f. pl. Nom donné à deux petites pièces soudées ensemble, qu'on remarque sur la tête des insectes diptères de la famille des muscides ou myodaires, et sur lesquelles sont implantées les antennes.

**ANTENNARIÉ, ÉE**, adj. bot. Semblable à une antennaire.—Antennariées, s. f. pl. Groupe de plantes à fleurs composées.

**ANTENNE**, s. f. (du lat. antenna, même sens.) mar. On appelle ainsi Une longue pièce de bois flexible qu'on place à l'aide d'une poulie au milieu ou vers le haut du mât pour soutenir une voile : La force du vent avait déjà brisé plusieurs antennes. — entom. Filet articulé, mobile, inséré sur la tête et hors de la bouche des insectes, des crustacés et de quelques néréides. Ce mot a été quelquefois appliqué, mais improprement, aux appendices filiformes, ou tentacules, de certains poissons.

**ANTENNÉ, ÉE**, adj. entom. Pourvu d'antennes.

**ANTENNIFÈRE**, adj. des 2 g. entom. Qui porte des antennes.

**ANTENNIFORME**, adj. des 2 g. hist. nat. Qui a la forme d'une antenne.

**ANTENNISTE**, adj. des 2 g. V. Antenné.

**ANTENNULAIRE**, s. m. entom. Nom que l'on donne au second segment céphalique du squelette tégumentaire des crustacés. — Polypier à petites antennes.

**ANTENNULE**, s. f. entom. Petite antenne.—Antennule, synonyme de pulpe, Filet articulé ressemblant beaucoup aux antennes, mais situé sur quelques-uns des organes de la manducation.

**ANTENOIS, OISE**, adj. Il se dit De béliers, brebis ou moutons qui n'ont pas encore deux ans : Bestiaux antenois.

**ANTÉOCCUPATION**, s. f. (du lat. anteoccupatio, même sens; dér. de anteoccupare, prévenir.) gram. Figure de rhétorique par laquelle on va au-devant d'une objection pour la détruire. On l'appelle plus souvent prolepse.

**ANTÉON**, s. m. entom. Genre d'insectes hyménoptères.

**ANTÉPECTORAL, LE**, adj. (du lat. ante, devant avant, et pectoralis, de la poitrine; pectus, pectoris, poitrine.) zool. Situé en avant de la poitrine.

**ANTÉPÉNULTIÈME**, adj. des 2 g. (Mot formé par M. Capella, de trois mots latins : ante, devant, avant, pene, presque, et ultimus, dernier.) gram. et pros. Qui précède l'avant-dernier : Le mot antépénultième. La syllabe antépénultième. — Antépénultième, s. f. Syllabe qui précède immédiatement la pénultième; troisième syllabe en remontant.

**ANTÉPHALTIQUE**, adj. V. Antiéphialtique.

**ANTÉPRÉDICAMENTS**, s. m. pl. (du lat. ante, devant, avant, et de prœdicamentum, énonciation, déclaration.) log. Questions préliminaires. Très-peu usité.

**ANTÉRIEUR, RE**, adj. (du lat. anterior, même sens, d'où nous est venu antériorité; rac. ante, devant, avant.) Qui précède par ordre de place ou par ordre de temps : On doit renverser toute la partie antérieure de cet édifice. Son inscription est antérieure à la vôtre. Une découverte antérieure. Nous sommes antérieurs en hypothèque. Il faut prendre celui dont la réclamation est antérieure à l'autre. Sa mort est antérieure de six mois à celle de votre oncle. Les temps antérieurs aux époques historiques sont restés plongés dans une obscurité profonde. Voln. — bot. Quand, dans une fleur irrégulière, le stigmate regarde la partie antérieure de la corolle, on le dit antérieur. — entom. On dit antérieur Le côté de la tête de l'insecte : Le prothorax est antérieur à l'abdomen. La tête est antérieure au corselet.

**ANTÉRIEUREMENT**, adv. (V. Antérieur.) Avant, précédemment : Cette dette a été payée antérieurement. On ne connaît pas de roi en Égypte antérieurement à cette époque. Ségur.

**ANTÉRIORITÉ**, s. f. (V. Antérieur.) Priorité de temps, de date : L'antériorité d'un droit, d'un titre. Il réclamait pour la nation française l'antériorité de cette découverte. Antériorité d'hypothèque. Antériorité de date.

**ANTERNON**, s. m. techn. Chaussée pratiquée à travers les marais salants.

**ANTÉRO-DORSAL, ALE**, adj. (du lat. ante, devant, avant, et de dorsum, dos.) Situé en avant et du côté du dos.

**ANTESTATURE**, s. f. (du lat. antestatuere, mettre par devant.) art mil. Retranchement improvisé que l'on fait avec des palissades.

**ANTÉVERSION**, s. f. (du lat. ante, devant, et vertere, tourner.) path. Renversement, déplacement d'un organe. Il se dit en particulier De la matrice.

**ANTHÈLE**, s. f. (du gr. ἀνθήλιον, petite fleur, dim. de ἄνθος, fleur.) bot. Grappe de fleurs allongées. Il se dit spécialement De la floraison des joncs.

**ANTHÉLIE**, s. f. (V. Anthèle.) polyp. Genre de la classe des polypiers.

**ANTHÉLIX**, s. m. (du gr. ἕλιξ, ἕλικος, circuit, circonvolution, hélix, précédé de ἀντὶ, contre.) anat. Éminence du cartilage de l'oreille situé au-devant de l'hélix.

**ANTHELMINTIQUE**, adj. des 2 g. (mot formé du gr. ἀντὶ, contre, et ἕλμινς, vers, contre les vers.) méd. Il se dit Des remèdes propres à tuer ou à expulser les vers. Il est aussi substantif : Les anthelmintiques sont des médicaments contre les vers. V. Vermifuge.

**ANTHÉMIDÉ, ÉE**, adj. (du gr. ἀνθεμὶς, -ἰδος, petite fleur, d'où le lat. anthemis, camomille; rac. ἄνθος, fleur.) bot. Qui ressemble à la camomille.—Anthémidées, s. f. pl. Genre de plantes de la famille des radiées, dont plusieurs espèces, telles que les camomille, pyrèthre, chrysanthème des Indes, etc., sont cultivées dans nos jardins.

**ANTHÉRAL, ALE**, adj. (V. Anthère.) bot. Qui a rapport aux anthères.

**ANTHÈRE**, s. f. (du gr. ἀνθηρός, fleuri : ἄνθος, fleur.) bot. On nomme ainsi Un petit sac ordinairement oblong, rempli d'une poussière fécondante, le plus souvent jaune, porté par le sommet du filet de l'étamine. C'est l'organe mâle d'une plante. Ouverture des anthères.

**ANTHÉRIC**, s. m. (du gr. ἀνθέριξ ; ἀνθέρικος, épi, barbe d'épi.) bot. Genre de plantes de la famille des asphodélées, dont presque toutes les espèces sont originaires d'Afrique.

**ANTHÉRICÉ, ÉE**, adj. (V. Anthéric.) bot. Semblable à l'anthéric. — Anthéricées, s. f. pl. Groupe de plantes liliacées.

**ANTHÉRICÈRE**, adj. des 2 g. (V. Anthéric.) entom. Qui a un poil à ses antennes.—Anthéricères, s. m. pl. Famille d'insectes diptères.

**ANTHÉRIDIE**, s. f. (V. Anthère.) bot. Petits corps ovulaires, celluleux, anthériformes, portés par un long pédicelle articulé, et placés à l'extrémité des rameaux de plusieurs thalassiophytes articulés.— Ce mot s'applique aussi à l'organe mâle des mousses et des hépatiques.

**ANTHÉRIFÈRE**, adj. des 2 g. (du lat. anthera, anthère, du gr. ἀνθηρός, fleuri, et du suff. lat. fer, fera, ferum, qui porte; dér. du v. ferre, porter.) bot. Qui porte une anthère, des anthères.

**ANTHÉRIFORME**, adj. des 2 g. (du lat. anthera, anthère, et de forma, forme.) bot. Qui a la forme d'une anthère, fait en forme d'anthère.

**ANTHÉRILION**, s. m. bot. Arbuste des Antilles.

**ANTHÉRIN, INE**, adj. (ἄνθος, fleur.) entom. Il sert à caractériser les insectes qui vivent sur les fleurs.

**ANTHÉRIQUE**, adj. des 2 g. (V. Anthère.) bot. Qui a rapport aux anthères.

**ANTHÉROGÈNE**, adj. f. bot. La fleur anthérogène ou corniculée, est celle dont les anthères sont transformées en pétales roulés en cornet comme l'ancolie commune.

**ANTHÉRURE**, s. f. bot. Sorte de plante qui croît dans la Cochinchine.

**ANTHÉRYLIE**, s. f. (du lat. *anthera*, anthère, et du gr. ὕλη, bois.) bot. Genre de plantes de la famille des lithraires, qui renferme un arbuste observé à l'île Saint-Thomas.

**ANTHÈSE**, s. f. (du gr. ἄνθησις, pousse des fleurs, floraison : ἄνθος, fleur.) bot. On désigne par ce mot l'ensemble des phénomènes qui accompagnent l'épanouissement des fleurs à l'époque où leurs organes sont arrivés à leur état complet de perfection.

**ANTHIAS**, s. m. ichth. Petit poisson très-commun sur les côtes de la Méditerranée, connu vulgairement sous le nom de *barbier*. — Le poisson que les anciens Grecs nommaient *anthias*, est, aujourd'hui, inconnu aux naturalistes.

**ANTHICE**, s. m. (rac. ἄνθος, fleur, parce que ces insectes vivent sur les fleurs.) entom. Genre d'insectes coléoptères de la famille des épispastiques; ces insectes sont d'une extrême petitesse et vivent sur les fleurs.

**ANTHICIDE**, adj. des 2 g. entom. Qui ressemble à un anthice. — *Anthicides*, s. m. pl. Famille d'insectes coléoptères.

**ANTHIDIE**, s. f. entom. Genre d'insectes de l'ordre des hyménoptères.

**ANTHIDULE**, s. f. entom. Genre d'insectes de l'ordre des diptères.

**ANTHIDULÉ**, ÉE, adj. entom. Semblable à une anthidule.—*Anthidulées*, s. f. pl. Famille d'insectes de l'ordre des diptères.

**ANTHIE**, s. f. entom. Genre d'insectes coléoptères, de la famille des créophages.

**ANTHISTÉRIE**, s. f. (du gr. ἄνθος, fleur, et de στεῖρα, boucle de cheveux, bouquet.) bot. Genre de plantes de la famille des graminées.

**ANTHOBOLE**, s. f. bot. Genre de plantes de la Nouvelle-Hollande.

**ANTHOBRANCHE**, adj des 2 g. (du gr. ἄνθος, fleur, et de βράγχια, ouïes, branchies.) moll. Qui a des branchies semblables aux bouquets de fleurs. — *Anthobranches*, s. m pl. Famille de mollusques.

**ANTHOCÉPHALE**, adj. des 2 g. (du gr. ἄνθος, fleur, et de κεφαλή, tête.) helm. Dont la tête ressemble à une fleur. — *Anthocéphale*, s. m. Genre de vers intestinaux.

**ANTHOCERCIS**, s. m. (du gr. ἄνθος, fleur, et de κερκίς, dard, trait.) bot. Genre de plantes de la famille des solanées, comprenant un arbrisseau de la Nouvelle-Hollande, dont la corolle a un limbe divisé en cinq lobes pointus.

**ANTHOCÉROS**, s. m. (de ἄνθος, fleur, et de κέρας, corne.) bot. Genre de plantes de la famille des hépatiques, dans lequel un des organes de la fructification a la forme d'une corne.

**ANTHOCONE**, s. f. (de ἄνθος, et de κῶνος, fleur, cône.) bot. Genre de la famille des hépatiques, dont les fleurs femelles sont renfermées dans des ombelles coniques.

**ANTHOCORYNION**, s. m. (de ἄνθος, fleur, et de κορύνη, massue.) bot. Sorte de bractée qui a la forme d'une massue.

**ANTHODION**, s. m. bot. Fleur qui consiste en petites fleurs plus ou moins nombreuses réunies dans une seule enveloppe.

**ANTHODISQUE**, s. m. bot. Arbre de l'Amérique du Sud.

**ANTHOGRAPHIE**, s. f. (de ἄνθος, fleur, et de γράφω, écrire, dessiner, exprimer.) Art d'exprimer sa pensée par le moyen des fleurs.

**ANTHOLOBE**, s. m. (de ἄνθος, fleur, et de λοβός, lobe, gousse.) bot. Genre de plantes de la Nouvelle-Hollande.

**ANTHOLOGIE**, s. f. (du gr. ἄνθος, fleur, et λέγω, choisir, cueillir.) Choix, collection de fleurs. Peu usité dans ce sens. Il s'emploie figurément pour exprimer Un recueil de petites pièces de vers : *Cette épigramme est extraite de l'*anthologie.—bot. Discours sur les fleurs.

**ANTHOLOGIQUE**, adj. des 2 g. Qui est relatif, qui appartient à l'anthologie.

**ANTHOLOGUE**, s. m. phil. Auteur d'anthologie.

**ANTHOLOME**, s. m. (du gr. ἄνθος, fleur, et de λῶμα, frange.) bot. Genre de la famille des plaqueminiers, dans lequel se trouve un arbrisseau de la

Nouvelle-Calédonie, dont la corolle monopétale a un limbe inégalement frangé.

**ANTHOLYZE**, mieux **ANTHOLYSSE**, s. f. bot. Genre de plantes de la famille des iridacées, toutes fort jolies et cultivées dans nos serres.

**ANTHOMYDES**, s. f. pl. (V. *Anthomye*.) entom. Familles diptères, qui vivent sur les fleurs.

**ANTHOMYE**, s. f. (du gr. ἄνθος, fleur, et μυῖα, mouche.) entom. Genre d'insectes diptères.

**ANTHOMYZE**, adj. des 2 g. ornith. Qui suce le suc des fleurs. — *Anthomyzes*, s. m. pl. Nom de la 22e famille des oiseaux sylvains, selon Vieillot.

**ANTHONOME**, s. m. (du gr. ἄνθος, fleur, et de νομεύω, habiter, paître.) entom. Genre d'insectes coléoptères.

**ANTHONOTHE**, s. m. (du gr. ἄνθος, fleur, et νόθος, bâtard, dégénéré.) bot. Arbrisseau de la famille des légumineuses, qu'on trouve sur la côte occidentale d'Afrique.

**ANTHOPHAGE**, adj. des 2 g. (du gr. ἄνθος, fleur, et de φάγω, manger.) entom. Qui se nourrit de fleurs. — *Anthophage*, s. m. Genre d'insectes de la famille des coléoptères brachélytres.

**ANTHOPHILE**, adj. des 2 g. (du gr. ἄνθος, fleur, de φίλος, ami, φιλέω, aimer.) entom. Qui aime, qui recherche les fleurs.—*Anthophiles*, s. m. pl. Famille d'insectes de l'ordre des hyménoptères et voisine de celle des abeilles.

**ANTHOPHORE**, adj. des 2 g. (du gr. ἄνθος, fleur, et du suff. φορος, qui porte; dér. de φέρω, porter; porte-fleur.) entom. Qui porte une ou plusieurs fleurs. — *Anthophores*, s. f. pl. Genre d'insectes hyménoptères.

**ANTHOPHYLLE**, adj. des 2 g. (du gr. ἄνθος, fleur, et de φύλλον, feuille.) bot. À fleurs dont les divisions sont allongées comme des folioles. — s. m. Le fruit mûr du giroflier.

**ANTHOPHYLLITE**, s. f. min. Minéral brun, rayonné, ayant de l'analogie avec l'amphibole.

**ANTHOPHYLLÉOÏDE**, adj. des 2 g. Qui représente des fleurs : *Caractères anthophylléoïdes*.

**ANTHORE**, s. m. bot. Espèce d'aconit à fleurs jaunes, que les anciens regardaient comme le contrepoison du thorax, mais qui paraît aussi dangereux que les autres plantes du même genre.

**ANTHOSPERME**, s. m. (du gr. ἄνθος, fleur, et de σπέρμα, semence.) bot. Réunion de graines agglomérées de certaines plantes marines. — Genre de plantes de la famille des rubiacées, dont quelques espèces croissent en Afrique.

**ANTHOSPERMÉ**, ÉE, adj. (V. *Anthosperme*.) bot. Semblable à un anthosperme. — *Anthospermées*, s. f. pl. Groupe de plantes de la famille des rubiacées.

**ANTHOSPERMIQUE**, adj. des 2 g. (V. *Anthosperme*.) Qui a rapport aux globules désignés sous le nom d'anthosperme.

**ANTHOSTOME**, adj. des 2 g. (du gr. ἄνθος, fleur, et de στόμα, bouche.) zool. Il se dit De certains animaux dont la bouche, entourée de certains appendices, présente quelque ressemblance avec une fleur.

**ANTHOTIE**, s. f., et **ANTHOTION**, s. m. bot. Genre de plantes de la famille des lobéliacées, lequel renferme une plante de la Nouvelle-Hollande.

**ANTHOXANTHÉ**, ÉE, adj. (rac. *antoxanthum*, la flouve.) bot. Qui ressemble à la flouve.—*Anthoxanthées*, s. f. pl. Groupe de plantes de la famille des graminées.

**ANTHOXANTHUM**, s. m. bot. Genre de plantes de la famille des graminées, dont quelques espèces sont cultivées dans les jardins sous le nom de flouve.

**ANTHOZOA**, s. m. polyp. Nom de la grande division des polypes à une seule ouverture digestive, selon Ehrenberg.

**ANTHOZOAIRE**, adj. des 2 g. (de ἄνθος, fleur, et de ζῶον, animal.) zool. Semblable à une fleur. Il se dit Des animaux qui par leur forme se rapprochent des fleurs. — *Anthozoaires*, s. m. pl. Famille de polypes.

**ANTHOZUSIE**, s. f. bot. Transformation de fleurs en pétales.

**ANTHRACIDE**, adj. des 2 g. (V. *Anthrax*.) entom. Qui ressemble à un anthrax.—*Anthracides*, s. m. pl. entom. Famille d'insectes diptères. — min. Famille de minéraux dont le carbone constitue le type fondamental, selon Beudant.

**ANTHRACIEN**, ENNE, adj. V. **Anthracide**.

**ANTHRACIENS**, s. m. pl. V. **Anthracide**.

**ANTHRACIFÈRE**, adj. des 2. g. (du gr. ἄνθραξ, ἄνθρακος, charbon, et du suff. lat. *fer*, qui porte, dér. de *ferre*, porter.) min. Qui contient du charbon ou de la houille. Il se dit De roches souvent colorées par l'anthracite. — géol. De terrains caractérisés par la présence de l'anthracite.

**ANTHRACIFORME**, adj. des 2 g. (V. *Anthrax*.) entom. Qui a la forme d'un anthrax.

**ANTHRACINE**, s. f. (de ἄνθραξ, ἄνθρακος, charbon, anthrax, dim. ἀνθράκιον, petit anthrax.) path. Espèce d'anthrax cancéreux.

**ANTHRACITE**, s. f. (du gr. ἀνθρακίς,-ίδος, petit charbon, braise.) min. et géol. Substance minérale de la classe des combustibles non métalliques, opaque, d'un noir métalloïde, composée de carbone presque pur, sans bitume, avec un peu de matière terreuse et quelques traces d'hydrogène. On l'appelle aussi *houille éclatante*.

**ANTHRACITEUX**, EUSE, adj. min. Qui renferme de l'anthracite.

**ANTHRACODE**, adj. des 2 g. (du gr. ἀνθρακώδης, semblable au charbon; ἄνθραξ, charbon.) méd. Noir comme un charbon, ou analogue à l'anthrax.

**ANTHRACOLITHE**, s. f. min. Variété d'anthracite trouvée en Hongrie.

**ANTHRACOMÈTRE**, s. m. (du gr. ἄνθραξ, ἄνθρακος, charbon, et de μέτρον, mesure.) chim. Instrument destiné à faire connaître la quantité d'acide carbonique qui se trouve dans un mélange gazeux.

**ANTHRACOSE**, s. f. (lat. *anthracosis*, fait d'ἄνθραξ, charbon, anthrax.) path. Espèce d'anthrax qui affecte les paupières et le globe de l'œil.

**ANTHRACOTHÈRE**, s. m. (du gr. ἄνθραξ, ἄνθρακος, charbon, et de θήρ, θηρός, bête, animal.) paléont. Genre fossile de mammifères, de l'ordre des pachydermes, ayant de l'analogie d'une part avec les anoplothérions, de l'autre avec les chéropotames.

**ANTHRAKONITE**, s. f. min. Simple variété de calcaire mélangée de charbon.

**ANTHRAX**, s. m. (du gr. ἄνθραξ, charbon.) méd. Tumeur inflammatoire formée dans le tissu cellulaire sous-cutané et se terminant toujours par la gangrène. (V. *Charbon*.) — entom. Genre d'insectes de l'ordre des diptères et de la famille des sarcostomes, chez la plupart desquels les ailes sont colorées en noir.

**ANTHRAXIFÈRE**, adj. des 2 g. V. **Anthracifère**.

**ANTHRAZOTHION**, s. m. V. **Sulfocyanogène**.

**ANTHRAZOTHIONIQUE**, adj. V. **Sulfocyanique**.

**ANTHRAZOTHIONURE**, s. f. V. **Sulfocyanure**.

**ANTHRÈNE**, s. m. (du gr. ἀνθρήνη, guêpe, frelon.) entom. Genre d'insectes coléoptères, de la famille des stérocères, dont les plus belles espèces vivent sur les fleurs : *La larve fait beaucoup de tort aux collections d'histoire naturelle.*

**ANTHRIBE**, s. m. (de ἄνθος, fleur, et de τρίβω, détruire.) entom. Genre d'insectes coléoptères, de la famille des rhinocères.

**ANTHRIBIDE**, adj. des 2 g. (V. *Anthribe*.) entom. Qui ressemble à un anthribe. — *Anthribides*, s. m. pl. Genre d'insectes coléoptères.

**ANTHRIBIDIFORME**, adj. des 2 g. entom. Qui a la forme d'un anthribe.

**ANTHROPIATRIE**, s. f. (d'ἄνθρωπος, homme, et de ἰατρεία, médecine, guérison.) méd. Médecine humaine, médecine de l'homme. À peu près inusité.

**ANTHROPIATRIQUE**, adj. des 2 g. méd. Qui a rapport à l'anthropiatrie.

**ANTROPOCHIMIE**, s. f. hist. nat. Science des phénomènes chimiques dans le corps de l'homme.

**ANTHROPOCHIMIQUE**, adj. Qui concerne l'anthropochimie.

**ANTHROPOFORME**, adj. des 2 g. hist. nat. Il se dit Des animaux qui ont quelque ressemblance avec l'homme.

**ANTHROPOGÉNÉSIE**, s. f. V. **Antropogénie**.

**ANTHROPOGÉNIE**, s. f. (du gr. ἄνθρωπος, homme, et γένεσις, génération.) anat. Connaissance de la génération de l'homme; théorie de la génération humaine.

**ANTHROPOGRAPHE**, s. m. (de ἄνθρωπος, homme, et de γράφω, je décris.) Celui qui décrit l'homme.

**ANTHROPOGRAPHIE**, s. f. Description anatomique de l'homme.

**ANTHROPOGRAPHIQUE**, adj. Qui concerne l'anthropographie.

**ANTHROPOÏDE**, s. m. (du gr. ἄνθρωπος, homme,

et de εἶδος, apparence, forme, ressemblance.) ornith. Genre d'oiseaux.

ANTHROPOLÂTRIE, s. f. (du gr. ἄνθρωπος, homme, et de λατρεία, culte.) Adoration d'un dieu sous la forme humaine.

ANTHROPOLITHES, s. f. pl. (du gr. ἄνθρωπος, homme, et de λίθος, pierre.) min. et paléont. Nom donné aux pétrifications qui sont ou qu'on croit être des ossements humains.

ANTHROPOLOGIE, s. f. (de ἄνθρωπος, homme, et de λόγος, discours.) anat. Anatomie et histoire naturelle de l'homme. Étude de l'homme au point de vue purement physique : *L'anthropologie s'applique à déterminer et à classer les diverses races humaines.* ACAD.

ANTHROPOLOGIQUE, adj. rhét. Qui a rapport à l'anthropologie.

ANTHROPOMAGNÉTISME, s. m. (de ἄνθρωπος, homme, et de μάγνης, μάγνητος, aimant.) phys. Magnétisme animal.

ANTHROPOMÉTALLISME, s. m. (de ἄνθρωπος, homme, et de μέταλλον, mine, métal.) Nuance, variété, forme de magnétisme animal.

ANTHROPOMÉTRIE, s. f. (de ἄνθρωπος, homme, et de μέτρον, mesure.) didact. Art de mesurer les proportions du corps humain.

ANTHROPOMÉTRIQUE, adj. de 2 g. didact. Qui a rapport à l'anthropométrie.

ANTHROPOMORPHE, adj. des 2 g. (de ἄνθρωπος, homme, et de μορφή, forme.) didact. Qui a la forme d'un homme, à forme humaine. — *Anthropomorphes*, s. m. pl. mam. Nom donné par Léger à Un champignon monstrueux trouvé dans la forêt d'Altdorf. M. Boitard a imposé, dans son *Jardin des Plantes*, le nom d'*anthropomorphe* aux quadrumanes composant la première section des mammifères, et renfermant les genres orang, kimpézoy, pongo, syndactyle et gibbon.

ANTHROPOMORPHIQUE, adj. des 2 g. (V. *Anthropomorphe*.) phil. Qui a le caractère de l'anthropomorphisme. — diplom. Qui représente des figures humaines : *Lettres* anthropomorphiques.

ANTHROPOMORPHISME, s. m. (V. *Anthropomorphe*.) Opinion de ceux qui attribuent à Dieu une figure et des affections humaines.

ANTHROPOMORPHITE, s. des 2 g. Celui, celle qui adopte l'anthropomorphisme.

ANTHROPOMORPHOLOGIE, s. f. (de ἄνθρωπος, homme, μορφή, forme, et λόγος, discours.) Science des formes du corps humain.

ANTHROPOMORPHOLOGIQUE, adj. Qui a rapport à l'anthropomorphologie.

ANTHROPONOMIE, s. f. (de ἄνθρωπος, homme, et de νόμος, loi.) hist. nat. Science des lois qui régissent l'homme physique, soit dans sa formation, soit dans l'activité de ses organes.

ANTHROPOPATHIE, s. f. V. ANTHROPOLOGIE.

ANTHROPOPHAGE, adj. des 2 g. (du gr. ἄνθρωποφάγος, mangeur d'homme : ἄνθρωπος, homme, et φάγω, manger.) Mangeur de chair humaine : *Les peuples, les nations* anthropophages. — Il s'emploie aussi comme substantif : *Certes, je ne croyais pas qu'une telle atrocité pût avoir lieu autre part que chez des* anthropophages.

ANTHROPOPHAGIE, s. f. Habitude de se nourrir de chair humaine.

ANTHROPOPHORE, adj. des 2 g. V. ANTHROPOMORPHE.

ANTHROPOSOMATOLOGIE, s. f. (de ἄνθρωπος, homme, σῶμα, σώματος, corps, et λόγος, discours.) anat. Anatomie ou description du corps humain.

ANTHROPOSOPHIE, s. f. (de ἄνθρωπος, homme, et de σοφία, sagesse, prudence, science.) didact. Étude et connaissance de la nature humaine.

ANTHROPOTHÉISME, s. m. (de ἄνθρωπος, homme, et de θεός, Dieu.) didact. Représentation de Dieu sous la forme et les attributs de l'homme.

ANTHROPOTOMIE, s. f. (du gr. ἄνθρωπος, et de τομή, section, dissection.) anat. Anatomie du corps humain.

ANTHURE, s. m. (du gr. ἄνθος, fleur, et de οὐρά, queue.) bot. Pédoncule très-allongé qui porte un faisceau de fleurs.

ANTHYLLIDE, s. f. bot. Nom donné à Un genre de plantes de la famille des légumineuses, dont une espèce, la vulnéraire, *anthyllis vulneraria*, n'est point du tout vulnéraire comme on le croyait autrefois, mais fournit un très-bon fourrage, ce qui la fait cultiver.

ANTHYPNOTIQUE, adj. des 2 g. V. ANTIHYPNOTIQUE.

ANTHYPOCHONDRIAQUE, adj. des 2 g. V. ANTIHYPOCHONDRIAQUE.

ANTI, Préposition qui nous est venue du grec, et qui n'existe que dans les mots composés, où elle marque opposition, comme antiscorbutique, c'est-à-dire, contre le scorbut. Non-seulement cette préposition existe dans un grand nombre de mots français, mais avec son secours on en peut former de nouveaux. Ainsi un controversiste, un historien, diront en parlant de ceux qui sont opposés aux papistes : *Les antipapistes.* Une loi, une mesure quelconque paraît contraire à la monarchie, c'est une mesure antimonarchique. On l'a même ajouté quelquefois à un nom propre, comme le prouvent les vers suivants, qui eurent un grand succès dans un siècle où l'on songeait bien plus à mettre en lumière toutes les richesses de notre langue qu'à lui en acquérir de nouvelles :

> Tout le scandale poétique
> Dans Paris s'en va cesser :
> Perrault l'*antipindarique*
> Et Despréaux l'*homérique*
> Consentent de s'embrasser.

Dans quelques mots, tels que antichambre, antidate, *anti* ne marque pas opposition, mais il tient lieu de *anté*, passé du latin dans notre langue : *ante*, devant, avant ; d'où *antédiluvien*, avant le déluge....... Mais si *anti* remplace *anté* quelquefois, celui-ci existe aussi pour *anti*, au moins dans *antechrist*, en latin *antichristus*.

ANTIACIDE, adj. et s. m. (du gr. ἀντί, contre, et du lat. *acidus*, aigre, sûr, acide.) méd. Il se dit Des médicaments propres à empêcher le développement des acides dans l'estomac.

ANTIADES, s. f. pl. (du gr. ἀντιάδες, même sens.) anat. Tonsilles ou glandes amygdales ; inflammation avec tuméfaction des tonsilles.

ANTIADITE, s. f. (du gr. ἀντιάδες, les amygdales, et de δαίω, brûler, enflammer.) path. Inflammation des tonsilles.

ANTIADOCNUS, s. m. (du gr. ἀντιάδες, amygdales ou tonsilles, et de ὄγκος, enflure.) path. Gonflement des amygdales.

ANTIAÉROPHTHORE, adj. et s. m. (du gr. ἀντί, contre, ἀήρ, l'air, et φθορά, corruption, contagion, peste.) méd. Remède contre la peste.

ANTIAPHRODISIAQUE, adj. des 2 g. V. LE SUPPLÉMENT.

ANTIAPOPLECTIQUE, adj. des 2 g. (du gr. ἀντί, contre, et de ἀποπληξία, apoplexie.) méd. Il se dit Des remèdes réputés efficaces contre l'apoplexie.

ANTIAR, s. m. bot. et pharm. Arbre de la famille des urticées, cité par quelques voyageurs sous le nom de *Boon-upas*. Dans l'Inde, son suc, après certaines préparations, devient un poison très-violent, nommé par les Javanais *upas antiar*, et servant à empoisonner les flèches.

ANTIARTHRITIQUE, adj. et s. m. (du gr. ἀντί, contre, et de ἀρθρῖτις, douleur des articulations, goutte : ἄρθρον, articulation.) méd. Il se dit Des médicaments auxquels on suppose quelque efficacité contre la goutte.

ANTIASTHMATIQUE, adj. et s. m. (du gr. ἀντί, contre, et de ἄσθμα, action de haleter, perte d'haleine, asthme : ἄω, souffler.) méd. Il sert à désigner Les remèdes propres à combattre l'asthme.

ANTIATROPHIQUE, adj. et s. m. (du gr. ἀντί, contre, et de ἀτροφία, atrophie : a priv. et τρεφή, nourriture, alimentation.) méd. Il se dit Du traitement employé contre l'atrophie.

ANTIBACCHIQUE, s. m. Terme de poésie latine. Le contraire du vers bacchique.

ANTIBALLOMÈNE, adj. des 2 g. (de ἀντιβαλλόμενος, qui se met pour une autre chose, qui va d'un lieu à un autre ; part. moy. de ἀντιβάλλω, jeter contre, mettre en échange.) didact. Qui peut remplacer autre chose, succédant. Il ne se dit guère que Des remèdes qu'on peut substituer à d'autres.

ANTIBOIS, s. m. (de la prép. *anti*, contre, et du fr. *bois*.) menuis. Tringle appliquée sur le plancher d'une chambre, le long du mur, dans le but d'empêcher les meubles de déchirer par le frottement la tapisserie ou le papier.

ANTIBRACHIAL, ALE, adj. V. ANTÉBRACHIAL.

ANTICABINET, s. m. (de *ante*, devant, avant, et du mot *cabinet*.) archit. Pièce d'attente qui précède le cabinet dans quelques grandes maisons.

ANTICACHECTIQUE, adj. et s. m. (du gr. ἀντί, contre, et καχεξία, mauvaise disposition, cachexie : κακῶς, mal, et ἕχω, ἀντί.) méd. Propre à combattre la cachexie.

ANTICACOCHYMIQUE, adj. des 2 g. (du gr. ἀντί, contre, et de κακοχυμία, cacochymie : κακός, mauvais, et χυμός, humeur.) méd. Il se dit Des remèdes employés contre la cacochymie.

ANTICANCÉREUX, adj. et s. m. (du gr. ἀντί, contre, et *cancer*, *cancri*, cancer.) méd. Épithète donnée aux médicaments dirigés contre le cancer.

ANTICARCINOMATEUX, adj. et s. m. (de ἀντί, contre, et de καρκίνωμα, tumeur cancéreuse, carcinome : καρκίνος, cancer, chancre.) méd. Il se dit Des remèdes employés contre le carcinome.

ANTICARDE, s. m. (du gr. ἀντί, contre, et καρδία, cœur.) anat. Scrobicule du cœur, ou creux de l'estomac.

ANTICATARRHAL, adj. et s. m. (du gr. ἀντί, contre, et de κατάρρους, écoulement en bas, catarrhe : κάτω, en bas, et ῥέω, couler.) méd. Il sert à caractériser les remèdes avec lesquels on combat les catarrhes.

ANTICAUSOTIQUE, adj. des 2 g. (du gr. ἀντί, contre, et καῦσος, ardeur, brûlure, dont les Latins ont fait *causon*, fièvre chaude : καίω, brûler.) méd. Il se dit Des médicaments employés dans le traitement de la maladie appelée *Causus*.

ANTICHAMBRE, s. f. La première pièce d'un appartement servant de salle d'attente ; pièce où se tiennent les laquais : *Cet appartement n'a pas d'*antichambre. *Je crois que s'il est venu chez mon père, il n'a jamais dépassé l'*antichambre. ST-SIM. *Propos d'*antichambre, *Propos de laquais. Je ne tardai pas à passer de l'*antichambre *au salon.* MARIV. — *Faire* antichambre *chez quelqu'un*, Attendre qu'il soit visible. Il se dit en mauvaise part De quelqu'un qui est toujours à solliciter : *Il passe sa vie à faire* antichambre. *Qu'est-ce qu'un gentilhomme? un pilier d'*antichambre. RAC.

ANTICHLORISTIQUE, adj. f. (V. *Chlore*.) chim. Il sert à caractériser la théorie qui fait regarder le chlore non comme un corps simple, mais comme un corps oxydé.

ANTICHOLÉRIQUE, adj. et s. des 2 g. (pronon. CH comme K. V. *Choléra*.) path. Il s'applique aux remèdes employés pour combattre le choléra.

ANTICHORE, s. f. bot. Genre de plantes de la famille des tibiacées. On n'en connaît qu'une espèce qui est originaire d'Arabie.

ANTICHRÈSE, s. f. (du gr. ἀντίχρησις, nom dérivé du v. ἀντιχρίνω, adjuger en échange.) dr. Convention par laquelle un débiteur remet en nantissement à son créancier un immeuble dont les revenus doivent être employés à l'amortissement de la dette, en y comprenant les intérêts de la créance : *Cet immeuble est tenu en* antichrèse.

ANTICHRÉSITE, s. m. (V. *Antichrèse*.) dr. Celui qui contracte une antichrèse.

ANTICHRISTIANISME, s. m. théol. Religion contraire au christianisme ; doctrine et règne de l'antechrist.

ANTICHRÉTIEN, IENNE, adj. Il s'applique à tout ce qui est opposé à la religion chrétienne : *Des livres* antichrétiens. *Des maximes* antichrétiennes.

ANTICIPANT, ANTE, adj. path. Il se dit Des phénomènes périodiques qui se reproduisent à des intervalles progressivement plus courts : *Fièvres* anticipantes. *Accès* anticipant.

ANTICIPATION, s. f. Action de devancer, de prévenir l'époque où une chose doit se faire : *Payer par* anticipation. *Dépenser ses revenus par* anticipation. *S'emparer de quelque chose par* anticipation. *Quand vous écrivez l'histoire, gardez-vous de cette* anticipation *continuelle sur les événements.* — Avance de fonds sur une consignation de marchandises : *Tirer une traite sur un banquier par* anticipation. — *Lettres d'*anticipation, *Lettres qu'on prenait autrefois à la chancellerie pour anticiper un rappel.*

ANTICIPATION, Usurpation de biens, empiétement sur les droits d'autrui : *Il est temps de mettre un terme à ses* anticipations. — rhét. Figure par laquelle on détruit d'avance une objection. (V. *Antéoccupation* et *Prolepse*.) — fin. anc. Expédient par lequel un administrateur se procurait des fonds d'avance, en faisant un emprunt secret hypothéqué sur des parties du revenu public qui n'étaient pas encore reçues. —.mus. Il se dit d'un accord ou d'une note qu'on entend avant le temps.

**ANTICIPER**, v. a. (du lat. *anticipare*, p. *ante capere*, prendre en avance ou par avance; *anticipatio*, anticipation.) Prévenir, devancer une époque; faire une chose avant le temps convenu : Anticiper *le jour d'un paiement*, et par ellipse : Anticiper *un paiement*. — anc. jurisp. Anticiper *un appel*, Assigner devant le juge supérieur l'appelant qui différait de relever son appel. — Il s'emploie comme verbe neutre dans le sens d'Usurper, empiéter sur... : *A force d'anticiper à droite et à gauche, il avait fini par s'arrondir gentiment.* Les. *Il me reprocha vivement d'avoir anticipé sur les droits de sa charge.* Voisenon. — Anticiper *sur ses revenus*, Les dépenser par avance. Dans le même sens : Anticiper *sur une succession.* — Anticiper *sur les événements*, Raconter certains faits avant que d'être arrivé dans le récit général à l'époque où ils ont lieu : *Comme j'ai considérablement* anticipé *sur les événements pour raconter cette mésaventure, il me faut maintenant revenir sur mes pas.* St-Sim.

**Anticipé, ée**, part. et adj. Pris à l'avance, prématuré, qui arrive trop tôt. Il ne s'emploie comme adjectif que dans le sens moral : *Des regrets* anticipés. *Rien de plus affreux que ces joies anticipées et qui se trouvent déçues.* Rouss. *L'homme est né pour agir, l'inaction est une mort* anticipée. *Une connaissance trop anticipée des choses.*

**ANTICLINANTHE**, s. m. (du gr. ἀντί, contre, κλίνη, lit, et ἄνθος, fleur.) bot. Partie inférieure du réceptacle des plantes à fleurs composées.

**ANTI-COECAL, ALE**, adj. (du gr. ἀντί, contre, et du lat. *cœcum*, aveugle ou caché, s.-ent. *intestinum*.) anat. Qui est situé en avant du cœcum.

**ANTICOLIQUE**, adj. (du gr. ἀντί, contre, et *colique*. V. ce mot.) Il se dit Des remèdes qu'on emploie contre la colique : *Potion* anticolique. — *Anticolique*, s. m. Remède contre la colique : *Le médecin a prescrit un* anticolique.

**ANTICOUR**, s. f. arch. V. Avant-cour.

**ANTICRÉPUSCULE**, s. m. (du gr. ἀντί, contre, et de *crépuscule*. V. ce mot.) phys. Lumière qui se manifeste du côté opposé au crépuscule réel.

**ANTICTÉRIQUE**, adj. (du gr. ἀντί, contre, et de *ictérique*. V. ce mot.) méd. Il se dit Des remèdes contre la jaunisse. — s. m. *Un* antictérique.

**ANTIDACTYLE**, s. m. (du gr. ἀντί, contre, et de *dactyle*. V. ce mot.) pros. anc. L'anapeste, qui est contraire au dactyle par la disposition de ses syllabes.

**ANTIDARTREUX, EUSE**, adj. (du gr. ἀντί, contre, et de *dartreux*. V. ce mot.) méd. Il se dit Des remèdes contre les dartres.

**ANTIDATE**, s. f. (de *ante*, avant, auparavant, et de *datus,-a,-um*, donné.) Fausse date, antérieure à la véritable : *L'antidate de l'acte était évidente.*

**ANTIDATER**, v. a. (V. *Antidate.*) Mettre à un acte, à une lettre, une date antérieure à celle du jour où ils ont été écrits : Antidater *un contrat, un acte, une lettre.*

**Antidaté, ée**, part. : *Un contrat* antidaté. *Une lettre* antidatée.

**ANTIDESME**, s. m. (du gr. ἀντί, contre, et δέσμα, lien.) bot. Genre de plantes des deux Indes.

**ANTIDIARRHÉIQUE**, adj. (du gr. ἀντί, et de διάρρια, flux de ventre. V. *Diarrhée*.) méd. Il se dit Des remèdes employés contre la diarrhée. — s. m. *Un* antidiarrhéique.

**ANTIDINIQUE**, adj. (du gr. ἀντί, et de δῖνος, vertige.) méd. Il se dit Des remèdes employés contre le vertige. — s. m. *Un* antidinique.

**ANTIDIPLOHÉMIÉDRIE**, s. f. min. État d'un cristal dont les pyramides résultent de la réunion de deux sphénoèdres.

**ANTIDIPLOHÉMIÉDRIQUE**, adj. des 2 g. min. Qui a le caractère de l'antidiplohémiédrie.

**ANTIDOGMATISME**, s. m. (du gr. ἀντί, contre, et de δόγμα, vérité admise, reconnue. ) didact. Doctrine opposée au dogmatisme, scepticisme.

**ANTIDOTE**, s. f. (en lat. *antidotus*, du gr. ἀντί-δοτος, préservatif : ἀντί, contre, et δοτός, donné, part. de δίδωμι, je donne.) Remède, spécifique propre à combattre les effets du poison : *Le lait passe pour un* antidote. *C'est un grand, un puissant* antidote.— fig. Ce qui combat une fâcheuse influence, un mal moral : *Si l'amour est un poison, le caprice en est à*

*un travers de doigt, et lui sert d'*antidote. La Br.

**ANTIDOTER**, v. a. (V. *Antidote.*) méd. Donner de l'antidote. Très-peu usité.

**Antidoté, ée**, part.

**ANTIDUALISME**, s. m. (du gr. ἀντί, contre, et du lat. *dualis*, de deux, *duo*, deux.) phil. Doctrine opposée au dualisme. Panthéisme.

**ANTIDYSSENTÉRIQUE**, adj. et s. m. (de ἀντί, contre, et de δυσεντερία, dyssenterie : δύς, difficile ou difficulté, malaise, et ἔντερον, entrailles.) méd. Il se dit Des médicaments regardés comme propres à combattre les symptômes de la dyssenterie. — s. m. *Un* antidyssentérique.

**ANTIE**, s. f. zool. Bouquet de plumes, en forme de cornes, garnissant de chaque côté le front de certaines espèces d'oiseaux.

**ANTIÉDRIQUE**, adj. des 2 g. (de ἀντί, contre, et de ἕδρα, siège, feu.) min. Il se dit De certaines substances qui présentent deux cristaux réunis dont les bases sont en sens inverse.

**ANTIÉMÉTIQUE**, adj. et s. m. (de ἀντί, contre, et de ἔμετος, vomissement.) méd. Nom par lequel on caractérise les remèdes opposés au vomissement.

**ANTIENNE**, s. f. (V. *Antiphonaire.*) lit. Premier verset d'un psaume que le chantre dit en totalité ou en partie, et qui se répète ensuite en entier : *Chanter, entonner une antienne.* — fig. *Annoncer une mauvaise* antienne. *Chanter une mauvaise* antienne, Annoncer une fâcheuse nouvelle. *Chanter toujours la même* antienne, Répéter toujours la même chose.

**ANTIENNÉAÈDRE**, adj. des 2 g. (de ἀντί, contre, ἐννέα, neuf, et de ἕδρα, siège, face.) min. Il sert à caractériser Une substance cristallisée en prismes et terminée par deux sommets à neuf faces.

**ANTIÉPHIALTIQUE**, adj. et s. m. (de ἀντί, contre, et de ἐφιάλτης, cauchemar.) méd. Il se dit Des remèdes qui peuvent combattre le cauchemar.

**ANTIÉPILEPTIQUE**, adj. et s. m. (de ἀντί, contre, et ἐπιληψία, épilepsie.) méd. Nom donné aux remèdes propres à guérir l'épilepsie.

**ANTIFÉBRILE**, adj. des 2 g. méd. V. Fébrifuge.

**ANTIFARCINEUX**, adj. et s. m. (contre le farcin. V. *Farcin.*) art vét. Il se dit Des remèdes employés contre le farcin.

**ANTIGALACTIQUE**, adj. et s. m. (de ἀντί, contre, et de γάλα, γάλακτος, lait.) méd. Il se dit Des remèdes propres *à faire passer le lait*, comme on disait naguère ; ou à guérir les maladies vulgairement dites *laiteuses.*

**ANTIGALEUX**, adj. et s. m. méd. V. Antipsorique.

**ANTIGONE**, s. m. entom. Espèce de papillon. — Fille d'Œdipe et de Jocaste, Antigone est devenue célèbre par sa piété filiale ; aussi se sert-on de ce mot subst. pour désigner Une jeune fille qui remplit bien ses devoirs : *C'est une* Antigone. *Et tu seras mon* Antigone.

**ANTIGORIUM**, s. m. techn. Sorte d'émail grossier dont on recouvre la faïence.

**ANTIGOUTTEUX**, adj. et s. m. V. Antiarthritique.

**ANTIHECTIQUE**, adj. et s. m. (de ἀντί, contre, et de ἕξις, habitude du corps.) méd. Il se dit Des remèdes usités contre la fièvre hectique.

**ANTIHÉMIÉDRIE**, s. f. min. V. Antidiplohémiédrie.

**ANTIHÉMORRHOÏDAL**, adj. et s. m. (de ἀντί, contre, et αἱμορροΐδες, hémorrhoïdes. V. ce mot.) méd. Il sert à désigner Les remèdes préconisés contre les hémorrhoïdes.

**ANTIHERPÉTIQUE**, adj. et s. m. ( du gr. ἀντί, contre, et de ἕρπης, dartre.) méd. Il se dit Des remèdes employés contre les dartres ; *Remèdes* antiherpétiques.

**ANTIHYDROPHOBIQUE**, adj. et s. m. (de ἀντί, contre, et de ὕδωρ, eau, et de φόβος, crainte.) méd. Il se dit Des remèdes employés contre l'hydrophobie.

**ANTIHYDROPIQUE**, adj. et s. m. (de ἀντί, contre, et de ὕδρωψ, ὕδρωπος, hydropisie.) méd. Il se dit Des médicaments dont on se sert contre l'hydropisie.

**ANTIHYPNOTIQUE**, adj. et s. m. (du gr. ἀντί, contre, et ὑπνωτικός, assoupissant ; dériv. de ὕπνος, sommeil.) méd. Il se dit Des remèdes qu'on emploie contre l'assoupissement.

**ANTIHYPOCHONDRIAQUE**, adj. des 2 g. (de ἀντί, contre, et de ὑποχονδριακός, hypochondriaque. V. ce dernier mot.) méd. Il sert à caractériser Les médicaments qu'on croit propres à combattre l'hypochondrie.

**ANTIHYSTÉRIQUE**, adj. et s. m. (de ἀντί, contre,

et de ὑστέρα, utérus.) méd. Propre à guérir l'hystérie.

**ANTIICTÉRIQUE**, adj. des 2 g. (du gr. ἀντί, contre, et de ἴκτερος, jaunisse.) méd. Qui est propre à guérir la jaunisse.

**ANTILAITEUX, EUSE**, adj. et s. m. V. Antigalactique.

**ANTILAMBANE**, adj. des 2 g. (du gr. ἀντιλαμβάνω, saisir ; ἀντί, par le moyen de, et λαμβάνω, prendre.) ornith. Qui saisit ses aliments avec ses doigts pour les porter à son bec. — *Antilambanes*, s. m. pl. Famille de l'ordre des grimpeurs, comprenant, selon Ranzoni, les oiseaux qui se servent de leurs doigts pour saisir leur nourriture et la porter à leur bec.

**ANTILOBE**, s. m. (du gr. ἀντί, contre, et de λοβός, lobe.) anat. Lobule de l'oreille. Il a vieilli.

**ANTILOCHEVRE**, s. m. mam. Genre de mammifères qui tiennent de l'antilope et de la chèvre.

**ANTILOGARITHME**, s. m. ( V. *Logarithme.*) mathém. Complément du logarithme d'une ligne trigonométrique.

**ANTILOGIE**, s. f. (du gr. ἀντί, contre, et de λόγος, discours, suite du discours.) litt. Contradiction entre deux expressions ou entre deux passages d'un même discours. Contradiction de sens, réelle ou apparente. — Paradoxisme.

**ANTILOÏMIQUE**, adj. et s. m. (du gr. ἀντί, contre, et de λοιμός, peste.) méd. Il sert à désigner Les remèdes qu'on emploie contre la peste.

**ANTILOÏMOTECHNIE**, s. f. (du gr. ἀντί, contre, de λοιμός, peste, et de τέχνη, art, science, moyen.) méd. Art de prévenir et de combattre la peste.

**ANTILOPE**, s. m. mam. Genre de mammifères de l'ordre des ruminants à cornes creuses, du reste fort mal caractérisé jusqu'à ce jour.

**ANTILUTHÉRIEN, ENNE**, s. et adj. Protestant qui n'adopte pas toutes les opinions de Luther, comme le calviniste, l'anglican, etc.

**ANTILYSSE**, adj. et s. m. (du gr. ἀντί, contre, et λύσσα, λύττα, rage.) méd. Contre la rage. V. Antihydrophobique.

**ANTIMÉLANCOLIQUE**, adj. et s. m. (du gr. ἀντί, contre, et de μελαγχολία, mélancolie.) méd. Il se dit Des médicaments dirigés contre la mélancolie.

**ANTIMÉPHITIQUE**, adj. des 2 g. (du gr. ἀντί, contre, et du lat. *méphitis*, miasme, mauvaise odeur.) hyg. Il se dit De ce qui écarte ou surmonte les mauvaises odeurs.

**ANTIMÉTABOLE**, s. f. (du gr. ἀντιμεταβολή, contre-changement : ἀντί, contre, et μεταβάλλω, changer.) gram. Figure qui consiste à transposer et intervertir des mots dans une phrase que l'on répète : Il m'a fait trop de bien pour en dire du *mal*, il m'a fait trop de *mal* pour en dire du *bien.* Corn.

**ANTIMÉTALEPSE**, s. f. V. Antimétabole.

**ANTIMÉTATHÈSE**, s. f. V. Antimétabole.

**ANTIMOINE**, s. m. (rien de satisfaisant pour l'étymologie de ce mot ; il vient, selon les uns, de ἀντί, contre, et de μόνος, seul, parce qu'il ne se trouve pas seul ; d'après une autre opinion, de ἀντί, contre, et du mot *moine*, parce que les premières expériences qu'on fit de ce métal furent, dit-on, fatales à plus d'un moine.) min. Métal d'un blanc d'étain, très-fragile, peu dur, lamelleux, qu'on emploie dans plusieurs préparations pharmaceutiques : *L'usage de l'antimoine en médecine a rencontré de nombreuses oppositions. Teinture d'*antimoine. *Safran, verre d'*antimoine. *L'émétique n'est que du tartrate de potasse et d'antimoine. Le baume d'antimoine est une préparation qui sert à bronzer les métaux. L'*antimoine *dégagé du soufre prend dans le commerce le nom de* Régule d'antimoine.

**ANTIMONIAL, ALE**, adj. pharm. Qui appartient à l'antimoine : *Médicaments* antimoniaux. *Préparations* antimoniales. *Les tablettes* antimoniales *de Daquin contiennent de l'antimoine diaphorétique.*

**ANTIMONIATE**, s. m. chim. Sel résultant d'une combinaison d'acide antimonique avec une base salifiable.

**ANTIMONICO-POTASSIQUE**, adj. et s. m. chim. Il sert à désigner Un sel antimonique combiné avec un sel potassique.

**ANTIMONIDES**, s. m. pl. (V. *Antimoine.*) minér. Nom d'un groupe de minéraux qui renferment de l'antimoine.

**ANTIMONIÉ, ÉE**, adj. pharm. Qui contient de l'antimoine : *Tartrate* antimonié.

**ANTIMONIEUX**, adj. m. chim. Qui provient de l'antimoine. *Acide* antimonieux, Deutoxyde d'antimoine.

**ANTIMONIFÈRE**, adj. des 2 g. chim. Qui porte, ou plutôt qui contient de l'antimoine.

**ANTIMONIOPHYLLITE**, s. f. min. Minéral antimonié. Encore peu connu.

**ANTIMONIQUE**, adj. m. chim. Il se dit d'Un acide d'antimoine obtenu par l'action de l'acide nitrique sur l'antimoine.

**ANTIMONITE**, s. m. chim. Sel obtenu par la combinaison de l'acide antimonieux avec une base salifiable.

**ANTIMONIURE**, s. f. chim. Alliage d'antimoine et d'un autre métal.

**ANTIMONOXYDE**, s. m. (V. *Antimoine* et *Oxyde*.) min. Oxyde d'antimoine.

**ANTIMORVEUX**, adj. et s. m. (V. *Morveux*.) art vét. Il se dit d'Un remède employé contre la morve.

**ANTINÉPHRÉTIQUE**, adj. des 2 g. (du gr. ἀντί, contre, et de νεφρίτις, néphrétique, douleur de reins, νεφρός, les reins.) méd. Propre à calmer les douleurs de reins, la néphrétique, ou les douleurs néphrétiques : *Décoction antinéphrétique*.

**ANTINOMIE**, s. f. (du gr. ἀντί, contre, et de νόμος, loi.) Contradiction qui existe ou qui semble exister entre deux lois : *Il a cru voir une antinomie où il n'y en avait pas. Il est parvenu à concilier ces prétendues* antinomies. —phil. On nomme Antinomies *de la raison*, Certaines lois contradictoires, que quelques philosophes ont regardées comme également confirmées par la raison.

**ANTINOÜS**, s. m. (jeune homme qui était plus que l'ami de l'empereur Adrien, qu'une coupable adulation plaça dans le ciel après sa mort.) astron. Constellation de l'hémisphère septentrional.

**ANTIOCHALINS**, s. m. pl. (du gr. ἀντίος, opposé, ennemi, nuisible, et de χαλινά, le devant des lèvres, de la bouche.) erp. Famille de reptiles ophidiens comprenant, selon Müller, ceux qui ont les dents antérieures venimeuses.

**ANTIODONTALGIQUE**, adj. des 2 g. (du gr. ἀντί, contre, et de ὀδονταλγία, douleur de dents; ὀδούς,-οντος, dent, et ἄλγος, douleur.) méd. Il se dit Des médicaments usités contre l'odontalgie : *Eau antiodontalgique*.

**ANTIOPE**, s. m. entom. Espèce de papillon.

**ANTIORGASTIQUE**, adj. et s. m. (du gr. ἀντί, contre, et de ὀργασμός, irritation.) méd. Il se dit Des moyens thérapeutiques mis en usage pour combattre l'orgasme ou l'érithisme, les irritations en général.

**ANTIPAPE**, s. m. Faux pape, celui qui prend ce titre sans être élu canoniquement.

**ANTIPAPISME**, s. m. hist. eccl. Schisme d'un antipape, état qui en résulte. — Opinion religieuse qui ne veut pas admettre la suprématie du pape.

**ANTIPAPISTE**, adj. des 2 g. Opposé au pape ou aux papistes.

**ANTIPARALLÈLES**, adj. des 2 g. géom. Se dit De deux droites, de deux plans, faisant avec deux directions données des angles égaux deux à deux, mais inversement situés par rapport à ces deux directions.

**ANTIPARALYTIQUE**, adj. et s. m. méd. Il se dit Des remèdes employés pour combattre la paralysie.

**ANTIPARASTASE**, s. f. rhét. Tour par lequel une personne prouve qu'elle méritait plutôt la louange que le blâme, si elle avait fait ce qu'on lui impute à tort.

**ANTIPATHE**, s. m. polyp. Genre de zoophytes marins de la famille des cératophytes.

**ANTIPATHIE**, s. f. (du gr. ἀντιπάθεια, incompatibilité, antipathie: ἀντί, contre, et πάθος, souffrance, mouvement, passion.) Haine, aversion naturelle, éloignement instinctif que l'on éprouve pour quelqu'un ou pour quelque chose : *Antipathie extrême, déraisonnable, invincible. Agir par antipathie. Il semble qu'il est moins rare de passer de l'antipathie à l'amour qu'à l'amitié.* LA BRUY. *L'intérieur des familles est souvent troublé par les défiances, par les jalousies et par l'antipathie.* LA BRUY. *Il a une antipathie prononcée pour cet état. Il a de l'antipathie pour toute espèce de musique.* — Il s'emploie quelquefois en parlant de choses inanimées : *L'eau et l'huile ont de l'antipathie.*—peint. Manque d'harmonie dans les couleurs.

**ANTIPATHIQUE**, adj. des 2 g. (V. *Antipathie*.) Qui est opposé, que l'on a en aversion, qui vous répugne : *Ces deux caractères sont tout à fait antipathiques. Cette chose m'est profondément antipathique. Ce sont deux idées antipathiques.*

**ANTIPÉRISTALTIQUE**, adj. des 2 g. (de ἀντί, contre, et de περισταλτικός, doué de la vertu de comprimer, de contracter.) path. Il se dit Du mouvement accidentel par lequel les intestins se contractent de bas en haut pour faire remonter par la bouche les matières qu'ils renferment ; phénomène auquel donne lieu le vomissement.

**ANTIPÉRISTASE**, s. f. (du g. ἀντιπερίστασις, concentration.) phil. Action de deux forces morales contraires : *L'antipéristase de la raison et de la sensibilité.*

**ANTIPESTILENTIEL, ELLE**, adj. (de ἀντί, contre, et du lat. *pestilentia*, peste.) méd. Il se dit Des préservatifs, des médicaments qu'on emploie contre la peste.

**ANTIPHARMAQUE**, adj. et s. m. (de ἀντί, contre, et de φάρμακον, venin, poison.) méd. Il se dit Des remèdes contre les poisons. V. CONTRE-POISON.

**ANTIPHASIE**, s. f. (de ἀντί, contre, et de φάσις, parole, discours, dér. de φημί, φάω, parler. Mot composé de la même manière que le lat. *contradictio*.) didact. Contradiction.

**ANTIPHERNAUX**, adj. m. pl. (de ἀντίφερνα, contre-dot, bien dont le mari dotait sa femme en l'épousant; ἀντί, au lieu de, pour, et φερνή, dot.) prat. Il se dit Des biens que le mari donne à sa femme par contrat de mariage.

**ANTIPHILOSOPHIQUE**, adj. des 2 g. Ce qui est contraire à la philosophie : *Il n'y a rien de plus antiphilosophique que les idées de certaines gens qui s'affublent du titre de philosophes.* GEOFFROY.

**ANTIPHLOGISTIQUE**, adj. des 2 g. (de ἀντί, contre, et de φλογιστός, brûlé, enflammé.) méd. Propre à combattre les inflammations : *Un régime* antiphlogistique. *Remèdes* antiphlogistiques. — chim. *Théorie* antiphlogistique, Théorie opposée à celle du phlogistique.

**ANTIPHONAIRE**, ou **ANTIPHONIER**, s. m. (du gr. ἀντιφώνη, antiphonie, contre-voix, voix opposée, chant qui succède à l'autre: ἀντί, contre, et φωνή, voix.) Livre d'église où plusieurs parties de l'office sont notées avec des notes en plain-chant.

**ANTIPHONIE**, s. f. didact. Contradiction logique.

**ANTIPHRASE**, s. f. (du gr. ἀντίφρασις, même sens, ἀντί, contre, opposé, et φράσις, phrase.) rhét. Figure par laquelle on donne à un mot un sens contraire à sa signification ordinaire : *Ah! le bon apôtre*, dit-on en parlant d'Un domestique adroit et fripon.

**ANTIPHTHISIQUE**, adj. des 2 g. (de ἀντί, contre, et de φθίσις, consomption, phthisie.) méd. Efficace contre la phthisie : *Il y a des pilules* antiphthisiques.

**ANTIPHYSIQUE**, adj. des 2 g. (du gr. ἀντί, contre, φύσις, nature, et φυσάω, enfler, gonfler.) Il se dit De tout ce qui est contre nature, ou opposé à la nature : *Des goûts* antiphysiques. — Il se dit aussi, en médecine, De certains remèdes qu'on emploie contre les vents et les flatuosités : *Des remèdes* antiphysiques. En ce sens il est aussi subst. masc : *Les* antiphysiques.

**ANTIPIED**, s. m. (du lat. *ante*, devant, avant, et de *pes, pedis*, pied.) mam. Patte ou pied de devant d'un mammifère.

**ANTIPLEURÉTIQUE**, adj. et s. m. (de ἀντί, contre, et de πλευρῖτις, pleurésie.) méd. Propre à combattre la pleurésie : *Apozème* antipleurétique.

**ANTIPODAGRIQUE**, adj. et s. m. des 2 g. (du gr. ἀντί, contre, et de ποδάγρα, goutte.) Propre contre la goutte. V. ANTIARTHRITIQUE.

**ANTIPODAL, ALE**, adj. (V. *Antipode*.) géog. Qui concerne les antipodes : *Méridien* antipodal.

**ANTIPODE**, s. m. (du gr. ἀντίπους,-οδος, qui a les pieds opposés à ceux d'un autre: ἀντί, contre, πους, pied.) Celui qui habite dans un endroit de la terre diamétralement opposé à un autre endroit que l'on considère. Il s'emploie aussi pour exprimer L'endroit lui-même : *Ces peuples sont nos antipodes. Il revient des antipodes. Cette contrée est l'antipode de la nôtre.* — Ce qui est complètement opposé : *Il est l'antipode du bon sens. Ce sont les* antipodes. Il se dit de Deux choses totalement opposées.

**ANTIPRAXIE**, s. f. (du gr. ἀντί, contre, et πρᾶξις, action, nom. dér. de πράσσω, agir, faire.) path. Disposition contraire d'organes ou parties chez le même malade; par exemple augmentation de chaleur dans un organe et refroidissement dans un autre, ou convulsion d'un membre et paralysie du membre opposé.

**ANTIPSORIQUE**, adj. des 2 g. (de ἀντί, contre, et de ψώρα, gale.) méd. Il se dit Des remèdes usités contre la gale : *Eau* antipsorique. *Pommade* antipsorique.—Il s'emploie aussi comme subst. masc. : *Il y a plusieurs* antipsoriques.

**ANTIPTOSE**, s. f. (du gr. ἀντί, pour, au lieu de, et de πτῶσις, chute, cas.) gram. Position ou présence d'un cas pour un autre.

**ANTIPUTRIDE**, adj. et s. m. (de ἀντί, contre, et du lat. *putredo, putriditas*, putridité.) Il sert à caractériser Les moyens thérapeutiques dirigés contre la putridité. Il est synonyme d'*Antiseptique*.

**ANTIPYIQUE**, adj. et s. m. (de ἀντί, contre, et de πύον, pus.) méd. Il se dit Des remèdes propres à prévenir ou à combattre la suppuration.

**ANTIPYRÉTIQUE**, adj. et s. m. (de ἀντί, contre, et de πυρετός, fièvre.) méd. Contre la fièvre, fébrifuge. V. ce mot.

**ANTIPYROTIQUE**, adj. et s. m. (du gr. ἀντί, contre, et de πυρωτός, brûlant, igné; πῦρ, le feu.) Épithète donnée aux médicaments employés contre les brûlures.

**ANTIQUAILLE**, s. f. (V. *Antique*.) Chose antique de peu de prix, une chose usée et passée de mode : *Il ramasse des antiquailles de tous les côtés. Il n'a que des antiquailles dans son salon. C'est un chercheur d'antiquailles.*

**ANTIQUARIAT**, s. m. (V. *Antique*.) philol. Endroit où sont déposés et conservés les monuments antiques, manuscrits, médailles. — Connaissance des monuments de l'antiquité, tels que statues, inscriptions, etc.—Fonctions de l'antiquaire, et durée de ces fonctions.

**ANTIQUAIRE**, s. m. (V. *Antique*.) Celui qui s'occupe de l'étude des monuments et des objets antiques : *C'est un savant* antiquaire. *Il est de la Société des* antiquaires. *C'est l'opinion de tous les* antiquaires.

**ANTIQUARTANAIRE**, adj. et s. m. (du gr. ἀντί, contre, et du lat. *quartana*, fièvre quarte, quartaine.) méd. Il s'est dit d'Un médicament employé contre la fièvre quarte.

**ANTIQUE**, adj. des 2 g. (du lat. *antiquus*, même sens ; *antiquitas*, antiquité.) Qui est fort ancien, dont l'origine remonte à un temps fort reculé : *Un vase* antique, *un monument* antique. *Une monnaie, une statue* antique. *Les coutumes* antiques. *La simplicité des mœurs antiques n'admettait pas ces formes cérémonieuses.* — Il s'emploie surtout en poésie et dans le langage élevé : *C'est une sainte et antique coutume. Je viens selon l'usage antique et solennel.* RAC. — Il se dit d'Une façon ironique des personnes avancées en âge ou des choses dont la mode et l'usage sont passés depuis longtemps : *Ces meubles sont bien antiques. Une beauté antique.*—On le dit dans le même sens d'Une personne ou d'une chose qui a une apparence de vieillesse : *Avec un visage qui, à vingt ans, était déjà antique.* — *Antique,* se dit au figuré pour exprimer Une beauté morale ou intellectuelle semblable à celle que nous offrent les hommes ou les ouvrages de l'antiquité : *C'était un homme d'une vertu antique. Il règne dans cette composition un goût tout à fait antique.* ACAD. — Comme substantif il se prend au masculin pour Les modèles que nous restent des anciens dans les arts : *Il travaille d'après l'antique. Commencez par étudier l'antique, si vous voulez avoir une idée véritable de la pureté des formes et de la beauté matérielle.* DID. — Au féminin il s'emploie particulièrement pour Un objet précieux que nous a laissé l'antiquité : *C'est une belle* antique. *Cette agate est une des antiques les plus curieuses que j'aie vues.* — blas. Il se dit Des couronnes à pointes de rayons, des coiffures anciennes, vêtements, bâtiments, etc.

À L'ANTIQUE, locution adv. D'une façon antique, à la vieille mode : *Il a fait bâtir une maison à l'antique. Il est toujours habillé à l'antique. Il lui prit un jour la fantaisie de donner un souper à l'antique.*

**ANTIQUER**, v. a. (V. *Antique*.) techn. Relier à la manière antique. — Enjoliver la tranche d'un livre de figures, de couleurs différentes.

**ANTIQUÉ, ÉE**, part.

**ANTIQUITÉ**, s. f. Ancienneté très-reculée, ce qui existait dans les temps les plus éloignés de nous : *C'est un usage qui remonte à la plus haute antiquité. L'antiquité des temps. L'antiquité d'une coutume n'est pas toujours un garant de son excellence. Cet édifice n'a de curieux que son antiquité.*

*Cela se passait ainsi dans l'antiquité. Il aurait voulu évoquer tous les sages de l'antiquité.* — Il s'emploie aussi collectivement pour désigner Les hommes et spécialement les écrivains d'autrefois: *Voici quel était à ce sujet l'opinion de l'antiquité. L'antiquité elle-même ne saurait nous offrir de plus beaux caractères que celui-là.* — Il se dit également Des objets d'art, des monuments que nous a laissés l'antiquité : *On montrait à trois lieues de la ville une antiquité très-curieuse. Il a écrit l'histoire des antiquités de Paris. Son livre des antiquités. Les antiquités de Rome, de la Grèce.*

ANTIRACHITIQUE, adj. et s. m. Dénomination des remèdes usités contre le rachitisme.

ANTIRATIONALISME, s. m. (V. *Rationalisme.*) phil. Doctrine contraire au rationalisme.

ANTIRÉALISME, s. m. (V. *Réalisme.*) phil. Doctrine contraire au réalisme.

ANTIRÉFORMISTE, s. des 2 g. didact. Opposé aux réformistes, ennemi de la réforme, de toute réforme.

ANTIRELIGIEUX, adj. V. IRRÉLIGIEUX.

ANTIRRHÉTIQUE, adj. des 2 g. phil. Qui réfute ou qui contredit un ouvrage.

ANTIRRHINÉ, ÉE, adj. (V. *Antirrhinum.*) bot. Qui ressemble à l'antirrhinum, ou au muflier. — *Antirrhinées*, s. f. pl. Famille de plantes.

ANTIRRHINUM, s. m. (de ἄνθος, fleur, et de ῥίν, ῥινὸς, nez, museau.) bot. Muflier. (V. ce mot.)

ANTISALLE, s. f. (du lat. *ante*, devant, avant, et du franç. *salle*. V. ce mot.) archit. Pièce qui précède une salle.

ANTISATIRE, s. f. Réponse à une satire; le contraire d'une satire. FLÉCH.

ANTISCE, adj. et s. des 2 g. astrol. Il se dit De deux points du ciel également éloignés des tropiques : *Le Taureau et le Lion sont deux antisces.*

ANTISCEPTICISME, s. m. (de ἀντί, contre, et de σκεπτικός, qui considère, qui examine longtemps avant de se prononcer, sceptique.) phil. Doctrine opposée au scepticisme. — Dogmatisme.

ANTISCIENS, s. m. pl. (du gr. ἀντί, contre, à l'opposé, et de σκιά, ombre.) géogr. Il se dit Des peuples qui habitent à une certaine distance de l'équateur, les uns du côté du nord, les autres du côté du sud, parce qu'ils ont des ombres en sens contraire.

ANTISCOLIQUE, adj. et s. m. (de ἀντί, contre, et de σκώληξ, σκώληκος, ver.) méd. Propre à expulser les vers; vermifuge. V. VERMIFUGE.

ANTISCORBUTIQUE, adj. et s. m. méd. Qui peut être employé contre le scorbut.

ANTISCROFULEUX, adj. et s. m. méd. Il se dit Des moyens thérapeutiques à l'aide desquels on combat les scrofules.

ANTISEPTIQUE, adj. des 2 g. (de ἀντί, contre, et de σηπτικός, qui corrompt, qui engendre la pourriture.) Il se dit Des substances qui s'opposent à la putréfaction.

ANTISOCIAL, ALE, adj. (ici S ne prend pas le son accidentel. V. *Social.*) Hostile ou contraire à la société, qui tend au renversement de l'ordre social: *Principe antisocial. Doctrine antisociale. Écrits pernicieux et antisociaux. Maximes dangereuses et antisociales.*

ANTISPASE, s. f. (du gr. ἀντί, contre, et de σπάσις, traction, attraction.) méd. Révulsion. (V. ce mot.)

ANTISPASMODIQUE, adj. des 2 g. et s. m. (du gr. ἀντί, contre, et de σπάσμα, convulsion.) méd. Il se dit Des médicaments qui s'opposent aux spasmes nerveux : *Potion antispasmodique. Pilules antispasmodiques.*

ANTISPASTIQUE, adj. des 2 g. (V. *Antispase.*) méd. Révulsif et dérivatif.

ANTISPIRITUALISME, s. m. phil. Doctrine contraire au spiritualisme. — Matérialisme. V. SPIRITUALISME.

ANTISTATIQUE, adj. min. Il se dit De certaines substances qui ont sur leurs cristaux des facettes à figures de diverses formes irrégulières.

ANTISTOIQUE, adj. des 2 g. (du gr. ἀντίστοιχος, rangé en face l'un de l'autre : ἀντί, contre, et στοῖχος, pas, trace.) min. Il se dit De certaines substances qui ont, dans leurs cristaux, plusieurs rangées de facettes disposées en sens contraire.

ANTISTROPHE, s. f. (du gr. ἀντιστροφή, conversion, retour : ἀντί, contre, et στρέφω, tourner, retourner.) On appelait ainsi, chez les Grecs, La seconde stance d'une œuvre lyrique; elle comprenait le



même nombre de vers que la première appelée *strophe.* Le mot d'antistrophe n'est pas employé dans la poésie française.

ANTISYMPATHIQUE, adj. des 2 g. (V. *Sympathie* et *Sympathique.*) didact. Qui est contraire aux sympathies ou au développement des sympathies.

ANTITÉTANIQUE, adj. et s. m. méd. Il se dit Des moyens propres à combattre les tétanos.

ANTITHÉNAR, s. m. anat. Éminence de la paume de la main qui s'étend de la base du petit doigt au poignet.

ANTITHERMOPSICRE, s. m. phys. Double thermomètre, ou baromètre à deux boules adaptées à deux tubes, unis à un troisième tube, pour connaître exactement les effets du froid et du chaud sur le mercure.

ANTITHÈSE, s. f. (du gr. ἀντίθεσις, opposition, ἀντίθετος, opposé : ἀντί, contre, et τίθημι, placer.) rhét. Figure qui consiste à opposer les pensées et les expressions les unes aux autres, pour les mieux mettre en relief. Quand J.-B. Rousseau a dit : *Le temps, cette image mobile de l'immobile éternité*, il a fait usage de cette figure. Monstre de *vanité*, prodige de *misère*, je ne suis à la fois que *néant* et *grandeur. Les petites antithèses trop multipliées deviennent froides et puériles. Quelquefois un bel ouvrage se trouve appauvri par un usage trop fréquent de l'antithèse.* — alg. Opération qui consiste à faire passer un terme d'une équation d'un membre dans l'autre.

ANTITHÉTAIRE, s. m. (V. *Antithèse.*) jurispr. Accusé qui se décharge d'un délit en récriminant, c'est-à-dire, en chargeant d'un même fait son accusateur.

ANTITHÉTIQUE, adj. des 2 g. (V. *Antithèse.*) Qui tient de l'antithèse, où l'antithèse abonde : *Le style antithétique fatigue et devient bientôt insipide. Ces phrases antithétiques nuisent beaucoup à ce discours.*

ANTITRAGIEN, adj. et s. m. anat. Qui appartient à l'antitragus : *Muscle antitragien*, Muscle de l'antitragus.

ANTITRAGUS, s. m. (du gr. ἀντί, contre, opposé, et de τράγος, le tragus.) anat. Petite éminence conique, aplatie, située derrière et vis-à-vis le tragus, au-dessous du tranthélix, dont elle semble dépendre. Elle appartient au pavillon de l'oreille.

ANTITROPE, adj. des 2 g. (du gr. ἀντί, contre, et de τρέπω, tourner.) bot. Il se dit d'Un embryon qui a une direction contraire à celle de la graine.

ANTIVERMINEUX, EUSE, adj. et s. m. Contre les vers. Il vieillit. V. VERMIFUGE.

ANTIVARIOLIQUE, adj. et s. m. (V. *Variole.*) Il se dit Des remèdes employés contre la petite vérole.

ANTIVERMICULAIRE, adj. et s. m. V. VERMIFUGE.

ANTIVERSIFICATEUR, s. m. phil. Qui préfère la prose aux vers, qui voudrait la leur voir substituer, surtout dans les œuvres dramatiques : *Lamotte est le chef des antiversificateurs.*

ANTIZYMIQUE, adj. des 2 g. (du gr. ἀντί, contre, et de ζύμωσις, fermentation.) chim. Qui s'oppose à la fermentation.

ANTLIARÉMIDES, adj. et s. m. pl. (du lat. *antlia*, pompe ou suçoir: du gr. ῥίν, ῥινὸς, nez.) entom. Famille d'insectes coléoptères.

ANTLIATES, adj. et s. m. pl. (du lat. *antlia*, pompe.) entom. Nom donné par Fabricius à son onzième ordre des insectes comprenant les diptères et une partie des parasites aptères des autres naturalistes.

ANTLIE, s. f. (du lat. *antlia*, pompe, dérivé du gr. ἀντλέω, puiser, pomper.) entom. Instrument oral des papillons.

ANTLIOBRACHIOPHORE, adj. des 2 g. (du lat. *antlia*, suçoir; du gr. βραχίων, brachium, bras, et du suff. gr. φορός, qui porte, dér. du v. φέρω, porter.) moll. Qui a sur la tête des bras garnis de suçoirs. — *Antliobrachiophores*, s. m. pl. Famille de mollusques.

ANTOFLE, s. m. bot. Fruit du giroflier.

ANTOIL, s. m. mar. Instrument de fer dont on se sert dans la construction des vaisseaux, pour faire approcher les membres d'un bordage près les uns des autres.

ANTOILLIER, s. m. vén. V. ANDOUILLER.

ANTOISER, v. a. techn. Mettre du fumier en tas dans une grange ou dans un champ.

ANTOISÉ, ÉE, part.

ANTONOMASE, s. f. (du gr. ἀντονομασία, changement de nom : ἀντί, contre, et ὄνομα, nom.) rhét. Figure qui consiste à mettre une périphrase ou un nom commun à la place d'un nom propre, ou à substituer un nom propre à un nom commun : *Le philosophe de Stagyre*, ou *le Stagyrite, le disciple de Socrate*, se disent par antonomase pour Aristote, pour Platon ; de même *la mère des Gracques*, Cornélie; *le dernier des Romains*, Brutus. On dit aussi: *C'est un César, un Alexandre*, pour donner à entendre que tel homme est un grand capitaine. *Le Quintilien français*, pour La Harpe.

ANTONYMIE, s. f. rhét. Suite de mots incompatibles, ou qui offrent un sens contraire.

ANTRE, s. m. en lat. *antrum*, du gr. ἄντρον, même sens.) Caverne obscure et sauvage : *Un antre profond. L'antre du lion, d'une bête féroce. Rentrer dans son antre. L'ours se cachait dans son antre. Il est sorti de son antre. L'antre de la sibylle*.

ANTRIADES, s. m. pl. (du gr. ἀντριάς, -άδος, qui recherche les antres, qui y habite.) ornith. Nom donné par Vieillot à la vingt-sixième famille de son ordre des sylvains.

ANTRORSE, adj. bot. Il se dit Des poils d'une plante quand ils sont un peu couchés, l'extrémité regardant le sommet du corps qui les porte.

ANTRUSTIONS, s. m. pl. Volontaires chez les Germains qui s'attachaient aux princes ou rois, et qui les suivaient dans leurs expéditions.

ANUER, v. a. chass. Anuer *des perdrix*, c'est Saisir le moment favorable pour les tirer au vol.

ANUÉ, ÉE, part.

ANUITER, v. a. (V. *Nuit.*) Il ne s'emploie qu'avec le pronom personnel et signifie Se laisser surprendre en chemin par la nuit : *Vous risquez de vous anuiter si vous tardez davantage.*

ANUS, s. m. (mot lat. et dont toutes les lettres se prononcent par cette raison.) anat. Orifice du rectum, fondement.

ANXIÉTÉ, s. f. (du lat. *anxietas*, inquiétude, souci, chagrin.) Inquiétude, embarras d'esprit, peine : *Il est dans une anxiété continuelle. Je me trouvais dans une anxiété d'esprit impossible à décrire.* — Il s'emploie aussi au pluriel et signifie Tourments, chagrins, grandes perplexités : *Les anxiétés que Dieu nous envoie. Il est impossible de vivre au milieu de pareilles anxiétés. Les anxiétés maternelles.* — path. Malaise général, joint à un resserrement inconnu de l'épigastre et à un besoin continuel de changer de position.

ANXIEUX, EUSE, adj. (du lat. *anxiosus*, plein de souci, inquiet, chagrin.) path. Qui annonce l'anxiété, qui en a le caractère.

ANYCHIE, s. f. bot. Genre de plantes de la famille des amarantacées, qui renferme de petites plantes de l'Amérique Septentrionale.

AOCHLÉSIE, s. f. (du gr. ἀοχλησία, calme, tranquillité ; α priv., et ὄχλος, foule, trouble, tumulte.) path. Calme, repos, bien-être.

AONYCHOPHORE, adj. des 2 g. (du gr. ὄνυξ, ὄνυχος, ongle : ὄνυχος φορός, qui porte, dér. du v. φέρω, porter.) et qu'il ne faut ajouter que α priv. pour avoir l'étymologie.) zool. Privé d'ongles.

AORISTE, s. m. (prononcez *oriste*, du gr. ἀόριστος, non déterminé, indéfini : α priv. et ὁρίζω, borner, terminer, déterminer.) gramm. Ancien temps de la conjugaison grecque qui marque le passé : Aoriste *second.* Aoriste *actif.* Aoriste *passif. Malgré les efforts de quelques grammairiens, l'aoriste n'a pu prendre rang dans la conjugaison française.*

AORTE, s. f. (du gr. ἀορτή, même signification.) anat. Artère qui naît du ventricule gauche du cœur.

AORTÉVRISME, s. m. (V. *Aorte* et *Anévrisme.*) Anévrysme de l'aorte.

AORTIQUE, adj. des 2 g. (V. *Aorte.*) anat. Qui tient à l'aorte, ou qui en est voisin : *Ventricule aortique*, Le ventricule gauche du cœur. *Valvules aortiques*, Valvules sigmoïdes, placées près de l'origine de l'aorte.

AORTIQUE, s. f. méd. Inflammation de l'aorte.

AOTE, s. m. Genre de plantes de la Nouvelle-Hollande.

AOÛT, s. m. (du lat. *Augustus*, nom d'un empereur qui donna son nom au mois appelé auparavant *sextilis* ; d'*Augustus*, les Gaulois ont fait *aoust*, qui ressemble au français.) Huitième mois de l'année et le second de la saison d'été : *Et qu'à peine au mois d'août l'on mange des pois verts.* BOIL. Dans *les premiers jours d'août. Les chaleurs d'août. Le soleil du mois d'août. La mi-août,* Le quinzième jour du mois d'août; on l'employait autrefois pour indiquer la fête de l'Assomption. *On dit encore aujourd'hui : Notre-Dame de la mi-août.* — Il se prend aussi, précédé de l'article *le* pour L'époque de la moisson et la moisson elle-même : *Je vous rendrai, lui dit-elle, avant l'août, foi d'animal.* LA FONT. *Faire l'août. On avait à peine commencé l'août. Le moissonneur a reçu pour son août,* Pour son travail de la moisson. — prov. On dit : *En août et en vendanges, il n'y a ni fêtes ni dimanches,* c'est-à-dire, Les travaux de la moisson ou de la vendange ne peuvent être interrompus pour quelque raison que ce soit; ou bien : Il y a des obligations tellement impérieuses qu'on doit tout négliger pour les remplir.

AOÛTEMENT, s. m. (V. *Août.*) agric. Action de la nature qui fait mûrir les fruits.

AOÛTER, v. a. (V. *Août.*) Faire mûrir. Il ne s'emploie guère qu'au participe et dans le sens de Nuire : *Des fruits* aoûtés. — Il se dit particulièrement de la citrouille : *Ces citrouilles sont bien aoûtées.*

AOÛTER (S'), v. pron. agric. Se raffermir, se former, en parlant des bourgeons des plantes : *Les bourgeons s'*aoûtent.

AOÛTÉ, ÉE, part.

AOÛTERON, s. m. (V. *Août.*) Moissonneur, celui qui est loué pour les travaux de la moisson pendant le mois d'août : *Nous n'avons pu nous procurer assez d'*aoûterons *pour notre récolte.*

A. P. comm. Abréviation des mots *à protester,* que l'on met en marge des billets qui n'ont pas été payés à l'échéance, et qui sont désignés pour être protestés.

APAGME, s. m. (du gr. ἀπάγμα, écartement, éloignement : ἀπὸ, de, loin de, et ἄγω, pousser.) chir. Écartement d'une fracture transversale.

APAGOGIE, s. f. (du gr. ἀπαγωγή, action d'amener, de réduire : ἀπὸ, de loin, ἄγω, pousser.) log. Réduction à l'impossible, preuve par l'absurde; argument par lequel on démontre une proposition, en faisant connaître que le contraire serait impossible.

APAGYNE, adj. des 2 g. bot. Nom donné par Desvaux aux plantes qui ne fructifient qu'une fois et meurent ensuite, comme, par exemple, toutes les plantes annuelles.

APAISER, v. a. (V. *Paix.*) Adoucir, calmer. Il se dit également pour les personnes et pour les choses : *On apaise les dieux, mais par des sacrifices. Il est parvenu à apaiser votre frère. Nous apaisâmes à l'aide d'un gâteau le chien qui aboyait contre nous. D'un signe de sa main il apaise les flots.* DEL. *Apaiser une sédition, des troubles, une querelle. Il y a certaines douleurs que le temps peut endormir, mais qu'il n'apaise pas.* FÉN. *Rien ne peut apaiser les cris d'une conscience irritée. Apaiser les remords. Apaiser les murmures de la foule. Cette potion a apaisé sa souffrance pour quelque temps. Apaiser la violence de la fièvre. Apaiser la faim, la soif.* — On l'emploie aussi avec le pronom personnel : *Son ressentiment commence à s'apaiser. L'avocat s'apaise ou s'irrite au gré de sa partie.* D'AGUES. *Que son ombre s'apaise en voyant votre ennui. A ces mots elle s'apaisa. L'orage s'apaisa peu à peu. Après avoir dévoré plusieurs maisons, le feu s'apaisa. De pareilles douleurs ne sauraient s'apaiser.* CRÉB.

APAISÉ, ÉE, part. : *La sédition apaisée par ses soins. Sa colère une fois apaisée.*

APAISEUR, s. m. Celui qui apaise : *C'est un apaiseur de disputes.* Fam.

APALACHINE, s. f. bot. Nom vulgaire d'une espèce de houx, *ilex vomitoria.*

APALE, s. m. (du gr. ἀπαλὸς, mou.) entom. Genre d'insectes coléoptères, de la famille des épispastiques.

APALETOU, s. m. bot. Genre de plantes de la famille des légumineuses.

APALITE, s. m. min. Nom donné par Beudant à Toute l'espèce de la phosphorite ou du phosphate de chaux naturel, et que Werner restreint à une partie des variétés de ce phosphate.

APALLAGE, s. f. (du gr. ἀπαλλαγή, changement.) méd. Changement en général, passage de la maladie à la santé.

APALYTRE, adj. des 2 g. (du gr. ἀπαλὸς, mou,

et de ἔλυτρον, élytre.) entom. Qui a les élytres mous.

— *Apalytres,* s. f. pl. Famille d'insectes coléoptères, de l'ordre des pentamères.

APANAGE, s. m. Propriété territoriale qu'un souverain donne en partage à ses puînés : *Il n'eut qu'un simple comté pour apanage. Cette terre fut donnée au cadet en apanage. Les apanages des trois frères se trouvèrent ainsi réunis par la mort des deux premiers.* — *Apanage,* s'emploie figurément pour exprimer Ce qui vous est propre en bien ou en mal, ou pour désigner une chose qui est la dépendance naturelle d'une autre : *La justice est le plus bel apanage des souverains. La vraie félicité ne peut être l'apanage de l'homme sur cette terre. Les soucis, les souffrances, la misère, voilà quel est l'apanage de notre pauvre humanité.* VOLT. *Je sais qu'il est permis au sage, par les disgrâces combattu, de souhaiter pour apanage, la fortune après la vertu.* J.-B. ROUSS.

APANAGER, v. a. Donner un apanage à quelqu'un : *Il commit la faute de démembrer son royaume pour apanager ses fils puînés. Ce prince ne se trouvait pas assez bien apanagé.* — Doter, établir : *Apanager une fille,* La marier convenablement sous le rapport de la dot.

APANAGÉ, ÉE, part.

APANAGISTE, s. m. Qui a reçu un apanage : *Un apanagiste. Un prince apanagiste.*

APANTHISME, s. m. (du gr. ἀπανθέω, défleurir : ἀπὸ, de, et ἀνθέω, fleurir.) didact. Chute des fleurs, défloration.

APANTHROPIE, s. f. (de ἀπανθρωπία, éloignement des hommes, cruauté : ἀπὸ, de, loin de, et ἄνθρωπος, homme.) path. Aversion, horreur pour les hommes, désir de la solitude, premier symptôme de l'hypochondrie.

APAR, s. m. mamm. Espèce de tatou du Brésil à trois bandes.

APARAPÉTALOÏDE, adj. f. (de *a* priv., et de παραπέταλος, parapétale.) bot. Il se dit d'Une corolle sans parapétale.

APARTÉ, s. m. (de l'ital. *aparte,* même signification. On y voit le lat. *pars, partis,* partie, part, côté, dont nous avons fait *à part,* qui revient à peu près au même. Mot emprunté au latin; il ne prend point d'S au pluriel.) Paroles qu'un acteur prononce à part, de façon à ce qu'elles soient entendues des spectateurs, mais que l'on suppose ne pas l'être des autres personnages qui sont en scène avec lui : *L'abus des aparté jette de la froideur dans une scène.* LA HAR. — Il s'emploie aussi quelquefois d'une manière adverbiale : *Les paroles qui suivent doivent être dites aparté.*

APATÉ, s. m. entom. Genre d'insectes coléoptères, de la famille des gongyloïdes, dont les espèces vivent dans le bois mort.

APATHIE, s. f. (du gr. ἀπάθεια, absence de passion, insensibilité, impassibilité : *a* priv., et πάθος, souffrance, mouvement, passion.) Indolence profonde, insensibilité de l'âme, état dans lequel cette insensibilité vous plonge : *Rien ne peut le tirer de son état d'apathie. L'homme est par le temps s'endort dans les bras de l'apathie. Au lieu de cette irritation continuelle que cette longue suite de malheurs avait excitée, je ne trouvai plus chez lui qu'une apathie profonde.* DID. *Être plongé dans l'apathie. Sortir de son apathie habituelle.* — méd. Suspension accidentelle des affections morales, ce qui a lieu dans les maladies très-graves. — phil. Exemption, affranchissement des passions.

APATHIQUE, adj des 2 g. (du gr. ἀπαθὴς, même sens. V. *Apathie.*) Indolent, insensible à tout : *Je ne connais pas de femme plus apathique, Inaccessible aux passions. Un esprit apathique. Une âme apathique.*

APATITE, s. f. min. Variété de chaux phosphatée que sa transparence avait d'abord fait prendre pour une pierre précieuse.

APATOMYZE, s. f. entom. Genre d'insectes diptères.

APATURE, s. f. entom. Genre de papillons.

APE, ou APUS, s. m. zool. Genre de crustacés.

APECHÈME, s. m. (du gr. ἀπήχημα, résonnement : ἀπὸ, et ἤχος, écho, son répété.) chir. Contre-coup, contre-fissure.

APÉDENTE, adj. des 2 g. phil. Sans éducation, ignorant.

APÉDENTISME, s. m. phil. État de celui qui n'a pas reçu d'instruction, qui a été mal élevé.

APÉIBA, s. m. bot. Genre de plantes de la famille des tiliacées, dans lequel se trouve compris le bois du mèche, arbre de la Guyane.

APEPSIE, s. f. (du gr. ἀπεψία, indigestion : *a* priv. et πέπτω, cuire, digérer.) méd. Défaut de digestion, mauvaise digestion, indigestion.

APERCEPTIBILITÉ, s. f. (V. *Apercevoir*) didact. Faculté intellectuelle de comprendre et de comparer les impressions reçues. — Qualité, état de ce qui est aperceptible.

APERCEPTIBLE, adj. des 2 g. didact. Qui peut être aperçu.

APERCEPTION, s. f. (V. *Apercevoir.*) Sentiment intérieur, fond intime de sa propre conscience; acte de l'âme qui se considère comme sujet qui a telle ou telle aperception, et qui se distingue et se dégage absolument de tout élément sensible.

APERCEVABLE, adj. des 2 g. (V. *Apercevoir.*) Qui peut être aperçu : *Ces animaux ne sont pas apercevables à l'œil nu.*

APERCEVANCE, s. f. Faculté d'apercevoir. Il ne se dit qu'au moral. *Il a l'apercevance assez prompte. Une apercevance fine, délicate.*

APERCEVOIR, v. a. (du lat. *percipere,* percevoir par quelque sens que ce soit. V. *Percevoir.*) Commencer à voir, découvrir de loin, voir avec un peu de peine : *Lorsque le matin, l'homme aperçoit en s'éveillant les premiers rayons du soleil. La première personne que j'aperçus, ce fut votre frère. Puis en plongeant au loin mes regards, j'aperçus cette immense ruine qui couvrait le désert.* VOLN. *A trois lieues de là vous apercevez une jolie ville bâtie en amphithéâtre.* BERN. DE ST-P. *Ce fut avec assez de peine que j'aperçus à travers l'obscurité la maison de notre ami.* DID.

APERCEVOIR, au fig. Voir, saisir, comprendre · *Celui qui n'aperçoit pas ses fautes ne saurait s'en corriger. Je n'aperçois rien de saillant dans cet ouvrage. Un esprit ordinaire ne saurait apercevoir toute la finesse de cette pensée.* — Avec le pronom personnel il signifie Remarquer, découvrir : *Il ne tarda pas à s'apercevoir des intentions de son ennemi. Il arrive souvent que nous ne nous apercevons de nos erreurs que lorsqu'il n'est plus temps de les réparer. Les puissances établies par le commerce s'élèvent peu à peu sans que personne s'en aperçoive.* MONT. *Je me suis aperçu qu'il n'entrait pas dans mon opinion. Elle s'est aperçue de mes soupçons. Il ne s'aperçoit jamais de rien.*

APERÇU, UE, part. *Aussitôt aperçu, aussitôt pris.*

APERCHER, v. a. chass. Remarquer l'endroit où un oiseau va se percher pendant la nuit.

APERCHÉ, ÉE, part.

APERÇOIR, s. m. techn. Plaque de tôle ou de fer-blanc, fixée de chaque côté du billot de la meule de l'épinglier.

APERÇU, s. m. (V. *Apercevoir.*) Première vue jetée sur une chose, coup d'œil rapide jeté sur une affaire, exposé sommaire : *Voici ce que nous avons trouvé au premier aperçu. Je n'ai qu'un assez faible aperçu de cette affaire. Cet historien peu profond est cependant assez remarquable par la finesse de ses aperçus. Ce peu de mots suffira pour vous donner un aperçu de la pièce. Son avocat a commencé par nous donner un aperçu général de l'affaire. Dans un aperçu court et lucide il a exposé les points capitaux de la cause.* — En parlant de compte, il signifie Une estimation approximative faite à première vue : *Voici à peu de chose près l'aperçu de la dépense nécessaire. Il nous a fait ce compte par aperçu. L'aperçu de la recette montait à trente mille francs.*

APEREA, s. m. (du lat. *aper,* sanglier.) Cochon d'Inde.

APÉRIANTHACÉ, ÉE, adj. (V. *Périanthe.*) bot. Qui est sans périanthe.

APÉRITIF, IVE, adj. (du lat. barb. *aperitivus,* dér. du v. *aperire,* ouvrir.) méd. Il se dit Des médicaments qu'on croit propres à rétablir la liberté dans les voies digestives. — s. m. *Les racines d'asperges, de persil, de fenouil, sont des apéritifs.*

APÉRISPERMÉ, ÉE, adj. (V. *Périsperme.*) bot. Il se dit Des plantes dont la graine est sans périsperme.

APÉRISTOMÉES, adj. f. pl. (V. *Péristome.*) bot. On qualifie ainsi Les mousses de la capsule à son orifice nu ou privé de péristome.

APÉRITOIRE, s. f. techn. Plaque de fer ou de tôle placée sur le devant du tour à faire la pointe des épingles, afin de bien égaliser les fils de laiton.

APÉTALE, adj. (de *a* priv., et de πέταλος, pétale.)

bot. Se dit Des fleurs qui manquent de corolle. — Tournefort désignait, sous le nom d'*Apétales*, la 18e classe de sa méthode, renfermant les arbres dont les fleurs sont dépourvues de corolle.

APÉTALIE, s. f. bot. Dans la méthode botanique de M. de Jussieu, c'est le nom d'Une des grandes divisions, comprenant les plantes dicotylédones apétales.

APÉTALIFLORE, adj. des 2 g. (de α priv. et de πέταλος, pétale, et du lat. *flos, floris*, fleur.) bot. Qui a des fleurs sans corolle.

APÉTALOSTEMONÉ, ÉE, adj. bot. Dont les étamines ne tiennent point aux pétales.

APETISSEMENT, s. m. (V. *Apetisser*.) Action de diminuer, diminution par éloignement : *L'apetissement d'un corps. L'apetissement d'un vêtement. En s'éloignant les objets semblent éprouver de l'apetissement.* Il est peu usité.

APETISSER, v. a. (V. *Petit*.) Diminuer, rendre plus petit : *L'éloignement apetisse les objets. On cherche toujours à apetisser ses torts.* — Employé comme verbe neutre ou avec le pronom personnel, il signifie Devenir plus petit : *Les jours commencent à apetisser. L'humilité s'apetisse.* Il n'est pas très-usité; on emploie plus ordinairement dans le même sens *Rapetisser*.

APÉTISSÉ, ÉE, part.

APHACA, s. f. (du gr. ἀφάκη, espèce de vesce.) bot. Sorte de gesse. (V. ce mot.)

APHANIPTÈRE, adj. des 2 g. (du gr. ἀφανής, obscur, qui ne paraît pas, et de πτέρον, aile.) zool. Sans aile apparente.

APHANISTIQUE, s. m. (du gr. ἀφανιστικὸς, qui fait disparaître, destructif, pernicieux : α priv. et φαίνω, paraître.) entom. Genre d'insectes coléoptères.

APHANITE, s. f. géol. Espèce de minéral de la famille des roches pyroxéniques.

APHANITIQUE, adj. des 2 g. min. Qui contient de l'aphanite.

APHANOPTÈRE, adj. des 2 g. (du gr. ἀφανής, obscur, et de πτερὸν, aile.) ornith. et entom. Dont les ailes sont de couleurs sombres.

APHASIE, s. f. phil. État de l'esprit dans le jugement problématique; indécision.

APHÉLIE, s. m. (du gr. ἀπὸ, loin de, et ἥλιος, soleil.) astron. Le point de l'orbite d'une planète, où elle se trouve à la plus grande distance du soleil. — adj. des 2 g. *La terre était aphélie.* — bot. Nom d'Une plante de la Nouvelle-Hollande de la famille des rutacées.

APHÉRÈSE, s. f. min. Espèce minérale, formée par Beudant aux dépens de l'ancien *cuivre phosphaté d'Haüy*, et se composant des variétés de cuivre hydraté des mines de Libethen en Hongrie.

APHÉRÈSE, s. f. (du gr. ἀφαίρεσις, enlèvement, soustraction, retranchement : ἀπὸ de, loin de, et αἱρέω, enlever, ôter.) gram. Figure qui consiste à retrancher une lettre ou une syllabe au commencement d'un mot : Las! *j'ai tant souffert!* c'est-à-dire *Hélas!* Lors *ouvrant l'œil, comme un vrai basilic*, pour *Alors*... L'aphérèse ne peut avoir lieu que rarement en français, et avec un nombre de mots très-limité; encore ne souffre-t-on ce retranchement que dans le style badin et familier. — chir. Opération qui consiste à enlever une partie du corps.

APHÉSIE, s. f. (du gr. ἄφεσις, relâchement, rémission, dér. du v. ἀφίημι, relâcher.) méd. Rémission ou cessation des symptômes d'une maladie. — Résolution des organes locomoteurs.

APHIDÉ, ÉE, adj. V. APHIDIEN.

APHIDIEN, ENNE, adj. (du gr. ἀφὶς, -ίδος, puceron.) entom. Qui a rapport aux pucerons. — *Aphidiens*, s. m. pl. Famille d'insectes hémiptères.

APHIDIPHAGE, adj. des 2 g. (de ἀφὶς, -ίδος, puceron, et de φάγω, manger.) Il se dit Des larves de certains insectes qui vivent de pucerons.

APHIDIQUE, adj. des 2 g. V. APHIDIEN.

APHIDIVORE, adj. des 2 g. V. APHIDIPHAGE.

APHIE, s. f. ichth. Nom d'une espèce de poisson du genre cyprin.

APHILANTHROPIE, s. f. (de α priv. et de φιλανθρωπία, philanthropie : φιλέω, aimer, et ἄνθρωπος, homme.) path. Défaut d'amour pour les hommes, premier degré de la mélancolie.

APHILANTHROPIQUE, adj. des 2 g. path. Qui a rapport à l'aphilanthropie.

APHIRAPE, s. m. zool. Espèce de papillon.

APHLÉ, ÉE, adj. (du gr. ἄφλοιος, sans écorce : α priv., et φλοιὸς, écorce.) bot. Qui n'a pas d'écorce.

APHLOGISTIQUE, adj. des 2 g. (de α priv., et de φλὲξ, φλογὸς, flamme.) didact. Qui ne donne point de flammes.

APHLOMIDÉ, ÉE, adj. bot. Qui est dépourvu d'écorce.

APHODIE, s. f. (du gr. ἄφοδος, excrément.) entom. Genre d'insectes coléoptères de la famille des pétalocères.

APHODIOÏDE, adj. des 2 g. entom. Semblable à une aphodie.

APHONE, adj. des 2 g. (du gr. ἄφωνος, privé de voix ou de son.) didact. Qui ne se fait pas entendre.

APHONÉE, s. f. (du gr. ἀφωνία, même sens : α priv. et φωνή, voix, son.) path. Extinction de voix, impossibilité de produire des sons : *Il ne faut pas confondre l'aphonie avec le mutisme.*

APHORISME, s. m. (du gr. ἀφορισμὸς, détermination, définition : ἀπὸ, de, loin de, et ὁρίζω, borner, terminer, finir.) Sentence, précepte, proposition énoncée en peu de mots : *Il ne parle que par aphorismes. Les aphorismes d'Hippocrate. Des aphorismes de jurisprudence.*

APHORISTIQUE, adj. des 2 g. Qui tient de l'aphorisme, qui en a le caractère.

APHOTISTE, adj. des 2 g. (du gr. ἀφώτιστος, sans lumière : α priv. et φῶς, φωτὸς, lumière.) didact. Qui croît à l'abri du rayon solaire.

APHORME, s. f. (du gr. ἀφορμή, occasion.) méd. Cause occasionnelle ou procathartique des maladies.

APHRIT, s. m. min. Synonyme de chaux carbonatée nacrée.

APHRITE, s. m. entom. Genre d'insectes diptères.

APHRIZITE, s. f. min. Variété de la tourmaline, dont la forme est une légère modification de celle de l'isogone.

APHROCONIE, s. f. min. Nom donné par Forster à l'aphrit. (V. ce mot.)

APHRODE, adj. des 2 g. (du gr. ἀφρώδης, écumeux : ἀφρὸς, écume.) didact. Couvert d'écume.

APHRODISIENS, s. m. pl. zool. Famille d'annélides.

APHRODITES, s. m. pl. annél. Première famille de l'ordre des néréides, selon Savigny. — *Aphrodite*, adj. des 2 g. bot. Il se dit Des plantes dont les corps reproducteurs ne sont pas le produit du concours des sexes.

APHRODITÉ, ÉE, adj. zool. V. APHRODITIEN.

APHRODITIEN, ENNE, adj. zool. Qui ressemble à l'aphrodite. — zool. *Aphroditiens*, s. m. pl. Famille d'annélides.

APHROGALE, s. m. (du gr. ἀφρόγαλα, lait écumeux : ἀφρὸς, écume, et γάλα, lait.) didact. Lait converti en mousse écumeuse par l'agitation. Vieux.

APHRONATRON, s. m. min. Soude carbonatée mélangée de chaux carbonatée, formant efflorescence contre les vieux murs, et que l'on confond avec le salpêtre de Houssage.

APHRONEL, ou APHRONILLE, s. f. bot. V. ARISTOLOCHE.

APHRONITRE, s. m. chim. Nitre dépuré.

APHROROPHORE, s. m. (du gr. ἀφρὸς, écume, et de φέρω, porter.) entom. Genre d'insectes hémiptères.

APHROSYNE, s. f. (du gr. ἀφροσύνη, démence, déraison : α priv. et φρήν, esprit, raison.) path. Déraison, délire.

APHTHES, s. m. pl. (du gr. ἄφθαι, feu, inflammation, dartre, ἅπτω, brûler.) path. Éruption pustuleuse qui affecte la membrane muqueuse de la bouche, et paraît quelquefois s'étendre dans les voies digestives et sériennes : *Les aphthes des enfants sont bénins ou discrets, et quelquefois malins ou confluents.* On dit aussi *un aphthe*. ACAD.

APHTHEUX, EUSE, adj. (du gr. ἀφθώδης, rempli d'aphthes.) path. Compliqué ou accompagné d'aphthes.

APHYE, s. f. (du lat. *aphya*, sorte de poisson blanc.) ichth. Poisson de la Méditerranée.

APHYLLE, adj. bot. Qui manque de feuilles.

APHYLLANTHE, s. f. (de α priv., de φύλλον, feuille, et de ἄνθος, fleur.) bot. Genre de plantes de la famille des joncées, qui renferme une plante du Languedoc.

APHYLLANTHÉ, ÉE, adj. bot. Qui ressemble à l'aphyllanthe. — *Aphyllanthées*, s. f. pl. Groupe de plantes.

APHYLLOCAULE, s. m. bot. Genre de plantes à fleurs composées.

APHYOSTOME, adj. des 2 g. zool. Dont la tête, terminée par un long menton, porte une petite bouche à son extrémité. — *Aphyostomes*, s. m. pl. Famille de poissons.

APHYTÉIE, s. f. (de α priv. et de φυτὸς, planté.) bot. Plante parasite qui croît au cap de Bonne-Espérance sur l'euphorbe de Mauritanie.

API, s. m. Sorte de pomme très-petite, ferme et colorée, d'un rouge vif : *Nous avons fait une grande provision de pommes d'api. Du bel api. Vous avez beaucoup d'api.* — bot. V. ACHE.

APIAIRE, adj. des 2 g. (du lat. *apis*, abeille.) entom. Semblable à une abeille. — *Apiaires*, s. m. pl. Famille d'insectes hyménoptères, composant la seconde tribu de la famille des mellifères.

APICAL, ALE, adj. (du lat. *apex, apicis*, pointe, sommet.) didact. Qui appartient au sommet, remarquable par son sommet.

APICÉ, ÉE, adj. (du lat. *apicatus*, pourvu d'une pointe, d'une houppe, terminé en pointe; *apex, apicis*, pointe, sommet.) bot. Qui a un sommet remarquable.

APICICOURBE, adj. des 2 g. (du lat. *apex, apicis*, sommet, et de *curvus*, courbe.) didact. Dont le sommet se recourbe.

APICIFLORE, adj. des 2 g. (du lat. *apex, apicis*, sommet, et de *flos, floris*, fleur.) bot. À fleurs terminales.

APICILAIRE, adj. des 2 g. (du latin *apex, -icis*, sommet.) bot. Placé au sommet d'une partie, d'un organe : *L'arole qui termine le glume du seigle, l'embryon qui surmonte le périsperme dans le colchique, sont apicilaires.*

APICULE, s. m. (du lat. *apiculus*, dim. d'*apex*, petite pointe.) bot. Petite pointe, pointe aiguë, sans consistance.

APICULÉ, ÉE, adj. (V. *Apicule*.) bot. Muni d'un apicule.

APIDE, adj. des 2 g. entom. V. APIAIRE.

APIÉ, ÉE, adj. entom. V. APIAIRE.

APIÉCEUR, s. m. arts et m. Ouvrier qui travaille à la pièce.

APIEN, ENNE, adj. (V. *Ape*.) ichth. Qui ressemble à un ape. — *Apiens*, s. m. pl. Famille de crustacés.

APIFÈRE, adj. des 2 g. (du lat. *apis*, abeille, avec le suff. *fer*, qui porte, dér. du v. *ferre*, porter.) didact. Qui porte des abeilles.

APIFORME, adj. des 2 g. (du lat. *apis*, abeille, et de *forma*, forme.) didact. Qui ressemble à une abeille.

APIOCRINITÉ, s. f. zool. Genre de polypiers.

APION, s. m. entom. Genre d'insectes coléoptères, de la famille des rhynchophores.

APIONIDE, adj. des 2 g. entom. Semblable à un apion. — *Apionides*, s. m. pl. Groupe d'insectes coléoptères.

APIOPTÉRINE, s. f. conchyl. Genre de coquilles univalves.

APIOSPORE, s. m. bot. Genre de champignons.

APIOSPORIEN, ENNE, adj. bot. Qui ressemble à un apiospore. — *Apiosporiens*, s. m. pl. Groupe de champignons.

APIQUER, v. a. (mettre à pic.) mar. Rendre vertical ou à peu près : Apiquer *une vergue*, Lui faire quitter sa position horizontale, en la relevant par une de ses extrémités. Apiquer *la civadière à tribord*, La ranger à peu près le long du mât de beaupré. — v. n. *Le câble* apique, se dit Du câble qui tient à l'ancre au fond de la mer et qui a une direction verticale.

APIQUÉ, ÉE, part.

APIROPODES, s. m. pl. entom. Nom donné par Savigny aux animaux articulés ayant plus de six pattes, comme les crustacés, araignées, myriapodes.

APISIE, s. m. zool. Genre de poissons.

APITOYER, v. a. (V. *Pitié*.) Exciter la pitié : *Je n'ai pu parvenir à l'apitoyer sur votre malheur.* — Avec le pronom personnel, Avoir pitié de, témoigner de la compassion pour : *Nous passions toutes les soirées à nous apitoyer sur des souffrances imaginaires.* VOLT. *Il était tellement occupé de ses malheurs prétendus, qu'il n'avait pas le temps de s'apitoyer sur les malheurs réels de son frère.* VOLT. fam.

APITOYÉ, ÉE, part.

APIVORE, adj. des 2 g. (du lat. *apis*, abeille, avec le suff. *vorus*, qui dévore; dér. de *vorare*, dévorer.) entom. Qui dévore les abeilles, qui vit d'abeilles.

APLAIGNER, v. a. manuf. de dr. Faire sortir avec des chardons la laine de la surface d'un drap, et en diriger les brins du même côté.

APLAIGNÉ, ÉE, part.

APLAIGNEUR, s. m. techn. Ouvrier qui, chez les couverturiers, tire la laine avec des chardons. — manuf. de dr. Celui qui façonne le drap après la tonture. — On dit aussi *Laineur, garnisseur, aplanisseur*, ou *apprêteur*.

APLANER, v. a. techn. V. APLAIGNEUR.

APLANÉ, ÉE, part.

APLANEUR, APLANISSEUR, s. m. V. APLAIGNEUR.

APLANIR, v. a. (du lat. *planare*, même signification ; *planus*, plain, à surface plane.) Faire disparaître les inégalités d'une surface, mettre de niveau : *Ce chemin a besoin d'être* aplani. *La main de l'homme comble des rivières, creuse des canaux,* aplanit *des montagnes.* BUFF. Aplanir *un terrain, les allées d'un parc.* — fig. et prov. *La foi* aplanit *les montagnes,* Elle nous fait venir à bout des choses les plus difficiles. Dans un sens analogue, Aplanir *les obstacles, les difficultés,* Les faire disparaître : *Il me proposa de s'employer auprès du roi pour* aplanir *les obstacles qui s'opposaient à ma nomination.* ST-SIM. *Les difficultés ne sont pas telles que vous ne puissiez les* aplanir *aisément.* Il s'emploie avec le pronom personnel : *Devant l'homme courageux les périls disparaissent et les difficultés* s'aplanissent.

APLANI, IE, part. *Un terrain bien* aplani. *Des obstacles* aplanis.

APLANISSEMENT, s. m. (V. *Aplanir.*) Action d'aplanir, de niveler ; effets de cette action : Aplanissement *d'une montagne, d'une route.* L'aplanissement *de ce terrain a occupé beaucoup d'ouvriers.* — fig. L'aplanissement *d'un obstacle. C'est à lui que nous devons l'aplanissement de toutes les difficultés que l'on avait fait naître.*

APLATER, v. a. (V. *Plat.*) mar. Disposer les matelots sept par sept pour manger ensemble au même plat.

APLATÉ, ÉE, part.

APLATIR, v. a. (V. *Plat.*) Rendre plat : Aplatir *une surface bombée. Il lui a* aplati *son chapeau d'un coup de poing.*— Aplatir, s'emploie quelquefois fig. et famil. dans le sens de Déprimer, avilir : *Ce système peut être excellent pour* aplatir *les intelligences.* COURIER. *Le malheur* aplatit *l'âme. Les arrogants sont comme les ballons, il ne faut qu'une piqûre pour les* aplatir. B. — S'APLATIR, v. pron. Devenir plat, affecter une forme plate : *Sous les coups de marteau le métal* s'aplatit. DEL. *Les balles* s'aplatissent *sur le rocher. Les extrémités vont en* s'aplatissant. *La terre* s'aplatit *vers les deux pôles.* — fig. S'humilier, s'avilir : *Les orgueilleux* s'aplatissent *souvent,* il est familier dans ce sens.

APLATI, IE, part.

APLATISSEMENT, s. m. Action d'aplatir, effet de cette action : L'aplatissement *d'une balle de plomb. C'est ce mouvement de rotation qui a produit l'aplatissement des pôles. Une pression forte et continue avait déterminé un* aplatissement *très-remarquable.* L'aplatissement *du globe.* VOLT.

APLATISSERIE, s. f. (V. *Aplatir.*) forg. Atelier où l'on prépare les barres de fer pour être aplaties. — Bâtiment dans lequel est situé cet atelier : *Plusieurs ouvriers ont leur logement dans l'aplatisserie.*

APLATISSEUR, s. m. (V. *Aplatir.*) techn. Ouvrier qui aplatit les barres de fer au sortir du feu.—Celui même qui est chargé de placer au feu ces barres de fer.—Celui qui aplatit ou lamine un métal. — Voltaire a donné le nom d'*aplatisseur,* par plaisanterie, à quelques physiciens qui prétendaient que le globe de la terre était aplati : *Ces* aplatisseurs *du globe.*

APLATISSOIR, s. m. (V. *Aplatir.*) techn. Instrument dont on se sert pour aplatir les barres de fer ou tout autre métal.

APLATISSOIRE, s. f. techn. Partie d'un moulin propre à aplatir. — forg. Il se dit De deux cylindres entre lesquels on fait passer des barres de fer pour les allonger en les aplatissant.

APLESTIE, s. f. (du gr. ἀπληστία, appétit dévorant, insatiabilité : α priv., et πλήθω, remplir.) méd. Faim insatiable.

APLET, s. m. pêch. Sorte de filet propre à la pêche des harengs et autres poissons de la même grosseur. V. APPELET.

APLÉTER, v. a. agric. Se dépêcher dans son travail, en accélérer la fin.

APLÉTÉ, ÉE, part.

APLÉTEUR, s. m. agric. Vigneron qui se hâte dans son travail, ou qui va vite en travaillant.

APLEURIE, s. f. (du gr. α priv. et de πλευρὰ, côte, plèvre, parce qu'il y a une de ces membranes de chaque côté.) anat. Absence de plèvres.

APLIDION, s. f. moll. Genre de mollusques.

APLITE, s. f. géol. Roche composée de quartz et de feldspath blanchâtre ou rougeâtre, existant en grande masse dans la Dalécarlie.

APLOCÈRE, adj. des 2 g. (du gr. ἀπλόος, simple, et de κέρας, corne, antenne.) Qui a des antennes ou cornes simples. — *Aplocères,* s. f. pl. Famille d'insectes diptères.

APLOMB, s. m. Ligne perpendiculaire à l'horizon : *Ce mur ne tient pas bien son* aplomb. *Placer une chose dans son* aplomb. *Conserver l'*aplomb. Il se dit particulièrement pour La danse ou l'escrime : *Ce danseur retombe bien d'*aplomb. *Il faut bien garder son* aplomb *dans cette passe.* — Aplomb, s'emploie figurément pour exprimer L'assurance que donne une certaine habitude du monde, une manière assurée de parler et d'agir : *Il ne manque à ce jeune homme qu'un peu d'*aplomb. *Il nous a soutenu cela avec un* aplomb *incroyable. Vous parlez avec un peu trop d'*aplomb. — Il se dit aussi pour Une certaine tenue dans la conduite : *Il manque généralement d'*aplomb *dans sa conduite.* — peint. Il se dit De la pondération des figures : *Ces personnages manquent* d'aplomb.

APLOMB (d'), loc. adv. Perpendiculairement : *Un objet qui n'est pas* d'aplomb. *Retomber* d'aplomb.

APLOME, s. m. min. Nom donné par Haüy à une substance terreuse, remarquable par la simplicité de sa structure et de ses formes cristallines, dont la primitive est le cube.

APLONOME, adj. des 2 g. (du gr. ἀπλόος, simple, et de νόμος, loi.) min. Il se dit Des substances qui doivent à des lois fort simples la formation de leurs cristaux.

APLOPÉRISTOMÉ, ÉE, adj. (du gr. ἀπλόος, simple, et de περίστομα, péristome.) bot. Il se dit d'Une mousse à péristome simple.

APLOSTACHYÉ, ÉE, adj. (du gr. ἀπλόος, simple, et de στάχυς, épi.) bot. Il se dit Des plantes dont les fleurs sont disposées en un épi simple.

APLOSTÈGUE, adj. des 2 g (du gr. ἀπλόος, simple, et de θηκίον, étui, coffret.) conchyl. Il se dit d'Une coquille dont chaque loge ne renferme qu'une seule cavité.

APLOSTOME, adj. des 2 g. (du gr. ἀπλόος, simple, et de στόμα, bouche.) zool. Dont la bouche ou l'ouverture est simple.

APLOTOMIE, s. f. (du gr. ἀπλόος, simple, et de τομή, coupure ; dér. de τέμνω, couper.) chir. Incision simple.

APLUDE, s. f. bot. Genre de plantes de la famille des graminées.

APLYSIACÉ, ÉE, adj. (V. *Aplysie.*) moll. Semblable à une aplysie. — *Aplysiacés,* s. m. pl. Famille de mollusques.

APLYSIE, s. f. (du gr. ἀπλυσία, saleté, crasse.) moll. Gastéropode de l'ordre des tectibranches, famille des dicères. Ce mollusque a été connu des anciens sous le nom de *lièvre marin* Apulée, Dioscoride, Ælien et Pline en racontent des choses merveilleuses auxquelles il ne manque que d'être vraies.

APLYSIEN, ENNE, adj. moll V. APLYSIACÉ.

APLYSIFORME, adj. des 2 g. (V. *Aplysie.*) moll. Qui a la forme d'une aplysie.

APNÉE, s. f. (du gr. ἄπνοια, privation de la faculté de souffler, de respirer : α priv. et πνέω, souffler.) path. Absence de respiration, respiration insensible.

APNÉOLOGIE, s. f. (du gr. ἄπνοια, apnée, et de λόγος, discours, traité.) Traité qui roule sur l'apnée.

APNEUMIE, s. f. (de α priv. et de πνεύμων, poumon.) anat. Privation ou absence de poumon.

APNEUSTIE, s. f. anat. V. APNÉE.

APOCALBASUM, s. m. bot. Gomme-résine vénéneuse, tirée d'une espèce d'euphorbe peu connue, et dont quelques peuplades africaines se servent, dit-on, pour empoisonner leurs flèches.

APOCALYPSE, s. f. (du gr. ἀποκάλυψις, révélation ; dér. du v. ἀποκαλύπτω, découvrir ; ἀπὸ, de, et καλύπτω, cacher, couvrir.) Livre du Nouveau-Testament contenant les révélations de Saint-Jean : *Le premier chapitre de l'*Apocalypse. *Les figures de l'*Apocalypse. *Newton a commenté l'*Apocalypse. — On dit figurément : *Style d'*Apocalypse, pour Un style trop chargé de figures et plein d'obscurité. — fig. et prov. *Cheval de l'*Apocalypse, Un cheval d'une grande maigreur.

APOCALYPTIQUE, s. et adj. des 2 g. (V. *Apocalypse.*) Il a d'abord signifié Qui s'occupe d'expliquer l'Apocalypse : *Un écrivain* apocalyptique. Il se dit aujourd'hui De ce qui est obscur : *Style* apocalyptique. *Un auteur* apocalyptique. *Des maximes, des visions, des sentences* apocalyptiques. Il est familier.

APOCAPNISME, s. m. (du gr. ἀποκαπνισμός, fumigation : ἀπὸ, de, par, et καπνός, fumée.) méd. Fumigation formée par des substances ou des herbes aromatiques.

APOCAPONE, s. m. bot. Arbre vénéneux de Madagascar, de l'amande duquel on extrait de l'huile qui sert à graisser les cheveux.

APOCARPE, adj. des 2 g. (de ἀπὸ, loin de, et de καρπός, fruit.) bot. Dont les fruits sont absolument ou à peu près sessiles.

APOCATHARSIE, s. f. (du gr. ἀποκάθαρσις, purgation : ἀπὸ, de, et καθαίρω, purger, nettoyer.) thérap. Purgation quelconque. V. PURGATION.

APOCATHARTIQUE, adj. des 2 g. (du gr. ἀποκαθαρτικός, purgatif.) thérap. Il se dit Des substances qui servent à purger. V. CATHARTIQUE.

APOCÉNOSE, s. f. (du gr. ἀποκενόω, vider, évacuer ; κενόω, vider, purger.) path. Évacuation quelconque.

APOCO, s. m. Mot emprunté de l'ital. Homme de peu de valeur intellectuelle : *C'est un* apoco. *Voilà parler comme un* apoco. Il est peu usité.

APOCOPE, s. f. (du gr. ἀποκοπή, coupure, retranchement ; dér. du v. ἀποκόπτω, couper, retrancher : ἀπὸ, de, et κόπτω, couper.) gramm. Figure qui consiste à retrancher quelque chose à la fin d'un mot, comme quand les Latins mettaient *peculi* pour *peculii, mi* pour *mihi : Les poëtes français font un fréquent usage de l'apocope ; ils disent* encor *pour* encore ; *je* voi *pour je* vois... — chir. Excision, retranchement.

APOCRÉNATE, s. m. chim. Sel produit par la combinaison de l'acide apocrénique avec une base salifiable.

APOCRÉNIQUE, adj. m. chim. Se dit De l'acide extrait d'une eau minérale.

APOCRISIAIRE, s. m. Il signifiait chez les Grecs du Bas-Empire Une espèce d'agent officiel chargé de porter les réponses des empereurs. On l'employa plus tard pour désigner Certains officiers publics chargés de l'expédition des édits et des actes, et dont le chef portait le titre de *grand apocrisiaire.* On donnait également ce nom à Certains agents ecclésiastiques résidant à Constantinople ou auprès d'une autre cour. — C'était aussi Le titre que le grand-aumônier recevait à la cour de Charlemagne. Dans les anciens monastères on appelait, *apocrisiaire,* Le gardien du trésor.

APOCRISIE, s. f. (du gr. ἀπόκρισις, sécrétion : ἀπὸ, de, loin de, et κρίνω, distinguer, séparer.) méd. Sécrétion, excrément ; en général tout ce qui est rejeté hors du corps comme nuisible ou superflu.

APOCROUSTIQUE, adj. des 2 g. (du gr. ἀποκρουστικός, répulsif : ἀπὸ, de, loin de, et κρούω, frapper.) méd. Il s'est dit quelquefois Des remèdes répercussifs et astringents.

APOCRYPHE, adj. des 2 g. (du gr. ἀπόκρυφος, qui dissimule, qui cache ou se cache ; dér. de ἀπὸ, κρύπτω, cacher, dissimuler : ἀπὸ, et κρύπτω, cacher.) Qui ne mérite pas une confiance entière, dont l'autorité est douteuse. Il ne se dit qu'en parlant Des livres et des auteurs, et particulièrement de certaines parties des livres sacrés que l'Église ne considère pas comme appuyés d'une autorité suffisante et ne regarde pas comme canoniques : *Le troisième et le quatrième livre d'Esdras sont* apocryphes. *Un auteur* apocryphe. *Un ouvrage* apocryphe. *Cette histoire est considérée par plusieurs critiques comme* apocryphe. — Il se dit par extension d'Une nouvelle, d'un récit dont on a lieu de douter : *Toutes ces nouvelles sont* apocryphes. *C'est un conte* apocryphe. — On dit dans un sens analogue De celui qui débite une nouvelle, une histoire dont la fidélité est suspecte : *C'est un auteur apocryphe.*

APOCYÉSIE, s. f. (du gr. ἀποκύησις, accouchement : ἀπὸ et κύω, être enceinte.) chir. Parturition, enfantement.

APOCYN, s. m. (en lat. *apocynum,* du gr. ἀπόκυνον ; ἀπὸ, loin de, et κύων, κυνός, chien ; c'est-à-dire plante dont les chiens doivent s'éloigner comme d'un poison mortel.) bot. Genre de plantes exotiques, dont quelques espèces sont remarquables : *L'apocyn à la ouate, ou asclépiade de Syrie, est utile dans les arts; la matière soyeuse et douce de ses gousses, la filasse de ses tiges, et l'excellente huile qu'on tire de ses semences, le rendent fort précieux.*

**APOCYNÉ, ÉE,** adj. (V. *Apocyn.*) bot. Semblable à l'apocyn.—*Apocynées,* s. f. pl. Famille de plantes monopétales, dicotylédones, hypogynes.

**APOCYNIE,** s. f. (du gr. ἀποκύησις, enfantement : ἀπὸ, et κυέω, être enceinte.) chir. Accouchement. (V. ce mot.)

**APODACRYTIQUE,** adj. et s. m. (du gr. ἀποδακρυτικά, qui fait verser des larmes : ἀπὸ, et δακρύω, pleurer.) méd. Il s'est dit Des remèdes qui font couler des larmes et les arrêtent ensuite.

**APODANTHE,** s. f. bot. Genre de mousses.

**APODE,** adj. des 2 g. (du gr. ἄπους, ἄποδος, sans pied : α priv. et ποῦς, ποδὸς, pied.) hist. nat. Qui manque de pieds. — *Apodes,* s. m. pl. ichth. Famille de poissons qui n'ont pas de nageoires ventrales.— entom. Larves privées de pieds. — ornith. Genre d'oiseaux dont les pattes sont tellement rapprochées du corps, qu'elles peuvent à peine leur servir.

**APODÈME,** s. m. (du gr. ἀποδέω, lier, attacher : ἀπὸ et δέω, lier, δῆμα, lien, attache.) entom. Partie de l'enveloppe solide des insectes qui tient à leur thorax.

**APODÈRE,** s. m. entom. Genre d'insectes coléoptères.

**APODICTIQUE,** adj. des 2 g. (du lat. *apodicticus,* fait de ἀποδεικτικὸς, démonstratif: ἀπὸ, de, et δείκνυμι, enseigner, montrer.) didact. Démonstratif, convaincant. Peu usité.

**APODIE,** s. f. (du gr. ἀποδία, manque de pieds; ἄπους,-οδος, sans pieds : α priv. et ποῦς, ποδὸς, pied.) anat. Privation ou absence de pieds.

**APODOCÉPHALE,** adj. des 2 g. bot. Dont les fleurs sont réunies en têtes et sessiles.

**APODOGYNE,** adj. des 2 g. bot. Qui n'adhère pas à la base de l'ovaire.

**APODOPNIQUE,** adj. et s. m. méd Il se dit De remèdes et d'appareils propres à rétablir la respiration.

**APOGALACTISME,** s. m. (du gr. ἀπογαλακτισμὸς, sevrage : ἀπὸ, de, loin de, et γάλα, γάλακτος, lait.) méd. Ablactation. (V. ce mot.)

**APOGASTRE,** adj. des 2 g. (du gr. ἄπους, sans pieds, et de γαστήρ, ventre.) moll. Dont le ventre est privé de pieds.

**APOGÉE,** s. m. (du gr. ἀπόγειος, éloigner de la terre, dont on a fait ἀπόγειον, apogée: ἀπὸ, loin de, et γῆ, terre.) astron. Le point où une planète se trouve à la plus grande distance de la terre : *La lune sera tel jour à son apogée.* — adj. des 2 g. *La lune est* apogée. — fig. Le plus haut point où l'on puisse parvenir : *Il est parvenu à l'apogée de la gloire. Sa gloire, sa puissance sont à leur apogée. Le mal était à son apogée.*

**APOGEUSIE,** ou **APOGUEUSIE,** s. f. (du gr. ἀπὸ, loin de, hors de, et de γεῦσις, goût.) nosol. Vice ou dérangement du goût.

**APOGONE,** adj. des 2 g. (du gr. ἀπώγων, imberbe : α priv. et πώγων, barbe.) ichth. Sans barbe, ou plutôt sans barbillon, comme le rouget.

**APOGRAPHE,** s. m. Copie d'un écrit, d'un original; par opposition à *autographe.* Il est peu usité. — techn. Nom d'un nouvel instrument dont on se sert pour copier les dessins.

**APOGRAPHIQUE,** adj. des 2 g. Qui a rapport à un apographe : *Règle apographique.*

**APOHYAL,** adj. et s. m. anat. L'une des pièces de l'os hyoïde.

**APOINTISSER,** v. a. (V. *Pointe.*) techn. Faire la pointe à un clou. — Rendre une chose pointue, un outil pointu.

**APOINTISSÉ, ÉE,** part.

**APOLÉMIE,** s. f. zool. Genre d'acalèphes.

**APOLEPSIE,** s. f. (du gr. ἀπόληψις, saisissement, dér. de ἀπολαμβάνω, reprendre : ἀπὸ, de, et λαμβάνω, prendre.) path. Rétention, suppression.

**APOLEXIE,** s. f. (du gr. ἀπόλειψις, abandon, défaut, défaillance; dér. du v. ἀπολείπω, abandonner, délaisser: ἀπὸ, de, et λείπω, quitter, laisser.) didact. Vieillesse, décrépitude.

**APOLINOSE,** s. f. (du gr. ἀπολίνωσις, ligation, dér. du v. ἀπολινόω, lier, attacher : ἀπὸ, part. augm., et λινόω, lier avec du fil ou avec du lin, λίνον, lin.) chir. Méthode d'opérer la fistule au moyen d'un fil de lin cru.

**APOLLON,** s. m. (du gr. Ἀπόλλων, lat. *Apollo.*) Ce nom du dieu qui, dans l'ancienne mythologie, présidait à la poésie et aux beaux-arts, s'emploie en français dans certaines phrases figurées. Ainsi, pour désigner un poëte, on a dit : *C'est un favori d'Apollon. L'indignation, la reconnaissance, l'amour, la haine a été son Apollon,* Ce fut un de ces sentiments qui lui inspira des vers. *Ecrire, rimer, faire des vers en dépit d'Apollon,* se dit D'un mauvais poëte qui écrit sans vocation. —entom. Nom d'un papillon de jour qui habite les montagnes.

**APOLOGÉTIQUE,** adj. des 2 g. (V. *Apologie.*) Qui est écrit à la louange de quelqu'un : *Un discours apologétique. Il m'a envoyé une lettre apologétique pour son frère.*—Il s'emploie aussi substantivement pour désigner L'écrit que Tertullien a publié pour la défense des chrétiens: *Cela se trouve dans l'Apologétique de Tertullien.*

**APOLOGIE,** s. f. (du gr. ἀπολογία, même signification : ἀπὸ, de, sur, et λόγος, discours.) Discours prononcé ou écrit dans l'intention de défendre, de justifier une personne, une action ou un ouvrage : *Il s'est empressé de me faire votre apologie. Votre conduite n'a pas besoin d'apologie. Il a été contraint de faire lui-même son apologie. Ce second ouvrage n'était que l'apologie de celui qu'il avait déjà fait paraître.* — Il se dit aussi par extension d'Une action propre à justifier quelqu'un : *Cette dernière action suffira pour faire votre apologie.*

**APOLOGISTE,** s. m. (V. *Apologie.*) Celui qui fait l'apologie d'une personne ou d'une chose: *Il s'est fait votre apologiste. Votre conduite n'a pas besoin d'un pareil apologiste. Vous auriez pu choisir un meilleur apologiste.*

**APOLOGUE,** s. m. (du gr. ἀπόλογος, long discours, récit fabuleux: ἀπὸ, et λόγος, discours.) Récit vrai ou fabuleux dont on se sert pour arriver indirectement à une conclusion morale : *Nous devons l'apologue à l'ancienne Grèce.* LA F. *Ménénius employa cet apologue pour ramener le peuple à l'obéissance. L'apologue du renard et du corbeau. Cet apologue ne parut pas très-ingénieux. Il faut que l'apologue laisse apercevoir facilement la vérité à travers le voile dont il la couvre.* LEBATTEON.

**APOLLONIEN, ENNE,** adj. (d'Apollonius, fameux géomètre.) math. *Hyperboles et paraboles* appolloniennes, Hyperboles et paraboles du deuxième degré.

**APOLTRONNIR,** v. a. (*Rendre poltron.*) vén. Empêcher le faucon d'attaquer le gros gibier, en le privant des ongles des doigts de derrière.

**APOLTRONNI, IE,** part.

**APOLYSE,** s. f. (du gr. ἀπόλυσις, solution, délivrance : ἀπὸ, de, et λύω, délier.) méd. Relâchement d'un bandage; résolution des membres, terminaison d'une maladie.—liturg. Expression qui, dans l'Église grecque, répond à l'*Ite missa est* des Latins.

**APOLYTIQUE,** s. m. lit. Oraison récitée par le prêtre à l'apolyse.

**APOMASTOME,** adj. des 2 g. V. APOMATOSTOMÉ.

**APOMATHÉSIE,** s. f. (du gr. ἀπομάθησις, oubli de ce qu'on a appris : ἀπὸ, de, et μανθάνω, apprendre, désapprendre.) path. Oubli d'une chose apprise, phénomène lié le plus souvent à l'existence d'une maladie, dont il devient un symptôme.

**APOMATOSTOMÉ, ÉE,** adj. (de α priv. πῶμα, couvercle, et de στόμα, bouche, ouverture.) moll. Il se dit Des mollusques dont la coquille univalve est sans opercule.

**APOMÉCOMÈTRE,** s. m. géom. Sorte d'instrument au moyen duquel on peut distinguer les objets qui sont éloignés.

**APOMÉCOMÉTRIE,** s. f. (V. *Apomécomètre.*) géom. Science, art de mesurer la distance des objets éloignés. — art mil. Art de mesurer une distance géométrique, par les pas des hommes ou le mouvement d'une troupe.

**APOMÉSOSTOME,** adj. des 2 g. (de α priv. μέσος, milieu, du milieu, et de στόμα, bouche.) zool. Qui n'a point de bouche placée au centre.

**APOMYCHTHOSE,** s. f. (de ἀπομύζω, ronfler : préf. ἀπὸ, et μύζω, marmotter, ronfler.) nosol. Maladie caractérisée surtout par un continuel tremblement de tête et un bruyant ronflement.

**APONAR,** s. m. ornith. V. MANCHOT.

**APONE,** adj. et s. m. (α priv. et de πόνος, travail, peine.) méd. Il se dit Des remèdes contre la douleur.

**APONÉVROGRAPHIE,** s. f. (du gr. ἀπονεύρωσις,

aponévrose, et de γραφή, description.) anat. Description des aponévroses.

**APONÉVROLOGIE,** s. f. (du gr. ἀπονεύρωσις, aponévrose, et de λόγος, discours, traité.) anat. Partie de l'anatomie qui traite des aponévroses.

**APONÉVROSE,** s. f. (du gr. ἀπονεύρωσις, même signification : ἀπὸ, de, sur, et νεῦρον, nerf, muscle, tendon.) anat. Membrane plus ou moins large, d'une couleur blanche, luisante, satinée, fort résistante, qui tantôt contient des muscles qu'elle enveloppe, tantôt sert à l'implantation des fascicules musculaires et leur fournit un point d'attache : *Aponévrose fémorale. Aponévrose scapulaire. Aponévrose des gouttières vertébrales et du muscle sacro-spinal. Les aponévroses musculaires entrent essentiellement dans la composition des muscles larges, dont elles sont le prolongement. D'un côté les aponévroses donnent attache aux fibres charnues, de l'autre elles s'implantent aux os ou se fixent à quelque partie.*

**APONÉVROTIQUE,** adj. des 2 g. (V. *Aponévrose.*) anat. Qui a rapport, qui appartient aux aponévroses : *Membrane* aponévrotique. *Muscle* aponévrotique, demi-aponévrotique.

**APONÉVROTOMIE,** s. f. (du gr. ἀπονεύρωσις, aponévrose, et de τομή, coupure, section.) chir. anat. Dissection des aponévroses, débridement des ouvertures aponévrotiques.

**APONITROSE,** s. f. (mot formé à la grecque, de νίτρον, nitre.) chir. Action de saupoudrer de nitre une plaie, un ulcère.

**APONOGÉTON,** s. m. bot. Genre de plantes de la famille des saururées, dont on mange les racines tuberculeuses et charnues dans l'Inde et en Afrique.

**APOPHANE,** adj. des 2 g. min. Il se dit Des cristaux dans lesquels on peut reconnaître, par les facettes, la position du noyau, la direction ou la mesure des décroissements.

**APOPHASE,** s. f. (du gr. ἀπόφασις, action de nier : ἀπὸ, qui marque quelquefois privation, et ψημί, φάω, parler.) rhét. Dénégation, réfutation. Peu usité.

**APOPHLEGMATISANT,** adj. et s. m. (du grec ἀποφλεγματίζω, débarrasser des humeurs pituiteuses: ἀπὸ, de, et φλέγμα, pituite, mucosité.) méd. Il se dit Des médicaments qui font rendre des mucosités par la bouche.

**APOPHLEGMATISME,** s. m. (du gr. ἀποφλεγματισμὸς, même signification. V. *Apophlegmatisant.*) méd. Expulsion de la pituite, des mucosités, au moyen des médicaments apophlegmatisants.

**APOPHTHEGME,** s. m. (du gr. ἀπόφθεγμα, même sens, dér. du v. ἀποφθέγγομαι, parler, proférer: préf. ἀπὸ, et φθέγγομαι, parler.) Dit notable, trait sentencieux de quelque personnage célèbre : *Les apophthegmes des sept sages. Plusieurs savants hommes ont fait des recueils d'*apophthegmes. *Il y a beaucoup d'*apophthegmes *dans les œuvres de Plutarque.* —*Ne parler que par* apophthegmes, se dit par dérision d'Un homme qui remplit ses discours de maximes, de sentences.

**APOPHTHEGMATIQUE,** adj. des 2 g. (V. *Apophthegme.*) Qui concerne l'apophthegme : *Discours* apophthegmatique, Rempli de maximes ou de sentences.

**APOPHYGE,** s. f. arch. Endroit où la colonne sort de sa base et commence à s'élever.

**APOPHYLLITE,** s. f. min. Substance terreuse s'exfoliant très-facilement, d'un éclat nacré, dont la forme primitive de cristallisation est un prisme droit, quadrangulaire, symétrique.

**APOPHYSE,** s. f. (du gr. ἀπόφυσις, pousse, rejeton; ἀπὸ, de, et φύω, je nais.) anat. Éminence qui se remarque à la surface d'un os : *Apophyse orbitaire. Apophyse mastoïde. Il y a des apophyses montantes, il en est de verticales.*—*Apophyse,* s. f. bot. Renflement plus ou moins marqué que l'on observe à la base de l'urne, dans quelques espèces de mousse.

**APOPHYSÉ, ÉE,** adj. bot. Muni d'une apophyse.

**APOPHYSIFORME,** adj. des 2 g. (du gr. ἀπόφυσις, apophyse, et du lat. *forma,* forme.) bot. Qui a la forme d'une apophyse.

**APOPLANÈSE,** s. f. (du gr. ἀποπλάνησις, écart : ἀπὸ, de, et πλανάω, errer.) path. Déviation des humeurs.

**APOPLECTIQUE,** adj. des 2 g. (V. *Apoplexie.*) Il se dit également De tout ce qui a rapport à l'apoplexie, soit des symptômes de cette maladie, soit des remèdes que l'on emploie pour la prévenir ou la combattre: *Cet homme est d'une complexion apo-*

plectique. *Une disposition apoplectique. Un état apoplectique. Sommeil apoplectique. Un remède, un baume apoplectique.* — On l'emploie aussi pour Celui qui paraît menacé de cette maladie ou qui y est sujet : *Ce teint foncé lui donne l'air apoplectique. Il paraît apoplectique, il est apoplectique.* Dans ce sens il peut se prendre substantivement : *C'est un vieil apoplectique. Soigner les apoplectiques.* — Enfin quelques anatomistes donnent le nom d'*apoplectiques* aux veines jugulaires.

APOPLEXIE, s. f. (du gr. ἀποπληξία, coup violent, dér. du v. ἀποπλήσσω, frapper fort: ἀπὸ, préf. augm., et πλήσσω, frapper.) path. Affection caractérisée par la perte plus ou moins complète du mouvement et du sentiment, sans que la respiration et la circulation soient interrompues : *Il a été frappé d'apoplexie. Mort d'apoplexie foudroyante. Tomber en apoplexie. Son frère a succombé à une seconde attaque d'apoplexie. Une apoplexie sanguine. Il a été longtemps menacé d'apoplexie.*

APOPNIXIE, s. f. (du gr. ἀποπνίξις, suffocation, dér. ἀποπνίγω, étouffer, étrangler, suffoquer : ἀπὸ, préf. augm., et πνίγω, serrer, étouffer.) path. Douloureuse suffocation.

APOPSYCHIE, s. f. (du gr. ἀποψύχω, expirer, rendre l'âme : ἀπὸ, de, cessation de, et ψυχή, âme, vie.) path. Évanouissement, défaillance.

APOSTOSE, s. f. (du gr. ἀπόπτωσις, chute, dér. du v. ἀποπίπτω, tomber.) chir. Relâchement d'un bandage.

APORE, ou APORISME, s. m. (du gr. ἄπορος, difficile, mot à mot : sans, passage : ἀ priv. et πόρος, passage, issue.) géom. Problème difficile à résoudre.

APORIE, s. f. littér. V. DUBITATION.

APOROBRANCHE, adj. des 2 g. (du gr. ἄπορος, pauvre, chétif, dépourvu, et de βράγχια, branchies.) ichth. Doué de branchies peu développées, peu apparentes.

APOROCÉPHALE, adj. des 2 g. (du gr. ἄπορος, misérable, chétif, et de κεφαλή, tête.) zool. Dont il est difficile de distinguer la tête.

APORRHÉE, s. f. du gr. ἀπόρροια, écoulement, afflux : ἀπὸ, de, et ῥέω, couler.) path. Chute des cheveux.

APOSCHASIE, s. f. (du gr. ἀπὸ, préf. augm., et de σχάζω, scarifier.) chir. Incision, scarification.

APOSÉPÉDIN, s. m. (de ἀπὸ, de, et de σηπέδων, corruption, pourriture.) chim. Substance qui résulte de la putréfaction du fromage.

APOSIOPÈSE, s. f. (du gr. ἀπὸ, préf. augm., et de σιωπάω, taire, passer sous silence.) rhét. Réticence. (V. ce mot.)

APOSITIE, s. f. (du gr. ἀποσιτία, abstinence, dégoût d'appétit: ἀπὸ, qui marque l'éloignement, et σῖτος, blé, pain, aliment.) méd. Éloignement, aversion pour les aliments, dégoût des aliments.

APOSITIQUE, adj. des 2 g. (V. *Apositie.*) méd. Qui détruit l'appétit, qui ôte le sentiment de la faim.

APOSKEPARNISMOS, s. m. (du gr. ἀπὸ, préf. augm., et de σκεπαρνισμός, rupture, fracture; σκέπαρνον, doloire, hache à deux tranchants.) chir. Plaie du crâne par un instrument tranchant qui a entièrement détaché la pièce, ainsi qu'un coup de hache emporte un copeau.

APOSKEPSIE, s. f. (du gr. ἀπόσκηψις, action de se porter sur, de s'appuyer sur, dér. du v. ἀποσκήπτω, se pencher sur.) méd. Afflux des liquides vers une partie, métastase.

APOSPASME, s. m. (du gr. ἀποσπάω, détacher, arracher : ἀπὸ, de, et σπάω, tirer, séparer.) chir. Déchirure, solution de continuité, surtout celle qui a lieu dans les ligaments.

APOSPONGISME, s. m. (du gr. ἀποσπογγίζω, éponger, nettoyer avec une éponge; ἀπὸ, préf. aug., et σπογγίζω, éponger.) thérap. Action de frotter avec une éponge, soit pour nettoyer, soit pour calmer la douleur, soit pour rappeler les esprits.

APOSTASIE, s. f. (du gr. ἀποστασία, abandon, désertion. V. *Apostat.*) Changement public de religion ; il s'emploie toujours en mauvaise part, et particulièrement pour l'abandon de la religion chrétienne : *Dieu l'a puni de son apostasie. Pour terminer dignement une vie aussi criminelle, il finit par tomber dans l'apostasie.* — Il se dit également d'Un religieux qui renonce à ses vœux.
APOSTASIE, se dit par extension De l'action de celui qui abandonne un parti auquel il s'était attaché : *Son apostasie ne lui rapporta pas tous les avantages qu'il en avait espérés, et il ne fut pas long-temps à regretter d'avoir abandonné la cause populaire.* THIERRY.

APOSTASIER, v. n. (V. *Apostasie* et *Apostat.*) Abandonner sa religion pour en embrasser une autre; il se prend dans le même sens que le précédent : *Faits prisonniers par les Turcs, ils apostasièrent pour sauver leur vie.* — Il se dit aussi d'Un religieux qui renonce à ses vœux, ou de celui qui abandonne un parti ou une doctrine : *Il ne tarda pas à apostasier et à rentrer dans la vie du monde. C'est un homme qui a été de tous les partis et qui a apostasié chaque fois que son intérêt lui en donnait conseil.*

APOSTAT, adj. m. (en lat. *apostata*, fait du gr. ἀποστάτης, déserteur, homme qui fait désertion : ἀπὸ, de, loin de, et ἵστημι, se tenir.) Qui abandonne sa religion pour une autre ; il se prend dans le même sens que les précédents : *Des chrétiens apostats.* — Il se dit aussi d'Un religieux qui renonce à ses vœux, ou d'un homme qui abandonne un parti pour un autre, et il s'emploie quelquefois substantivement dans toutes ces acceptions : *Julien l'Apostat. Crier à l'apostat. C'est un apostat en politique.*

AFOSTER, v. a. Placer quelqu'un dans un endroit pour observer ou pour exécuter quelque chose; il se prend habituellement en mauvaise part, et entraîne souvent l'idée de corruption : *Il aposta des gens dévoués qui devaient se saisir du prince. Nous avions aposté notre homme pour observer tout ce qui se passerait. On aposta de faux témoins pour l'accuser.*

APOSTÉ, ÉE, part. *Des gens apostés se précipitèrent sur nous.*

À POSTERIORI, V. POSTERIORI (À).

APOSTILLATEUR, s. m. législ. Celui qui écrit ou met une apostille en marge d'un écrit, d'une pétition, etc.

APOSTILLE, s. f. Annotation que l'on ajoute en marge à un écrit ou à une lettre, pour appuyer spécialement sur un point : *Ces mots étaient écrits en apostille. Vous avez oublié de lire l'apostille. Le point principal de la lettre avait été mis en apostille.* — On l'emploie surtout en termes d'administration, pour Une courte recommandation que l'on ajoute à un mémoire, ou à une pétition présentée par une autre personne : *Il m'a demandé une apostille pour son mémoire. Faites votre pétition, et je vous y mettrai une apostille. Une apostille banale, insignifiante.* — législ. Annotation à la marge d'un écrit, d'une pétition, d'un acte, etc. — prat. Contestation qui a lieu quelquefois lorsqu'on examine un compte; jugement qui intervient sur chaque article.

APOSTILLER, v. a. Ajouter une apostille à un écrit, à un mémoire, à une pétition : *Le préfet a apostillé sa demande. Son mémoire était apostillé par tous les membres du conseil. Le roi avait lui-même apostillé la dépêche.*

APOSTILLÉ, ÉE, part. *Une pétition* apostillée *de sa main.*

APOSTOLAT, s. m. (du lat. *apostolatus.* V. *Apôtre.*) Titre, dignité, ministère d'apôtres parmi les disciples du Sauveur: *Peu furent appelés à l'apostolat.*

APOSTOLIQUE, adj. des 2 g. (en lat. *apostolicus*, mot venu du grec. V. *Apôtre.*) Qui vient, qui procède des apôtres : *Doctrine, tradition apostolique. Origine, fondation apostolique. L'Église catholique et apostolique.* — *Mission* apostolique, La mission des apôtres, et par suite de tous ceux qui se consacrent à la propagation de la foi. — *Vie* apostolique, *Zèle* apostolique, Vie sainte comme celle des apôtres, zèle digne d'un apôtre. — *Église* apostolique, Église fondée par l'un des apôtres. *Temps, siècle* apostolique, Le temps où ont vécu les apôtres.
APOSTOLIQUE, se dit encore De ce qui a rapport au Saint-Siège, de ce qui en émane : *Nonce* apostolique. *Bénédiction* apostolique. *Lettres* apostoliques. *Palais* apostolique, Palais du pape. *Chambre* apostolique, Tribunal qui connaît des affaires relatives au domaine ou au trésor du Saint-Siège. — *Notaires* apostoliques, Notaires qui, dans chaque diocèse, étaient autorisés à rédiger les actes en matière ecclésiastique.

APOSTOLIQUEMENT, adv. À la manière des apôtres : *Vivre, prêcher apostoliquement. Vivre apostoliquement. Prêcher apostoliquement.*

APOSTROPHE, s. f. (ἀποστροφή, détour, diversion : ἀπὸ, de, loin de, et στρέφω, tourner.) Paroles un peu vives par lesquelles on interpelle quelqu'un, paroles blessantes adressées à quelqu'un : *C'est à vous que s'adresse cette apostrophe. Je ne méritais pas une apostrophe aussi mortifiante.* En termes de rhétorique on appelle ainsi Une figure par laquelle on interrompt son discours pour interpeller des personnes ou des choses auxquelles l'ensemble du discours ne s'adresse pas : *Bossuet emploie souvent des apostrophes d'une énergie admirable. Cette apostrophe aux malheureuses victimes de la tyrannie produisit parmi le peuple une émotion inouïe.* THOMAS.

APOSTROPHER, v. a. (V. *Apostrophe.*) Adresser à quelqu'un des paroles vives et mortifiantes : *Il m'a apostrophé assez désagréablement.* — Il se dit aussi familièrement dans le sens de Frapper, porter un coup: *Apostropher quelqu'un d'un soufflet. D'un coup dans l'œil se vit apostrophé.* J.-B. ROUS. — rhét. Adresser au milieu d'un discours la parole à quelqu'un ou à quelque chose : *Cicéron, se tournant alors vers l'accusé, l'apostropha en ces termes. Il apostropha le soleil, la lune, les étoiles.* DID.

APOSTROPHÉ, ÉE, part.

APOSTUME, ou APOSTÈME, s. m. (en lat. *apostema*, du gr. ἀπόστημα, abcès, dér. du v. ἀφίσταμαι, aboutir : ἀπὸ, et ἵσταμαι.) Ces deux termes ont vieilli. ACAD. Sans aucun doute on ne s'en sert presque plus en médecine, mais apostume est resté dans l'art vétérinaire : *J'ai, dit la bête chevaline, un apostume sous le pied.* LA FONT. — prov. et fam. *Il faudra que l'apostume crève*, se dit d'Une chose tenue secrète, qui doit finir par éclater et se découvrir.

APOSURES, s. m. pl. entom. Papillons dont les chenilles ont l'arrière du corps sans pattes.

APOSYRME, s. m. chir. Éraflure d'un os.

APOTE, adj. et s. m. (du gr. ἄποτος, même sens. ἀ priv. et πότος, boisson.) Qui ne boit point, qui n'en éprouve pas le besoin.

APOTÉLESME, s. m. (du gr. ἀποτέλεσμα, accomplissement, effet, résultat : ἀπὸ, préf. augm., et τελέω, finir, achever.) thérap. Terminaison d'une maladie.

APOTHÈCE, ou APOTHÉCIE, s. f. (du gr. ἀποθήκη, boîte, serre, magasin, θήκη, étui.) bot. Nom donné au conceptale qui, dans les lichens et les hypoxylées, contient les séminales ou corpuscules reproducteurs.

APOTHÉCION, s. m. (du lat. *apothecum*, fait du gr. ἀποθήκη.) V. APOTHÈCE.

APOTHEME, s. m. (du gr. ἀπὸ, de, loin de, et τίθημι, poser, placer.) géom. Perpendiculaire menée du centre d'un polygone régulier sur un de ses côtés. — chim. Substance qui se dépose par suite de l'évaporation d'un extrait végétal.

APOTHÉOSE, s. f. (en lat. *apotheosis*, traduit du gr. ἀποθέωσις, déification, dériv. du v. ἀποθεόω, déifier : ἀπὸ, à part, et θεός, dieu.) Action de mettre, d'être mis au rang des dieux. Il se dit principalement De la déification des empereurs romains après leur mort et des cérémonies qui s'y pratiquaient, ou de la réception des héros de la Fable parmi les dieux de l'Olympe : *On se mit à crier miracle, apothéose.* LA FONT. *Un tableau représentant l'apothéose de Trajan. L'apothéose d'Auguste. L'apothéose d'Hercule, de Thésée.* — Il se dit figur. pour exprimer Des honneurs excessifs rendus à un homme vivant. *L'apothéose d'un grand homme est l'expression de la justice des peuples.* RAYNAL. *Au vainqueur l'apothéose, au vaincu l'échafaud.* LA HARPE.

APOTHÈSE, s. f. (du gr. ἀπόθεσις, action de placer, dér. du v. ἀποτίθημι, placer.) chir. Position qu'il convient de donner à un membre fracturé, après la réduction et l'application du bandage.

APOTHICAIRE, s. m. (du lat. *apothecarius*, qui tient magasin, lequel a été formé du gr. ἀποθήκη, lieu de réserve, magasin ; ἀποτίθημι, mettre de côté : ἀπὸ, et τίθημι.) Celui dont le métier est de préparer et de débiter des drogues : *Un bon, un habile apothicaire.* Il s'emploie peu aujourd'hui, on se sert en place du terme de *pharmacien.* — fig. et prov. *Un mémoire d'apothicaire*, Un mémoire dont on a considérablement enflé les articles : *Il nous a présenté un vrai mémoire d'apothicaire. Faire de son corps une boutique d'apothicaire*, Se droguer sans nécessité et outre mesure. *Un apothicaire sans sucre*, se dit d'Un homme qui manque des choses les plus nécessaires à son état.

APOTHICAIRERIE, s. f. (V. *Apothicaire.*) Magasin d'un apothicaire, lieu où se débitent les drogues, art de l'apothicaire : *Avoir une apothicairerie. Être dans l'apothicairerie.* On ne le dit plus guère aujourd'hui, on emploie en place le mot de *pharmacie.*

APOTHICAIRESSE, s. f. (V. *Apothicaire.*) comm.

relig. Religieuse chargée dans un couvent de tenir l'apothicairerie et de préparer les remèdes.

**APOTHRAUSE**, s. f. (du gr. ἀπόθραυσις, brisement, fracture; dér. du v. ἀποθραύω, rompre, briser, fracturer: ἀπό, préf. augm., et θραύω, blesser, faire une plaie.) chir. Fracture du crâne avec esquilles.—Extraction d'une lame ou d'une esquille.

**APOTOME**, s. m. (du gr. ἀποτομή, coupure, retranchement: ἀπό, de, et τέμνω, couper.) géom. Différence de deux grandeurs qui sont incommensurables entre elles, excès de l'une sur l'autre. A peu près tombé en désuétude.—entom. Genre d'insectes coléoptères. — chim. adj. des 2 g. Il se dit d'Une substance dont les cristaux présentent des faces très-peu inclinées à l'axe.

**APÔTRE**, s. m. (ant. *apostre, apostle*, et d'abord *apostode*; de *apostolus*, ἀπόστολος, envoyé; ἀποστέλλω, envoyer, députer; d'où viennent encore, *apostolat, apostolique, apostolicité*.) Apôtre signifie donc délégué, envoyé. Ce nom sert à désigner proprement les douze disciples privilégiés, auxquels Jésus-Christ confia le soin de prêcher l'évangile et de gouverner l'Église après lui : *Il appelle à sa compagnie et choisit pour apôtres des gens sans science, sans étude et sans crédit*. DASC. Après la mort du traître Judas, Matthieu fut nommé apôtre pour le remplacer. Pierre, prince des apôtres. *Le grand apôtre, l'apôtre des nations, des Gentils*, ou simplement, *l'apôtre*, Saint Paul qui, par une vocation toute spéciale, de furieux persécuteur devient un chrétien zélé, un admirable apôtre. *Parler en apôtre, prêcher comme un apôtre*, Parler, prêcher avec beaucoup d'onction, avec une grande effusion d'âme. — Cette dénomination s'applique encore à Ceux qui les premiers ont planté l'étendard de la croix dans une ville, dans une contrée : *Saint Denis est l'apôtre de Paris. Saint Patrice est l'apôtre de l'Irlande*. — iron. *Bon apôtre*, Se dit d'Un homme sujet à caution, fourbe et artificieux : *Pour ce bon apôtre qui veut m'en donner d'une et m'en jouer d'une autre*. MOL.—prov. et fig. *Faire le bon apôtre*, Affecter des sentiments de probité, d'honneur, de délicatesse qu'on est bien éloigné d'avoir.—Le nom d'apôtre se donne encore à Celui qui se voue à la propagation et à la défense d'une opinion, d'une doctrine, d'un système : *Ne vous faites point l'apôtre d'une doctrine aussi dangereuse. Le vrai philosophe est l'apôtre de la raison et de la vérité*. — On appelle encore *apôtres*, Les douze pauvres auxquels on lave les pieds le Jeudi-Saint, à la cérémonie commémorative de la Cène. — mar. Deux fortes pièces de bois, immédiatement appliquées dans un vaisseau sur les deux faces latérales de l'étrave.

**APOTURAUX**, s. m. pl. mar. Bout supérieur, tête de quelques allonges d'écubier auxquelles on donne plus de longueur, afin qu'elles se prolongent au delà des gaillards et qu'elles puissent servir de point d'appui à plusieurs cordages qu'on a coutume d'y amarrer.

**APOZÈME**, s. m. (du gr. ἀπόζεμα, décoction, dér. du v. ἀποζέω, bouillir : ἀπό, préf. augm., et ζέω, être chauffé, être en ébullition.) pharm. Décoction de substances végétales, ordinairement très-chargées et fort composées : *Faire, préparer un apozème. Donner un apozème. Prendre un apozème. Apozème amer, purgatif*.

**APPARAÎTRE**, v. n. (même étymologie, et même conjugaison que pour le v. *paraître*, si ce n'est que le v. *apparaître* emploie tantôt l'auxiliaire *avoir*, tantôt l'auxiliaire *être* aux temps composés, ce qui n'a plus lieu pour *paraître*.) Devenir visible, — Il se dit spécialement d'Un être surnaturel, qui d'invisible devient visible : *Dieu apparut à Moïse. Jésus-Christ apparut sur la montagne à ses apôtres. L'ange de la mort lui apparut à ses derniers moments. On prétendit que son fantôme avait apparu dans la ville. Des spectres sont apparus dans la campagne*. — On l'emploie, par extension, pour Une personne qui se montre tout à coup et inopinément, pour une chose qui se dévoile : *A peine avais-je dit ces mots qu'il apparut à mes yeux. Ce fut alors que sa perfidie m'apparut tout entière. La vérité nous apparut dans toute sa force*. —Il se prend au figuré pour La manifestation d'un génie supérieur : *Des hommes tels que lui n'apparaissent qu'à de longs intervalles*. — Apparaître ne suppose pas nécessairement la surprise, ainsi qu'on peut s'en convaincre par ce qui suit : *Au banquet de la vie, infortuné convive, j'apparus un jour, et*

je meurs. GILBERT. — *Apparaître*, s'emploie quelquefois impersonnellement : *Il apparut des spectres dans l'ombre de la nuit. Il apparaît de temps à autre de ces hommes chargés d'exécuter les ordres de la colère céleste*. RAYNAL.—*Apparaître*, s'emploie aussi impersonnellement en termes de pratique : *S'il vous apparaît que cela doive être ainsi. En cas qu'il apparaisse au ministère public que cela soit*, c.-à-d., Si perquisitions faites on pense que cela doit être ainsi. — En négociation on dit, *Faire apparaître de son pouvoir*, Donner communication de ses pouvoirs, les faire connaître officiellement : *Les envoyés ont fait apparaître de leur pouvoir*.

**APPARU, UE**, part.

**APPARAT**, s. m. (du lat. *apparatus*, apprêt, préparatif.) Éclat, pompe dont on accompagne ses actions ou ses discours, ce qui est destiné à produire de l'effet : *Il a prononcé un discours d'apparat. Une cause d'apparat. Il a harangué l'assemblée en grand apparat. Un dîner d'apparat. Appartement d'apparat*. — Il se prend quelquefois ironiquement pour indiquer Une sorte d'ostentation dans la manière d'agir : *Il met un trop grand apparat dans ce qu'il fait. Une cérémonie aussi simple n'avait pas besoin de tant d'apparat*.

**APPARAT**, Mot emprunté au lat. On désigne ainsi Certains livres contenant des titres d'ouvrages ou des passages d'auteurs, et disposés en forme de catalogue ou de dictionnaire pour faciliter l'étude d'une langue. — Apparat *sacré*, Livre renfermant par ordre alphabétique les noms des auteurs ecclésiastiques, ainsi que les titres de leurs ouvrages. — Apparat *poétique*, Recueil de morceaux de poésie latine sur différents sujets. — On appelait aussi autrefois *Apparat royal*, Un petit dictionnaire de la langue latine destiné aux commençants.

**APPARAUX**, s. m. pl. mar. Expression dont on se sert pour désigner collectivement Les voiles, les poulies, les câbles, etc., et même l'artillerie d'un vaisseau.

**APPAREIL**, s. m. (V. *Apparat*.) Apprêt solennel, préparatif accompagné de pompe : *Les appareils d'une fête. Appareil solennel, imposant. De la mort le lugubre appareil*. CRÉBIL. *L'appareil de ce spectacle était disposé de manière à jeter la terreur dans nos esprits*. VOLT. *La guerre avec tous ses appareils effrayants*. VOLT. *Des appareils de guerre*. — Il se dit aussi De la chose préparée elle-même, et dans ce sens il n'entraîne pas toujours l'idée de pompe et de solennité : *Se montrer dans un grand appareil. Dans le simple appareil d'une beauté qu'on vient d'arracher au sommeil. Il était dans un appareil très-modeste*. — archit. Disposition des matériaux qui composent une construction : *Grand, petit appareil. Appareil réticulaire. Les murailles de Cortone sont en appareil cyclopéen. A l'inspection de l'appareil, on reconnaît l'époque de la construction d'un monument*. — *Appareil*, en termes de sciences, s'emploie pour exprimer collectivement Les machines, les instruments, les vases dont on a besoin pour une expérience ou une préparation chimique : *Il a disposé ses appareils. Constructeur d'appareils. Cette expérience se fait à l'aide d'un appareil très-simple. Nous n'avons pas ici tous les appareils nécessaires*.—méd. *Appareils*, signifie Les bandes, les compresses que l'on met sur une blessure, une plaie : *Mettre le premier appareil. Oter, lever l'appareil. Le second, le troisième appareil. Cet appareil n'est pas bien disposé*. — On dit proverb. : *Il est mort faute de bon appareil, ou autrement*, Soit par manque de soins, soit par toute autre cause. — mar. Préparatif pour exécuter une forte manœuvre en pleine mer, dans les gros temps, etc. — Les accessoires du piston d'une pompe. — art c. Mélange des substances qui entrent dans l'accommodage ou confection d'un mets, comme sel, poivre, vinaigre, viandes, etc. — On nomme *Appareil, ou cuve hydropneumatique*, Un appareil par le moyen duquel on peut se procurer les gaz dont on a besoin.

**APPAREILLAGE**, s. m. mar. Action de se disposer à mettre à la voile, action de mettre à la voile : *Nous fîmes aussitôt notre appareillage. Ils s'occupèrent de l'appareillage*. On dit dans un sens analogue : *Être en appareillage. Manquer son appareillage*, Avoir en vain tout préparé dans un vaisseau pour le départ.

**APPAREILLEMENT**, s. m. Action de mettre ensemble plusieurs choses pareilles. Il ne se dit guère

que Des animaux domestiques que l'on appareille, soit pour un travail commun, soit pour la propagation de la race : *L'appareillement des chevaux. L'appareillement du mâle et de la femelle*.

**APPAREILLER**, v. a. Réunir des choses pareilles ou qui ont des points de convenance ; joindre à un objet un autre objet semblable et de même espèce : *Son métier est d'appareiller les tableaux et les objets d'art. Vous ne trouverez pas l'étoffe qu'il vous faut pour appareiller cette robe. Appareiller un attelage. Je cherche un cheval de telle taille et de telle robe pour appareiller le mien*.

**APPAREILLER**, s'emploie quelquefois figurément et familièrement pour Joindre, réunir des personnes qui se ressemblent au moral : *Le premier soin d'un maître de maison est de bien appareiller ses convives*. BRILLAT-SAV.—Appareiller *les esprits*. Il se dit dans ce sens avec le pronom personnel, Pour se joindre à quelqu'un pareil à soi : *Vous avez tout ce qu'il faut pour vous appareiller à un tel homme*.

**APPAREILLER**, en termes d'architecture, Tracer les épures, soit par panneaux, soit par équarrissements et faire tailler les pierres selon la place que chacune doit occuper : *C'est avoir fait beaucoup pour la beauté d'un édifice, que de le bien appareiller. Rarement une construction a été mieux appareillée que la fontaine de la rue de Grenelle*.

**APPAREILLER**, mar. s'emploie comme verbe neutre, et signifie Disposer toutes choses dans un vaisseau pour mettre à la voile. *Un vaisseau a appareillé, ou est appareillé*, Lorsque le vent frappe dans ses voiles, et qu'il part du lieu du mouillage. On dit dans le même sens, en parlant d'une flotte, *Qu'elle a appareillé de tel port, de telle rade*. — Appareiller *une voile*, C'est la déployer et la présenter convenablement à l'impulsion du vent régnant. Appareiller *une ancre*, La lancer à la mer afin de maintenir sûrement un vaisseau. — techn. Apprêter les laines et les poils pour fabriquer un chapeau. — chap. Réunir ensemble des planches égales en longueur et en épaisseur. — pêch. Appareiller *un filet*, Le préparer pour la pêche. — Dans les haras, Faire saillir par un étalon de premier choix une jument, afin qu'il en naisse un beau poulain, bien constitué. — S'APPAREILLER, S'accoupler, principalement en parlant des oiseaux.

**APPAREILLÉ, ÉE**, part. arch. *Une pierre appareillée*, Pierre sur laquelle on a tracé les mesures qu'elle doit avoir, avant que le tailleur de pierre y travaille.—mar. *Voile* appareillée, Voile déployée et en état de recevoir le vent.

**APPAREILLEUR**, s. m. Chef ouvrier qui trace la coupe de la pierre à tous les tailleurs de pierre travaillant sous sa direction : *Faire le métier d'appareilleur. Un bon, un habile appareilleur. Avec un appareilleur aussi expérimenté, les travaux marcheront vite*. — techn. Celui qui apprête les bas et les bonnets. — Celui qui prépare les soies que l'on rassemble pour fabriquer les étoffes.

**APPAREILLEUSE**, s. f. Femme qui fait métier de mettre en relation des personnes de sexe différent dans des vues de libertinage : *Maudite appareilleuse*. LES. — Dans divers ateliers de chapellerie ou de fabrique de soie, il y a aussi des *appareilleuses*, c'est-à-dire, des femmes qui exercent les mêmes fonctions que les appareilleurs. V. APPAREILLEUR.

**APPAREMMENT**, adv. Vraisemblablement, selon l'apparence, à ce que l'on croit : *Ainsi ils se montquaient tous les deux de moi?*—Apparemment. MARIV. *Apparemment que vous lui avez tout dit. Il croit apparemment que cela se passera ainsi. Nous le verrons apparemment aujourd'hui même*.

**APPARENCE**, s. f. (V. *Apparent*.) Ce qui paraît au dehors, ce qu'on laisse voir extérieurement : *Là-dessus un jambon d'assez maigre apparence arrive sous le nom de jambon de Mayence*. BOIL. *Ne vous fiez pas toujours aux apparences, elles sont souvent trompeuses. Le vice se cache bien souvent sous l'apparence de la vertu*. FÉN. *Sous apparence d'amitié, ou sous l'apparence de l'amitié. Combien de gens se laissent prendre à l'apparence, aux apparences. Son récit avait toutes les apparences de la vérité. Quand on juge d'après l'apparence, on risque de se laisser tromper. C'était une maison petite, mais de très-jolie apparence*. LES. *Il m'a longtemps abusé avec son apparence de bonne foi.*—*Apparences*, s'emploie quelquefois au pluriel dans le sens de *Bienséances* : *Sauver les apparences, garder les apparences, Ne rien laisser paraître au dehors qui puisse* être blâmé. *Il y a des gens qui s'imaginent n'être pas coupables parce qu'ils ont su sauver les apparences.* Rouss. *Couvrant tous les défauts d'une sainte apparence.* Boil.

Apparence, Ce qui reste extérieurement comme trace, vestige de quelque chose : *Il ne leur restait plus la moindre apparence de leur splendeur passée. Il avait su conserver quelque apparence de son ancienne richesse. On retrouve encore chez elle quelque apparence de cette beauté si renommée autrefois.*

Apparence, Probabilité, vraisemblance : *Il n'y a pas d'apparence que vous puissiez réussir. Quelle apparence qu'il revienne! Cela est sans apparence, hors de toute apparence, contre toute apparence. Ils n'étaient pas moins en admiration de leur rétablissement, fait contre toute apparence.* Boss. *Ce fut alors que M. Letellier, contre les apparences et contre ses projets, fut rappelé de ses emplois.* Fléch. *Selon les apparences, ils perdirent courage.* Fén. *Une chose que, selon toute apparence, on ne verra jamais, c'est une ville...* La Bruy. *Je ne vois pas la moindre apparence de salut. Il y a grande apparence, il y a toute apparence que vous réussirez. Selon toutes les apparences cette pièce tombera. Croyez-vous qu'il y ait de l'apparence à cela.—*jurisp. *Toutes les apparences sont contre l'accusé.*

En apparence, loc. adv. D'après ce qu'il semble, d'après ce que l'on voit extérieurement : *Ulysse en apparence approuvant mes discours.* Rac. *Je crois qu'ils s'aiment plus en réalité qu'en apparence. Sa colère n'était qu'en apparence. Il est bon en apparence. Isaac bénit Jacob, et trompé en apparence, en effet il exécuta les ordres de Dieu.* Boss.

APPARENT, TE, adj. (du lat. *apparens,-entis*, se montrant, paraissant, apparaissant; part. prés. du v. *apparere*, apparaître, de là le lat. b. *apparentia*, apparence.) Qui se voit facilement, qui est évident, manifeste : *C'est un objet très-apparent. Cette tâche est trop apparente. Il s'était placé à l'endroit le plus apparent de la salle. Les soins qu'il lui rendait étaient un peu trop apparents. Il n'y a rien de plus apparent que ses droits. Il n'a aucun bien apparent sur lequel on puisse asseoir une hypothèque.* Acad.—Il s'emploie figurément pour exprimer Une personne ou une chose remarquable entre plusieurs autres : *C'est un des plus apparents de la ville. Il occupe la place la plus apparente du barreau. C'était une famille assez apparente.*

Apparent, Qui n'est pas tel qu'il paraît être, qui trompe par une apparence de vérité : *Il ne faut pas prendre la forme apparente des objets pour leur forme réelle. Le mouvement apparent du soleil autour de la terre. Son courage n'était qu'apparent. La couleur apparente d'une chose. Ce n'est là que le motif apparent de sa conduite. Il n'a eu dans tout cela que des torts apparents.* — astron. *Diamètre apparent* d'un astre se dit De l'angle sous lequel l'observateur placé, à la surface du globe, aperçoit le diamètre de cet astre. — *Horizon apparent*, se dit Du cercle qui borne la vue, et qui se forme par la rencontre apparente du ciel et de la terre. — *Hauteur apparente* d'un astre se dit De la hauteur au-dessus de l'horizon sans avoir égard à la réfraction et à la parallaxe.

APPARENTER, v. a. (V. *Parent*.) Faire entrer quelqu'un dans une famille par alliance : *Mon père aurait voulu m'apparenter convenablement.* Volt. *Il a bien mal apparenté ses enfants.* — On l'emploie également avec le pronom personnel, et il signifie Entrer, par le mariage, dans une famille : *Elle aurait désiré s'apparenter à la noblesse. Par ce mariage il s'était richement apparenté.*

Apparenté, ée, part. Il ne s'emploie jamais sans être accompagné d'un autre mot : *Il est bien apparenté, il a des parents honnêtes, nobles ou riches.* Pour exprimer le contraire : *Il est mal apparenté, il n'est pas heureusement apparenté.*

APPARIEMENT, ou APPARIMENT, s. m. Action d'assortir, d'unir par couples ou par paires.

APPARIER, v. a. Joindre ensemble des choses qui se conviennent, assortir par couples ou par paires : *Il est très-difficile d'apparier des chevaux de cette robe. Voici une grande quantité de gants qui n'ont pu être appariés. Il est parvenu à apparier les gravures qui n'avaient pas de pendants.* — Il s'emploie particulièrement en parlant De certains oiseaux, pour mettre ensemble le mâle et la femelle : *Apparier des pigeons, des perdrix.* — Il se dit aussi comme verbe pronominal De ces mêmes oiseaux qui s'associent par couples : *Les tourterelles commencent à s'apparier.*

Apparié, ée, part. *Des chevaux appariés, des tourterelles appariées.*

APPARITEUR, s. m. (du lat. *apparitor*, nom général de tous les subalternes qui formaient la suite d'un magistrat romain, en particulier ceux qui portaient les faisceaux devant les consuls et les préteurs.) Espèce de sergent dans les cours ecclésiastiques. Certains huissiers attachés aux différentes facultés : *Appariteur de la Faculté de droit.* — Dans quelques villes du nord de la France, c'est aussi le nom par lequel on désigne Des hommes attachés au service des mairies. — Il se dit aussi De ceux qui, dans les cours de chimie et de physique, préparent les objets nécessaires pour les démonstrations, et aident les professeurs à faire les expériences : *C'est un habile appariteur. Nous n'avons pas un bon appariteur.*

APPARITION, s. f. (du lat. *apparitio*, nom dériv. du v. *apparere*, se montrer, paraître, apparaître.) Manifestation d'un être surnaturel et habituellement invisible : *L'apparition de l'ange Gabriel à la sainte Vierge. Il ne croit pas à l'apparition des esprits. Il fut troublé par cette apparition. Il y a eu des gens qui s'intitulaient esprits forts et qui croyaient aux apparitions.* Geoffroy. *Le peuple était persuadé que nul ne commet une méchante action, sans se condamner à avoir le reste de sa vie d'effroyables apparitions à ses côtés.* Chat. — Il se dit également De la manifestation d'un phénomène qui n'a jamais été vu ou qui est très-remarquable, ainsi que de la venue d'un homme extraordinaire : *L'apparition d'un météore, d'un comète. L'apparition de la nuée lumineuse. Alors l'apparition du soleil ranime la nature engourdie.* Rouss. *L'apparition d'un pareil homme dans notre siècle était une admirable manifestation de la Providence.* Lamennais.

Apparition, se dit aussi De la présence de quelqu'un dans un lieu où on n'a pas coutume de le voir : *Il y a dans les cours des apparitions de gens aventureux et hardis.* La Br. — fig. *Au plus haut point de sa gloire, sa joie est troublée par la triste apparition de la mort.* — fam. *Il a fait une courte apparition, il n'a fait qu'une apparition, On ne l'a vu, il n'est resté qu'un instant dans un endroit.*

APPAROIR, v. n. (du lat. *apparere*, être clair, manifeste.) t. de palais. Être évident, manifeste. Il n'est employé qu'à l'infinitif et à la troisième personne du singulier de l'indicatif, où il se prend impersonnellement et où il fait *appert* : *Faire apparoir de son bon droit. Il appert de ce que vous avez dit. S'il appert que cela soit. Ainsi qu'il vous appert par les preuves que nous avons fournies. Comme il appert de tel acte.* Il a vieilli, surtout à l'infinitif.

APPARTEMENT, s. m. (du lat. b. *partimentum*, pour *partitio*, division, partage, dér. du v. *partiri*, diviser, partager, distribuer.) Logement composé de plusieurs chambres de plain-pied, de grandeurs diverses et servant chacun à un usage particulier : *Cet appartement est composé d'une antichambre, de deux chambres à coucher, d'un salon et d'une salle à manger. Un bel et grand appartement. L'appartement de monsieur, de madame. Il a le plus commode appartement chez elles à la campagne.* La Br. *Dans cette maison il y a cinq appartements complets. Appartement d'hiver, appartement d'été. Logé chez soi dans un palais avec deux appartements pour les deux saisons.* La Br. *Il y a dans ce château les appartements d'apparat et les appartements privés. Un appartement sur le devant, un appartement sur le derrière. Il a loué un appartement au troisième. Son appartement donne sur la rue. Il faudrait, dans l'enclos d'un vaste logement, Avoir loin de là ville un autre appartement.* Boil. *Un appartement meublé. Prendre un appartement à bail. Ils ont pris un nouvel appartement. Changer d'appartement. Se retirer dans son appartement. Le prince est dans ses appartements. Les grands et les petits appartements de Versailles.*

Appartement, se dit aussi particulièrement pour exprimer Une réception chez le roi des personnes admises à la cour : *Il y avait ce jour-là grand appartement à Versailles.*

APPARTENANCE, s. f. (V. *Appartenir*.) Tout ce qui appartient à une chose, tout ce qui en dépend. Il se dit principalement Des dépendances d'une propriété : *On a vendu à l'enchère la propriété de son frère avec toutes ses appartenances. Appartenances et dépendances comprises, on peut estimer cette métairie à tant. Nous avons loué huit mille francs la maison et toutes ses appartenances. Ce village était une appartenance de cette châtellenie. Le moulin que vous voyez est une appartenance de votre terre.*—*Les appartenances d'une seigneurie,* Ses primordiales consistances, par opposition aux biens postérieurement acquis ou octroyés.

APPARTENANT, ANTE, adj. (V. *Appartenir*.) Qui est la propriété de : *Les biens appartenants à l'Église étaient inaliénables. La maison à lui appartenante.* Il n'est guère usité que dans ces sortes de phrases.

APPARTENIR, v. n. (il se conjugue comme *tenir*, du lat. *pertinere*, avoir rapport à, appartenir.) Être la propriété légitime de quelqu'un, soit qu'il s'agisse de biens matériels, soit que l'on parle d'un privilège, d'un droit : *Toutes ces terres lui appartiennent. Cette propriété lui appartient par héritage. Il confisqua tous les biens qui appartenaient aux partisans de son ennemi.* Vertot. *L'un ne possédait rien qui n'appartînt à l'autre.* La F. *Vous recouvrerez tout ce qui vous appartient de droit. Il est détenteur de biens qui appartiennent à son frère. Les biens qui appartiennent à l'État. Ce droit lui appartient comme chef de l'État. Le droit de faire grâce appartient au roi. On ne lui rendra que les honneurs qui lui appartiennent. La direction des affaires appartient aux magistrats. On a voulu le dépouiller des priviléges qui lui appartenaient.* — relig. Dépendre de : *Nous appartenons tous au Seigneur, soit que nous mourions, soit que nous vivions.* Mass.

Appartenir, Être le propre de, être le caractère spécial d'une personne ou d'une chose, avoir des rapports avec une chose, faire partie d'une classe, d'une espèce : *La perfection n'appartient pas à l'homme. Il faut bien distinguer les qualités qui appartiennent à la matière et celles qui appartiennent à l'esprit. La question que vous posez appartient plutôt à la philosophie qu'à l'histoire. Cela n'appartient plus au sujet que nous traitons. Cet animal appartient au genre des crustacés. Il faut classer les individus selon les espèces auxquelles ils appartiennent. Son père appartenait à la classe du peuple.* — Faire partie d'une administration, d'une société : *Il appartient à la maison du roi. Les employés qui appartiennent à l'administration des Postes. Cet homme appartenait à tous les corps savants de l'Europe.* — Il signifie aussi particulièrement Être parent de, tenir à une famille : *J'ai l'honneur de vous appartenir. Il appartenait à une des premières familles du pays. Vous appartenez à des parents trop honorables.* — Être attaché au service de quelqu'un : *Ce domestique vous appartient-il? Il avait appartenu au prince de Condé et avait quitté son service pour passer à celui du roi.* St.-Sim.

Appartenir, Faire partie d'un corps, d'un objet entier : *Ce bras appartenait au corps de sa malheureuse victime. Ces ossements semblaient appartenir à un animal inconnu. Cette branche doit appartenir à un chêne.*

Appartenir, s'emploie impersonnellement dans le sens de Convenir, être bienséant, entrer dans les prérogatives, dans la nature, dans le devoir de quelqu'un : *Il vous appartenait d'agir ainsi à son égard. Il appartient à l'homme d'être faible, et à Dieu d'être indulgent.* Fléch. *Il ne vous appartient pas de le punir. Il n'appartient qu'aux grands hommes d'avoir de grands défauts.* La Roch. *C'est à vous surtout qu'il appartenait de résister à de pareils ordres.*—*Il n'appartient qu'à,* Il n'est donné qu'à... *Il n'appartient qu'aux femmes de faire lire dans un seul mot tout un sentiment.* La Br. *Il n'appartient qu'à la religion d'instruire et de corriger les hommes.* Pasc. On dit en termes de reproches : *Il vous appartient bien de dire ou de faire telle chose. C'est bien à lui qu'il appartient de m'adresser des remontrances.*—prat. *Pour être statué ainsi qu'il appartiendra,* ou *ce qu'il appartiendra,* c'est-à-dire Comme on le jugera convenable. *Aussitôt qu'il appartiendra,* Aussitôt qu'on le jugera à propos.—De même, dans les actes publics on emploie cette formule : *A tous qu'il appartiendra,* A tous ceux que la chose concerne.

APPAS, s. m. pl. Charmes, agréments extérieurs. Il ne se dit guère qu'en parlant De la beauté des femmes : *Les appas séduisants de toutes nos coquettes.* Duf. *L'âge avait quelque peu déprécié ses* appas. LES. *Des appas vainqueurs. Corrigez un peu l'orgueil de vos appas.*—MOL. Il se prend aussi figurément pour exprimer Tout ce qui charme, tout ce qui séduit : *Les appas de la volupté. L'oisiveté a de grands appas pour certaines âmes. La gloire a des appas qui charment les grands cœurs.* CORN. *Son esprit a mille appas charmants qui séduisent mon âme.* DEST. *Insensiblement on se laisse aller aux appas trompeurs d'une passion.* FÉN.

APPÂT, s. m. (autrem. *appast*, du lat. *pastus*, pâture, nourriture.) Pâture, aliment quelconque ou semblant d'aliment que l'on met à un piège ou à un hameçon pour attirer et prendre des animaux de toute espèce : *Un appât trompeur. Sur le bord du piège on met un morceau d'agneau qui sert d'appât.* BUF. *Les petits poissons s'emploient comme appâts pour prendre les gros. Mettre un appât à l'hameçon. Le poisson a mordu à l'appât. Il s'est pris à l'appât.*—Il se dit quelquefois Du piège lui-même : *Ce blé couvrait d'un lacs les menteurs et traîtres appâts.* LA F.

APPÂT, se prend au figuré pour exprimer Tout ce qui attire, ce qui engage à faire une chose en présentant des avantages réels ou imaginaires : *L'appât et le leurre agissent pour nous tromper.* GIR. *L'appât est trop grossier pour qu'il s'y laisse prendre. Les services du méchant ou de l'avare sont des appâts dangereux.* B. *Toutes ses bontés pour vous ne sont que des appâts pour vous engager à le servir.* — prov. et fig. *C'est un trop vieux poisson pour mordre à l'appât*, Il a trop d'expérience pour se laisser tromper.

APPÂTER, v. a. Attirer avec un appât : *Appâter des oiseaux, des poissons.* — Engraisser avec de la pâte : *Appâter de la volaille.* — Il se dit aussi pour Donner à manger à de petits oiseaux, à la volaille qu'on engraisse, ou pour faire manger quelqu'un qui ne peut pas ou ne sait pas se servir de ses mains : *Appâter des serins. La fille du logis le vient tous les matins appâter de ses propres mains.* VALINCOURT. Il s'agit d'un rossignol. *Il est dans un tel état d'imbécillité qu'il faut l'appâter comme un enfant.*

APPÂTÉ, ÉE, part.

APPAUMÉ, ÉE, adj. (V. *Paume*.) blas. Qui présente la paume : *Un écu appaumé*, Un écu chargé d'une main étendue et présentant la paume.

APPAUVRIR, v. a. (V. *Pauvre*.) Rendre pauvre : *Ses folles dépenses l'ont bien appauvri. La mauvaise administration de ce ministre a appauvri le pays.*— prov. *Donner pour Dieu n'appauvrit point*, ou *n'appauvrit homme*, c'est-à-dire On ne s'appauvrit pas en faisant l'aumône.

APPAUVRIR, s'emploie dans plusieurs sens figurés : *Appauvrir un sol, un terrain*, Lui ôter de sa fertilité : *Le défaut de culture a beaucoup appauvri ce terrain.* — *Appauvrir une langue*, La rendre moins abondante, moins expressive : *On a reproché à Malherbe d'avoir appauvri notre langue en cherchant à l'épurer.* VOLT. — Il s'emploie aussi avec le pronom personnel, et signifie Devenir pauvre, perdre de ses ressources : *On s'appauvrit souvent en voulant s'enrichir.* DEL. *Le royaume s'était appauvri d'hommes et d'argent au milieu de ces guerres perpétuelles.* MONT. *Les langues s'appauvrissent lorsque les grands écrivains viennent à manquer. Ce terrain s'est appauvri par la négligence de ses propriétaires.*

APPAUVRI, IE, part. *Un sang appauvri*, Un sang qui a perdu de sa qualité.

APPAUVRISSEMENT, s. m. État d'indigence où l'on arrive progressivement par la perte successive des choses que l'on possédait : *L'appauvrissement de cette famille n'a d'autre cause que la prodigalité de ses chefs. La guerre a amené l'appauvrissement du royaume. L'appauvrissement du peuple est dû à la mauvaise administration des gouvernants. Appauvrissement du sol*, État de stérilité auquel arrive une terre : *Les appauvrissements successifs du sol amènent de grands désordres dans l'État.* VOLT. *L'appauvrissement d'une langue*, se dit au fig. d'Une langue qui devient moins abondante et moins expressive : *En travaillant à l'épuration d'une langue, il faut prendre garde de contribuer à son appauvrissement.* — On dit aussi fig. *L'appauvrissement du sang, l'appauvrissement des forces, l'appauvrissement de l'intelligence.*

APPEAU, s. m. (même étymologie que pour *Appel*, car autrefois on disait à peu près indifféremment l'un à l'autre.) Sorte de sifflet avec lequel on imite le cri des oiseaux, pour les attirer ou les faire tomber dans quelque piège : *Il y a des appeaux pour toutes sortes d'oiseaux.* — Oiseau dont on se sert pour faire venir les autres oiseaux. — comm. Étain battu en feuilles très-minces et roulé en cornets qui vient de la Hollande. — horl. Timbre destiné à sonner les quarts et les demi-heures.

APPEL, s. m. (du lat. *appellatio*, action d'appeler, dér. du v. *appellare*, appeler. V. *Appeler*.) Signal donné avec la voix ou autrement pour faire venir : *Avez-vous entendu l'appel? Il y a eu au moins trois appels. L'appel de la poule pour réunir autour d'elle ses poussins.* — chass. et man. *Appel de la langue*, Action d'exciter un cheval, un chien en donnant de la langue. *Appel*, s'entend aussi d'Une certaine manière de donner du cor pour animer les chiens. — *Appel* d'une manière spéciale, Action d'appeler à haute voix les personnes qui doivent être présentes à une réunion. — *Appel militaire, appel des ouvriers. Je remarque que tel soldat ne se trouve presque jamais à l'appel. Constatez que cet ouvrier n'était pas à l'appel. Répondez à l'appel. Manquer à l'appel. Qu'est-ce qui fera l'appel aujourd'hui? Il y a chaque jour plusieurs appels. L'appel des témoins va se faire dans un instant.* — assem. délib. *Appel nominal*, Action d'appeler chaque pair, chaque député par son nom, pour qu'il dépose son vote dans l'urne du scrutin. *Faire l'appel et le réappel.* — pal. *Appel d'une cause*, Action d'appeler une cause pour qu'elle soit plaidée. — art mil. Signal donné avec le tambour ou la trompette pour assembler les soldats : *Battre l'appel. Sonner l'appel, un appel.* — admin. Action d'appeler sous les drapeaux : *L'appel des jeunes gens de telle année, l'appel de telle classe n'aura lieu qu'à la fin de mai. Dans ces temps de désordre tout le monde ne répondait pas à l'appel de l'autorité.* — escr. Attaque qui se fait d'un simple battement du pied droit, à la même place. —Provocation, défi, cartel : *Les appels sont défendus et punis par loi.* — mus. *Appel de cors*, Trait de cors dans une symphonie, qui ressemble un peu aux appels de chasse.

APPEL, *de fonds*, en termes de finance et de commerce, Demande de nouveaux fonds : *Faire un appel de fonds*, Demander de nouveaux fonds aux associés ou actionnaires d'une société ou compagnie, soit que les premières mises n'aient pas suffi pour faire face aux dépenses, soit qu'un accident, un événement imprévu occasionne des dépenses extraordinaires.—fig. *Faire un appel à la générosité de quelqu'un*, Invoquer sa générosité, lui demander des secours en argent, ou autres. On dit dans le même sens : *Faire un appel à la charité publique. Faire un appel à la complaisance de*, se dit par extension pour Demander un léger service, réclamer de quelqu'un un acte de pure complaisance.

APPEL, en termes de procédure, Recours à une juridiction plus élevée : *Acte, moyens, griefs d'appel. La voie de l'appel. Jugement d'appel. Le jugement dont est appel. Par appel. Cour d'appel. Interjeter appel. En cause d'appel. Dans de certains cas prévus par la loi, les tribunaux de commerce jugent sans appel.*—*Appel principal*, Première déclaration par laquelle on défère un jugement au tribunal supérieur. *Appel incident*, Appel interjeté par la partie poursuivie en appel durant le cours du premier appel, ou appel principal. *Appel de déni de renvoi*, Recours à un tribunal supérieur pour faire annuler une décision rendue par un tribunal incompétent, malgré le renvoi qui lui en avait été demandé. *Appel a minima* ( *a minima pœna*), De la peine la plus petite, la moindre, peine trop faible. *Appel interjeté*, Lorsque la condamnation n'a pas été assez sévère. *Appel comme d'abus*, Recours *au conseil* contre une sentence rendue par l'autorité ecclésiastique : *Quand dans une décision rendue par un évêque ou une cour ecclésiastique, il y a empiétement sur la justice séculière ou quelque disposition contraire aux libertés de l'Église gallicane, l'appel comme d'abus était autrefois déféré au Parlement; aujourd'hui on se pourvoit auprès du Conseil d'État.* — *Appel au peuple*, Droit dont jouissait tout citoyen romain de faire juger une cause criminelle par le peuple en dernier ressort. Ce droit a été rétabli pendant la Révolution française : *Ceux qui voulaient sauver Louis XVI, votèrent presque tous pour l'appel au peuple.*

APPELANT, ANTE, adj. (V. *Appeler*.) Qui appelle d'un jugement : *Il est appelant de ce jugement, de cette sentence. Elle s'est rendue appelante. Appelant comme d'abus, Être reçu appelant.* — subst. *L'appelant et l'intimé*, Celui qui interjette appel, et celui contre lequel l'appel est demandé. — prov. *Avoir un visage appelant*, Avoir mauvaise mine. — chas. Oiseau dont on se sert pour attirer les autres. V. APPEAU.

APPELLATIF, adj. m. (les deux LL sonnent.) gramm. *Nom appellatif*, Qui convient à toute une espèce, comme *homme, arbre.* On dit plus souvent *nom commun*.

APPELLATION, s. f. (du lat. *appellatio*, même sens. V. *Appeler*.) Action d'appeler, faire l'appellation à haute voix.—*Appellation des lettres*, Action de nommer séparément les lettres de l'alphabet. — Il s'emploie aussi en termes de pratique pour exprimer L'action d'appeler d'un jugement, mais il n'est guère en usage que dans les formules d'arrêts : *L'appellation a été mise au néant. Nonobstant appellation quelconque. Les juges ont déclaré le jugement exécutoire contre toute appellation.*

APPELER, v. a. (du lat. *appellare*, qui a à peu près les mêmes acceptions que le v. français.—*J'appelle, nous appelons, j'appellerai, que j'appelle, que nous appelions.* V. dans la Grammaire les remarques qui suivent la première conj.) Nommer, dire le nom d'une personne ou d'une chose : *Comment appelez-vous cet enfant qui paraît si attentif? On appelait Annibal cet habile capitaine qui inspirait tant de terreur au peuple romain. Cet étranger qui a l'air de vous connaître particulièrement, vous l'appelez? Les fleurs que vous voyez dans le parterre, nous les appelons roses. Ceux qu'on appelait à Rome prolétaires étaient des citoyens sans patrimoine. Il y a des endroits où il faut appeler Paris : Paris, et d'autres où il faut l'appeler : Capitale du royaume.* —anc. prov. *Appeler les choses par leur nom*, Dire ce qu'on pense crûment et sans détour, ne point chercher à adoucir par ses expressions des vérités sévères et même dures.—Donner un nom, un titre, une qualification, quelquefois définir : *Zacharie consulté répondit qu'il fallait l'appeler Jean. Tout était d'abord pêle-mêle et confus dans la nature; et ce mélange informe fut appelé chaos. On appelle consuls ces deux magistrats qui avec un pouvoir égal devaient gouverner la république pendant un an. L'immense continent que ce hardi navigateur révéla au monde, a été appelé, par je ne sais quelle fatalité étrange, Amérique et non Colombie. Le roi des Perses que les Grecs appelaient le grand roi.* Boss. *Ce peuple que Virgile appelle si noblement le peuple-roi.* Boss. *Un autre poète, encore plus lâche et plus impudent, l'appelait dans ses vers l'inventeur des beaux-arts et le père des peuples.* FÉN. *Cette source originaire de tout esprit, qui est esprit elle-même et qui est plus excellente que tout esprit je l'appelle Dieu.* LA BR. Il s'emploie dans le même sens et de la même manière pour les choses purement inanimées : *Les plaisirs les plus dangereux, on les appelle des délassements nécessaires; les médisances les plus cruelles, des vérités publiques et innocentes.* MAS. *Ce que les hommes appellent grandeur, gloire, puissance, profonde politique, ne paraît à ces suprêmes divinités que misère et faiblesse.* FÉN. *J'appelle vérité cette lumière éternelle, cette règle intérieure...* MASS. — Par suite il se construit avec un verbe à l'infinitif : *Qu'appelle-t-on franchir les bornes de toute pudeur, et passer au delà de toute impudence?* PASC. *Manière de saluer que les Romains appelaient adorer.* VOLT. — *Appeler*, dans ces diverses acceptions, s'emploie fréquemment avec le pron. pers. : *Celui qui excita l'enthousiasme de ces peuples errants, ne s'appelait-il pas Mahomet? Cet effrayant génie s'appelait Blaise Pascal.* CHAT. *La terre promise qui ne s'appelle plus que la Judée.* Boss. *Cette fleur s'appelle dahlia. Cela s'appelle un véritable ami. Cela s'appelle folie en bon français.* ACAD. *Darius qui s'appelait dans ses inscriptions le meilleur et le mieux fait de tous les hommes.* Boss. *Le luxe s'appelle bon goût, perfection des arts, et politesse de la nation.* FÉN. *La vertu n'était point sujette à l'ostracisme, et ne s'appelait point alors un jansénisme.* BOIL. *Voilà ce qui s'appelle parler.* ACAD. *Cela ne s'appelle pas être grave, mais en jouer le personnage.* LA BR.

APPELER, Prononcer à haute voix les noms de

ceux qui doivent se trouver présents à certaine heure en quelque endroit : *Il faudra* appeler *tous les soldats les uns après les autres. Il n'était pas à son poste, quand on l'a appelé. On vient de lire la liste, et cependant je ne me suis pas entendu appeler.* — PAL. Appeler *une cause*, Lire tout haut le nom des parties, afin que les avocats viennent plaider pour elles : *Courez vite, on a appelé votre cause. Chaque cause est appelée à tour de rôle.* — Se servir de la voix ou de quelque autre signe pour faire venir quelqu'un : *Il appelle à lui d'une voix forte tous les chefs de l'armée.* FÉN. *En vain je l'appelle, rien ne me répond. Appeler des yeux. Ne pouvant plus l'appeler de la voix, il l'appelait encore de la main.* ACAD. — Appeler *son chien, son cheval, un cheval à la langue.* (V. *Appel.*) *Ce bœuf appelle son compagnon. La poule appelle ses petits. Les brebis appellent leurs agneaux.* On dit de même : Appeler *les oiseaux*, En contrefaisant leur voix. — Appeler *au secours*, *à l'aide*, Crier au secours, à l'aide, implorer le secours de quelqu'un : *Se sentant trop faible, il a appelé du secours. Le roi d'Israël, dans cette extrémité, appela à son secours le prince qui régnait à Ninive.* — fig. *Il ne rougit pas d'appeler à son secours la ruse et l'intrigue,* Il ne rougit pas d'employer la ruse et l'intrigue.

APPELER, Faire venir, mander, amener à, inviter à, exciter à : *Le malade ne va pas bien du tout, il faut appeler un médecin et même un confesseur. Elle appela les prêtres plutôt que les médecins.* BOSS. *Il se repentit trop tard d'avoir appelé Genséric et les Vandales.* BOSS. *L'Italie où Pyrrhus fut appelé par les Tarentins.* BOSS. *Dieu appela les eaux pour punir la terre couverte de crimes.* BOSS. *On l'appela à la cour de la reine.* FLÉCH. *Tous les ministres furent appelés à ce conseil. La franchise, la bonne foi, la candeur, semblaient du haut de ces superbes tours appeler les marchands des terres les plus éloignées.* FÉN. *Déjà les voiles s'enflent, et les vents nous appellent.* FÉN. *Fallait-il pour si peu m'appeler du néant?* L. RAC. *Saint Jean-Baptiste appelle les peuples à la pénitence.* BOSS. *On se saisit de lui au moment où il appelait la multitude à la sédition.* — adm. Appeler *sous les drapeaux*, ou simplement *appeler*, Sommer de se rendre sous les drapeaux : *On ne peut appeler la réserve que dans les cas pressants. Dans les conjonctures critiques on appelait sous les drapeaux tous les hommes de vingt ans à quarante.* — pal. Appeler *en justice, devant un tribunal*, Citer à comparaître : *Il est appelé pour s'entendre condamner à une amende ou à payer telle somme.* Appeler *en témoignage, comme témoin*, appeler en garantie. *Je prie M. le président d'ordonner que les parties soient appelées. Les pères qui n'élevaient pas leurs enfants dans ces maximes, étaient appelés en justice devant les magistrats.* BOSS. — Appeler *au combat, en duel*, Provoquer, envoyer, défier. — *Dieu l'a appelé à lui*, Il vient de mourir. *Quand il plaira à Dieu de m'appeler à lui*, Quand je mourrai. — Appeler *sur quelqu'un, sur une famille, sur une nation les bénédictions du ciel*, Chercher à les leur procurer par ses vœux, par ses prières. — Appeler *sur un homme la malédiction du ciel, la vengeance, la foudre des cieux*, Souhaiter sa perte, le maudire : *Thésée invoqua Neptune, et appela sur son malheureux fils une vengeance terrible.* — On dit à peu près de même : Appeler *sur quelqu'un la haine de tous, le mépris public*, S'efforcer de faire tomber sur lui le mépris public, de le rendre odieux à tout le monde.

APPELER, se dit de plus De toutes les choses qui servent de signal pour avertir qu'il faut se rendre en quelque endroit : *Dès le matin les cloches appelaient les fidèles à l'église. La cloche ne manque jamais à l'heure dite d'appeler ces ouvriers au travail. La trompette les appela bientôt au combat. Les cloches dans les airs, de leur voix argentines, Appelaient à grand bruit les chantres à matines.* BOIL. *L'heure à présent m'appelle au conseil qui s'assemble.* CORN. *Quel empressement montrent les élèves, quand le tambour les appelle à la promenade.* — Il se dit figurément De tout ce qui excite, invite ou oblige à faire une chose, à se trouver quelque part : *Hâte-toi d'aller où le destin t'appelle.* FÉN. *Il affronte courageusement le péril, quand le devoir l'y appelle.* FLÉC. *Puis nous irons ensemble où l'honneur nous appelle.* CORN. *Au pied de ces remparts, quel intérêt m'appelle?* RAC. *Chrétiens, que la mémoire d'une grande reine...... appelle de tous côtés à cette triste cérémonie.* BOSS. Appelé *ailleurs par les devoirs de l'épiscopat.* MASS. — Réclamer, commander, exiger : *De si grands abus appellent une prompte réforme. Quand de plus grands forfaits appelèrent-ils la vengeance des lois? Ce verbe ne va pas seul, il appelle nécessairement un complément quelconque. Une question aussi importante appelle la sollicitude des pères de famille, toute l'attention de l'homme d'État.* — Dans un sens analogue : Appeler *l'attention de quelqu'un sur une chose*, L'engager à y faire attention : *Nous appelons sur un sujet si délicat l'attention, toute l'attention des magistrats.* — Appeler *l'attention*, signifie quelquefois Exciter, captiver l'attention : *Des sons mélodieux qu'on distinguait d'abord à peine vinrent appeler l'attention de l'assemblée.*

APPELER, se dit De la vocation, du choix que Dieu fait de nous, des inspirations qu'il nous envoie : *Jésus-Christ n'a appelé ni beaucoup de sages, ni beaucoup de nobles.* BOSS. *Il serait indigne de Dieu de n'appeler l'homme qu'à la jouissance des félicités temporelles.* PASC. *Ceux qui abandonnent tout pour suivre Jésus-Christ qui les appelle.* FLÉCH. *Pour arriver à la perfection où Dieu t'appelait.* FLÉCH. *Des voix secrètes qui nous appellent à Dieu.* — Il se dit par extension Des dispositions naturelles qu'on a pour une chose, du choix qui fait de certaines personnes pour suivre une carrière, pour remplir une fonction, pour s'acquitter d'une mission quelconque : *J'ai toujours eu une grande répugnance pour ce genre de vie, et vraiment je n'y étais pas appelé. Vous étiez réellement appelé au haut enseignement. Les hautes fonctions que vous êtes appelé à remplir. Une jeunesse inconsidérée est bientôt appelée aux premières places. Le vœu de vos concitoyens vous appelle à siéger dans les conseils de la nation. Sa bouillante valeur, l'affection et l'admiration de l'armée, la confiance des chefs, tout l'appelait à la conquête du monde.*

APPELER, est verbe neutre lorsqu'il signifie Recourir à une juridiction supérieure pour faire réformer un jugement, une sentence qui blesse nos intérêts : *Il faut appeler de ce jugement. Il a appelé d'un tribunal de première instance à une cour royale.* Appeler *comme d'abus*, Appeler à une autorité laïque d'un jugement, d'un acte du pouvoir ecclésiastique, mal et abusivement rendu ou public (V. *Appel.*) — fig. *L'Académie française à qui j'avais appelé comme au juge souverain de ces sortes de pièces.* LA BR. *Dieu existe à qui nous pouvons appeler de leurs jugements.* ID. *Vauban est infaillible, on n'en appelle point.* ID. *Ils ne souffrent pas que Corneille lui soit égalé : ils en appellent à d'autres siècles.* ID. — On disait aussi : Appeler *au futur concile. A la postérité soudain il en appelle.* BOIL. — fam. J'appelle *de votre décision, de cette décision*, ou simplement J'en appelle, Je ne me soumets pas à ce qui vient d'être décidé. *J'en appelle à votre témoignage. J'en appelle à votre probité, à votre jugement*, J'invoque votre témoignage, je m'en rapporte à votre probité, etc.

APPELÉ, ÉE, part. *Les magistrats appelés tribuns du peuple.* BOSS. *Denys appelé le tyran. Les peuples appelés au Dieu d'Abraham par Jésus-Christ. Jouer au quadrille avec le roi appelé.* — *Appelés*, se prend substantiv. par opposition aux élus : *Il y a beaucoup d'appelés et peu d'élus. Entre tant d'appelés pourquoi si peu d'élus?* RAC.

APPELET, s. m. — pêch. Corde de lignes et d'hameçons préparés pour prendre des poissons. — mar. Sorte de filet. V. APLET, qui paraît être le même.

APPELLES, s. m. bot. Nom d'une variété d'œillets.

APPENDICE, s. m. (mot qui se prononce à la latine, c'est-à-dire que on sonne *in*: du lat. *appendix, -icis*, ce qui pend, dépend d'une chose, accessoire.) Ce que l'on ajoute à la fin d'un ouvrage pour le compléter. *On a publié son poëme avec des appendices.* — anat. Partie adhérente ou continue à un corps auquel elle semble comme ajoutée : Appendice *sternal.* Appendice *vermiforme.* Appendices *intestinaux*, Prolongemens libres et flottants, en forme de cæcum, qu'on trouve assez souvent sur les intestins dont ils dépendent. — bot. Toute expansion qui n'a pas un nom déterminé.

APPENDICÉ, ÉE, adj. (V. *Appendice*.) bot. Muni d'un ou de plusieurs appendices.

APPENDICIFORME, adj. des 2 g. didact. Qui a la forme d'un appendice.

APPENDICULAIRE, adj. des 2 g. didact. Qui a le caractère d'un appendice. — *Appendiculaire.* Quelques botanistes nomment ainsi Les végétaux dans lesquels on reconnaît un axe et des appendices.

APPENDICULE, s. m. (du latin *appendicula*, petit accessoire, dim. de *appendix*.) didact. Petit appendice. — échin. On donne ce nom aux épines des astéries, ainsi qu'aux branches cartilagineuses qui, partant de la colonne articulée et pierreuse des rayons, soutiennent l'enveloppe extérieure.

APPENDICULÉ, ÉE, adj. bot. Qui a des appendices, soit que ces derniers aient un nom qui en détermine la nature, soit qu'ils n'en aient pas.

APPENDIGASTRE, adj. des 2 g. zool. Qui a l'abdomen en forme d'appendice.

APPENDRE, v. a. (du lat. *appendere*, qui exprime la même idée. V. *Pendre*.) Suspendre quelque chose en l'attachant à une voûte, à une muraille, à des piliers : *Le long des murs de la chapelle, les fidèles ont appendu un grand nombre d'ex-voto. On avait appendu aux voûtes et aux murs de l'église les étendards pris aux ennemis.* VOLT. Appendre *une offrande en signe de reconnaissance.*

APPENDU, UE, part.

APPENSION, s. f. (du lat. *appensio*, suspension.) chir. Suspension d'un bras rompu au moyen d'une écharpe.

APPENTIS, s. m. (V. *Appendre*.) Petit toit en forme d'auvent appuyé d'un côté à un mur et soutenu de l'autre par des poteaux : *Construire un appentis. Il a fait placer un appentis dans la cour pour remiser ses voitures. Cet appentis n'est pas assez incliné pour l'écoulement des eaux pluviales.*

APPERCEVOIR, v. a., et ses dérivés. V. APERCEVOIR, et ses dérivés (avec un P).

APPERT (IL). V. APPAROIR.

APPESANTIR, v. a. (V. *Pesant.*) Rendre plus lourd ; et, en parlant du corps, Rendre moins propre au mouvement, ôter de l'activité : *Cela appesantira trop votre fardeau. Cette charge avait tellement appesanti la voiture, qu'il fallut deux chevaux pour la traîner. L'âge avait appesanti ses pas. Son corps est appesanti par les années. Les rudes travaux de la forge ont trop appesanti sa main.* — Il s'emploie au figuré dans ces différentes acceptions : *Dieu a appesanti son bras, sa main sur ce peuple,* Il lui a fait sentir sa colère, Il l'a châtié. — *Le sommeil commence à appesantir mes paupières,* Il les rend plus lourdes, il les oblige à se fermer. On dit de même : *Le sommeil appesantit mes yeux.* — *Il appesantissait son joug sur cette malheureuse nation,* Il lui rendait son joug plus pesant, plus insupportable. — *La vieillesse a appesanti son esprit, son intelligence, ses facultés,* Elle leur a ôté de leur activité.

APPESANTIR, s'emploie également avec le pronom personnel : *Il me semble que ce fardeau s'appesantit davantage. O mon Dieu! que ton bras ne s'appesantisse plus sur ce malheureux prince.* MARM. *La tyrannie s'appesantit de plus en plus sur le peuple. Mes yeux s'appesantissent par le sommeil. L'esprit est comme le corps, il s'appesantit par une longue oisiveté.* VOLT. *Ses facultés baissent et s'appesantissent avec l'âge. Sa main s'est appesantie par le défaut d'exercice.* — S'appesantir *sur un sujet, sur les détails,* S'arrêter trop longtemps sur un sujet, sur les détails, en parler trop longuement : *Il charge ses descriptions et s'appesantit sur les détails.* LA BR.

APPESANTI, IE, part. et adj. *Un esprit appesantit. Son corps appesanti par l'âge et les fatigues.* DEL. — fig. *Notre âme au corps assujettie, vers les terrestres biens languit appesantie.* L. RAC.

APPESANTISSEMENT, s. m. (V. *Appesantir.*) État d'une personne dont le corps ou l'esprit est appesanti : *Un trop long repos amène l'appesantissement du corps. L'appesantissement de ses membres ne lui permet guère d'agir. L'appesantissement de son esprit augmente de jour en jour. Il est dans un grand appesantissement.*

APPÉTENCE, s. f. (du lat. *appetentia*, désir vif, passion, ardeur. V. *Appéter.*) didact. Désir instinctif qui nous porte vers un objet quelconque.

APPÉTER, v. a. (du lat. *appetere*, chercher, rechercher avec empressement, se porter vers une chose avec ardeur; *appetitus*, désir, passion, ardeur, convoitise; ad, à, vers, et *petere*, chercher, se porter à.) Désirer vivement par instinct, par besoin physique; il ne s'emploie guère qu'en physiologie : *L'estomac appète les aliments.*

APPÉTÉ, ÉE, part.

**APPÉTIBILITÉ**, s. f. (V. *Appétible*.) didact. Faculté d'appéter, état de ce qui est appétible.

**APPÉTIBLE**, adj. des 2 g. (du lat. *appetibilis*, désirable, dér. du v. *appetere*. V. *Appéter*.) didact. Désirable.

**APPÉTISSANT, TE**, adj. Qui excite l'appétit : *Une viande* appétissante. *Ce ragoût est assez* appétissant. *Cela ne paraît guère* appétissant. — fig. Qui excite, qui éveille les désirs : *Un minois* appétissant. *Cette jeune fille est* appétissante. *Cette femme est encore assez* appétissante. Il est familier dans ce dernier sens.

**APPÉTIT**, s. m. (V. *Appéter*.) Inclination naturelle, désir instinctif qui nous porte vivement vers ce qui peut satisfaire nos passions : *Appétit sensuel, charnel, déréglé, désordonné. Des* appétits *brutaux. Les* appétits *de la chair. Il faut savoir commander à ses* appétits. *Il se laisse gouverner par ses* appétits. *Il y a des gens qui n'ont d'autre but dans la vie que de satisfaire leurs* appétits. Rous. *Avoir un* appétit *insatiable des richesses, des honneurs, des dignités. Rien ne remplit les vastes* appétits *d'un faiseur de conquêtes.* La Fon. — philos. scolastique : *Appétit concupiscible*, Faculté par laquelle l'âme se porte vers ce qu'elle considère comme un bien. *Appétit irascible*, Faculté par laquelle l'âme se porte à éviter ce qu'elle regarde comme un mal.

**Appétit**, se dit spécialement Du désir, du besoin de manger : *Bon* appétit. *Avoir grand* appétit. *Donner de l'*appétit. *Exciter, aiguiser l'*appétit. *Avoir beaucoup d'*appétit, *un violent* appétit. *Cela ouvre l'*appétit, *met en* appétit. *Prendre de l'*appétit. *Gagner de l'*appétit. *Se mettre en* appétit. *Manger avec* appétit. *Avoir de l'*appétit *pour une chose. Se sentir de l'*appétit. *L'*appétit *lui est venu. Manger d'*appétit. *Être sans* appétit. *N'avoir plus d'*appétit. *Manquer d'*appétit. *L'*appétit *l'abandonne. Perdre l'*appétit. *Faire passer l'*appétit. *Demeurer sur son* appétit. *Manger plus que son* appétit. *Ne consulter que son* appétit *pour manger. Être toujours en* appétit. *Avoir l'*appétit *ouvert de bon matin. Pour moi, satisfaisant mes* appétits *gloutons, j'ai dévoré force moutons.* La Fon. *Il prend du vin d'absinthe pour exciter son* appétit. *Des mets trop délicats ne sont propres qu'à irriter leur* appétit *au delà des vrais besoins.* Fén. *Leur* appétit *fougueux par l'objet excité, Parcourt tous les recoins d'un monstrueux pâté.* Boil. — *Chercher ses* appétits, *prendre ses* appétits, se dit famil. pour Chercher, choisir les mets que l'on aime le mieux. Ces locutions ont vieilli. — *Bon* appétit, se dit en forme de souhait à quelqu'un qui mange ou se prépare à manger. — *Il n'est chère que d'*appétit, c'est-à-dire La faim est le meilleur assaisonnement. — fam. *C'est un garçon de haut* appétit, *de bon* appétit, C'est un garçon à qui tous les mets paraissent bons. — prov. et fig. *C'est un homme de bon* appétit, *qui a bon* appétit, se dit De quelqu'un qui n'a jamais assez, qui cherche continuellement à acquérir. *Un chicaneur est toujours de bon* appétit. *Il est toujours avide de gain.* — *L'*appétit *vient en mangeant*, On désire davantage à mesure que l'on acquiert. — *Avoir l'*appétit *ouvert de bon matin*, Rechercher prématurément quelque chose d'utile et d'agréable. — *Il faut savoir demeurer sur son* appétit, Il faut savoir se modérer, ne pas aller aussi loin que nos désirs pourraient nous entraîner. — *A votre* appétit, *à son* appétit, Selon votre désir, selon son désir, selon son opinion. *Il jugea qu'à son* appétit, *dame baleine était trop grosse.* La Fon. — *Appétit*, Nom vulgaire du hareng fumé, et plus particulièrement de la ciboulette, de l'échalote, etc.

**A L'APPÉTIT**, loc. adv., qui signifiait Par envie d'épargner : *A l'*appétit *d'une centaine de francs il a perdu son procès. Il se serait laissé mourir à l'*appétit *d'un écu que lui aurait coûté le médecin.* Cette locution a vieilli.

**APPÉTITIF, IVE**, adj. didact. Qui fait désirer : *Faculté* appétitive.

**APPÉTITION**, s. f. didact. Action de désirer vivement, de se porter vers une chose avec ardeur.

**APPIÉCEMENT**, s. m. V. Rapiécement.

**APPIÉCER**, v., a. V. Rapiécer.

**APPILER**, v. a. (V. *Pile*.) techn. Mettre en pile.

**Appilé, ée**, part. Pièces bien appilées.

**APPLATISSEUR**, s. m., **APPLATISSERIE**, s. f. V. Aplatisseur, Aplatisserie.

**APPLAUDIR**, v. n. (du lat. *applaudere*, approuver en battant des mains, ou en frappant des pieds : *ad*, préf. augm., et *plaudere*, faire du bruit avec les mains.) **Marquer** son approbation en battant des mains : *Dès le lever du rideau l'on se mit à applaudir. Il était défendu d'*applaudir *devant le roi. On a applaudi à l'auteur et aux acteurs. A son arrivée, toute l'assemblée se leva et applaudit.* — fig. Marquer son approbation de quelque manière que ce soit, témoigner sa satisfaction : *Il ne s'agit pas de flatter les grands en applaudissant aux écrits de cet auteur.* La Br. *Quand vous avez fait une bonne action, peu importe que l'on vous applaudisse. On ne saurait qu'applaudir à une pareille entreprise. Tel vous semble applaudir qui vous raille et vous joue.* Boil. *Ainsi dit le renard, et flatteurs d'applaudir.* La Fon.

**Applaudir**, est aussi actif, et s'emploie ainsi au propre et au fig. *On a beaucoup applaudi la pièce et les acteurs. Il y a au théâtre des situations que l'on a toujours applaudies et que l'on applaudira toujours. Aussitôt qu'il parut dans l'assemblée, tout le monde l'applaudit. Voilà un passage qui sera applaudi à tout rompre.* Did. *Je vous applaudis, ma fille, de votre prudence encore plus que de votre esprit.* Mme de Sév. *C'est une action que tout le monde applaudira. Dès que le faux, le mauvais et l'indécent sont applaudis dans les ouvrages d'esprit, ils le sont bientôt dans les mœurs publiques.* Mass.

**Applaudir**, avec le pronom personnel, signifie Se glorifier et plus ordinairement Se féliciter de quelque chose, se savoir bon gré d'avoir dit ou d'avoir fait quelque chose : *Il n'y a tel qu'un sot pour s'applaudir sans cesse.* La Bruy. *Je n'ai eu qu'à m'applaudir de l'accueil qu'il m'a fait. C'est un événement dont tout le monde doit s'applaudir. Vous n'aurez qu'à vous applaudir de votre choix. Laissons-les s'applaudir de leur pieuse erreur.* Boil. *Si j'avais de pareilles pensées, je ne m'en applaudirais pas. Il s'applaudit beaucoup d'avoir pris ce parti. Elle s'applaudit de tromper toujours.* Volt.

**Applaudi, ie**, part. Un homme loué, applaudi, admiré. La Br. *Admiré chez les grands, applaudi chez les belles.* Boil. *Les actions les plus applaudies ne sont pas toujours les plus louables.* Volt.

**APPLAUDISSEMENT**, s. m. (V. *Applaudir*.) Battements de mains, acclamations destinées à marquer la satisfaction d'un public, signes quelconques d'approbation ; il s'emploie aussi quelquefois pour exprimer l'approbation elle-même : *Quand il eut terminé son discours ce furent des applaudissements à n'en pas finir. Cet acteur est toujours accueilli par de grands applaudissements. La pièce s'est terminée au bruit des applaudissements. Il n'y a pas eu un seul applaudissement pour l'accueillir. Il quête les applaudissements de tout côté. Cette action aura l'applaudissement de tout le monde. L'applaudissement universel. Donner, recevoir des applaudissements. Cela ne mérite pas de grands applaudissements. Vous vous passerez de mes applaudissements, de mon applaudissement. C'est à tort que vous vous croyez innocent du sang de vos frères, quand par vos applaudissements vous aiguisez les flèches dont on les perce.* Mass. *Tandis que les soldats, de moments en moments, Vont arracher pour lui les applaudissements.* Rac. — fig. Approbation marquée, grande louange : *Les applaudissements publics qu'on donne à la plupart des grands pendant leur vie.* Mass. *On mêle aux vœux qu'on rend au Seigneur les applaudissements qu'on se donne à soi-même.* Fléch. *L'imitation est de tous les applaudissements le plus flatteur et le moins équivoque.* Mass.

**APPLAUDISSEUR**, s. m. (V. *Applaudir*.) Celui qui applaudit, qui approuve : *Allez chercher autre part vos applaudisseurs.* Did. — Il se dit ordinairement De ceux qui dans les théâtres sont payés pour applaudir, ou de ceux qui applaudissent sans discernement et par esprit de coterie : *Des applaudisseurs à gages. Cet auteur traîne partout ses applaudisseurs.*

**APPLICABLE**, adj. des 2 g. (V. *Appliquer*.) Qui peut ou qui doit être appliqué à un usage, à une destination, à une chose : *Ces fonds sont applicables à telle dépense. Les talents applicables à tout sont les plus utiles.* B. *Cherchez un passage qui soit plus applicable à mon sujet. Il n'y a pas de loi qui puisse être applicable à ce délit.*

**APPLICAGE**, s. m. (V. *Appliquer*.) techn. Action d'appliquer des ornements ou des figures sur de la faïence ou de la porcelaine.

**APPLICATIF, IVE**, adj. (V. *Appliquer*.) bot. La préfoliation est *applicative* quand les surfaces des feuilles encore renfermées dans le bouton sont appliquées l'une sur l'autre sans être ployées en aucune manière.

**APPLICATION**, s. f. (du lat. *applicatio*, même sens. V. *Appliquer*.) Action par laquelle on met une chose sur une autre, de manière qu'elle y soit adhérente : *L'application d'un emplâtre sur une partie malade. L'application du vernis sur le bois. On rend cette toile imperméable par l'application d'un corps gras.* — fig. Action d'employer une chose aux usages auxquels elle convient : *Cette découverte n'a pas encore reçu son application. Il serait trop long de dire toutes les applications dont ce procédé est susceptible. Ce n'est pas dans cette maladie que l'on doit faire l'application d'un pareil remède. Il n'a pas voulu approuver l'application d'une si grande somme à vos dépenses particulières. Cette somme a été détournée de son application, c.-à-d. De l'emploi spécial que l'on en devait faire.* — *L'application d'une science à une autre*, signifie L'usage que l'on fait des principes et des procédés de cette science pour contribuer aux progrès et au perfectionnement d'une autre science : *L'application de l'algèbre à la mécanique. Les applications de la chimie à l'industrie et aux arts.* — phys. *Le mouvement est l'application successive d'un corps aux différentes parties de l'espace.* — théol. *L'application des mérites de Jésus-Christ*, Le bienfait par lequel Jésus-Christ transfère aux chrétiens ce qu'il a mérité par sa vie et par sa mort.

**Application**, se dit particulièrement De l'action d'employer une loi, un principe dans les cas où ils conviennent, et de celle d'adapter à quelqu'un ou à quelque chose, un discours, un passage, une maxime : *Faire l'application de la loi. On a requis contre l'accusé l'application rigoureuse de la loi. L'application d'une peine à un délit. Ce principe peut ici recevoir son application. L'application de ce passage est assez heureuse. Il a fait une très-juste application d'un vers de Virgile. Vous avez grand tort de vous faire l'application de cette plaisanterie.*

**Application**, se dit aussi d'Une attention suivie et sérieuse : *L'application suppose la volonté de savoir, elle exige de l'assiduité à l'étude.* Beauzée. *Cet enfant est incapable de toute* application. *Il faut mettre une plus grande* application *à ce que vous faites. C'est un travail qui exige une application longue et soutenue. Je mettrai toute mon application à vous être agréable.*

**APPLIQUE**, s. f. (V. *Appliquer*.) arts méc. Ornement que l'on applique sur certains ouvrages, pièces de marqueterie, métal en feuille dont on recouvre un ouvrage : *Or d'*applique. *Morceaux, pièces d'*applique.

**APPLIQUER**, v. a. (du lat. *applicare*, même signification : *applicatio*.) Placer une chose sur une autre de manière à ce qu'elle y adhère fortement, ou qu'elle y laisse une empreinte : *Appliquer un emplâtre sur une partie malade. Appliquer un cataplasme, des ventouses. Il faut appliquer une nouvelle couche de peinture sur cette boiserie. On n'avait pas encore trouvé les moyens d'appliquer les couleurs sur le bois.* Volt. *Appliquer un cachet sur de la cire, sur un parchemin. Il a oublié d'appliquer son sceau. Le bourreau lui applique le fer chaud sur le front.* Vertot. *Cette broderie a été appliquée sur l'étoffe. Sur ce fond noir on avait appliqué des dessins en argent.* — Il se dit aussi successivement d'Une chose que l'on superpose à une autre, sans qu'il y ait adhérence : *Appliquer sa main sur une table. Appliquer un patron sur une étoffe. Appliquer ses lèvres sur un objet. Il lui a appliqué sa main sur la joue, Il l'a frappé sur la joue avec la main.* — fig. Appliquer *un baiser*, Donner un baiser. — fig. et fam. Appliquer *un soufflet, un coup de poing*, Donner un coup de poing, un soufflet : *Voilà un coup bien* appliqué. *A ces mots, il m'appliqua le meilleur des soufflets.* Les. — fig. Appliquer *quelqu'un à la question*, à la torture, Lui faire subir la question, la torture : *Les innocents que l'on appliquait à la question se voyaient quelquefois forcés de céder à la douleur, et de s'avouer coupables.* Volt. — fig. Appliquer *son esprit, son attention, sa pensée à une chose*, L'étudier avec beaucoup de fond, y apporter une grande attention. *Il faut appliquer votre esprit à des études plus sérieuses. Il appliquait toutes ses pensées à trouver un moyen de fuite.*

**Appliquer**, Employer ou destiner une chose à l'usage qui lui convient : *Ce remède ne doit pas être appliqué *dans cette maladie. On a appliqué son procédé à la confection des habillements militaires.* —Il se dit surtout en parlant de l'argent : *Tous les ans, on applique une pareille somme au soulagement des pauvres. Le conseil a appliqué à cette dépense une somme de vingt mille francs. Cet argent ne doit pas être appliqué à son profit. Il applique un tiers de ses appointements à payer ses dettes.* — Appliquer *une science à une autre,* Faire usage des principes et des procédés de cette science pour contribuer aux progrès et aux perfectionnements d'une autre : *Il connaît assez les mathématiques pour les appliquer aux arts industriels. Appliquer l'algèbre à la géométrie.*

**APPLIQUER**, signifie particulièrement Employer une loi, un principe dans les cas où ils conviennent, adapter à quelqu'un ou à quelque chose un passage, une maxime, une citation : *Mais, lui dis-je, comment peut-on appliquer les lois, si on ne les sait pas?* MONTESQ. *Les juges ont appliqué rigoureusement la loi. Il y a des délits non qualifiés auxquels on ne peut appliquer aucune peine. Appliquer une loi à un cas particulier. Il ne suffit pas d'établir des principes, il faut savoir les appliquer. Tout le monde lui a appliqué ce passage. On peut vous appliquer ce que cet auteur a dit de lui-même. Il n'était pas difficile de lui appliquer cette citation. On ne sait quelle dénomination appliquer à cette espèce.*

**APPLIQUER**, s'emploie avec le pronom personnel dans toutes ses acceptions propres et figurées : *Ce filet d'or mat s'applique très-bien sur ce fond. Ces couleurs ne s'appliquent sur le verre qu'à l'aide d'un procédé chimique. Cette loi ne peut s'appliquer au délit que nous jugeons Ce procédé s'appliquera facilement à la fabrication du sucre. Voici les sommes qui doivent s'appliquer à cette dépense. La phrase qu'il a prononcée ne s'appliquait pas à vous. Ceci peut s'appliquer à la grandeur royale.* LA FONT. — Il signifie aussi particulièrement Apporter une grande attention à une étude, mettre une grande ardeur, un grand zèle à quelque chose : *Appliquez-vous surtout aux sciences exactes. Il ne réussit à rien parce qu'il ne s'applique à rien. Achille seul, Achille à son amour s'applique.* RAC. *Appliquez-vous à faire le bien. Ceux qui s'appliquent trop aux petites choses deviennent ordinairement incapables des grandes.* LA ROC.

**APPLIQUER**, avec le pronom personnel mis pour à soi, signifie S'attribuer, se faire l'application de, s'approprier : *Il s'est appliqué les revenus de ses pupilles. Il s'applique toutes les louanges que l'on donne à ses confrères. Vous avez tort de vous appliquer une critique qui ne vous est pas destinée. Il a eu raison de s'appliquer cette histoire. Vous vous êtes appliqué une somme qui m'était destinée.*

**APPLIQUÉ, ÉE**, part. *Cours de chimie appliquée aux arts.* — Il s'emploie aussi comme adjectif et se dit d'Une personne qui met d'habitude une grande attention aux choses dont elle s'occupe : *Cet enfant est très-appliqué. C'est une personne qui n'est pas assez appliquée.* —géom. Ligne droite terminée par une courbe dont elle coupe le diamètre. — bot. Se dit d'Une feuille joignant la tige dans toute la longueur de son limbe.—*Appliquées* (ailes). entom. Lorsqu'au repos elles sont parallèles avec l'abdomen.

**APPOGGIATURE**, s. f. mus. Agrément de chant résultant de la voix qui appuie sur la note précédente en dessus de celle de l'harmonie.

**APPOINT**, s. m. Supplément en monnaie plus petite que l'on donne lorsque la somme à payer ne peut être complétée avec les espèces principales employées au paiement : *Trente pièces de cinq fr. et un appoint de deux francs font cent cinquante-sept fr. Il m'a donné dix pièces de vingt francs et sept francs d'appoint. Faire l'appoint,* Compléter une somme en ajoutant l'appoint. *Prenez ces dix pièces de cinq francs et je vais vous faire l'appoint. Servir d'appoint. Voici quatre-vingts fr. en or et deux pièces de cinq fr. qui font l'appoint.*—Il se dit aussi en termes de commerce d'Une somme qui termine le solde d'un compte : *Je vous envoie ci-inclus cinq cents francs que je vous devais encore par appoint.*

**APPOINTAGE**, s. m. (V. *Appointer*). techn. Manière, action de tanner des cuirs avant de les passer au suif. —Dernier foulage des cuirs.

**APPOINTEMENT**, s. m. Il signifiait autrefois, en termes de pratique, Un règlement en justice sur une affaire pour parvenir à la juger par rap-port : *Prendre un* appointement *à l'audience, au greffe.* — Appointement *en droit,* Règlement par lequel le juge ordonnait que les parties produiraient par écrit. Appointement *à mettre,* Règlement par lequel les parties devaient mettre leurs pièces sur le bureau pour être jugées sommairement. Ces expressions ne s'emploient plus aujourd'hui; on dit dans la pratique actuelle : *Instruction par écrit,* et *délibéré.*

**APPOINTEMENTS**, au pluriel, signifie Le salaire annuel d'un employé, d'un commis : *Il a d'assez gros appointements. Donner, recevoir de faibles appointements. Il touche les appointements de chef de division. Ses appointements sont énormes. On a fixé à mille écus les appointements attachés à cet emploi. Augmenter, diminuer, réduire, élever les appointements de quelqu'un. L'année prochaine ses appointements seront portés à quatre mille francs. Il n'a que douze cents francs d'appointements. C'est une place sans appointements.*

**APPOINTER**, v. a. t. de prat. ancienne. Régler par un appointement en justice : Appointer *en droit.* Appointer *à mettre. On a appointé les parties à écrire et produire. On a pris le parti d'appointer cette affaire. Toute chose demeurant en état, on appointe ma cause.* RAC. (V. *Appointement.*) — En t. m. Appointer *un soldat d'une corvée, d'une garde,* Lui donner par punition une garde, une corvée hors de tour.—techn. Appointer, Tailler en pointe un crayon, un fil de fer, un hameçon; fouler le cuir une dernière fois, avant de le mettre au suif. — Faire deux ou trois points à un matelas ployé en deux, pour qu'il ne se déploie pas. — Coudre les deux bouts d'une pièce d'étoffe, afin de l'empêcher de se dérouler.

**APPOINTER**, Fixer les appointements d'un employé, d'un commis : *On l'a appointé à mille écus. L'année prochaine il sera appointé.*

**APPOINTÉ, ÉE**, part. *Un commis appointé. Une affaire appointée.* Il s'employait aussi substantiv. en t. de pratique pour Appointement : *Un appointé en droit.* — et adj. en t. de blas. Des pièces qui se tiennent par la pointe.

**APPOINTEUR**, s. m. techn. V. EMPOINTEUR.

**APPOINTIR**, v. a. techn. V. APPOINTER.

**APPONDURE**, s. f. techn. Perche qui fait partie d'un train de bois, et sert à fortifier le chantier, qui, sans cela, serait trop faible.

**APPONTEMENT**, s. m. (V. *Pont.*) p.-et-chaus. Espèce de pont-volant qu'on établit sur les pieux de fondation : Appontement *provisionnel.*

**APPORT**, s. m. Lieu où l'on apporte les denrées pour les vendre; il a vieilli et ne s'emploie plus que dans cette expression : *L'apport-Paris,* qui désigne la place du Châtelet à Paris. — En t. de pratique, *Apport* se dit pour Les pièces dont on fait le dépôt, et, *Acte d'apport,* pour le reçu que l'on donne de ces pièces.

**APPORT**, en t. de droit. Ce qu'un époux apporte à la communauté : *Son apport, ses apports sont de tant. En prélevant les apports francs et quittes.*—La part qu'un associé apporte dans la société commerciale : *Son apport dans notre maison était de trente mille francs.*

**APPORTAGE**, s. m. techn. Action d'apporter un fardeau. — Peine, salaire de celui qui apporte une charge ou un fardeau.

**APPORTER**, v. a. Porter d'un endroit quelconque au lieu où l'on est, ou dont on parle : *Prenez là-bas ce livre et apportez-le-moi. Quand vous viendrez à Paris, vous nous apporterez des fruits de votre campagne. Son frère lui a apporté de magnifiques présents. Le domestique m'apporta une lettre. Je vous apporte un nouveau livre. Voici du gibier que nous apportons de loin. Tout Paris en foule apporte ses suffrages.* BOIL. *Votre cousin m'a apporté de vos nouvelles. Si vous trouvez cet ouvrage, vous l'apporterez à votre oncle. Ils apportèrent à Moïse leurs ornements les plus précieux pour la construction du tabernacle.* MASS.—Il se dit en parlant Des flots, des fleuves, des vaisseaux et même de la mer : *Le flot qui l'apporta recule épouvanté.* RAC. *Le fleuve qui l'arrose par un débordement réglé, lui apporte les pluies et les neiges des autres pays.* BOSS. *Nos flottes nous apportaient tous les ans les richesses du Nouveau-Monde.* MASS. *Autrefois la mer t'apportait les tributs de tous les peuples de la terre.* FÉN.

**APPORTER**, s'emploie aussi dans le sens de Produire, fournir : *Elle a apporté quatre-vingt mille* francs *en mariage. Elle apporte tant à la communauté. Chaque associé doit apporter une part égale. L'un apporte son esprit, l'autre son argent, partant quitte.* MARIV. *Chaque saison apportait son tribut.* LA FONT. — Il se dit également dans l'un et l'autre sens pour Les choses morales, ainsi que pour certaines dispositions naturelles : *Partout où il va il apporte la brouille. Il y a des gens qui se dédommagent cruellement dans leur intérieur de l'égalité d'esprit qu'ils apportent dans le monde.* LES. *Elle n'avait apporté en mariage que beaucoup d'esprit et une figure charmante.* MARIV. *Les qualités que nous apportons en naissant doivent être développées par l'éducation.* — Apporter *remède à quelque chose.* Apporter *du remède à quelque chose,* Réparer ce qui s'y trouve de fâcheux. *Il n'y a pas de remède à apporter aux blessures que fait le ridicule. Je crois que l'on pourrait apporter quelque remède à votre malheur.*—Apporter *des facilités,* apporter des obstacles, se dit en parlant d'Affaires pour faciliter le succès d'une entreprise, ou l'entraver par les difficultés que l'on fait naître : *Cette affaire pourra se conclure si vous y apportez quelques facilités. J'espère mener cette affaire à bien malgré les difficultés qu'on y apporte tous les jours. C'est dans un sens analogue que l'on dit :* Apporter *des tempéraments, des adoucissements dans une affaire.*

**APPORTER**, Employer : *Quelle facilité n'apportait pas à la navigation et au commerce cette merveilleuse réunion de tous les peuples du monde sous un même empire?* BOSS. *On ne saurait apporter plus de zèle à remplir ses devoirs. Il faut apporter la plus grande attention à ce travail. Quelque soin qu'on apporte à être serré et concis, ils vous trouvent diffus.* LABR. *Vous avez apporté trop de mauvaise volonté pour que l'on accepte vos services. Parmi les difficultés que ses intérêts apportaient au traité des Pyrénées.* BOSS. *Partez; à vos honneurs j'apporte trop d'obstacles.* RAC. —Avec un nom de chose pour sujet il signifie Enfanter, être le principe, la cause de : *Voilà un échantillon des malheurs qu'apportent les dissensions de famille.* ROUS. *Cette affaire commencée sous de si heureux auspices, ne m'avait apporté que des peines et des déboires.* LES. *L'âge apporte avec lui les ennuis et les peines.* DEL. *Le temps vous apportera des consolations. Récapitulez tous les avantages que cette alliance nous a apportés.* MONT. — Il signifie aussi quelquefois Faire une citation, alléguer : *Il nous a apporté d'assez bonnes raisons. J'apporterai plusieurs passages de l'auteur à l'appui de mon opinion. Ceux qui apportent la seule autorité dans les matières plus dignes, au lieu du raisonnement ou des expériences.* PASC.—prov. *Bien venu qui apporte,* On accueille favorablement celui qui paie ou fait des présents.

**APPORTÉ, ÉE**, part.

**APPOSER**, v. a. Poser sur, mettre sur : Apposer *le sceau de l'État sur un acte. Apposer son cachet sur un écrit.* — Apposer *sa signature au bas d'un écrit, d'un acte,* Le signer : *Le ministre a apposé sa signature au bas de l'ordonnance.* — Apposer *une clause à un acte, à un contrat,* Y insérer une clause : *Une nouvelle clause a été apposée au traité passé entre les parties intéressées.* — Apposer *le scellé, les scellés,* se dit d'Un officier public qui applique, avec les formalités judiciaires, son sceau aux portes d'un appartement ou à un meuble fermant, pour que l'on ne puisse en ôter aucun des objets qui y sont renfermés : *On a apposé le scellé sur ses effets. Aussitôt son décès, le juge de paix a apposé les scellés chez lui.*

**APPOSÉ, ÉE**, part.

**APPOSITION**, s. f. (du lat. *appositio,* action de mettre auprès, addition, adjonction; *ad,* à, auprès, et *positio,* placement, position, dér. du v. *ponere,* placer, poser.) Action d'apposer : *Il me manque plus que l'apposition de sa signature. Le magistrat a procédé à l'apposition des scellés.* — phys. Addition, agrégation : *La plupart des minéraux se forment par apposition des parties qui se joignent et s'attachent ensemble.* — gram. Figure qui consiste à joindre un substantif à un autre sans particule conjonctive, ce qu'on peut remarquer dans les vers suivants :

> Sur un lièvre flanqué de six poulets étiques,
> S'élèvent trois lapins, animaux domestiques.

**APPRAYER**, v. a. coul. Mettre une terre en pré.

**APPRAYÉ, ÉE**, part.

APPRÉCIABLE, adj. des 2 g. (V. *Apprécier.*) mus. Qui peut être apprécié. Il ne se dit guère que dans cette locution : *Les sons* appréciables, c'est-à-dire Ceux dont on peut trouver ou sentir l'unisson et calculer les intervalles : *Selon Euler les sons appréciables à notre oreille comprennent huit octaves.*

APPRÉCIATEUR, s. m. APPRÉCIATRICE, s. f. (V. *Apprécier.*) Celui, celle qui sait apprécier : *C'est un bon appréciateur du mérite d'autrui. L'imagination est pour nous l'appréciatrice de tous les êtres, elle les surfait ou les déprise à son gré.* B.

APPRÉCIATIF, IVE, adj. (V. *Apprécier.*) Qui marque l'appréciation : *Un état* appréciatif *des denrées.*

APPRÉCIATION, s. f. (V. *Apprécier.*) Action d'estimer la valeur d'un objet : *Il en a fait une* appréciation *assez juste. C'est lui qui est chargé de faire les* appréciations. *Les meubles ont été vendus sur une première* appréciation. *Je laisserai cela à votre* appréciation.

APPRÉCIER, v. a. (du lat. *appretiare*, mot de latinité inférieure, fait, ainsi que ses dérivés, de *pretium*, prix, valeur.) Juger le prix d'un chose, en estimer la valeur : Apprécier *un mobilier, des objets d'art, une propriété. On peut* apprécier *ces travaux à sept ou huit mille francs. Ce tableau a été* apprécié *deux mille écus. Cette propriété a été* appréciée *trop bas.* — Il s'emploie également dans le sens moral : *Je saurai* apprécier *votre conduite. Il a bien mal* apprécié *le mérite de cet homme. Ce n'est pas un homme à savoir* apprécier *les avis qu'on lui donne. Nous nous* apprécions *d'habitude au-dessus de notre valeur réelle.*

APPRÉCIÉ, ÉE, part. *Un ouvrage bien* apprécié. *Un caractère mal* apprécié.

APPRÉHENDER, v. a. (du lat. *apprehendere*, prendre, saisir.) prat. Saisir au corps : *À peine sorti de chez lui, il se vit* appréhender *au corps par les hommes qui le guettaient.* — On écrivait autrefois dans les arrêts prononcés par contumace : *Et il subira telle peine si pris et* appréhendé *peut être.*

APPRÉHENDER, dans le langage ordinaire, Redouter, avoir peur de : *J'*appréhende *les suites de cette affaire. Prévois-tu les malheurs qu'ensuite j'*appréhende? *Il* appréhende *beaucoup de vous avoir déplu. Il ne faut pas trop* appréhender *l'opinion du vulgaire. Le médecin* appréhendait *que la fièvre ne revînt. La même justesse d'esprit, qui nous fait écrire de bonnes choses, nous fait* appréhender *qu'elles ne le soient pas assez pour mériter d'être lues.* LA BR. — Accepter, en termes de pratique : Appréhender *une succession.*

APPRÉHENDÉ, ÉE, part.

APPRÉHENSIBILITÉ, s. f. didact. Qualité, état de ce qui peut être saisi ou pris.

APPRÉHENSIBLE, adj. des 2 g. Qui peut être saisi.

APPRÉHENSIF, IVE, adj. Craintif, facile à effrayer : *Un caractère* appréhensif. Il est peu usité.

APPRÉHENSION, s. f. Crainte, peur : *Une folle, une ridicule* appréhension. *Il est depuis hier dans l'*appréhension. *Votre avis l'a mis dans de vives appréhensions. L'appréhension des maux est vue de la justice des hommes.* PAS. *Il portait au fond de son cœur une vive et continuelle* appréhension *de déplaire à Dieu.* BOSS. *J'avais une forte* appréhension *qu'il ne revînt. Dans cette* appréhension, *je désirais votre retour.* — prat. Action d'appréhender au corps un débiteur ou un criminel.

APPRENDRE, v. a. (du lat. *apprehendere*, saisir ; *ad*, préf. augm. et *prendere*, prendre.) Étudier pour savoir, acquérir une connaissance, s'instruire, s'habituer volontairement à faire quelque chose : *Si j'apprenais l'hébreu, les sciences, l'histoire.* LA F. Apprendre à lire, à écrire, à danser. *Ce fut sous lui que ce grand général apprit l'art de la guerre.* MONT. *Un prince, dans un livre, apprend mal son devoir.* CORN. *J'ai appris par ses leçons qu'il ne faut pas se fier à tout le monde. Chômons, c'est un métier qu'il veut nous faire apprendre.* LA F. *Il faut* apprendre *à modérer ses passions. Mourir est la chose que l'on est le plus sûr de faire sans l'avoir jamais apprise.* MONTAIGNE. *Apprenez à vous taire. La comédie apprit à rire sans aigreur.* BOIL. — Il signifie aussi Retenir une chose dans sa mémoire : Apprendre *un rôle, une leçon. Il avait* appris *son discours par cœur.* — Il s'emploie quelquefois d'une manière absolue et sans complément : *Qui sait écouter, sait* apprendre. GIRARD. *Une hirondelle, en ses voyages, Avait beaucoup* appris. LA F. — prov. *Ce qu'on* apprend *au ber dure jusqu'au ver,* Ce que l'on a appris dans son enfance ne s'oublie qu'à la mort.

APPRENDRE, Être informé de, entendre dire, recevoir la nouvelle : *Sur ces entrefaites, nous apprîmes la mort de son frère. Qu'est-ce que j'apprends? Voici ce que j'ai appris de lui. Nous apprenons à l'instant qu'il est parti avant-hier. Nous nous apprîmes mutuellement tout ce que nous avions fait. On apprend les nouvelles publiques par la voie de la renommée.* GIRARD.

APPRENDRE, dans ses différentes acceptions, s'emploie avec le pronom personnel, et équivaut à un passif : *Il y a une foule de choses qui ne s'apprennent que par le contact du monde. La médecine ne s'apprend pas dans la dissipation. Il n'y a rien qui s'apprenne aussi vite qu'une mauvaise nouvelle. Cette langue peut s'apprendre en un an d'étude. Ce rôle ne peut pas s'apprendre en deux jours.*

APPRENDRE, Enseigner aux autres, faire connaître, publier : *Il se mit, pour vivre, à* apprendre *la musique.* Apprendre *le latin, le dessin, la danse. On apprend la tempérance aux chiens, et l'on ne peut l'apprendre aux hommes.* LA F. *On vient de m'apprendre une grande nouvelle. On m'apprend à l'instant qu'il est parti. Je vous vois vous montrer mon amie, En m'apprenant les bruits que de moi l'on publie.* MOL. *L'histoire nous apprend que ce roi mourut sans postérité. Cela vous apprendra à mieux vous conduire dorénavant. Il vient d'apprendre à l'univers que le roi a bien voulu parler de lui.* VOLT. *On n'apprend pas aux hommes à être honnêtes gens, et on leur apprend tout le reste.* PASC. Apprendre à *quelqu'un son devoir, lui* apprendre *à vivre.* — On dit par forme de menace : *Je vous apprendrai à vivre, je vous apprendrai à parler,* Je vous obligerai à agir, à parler avec plus de convenance. — prov. *Les bêtes nous apprennent à vivre,* L'exemple des animaux peut quelquefois nous donner d'utiles leçons.

APPRIS, ISE, part. et adj. fam. *Il est bien* appris, Il connaît bien les usages. *Il est mal* appris, Il ne paraît pas avoir reçu d'éducation. *C'est un homme bien mal* appris. On dit aussi substantivement : *C'est un mal* appris. *Il a été bien mal* appris *de vous dire cela,* Il a fait preuve, en vous disant cela, d'inconvenance.

APPRENTI, TIE, s. Celui, celle, que l'on place chez un maître pour apprendre un métier : *Il a deux ouvriers et un apprenti. Un garçon apprenti. Un apprenti bijoutier. La petite apprentie d'une lingère.* — fam. et fig. Une personne novice, qui n'est pas habile, qui manque d'expérience pour les choses dont elle se mêle : *C'est un pauvre* apprenti *qui singe du docteur.* DEST. *Ce n'est encore qu'un apprenti dans l'art de la guerre. Vous n'êtes encore qu'un apprenti dans l'art de dissimuler.* LES.

APPRENTISSAGE, s. m. Emploi, occupation de la personne qui est placée chez un maître pour apprendre un métier : *Il faut un long et pénible apprentissage pour ce métier. Il est en apprentissage chez un menuisier. Il a mis sa fille en apprentissage chez une couturière. C'est chez lui que j'ai fait mon apprentissage. Il ne fait que sortir de son apprentissage. Son père a payé les six premiers mois d'apprentissage.* — Temps déterminé pour apprendre un métier : *Après deux ans d'apprentissage, il sera ouvrier.* — fig. Travaux préparatoires pour se former à une chose, essai de ce que l'on a appris, épreuve que l'on hasarde dans sa profession : *Faire l'apprentissage de la guerre. C'est sous ce grand homme qu'il fit, pour ainsi dire, l'apprentissage de l'art de gouverner.* ST-RÉAL. *L'intendant à qui la divine Providence faisait faire un léger apprentissage des affaires d'État.* BOSS. *Ce pénible ouvrage Jamais d'un écolier ne fut l'apprentissage.* BOIL. *En fait de crime et de perfidie, elle n'en était pas à son apprentissage.* VOLT. *Ce médecin a fait son apprentissage aux dépens des malades de son hôpital.* ACAD. — Ce qui vous prépare, vous habitue naturellement à une chose : *L'absence est comme une épreuve, un apprentissage de la mort.* B.

APPRESSÉ, ÉE, adj. (du lat. *appressus*, pressé auprès ou contre, part. passé du v. *appremere* ; *ad.* à, auprès, et *premere*, *pressi*, pressurer, presser.) bot. Rapproché parallèlement contre la tige. Il se dit Des branches et des feuilles.

APPRÊT, s. m. Préparatif. Il ne se dit guère dans ce sens qu'au pluriel : *Les apprêts d'une noce, d'un voyage. Il ne faut pas faire trop d'apprêts pour le recevoir. Le régal fut petit et sans beaucoup d'apprêts.* LA FONT. *Tout, sans faire d'apprêts, s'y prépare aisément.* BOIL. *Vous verrai-je toujours renonçant à la vie, Faire de votre mort les funèbres apprêts.* RAC. — *Apprêt*, au singulier, Manière dont on prépare les mets, assaisonnement : *Les viandes sans apprêt sont les plus saines. L'apprêt de ces viandes revient cher.*

APPRÊT, Manière dont on apprête les étoffes, les cuirs, etc. Substances dont on se sert pour cet usage : *On n'a pas donné un bon apprêt à ce drap. L'apprêt de cette étoffe, de ce cuir, ne vaut rien. On met beaucoup d'apprêt dans cette toile pour lui donner une consistance apparente. Un chapeau sans apprêt,* Un chapeau dans le feutre duquel on n'a pas mis de gomme. — fig. *Apprêt* signifie Une certaine affectation dans l'esprit, le style, les manières : *Son style est assez élégant, mais il y a trop d'apprêt. Il a beaucoup d'apprêt dans le langage et dans les manières.* — peint. Préparation, enduit, que l'on étend sur la toile, le bois, la muraille avant de peindre : *La solidité de la peinture dépend souvent de celle de l'apprêt.* — On appelait *Peinture d'apprêt* La peinture sur verre. Cette locution est maintenant peu usitée.

APPRÊTAGE, s. m. techn. Main-d'œuvre, emploi de l'apprêt, en parlant des étoffes, ou manière d'apprêter les étoffes : *Faire l'apprêtage.* — mar. Action de préparer dans les vaisseaux tout ce qui est nécessaire pour combattre. (V. *Apprêtée* en ce sens.)

APPRÊTE, s. f. Petite tranche de pain longue et étroite que l'on trempe dans un œuf à la coque : *Couper, tailler, faire des apprêtes.* Il est vieux. On dit plus habituellement *Mouillette.*

APPRÊTER, v. a. Préparer, disposer une chose, la mettre en état de servir : *Il a apprêté tous ses effets pour partir. Apprêtez la voiture. Apprêter le déjeuner ou à déjeuner. Il passe tout son temps à apprêter ses affaires pour travailler. Apprêter des cuirs, un chapeau, une étoffe. Il a pris quelqu'un pour apprêter ses couleurs.* — On dit d'un cuisinier, *Qu'il apprête bien,* c.-à-d., Qu'il assaisonne bien les mets. — *Apprêter à rire,* Donner occasion de rire à ses dépens : *Toutes les fois qu'il prend la parole il apprête à rire à toute l'assemblée.*

APPRÊTER, accompagné du pronom personnel, signifie, Se disposer, se préparer à faire quelque chose, se tenir prêt à : *À retourner chez soi leur brigade s'apprête.* BOIL. *Il veut partir à jeun, il se peigne, il s'apprête.* BOIL. Apprêtez-vous à l'entendre. Apprêtez-vous à *les recevoir.* — Avec un nom de chose pour sujet, il a une valeur passive : *J'ai vu Pyrrhus, madame, et votre hymen s'apprête.* RAC. *Cependant tout s'apprête, et l'heure est arrivée Qu'au fatal dénouement la reine a réservée.* VOLT. *Son départ s'apprêtait secrètement.* — techn. Donner de l'apprêt, du lustre et de l'apparence : Apprêter *un drap, une étoffe,* etc.

APPRÊTÉ, ÉE, part. et adj. *Un repas bien* apprêté. *Des couleurs mal* apprêtées. *Les viandes les meilleures, mais apprêtées sans aucun ragoût.* FÉN. *Tends la gorge au couteau par ton père apprêté.* RAC. *Des cartes apprêtées,* Des cartes arrangées d'une certaine façon pour tromper au jeu ou faire des tours d'adresse. — Il s'emploie aussi pour signifier Affecté, qui manque de naturel : *Ses manières, sa tenue, son langage, tout en lui est apprêté. Le style de cet auteur est un peu apprêté.* — mar. *Apprêtée,* s. f., se dit Des munitions que l'on a préparées pour le combat : *Faire l'apprêtée,* Disposer des gargousses chargées de poudre, et prêtes à être mises dans des canons : *Visiter, augmenter l'apprêtée.*

APPRÊTEUR, s. m. arts et m. Celui qui apprête, qui fait les préparations; peintre sur verre: *Un bon, un habile apprêteur.* — techn. Celui qui apprête. — verget. Ouvrier qui réunit ensemble les soies de même grosseur, grandeur et qualité. — paum. Celui qui passe au feu le bois d'une raquette, afin de le rendre plus flexible et plus pliant. — Le nom d'*apprêteur* se donne encore à l'aplaigneur, au fondeur de caractères qui polit les deux côtés des lettres, à ceux qui apprêtent les cuirs, à ceux qui font subir aux étoffes diverses préparations, chacun dans leur profession respective.

APPRÊTOIR, s. m. pot. Selle de bois à quatre pieds qui sert à apprêter ou à râper l'étain. — Couteau d'un fondeur en caractères, qui sert à polir les lettres.

**APPRIMÉ, ÉE**, adj. (du lat. *appremere*, presser contre.) bot. Couché contre la partie où l'objet prend naissance : *Les poils couchés contre la feuille qui la porte sont apprimés. Les feuilles apprimées sont fortement appliquées contre la tige.*

**APPRIVOISEMENT**, s. m. Action d'apprivoiser ; effet de cette action.

**APPRIVOISER**, v. a. (*appriver* dans quelques dialectes ; en effet la racine est *privé* et *priver*. V. ces mots). Rendre moins farouche, rendre familier ; il ne se dit qu'en parlant Des animaux : *Il a trouvé le moyen d'apprivoiser les lions et les tigres. Il y a peu d'animaux que l'homme ne soit parvenu à apprivoiser. Elle passe son temps à apprivoiser des oiseaux.*—fig. En parlant des personnes, Rendre plus traitable, plus facile : *C'est un homme que l'on ne peut apprivoiser. Il serait assez difficile d'apprivoiser un pareil caractère.* — Avec le pronom personnel il signifie Se rendre plus familier, moins farouche, et principalement se faire, s'habituer à quelque chose : *Cet animal s'apprivoise difficilement. Malgré son caractère sauvage, cet homme a fini par s'apprivoiser avec nous. Il faut que les enfants s'apprivoisent de bonne heure avec le danger.* — On dit également S'apprivoiser *avec le vice*, S'y accoutumer par l'exemple.

**APPRIVOISÉ, ÉE**, part. *Un oiseau apprivoisé.*

**APPROBATEUR, TRICE**, s. (*approbator* en lat., même sens : *ad*, préf. augm., et *probare*, approuver.) Celui, celle qui donne son approbation à quelqu'un, à quelque chose : *Le plus mauvais plaisant eut ses approbateurs.* BOIL. *Votre conduite trouvera toujours en elle une approbatrice.*—Il se joint aussi quelquefois à un nom de chose, et devient adjectif : *Il fut accueilli par des murmures approbateurs. D'un geste approbateur il m'engagea à continuer.*

**APPROBATEUR**, Nom qu'on donnait autrefois particulièrement à Un censeur chargé de donner publiquement son approbation à un ouvrage pour qu'il pût paraître : *Il avait eu pour approbateurs trois docteurs en Sorbonne.*

**APPROBATIF, IVE**, adj. Qui exprime, qui marque l'approbation : *Des gestes approbatifs. Un signe de tête approbatif. Une sentence approbative.*

**APPROBATION**, s. f. Consentement volontaire, agrément, autorisation que l'on donne à quelque chose : *Le mariage des mineurs ne peut avoir lieu sans l'approbation des parents. Le roi a refusé son approbation à cette mesure. Livre imprimé avec approbation et privilége. Nous ne pourrons entreprendre cette affaire si vous n'y donnez votre approbation par écrit.* — Il s'emploie par extension pour exprimer Un témoignage d'estime donné ouvertement à quelqu'un ou à quelque chose : *En agissant ainsi vous obtiendrez l'approbation générale. Cette mesure avait obtenu l'approbation de tous les gens éclairés. Il mérite notre approbation. Toutes les gloires du monde ne seront rien pour moi, tant que je n'aurai pas votre approbation.* VOLT. *Tous les savants ont donné leur approbation à cet ouvrage.* — phil. Acte de la raison qui établit la conformité d'un acte accompli.—théol. Il se dit Des pouvoirs que l'évêque accorde au prêtre de prêcher et de confesser dans toute l'étendue de son diocèse.

**APPROBATIVEMENT**, adv. Avec approbation, d'une manière approbative. Peu usité.

**APPROCHANT, ANTE**, adj. (V. *Approcher.*) Qui a quelque rapport, quelque similitude avec une autre chose : *Dans des choses si petites et si approchantes du rien.* BOSS. *Il s'est fait, à force de travail, un style assez approchant de celui de Rousseau. La langue chaldaïque assez approchant de la leur.* BOSS. *La fourrure de cet animal est approchante de celle de la martre.* — *Approchant* s'emploie aussi comme mot invariable et signifie Environ, à peu de chose près : *Il y a de cela approchant quinze jours. Il peut y avoir approchant vingt-cinq ans. Il était approchant de quatre heures du matin. Il en a bien reçu trente mille francs approchant.* Cette dernière acception est familière.

**APPROCHE**, s. f. (V. *Approcher.*) Action de s'avancer vers un lieu ou vers une personne. Résultat de cette action : *A son approche ils s'enfuirent tous. A ton approche, je mettrai les rois en fuite.* BOSS. *La nouvelle de l'approche des ennemis jeta la consternation dans la ville. Il soutint avec intrépidité l'approche des brigands. Ses vêtements sont si malpropres que chacun redoute son approche.*—Il s'emploie aussi pour Tout ce qui avance ou paraît avancer vers nous. *A l'approche de la nuit nous nous mîmes en route. Nous reviendrons à la campagne aux premières approches du printemps. Celui qui du danger redoute les approches.* VOLT. *Pourvu que de ma mort redoutant les approches, Tu ne m'affliges pas par d'injustes reproches.* RAC. → opt. *Lunette d'approche*, Long tuyau, grossissant et approchant les objets au moyen des verres qui y sont adaptés : *Les premières lunettes d'approche furent construites vers le commencement du dix-septième siècle. C'est à l'aide des lunettes d'approche que nous avons découvert une foule d'étoiles qui échappaient à l'œil nu. Sans les lunettes d'approche, jamais on ne se fût douté ni de l'anneau de Saturne, ni des satellites de Jupiter.*

**APPROCHE**, s'emploie au pluriel, en termes militaires, pour exprimer L'ensemble des travaux à l'aide desquels on tente de parvenir jusqu'au corps d'une place assiégée : *Il nous fallut perdre bien des hommes pour établir nos approches. Les lignes d'approches. Les ennemis firent plusieurs sorties pour empêcher les approches.* ACAD. *Le général fut tué aux approches de la place. Les assiégeants furent complétement chassés des approches. Contenir les approches de l'ennemi*, S'opposer à la marche de l'ennemi qui s'avance sur une place, retarder les efforts des assiégeants. *Nettoyer les approches*, Dissiper une troupe qui assiége, et renverser ses travaux.—Il se dit aussi, au singulier comme au pluriel, pour exprimer L'accès plus ou moins difficile d'une place ou d'un camp : *Des ouvrages avancés défendaient l'approche de la place. Les approches du camp étaient restées sans défense. Cette place de guerre est de difficile approche*, signifie Qu'elle est d'un accès difficile, ou bien qu'il n'est pas facile d'en établir les approches.—agric. *Greffe en approche* ou *par approche*, Manière de greffer qui consiste à rapprocher deux branches voisines de sorte qu'elles se soudent pour ainsi dire l'une à l'autre : *Greffer par approche.* — typog. Distance, blanc qui se trouve entre les lettres ; *La justesse et l'égalité de l'approche. Des approches. Ce caractère est trop serré d'approche, est trop large d'approche. On a négligé d'indiquer ces approches, et le passage en devient inintelligible.*

**APPROCHER**, v. a. (V. *Proche.*) Mettre une chose près d'une autre, avancer auprès : *Approcher une chaise de cette table. Approchez-moi ce fauteuil. On approcha la barque du vaisseau. Approchez cet enfant du lit de sa mère.*—*Approcher quelqu'un*, Se placer, se mettre auprès de quelqu'un : *Ne l'approchez pas, il vous blesserait. Toutes les personnes qui l'approchent sont enchantées de lui.*— Il s'emploie figurément dans ces acceptions : *Ce verre grossit et approche les objets*, En les rendant plus visibles, il semble qu'il les approche. *Le ministre l'a approché de sa personne*, Il lui a donné un emploi auprès de lui, il l'a admis dans sa familiarité.—*Approcher un homme en place*, Se trouver admis habituellement auprès de lui, être dans sa familiarité : *Savez-vous que mon mari va à la cour et qu'il approche le roi?* DANC. *Ce ministre est très-difficile à approcher*, On ne saurait parvenir facilement auprès de lui.

**APPROCHER**, s'emploie aussi comme verbe neutre, et signifie S'avancer vers, venir auprès, devenir proche, être proche : *Approchez : je suis sourd, Les ans en sont la cause.* LA FONT. *Approchez ici, que je vous parle. Tout en parlant nous approchions. Le chantre qui de loin voit approcher l'orage.* BOIL. *L'heure de sa mort approche. Le temps approche où vous vous en repentirez. Comme ces hommes approchaient de lui, il se mit à fuir. N'approchez pas de moi, vous me saliriez.* — *Approcher du but*, Mettre près du but que l'on cherche à atteindre : *C'est sa balle qui a le plus approché du but.* — *Approcher du but*, se dit aussi figurément pour, Être près d'atteindre à un résultat, être sur le point de deviner quelque chose : *Dans toutes ses entreprises il approche du but, mais il n'y atteint jamais. Je ne dirai pas que vous ayez deviné juste, mais vous avez approché du but.* — Avec le pronom personnel il s'emploie, au propre et au figuré, pour Avancer vers, devenir proche : *Ma fille qui s'approche et court à son trépas.* RAC. *Une mouche survient et des chevaux s'approche.* LA FONT. *Ne vous approchez pas tant. L'heure s'approche. La nuit s'approchait.*

**APPROCHER**, signifie aussi Avoir des rapports de ressemblance, de convenance : *Son style approche de celui de Sénèque. L'aspect général de ce pays approche un peu de celui de la Bretagne. C'est en servant les hommes que l'on approche le plus de la divinité. Rien ne saurait approcher de la magnificence qui éclate dans ce palais. Ce que vous me dites de lui approche assez de ce que j'en avais déjà appris. La beauté de cette femme n'approchait pas de celle de la princesse.* VOLT. *Si ce n'est pas de la folie, cela en approche.* DID. — sculpt. Amener successivement un ouvrage à fin par le travail qui s'exécute, avec différents outils, sur le bloc qui a été dégrossi : *Approcher à la pointe, à la double pointe ou au ciseau.* — v. n. mar. Il se dit Du vent qui devient moins favorable. En ce sens il est opposé à *Adonner*.

**APPROCHÉ, ÉE**, part.

**APPROCHEUR**, s. m. techn. Ouvrier qui transporte le bois dans une brouette vers l'endroit où l'on construit un train.

**APPROFONDIR**, v. a. Donner plus de profondeur : *Approfondir un fossé, un canal. On n'a pas approfondi les fondations de cette maison. Les eaux, qui s'étaient retirées, obligèrent d'approfondir presque tous les puits de la contrée.* BUFF. —fig. *Et la gloire qui suit vos plus nobles travaux, Ne fait qu'approfondir l'abîme de leurs maux.* CORN. *Ce malheureux combat ne fit qu'approfondir L'abîme dont Valois voulait en vain sortir.* VOLT.

**APPROFONDIR** s'emploie plus fréquemment dans le sens de Pénétrer au fond des choses, d'apprendre à fond : *Il ne faut pas juger des hommes comme d'un tableau ou d'une figure, sur une seule et première vue, il y a un intérieur et un cœur qu'il faut approfondir.* LA BR. *Ceux qui n'approfondissent pas plus avant les choses.* PASC. *On n'osa trop approfondir Du tigre ni de l'ours, ni des autres puissances Les moins pardonnables offenses.* LA FONT. *Il y a dans Les terreurs de sa justice tant d'abîmes qu'il nous est défendu d'approfondir.* MASS. *Peut-être que le roi sans approfondir davantage, vous laissera partir.* FÉN. — Il peut, dans cette acception, être suivi d'un nom de personne : *Après avoir mûrement approfondi les hommes.* LA BR. *Quand vous approfondissez la plupart de ces hommes, qui..... MASS.*

**APPROFONDI, IE**, part. *Question, affaire approfondie. Alors le monde un peu approfondi n'est plus rien.* MASS.

**APPROFONDISSEMENT**, s. m. Action d'approfondir une question, etc.

**APPROPRIATION**, s. f. Action de s'approprier quelque chose : *L'appropriation d'une maison, d'un terrain.* — phys. Action de se rendre propre, de s'assimiler. (V. *Assimilation.*) — chim. État de deux corps qui ne peuvent s'unir ensemble que par le concours d'un troisième qui les y dispose.

**APPROPRIER**, v. a. (du lat. *appropriare*, même sens, dont la rac. est *proprius.* V. *Propre.*) Ajuster convenablement, rendre propre : *Vous aurez soin d'approprier l'appartement avant son retour. Cette maison était dans un grand état de délabrement, il l'a parfaitement réparée et appropriée.*

**APPROPRIER**, Faire cadrer une chose avec une autre, adapter une chose, la rendre propre à sa destination : *Il faut qu'un législateur sache approprier les lois d'un peuple à ses mœurs et à ses besoins. Il a l'art d'approprier ses paroles au caractère des personnes à qui il s'adresse. Un bon médecin approprie les remèdes au tempérament du malade. Le premier mérite d'un écrivain est d'approprier ses pensées et son style à la matière qu'il aborde.* LAH. — Il s'emploie avec le pronom personnel dans les deux acceptions : *Ce jardin s'est beaucoup approprié. Son langage s'approprie de lui-même aux personnes et aux circonstances.* — Avec le pronom personnel mis pour à soi il signifie S'attribuer la propriété d'une chose : *Il a fini par s'approprier tous les biens de son frère. Tout ce qui est à sa convenance, il se l'approprie.* — S'approprier *l'ouvrage d'un autre*, S'en proclamer l'auteur. S'approprier *une pensée, une expression*, Se les rendre propres par la manière de les faire valoir : *Il est un art de s'approprier les pensées d'autrui, de les rendre siennes par la manière dont on les exploite.* LA BR. *C'est l'esprit des grands maîtres qu'il faut tenter de dérober et de s'approprier plutôt que leurs expressions et leurs pensées.* DAGUESS. *Les phrases, les figures, les mots de la mémoire, la robe et l'engagement de celui qui prêche, ne sont pas des choses qu'on ose ou qu'on veuille toujours s'approprier.* LA BR. *Ils prennent de la cour ce qu'elle a de pire ; ils s'approprient la vanité, la mollesse, l'intempérance, le libertinage.* ID. *Notre* *grande étude est de connaître leurs faiblesses pour nous les approprier.* MASS.

**APPROPRIÉ, ÉE**, part. *Une chambre bien appropriée. Une expression appropriée à la pensée.* — méd. *Remèdes appropriés,* Remèdes destinés à telle partie du corps dans des circonstances déterminées.

**APPROPRIEUR**, s. m. chap. Ouvrier qui coupe à la pièce l'étoffe de soie, l'étend sur le feutre ou le carton, la fixe et la lustre, la met, en un mot, dans l'état où l'achète le chapelier en boutique.

**APPROUVER**, v. a. (du lat. *approbare,* même sens, v. comp. de *ad,* préf. augm., et de *probare,* trouver bon : *probus,* bon, juste, honnête.) Donner son approbation, son consentement, son agrément à une chose : *Le roi approuva solennellement les promesses faites en son nom. Le mariage ne saurait avoir lieu si le père ne l'approuve. Le contrat a été approuvé par les parties intéressées. J'ai certifié véritable et approuvé le compte que vous m'avez présenté. Il dit qu'il ne pouvait ni ne devait approuver une distinction si odieuse.* LA BR. *Le duel a été approuvé par la présence des rois. Je ne crois pas, ô ciel! que ta justice approuve la fureur de ce noir sacrifice.* RAC. — Il s'emploie aussi dans le sens de Louer, juger digne d'estime : *J'approuve votre conduite dans toute cette affaire. Je ne saurais approuver un pareil procédé. En faisant l'éloge de cet écrivain, je n'entendais pas approuver les sentiments qu'il exprime. Ce que la multitude approuve, nous l'approuvons.* MASS. *Dès que je faisais quelque chose qu'il n'approuvait pas, son air triste me marquait assez qu'il me condamnait.* FÉN. *Elle espère par là faire approuver son choix.* CORN. *Ils disent qu'ils ont les premiers approuvé cet ouvrage et que le public est de leur avis.* LA BR.

**APPROUVER**, Autoriser par des formalités légales ou par un témoignage authentique : *Son ouvrage n'a pas été approuvé par la censure. La cour de Rome ne pouvait approuver une pareille doctrine. Le concile de Nicée avait approuvé que l'évêque de la cité sainte eût le même rang.* BOSS. *La Faculté de Médecine a approuvé son spécifique.* — S'APPROUVER, v. réfl. *Ne pense pas qu'au moment que je t'aime, Innocente à mes yeux, je m'approuve moi-même.* RAC.

**APPROUVÉ, ÉE**, part. et adj. *Des maximes opprouvées de leur propre général.* PASC. *Une dévotion approuvée par le pape.* ID. *La fortune la plus approuvée et la plus modeste.* FLÉC. *Maximes universellement reçues, approuvées, autorisées.* MASS. — Il s'emploie seul et par ellipse au bas d'un acte, d'un état ou d'un compte dont on approuve le contenu : *Vu et approuvé. Certifié véritable et approuvé par nous. Approuvé l'écriture ci-dessus.*

**APPROVISIONNEMENT**, s. m. (V. *Approvisionner.*) Fourniture, amas des choses nécessaires à une ville, une armée, une communauté, etc., action de faire cette fourniture : *Il faut tant de sacs de blé pour l'approvisionnement de cette ville. L'approvisionnement de l'armée est fait pour six mois. Les greniers d'abondance contiennent un grand approvisionnement de grains. Il a été chargé de l'approvisionnement de l'hôpital. Il reçut l'ordre de s'occuper en toute hâte de l'approvisionnement de la flotte.*

**APPROVISIONNER**, v. a. (V. *Provision.*) Fournir les provisions nécessaires : *La première chose qu'il fit fut d'approvisionner convenablement la place. La flotte partit après avoir été suffisamment approvisionnée.* — S'APPROVISIONNER, Se munir des provisions nécessaires : *Nous nous sommes approvisionnés pour toute la semaine. Il s'est approvisionné de bois pour toute l'année.*

**APPROVISIONNÉ, ÉE**, part. : *Une ville bien approvisionnée.*

**APPROXIMATIF, IVE**, adj. (du superl. *proximus,* très-proche, on a fait en lat. *approximare,* approcher, d'où les dérivés *approximatif, approximation.*) Qui s'approche de la vérité, qui est fait par approximation : *Ce compte n'est qu'approximatif. Vous dresserez un état approximatif de ces dépenses. Calcul approximatif. Par estimation approximative cela peut être évalué tant.*

**APPROXIMATION**, s. f. (V. *Approximatif.*) Calcul par lequel on approche d'une quantité cherchée sans arriver à l'exactitude, valeur que l'on obtient par ce calcul : *Par approximation la dépense peut aller à cent écus. Vous me donnerez une approximation de la recette. Ce résultat n'est qu'une ap-*

proximation. *Une simple approximation, Calcul par approximation,* en t. de mathématiques.

**APPROXIMATION**, se dit aussi quelquefois De l'action d'approcher de quelque chose par une imitation approximative : *La plupart des traductions ne sont que des* approximations. B.

**APPROXIMATIVEMENT**, adv. À peu près, par approximation : *Estimer une dépense approximativement. Vous en donnerez le chiffre approximativement.*

**APPROXIMER**, v. n. didact. Être voisin.

**APPROXIMÉ, ÉE**, part.

**APPUI**, s. m. (du lat. *podium,* même sens, lequel paraît avoir été fait du gr. πούς, ποδὸς, pied, dont le dim. est πέδιον.) Ce qui sert à supporter, à soutenir : *Mettez des appuis à ce mur. Il faut placer des appuis sous les branches. Mettre un appui à un arbre. Le point d'appui d'une poutre. A mon âge, le corps a besoin d'un appui.* VOLT. *Il se sert de lui comme d'un appui. Donnez-moi le bras, je vous servirai d'appui.* — *Mettre une chose à hauteur d'appui,* La mettre à la hauteur nécessaire pour que l'on puisse s'appuyer dessus sans se baisser : *La balustrade du balcon est à hauteur d'appui. Un petit mur à hauteur d'appui. L'appui d'un balcon, d'une fenêtre,* Barre transversale adaptée à une fenêtre, à un balcon, et sur laquelle on peut s'appuyer : *Vous placerez des appuis à cette fenêtre. L'appui de ce balcon est en cuivre.* — *Le point d'appui d'un levier,* se dit en mécanique pour Le point du levier qui est fixé, ou considéré comme tel, et autour duquel s'opère sa rotation. — techn. Pièce du banc d'un tourneur qui sert à maintenir ou soutenir son bras lorsqu'il travaille. — archit. Corbeau qui excède une muraille pour servir de soutien à une poutre. — pot. V. ACCÔTEPOT.

**APPUI**, fig. Aide, soutien, protection : *Mon mari ne manque pas d'appui à la cour.* DANC. *Il est sans appui. Il vous demande votre appui. En mon cœur il avait son appui.* CORN. *Sa malignité n'aura pour l'appui que je leur ai prêté.* RAC. *Pallas n'emporte pas tout l'appui d'Agrippine.* RAC. *Renonçons au stérile appui des grands qu'on implore aujourd'hui.* J.-B. ROUSS. — Il se dit aussi De la personne même, ou de la chose qui vous aide, vous protège : *Il était le seul appui de sa famille. C'est moi qui force Rome à lui servir d'appui.* CORN. *Je n'avais pas un meilleur appui que lui. Sur quel roseau fragile a-t-il mis son appui?* RAC. *Il me va contre lui-même assurer un appui.* RAC. *Appuis humains et frivoles. Tous ces appuis de chair s'écroulent sous votre main.* MASS. *Prenez-moi comme appui auprès de lui. Je ne veux voir en vous que mon unique appui.* CORN. *Un bon livre est un bon appui. Ce qui semblait devoir me perdre est devenu mon appui. L'amour du peuple est le meilleur appui du prince. Il a perdu en lui son plus sûr appui.*

**APPUI** de la voix sur la syllabe, se dit en grammaire pour L'élévation plus ou moins sensible de la voix sur cette syllabe. — man. Il signifie l'Effet que produit sur la main du cavalier l'action de la bride. Ainsi, l'on dit d'un cheval *qu'il a l'appui lourd,* c'est-à-dire Qu'il pèse à la main : *Ce cheval n'a point d'appui,* Il a la bouche trop sensible.

À L'APPUI, Manière de parler qui signifie Pour soutenir, pour appuyer une chose que l'on avance, une chose qui est en question : *Voici qui vient parfaitement à l'appui de mon opinion. Il nous a cité une foule d'auteurs à l'appui de son système. À l'appui de sa proposition je vous répéterai ce que je pense. Pièces à l'appui,* Pièces fournies pour établir la vérité d'un état, d'un compte, d'une accusation, etc. : *Voici le bordereau des dépenses avec les pièces à l'appui. Le rapporteur avait oublié une des pièces à l'appui de l'accusation. Aller à l'appui de la boule,* Expression du jeu de boule qui signifie Lancer sa boule de manière à ce qu'elle pousse près du but celle du joueur avec qui l'on est de moitié. Il s'emploie dans le sens figuré, mais très-rarement et familièrement pour Appuyer une proposition déjà faite : *Venir à l'appui de quelqu'un qui a entrepris une affaire. Donnez votre avis et j'irai* à l'appui de la boule.

**APPUI-MAIN**, s. m. Bâton long et mince dont les peintres se servent pour soutenir la main qui tient le pinceau : *Il se servait de sa canne comme d'un appui-main.*

**APPULSE**, s. f. (du lat. *appulsus,* abord, approche : *ad,* à, auprès, et *pelli,* être poussé, entraîné.)

astron. Proximité de la lune aux étoiles, soit qu'il y ait éclipse, ou que le bord de la lune passe seulement à quelques minutes de l'étoile. — Mouvement d'une planète qui approche de sa conjonction avec un corps céleste.

**APPUYER**, v. a. (du lat. b. *appodiare,* même signification : comp. de *podium.* V. *Appui.*) Soutenir une chose avec une autre : *Appuyer un mur par des éperons. Il faudra appuyer cet arbre par des tuteurs. Pour empêcher ces terrains de s'ébouler nous les appuierons par des murs. Appuyer une vieille maison par des arcs-boutants.*

**APPUYER**, Poser contre, poser sur : *Appuyez cette glace contre la table pour qu'elle ne tombe pas. Il appuya son échelle contre la muraille et monta jusqu'en haut. Nos deux maisons sont appuyées l'une contre l'autre. La maison était garantie des vents du nord par la colline contre laquelle on l'avait appuyée.* VOLT. *Appuyez votre bras sur le mien. N'appuyez pas vos coudes sur la table.* — Appuyer *une armée, l'aile d'une armée, la gauche, la droite d'une armée, à un bois, à un fleuve,* La placer auprès du bois, du fleuve, afin de la garantir de ce côté-là des attaques de l'ennemi. — On emploie aussi *Appuyer* pour Poser une chose sur une autre avec force, en la faisant peser : *Il a appuyé son pied sur le mien. Il faut appuyer davantage votre main. Je le tenais sous moi en appuyant mon genou sur sa poitrine. Il lui avait appuyé son poignard sur la gorge. Vous appuyez trop la plume en écrivant.* — *Appuyer le pistolet à quelqu'un,* et plus ordinairement, *Appuyer le bout du pistolet, le canon du fusil sur la poitrine de quelqu'un,* Le lui présenter à bout portant.

**APPUYER** l'éperon à un cheval, en termes de manège, Lui appliquer fortement l'éperon. *Appuyer des deux,* Appliquer les deux éperons en même temps. — esc. *Appuyer la botte,* Appuyer le fleuret sur son adversaire quand on l'a touché, et fig. Adresser directement à quelqu'un un trait piquant, un argument propre à l'embarrasser.

**APPUYER**, au fig. Soutenir, aider, protéger : *Appuyer quelqu'un de son crédit. Quant à ces gens qui pensent t'appuyer.* LA F. *Je l'ai prié de vouloir bien appuyer ma demande. Il n'a personne pour l'appuyer auprès du prince. Faites votre proposition, je vous promets de l'appuyer.* — chas. *Appuyer les chiens,* Les animer du cor et de la voix. *De tous côtés court appuyer les chiens.* LA F. Il s'emploie aussi dans le sens figuré pour Fournir une autorité, une défense, une excuse, fortifier une chose à l'aide d'une autre : *La faiblesse et l'enfance en vain sur leur faiblesse appuyaient leur défense.* RAC. *J'admire les raisons que nous trouvons pour appuyer nos changements.* Mme DE SÉV. *Ses prétentions n'étaient pas appuyées de titres suffisants. Il appuie son système sur ces mots de l'Écriture, Il veut toujours appuyer les leçons d'exemples. Est-ce là-dessus que vous appuyez votre défense? Il a appuyé son opinion d'assez bons arguments.*

**APPUYER**, s'emploie avec le pronom personnel dans toutes ses différentes acceptions : *L'édifice s'appuie sur d'immenses arcs-boutants. Cette maison s'appuie sur une colline. Il s'était appuyé contre la muraille pour tenir tête à ses adversaires. Son bras s'appuyait sur le mien. Appuyez-vous sur la balustrade. La gauche de l'armée s'appuyait à un bois, et la droite à un marais. Mieux vaut s'abandonner à quelque puissant roi Que s'appuyer de quelques petits princes.* LA F. *Sur qui, dans son malheur, voulez-vous qu'il s'appuie? S'appuyer sur le crédit de quelqu'un,* ou sur *quelqu'un,* Compter sur sa protection. On dit également : S'appuyer *du crédit, de la faveur, de l'autorité de quelqu'un.* — S'appuyer *sur une autorité, sur un passage,* Soutenir son opinion à l'aide d'une autorité, d'un passage : *Il faut mettre en marge les autorités sur lesquelles vous vous appuyez.* Dans le même sens : *Il s'est appuyé à ce propos sur l'Écriture. Voici un auteur sur lequel vous pouvez vous appuyer.* S'appuyer *sur les usages reçus, sur un ancien usage.* — fig. S'appuyer *sur un roseau,* Mettre sa confiance, son espoir en une personne qui ne peut rien tirer d'aucun secours.

**APPUYER**, s'emploie souvent comme verbe neutre, et signifie, Être posé sur, être porté par, peser sur quelque chose : *La voûte de la salle appuie sur une double rangée de piliers. Les murs sur lesquels appuie le plafond semblent avoir fléchi. Il faut appuyer davantage de ce côté. Appuyez un peu plus en* *écrivant. Il n'est besoin que d'appuyer légèrement sur cette pierre pour y laisser une marque. Vous appuyez sur mon bras. Il appuie de toutes ses forces.* —Appuyer, s'emploie quelquefois pour Prendre une direction : *Quand vous serez au bout de la rue, vous appuierez sur la gauche, et vous irez ensuite tout droit.* — Appuyer *sur la gauche, sur la droite; à gauche, à droite,* se dit surtout pour Se porter vers la droite ou la gauche, en parlant de plusieurs personnes rangées sur une même ligne : *Veuillez appuyer un peu sur la droite. Appuyez un peu plus à gauche.* — Appuyer *sur un mot,* Prononcer ce mot plus distinctement et en élevant davantage la voix : *Il eut soin d'appuyer sur ce mot pour qu'il ne passât pas inaperçu. Vous appuyez trop en parlant sur certaines syllabes. Ce signe vous indique qu'il faut appuyer sur cette voyelle.* — Appuyer *sur une note,* se dit en musique pour Y demeurer plus ou moins longtemps.

Appuyer, aussi neutre, s'emploie figurément pour Insister sur un fait, une preuve, un argument : *Cet un fait sur lequel il faudra appuyer un peu moins. Cette raison était excellente, vous n'y avez pas assez appuyé. L'avocat de la partie adverse a trop appuyé sur cet argument. Appuyez surtout sur l'illégalité de cette mesure. Appuyer sur une demande.*

Appuyé, ée, part. *Il marchait appuyé sur moi.*—mar. Soutenir les vergues qui croisent le vent contre un grand frais : *Un vaisseau est* appuyé *lorsque, incliné par la force d'un vent du travers, il n'éprouve pas de mouvement de roulis.*

APPUYOIR, s. m. techn. Morceau de bois plat et triangulaire qui sert à presser les feuilles de fer-blanc que l'on veut souder ensemble.

ÂPRE, adj. des 2 g. (autrefois *aspre,* du lat. *asper,* qui exprime la même idée : *asperitas,* âpreté et aspérité.) Se dit en général De tout ce qui, par sa rudesse, cause une sensation désagréable au goût, au toucher, à l'ouïe, à la vue : *Ces fruits sont* âpres. *Ce vin est un peu âpre à la langue, au palais. Ce pain est* âpre *au goût. Cette étoffe est* âpre *au toucher. Nous avons une température très-*âpre. *Un froid* âpre *et rigoureux. Un feu* âpre *et ardent. Elle a la voix rude et* âpre. *Il y a dans cette langue trop de sons* âpres. — Il se dit particulièrement Des iné-galités rudes que présente une surface, et principa-lement une route, un chemin : *Le chemin que nous prîmes était* âpre *et raboteux.* Il s'emploie plus or-dinairement au figuré dans le sens de Rude, violent, désagréable : *Votre sœur a l'humeur un peu âpre. Il lui a répondu d'un ton très-*âpre. *Un esprit* âpre *et austère. La discussion commençait à devenir un peu* âpre. *Une réprimande très-*âpre. *Vous êtes bien* âpre *pour le pauvre monde.* Danc.—En parlant des personnes il signifie Trop ardent à faire, à recher-cher quelque chose : *Il est trop* âpre *au gain.* Âpre *au travail. C'est un homme* âpre *à l'argent.* Âpre *au jeu, à la chasse, aux plaisirs. Un chien* âpre *à la curée,* Qui est avide à la curée. — Âpre *à la curée* s'emploie figurément pour exprimer Un homme avide d'argent, de places : *Parbleu! me dit-il, il me semble que vous devenez bien* âpre *à la curée.* Les. — anat. *Ligne* âpre *du fémur,* Ligne rugueuse fort saillante, que l'on voit à la face postérieure du fémur. — fauc. Il se dit De l'oiseau qui se sert courageuse-ment du bec et des ongles.

ÂPREMENT, adv. D'une manière âpre, avec âpreté: *Il agit trop* âprement *avec moi. Le froid commence assez* âprement. *Vous lui avez parlé trop* âprement. *Il se porte trop* âprement *à ces choses.*

APRÈS, prép. (V. *Près.*) Il s'emploie pour ex-primer La succession des choses ou des personnes, et se place devant le nom de la personne ou de la chose qui en précède d'autres par ordre de temps : *Trois cents ans* après *la création du monde. Cet événement eut lieu longtemps* après *la fondation de Rome. Louis XI régna* après *Charles VII.* Après *la naissance de Jésus-Christ, ou* Après *Jésus-Christ.* Après *la leçon, nous ferons un tour de promenade.* Après *son discours, il voulut en recommencer un autre. Il arrive toujours* après *l'heure.* On dit aussi : Après *un espace de temps;* après *un temps marqué. Dussé-je* après *dix ans voir mon palais en poudre.* Rac. On dit en supprimant l'article : Après *dîner,* après souper, après *déjeuner,* pour après *le dîner,* etc. *Il allait faire un tour* après *dîner. Nous nous occu-perons de votre affaire* après *déjeuner.*—Après quoi, Après telle chose, ensuite : *Commencez par dîner,* après quoi *nous partirons. Il se laissa d'abord aller*

à sa colère, après quoi *il s'adoucit peu à peu.* — *Après cela,* C'est-à-dire puisque telle chose a lieu, puisqu'elle est : *Voilà, ma fille, comme il a répondu à mes soins,* après cela, *fiez-vous aux protestations.* Mme DE Sév. *Devez-vous,* après cela, *vous étonner de ma colère?*

Après, se met aussi immédiatement devant les verbes au passé de l'infinitif, pour exprimer Une action faite ensuite d'une autre : Après *avoir lu il s'endormit.* Après *m'avoir quitté il vous rencontra. C'est* après *m'avoir promis de ne plus la revoir qu'il s'en alla chez elle.* On dit aussi familièrement et par exception : Après *boire,* pour Après *avoir bu.* Il se met également devant un autre temps de verbe avec la conjonction *que* : Après *qu'il eût parlé il se fit un moment de silence.* Après *que vous aurez ter-miné cet ouvrage, vous pourrez sortir.* Après *que je lui ai eu parlé, il s'est rangé à mon avis.*

Après, sert aussi à indiquer L'ordre dans lequel des personnes ou des choses sont ou doivent être rangées : *Cette dignité vient* après *celle de maréchal de France. Il prétendait que son rang le plaçait immédiatement* après *les ducs.* St-Sim. *La gloire ne devrait venir qu'*après *la vertu. On mettra d'abord les philosophes et les orateurs, et puis* après *les poètes et les auteurs de théâtre.* Rouss. *L'argent ne vient qu'*après *l'or et le platine.* Après *cette grande salle nous en trouvâmes trois ou quatre autres plus pe-tites. Placez ici des fauteuils, et puis* après *des chai-ses et des bancs.*

Après, s'emploie au propre et au figuré pour ex-primer La tendance de quelqu'un qui cherche à parvenir auprès d'une personne; à atteindre, à ob-tenir une chose, le rapport que l'on a avec une per-sonne ou une chose dont on s'occupe : *Nous nous mîmes tous à courir* après *lui. Quand cesserez-vous donc de courir* après *les richesses, les dignités, les emplois?* Volt. *Tous les chiens aussitôt de courir* après *lui.* Flor. *Qui ne court* après *la fortune?* La F. *Il y a longtemps que je cours* après *cet argent. J'at-tends et je languis* après *ce doux aveu.* Dufr. *Il y a longtemps que je soupire* après *le repos. Je n'atten-dais pas* après *cette femme, c'est-à-dire, Je n'avais pas besoin; je n'en avais pas besoin. Il y a bien longtemps que nous sommes* après *votre affaire,* Que nous nous en occupons. Dans le même sens : *Il est* après *à écrire. En ce moment j'étais* après *vous, Je m'occupais de l'affaire qui vous concerne. Il faudra mettre dix hommes de plus* après *cet ouvrage. Être* après *quelqu'un,* S'en occuper beaucoup et souvent. *Il faut être toujours* après *lui.* Être ou se mettre après *quelqu'un,* Le poursuivre, le fatiguer, le tour-menter, le maltraiter : *Elle est sans cesse* après *ses domestiques. Avec lui pas de repos, il est toujours* après *vous. Ils se mirent quatre ou cinq* après *lui, et le laissèrent à demi mort.* On dit de même : *Crier* après *quelqu'un,* pour Le gronder, le quereller. — *N'avoir qu'un cri* après *quelqu'un,* se dit Lorsque plusieurs personnes en attendent une autre avec im-patience, ou bien lorsque tout le monde s'accorde à manifester contre quelqu'un la même opinion hos-tile. *Depuis qu'il conduit les affaires il n'y a qu'un cri* après *lui.* — Attendre *après quelqu'un,* après *quelque chose,* Attendre que quelqu'un arrive, ou qu'une chose se fasse pour.... *On attend* après *lui pour partir. On n'attend plus qu'*après *votre con-sentement pour terminer cette affaire. Nous n'atten-dons plus qu'*après *cela pour conclure.*

Après, précédé de la préposition *de,* signifie En imitation d'objet, conformément à, selon, en con-séquence de : *Ce portrait est fait* d'après *nature. Une étude* d'après *la bosse. Un tableau peint* d'après *Rubens. Dans la poésie comme dans les arts, les œuvres les plus durables sont celles qui sont faites* d'après *nature.* Chateaud. *C'est* d'après *lui que je vous parle.* D'après *les instructions que vous avez reçues.* D'après *vos observations, je pense qu'il en doit être ainsi.* D'après *ce que vous me dites, je vois que je m'étais trompé.*

Après, s'emploie aussi adverbialement et par ellipse : *Marchez devant, j'irai* après. *Il n'est venu que longtemps* après. *Nous en reparlerons* après. *Donnez toujours, nous verrons* après. Mol. *On dit qu'il vaut mieux attendre la fortune que courir* après. *N'oubliez pas mon affaire; non, je suis* après. *D'abord les affaires, les plaisirs* après.—Pré-cédé de la préposition *de,* il se dit D'une chose qui vient immédiatement après une autre : *Il vint me voir le jour* d'après, *la semaine* d'après. *L'année*

d'après *il se présenta encore aux examens. La pro-position fut renvoyée à la séance* d'après. *Il gagna trente francs au premier coup, et il en perdit le double le coup* d'après.

Après, s'emploie aussi comme formule interroga-tive pour, Engager celui qui parle à ne pas suspendre son récit ou à terminer promptement : *Vous m'avez dit déjà cela:* après? *Il vous rencontre, vous le re-connaissez; eh bien,* après? — Dans le même sens on emploie également *ensuite.*

Après coup, loc. adv. Après que la chose est ter-minée, lorsqu'il est trop tard : *Il a un malheur dans tout ce qu'il entreprend, c'est de venir toujours* après coup. *Vos pièces, quelque bonnes qu'elles soient, ne serviront à rien si vous les produisez* après coup.

Après tout, loc. adv. En dernier résultat, cepen-dant, quoi qu'il en soit . *Après tout, je ne pense pas avoir eu tort. Après tout, il faut se mettre en mesure. Après tout, que pourra-t-il arriver de cela? Je ne vois, après tout, rien qui doive nous arrêter.*

Ci-après, loc. adv. Plus loin. Il se dit Lorsque dans un écrit on veut annoncer à l'avance ce que l'on doit développer plus tard : *Ainsi qu'on le verra* ci-après. *Comme il sera dit, comme il sera raconté* ci-après. Il ne s'emploie guère que dans le style didactique et dans la pratique.

APRÈS-DEMAIN, adv. de temps. Il s'emploie pour désigner Le second jour après celui où l'on est : *Tâchez de venir demain ou* après-demain. *L'affaire ne sera jugée qu'*après-demain. *Il m'a renvoyé à* après-demain.—Il s'emploie quelquefois substanti-vement : *Une fois* après-demain *tout sera terminé.* Après-demain *passé, il ne sera plus temps.*

APRÈS-DÎNÉE, s. f. Le temps qui s'écoule depuis le dîner jusqu'au soir : *Il passe au café presque toutes ses* après-dînées. *Dans l'*après-dînée *j'irai vous voir. Je vous verrai cette* après-dînée *ou de-main matin.* Plusieurs écrivent *après-dîné* ou *après-dîner,* et l'emploient au masculin.

APRÈS-MIDI, s. f. Espace de temps qui s'écoule depuis le midi jusqu'au soir : *Il emploie son* après-midi *à travailler. Je le recevrai cette* après-midi. On fait quelquefois ce mot masculin.

APRÈS-SOUPÉE, s. f. Le temps qui s'écoule entre le souper et le moment de se coucher : *Pendant une* après-soupée. *On ne nous rendra jamais ces bonnes* après-soupées *d'autrefois.* Did. Plusieurs le font masculin et écrivent *après-soupé* ou *après-souper.*

ÂPRETÉ, s. f. (V. *Âpre.*) Rudesse, âcreté, vio-lence, ardeur excessive : *L'*âpreté *des chemins ne nous permit pas d'arriver plus tôt. Ce feu a trop d'*âpreté. *L'*âpreté *du froid, de la saison. Il y a trop d'*âpreté *dans ces fruits. Tâchez de modérer un peu l'*âpreté *de votre humeur. Vous mettez trop d'*âpreté *dans la dispute. Parlez-lui avec moins d'*âpreté. *L'*âpreté *de ses paroles. Il a trop d'*âpreté *au gain, à l'argent.*

À PRIORI, V. Priori (À).

APROCTOME, s. m. zool. Genre de polypiers.

À PROPOS, s. m. V. Propos.

APROSOPIE, s. f. anat. Absence de la face.

APSEUDE, s. m. zool. Genre de crustacés.

APSEUDÉSIE, s. f. zool. Genre de polypiers.

APSIDE, s. f. arch. V. Abside.

APSIDES, s. m. pl. (du gr. ἁψίς, ἴδος, arc.) astron. Nom donné aux deux sommets d'une orbite ellip-tique : *Apside* supérieur, L'apogée, le point où un astre est le plus éloigné du soleil (axe de la terre, s'il s'agit de la lune.) *Petit* apside, le périgée.

APSICHET, s. m. techn. Languette saillante qui sert à retenir les glaces d'une voiture.

APSORIQUE, adj. des 2 g. (de α priv. et de ψώρα, gale.) méd. Sans efficacité contre la gale.

APSYCHIE, s. f. (du gr. ἀψυχία, privation d'âme, de vie, évanouissement : α priv. et ψυχή, âme, vie.) path. Défaillance, syncope.

APTE, adj. des 2 g. (du lat. *aptus,* propre à, con-venable ; *aptitudo,* habileté, habilité.) Propre à, qui a des dispositions à apprendre : *L'enfance est tou-jours apte à apprendre.* Rous. Il est vieux et ne s'emploie guère qu'en terme de palais dans les locu-tions suivantes, dont la première a également vieilli: *Apte et idoine. Apte à posséder, à acquérir. Apte à tester.*

APTÉNODYTES, s. m. pl. (de α priv. de πτηνός, qui vole, et de δύω, δύνω, plonger.) ornith. Famille d'oiseaux qui renferme le manchot.

APTÈRE, adj. des 2 g. (du gr. ἄπτερος, sans ailes;

α priv. et πτερὸν, aile.) entom. Privé d'ailes.—*Aptères*, s. m. pl. Huitième ordre des insectes, qui comprend les poux, les puces, les cirons, les araignées, les scorpions.

APTÉRODICÈRE, adj. des 2 g. (du gr. ἄπτερος, aptère, δὶς, deux fois, et κέρας, corne, antenne.) entom. Sans ailes et à deux antennes.

APTÉROGYNE, s. f. entom. Genre d'insectes hyménoptères.

APTÉROLOGIE, s. f. (du gr. ἄπτερος, aptère, et λόγος, discours.) entomol. Traité sur les insectes aptères.

APTÉROLOGIQUE, adj. des 2 g. Qui concerne l'aptérologie.

APTÉROLOGUE, s. m. (V. *Aptérologie*.) Celui qui s'occupe spécialement de l'étude des insectes aptères : *C'est un habile* aptérologue.

APTÉRONOTE, s. m. (du gr. ἄπτερος, sans ailes, sans nageoires, et du νῶτος, dos.) ichth. Genre de poissons de la famille des péroptères, et voisin des gymnotes.

APTÉRURE, s. m. ichth. Genre de raies.

APTÉRYGIEN, adj. et s. m. (du gr. ἀπτέρυγος, sans ailes, sans nageoires : α priv. et πτέρυξ, aile ou nageoire.) ichth. Sans nageoires. Il se dit d'Un poisson de la Méditerranée, privé de tout organe spécial pour nager.

APTINE, s. m. zool. Genre d'insectes coléoptères.

APTITUDE, s. f. (V. *Apte*.) Disposition naturelle à faire ou à apprendre quelque chose : *Il est doué d'une grande aptitude à toute chose. Il paraissait avoir une grande aptitude pour l'étude des mathématiques. Il y a malheureusement trop de gens qui ont une aptitude singulière à faire le mal. La présence d'esprit se pourrait définir une aptitude à profiter des occasions pour parler et pour agir.* VAUVEN.

APTYQUE, s. m. zool. Genre de coquilles.

APUREMENT, s. m. fin. Vérification définitive d'un compte-rendu, d'après laquelle le comptable est reconnu quitte : *On a fait l'apurement de tous ses comptes.*

APURER, v. a. (du lat. *purus*, pur, net.) fin. S'assurer par un examen définitif de l'exactitude de tous les articles d'un compte, et prononcer par suite que le comptable doit être tenu quitte : *Je ne sais si vous parviendrez jamais à faire apurer vos comptes. Nous nous sommes empressés d'apurer les comptes de votre administration.* — techn. Apurer l'or, Laver l'or moulu à plusieurs eaux, lorsqu'il a été amalgamé au feu.

APURÉ, ÉE, part.

APYIQUE, adj. des 2 g. (du gr. ἄπυος, sans pus, non purulent : α priv. et πύος, pus.) méd. Qui ne rend point de pus, qui ne suppure pas.

APYRE, adj. des 2 g. (du gr. ἄπυρος, sans feu : α priv. et πῦρ, feu.) chim. et min. Qui résiste à l'action du feu, infusible : *Le cristal de roche est* apyre.

APYRECTIQUE, adj. méd. V. APYRÉTYQUE.

APYREIN, adj. des 2 g. (du gr. ἀπύρηνος, sans pepin, sans grain : α priv. et πυρήν, noyau, pepin, grain.) bot. Il se dit Des plantes dans les fruits desquelles il n'y a pas de graine.

APYRÈNE, adj. des 2 g. bot. Qui produit des fruits sans graine.

APYRÉNOMÈLE, s. f. V. APYROMÈLE.

APYRÉTIQUE, adj. des 2 g. (du gr. ἀπύρετος, ἀπύρετος, sans fièvre. V. *Apyrexie*.) path. Sans fièvre, qui n'occasionne pas un accès de fièvre. On désigne ainsi Les jours où il n'y a pas d'accès. Il se dit aussi De quelques affections locales qui ne provoquent pas de réaction fébrile : *L'urticaire est un exanthème* apyrétique.

APYREXIE, s. f. (du gr. ἀπυρεξία, absence de fièvre : α priv. et πυρεττός, fièvre.) path. Absence de fièvre, intervalle qui existe entre les accès dans les fièvres intermittentes : *La longueur de l'apyrexie varie avec le type des fièvres.* — On désigne aussi quelquefois par ce nom La cessation du mouvement fébrile au déclin des maladies aiguës.

APYRINE, s. f. (du gr. πυρὴν, noyau.) chim. Alcali extrait du noyau d'une espèce de cocotier.

APYRITE, s. f. min. Tourmaline rouge.

APYROMÈLE, ou APYRÉNOMÈLE, s. f. (du gr. πυρὴν, noyau, précédé de α priv., et de μήλη, sonde.) chir. Sonde sans bouton. — Sonde auriculaire de Gallien.

AQUAMOTEUR, s. m. (pron. KOUA, ainsi que dans les mots suivants analogues à celui-ci; de *aqua*, eau, et de *motor*, moteur.) techn. Appareil au moyen duquel on fait servir en sens contraire l'impulsion des flots à faire avancer un bateau chargé qui remonte le courant.

AQUARELLE, s. f. (du lat. *aqua*, eau, prononcez *aqouarelle*.) Peinture sur papier à l'aide de couleurs transparentes délayées dans l'eau : *L'aquarelle a fait de grands progrès depuis quelques années. Peinture à l'aquarelle.*—On appelle aussi *Aquarelle* Les dessins mêmes exécutés par ce procédé : *Une belle* aquarelle. *Une aquarelle de maître.*

AQUARELLISTE, s. m. (V. *Aquarelle*.) techn. Celui qui peint à l'aquarelle.

AQUARTIE, s. f. bot. Arbrisseau des Antilles.

AQUATILE, adj. des 2 g. (du lat. *aquatilis*, d'eau, qui vit dans l'eau.) bot. Il se dit Des plantes entièrement submergées ou flottantes à la surface de l'eau.

AQUA-TINTA, s. f. (du lat. *aqua*, eau, *tincta*, teinte.) Sorte de gravure à l'eau-forte, imitant le lavis : *L'aqua-tinta est le plus expéditif de tous les genres de gravure.* — Il se dit aussi Des gravures exécutées par ce procédé : *Une aqua-tinta bien réussie. Une aqua-tinta de Jazet.* On dit aussi *Aqua-tinte.*

AQUATIQUE, adj. des 2 g. (du lat. *aquaticus*, qui croît, vit ou se plaît dans l'eau; *aqua*, eau.) Marécageux, plein d'eau : *Lieux, terrains* aquatiques. *Des terres* aquatiques.—hist. nat. Qui croît, qui vit dans l'eau, qui y trouve ses aliments : *Plantes* aquatiques. *Animaux, oiseaux, insectes* aquatiques. *La république aquatique pourrait bien s'en repentir.* LA F. C'est-à-dire, Les grenouilles.

AQUE, s. m. mar. Espèce de bateau en usage dans la Hollande.

AQUEDUC, ou AQUÉDUC, s. m. (du lat. *aquæductus*, même sens; *aqua*, eau, et *ducere*, conduire.) Canal construit en pierres, en béton ou en briques, tantôt souterrain, tantôt à fleur de terre, tantôt porté par des arcades, destiné à conduire des eaux d'un lieu à un autre, malgré les inégalités du sol : *L'aqueduc d'Arcueil. Le plus beau des aqueducs romains est le pont du Gard.* — anat. Canal ou conduit : *On distingue l'aqueduc de Fallope ou canal sphénoïde de l'os temporal. L'aqueduc du vestibule, l'aqueduc du limaçon.*

AQUERESSE, s. f. pêch. Ouvrière qui attache l'appât aux hameçons, et qui répare les lignes et les empiles lorsqu'elles sont endommagées.

AQUETTE, s. f. (de l'ital. *acquetta*, petite eau, petite liqueur.) Liqueur d'Italie où il entre des plantes aromatiques : *A Naples, il se fait beaucoup d'aquette. Il est mort, dit-on, pour avoir bu trop d'aquette.*

AQUEUX, EUSE, adj. (du lat. *aquosus*, plein d'eau; *aqua*, eau.) Qui est de la nature de l'eau, qui est plein d'eau, où il y a trop d'eau : *La partie aqueuse du sang. Il a un sang trop aqueux. Les fruits qui viennent dans cette terre sont trop aqueux. Des légumes* aqueux. — anat. *Humeur aqueuse,* Liqueur limpide et transparente qui remplit les deux chambres de l'œil. — phys. *Météore aqueux,* Météore qui dépend de l'action de l'eau.

AQUIFÈRE, adj. des 2 g. (du lat. *aqua*, eau, et du suff. *ferus*, qui porte, dériv. de *ferre*, porter.) didact. Qui porte ou charrie de l'eau.—ichth. Il se dit également Des organes des poissons qui servent à respirer l'eau.

AQUIFOLIACÉES, s. f. pl. (du lat. *aquifolium*, houx.) Famille de plantes phanérogames, dicotylédones, polypétales, de la classe des tricoques.

AQUIGÈNE, adj. des 2 g. (du lat. *aquigenus*, aquatique : *aqua*, eau, et *genus*, origine, naissance.) didact. Qui naît dans l'eau.

AQUILAIRE, s. f. bot. Arbre des Indes qui donne le bois d'aigle.

AQUILARINÉ, ÉE, adj. bot. Semblable à l'aquilaire.—*Aquilarinées*, s. f. pl. Groupe de plantes.

AQUILIÉE, s. f. Genre de plantes de la famille des méliacées.

AQUILIEN, ENNE, adj. (du lat. *aquinilus*, d'aigle : *aquila*, aigle.) ornith. Qui a quelque ressemblance avec l'aigle. — *Aquiliens*, s. m. pl. Famille d'oiseaux de proie.

AQUILIN, adj. m. (du lat. *aquilinus*, d'aigle, qui ressemble à l'aigle.) Qui tient de l'aigle. Il ne s'emploie que dans cette locution : *Nez* aquilin, Nez recourbé en bec d'aigle. — *Aquilins*, s. f. pl. zool. Famille d'oiseaux qui renferme l'aigle.

AQUILON, s. m. (du lat. *aquilo*, même signification.) Vent du Nord : *L'aquilon souffle.* On donne poétiquement le nom *d'aquilons* à tous les vents froids et orageux : *Le souffle glacé des aquilons. Emportez-moi comme elle, orageux aquilons.* LAM. *Comme une belle fleur que les noirs aquilons viennent de ternir de leur souffle cruel.*

AQUIPARE, adj. des 2 g. zool. Qui naît dans l'eau ou y dépose sa progéniture.

AQUOSITÉ, s. f. (du lat. *aquosus*, aqueux, dont on a fait le lat. barb. *aquositas*.) Qualité de ce qui est aqueux.

A. R. Abréviation des mots *Altesse royale*.

ARA, s. m. ornith. Genre de grands perroquets qui ont les joues nues, et qui sont originaires de l'Amérique Méridionale.

ARABATE, s. m. hist. nat. Espèce de singe que l'on rencontre en Amérique.

ARABE, s. m. Originaire d'Arabie. Il sert dans le style familier à désigner celui qui prête à un taux exorbitant, qui vend ses marchandises à un prix excessif, ou qui réclame avec une extrême dureté ce qui lui est dû : *N'achetez point chez lui; c'est un* arabe. *Il n'y a point d'arabe qui traite ses débiteurs aussi rigoureusement. C'est un usurier, un arabe, qui ruine tous ceux qui lui empruntent.* — Il s'emploie aussi adjectivement quand il s'agit Des chiffres en usage dans notre système de numération : *Les chiffres arabes ont succédé aux chiffres romains, qui ne sont plus en usage que pour la date des monuments.*

ARABEBBAH, s. m. mus. Espèce d'instrument formé d'une corde posée sur une vessie, et qui est usité sur les côtés de la Barbarie.

ARABÈDE, s. f. bot. Genre de plantes crucifères.

ARABESQUE, adj. des 2 g. Se dit d'Un genre d'ornements de fantaisie fort usité chez les Romains, et que les Arabes remirent à la mode en Europe au Moyen-Âge : *Une peinture arabesque. Des ornements* arabesques. *Style* arabesque. — On dit substantivement, *L'arabesque.* (V. le mot suivant.)

ARABESQUES, s. f. pl. Ornements composés de fleurs, fruits, feuillages, oiseaux, insectes, etc., disposés arbitrairement et sans autre but que de produire un ensemble agréable à l'œil et habilement cadencé : *Les arabesques du Vatican. Les loges de Raphaël sont décorées d'arabesques célèbres.* — s. f. dans. Selon quelques danseurs, Série de groupes, de figures et d'attributs qui imitent, dans leurs comparses et quadrilles, certains sujets représentés sur des bas-reliefs antiques.

ARABETTE, s. f. techn. V. RABETTE.

ARABIDÉ, ÉE, adj. bot. Qui ressemble à l'arabide. — *Arabidées*, s. f. pl. Groupe de plantes de l'ordre des crucifères.

ARABINE, s. f. chim. Partie de la gomme arabique qui est soluble dans l'eau.

ARABIQUE, adj. des 2 g. Qui est d'Arabie, ou qui appartient à l'Arabie : *Gomme* arabique. *Golfe* arabique.

ARABLE, adj. des 2 g. (du lat. *arabilis*, qui a le même sens.) Il se dit d'Un sol propre au labour : *Acheter des terres* arables.

ARACARI, s. m. zool. Genre d'oiseau de l'Amérique Méridionale.

ARACHIDE, s. f. bot. Genre de plantes de la famille des légumineuses, dont une espèce, la pistache de terre, *arachis hypogœa*, est cultivée dans le midi de la France, pour ses graines dont on extrait de l'huile.

ARACHNÉES, s. f. pl. hist. nat. Famille d'arachnides.

ARACHNIDES, s. m. pl. (du gr. ἀράχνης, araignée; pron. CH comme K, ainsi que dans les mots suivants.) zool. Classe des animaux invertébrés, division des articulés pédigères, ayant pour type l'araignée.

ARACHNODERMAIRE, adj. des 2 g. zool. Dont la peau est aussi fine que la toile d'araignée.

ARACHNOÏDE, s. f. (on prononce araknoïde.) — du gr. ἀράχνης, et εἶδος, forme.) anat. Membrane mince et transparente, qui est entre la dure-mère et la pie-mère, et qui enveloppe le cerveau. — adj. des 2 g. bot. Filamenteux comme une toile d'araignée. Se dit du tegmen.

ARACHNOÏDIEN, ENNE, adj. hist. nat. Qui a la finesse de la toile d'araignée.

ARACHNOÏDITE, s. f. méd. Inflammation de l'arachnoïde.

**ARACHNOLOGIE**, s. f. hist. nat. Traité sur les araignées ; connaissance des araignées.

**ARACHNOLOGIQUE**, adj. des 2 g. Qui a rapport à l'arachnologie.

**ARACHNOLOGUE**, s. m. Celui qui fait un traité sur les araignées.

**ARACHNOPHILE**, adj. et s. des 2 g. (du gr. ἀράχνη, araignée, et de φίλος, ami.) Qui aime les araignées.

**ARACK**, ou **RACK**, s. m. Se dit d'Une liqueur qu'on tire du riz fermenté et de celle qu'on tire du sucre ; elles se fabriquent toutes deux dans les Indes-Orientales.

**ARACOUI**, s. m. pharm. Sorte de baume qui est produit par un arbre de la Guyane, que l'on appelle *Iciquier*. V. ce mot. — Quelques-uns nomment encore ce baume *aracouchini*.

**ARADAVINE**, s. f. ornith. Nom vulgaire du tarin.

**ARADE**, s. m. zool. Genre d'insectes hémiptères.

**ARADECH**, s. m. bot. Nom vulgaire de l'airelle, dans le midi de la France.

**ARÆOSTYLE**, adj. des 2 g. (du gr. ἀραιός, rare, στύλος, colonne.) Il se disait des temples grecs dont les colonnes étaient le plus espacées : *Un temple aræostyle. Une façade aræostyle.*

**ARÆOSYSTYLE**, adj. des 2 g. (du gr. ἀραιός, rare, σύν, avec, στύλος, colonne.) Se dit d'Une manière moderne d'espacer les colonnes, qui consiste à les réunir deux à deux, en laissant entre chaque couple l'espace de deux entre-colonnements : *L'ordonnance aræosystyle a été inventée par Perrault.*

**ARAIGNE**, s. f. chass. Sorte de filet de fil mince propre à prendre des merles, des grives et d'autres oiseaux.

**ARAIGNÉE**, s. f. (en gr. ἀράχνης, lat. *aranea*.) entom. Genre d'arachnides de l'ordre des pulmonaires, famille des fileuses et section des tubitèles. — *Toile d'araignée*, se dit au fig. d'Une étoffe mince qui se déchire aisément. — *Pattes d'araignée*, Doigts longs et décharnés. — On dit familièrement d'une personne ou d'une chose qui inspire un extrême dégoût : *J'en ai horreur comme d'une araignée.* — *Ôter les araignées d'une boiserie ou d'un plafond*, Se dit, par ellipse, pour signifier *Ôter la toile d'araignée.*

**ARAIGNÉE**, Sorte de grand filet que l'on tend le long des bois et des haies, pour prendre des oiseaux de proie. — mar. Branche de cordage dont la forme est celle d'une toile d'araignée, qui se termine sur les étais des bas mâts. — techn. Crochet de fer à plusieurs branches dont on se sert pour retirer d'un puits un seau dont la corde qui le tenait s'est cassée.— art mil. Nom qu'on a donné à des branches ou galeries qui aboutissent à des fourneaux de mine. — astron. L'un des cercles de l'astrolabe qui est percé à jour, et porte plusieurs bras ; les extrémités indiquent la position des étoiles.

**ARAIGNEUX, EUSE**, adj. (V. *Aranéeux*.) didact. Qui est semblable à une toile d'araignée.

**ARAIN**, s. m. comm. Taffetas rayé et à carreau qui vient des Indes.

**ARAIRE**, s. m. (lat. *arare*, labourer, *aratrum*, charrue ; gr. ἀρόω, labourer, ἄροτρον, charrue, kym. *ara*, ou *aredig*, labourer, *aradr*, charrue.) agric. Sorte de charrue qui n'a pas d'avant-train, telle que la charrue de Gers, qui sert principalement à labourer les terres légères. — s. m. pl. Se dit De tous les instruments qui servent à l'agriculture. *Les araires se multiplient en France.*

**ARALIACÉ, ÉE**, adj. bot. Qui ressemble à l'aralie. — *Araliacées*, s. f. pl. Famille de plantes phanérogames, dicotylédones, polypétales, de la classe des ombellifères.

**ARALIASTRE**, s. m. bot. L'un des noms du gluten.

**ARALIE**, s. f. bot. Genre de plantes de la famille des araliacées, qui comprend plusieurs plantes et arbrisseaux originaires des Indes et de l'Amérique.

**ARAMER**, v. a. techn. Mettre sur un rouleau une pièce de drap, pour l'étirer et l'allonger.

**ARAMÉ, ÉE**, part.

**ARANÉ, ÉE**, adj. zool. Qui a du rapport avec l'araignée.

**ARANÉEN**, adj. m. méd. Se dit Du pouls qui est très-faible et presque imperceptible.

**ARANÉEN, ENNE**, adj. hist. nat. Qui ressemble à l'araignée. — *Aranéens*, s. m. pl. zool. Famille d'arachnides.

**ARANÉEUX, EUSE**, adj. (du lat. *aranéosus*, semblable à une toile d'araignée ; *aranea*, araignée. )

didact. Se dit De ce qui imite une toile d'araignée, ou de ce qui ressemble à une araignée.

**ARANÉIDE**, adj. des 2 g. (du lat. *aranea*, araignée, *araneus*, d'araignée.) entom. Qui ressemble à l'araignée. — *Aranéides*, s. m. pl. Famille d'insectes aptères.

**ARANÉIDIFORME**, adj. des 2 g. V. ARANÉIFORME.

**ARANÉIFÈRE**, adj. des 2 g. didact. Qui porte des araignées.

**ARANÉIFORME**, adj. des 2 g. didact. Qui a la forme d'une araignée.

**ARANÉOGRAPHE**, s. m. V. ARANÉOLOGUE.

**ARANÉOGRAPHIE**, s. f. V. ARANÉOLOGIE.

**ARANÉOÏDE**, adj. des 2 g. (du lat. *aranea*, araignée, et du gr. εἶδος, forme, ressemblance.) didact. Qui a l'apparence d'une araignée.

**ARANÉOLOGIE**, s. f. (du lat. *aranea*, araignée, et de λόγος, discours.) hist. nat. Discours sur les araignées.

**ARANÉOLOGIQUE**, adj. des 2 g. Qui concerne l'aranéologie.

**ARANÉOLOGUE**, s. m. Celui qui s'occupe de l'étude des araignées.

**ARANIEN, ENNE**, adj. V. ARANÉIDE.

**ARANISTE**, adj. des 2 g. V. ARACHNIDE.

**ARANTELLES**, s. f. pl. (du lat. *araneæ telæ*, toiles d'araignée, auxquelles ressemblent ces filandres.) vén. Filandres qui s'attachent quelquefois aux pieds des cerfs.

**ARANULISTES**, s. m. pl. (du lat. *araneolus*, petite araignée.) entom. Famille d'arachnides.

**ARASE**, s. f. V. ARASES.

**ARASEMENT**, s. m. Surface supérieure d'une assise conservée de niveau dans toute l'étendue d'une construction : *C'est sur l'arasement de la muraille que se pose la corniche.*

**ARASER**, v. a. (V. *Ras*.) arch. Conduire de même hauteur et de niveau les assises de maçonnerie, soit en pierres de taille, soit en briques pour parvenir à une élévation déterminée : *Pour qu'un appareil soit parfait, il faut que toutes les assises soient arasées.* — Mettre de niveau un mur qui, en plusieurs endroits est d'inégale hauteur : *À l'approche de l'hiver, on a soin d'araser les murs pour les couvrir et les garantir des rigueurs de la saison. Montez encore ces murs de trois pieds, puis vous araserez, afin qu'on pose la charpente.* Dans ce dernier exemple, *araser* est pris neutralement. — men. Mettre de niveau les panneaux, les pièces qui le composent de sorte qu'il n'y ait aucune inégalité.

**ARASÉ, ÉE**, part.

**ARASES**, s. f. pl. maç. Pierres de bas appareil, employées à l'arasement d'un cours d'assises à la hauteur des plinthes ou des planchers d'un bâtiment. On dit aussi *Pierres d'arases*.

**ARASTRES**, s. f. pl. min. Appareil à broyer le minerai liquide, formé de pierres du poids d'un quintal chacune.

**ARATINGA**, s. m. ornith. Genre d'oiseaux.

**ARATOIRE**, adj. des 2 g. (du lat. *aratorius*, même sens.) Se dit De ce qui appartient ou de ce qui sert à l'agriculture : *L'art, les instruments, les travaux aratoires.*

**ARAUCARIE**, s. f. bot. Genre de plantes de la famille des conifères, comprenant un arbre dioïque du Chili, pays des Araucas, dont les graines sont bonnes à manger. Quelques botanistes écrivent *araucaire*.

**ARAUCARIÉ, ÉE**, adj. bot. Qui ressemble à l'araucarie. — *Araucariées*, s. f. pl. Famille de plantes conifères.

**ARBALESTRILLE**, s. f. mar. Instrument composé de deux pièces, la flèche et le marteau, qui sert à prendre la hauteur du soleil et des astres : *L'arbalestrille s'appelait autrefois le bâton de Jacob.*

**ARBALESTRES**, s. f. pl. techn. Ficelles servant à monter le métier des ferrandiniers, faiseurs de gaze, de soie, etc.

**ARBALÈTE**, s. f. Arc en acier qui, monté sur un fût, se bande avec un ressort : *Grosse* ou *petite arbalète. La noix d'une arbalète. Le fût d'une arbalète. La corde d'une arbalète. L'arc d'une arbalète, Un trait d'arbalète.* — Arbalète ou *arc à jalet*, Espèce d'arbalète avec laquelle on tire des boules de terre cuite ou des balles de plomb. — On dit proverbialement pour indiquer Une grande vitesse : *Plus vite qu'un trait d'arbalète.* — On dit qu'*Un cheval est en arbalète*, Pour désigner Un cheval placé seul devant les deux chevaux de limon d'une voiture. — chass.

Piège qui sert particulièrement à prendre les loirs. — *Jeu de l'arbalète*, Jeu d'adresse qui consiste à lancer des balles ou des flèches vers un but avec une arbalète.

**ARBALÈTRE**, ou **ARBALÉTRIER**, s. m. ornith. Synonyme du *Martinet noir*.

**ARBALÉTRIER**, s. m. Homme de guerre armé de l'arbalète : *On formait des compagnies d'arbalétriers. Il y avait des arbalétriers à pied, des arbalétriers à cheval.* — charp. On nomme ainsi Des pièces de bois formant le comble d'un bâtiment, et qui, posées d'une façon oblique, s'assemblent par leur extrémité supérieure dans une pièce de bois perpendiculaire, qui est appelée *poinçon*, et par l'extrémité opposée dans la poutre horizontale, qui est appelée *entrait* : *La rencontre des deux arbalétriers au poinçon forme ordinairement un angle droit. Prenez garde que les arbalétriers ne soient trop faibles pour soutenir des pannes aussi fortes.*

**ARBELAGE**, ou **ARBELAY**, s. m. Morceau de fer de trente-huit centimètres sur neuf de large.

**ARBENNE**, s. m. ornith. Synonyme de *Lagopède*.

**ARBITRAGE**, s. m. (V. *Arbitre* et *Arbitrer*.) Jugement rendu en matière litigieuse par une ou plusieurs personnes qu'ont choisies les parties intéressées : *Mettre une affaire en arbitrage. Subir un arbitrage qui a été imposé. Accepter un arbitrage.* — Il se dit aussi De la décision que donnent des personnes relativement à une question qui n'a aucun rapport à des affaires litigieuses : *Cette question de littérature, de cérémonial, d'étiquette, a été soumise à l'arbitrage de deux amis fort versés dans ces sortes de sujets.* — S'entend encore De l'acte même par lequel on constitue des arbitres : *Cette affaire a été jugée par voie d'arbitrage.* — S'emploie aussi pour désigner Un calcul basé sur le cours du change de diverses places, et servant de régulateur aux opérations de la banque.

**ARBITRAIRE**, adj. des 2 g. (du lat. *arbitrarius*, volontaire, arbitraire.) Il se dit De ce qui n'a pour cause que la seule volonté de l'homme, sans avoir son origine ou sa règle dans un principe immuable : *La plupart des notes sont des signes purement arbitraires de nos idées.* Il s'applique aussi À ce qui dépend du choix ou de la volonté de chacun : *Ceci est arbitraire, l'Église n'a rien décidé là-dessus. Hérode confond à son gré la succession des pontifes, et affaiblit le pontificat, qu'il rend arbitraire. Boss.* — Il se dit encore De ce qui est laissé par la loi à la volonté du juge : *L'amende était arbitraire dans le cas dont il s'agissait. La loi permet qu'en certains cas les peines soient arbitraires.* — Il s'emploie pour signifier Ce qui est despotique, ce qui n'a d'autre règle qu'une capricieuse volonté : *Les décemvirs s'arrogèrent une autorité arbitraire sur les Romains. Combien de larmes ces ordres arbitraires n'ont-ils pas coûtées à cette famille ?* — Il se prend substantivement et au masculin, mais toujours en mauvaise part : *Il a crié partout qu'il était victime de l'arbitraire, lorsque, par ses excès, il avait mérité son sort. Les caprices de l'arbitraire désolaient alors ce beau pays.* — techn. *Arbitraires*, s. m. pl. Outils qui, bien que faits à contre-sens l'un de l'autre, peuvent former la même moulure.

**ARBITRAIREMENT**, adv. D'une façon arbitraire : *Sylla se servit arbitrairement du pouvoir que lui confiait la loi. Denys l'Ancien gouverna arbitrairement durant tout le cours de son règne.*

**ARBITRAL, ALE**, adj. (V. *Arbitre*.) Il se dit d'Une sentence ou d'un jugement rendu par des arbitres : *Nul ne lui savait gré ; l'arbitrale sentence Toujours selon leur compte inclinait la balance.*

**ARBITRALEMENT**, adv. Par arbitres : *Cette contestation a été jugée arbitralement.*

**ARBITRATION**, s. f. (V. *Arbitrer*.) jurisp. Il se dit d'Une estimation faite en gros et sans entrer dans aucun détail. Il a vieilli.

**ARBITRE**, s des 2 g. (du lat. *arbiter*, témoin, arbitre, *arbitrium*, volonté, arbitre.) Celui qui est choisi par un tribunal ou par les parties intéressées pour donner son avis sur un différend ou pour le terminer : *En Provence, on envoyait les parents qui étaient en procès par-devant des arbitres, qui les jugeaient en première instance. Chez les Romains, il n'était point permis de nommer des arbitres dans des affaires auxquelles le public était intéressé.* — On dit encore : *Nommer, prendre, choisir quelqu'un pour arbitre ; convenir d'arbitres ; sortir d'une af-

*faire par des* arbitres ; *s'en rapporter à des* arbitres ; *tiers-arbitre* ; *compromettre entre les mains* d'arbitres.—Il signifie encore Maître absolu : *Lorsqu'il se vit établi* l'arbitre *souverain des lois.* Mass. *Dieu est* l'arbitre *du monde,* l'arbitre *de la vie et de la mort. La politique de ce prince le rendit, durant toute sa vie,* l'arbitre *de l'Europe. Le goût est* l'arbitre *et la règle des bienséances et des mœurs, comme de l'éloquence.* Mass. *Vous êtes* l'arbitre *de ma destinée et de ma fortune. Il vous fait de mon sort* arbitre *souveraine.* Rac. — métaph. Faculté par laquelle l'âme prend telle détermination qu'il lui convient : *Dieu a donné le libre* arbitre *aux hommes. Notre libre* arbitre, *notre franc* arbitre *nous permet de choisir entre le bien et le mal. Les demi-pélagiens attribuaient le commencement de la justification et de la foi aux seules forces du libre* arbitre. Boss.

ARBITRER, v. a. (du lat. *arbitrari,* examiner, juger, estimer ; *arbiter,* arbitre.) Estimer une chose en gros : *On a* arbitré *le dommage à vingt mille francs.* — Estimer, évaluer, décider, régler en qualité d'arbitre ou de juge : *Ils solderont la somme qu'il a plu aux juges d'arbitrer. Il s'en est rapporté à ce que le juge en arbitrera. Le tribunal lui a arbitré une somme considérable pour ses frais et dépens. Les experts ont arbitré cent écus pour les reprises qu'il y avait à réclamer.*

ARBITRÉ, ÉE, part.

ARBOIS, s. m. bot. Nom vulgaire du cytise faux-ébénier : *Arbois, arc-bois, bois d'arc.*

ARBOLADE, s. f. art c. Sorte de flan où il entre plusieurs ingrédients.

ARBORER, v. a. (du lat. *arbor, arboris,* arbre.) Planter quelque chose haut et droit à la manière des arbres : *Il a* arboré *les enseignes de son régiment sur cette hauteur. Cet officier a* arboré *son étendard sur les murs de la forteresse. Ils arborèrent sur la brèche un drapeau noir.* Volt. *Les Français ont* arboré *leurs drapeaux dans toutes les capitales de l'Europe. Constantin* arbora *la croix. Cet ambassadeur* arbora *sur son palais les armes de son souverain.* — mar. Arborer *une flamme,* arborer *son pavillon.* — au fig. *L'Égypte* arbora *contre les Perses l'étendard de la révolte.* Le Dict. de Trévoux et celui de l'Académie disent qu'on entend aussi par ce mot Se déclarer ouvertement pour une doctrine, pour un parti : *Il a* arboré *le pyrrhonisme. Il a* arboré *l'impiété. Quand l'hypocrisie a perdu le masque de la honte, elle* arbore *le panache de l'orgueil.* — mar. Il se dit, dans la Méditerranée, à la place de *Mâter.*

ARBORÉ, ÉE, part. *Le croissant* arboré *où la croix de Jésus-Christ était adorée.* Fléch. —adj. bot. Qui tient de l'arbre, en arbre : *Tige* arborée, Tige ferme et ligneuse d'une grande dimension. — Il se dit aussi pour désigner Les animaux qui vivent sur les arbres.

ARBORADURE, s. f. mécan. Manœuvre pour élever la chèvre.

ARBORESCENCE, s. f. (V. *Arborescent.*) didact. Qualité de ce qui est arborescent.

ARBORESCENT, TE, adj. (du lat. *arborescens, -entis,* croissant en arbre, part. prés. du v. *arborescere,* devenir arbre, devenir grand comme un arbre ; *arbor,* arbre.) bot. Qui approche de la forme et de la grandeur d'un arbre : *Tige* arborescente, Moins grosse, moins grande que la tige arborée, formant un arbrisseau.

ARBORIFORME, adj. des 2 g. didact. Qui a la forme d'un arbre.

ARBORISATION, ou DENDRITE, s. f. min. Sorte de dessins semblables à de petits arbrisseaux, à des mousses, etc., que présente la surface de certaines pierres, telles que la chaux carbonatée schistoïde, l'agate, etc.

ARBORISÉ, ÉE, adj. (du lat. *arbor,* arbre.) Se dit De certaines pierres sur la coupe desquelles se trouvent des représentations d'arbres : *Pierres* arborisées. *Agate* arborisée.

ARBOUSE, s. f. Sorte de fruit rouge et couvert de petits tubercules, analogue à la fraise que produit l'arbousier.

ARBOUSIER, s. m. (du lat. *arbutus,* même sens.) bot. Genre d'arbrisseaux ou arbustes, de la famille des éricinées ou bruyères, dont une espèce, l'arbousier commun ou arbre aux fraises, croît dans les Alpes et produit un fruit mangeable.

ARBOUSSE, s. f. bot. Espèce de courge cultivée

aux environs d'Astrakan, et employé à Moscou contre les fièvres ardentes.

ARBRE, s. m. (du lat. *arbor, arboris,* qui a le même sens. — kym. *ar-bren.*) bot. Végétal ligneux, dépassant quatre mètres de hauteur ; au-dessous de cette taille c'est un *arbrisseau* ou un *arbuste.* Les anciens auteurs et les voyageurs ont singulièrement abusé de ce mot *arbre,* en l'appliquant à un grand nombre d'espèces auxquelles il ne pouvait pas convenir, surtout comme nom spécifique, ainsi qu'on le verra incessamment : *Grand* arbre, *gros* arbre, arbre *haut et droit.* Arbre *branchu, tortu, touffu.* Arbre *sec,* arbre *vert,* arbre *mort.* Arbre *qui se dépouille,* arbre *qui repousse.* Arbre *qui fleurit, qui se couronne. Planter, transplanter, tailler, greffer des* arbres. *Élaguer, émonder, étêter des* arbres. *Déchausser des* arbres. *Avenue d'*arbres. *Allée d'*arbres. Arbres *plantés en quinconce.* Arbre *en espalier.* Arbre *en buisson. Le pied, les racines, le tronc, la tige, les branches, l'écorce, les feuilles d'un* arbre. Arbre *stérile.* Arbre *fruitier.* Arbre *en plein vent.* Arbre *de haute tige.* Arbre *nain. Jeune* arbre. *Bon* arbre. *Un plant d'*arbre. On appelle aussi Arbres *verts,* Ceux qui, comme le houx, le sapin, le cyprès conservent leurs feuilles toujours vertes. — Dans l'Écriture-Sainte on entend par cette expression : *L'*arbre *de vie,* l'arbre *de la science du bien et du mal,* Deux arbres qui se trouvaient au centre du paradis terrestre. On dit aussi, en style ecclésiastique, *L'*arbre *de la croix,* pour désigner L'instrument de supplice auquel Notre-Seigneur fut attaché. — au fig. On appelle Arbre *généalogique,* Une figure tracée en forme d'arbre et de laquelle sortent, comme d'un tronc, plusieurs branches de filiation, de consanguinité et de parenté. — Arbre *encyclopédique,* se dit aussi dans le même sens d'Un tableau systématique dans lequel les sciences et les arts sont disposés de telle façon qu'on aperçoive d'un coup d'œil les rapports d'enchaînement et de filiation où ils sont les uns à l'égard des autres, pour indiquer qu'on demeure attaché à ce qu'il y a de plus ancien et de plus généralement établi. — On dit prov. et au fig. : *Je me tiens au gros de l'*arbre. *Dans les querelles de religion, je me tiens au gros de l'*arbre, *Je m'en rapporte à ce que l'Église a décidé. Dans les guerres civiles, il s'est toujours tenu au gros de l'*arbre, *Il n'a jamais quitté le service du roi.* — Pour signifier qu'il ne faut point s'immiscer dans les débats de famille, on dit encore prov. et fig. *Entre l'*arbre *et l'écorce il ne faut pas mettre le doigt.*—On appelle Arbre *philosophique,* ou arbre *de Diane,* Une cristallisation symétrique et rameuse, composée d'argent pur et obtenue par certains procédés chimiques. — mécan. Il s'emploie pour indiquer Des pièces de bois grosses et longues qui occupent le rang principal dans certaines machines : *L'*arbre *d'une grue, d'un pressoir, d'un moulin. L'*arbre *de trinquet,* ou Le mât de misaine. *L'*arbre *de mestre,* ou Le grand mât d'un bâtiment à voiles latines. *L'*arbre *d'une balance,* se dit De la verge de fer à laquelle est suspendu le fléau d'une balance. — On donne aussi le nom d'*arbre* à certains axes de bois ou de métal : *L'*arbre *d'un tour, d'une presse. L'*arbre *d'un touret de cordier. L'*arbre *de pendule. L'*arbre *de la fusée d'une montre. L'*arbre *d'un volant de tournebroche.* — agr. On appelle Arbre *de repeuplé,* De jeunes plants qu'on laisse pour repeupler les taillis. – *coupiers,* Ceux que l'on coupe ordinairement. – *corbeiés,* Ceux dont les racines sèches ne prennent aucune nourriture. – *de lisière,* Ceux que l'on laisse entre deux pieds corniers pour servir de limite à une coupe. – *charmés,* Ceux que l'on a entamés pour être détruits. – *pieds corniers,* De gros arbres placés aux encoignures des ventes qui ont lieu dans les bois. – *retenus,* Ceux qui sont marqués par le marteau pour être conservés dans les ventes. – blas. Arbre *fusté,* Celui dont le tronc est d'un autre émail que les branches.

ARBRE-À-L'AIL. Nom donné au sabestier, et à quelques autres végétaux, dans la feuille desquels on croyait retrouver l'odeur de l'ail.

ARBRE-D'AMOUR. Synonyme du gainier, ou arbre de Judée.

ARBRE-AUX-ANÉMONES. Synonyme du calycanthe de Virginie.

ARBRE-D'ARGENT. Syn. du protée argenté.

ARBRE-AVEUGLANT. Syn. de l'agalloche.

ARBRE-DE-BAUME. Nom donné à plusieurs espèces produisant des résines odorantes.

ARBRE-DE-BRÉSIL. Syn. du césalpinie hérissée.

ARBRE-À-BOURRE. Syn. de l'aréc à crinière.

ARBRE-À-CALEBASSE. Syn. du calebassier ou *crescentia.*

ARBRE-DU-CANADA. Syn. d'une espèce de rhododendron.

ARBRE-DU-CASTOR. Syn. du magnolier glauque.

ARBRE-À-CHAPELET. Syn. de l'azédarach bipenné.

ARBRE-DU-CIEL, ou -DE-GORDON. Syn. du gengo bilobé.

ARBRE-À-CIRE. Syn. du galé cirier.

ARBRE-À-CORAIL. Syn. de l'arbousier andrachné, ou de l'érythrine corallodendron.

ARBRE-À-CORDE. Syn. de plusieurs figuiers de Madagascar, avec l'écorce desquels on fait des cordes et des cordages de marine.

ARBRE-DE-CYPRE. Syn. d'un sabestier, du cyprès chauve, du pin d'Alep, etc.

ARBRE-DE-CYTHÈRE. Syn. du spondias de Vénus.

ARBRE-DU-DIABLE. Syn. du sablier crépitant.

ARBRE-DE-DIEU. Syn. de figuier religieux.

ARBRE-DE-DRAGON. Syn. de dragonnier.

ARBRE-D'ENCENS. Syn. de plusieurs espèces de baumiers, et du badamier de l'Ile-de-France.

ARBRE-À-ENIVRER. Syn. du piscidie érythrine de la Jamaïque, du galega, du tithymale arborescent, du phyllante de Cayenne.

ARBRE-DE-FER. Syn. du dragonnier de l'Inde, du stedmannie à l'Ile-de-France.

ARBRE-AUX-FRAISES. Syn. de l'arbousier unédo.

ARBRE-À-FRANGES. Syn. du chionanthe de Virginie.

ARBRE-À-LA-GLU. Syn. du mancenillier biglanduleux.

ARBRE-À-LA-GOMME. Syn. de l'eucalypte résinifère et du métrosideros à côtes.

ARBRE-À-GRIVES. Syn. du sorbier des oiseaux.

ARBRE-DE-GORDON. V. ARBRE-DU-CIEL.

ARBRE-D'HUILE, ou À-L'HUILE. Syn. du dryandre cordiforme ou *éléocoua.*

ARBRE-IMMORTEL. Syn. de l'*endrachion* de Madagascar et de l'érytrine, arbre de corail.

ARBRE-IMPUDIQUE. Syn. du pandanus vacoua.

ARBRE-DE-JUDÉE ou -DE-JUDAS. Syn. du gainier et du kleinhovie.

ARBRE-À-LAIT. Syn. de plusieurs espèces d'euphorbe, et de l'arbre-à-la-vache. V. ce mot.

ARBRE-AU-LIS. Syn. du tulipier.

ARBRE-DE-MAI, ou -DE-SAINT-JEAN. Syn. d'une espèce de panais.

ARBRE-À-LA-MAIN. Syn. du cheirostaman de Bonpland.

ARBRE-À-LA-MATURE. Syn. de l'uvaria à longues feuilles.

ARBRE-À-LA-MIGRAINE. Syn. du premna à feuilles entières.

ARBRE-DE-MILLE-ANS. Syn. du baobab.

ARBRE-DE-MOÏSE. Syn. du néflier buisson-ardent.

ARBRE-DE-NEIGE. Syn. du chionanthe de Virginie, et du viorne boule de neige.

ARBRE-D'OR. Syn. de l'aucuba.

ARBRE-D'OR-ET-D'ARGENT. Syn. du chèvrefeuille du Japon.

ARBRE-À-PAIN. Syn. de l'artocarpe sans pepins, quelquefois aussi du sagoutier.

ARBRE-À-PAPIER. Syn. du broussonetier papyfère.

ARBRE-À-POIS. Syn. du caragan.

ARBRE-AU-POISON. Syn. du mancenillier, et autres espèces d'arbres vénéneux.

ARBRE-PUANT. Syn. du sterculier fétide.

ARBRE-AU-POIVRE. Syn. du gattilier commun, et du schinus mollé.

ARBRE-AUX-QUARANTE-ÉCUS. Syn. du ginkgo.

ARBRE-AUX-RAISINS. Syn. du staphilin nez coupé.

ARBRE-DE-LA-REINE. Syn. du peuplier commun.

ARBRE-DE-ROUEN. Syn. du sorbier des oiseaux.

ARBRE-SAINT. Syn. de l'azédarach bipenné.

ARBRE-DE-SAINT-JEAN. V. ARBRE-DE-MAI.

ARBRE-DE-SAINT-THOMAS. Synon. du baubinier panaché.

ARBRE-DE-SAINTE-LUCIE. Synonyme du cerisier mahaleb.

ARBRE-À-SANG. Syn. d'un millepertuis arborescent de la Guyane, dont le suc est rouge.

ARBRE-DE-SERINGUE. Syn. du caoutchouc évée.

ARBRE-DE-SOIE. Syn. de plusieurs espèces, entre autres du périploca grec, de l'asclépiade de Syrie, d'un fromager, d'un veloutier ou tournefortia, du micocoulier à petites fleurs, des acacies en arbre et julibrizin ; du mutingia calabura, etc.

Arbre-au-suif. Syn. du croton sébifère.

Arbre-triste. Syn. du nyctanthe arbre-triste.

Arbre-aux-tulipes. Syn. du tulipier.

Arbre-au-vermillon. Syn. du chêne coccifère.

Arbre-à-la-vache. Syn. d'une sorte de sapotillier dont la sève ressemble absolument au lait de vache, et sert aux mêmes usages dans l'Amérique Méridionale.

Arbre-au-vernis. Syn. du sumac vernix, d'un badamier et de l'angia de Loureiro.

Arbre-de-vie. Syn. de diverses espèces de thuya.

ARBRE-DE-DIANE, s. m. min. Préparation cristalline de nitrate d'argent en forme de végétation.

ARBRE-DE-SATURNE, s. m. min. Préparation cristalline d'acétate de plomb en forme de végétation.

ARBRE-DE-MER, s. m. polyp. Nom donné par Rochefort à la gorgone ou éventail.

ARBRE-DE-VIE, s. m. zool. Figure des ramifications de la substance médullaire dans la coupe du cervelet des mammifères et des oiseaux.

ARBRET, s. m. chass. Petit arbre que les chasseurs garnissent de gluaux pour attraper les oiseaux : *Prendre des oiseaux à l'arbret.* Quelques-uns disent *Arbrot.*

ARBRIER, s. m. techn. Fût de bois sur lequel est ajusté l'arc d'une arbalète.

ARBRISSEAU, s. m. (dim. d'*arbre*, en lat. *arbuscula*.) bot. Végétal ligneux, s'élevant à plus d'un mètre et jamais à plus de quatre. Le sous-arbrisseau en diffère par ses tiges ligneuses seulement à la base, et par sa hauteur dépassant rarement celle d'un arbuste.

ARBUSCULAIRE, adj. des 2 g. (du lat. *arbuscula*, petit arbre.) didact. Ramifié comme un petit arbre.

ARBUSCULE, s. m. (du lat. *arbusculus*, petit arbre.) bot. Petit arbre.

ARBUSTE, s. m. (du lat. *arbustum*, qui a le même sens.) bot. Végétal ligneux ne s'élevant jamais à plus d'un mètre.

ARBUSTIF, IVE, adj. (du lat. *arbustivus*, qui appartient à l'arbre, qui en dépend, qui est couvert d'arbres ; *arbustum*, petit arbre, arbre.) bot. Placé contre un arbrisseau : *Vigne arbustive.*

ARC, s. m. (du lat. *arcus*, qui présente les mêmes acceptions que le mot français.) Espèce d'arme servant à lancer des flèches et formé d'une branche de bois, ou d'une verge de métal ou d'autre matière, courbée avec effort au moyen d'une corde attachée aux deux extrémités : *Arc décorne. La poignée, la corde de l'arc. Bander, débander, détendre un arc. Tirer de l'arc. Cela est courbé comme un arc. On représente l'Amour armé d'un arc.* — On dit au fig. : *Il faut détendre l'arc, pour faire entendre* Qu'il faut donner du relâche à l'esprit. — prov. et fig. *Débander l'arc ne guérit pas la plaie,* signifie Qu'on ne répare pas le mal que l'on a fait en renonçant au moyen d'en faire encore. — prov. et au fig. : *Avoir plusieurs cordes à son arc,* donne à entendre Qu'on a plus d'un moyen pour faire réussir une affaire. — On appelle, Arc de carrosse, Deux pièces de fer courbées en arc, par lesquelles le bout de la flèche est joint à l'essieu des petites roues, et qui font aisément tourner le carrosse dans un petit espace. — *Arc,* t. de géom., se dit d'Une portion quelconque du cercle ; pourvu qu'elle n'en égale pas la moitié : Arc de cercle. On appelle *Corde,* ou *sous-tendance d'un arc de cercle,* La ligne droite qui va de l'une à l'autre de ses extrémités : *Un arc a pour mesure l'arc compris entre ses côtés et décrit de son sommet comme centre.* — astron. Arc *diurne,* La portion de cercle qu'un astre parcourt sur l'horizon : Arc *nocturne,* La portion de cercle qu'un astre parcourt sous l'horizon. Arc *semi-diurne,* Arc du parallèle diurne d'un astre, compris entre le méridien et l'horizon. Arc *d'émersion* ou *de vision,* Quantité dont il faut que le soleil soit abaissé verticalement au-dessous de l'horizon pour qu'un astre soit visible à la vue simple. Arc *de position,* Arc de l'équateur compris entre le méridien et le cercle horaire. — phys. Arc *conducteur,* Gros fil de métal courbé en arc, dont les extrémités sont tournées en volutes ou terminées par des boules, et qui sert à établir la communication électrique, quand on veut exciter l'étincelle foudroyante. (V. *Arc-en-ciel.*) — anat. Arc *du colon,* Portion de cet intestin qui est courbée en arc. — charp. Distance du milieu d'une pièce courbe à la ligne droite qu'on imagine passer à ses extrémités : *L'arc d'un chantier.* — mar. Courbure que par le laps de temps prend la quille, et qui produit un changement de forme dans toutes les parties d'un vaisseau. — techn. Pièce courbe en bois qui retient l'ensuple dans les fabriques de haute-lisse. — charb. Râteau du charbonnier.

ARC, en archit. Construction dont le dessous présente une surface courbe, soit qu'elle surmonte une baie, soit qu'elle se trouve dans un plein comme ornement, ou comme moyen de consolidation. Arc *en plein-cintre* ou arc *parfait,* Celui qui est formé par un demi-cercle. Arc *surhaussé,* Celui dont la hauteur excède la moitié de la largeur. Arc *surbaissé,* Celui dont la hauteur est moindre que la moitié de la largeur. Arc *bombé, diminué, imparfait,* Celui qui est formé d'un segment moindre que la moitié du cercle. Arc *gothique.* Arc *en tiers-point.* Arc *aigu.* Arc *ogive,* Celui dont le cintre est formé par deux arcs de cercle qui se croisent au sommet. Arc *rampant,* Celui qui dans un mur à plomb est incliné suivant une pente douce, décrivant une ligne courbe dont les deux extrémités, prises aux appuis de leur naissance ne sont pas de niveau, comme dans les descentes d'escaliers. Arc *de cloître.* (V. *Voûte.*) Arc à *l'envers,* Arc en cintre, renversé et bandé en contre-bas, employé dans les fondations pour entretenir les piliers qui doivent soutenir l'édifice et prévenir les affaissements dans un terrain de mauvaise consistance : *En construisant l'église de Sainte-Geneviève, aujourd'hui le Panthéon, on a fait usage d'arcs à l'envers.* — On nomme Arc de *triomphe,* arc *triomphal,* Un monument formé d'une grand'porte faite en arc, quelquefois accompagnée de deux petites, et ornée de figures, bas-reliefs, inscriptions, qui consacrent le souvenir de quelque action mémorable : *Élever un arc de triomphe, des arcs triomphaux. J'ai visité l'arc de Sévère. Il travaille aux inscriptions des arcs qui doivent orner la capitale un jour d'entrée.* LA BR. *On prépara au bout des allées de Vincennes un arc de triomphe.* VOLT. *L'arc de la barrière de l'Étoile à Paris est magnifique.*

ARCACÉS, ou ARCACÉES, s. f. pl. (V. *Arche.*) moll. 6e famille de mollusques de l'ordre des lamellibranches ostracées.

ARCACITE, s. f. zool. Espèce d'arbre fossile.

ARCADE, s. f. (V. *Arc.*) Ouverture en forme d'arc : *Les arcades du Palais-Royal. Une arcade de la place Saint-Marc.* Arcade *feinte,* Arcade de laquelle il ne résulte pas de percée et qui n'est que figurée ou indiquée, soit par une petite retraite de mur, pour masquer une baie, soit par la saillie, sur le mur, d'une archivolte et d'un pilastre en forme de pied-droit. — *Dans les jardins à la française, les arbres taillées formaient des* arcades *de verdure.* Cette expression s'applique aussi quelquefois Aux voûtes de feuillage formées naturellement par les arbres d'un bois, d'une forêt. — fabr. de soie. Ficelle pliée en deux, arrêtée par un nœud en bouclé, dans lequel on passe le fil de la rame. — passem. Anneau de gros fil d'archal qu'on attache au milieu et sur l'épaisseur du retour, en faisant entrer les deux bouts du bâton dans le retour. — serr. La partie qui, dans les balcons ou les rampes d'escalier, forme un fer à cheval : *Rampes, balcons en* arcades. — optiq. Partie courbe de la châsse des lunettes, destinée à s'appliquer sur le nez. — tal. Le dessous d'un talon de bois coupé en arc. — anat. Partie courbée en arc : Arcade *alvéolaire,* Contour formé par toutes les alvéoles sur le bord libre de l'une et l'autre mâchoire. Arcade *des muscles de l'abdomen,* Celle par où s'échappe quelquefois une portion d'intestin ou d'épiploon, qui forme au haut de la cuisse une hernie appelée *cirale.* Arcade *sourcilière* ou *orbitaire,* Avance qu'on découvre à l'os coronal, interrompue du côté du nez par une impression en forme de poulie qui donne passage au tendon d'un muscle de l'œil.

ARCANE, s. m. (du lat. *arcanum,* secret.) Mot emprunté du latin, par les alchimistes, pour indiquer certaines de leurs opérations mystérieuses : *On attribuait à ces* arcanes *la propriété de changer, de fortifier, de renouveler nos corps.* — Ce mot se dit aussi d'Un remède dont on tient la composition secrète, en lui attribuant de grandes propriétés. — étam. Drogue secrète qui entre dans l'étamage des feuilles de fer-blanc.

ARCANETTE, s. f. ornith. Syn. de la *Sarcelle d'été.*

ARCANGEL, s. m. bot. Synon. de l'*Eupatoire odorant.*

ARCANSON, s. m. hist. nat. Résine extraite d'une espèce de pin, et que l'on fait dessécher au feu. On s'en sert en pharmacie.

ARCASSE, s. f. bot. Résine obtenue par incision du pin maritime. — mar. La partie postérieure d'un bâtiment ; assemblage de toutes les pièces dont se compose une espèce de couple, placé à l'extrémité postérieure d'un bâtiment. — Ce mot signifie encore Le moufle d'une poulie, le corps ou pièce de bois qui renferme le rouet. — ornith. Courlis.

ARC-BOUTANT, ou mieux ARC-BUTANT, s. m. (on ne prononce pas le C. V. *Arc* et *Boutant.*) Sorte de contre-fort s'appuyant par un arc à une muraille ou une voûte pour en empêcher l'écartement, en contre-bouter la poussée : *L'emploi fréquent des arcs-boutants donne beaucoup de légèreté à l'architecture gothique.* — charp. Il se dit Des pièces de bois employées à des usages analogues à ceux auxquels il sert en architecture. L'*arc-boutant,* dans ce cas, se nomme aussi *contre-fiche.* — On nomme encore Arcs-boutants *d'un train de carrosse,* Les verges qui servent à tenir en état les moutons du carrosse. — *Arc-boutant,* Se dit au fig. Des principaux soutiens d'un parti ou d'une entreprise : *Cet homme a toujours été l'arc-boutant de son parti.*

ARC-BOUTANT, mar. Sorte de petit mât, de 25 à 30 pieds de long, ferré par un bout, propre à repousser un bâtiment qui viendrait à l'abordage. Pièce de bois disposée horizontalement dans les hunes pour maintenir l'écartement des galhaubans. Autre pièce dans le sens vertical, qui sert à contenir les martingales. — On nomme Arcs-boutants *affourchés,* Ceux dont les extrémités sont fendues en forme de fourchettes ; -*ronds,* Ceux dont la forme est ronde. (V. *Étrésillon.*) — serr. *Arc-boutant,* Barreau droit ou chantourné en console ou autrement, servant à butter une grille, un balcon, etc. — Barre d'une porte cochère, autrement dite *pied-de-biche.* — fab. de parapl. Il se dit Des branches de cuivre qui séparent les baleines d'un parapluie, lorsqu'il est ouvert. — charp. Forte pièce de bois qui assemble et soutient les jumelles d'une machine sur les pieds des patins.

ARC-BOUTER, ou mieux ARC-BUTER, v. a. (on ne prononce pas le C.) Soutenir par un arc-butant. Par extension on dit parfois : *Arc-bouter une construction,* lors même qu'on la soutient par un pilier ou un massif quelconque.

Arc-bouté, ée, ou Arc-buté, ée, part.

ARC-DOUBLEAU, s. m. (on ne prononce pas le C., les deux mots prennent l'S au pluriel.) Bandeau en saillie sur le mur d'une voûte, et la traversant dans le sens de sa courbure : *Les arcs-doubleaux se trouvent souvent dans les constructions du Moyen-Âge.*

ARCEAU, s. m. (du lat. *arculus,* petit arc ; *arcella,* berceau de treille.) Courbure du cintre parfait d'une voûte. — Il se dit aussi De la petite arche d'un pont : *Ce pont se compose de trois arches et d'un arceau à chaque extrémité.* — pêch. Annelet ou anse de cordage qui passe par le trou d'une câblière, dont on se sert pour faire couler bas les cordages et le filet. — mar. Il se dit Des pièces de sapin qui entrent dans la flèche par un bout, et dont l'autre bout porte sur le bandinet ; quelquefois on les nomme *Guéritans.* — thérap. Demi-cercle de bois mince et contourné dont on se sert pour empêcher le contact des couvertures sur des parties malades ou blessées. — entom. Nom que l'on donne à la pièce qui recouvre le thorax ou l'abdomen d'un insecte ou d'un crustacé, lorsqu'elle ne forme qu'un demi-anneau, et qu'elle est finie ou interrompue de chaque côté du corps. Quand cette pièce fait le tour entier du corps, c'est un anneau ; mais le plus souvent l'anneau se compose de deux arceaux.

ARCEAUX, s. m. pl. Ornements de sculpture en forme de trèfles, qu'on emploie surtout au talon des corniches corinthiennes et composites.

ARCELLE, s. f. zool. Nom d'une famille d'animalcules infusoires.

ARCELLINES, s. f. pl. zool. Famille d'animalcules infusoires.

ARCELLINIEN, ENNE, adj. zool. Qui a de la ressemblance avec l'arcelle. — *Arcelliniens,* s. m. pl. Famille d'animalcules infusoires.

ARCENDOLOGIE, ou ARCEUTHOLOGIE, s. f. bot. Traité sur le genévrier.

ARC-EN-CIEL, s. m. Météore en forme d'arc nuancé de diverses couleurs, apparaissant dans l'atmosphère, et causé par les réfractions et réflexions successives des rayons solaires dans des gouttes de pluie : *Les couleurs dont l'arc-en-ciel est nuancé sont au nombre de sept. On voyait plusieurs arcs-en-ciel en même temps. Souvenez-vous de mon alliance, dit le Seigneur, lorsque je ferai briller mon arc sur les nues.* — Arc-en-ciel lunaire, Météore assez semblable à l'arc-en-ciel solaire, mais très-rare à cause de la faiblesse des rayons lunaires. *En dix-huit cent-un, on a vu à Édimbourg un arc-en-ciel lunaire, très-blanc et assez éclatant.* — Arc-en-terre, Phénomène analogue à l'arc-en-ciel, qui apparaît quelquefois à la surface de la terre, après une pluie ou une rosée abondante.

ARCESTHIDE, s. m. bot. Espèce de fruit à péricarpe charnue, selon Desvaux. — Vieux nom des fruits du genévrier, que Desvaux a étendu à tous les fruits présentant la même conformation que les baies.

ARCHAÏSME, s. m. (du latin *archaismus*, même signification, formé du gr. ἀρχαῖος, ancien, antique; ἀρχή, principe, commencement. Prononcez CH comme K.) Il se dit D'un mot antique ou d'un tour de phrase suranné. — On appelle aussi de ce nom L'affectation d'un écrivain à se servir d'archaïsmes.

ARCHAL, s. m. V. FIL.

ARCHANGE, s. m. (prononcez CH comme K. du lat. *archangelus*; fait de deux mots grecs : ἀρχή, principe, commencement, et ἄγγελος, messager, ange.) théol. Ange d'un ordre supérieur : *Saint Michel archange.*

ARCHANGÉLIQUE, s. f. bot. (en lat. *archangelica.* CH sonne comme K.) bot. Nom sous lequel les anciens auteurs désignent non-seulement l'angélique commune, mais encore la campanule trachélie, et le lamier blanc.

ARCHE, s. f. (du lat. *arcus*, arc, arche; *arca*, coffre; arche : kym. *arch*, même sens, gaël. *arc*, aire.) Grande voûte en arcade. Ce mot n'est usité que pour les ponts : *Les arches d'un pont peuvent être en plein cintre, bombées, surbaissées, ou surhaussées. Maîtresse arche*, Arche du milieu qui dans les anciens ponts est plus large et plus haute que les autres, pour la facilité de la navigation.

ARCHE, se dit encore d'Une espèce de vaisseau que Noé construisit par l'ordre de Dieu, pour se sauver du déluge : *Dieu commanda à Noé d'entrer dans l'arche, avec un couple d'animaux de chaque espèce. L'arche où se sauvèrent les restes du genre humain, a été de tout temps célèbre en Orient, principalement dans les lieux où elle s'arrêta après le déluge.* Boss. *Par un fils de Noé, fatalement sauvée, Tu fus, comme serpent, dans l'arche conservée.* Boil. *L'arche flotta sur les eaux.* On dit au figuré : *Être hors de l'arche*, Pour signifier qu'on est hors de l'Église. —On dit prov. et au fig. *Cette maison est une arche de Noé*, Pour désigner une maison où logent toute espèce de gens. — Dans le style de l'Ancien-Testament, on désigne, par *Arche du Seigneur*, arche sainte, arche d'alliance, Une espèce de coffre, fait par l'ordre de Dieu, et dans lequel on conservait les tables de la loi : *Les Philistins placèrent l'arche d'alliance dans le temple de Dagon. L'arche où Dieu se montrait présent par ses oracles et où les tables de la loi étaient renfermées.* Boss. *L'arche sainte est muette, et ne rend plus d'oracles.* Rac. *Et portant sur notre arche une main téméraire.* Rac. — prov. et fig. *C'est l'arche du Seigneur*, En parlant d'un sujet brûlant dont il est prudent de ne pas s'occuper. — moll. Genre de mollusques marins lamellibranches, de l'ordre des ostracées, et de la famille des arcacées.

ARCHÉAL, ALE, adj. Qui se rapporte à l'archée.

ARCHÉE, s. f. (du gr. ἀρχή, origine, principe.) Ich. Agent universel, origine et cause de tous les êtres. — méd. Principe intérieur de nos mouvements et de nos actions.

ARCHELET, s. m. techn. Petit archet à l'usage des orfèvres, horlogers, serruriers, pour les ouvrages les plus légers. — Les fondeurs et les maçons ont aussi des instruments auxquels ils donnent le nom d'archelets. — pêch. Branche de saule pliée en rond, qui s'attache au verveux afin de le tenir ouvert. — Bâton disposé en croix, aux quatre coins duquel se fixe le filet à prendre des goujons.

ARCHÉLOGIE, s. f. (du gr. ἀρχή, principe, et de λόγος, discours.) didact. Traité présentant l'ensemble des principes fondamentaux de la médecine.

ARCHENDA, s. m. bot. Poudre faite avec les feuilles du henné, dont les femmes égyptiennes se servent pour donner à leurs mains et à leurs pieds une couleur dorée.

ARCHÉOLOGIE, s. f. (du gr. ἀρχαῖος, ancien, et de λόγος, discours. Prononcez CH comme K, ainsi que dans les deux suivants.) Science des monuments de l'antiquité : *Les monuments de l'archéologie égyptienne, grecque, étrusque.*

ARCHÉOLOGIQUE, adj. des 2 g. Il se dit De ce qui a rapport ou de ce qui tient à l'archéologie : *Il s'est livré à des recherches archéologiques, à des travaux archéologiques très-importants.*

ARCHÉOLOGUE, s. m. (V. *Archéologie.*) Savant versé dans l'archéologie.

ARCHER, s. m. (V. *Arc.*) Homme de guerre armé d'un arc : *Il avait soudoyé un corps d'archers étrangers. Il avait à sa solde des archers à pied, des archers à cheval. Charles VII appela francs-archers une milice qu'il avait créée.*

ARCHER, se disait encore d'Une sorte d'officiers subalternes de justice ou de police, armés d'épées, de hallebardes, d'armes à feu, et employés à arrêter les voleurs, à garder les villes, ou à exécuter les ordres de la police ou de la justice : *Voici l'archer du grand-prévôt. Il a été arrêté par les archers du guet. Il a été poursuivi par les archers de ville ou de la ville. Le prévôt et ses archers se sont mis en campagne.* — ichth. Poisson de l'ordre des acanthoptérygiens, de la famille des squammipennes, nommé archer à cause de la faculté qu'il a de lancer avec sa bouche quelques gouttes d'eau aux insectes qui volent au-dessus de la surface de la mer, et de les faire ainsi tomber afin de pouvoir s'en emparer et s'en nourrir.

ARCHEROT, s. m. Diminutif d'*archer*; épithète donnée à Cupidon par nos vieux poëtes, et qui est tombée en désuétude.

ARCHET, s. m. Baguette légèrement recourbée à son extrémité, ayant pour cordes plusieurs crins de cheval, et servant à tirer le son d'une contre-basse, d'une basse, d'un violon, etc. : *Passer légèrement l'archet sur l'instrument. Le coup d'archet de ce musicien.... Manier l'archet avec grâce.* Voltaire a dit en parlant du mot turc *selfa* : *Du dieu de l'harmonie il fait frémir l'archet, On le traduit chez nous par lettre de cachet.*

ARCHET, est aussi le nom qu'on donne à Un châssis de bois courbé en arc, qu'on place au berceau des enfants pour soutenir une couverture au-dessus de leur tête : *L'enfant n'a pas assez d'air, l'archet qui est trop bas en est cause.* Autre espèce de châssis en bois, servant à empêcher que les couvertures ne pèsent sur le corps des malades.—Dans certains arts mécaniques, on nomme encore *Archet* Un arc d'acier ou de baleine, plus ou moins courbé à l'aide d'une corde attachée aux deux bouts, et dont les ouvriers font usage pour percer et pour tourner. — tourn. Petit arc de fer ou d'acier dont les deux extrémités sont approchées par le moyen d'une corde à boyau; perche courbée en arc, qui sert à faire mouvoir le tour par le moyen d'une corde qui y est enroulée d'un tour. — pêch. Baguette souple que l'on plie, aux extrémités de laquelle on attache les empiles garnies d'hameçons, en plaçant au milieu un plomb et une longue ligne. — fond. Fil de fer plié en arc, et attaché au-dessus des moules dans lesquels se fondent les caractères d'imprimerie.

ARCHÉTYPE, s. f. (du gr. ἀρχή, principe, et de τύπος, modèle, type.) didact. Patron, modèle : *L'archétype du monde*, Le modèle sur lequel on suppose que le monde a été fait. — adj. *Idées archétypes*, Idées premières, modèles et formes des choses dans la philosophie platonicienne. — monn. On nommait ainsi L'étalon primitif et général des poids et mesures, sur lequel on étalonne les autres. On dit maintenant *Étalon.*

ARCHEVÊCHÉ, s. m. (V. *Archevêque.*) L'étendue du territoire soumis à la juridiction spirituelle d'un archevêque : *La cure dont vous parlez est dans l'archevêché de Lyon.* — Il se dit encore De la ville où est le siège de l'archevêque : *Reims est un archevêché.* — On donne aussi cette dénomination A la dignité d'archevêque, aux droits et aux revenus temporels qui s'y trouvent attachés : *Il a obtenu le plus riche archevêché de France. Tolède est un des plus opulents archevêchés de l'Espagne.* — Archevêché signifie encore Le palais de l'archevêque : *J'ai vu dans la cour de l'archevêché la voiture de ce prélat.*

ARCHEVÊQUE, s. m. (du lat. *archiepiscopus*, et archiepiscopatus, archevêché : ἀρχή, principe, autorité, et ἐπίσκοπος, inspecteur, gardien, défenseur. V. *Évêque.*) Prélat métropolitain, qui a, pour suffragants, un certain nombre d'évêques : *Archevêque d'Alby; archevêque de Besançon; l'évêque de Soissons, comme celui de Versailles, est le suffragant de l'archevêque de Paris.*

ARCHI (du gr. ἀρχή, commencement, principe, primauté, devenu préfixe, comme dans ἀρχίδικος, grand-juge, etc.) Se joint à d'autres mots pour marquer la supériorité ou la prééminence : *Archidiacre, archiprêtre, archiduc, architrésorier.* On s'en sert aussi familièrement pour indiquer Un grand excès dans la chose dont il s'agit : *Archibigot, archifou, archivilain*, pour désigner Un homme qui porte à l'excès la dévotion, la folie ou l'avarice.

ARCHICHAMBELLAN, s. m. (V. *Archi* et *Chambellan.*) Grand-chambellan, premier chambellan sous l'empire.

ARCHICHANCELIER, s. m. (V. *Archi* et *Chancelier.*) Grand chancelier : *Durant la période impériale, il y a eu en France un archichancelier de l'empire et un archichancelier d'État.*

ARCHIDIACONAT, s. m. (V. *Archi* et *Diaconat.*) Dignité d'archidiacre.

ARCHIDIACONÉ, s. m. Circonscription soumise à la juridiction spirituelle de l'archidiacre : *Voilà une carte dans laquelle on a divisé par archidiaconés le territoire de cet archevêché.*

ARCHIDIACRE, s. m. (V. *Archi* et *Diacre.*) Dignitaire ecclésiastique ayant autorité sur une partie des curés d'un diocèse : *La visite de l'archidiacre a lieu tous les ans à pareille époque.*

ARCHIDUC, s. m. (V. *Archi* et *Duc.*) Titre de dignité qui n'est affecté qu'aux princes de la maison d'Autriche : *Le général français et l'archiduc eurent ensemble une entrevue.*

ARCHIDUCAL, ALE, adj. Qui appartient à un archiduc ou à une archiduchesse.

ARCHIDUCHÉ, s. m. Seigneurie d'Autriche : *L'archiduché d'Autriche.*

ARCHIDUCHESSE, s. f. Titre donné à la femme ou à la fille d'un archiduc, à la fille ou à la sœur d'un empereur d'Autriche : *Louis XIII avait épousé l'archiduchesse Anne d'Autriche. Alors Marie-Louise, archiduchesse d'Autriche, devint impératrice des Français.*

ARCHIÉPISCOPAL, ALE, adj. (V. *Archevêque.* Prononcez CHI comme KI.) Il se dit De ce qui appartient à l'archevêque : *Dignité archiépiscopale; crosse, mitre archiépiscopale; palais archiépiscopal.*

ARCHIÉPISCOPAT, s. m. Se dit tout à la fois De la dignité d'archevêque et de la durée du temps pendant lequel un archevêque a occupé le siège archiépiscopal : *Il mourut après vingt ans d'un archiépiscopat laborieux.*

ARCHIÈRA, s. f. archit. Lucarne ou trou pratiqué dans un mur pour recevoir du jour par une cour ou un jardin.—Meurtrière, barbacane. (V. ces mots.) — pl. blas. Ouvertures oblongues dans les murs d'un château, par lesquelles les archers tiraient des flèches; on ne leur donne ce nom que quand elles sont d'un émail différent.

ARCHIGÉNIQUE, adj. des 2 g. (du préf. *archi*, qui marque supériorité, et de *genus*, genre, espèce.) méd. Il se dit Des maladies aiguës.

ARCHIGRELIN, s. m. mar. Cordage composé de plusieurs grelins, tortillés ensemble, dont on ne se sert plus dans la marine royale.

ARCHIMANDRITAT, s. m. Bénéfice possédé par un archimandrite : *La dénomination d'archimandritat, fort commune chez les Grecs, ne s'est conservée chez les Latins qu'à Messine, pour une église où étaient auparavant des moines grecs de l'ordre de saint Basile.*

ARCHIMANDRITE, s. m. (du gr. ἀρχή, magistrat, chef, et de μάνδρα, en lat. *mandra*, étable, bergerie, troupeau.) Titre donné surtout chez les Grecs à quelques supérieurs de monastères : *J'ai connu un archimandrite qui partageait sa vie entre l'administration de son monastère et les devoirs de l'hospitalité. L'archimandrite de Messine.*

ARCHINE, s. f. carr. Cintre formé dans la charpente qui soutient les terrains. — métr. Mesure de longueur dont on se sert en Russie et en Orient : *L'archine de Constantinople vaut 0,669079 mètr. L'archine arisct de Perse vaut 0,9723 mètr.*

ARCHINOBLE, adj. des 2 g. Très-noble, trèsinfatué, très-fier de sa noblesse. Il ne s'emploie qu'ironiquement.

**ARCHIPATELIN, INE**, adj. et s. (V. *Archi* et *Patelin*.) Patelin à l'excès. fam.

**ARCHIPÉDANT, ANTE**, adj. et s. (V. *Archi* et *Pédant*.) Qui est d'un pédantisme insupportable. fam. et ironiq.

**ARCHIPEL**, s. m. (en lat. *archipelagus*, mot dont la composition ne donne pas une idée très-nette de ce qu'il signifie; ἀρχή, principe, et πέλαγος, mer.) Étendue de mer parsemée d'îles : *L'archipel des Philippines. L'archipel du Mexique. On distingue plusieurs archipels plus ou moins considérables.* Pris absolument, ce mot désigne Cette portion de la Méditerranée comprise entre la Grèce, la Macédoine et l'Asie, et à laquelle les anciens donnaient le nom de mer *Égée.*

**ARCHIPIRATE**, s. m. mar. Le chef des pirates.—fig. et fam. Vieil usurier qui spécule froidement sur les malheurs des personnes, et qui ne leur prête qu'à des intérêts exorbitants.

**ARCHIPOMPE**, s. m. mar. Forte cloison qui forme un retranchement carré à fond de cale autour du pied du grand mât, pour y conserver les pompes et les garantir du choc qu'occasionnerait l'ébranlement du vaisseau.

**ARCHIPRESBYTÉRAL, ALE**, adj. (V. *Archiprêtre.*) Se dit De tout ce qui concerne l'archiprêtre : *La dignité archipresbytérale. Le domicile archipresbytéral. Les fonctions archipresbytérales.*

**ARCHIPRÊTRE**, s. m. (V. *Archi* et *Prêtre.*) Titre de dignité ecclésiastique donnant autrefois au curé qui le portait une juridiction sur plusieurs autres curés. L'archiprêtre n'est aujourd'hui que le premier chanoine d'une église dans laquelle il remplit les fonctions de curé; quelquefois aussi ce titre se donne au plus ancien curé d'un diocèse. C'est dans ce sens qu'on disait : L'archiprêtre de *Saint-Séverin, L'archiprêtre de la Madeleine.*

**ARCHIPRÊTRÉ**, s. m. Territoire dans lequel est circonscrite la juridiction de l'archiprêtre : *On a donné à cet archiprêtré une plus grande étendue qu'il ne l'avait eue jusqu'à présent. On a divisé par archiprêtrés la carte de ce diocèse.*

**ARCHISOUS-DIACRE**, s. m. lit. Le premier des sous-diacres dans l'Église romaine.

**ARCHITECTE**, s. m. (du gr. ἀρχός, chef, τέκτων, ouvrier.) Celui qui exerce l'art de bâtir, qui compose les dessins et plans des édifices, des monuments, et dirige les ouvriers qui les exécutent : *Savant, habile, fameux architecte. Celui qui taille des colonnes ou qui élève un côté du bâtiment n'est qu'un maçon; mais celui qui a pensé tout l'édifice et qui en a toutes les proportions dans sa tête est le seul architecte.* LA BR. *Laissant de Galien la science suspecte, D'ignorant médecin devint bon* architecte. BOIL. — fig. *Si je trace ici un plan de la sainte Église, selon le dessin éternel de son divin architecte.* BOSS. *Moïse nous a enseigné que ce puissant architecte, auquel les choses coûtent si peu, les a voulu faire en six jours.* ID. *Ce nid qu'avec tant d'art, Au même ordre toujours architecte fidèle, A l'aide de son bec maçonne l'hirondelle.* L. RAC.

**ARCHITECTONIQUE**, adj. des 2 g. Qui a rapport à l'architecture : *Problème architectonique. Découverte architectonique.*

**ARCHITECTONOGRAPHE**, s. m. (du gr. ἀρχός-τέκτων, architecte, et γράφω, écrire.) Celui qui écrit sur l'histoire ou les règles de l'architecture.

**ARCHITECTONOGRAPHIE**, s. f. Écrit ou recueil de dessins ayant rapport à l'architecture.

**ARCHITECTURAL, ALE**, adj. Qui a rapport à l'architecture.

† **ARCHITONNERRE**, s. m. phys. Dénomination par laquelle Léonard de Vinci désigne Une machine de cuivre fin, inventée par Archimède, qui lance des balles de fer avec une grande violence et beaucoup de bruit. Le tiers de cet instrument consiste en une grande quantité de feu de charbon, et une quantité d'eau convenable. On le nomme aussi *Canon à vapeur.*

**ARCHITRAVE**, s. f. (du gr. ἀρχός, principal, et du lat. *trabs*, poutre.) Pierre ou poutre formant le membre inférieur d'un entablement et reposant immédiatement sur le tailloir des colonnes ou des pilastres : *Ce ne fut que chez les Romains qu'on remplaça parfois les architraves par des arcades.* — mar. Pièce de bois qui sert d'appui dans un navire au-dessous de la plus basse partie de l'arcade.

**ARCHITRAVÉ, ÉE**, adj. (V. *Architrave.*) archit. Il se dit d'Une colonne à laquelle une architrave a été ajoutée.

**ARCHITRAVÉE**, s. f. arch. Corniche accompagnée d'une architrave.

**ARCHITRÉSORIER**, s. m. (V. *Archi* et *Trésorier.*) hist. L'un des grands dignitaires de l'Empire. Il aidait le ministre des Finances dans les comptes qu'il avait à rendre à Napoléon.

**ARCHITRICLIN**, s. m. (du gr. ἀρχός, chef, et du lat. *triclinium*, salle à manger, venant lui-même du grec τρεῖς, trois, κλίνη, lit.) Il désignait dans l'antiquité Celui qui présidait à l'ordonnance d'un festin. Chez les modernes, ce mot n'est employé que familièrement et par plaisanterie : *Notre architriclin a fort mal rédigé le menu du repas.*

**ARCHIVES**, s. f. pl. (en lat. *archivum* ou *archivum*, lieu où l'on garde les vieilles choses; fait du gr. ἀρχαῖος, ancien, antique.) Vieux documents, anciens titres, chartes et autres pièces importantes: *Les archives de la France. Les archives du royaume. Les archives de la couronne. Les archives d'une province. Les archives d'un monastère, d'une grande maison. Le trésor des archives. Les vieilles archives de l'Espagne résoudraient ce problème historique. Il passe sa vie à feuilleter les archives de sa famille. Il a la garde des archives de ce département. Le dépôt des archives a été remis entre ses mains.*—fig. *Comme dans l'histoire civile on consulte les titres, on recherche les médailles, etc., de même dans l'histoire naturelle, il faut fouiller les archives du monde.* BUFF. — On appelle aussi *archives* Le lieu où l'on garde ces sortes de titres : *L'Académie française a mis cette pièce dans ses archives. Cette pièce a été déposée dans les archives de l'État.* LA BR. *Cette pièce a été tirée des* archives. *Ces archives sont voûtées.* — Dans les administrations publiques, on donne le nom d'*archives* Aux anciennes minutes, aux documents et aux pièces que l'on rassemble pour les consulter au besoin; on appelle aussi du même nom Le lieu où ces pièces sont conservées : *Je viens des archives de tel ministère. Je vais aux archives de la préfecture.* — Ce mot se prend quelquefois au figuré : *Les bibliothèques sont les archives de la science.*

**ARCHIVISTE**, s. m. Celui qui est chargé de la garde des archives : *La place d'archiviste qu'il a obtenue est l'une des plus honorables.* — Archiviste *paléographe*, se dit Des élèves de l'école des chartes qui, après examen, jouissent des droits aux places d'archivistes ou de bibliothécaires.

**ARCHIVOLTE**, s. f. (de *arcus volutus*, mots qui en latin signifient *arc roulé.*) arch. Bandeau orné de moulures qui règne autour d'une arcade en plein cintre et qui est porté sur les impostes où il vient se terminer.

**ARCHONTAT**, s. m. (V. *Archonte.*) Dignité de l'archonte : *Dracon était revêtu de l'archontat quand les Athéniens le choisirent pour législateur.*

**ARCHONTE**, s. m. (du gr. ἄρχων,-οντος, chef, archonte; ἀρχός, magistrat, ἀρχή, autorité, pouvoir. Prononcez *arkonte, arkontet.*) Titre de certains magistrats dans quelques républiques de la Grèce, et particulièrement à Athènes : *Les Athéniens eurent d'abord des archontes perpétuels, puis des archontes décennaux, et enfin des archontes annuels.* Archonte *éponyme.* (V. *Éponyme.*)

**ARCHURES**, s. f. pl. a. et mét. Sorte de cage de bois dans laquelle sont renfermées les meules d'un moulin à farine, et qui peut se démonter lorsque les meules ont besoin d'être rebattues.

**ARCILIÈRES**, s. f. pl. charp. Pièces de bois cintrées et tournant sur place, servant dans la construction d'un bateau foncet. Quelques-uns écrivent *arcillières.*

**ARCO**, s. m. Nom que les fondeurs donnent à des parties de métal tombées dans les cendres, et qu'on peut facilement retirer en passant ces cendres au crible. — mus. Mot italien signifiant *archet*, adopté en français pour indiquer qu'il faut reprendre l'archet qu'on avait quitté pour exécuter un passage *pizzicato.* On dit aussi *col* ou *con l'arco*, avec l'archet.

**ARÇON**, s. m. Nom donné à chacune des deux pièces de bois cintrées formant le corps de la selle d'un cheval, au moyen de deux branches de fer qui les unissent : *La chute de ce cheval a fait casser l'arçon de derrière et endommagé l'arçon de devant. J'avais attaché deux pistolets à l'arçon de ma selle.* *Ces pistolets d'arçon ne sont pas chers. L'arçon blesse ce cheval. Ce cavalier est ferme sur ses arçons, dans ses arçons, il ne sera point renversé.* — *Vider les arçons, perdre les arçons,* signifie Être désarçonné, être renversé de cheval. — au fig. et fam. *Être ferme dans ou sur ses arçons,* indique La fixité des opinions et des principes de celui dont on parle, et la persévérance qu'il met à les bien défendre.— De même, au fig. et fam., *Perdre* ou *vider les arçons,* signifie qu'On se laisse embarrasser dans une affaire, déconcerter dans une discussion, qu'on ne sait quel parti prendre. — Instrument en forme d'archet : *Les chapeliers battent avec un arçon le poil qui sert à fabriquer les feutres.* — agr. Sarment de vigne, à cinq ou six yeux, que l'on courbe en cercle de manière à ramener son extrémité vers sa base.

**ARÇONNAGE**, s. m. chapel. Action d'arçonner ou de battre la laine avec l'arçon.—Résultat de cette action.

**ARÇONNER**, v. a. (V. *Arçon.*) chapel. Préparer, battre la laine, la soie ou le coton avec l'arçon. — agr. Recourber un sarment de vigne pour la rendre plus productive.

**ARÇONNÉ, ÉE**, part.

**ARÇONNEUR**, s. m. chapel. Ouvrier qui arçonne ou qui bat avec l'arçon la laine, le coton, etc.

**ARCOT**, s. m. V. ARCO.

**ARCTATION**, s. m. méd. Rétrécissement d'un orifice.

**ARCTIER**, s. m. a. et mét. Ouvrier qui fabrique des arcs; marchand d'arcs.

**ARCTIONE**, s. f. bot. Genre de plantes de la famille des cénarocéphales.

**ARCTIQUE**, adj. des 2 g. (en grec, ἀρκτικός, même sens, dont la racine est ἄρκτος, ourse, nord.) Septentrional : *Cercle arctique. Pôle arctique. Ce navigateur est parti pour explorer les terres arctiques, d'où il n'est point revenu. Les régions arctiques sont souvent éclairées par des aurores boréales. Arctique* est l'opposé de *antarctique.*

**ARCTITITE**, s. f. min. Synonyme de *Wernérite.* (V. ce mot.)

**ARCTITUDE**, s. f. (du b. lat. *arctitudo*, resserrement; dér. de l'adj. *arctus*, serré, étroit; *arceo*, contenir, lier.) didact. Rétrécissement.—méd. Rétrécissement du canal intestinal, constipation. — Réunion par la suture ou l'infibulation.

**ARCTIZITE**, s. f. min. L'un des noms par lesquels on désigne La parandine.

**ARCTOMYDE**, adj. des 2 g. (V. *Arctomys.*) mam. Qui ressemble à la marmotte. — *Arctomydes,* s. m. pl. Famille de mammifères.

**ARCTOMYS**, s. f. (du gr. ἄρκτος, ourse, nord, et de μῦς, lat. *mus*, rat.) mam. Synonyme de *Marmotte.*

**ARCTOPE**, s. m. Espèce de plante du cap de Bonne-Espérance.

**ARCTOPITHÈQUES**, s. m. pl. (du gr. ἄρκτος, ourse, et de πίθηκος, singe.) mam. Troisième division des singes d'Amérique, selon Geoffroy. Les arctopithèques sont les hapales d'Illiger, et les ouistitis de Cuvier.

**ARCTOTIDE**, s. f. bot. Genre de plantes de la famille des corymbifères.

**ARCTOTIDE, ÉE**, adj. bot. Semblable à une arctotide. — *Arctotidées,* s. f. pl. Douzième tribu des plantes synanthérées, selon Cassini.

**ARCTURE**, adj. des 2 g. (du gr. ἄρκτος, ourse, et de οὐρά, queue.) didact. Analogue à une queue d'ours. — s. m. astron. V. ARCTURUS.

**ARCTURUS**, s. m. (du gr. ἀρκτοῦρος, lat. *arcturus.* V. *Arcture.*) astron. On désigne sous ce nom Une étoile fixe de la première grandeur, située dans la constellation du bouvier, à la queue de la grande ourse. On dit aussi *arcture.*

**ARCUATION**, s. f. (du lat. *arcuatio*, action de courber en arc, formation en arc; *arcus*, arc.) didact. Courbure. — méd. Gibbosité antérieure, saillie du sternum.

**ARCURE**, s. f. didact. V. ARÇURE.

**ARCYRIE**, s. f. bot. Genre de champignons.

**ARCYTHOPHYTE**, s. m. bot. Plante qui porte des fruits semblables à ceux du genévrier.

**ARDASSE**, s. f. comm. Soie de Perse d'une qualité très-grossière. — adj. f. *Des Légis* ardasses.

**ARDASSINE**, s. f. comm. La plus belle soie de Perse, qui est nommée aussi *Ablaque.* (V. ce mot.)

**ARDEB**, s. m. métrol. Mesure de capacité pour les grains, usitée dans presque toute l'Afrique :

*L'ardeb du Caire a la valeur de* 1820,000 *litres, et celui de Massuha,* 117,460.

**ARDÉIDE**, adj. des 2 g. (du lat. *ardea*, héron, oiseau de l'ordre des échassiers.) ornith. Semblable à une grue. — *Ardéides*, s. m. pl. Famille d'oiseaux de l'ordre des échassiers.

**ARDÉLION**, s. m. (du lat. *ardelio*, même sens.) Se dit De celui qui fait le bon valet, l'homme empressé, qui se mêle de tout et a l'air toujours affairé. Il est familier et peu en usage.

**ARDEMMENT**, adv. Avec ardeur. Il ne s'emploie qu'au figuré : *Le roi qui souhaite si ardemment son retour.* Boil. *Désirer ardemment. Aimer ardemment.* Acad. *Ils veulent si ardemment une certaine chose.* La Br. *Il en est ardemment épris.* Acad. *On les voyait tous trois s'empresser ardemment.* Corn. *Le pape entrait ardemment dans la négociation.* Volt. *C'est là ce qu'il demande de vous aussi ardemment. J'ose dire plus ardemment que.....* Boil.

**ARDENT, ENTE**, adj. (du lat. *ardens, -entis*, même sens, part. prés., du v. *ardere*, brûler, V. *Arder*.) Se dit De ce qui est en feu, allumé, enflammé : *Feu* ardent. *Fournaise* ardente. *Brasier* ardent. *Braise* ardente. *Charbon* ardent. *Torche* ardente. *Flambeaux* ardents. — *Chapelle* ardente se dit Des cierges et des lampes qu'on brûlent en grand nombre autour d'un cercueil, ou du lit de parade où l'on a placé un corps mort. — On appelait autrefois *Chambre* ardente, Une commission judiciaire chargée de connaître de certains crimes, qui entraînaient la peine du feu : *Depuis plusieurs siècles cette chambre ardente est abrogée.*

**ARDENT**, Qui enflamme, qui brûle : *Archimède inventa les miroirs ardens. Le soleil est ardent aujourd'hui.* — Il se dit De certaines affections physiques : *Fièvre ardente. Soif ardente.* —nosol. : *Fièvre ardente,* Affection que les nosologistes modernes considèrent comme une fièvre bilieuse inflammatoire très-intense.—fig. Violent, véhément : *Amour ardent, Zèle ardent. Désir ardent. Dévotion ardente. Une ardente poursuite.* —Encore au fig. Qui se porte à quelque chose avec affection et véhémence : *Un soldat ardent au combat. Jeune homme ardent à l'étude. Arnauld est hérétique ardent à nous détruire.* Boil. *Un chien ardent à la chasse. Caractère ardent à la dispute. Avare ardent et âpre au gain. Je le trouvais complaisant, ardent pour mes intérêts.* Fén. *Vif et ardent pour le plaisir.* Mas. *Les plus riches familles, les plus ardentes pour la liberté.* Volt. — Il signifie aussi, Qui a une grande activité : *C'est un homme, un esprit ardent. Un caractère, un génie ardent. Un ardent adversaire.* — *Un cheval trop* ardent, Un cheval qui va plus vite qu'on ne veut. *Un chien trop* ardent, Qui poursuit le gibier avec trop de vivacité.—mar. *Vaisseau* ardent, Vaisseau qui dans les routes obliques tend sans cesse à venir au vent, c'est-à-dire, à tourner sa proue vers l'origine du vent.—path. Rouge foncé : *Urine ardente,* Celle qui a une couleur rouge fort prononcée. *Yeux* ardents, Ceux dont le regard est menaçant et dont la conjonctive est injectée.— man. *Cheval poil* ardent, Cheval roux; c'est dans un sens analogue qu'on dit : *Des cheveux d'un blond ardent.* — chim. *Esprits* ardents, Esprits tirés par la distillation d'un végétal fermenté, qui peuvent prendre feu et brûler, comme l'esprit-de-vin et l'eau-de-vie.

**ARDENT**, pris substantiv., désigne Les exhalaisons enflammées, qui, le long des eaux stagnantes, se montrent près de terre dans la saison chaude : *On voit des ardents apparaître souvent dans les marais.*

**ARDENTS**, s. m. pl. S'est dit autrefois de certains malades attaqués d'une sorte d'épidémie pestilentielle qui, au XII⁸ siècle, désola la France : *Le mal des ardents était fort cruel. Sainte-Geneviève des Ardents était invoquée de tout le monde.*

**ARDER**, ou **ARDRE**, v. a. (du lat. *ardere*, être en feu, brûler.) Brûler, vieux mot qui ne s'est conservé longtemps que dans cette phrase populaire : *Le feu Saint-Antoine vous arde !*

**ARDEUR**, s. f. (du lat. *ardor*, Qui exprime la même idée et qui est dérivé du v. *ardere*. V. *Arder*.) Vive et extrême chaleur : *L'ardeur du feu. L'ardeur du soleil. Pendant les grandes ardeurs de la canicule.* — Il se dit aussi De la chaleur vive et piquante qu'on ressent dans certaines maladies : *Quand la fièvre se manifestait avec le plus d'ardeur, le malade tombait dans le délire. Il était attaqué*

*d'une ardeur d'entrailles, d'une ardeur d'urine.* — fig. Chaleur, vivacité avec laquelle on s'abandonne à un travail, à un sentiment, à une passion : *Il se livre à ce travail avec une ardeur extrême. La sainte ardeur d'un zèle si pieux ne s'est point démentie. Une si bouillante ardeur n'a été qu'une ardeur passagère. Il a tout sacrifié à l'ardeur de sa dévotion. Il s'est employé avec ardeur au service de ses amis. L'ardeur de s'enrichir, de briller. L'ardeur de se montrer, et non pas de médire, Arma la vérité des traits de la satire.* Boil. *L'ardeur des combattants. Il réveilla l'ardeur de ses troupes par l'appât du butin. Poursuivre quelqu'un ou quelque chose avec une ardeur extraordinaire. Modérez un peu l'ardeur qui vous enflamme. Quand l'ardeur du combat était la plus grande, il ne se déconcertait pas. Dans l'ardeur de la dispute, il se montrait intraitable. Il a conservé dans l'âge mûr toute l'ardeur de la jeunesse. Il est toujours dévoré par l'ardeur des passions. Lorsqu'il est à l'ouvrage, il travaille toujours avec ardeur.*

**Ardeur**, se dit aussi De l'excès d'activité de quelques animaux : *Un cheval, un chien qui a trop d'ardeur. Ce cheval donne de l'ardeur à celui qu'on attelle avec lui.* — Il se dit encore au fig. D'une passion amoureuse : *Une première ardeur est toujours la plus vive. Il lui cachait son ardeur. Il n'avait plus pour elle ces folles ardeurs.*

**ARDIER**, s. m. techn. Corde que l'on met autour de l'ensuple et qui la fait tourner.

**ARDILLON**, s. m. (dim. du gaël. *ard*, pointe de compas.) Pointe de fer ou d'autre métal servant à arrêter dans la boucle dont elle fait partie la courroie que l'on y passe : *Il a rompu l'ardillon. Les ardillons de cette boucle.* — On dit prov. D'un équipage auquel il ne manque rien : *Il ne manque pas un ardillon à cet équipage.* — imp. Il se dit De deux pointes de fer fixées sur deux lames de même en fer, nommées *Pointures*, qui se placent de chaque côté du grand tympan d'une presse, et qui servent à percer les feuilles de papier afin que ces feuilles, mises en retiration, entrent dans les mêmes trous, pour que les pages tombent bien en registre, c'est-à-dire, exactement les unes sur les autres.

**ARDISIACÉ, ÉE**, adj. bot. Qui ressemble à l'ardisie. — *Ardisiacées*, s. f. pl. Famille de plantes monopétales hypogynes.

**ARDISIE**, s. f. bot. Genre de plantes originaires des pays voisins des tropiques.

**ARDOISE**, s. f. géol. Sorte de schiste feuilleté, d'un gris noirâtre, dont on se sert pour couvrir les toitures : *Grosse ardoise. Ardoise fine. Carrière d'ardoise. Ardoise d'Anjou. Un cent d'ardoises. Maison couverte en ardoises. Couvreur en ardoises. On dessine, on écrit sur l'ardoise.*

**ARDOISÉ, ÉE**, adj. De la couleur de l'ardoise : *Une teinte ardoisée. Pierre ardoisée.*

**ARDOISIER, ÈRE**, adj. min. Qui paraît se former ou se diviser en feuillets comme l'ardoise.

**ARDOISIÈRE**, s. f. Carrière d'où l'on tire l'ardoise : *Les plus célèbres ardoisières sont celles d'Angers.*

**ARDRE**, v. a. V. *Arder.*

**ARDU, UE**, adj. (du lat. *arduus*, escarpé, roide, difficile, mot d'origine celtique; gail. *ard*, haut, élevé, perpendiculaire.) Qui est escarpé, d'un accès difficile. Il ne s'emploie guère qu'au figuré, en parlant des idées que l'on ne comprend pas aisément, ou des questions qu'on ne résout pas sans peine : *Il a discuté les questions les plus ardues de la science. Les matières les plus ardues lui sont familières.*

**ARE**, s. m. Nouvelle mesure de superficie pour les terrains, qui contient cent mètres carrés : *Il a acheté un arc de terre labourable. Deux arcs de prés. L'hectare vaut cent ares.*

**ARÉAGE**, s. m. agric. Mesurage des terres par ares ; il remplace l'arpentage de l'ancien système.

**AREC, ARECA, ou AREQUE**, s. m. bot. Genre de palmiers, dont une espèce, l'arec cachou, ne fournit pas le cachou, comme le croyait Linné, mais une amande que les Indiens mâchent avec les feuilles de bétel et de la chaux ; c'est ce mélange qui porte le nom de bétel : *L'arec d'Amérique,* arbre très-élevé et fort élégant, produit, au centre de ses feuilles, un bourgeon qui a le goût de l'artichaut, et qu'on mange aux Antilles, sous le nom de chou-palmiste.

**ARECINE**, s. f. chim. Substance extraite du fruit de l'arec.

**ARECINÉ, ÉE**, adj. bot. Qui ressemble à l'arec.

*Arecinées*, s. f. pl. Groupe de plantes de la famille des palmiers.

**ARÉFACTION**, s. f. (du lat. *arefactio*, dessiccation, dér. du v. *arefacere*, sécher; *areo*, d'où *aridus*, aride, être sec, et *facere*, faire.) pharm. Opération au moyen de laquelle on dessèche les médicaments qu'on veut pulvériser.

**AREIGNOL**, s. m. pêch. Filet que l'on connaît particulièrement sous le nom de *Bastrude*. V. ce mot.

**ARENA**, s. m. (V. *Arène*.) hermét. Terre noire qu'il faut blanchir ; le corps pur et net.

**ARÉNACÉ, ÉE**, adj. (du lat. *arenaceus*, sablonneux : *arena*, sable.) hist. nat. Qui est formé de sable.

**ARÉNACÉO - CALCAIRE**, adj. des 2 g. min. Composé de sable et d'une substance calcaire.

**ARÉNAIRE**, adj. des 2 g. (du lat. *arenarius*, de sable, qui se trouve dans le sable.) bot. Qui naît dans les sables : *Plantes arénaires.*

**ARÉNATION**, s. f. didact. Action d'étendre du sable sur une surface.—chim. Bain de sable chaud.

**ARENDALITE**, s. f. min. V. *Akanticone.*

**ARÈNE**, s. f. (du lat. *arena*, sable.) Gravier, sable menu dont la terre est principalement couverte sur les rivages et au fond de la mer, des fleuves, des rivières, etc. : *Les brûlantes arènes de la Lybie. La molle arène.* Cette dernière expression n'est en usage qu'en poésie.

**Arène**, signifie encore Le terrain de l'amphithéâtre où se livraient les combats de gladiateurs et de bêtes féroces : *Descendre dans l'arène ou sur l'arène.* — au fig. *Descendre dans l'arène* signifie Entrer en discussion, s'engager dans une lutte : *Il ne veut pas descendre dans l'arène avec un si redoutable adversaire.*

**Arènes**, au pl., se dit, par extension, Des amphithéâtres romains : *Les arènes de Périgueux. Les arènes de Nîmes.* — min. Canal construit dans une mine pour faire écouler les eaux. — techn. Sable argileux qui, mêlé avec une chaux grasse, peut former un bon mortier hydraulique.

**ARÉNER**, v. n. S'ARÉNER, v. pron. (du lat. *arena*, sable.) archit. Baisser, s'affaisser, s'enfoncer par son poids dans le sable, faute d'avoir été construit sur un terrain solide.

**ARÉNÉ, ÉE**, part.

**ARÉNEUX, EUSE**, adj. (lat. *arenosus*, même sens.) Où se trouve beaucoup d'arène. Il est vieux et n'est usité qu'en poésie : *Les plages aréneuses de la Lybie.*

**ARENG ou SAGOUR**, s. m. bot. Sorte de palmier avec la sève duquel les habitants d'Amboisse et de Java préparent un sucre très-bon, de couleur chocolat, et qu'ils nomment *gaula-itan.*

**ARÉNICAL, ALE**, adj. (V. *Arène.*) min. Qui est mélangé de sable.

**ARÉNICOLE**, adj. des 2 g. (du lat. *arena*, sable, et du suff. lat. *cola*, qui habite ; dér. du v. *colere*, habiter, cultiver.) Qui habite, qui vit dans les sables ou dans les terres sablonneuses. — s. m. Genre de vers qui habitent sur les côtes de la mer.

**ARÉNICOLIEN, ENNE**, adj. hist. nat. Semblable aux arénicoles. — *Arénicoliens*, s. m. pl. Famille d'annélides.

**ARÉNIFÈRE**, adj. des 2 g. didact. Qui porte ou qui contient du sable.

**ARÉNIFORME**, adj. des 2 g. didact. Qui ressemble à du sable.

**ARÉNULACÉ, ÉE**, adj. (du lat. *arenula*, sablon.) didact. Qui ressemble à de petits grains de sable.

**ARÉOLAIRE**, adj. didact. Rempli d'aréoles —bot. Synonyme de cellulaire, quand il s'agit du tissu végétal.

**ARÉOLE**, s. f. (du lat. *areola*, dim. d'*area*, petite aire, petit cercle, petite couronne.) anat. Vacuoles, petits interstices que laissent entre elles des anastomoses fréquentes, les ramifications nombreuses des vaisseaux capillaires, etc. Cercle coloré qui entoure certains boutons.—astron. Cercle lumineux qui paraît quelquefois autour de la lune. — erp. Plaques écailleuses qui revêtent la boîte osseuse de la plupart des tortues. — entom. Synonyme de *Cellule.* Les aréoles sont des espaces membraneux, circonscrits par les nervures, dans les ailes des insectes.

**ARÉOLÉ, ÉE**, adj. didact. Qui présente des aréoles.

**ARÉOMÈTRE**, s. m. phys. Instrument qui sert à connaître les pesanteurs spécifiques relatives des liquides. — On nomme Aréomètre à pompe, Un instrument qui sert à prouver qu'en faisant le vide en même temps dans deux tubes, plongeant tous les deux dans des liqueurs de différentes densités, ces liqueurs s'élèvent à des hauteurs réciproques de densité.

ARÉOMÉTRIQUE, adj. des 2 g. phys. Qui a rapport à l'aréomètre.

ARÉOPAGE, s. m. (ἀρειοπάγος, en grec : Ἄρης, Mars, et πάγος, hauteur, colline : la colline de Mars était le lieu où ce sénat tenait ses séances.) Tribunal d'Athènes, et jouissant d'une haute réputation de sagesse.—au fig. Il se dit, tantôt sérieusement, tantôt par plaisanterie, D'une assemblée de juges, de magistrats, d'hommes d'État ou de littérateurs : *Il ne se présenta qu'avec timidité devant cet aréopage illustre. J'appréhende malgré moi cet aréopage littéraire. On ne pouvait considérer sans rire cet aréopage singulier.*

ARÉOPAGITE, s. m. (en gr. ἀρειοπαγίτης.) Qualification donnée aux membres de l'aréopage : *Saint Denis l'aréopagite.*

ARÉOPAGITIQUE, adj. des 2 g. (V. *Aréopage.*) Qui est relatif, qui appartient à l'aréopage. — Il s'emploie substantivement dans le titre de certains ouvrages : *L'aréopagitique d'Isocrate.*

ARÉOSTYLE, s. m. V. ARÆOSTYLE.

ARÉOTIQUE, adj. des 2 g. (du gr. ἀραιωτικός, qui a la propriété de raréfier, ἀραιός, rare.) méd. Épithète donnée aux médicaments qu'on a crus propres à raréfier les humeurs.

ARÉOTOCTONIQUE, s. f. Partie de la science de l'ingénieur qui concerne l'attaque et la défense des places de guerre.

ARÈTE, s. f. (du lat. *arista*, barbe, pointe de l'épi, et arête de poisson.) ichth. Partie dure et quelquefois pointue qui tient lieu d'os chez les poissons : *Le brochet a beaucoup d'arêtes. Prenez garde aux arêtes. Avoir une arête dans le gosier. S'étrangler avec une arête. Petite arête. Arête piquante. Grosse arête.*—Squelette entier d'un poisson : *L'arête d'une sole, d'une carpe.* — bot. Barbe ou prolongement des balles ou glumes dans les graminées. — pl. art vét. Croûtes dures et écailleuses qui viennent aux jambes des chevaux et des ânes depuis le jarret jusqu'au boulet.

ARÈTE, en architecture, Angle saillant formé par la rencontre de deux surfaces planes ou courbes d'une pierre ou d'une pièce de bois. Lorsque cet angle est bien net, on dit que la pierre est taillée *à vive arête.* — *Voûte* d'arête, Celle qui est composée de plusieurs berceaux dont les intersections forment des angles saillants. — art mil. Arête *de glacis*, Rencontre des parties qui forment les saillants d'un chemin couvert. — chap. Extrémité du chapeau où s'arrête la couture. — fourb. Partie élevée de la lame d'une épée. — serr. Bord d'une enclume. — orf. Partie de la cuiller élevée du cuilleron. — Extrémité d'un plat de faïence ou d'une assiette, du côté du fond.—Arêtes *d'une baïonnette*, Carrés d'une lame de baïonnette. — géogr. Ligne courbe qui sépare ordinairement les versants principaux d'une chaîne de montagnes où croissent les pics les plus élevés, et d'où suivent les autres chaînes secondaires.

ARÉTEUX, EUSE, adj. didact. Rempli d'arêtes.

ARÉTHUSE, s. f. bot. Genre de plantes de la famille des orchidées.

ARÉTHUSÉ, ÉE, adj. bot. Semblable à l'aréthuse. — *Aréthusées*, s. f. pl. Groupe de plantes.

ARÉTIER ou ARESTIER, s. m. arch. Pièce principale d'un comble, celle qui en forme l'arête ou l'angle saillant, au point de rencontre de la face et de la croupe.

ARÉTIÈRES ou ARESTIÈRES, s. f. pl. couv. Cueillies de plâtre que les couvreurs mettent aux angles saillants de la croupe d'un comble couvert en tuiles : *Les arétières sont quelquefois de plomb.*

ARFVEDSONÉTE, s. f. min. Sorte de minéral qu'on trouve dans les mines du Groënland.

ARGALI, s. m. mam. Espèce de mammifère de l'ordre des ruminants et de la famille des chèvres ou des moutons, habitant l'Asie.

ARGALOU, s. m. bot. Nom vulgaire du paliure épineux, arbrisseau de la famille des rhamnoïdes.

ARGAMASSE, s. f. archit. Plate-forme construite dans la partie supérieure d'un bâtiment.

ARGAMASSER, v. a. archit. Construire une plate-forme dans la partie supérieure d'un bâtiment.

ARGAMASSÉ, ÉE, part.

ARGAN, s. m. bot. Nom vulgaire d'une espèce d'élæodendron croissant en Barbarie.

ARGANEAU, s. m. mar. V. ORGANEAU.

ARGANIE, s. f. bot. Genre de plantes.

ARGAS, s. m. zool. Genre d'arachnides.

ARGAULE ou ARGAUTE, s. f. ornith. Nom vulgaire de l'hirondelle de rivage.

ARGÉMONE, s. f. bot. Plante armée d'épines, qui ressemble au pavot.

ARGENNA, s. m. méd. Ulcération du centre de l'iris.

ARGENT, s. m. (du lat. *argentum*, même sens : en gaël. *airgead*, qui est la racine du latin. kym. *arian*, qui est resté dans le patois bayonnais. V. *l'Introduction.*) min. Substance métallique, blanche, ductile, dont la formation primitive cristalline est ou le cube, ou l'un de ses dérivés géométriques, et dont la pesanteur spécifique est de 10,474. C'est le plus précieux après l'or et le platine : *Mine, minière d'argent. Veine d'argent. Argent vierge. Lingot, barre d'argent. Argent en lingot, en barre, en œuvre, en feuilles. Tirer, fondre, affiner, battre, monnayer, marquer, travailler de l'argent. Argent fin, affiné, purifié, monnayé, travaillé, ouvragé, battu, moulu, trait, filé, mat, poli, bruni, plaqué, haché. Argent en pâte, en bain, en coquille. Argent de coupelle. Faux argent, argent faux. Argent à tel ou tel titre. Argent de bon ou de mauvais aloi. La monnaie d'argent, en France, est à neuf dixièmes de fin. Jetons, pièces, médailles d'argent. Ouvrage, vaisselle, couverts d'argent. Plats, assiettes, flambeaux d'argent, d'argent massif. Toile d'argent. Dentelle d'argent. Passement d'argent. Étoffe à fond d'argent. Oxyde, nitrate d'argent. Chlorure d'argent. Argent fulminant*, Combinaison d'oxyde, d'argent et d'ammoniaque, qui a la propriété de se décomposer et de faire explosion au moindre choc. — On appelle vulgairement Le mercure, *argent vif ou vif-argent.*—On dit, en parlant De la monnaie faite avec ce métal : *Voulez-vous être payé en argent ou en or? On vient de battre à la monnaie tant de millions en argent, et tant en or. Tous ces sacs sont en argent.* — On dit *argent blanc* dans le même sens : *Cette créance a été payée en argent blanc.*

ARGENT se dit aussi généralement De toute espèce de monnaie de quelque métal qu'elle soit, ou de toute espèce de valeur de banque ; *L'argent du roi. L'argent du fisc. L'argent du trésor. L'argent des particuliers. L'argent, l'argent, dit-on, sans lui tout est stérile ; La vertu sans argent est un meuble inutile.* BOIL. *Payer en argent comptant. Avoir de l'argent dans le commerce, en bourse, en caisse, à la Banque. Prendre, emprunter, prêter de l'argent à intérêt. Toucher de l'argent. Placer son argent sur quelqu'un. Tirer de l'argent de quelqu'un. Amasser de l'argent par tous les moyens possibles. Faire argent de tout. Il a si fort envie de vous payer que, pour faire de l'argent, il vend jusqu'à ses meubles. Avancer, fournir, dépenser de l'argent, son argent. Dépenser son argent mal à propos. Manger son argent en débauches. Prodiguer, semer l'argent. Perdre son argent au jeu. Voler de l'argent à quelqu'un. Être âpre à l'argent. Aimer l'argent. Courir à l'argent, après l'argent, après son argent. Être ou se trouver court d'argent. Attendre, languir après son argent. L'argent s'en va vite. Avec de tels ouvriers il faut toujours avoir l'argent à la main. Ne rien faire qu'à force d'argent. Ne rien faire que pour de l'argent. Travailler pour de l'argent. Se laisser corrompre par argent. Il n'y a rien à faire par argent auprès d'un juge incorruptible. Entre gens d'honneur, la parole vaut l'argent.* On appelle argent du jeu, L'argent gagné au jeu ; argent *des cartes*, L'argent donné par les joueurs pour les cartes qui leur sont fournies. *Articles d'argent.* V. ARTICLE.

ARGENT, donne lieu à un grand nombre de locutions familières ou proverbiales. On appelle famil. Argent *mignon*, Celui qu'on a mis en réserve et qu'on peut employer en dépenses superflues. *Payer argent bas, argent sur table, argent sec,* se dit encore famil. pour signifier Payer argent comptant. On dit au fig. et proverb. : Argent *comptant porte médecine*, pour signifier que, dans les affaires, L'argent comptant est d'un grand secours. On dit encore de la même façon, en parlant de quelqu'un qu'on croit trop légèrement ou qu'on lui dit : *Il a pris cela pour argent comptant. Avoir le drap et l'argent,* se dit au fig. et prov. De celui qui retient l'argent et les marchandises. *Avoir le temps et l'argent,* signifie Avoir tout à souhait. — au propre et au fig. *Jouer bon jeu bon argent,* signifie que, Soit au jeu, soit

en affaire, on agit sérieusement. On dit en par allusion au jeu de paume : *Mettre argent sous corde,* Jouer argent comptant. — Argent *frais et nouveau ruine le jouvenceau,* Un jeune homme devenu subitement riche, court grand risque de se ruiner. On dit de quelqu'un qu'*il met du bon argent contre du mauvais,* Lorsqu'il fait des frais ou des avances dans une affaire où il court risque de ne rien retirer. — *C'est de l'argent en barre,* se dit prov. et fig. d'Une marchandise qui est de prompt et bon débit, ou d'un effet de commerce qui vaut autant que de l'argent comptant. *C'est argent perdu, c'est autant d'argent perdu,* signifie Un argent employé dans une affaire pour laquelle on ne présage aucun succès. *C'est de l'argent mort,* Un argent qui ne rapporte ni intérêt ni profit. Pour faire entendre qu'on a bien des moyens de satisfaire à ses engagements lorsqu'on a beaucoup de temps devant soi pour payer, on dit prov. et fig. *Le terme vaut l'argent.* Racine a fait dire prov. et fig., dans une comédie, à un portier qui n'ouvre la porte qu'à ceux qui le paient : *Point d'argent, point de Suisse, et ma porte était close.* — fig. et fam. On dit d'un prodigue : *C'est un bourreau d'argent, un vrai bourreau d'argent.*

ARGENT, blas. Désigne Un des métaux en usage dans les armoiries ; on le représente avec de l'argent ou seulement par du blanc : *Cette famille porte d'argent un griffon de sable.*

ARGENT CORNÉ, min. Synonyme d'argent muriaté.

ARGENT NOIR, min. Synonyme d'argent antimonié sulfuré noir.

ARGENT ROUGE, min. Synonyme d'argent antimonié sulfuré.

ARGENT VITREUX, min. Synonyme d'argent sulfuré.

ARGENTAL, ALE, adj. didact. Qui renferme de l'argent métallique.

ARGENTATE, s. m. chim. Sel produit par la combinaison de l'oxyde d'argent avec une base salifiable.

ARGENTAN (POINT D'). V. POINT.

ARGENTER, v. a. (du lat. *argentum*, argent, *argentatus*, argenté ; de *argentare*, argenter.) Appliquer des feuilles d'argent à des ouvrages en cuir, en bois, en métal, de telle sorte qu'ils semblent avoir été faits en argent : *Argenter des ornements en relief. Cet ouvrier argentait un calice.* — fig. et poët. Il signifie Donner à quelque chose l'éclat de l'argent : *La lune argentait les flots.*

ARGENTÉ, ÉE, part. Un ostensoir argenté. Une cuiller argentée. Des flambeaux argentés. — Il s'emploie poët. comme le verbe d'où il dérive :

Ainsi qu'une jeune beauté,
Silencieuse et solitaire,
Des flancs d'un nuage argenté
La lune sort avec mystère.

                    BAOUR-LORMIAN.

On appelle *gris argenté*, Une couleur grise mêlée d'un blanc qui lui donne un certain éclat : *Des cheveux d'un gris argenté.*

ARGENTERIE, s. f. (V. *Argent.*) Vaisselle, meubles ou ustensiles d'argent : *Il a dépensé en argenterie une somme de dix mille écus. Il possède une argenterie du plus grand prix. Une magnifique argenterie.*

ARGENTERIE se dit, dans les églises, De la croix, des chandeliers, du bénitier, et de tous les vases d'argent qui servent aux cérémonies du culte : *Il y a, dans cette paroisse, une argenterie d'une grande valeur. Demander pour un enterrement la grande ou la petite argenterie.* — *L'argenterie* était anciennement, chez le roi, Un fonds qui se faisait annuellement pour certaines dépenses extraordinaires : *Trésorier et contrôleur de l'argenterie.*

ARGENTEUR, s. m. Ouvrier qui argente le cuir, le bois, le plomb, le cuivre, etc.

ARGENTEUX, EUSE, adj. (du lat. *argentosus*, mêlé d'argent, rempli d'argent.) Il se dit De celui qui a beaucoup d'argent, mais il n'est guère en usage que parmi le peuple : *C'est un homme fort argenteux, il ne connaît pas sa fortune.*

ARGENTICO-AMMONIQUE, adj. m. chim. Il se dit D'un sel argentique combiné avec un sel ammoniac.

ARGENTICO-CALCIQUE, adj. m. chim. Il se dit D'un sel argentique combiné avec un sel calcique.

ARGENTICO-PLOMBIQUE, adj. m. chim. Il se dit à caractériser Un sel argentique combiné avec un sel plombique.

ARGENTICO-POTASSIQUE, adj. m. chim. Dénomination d'Un sel argentique combiné avec un sel potassique.

**ARGENTICO-SODIQUE**, adj. m. chim. Il se dit d'Un sel argentique combiné avec un sel sodique.

**ARGENTICO-STRONTIQUE**, adj. m. chim. Il sert à désigner Un sel argentique combiné avec un sel strontique.

**ARGENTIER**, s. m. (du lat. *argentarius*. V. *Argent.*) Nom donné autrefois, chez les souverains, à l'officier chargé de distribuer certaines sommes d'argent. En France, on appliquait particulièrement cette dénomination au surintendant ou ministre des finances.

**ARGENTIFÈRE**, adj. des 2 g. (du lat. *argentifer*, qui porte ou contient de l'argent.) didact. Qui renferme de l'argent.

**ARGENTIFIQUE**, adj. des 2 g. (du lat. *argentum*, argent, et du suff. *ficus*, qui fait, dér. du v. *facere*, faire.) art herm. Doué de la vertu de faire de l'argent : *Sel* argentifique.

**ARGENTIN, INE**, adj. Se dit De ce qui a un son retentissant et clair comme celui de l'argent : *Les cloches dans les airs, de leurs voix argentines, Appelaient à grand bruit les chantres à matines.* BOIL. — On le dit encore Des choses qui ont la blancheur et l'éclat de l'argent : *Couleur* argentine, et poétiquement : *Onde* argentine; *Flots* argentins. — On nomme, en peinture, *Ton* argentin, Certain effet de couleur qui rappelle le blanc de l'argent.

**ARGENTINE**, s. f. bot. Nom vulgaire de la potentille ansérine, plante cultivée dans nos jardins. — ichth. Genre de poissons.

**ARGENTIQUE**, adj. m. chim. Il se dit d'Un oxyde et des sels qui ont l'argent pour base.

**ARGENTON**, s. m. chim. Alliage de cuivre, de nikel et d'étain. V. PACKFOND.

**ARGEROLE**, s. f. bot. Nom vulgaire de l'azerolier.

**ARGENTURE**, s. f. Argent en feuilles très-minces que l'on applique sur la superficie de quelque ouvrage : *Fabriquer un ouvrage d'argenture et de dorure.* — Il se dit aussi De l'art d'appliquer les feuilles d'argent : *Un ouvrier fort habile en argenture a exécuté ce travail.*

**ARGILACÉ, ÉE**, adj. (du lat. *argillaceus*, argileux; *argilla*, argile.) didact. Qui est de la même couleur que l'argile.

**ARGILE**, s. f. (du lat. *argilla*, qui exprime la même idée.) min. Mélange naturel de différentes terres dans des proportions très-variées. L'argile varie aussi de couleur, mais le plus ordinairement elle est grise ou bleuâtre; elle est douce au tact, tendre, happant à la langue, répandant presque toujours, par l'insufflation, une odeur qui lui est particulière. Elle se délite dans l'eau et forme avec elle une pâte plastique, ductile et tenace. Le feu la durcit au point que parfois elle fait feu avec l'acier. L'argile la plus pure et la plus réfractaire est presque entièrement composée d'alumine et de silice, mais elle contient presque toujours du carbonate de chaux, de l'oxyde de fer et même un peu de magnésie, substances dont les proportions diverses expliquent les différences sans nombre qu'on observe entre les argiles : *Vase ou statue d'argile. L'homme fut pétri d'une simple argile. ..... Usez du peu que nous avons; l'aide des dieux a fait que nous le conservons : usez-en, saluez ces pénates d'argile.*

**ARGILEUX, EUSE**, adj. (du lat. *argillosus*, même sens.) Se dit De ce qui tient de l'argile, ou de ce qui en est formé : *Terrain* argileux. *Terre* argileuse. *Sol* argileux. *Couche* argileuse.

**ARGILICOLE**, adj. des 2 g. (du lat. *argilla*, argile, et de *colere*, habiter.) didact. Qui habite sur l'argile.

**ARGILIFÈRE**, adj. des 2 g. (du lat. *argilla*, argile, et de *ferre*, porter, produire.) didact. Qui renferme, qui contient de l'argile.

**ARGILIFORME**, adj. des 2 g. (du lat. *argilla*, argile, et de *forma*, forme.) didact. Semblable à l'argile.

**ARGILLETTE**, s. f. bot. Genre de mousses.

**ARGILLO-CALCITE**, s. m. min. Synonyme de *Marne*.

**ARGILLOPHYRE**, s. m. Porphyre dégénéré en masse terreuse par suite de la délitation.

**ARGILO-FERRUGINEUX, EUSE**, adj. (V. *Argile* et *Ferrugineux.*) didact. Qui renferme de l'argile et du fer.

**ARGILO-GYPSEUX, EUSE**, adj. (V. *Argile* et *Gypse.*) didact. Qui renferme du gypse et de l'argile.

**ARGILOÏDE**, adj. des 2 g. (du lat. *argilla*, argile, et du gr. εἶδος, forme, ressemblance.) didact. Qui ressemble à l'argile.

**ARGILOLITE**, s. f. min. Substance minérale ressemblant à de l'argile, mais à cassure ordinairement conchoïde, écailleuse, ou même feuilletée. Elle ne fait pas pâte avec l'eau.

**ARGILO-LITHIQUE**, adj. des 2 g. (du lat. *argilla*, argile, et du gr. λίθος, pierre.) didact. Qui est converti en argile dure.

**ARGILO-MURITE**, s. f. min. Synonyme d'argile légère. C'est la *farine fossile* de Fabroni.

**ARGILO-SABLEUX, EUSE**, adj. didact. Composé d'argile et de sable.

**ARGILO-TOURBEUX, EUSE**, adj. (V. *Argile* et *Tourbe*.) didact. Formé d'argile et de tourbe.

**ARGIOLE**, s. m. zool. Espèce de papillons.

**ARGION**, s. f. bot. Dioscoride nommait ainsi L'adianthe capillaire de Montpellier, plante de la famille des fougères.

**ARGIRITE**, s. f. V. ARGYROLITHE.

**ARGIROLITHE**, s. f. V. ARGYROLITHE.

**ARGO**, s. m. astron. Constellation de l'hémisphère austral qui a pris son nom du navire sur lequel Jason et ses compagnons allèrent en Colchide à la conquête de la Toison d'Or.

**ARGON**, s. m. chass. Morceau de bois plié en arc qui sert à prendre les oiseaux.

**ARGOLASIE**, s. f. bot. Espèce de plante du cap de Bonne-Espérance.

**ARGONAUTACÉ, ÉE**, adj. moll. Qui ressemble à l'argonaute. — *Argonautacées*, s. f. pl. Famille de mollusques.

**ARGONAUTES**, s. m. pl. (du gr. Ἀργοναύτης, qui navigue sur l'Argo; Ἀργώ, Argo, et ναύτης, nautonier.) Nom des héros grecs qui, sur le navire Argo, allèrent en Colchide, sous la conduite de Jason, pour conquérir la Toison-d'Or : *Le voyage, l'expédition des Argonautes, fut l'un des événements les plus mémorables de l'antiquité.* — hist. nat. moll. Genre de mollusques de l'ordre des céphalopodes à huit pieds ou octopodes, famille des poulpes, dont une espèce, la nautile papyracée ou argonaute argo, a eu de la célébrité chez les anciens à cause de sa singulière manière de naviguer.

**ARGOPE**, s. m. entom. Genre d'insectes de l'ordre des coléoptères.

**ARGOPHYLE**, s. m. bot. Arbrisseau de la Nouvelle-Écosse.

**ARGOT**, s. m. (du gaël. *argnadh*, ou *aiggneadh*, vol, brigandage.) Langage usité chez les malfaiteurs et les gueux, et qu'ils sont les seuls à comprendre. On dit : *Un terme d'argot. Apprendre l'argot. Savoir l'argot. Parler l'argot.* — *Argot*, se dit encore par extension Des mots particuliers qu'emploient entre eux des gens de certaines professions : *L'argot des coulisses*, pour signifier Les termes qu'affectent spécialement les acteurs. — jard. *Argot*, Désigne le bois qui est au-dessus de l'œil : *Retrancher les argots qui se montrent sur un arbre.*

**ARGOTER**, v. a. jard. Couper l'extrémité d'une branche morte.

**ARGOTÉ, ÉE**, part.

**ARGOULET**, s. m. Dans l'ancienne milice française, espèce de carabin ou de hussard. — fig. Homme de néant. Il est peu usité.

**ARGOUSIER**, ou **ARGOUSSIER**, s. m. bot. Genre de plantes de la famille des thymélées.

**ARGOUSIN**, s. m. (de gaël. *arghim*, j'observe, je garde.) Bas-officier qui, dans les bagnes est chargé de la garde des forçats.

**ARGUATION**, s. f. Se dit, en termes de pratique, De l'action d'arguer une pièce de faux.

**ARGUE**, s. f. Machine qui sert à dégrossir les lingots de cuivre, d'argent ou d'or avant de les faire passer par des filières plus fines. — *Argue*, désigne encore Un bureau public, où les lingots à dégrossir sont portés par les tireurs d'or.

**ARGUER**, v. a. (l'U se prononce; du lat. *arguere*, accuser, censurer, réprimander.) Accuser, contredire, reprendre. Il n'est guère usité que dans cette phrase : Arguer *de faux une signature, un acte, un témoignage.* — techn. Faire entrer un fil de métal par les trous.

**ARGUER**, v. n. Tirer une conséquence : *Vous arguez mal à propos ou avec raison de ce fait, de ce principe, de ce titre.*

**ARGUÉ, ÉE**, part.

**ARGUILLE**, ou **ARTILE**, s. m. ornith. Nom vulgaire du traquet motteux.

**ARGULE**, s. m. zool. Genre de crustacés.

**ARGULÉ, ÉE**, adj. zool. V. ARGULIDE.

**ARGULIDE**, adj. des 2 g. zool. Qui a de la ressemblance avec l'argule. — *Argulides*, s. m. pl. Famille de crustacés.

**ARGUMENT**, s. m. (du lat. *argumentum*, preuve, dér. du v. *arguere*, qui ne signifie pas seulement accuser, mais encore convaincre.) log. Forme de raisonnement par laquelle on tire une conséquence d'une ou de plusieurs propositions : Argument *en forme. Puissant* argument. Argument *entortillé, concluant, démonstratif, invincible, puissant, irrésistible. Faux* argument. *Fort* argument. Argument *captieux, sophistique, spécieux.* Argument *victorieux, péremptoire, sans réplique. La solidité, la force de cet* argument. *Faire un* argument. *Pousser, résoudre, éluder, rétorquer un* argument. *Satisfaire, répondre à un* argument. — Argument *ad hominem*, ou argument *personnel*, Argument qui n'emprunte sa force qu'aux discours ou à la conduite de l'adversaire contre lequel on s'en sert, ou aux circonstances dans lesquelles il se trouve.

**ARGUMENT**, signifie encore Preuve, indice, conjecture : *Je tire de cet aveu un grand* argument *contre son innocence.* — On entend aussi par *Argument* Le sommaire, l'abrégé d'un ouvrage : *L'argument d'un traité, d'un discours, d'un poëme, d'une pièce de théâtre. Chaque livre de ce poëme est précédé d'un* argument.

**ARGUMENT**, en astron., est la quantité de laquelle dépend une équation, une circonstance quelconque du mouvement d'une planète; c'est ainsi que L'argument *de la latitude* est La distance d'une planète à son nœud, parce que la latitude en dépend L'argument *annuel* est La distance du soleil à l'apogée de la lune. L'argument *de la parallaxe* est L'effet que la parallaxe produit dans l'observation qui sert à trouver la véritable quantité de la parallaxe horizontale.

**ARGUMENTANT**, s. m. Celui qui, dans un acte public, argumente contre les répondants : *Le premier, le second, le troisième* argumentant.

**ARGUMENTATEUR**, s. m. (du lat. *argumentator*, V. *Argumenter.*) Celui qui se plaît et qui cherche à argumenter : *C'est un perpétuel* argumentateur. *Un* argumentateur *continuel.* Il n'est guère employé qu'en mauvaise part.

**ARGUMENTATION**, s. f. (du lat. *argumentatio*, même sens. V. *Argumenter.*) Action, art d'argumenter, série d'arguments qui tendent tous au même but : *Il s'est troublé pendant l'argumentation et a fini par ne pouvoir en sortir. Il a publié un traité d'argumentation qui lui fait beaucoup d'honneur. Il a renversé par son argumentation toutes les objections qu'on lui avait opposées.*

**ARGUMENTER**, v. n. (du lat. *argumentari*, qui exprime la même idée; *argumentum*, preuve, argument.) Formuler un ou plusieurs arguments; démontrer par arguments, ou conclure d'une chose à une autre : *Il a argumenté contre tous les docteurs. Il argumenta contre cette proposition avec une grande vigueur. Il n'a jamais su ce que c'est que d'argumenter en forme. J'argumente ainsi. C'est mal argumenter que de conclure de la possibilité à l'effet. On ne saurait argumenter de la puissance à l'acte, mais toujours de l'acte à la puissance. Le fait dont on argumente n'est d'aucune importance.*

**ARGURE**, s. m. hort. Courbure des branches pour leur faire produire plus de fruits.

**ARGUS**, s. m. (prononcez l'S; d'Argus, personnage de la Fable, qui, dit-on, avait cent yeux.) Espion vigilant et assidu : *Du vigilant argus la figure effrayante.* BOIL. *Yeux* d'argus, Yeux très-pénétrants.

Argus, selon la Fable, fut tué par Mercure, et Junon prit ses yeux qu'elle mit à la queue du paon, oiseau consacré à cette déesse; voilà pourquoi on a spécialement appelé *Argus*, Un genre de l'ordre des gallinacés, ne comprenant qu'une espèce, l'argus paon, magnifique oiseau de Java et de Sumatra. Ce mot a également été employé pour désigner Plusieurs genres ou espèces de poissons, de mollusques, de reptiles et de papillons.

**ARGUTIE**, s. f. (prononcez *argucie*, du lat. *argutia*, qui a le même sens; *argutus*, fin, délié, pointu.) Vaine subtilité de langage, argument sophistique et pointilleux : *Ce sont là des arguties, de pures arguties. A tous nos raisonnements il n'oppose que des arguties, de vaines, de misérables* argutics. *Les argutics scolastiques ont déshonoré l'ancienne philosophie.*

**ARGUZE**, s. f. bot. Nom vulgaire de la messerschmidia, préférable, pour les gens de goût, à son nom scientifique.

**ARGYNNE**, s. m. entom. Genre de papillons diurnes.

**ARGYRANTHÈME**, adj. des 2 g. bot. Dont les fleurs sont d'un blanc éclatant.

**ARGYRASPIDE**, s. m. (du gr. ἀργυρασπὶς,-ίδος ; ἄργυρος, argent, et ἀσπὶς, bouclier.) ant. Soldat d'un corps d'élite de l'armée d'Alexandre le Grand, qui portait un bouclier d'argent. — Soldat d'un corps de vétérans créé par Alexandre Sévère.

**ARGYRÉE**, s. f. (du gr. ἀργυρέος, argenté.) bot. Genre de plantes de la famille des convalvulacées, comprenant des arbrisseaux de la Cochinchine dont les feuilles et les racines sont employées en médecine.

**ARGYRÉIOSE**, s. m. (du gr. ἀργυρεῖος, argenté.) ichth. Genre de poissons sans écailles, d'un bleu argentin.

**ARGYRIDES**, s. m. pl. (du gr. ἀργυρετὶς,-ίδος, mine d'argent ; ἄργυρος, argent.) minér. Famille de minéraux qui renferment de l'argent.

**ARGYRITE**, ou **ARGYROLITHE**, s. f. (du gr. ἄργυρος, argent, et λίθος, pierre.) min. Sorte de pierre qui a la couleur et l'éclat de l'argent.

**ARGYROCÉPHALE**, adj. des 2 g. (du gr. ἄργυρος, argent, et de κεφαλὴ, tête.) didact. Qui a la tête d'un blanc argentin.

**ARGYROCOME**, adj. des 2 g. (du gr. ἄργυρος, argent, et κόμη, chevelure.) astron. Qui a une chevelure argentine : *Comète argyrocome.* — s. m. bot. Genre de plantes de la famille des corymbifères, dont les espèces sont originaires du cap de Bonne-Espérance.

**ARGYRODAMAS**, s. m. min. Sorte de talc de couleur d'argent qui résiste au feu le plus violent.

**ARGYROGONIE**, s. f. (du gr. ἄργυρος, argent, et γονὸς, génération.) art herm. Le sel argentifique ou la pierre philosophale.

**ARGYROLITHE**, s. f. V. ARGYRITE.

**ARGYROMELANOS**, s. m. min. Les anciens donnaient ce nom à Un minéral que l'on croit être la chaux sulfatée nacrée.

**ARGYRONÈTE**, s. f. zool. Genre d'araignées aquatiques.

**ARGYROPÉE**, s. f. (du gr. ἄργυρος, argent, et ποιέω, je fais.) art herm. Art prétendu de faire de l'argent avec un métal de moindre valeur.

**ARGYROPHTHALME**, adj des 2 g. (du gr. ἄργυρος, argent, et de ὀφθαλμὸς, œil.) zool. Qui a des yeux d'un blanc d'argent.

**ARGYROPHYLLE**, adj. des 2 g. (du gr. ἄργυρος, argent, et de φύλλον, feuille.) bot. Dont les feuilles sont d'un blanc d'argent.

**ARGYROPYGE**, adj. des 2 g. (du gr. ἄργυρος, argent, et πύγη, derrière, fesse.) zool. Qui a l'extrémité de l'abdomen blanc.

**ARGYROSTIGMÉ**, ÉE, adj. (du gr. ἄργυρος, argent, et de στίγμα, marque, cicatrice.) zool. Parsemé de taches blanches.

**ARGYROSTOME**, adj. des 2 g. (du gr. ἄργυρος, argent, et de στόμα, bouche.) zool. Dont la bouche est blanche.

**ARGYROTHAMNE**, s. m. (du gr. ἄργυρος, argent, et de θάμνος, rejeton, pousse.) bot. Arbrisseau de la Jamaïque.

**ARHEUMATIQUE**, adj. des 2 g. (de α priv. et de ῥεῦμα, flux, fluxion, rhumatisme.) méd. Qui n'a été atteint ni de fluxion ni de rhumatisme.

**ARHISE**, adj. des 2 g. (du gr. ἄρριζος, sans racine ; α priv. et ῥίζα, racine.) bot. Sans racine, sans radicule.

**ARHIZOBLASTE**, adj. des 2 g. (du gr. ἄρριζος, sans racine, et de βλάστον, bourgeon, rejeton.) bot. Qui germe sans produire de radicule.

**ARHYTHME**, adj. des 2 g. (de α priv. et de ῥυθμὸς, proportion, cadence, mesure.) méd. Il se dit d'Un pouls qui n'est pas réglé.

**ARIA**, s. m. Bruit : *Quel aria! Il ne faut pas faire tant d'aria pour si peu de choses.* — Amas d'objets entassés pêle-mêle : *Aria de hardes.* — mus. Air : *Cet aria est ravissant.*

**ARIANE**, s. f. astr. Constellation boréale qu'on appelle aussi *la couronne.* — entom. Genre de papillons.

**ARIANISME** s. m. hist. eccl. Hérésie, doctrine des ariens.

**ARICIE**, s. f. helm. Genre de la classe des vers à sang rouge.

**ARICIEN**, IENNE, adj. helm. Qui ressemble à une aricie.—*Ariciens*, s. m. pl. Famille de la classe des annélides.

**ARICINE**, s. f. chim. Base salifiable, organique, cristallisable, observée dans le quinquina jaune.

**ARIDAS**, s. m. comm. Sorte de taffetas qui se fabrique aux Indes.

**ARIDE**, adj. des 2 g. (du lat. *aridus*, même signification.) Sec ; dépourvu de toute humidité : *Sables* arides. *Roches* arides. *Les terres sèches et* arides. MASS. *Tu fais d'un sable* aride *une terre fertile.* BOIL. *D'un* aride *rocher fit sortir des ruisseaux.* BOIL. *Montagne* aride. *Herbes* arides. *Saison* aride. *Citerne* aride.—au fig. *Sujet* aride, Qui prête peu à l'imagination : *Discours* aride, *conversation* aride, *sans agrément.* — *Esprit* aride, *imagination* aride, Qui ne produit rien. — *Ame* aride, *cœur* aride, Qui manque de sensibilité : *Son âme est toujours* aride *et altérée.* MASS. = Syn. *Aride, Sec.* Un lieu est *aride* quand le défaut d'humidité lui a ôté la faculté de produire ; un lieu est *sec* quand il est momentanément privé d'humidité : *Les déserts de l'Afrique sont* arides ; *la terre est* sèche *à l'époque des grandes chaleurs.*

**ARIDIFOLIÉ**, ÉE, adj. bot. Dont les feuilles sont sèches au toucher.

**ARIDITÉ**, s. f. (du lat. *ariditas*, même. sens. V. *Aride.*) Sécheresse. Il se dit au propre et au fig : *L'aridité d'un sol, d'un terrain. L'aridité d'un sujet. L'aridité d'un discours. L'aridité de la saison. L'aridité de l'herbe brûlée par le soleil. L'aridité du style de cet orateur. Il y a une grande aridité de style, une étrange aridité dans cet ouvrage. Son âme est d'une aridité qui la rend étrangère à tout ce qui intéresse autrui.*—asc. Absence de consolation dans les exercices de piété : *L'âme la plus fervente éprouve des moments d'aridité. Éprouver des aridités dans la prière.* — path. Aridité *de la peau, de la langue*, Sécheresse de la peau, de la langue qui, dans quelques maladies, deviennent rudes au toucher ; couleur lanugineuse des cheveux, qui semblent couverts de poussière.

**ARIDURE**, s. f. méd. Atrophie d'un membre ; amaigrissement.

**ARIEN**, ENNE, s. et adj. hist. eccl. Sectateur d'Arius, hérésiarque qui niait le dogme de la consubstantialité, au commencement du quatrième siècle.—adj. Qui appartient aux ariens : *Un prince, un évêque arien.*

**ARIÈS**, s. m. astron. V. BÉLIER.

**ARIETTE**, s. f. (de l'ital. *arietta*, diminutif de *aria*, air.) mus. Air léger et détaché, qui s'adapte à des paroles et se chante avec accompagnement : *Chanter une ariette.*

**ARILLAIRE**, adj. des 2 g. bot. Qui a le caractère d'un arille.

**ARILLE**, s. m. bot. Expansion du cordon ombilical, qui enveloppe et recouvre plus ou moins complètement la graine. — Paroi interne du péricarpe.

**ARILLÉ**, ÉE, adj. bot. Pourvu d'un arille.

**ARIOSO**, adv. (mot italien qui signifie, Joli, charmant.) mus. D'une manière brillante, soutenue, en développant bien le chant et l'appropriant aux airs.

**ARISBE**, s. f. zool. Genre de papillons.

**ARISPH**, s. m. astr. Nom de la belle étoile qui se trouve à la queue du *Cygne.*

**ARISTARQUE**, s. m. (en gr. ἀρίσταρχος, qui commande aux grands ; ἄριστος, très-bon ; ἄριστοι, les meilleurs ; ἀρχὸς, chef. V. *Aristocratie.*) Commentateur grec d'Alexandrie, qui a fait une critique sévère des poëmes d'Homère. fig. Critique sévère, mais équitable et judicieux : *Le marquis de Feuquières, l'aristarque et quelquefois le zoïle des généraux.* VOLT. —Il se dit quelquefois par ironie : *Nos modernes* aristarques. *Allons, habile* aristarque, *que dites-vous de cet ouvrage?*

**ARISTE**, s. m. zool. Genre d'insectes de la famille des coléoptères.

**ARISTÉE**, s. f. bot. Genre de plantes du cap de Bonne-Espérance.

**ARISTÉ**, ÉE, adj. (du lat. *aristatus*, muni de barbe ou de pointes d'épis ; *arista*, barbe d'épis.) bot. Qui a, qui porte une ou plusieurs arètes. *Anthère* aristée. *Valve* aristée.

**ARISTÉNIE**, s. f. bot. Grand ver à sang rouge.

**ARISTOCRATE**, s. des 2 g. (V. *Aristocratie.*) Partisan de l'aristocratie : *Un* aristocrate. *Une* aristocrate. — Au temps de la Révolution française, il désignait Les nobles et les privilégiés, leurs partisans, et en général tous les ennemis de la République.—adj. *Cet homme est fort* aristocrate.

**ARISTOCRATIE**, s. f. (du gr. ἀριστοκρατία, même signification ; ἄριστος, le meilleur, ou plutôt ἄριστοι, les grands, et κράτος, force, pouvoir, domination.) pol. Gouvernement où le pouvoir souverain est possédé et exercé par un certain nombre de personnes considérables : *La république de Venise, de Gênes, était une* aristocratie. *Ferdinand II fut près de changer l'aristocratie allemande en une monarchie absolue.* VOLT.—Il se dit encore Des grands d'un État, de la classe noble et privilégiée : *L'aristocratie anglaise. L'aristocratie allemande.*

**ARISTOCRATIQUE**, adj. des 2 g. Qui appartient à l'aristocratie : *État* aristocratique. *Gouvernement* aristocratique.

**ARISTOCRATIQUEMENT**, adv. En aristocrate, d'une manière aristocratique : *Cet État est gouverné* aristocratiquement.

**ARISTOLOCHE**, s. f. (du gr. ἄριστος, très-bon, et λόχια, lochies, parce que cette plante, selon les anciens, favorise l'écoulement des lochies.) bot. Genre de plantes phanérogames, dicotylédones, apétales : *La racine de la serpentaire de Virginie, espèce d'aristoloche, provoque les évacuations cutanées et urinales. L'aristoloche clématite, qui croît par toute la France, est sudorifique et vulnéraire. Le suc d'une espèce d'aristoloche, pris en certaine quantité, tue les serpents de moyenne grosseur.*

**ARISTOLOCHIÉ**, ÉE, adj. bot. Qui ressemble à l'aristoloche.—*Aristolochiées*, s. f. pl. Famille de plantes.

**ARISTOTÉLICIEN**, ENNE, adj. Conforme à la doctrine d'Aristote. — s. m. Partisan de la doctrine d'Aristote : *Les* Aristotéliciens.

**ARISTOTÉLIE**, s. f. bot. Arbrisseau du Chili.

**ARISTOTÉLIQUE**, adj. des 2 g. Qui se rapporte à Aristote ou à sa doctrine.

**ARISTOTÉLISME**, s. m. La philosophie, la doctrine d'Aristote.

**ARISTULÉ**, ÉE, adj. bot. Muni d'une fort petite arète.

**ARITHMÉTICIEN**, ENNE, s. (du gr. ἀριθμητικὸς, habile à calculer. V. *Arithmétique.*) Qui sait ou qui enseigne l'arithmétique : *Bon* arithméticien. *Savant* arithméticien.

**ARITHMÉTIQUE**, s. f. (du gr. ἀριθμητική, même sens ; ἀριθμὸς, nombre, numération, calcul.) Science des nombres, art de calculer : *Arithmétique spéculative. Arithmétique pratique. Les quatre premières règles de l'arithmétique. Vous trouverez en bonne arithmétique que, etc.*—Arithmétique *logarithmique*, Qui s'exécute par les tables de logarithmes. Arithmétique *numérale*, Qui enseigne le calcul des nombres. Arithmétique *spécieuse* ou algèbre, Qui enseigne le calcul des quantités désignées par les lettres de l'alphabet. — Arithmétique *universelle*, Nom donné par Newton au calcul des grandeurs en général. Arithmétique *décimale*, Qui procède par la progression décuple. Arithmétique *politique*, Celle qui a pour but des recherches utiles à l'art de gouverner les peuples. C'est la statistique.—adj. des 2 g. Qui est selon les règles de l'arithmétique, qui appartient à la science des nombres, à l'art de calculer : *Calcul* arithmétique. *Proposition* arithmétique. *Rapport* arithmétique *de deux quantités*, La différence de ces deux quantités. *Proportion* arithmétique, L'égalité de deux rapports arithmétiques. *Progression* arithmétique, Une progression où la différence de chaque terme au terme précédent est constante.—*Échelles* arithmétiques, nom donné par Buffon Aux différentes progressions de nombres suivant lesquelles l'arithmétique aurait pu être formée. —*Machine* arithmétique, Sorte de machine inventée par Pascal, et qui exécute les principales règles de l'arithmétique.

**ARITHMÉTIQUEMENT**, adv. D'une manière arithmétique : *Procéder* arithmétiquement. *Quantités* arithmétiquement *proportionnelles.* Arithmétiquement *partant, vous avez raison.*

**ARITHMOGRAPHE**, s. m. (de ἀριθμὸς, nombre, et de γράφω, écrire.) techn. Sorte de règle à calcul qui est courbée en cercle.

**ARITHMOGRAPHIE**, s. f. (de ἀριθμὸς, nombre, et de γραφὴ, écriture.) techn. Art d'écrire les nombres, de représenter par des signes conventionnels les valeurs des grandeurs dont la composition est connue, et de transformer ces diverses expressions

n expressions équivalentes, jusqu'à ce qu'on arrive à la plus simple de toutes.

**ARITHMOGRAPHIQUE**, adj. des 2 g. techn. Qui a
rapport à l'arithmographie.

**ARITHMOLOGIE**, s. f. math. Science qui embrasse
l'ensemble de nos connaissances relativement à la
mesure des grandeurs en général.

**ARITHMOLOGIQUE**, adj. des 2 g. math. Qui a
rapport à l'arithmologie.

**ARITHMOMÈTRE**, s. m. techn. Nom d'une machine qui sert à faire des calculs.

**ARITHMOMOMIE**, s. f. Notion par les nombres.

† **ARITHMOTYPIQUE**, s. f. (du gr. ἀριθμὸς, nombre,
et de τύπος, caractère, type.) mathém. il se dit De
certains cahiers qui servent à faciliter l'enseignement de l'arithmétique, et représentant des chiffres
placés dans l'ordre ou sur le modèle suivant :

| 2 | 5 ,, | 5 | 4 |
| 7 | 9 ,, | 0 | 4 |

**ARLEQUIN**, s. m. (ital. *Arlecchino*.) Personnage
bouffon de la comédie italienne, introduit sur notre
théâtre, et dont le vêtement était formé de pièces
de diverses couleurs : *Rôle* d'arlequin. *Jouer les*
arlequins. *Être vêtu, être déguisé en* arlequin. —
fig. et fam. *Un habit* d'arlequin, Un tout composé
de parties disparates, un ouvrage fait de morceaux
pris de différents auteurs : *Cet ouvrage, ce livre
est un véritable habit* d'arlequin. — ornith. Oiseau
du genre des colibris, dont les plumes imitent
l'habit d'arlequin.

**ARLEQUINADE**, s. f. Bouffonnerie, lazzis, farces
d'arlequin, soit dans le jeu, soit dans les paroles : *Il
y a dans ce rôle de bonnes* arlequinades.—Genre de
pièces de théâtre où l'arlequin joue le principal rôle :
*On vient de jouer une* arlequinade *fort plaisante.*

**ARLEQUINE**, s. f. Danse de caractère propre au
personnage d'arlequin.—Femme habillée en arlequin.—conchyl. Coquille du genre des porcelaines.

**ARLEQUINÉ, ÉE**, adj. Qui est orné de couleurs
variées comme celles d'arlequin.

**ARMADA**, s. f. (mot espagnol.) Flotte espagnole:
*L'invincible* Armada, Flotte armée par Philippe II,
roi d'Espagne, contre Élisabeth d'Angleterre.

**ARMADILLE**, s. f. (dimin. d'*armada*.) Petite flotte
entretenue autrefois par les rois d'Espagne dans
le Nouveau-Monde.—Frégates légères qui faisaient
partie de cette flotte.—zool. Genre de crustacés
qui se rapprochent du cloporte.

**ARMAGNAC**, s. m. comm. Nom employé par
ellipse pour eau-de-vie d'Armagnac : *Envoyez-moi
une pipe de bon* armagnac.

**ARMAILLADE**, s. f. pêch. Nom d'une espèce de
filet qui sert pour pêcher. V. AMAIRADE.

**ARMAND**, s. m. art. vét. Bouillie réputée propre
à rendre au cheval de l'appétit et des forces.

**ARMATEUR**, s. m. mar. Celui qui arme ou équipe
à ses frais un vaisseau pour la course ou pour com-
mercer:*Les armateurs du Havre, de Marseille. Ce
vaisseau marchand m'appartient, j'en suis l'*armateur.—Le capitaine ou le vaisseau même qui fait la
course:*Nos armateurs ont fait des prises. Nos armateurs sont sortis du port.*

**ARMATURE**, s. f. Dans les arts et métiers, Assemblage de différentes barres ou liens de métal
pour soutenir ou contenir les parties d'un ouvrage:
*L'armature d'une machine, d'un moule, d'une pièce
de bois*, etc.—phys. Toute substance métallique
appliquée à une partie d'un animal que l'on veut
soumettre à l'action du galvanisme.—mus. Réunion
des dièses et des bémols qui se trouvent à la clef et
qui sont affectés au ton et au mode dans lequel le
morceau est écrit.—arch. Charpente employée à la
construction des voûtes et des arcades.

**ARME**, s. f. (du lat. *arma*, qui a le même sens,
mot d'origine celtique, ainsi que le v. *armare*,
armer; kym. *arf*, outil, instrument, arme, trail;
gaël. *airm, arm*, arme, armes, armure, *armachd*;
faits d'armes, *armach, armamhail, armaightha*,
armé, *armaim*, dont le part. est *armtha*, armer,
*armaîlte*, une armée ; en lat. *exercitus*, en ital.
*esercito*.) Tout instrument qui sert à l'attaque ou à
la défense : *L'usage des armes offensives et défensives.* LA BR. *L'épée, la lance, etc., sont des armes
offensives; le casque, la cuirasse, etc., sont des
armes défensives; le fusil, le pistolet, etc., sont des
armes à feu; l'épée, le sabre, la baïonnette, sont des
armes blanches.*.Arme *d'une bonne trempe. Faisceau
d'armes. Trophée* d'armes. Arme *d'hast*, Toute arme

emmanchée au bout d'un long bâton, telle qu'une
lance, une pique. Arme *de trait*, arme *de jet*, c'est,
par opposition à arme d'hast, Toute arme qui se
tire avec l'arc, qui se jette avec la main comme
flèche, dard, javelot. Armes *courtoises*, Lances sans
fer, épées sans taillant et sans pointe pour les tour-
nois. Armes *émoulues*, Armes tranchantes, véritables armes de guerre, par opposition à armes
courtoises. Armes *à outrance*, Duel à mort, tel qu'il
avait lieu autrefois, de six contre six, avec des
armes offensives, entre gens de pays ou de partis
différents. Armes *boucanières*, Certains fusils dont
se servent les chasseurs des Antilles. *Se saisir d'une
arme. Distribuer des* armes : *Eh bien! trouvez-moi
donc quelque arme, quelque épée.* RAC. *Ces guerres
contre les animaux firent inventer les armes, que
les hommes tournèrent ensuite contre leurs semblables.*
BOSS. (*Vulcain*) *forge de Jupiter les foudroyantes
armes. Ces mains employées à manier des armes
meurtrières.* MASS. *Homme d'*armes, Se disait anciennement d'Un cavalier armé de toutes pièces.
*Capitaine d'*armes, Sous-officier de la marine militaire, dont le grade correspond à celui de fourrier,
et auquel est confiée la garde des menues armes du
vaisseau. Gens *d'*armes. V. GENS. Roi *d'*armes.
V. ROI. Poursuivant *d'*armes. V. POURSUIVANT. Pas
d'armes, autrefois Combat solennel dans lequel un
chevalier seul ou plusieurs chevaliers entreprenaient
de défendre contre tous venants un passage fermé
par une barricade. Salle d'armes, Salle renfermant
des armes rangées en ordre et bien entretenues.
*Place d'*armes, Place où l'on exerce les troupes.
(Pour les autres significations, V. PLACE.) — *Port
d'*armes, L'attitude du soldat qui exécute certains
maniements de l'arme : *Il est au port d'*armes. *On
commanda le port d'*armes. Port *d'*armes, Action
de porter des armes : *Le port d'*armes *n'est pas permis à toutes sortes de personnes.* Port *d'*armes, Permission de chasser avec des armes : *Le garde champêtre a saisi votre fusil parce que vous n'aviez pas
de port d'*armes. *Le salut des* armes, L'espèce de
salut qui consiste en un certain mouvement de
l'arme. *Porter, présenter les* armes, Exécuter certains mouvements de l'arme qui font partie de
l'exercice militaire et qui sont aussi des signes
d'honneur. *Porter les* armes, Servir, faire la guerre:
*Il n'a jamais porté les armes contre les Troyens.*
FÉN. *Prendre les* armes, S'armer soit pour se défendre ou pour attaquer, soit pour rendre honneur
à quelqu'un, soit pour faire l'exercice. On dit de
même *Une prise d'*armes : *A tous mes Tyriens faites
prendre les armes.* RAC. *Il y eut, à cette nouvelle,
une prise d'armes générale. Paraître les armes à la
main.* MASS. *Mettez vos peuples sous les armes.* FÉN.
*Celui qui mettait les armes bas devant l'ennemi.*
BOSS. *Il les contraignit à poser les armes sans combat.* BOSS. *Rendre les* armes, Remettre ses armes au
vainqueur, et fig. S'avouer vaincu. — fig. *Faire
tomber les* armes *des mains à quelqu'un*, Le fléchir,
l'adoucir, l'apaiser : *Cette opinion faisait tomber
les armes des mains à leurs ennemis.* BOSS. — fig.
*Ils sentaient que leurs armes leur tombaient des
mains.* FÉN. Que leur colère s'apaisait.—*Aux* armes!
Cri par lequel on avertit une troupe de prendre les
armes. *On criait : Aux* armes, *aux* armes! *Portez*
armes! *Renversez vos* armes! Commandements de
l'exercice militaire. *Être présent sous les* armes,
Être sous les drapeaux. *Être sous les* armes, se dit
d'Une troupe qui a pris les armes pour combattre,
pour faire quelque service ou pour rendre quelque
honneur. On dit de même, *Se mettre sous les*
armes, *Rester sous les* armes. *Toute l'armée était
sous les* armes. *Ce prince a tant d'hommes sous les
armes, prêts à combattre. Ce soldat est bien sous les
armes*, il a bonne mine quand il se tient avec son
arme dans l'attitude convenable. *Faire passer un
soldat par les* armes, Le fusiller.

ARMES, au pl. signifie aussi La profession de la
guerre : *Il est né pour les* armes. *Suivre les* armes.
*Quitter les* armes. *Prendre le métier des* armes.
*Suivre la carrière des* armes. *L'Italie, exercée aux*
armes *par tant de guerres.* BOSS. *Le vrai moyen
d'éloigner la guerre et de conserver une longue
paix, c'est de cultiver les* armes. FÉN. *Au milieu de
la licence des* armes. MASS. *Les familles destinées
aux* armes. BOSS.

ARMES, signifie encore Les entreprises de guerre,
les exploits militaires : *Le bonheur de ses* armes.
BOSS. *Malgré le mauvais succès de ses armes infor-*

*tunées. Dieu a béni vos* armes. FLÉCH. *Redoutable
par ses armes.* FÉN. *Vos armes l'ont conquise.* CORN.
*Il doit au sang d'Hector tout l'éclat de ses* armes.
RAC. — *Suspension d'*armes, Cessation des hostilités
convenue pour un temps entre deux parties belligérantes. *Un fait d'*armes, Un exploit guerrier : *La
prise de cette ville fut un beau fait d'*armes. *De
grands faits d'armes ont illustré cette armée. Faire
ses premières* armes, Aller à la guerre pour la première fois. — prov. *Les armes sont journalières*,
Dans la guerre on est sujet à éprouver la bonne et
la mauvaise fortune. — Il se dit figurément dans
toutes les occasions où l'on peut bien ou mal réussir :
*On ne gagne pas toujours au jeu, les armes sont
journalières. Un auteur dramatique ne réussit pas
toujours, les armes sont journalières.*

ARMES, signifie aussi Toute l'armure d'un homme
de guerre, son casque, sa cuirasse : *Il a reçu un
coup dans ses* armes, Un coup qui a faussé ses
armes. Armes *complètes.* Armes *à l'épreuve du
mousquet, à l'épreuve du pistolet. De belles* armes.
*Endosser les* armes. *Se couvrir de ses* armes. *Télémaque s'étant revêtu de ces armes divines.* FÉN. —
fig. et fam. *Cette dame est sous les* armes, Elle est
extrêmement parée.

ARMES, se dit aussi Des différentes espèces de
troupes qui composent une armée, comme cavalerie, infanterie, artillerie, génie : *Il y avait trois
mille hommes de différentes armes, de toutes armes.
Dans quelle arme sert-il? L'arme de l'artillerie, de
l'infanterie, l'arme des cuirassiers, des dragons, des
hussards.*

ARME, au figuré, Tout ce qui sert à se défendre
contre quelqu'un ou contre quelque chose, tout ce
qui sert à combattre quelqu'un ou quelque chose,
à détruire une erreur, une passion, un vice, etc. :
*Les armes de la raison, de l'éloquence, de la per-
suasion, de la vérité. La douceur, la modestie, sont
les armes du beau sexe. Cette loi est une arme terrible entre les mains du pouvoir. Il ne lui opposa
que la saine doctrine, les prières et la patience, et
sut par de telles armes conserver*, etc. BOSS. *La fureur leur fournit des* armes. FÉN. *Tout prête des
armes à la volupté.* MASS. *Nos soupirs sont nos seules
armes.* RAC. *Je ne fais contre moi que vous donner
des* armes. RAC.—fig. *Faire arme de tout*, Employer
toutes sortes de moyens pour réussir dans quelque
projet. — fig. *Mettre des armes entre les mains d'un
furieux*, Fournir à quelqu'un des choses dont il
abuse. — prov. et fam. *Il s'escrime des* armes
*de Samson*, parlant De quelqu'un qui fait jouer les
mâchoires et qu'on veut qualifier d'âne.

ARMES, en escrime : *Tirer des* armes, *faire des*
armes, S'exercer à l'escrime : *Mettre les armes à la
main à quelqu'un*, Être le premier à lui apprendre
l'escrime. *Avoir les* armes *belles*, Faire des armes
de bonne grâce. *Tirer dans les* armes, *hors des*
armes, *sur, sous les* armes, Allonger un coup
d'épée entre les bras, hors des bras, sur, sous les
bras de l'adversaire. *Maître d'*armes, *maître en fait
d'*armes, Celui qui enseigne l'escrime. *Maître de
hautes* armes, Celui qui enseigne à bien manier la
pique. *Salut des* armes, Salutation avec l'épée avant
de se pousser la première botte. *Salle d'*armes, Lieu
où l'on enseigne à faire des armes. *Assaut d'*armes,
Combat au fleuret moucheté.

ARMES, blas. Signes héraldiques peints ou figurés
sur l'écu et sur la cotte d'armes; marques héréditaires propres à chaque maison noble. Il est syn.
d'*armoiries* : *Les armes de France. Les armes de
l'empire d'Autriche. Il porte un lion en ses armes.
Des armes fort nobles. De belles* armes. *Il prit le
nom et les armes de cette maison.* Armes *pleines,
pures, entières*, Armes que les aînés ont conservées
telles que les portaient leurs ancêtres. Armes *brisées*,
Que les cadets ont augmentées de quelque pièce
pour être distingués de leur aîné. Armes *écartelées*,
Dont l'écu est partagé en quatre parties par une
ligne verticale et par une ligne horizontale. Armes
*mi-parties*, Dont une moitié diffère de l'autre.
Armes *timbrées*, Accompagnées d'un timbre (V. ce
mot), ou de quelque autre marque d'honneur.
Armes *chargées*, Auxquelles on a ajouté quelque
nouvelle pièce en mémoire de quelque action.
Armes *déchargées* ou *diffamées*, Auxquelles on a
retranché quelque chose en punition de quelque
faute. Armes *de domaine* ou *de prétention*, D'un
pays qu'on a possédé ou sur lequel on a des prétentions. Armes *assomptives*, Que quelqu'un a droit

de porter en vertu de quelque action. Armes *de concession*, Accordées par le souverain en récompense de quelque service. Armes *substituées*, Qu'on a substituées aux siennes propres par suite de quelque alliance. Armes *vraies, fausses*, Qui sont, qui ne sont point selon les règles du blason. Armes *arbitraires*, Dont le sujet est de pure fantaisie. Armes *à enquerre* ou *à enquérir*, Dont le sujet étant contre les règles ordinaires donne occasion de s'informer de ce qui a engagé à les faire ainsi. Armes *parlantes*, Accompagnées de quelques figures qui font allusion au nom de la famille. *Les armes des Mailly sont des maillets.*—prov. et fam. *Il représente les armes de Bourges* (ces armes représentaient un âne assis dans un fauteuil), Il s'étale de son long, il prend ses aises dans un fauteuil.—hist. natur. On désigne sous le nom d'*armes*, dans les animaux, Tous les organes dont un excès relatif de développement donne des moyens d'attaque et de défense. Ainsi, de longues dents, des griffes, des cornes, des épines, etc., sont des armes; le pied du cheval, dont il frappe ses ennemis, n'est point une arme; l'aile de l'oie, dont elle frappe, n'est pas une arme; mais celle d'une espèce de vanneaux en est une parce qu'elle porte un aiguillon dur et très-piquant, etc.—bot. On désigne sous le nom d'*armes* Les épines et les aiguillons, quelquefois les soies et les appendices de quelques péricarpes.

ARMÉ, s. m. ichth. Poisson du genre des silures.

ARMECH, ou ARMET, s. m. mar. Nom collectif exprimant les ancres, câbles, grelins, qui servent à fixer ou à amarrer un bâtiment en rade.

ARMÉE, s. f. (du gaël. *armailte*, qui a la même signification. V. *Arme*.) Nombre plus ou moins considérable de troupes assemblées en un corps, sous la conduite d'un général : *Puissante, nombreuse, faible* armée. *Grande, petite* armée. Armée *victorieuse, triomphante, invincible*. Armée *délabrée, défaite, battue, ruinée*. Armée *en bon ordre*. Armée *en déroute*. *Milliade défit cette armée immense*. BOSS. *Après la défaite de Xerxès et de ses formidables armées*. BOSS. Armée *de terre*. Armée *de mer* ou *navale*. Armée *combinée*, Celle que forment les troupes de plusieurs peuples alliés. Armée *de siège*, Destinée ou occupée à faire un siège. Armée *d'observation*, Destinée ou occupée à observer les mouvements de l'ennemi. Armée *de réserve*, Que l'on réserve pour la faire combattre en cas de besoin. *La tête, le front, le centre, les ailes, les flancs, la queue de l'armée*.—fig. *Sa femme Zénobie marchait avec lui à la tête des armées*. BOSS. *Ils paraissaient sans cesse à la tête de leurs armées*. MASS. *Le choc de deux armées. Faire la revue d'une* armée. *Maréchal des camps et armées du roi. La marche de l'armée. Les quartiers de* l'armée. *Le Dieu des armées*, style biblique : *Béni soit le Dieu des* armées. ROUSS. *L'armée est en marche sur... L'armée marche. L'armée était campée. Les deux armées étaient en présence. Lever, soudoyer une* armée. *Congédier, licencier une* armée. *Rassembler une* armée. *Envoyer une* armée. *Il commande l'armée et moi*, etc. RAC. *Achille furieux épouvanta l'armée*. RAC. *Battre, mettre en fuite, défaire, vaincre, disperser une* armée. *Rallier une* armée. *Entretenir une armée sur tel point*, La faire séjourner sur tel point. *Entretenir une armée*, La faire subsister. *Ranger une* armée *en bataille*, La disposer pour une bataille. Armée *à deux fronts*, Armée rangée sur plusieurs lignes et dont les troupes font face à l'ennemi à la tête et à la queue. — *Armée*, se dit absolument De la totalité des troupes qu'un État lève et entretient pour sa sûreté : *Mettre l'armée sur le pied de guerre, sur le pied de paix. Réduire l'armée. Augmenter l'armée. L'armée coûte tant à l'État. L'armée permanente, régulière, soldée. L'armée du Nord, l'armée d'Italie*, Celle qui est en expédition dans le Nord, en Italie.

ARMÉJA, s. m. mar. Travail et moyens employés pour amarrer un vaisseau dans un port ou dans une rade de la Méditerranée.

ARMÉJER, v. a. mar. Travailler à amarrer un vaisseau dans un port.

ARMÉJÉ, ÉE, part. *La chaloupe est* arméjée.

ARMELINE, s. f. Peau de Laponie très-fine et fort blanche qui appartient au genre hermine. (V. ce mot.)

ARMEMENT, s. m. Action d'armer, de pourvoir des armes nécessaires : *L'armement d'un soldat. L'armement d'une place de guerre. L'armement de ces troupes de nouvelle formation a éprouvé des retards.* — Il se dit aussi De l'ensemble des objets qui servent à armer : *Renouveler l'armement d'un régiment. Son armement se compose d'un fusil*, etc., Consiste en un fusil, etc.—mar. *L'armement d'un vaisseau, d'une flotte, d'un navire*, L'action de les équiper et de les tenir prêts à prendre la mer, de les armer : *Vaisseau en armement. Entrer en armement. Finir son armement. État d'armement*, se dit De la désignation, du nombre, de la qualité et de la proportion des agrès, apparaux et munitions qui doivent servir aux vaisseaux que l'on arme. *État d'armement*, se dit encore De la liste sur laquelle sont marqués les vaisseaux, les officiers et le nombre des matelots destinés pour l'armement. — *Armement*, signifie encore Un appareil de guerre pour le service de terre ou de mer : *Grand, puissant, formidable* armement. Armement *par terre et par mer*. Armement *naval. Faire un* armement.

ARMÉNITE, s. f. min. Pierre d'Arménie qui ressemble au lapis.

ARMENTAIRE, adj. des 2 g. zool. Qui a rapport aux troupeaux.

ARMENTAIRES, s. f. pl. Famille de mouches qui tourmentent beaucoup les bestiaux.

ARMENTINE, s. f. min. Variété de cuivre carbonaté bleu, vulgairement connu sous le nom de *Pierre d'Arménie*.

ARMER, v. a. (V. *Arme*.) Pourvoir, fournir d'armes : *Il y a dans cet arsenal de quoi armer cinquante mille hommes. Il lui était plus facile de lever des soldats que de les armer*. BOSS. *Armez avec vos Grecs tous ceux qui m'ont suivie*. RAC.—Revêtir d'armes défensives : *On l'arma de pied en cap, On l'arma de toutes pièces. Il n'a pas besoin d'armer cette tête qu'il expose à tant de périls, Dieu lui est une armure plus assurée*. BOSS. Armer *quelqu'un chevalier*, c'était dans l'ancienne chevalerie Le recevoir chevalier avec la cérémonie usitée. — Faire prendre les armes, soulever, exciter à la guerre : *Caïus Gracchus arma tous les citoyens les uns contre les autres*. BOSS. *Ma mère en sa faveur arma la Grèce entière*. RAC.—fig. Armer *de : Et sans armer mes yeux d'un moment de rigueur*. RAC. *L'ardeur de se montrer, et non pas de médire, Arma la vérité du vers de la satire*. BOIL. — fig. Armer *contre : En vain j'arme contre elle une faible vertu*. BOIL. fig. Armer *contre* (ayant pour sujet un nom de chose inanimée), Être une occasion de guerre, exciter, animer : *Le fanatisme a souvent armé les peuples les uns contre les autres. Dans le temps que nos victoires armaient l'Europe contre nous*. MASS. *Et qu'ont produit mes vers de si pernicieux, Pour armer contre moi tant d'auteurs furieux?* BOIL. — Il signifie encore Prémunir, fortifier : *La philosophie nous arme contre la pauvreté*. LA BR. Armer *de bonne heure l'innocence de son cœur contre les décisions qui avilissent la piété*. MASS.—Par extension, *Armer*, signifie Garnir une chose avec une autre qui la fortifie, qui la met plus en état de servir : Armer *une poutre de bandes de fer*. Armer *une meule de moulin avec des liens de fer*. Armer *un aimant*. — absol. Il signifie Lever des soldats, des troupes : *On arme de tous côtés. Les esclaves armèrent encore une fois dans la Sicile*. BOSS. *Le Grand Seigneur arme puissamment*. LA BR. — artill. Armer *une batterie*, La garnir de canons. Armer *une place de guerre*, En garnir les remparts de canons. Armer *un canon*, Y mettre le boulet. Armer *un fusil, un pistolet*, Tendre le ressort qui met le chien de la batterie en état de s'abattre. Armer *un fourneau de mine*, C'est après y avoir mis la poudre, en couvrir le coffre avec des madriers. — mar. Armer *un vaisseau*, L'équiper, le mettre en état de faire la guerre ou de tenir la mer : Armer *un vaisseau en guerre, en course*. Armer *un navire pour le commerce*. Armer *les avirons*, Les mettre sur les bords de la chaloupe, prêts à servir. — neutral. Armer *sur un vaisseau*, S'y embarquer pour faire partie de l'équipage. — mus. Armer *la clef*, Y mettre les dièses et les bémols convenables au ton. — jard. Armer *un jeune arbre*, En garnir la tige d'épines. — fauc. Armer *l'oiseau*, Lui attacher des sonnettes au pied. Armer *les cures de l'oiseau*, Mettre un peu de chair auprès des remèdes qu'on donne à l'oiseau, pour les lui faire avaler.—S'ARMER, v. pron., Se munir d'armes, soit offensives, soit défensives : S'armer *d'une épée, d'une cuirasse*. S'armer *d'un bâton, d'une fourche, de tout ce qu'on trouve sous sa main. Chacun s'arme au hasard du livre qu'il rencontre*. BOIL.—Prendre les armes, faire la guerre : *Voilà donc quels vengeurs s'arment pour ta querelle*. RAC. *Les rois s'armeront contre lui*. PASC. — fig. S'armer *de..... : Le ciel s'arma de feux et d'éclairs*. FÉN. Armez-vous *du pouvoir qu'on vous donna sur elle*. RAC. Arme-toi *de courage*. FÉN. Armez-vous *de constance et montrez-vous, ma sœur*. CORN. *Tout fuit et sans s'armer d'un courage inutile*. RAC. — fig. S'armer *contre*, Se munir, se précautionner contre les choses qui peuvent nuire : S'armer *contre le froid, contre la pluie, contre le mauvais temps. J'ai pris soin de m'armer contre tous les poisons*. RAC. S'armer *contre les tentations*. S'armer *contre les accidents de la fortune*. — man. *Ce cheval s'arme contre le mors*, Il place sa langue de manière à empêcher l'effet du mors. *Il s'arme contre son cavalier*, Il résiste aux aides et aux châtiments.

ARMÉ, ÉE, part. *Un homme bien* armé. Armé *de toutes pièces*. Armé *à la légère* ou *légèrement*. *Pesamment* armé. Armé *d'épée et de pistolets*. *Un vaisseau armé en guerre, en course*. Armé *de patience*. Armé *contre le froid. Des hommes armés pour la défense des autels*. MASS.—fam. *Il est armé jusqu'aux dents*, Il est plus armé qu'on n'a coutume de l'être. — fig. *Il est armé de toutes pièces, de pied en cap*, Il est au fait de tous les points d'une affaire et en état de répondre à toutes les objections, de repousser toutes les attaques. — *La force armée*. V. FORCE. — En parlant des choses, il signifie Pourvu, muni : *Sa massue, armée de pointes de fer*. FÉN. *Des chariots armés de faux tranchantes*. FÉN. *Une plante armée d'épines, d'aiguillons. La gueule de cet animal est armée de dents très-aiguës. Son front large est armé de cornes menaçantes*. — blas. Il se dit Des animaux à quatre pieds et des dragons, lorsque leurs dents ou leurs ongles sont d'un émail différent de celui du corps.

À MAIN ARMÉE, loc. adv. À force ouverte et les armes à la main : *Dompter les nations à main armée*.

ARMÉRIACÉ, ÉE, adj. (de *armeria*, gazon d'Olympe.) bot. Qui ressemble au gazon d'Olympe.—*Armériacées*, s. f. pl. Groupe de plantes.

ARMET, s. m. Sorte de casque des chevaliers du Moyen-Âge. Il n'est plus guère employé qu'en parlant de la chevalerie errante des anciens romans : *L'armet de Mambrin*.—mar. V. ARMECH.

ARMIGÈNE, adj. des 2 g. (de *arma*, arme, et de *gena*, joue.) ichth. Il se dit Des poissons qui ont les joues garnies de plaques osseuses.

ARMILLAIRE, adj. f. Il n'est usité que dans cette locution : *Sphère armillaire*, Machine évidée, ronde et mobile, formée de plusieurs cercles pour représenter ceux que les astronomes imaginent dans le ciel.—s. f. bot. Genre de champignons.

ARMILLÉ, ÉE, adj. didact. Qui est entouré d'un anneau coloré.

ARMILLES, s. f. pl. (du lat. *armilla*, bracelet, collier, anneau.) arch. Petites moulures qui entourent, en forme d'anneaux, le chapiteau dorique. On dit aussi *Annelets*. (V. ce mot.) Ces moulures, quand elles sont carrées, se nomment filets ou listeaux.—astr. Instrument dont les anciens astronomes se servaient pour faire leurs observations.

ARMIAGRON, s. m. bot. Sous ce nom, Dioscoride désignait nos arums ou gouets.

ARMIPÈDE, adj. des 2 g. zool. Qui a les pattes armées de pointes.

ARMISTICE, s. m. (du bas lat. *armistitium*, qui présente le même sens ; *arma*, armes, et *stare, steti*, s'arrêter, ou *sistere, stiti*, retenir, asseoir, faire reposer.) Suspension d'armes : *Un long armistice. Un armistice de courte durée. Convenir d'un armistice. Rompre un armistice. Prolonger un armistice. L'armistice venait de cesser, venait d'expirer.*

ARMOGAN, ou ARMOGANT, s. m. mar. Temps favorable à la navigation : *Laisser passer l'armogan.*

ARMOIRE, s. f. (du gaël. *armoir*, buffet, cabinet, office, *ambri*, kym. *almari*.) Meuble ordinairement de bois, fermé par une ou deux portes, garni de tablettes et de tiroirs dans l'intérieur, où l'on déposa d'abord les armes et les titres des familles, et qui sert aujourd'hui à renfermer du linge, des hardes et autres objets : *Grande, petite* armoire. Armoire *de chêne, de noyer, d'acajou*. Armoire *à porte pleine, à porte vitrée. Les tiroirs, les tablettes, la corniche, les pieds d'une* armoire. *Il dit : du fond poudreux d'une armoire sacrée, Par les mains de Girot la crécelle est tirée*. BOIL. Armoire *pratiquée dans l'épaisseur du mur*. — prov. et fig.

*Faire son* armoire, Profiter de l'occasion pour s'enrichir ou faire des provisions pour l'avenir.—anc. t. mil. Lieu où les armes étaient mises en dépôt.—Ratelier d'armes.

**ARMOIRIES, s. f. pl.** Il signifie la même chose qu'*armes* en terme de blason. (V. ce mot).=Syn. *Armoiries* est le mot de la science, *armes* est le mot de l'usage commun. Pour éviter une équivoque on dit la science des armoiries et non celle des armes : *Un recueil d'armoiries où la noblesse trouve ses armes. Aussitôt maint esprit, fécond en rêveries, Inventa le blason avec les armoiries.* BOIL.

**ARMOISE, s. f.** (en lat. *artemisia*.) bot. Genre de plantes de la famille des corymbifères, comprenant un grand nombre d'espèces. *L'absinthe, l'aurone, l'estragon, sont des* armoises. *L'armoise commune, qui croît dans des lieux incultes, le long des chemins, est employée en médecine comme stimulante, tonique, antihystérique. L'armoise de Perse produit ce qui est connu dans le commerce sous le nom de* semencine, larbotine *ou* semen contra, *l'un des plus anciens et des plus communs anthelmintiques.*

**ARMOISIN,** ou **ARMOSIN, s. m.** comm. Taffetas faible et peu lustré.

**ARMOL, s. m.** bot. Synonyme d'*arroche des jardins.*

**ARMON, s. m.** t. de carr. La partie du train de devant du carrosse où est attaché le timon.

**ARMORIAL, s. m.** Livre qui contient les armoiries de la noblesse d'un État, d'une province : *L'armorial de France, d'Espagne. L'armorial de Normandie, de Bretagne.*

**ARMORIAL, ALE, adj.** Qui concerne les armoiries : *Recherches* armoriales.

**ARMORIER, v. a.** Peindre, graver, appliquer, ou mettre des armoiries sur quelque chose : *Faire armorier un carrosse, de la vaisselle, un cachet. Et pour toutes vertus, fit, au dos d'un carrosse, A côté de sa mitre,* armorier *sa crosse.* BOIL.

**ARMORIÉ, ÉE,** part. *Une voiture* armoriée. *Un cachet* armorié.

**ARMORISTE, s. m.** Celui qui fait des armoiries, qui sait le blason, qui l'enseigne. Peu usité.

**ARMOSELLE, s. f.** bot. Genre de plantes de la famille des corymbifères, qui renferme de jolis arbustes toujours verts, originaires d'Afrique.

**ARMURE, s. f.** (du lat. *armatura*, qui exprime la même idée. V. *Arme*.) Armes défensives des guerriers, comme le casque, la cuirasse, etc. : *Armure légère. Armure pesante. Armure complète. Mettre son* armure. *Revêtir son* armure. = Syn. *Arme, armure : Arme* est tout ce qui sert au soldat dans le combat, soit pour attaquer, soit pour se défendre. *Armure* n'est d'usage que pour ce qui sert à le défendre des atteintes du coup, et seulement dans le détail, en nommant quelque partie du corps : *Une armure de tête, de cuisse.* Il ne se dit pas au pluriel.—mar. La dernière des jumelles qui s'endente ou s'écarve sur un mât, une vergue ou un bau pour en compléter les dimensions.—phys. Armure *de l'aimant,* Plaques de fer attachées à un aimant, et qui en augmentent la force.—serr. Toute pièce de fer qui sert à la conservation ou aux usages d'une charpente, d'une machine, etc. — pass. Armure *de la navette,* Petites pièces de fer à ses deux bouts.—man. de soie. Ordre dans lequel, après avoir monté un métier, on fait mouvoir les lisses pour fabriquer une étoffe.—agric. Armure *de faulx.* Armure *en bois,* Quatre baguettes appliquées à la longueur de la faux, pour recevoir le blé fauché.

**ARMURERIE, s. f.** Profession d'armurier. Armes fabriquées par un armurier : *Il est bien assorti en objets* d'armurerie.

**ARMURIER, s. m.** (V. *Armure*.) Celui qui fait ou vend des armes offensives et défensives : *La boutique d'un* armurier.

**ARNALDIE, s. f.** méd. V. ALOPÉCIE.

**ARNÉ, ARNIÉ,** ou **ARTRE, s. m.** ornith. Synonyme de martin-pêcheur.

**ARNEUTERIE, s. f.** didact. Art du plongeur.

**ARNI,** ou **ARNÉ, s. m.** Variété de buffle, que l'on trouve dans les hautes montagnes de l'Indostan et dans les îles de l'Archipel indien.

**ARNICA, s. m.** V. ARNIQUE.

**ARNICINE, s. f.** chim. Résine amère de l'arnica.

**ARNIQUE, s. f.** bot. Genre de plantes de la famille des corymbifères de Jussieu, dont une espèce, *l'arnique des montagnes,* est employée en médecine comme excitante.

**ARNIVES, s. m. pl.** bot. Synonyme d'*Argalou.*

**ARNOSÈRE, s. f.** bot. Genre de plantes de la famille des chicoracées.

**ARNOSÉRIDE, s. m.** bot. Plante à fleurs composées.

**AROBE, s. m.** métrol. V. ARROBA.

**AROÏDE, ÉE, adj.** (du lat. *arum*, pied de veau, et du gr. ειδος, forme, ressemblance.) bot. Qui ressemble au pied de veau.—*Aroïdées, s. f. pl.* bot. Classe de plantes phanérogames, monocotylédones.

**AROLE, s. f.** bot. Nom vulgaire du pin cembro.

**AROMATE, s. m.** (du gr. αρωμα,-ατος, bonne odeur, parfum.) bot. Toute substance végétale odoriférante. Aromate *précieux. De bons aromates. La plupart des aromates croissent dans les pays chauds. Le baume, la cannelle, l'encens, sont des aromates et des parfums. Le musc, la civette, sont des parfums et non des aromates.*—fig. *La religion est l'aromate qui empêche la science de se corrompre.* BACON.

**AROMATIQUE, adj. des 2 g.** (du gr. αρωματιχος, même sens. V. *Aromate.*) Qui est de la nature des aromates, qui est odoriférant : *Substance* aromatique. *Plante* aromatique. *Odeur* aromatique.

**AROMATISATION, s. f.** pharm. Action d'aromatiser, de parfumer : *L'aromatisation de ces poudres, de ces linges.*

**AROMATISER, v. a.** (du gr. αρωματιζω, parfumer, embaumer, αρωμα.) Mêler quelque substance aromatique à une autre substance pour lui donner une odeur agréable : *Aromatiser de la poudre, une pommade. Aromatiser une sauce avec de la muscade. Ces substances sentent bon, on les a* aromatisées.

**AROMATISÉ, ÉE,** part. et adj. *Boisson* aromatisée. *Vin* aromatisé.

**AROME, s. m.** (V. *Aromate.*) bot. Émanation subtile, pénétrante, invisible, qui s'échappe de tous les corps odorants et que l'on parvient à fixer, au moins pour un certain temps, à divers corps étrangers : *L'arome des fleurs, du café, de la vanille.*

**ARONDE, s. f.** (du lat. *hirundo*, hirondelle.) Hirondelle. Il est vieux. — charp. *Queue d'aronde,* Pièce taillée en queue d'hirondelle et qui s'assemble avec une autre par le moyen d'une entaille de la même forme : *Assembler deux pièces de bois en queue* d'aronde.—fort. *Cet ouvrage à corne est fait en queue* d'aronde, Les ailes ou branches vont en se rapprochant vers la place. *À contre-queue* d'aronde, Les ailes vont en se rapprochant vers la plaine.—conchyl. Genre de mollusques acéphales auquel appartient le coquillage qui fournit les perles et la nacre.—ichth. Espèce de poisson volant.

**ARONDELLE, s. f.** (V. *Aronde.*) Hirondelle. Il est vieux. — pêch. Corde garnie de lignes latérales, portant des hameçons, et qu'on fixe sur le sable par de petits piquets.—mar. Arondelles *de mer,* Petits bâtiments légers, tels que brigantins, pinques, etc. — ichth. Ancien nom du poisson volant.

**ARONNIER, s. m.** bot. Arbre de la Guyane.

**ARPAILLAGE, s. m.** V. ORPAILLAGE.

**ARPAILLEUR, s. m.** V. ORPAILLEUR.

**ARPÉGE,** ou **ARPÉGEMENT, s. m.** (V. *Arpéger.*) mus. Manière de faire entendre successivement et rapidement les divers sons d'un accord, au lieu de les faire sonner tous à la fois. *Faire des* arpéges, *des* arpégements.

**ARPÉGER, v. n.** (de l'ital. *arpeggiare*, jouer de la harpe, *arpa*, harpe.) mus. Faire des arpéges : *Les instruments dont on joue avec l'archet ne peuvent former un accord plein qu'en* arpégeant.

**ARPEGGIO, s. m.** V. ARPÉGE.

**ARPENT, s. m.** Mesure agraire employée dans divers pays : *L'arpent commun de la France vaut* 42,2208 *ares. L'arpent des eaux et forêts de France vaut* 51,0720 *ares. L'arpent de Paris vaut* 34,1887 *ares. L'arpent de Genève vaut* 51,6610 *ares. Un arpent de pré, de vigne, de terre labourable. Un arpent de bois. Un bois de tant d'arpents. Un étang de dix arpents. Ensemencer un* arpent.

**ARPENTAGE, s. m.** L'art de mesurer par arpent ou même par d'autres espèces de mesures : *Il entend, il connaît l'arpentage.*—*Action d'arpenter : Faire l'arpentage d'une terre.*—*Croix d'arpentage,* ou *bâton d'arpenteur,* Instrument composé d'un cercle de cuivre gradué et garni de pinnules ou visières, qui se monte sur un bâton.

**ARPENTER, v. a.** (V. *Arpent.*) Mesurer la superficie des terres : Arpenter *un pré, un bois, un champ.* Arpenter *le terrain d'un village.* Arpenter

à la chaîne. Arpenter *à pas, en marchant.*—fig. et fam. Parcourir un espace avec vitesse et à grands pas : *Il aura bientôt* arpenté *cette allée. J'ai arpenté aujourd'hui la ville dans tous les sens.*—abs. *Voyez comme il* arpente, *comme il marche vite.*—S'ARPENTER, v. pron. *Ce terrain ne peut s'arpenter rapidement.*

**ARPENTÉ, ÉE,** part.

**ARPENTEUR, s. m.** Celui dont le métier ou l'office est de mesurer les terres : Arpenteur *juré,* Chargé par la justice d'arpenter les terres.—ornith. Grand pluvier. (V. ce mot.)

**ARPENTEUSE, s. et adj. f.** entom. Espèce de chenilles, les phalènes : *Les* arpenteuses *donnent toutes naissance à des papillons de nuit. Les* arpenteuses *du lilas. Les* arpenteuses *du bouleau. Les chenilles* arpenteuses.

**ARQUEBUSADE, s. f.** Coup d'arquebuse : *Il fut blessé d'une* arquebusade. *Il reçut une* arquebusade *dans la poitrine.*—*Eau d'*arquebusade, ou *eau vulnéraire spiritueuse,* Eau composée d'un extrait de diverses plantes vulnéraires, et dont on se servait autrefois, principalement contre les coups de feu.

**ARQUEBUSE, s. f.** (it. *archibuso; arco,* lat. *arcus,* arc, et *buso,* troué.) Ancienne arme à feu qui se bandait avec une clef et qui se portait sur l'épaule : *Tirer de l'arquebuse. S'armer d'une* arquebuse. Arquebuse *rayée,* Arquebuse dont le canon est rayé en dedans. Arquebuse *à croc,* Grosse et lourde arquebuse qu'on tirait en l'appuyant sur un instrument appelé fourchette. Cette arme servait surtout pour tirer de derrière les murailles d'une place. — Arquebuse *à rouet,* Arquebuse légère qu'on tirait à l'aide d'un rouet d'acier qui se montait avec une clef et qui se débandait sur une pierre. Elle servait surtout dans les guerres de campagne. Arquebuse *à vent,* Arquebuse chargée avec de l'air comprimé qui, en se dilatant subitement, peut lancer au loin un projectile. *Jeu de l'arquebuse,* Divertissement consistant à tirer à la cible avec une arquebuse et, par extension, avec un fusil. Il se dit encore Du lieu où l'on s'assemble pour cet exercice.

**ARQUEBUSER, v. a.** Tuer à coups d'arquebuse. Il est vieux.

**ARQUEBUSÉ, ÉE,** part.

**ARQUEBUSERIE, s. f.** Art, métier de celui qui fait des armes à feu portatives : *Il est très-habile dans* l'arquebuserie.—Commerce d'armes à feu portatives : *Il y a des mesures de police qui concernent* l'arquebuserie.

**ARQUEBUSIER, s. m.** Autrefois soldat armé d'une arquebuse : Arquebusier *à pied.* Arquebusier *à cheval.*—Aujourd'hui Membre d'une société qui s'est formée pour s'amuser à tirer à la cible : *En Suisse, les* arquebusiers *sont très-adroits.* — Celui qui fait et vend toutes sortes d'armes à feu portatives : *Cet ouvrier est un excellent* arquebusier.

**ARQUER, v. a.** (du lat. *arcuare,* courber, plier en arc; *arcus,* arc.) Courber en arc : Arquer *une pièce de bois, une barre de fer.*—v. n. Fléchir, se courber : *Cette poutre commence à* arquer.—mar. Il se dit d'Un bâtiment qui fléchit et dont la quille se courbe dans le sens vertical.—S'ARQUER, v. pron. *Les jambes de cet enfant se sont* arquées.

**ARQUÉ, ÉE,** part. *Une poutre* arquée. *Des jambes* arquées. —man. *Cheval* arqué, Celui dont les jambes de devant sont courbées par fatigue.—mar. *Vaisseau* arqué, Celui dont la quille s'est arquée. *Quille* arquée.—bot. *Embryon, cotylédon* arqué.

**ARQUET, s. m.** manuf. Châssis de corde.—Petit fil de fer fixé à la brochette qui retient les tuyaux dans la navette.

**ARQUIFOU, s. m.** art et m. V. ALQUIFOUR.

**ARQÛRE, s. f.** État d'un corps courbé en arc.

**ARRACHAGE, s. m.** agric. Action d'arracher des herbes, des racines.

**ARRACHEMENT, s. m.** Action d'arracher : *On a payé tant pour l'arrachement des souches.*—Inégalités d'un sol bouleversé. —archit. Action d'arracher, de distance en distance, des pierres d'un mur pour les remplacer par d'autres en saillie qui puissent servir de liaison avec un second mur qu'on veut joindre au premier : *Les maçons ont déjà commencé l'arrachement.* — Arrachement *d'une voûte,* L'endroit où elle commence à se former en cintre, au-dessus de l'imposte.

**ARRACHE-PIED (D'),** loc. adv. et fam. Sans discontinuité, sans intermission : *Travailler six heures* d'arrache-pied. *Je l'ai attendu trois heures* d'arrache-pied.

**ARRACHER**, v. a. (si l'ital. *sradicare* peut se rattacher au latin, l'espag. *arrancar* semble s'en écarter; et rien de tout cela ne donne le fr. *arracher* d'une manière bien satisfaisante. Le gr. ἀράσσω, qui a le même sens, serait une étymologie fort plausible, si l'on trouvait en provençal quelque chose d'analogue; mais le pr. *d'arriba*, arracher, qui n'a aucune espèce de ressemblance avec ce que nous venons de citer, nous force à recourir aux langues celt.; le kym. *rhwygo, reghi*, part. *roghet*, rompre, briser, déchirer, avec le préf. *a*, fam. à cet idiome, nous conduit d'autant plus sûrement à notre but, qu'en bas norm. on dit *arécher*.) Détacher avec effort, ôter de force : Arracher *des arbres, des herbes.* Arracher *une dent.* Arracher *un œil, Elle arracha ses beaux cheveux.* FÉN. *Si on a planté trop de vignes, il faut qu'on les arrache.* FÉN. Arrachons, *déchirons tous ces vains ornements.* RAC. *Et des défauts sans nombre arracher les racines.* BOIL.—Arracher *une chose à quelqu'un,* La lui ôter de force : *On ne peut lui arracher sa proie.* BOSS. *Comme une lionne à qui on vient d'arracher ses petits.* FÉN.—prov. et fig. *Il vaut mieux laisser son enfant morveux que de lui arracher le nez,* Il faut tolérer un petit mal, lorsqu'on risque, en voulant y remédier, d'en causer un plus grand. prov. et fig. *Je lui ai arraché une dent,* Il se dit en parlant d'un avare de qui on a tiré de l'argent. fig. Arracher *la vie à quelqu'un,* Le faire périr de mort violente. — prov. et fig. *Vous lui arracheriez plutôt la vie,* Vous n'obtiendrez jamais cela de lui; il y a trop de répugnance. On dit dans le même sens : *Vous lui arracheriez plutôt le cœur. Ce serait lui* arracher *l'âme.*—fig. Arracher *une chose à quelqu'un,* Tirer, obtenir avec peine quelque chose de quelqu'un : *Ils refusent l'encens qu'on leur veut arracher.* COM. Arracher *à l'Église une absolution.* FLÉCH. *Entrons, c'est un secret qu'il leur faut arracher.* RAC. *Il n'est espoir de gain, ni raison, ni maxime, qui pût en ta faveur m'arracher une reine.* BOIL.—fig. Arracher *des larmes, des cris, des soupirs, des plaintes à quelqu'un,* Le faire pleurer, le faire crier, etc. : *Ce récit m'arracha des larmes. La douleur m'a arraché des cris. Ce souvenir pénible lui arracha des plaintes, des soupirs.* Arracher *les paroles à quelqu'un,* Avoir beaucoup de peine à lui faire dire quelques mots. Arracher *quelqu'un à quelque chose,* Le détourner, le détacher de quelque chose : *Il nous arrache au monde, à nos plaisirs, à nous-mêmes.* FLÉCH.—*Il les arrache peu à peu à leur faiblesse.* MASS.—fig. Il signifie encore Préserver quelqu'un de quelque chose : *Elle vient l'arracher au coup qui la menace.* RAC. *Et qui, nous arrachant à de nouvelles flammes.* RAC. Arracher *quelqu'un à la misère,* Le retirer de la misère, le préserver d'une mort imminente.—Arracher *quelque chose de...* Arracher *une pierre d'un mur,* un clou de la muraille. Arracher *de son front le sacré diadème.* CORN.—fig. Arracher *toute espérance de mon cœur, c'est m'arracher la vie.* FÉN. *On arrachera de ses entrailles les richesses qu'il avait* arrachées *lui-même du sein des pauvres.* MASS. Arracher *une opinion de l'esprit de quelqu'un,* L'y faire renoncer. Arracher *de son cœur un sentiment, une passion, un souvenir,* etc. Il signifie encore obtenir avec peine : *Mes soins et mes tendresses N'ont arraché de vous que de feintes caresses.* RAC.—Arracher *quelqu'un d'un de...: On l'arracha de ce lieu. De mes bras tout sanglants il faudra l'arracher.* RAC. *On ne saurait l'arracher de l'étude, du jeu, du spectacle,* L'emmener quand il est à l'étude, au jeu, au spectacle. *On ne peut l'arracher de sa chambre. Pour m'arracher du cœur de mes soldats.* RAC.

**ARRACHER** (S'), v. pron. (à soi) *On pleura, on s'arracha les cheveux.* FÉN. — fam. *On se* l'arrache, Chacun veut jouir de sa société.—prov. S'arracher *une épine du pied,* Sortir avec peine et bonheur d'un embarras.—(l'un à l'autre) *Ils s'arrachèrent les cheveux en se battant.* LA BR.—prov. et fig. *Ils sont prêts à s'arracher les yeux,* Ils ont ensemble une altercation vive.—(soi-même) Se détacher, s'éloigner avec peine : *Il s'arrache au plaisir. Je me suis arraché moi-même aux douceurs de la gloire humaine.* BOSS. *Vous ne pouvez vous arracher à la nymphe que vous aimez.* FÉN. *Son âme infortunée s'arrache comme à regret de ce corps de boue.* MASS. *Arrachez-vous d'un lieu funeste et profané.* RAC. *Et m'arrachant des bras d'Œnone épouvantée.* RAC.

ARRACHÉ, ÉE, part. *Je vis par mes soldats mes aigles arrachées.* CORN. — fig. *L'homme arraché à lui-même et à ce que sa corruption lui faisait aimer.* BOSS. *Quelques soupirs arrachés par la crainte du jugement prochain.* FLÉCH. — blas. Il se dit Des membres d'animaux qui semblent avoir été violemment arrachés, et des plantes dont les racines sont découvertes.

**ARRACHE-SONDE**, s. m. techn. Outil dont le sondeur se sert pour retirer du trou de sonde les portions de la tige brisées pendant le travail.

**ARRACHEUR**, s. m. Celui qui arrache quelque chose. Il n'est usité que dans ces locutions : Arracheur *de dents.* Arracheur *de cors.* — prov. *Il ment comme un arracheur de dents,* Il ment avec intrépidité, il est accoutumé à mentir.

**ARRACHEUSE**, s. f. chap. Ouvrière qui arrache le jarre des peaux de castor.

**ARRACHIS**, s. m. eaux et f. Enlèvement frauduleux du plant des arbres. — agr. Plant arraché sans motte de terre et dont les racines sont à nu.

**ARRAGONITE**, s. m. min. Spath calcaire d'Arragon.

**ARRAISONNER**, v. a. Donner des raisons à quelqu'un pour le déterminer à faire quelque chose. Ce mot est vieux.—mar. Arraisonner *un vaisseau,* S'informer d'où il vient et où il va.—S'ARRAISONNER, v. pron.

ARRAISONNÉ, ÉE, part.

**ARRAMER**, v. a. manuf. Allonger de force une pièce de drap ou de serge.

ARRAMÉ, ÉE, part.

**ARRANGEMENT**, s. m. (V. *Arranger.*) Action d'arranger : Arrangement *de vases, de porcelaines, de tableaux. Je l'ai chargé de l'arrangement de mes livres. Faire divers arrangements dans sa maison. Il destine cent écus à l'arrangement de son jardin.* —État de ce qui est arrangé : *Tout est dans un bel arrangement chez lui. Il y a quelque chose à changer à cet arrangement. Cet arrangement est de bon goût.* — Disposition et ordre dans un discours, lorsqu'on met chaque pensée, chaque terme à la place qui lui convient : *Il est un arrangement des mots fixé par les règles de la grammaire. L'arrangement des idées, des matières, des paroles. Cette méthode qui, par le seul arrangement des pensées et des preuves, opère infailliblement la conviction.* D'AGUES. — Louable économie, esprit d'ordre dans la dépense : *Cet homme manque d'arrangement, n'a point d'arrangement dans ses affaires.* — Conciliation : *Proposer un arrangement entre un débiteur et ses créanciers. Il y a eu arrangement entre eux.* — Mesures qu'on prend pour arriver à un but : *Il prit ses arrangements en conséquence.* VOLT. *Faites vos arrangements pour venir nous voir à la campagne.*

**ARRANGER**, v. a. (V. *Ranger.*) Mettre dans un ordre convenable, dans un certain ordre : Arrangez *ces vases.* Arrangez *ma chambre.* Arranger *des livres. Mon domestique, ne sachant pas lire, range mes livres, mais il ne peut les arranger. C'est en rangeant bien ses livres qu'on arrange sa bibliothèque. Les hommes portaient alors des cravates et des dentelles qu'on arrangeait avec assez de peine.* VOLT. *La manière dont on arrange ordinairement les trois premières monarchies est visiblement fabuleuse.* BOSS. *Aucun rhéteur encore,* arrangeant *le discours.* BOIL. Arranger *ses idées, ses paroles. Il arrange bien, il arrange mal ses paroles, ce qu'il dit.* Arranger *sa maison,* 1° Mettre en bon ordre les choses qui s'y trouvent; 2° Y faire des réparations, des embellissements, des dispositions nouvelles : *Il vient de faire arranger sa maison.* — fig. Arranger *ses affaires,* 1° Les mettre dans un meilleur ordre, dans un meilleur état : *A force d'industrie, il a fini par arranger ses affaires;* 2° Les mettre dans un état quelconque, bon ou mauvais : *Il a bien, il a mal arrangé ses affaires.* —fig. Arranger *une affaire, un procès, un différend, une querelle,* Les accommoder, les terminer à l'amiable : *C'est une affaire que nous arrangerons facilement.*—Arranger *sa vie, son temps, ses heures, sa conduite,* Les distribuer, les régler convenablement : *C'est un homme qui sait arranger sa vie,* arranger *son temps.* — fam. et ironiq. Arranger *quelqu'un,* 1° Le maltraiter de paroles ou de coups : *Cet insolent a été arrangé de la bonne manière. On l'a bien arrangé. On l'a arrangé comme il faut.* 2° Gâter les habits, l'extérieur, la toilette de quelqu'un : *Le vent, la*

*pluie vous a bien arrangé. Comme vous êtes arrangé!* — fam. Arranger *quelqu'un,* Convenir, plaire à quelqu'un : *Cela m'arrange. Cela ne peut pas m'arranger.*—S'ARRANGER, v. pron. Se mettre, se ranger dans un certain ordre : *Arrangeons-nous autour du feu, autour de la table. Quinze cents chambres mêlées de terrasses s'arrangeaient autour de douze salles.* BOSS. *Son sujet de soi-même et s'arrange et s'explique.* BOIL. — Se mettre dans une position, dans une posture commode pour faire quelque chose : *Il s'arrange dans son fauteuil pour dormir.* — S'arranger *chez soi,* Rendre sa maison, son appartement propre et commode : *Il me faudra du temps pour m'arranger chez moi.* — fig. S'arranger *pour faire quelque chose,* Faire ses dispositions, prendre ses mesures pour la faire : *Je m'arrangerai pour ne pas manquer cette entrevue.* — S'accorder, s'entendre avec un autre pour faire quelque chose en commun : *Ils se sont arrangés pour partir ensemble. Payez pour vous et pour moi,* nous nous arrangerons *ensemble.* — Terminer à l'amiable un procès, un différend, une querelle : *Ils n'ont pas voulu s'arranger, ils plaideront.* Il s'est arrangé *avec ses créanciers.* — fig. et fam. Arrangez-vous. *Qu'il s'arrange. Vous n'avez qu'à vous arranger comme vous voudrez.* Ces locutions signifient : Je ne veux pas me mêler de vos affaires, de ses affaires. *Il n'a pas voulu suivre mes conseils, eh bien! qu'il s'arrange.*—Arrangez-vous, signifie encore Décidez-vous : *Ou vous ne disiez pas la vérité ce matin, ou vous la niez maintenant;* arrangez-vous, *monsieur.*

ARRANGÉ, ÉE, part. *Qu'ont gagné les philosophes avec leurs raisonnements si artificieusement arrangés?* BOSS. — Qui a de l'apprêt, de l'affectation : *Il est toujours arrangé dans sa manière de s'exprimer. Il a toujours un air arrangé.*

**ARRÉMON**, s. m. Genre d'oiseaux.

**ARRENTEMENT**, s. m. Action de donner ou de prendre à rente une terre, une ferme, etc. Peu usité.

**ARRENTER**, v. a. (V. *Rente.*) Donner à rente une ferme, etc. Peu usité.

ARRENTÉ, ÉE, part.

**ARRÉNURE**, s. m. zool. Genre d'arachnides.

**ARRÉRAGER**, v. n. Ne pas payer au terme une redevance, en laisser accumuler la dette : *Ne laissez pas arrérager ces rentes. Ne vous laissez pas arrérager,* Ne laissez pas courir sur vous plusieurs années d'arrérages.

**ARRÉRAGES**, s. m. pl. Ce qui est dû, ce qui est échu d'un revenu, d'une rente, d'un loyer, d'une ferme : *Il doit plusieurs années d'arrérages. Cela fait mille francs, tant en principal qu'en arrérages.* Payer *le principal et les* arrérages. Recevoir, *toucher des arrérages.*

**ARRESTATION**, s. f. Action d'arrêter quelqu'un, de l'empêcher de continuer sa route; en ce sens il est peu usité.— Prise de corps, action de se saisir d'une personne et de l'emprisonner en exécution d'un ordre supérieur, d'un jugement: *L'arrestation de cet accusé s'est faite sans éclat. L'arrestation d'un débiteur. Procès-verbal d'arrestation. Opérer l'arrestation d'une bande de voleurs. Décréter d'arrestation.* — État de celui qui est arrêté : *Il est en état d'arrestation, en arrestation. Il est tenu en arrestation. Pendant son arrestation. Mettre en arrestation.*

**ARRESTOGRAPHE**, s. m. (du mot français *arrêt,* autrefois *arrest,* et du gr. γράφω, j'écris.) Compilateur ou commentateur d'arrêts.

**ARRESTOGRAPHIE**, s. f. Transcription d'arrêts. — Recueil d'arrêts.

**ARRESTOGRAPHIQUE**, adj. des 2 g. Qui concerne les transcriptions d'arrêts.

**ARRÊT**, s. m. (en norm. *restz,* jugement, décret; mot kymrique : *reiz,* pl. *reiziou,* règlement; disposition, décret, loi; *reizia,* ordonner, régler, disposer; avec l'art. *ar-reiz, ar-reizidigez,* un ordre, un décret, un ARRÊT.) Jugement d'une cour, d'une justice souveraine, par lequel une question de fait ou de droit est décidée : Arrêt *de la Cour royale, de la Cour de Cassation.* Arrêt *du conseil,* Décision du Conseil d'État.—Arrêt *de règlement,* autrefois Décision d'un parlement sur quelque point de jurisprudence générale ou de droit coutumier. - Arrêt *interlocutoire,* Qui ordonne une instruction préalable pour parvenir au jugement définitif. - Arrêt *par défaut,* Par manquement à l'assignation donnée, à l'appel au jugement d'une cause. - Arrêt *définitif,* Qui décide au fond et tout à fait. - Arrêt *contra-*

*dictoire*, Qui est prononcé en présence des parties qui plaident. — *Arrêt sur requête*, Sur demande par écrit présentée aux tribunaux. — *Arrêt par forclusion*, Qui est rendu sur les pièces de l'une des parties, après les sommations faites à l'autre partie de produire. — *Arrêt de défense*, Obtenu par un appelant et faisant défense de mettre la sentence à exécution. Autrefois, *arrêt* qu'obtenait un négociant qui était mal dans ses affaires, pour empêcher ses créanciers de le faire arrêter. — *Arrêt de surséance*, Qui ordonne la suspension d'une affaire, qui accorde un délai. — *Arrêt en robes rouges*, Les chambres assemblées. — *Arrêt de mort*, Qui prononce la mort. — *Arrêt de renvoi. Arrêt d'absolution.*—*Poursuivre un arrêt. Prononcer, rendre un arrêt. Dresser un arrêt. Lever un arrêt. Obtenir un arrêt. Être fondé en arrêt. Casser un arrêt. Se pourvoir contre un arrêt. En cassation d'arrêt. En interprétation d'arrêt. Exécuter un arrêt. En exécution de l'arrêt. Il y a tant de chefs à cet arrêt. L'arrêt porte telle chose. Un recueil d'arrêts.*—*Il vit-on donner arrêt contre arrêt?* FLÉCH. *Faire révoquer cet arrêt.* PASC. *Vous demandez ma mort, j'en accepte l'arrêt.* CORN. *Alors de cent arrêts tu peux le terrasser.* BOIL. — fig. *Arrêt*, se dit Des jugements de Dieu, des décisions des hommes qui ont ou croient avoir quelque autorité: *Les arrêts de Dieu. Les arrêts du destin, de la Providence. J'attends de vous mon arrêt. Mais je veux encore vous faire prononcer cet arrêt à vous-même contre vous-même.* PASC. *Dès que les yeux de l'homme s'ouvrent à la lumière, l'arrêt de mort lui est prononcé.* MASS. *Le sort dont les arrêts furent alors suivis.* RAC.

**ARRÊT**, signifie encore Saisie, soit de la personne, soit des biens: *On a fait arrêt sur lui, sur ou en ses biens. Mettre quelqu'un en arrêt entre les mains d'un huissier. Il a fait arrêt sur de l'argent qui lui est dû. Faire saisie et arrêt entre les mains de quelqu'un.*—En parlant d'une saisie d'argent faite entre les mains d'un tiers, on ne dit plus guère que *saisie-arrêt*, ou opposition.—*Maison d'arrêt*, Prison, lieu de détention. *Maison d'arrêt militaire. Le corps-de-garde de la maison d'arrêt.*

**ARRÊT**, a plusieurs acceptions technologiques.— art mil. 1° au pl. Défense qui est faite à un militaire, à un officier, de sortir de chez lui ou de s'éloigner d'un lieu déterminé: *Être aux arrêts dans sa chambre. Avoir la ville pour arrêts. Garder, rompre ses arrêts. Lever les arrêts.* — *Arrêts forcés ou de rigueur*, Défense absolue de sortir. — *Arrêts simples*, Défense de sortir aux heures où l'on n'est pas de service. — 2° au sing. Pièce du harnais où un chevalier appuyait et arrêtait sa lance pour rompre en lice ou pour se reposer: *Mettre la lance en arrêt.* —man. 1° L'action du cheval quand il s'arrête: *Ce cheval a l'arrêt beau, bon, sûr, léger. Il est ferme sur l'arrêt.* 2° L'action de la main pour arrêter le cheval: *Temps d'arrêt. Demi-arrêt*, C'est l'action de la main pour ralentir le mouvement sans le faire cesser: *Former ou faire des arrêts, des temps d'arrêts, des demi-arrêts. Former ou faire du cheval courts et précipités, c'est se mettre en danger de l'arrêt….* — *Temps d'arrêt*, se dit en général De courts intervalles ou repos que l'on observe entre certains mouvements qui doivent s'exécuter avec précision et régularité. — chass. Action du chien couchant qui s'arrête lorsqu'il sent le gibier: *Ce chien est à l'arrêt. Il est en arrêt. Il a fait un bel arrêt. Tenir le gibier en arrêt. Être en arrêt devant le gibier. Chien d'arrêt.* — arqueb. Petite pièce de fer qui empêche une arme à feu de se débander: *Ce pistolet est en arrêt.* — horl. Petite pièce qui empêche le mouvement d'aller trop vite. — fig. *Ce jeune homme n'a point d'arrêt. C'est un esprit sans arrêt*, Il est léger, volage, on ne peut compter sur lui.— serr. Petite pièce qui sert à arrêter un ressort, un pêne. — riv. File de pieux traversés de pièces de bois, qui sert à arrêter le bois qu'on a jeté à bûche perdue sur les rivières. — jard. Petit exhaussement de terre pour détourner les eaux dans les carrés voisins.—sell. *L'arrêt, la courroie d'arrêt*, La courroie attachée au harnais de derrière, servant au cheval à arrêter la voiture. — esc. *Coup d'arrêt*, Coup pris sur une marche avec opposition. —cout. Ganse qu'on met à l'extrémité des ouvertures pour empêcher que le linge ne s'effiloche: *Il faut faire un arrêt à l'ouverture de cette chemise.*—mar. *Arrêt de vaisseau*, L'action de retenir dans les ports, par l'ordre des souverains, tous les vaisseaux qui y

sont. — mus. *Point d'arrêt*. C'est la même chose que *point d'orgue*. V. ce mot.

**ARRÊTANT**, s. m. techn. Pièce de bois ou de fer qui arrête le crochet inférieur du battant du métier à bas, et l'empêche de passer outre.

**ARRÊTÉ**, s. m. (V. *Arrêt* et *Arrêter.*) Résolution prise par une compagnie, par une assemblée délibérante: *L'assemblée a pris un arrêté. Le dernier arrêté de l'assemblée porte que*, etc. *La même autorité, le même corps donne des arrêtés comme tribunal et fait des arrêtés comme compagnie.* — Décision de quelque autorité administrative: *Un arrêté du préfet de Police. Un arrêté de préfecture.*—fin. et comm. *Arrêté de compte*, Acte qu'on met au bas d'un compte pour le régler.

**ARRÊTE-BŒUF**, s. m. bot. Plante légumineuse ainsi appelée parce que ses racines traçantes font souvent obstacle à la charrue. C'est une espèce de bugrane.

**ARRÊTE-NEF**, s. m. ichth. Genre de poissons osseux de la famille des éleuthéropodes. Les anciens lui attribuaient la force d'arrêter les vaisseaux. V. RÉMORA.

**ARRÊTER**, v. a. (pour *arrêter*, dans le sens de Statuer, ordonner, juger, V. *Arrêt*; dans la signification de Retenir, retarder, il vient du kymrique: *rhwystr*, qui serait *reustr* en breton, empêchement, arrêt, autrefois *arrest*; avec l'art. *ar-rhwystr, arreustr*; *rhwystro*, retenir, arrêter.) Interrompre la marche, le mouvement d'une personne ou d'une chose, empêcher le cours, les progrès d'une chose: *Arrêter un homme dans sa course. Arrêter le galop d'un cheval. Arrêter un cheval tout court. Arrêter le mouvement d'une pendule. Je lui ai arrêté le bras au moment où il allait frapper. Je l'ai arrêté comme il se précipitait sur moi. Arrêter un ruisseau. Arrêter une inondation au moyen d'une digue. Arrêter le sang. Arrêter une hémorragie. Rien ne peut arrêter le cours de la maladie. Il a arrêté la maladie dès son principe. Arrêtez-le au passage. Pensez-vous arrêter le daim dans sa course et l'oiseau dans son vol?* VOLN. — *Arrêter un courrier*, L'empêcher pour quelque temps de continuer sa course: *Le courrier aurait apporté la nouvelle dès le matin, s'il n'avait pas été arrêté en route.* RAC. — fig. *Je l'ai arrêté au bord de l'abîme.*

**ARRÊTER**, signifie aussi Empêcher quelqu'un d'exécuter une action qu'il avait l'intention de faire, ou de continuer une action qu'il avait commencée: *Il m'a arrêté au moment où j'allais parler. S'il se met à pérorer, nous ne pourrons plus l'arrêter. Quand il veut entreprendre quelque chose, un rien suffit pour l'arrêter. Il était capable de le faire, si nous ne l'eussions arrêté. Reprenez votre discours, je ne vous arrête plus. On l'a arrêté au milieu de son récit. Personne ne cherchait à l'arrêter au milieu de ses déportements. C'est le bras de Dieu qui vous a arrêté au moment de commettre ce crime.* MONT. — Avec un nom de chose pour régime, il s'emploie dans un sens à peu près semblable, et signifie principalement Empêcher la continuation d'une chose, d'une action: *J'ai arrêté sa fureur d'un seul mot. Sa vue arrêta la sédition. Et qui pourra du ciel arrêter la colère!* VOLT. *Cet événement va arrêter la marche des affaires, ou va arrêter les affaires. Il prit une mesure pour arrêter les murmures du peuple. Arrêtez les cris de cet enfant. Rien ne peut arrêter l'essor de son génie.* PIR. *Il ne faut pas arrêter l'élan populaire.* — Il se dit aussi par extension pour Retarder, embarrasser: *Ce mot m'a arrêté dans ma traduction. La plus petite difficulté suffit pour vous arrêter. Retranchez de votre drame ces détails, qui ne font que retarder et arrêter l'action.*

**ARRÊTER**, Assurer une chose, la rendre fixe: *Vous arrêterez cette porte au moyen d'une chaîne. Arrêter un volet que le vent agite. Nous parvînmes à arrêter notre échelle à l'aide de crampons. Arrêter une pierre avec du mortier. Arrêter un point en cousant, Arrêter le dernier point de sa couture en faisant un nœud.* — *Arrêter ses yeux, ses regards sur quelqu'un, sur quelque chose*, Le considérer avec attention. — fig. *Arrêter sa pensée sur quelque chose*, Y réfléchir avec attention.

**ARRÊTER**, se dit aussi au fig. pour Fixer l'esprit de quelqu'un, captiver son attention, exciter son intérêt: *On ne peut parvenir à arrêter son esprit une heure de suite. Les plaisirs que vous me faites entrevoir ne sauraient m'arrêter.* DID. — en t. de chasse: *Ce chien arrête des perdrix, des cailles ou*

absolument *il arrête*, c.-à-d. Il s'arrête quand il rencontre des perdrix, des cailles, et indique ainsi au chasseur où elles sont. — en t. de manège, *Arrêter et rendre*, Former des demi-tours d'arrêt successifs.

**ARRÊTER**, S'emparer de quelqu'un, le retenir prisonnier: *On est parvenu à arrêter le coupable. Il a été arrêté pour dettes, pour vol. Arrêter quelqu'un au nom de la loi.* — Il se dit aussi d'Une agression violente et illégale: *Des brigands les ont arrêtés dans la forêt. La diligence de Bordeaux a été arrêtée cette nuit.* — Il signifie également Saisir par voie de justice: *Les tribunaux ont fait arrêter les exemplaires de son livre. Sa voiture et ses chevaux ont été arrêtés par un huissier.* — *Saisir-arrêter*, t. de pratique, Faire une saisie-arrêt, une opposition.

**ARRÊTER**, Retenir à l'avance quelqu'un ou quelque chose pour son service, pour son usage: *Arrêter un domestique, un valet de chambre, un cuisinier. Vous m'arrêterez des chevaux à la poste, une place à la diligence. Il a arrêté un logement pour le terme.*

**ARRÊTER**, signifie encore Fixer, déterminer une chose, prendre une résolution, s'accorder avec quelqu'un pour faire quelque chose: *Nous avons arrêté le jour et l'heure de la cérémonie. Voici ce que l'on arrêta dans cette conférence. L'on discuta beaucoup, mais l'on n'arrêta rien.* DEL. *Le conseil arrêta que l'on s'opposerait à cette mesure. Il a bien arrêté cela dans sa tête. Voici le plan de conduite que nous avons arrêté ensemble. Nous n'avons encore rien arrêté à votre sujet. Arrêter un compte, des parties*, Régler un compte, des parties. — b.-arts. Se dit en peinture De l'action de fixer définitivement la composition ou le dessin d'un tableau: *Avant de vous mettre à l'œuvre, il faut arrêter votre composition. Le dessin n'est pas assez arrêté, il manque de pureté.* —agric. *Arrêter un arbre*, Couper la sommité d'une branche ou d'une tige pour y suspendre la végétation.

**ARRÊTER**, avec le pronom personnel, signifie S'interrompre dans une action quelconque ou la cesser tout à fait: *Il s'arrêta un instant, puis reprit en ces termes. Cette montre s'arrête tous les matins. Il y a là des hommes qui peuvent parler trois heures d'horloge sans s'arrêter.* COURIER. *Le prédicateur fut obligé de s'arrêter au milieu de son sermon. Quand s'arrêtera-t-il dans ses déportements abominables?* FÉN. *Pourquoi vous arrêtez-vous? Au milieu de ses projets, il s'est arrêté tout à coup et les a abandonnés. Dès qu'il est sur ce chapitre, il ne sait plus s'arrêter. Dites au cocher de s'arrêter. Il tient le milieu en se promenant avec ses égaux; il s'arrête, et l'on s'arrête.* LA BR. *Les créatures les plus insensibles s'arrêtent ou se meuvent à la volonté d'un homme mortel.* FLÉCH. *Le soleil s'arrêta au milieu du ciel.* BOSS. *Mon cheval s'arrêta court. Qui ne sait s'arrêter, ne sut jamais écrire.* BOIL. —On dit prov. *Il s'arrête en beau chemin*, Il abandonne une entreprise au moment de sa réussite. — On dit dans un sens analogue: *Il ne s'est pas arrêté en si beau chemin.* Ce dernier est quelquefois employé ironiquement. — *S'arrêter*, se dit aussi particulièrement pour Se retarder, rester quelque temps dans un endroit, s'interrompre dans une course, dans un voyage, séjourner quelque temps dans un lieu: *Il s'arrêtait en route à chaque instant. Vous ne voulez pas vous arrêter un instant ici. Arrêtons-nous, ma sœur, sous ces ombrages sombres.* MILLEV. *Partez vite et revenez sans vous arrêter. Il s'arrête à toutes les boutiques. Il ne passait pas devant un cabaret sans s'y arrêter.* LES. *Nous devions nous arrêter quelque temps à Lyon avant de passer en Italie. Il passa à l'école de Platon, et s'arrêta ensuite à celle d'Aristote.* LA BR. *Il s'est arrêté dans toutes les principales villes d'Allemagne.* — fig. Il signifie Se déterminer à quelque chose, prendre une résolution: *Je m'arrête définitivement à mon premier dessein. Il ne voulut s'arrêter à aucune des propositions qu'on lui fit. Prenez une résolution et sachez vous y arrêter.* — Faire attention à, avoir égard: *Ne vous arrêtez pas à tout ce qu'il dit. S'arrêter aux apparences est le fait de la frivolité.* LEV. *Vous vous arrêtez à de trop petites choses. Comment pouvez-vous vous arrêter à de pareilles raisons? Quoi! vous vous arrêtez aux songes d'une femme!* CORN. *S'arrêter aux nouvelles opinions des casuistes.* PASC. — Insister sur une chose dans un discours ou dans un récit: *Vous vous êtes arrêtés sur l'opinion de Tannarus.* PASC. *Sans m'arrêter à ce qu'elle* (cette cérémonie) *a d'antique et de curieux.* MASS. *Dois-je m'arrêter ici à ces deux actions particulières?* BOSS. — Dans quelques acceptions, il peut être suivi d'un infinitif : *Que l'homme ne s'arrête donc pas à regarder uniquement les objets qui l'environnent.* PASC. *Je m'arrête à considérer les vertus de Philippe.* BOSS. *Des circonstances que je ne m'arrête pas à rapporter.* PASC. *Je ne m'arrêterai pas ici à vous décrire sa conduite.* FLÉCH. — Il s'emploie comme verbe réciproque : *L'un et l'autre rival, s'arrêtant au passage, Se mesurent des yeux.* BOIL.

ARRÊTER, s'emploie aussi quelquefois comme verbe neutre et signifie en général Cesser de faire une action quelconque; dans cette acception il se prend surtout à l'impératif et à l'infinitif : *Voilà assez de paroles, nous vous prions d'arrêter. Il cria au cocher d'arrêter. Arrêtez, malheureux, qu'allez-vous faire? Arrêtez, arrêtez, prince trop généreux.* RAC. *Apollon, éperdu, semble me dire : arrête, Insensé, que fais-tu?* BOIL. *Arrête, cria-t-il, tu vas tuer ton père.* CRÉB. *Ce travail est trop pénible, arrêtons un instant.* — Il signifie particulièrement Faire une station dans un endroit, cesser d'aller, et il se dit surtout De ceux qui voyagent à cheval ou en voiture : *Une de nos roues se brisa, ce qui nous força d'arrêter six heures pour la faire réparer.* — esc. Prendre un coup d'arrêt. V. ARRÊT.

ARRÊTÉ, ÉE, part. et adj. *Un torrent arrêté par une forte digue.* FÉN. *Que de malheurs prévenus, que de crimes arrêtés!* MASS.—*Avoir la vue arrêtée, Avoir la vue assurée.*—*Avoir des idées arrêtées sur une chose. Des principes arrêtés. Une opinion arrêtée, c.-à-d. Bien établie. C'est une affaire, c'est une chose arrêtée, Une affaire, une chose décidée, bien convenue.*— blas. *Animaux arrêtés,* Animaux debout sur leurs quatre pieds, sans que l'un dépasse l'autre, comme cela se remarque dans ceux qu'on appelle *passants.*

ARRÊTIER, s. m. techn. Angle d'un pavillon.

ARRÊTISTE, s. m. Celui qui compile, qui commente des arrêts, des déclarations : *Faire le métier d'arrêtiste.*

ARRÊTOIR, s. m. archit. Saillie destinée à arrêter le mouvement d'une pièce sur une autre.—art mil. Dent de fer qui surmonte la bague d'une baïonnette.

ARRHEMENT, s. m. Action de s'assurer d'un achat en donnant des arrhes, action d'acheter des grains en vert et tout prêt. Il a vieilli.

ARRHER, v. a. S'assurer d'une emplette, d'une location en donnant des arrhes : *Arrher des marchandises.*

ARRHÉ, ÉE, part.

ARRHES, s. f. pl. (en ital. *caparra,* prov. *caparro,* bien que ce soit en latin *arrha,* ou *arrhabo,* qui vient du grec ; br. *arres,* ou *errez,* arrhes, gages; *arrezi*; arrhes, en gaël. c'est *ernes.*) Somme d'argent que donne à l'avance celui qui veut acheter ou louer, comme garantie du marché ou de la location convenue, sous la condition de perdre cette somme si l'affaire n'a pas lieu par sa faute : *Le marché était si bien décidé, qu'il avait donné des arrhes. On n'a pas voulu conclure le marché sans exiger des arrhes. Il a donné vingt francs d'arrhes en retenant sa place à la diligence. Si vous renoncez à louer, vous perdrez vos arrhes.*

ARRIAN, s. m. ornith. Petit vautour d'Europe.

ARRIÈRE, prép. (en prov. *arrié,* du br. *adre, adren,* adv. et prép. derrière, arrière; van. *ardran; diadre, diadren,* le derrière, la partie postérieure, l'arrière d'un vaisseau, comme disent les marins; van. *diardran,* de plus *aros,* la poupe; gaël. *aros,* demeurer, rester en arrière.) Loin. Il se dit, dans certaines phrases, pour Enjoindre de s'éloigner, ou pour exprimer la réprobation, la répugnance, le mépris : *Arrière de moi, Satan. Arrière de nous les langues médisantes.* DEL.—Il s'emploie aussi absolument et comme adv. dans le même sens : *Allons, arrière, faites place. Nous, des duels avec vous, arrière, assassins!* V. HUGO. *Arrière, ceux dont la bouche souffle le chaud et le froid!* LA FONT.—mar. On appelle *Vent arrière,* Le vent qui souffle de la poupe : *Avoir vent arrière. Aller vent arrière.*

ARRIÈRE, s'emploie comme substantif, en t. de marine, pour indiquer La partie du vaisseau qui s'étend depuis le grand mât jusqu'à la poupe, en opposition à l'autre partie que l'on appelle *avant* : *Le gaillard d'arrière. Faites-les passer de l'avant à l'arrière. Les canons de l'arrière.*

ARRIÈRE, se joint à certains substantifs pour former avec eux des noms composés et indiquer Que la personne ou la chose énoncée par le substantif est après une autre par position de temps ou de lieu : *Arrière-neveu. Arrière-petit-fils. Des arrière-nièces. Un arrière-train. Des arrière-saisons,* etc.

ARRIÈRE (EN), loc. adv. Il se dit pour exprimer Un mouvement, une direction rétrograde, ou pour indiquer la position d'une chose inclinée vers la partie postérieure : *Aller, retourner en arrière. Le régiment eut ordre de se porter en arrière. Il fait un pas en avant et deux pas en arrière. Il est tombé en arrière. Se pencher en arrière. Ces ornements sont placés trop en arrière.* — Il s'emploie aussi comme loc. prépos. *Ne vous tenez pas ainsi en arrière des autres. Il avait fait placer un corps de réserve en arrière de l'armée.* — En arrière de quelqu'un, se dit fam. et fig. pour En son absence : *En arrière de vous il vous traite fort mal;* ou absolument : *Il médit de vous en arrière.*

ARRIÈRE (EN), signifie particulièrement Derrière, à une distance plus ou moins grande : *Il est resté à dix pas en arrière. Il était bien loin en arrière.* — Il se dit au figuré dans un sens analogue pour exprimer Le retard : *Je me trouve en arrière dans mon travail. Cet enfant est toujours en arrière de ses camarades. Il est en arrière de trois termes. Il est toujours en arrière quand il s'agit d'obliger. Vous êtes bien en arrière de votre époque.*

ARRIÈRE-BAN, s. m. (V. *Arrière* et *Ban.*) Il se disait autrefois De la convocation que le roi faisait de la noblesse de ses États pour la mener à la guerre : *On publia l'arrière-ban.* — Par extension et plus ordinairement il exprimait La noblesse elle-même : *Tout l'arrière-ban se mit en marche. Le roi avait convoqué tout l'arrière-ban de la province.*

ARRIÈRE-BEC, s. m. arch. hyd. Partie ronde ou triangulaire d'une pile de pont du côté d'aval.

ARRIÈRE-BOUCHE, s. f. anat. Syn. de *pharynx.*

ARRIÈRE-BOUTIQUE, s. f. (V. *Arrière* et *Boutique.*) Pièce faisant immédiatement suite à la boutique : *Coucher dans l'arrière-boutique. Il fait très-sombre dans son arrière-boutique. Il n'a qu'une boutique et une arrière-boutique pour trois mille francs.*

ARRIÈRE-CAUTION, s. f. t. de banque et de commerce. Celui qui, dans certains cas, sert à cautionner une caution : *On vous demandera pour cette fourniture une caution et une arrière-caution.*

ARRIÈRE-CHANGE, s. m. banq. L'intérêt des intérêts.

ARRIÈRE-CHŒUR, s. m. Chœur placé derrière le maître-autel, suivant la règle de certains monastères : *Des arrière-chœurs.*

ARRIÈRE-CORPS, s. m. Partie d'un bâtiment en retraite par rapport à celles en saillie, dites *avant-corps.* Il est immuable au pluriel.

ARRIÈRE-COUR, s. f. Deuxième cour placée derrière un corps de bâtiment, servant à dégager les appartements et à leur donner du jour : *Une maison avec une cour et une arrière-cour. Son appartement donne sur une arrière-cour.*

ARRIÈRE-DENT, s. f. anat. La dernière dent molaire, qui naît longtemps après les autres; dent de sagesse.

ARRIÈRE-FENTE, s. f. gant. Fente que l'on pratique sur un gant du côté de la main.

ARRIÈRE-FERMIER, s. m. Sous-fermier.

ARRIÈRE-FIEF, s. m. féod. Fief relevant d'un autre fief : *Cette terre avait plusieurs arrière-fiefs qui en relevaient.*

ARRIÈRE-FLEUR, s. f. (V. *Arrière* et *Fleur.*) agric. Fleur qui paraît sur l'arbre, en été et en automne, lorsque déjà il a fleuri au commencement du printemps. — techn. Il se dit, parmi les chamoiseurs, Des débris qui sont restés sur les peaux en les effleurant.

ARRIÈRE-GARANT, s. m. Celui qui garantit le garant. Il est peu usité.

ARRIÈRE-GARDE, s. f. (V. *Arrière* et *Garde.*) Portion d'une armée marchant derrière le corps principal : *On nous envoya à l'arrière-garde. L'arrière-garde fut formée des meilleures troupes de l'armée. Les ennemis ne cessèrent, pendant notre marche, de harceler notre arrière-garde. Les vaisseaux formant l'arrière-garde de l'armée navale.* — mar. *Arrière-garde,* s'emploie pour indiquer Un vieux vaisseau servant de corps-de-garde dans un port. — féod. *Arrière-garde,* se disait De la garde

qu'un suzerain avait d'un arrière-vassal mineur.

ARRIÈRE-GOÛT, s. m. Goût que laissent dans la bouche certaines liqueurs, et qui est différent de celui qu'on avait senti d'abord. Goût désagréable que laisse un aliment qui avait d'abord semblé assez bon : *Cette liqueur m'a laissé un arrière-goût. Ce potage a un arrière-goût fort peu agréable.*

ARRIÈRE-GRAISSE, s. f. agric. Engrais non consommé par la récolte à laquelle il était destiné.

ARRIÈRE-MAIN, s. m. t. de jeu de paume. Coup que l'on donne avec le revers de la main, de la raquette ou du battoir : *Voilà un bel arrière-main.*—Il est féminin lorsqu'il exprime L'habileté habituelle d'un joueur à donner de pareils coups : *Il a l'arrière-main assez belle.*— manèg. et art vét. Partie postérieure du cheval opposée au corps et à l'avant-main.

ARRIÈRE-NARINE, s. f. pl. anat. Les ouvertures postérieures des fosses nasales.

ARRIÈRE-NEVEU, s. m. (V. *Arrière* et *Neveu.*) Le fils du neveu ou de la nièce : *C'est mon arrière-neveu. Ces enfants sont mes arrière-neveux.* — *Arrière-neveux,* se dit surtout dans le style soutenu pour indiquer La postérité la plus reculée : *Cela parviendra jusqu'à nos arrière-neveux. Mes arrière-neveux me devront cet ombrage.* LA FONT.

ARRIÈRE-NEZ, s. m. entom. Chez les insectes, Partie de la tête contiguë aux antennes.

ARRIÈRE-NIÈCE, s. f. (V. *Arrière* et *Nièce.*) La fille du neveu ou de la nièce. Il est peu usité ; on dit plus ordinairement *petite-nièce.*

ARRIÈRE-PANAGE, s. m. eaux et f. Surcroît de temps accordé pour laisser paître les bestiaux dans les forêts, après l'époque fixée par les lois et coutumes.

ARRIÈRE-PENSÉE, s. f. (V. *Arrière* et *Pensée.*) Pensée intérieure, intention que l'on tient secrète, tandis que l'on en manifeste une autre : *Vous ne parlez jamais sans une arrière-pensée. J'ai bien vu qu'en me faisant cette proposition il avait une arrière-pensée qu'il ne découvrait pas. Il y a des gens qui ne font jamais le bien qu'avec cette arrière-pensée qu'il pourra tourner à leur profit. Laissez là toutes vos arrière-pensées, et parlez-moi à cœur ouvert.*

ARRIÈRE-PETIT-FILS, s. m., ARRIÈRE-PETITE-FILLE, s. f. Le fils, la fille du petit-fils ou de la petite-fille : *Ce vieillard vient de voir naître son arrière-petit-fils. Elle était arrière-petite-fille d'un empereur grec.*

ARRIÈRE-POINT, s. m. Point d'aiguille que l'on fait en revenant sur celui qu'on vient de faire : *Faire des arrière-points.*

ARRIÈRE-POINTEUSE, s. f. techn. Ouvrière qui fait de l'arrière-point.

ARRIÈRE-POITRINE, s. f. hist. nat. L'un des segments du tronc des insectes.

ARRIÈRE-RANG, s. m. (V. *Arrière* et *Rang.*) art mil. Dernier rang d'un escadron ou d'un bataillon carré, ou d'une troupe en ordre de bataille.

ARRIÈRE-SAISON, s. f. (V. *Arrière* et *Saison.*) Il se dit habituellement De la fin de l'automne ou du commencement de l'hiver : *Des fruits de l'arrière-saison. L'arrière-saison a été très-belle cette année. Ces travaux doivent s'exécuter dans l'arrière-saison. Il a passé l'arrière-saison à la campagne.* — On l'emploie particulièrement pour désigner Les derniers mois qui précèdent la récolte ou les vendanges : *Il a conservé son vin de l'année dernière pour le vendre dans l'arrière-saison. Le blé se vend plus cher dans l'arrière-saison.* — *Arrière-saison,* se dit fig. pour Le commencement de la vieillesse : *Cet homme arrive à son arrière-saison.*

ARRIÈRE-VASSAL, s. m. féod. Celui qui relevait d'un seigneur vassal d'un autre seigneur : *C'était un arrière-vassal du roi de France. Le duc de Bourgogne convoqua ses vassaux et arrière-vassaux.*

ARRIÈRE-VOUSSURE, s. f. archit. Partie de voûte préparée derrière une baie de porte ou de fenêtre pour former l'embrasement, et faciliter l'ouverture. *Il y a trois espèces d'arrière-voussures, celles de Marseille et de Montpellier, et l'arrière-voussure Saint-Antoine.*

ARRIÉRER, v. a. (V. *Arrière.*) Différer, retarder. Il s'emploie spécialement par rapport à un paiement que l'on ne fait pas à l'échéance : *Il a été obligé d'arriérer ses paiements.* — Il se dit aussi à propos d'Un travail dans lequel on a été interrompu : *Toutes ces affaires m'ont beaucoup arriéré pour le* travail de ce mois. Cette maladie m'a bien arriéré. —Il s'emploie avec le pronom personnel, et signifie Ne pas payer à l'échéance : Ce locataire s'est arriéré de trois termes. Tous les mois il s'arriére de plus en plus. — Se retarder dans un travail : Vous vous êtes trop arriéré pour pouvoir vous mettre au courant. — Rester en arrière : Les ennemis nous harcelèrent tout le long de la route, tombant sur les soldats qui s'arriéraient.

ARRIÉRÉ, ÉE, part. Un paiement arriéré. Un traitement arriéré. Des affaires arriérées, Des affaires qui sont restées en arrière, qui n'ont pu être faites en temps convenable. Une personne arriérée dans son travail. Vous voilà arriéré pour longtemps. Cet enfant est bien arriéré, Son instruction est peu avancée pour son âge. — fam. Vous êtes encore bien arriéré, Vos idées ne sont pas en rapport avec l'époque. — On dit aussi dans le même sens : Avoir des idées arriérées.

ARRIÉRÉ, s'emploie comme substantif en t. de finance pour désigner La partie de la dette publique dont le paiement est remis à une autre époque, toute dette particulière dont le paiement a été retardé : Votre créance doit être portée à l'arriéré. Liquider l'arriéré. On a commencé à payer le premier tiers de l'arriéré. Ce négociant s'est retiré du commerce après avoir soldé tout son arriéré. Il est venu réclamer l'arriéré de sa créance. — On le dit aussi par extension d'Un travail qui est resté en arrière : Il y a beaucoup d'arriéré dans les bureaux. Il faut mettre à jour l'arriéré de la correspondance.

ARRIMAGE, s. m. mar. Action d'arranger la charge, la cargaison d'un navire, résultat de cette action : Faire l'arrimage d'un vaisseau. Cet arrimage a été très-mal fait. Ce chargement est de bon, de facile arrimage. Payer les frais d'arrimage.

ARRIMER, v. a. mar. Arranger convenablement dans un navire tous les objets composant sa cargaison : Arrimer des marchandises. Arrimer le lest. Arrimer des tonneaux.

ARRIMÉ, ÉE, part. Une cargaison bien arrimée.

ARRIMEUR, s. m. mar. Celui qui arrange la cargaison d'un vaisseau.

ARRIOLER (S'), v. réfl. mar. Il se dit De la mer, lorsqu'elle est agitée par un vent différent de celui qui régnait précédemment, et que ses lames anciennes cèdent à celles qui s'élèvent et finissent par disparaître.

ARRIOLÉ, ÉE, part.

ARRISER, v. a. mar, Détendre la surface des voiles en abaissant les vergues : Arriser les voiles. — On dit aussi par abréviation : Riser.

ARRISÉ, ÉE, part.

ARRIVAGE, s. m. Arrivée d'un vaisseau au port, ou d'un bateau de rivière au lieu de déchargement. Il s'emploie surtout dans ce dernier cas : On m'a annoncé l'arrivage de mes trois bateaux. — Il se dit aussi De l'arrivée des marchandises apportées en bateau : Le lieu d'arrivage. Il était à l'arrivage de son charbon. L'arrivage des farines.

ARRIVÉE, s. f. Action d'arriver, moment où l'on arrive : On m'a appris votre arrivée ce matin. L'arrivée de son frère l'a transporté de plaisir. Vous m'écrirez l'heure de votre arrivée. Aussitôt son arrivée il s'est occupé de votre affaire. Il se trouvait là à l'arrivée du courrier. — Il se dit également En parlant des choses que l'on apporte, comme marchandises, envois, lettres, etc. : Je vous annonce l'arrivée de vos marchandises. L'arrivée de votre lettre dissipa nos incertitudes. — Jour d'arrivée, heure d'arrivée, se dit Du jour, de l'heure où arrivent les lettres de la poste, les voitures publiques. — mar. Arrivée, se dit Du mouvement de rotation d'un bâtiment qui fait du sillage.

ARRIVER, v. n. (en ital. arrivare ; esp. arribar ; prov. arriba, sans que l'on sache l'étymologie de ce singulier verbe.) Approcher d'une rive, y aborder : Arriver au port. Pendant la nuit nous arrivâmes à la terre. — mar. Il se dit aussi d'Un vaisseau qui se dirige vers un autre : Le capitaine donna l'ordre d'arriver sur le vaisseau ennemi. Ce fut en vain que nous essayâmes d'arriver sur le bâtiment qui fuyait devant nous.

ARRIVER, signifie, par extension et dans un sens plus ordinaire, Parvenir d'un lieu à un autre : Il est arrivé ce matin à Paris. Vous arrivez bien tard au rendez-vous. Nous voulions aller à Cadix, et nous arrivâmes, sans nous en douter, en Afrique. La nuit nous empêcha d'arriver chez lui. Il est arrivé le pre-



mier au but. — Il se dit aussi absolument : Vous arrivez en avance. Nous arrivons d'Espagne. Nous avons appris ce matin que votre frère était arrivé. C'est demain qu'il arrive, qu'il doit arriver. La tortue arriva la première. LA F. — Il se dit également De toute chose, qui, par un moyen quelconque, parvient au lieu de sa destination : Je crains que mon envoi ne vous arrive pas assez tôt. Une grande quantité de farine est arrivée ce matin dans la ville. Nous visitons les marchandises qui nous sont arrivées. Voici une lettre qui vous arrive de Londres. La nouvelle de la bataille arriva le lendemain à Paris. — mar. Il se dit d'Un vaisseau, lorsqu'il vient à faire un mouvement horizontal de rotation, qui rend plus grand l'angle d'incidence du vent sur ses voiles orientées, et sans qu'on ait changé la situation de ses voiles : Arriver vent arrière. Arriver tout plat. Faire arriver un vaisseau.

— fig. et prov. Arriver à bon port, se dit Des personnes et des choses pour parvenir heureusement au lieu de la destination : Après une traversée assez pénible, nous arrivâmes enfin à bon port. Je vous remercie de votre envoi, tout est arrivé à bon port. — Arriver auprès de quelqu'un, jusqu'à quelqu'un, Parvenir à le voir, pour lui parler. Depuis plus de deux mois que je suis à Madrid, je n'ai pu arriver jusqu'au secrétaire du ministre. LES.

ARRIVER, Approcher, se diriger vers : Nous aperçûmes de loin, cet homme qui arrivait vers nous. Pendant ce temps-là nous arrivions. Nous arrivons, nous allons arriver, C'est-à-dire nous approchons du terme de notre voyage, nous y serons bientôt. — fig. Le jour marque arrivait. Nous arriverons bientôt à l'été. Il commence à arriver à l'âge mûr. Avec un peu de patience nous arriverons au terme de nos travaux. Arrivons maintenant à la seconde partie de notre histoire. Il m'a interrompu comme j'arrivais au point principal de l'affaire. — En parlant Des expressions, des idées qui se présentent à celui qui parle ou écrit : Les idées m'arrivent en si grande quantité, que je n'ai plus assez de mots pour les rendre. ROUSS. L'expression arrive si naturellement sous sa plume, que jamais elle ne sent la moindre recherche. LAH. Quand il parle, les mots lui arrivent difficilement pour rendre ses idées.

ARRIVER, en parlant des événements de la vie, des choses fortuites, s'emploie aussi dans le sens de Survenir : L'événement arriva comme je l'avais présumé. Il est rare que les choses arrivent selon les espoirs que nous nous formions. LA ROCHEF. Ecoutez ce qui vient de m'arriver. Quoi qu'il vous arrive, ayez toujours recours à moi. Tous ces malheurs nous sont arrivés coup sur coup. — Cela ne m'arrivera jamais, ne m'arrivera plus, C'est une chose que je ne ferai jamais, que je ne ferai plus. Dans un sens analogue et par forme de menace : Que cela vous arrive encore ! Tâchez que cela ne vous arrive plus. — Pareille chose peut arriver à tout le monde, C'est une chose à laquelle tout le monde est exposé.

ARRIVER, se dit aussi dans le sens figuré pour Parvenir à une chose : Il est enfin arrivé au but qu'il désirait, ou à son but. Arriver aux honneurs, aux dignités, aux richesses. L'homme ne saurait en rien arriver à la perfection. Je croyais ne pouvoir jamais arriver à la fin de mon œuvre. MONT. Quand nous arrivons à ce que nous avons longtemps désiré, il se fait souvent que nous en sommes rassasiés à l'avance. FÉN. Ces fruits ne sont pas encore arrivés à la maturité. — fam. Arriver à ses fins, Réussir dans ce que l'on a entrepris, obtenir ce que l'on désirait : Il a beau faire, il n'arrivera jamais à ses fins avec moi. Vous devez être satisfait, vous voilà arrivé à vos fins. — On dit aussi absolument Arriver : Avec de tels protecteurs, vous êtes certain d'arriver. Il a beau se remuer, il n'arrivera jamais.

— Arriver, se dit également, à propos d'Un travail que l'on doit terminer à une époque précise : En travaillant jour et nuit, nous finirons par arriver. S'il faut ce travail pour samedi, je crains que nous n'arrivions pas.

ARRIVER, s'emploie souvent comme verbe impersonnel dans presque toutes les acceptions précédentes : Mais sur ces entrefaites voilà qu'il nous arrive un oncle et trois cousins. DUF. Il nous est arrivé plus de monde que nous n'en attendions. Il nous est arrivé de là-bas d'assez mauvaises nouvelles. Il doit arriver une lettre, un paquet à mon adresse. Il nous arrive une affaire bien étrange. Il arrive souvent qu'on se trompe. Il arrive à tout

monde de se tromper. Qu'arrivera-t-il de cela ? Que pensez-vous qu'il puisse lui arriver ? Il m'est arrivé plusieurs fois de le rencontrer. S'il vous arrive jamais d'en parler, vous aurez affaire à moi. Qu'il ne vous arrive plus d'agir ainsi. Il vous en arrivera malheur. — fam. Il en arrivera ce qu'il pourra, Il faut agir quel que puisse être le résultat. On dit aussi, dans un sens analogue : Nous ferons notre devoir, arrive que pourra. — fig. et prov. Arrive qui plante, Au hasard de tout ce qui peut en résulter.

ARRIVÉ, ÉE, part. Un malheur arrivé est une rude leçon de prévoyance. VOLT. Les personnes arrivées vont passer ici.

ARROBE, s. f. Poids espagnol et portugais dont la valeur varie suivant les différents lieux : Une arrobe de sucre.

ARROCHE, s. f. bot. Genre de plantes de la famille des atriplicées, connue sous le nom de bonne-dame (atriplex hortensis), est cultivée pour la cuisine dans nos potagers : Mettez de l'arroche dans cette soupe.

ARROGAMMENT, adv. Avec arrogance : Vous parlez bien arrogamment.

ARROGANCE, s. f. (du lat. arrogantia, dér. de l'adj. arrogans, -antis, arrogant, hautain, mots dont la racine est, à ce qu'il nous semble, le kym. rog ou rôk, orgueilleux, arrogant ; rogue, ar-rogoni, ar-rogentez, arrogance, morgue.) Orgueil insultant qui se manifeste par les manières, par les paroles, fierté méprisante qui accompagne une opinion trop avantageuse de soi-même : Plein d'arrogance. Sotte arrogance. Avec quelle arrogance il nous parlait ! L'arrogance de ses manières est insupportable. L'arrogance est un vilain masque dont on cherche à couvrir la bassesse. MARIV.

ARROGANT, ANTE, adj. (V. Arrogance.) Vain, orgueilleux, hautain : Une personne arrogante. Un caractère arrogant. Des manières arrogantes. Ces paroles arrogantes vous coûteront cher. De ce ton arrogant abaissez la hauteur. DUF. Je saurai bien humilier cet arrogant personnage. DID. — Il se prend aussi substantivement : Voyez-vous l'arrogant ! Je saurai, petite arrogante, vous forcer à baisser le ton. PAR.

ARROGER (S'), v. pron. S'attribuer à tort une chose, un droit, un titre : Vous vous arrogez là un pouvoir que vous n'avez pas. Il s'est arrogé le droit de tout dire et de tout faire. Pourquoi s'arroger un pareil privilège ? Il y a des gens qui s'arrogent sur les autres une autorité tyrannique, sous prétexte de leur porter un vif intérêt. ROUSS.

ARROGÉ, ÉE, part.

ARROI, s. m. (V. Désarroi.) Train, équipage : Se mettre en arroi. Vous voilà en magnifique arroi. Il est vieux et ne se dit guère que familièrement et dans cette phrase : Être en mauvais arroi ; encore emploie-t-on plus souvent, dans ce sens, le mot désarroi : Tout est en désarroi chez nous.

ARRONDIR, v. a. (V Rond.) Donner à quelque chose une forme sphérique, cylindrique ou circulaire : Arrondir une boule, une canne, une lettre. Arrondissez cette plaque de métal. Arrondir une meule. Il faut arrondir davantage cette robe. Arrondir la coiffe d'un chapeau. Il arrondit ses bras d'une manière ridicule. — fig. Arrondir une période, une phrase, Leur donner le nombre nécessaire, en disposer les parties d'une manière symétrique : Dans le style académique, les phrases demandent à être un peu mieux arrondies. LEBAT. — fig. et fam. Arrondir sa fortune, L'augmenter, la rendre plus considérable. Ces deux héritages ont bien arrondi sa fortune. Arrondir son champ, sa terre, sa propriété, Y faire des augmentations pour qu'ils forment un tout plus complet, plus régulier. Il tient à acquérir ces deux portions de terrain pour arrondir sa propriété. — mar. Arrondir un cap, Le doubler en décrivant une courbe. — On dit également : Arrondir une île, une côte. — man. Arrondir un cheval, Le dresser à manier en rond au trot ou au galop, sans qu'il se traverse et se jette de côté.

ARRONDIR, avec le pronom personnel, signifie Prendre une forme sphérique ou circulaire : Sous ses doigts délicats la cire s'arrondit. DEL. Ses bras s'arrondissaient gracieusement comme les anses d'un vase antique. DUP. Sa bouche s'arrondit pour exprimer la surprise. — Sa taille s'arrondit, se dit d'Une femme qui commence à être enceinte. — fig. Ses phrases s'arrondissent avec un art admirable.

ARRONDIR, se dit aussi au figuré avec le pronom personnel pour, Arrondir sa fortune, sa propriété : *Il s'était bien arrondi en administrant le bien des pauvres.* LES. *Je cherche à m'arrondir de ce côté-là en acquérant les petites propriétés qui m'avoisinent.*

ARRONDI, IE, part. *Une boule* arrondie, *une phrase bien* arrondie.— Il se prend aussi quelquefois absolument pour Ce qui affecte une forme ronde : *Ces feuilles sont plus* arrondies *que celles-ci. Ce fruit est* arrondi *par le bas. Une tige* arrondie. *Des formes* arrondies. — *Un visage* arrondi, Un visage plein, bien rempli.

ARRONDISSAGE, s. m. techn. Action d'arrondir une lime ou autre chose.

ARRONDISSEMENT, s. m. Action d'arrondir, résultat de cette action, état d'une chose arrondie : *L'arrondissement de cette matière dure et rebelle a coûté beaucoup de peine. L'arrondissement de cette figure est parfait.* — Il se dit fig. en parlant Du style : *Vous travaillez beaucoup trop à l'arrondissement de vos phrases. Ce verbe est répété plusieurs fois pour l'arrondissement de la période.*

ARRONDISSEMENT, s'emploie, en administration, pour exprimer Une portion de territoire ou une partie de ville administrée par des officiers civils ou militaires : *La France est divisée en départements, qui se subdivisent eux-mêmes en arrondissements ou sous-préfectures. Ce canton dépend de l'arrondissement de Bordeaux.* Arrondissement *maritime.* Arrondissement *communal.* Arrondissement *de justice de paix. Il y a douze arrondissements à Paris. La mairie du premier* arrondissement. *Le quartier du Palais-Royal est du deuxième* arrondissement.

ARRONDISSEUR, s. m. techn. Outil qui sert à arrondir les dents des peignes.

ARROSAGE, s. m. (V. *Arroser.*) Action de conduire de l'eau sur les terres trop sèches, canal que l'on pratique pour cet effet : *L'arrosage y est très-difficile à cause de l'éloignement des eaux. Il faudra donner une pente légère à ces terrains pour faciliter l'arrosage. Canal d'arrosage.* — Dans les moulins où se fabrique la poudre à canon, on donne le nom d'arrosage à l'eau que l'on jette de temps en temps dans les mortiers pour lier le salpêtre, le soufre et le charbon.

ARROSEMENT, s. m. Action d'humecter une chose en versant dessus un liquide. Il se dit surtout à propos de plantes ou d'une voie publique : *Ces plantes ont besoin d'un* arrosement *fréquent. Il s'occupe de l'arrosement des rues de Paris. Il trouva à l'employer pour l'arrosement de son jardin.*

ARROSEMENT, jeu. Se dit d'Une certaine rétribution qu'un joueur doit en certain cas : *Il a fallu dix francs pour l'arrosement.*

ARROSER, v. a. (du lat. *ros, roris,* nous avons fait rosée, et par suite de *rorare,* arroser.) Humecter plus ou moins quelque chose en versant dessus un liquide. Il se dit principalement à propos d'une plante ou d'une voie publique : Arroser *des fleurs, des plantes, des légumes. Il me donna une occupation assez douce, celle d'arroser son jardin.* REGNARD. *Ils* arrosent *le pied de cet arbre avec un mélange d'eau et de vin.* Arroser *une promenade, les rues d'une ville.* Arroser *des toiles sur le pré pour les faire blanchir. Il lui* arrosa *les vêtements d'une liqueur parfumée. Du sang humain il arrosa l'autel.* ROUCHER. — Arroser *une salle, un parquet,* Y jeter çà et là de l'eau pour empêcher la poussière de voltiger en la balayant. — Arroser *un objet de ses larmes,* Le mouiller de ses larmes : *En disant ces mots il* arrosait *mes mains de ses larmes. Et souvent son chevet fut de pleurs* arrosé. — fig. Arroser *son pain de ses larmes,* Vivre dans la misère ou dans la douleur : *Le pain que nous mangions était souvent* arrosé *de nos larmes.* FÉN. —On dit aussi figurément, Arroser *la terre de ses sueurs,* Vivre péniblement du travail de la terre : *Cette terre, que nous* arrosions *de nos sueurs, nous fournissait à peine de quoi vivre misérablement.* — Arroser *une terre, un pays de son sang,* Y verser son sang en combattant : *Ce champ si glorieux où vous aspirez tous, Si mon sang ne l'*arrose, *est stérile pour vous.* RAC.

ARROSER, s'emploie aussi pour Faire circuler de l'eau à travers un pays, faire passer des canaux à travers des champs pour les fertiliser : *Ils étaient parvenus à détourner le fleuve de son cours pour* arroser *cette contrée. J'ai fait pratiquer mille petits canaux à l'aide desquels j'*arrose *ces prairies artificielles.* B. DE ST.-P. — Il se dit aussi d'Une rivière,

d'un fleuve qui passent naturellement à travers un pays : *Dans ces prés fleuris qu'*arrose *la Seine.* Mme DESHOUL. *Ce pays est* arrosé *par quatre grands fleuves. La Loire* arrose *ces délicieuses contrées.* — fig. et fam. Arroser, se dit pour Distribuer de petites sommes, soit à des créanciers, afin de les apaiser, soit à des gens à qui l'on fait libéralité : *Vous* arroserez *un peu vos créanciers, et ils se tairont. N'oubliez pas d'arroser ces gens-là.* — jeu. Arroser, se dit fig. et absolument en parlant d'Une certaine rétribution que dans certains cas un joueur doit payer à ses partenaires : *Il m'a fallu deux louis pour* arroser. — Il se dit également en affaires d'Une mise de fonds supplémentaire que versent les actionnaires d'une entreprise, pour parer aux dépenses imprévues : *Après avoir fait notre mise, on nous a encore demandé de l'argent pour* arroser.

ARROSÉ, ÉE, part. fam. *Vous voilà joliment* arrosé, Bien mouillé. *Un jardin délicieux,* arrosé *d'un nombre infini de canaux.* FÉN. *Quels lauriers me plairont de ton sang* arrosés? RAC.

ARROSION, s. f. (du lat. *arrosio,* action de ronger.) didact. Action, effet de ce qui ronge.

ARROSOIR, s. m. Espèce de vase habituellement de cuivre ou de fer-blanc dont on sert pour arroser : Arrosoir *à pomme, à goulot. Il a assez plu, vous n'aurez pas besoin d'employer l'arrosoir. Dans ces terrains naturellement humides, il ne faut pas faire abus de l'arrosoir.* Mme DE SÉV. — On nomme Arrosoir *magique,* Un instrument composé de deux entonnoirs qui laissent entre eux un espace que l'on remplit d'eau, et qui, par ce moyen, sert à faire connaître la pesanteur de l'eau. — conchyl. Genre de coquilles rares et chères qui représentent très-bien la pomme d'un arrosoir de jardin.

ARROW-ROOT, s. m. Mot anglais qu'on a adopté en français pour désigner Une fécule dont on fait usage comme aliment et quelquefois comme médicament. On la nomme aussi *fécule du Marantha.*

ARRUDIR, v. n. Devenir rude, grossier, incivil; devenir rude.

ARRUDI, DIE, part.

ARRUGIE, s. f. (du lat. *arruga, arrugia,* même sens, mot déf. du kym. *rhych,* fosse, avec l'article, *arrhych.*) Canal pratiqué dans les minières pour l'écoulement des eaux.

ARS, s. m. pl. (*ars* est pour *arts,* du lat. *artus,* jointure, membre.) art vét. Membre d'un cheval : *Saigner un cheval des quatre ars,* Le saigner des quatre membres. — Pli qui existe à la réunion de la poitrine et du membre antérieur : *Cheval frayé aux* ars, Cheval qui, par suite de la fatigue, éprouve de l'inflammation et des gerçures dans cette partie.

ARSENAL, s. m. (du br. *sanal,* grenier, remise, magasin, avec l'art. *ar-sanal.*) Lieu où l'on conserve, et où souvent on fabrique les armes et munitions de guerre : *L'arsenal de Venise est un des plus beaux de l'Europe. Nos arsenaux sont bien garnis.* Arsenal *maritime. Les ateliers, les ouvriers de l'arsenal.*

ARSENAL, se dit aussi au fig. *Vous trouverez dans mon ouvrage un arsenal complet, et des armes de toute espèce.*

ARSÉNIATE, s. m. chim. Sel produit par la combinaison de l'acide arsénique avec une base salifiable : Arséniate *de soude.* Arséniate *de potasse.*

ARSÉNIATÉ, ÉE, adj. chim. Il se dit d'Une base changée en arséniate.

ARSENIC, s. m. (du lat. *arsenicum,* même sens.) min. Métal qui se volatilise au feu sous la forme d'une fumée blanche, en répandant une odeur alliacée : *L'arsenic est un poison extrêmement dangereux. L'arsenic blanc est connu du peuple sous la dénomination de la mort aux rats.*

ARSÉNICAL, ALE, adj. Qui contient de l'arsenic, formé d'arsenic : *Sel* arsénical. *Pâte* arsénicale. *Poisons* arsénicaux. ACAD.

ARSÉNICO-FERRIFÈRE, adj. des 2 g. (V. *Arsenic* et *Fer.*) min. Qui contient de l'arsenic et du fer.

ARSÉNICO-SULFURIDE, s. m. (V. *Arsenic* et *Soufre.*) min. Arsenic combiné avec du soufre.

ARSÉNICOXYDE, s. m. (V. *Arsenic* et *Oxyde.*) min. Combinaison d'arsenic et d'oxygène.

ARSÉNIDES, s. m. pl. min. Famille de minéraux qui comprend l'arsenic.

ARSÉNIÉ, ÉE, adj. chim. Qui contient de l'arsenic : *Gaz hydrogène* arsénié.

ARSÉNIEUX, adj. m. chim. Qui contient un peu d'arsenic : *Acide* arsénieux, *Oxyde d'arsenic uni à différentes bases.*

ARSÉNIFÈRE, adj. des 2 g. min. Qui contient de l'arsenic.

ARSÉNIQUE, adj. m. chim. Formé d'arsenic et d'oxygène : *L'acide* arsénique *est très-vénéneux.*

ARSÉNIQUÉ, ÉE, adj. chim. V. ARSÉNIÉ.

ARSÉNITE, s. m. chim. Sel composé d'oxyde d'arsenic et d'une base : *Tous les arsénites sont le produit de l'art.* Arsénite *de soude.* Arsénite *de potasse.*

ARSÉNIURE, s. m. chim. Alliage d'arsenic et d'un autre métal.

ARSÉNIURÉ, ÉE, adj. chim. Il se dit d'Un métal allié avec de l'arsenic.

ARSÉNIZITE, s. f. Arséniate de chaux naturel.

ARSIN, adj. m. Il se dit Du bois sur pied qui a été endommagé par le feu.

ARSURE, s. f. (du v. lat. *ardere, arsum,* brûler, *arsus,* brûlé.) agr. Maladie produite par la sécheresse dans les champs de pastel.

ART, s. m. (du lat. *ars, artis,* qui présente toutes les acceptions du mot français.) Il signifie généralement La méthode pour faire un ouvrage, la collection des règles, l'ensemble des moyens, des procédés nécessaires pour bien exécuter une chose : *Les préceptes, les règles de l'art. Les secrets de l'art. Voilà le sublime de l'art.* MOL. *Il ne connaît pas encore toutes les ressources de l'art d'écrire.* VOLT. *L'art du raisonnement.* D'AGUESS. *L'art de la poésie. L'art de la peinture. L'art des vers. Habile dans l'art de parler. Un maître si entendu dans l'art de la guerre.* BOSS. *L'art militaire. L'art de la navigation. Les Athéniens excellaient dans l'art de naviguer.* BOSS. *L'art du gouvernement. L'art de la médecine. L'art de guérir. L'art du charron, du tourneur, du bijoutier. L'art de persuader consiste autant dans celui d'agréer qu'en celui de convaincre.* PASC. *Consulter un homme de l'art. Voici quel a été l'avis des gens de l'art. Chacun doit se renfermer dans son art. Ils ne surent jamais trouver le bel art, depuis si bien pratiqué par les Romains, d'unir toutes les parties d'un grand État et d'en faire un tout parfait.* BOSS. *Il y a un art, et c'est celui que je donne pour faire voir la liaison des vérités avec leurs principes.* FÉN. *Le bel art que celui de faire tuer les gens.* MONT. *Il a réduit en art une chose qui paraissait aussi simple. C'est un art pour empoisonner les hommes, que celui d'irriter leur appétit.* FÉN. *Il s'est fait un art du boire, du manger, du repos et de l'exercice.* LA BR. — *Les maîtres de l'art,* Ceux qui se distinguent le plus dans la matière dont il s'agit : *Il faudra consulter là-dessus les maîtres de l'art.* —*Art,* s'emploie quelquefois Comme titre d'un ouvrage où sont renfermés des préceptes sur un art, sur une chose réduite en art : *Ovide a écrit l'Art d'aimer. L'Art poétique. Les quatre arts poétiques. Il vient de publier l'Art du maréchal ferrant. Il a écrit autrefois un art du dessin.* — alchim. *Le grand art,* L'art de transmuter les métaux, ou de faire de l'or.

ART, se dit aussi en général d'Une certaine habileté, d'un talent particulier que l'on déploie dans l'exécution d'un ouvrage : *Il voulut employer à cet ouvrage l'art des plus habiles ouvriers.* FÉN. *Rien de plus admirable que l'art déployé dans la construction de cet édifice. Ce nid que avec tant d'art, à l'aide de son bec, maçonne l'hirondelle.* L. RAC. *Cela est travaillé sans aucun art. Il y a beaucoup d'art dans la manière dont ces figures sont agencées.* — Il se dit figurément De l'habileté que l'on met dans une entreprise, dans sa conduite : *Il a dirigé cette affaire avec un art admirable. Il a beaucoup d'art dans sa conduite. Il faut savoir s'insinuer avec art dans leur esprit.* —Il signifie aussi, par extension, Le talent, le secret de faire quelque chose : *Il a l'art de plaire à tout le monde. Il aura peut-être l'art de vous convaincre.* — ironiq. *Il a l'art d'ennuyer.* — pêch. Sorte de filet plus connu sous le nom de boulier.

On appelle *Arts libéraux,* Les arts qui demandent principalement le travail de l'intelligence. *Arts mécaniques,* Ceux qui dépendent du travail des mains ou de l'emploi des machines : *Il y a certains arts mécaniques où l'intelligence commence à prendre une si grande part, qu'on est prêt à les classer parmi les arts libéraux.* MIRAB.

ARTS, employé avec épithète au pluriel, se dit Des arts tant libéraux que mécaniques : *Les premiers arts que les hommes apprirent d'abord, sont : l'agriculture, l'art pastoral, celui de se vêtir et peut-être celui de se loger; aussi ne voyons-nous pas le commencement de ces arts en Orient.* BOSS. *L'inven-*

*tion des arts étant un droit d'ainesse.* LA F. *A quel point de perfection et de raffinement n'a-t-on pas porté certains arts?* LA BR. *Les arts utiles à l'homme. Il est professeur à l'École des Arts et Métiers. Les arts sont encore dans l'enfance chez ces peuples. Pour prolonger des jours destinés aux douleurs, Naissent les premiers arts, enfants de nos malheurs.* L. RAC. On appelle *Beaux-Arts,* ou simplement *Arts,* par excellence, La peinture, la sculpture, l'architecture et la musique. On y comprend aussi quelquefois l'éloquence et la poésie : *Louis XIV protégeait les arts. Les arts fleurirent sous le règne d'Auguste. Il n'est pas de plus doux passe-temps que la culture des arts. Un amateur des arts. L'Académie des Beaux-Arts.—Arts d'agrément.* On appelle ainsi La peinture, la sculpture, la musique, la danse, etc., cultivées seulement comme délassement et sans but sérieux : *Cette jeune personne possède plusieurs arts d'agrément. On fait payer un supplément dans ce pensionnat pour les arts d'agrément.*

ARTS, se disait autrefois au pluriel, dans les universités, pour Les humanités, les études philosophiques. On appelait *Maître ès-arts,* Celui qui avait pris dans ces arts le degré qui conférait le droit d'enseigner : *Il fut reçu maître ès-arts.—Faculté des arts.* La Faculté qui comprenait tous les maîtres ès-arts, et les régents attachés à l'Université pour l'enseignement des humanités et de la philosophie : *Après eux marchait en grande pompe la Faculté des Arts. Il faisait partie de la Faculté des Arts.*

ART SACERDOTAL, Philosophie hermétique.—*Art notoire,* Prétendu moyen de parvenir à la science sans étude, à l'aide du jeûne et de certaines cérémonies.

ART, au propre et au figuré, signifie Ce qui n'est pas la nature elle-même, ce qui est le produit du travail de l'homme ajouté à celui de la nature, ce qui n'est pas naturel : *L'art gâte quelquefois la nature en cherchant à la perfectionner. Combien d'art pour rentrer dans la nature?* LA BR. *Et l'art ornant depuis sa simple architecture, Par ses travaux hardis surpassa la nature.* BOIL. *Tout est naturel dans ses écrits, l'art n'y apparait jamais. Cette substance n'existait pas dans la nature; l'art a su nous la donner. Le plus grand art est de cacher l'art.* DID.—Par extension, il se dit aussi dans le sens d'Artifice : *Cette femme est pleine d'un art dangereux. Dans ce qu'il dit, dans tout ce qu'il fait, il y a toujours un art perfide. Eh bien! tu vois son art, tu vois sa fourberie.* CORN.

ARTÉDIE, s. f. bot. Genre de plantes ombellifères.

ARTÉMISIÉ, ÉE, adj. (du lat. *artemisia,* armoise,) bot. Qui ressemble à l'armoise.—*Artémisiées,* s. f. pl. Groupe de plantes qui comprend l'armoise.

ARTÉMISINE, s. f. chim. Principe amer de l'armoise.

ARTÈRE, s. f. (du gr. ἀρτηρία, qui d'abord signifiait trachée-artère: ἀήρ, air, et τηρέω, conserver, parce que les anciens croyaient que les artères étaient pleines d'air.) anat. Nom donné aux vaisseaux destinés à porter le sang du cœur dans tous les organes : *La grande artère. L'artère pulmonaire. Les artères communiquent avec les veines, bien qu'on ne sache pas exactement de quelle manière cela se fait. Lier les artères avant l'amputation d'un membre. Le chirurgien, tout troublé, lui avait piqué l'artère. Les artères ont un battement continuel.*

ARTÉRÉVRYSME, s. m. (de ἀρτηρία, artère, et de εὐρύνω, élargir, dilater; εὐρύς, large.) path. Dilatation insolite d'une artère.

ARTÉRIALITÉ, s. f. (V. *Artériel.*) physiol. Qualité du sang artériel.

ARTÉRIAQUE, adj. des 2 g. (du gr. ἀρτηριακὸς, qui concerne le conduit de la respiration; ἀρτηρία, trachée-artère.) méd. Il se disait Des médicaments employés contre l'enrouement, contre les lésions de la voix.

ARTÉRIECTASIE, s. f. (de ἀρτηρία, artère, et de ἔκτασις, tension.) anat. Dilatation extraordinaire d'une artère.

ARTÉRIEL, ELLE, adj. (du lat. *arterialis,* même sens; *arteria,* ἀρτηρία, artère.) anat. Qui est relatif aux artères : *Canal artériel. Sang artériel,* Sang contenu dans les artères qui proviennent du ventricule gauche du cœur. *Veines artérielles,* Les veines pulmonaires.

ARTÉRIEUX, EUSE, adj. anat. Qui a rapport aux artères : *Veine artérieuse,* L'artère pulmonaire.

ARTÉRIOCHALASIE, s. f. (du gr. ἀρτηρία, artère, et de χάλασις, relâchement.) path. Atonie des artères.

ARTÉRIODÈME, s. m. (de ἀρτηρία, artère, et de δῆμα, lien ; δέω, lier.) chir. Pince qui sert à lier les artères.

ARTÉRIOGRAPHIE, s. f. (de ἀρτηρία, artère, et de γράφη, description.) anat. Description des artères.

ARTÉRIOLE, s. f. anat. Petite artère.

ARTÉRIOLOGIE, s. f. (du gr. ἀρτηρία, artère, et de λόγος, discours.) Partie de l'anatomie qui traite des artères.

ARTÉRIOPHTHORIE, s. f. path. V. ARTÉRIOCHALASIE.

ARTÉRIOSITÉ, s. f. physiol. V. ARTÉRIALITÉ.

ARTÉRIOTOMIE, s. f. (de ἀρτηρία, artère, et de τομή, section.) Connaissance de la dissection des artères —chir. Saignée faite aux artères.

ARTÉRITE, s. f. path. Inflammation des artères.

ARTÉSIEN, adj. m. V. PUITS.

ARTÉTISQUE, adj. et s. m. didact. Qui a perdu un membre.

ARTHANITA, s. m. bot. Plante appelée aussi pain-de-pourceau.

ARTHANITINE, s. f. chim. Substance particulière qu'on trouve dans la racine de l'arthanita.

ARTHRALGIE, s. f (du gr. ἄρθρον, articulation, et ἄλγος, douleur.) path. Douleur dans les articulations, et spécialement, Douleur produite par la distension des ligaments articulaires.

ARTHRALGIQUE, adj. des 2 g. path. Qui a rapport à l'arthralgie.

ARTHREMBOLE, s. m. (du gr. ἄρθρον, articulation, et de ἐμβάλλω, repousser.) chir. Instrument autrefois employé dans la réduction des luxations.

ARTHRIFUGE, adj. des 2 g. et s. m. (du gr. ἀρθρῖτις, goutte, et du lat. *fugere,* fuir, éviter, venu du gr. φεύγω.) thérap. Propre à guérir la goutte.

ARTHRION, s. m. (sorte de dim. du gr. ἄρθρον, jointure, article.) entom. Petit article qui se trouve aux pattes de plusieurs insectes coléoptères.

ARTHRITE, s. f. (du gr. ἀρθρῖτις, passé en lat. *arthritis,* goutte: ἄρθρον, articulation.) path. Maladie des articulations, goutte.

ARTHRITIQUE, adj. des 2 g. (du lat. *arthriticus,* goutteux. V. *Arthrite.*) path. Qui a rapport à l'arthrite, à la goutte : *Symptôme arthritique. Cause arthritique. Affection arthritique.* — *Remède arthritique,* Remède employé pour combattre la goutte.

ARTHROCACE, s. f. (du gr. ἄρθρον, articulation, et de κακόν, mal, ou κακία, vice.) path. Maladie des articulations, carie des surfaces articulaires.

ARTHROCACOLOGIE, s. f. (du gr. ἄρθρον, articulation, de κακὸς, mauvais ou en mauvais état, et de λόγος, discours.) chir. Traité sur les luxations spontanées.

ARTHROCÉPHALE, adj. des 2 g. (du gr. ἄρθρον, articulation, et de κεφαλή, tête.) zool. Dont la tête est séparée du thorax. — *Arthrocéphales,* s. m. pl. Famille de crustacés qui renferme les crevettes, les squilles, etc.

ARTHROCÉRAL, adj. et s. m. anat. Partie de la vertèbre chez les animaux articulés.

ARTHRODIAL, ALE, adj. (V. *Arthrodie.*) anat. Qui a le caractère de l'arthrodie.

ARTHRODIE, s. f. (du gr. ἀρθρωδία, emboîtement d'un os dans un autre.) anat. Articulation formée par des surfaces planes ou presque planes, ce qui facilite l'exécution des mouvements.

ARTHRODIÉES, s. f. pl. bot. et zool. Animaux ou plantes (ce qui n'est pas encore décidé), formant une grande famille, dont les individus consistent en filaments essentiellement articulés, selon Bory de Saint-Vincent.

ARTHRODYNIE, s. f. (du gr. ἄρθρον, articulation, et de ὀδύνη, douleur.) path. Douleur articulaire ; spécialement douleur peu intense qui se fait sentir dans les articulations, et qui n'est accompagnée ni de chaleur ni de gonflement.

ARTHROGASTRE, adj. des 2 g. (de ἄρθρον, articulation, et de γαστήρ, ventre.) entom. Qui a le ventre articulé. — *Arthrogastres,* s. m. pl. Famille d'arachnides.

ARTHROMBOLE, s. f. (de ἄρθρον, articulation, et de ἔμβολον, coin, barre, levier.) chir. Coaptation, réduction ; c'est aux os luxés ce qu'est le taxis aux parties molles déplacées.

ARTHROMÉNINGE, s. f. (du gr. ἄρθρον, articulation, et de μῆνιγξ, -ιγγος, membrane, ligament.) anat. Capsule articulaire.

ARTHROMÉNINGÉ, ÉE, adj. anat. Qui a rapport aux arthroméninges. On dit aussi *Arthroméningien, enne.*

ARTHROMÉNINGITE, s. f. (V. *Arthroméninge.*) path. Inflammation des arthroméninges.

ARTHROMÉRAL, adj. et s. m. anat. Partie de la vertèbre chez les animaux articulés.

ARTHRONALGIE, s. f. V. ARTHRALGIE.

ARTHRONCUS, s. m. (de ἄρθρον, articulation, et de ὄγκος, tumeur, enflure.) path. Enflure d'une articulation.

ARTHROPHLOGOSE, s. f. (du gr. ἄρθρον, articulation, et de φλόγωσις, inflammation : φλόξ, φλογός, flamme.) path. Inflammation ou phlogose d'une articulation.

ARTHROPODION, s. m. bot. Genre de plantes de la famille des liliacées.

ARTHROPUOSE, s. f. (de ἄρθρον, articulation, et de πύον, pus, suppuration.) path. Suppuration ou abcès des articulations ; maladie produite ordinairement par une contusion, sans inflammation apparente, et avec fièvre hectique.

ARTHROSE, s. f. (du gr. ἄρθρωσις, même sens.) anat. Articulation.

ARTHROSTÈME, s. m. (de ἄρθρον, articulation, et de στέμμα, couronne, corolle.) bot. Genre de plantes du Pérou.

ARTHROSTYLE, s. f. bot. Plante qui croît dans la Nouvelle-Hollande.

ARTIBÉE, s. f. zool. Chauve-souris du Mexique.

ARTICHAUT, s. m. bot. Espèce de plante vivace, du genre chardon et de la famille des composées flosculeuses, cultivée dans nos jardins pour sa fleur, dont on mange le réceptacle : *Un pied d'artichaut. Un plant d'artichaut.* — Il se dit aussi Du légume que donne cette plante : *Des artichauts à la poivrade. Friture d'artichauts.* — serr. Pièce hérissée de pointes et de crocs dont on garnit une clôture pour empêcher l'escalade.

ARTICHAUT DE JÉRUSALEM. Nom d'une variété de courge pépon, cultivée pour la cuisine.

ARTICHAUT DES INDES. Synonyme de patate.

ARTICHAUT SAUVAGE. Synonyme de carline sans tige.

ARTICHAUT D'HIVER, OU DE TERRE. Synonyme de topinambour.

ARTICHAUT DES TOITS. Synonyme de joubarbe des toits.

ARTICHAUTIÈRE, s. f. agr. Terrain planté en artichauts. — tech. Lieu où l'on conserve les artichauts ; vase où on les fait cuire.

ARTICLE, s. m. (du lat. *articulus,* petit membre et jointure ; *artus,* membre.) anat. Assemblage de deux ou plusieurs os qui peuvent se mouvoir l'un sur l'autre ; il ne désigne que les articulations mobiles : *Les doigts sont divisés en plusieurs articles.* Il vieillit, et il se remplace par le mot générique d'*articulation.* On dit cependant toujours en chirurgie : *Amputation dans l'article,* En parlant de celle qui consiste à couper un membre à l'endroit où il se joint au corps.—entom. Les *articles* sont de petites pièces formant ; par leur assemblage, le corps ou une partie du corps, dans les insectes et les crustacés.

ARTICLE, se dit figurément pour exprimer Les petites subdivisions d'un livre, d'un traité, d'un discours, d'un contrat, d'un compte, d'un journal, d'une loi, etc. : *L'article 7 du titre II du Code civil. Cette loi a passé, sauf le dernier article. Modifier, amender un article de loi. Les articles d'un contrat. Les articles d'un contrat de vente, de mariage. Dresser les articles de mariage,* ou, simplement, *Dresser les articles. Le roi a approuvé tous les articles du traité. Le traité fut discuté article par article. Il faut examiner chaque article séparément. Un article de compte. Rayer un article. Un article de dépense, de recette. Cet article doit être reporté à la dépense commune. Il ne lit jamais que le premier article du journal ; l'article spectacles. Un article littéraire. Cette histoire peut faire l'objet d'un ou deux articles. Il a fait insérer dans une Revue plusieurs articles sur ce sujet. Cet article n'est pas de moi. Tous les articles qu'il fait portent sa signature. Diviser un ouvrage par articles. Les articles d'un dictionnaire, d'une grammaire. Ce n'est pas là l'article à consulter. Vous vous êtes trompé d'article. Il a mis* le doigt sur l'article *que l'on cherchait.* — Il se dit aussi, par extension, De la partie d'une lettre, d'un mémoire, etc., qui concerne un sujet particulier : *Il y a dans son mémoire un article qui traite à fond cette question. Vous trouverez à la fin de sa lettre un article qui concerne votre frère. Dans votre discours vous avez passé trop légèrement sur cet article important.*

ARTICLE, signifie aussi Le sujet même que l'on doit traiter, l'objet qui donne matière à discussion : *Je crois que nous ne nous entendrons guère sur cet article. C'est un article sur lequel je ne puis faire aucune concession. Quant à l'article de votre libraire, cela demande une mûre réflexion.* VOLT. *Cet article ne doit pas vous arrêter, vos intérêts n'y sont en rien compromis.* BOIL. — fam. *C'est un article à part,* se dit d'une chose que l'on veut complètement distinguer des autres : *Quant aux livres dont vous voulez vous défaire, c'est un article à part, et nous y reviendrons.* BOIL. — *C'est un autre article,* se dit aussi familièrement pour établir Que l'on fait différence entre une chose dont il s'agit et une autre dont on est déjà convenu : *Lui pardonner, soit; mais le revoir, c'est un autre article.* — en t. de palais, *Interroger quelqu'un sur faits et sur articles,* signifie Interroger soigneusement quelqu'un sur toutes les particularités d'un fait. — fig. *A l'article de la mort,* Au dernier moment de la vie. *Il est à l'article de la mort. Lorsqu'il a révélé ces faits, il se croyait à l'article de la mort.* — Article de foi, signifie, en termes de piété, Chaque vérité révélée par Dieu à l'Église, et dont la croyance est imposée à tout fidèle : *C'est un article de foi. Il n'y a pas à discuter sur un article de foi. Tout ce qui est contenu dans cette prière est un article de foi.* Il se dit aussi par extension et figurément De toute chose à laquelle on prête une croyance aveugle : *Chaque passage de cette histoire extravagante est un article de foi pour ces idolâtres. Tout ce qu'il me dit est pour moi article de foi. Il croit cette chose comme à un article de foi. On sait fort bien que ses paroles ne sont pas articles de foi.* BOIL. — fam. *Croire tout comme article de foi,* Être fort crédule. — comm. *Article,* se dit généralement Des différentes marchandises que l'on a en magasin, que l'on détaille : *Voici les articles qui se vendent le mieux. Vous trouverez chez lui des articles de Lyon, de Saint-Étienne, etc. Je vous achète encore ces deux articles. Il tient aussi les articles de parfumerie et de mercerie. Ce sont de vieux articles qui ne se vendent plus. Faire l'article.*

ARTICLE, en t. de gramm., signifie Celle des parties du discours qui précède le plus souvent les noms substantifs : *Le est l'article d'un nom masculin, la celui d'un nom féminin ; les est l'article pluriel des noms masculins ou féminins indistinctement.* — On dit prov. *Manger tout son bien en un article,* Le manger en très-peu de temps. — peint. et sculpt. *Articles,* signifie Des jointures, des articulations et quelquefois Un très-petit contour, désigné aussi sous le nom de *Temps* : *Prononcez davantage ces articles.*

ARTICULAIRE, adj. des 2 g. (du lat. *articularis,* qui a rapport aux articulations : *articulus,* dim. d'*artus,* membre, articulation.) anat. Qui a rapport aux jointures, aux articulations : *Capsules articulaires,* Ligaments membraneux qui entourent et coiffent, pour ainsi parler, les articulations. *Facettes articulaires,* Surfaces contiguës au moyen desquelles les os s'articulent les uns avec les autres. *Artères et veines* articulaires. *Nerf* articulaire, Le nerf axillaire. *Apophyses* articulaires *des vertèbres.* — anat. L'une des pièces élémentaires de la mâchoire inférieure. — path. Qui attaque les articulations, qui s'y forme : *On sait que la goutte est une maladie* articulaire. *Concrétions* articulaires, Corps osseux ou cartilagineux, qui se forment et s'agglomèrent quelquefois aux articulations. — bot. Qui naît aux nœuds et aux articulations des tiges ou des rameaux.

ARTICULATION, s. f. (du lat. *articulatio,* qui a le même sens. V. *Article.*) anat. Jointure, assemblage de plusieurs pièces les unes avec les autres, jonction des os : *On distingue les articulations mobiles, qu'on appelle autrement diarthroses, et les articulations immobiles, connues aussi sous le nom de synarthroses. Les articulations des doigts, du pouce. L'articulation du genou, de la mâchoire.* — path. *Les maladies des articulations sont fort nombreuses. Certaines articulations maintiennent les os* immobiles; les autres leur permettent des mouvements. *Articulations fausses, accidentelles, contre nature. Articulations surnuméraires qui s'établissent entre les fragments d'une fracture non consolidée, entre les extrémités d'un os luxé non réduit, et les parties environnantes.* — entom. Jointure des articles qui composent le corps d'un insecte : *L'articulation de la tête avec le corselet.* — bot. Jointure, nœud : *La tige de plusieurs plantes a des articulations. On voit des articulations quelquefois dans les racines.*

ARTICULATION, signifie également La prononciation distincte des lettres, des syllabes : *L'articulation des consonnes. L'articulation du V est très-difficile pour les étrangers. Avoir une bonne articulation. Son articulation n'est pas nette.* — gram. générale. il se dit absolument pour exprimer l'Un des éléments de la parole, à la différence du son. — *Articulation des faits,* se dit pour l'énonciation détaillée des faits. Cette locution a passé dans le langage ordinaire : *Une bonne articulation des faits.*

ARTICULER, v. a. (du lat. *articulare,* qui présente toutes les acceptions du v. français. V. *Article.*) Prononcer nettement les lettres, les syllabes, des mots : *Une des premières choses à apprendre aux enfants, c'est d'articuler bien distinctement. Il y a des mots qu'il ne peut pas bien articuler. Vous ne vous faites pas entendre, vous n'articulez pas.* LA BR. *La pie, le perroquet articulent très-bien plusieurs mots de suite. Alcibiade ne pouvait pas articuler convenablement certains mots, et ce défaut même lui avait servi à gagner le menu peuple.* — ARTICULER, palais. Énoncer les faits en détail : *Il faut articuler les faits et les proposer par ordre.* — Il se dit aussi dans le langage ordinaire pour Affirmer et circonstancier : *Articulez des faits positifs, au lieu de vous jeter dans de vagues accusations. Quels griefs articulez-vous contre ceux que vous accusez? Montez à la tribune, et articulez sans crainte les actes de l'administration qui, selon vous, méritent un blâme sévère.* — b.-arts, Marquer avec franchise, exprimer énergiquement les jointures, les diverses articulations du corps humain : *Ce peintre avait le talent de bien articuler. Cette pièce de sculpture est fortement articulée.* — anat. S'ARTICULER, v. réfl. S'unir par articulation : *La clavicule s'articule avec le sternum.*

ARTICULÉ, ÉE, part. et adj. *Voix articulée. Avez-vous réfléchi sur la nature des sons articulés? Des faits articulés de point en point.* — anat. *Os articulés ensemble,* articulés *l'un avec l'autre.* — entom. Composé de plusieurs articles réunis par un ligament qui ne leur ôte pas leur mobilité. — Se dit aussi d'Une fascia, ou ruban formé d'une suite de taches mises bout à bout. — bot. Qui a ou qui simule plusieurs articles : *Cotylédons* articulés. *Resserrés à leurs bases, comme articulés. Racine articulée,* Ayant de distance en distance des impressions semblables à des articulations. *Tige articulée,* Comme formée par des articles. *Pétiole articulé,* Offrant à ses points d'attache ou à ses divisions un bourrelet, un étranglement, un changement de direction, de couleur ou de substance. *Anthère articulée,* Lorsqu'un sillon, un changement de couleur ou autre chose, marque son point d'attache avec le filet.

ARTICULEUX, EUSE, adj. (du lat. *articulosus,* noueux, plein d'articulations ; *articulus,* article, articulation. V. *Article.*) didact. Composé de plusieurs articulations.

ARTICULO-ANGULO-APERCULAIRE, adj. et s. m. anat. se dit d'Un des os de la tête des ellilies.

ARTIFICE, s. m. (du lat. *artificium,* art, métier, profession, industrie : *ars, artis,* art, et *facere,* faire.) Art, habileté, industrie, exécution patiente et ingénieuse : *Cette machine est faite avec un artifice merveilleux.* ACAD. *Le philosophe Ariston comparait les syllogismes des logiciens aux toiles d'araignées, qui nous sont inutiles, quoique faites avec beaucoup d'artifice.* ST.-EVREM. *L'artifice infini qui entre dans la formation des insectes.* MASS. *L'innocent artifice dont je me sers pour trouver du soulagement à mes peines.* MASS. — *Par artifice,* à force de soins et d'efforts, à force d'industrie et de vigilance : *Se soutenir, réussir par artifice. Ne vivre que par artifice.* — Il se dit particulièrement en parlant Des œuvres de la pensée, des compositions littéraires, du style : *C'est un habile littérateur, mais malheureusement il confond l'artifice avec* l'art. *L'artifice brille surtout dans les détails minutieux; l'art se fait remarquer dans les parties principales, dans la disposition et l'ensemble d'un ouvrage. Cet artifice est trop ajusté au théâtre. Cet écrivain doit toute sa réputation au séduisant artifice de son style. De leur vaine éloquence employant l'artifice.* RAC. C'est dans un sens analogue que Boileau a dit : *D'un pinceau délicat l'artifice agréable, Du plus affreux objet fait un objet aimable.* — ARTIFICE, se prend plus ordinairement en mauvaise part, et alors il signifie Ruse, déguisement, fraude : *Quand Timocrate vit que je ne pouvais plus résister à son artifice, il le poussa plus loin.* FÉN. *L'artifice est plus habile et plus persévérant que la défiance; il prend toutes les formes et met à profit tous les moments.* MASS. *Je ne viens point, armé d'un indigne artifice, D'un voile d'équité couvrir mon injustice.* RAC. *La médiocrité des talents cachée sous l'artifice des louanges.* MASS. *La sincérité de son cœur, sans dissimulation et sans artifice.* BOSS. *Simple et incapable d'artifice.* MASS. *Artifice grossier, méchant, détestable; dangereux artifice.* BOSS. *Elle n'a employé aucun de ces artifices que les ambitieux appellent la science du monde.* FLÉCH. *On épuise toutes sortes d'artifices pour les tromper.* MAR. — Parure empruntée : *L'artifice dont elles usent pour se rendre laides.* LA BR. *Avec des artifices aussi indignes qu'inutiles.* BOSS. *Ne ranime-t-elle pas encore un visage flétri par des artifices qui rappellent plus ses années que ses attraits?* MASS. *Les artifices qui déshonorent un visage.* ID. — ARTIFICE, se dit aussi De toute composition de matières qui s'enflamment aisément : *Une pièce, des pièces d'artifice. On a trouvé chez lui des pétards, des fusées, des chandelles romaines et autres semblables artifices. Un magasin d'artifices.* — *Feu d'artifice,* Fête de nuit pendant laquelle on lance ou enflamme successivement différentes pièces d'artifice, dont la réunion compose ordinairement un spectacle par sa nouveauté ou par sa variété : *Préparer, faire un feu d'artifice. Donner un feu d'artifice pour rappeler un grand souvenir, pour le gain d'une bataille, pour célébrer une fête publique, ou celle d'un souverain,* etc. *Un grand feu d'artifice sera tiré à neuf heures.*

ARTIFICIEL, ELLE, adj. (du lat. *artificialis,* fait avec art : dér. d'*artificium.* V. *Artifice.*) Fait par le moyen de l'art, par opposition à naturel : *Des fleurs* artificielles. *Une fontaine* artificielle. *Beauté tout* artificielle. *Yeux* artificiels. *Dents* artificielles. *Quand il ne pleut pas au mois de mai, les prairies* artificielles *ne donnent presque rien. Nos paroles arrangées, nos figures* artificielles. BOSS. *Il y a chez quelques femmes une grandeur* artificielle. LA BR. *L'argent et toutes les richesses* artificielles. FÉN. *Les petites lumières ont besoin de chercher des jours artificiels et des réflexions étudiées, pour briller d'un plus grand éclat.* MASS. *Mémoire artificielle,* mnémonique, Méthode destinée à aider la mémoire naturelle. — rhét. *Preuves* artificielles, Celles que l'orateur tire de son propre fonds, qu'il prête à la cause qu'il défend, par opposition à celles qui naissent de la question même, qui sont fournies par le sujet, comprises sous la dénomination de preuves naturelles. — phys. *Aimant* artificiel, Morceau de fer aimanté et qui a toutes les propriétés de l'aimant naturel. — *Froid* artificiel, Celui que les chimistes peuvent former dans leur laboratoire. — astron. *Sphère* artificielle. (V. *Armillaire.*) *Jour* artificiel, L'espace de temps compris entre le lever et le coucher du soleil, par opposition au jour naturel, qui est de vingt-quatre heures. — *Horizon* artificiel, Plan qui passe par le milieu de la terre, parallèle à l'horizon apparent. — anat. *Squelette* artificiel, Celui dont toutes les pièces sont réunies par des liens artificiels, tels que fils de laiton, cordes à boyau. — *Pièces d'anatomie* artificielles, Pièces modelées en cire qui représentent les différentes parties du corps. — géom. *Lignes* artificielles, Lignes tracées sur un compas de proportion, lesquelles représentent les logarithmes du sinus, des tangentes, et peuvent servir avec la ligne des nombres à résoudre exactement les problèmes de trigonométrie, de navigation.

ARTIFICIELLEMENT, adv. Par le moyen de l'art : *Des fontaines qui vont artificiellement. Cette machine se meut artificiellement.*

ARTIFICIER, s. m. (V. *Artifice.*) Celui qui fait des artifices, des feux d'artifice : *C'est le plus ha-*

ble, le plus ingénieux artificier de Paris. — artil.
Il sert à désigner Celui qui travaille aux feux d'artifice, ou qui charge les bombes, les grenades et
leurs fusées.

ARTIFICIEUSEMENT, adv. D'une manière artificieuse : *Il a présenté les faits très-artificieusement.
Qu'ont gagné les philosophes avec leurs discours
pompeux, avec leurs raisonnements si artificieusement arrangés?* Boss. *Des méfiances artificieusement inspirées.* Fléch.

ARTIFICIEUX, EUSE, adj. (du lat. *artificiosus*,
plein d'art, d'adresse, dér. d'*artificium*. V. *Artifice*.) Plein de ruse, qui use d'artifice pour arriver
à ses fins. Il ne se prend qu'en mauvaise part, et il
se dit Des personnes et des choses : *Esprit artificieux et perfide. Une cour artificieuse.* Fléch. *Une
femme artificieuse.* Fén. *Des hommes méchants et
artificieux. Des courtisans artificieux et corrompus.*
Id. *Élégant, poli, artificieux dans ses discours.*
Mass. *Je vous défie, quelque artificieux que vous
soyez, d'y trouver la moindre apparence d'ambiguïté.* Pasc. *Ce conseil artificieux fut sur le point
d'être suivi. Une conduite si artificieuse. Des paroles artificieuses.* Fén. *Des déguisements artificieux.*
Fléch. *Cette diversion artificieuse.* Pasc.

ARTILLÉ, ÉE, adj. (c'est le part. du vieux v. *Ar-
tiller*, fortifier, défendre, mot d'origine kymrique ;
gal. *ardwy, ardal*, action de fortifier, de mettre à
l'abri, protection, défense ; *ardwyaw, ardalaw*,
fortifier, garantir, défendre.) mar. Muni, garni
d'artillerie : *Vaisseau artillé de tant de pièces, de
toutes ses pièces.*

ARTILLERIE, s. f. (LL mouillées. V. *Artillé*.)
Nom générique des canons, des mortiers, des
bombes, des boulets, des caissons, etc. *Parc d'artillerie. Train, chevaux d'artillerie. Artillerie de
campagne. Artillerie de siège. Artillerie de position.
Les chemins étaient impraticables, surtout pour la
grosse artillerie. A ce siège l'artillerie fut parfaitement servie. Faire jouer l'artillerie. Décharge d'artillerie. L'artillerie d'un vaisseau. Fondre de l'artillerie. On battait la place depuis trois jours avec
plus de quatre-vingts pièces d'artillerie, et on ne
parlait pas encore de capitulation.* — Troupes employées au service de l'artillerie : *Artillerie à cheval.
Artillerie à pied. Artillerie légère. Corps d'artillerie.
Toute l'artillerie était démoralisée. Servir dans l'artillerie. Il est de l'artillerie, dans l'artillerie. Il y
avait encore alors un grand-maître de l'artillerie.
Capitaine général d'artillerie. École d'artillerie.
Pour entrer dans l'artillerie, il faut être grand et
fort.*

ARTILLEUR, s. m. Employé au service de l'artillerie. Il se dit surtout Des simples soldats : *C'était
le contraire il y a cent ans* : *Un bon, un excellent
artilleur.*

ARTIMON, s. m. mar. Le troisième et le plus
petit mât d'un grand bâtiment, lequel se trouve à
l'arrière : *Le mât d'artimon. La voile aurique attachée au mât d'artimon par-dessus la poupe. Carguer,
serrer l'artimon. La voile d'artimon.* — On dit aussi :
*Manœuvres, poulies, gréement d'artimon*, en parlant Des manœuvres, des poulies, des cordages qui
servent à soutenir le mât d'artimon.

ARTIOMORPHE, adj. des 2 g. s. m. (du gr.
ἄρτιος, pair, et de μορφή, forme.) zool. A forme symétrique.

ARTIOZOAIRE, s. m. (du gr. ἄρτιος, pair, et de
ζῶον, animal.) Animal dont la forme est symétrique.

ARTIPHYLLE, adj. des 2 g. (du gr. ἄρτιος, sain
entier, et de φύλλον, feuille.) bot. Il se dit Des
plantes dont les feuilles portent à leur aisselle des
rameaux ou des bourgeons.

ARTISAN, s. m. (du lat. *ars, artis*, art, métier.)
Celui qui exerce un métier : *On nomme artisans
ceux qui se livrent aux arts mécaniques. Simple,
honnête artisan. Les enfants imitent les divers artisans par le mouvements et par le geste.* La Br.
*Il ne pouvait souffrir qu'un artisan grossier. Entre-
prit de tracer d'une main criminelle Un portrait
réservé pour le pinceau d'Apelle.* Boil. *Les plus vils
artisans sont les plus sujets à la jalousie.* La Br. —
fig. Inventeur, auteur, cause : *De sa gloire unique
artisan.* J.-B. Rouss. *Artisan de fourbes obscures.*
Id. *Il y a quelque chose de plus doux d'être l'artisan de sa propre grandeur, et à ne devoir rien
qu'à soi-même.* Scud. *Tels étaient ces grands artisans de la parole, ces premiers maîtres de la langue
française.* La Br. *Combien de fois avons-nous vu
l'élévation d'une famille et l'attirail pompeux de sa
fortune tomber et finir avec celui qui en avait été le
premier artisan?* Mass. *Insulter à la misère publique
dont ils avaient été les artisans barbares.* Id.

ARTISON, s. m. (autrefois *artuson* ; du br. *har-
ziou, tartouz*, avec le suff. *en*, qui, dans les idiomes
kymriques, est la marque du singulier ; mile, teigne,
charançon.) entom. Nom générique des insectes qui
rongent le bois, les étoffes, les pelleteries, et qui
nuisent aux meubles et aux aliments de l'homme,
comme font les teignes, les mites, les anthrènes, les
dermestes.

ARTISONNÉ, ÉE, adj. Rongé, troué par les arti-
sons : *Ces meubles sont tout artisonnés.*

ARTISTE, s. des 2 g. (du lat. *ars, artis*, art, *arti-
fex*, artiste, et artisan.) Celui ou celle qui cultive
les beaux-arts, et en fait profession : *Michel-Ange
est le plus grand artiste qui ait existé. Cette jeune
artiste donne de grandes espérances.* — *Artiste* est
souvent opposé à *amateur*. (V. ce mot.) *Cet amateur
a un talent digne d'un artiste. Les sciences et l'esprit
conduisent un artiste, mais ne le forment en aucun
genre.* Volt. *La fortune de Despréaux, celle de
Quinault, celle de Lulli et de tous les artistes qui
lui consacrèrent leurs talents.* — Il se disait autrefois De ceux qui font les opérations chimiques.

ARTISTEMENT, adv. Avec art, avec industrie. Ce
mot s'applique plutôt aux produits des arts mécaniques qu'à ceux des beaux-arts : *Un verre artistement taillé.* Pasc. *Ce meuble est fait artistement.
Artistement travaillé. Voilà qui est artistement
combiné. Il cueille artistement cette prune.* La Br.
*Six vers artistement rangés.* Boil.

ARTISTIQUE, adj. des 2 g. Ce mot, nouvellement
introduit dans la langue, sert à désigner Tout ce qui
a rapport aux artistes : *Cet homme a tes goûts artis-
tiques. Vocation artistique. Existence artistique.*

ARTOCARPE, s. m. (du gr. ἄρτος, pain, et de
καρπός, fruit.) bot. Aussi nommé arbre à pain ou
jaquier, rima, etc. Arbre élevé de la famille des
urticées, produisant un fruit globuleux de la grosseur de la tête d'un enfant, fort bon à manger, et
faisant la nourriture ordinaire des habitants des
pays chauds où il croît, tels que l'Inde, les côtes du
Malabar et les îles de l'archipel de la mer du Sud.

ARTOCARPÉ, ÉE, adj. bot. Semblable à l'artocarpe. — Artocarpées, s. f. pl. Famille de plantes.

ARTOLITHE, s. f. pl. (du gr. ἄρτος, pain, et de
λίθος, pierre.) min. Nom donné improprement à des
concrétions pierreuses, à des gâteaux de strontiane
sulfatée, des géodes, dont la figure rappelle celle du
pain.

ARTOMEL, s. m. (du gr. ἄρτος, pain, et de μέλι,
miel.) phar. Cataplasme fait avec du pain et du miel.

ARTONOMIE, s. f. Art de faire la guerre.

ARTONOMIQUE, adj. des 2 g. Qui a rapport à
l'artonomie.

ARTOPTE, adj. f. V. le Supplément.

ARUM, s. m. (pr. *ome* ; du lat. *arum*, qui a le
même sens.) bot. Genre de plantes de la famille des
aroïdes, qui renferme des plantes herbacées et des
arbrisseaux : *La racine de l'arum commun et de
l'arum serpentaire est d'un grand usage en médecine. Une autre espèce d'arum, la colocase, est d'une
grande ressource pour les peuples du Midi.*

ARUNDEL, s. m. (lord Howard, comte d'Arundel,
aux frais duquel ces antiques marbres de Paros furent recueillis.) ant. Il n'est usité que dans cette
locution : *Marbres d'Arundel. Les marbres d'Arundel sont aussi connus sous le nom de marbres de
Paros, ou d'Oxfort. Les marbres d'Arundel sont
très-importants à consulter pour les principales
époques de l'histoire grecque.*

ARUNDINACÉ, ÉE, adj. (du lat. *arundinaceus*,
qui tient du roseau ; *arundo, -inis*, roseau.) hist.
nat. Qui croît, qui vit dans les roseaux.

ARUNDINAIRE, s. m. (du lat. *arundo, -inis*, roseau.) bot. Genre de plantes de la famille des graminées, qui contient une plante qui croît sur les
bords du Mississipi.

ARUSPICE, s. m. (du lat. *haruga*, entrailles, et
*specio*, regarder, examiner.) Ministre de la religion
dont les fonctions consistaient, chez les Romains, à
prédire l'avenir d'après les mouvements de la victime avec le sacrifice, et par l'inspection des entrailles après l'immolation : *La science des aruspices fut inventée par Tagès, et empruntée par les
Romains aux Étrusques.*

ARUSPICINE, s. f. Science des aruspices.

ARVICOLE, adj. des 2 g. (du lat. *arvicola*, qui
cultive les champs ; *arva*, guérets et terres ensemencées, et *colere*, cultiver, habiter.) zool. Qui habite les champs remplis de blé.

ARVICULTURE, s. f. (du lat. *arvum*, pl. *arva*,
terres qu'on laboure, et de *cultura*, culture.) agr.
Science des labours, connaissance des travaux nécessaires à la culture des céréales.

ARVIEN, ENNE, adj. (*Vin Arvicole*.) hist. nat.
Qui croît ou vit dans les terres labourées.

ARYTÉNÉAL, ALE, adj. anat. Qui a rapport aux
aryténoïdes. — *Aryténéal*, s. m. ichth. Un des arcs
branchiaux des poissons.

ARYTÉNO-ÉPIGLOTTIQUE, adj. et s. m. anat. Qui
appartient au cartilage aryténoïde et à l'épiglotte.
Il se dit De petits faisceaux charnus dépendant du
muscle aryténoïdien, qui tiennent par une de leurs
extrémités aux cartilages aryténoïdes, et, par l'autre,
au bord voisin de l'épiglotte.

ARYTÉNOÏDE, adj. s. m. (du gr. ἀρύταινα, entonnoir, et de εἶδος, forme.) anat. Il se dit Des deux
cartilages situés au haut et en arrière du larynx.

ARYTÉNOÏDIEN, ENNE, adj. anat. Il se dit d'Un
muscle situé à la partie postérieure et supérieure
du larynx, derrière les cartilages aryténoïdes.

ARZEL, s. m. art vét. Cheval qui a une balsane
au pied de derrière hors du montoir.

ARZILLA, s. f. ichth. Nom vulgaire du miralet,
espèce de raie de la Méditerranée.

AS, s. m. (en lat. *as, assis* ; prononcez le S.) num. La
plus ancienne des monnaies romaines. Son poids et
sa valeur ont considérablement varié aux différentes
époques de Rome. — As, Point unique, marqué sur une carte ou sur
un dé : la carte ou le dé qui porte ce point : *As de
pique. As de cœur. Il a tous les as du jeu. Ces dés ne
donnent que des as. Moi, je coupe du roi, et je
joue atout de l'as.* — *As qui court*, Un jeu de cartes
dans lequel l'as, étant la plus basse carte, est passé
par celui qui l'a reçu à son voisin, qui s'en débar-
rasse de même à un autre, jusqu'à ce que le tour
soit fini. — *As percé*, se dit, au jeu de la bouillotte,
d'Un as lorsqu'il est seul de sa couleur. *Les as percés ne seraient-ils pas une altération de l'italien
asso per se?*

A. S. Abréviation des mots *Altesse sérénissime*.

ASANGUE, s. f. astr. V. Lyre.

ASAPHE, s. m. ichth. Genre de crustacés.

ASAPHIE, s. f. (du gr. ἀσάφεια, obscurité ; α priv.
et σαφής, clair, évident.) méd. Manque de clarté dans
la voix, qui tient à un vice de conformité dans le
voile du palais.

ASARÉRO, ou AZARÉRO, s. m. bot. Nom spécifique du cerisier-laurier de Portugal.

ASARET, (du lat. *asarum*, même sens : α priv.
et σαίρω, orner, parce que cette plante n'était jamais employée à faire des couronnes.) bot. Genre
de plantes de la famille des aristolochiées, dont les
racines sont employées en médecine comme éméti-
ques ; et les feuilles réduites en poudre sont un fort
bon sternutatoire.

ASARINE, s. f. (V. *Asaret*.) chim. Sorte de liqueur camphrée qu'on retire de la racine d'asaret. —
bot. Syn. d'*asaret*.

ASARINÉ, ÉE, adj. Qui ressemble à l'asaret. —
*Asarinées*, s. f. pl. V. Asaroïdes.

ASAROÏDES, s. f. pl. Nom donné par Ventenat et
plusieurs autres botanistes aux plantes de la famille des aristolochiées.

ASBESTE, s. (en lat. *asbestinum*, du gr. ἄσβεστος,
inextinguible : α priv. et σβεννύω, éteindre.) Espèce
minérale de la classe des substances terreuses, à tissu
filamenteux, réductible par la trituration en poussière fibreuse ou pâteuse. L'amiante (V. ce mot)
en est une variété, et le *cuir fossile* une autre. Les
habitants de la Corse mêlent de l'asbeste à la terre
qui leur sert à faire certaines poteries, pour les rendre plus légères et moins fragiles.

ASBESTIFORME, adj. des 2 g. (V. *Asbeste*.)
min. Qui a la forme ou l'apparence de l'asbeste.

ASBESTIN, INE, adj. min. Qui est de la nature
de l'asbeste.

ASBESTINITE, s. f. min. Variété de l'actinote,
minéral fibreux, amiantoïde.

ASBESTOÏDE, s. m. min. Syn. d'*amiantoïde*.
(V. ce mot.)

ASBOLINE, s. f. chim. Substance particulière
extraite de la suie.

**ASCALABOTE**, s. m. pl. erp. Famille de reptiles qui renferme les lézards.

**ASCALABOTOÏDES**, s. m. pl. erp. V. ASCALABOTES.

**ASCALAPHE**, s. m. zool. Genre d'insectes névroptères.

**ASCARDAMYCTE**, adj. des 2 g. (de α priv. et σκαρδαμύσσω, cligner, clignoter.) path. Qui regarde avec des yeux fixes, et sans remuer les paupières.

**ASCARICIDE**, s. f. (du gr. ἀσκαρίς, vers intestinal et du suff. lat. cida, cid en français, qui tue, meurtrier ; dér. du v. cædere, couper, tuer.) Plante herbacée des Indes, où l'on fait usage de ses graines pulvérisées, regardées comme un très-bon vermifuge.

**ASCARIDAIRE**, adj. des 2 g. (V. Ascaride.) helm. Qui ressemble aux ascarides. — Ascaridaires, s. m. pl. Famille de vers microscopiques.

**ASCARIDE**, s. m. (du gr. ἀσκαρίς, -ίδος, vers intestinal; ἀσκαρίζω, sautiller, frétiller.) helm. Genre de vers entozoaires, à corps blanchâtre, allongé, fusiforme, élastique : L'ascaride lombricoïde, très-commun chez l'homme, a l'aspect général du ver de terre.

**ASCARIDÉ, ÉE**, adj. V. ASCARIDAIRE.

**ASCARIDIEN, ENNE**, adj. V. ASCARIDAIRE.

**ASCARIDISTE**, adj. des 2 g. zool. V. ASCARIDAIRE.

**ASCARINE**, s. f. bot. Genre de plantes dont la famille n'est point encore déterminée.

**ASCÈLE**, adj. et s. m. (du gr. ἀσκελής, qui n'a pas de jambes; α priv. et σκέλος, jambe.) didact. Privé de jambes.

**ASCÉLIE**, s. f. (V. Ascèle.) Absence de jambes.

**ASCENDANCE**, s. f. (V. Ascendant.) généal. Action de la ligne ascendante dans les familles : Ascendance paternelle. Ascendance maternelle. — astr. Action des astres qui s'élèvent sur l'horizon. — anat. Action en montant opérée dans plusieurs vaisseaux du corps. — math. Progression des termes qui vont en croissant. — mus. Harmonie qui est produite par une suite de quintes en montant.

**ASCENDANT**, s. m. (du lat. ascendens, montant part. prés. du v. ascendere, monter : ad, à, vers, et scandere, franchir, monter.) astron. Point de l'écliptique situé dans la partie orientale de l'horizon; le point qui se lève : Le Scorpion était à l'ascendant, quand l'orage survint. Jupiter était à l'ascendant au moment de sa naissance. Vous avez Mars à l'ascendant. — fig. Il exprime Le penchant, l'inclination que l'on suppose être le produit de l'influence d'un astre : Heureux, malheureux ascendant. Personne ne peut résister à son ascendant. Il a cédé à son ascendant. L'ascendant est plus fort que nous. MOL. Boileau a dit : Cet ascendant malin qui nous porte à rimer. — Par extension et toujours dans le sens figuré, il signifie Une sorte de supériorité morale qu'une personne exerce sur une autre sans que la cause en soit explicable : Je ne sais par quel ascendant il l'emporte toujours sur moi. C'est cet ascendant inexplicable qui lui donne l'avantage sur tous ses adversaires. Ce sens vieillit, mais il s'employait surtout pour exprimer Une supériorité produite par le hasard : Il avait aux jeux de hasard je ne sais quel ascendant qui le faisait toujours gagner.

**ASCENDANT**, dans l'acception la plus ordinaire, signifie Le pouvoir, l'empire, l'influence qu'une personne exerce sur une autre : Sa mère avait un grand ascendant sur son esprit. Il avait pris de l'ascendant sur tous ses compagnons. Personne ne pouvait résister à l'ascendant qu'il exerçait. La finesse de son esprit jointe à l'urbanité de son caractère lui donnait sur nous tous un ascendant dont il n'abusa jamais. MARIV. — Il se dit aussi mais rarement dans le sens de Ton altier, impérieux : Ne parlez pas avec un si rude ascendant quand vous vous érigez en apôtre. NICOLE.

**ASCENDANT**, en t. de jurisp. et de généalogie, désigne Les personnes dont on est descendu : Cette loi s'étend jusqu'aux ascendants. Il la comptait parmi ses ascendants en ligne directe.

**ASCENDANT, ANTE**, adj. Qui monte, qui tend à s'élever : Une force ascendante. Suivre une ligne ascendante. Tous ces corps semblent emportés par un mouvement ascendant. — Il s'emploie en t. de généalogie en parlant Des personnes dont on descend et ne se dit guère que dans cette locution : La ligne ascendante. — astron. On nomme Signes ascendants, Les signes qui s'avancent vers le pôle septentrional, et qui sont compris entre le point du ciel le plus bas, qui est le nadir, et le point le plus

haut, qui est le zénith : ce sont les trois premiers et les trois derniers du zodiaque; le Bélier, le Taureau, les Gémeaux, le Capricorne, le Verseau, et les Poissons. — Nœud ascendant, se dit Du point de l'orbite d'une planète où elle traverse l'écliptique, en allant du midi au nord. — Latitude ascendante, Latitude d'une planète lorsqu'elle est du côté du pôle septentrional. — math. Progression ascendante, Suite dont les termes vont en croissant. — mus. Harmonie ascendante, Suite de quintes en montant. — anat. Aorte ascendante, Trou supérieur de l'artère qui fournit le sang à la tête. — bot. Relevé vers la partie supérieure : Pétales ascendants, Se portant vers le sommet de la fleur. — Lèvre supérieure ascendante, Suivant d'abord la direction du tube, et se relevant par son extrémité. — Étamines ascendantes, Toutes portées vers la partie supérieure de la fleur. — Style ascendant, Lorsqu'il s'écarte du plan de la fleur pour s'élever perpendiculairement à l'horizon. — Tige ascendante, D'abord inclinée, puis se redressant par une courbure.

**ASCENSION**, s. f. (du lat. ascensio, action de monter. V. Ascendant.) Action de monter, de s'élever : L'ascension de l'eau dans le vide. L'ascension de la sève dans la tige. — Action de s'élever dans l'air à l'aide d'un aérostat : Cet aéronaute est à sa quatorzième ascension. Il a fait plusieurs ascensions dans l'intérêt de la science. — On dit également : L'ascension d'un ballon, d'un aérostat. — Action de gravir au sommet d'une haute montagne : Ce ne fut pas sans de grandes fatigues que nous terminâmes cette ascension au Mont-Blanc.

**ASCENSION**, se dit particulièrement De l'élévation miraculeuse de Jésus-Christ au ciel : Ce fut devant la réunion des Apôtres qu'eut lieu l'Ascension de Notre-Seigneur. — Il désigne également La fête instituée par l'Église pour célébrer ce miracle : C'est aujourd'hui le jour de l'Ascension. L'Ascension arrive quarante jours après Pâques. — On dit prov., A l'Ascension blanche nappe et gros mouton, pour dire qu'A cette époque de l'année on abandonne le veau pour manger du mouton. — astron. Ascension droite d'un astre, Le point de l'équateur qui se lève en même temps que cet astre dans la sphère droite, et Ascension oblique d'un astre, Le point de l'équateur qui se lève en même temps que cet astre dans la sphère oblique.

**ASCENSIONNEL, ELLE**, adj. didact. Il ne s'emploie guère que dans les locutions suivantes : Force ascensionnelle, Force par laquelle un corps tend à s'élever. — astr. Différence ascensionnelle, Différence entre l'ascension droite et l'ascension oblique d'un astre.

**ASCÈTE**, s. m. (du gr. ἀσκητής, qui s'exerce, athlète dans le sens moral; ἀσκέω, s'exercer à, s'appliquer.) Nom que l'on donne à Celui qui se consacre exclusivement à des exercices de piété.

**ASCÉTIQUE**, adj. des 2 g. (du gr. ἀσκητικός, qui a le même sens au moral. V. Ascète.) Qui a rapport aux exercices de piété : Un ouvrage ascétique, Un livre qui traite des exercices spirituels — Il se prend substantivement dans la phrase suivante : Les ascétiques des Pères de l'Église, pour Les ouvrages ascétiques. — Il se dit également Des personnes et de ce qui se rapporte à leur manière de vivre : Un docteur ascétique. BOIL. Une vie ascétique. — s. m. phil. Penchant prédominant, passion qui gouverne toutes les autres. — Destinée qui maîtrise et qui entraîne.

**ASCÉTISME**, s. m. État d'une personne qui se voue entièrement aux exercices de piété.

**ASCIDIACÉ, ÉE**, adj. zool. Qui ressemble à l'ascidie. — Ascidiacées, s. f. pl. Famille de mollusques. On dit aussi ascidide.

**ASCIDIE**, s. f. moll. Genre de mollusques nus.

**ASCIDIÉ, ÉE**, adj. S'emploie pour désigner, en bot., les feuilles terminées en forme de godets.

**ASCIDIEN, ENNE**, adj. V. ASCIDIACÉ.

**ASCIDION**, s. m. Espèce de petit godet qui termine les feuilles de certaines plantes.

**ASCIDITE**, adj. des 2 g. zool. V. ASCIDIACÉ.

**ASCIE**, s. f. zool. Genre d'insectes diptères.

**ASCHÉE**, ou LESCHE-DE-MER, s. f. V. AICHE.

**ASCHION**, ou ASKION, s. m. bot. Nom sous lequel les Grecs connaissaient la truffe noire.

**ASCHIRITE**, s. f. Syn. de Cuivre dioptase.

**ASCIENS**, s. f. pl. Les habitants de la zone torride, qui n'ont pas d'ombre le jour où le soleil tombe perpendiculairement sur leurs têtes.



**ASCIDIENS**, ou TUNICIERS LIBRES, s. f. pl. moll. Nom du deuxième ordre de la classe des tuniciers de Lamarck, comprenant les thethiés simples et les thalides de Savigny.

**ASCIDIUM**, ou ASCUS, s. m. bot. Nom donné par quelques botanistes aux capsules des champignons hyménothèques. C'est le théca de Link.

**ASCIFORME**, adj. des 2 g. bot. Qui a la forme d'un godet.

**ASCIGÈRE**, adj. des 2 g. bot. Qui porte des godets ou des utricules.

**ASCITE**, s. f. (lat. ascites, du gr. ἀσκίτης, hydropisie; ἀσκός, outre.) path. Hydropisie du bas-ventre, épanchement de sérosité dans la cavité du péritoine.

**ASCITIQUE**, adj. et s. des 2 g. (V. Ascite.) path. Relatif à l'ascite, atteint d'une ascite, hydropique.

**ASCLÉPIADE**, s. f. bot. Genre de plantes de la famille des asclépiadées, dont une espèce, l'asclépiade de Syrie ou herbe à la ouate, produit autour de ses graines de longs filaments soyeux que l'on a essayé d'utiliser en tissus.

**ASCLÉPIADÉ, ÉE**, adj. bot. Qui ressemble à l'asclépiade. — Asclépiadées, s. f. pl. Famille de plantes.

**ASCLÉPIADE**, adj. des 2 g. (du nom du poète grec qui inventa ce vers.) pros. anc. Il se dit d'Un vers grec ou latin, composé d'un spondée, de deux choriandes et d'un iambe : Le vers asclépiade appartient à la poésie lyrique. Certaines odes ne contiennent que des asclépiades. Un asclépiade. Les vers de la première ode d'Horace sont des asclépiades.

**ASCLÉPIADINE**, s. f. chim. Substance particulière qui se trouve dans la racine de l'asclépiade.

**ASCOBOLE**, s. m. bot. Genre de champignons.

**ASCOMYCÈTES**, s. m. pl. Espèce de champignons qui ont leurs graines renfermées dans de petits sols.

**ASCOPHORE**, s. m. bot. Genre de champignons.

**ASCOPHYTE**, s. m. bot. Plante marine munie de vésicules aériennes.

**ASCOSPORÉ, ÉE**, adj. bot. Se dit d'Une plante cryptogame, qui a ses graines contenues dans des utricules.

**ASCOT**, s. m. comm. Sorte de serge.

**ASCYRE**, s. m. bot. Genre de plantes qui croissent dans l'Amérique du Nord.

**ASCYRON**, s. m. bot. Syn. de Millepertuis de montagne.

**ASE**, ou AZE, s. m. zool. Syn. d'Ane, dans le midi de la France.

**ASELLE, AZILE, POU-DE-MER**, s. m. ent. Nom vulgaire d'un petit crustacé du genre cymothoé, qui s'attache sur le corps de certains cétacés et y vit en parasite.

**ASELLATION**, s. f. hyg. L'exercice pris par une personne montée sur un âne.

**ASELLÉ, ÉE**, adj. V. ASELLIDE.

**ASELLIDE**, adj. des 2 g. zool. Qui ressemble à un aselle. On dit aussi Asellien, enne.

**ASELLIDES**, s. m. pl. ent. Nom d'une famille de crustacés isopodes, selon Lamarck. V. ASELLOTES.

**ASELLOTES**, s. m. pl. ent. Famille de crustacés, de l'ordre des tétracères, selon Latreille. Ces animaux, ainsi que les asellides, appartiennent, dans le règne animal de Cuvier, à l'ordre des isopodes, section des ptérygibranches.

**ASÈME**, s. m. zool. Genre d'insectes coléoptères.

**ASEXE**, adj. des 2 g. didact. Qui est privé de sexe.

**ASEXUEL, ELLE**, adj. didact. Qui n'a pas de sexe.

**ASIARCHAT**, s. m. (du gr. Ἀσία, Asie, et de ἀρχός, magistrat, dignitaire. pron. CH comme K.) Magistrature annuelle jointe au sacerdoce chez les anciens. Elle donnait le droit de présider aux jeux sacrés célébrés en commun par les villes grecques d'Asie.

**ASIARQUE**, s. m. (V. Asiarchat.) Magistrat annuel qui présidait aux jeux célébrés en commun par les villes grecques d'Asie.

**ASIATIQUE**, adj. des 2 g. Qui appartient à l'Asie : Les peuples asiatiques. Les villes asiatiques. — fig. Mœurs asiatiques, Mœurs efféminées comme l'étaient celles de la plupart des peuples de l'Asie. Luxe asiatique, Luxe exagéré. Style asiatique, Style surchargé d'ornements et de longueurs.

**ASIDE**, s. m. zool. Genre d'insectes coléoptères.

**ASILE**, s. m. (du lat. asylum, lieu inviolable,

en gr. ἄσυλον, id. : α priv. et σύλη, proie, butin, dépouille. D'après l'étymologie, il faudrait écrire *asyle*, orthographe qu'emploient de préférence un grand nombre d'érudits.) Lieu de refuge pour les criminels, les débiteurs : *A Rome, les églises sont autant d'asiles où se réfugient les meurtriers.* Dur. *Un asile saint, sacré, inviolable. Violer la sainteté d'un asile. Cette enceinte servait d'asile à tous les débiteurs. Le meurtre commis, il n'eut que le temps de se sauver dans un asile. Romulus ouvrit un asile à tous les gens sans aveu. Droit d'asile. Lieu d'asile.* — Il se dit aussi De tout endroit où l'on se réfugie pour échapper à une poursuite, à une persécution quelconque, et s'emploie dans ce sens, au propre et au fig. *Il se sauve aussitôt et choisit pour asile le haut d'un pin.* La Font. *Il a trouvé un asile dans ma maison contre les gens qui le poursuivaient. Son palais servait d'asile à tous ceux qui avaient affaire à la justice. Venez chez moi, vous y trouverez un asile contre la persécution.* Did. — fig. *C'est dans la religion seule que vous trouverez un asile contre vos passions.*

Asile, se dit également d'Une maison où l'on trouve un abri contre la misère ou contre des besoins momentanés : *Paris offre aux malheureux beaucoup d'asiles connus sous le nom d'hôpitaux.* B. de St-P. *Ce sont autant d'asiles ouverts à l'indigence.* Chat. *Une maison d'asile. Le voyageur égaré cherche un asile. Au milieu de cet orage nous ne pûmes trouver d'autre asile qu'une mauvaise cabane abandonnée.* Rouss. — *Salle d'asile,* Sorte d'école gratuite où l'on admet pendant le jour les enfants de la classe pauvre depuis l'âge de deux ans jusqu'à celui de six ans : *Directrice de la Salle d'asile.*

Asile, s'emploie au propre et au figuré dans le sens de Retraite, habitation, séjour : *Un homme sans asile. Il n'a plus d'asile. On t'a chassé de son dernier asile. Rien de plus adorable que le modeste asile où il se repose des agitations de la vie.* Fén. *Oh ! qui m'emportera vers vos sombres asiles !* Lam. *Cette maison est l'asile d'un homme de bien. Cette famille est l'asile de toutes les vertus. Des soucis dévorants c'est l'éternel asile.* La Font. *Préparons-nous un asile dans notre propre cœur.* — fig. *Asile,* signifie La personne ou la chose qui nous protège, nous secourt : *Le chrétien est l'asile de la veuve et de l'orphelin.* Poule. *Vous serez dans mes malheurs mon unique asile. Cette retraite est un asile contre les tentations du monde.* — entom. s. m. Genre d'insectes diptères.

ASILIDE, adj. des 2 g. entom. Qui ressemble à un asile. — *Asilides,* s. m. pl. Famille d'insectes diptères.

ASILIFORME, adj. des 2 g. zool. Qui ressemble par sa forme à un asile.

ASILIQUE, adj. des 2 g. V. Asilide.

ASILOÏDE, adj. des 2 g. zool. Qui ressemble à un asile.

ASIMINE, s. f. bot. Fruit que produit la soudure de plusieurs petits fruits charnus.

ASINDULES, s. m. Genre d'insectes diptères.

ASINE, adj. f. (du lat. *asinus,* âne.) Il ne s'emploie qu'en termes de pratique et dans cette locution : *Bête asine,* pour Un âne ou une ânesse.

ASIPHONOBRANCHÉ, adj. et s. m. zool. Il s'emploie en parlant de mollusques dont les branches sont contenues dans une cavité non prolongée en siphon.

ASIPHONOÏDE, adj. des 2 g. zool. Il désigne Des coquilles chambrées dépourvues de siphon.

ASIRAQUE, s. m. zool. Genre d'insectes de l'ordre des hémiptères.

ASITIE, s. f. méd. Dégoût pour toute sorte d'aliments. *L'asitie continue chez ce malade.*

ASKÈLE, adj. des 2 g. V. Ascèle.

ASKIDA, s. m. bot. Nom donné par Dioscoride au vératre blanc.

ASODE, adj. des 2 g. (du gr. ἀσώδης, qui donne des dégoûts ; ἄση, nausée, dégoût.) path. Il se dit d'Une fièvre qui a pour principaux symptômes le dégoût et l'anxiété.

ASPALACIDE, adj. des 2 g. (du gr. ἀσπάλαξ, -ακος, taupe.) mam. Qui ressemble à une taupe. — *Aspalacides,* s. m. pl. Famille de mammifères.

ASPALAT, ou ASPALATH, s. m. bot. Nom donné au cytise par Dioscoride, puis à des genêts épineux, à des arbrisseaux odorants, à une espèce de liseron, par divers auteurs, et enfin transporté par Linné à un genre de plantes légumineuses ne comprenant

aucune des espèces citées plus haut. *L'aspalath cilié est un joli arbuste du Cap, cultivé dans nos serres.* — comm. Bois pesant et compact, susceptible d'un beau poli, apporté des Indes. V. Aspalacide.

ASPALAX, ou RAT-TAUPE, s. m. mam. Petit mammifère souterrain, aveugle, du genre géorique, ordre des rongeurs, famille des rats-taupes. Il habite la Perse et la Russie Méridionale.

ASPALASOME, adj. et s. m. (du gr. ἀσπάλαξ, taupe, et de σῶμα, corps.) anat. Monstre qui a quelque chose de la taupe.

ASPARAGÉ, ÉE, adj. bot. V. Asparaginé.

ASPARAGINE, s. f. bot. et min. Substance minérale découverte dans le suc de l'asperge, cristallisant en prismes droits, rhomboïdaux.

ASPARAGINÉ, ÉE, adj. bot. Qui a de la ressemblance avec l'asperge. — *Asparaginées,* s. f. pl. Famille de plantes dans laquelle est l'asperge.

ASPARAGOÏDES, s. f. pl. bot. Syn. d'*asparaginées,* selon Ventenat.

ASPARAGOLITHE, s. f. min. Variété d'apatite ; pierre d'asperge.

ASPARAMATE, s. f. chim. V. Aspartate.

ASPARAMIDE, s. f. chim. V. Asparagine.

ASPARAMIQUE, adj. m. chim. V. Aspartique.

ASPARTATE, s. m. chim. Sel produit par la combinaison de l'acide aspartique avec une base salifiable.

ASPARTIQUE, adj. m. chim. Il se dit De l'acide dans lequel l'asparagine se transforme.

ASPE, ou ASPLE, s. m. techn. Dévidoir sur lequel on place les écheveaux pour les dévider. — *Aspe,* s. m. zool. Poisson du nord de l'Europe dont la chair est assez estimée.

ASPECT, s. m. (en lat. *aspectus,* vue, regard ; *aspicio,* regarder : *ad,* vers, et *specio,* voir, regarder.) Vue d'une personne ou d'une chose : *Chassez ces intrigants dont l'aspect m'importune. Il s'est troublé à mon aspect. L'aspect de cet homme me fait mal. L'aspect de cette chambre lui a rappelé de cruels souvenirs.* — fig. *L'homme de bien ne tremble pas à l'aspect de la mort. L'aspect de ce danger n'a rien qui l'épouvante.* Volt. *L'aspect du vice doit, par le sentiment de réprobation qu'il excite en nous, nous ramener vers la vertu.* Rous. — Il se dit souvent De la manière dont une personne ou une chose se présente à la vue : *Il s'est offert à moi sous un aspect assez peu agréable. Rien de plus charmant que l'aspect général de ce pays. Cet édifice ainsi recrépi présente un assez vilain aspect. En l'espace de trois ans cette contrée a pris un nouvel aspect. Cette nouvelle disposition du jardin lui donne un aspect très-agréable.* — fig. *Il me semble que votre affaire se présente sous un autre aspect. Vous n'avez pas considéré la question sous tous ses aspects. Ces idées qui se présentent à vous sous un aspect si riant s'assombriront avec l'âge.* Volt.

Aspect, se disait, en astrologie De la situation respective des astres par rapport à l'influence qu'ils étaient censés exercer sur la destinée des hommes : *Aspect heureux, bénin, favorable. Aspect fâcheux, malheureux, triste. Il est né sous un malin aspect.* De là l'expression figurée : *Cette affaire se présente sous un fâcheux, un malheureux aspect, Elle s'annonce mal, ne fait pas présager d'heureux résultats.*

Aspect, b.-arts, s'emploie dans deux sens différents en parlant Des œuvres d'architecture. On dit d'un monument qu'*il est dans un bel aspect,* Lorsqu'on découvre une belle vue du lieu où il est placé : *Le château d'Écouen est dans un bel aspect.* Un monument présente un bel aspect, Lorsqu'il a un développement grandiose, imposant, et que toutes ses parties produisent leur effet ensemble, et de prime abord : *Le château des Tuileries présente un bel aspect, est d'un bel aspect.* Dans cette dernière acception, le mot aspect s'applique également aux ouvrages de peinture et de sculpture : *Ce tableau, ce groupe, est d'un bel aspect.*

ASPERCETTE, s. f. L'un des noms vulgaires du sainfoin.

ASPÉRELLINÉ, ÉE, adj. bot. Qui est rude au toucher. — *Aspérellinées,* s. f. pl. Plantes de la famille des graminées.

ASPERGE, s. f. (en lat. *asparagus,* même sens, du gr. ἀσπάραγος.) *Un plant, un carré d'asperges. Asperges de primeur grosses. Petites asperges. Manger des asperges à l'huile, à la sauce, aux petits pois. Des pointes d'asperges Des asperges montées.*

*Asperges de couche, de terre. Asperges vertes. Semer des asperges. Les asperges commencent à monter,* Elles montent en graine. — fig. et pop. *Il est comme une asperge,* se dit d'Une personne fort grande et très-mince. — techn. Brin de baleine de soixante-dix centimètres de longueur.

ASPERGER, v. a. (du lat. *aspergere,* arroser : *ad,* à, vers, et *spargere,* répandre.) Arroser légèrement, et goutte à goutte en secouant quelque chose que l'on a trempé dans l'eau : *Ils nous aspergèrent avec cette eau sale et infecte.* Lès. Il s'emploie particulièrement pour Certaines cérémonies religieuses : *Asperger un corps d'eau bénite. Les prêtres aspergeaient les assistants avec le sang de la victime.*

Aspergé, ée, part.

ASPERGERIE, s. f. agric. Terrain planté en asperges.

ASPERGÈS, s. m. (V. *Asperger.*) Espèce de goupillon à jeter l'eau bénite : *Offrir, présenter l'aspergès.* Il est familier dans cette acception. On l'emploie également pour exprimer Le moment où l'on jette de l'eau bénite : *On en est à l'aspergès.*

ASPERGILLAIRE, adj. des 2 g. (du lat. *aspergillum,* goupillon.) bot. Qui ressemble à un goupillon.

ASPERGILLE, s. m. (lat. *aspergillum,* d'*aspergere,* arroser.) Sorte de goupillon fait de crins de cheval, qui servait chez les Romains à faire l'aspersion d'eau lustrale : *On voit des aspergilles représentés sur l'arc d'Orange et sur un grand nombre de médailles.*

ASPERGILLIFORME, adj. des 2 g. (V. *Aspergillaire.*) bot. Qui a la forme d'un goupillon : *Stigmate aspergilliforme.*

ASPARGOUTE, s. f. bot. Syn. de *Spargoute.*

ASPÉRICOLLE, adj. des 2 g. (du lat. *asper,* rude, âpre, et de *collum,* cou.) zool. Qui a le cou ou le corselet couvert d'aspérités.

ASPÉRICORNE, adj. des 2 g. (du lat. *asper,* âpre, et de *cornu,* corne.) zool. Dont les cornes ou les antennes sont couvertes d'aspérités.

ASPÉRIFOLIÉ, ÉE, adj. (du lat. *asper,* âpre, et de *folium,* feuille.) bot. Dont les feuilles sont rudes au toucher.

ASPÉRITÉ, s. f. (du lat. *asperitas.* V. *Âpre.*) Rudesse, état de ce qui est raboteux, âpreté, dureté : *L'aspérité du sol. L'aspérité du bois, de l'écorce.* — fig. *Aspérité du caractère, de l'humeur, de l'esprit.* — Il s'emploie aussi au pluriel pour exprimer Les inégalités elles-mêmes qui donnent de la rudesse à une surface : *Ce bois est couvert de mille petites aspérités. Les aspérités du terrain favorisaient la disposition de nos troupes.* — fig. *Les aspérités du style. C'est un style dur, raboteux et dont il faudrait faire disparaître les aspérités.* Volt. — anat. *Aspérités,* Inégalités qui se trouvent à la surface des os et qui servent le plus souvent à l'insertion d'organes fibreux. — path. *Aspérités des paupières,* Inflammation chronique des paupières, lesquelles, en ce cas, produisent une sensation particulière par leur mouvement au devant de l'œil.

ASPERME, adj. des 2 g. (du gr. ἀσπέρμος, sans grain, sans semence : α priv. et σπέρμα, semence.) bot. Qui ne produit pas de graines.

ASPERMÉ, ÉE, adj. (V. *Asperme.*) bot. Qui ne porte pas de graines

ASPERMIE, s. f. (V. *Asperme.*) bot. Il se dit De l'état d'une plante qui ne donne pas de graines.

ASPERSION, s. f. (du lat. *aspersio,* action d'arroser.) Action d'asperger : *Faire une légère aspersion. Recevoir une aspersion. Aspersion d'eau bénite.* — Le baptême par aspersion, est Celui que l'on fait en jetant un peu d'eau sur celui que l'on baptise, à la différence du baptême par immersion.

ASPERSOIR, s. m. Espèce de goupillon qui sert à asperger avec l'eau bénite : *Prendre, recevoir, présenter l'aspersoir. Jeter de l'eau bénite avec l'aspersoir. Il lui prit l'aspersoir des mains.*

ASPÉRULE, s. f. (du lat. *asperula,* même sens : *asper,* rude, âpre.) bot. Genre de plante de la famille des rubiacées, dont une espèce, l'aspérule des teinturiers, est cultivée à cause de la couleur rouge que fournissent ses racines.

ASPÉRULÉ, ÉE, adj. bot. Qui ressemble à l'aspérule. — *Aspérulées,* s. f. pl. Groupe de plantes dont fait partie l'aspérule.

ASPHALTE, s. m. (du gr. ἄσφαλτος, même signification : α priv. et σφάλλω, tromper, glisser.) min. Substance solide, pesante et fragile, d'une odeur bitumineuse, quand surtout elle arrive à un certain degré de chaleur : *L'asphalte se trouve à la surface de quelques lacs, et particulièrement sur la Mer Morte en Palestine, appelée lac Asphaltite. On extrait aussi l'asphalte du sein de la terre; et l'on en fait de beaux trottoirs.*

ASPHIE, s. f. zool. Poisson des fleuves du Nord.

ASPHODÈLE, s. m. (en lat. *asphodelus*, du gr. ἀσφόδελος, même sens.) bot. Genre de belles plantes de la famille des asphodélées, dont quelques espèces sont cultivées dans nos jardins.

— ASPHODÉLÉ, ÉE, adj. bot. Qui ressemble à l'asphodèle. — *Asphodélées*, s. f. pl. bot. Famille de plantes phanérogames, monocotylédones, de la classe des liliacées.

ASPHODÉLOÏDE, adj. des 2 g. bot. V. ASPHODÉLÉ.

ASPHYXIE, s. f. (du gr. ἀσφυξία, cessation du pouls : α priv. et σφύζω, tressaillir, battre.) path. Cessation des phénomènes vitaux par des causes qui agissent d'une manière toute spéciale sur les organes de la respiration : *Asphyxie par immersion. Asphyxie par des gaz non respirables. Tomber en asphyxie.*

ASPHYXIER, v. a. (V. *Asphyxie*.) Frapper d'asphyxie : *Cette vapeur fut sur le point de nous asphyxier. L'eau l'avait presque entièrement asphyxié. Il s'échappe de cette grotte un gaz qui asphyxie.* — Il s'emploie avec le pron. personnel : *Il s'est asphyxié à l'aide de la vapeur du charbon.*

ASPHYXIÉ, ÉE, part. : *On l'a trouvé asphyxié dans sa chambre. On l'a retiré de l'égout à moitié asphyxié.* — Il s'emploie substantivement : *Les noyés et les asphyxiés.*

ASPHYXIQUE, adj. des 2 g. didact. Qui a rapport à l'asphyxie.

ASPIC, s. m. (du gr. ἀσπίς, qui a la même signification.) erp. Reptile de la classe des ophidiens, d'un genre couleuvre. *Le coluber-haja* de Forskahl, mais non le *coluber vipera* et aspis de Linné, comme on le croyait. — On donne aussi, mais improprement, le nom d'aspic à la vipère commune. Enfin on donne également à tort le nom d'aspic connu, au coluber ammodytes de Linné. — fig. (Une *langue d'aspic*. Un homme qui aime à dire du mal d'autrui : *Défiez-vous de cet homme, c'est une langue d'aspic.* — *Aspic*, en termes de cuisine, désigne Un plat composé de viande ou de poisson froid servi avec de la gelée.

— ASPIC, ou SPIC, s. m. bot. Nom vulgaire de la lavande, d'où est venu le nom d'huile d'aspic que l'on donne dans le commerce à l'huile essentielle que l'on extrait de cette plante par la distillation : *On se sert d'huile d'aspic en pharmacie. Les peintres sur porcelaine font usage d'huile d'aspic pour délayer leurs couleurs.*

ASPICARPE, s. f. bot. Plante d'Amérique.

ASPIDÉCHIDNÉS, s. m. pl. (du gr. ἀσπίς, bouclier et aspic, et de ἐχιδνα, vipère.) erp. Famille de serpents venimeux à tête garnie de plaques.

ASPIDES, s. m. pl. (du gr. ἀσπίς, aspic.) erp. Genre de serpents.

— ASPIDIACÉ, ÉE, adj. bot. Qui ressemble à une aspidie. — *Aspidiacées*, s. f. pl. bot. Groupe de plantes.

ASPIDIE, s. f. (en lat. *aspidium*.) bot. Genre de plantes de la famille des fougères.

— ASPIDIONÉ, ÉE, adj. (parce qu'on écrivait et qu'on écrit encore quelquefois *aspidion* pour *aspidie*.) bot. V. ASPIDIACÉ.

ASPIDIOTE, adj. des 2 g. (du gr. ἀσπιδιωτός, couvert d'un bouclier : ἀσπίς, bouclier.) crust. Qui a ou qui porte sur le corps une espèce de bouclier. — *Aspidiotes*, s. m. pl. Famille de crustacés.

ASPIDIPHORE, s. m. des 2 g. (du gr. ἀσπίς, bouclier, et du suff. φορός, qui porte, dér. de φέρω, porter.) crust. Qui porte sur le corps une espèce de bouclier.

ASPIDISCE, s. f. (du gr. ἀσπιδίσκος, petit bouclier ou petit aspic.) hist. nat. Genre d'animalcules infusoires. — *Aspidiscin, ine*, adj. infus. Qui ressemble à une aspidisce. — *Aspidiscins*, s. m. pl. Groupe d'animalcules infusoires.

— ASPIDISQUE, s. f. infus. V. ASPIDISCE.

ASPIDOACHIRE, adj. s. m. (du gr. ἀσπίς, bouclier, et de ἄχειρ, sans mains : α priv. et χείρ, main.) erp. Il sert à caractériser Les reptiles sauriens qui ont le corps couvert d'écailles, et point de pattes de devant.



ASPIDOBRANCHE, adj. des 2 g. (du gr. ἀσπίς, bouclier, et de βράγχια, branchies.) moll. Il se dit De certains mollusques qui ont aux branchies une coquille en forme de bouclier.

ASPIDOCÉPHALE, adj. des 2 g. (du gr. ἀσπίς, bouclier, et de κεφαλή, tête.) Dont la tête est garnie de plaques.

ASPIDOCHIRE, adj. des 2 g. V. ASPIDOACHIRE.

ASPIDOCLONION, s. m. erp. Genre de serpents.

ASPIDOCOLOBES, adj. des 2 g. (du gr. ἀσπίς, bouclier, et de κολοβός, mutilé, tronqué.) erp. Il se dit Des reptiles sauriens dont le corps est écailleux et les membres imparfaits.

— ASPIDONECTE, s. m. erp. Genre de tortues.

ASPIDOTE, adj. des 2 g. V. ASPIDIOTE.

— ASPIDURE, s. m. (du gr. ἀσπίς, bouclier, et de οὐρά, queue.) erp. Genre de serpents.

ASPILIE, s. f. bot. Plante de Madagascar.

ASPILONOTE, adj. des 2 g. (du gr. ἀσπίλος, sans tache, formé de α priv., de σπίλος, tache, et de νῶτος, dos.) zool. Qui n'a pas de taches sur le dos.

ASPIRAIL, s. m. techn. Trou pratiqué dans les fourneaux, par lequel l'air y pénètre.

ASPIRANT, ANTE, s. (V. *Aspirer*.) Celui, celle qui désire obtenir quelque chose, qui aspire à obtenir un emploi, qui est sur les rangs pour occuper une charge, pour être reçu dans un corps : *Il y a quatre places à donner, et trente aspirants qui se les disputent. C'est un aspirant au grade de docteur. On doit examiner les aspirantes au titre de maîtresses de pension. Infâmes scélérats à la gloire aspirant.* BOIL. — *Aspirant de marine*, Officier de marine qui se trouve immédiatement au-dessous de l'enseigne.

ASPIRANT, ANTE, adj. Qui aspire. Il ne s'emploie guère qu'en termes d'hydraulique, et dans cette locution : *Pompe aspirante*, Pompe qui attire l'eau en faisant le vide : *On fait monter l'eau jusqu'ici à l'aide de pompes aspirantes.*

ASPIRATEURS, s. m. pl. techn. Ventilateurs.

ASPIRATION, s. f. (V. *Aspirer*.) Action d'attirer dans ses poumons : *L'aspiration et l'expiration.* — Il se dit, en termes d'hydraulique, De l'action d'une pompe qui élève de l'eau en faisant le vide : *Des tuyaux d'aspiration. Cette pompe agit par aspiration, et celle-ci par compression.* — gram. *Aspiration*, se dit De la manière un peu rude dont on prononce certaines syllabes en aspirant : *Cette syllabe doit se prononcer sans aspiration. Le signe de l'aspiration. L'H vous marque l'aspiration.* — mus. Prolongation de la note inférieure à la note supérieure. — ASPIRATION, en t. de piété, s'emploie pour exprimer Certains mouvements de l'âme qui s'élève vers Dieu, ou qui se porte vers le bien moral : *Des aspirations vers le bien.* — Il se dit aussi quelquefois De certains désirs de l'âme : *Pourquoi donc ces aspirations continuelles vers un monde meilleur?* MASS.

ASPIRER, v. a. (du lat. *adspirare*, *aspirare*, souffler vers, aspirer, prétendre à; dér. *aspiratio*, aspiration : *ad*, à, vers, *spirare*, souffler.) Attirer l'air extérieur dans les poumons : *Aspirer l'air extérieur. Boire en aspirant.* — gram. Prononcer plus ou moins fortement : *Il faut aspirer H dans héros, mais on ne l'aspire ni dans héroïsme, ni dans héroïque.*

— ASPIRER, s'emploie figurément comme verbe neutre, et signifie Prétendre à quelque chose, désirer ardemment : *Aspirer à l'empire, aux honneurs, aux richesses. Aspirer au ciel. Il aspire à devenir notre gendre. Et monté sur le faîte, il aspire à descendre.* CORN. *C'est au repos d'esprit que nous aspirons tous.* BOIL. *Tous n'aspiraient qu'à lui plaire. Il aspire à de trop hautes destinées.* La Bruyère a dit : *Il est insinuant, flatteur, officieux à l'égard de tous ceux qu'il trouve auprès de la personne à laquelle il aspire.*

ASPIRÉ, ÉE, part. : *Je n'aime point les H aspirées, cela fait mal à la poitrine.* VOLT.

ASPISTE, adj. des 2 g. zool. On l'emploie pour désigner Des serpents dont le corps est muni de plaques.

ASPISURE, adj. des 2 g. zool. Qui a la queue garnie de plaques osseuses ou cornues.

— ASPISURE, s. m. zool. Genre de poissons.

ASPITATE, s. m. zool. Genre de papillons.

— ASPIURE, s. f. techn. Nom qu'on a donné à la Poussière du charbon de terre.

ASPLE, s. m. V. ASPE.



ASPLÉNIOÏDE, adj. des 2 g. bot. Qui ressemble à une asplénie.

ASPLÉNIOÏDÉES, adj. et s. m. pl. bot. Plantes de la famille des fougères.

ASPLÉNIE, s. f. bot. Genre de fougère.

ASPONDYLOÏDE, adj. des 2 g. zool. Qui est privé de vertèbres.

ASPONDYLOPHORE, adj. des 2 g. anat. Qui n'a pas de vertèbres.

ASPORE, adj. des 2 g. bot. Qui est privé de corpuscules reproducteurs.

ASPRÈDE, s. m. zool. Genre de poissons des Indes.

ASPRELLE, s. f. bot. Plante dont les ébénistes emploient la tige pour polir leur ouvrage.

ASSABLEMENT, s. m. techn. V. ENSABLEMENT.

ASSABLER, v. a. techn. V. ENSABLER.

ASPRE, s. m. Petite monnaie turque dont la valeur est de trois centimes à peu près.

ASSA-FŒTIDA, s. m. bot. Substance résineuse, compacte, susceptible de se ramollir, d'un jaune rougeâtre, amère, d'une odeur forte et désagréable qui lui a valu le nom de *stercus Diaboli*. C'est le suc qui transsude des racines d'une espèce de férule de la Perse : *Les Romains employaient l'assa-fœtida en assaisonnement dans leurs ragoûts. On emploie l'assa-fœtida comme antispasmodique.* — On se sert aussi en pharm. de l'*assa dulcis*, ou racine de benjoin. (V. ce mot.)

— ASSAI, adv. (ital. *assai*, beaucoup, fort.) mus. Mot joint quelquefois à celui qui indique le mouvement d'un air : *Presto assai*, Fort vite. *Largo assai*, Très-lent.

ASSAILLANT, s. m. (V. *Assaillir*.) Celui qui attaque, agresseur : *Injuste, téméraire assaillant. L'assaillant ne tarda pas à prendre la fuite. Le guerrier si vaillant N'eût jamais succombé sous un tel assaillant.* CORN. — Il s'emploie plus ordinairement au pluriel : *Les assaillants, après avoir été repoussés, revinrent sur nous avec une nouvelle ardeur. J'étais sur le point de succomber sous les coups des assaillants.* — Il se dit également dans le sens d'assiégeants : *Les assaillants étaient parvenus au bas des murs, lorsque nous fîmes une sortie.* — On le prend aussi quelquefois au singulier d'une manière collective et générale : *Dans la guerre offensive, l'assaillant qui a l'avantage, ne doit jamais accorder de temps à l'ennemi.* DARU. — *Assaillant*, se disait particulièrement De celui qui, dans un tournoi, combattait contre le tenant : *Le premier assaillant qui se présenta le troisième, ne put tenir. Il parut parmi les assaillants.*

ASSAILLIR, v. a. (en lat. *assilire*, sauter, jeter sur; mais dans les Gaules, on se servit, au lieu de ce verbe, de *adsalire*, pour être compris des Gaëls, qui avaient *saltnaim* ou *saltairim*, marcher, fouler aux pieds; mot analogue au v. *salire*, sauter, des Romains. *J'assaille, tu assailles, il assaille, nous assaillons, vous assaillez, ils assaillent*, (bien que Massillon ait dit : *Ils assaillissent*); *j'assaillais, j'assaillis, j'assaillirai, que j'assaille, que j'assaillisse, assaillant.*) Attaquer vivement et vigoureusement : *A peine avais-je tourné la rue, que trois hommes m'assaillirent.* LES. *Les premiers débarqués furent assaillis d'une grêle de flèches. Ce fut pendant la nuit que nous assaillîmes le camp des ennemis.* — Il se dit, au figuré dans le sens moral, et dans le sens physique : *Un orage épouvantable nous assaillit dans la plaine. A peine sorti du port, notre vaisseau fut assailli par la tempête. Toutes les douleurs qui nous assaillissent en cette vie, sont des épreuves que Dieu nous envoie.* MASS. *Comment pourrez-vous, sans l'aide de Dieu, vous défendre contre les tentations qui viendront assaillir votre cœur?* FLEURY. *Elle a mis fin aux plus grands périls dont une âme chrétienne puisse être assaillie.* BOSS. *Si l'orage dont nous sommes assaillis s'éloigne, tout rebute.* BOUR. *Les douleurs et les infirmités viennent de tous côtés assaillir les vieillards.* TRÉV.

ASSAILLI, IE, part. Assailli de toutes parts, n'aurais-je pas le droit de me défendre? ROUSS.

ASSAINIR, v. a. (V. *Sain*.) Rendre plus sain : *Assainir une ville, une rue, une maison. Des règlements pour assainir les prisons. On est parvenu à assainir ces campagnes en desséchant les marais et en facilitant l'écoulement des eaux stagnantes.*

ASSAINI, IE, part. Le pays assaini a été rendu à la culture.

ASSAINISSEMENT, s. m. Action d'assainir, état

de ce qui est assaini : *L'assainissement de la ville doit être confié à des hommes spéciaux. C'est à ce magistrat que l'on doit l'assainissement des prisons. Il y a encore beaucoup à faire pour l'assainissement de ce quartier.*

**ASSAISONNEMENT,** s. m. Toute espèce d'ingrédients dont on se sert pour relever le goût d'un mets : *Le poivre, le sel et le vinaigre sont les assaisonnements les plus ordinaires. On mange ce poisson bouilli, sans autre assaisonnement que du sel. Vous n'avez pas mis assez d'assaisonnement dans cette salade.* — Il se dit aussi De la manière dont on assaisonne : *Le cuisinier n'a pas réussi dans l'assaisonnement de ce plat. Cette viande, naturellement assez fade, ne peut être relevée que par un habile assaisonnement.* — *Assaisonnement,* se dit au figuré De tout ce qui donne de l'agrément à une chose, de ce qui la relève : *La pudeur est l'assaisonnement des grâces et de la beauté.* B. *On est si avide de louanges, qu'on les reçoit sans tous les assaisonnements qu'elles devraient avoir.* FONTEN. *La médisance a été de tout temps, elle est encore, plus que jamais, l'assaisonnement des conversations.* BOUR. *Il y a certaines expressions fines, délicates, que l'on peut regarder comme les assaisonnements de la pensée.* DUCL.

**ASSAISONNER,** v. a. (pour la première acception, il semble formé du v. gal. *blasuso,* un peu altéré, et précédé du préf. *a,* donner du goût ; *blus,* goût, dans tous les idiomes celtiques ; pour la seconde, du gaël. *sàine,* joli, gentil, élégant ; *seanaidhem,* charmer ; *seanaim,* bénir.) Relever le goût d'un mets en y mêlant les ingrédients qui doivent le rendre plus agréable : *Assaisonner une salade. Ce ragoût n'est pas bien assaisonné.* — Il se dit aussi particulièrement De l'effet produit par les ingrédients sur les mets avec lesquels on les mélange : *Le Nord nous fournit ce poisson, et nous allons chercher dans le Midi les épices qui l'assaisonnent.* VOLT. — prov. *La faim, l'appétit assaisonne tout,* Celui qui a faim trouve tout à son goût. *Et mieux que Bergerat l'appétit l'assaisonne.* BOIL.

**ASSAISONNER,** se dit figurément, au moral, De tout ce qui donne de l'agrément à ce que l'on dit, à ce que l'on fait, de ce qui sert à relever le mérite de quelque chose : *Il faut savoir assaisonner de paroles douces et gracieuses les services que vous rendez. Cet auteur pense bien, mais il ne sait pas assaisonner ce qu'il dit. Les anciens se piquaient d'assaisonner leurs ouvrages de ce sel attique qui était d'un goût exquis.* ST-ÉVREM. *Bourbon (la princesse de) de son esprit ses grâces assaisonne.* LA FON. *L'esprit fait grand plaisir, j'en disconviens ; Mais j'en fais toujours peu de cas, Si le bon sens ne l'assaisonne.* DESHOUL. *Habile pour assaisonner une louange délicate.* FÉN. *C'est la sagesse qui donne les vrais plaisirs ; elle seule sait les assaisonner.* ID. *Ce ne sont pas les divertissements qui nous manquent, mais l'art de les assaisonner.* ROUSS. *Cet auteur plaît à la multitude parce que ses livres sont fortement assaisonnés. Il a assaisonné sa réplique de quelques mots assez piquants.*

**ASSAISONNÉ, ÉE,** part. *Un mets fortement assaisonné. Un écrit bien assaisonné. Il est de sel attique assaisonné partout.* MOL.

**ASSAISONNEUR,** s. m. art cul. Celui qui assaisonne : *C'est un habile assaisonneur.*

**ASSAKI,** s. f. relat. Titre que reçoit en Turquie la sultane favorite.

**ASSALIMENT,** s. m. (V. *Assalir.*) art c. Action d'assalir ; effet de cette action. — légis. Défense de faire boire les bestiaux dans les marais salants.

**ASSALIR,** v. a. (en lat. *salire,* saler ; gaël. *saillim,* id. V. *Sel.*) art cul. Donner un goût de sel, mettre du sel dans un mets.

**ASSALI, LIE,** part.

**ASSARMENTER,** v. a. (V. *Sarment.*) agric. Enlever les sarments de la vigne lorsqu'elle a été taillée.

**ASSARMENTÉ, ÉE,** part.

**ASSASSIN,** s. m. (des *Assassins,* Brigands d'Orient au temps des Croisades, qui, au moindre signe de leur chef, allaient attaquer traîtreusement les croisés qui s'étaient écartés du camp, et leur arrachaient la vie ; voilà pourquoi *assassineur,* dont se sert le bas peuple, n'a pu passer, non plus qu'*assassinateur.*) Celui qui, de dessein prémédité, tue par trahison : *Un lâche assassin. Un seul jour ne fait pas d'un mortel vertueux un perfide assassin.* RAC. *Il est tombé sous les coups d'un assassin.*

*Exposé au fer d'un assassin.* LA BR. *Il renvoya même avec des présents les assassins venus pour l'égorger de la part de ce formidable tyran.* FÉN. *L'assassin s'est évadé. On a poursuivi, on a découvert, on a saisi les assassins. C'est l'assassin de mon père. Il se mit à crier à l'assassin.* — fig. *Vous aimez le médisant ; vous ne voulez pas être l'assassin, mais vous devenez le complice.* FLÉCH. — *Assassin,* Petite mouche noire que les femmes se mettaient autrefois au-dessous de l'œil. Le fém. *Assassine* n'est nulle part indiqué. Molière en a cependant fait usage au figuré : *Que dit-elle de moi, cette gente assassine ?*

**ASSASSIN, INE,** adj. Il ne s'emploie guère que dans le style poétique : *Un fer assassin. Un bras assassin ;* ou bien fig. et fam. dans les locutions suivantes : *Des yeux, des regards assassins. Une mine assassine, Des yeux, des regards, une mine capables d'inspirer de la passion.*

**ASSASSINAT,** s. m. Action de tuer quelqu'un de dessein formé et par trahison : *Il a échappé à plusieurs tentatives d'assassinat. C'est un homme souillé de plusieurs assassinats. Il est accusé d'assassinat. Il a été convaincu d'assassinat. Il croit avoir conquis, par un assassinat, le droit d'élire un maître et de changer l'État.* VOLT. *Le jour fatal est près pour tant d'assassinats.* RAC. — *Assassinat juridique,* se dit d'Une condamnation capitale prononcée injustement par un tribunal, ou dictée par esprit de vengeance : *N'y a-t-il rien de plus affreux que ces assassinats juridiques qui souillent chaque page de notre histoire ?* VOLT. — Il se dit aussi par extension, et surtout en termes de palais, d'Un outrage violent et de mauvais traitements infligés par surprise : *Attendre un homme dans la rue et l'excéder de coups, est un infâme assassinat.*

**ASSASSINAT,** se dit au figuré De faits ou de paroles qui peuvent nous porter un grand préjudice sans que nous puissions nous en défendre : *Cette mesure serait pour le commerce un véritable assassinat. La calomnie qui nous enlève l'honneur est un odieux assassinat.*

**ASSASSINER,** v. a. (V. *Assassin.*) Tuer quelqu'un, de dessein formé et par trahison : *Ils l'attendirent dans la rue et l'assassinèrent. Il l'a assassiné pendant son sommeil. Le roi l'eût secouru, mais Photin l'assassine.* CORN. *Le bruit court qu'avant-hier on vous assassina.* BOIL. *Assassiner sur le grand chemin. A l'aide, on m'assassine. On attaque, on renverse, on pille, on assassine.* L. RACINE. — Il se dit aussi, par extension, pour Accabler d'outrages violents, de coups donnés en trahison : *Il fit comparaître devant le tribunal ces gens qui l'avaient assassiné de coups.*

**ASSASSINER,** s'emploie figurément pour Calomnier quelqu'un, lui porter de faits ou de paroles un grand préjudice sans qu'il puisse s'en défendre. *Il n'est pas permis d'assassiner les gens par des calomnies pareilles. Cet homme infâme m'assassine par une pareille conduite.* On dit de même : *Assassiner la réputation de quelqu'un.* — En style de précieuse, il s'emploie dans un sens analogue : *Je suis assassiné par ce fatal retour.* MOL. — Par exagération et figurément, il se prend pour Fatiguer, incommoder à l'excès : *Il nous assassinait continuellement du récit de ses prouesses. Cet homme qui assassine de compliments tous les gens qu'il rencontre. Je suis assassiné d'affaires. Les procès m'assassinent. Soir et matin une foule de solliciteurs venaient m'assassiner de leurs suppliques.* LES. *Sous quel astre, bon Dieu, faut-il que je sois né, Pour être de fâcheux toujours assassiné !* MOL. *Songez que je vous assassinerai jusqu'à ce que vous m'ayez tenu parole.* LA FON.

**ASSASSINÉ, ÉE,** part. *Un homme assassiné. On a trouvé le corps d'une femme assassinée. Renvoyez votre époux et vos fils malheureux, Presque en votre présence assassinés par eux.* VOLT.

**ASSATION,** s. f. (du lat. *assatio,* action de rôtir ; dér. du v. *assare,* rôtir, kym. *aes,* chaleur, vapeur, ébullition, d'où, dans quelques patois du Nord, *hasi,* brûlé par le soleil.) pharm. et art c. Coction des aliments ou des médicaments dans leurs propres sucs, sans mélange d'aucun liquide : *C'est par assation qu'on prépare le café.* — phil. herm. Selon les uns, La couleur noire, c'est-à-dire la putréfaction de la pierre ; selon les autres, La volatilisation de la matière brute et grossière.

**ASSAUT,** s. m. (V. *Assaillir.*) Attaque à force ouverte pour s'emparer d'une ville forte, d'une place de guerre, d'un poste fortifié : *Prendre une ville d'assaut. La place fut emportée d'assaut. Donner le signal de l'assaut. Aller, monter à l'assaut. Donner un assaut général. Un assaut simulé, subit. Il livre un assaut à la ville.* VOLT. *Le premier assaut a été repoussé. Les assiégés ont soutenu vigoureusement l'assaut. L'assaut devait avoir lieu le lendemain matin. Nous reçûmes l'ordre de nous préparer à l'assaut.* — Il se dit également, par extension, De tout ce qui nous attaque avec force au physique et au moral : *Les assauts de la tempête. Je crains que le malade ne succombe à un nouvel assaut de fièvre. Jamais sa réputation n'avait eu un pareil assaut à soutenir. Sa fortune ne pourra résister à ce dernier assaut. Céder aux assauts multipliés des passions.* — Il se prend aussi au figuré pour Une vive sollicitation : *Son frère m'a livré plusieurs assauts pour obtenir sa grâce. J'ai résisté à tous les assauts des solliciteurs. Fatigué par ces assauts réitérés, il a fini par se rendre à nos prières. Ce n'est qu'en ces assauts qu'éclate la vertu.* CORN. *Quel courage endurci Soutiendrait les assauts qu'on lui prépare ici ?* RAC.

**ASSAUT,** signifie en termes d'escrime, Un combat simulé au fleuret : *Faire, soutenir un assaut. Il fait assaut avec les tireurs les plus habiles. Il doit y avoir un assaut entre les deux premiers maîtres d'armes de Paris.* — fig. *Un assaut d'esprit,* Un combat d'esprit : *Je n'aime point ces assauts d'esprit, qui n'ont d'autre but que d'amuser les assistants aux dépens de ceux qui les soutiennent.* DID. *Faire assaut d'esprit avec quelqu'un,* Disputer à qui en montrera le plus. — Dans un sens analogue : *Faire assaut d'impertinence. On dirait qu'ils font assaut de dissimulation. Toutes ces femmes semblaient être venues là pour faire assaut de beauté. On fait assaut d'éloquence jusqu'au pied de l'autel.*

**ASSEAU,** s. m. techn. Marteau à tête recourbée, dont les couvreurs se servent pour tailler l'ardoise. On dit aussi *asselle.*

**ASSÉCHER,** v. a. (V. *Sec.*) min. Retirer l'eau d'une mine, ou des travaux d'une mine. — mar. v. n. Être à sec ; se sécher, en parlant d'un banc de sable, d'un rocher que la mer a laissé à découvert, et qui, par cette raison, se sèche n'étant plus dans l'eau.

**ASSÉCHÉ, ÉE,** part.

**ASSEMBLAGE,** s. m. (V. *Assembler.*) Action de réunir ensemble plusieurs choses ou plusieurs personnes ; effet de cette action : *Faire un assemblage de bois de toute espèce. L'assemblage de tous ces objets différents est l'œuvre d'une longue patience. Il ne regarde les hommes que comme les tristes fruits d'un assemblage bizarre et fortuit.* MASS. *Cet être n'était qu'un vil assemblage de boue que le hasard avait formé.* ID. *C'était un assemblage confus d'hommes de toutes les classes. Assemblage de lettres :* — On le dit également et dans le même sens des choses morales : *De vices, de vertus, un bizarre assemblage.* VOLT. *L'esprit de cet homme est un assemblage des idées les plus incohérentes. C'est un monstrueux assemblage d'une morale fine et ingénieuse, et d'une sale corruption.* LA BR. *Un heureux, un agréable assemblage des qualités les plus charmantes. Un assemblage ridicule, révoltant.* — imprim. Il se dit De l'action de réunir les feuilles d'un volume selon l'ordre de leur pagination : *Atelier d'assemblage. Il n'y a plus qu'à faire l'assemblage des feuilles.* — menuis. Art de joindre ensemble plusieurs pièces de bois pour former un tout. — charp. *Assemblage à queue d'aronde,* à queue percée, à queue perdue. *Assemblage en grain d'orge, Assemblage en fausse coupe, Assemblage par tenons et mortaises,* à tenon et à mortaise. *Table d'assemblage,* Table composée de plusieurs pièces jointes et collées ensemble, sans aucun placage. *Bois d'assemblage,* Celui qui sert à faire des assemblages.

**ASSEMBLÉE,** s. f. (V. *Assembler.*) coll. Action de s'assembler régulièrement : *Tant d'assemblées d'une compagnie aussi célèbre que la Faculté de Théologie de Paris.* PASC. *Cette censure a enfin paru, après tant d'assemblées.* ID. — Il signifie plus souvent Un nombre indéterminé de personnes réunies volontairement dans un même lieu : *L'assemblée était nombreuse et brillante. Une assemblée choisie. Assemblée tumultueuse.* FÉN. *Il parla ainsi à l'assemblée. Ces paroles s'adressaient à l'assemblée tout entière. Ensuite il entra dans l'assemblée des rois ligués.* FÉN.

*Il assista lui-même à cette grande* assemblée *et en reçut les décisions.* Boss. *Si Jésus-Christ paraissait dans ce temple, au milieu de cette* assemblée, *la plus auguste de l'univers.* Mass. *On a défendu les* assemblées *secrètes. Nos* assemblées *se tenaient une fois par mois. Se rendre au lieu d'*assemblée.— fig. *L'*assemblée *des fidèles,* L'Église. *Formez cette* assemblée *immortelle de justes qui vous bénira dans tous les siècles.* Mass.

Assemblée, *se dit particulièrement De certains corps constitués pour délibérer sur les intérêts publics, ou de personnes réunies pour discuter des affaires particulières :* Moïse eut ordre de former une assemblée vénérable de soixante-dix conseillers, qui pouvait être appelée le sénat du peuple de Dieu. Boss. *Les affaires générales se réglaient dans des* assemblées *qui représentaient la nation.* Volt. Assemblée *législative, délibérante, politique.* Assemblée *primaire, nationale. L'*Assemblée *des Etats. L'*Assemblée *des notables, du clergé. L'*assemblée *s'est séparée sans rien conclure. Il faisait partie de l'*Assemblée *législative. Ceux qui forment cette savante* assemblée. La Br. *Convoquer l'*assemblée. *Congédier, rompre l'*assemblée. *L'*assemblée *se tient à l'Hôtel-de-Ville. Tenir l'*Assemblée. *Il y a eu une* assemblée *générale d'actionnaires. Il a fait une* assemblée *de créanciers. Une* assemblée *de famille, de parents.*

Assemblée, *se dit quelquefois d'Une société de personnes qui se réunissent par plaisir :* Nous allons à l'assemblée de madame........ Le préfet tient assemblée tous les jeudis. Il vieillit dans ce sens. Au milieu des jeux et des assemblées, où l'âme se dissipe et s'évapore ordinairement. Fléch. Il n'a pas plutôt mis le pied dans une assemblée... La Br. Il n'est pas encore assis, qu'il a déjà, à son insu, désobligé toute l'assemblée. Id. Gens choisis qui formaient chez lui une assemblée que le savoir, la politesse et l'honnêteté rendaient aussi agréable qu'utile. Fléch. *— On dit aussi, en termes de guerre :* L'assemblée des troupes, *L'action de les réunir, leur réunion.* M. de Luxembourg avait fixé l'assemblée des troupes à la semaine d'après. St.-Simon. *Quartier d'*assemblée, *Le lieu où l'on réunit les troupes. Battre l'*assemblée. *Sonner l'*assemblée, *Avertir, à l'aide du tambour ou de la trompette, les soldats de se réunir. C'est l'*assemblée *qui sonne.* — Assemblée, *en termes de chasse, indique Le lieu de rendez-vous des chasseurs avant que d'aller au laisser-courre :* Nous nous rendîmes les premiers à l'assemblée.

ASSEMBLEMENT, s. m. libr. et rel. Action d'assembler les feuilles d'un ouvrage que l'on vient de retirer de dessus les cordes sur lesquelles elles séchaient. — Total des feuilles assemblées.

ASSEMBLER, v. a. (du kym. *cymmala,* joindre, réunir ; *cymmal,* jonction , jointure, réunion, pl. *cymmalau,* qui serait en raison *cymmaleu,* ou plutôt *kemmaleu ; cym,* en br. *kem, ken,* avec , ensemble, l'analogue du *cum* des Latins, et *mell,* qui en breton signifie jointure, articulation, vertèbre.) Réunir des personnes ou des choses, mettre ensemble, amasser dans un même lieu : *On a assemblé le conseil. On assembla aussitôt les deux chambres. L'ordre fut donné d'assembler les troupes. Il a assemblé tous les matériaux nécessaires pour son livre. Après sa mort, on a assemblé tous ses papiers. Il faudra assembler ces notes éparses. Dans ce dernier sens on emploie plus ordinairement le verbe* rassembler. — Assembler, *s'emploie aussi pour les choses morales :* Il n'est pas ordinaire qu'un homme assemble tant de qualités. Vauven. — Assembler, *se dit, en termes d'imprimerie, pour Réunir les feuilles d'un volume, suivant l'ordre de leur pagination :* On a assemblé les feuilles du premier volume, *ou simplement* On a assemblé le premier volume.— techn. Joindre ensemble les diverses pièces d'un ouvrage de menuiserie, de charpente ou de serrurerie. — man. Tenir un cheval de manière à ce que le train de derrière soit rapproché du train de devant, ce qui lui fait relever la tête et les épaules.— *Avec le pronom personnel :* Le conseil s'est assemblé à dix heures. La cour ne s'assemblera pas demain. On s'assemble en tumulte, en tumulte on décide. Volt. *Les actionnaires se sont assemblés pour arrêter les comptes de l'année. — prov.* Qui se ressemble *s'assemble, Les personnes qui ont entre elles communauté d'inclinations aiment à se trouver ensemble. Cela ne s'emploie guère qu'en mauvaise

*part :* Il n'est pas étonnant qu'il se plaise avec de pareilles gens : qui se ressemble s'assemble.

ASSEMBLÉ, ÉE, part. *Tout le peuple assemblé nous poursuit à main forte.* Rac. *Le vainqueur aux regards de la foule assemblée.* Millev. *Toutes les nymphes assemblées autour de Mentor.* Fén. *L'aurore.... Des chanoines levés voit la troupe assemblée.* Boil. *— s. m. dans. Pas qui se fait en avant ou en arrière.*

ASSEMBLEUR, EUSE, s. Ouvrier, ouvrière qui assemble les feuilles dans une imprimerie ou une librairie : *Ce travail regarde les assembleurs.* La Fontaine a dit en parlant de Jupiter : *L'assembleur de nuages.*

ASSENER, v. a. (prov. du br. *canna,* battre, frapper, lequel, après le préf., est facile à changer en *cenna.*) Donner un coup violent : *Il lui a assené un coup de poing. Pour tout remerciement, il m'assena plusieurs coups de bâton. Assener un coup de pierre, un coup d'épée. Il m'assena son poing au milieu du visage.* Scarr.

ASSENÉ, ÉE, part. *Voilà un coup bien assené.*

ASSENTEMENT, s. m. (du lat. *sentire,* sentir.) chass. Il se dit De l'odeur dont le nez du chien est frappé, et par suite de laquelle il se rabat sur la trace de l'animal poursuivi.

ASSENTIMENT, s. m. (du lat. *assensus,* même sens. V. *Assentir.*) Action de consentir volontairement à quelque chose : *Jamais un pareil acte n'obtiendra mon assentiment. Le roi d'Angleterre a donné son assentiment au traité. Si vous m'accordez votre assentiment à ces propositions, nous terminerons l'affaire. Ce n'est qu'avec l'assentiment de son père qu'il vous en a parlé. Refuser son assentiment à une décision.*—Il se dit également De l'approbation intérieure que l'on ne peut refuser à toute chose dont la vérité et la bonté sont évidentes : *Les prières adressées à un être supérieur par tous les peuples sont un assentiment universel à l'idée de Dieu.* Boiste. *L'évidence force l'assentiment. De pareilles idées auront l'assentiment de tous les hommes consciencieux.*

ASSENTIR, v. n. (du lat. *assentiri,* consentir, accéder à, se rendre : *ad,* à, et *sentire,* sentir, juger, être d'avis ; gal. *synnio,* sentir, voir; br. *senti,* obéir.) Donner son consentement à, approuver. Il est peu usité, et ne s'emploie guère qu'en termes de jurisprudence ou de philosophie : *Assentir à un acte, à une vérité bien établie.* — chass. Reconnaître la voie , en parlant des chiens.

ASSENTI, IE, part. Usité en t. de chasse.

ASSEOIR, v. a. (en lat. *sedere,* s'asseoir, *assidere,* s'asseoir auprès; gaël. *seisim,* gal. *seddu,* lequel avec le préf. *a,* s'écrit en breton *azeza,* d'où le br. *diazez,* assise de pierre; *koazez,* séant. Sans le celtique, nous n'aurions jamais eu *asseoir* avec le son plein; ital. *sedere;* prov. *seta.* J'assieds, tu assieds, il assied; nous asseyons, vous asseyez, ils asseyent. J'asseyais. J'assis. J'asseyrai ou j'assiérai. Assieds. Asseyez. Que j'asseye. Asseyant.) Placer quelqu'un sur un siège ou sur tout autre objet qui peut en tenir lieu : *Asseyez cet enfant sur sa chaise. Asseyez-le sur ce fauteuil. Asseyez votre frère près de vous. Il l'enleva dans ses bras et l'assit sur son cheval.* — Il s'emploie avec le pronom personnel et signifie Se mettre sur un siège ou sur un objet qui le remplace : *S'asseoir au festin avec les enfants et les amis.* Pasc. *On l'ôte d'une place destinée à un ministre, il s'assied à celle d'un duc et pair.* La Br. *Asseyez-vous sur ce fauteuil. Ils s'assirent enfin au bord d'une fontaine.* La Font. *Veuillez vous asseoir près du feu. Nous nous assîmes en rond sur l'herbe, Il s'était assis sur le mur.* —Précédé du verbe *Faire* il s'emploie dans le même sens sans pronom : *Faites-les asseoir.* — S'asseoir, se dit par extension pour Se poser sur : *L'oiseau fatigué, replia ses ailes et s'assit sur une branche voisine.* — fig. S'asseoir sur le trône, *Commencer à régner. Ce prince s'assit sur le trône après la mort de son père.* Volt. *Les chagrins montent sur le trône et vont s'asseoir à côté du souverain.* Mass. — *Faire asseoir sur le trône,* Appeler quelqu'un au trône, le faire régner : *Le premier prince qui a fait asseoir avec lui la religion sur le trône.* Mass. *Il voulait faire asseoir sur le trône d'Espagne un homme à sa dévotion.* St-Simon. — fig. *Faire asseoir quelqu'un à sa table,* L'y admettre. *Un homme que j'avais eu la bonté de faire asseoir à ma table.* Did. — On dit de même : S'asseoir à une table, *Y être admis. Il*

*s'assied à la table du roi. Je hante les palais , je m'assieds à la table.* La Font. — Asseoir, *signifie aussi Poser, fonder solidement sur quelque chose ou de ferme, et il s'emploie surtout en architecture :* Asseoir un édifice sur le roc. Cette statue n'a pas été bien assise sur son piédestal. Il faudra creuser profondément pour asseoir les fondations d'une manière solide. — fig. Fonder, établir d'une manière solide : *Pour qu'une autorité soit solidement établie, il faut l'asseoir sur l'opinion publique.* Mirab. *Son crédit n'était pas assez bien assis. Il est difficile d'asseoir un jugement sur une pareille question.* — *Dans un sens à peu près analogue :* On ne peut asseoir aucun fondement sur ce qu'il dit, On ne peut se fier à ce qu'il dit. — peint. et sculpt. On dit qu'Une figure est bien assise, *Lorsque cette figure est représentée dans une position naturelle et où il est vraisemblable qu'une figure vivante pourrait se soutenir.*

Asseoir, *se dit particulièrement en matière de contributions, de rente :* On a assis les impôts d'une manière invariable. On a décidé d'asseoir une contribution sur cette industrie. Je crains que cette rente ne soit pas solidement assise. — eaux et for. Asseoir les ventes, *Marquer les cantons de bois qui doivent être coupés.* — art mil. Asseoir un camp, *signifie Le placer, l'établir quelque part :* Le général avait assis son camp dans une vaste plaine, adossé à une forêt. — man. Asseoir un cheval, *Le dresser à exécuter les airs de manège en tenant la croupe plus basse que les épaules.*

ASSIS, ISE, part. *A mes côtés assis, Je prétends vous traiter comme mon propre fils, Je pends sénat assis pour m'écouter.* La Font. *Ville assise à mi-côte.* Acad. *Un jugement bien assis. Une rente bien assise. Puis-je croire qu'assise au trône des Césars, Une si belle reine offensât ses regards !* Rac. *Là tu verras d'Esther la pompe et les honneurs, Et sur le trône assis le sujet de tes pleurs.* Rac. *Voter par assis et levé,* se dit Lorsque, dans une assemblée délibérante, on compte le nombre des votes pour ou contre, d'après celui des personnes qui se lèvent ou restent assises.

ASSERMENTER, v. a. (V. *Serment.*) Exiger le serment de quelqu'un, le lier par un serment. On ne l'emploie guère qu'à l'égard des personnes auxquelles on confère des offices publics : *Assermenter un magistrat, un fonctionnaire.*

ASSERMENTÉ, ÉE, part. Qui a prêté serment en acceptant une fonction publique : *Un fonctionnaire, un commis assermenté. Un expert assermenté. A une certaine époque on parlait fréquemment des prêtres assermentés et non assermentés, c'est-à-dire Qui avaient prêté serment à la constitution, ou qui s'y étaient refusés.*

ASSERTIF, IVE, adj. Qui a le caractère de l'assertion : *Jugement assertif.*

ASSERTION , s. f. (du lat. *assertio,* affirmation, dér. du v. *asserere,* affirmer, assurer, certifier.) Proposition que l'on soutient comme vraie : *Toutes ses assertions ont été vérifiées. Cette assertion est dénuée de fondement. Une assertion un peu hasardée. Assertion téméraire, singulière. Votre simple assertion sera admise comme preuve. Il nous a démontré la fausseté des assertions de son adversaire. Dans toutes les matières dont la preuve consiste en expériences et non en démonstrations, on ne peut faire aucune assertion universelle que par l'énumération générale de toutes les parties et de tous les cas différents.* Pasc.

ASSERVIR, v. a. Réduire en sa puissance, mettre dans une complète dépendance : *Asservir en passant l'Egypte et l'Arabie.* Boil. *Les peuples qu'il a asservis. Catilina avait formé le projet d'asservir sa patrie. Heureux de l'asservir en lui donnant la vie.* Corn. *Son caractère impérieux voulait asservir à ses moindres désirs tout ce qui l'approchait.* — fig. *La loi divine qui nous ordonne d'asservir nos passions, nous prête en même temps le secours dont nous avons besoin pour les combattre.* Mass. *On ne saurait asservir le génie à l'aide de règles minutieuses et de préceptes puérils. Asservir les cœurs. Vous voyez tous ces courtisans tourmentés et asservis par l'ambition.* Rouss. — Il s'emploie également avec le pronom personnel : *Son intelligence ne peut s'asservir à de pareils détails. S'asservir aux caprices, à la volonté de quelqu'un.*

ASSERVI, IE, part. et adj. *Il est difficile de trouver*

de ces grandes vertus chez un peuple asservi depuis longtemps. Hérode, qui les tient asservis sous sa puissance. Boss. Rome à trois affranchis si longtemps asservie. Rac. Il laissait sa couronne à jamais asservie. Corn. — fig. Asservi par toutes les choses qu'il croit posséder. Boss. La danse peut se compter parmi les arts, parce qu'elle est asservie à des règles. Volt. La ballade asservie à ses vieilles maximes. Boil. Le poëme est aussi asservi à des règles.

ASSERVISSANT, ANTE, adj. Qui asservit; il ne s'emploie guère que pour les choses : Des règles trop asservissantes. Des lois asservissantes. Un joug asservissant.

ASSERVISSEMENT, s. m. (V. Asservir.) Action d'asservir, état de celui qui est asservi. Il se dit aussi au figuré : Le pays gémissait dans l'asservissement. Il a contribué à l'asservissement de sa patrie. L'asservissement des esprits. Un asservissement trop exagéré aux coutumes et aux usages reçus, dénote d'habitude un esprit faible. Ducl.

ASSESSEUR, s. m. (du lat. assessor, adjoint au président, qui s'assied auprès de lui : ad, à, auprès, et sedere, s'asseoir.) Magistrat adjoint à un juge principal, pour l'aider ou le suppléer en cas d'absence : Un juge assesseur. L'assesseur d'un juge de paix. Il a été nommé premier assesseur. Il est peu usité; on dit plutôt, dans ce sens, Suppléant.

ASSESSORIAL, ALE, adj. Qui se rapporte à un assesseur.

ASSETTE, s. f. arts et m. Marteau à l'usage des tonneliers.

ASSEZ, adv. (du lat. satis, ital. assai.) Autant qu'il faut, d'une manière suffisante : Cela est assez bien pour lui. Il est assez grand pour y atteindre. Vous êtes assez bon pour faire cela. Un homme est assez beau quand il a l'âme belle. Bours. Assez et plus qu'il ne faut. Assez parlé, assez causé. C'est assez parler, assez causer. L'argent est comme le temps, ne le perdez pas, vous en aurez assez. Lévis. Il est arrivé assez à temps pour... Assez de gens méprisent le bien, mais peu savent le donner. La Rochef. Assez et trop longtemps mon amitié t'accable. Rac. et Corn. C'est assez que l'on vous ait dit cela une fois. On vous en a dit assez pour que vous sachiez à quoi vous en tenir. Un sot n'a pas assez d'étoffe pour être bon. La Rochef. L'économe sait en trouver assez où il y en a peu. Gir. C'est assez, en voilà assez. Assez, cela suffit. Vous en avez fait bien assez. — Assez, avec peu et souvent, s'emploie quelquefois d'une manière explétive : Êtes-vous content ? Assez peu. Il arrive assez souvent que le repentir suive immédiatement l'action. Mont. C'est un garçon d'assez peu d'intelligence. Il venait me voir assez rarement.

Assez, s'emploie aussi pour ôter de la force à l'idée exprimée par le mot auquel il est joint : Cette femme est assez jolie, mais ce n'est pas une beauté remarquable. Ce qu'il fait, il le fait assez bien, mais on pourrait désirer mieux. Il y a assez de soin dans cet ouvrage, bien que l'on eût pu en mettre davantage. Il arrive assez ordinairement. — D'autres fois, au contraire, il donne plus de force à l'idée : Je vous trouve assez impertinent de me dire de pareilles choses. Sur ma foi, cela est assez étrange. Cela nous montre assez comme il est méprisable. Lachaus. Suis-je assez infortuné !

ASSIDENT, adj. m. (du lat. assidens, présent, assistant : ad, à, auprès, et sedere, être assis.) path. Il sert à désigner les symptômes et les phénomènes généraux des maladies.

ASSIDU, UE. adj. (du lat. assiduus, même sens : assiduitas, assiduité ; dér. du v. assidere, se tenir auprès de : ad, à, auprès, et sedere, être assis.) Qui est exact à se trouver où le devoir l'appelle, à se rendre dans un lieu, auprès de quelqu'un : Le juge doit être assidu aux audiences. Il est très-assidu à son bureau. C'est un homme très-assidu. Ce médecin n'est pas assez assidu auprès de ses malades. Pendant toute sa vie il a été assidu à la cour. Assidu à l'église, aux offices. On trouve qu'il est trop assidu auprès de cette femme. — Assidu à un travail. Qui s'en occupe sans relâche, avec un grand soin. Ces enfants sont très-assidus à l'étude. Il a été très-assidu à remplir ses devoirs. A pleurer avec vous jour et nuit assidue. Rac. Cette charge exige un homme assidu au travail.

Assidu, se dit également par rapport aux choses, et signifie Continuel, fréquent : Un travail assidu. A l'aide de soins assidus il est parvenu à son but. C'était de sa part des visites très-assidues. Des conseils assidus. Ces plaintes assidues. Rac. Il n'avait plus pour moi cette ardeur assidue. Id. Outre la lecture assidue que chacun faisait... Id. Culture assidue. D'Aigues. Respect assidu. Fléch. Ses dévotions toujours assidues. Boss.

ASSIDUITÉ, s. f. (V. Assidu.) Exactitude rigoureuse à se trouver où le devoir vous appelle, à se rendre dans un lieu, auprès de quelqu'un, par intérêt ou par bienveillance : Il vient à son bureau avec une grande assiduité. Il est d'une assiduité exemplaire. L'assiduité d'un magistrat à l'audience. Pendant vingt ans, son assiduité à la cour ne lui avait rien valu. St-Sim. Ce malade exigerait plus d'assiduité de la part du médecin. Dans les derniers temps, j'avais redoublé d'assiduité auprès de lui. Les. — Il s'emploie quelquefois au pluriel : Avoir des assiduités auprès de quelqu'un. Ses assiduités auprès de cette femme avaient fini par la compromettre. Que dirai-je ? n'achète-t-elle pas peut-être des assiduités criminelles qu'elle ne saurait plus mériter. Mass. Le trop brillant espoir que vous leur présentez, attache autour de vous leurs assiduités. Mol.

Assiduité, signifie aussi Une application sans relâche à une étude, à une chose : Il a travaillé à cet ouvrage avec une grande assiduité. A force d'assiduité. Avec de l'assiduité on vient à bout de tout. C'est un emploi qui exige beaucoup d'assiduité. Assiduité au travail. Assiduité à la prière. Boss. L'assiduité du travail. Fléch. L'assiduité de l'étude. D'Aigues.

ASSIDÛMENT, adv. D'une manière assidue, sans relâche, sans interruption : Il vient ici très-assidûment. Il est assidûment aux Tuileries. Vous ne travaillez plus aussi assidûment qu'autrefois. Il en coûte à l'homme de mérite de faire sa cour assidûment. La Br. Travailler assidûment depuis le matin jusqu'au soir. Fén.

ASSIÉGEANT, ANTE, adj. Qui assiége : L'armée assiégeante. Les troupes assiégeantes. — Il se prend plus ordinairement comme substantif : Les assiégeants pénétrèrent dans la ville pendant la nuit. Les assiégeants, surpris par l'armée alliée, se trouvèrent placés entre deux feux. Au bruit de sa marche, les assiégeants tremblent comme s'ils étaient assiégés eux-mêmes. Fléch. — Il ne se dit guère qu'au pluriel, excepté dans cette locution, l'assiégeant et l'assiégé, où le singulier est employé collectivement.

ASSIÉGER, v. a. (V. Siége.) Faire le siège d'une ville, d'une place forte pour s'en emparer : Pendant que notre armée assiégeait la ville. Le général ne voulut pas perdre son temps à assiéger une place aussi forte. — Il se dit également De ceux qui sont enfermés dans une place assiégée : Nous fûmes assiégés dans la citadelle où nous nous étions réfugiés. Le roi était presque assiégé dans Oxfort. Boss. La reine fut assiégée dans son palais. — fig. Le fleuve débordé assiégeait la pointe du rocher où nous étions. Déjà les flammes nous assiégeaient de toutes parts. — Il se dit aussi par exagération De la foule que l'on presse à l'entrée d'un lieu public : Dès le matin on assiégeait la porte du tribunal. Un père même son fils à un spectacle, la foule y est grande, la porte est assiégée. La Br.; ou bien De personnes qui envahissent un endroit d'une façon peu convenable : De fâcheux arrivent trois volées, Qui du parc à l'instant assiégent les allées. Boil.

Assiéger, avec un nom de personne pour complément, s'emploie dans le sens figuré, pour Inquiéter, obséder, importuner, travailler, tourmenter : Chez moi, tous les matins, cet homme-là m'assiége. Dest. L'homme en place est assiégé par des solliciteurs de toute espèce. Ce prêtre sacrilége, Plus méchant qu'Athalie, à toute heure l'assiége. Rac. Assiégeons l'innocent, qu'il tremble à notre approche. J.-B. Rouss. — Assiéger la porte, l'antichambre de quelqu'un, S'y présenter continuellement. — Avec un nom de choses pour sujet, il se dit dans le sens de Tourmenter : Les remords l'assiégent. Toutes les douleurs qui assiégent la vie. Cet affreux souvenir m'assiége continuellement. L'erreur et le mensonge assiégent notre esprit. Rac. La guerre, la peste, la famine, tous ces fléaux, marques de la colère céleste, assiégeaient notre malheureuse patrie. Fén. Toux, gravelle, pituite, assiégent sa caducité. J.-B. Rouss.

ASSIÉGÉ, ÉE, part. Carthage étroitement assiégée. Boss. Songez que mes armes encore vous tiennent assiégés. Rac. — fig. Nous nous verrons sans cesse assiégés de témoins. Rac. Le corps est assiégé par tant d'infirmités. Rac. — Il s'emploie substantivement pour désigner Ceux qui sont dans une place assié. ée : Les assiégés furent obligés de se rendre par le manque de vivres. Le chef des assiégés. — Il ne se dit guère qu'au pluriel, excepté dans cette locution, l'assiégeant et l'assiégé, où le singulier se prend collectivement.

ASSIENTE, s. f. (de l'esp. asiento, contrat, convention.) Nom que portait la compagnie chargée de la fourniture des nègres dans les colonies espagnoles.

ASSIETTE, s. f. (Assiette tient à Asseoir. V. ce mot, V. aussi Siége.) Situation dans laquelle on se trouve, manière dont on est placé : Il est dans une bonne, dans une mauvaise assiette. Cette assiette n'est pas commode. Changer d'assiette à chaque instant. Il ne peut demeurer longtemps dans la même assiette. Il a beau se retourner il ne trouve pas une bonne assiette. — Manière dont on se tient à cheval : Il n'a pas une bonne assiette à cheval. Un faux mouvement lui a fait perdre son assiette. — mar. L'assiette d'un vaisseau, La meilleure situation où puisse être un bâtiment pour bien naviguer. — fig. La disposition morale dans laquelle on se trouve, le plus ou moins de tranquillité, de stabilité de l'esprit : Dans quelle assiette avez-vous trouvé son esprit? C'est un homme dont l'esprit n'est jamais dans la même assiette. Une égale, une ferme assiette. Vous n'étiez pas hier dans votre assiette ordinaire, ou simplement, dans votre assiette. Il ne se trouve dans une assiette plus tranquille que lorsqu'il ment. La Ba. Tant il est aisé de démontrer au jugement de son assiette naturelle. Pasc. Jamais un de ces moments de vivacité qui ait pu marquer que sa grande âme était sortie de son assiette naturelle. Mass. — Dans un sens analogue : Garder une assiette tranquille, Conserver sa tranquillité : Une Église seule, à ses yeux immobile, Garde au sein du tumulte une assiette tranquille. Boil.

Assiette, La manière dont un corps est posé sur un autre, de façon à avoir de la solidité, de la consistance : Ce pilier n'a pas l'air d'être dans son assiette. Cette poutre n'est pas dans une bonne assiette. L'assiette d'une pierre. L'art de faire partir des bombes aussi juste d'une assiette mouvante que d'un terrain solide. Volt. — Il se dit par extension De la position d'une ville, d'une maison, d'un camp : Cette ville est dans une assiette très-avantageuse. L'assiette d'une place forte. Il n'avait pas bien choisi l'assiette de son camp. Si dans l'occasion je ménage un peu mieux L'assiette du pays et la faveur des dieux. Corn. — archit. Situation d'un édifice : Cette maison à mi-côte est en fort belle assiette.

Assiette, Répartition des impôts : On a établi l'assiette de l'impôt. La contribution foncière sera établie sur une nouvelle assiette. — L'assiette d'une rente, Le fonds sur lequel on asseoit une rente : Je crains que cette rente ne soit pas fondée sur une assiette bien solide. — eaux et forêts. Assiette des ventes, se dit pour La désignation de la partie de bois qui doit être coupée.

Assiette, Petite vaisselle plate que l'on place devant chaque personne à table, pour y servir ce qu'elle doit manger : Assiette d'argent, d'étain, de porcelaine, de faïence. Assiette peinte, dorée, Assiette plate, assiette creuse. Assiette à soupe, de dessert. Six douzaines d'assiettes. Une pile d'assiettes. Changer d'assiette. Changer les assiettes. Présenter un verre sur une assiette. Et les morceaux entiers restent sur votre assiette. Boil. Le maréchal de Turenne n'avait eu longtemps que des assiettes de fer en campagne. Volt. — Assiettes blanches, Assiettes propres que l'on renouvelle à chaque mets : Otez les assiettes sales et donnez des assiettes blanches. — Assiettes volantes, ou simplement Assiettes, Certaines assiettes creuses dans lesquelles on sert des ragoûts, des entrées : Deux assiettes suivaient, dont l'une était ornée d'une langue en ragoût. Rouss. — Assiettes de dessert, Assiettes contenant des fruits ou des sucreries, et que l'on donne au dessert : Il n'y avait que vingt-une assiettes de dessert à son dîner. Picard. Assiette, s'emploie par extension dans le sens d'assiettée : Une assiette de potage. Je prendrai bien une seconde assiette de soupe. — fig. et fam. Piquer l'assiette, Manger habituellement à la table d'autrui. — Piqueur d'assiette, ou pique-assiette, Celui qui fait métier de manger chez les autres : Il s'agissait de mettre en déroute ce piqueur d'assiette si opiniâtre. LES. — *Vendre du vin à l'assiette*, Donner à manger en vendant du vin en détail. — horl. Toute pièce qui en soutient une autre : *L'assiette d'une roue.* — dor. Composition qu'on couche sur le bois avant de le dorer. — rel. La même composition appliquée sur la tranche d'un livre qu'on veut dorer. — teint. Cuve préparée et remplie d'ingrédients propres à recevoir en bain les diverses étoffes. — pav. Sens dans lequel un pavé doit être placé : *L'assiette est toujours opposée à la surface sur laquelle on marche.*

**ASSIETTÉE**, s. f. Ce que peut contenir une assiette : *Une assiettée de potage. Une assiettée de fraises. Il a mangé deux bonnes assiettées.*

**ASSIGNABLE**, adj. des 2 g. Qui peut être déterminé avec précision : *Il n'y a pas entre ces deux objets de différence assignable.* ACAD.

**ASSIGNAT**, s. m. jurispr. Il se disait autrefois pour L'action d'assigner une rente sur un héritage qui demeure nommément affecté au paiement de cette rente. On dit actuellement : *Une constitution de rente.* — On a aussi employé le mot d'*assignat* pour désigner Une sorte de papier-monnaie émis en France par le gouvernement républicain, et dont le paiement était assigné sur la vente des biens nationaux : *Un assignat de cinq francs, de cinq cents francs. Changer des assignats pour de l'or. Payer en assignats. Ce fut une cause de la dépréciation des assignats.*

**ASSIGNATION**, s. f. prat. Acte par lequel on somme quelqu'un de comparaître devant le juge : *Il doit avoir reçu une assignation. S'il ne fait droit à nos justes réclamations, nous lui ferons donner assignation sans aucun délai. Il faut comparaître à toute assignation, sur toute assignation.* — Il se dit aussi, mais rarement, d'Un rendez-vous qu'on se donne pour se trouver en un lieu : *Les avocats se sont donné assignation à dix heures pour consulter.*

**ASSIGNATION**. financ. Constitution d'une rente, établissement d'une pension sur certains revenus, soit terres, soit forêts. *L'assignation du douaire de cette femme a été faite sur telle maison.*—Mandat, délégation donnée par un débiteur à une personne qui doit recevoir à sa place : *En récompense de ses honorables services, il avait reçu sur tel fonds, sur telle caisse des assignations assez considérables.*—Il se disait surtout en ce sens dans l'ancienne administration. — métrol. Billet de banque, papier-monnaie qui a cours en Russie, et dont la valeur varie suivant le cours.

**ASSIGNER**, v. a. (du lat. *assignare*, fixer, marquer, attribuer ; *assignatio*, assignation : *ad*, préf. augm., et *signare*, signer, marquer.) Faire connaître à quelqu'un par un exploit le jour où il devra comparaître devant un juge, ou un tribunal : *Autrefois les ducs et pairs faisaient assigner leurs parties d'abord au Parlement. On l'a assigné à comparaître en police correctionnelle. Vous le ferez assigner devant le tribunal de première instance. Dans cette cause il faudra assigner un grand nombre de témoins.*—fin. Engager certains fonds, certains revenus, pour le paiement d'une dette, d'une pension, d'une rente : *Pour reconnaître vos bienfaits et vous dédommager de vos pertes, nous vous assignerons une rente honnête sur nos biens présents et à venir. Le roi lui donna vingt mille francs comme gratification, et il lui en assigna le paiement sur sa cassette, sur le Trésor.*

**ASSIGNER**, signifie aussi Indiquer, faire connaître: *Assigner les véritables causes des événements.* D'ABLANC. *Le lieu d'où il faut voir un tableau, la perspective l'assigne dans l'art de la peinture.* PASC. *La géométrie qui les (ces deux chemins) assigne certainement.* ID. — Déterminer, fixer, attribuer : *La loi assignait à chacun son emploi.* BOSS. *Je me rendrai au lieu que vous m'aurez assigné. Sans savoir pourquoi ce peu de temps qui m'est donné à vivre m'est assigné à ce point plutôt qu'à un autre, de toute l'éternité qui m'a précédé et de toute celle qui me suit.* PASC. *Le prince lui assignait certains revenus.* BOSS. *Le petit-fils de Louis XIV devait posséder Naples et tout ce qu'on lui avait assigné par la première convention.* VOLT.

**ASSIGNÉ, ÉE**, part. *Se trouver au lieu assigné.* PASC. *Et surchargé de jours n'aspirant plus qu'au terme à leur nombre assigné.* J.-B. ROUSS. *Qui toujours assignant et toujours assignés, Souvent demeurent gueux de vingt procès gagnés.* BOIL. *Être bien mal assigné.* — prov. *Cette rente est assignée sur les brouillards de la Loire ; ce paiement est assigné sur les brouillards de la Seine*, se dit d'Une rente, d'un paiement que rien ne garantit.—Il s'emploie quelquefois substantivement au masculin : *L'assigné qui ne comparaît pas est condamné par défaut.*—anc. jurisp. *Décret d'assigné pour être ouï*, Ordonnance du juge pour obliger l'accusé à se présenter en personne et sans ministère de personne, afin qu'il répondît sur les faits dont il était accusé.

**ASSIMILABLE**, adj. des 2 g. Qui peut être assimilé : *Vous mettez sur la même ligne des choses qui ne sont nullement assimilables. Cette dernière hypothèse n'est pas assimilable à la première.*

**ASSIMILATEUR, TRICE**, s. didact. Qui contribue à l'assimilation, qui l'opère.

**ASSIMILATION**, s. f. Action d'assimiler, de présenter plusieurs choses comme semblables : *Il faut redouter de faire en pareil cas une fausse assimilation. Toute assimilation est plus ou moins juste. Ce serait là une coupable, une injurieuse, une sacrilège assimilation.* — physiol. Fonction commune à tous les êtres organisés, par laquelle ils changent en leur propre substance, ils s'assimilent les matières qui leur viennent du dehors : *Les végétaux ainsi que les animaux jouissent de la faculté d'assimilation.* — gram. Loi d'après laquelle, dans certains cas, une consonne s'assimile la consonne précédente, comme dans le mot latin *immundus*, immonde, qui devrait s'écrire *inmundus* : *C'est par assimilation qu'on dit* ALLEGARE, *alléguer, au lieu de* ADLEGARE.

**ASSIMILER**, v. a. (du lat. *assimilare*, rendre semblable, comparer ; *assimilatio*, assimilation : *ad*, à, auprès, et *similis*, semblable. V. ce mot.) Rendre semblable : *Une vie pure assimile l'homme aux anges.* — Rendre semblable, comparer : *On ne peut assimiler cette dernière question à celle que nous agitions tout à l'heure. Il ne faut pas assimiler celui qui manque aux lois de la morale par entraînement et par faiblesse à l'homme qui les enfreint de dessein prémédité.* — S'ASSIMILER, v. pron. Se comparer à : *Est-ce que vous auriez la présomption de vous assimiler à de tels héros ?*

**ASSIMILER**, en langage didactique, User de la faculté d'assimilation : *Les corps vivants, les végétaux s'accroissent ou s'entretiennent en s'assimilant des substances qui leur sont étrangères.* — fig. Rendre semblable à soi : *Les Romains n'avaient rendu leur domination si redoutable qu'en s'assimilant les populations vaincues.* — Devenir semblable : *Les aliments s'assimilent à la propre substance des corps vivants.*

**ASSIMILÉ, ÉE**, part.

**ASSIMINE**, s. f. bot. Fruit composé, à péricarpe charnu, selon Desvaux.

**ASSIMULATION**, s. f. rhét. Figure à l'aide de laquelle on feint quelque chose.

**ASSIR**, v. a. techn. Dénouer des boyaux venant de la boucherie pour les passer à la main et les mettre dans un baquet où il y a de l'eau.

**ASSI, IR**, part.

**ASSIS**, s. m. art mil. Face supérieure de la pierre d'un fusil de munition.

**ASSISE**, s. f. (V. *Asseoir*.) archit. Rang de pierres de même hauteur, soit de niveau, soit rampant, soit continu, soit interrompu par les portes et les fenêtres : *Un cours d'assise. On va vite, et demain on arrivera à la sixième assise, quoique hier seulement on ait terminé la troisième. Les assises ont dix, quinze pouces de haut alternativement. Assise de parpin*, Celle dont les pierres traversent l'épaisseur du mur.—*Assise de pierre dure*, Celle qui se met sur les fondements d'un mur de maçonnerie jusqu'à la hauteur de retraite. — *Bâtir par assises réglées*, N'employer dans une construction que des pierres de même hauteur et dont le milieu correspond exactement aux joints montants de l'assise inférieure.

**ASSISES**, Session d'une cour criminelle : *C'est tel conseiller qui préside les assises. Je ne puis m'absenter, car je serai du jury aux prochaines assises. Cette affaire devait être jugée aux dernières assises, mais elle a été remise à cause de la maladie de l'accusé. Cour d'assises*, Tribunal criminel.—Il se disait autrefois Des assemblées de seigneurs convoqués par le roi pour juger des causes importantes, ainsi que des séances extraordinaires que tenaient les officiers des seigneurs de fief.—Assemblée des juges de paix en Angleterre. — fig. et fam. *Cet homme tient ses assises dans telle compagnie, dans telle maison*, Il y est fort goûté, fort applaudi ; il y tient le haut bout, il y domine.

**ASSISTANCE**, s. f. Présence à une chose, à une action. Il ne s'emploie guère en ce sens qu'en termes de pratique, soit pour La présence d'un juge ou d'un officier de justice à un acte de leur ministère, soit pour celle d'un prêtre dans quelque fonction ecclésiastique : *On ne peut faire cela sans l'assistance du juge de paix. Les droits d'assistance sont dus au commissaire de police. Dans une cérémonie funèbre, il y a tant à donner pour l'assistance du curé. Souvenez-vous pourtant qu'une famille auguste De l'assistance au sceau ne tire point son lustre.* BOIL. — *Assistance*, s'emploie pour exprimer L'ensemble de ceux qui sont réunis en quelque lieu, qui sont présents à une action, à un discours : *Je pris toute l'assistance à témoin. Comme il allait haranguer l'assistance.* LA F. *L'assistance lui témoigna ainsi le plaisir qu'elle en avait reçu.* — *Assistance*, se dit dans plusieurs ordres religieux, De ceux qui composent le conseil de l'ordre : *L'assistance se rassembla pour délibérer sur les intérêts de la communauté. Il faisait partie de l'assistance de son ordre.* — On l'emploie également pour exprimer Les différents États où sont situées les maisons de ces ordres religieux, ou bien, les grandes divisions qu'ils en ont faites : *L'assistance d'Allemagne, de France, d'Italie. L'assistance d'Allemagne était divisée en quatre provinces.*

**ASSISTANCE**, Aide, secours, soulagement : *Promettre, prêter, donner assistance. Il vous demande aide et assistance. L'homme le plus fort est bien faible, privé de l'assistance de ses semblables.* DUC. *Sans votre assistance, nous n'en viendrons jamais à bout. Il n'a besoin de l'assistance de personne. Refuser son assistance. Assistance prompte, généreuse, efficace. Assistance mutuelle. Implorer l'assistance de quelqu'un. La justice doit une assistance particulière aux faibles, aux orphelins, aux épouses délaissées et aux étrangers.* BOSS. *Nous mourrons à vos pieds, c'est toute l'assistance Que vous peut en ces lieux offrir notre impuissance.* CORN. *Apprenait-elle les cris et les gémissements des provinces affligées, elle leur obtenait des soulagements et des assistances considérables.* FLÉCH.

**ASSISTANT, ANTE**, adj. et s. (du lat. *assistens*, même sens ; part. prés. du v. *assistere*. V. *Assister*.) Personne présente à une chose, à une action : *Il y avait un nombre immense d'assistants. Je pris tous les assistants à témoin. Ce fut de la part des assistants un cri général d'indignation. On fit retirer tous les assistants, et nous restâmes seuls avec lui.* VOLT. *Une des assistantes. Sa sœur était parmi les assistantes.* — Il se dit, en langage ecclésiastique, et particulièrement dans certains ordres religieux, De ceux qui sont pour fonctions d'aider le supérieur-général dans l'exercice de sa charge : *Les évêques assistants. Les prêtres assistants à l'autel. Le corps des assistants. Un des assistants du général. Il est assistant.* — Il s'emploie aussi comme adjectif : *Une personne assistante.* — Il se dit principalement Des prêtres qui, dans une grande cérémonie religieuse, secondent l'officiant : *Il était entouré de six prêtres assistants. Il y avait deux évêques assistants.*

**ASSISTER**, v. n. (du lat. *assistere*, être présent, spectateur, aider, secourir : *ad*, à, auprès, et *stare*, se tenir.) Être présent à une chose, à une action, être spectateur de : *Assister à une cérémonie, à un enterrement, à une fête. Assister à des débats judiciaires. Assister à un spectacle, à une lecture, à l'ouverture d'un testament. Envoyez-la-moi (la Sagesse) du haut des cieux, où elle assiste sans cesse à vos côtés.* MASS. *Les bienheureux qui assistent devant Dieu.* PASC. *Assister en esprit au conseil de Dieu.* BOSS. *Les papes n'assistèrent que par leurs légats aux premiers conciles généraux.* PASC. *Assister à la conquête de deux importantes places.* FLÉCH. *Assister à tout.* ID. — Il emporte souvent avec lui l'idée de participation morale ou de complicité : *Il assiste tous les dimanches à la grand'messe. Elle assiste régulièrement à tous les offices. Il a été arrêté comme ayant assisté au vol.* — *Assister à un jugement*, se dit même quelquefois pour Faire partie du tribunal qui prononce ce jugement. *L'Église ne permet pas aux juges ecclésiastiques d'assister aux jugements criminels.* PASC.

**ASSISTER**, comme verbe actif, signifie Aider, secourir, seconder : *Il faut assister vos amis de vos* *conseils et de votre bourse. En quoi peut un pauvre reclus vous assister?* La F. *Il emploie presque tout son revenu à assister les pauvres. Dans sa maladie, personne ne l'a assisté. Si les hommes nous abandonnent, Dieu nous assistera. Je n'ai que lui pour m'assister. Il a été assisté par votre frère dans cette entreprise.* — Il se prend particulièrement dans le sens d'Accompagner quelqu'un pour une action difficile ou solennelle, et il s'emploie alors habituellement à l'infinitif avec le verbe *faire* ou au participe passé : *Je me suis fait assister par votre frère pour cette opération. Le commissaire se fit assister d'un officier de justice. L'accusé a comparu, assisté de deux avocats.* — *Assister un malade à ses derniers moments. Le saint pasteur qui l'assista dans sa dernière maladie.* Boss. —*Assister un criminel,* L'exhorter à mourir en bon chrétien. *Que Dieu vous assiste, Dieu vous assiste,* se dit à Un pauvre auquel on ne veut ou ne peut rien donner, et parmi le peuple il se dit encore à Une personne qui vient d'éternuer. On dit prov. *Dieu assiste à trois personnes : aux enfants, aux fous et aux ivrognes,* c.-à-d., Dieu veille sur ceux qui ne peuvent se protéger eux-mêmes.

Assisté, ée, part. *Théodore, assisté des Francs, défit Maxime.* Boss. *Lorsque, assisté de Térence et de Plaute, Molière vint...* J.-B. Rouss. *Devant quatre témoins assistés d'un notaire.* Rac.

ASSOCIATION, s. f. (V. *Associer.*) Union établie entre plusieurs personnes, dans un intérêt commun, action d'entrer dans cette union : *Association politique, littéraire, religieuse. Quelle merveilleuse association, un Dieu, un Christ, un évêque!* Boss. *Former une association. Ces trois puissances firent un traité d'association.* Volt. *Rédiger un acte d'association. Un traité d'association. Entrer dans une association. Il est le chef d'une association. Membre de plusieurs associations. Il fut défendu aux marchands, sous les peines les plus sévères, de contracter aucune association pour le commerce des grains.* Volt.— Il se dit aussi De la réunion de plusieurs choses : *Ils sont unis par une association d'intérêts. Une heureuse association d'idées. Il n'y a pas d'association plus commune que celle du faste et de la lésine.* Rouss. *Il y a certaines associations de mots qui donnent au style une piquante originalité.* Marm. *Il ne faut pas rechercher, en fait d'idées, les associations bizarres...* Buf.

ASSOCIER, v. a. (du lat. *associare,* faire aller de pair, réunir ensemble : *ad,* à, vers, et *socius,* compagnon, *associé.*) Prendre quelqu'un pour collègue dans une haute dignité, pour compagnon, pour aide dans un travail, une entreprise; recevoir quelqu'un en participation d'une chose : *Dioclétien associa Maximien à l'empire. Il avait formé le dessein de l'associer au trône. A sa majorité, son père doit l'associer à son commerce. Je pourrai vous associer à mes travaux. Depuis deux ans nous l'avons associé avec nous. Vous pouvez compter que je vous associerai à tous nos bénéfices. Il l'avait associé à tous ses crimes. Il avait partagé mes dangers, je devais l'associer à ma gloire. Le choix que vous faites de M. l'abbé Poncet, pour l'associer à votre compagnie.* Mass. *Rien ne vous réussit; associez-vous les pauvres, alors le succès de vos entreprises sera l'affaire de Dieu même.* Mass. *L'évêque de Meaux s'associa, pour cet examen, l'évêque de Châlons.* Volt. — Il s'emploie avec le pronom personnel régime indirect, et signifie Se donner quelqu'un pour collègue, pour aide : *Vous ferez bien de vous associer un homme actif et intelligent pour achever ce travail.* Did. Il s'était associé le fils de son frère. *Et c'est là celui que vous vouliez vous associer pour une pareille entreprise.* Rouss. — Il s'emploie aussi avec le pronom personnel régime direct, et signifie Entrer dans une association, se faire admettre à la participation de quelque chose, avoir liaison, avoir commerce avec quelqu'un : *Il s'est associé à une maison de banque. Ils se sont associés ensemble dans cette grande opération. Gardez-vous de vous associer à des gens de cette espèce. Ne nous associons qu'avec nos égaux.* La Font. *Je dois m'associer à votre malheur, puisque j'ai partagé votre heureuse fortune.* Mont.

Associer, signifie par extension et figurément, Unir, joindre des personnes ou des choses : *L'intérêt qui les avait associés, ne tarda pas à les éloigner l'un de l'autre. L'amour de l'humanité associe les gens de bien; l'amour de soi associe les égoïstes.* Did. *Il se plaît à associer ensemble des idées qui se combattent. Voici des mots qu'il est assez bizarre d'as-*

*socier ensemble. Ce prince associait le courage le plus intrépide à la prudence la plus rare.* Fén. Il s'emploie aussi dans ce sens avec le pronom personnel : *Cette idée ne saurait s'associer avec celle-ci. Ce sont des mots qui ne peuvent s'associer ensemble. Il faut que tous les peuples s'associent pour faire triompher cette idée.*

Associé, ée, part. Il s'emploie également comme substantif : *Il est mon associé depuis longtemps. Sa sœur est l'associée de cette maison de commerce. Facteurs, associés, chacun lui fut fidèle.* La F. *J'ai été son associé dans cette entreprise. Cette perte devra être supportée par tous les associés.* —On nomme *Associés,* dans certaines académies, ou *membres associés,* Ceux qui participent aux travaux sans avoir tous les avantages dont jouissent les membres ordinaires : *Il est membre associé de plusieurs académies de province.* — comm. rel. *Associée,* s. f. Religieuse de la seconde classe dans l'ordre de la Visitation : *Les associées sont admissibles à toutes les places de la communauté, si l'on en excepte la dignité d'assistante. Il y a aussi des associées chez les Miramiones, ou filles de Sainte-Geneviève. Les associées ne sont tenues qu'à une année d'épreuves.*

ASSOGUE, s. f. (de l'esp. *azogue,* vif-argent, parce que ces bâtiments, en quittant les ports d'Espagne, sont chargés de ce métal, qu'ils transportent en Amérique.) Nom que l'on donnait à certains galions d'Espagne, destinés à transporter en Amérique le vif-argent dont on se sert pour épurer l'or au sortir de la mine.

ASSOLEMENT, s. m. agric. Partage des terres en soles, ou portions destinées à porter successivement des cultures différentes. — Ordre successif dans lequel ces cultures se reproduisent sur la même sole : *Les véritables greniers d'abondance sont dans les bons assolements.*

ASSOLER, v. a. (V. *Sole.*) Diviser une terre labourable en plusieurs portions, les unes pour être ensemencées, les autres pour rester en jachère.

Assolé, ée, part.

ASSOMBRIR, v. a. et n. (V. *Sombre.*) Rendre, devenir sombre. On dit plus souvent *s'assombrir* au propre et au figuré : *Hier j'étais ravi, tout brillait à mes yeux; mais aujourd'hui tout s'assombrit.*

Assombri, ie, part.

ASSOMMANT, ANTE, adj. Qui est fatigant, ennuyeux, désagréable à l'excès. Il se dit des personnes et des choses : *Il n'y a pas d'homme plus assommant que lui. Sa conversation est assommante. Un travail assommant. Une chaleur assommante.* Il est familier.

ASSOMMEMENT, s. m. Action d'assommer, résultat de cette action. Peu usité.

ASSOMMER, v. a. Tuer quelqu'un avec un instrument contondant, avec quelque chose de pesant, ou à l'aide de coups répétés : *On l'a assommé à coups de bâton. Il l'assomma d'un coup de massue. On assomma la pauvre bête.* La F. *Ils se précipitèrent tous les quatre sur lui, et l'assommèrent. Il fut assommé à coups de pierre.* — Il se dit, par extension, pour Charger de coups, battre avec excès : *Il m'a assommé de coups. Il avait pour coutume d'assommer sa femme au moins une fois par semaine.* Mar.

Assommer, signifie figurément, Être très-désagréable, importuner à l'excès, affliger profondément : *Cette chaleur excessive assomme. Il m'a assommé de paroles. Assommer quelqu'un de questions. Je lui disais, moi, qu'un froid écrit assomme.* Mol. *Il n'y a rien qui vous assomme comme la lecture d'une tragédie bourgeoise.* Frér. *J'avoue que cet accident m'assomme.*

Assommé, ée, part. *Un homme assommé.*

ASSOMMEUR, s. m. Qui assomme : *On prétendait que la police soudoyait des assommeurs. Assommeur de bœufs.*

ASSOMMOIR, s. m. Bâton plombé par un bout.— fig. *Un coup d'assommoir,* Un malheur, un accident que l'on n'avait pas prévu : *Cela a été pour moi un véritable coup d'assommoir.* — Il se dit aussi d'Une sorte de piège, disposé de manière à assommer certaines bêtes, comme renards, blaireaux, etc., au moment où elles s'y prennent.

ASSOMPTIF, IVE, blas. Il se dit Des armes qu'on a le droit de porter en vertu de quelque action d'éclat.

ASSOMPTION, s. f. (du lat. *assumptio,* revendication, dér. du v. *assumere,* prendre pour soi, s'attribuer, adopter. En parlant de Marie, on dirait en

latin : *Assumpta est in cœlum,* elle fut prise, revendiquée pour le ciel.) Enlèvement de la vierge Marie au ciel : *Le miracle de l'Assomption. L'Assomption de la sainte Vierge,* Fête religieuse établie par l'Église pour célébrer ce miracle; jour où a lieu cette fête. *On célèbre l'Assomption le 15 août. Cette église doit être ouverte le jour même de l'Assomption.* — Il se dit aussi d'Un tableau qui représente cet enlèvement miraculeux : *Nous devons encore à ce peintre une Assomption qui est placée dans l'église de Notre-Dame.* — log. La seconde proposition d'un syllogisme, autrement dite mineure : *Vous donnez cette assomption pour incontestable.*

ASSONIE, s. f. bot. Genre de plante de la famille des malvacées, qui ne comprend qu'une espèce, le bois de senteur bleu.

ASSONNANCE, s. f. (V. *Assonnant.*) rhét. Ressemblance approximative de son dans les syllabes placées à la fin des mots : Tombe et Onde *sont des assonnances. Cet écrivain nous choque par de continuelles assonnances.*

ASSONNANT, ANTE, adj. (du lat. *ad,* à, et *sonans,* sonnant, résonnant. V. *Sonner.*) Qui produit une assonance : *Éviter les mots assonnants. Au lieu de les fuir, on recherchait avec soin les syllabes assonnantes.* Volt.

ASSORATH ou ASSONAH, s. f. V. Sénna.

ASSORTIMENT, s. m. Union de choses ayant entre elles des rapports de convenance : *L'assortiment de ces fleurs est du meilleur goût. Il n'y a rien de mieux entendu que l'assortiment de ces meubles. On ne saurait trouver un homme plus habile que lui pour l'assortiment des couleurs. L'assortiment de ces figures un peu étranges plaît par sa bizarrerie même.* — Il se dit aussi d'Une collection complète de certaines choses qui doivent aller ensemble : *Un assortiment de pierres fines, de diamants, de perles. Il a le plus bel assortiment de cristaux que l'on puisse voir. Vous y trouverez un assortiment complet d'ustensiles de ménage. Elle a le collier, les boucles d'oreilles, le bracelet et tout l'assortiment. Un assortiment de plumes. Un assortiment de couleurs.* — com. Assemblage de marchandises du même genre : *Vous trouverez chez ce marchand un magnifique assortiment de châles. Elle a un assortiment complet de tous les menus objets de toilette.* — On appelle, en librairie, *Livres d'assortiment,* Ceux qu'un libraire tire de ses confrères, et *Livres de fonds,* Ceux qu'il édite lui-même, ou dont la vente lui est spécialement confiée : *Ce libraire ne tient que les livres d'assortiment.* — Dans un sens analogue, on dit, *Fonds d'assortiment.*—imprim. L'ensemble des lettres d'un corps de caractère, et quelquefois Un supplément de différentes sortes de caractères, servant à compléter une fonte dans la proportion requise pour le genre de composition auquel on la destine.

ASSORTIR, v. a. Réunir des personnes ou des choses ayant entre elles des rapports de convenance. Il se dit au propre et au figuré : *Il arrive quelquefois que le hasard assortit merveilleusement les gens.* Danc. *La première condition pour faire un bon mariage, n'est-ce pas de bien assortir les époux?* Volt. *Vous n'aurez jamais la réputation d'un bon maître de maison, si vous ne savez assortir vos convives.* Marm. *Il faut assortir les âges, les goûts, les esprits, les caractères. Assortir les conditions. Ces ornements sont d'excellent goût, mais on n'a pas bien assorti les couleurs. Assortir les chevaux d'un attelage, ou un attelage. Il faut assortir maintenant cette veste d'un habit qui ne la dépare pas.* Mariv. — Il s'emploie aussi, au propre et au figuré, avec le pronom personnel, et signifie S'avenir, être bien ensemble : *Ces deux étoffes s'assortissent parfaitement. Il faut trouver des meubles qui puissent s'assortir avec ces draperies. Ce sont des caractères qui ne s'assortiront jamais. Pour que deux personnes s'assortissent complètement, il faut de côté et d'autre quelques sacrifices d'humeur.*

Assortir, s'emploie aussi comme verbe neutre dans le sens de Convenir : *Tâchez que la tapisserie assortisse au reste de l'ameublement. Dans un attelage, il faut que la robe et la taille des chevaux assortissent bien ensemble. Il a trouvé un cadre qui assortit bien à celui-ci ou avec celui-ci.*

Assortir, employé comme verbe actif, signifie aussi Fournir toutes les choses qui conviennent ou qui sont nécessaires : *Il a assorti sa boutique de tout ce qui concerne son commerce. Si vous avez besoin de rubans, personne mieux que lui ne pourra vous assortir.*

**ASSORTI, IE,** part. et adj. *Par ce doux rapport les âmes assorties.* CORN. *Que d'un art délicat les pièces assorties Ne fassent qu'un seul tout de diverses parties.* BOIL. *Des époux assortis. Un mariage bien assorti. Ce sont des nœuds mal assortis que ceux d'une telle société.* Mᵐᵉ DE SÉV. *C'étaient tous des gens mal assortis.* VOLT. *Les couleurs de ce tableau sont fort bien assorties. Dans cet assemblage si bien assorti,* MASS. *Des casuistes assortis à toute cette diversité.* PASC. *Il n'y a pas de magasin mieux assorti que celui-là.*

**ASSORTISSANT, ANTE,** adj. *Qui convient bien, qui s'assortit à une autre chose: Une étoffe assortissante à une autre. Cette couleur n'est pas assortissante à celle-ci.*

**ASSORTISSOIR,** s. m. conf. Sorte de crible dont les trous servent à assortir les dragées pour la grandeur et la forme.

**ASSORTISSOIRE,** s. f. Boîte contenant un assortiment.

**ASSOTER,** v. a. (V. *Sot.*) Rendre amoureux de quelqu'un, infatuer. Il se dit fam. et iron. *Cette petite fille l'a assolé. Il ne faut qu'un petit minois comme cela pour vous assoter.* DANC. — Il s'emploie aussi avec le pronom personnel, et signifie Prendre un sot attachement pour quelqu'un : *Je ne sais pourquoi il s'est assolé d'une pareille femme.*

**ASSOTÉ, ÉE,** part. *Le voilà tout assolé de son neveu.*

**ASSOUPIR,** v. a. (du lat. *sopire,* endormir, calmer, apaiser ; ὑπνόω, endormir, ὕπνος, sommeil.) Disposer au sommeil, endormir à demi : *Les fumées du vin, les vapeurs assoupissent. Il y a des remèdes qui ont la propriété d'assoupir, Cette lecture monotone et nullement intéressante commençait à nous assoupir.* — path. Calmer, apaiser : *Si ce remède ne guérit pas, au moins il assoupit sensiblement la douleur.*

**ASSOUPIR,** au fig. Arrêter, amortir, faire cesser : *Assoupir une querelle, un différend.* Assoupir les factions. VOLT. *Ce jeune homme s'était malheureusement trop compromis, et déjà la justice informait ; mais la famille eut le bon esprit d'assoupir l'affaire. Les haines publiques et particulières furent assoupies.* FLÉC. *On y réveille par mille artifices les passions que la nature semblait même avoir assoupies.* MASS. *Craignez que de sa voix les trompeuses délices N'assoupissent enfin votre faible raison.* L. RAC.

**ASSOUPIR,** avec le pronom personnel, S'endormir : *Le malade commençait à s'assoupir, quand le médecin était arrivé. Et jusques au souper se couche et s'assoupit.* BOIL. — fig. Se calmer, s'amortir, s'affaiblir : *Avec le temps les haines s'assoupissent. Si cette violente douleur venait à s'assoupir. Sa fureur s'était enfin assoupie. De telle sorte qu'à toute heure elle (la raison) s'assoupit ou elle s'égare.* PASC.

**ASSOUPI, IE,** part. et adj. *Déjà pour réveiller sa fureur assoupie.* J.-B. ROUSS. *Tant de fortune et d'ambition réveilla l'Europe assoupie.* VOLT.

**ASSOUPISSANT, ANTE,** adj. Qui assoupit, qui porte au sommeil : *Les fumées assoupissantes du vin. Une odeur assoupissante. Une potion assoupissante.* — Il se dit également au figuré : *Il a un ton assoupissant. Une lecture assoupissante. Je sentis de ses vers l'effet assoupissant.* DEL.

**ASSOUPISSEMENT,** s. m. (V. *Assoupir.*) État d'une personne qui commence à s'endormir, léger sommeil : *Elle est dans un assoupissement continuel. Cette potion lui a procuré un léger assoupissement. Un assoupissement léthargique. Lorsqu'il a dîné, il tombe dans une sorte d'assoupissement.* — fig. *Assoupissement,* se dit d'Un état de l'âme qui vous porte à l'indolence, à une grande négligence de ce qui concerne vos devoirs et vos intérêts : *Rien ne peut le tirer de l'assoupissement où il est plongé. Revenir de son assoupissement. Son esprit est dans un assoupissement étrange sur tout ce qui regarde ses intérêts. C'est un honteux assoupissement qui lui fait négliger tous ses devoirs.*

**ASSOUPLIR,** v. a. (V. *Souple.*) Donner plus de souplesse, plus de flexibilité à une chose : Assouplir *un ressort : On assouplit le cuir en le faisant tremper dans l'eau.* — man. Assouplir *un cheval,* L'habituer à avoir de la souplesse dans les mouvements : *Il parvint à assouplir cette langue rebelle, et la força de se plier à tous les caprices de la pensée. C'est un caractère que l'adversité n'a pu encore assouplir. Il sut*

*assouplir ces peuplades sauvages et indomptables.* BOSS. — Il s'emploie également avec le pronom personnel : *Ce n'est qu'à l'aide d'un long travail que les jarrets du danseur s'assouplissent.* VOLT. *Grâce à la nécessité, cette humeur féroce et sauvage a fini par s'assouplir.*

**ASSOUPLI, IE,** part. *Une étoffe assouplie. Un caractère assoupli.*

**ASSOURDIR,** v. a. (V. *Sourd.*) Causer une surdité passagère par un grand bruit : *Le bruit du canon m'avait assourdi et je restai trois jours sans rien entendre.* — par exagér. *Il m'a assourdi avec des criailleries continuelles.*

**ASSOURDIR,** se dit également d'Un bruit qui vous empêche de rien entendre : *Ces enfants m'assourdissent tellement, que je ne puis rien entendre de ce que vous dites.* — Il signifie aussi Diminuer l'intensité d'un bruit, l'éclat d'un son : *Ce tapis assourdit un peu le bruit des pas. Cette pédale est destinée à assourdir le son de l'instrument.* — Avec le pronom personnel il s'emploie quelquefois pour Devenir sourd : *Avec ma voix qui s'en va, il ne manquerait plus que je m'assourdisse.* BOIL. *Ce bruit commence à m'assourdir,* il perd de son intensité. — b.-arts. Éteindre les demi-teintes et certaines lumières qui, dans un tableau, pourraient nuire à l'effet d'ensemble : *Il faut assourdir les draperies pour faire valoir la tête.* — t. de grav. Assourdir *les reflets,* Leur ôter la transparence qui les ferait confondre avec les parties éclairées, mais colorées par nature.

**ASSOURDI, IE,** part.

**ASSOURDISSANT, ANTE,** adj. Qui assourdit : *Un bruit assourdissant. Ces cloches sont assourdissantes.* — par exagér. et fig. *Un bavardage assourdissant. Une voix assourdissante. Ces enfants, ces écoliers sont assourdissants.*

**ASSOUVER,** v. n. cout. Il se dit d'Un étang qui s'emprisonne lui-même : *Cet étang assouve.*

**ASSOUVIR,** v. a. (du gaél. *subaim,* prononcé *soubaim* ou *souvaim,* abreuver.) Rassasier complètement, apaiser une faim excessive : *Rien ne peut assouvir cet homme. L'ai-je fait à dessein qu'il assouvisse un jour sa faim.* LA FONT. *Ils étaient si affamés, que toutes nos provisions n'auraient pas suffi pour les assouvir. Il a beau manger, il ne peut assouvir cette faim qui le tourmente.* Assouvir *quelqu'un de viande, de pain.* — Il se dit au fig. et signifie Apaiser des passions violentes, des désirs ardents : *Tant de sang versé ne saurait assouvir son désir de vengeance.* CORN. *C'est une ambition que les plus grands honneurs ne peuvent assouvir. Sa cruauté n'a pas été assouvie par la mort de tant d'innocents. La terre et le travail de l'homme Font pour les assouvir des efforts superflus.* LA FONT. *Il a assouvi sa rage jusque sur de faibles enfants.*

**ASSOUVIR,** avec le pronom personnel, s'emploie au propre et au fig. *Par les richesses, l'ambitieux se peut assouvir d'honneurs, et le voluptueux de plaisirs.* BOV. *A le voir manger avec tant d'avidité, on aurait cru que sa faim ne s'assouvirait jamais.* LES. *Sa cupidité ne s'est pas assouvie par la possession de toutes ces richesses. Comme un tigre impitoyable, il s'est assouvi de sang.* LEFR. *Les soldats ne s'arrêtèrent qu'après s'être assouvis de carnage.*

**ASSOUVI, IE,** part. *Un loup assouvi. Une vengeance assouvie. La reine, de tant de flots de sang non encore assouvie.* RAC. *Octave aura donc vu ses fureurs assouvies.* CORN.

**ASSOUVISSEMENT,** s. m. Action d'apaiser une faim vorace, état de celui qui est pleinement rassasié : *Ce qu'on lui servait ne pouvait suffire à l'assouvissement de sa faim. Il en a mangé jusqu'à l'assouvissement.* — Il se dit plus habituellement au fig. *L'assouvissement de nos passions amène avec lui leur châtiment, qui n'est la satiété.* LÉVIS.

**ASSUJETTIR,** v. a. (plusieurs écrivent *assujétir.* V. *Sujet.*) Réduire un peuple, un pays sous sa dépendance : *Ses conquêtes venaient de lui assujettir trois nouvelles provinces.* BOSS. *Et le monde à ses lois n'est point assujetti.* CORN. *C'est la première fois qu'un conquérant assujettissait ce peuple.* — Se dit au fig. pour Soumettre à une domination morale : *La douceur de son gouvernement lui a assujetti tous les cœurs. Il faut que le pouvoir de ses charmes soit bien grand pour avoir assujetti un pareil homme. L'intelligence ne doit jamais être assujettie à la matière.*

**ASSUJETTIR,** Obliger à quelque chose, exercer une contrainte : *Voyez toutes les fatigues auxquelles cette place vous assujettira. Il y a certaines règles auxquelles le génie doit être assujetti encore plus rigoureusement que la médiocrité.* MARM. *Quand on est assujetti à de pareils devoirs, il faut les remplir avec exactitude. Je ne le voyais plus que rarement, car sa nouvelle dignité l'assujettissait beaucoup.* VOLT. — Il s'emploie dans le même sens avec le pronom personnel : *Il prétend avoir trop de génie pour s'assujettir à des règles aussi vulgaires. Le philosophe s'assujettit aux usages et même à certains préjugés, plutôt que de heurter trop violemment les opinions reçues.* LAH. *Il faudra vous assujettir à mes heures. C'est une condition à laquelle nous ne saurions nous assujettir. Faut-il s'assujettir à ses moindres caprices?* DEST.

**ASSUJETTIR,** Fixer une chose, l'établir d'une manière stable : *Ces poutres n'ont pas été bien assujetties. On a assujetti ce balcon à l'aide de barres de fer. Assujettissez cette table, qui ne fait que remuer.*

**ASSUJETTI, IE,** part. *Être fort assujetti,* se dit fig. d'Une personne qu'un travail ou un emploi tient dans une grande sujétion : *Depuis que j'ai cette place, je suis beaucoup plus assujetti.*

**ASSUJETTISSANT, ANTE,** adj. Qui oblige à une grande sujétion, à beaucoup d'assiduité : *C'est une place trop assujettissante. Il a pris ce métier, parce qu'il était moins assujettissant. Il n'y a pas de travail plus assujettissant que celui-là.*

**ASSUJETTISSEMENT,** s. m. (plusieurs écrivent *assujétissement.*) Action de réduire sous sa dépendance, état de dépendance. *L'assujettissement de ce pays avait coûté trois années de guerre. Ils vivaient depuis longtemps dans cet état d'assujettissement. La guerre se termina par l'assujettissement de cette province à l'empire.* — Il s'emploie plus souvent au figuré, et signifie Contrainte, soumission à une volonté étrangère, obligation de faire certaine chose, sujétion dans laquelle on est tenu : *Cette mère tient ses enfants dans un trop grand assujettissement. C'est un bien grand assujettissement. L'assujettissement aux lois est le premier devoir d'un citoyen. Il a quitté sa place à cause de l'assujettissement qu'elle exigeait. La grandeur a des assujettissements que ne connaît pas la médiocrité. C'est un caractère qui ne peut souffrir aucun assujettissement.* — L'assujettissement à la mode, aux usages, aux règles de l'étiquette, c.-à-d. L'obligation de s'y conformer.

**ASSULE,** s. f. zool. Chacune des pièces de la peau cuirassée d'un mammifère.

**ASSUMER,** v. a. (du lat. *assumere,* prendre pour soi ou sur soi : *ad,* préf. augm., et *sumere,* prendre.) Prendre, il ne se dit que fig. et dans cette phrase : Assumer *sur soi une grande responsabilité,* la responsabilité d'une chose.

**ASSUMÉ, ÉE,** part. *La responsabilité en a été assumée par lui.*

**ASSURANCE,** s. f. (V. *Assurer.*) Certitude que l'on a d'une chose : *Nous avons l'assurance que notre entreprise réussira. Il n'y a plus à douter de la fatale nouvelle, on en a une entière et pleine assurance.*

**ASSURANCE,** Confiance, sécurité, sûreté : *Vous pouvez traiter avec lui en toute assurance. C'est une marchandise dont on peut se charger en assurance, avec assurance. On ne saurait avoir aucune assurance en cette personne, en ses actions, en ses paroles. Vivre en assurance. Le faible nulle part n'était en assurance.* RÉGNIER. *Mettre quelqu'un en lieu d'assurance. Nous nous retirâmes en pleine assurance. Cette armée faisait notre assurance.* — fauc. *Assurance,* se dit en parlant d'Un oiseau qui n'est plus attaché par le pied, qui est hors du filière. *Assurance,* se dit aussi, en vénerie, en parlant de la fermeté et de la sécurité dans la marche du cerf.

**ASSURANCE,** se dit par extension Des promesses, des paroles par lesquelles on tâche de donner à quelqu'un la certitude d'une chose, de lui inspirer de la confiance : *Il m'a donné des assurances en l'air. Cette place nous sera donnée, j'en ai reçu l'assurance. Il m'a donné toutes les assurances possibles de son dévouement à ma personne.* — Il se dit aussi Des garanties, des sûretés que l'on donne à quelqu'un avec qui l'on fait des affaires : *Avant de vous mettre dans cette affaire, il faudra exiger de bonnes assurances. Sa parole vaut la meilleure assurance. Si vous traitez avec cet homme, ne négligez pas de prendre toutes les assurances possibles.* —

Il signifie encore Un acte de garantie par lequel, moyennant une redevance convenue, on s'engage à rembourser la valeur de certains objets, dans le cas de perte ou de destruction : *Assurances contre l'incendie. Assurances maritimes. Il est à la tête d'une compagnie d'assurances. Prime d'assurance. Police d'assurance sur la vie. Assurances contre le recrutement.*—*Chambre des assurances*, Compagnie de gens qui font les assurances maritimes. — *Assurances mutuelles*, Association d'un certain nombre de personnes qui, payant chacune une contribution convenue, s'engagent à payer en commun certaines pertes que viendraient à éprouver quelques-unes d'entre elles.

ASSURANCE, Hardiesse, attitude indiquant une certaine hardiesse : *Il s'avança avec assurance contre les ennemis. Il parla avec une grande assurance, malgré le danger qui le menaçait. On vit tant d'assurance en ses discours et dans tout son maintien.* LA F. *Il répondit avec assurance à toutes nos questions. Il ne lui manque qu'un peu plus d'assurance pour devenir un excellent orateur. Ces paroles me donnèrent encore plus d'assurance. Une mâle, une noble assurance. Il n'a pas montré assez d'assurance. Perdre son assurance. Il reprit toute son assurance, et continua.*

ASSURE, s. f. arts et m. Fil d'or, de soie, ou seulement de laine, dont on couvre la chaine d'une tapisserie de haute lisse.

ASSURÉMENT, adv. D'une manière sûre, avec certitude : *Ce n'est pas moi, assurément, qui m'opposerai à vos desseins. Oui, assurément. Assurément il radotait.* LA F. *Trouve-t-on quelqu'un qui confonde la sagesse avec la folie? Non, personne, assurément.*

ASSURER, v. a. (du lat. *asseverare*, dans le sens d'affirmer. V. *Sûr.*) Donner de la stabilité, de la solidité à une chose, l'étayer de manière à ce qu'elle ne puisse ni tomber ni vaciller : *Assurer une muraille, un plancher, un plafond. Il a assuré le balcon avec des barres de fer. Assurer une statue sur son piédestal. Cette table ne fait que remuer; assurez-la à l'aide d'une cale. Cette planche pourrait tomber, il faut l'assurer avec quelques clous. Assurer son corps sur son cheval.*—On le dit avec le pronom personnel dans tous les cas où il s'agit De donner une certaine stabilité au corps : *Assurez-vous bien sur votre selle. Assurez-vous dans cette position. Quand on fait des armes il faut d'abord bien s'assurer sur ses pieds.*—Dans un sens à peu près analogue : *Assurer la main*, La rendre plus ferme pour exécuter certains ouvrages : *Ces travaux sont nécessaires aux jeunes chirurgiens pour s'assurer la main. Ce professeur de dessin a fait paraître une suite d'exercices pour assurer la main des élèves. Ces exercices d'écriture sont excellents pour assurer la main des commençants.* — en termes de marine : *Assurer son pavillon*, Tirer un coup de canon en arborant son pavillon.—fig. *Assurer sa contenance, son maintien, son regard*, Prendre une contenance, un maintien, un regard ferme.—*Assurer sa démarche*, La rendre plus ferme. *Un bâton dans sa main assure sa démarche.* DEL. — fauc. *Assurer l'oiseau*, L'apprivoiser pour l'empêcher de s'effrayer.

ASSURER, s'emploie aussi pour Rendre une chose sûre, durable, lui donner de la consistance : *Ce sacrifice assura la fortune de ses enfants. Assurez sa puissance et sauvez son estime.* CORN. *Allez, et hâtez-vous d'assurer ma couronne.* CORN. *Grand roi, poursuis toujours, assure leur repos.* BOIL. *Ce dernier coup du sort assure ma ruine.* CRÉBIL. *L'équité et les lois sont les seuls principes sur lesquels le citoyen puisse assurer sa conduite.* GIR.—Il signifie particulièrement, Soutenir, garantir : *Cela assure votre droit. Cette clause du contrat assure le douaire de la femme. Assurer une créance, une hypothèque. Assurer une somme, une rente à quelqu'un*, Lui fournir des garanties suffisantes du paiement de cette somme, de cette rente. *Assurer un bien à quelqu'un*, Lui garantir par un acte la propriété, après votre mort, d'un bien que vous possédez : *Son frère lui avait assuré tous ses biens par testament. Ils lui firent signer un acte qui leur assurait tous ses biens après sa mort.*

ASSURER, signifie aussi Mettre un propriétaire à l'abri des pertes qu'il peut éprouver, en s'engageant, moyennant une redevance convenue, à lui rembourser la valeur des objets qui pourraient être perdus ou détruits : *Assurer une maison, un mobi-*

*lier, une cargaison. Il assure à tant pour cent. Il a fait assurer toutes ses propriétés par une compagnie. Il avait fait assurer son mobilier pour une somme très-considérable. Toutes ces marchandises avaient été assurées.* — *Assurer quelqu'un contre les chances du recrutement*, S'engager, moyennant une somme payée d'avance, à lui fournir un remplaçant, s'il se trouve compris dans le contingent.

ASSURER, Employer les moyens convenables pour ne pas se trouver au dépourvu des choses nécessaires, pour qu'une chose dont on a besoin ne vous manque pas : *Assurer des vivres à une armée. C'était le seul moyen d'assurer des provisions à la ville. L'État lui a assuré de quoi vivre dans une certaine aisance. Nous nous sommes assuré du bois pour tout l'hiver. C'est quand on est jeune qu'il faut s'assurer des ressources pour la vieillesse. C'est un refuge que je me suis assuré contre l'ennui.* ROUS. *Au lieu de chercher à s'assurer des protections, ne vaut-il pas mieux chercher le moyen de s'en passer?* DID.

ASSURER, signifie quelquefois Donner du courage par l'habitude, accoutumer à ne pas s'effrayer d'une chose : *L'habitude du canon assure le soldat. Ce cheval n'est pas encore assuré aux coups de fusil.* —en t. de manège ; *Assurer la bouche d'un cheval*, L'accoutumer à souffrir le mors.

ASSURER, Affirmer la vérité d'une chose : *Il vient de nous assurer que la nouvelle était vraie. Quoi qu'il vous assure, n'en croyez rien. Les demi-savants, les pédants, les petits-maîtres, assurent tout, ils ne parlent que par décisions.* GIR. *Il n'a pas honte d'assurer une chose dont il sait la fausseté. Il nous a assuré qu'il ne reviendrait plus ici. Il me l'a bien assuré. Je présume que cela est ainsi, mais je n'ose pas l'assurer.*—Avec un nom de personne pour régime, il signifie Rendre quelqu'un certain d'une chose : *Son intérêt même nous assure de son dévouement. Tout ce que vous me dites ne fait que m'assurer du contraire. L'arrivée de ce général nous assure du succès. Est-il un seul moment Qui nous puisse assurer d'un second seulement?* LA F. —Il signifie aussi Chercher à rendre quelqu'un certain d'une chose, le pousser à y croire : *Il nous a fait beaucoup de protestations pour nous assurer de sa fidélité. Assurez bien votre frère de mon amitié. Vous pouvez l'assurer de mon zèle à le servir.*

ASSURER, avec le pronom personnel, signifie Être certain d'une chose, en avoir la conviction : *Vous pouvez vous assurer que je ne manquerai pas à votre appel. Je m'assure que, puisque vous avez promis, vous ne manquerez pas à votre promesse. Il ne se faut jamais moquer des malheureux; Car qui peut s'assurer d'être toujours heureux?* LA F.—Il se dit aussi pour Acquérir la conviction, se procurer la certitude d'une chose : *Il parcourait les groupes pour s'assurer de la vérité de cette nouvelle. Assurez-vous, avant de ne rien faire, si l'on vous a dit la vérité. Il est allé s'assurer du retour de son frère. Tout ce qu'il vous a dit est un amas de mensonges, je viens de m'en assurer.* — S'assurer de quelqu'un, Acquérir à l'avance la certitude qu'il vous protégera ou qu'il vous aidera dans une entreprise : *Avant de rien entreprendre, il voulut s'assurer des principaux seigneurs de la cour. Si vous voulez risquer cette aventure, assurez-vous de quelques gens bien déterminés.* — S'assurer de quelqu'un, Se rendre maître de sa personne, l'arrêter : *On commença par s'assurer des principaux conjurés, On devait d'abord s'assurer de la personne du prince.* — S'assurer de quelque chose, Faire toutes les dispositions nécessaires pour en être maître : *Vous vous assurerez d'une voiture pour demain. Il fallait d'abord s'assurer du défilé qui conduisait au camp des ennemis. Je me suis assuré d'un bon cheval pour faire la route.*

ASSURÉ, ÉE, part. *Un mur bien assuré. Un coup mal assuré. Avoir la main assurée. La nouvelle est assurée. Une rente bien assurée. Une maison, des marchandises assurées.*—Il est aussi adjectif, et signifie Qui offre de la sûreté : *Une retraite assurée. Un refuge assuré.* Qui est certain, qui ne peut manquer : *Des moyens assurés. Des nouvelles assurées. Un succès assuré.* — Qui annonce la hardiesse : *Une contenance, une démarche assurée. Des regards assurés. Une parole assurée.* — man. *Un cheval assuré*, Un cheval qui ne bronche pas — Effronté ; dans ce dernier sens, il se met d'habitude devant le substantif : *Un assuré menteur.*

ASSURÉ, se prend substantivement, par opposition à *assureur*; et désigne Celui dont la propriété est assurée : *L'assureur et l'assuré. L'assuré est en contestation avec son assureur.*

ASTACAIRE, adj. des 2 g. (du lat. *astacus*, écrevisse) Qui ressemble à l'écrevisse. — *Astacaires*, s. m. pl. Ordre de la classe des crustacés.

ASTACIDE, adj. des 2 g. (V. *Astacaire.*) Qui ressemble à l'écrevisse. — *Astacides*, s. m. pl. Famille de crustacés.

ASTACIFORME, adj. des 2 g. zooph. Qui a la forme d'une écrevisse.

ASTACISTE, adj. des 2 g. V. ASTACIDE.

ASTACOÏDES, s. m. pl. entom. Nom donné par Duméril à Un ordre de crustacés comprenant toutes les espèces qui ont un test calcaire.

ASTACOLE, s. f. conchyl. Genre de coquilles.

ASTACOLITHE, s. f. (de *astacus*, écrevisse, et du gr. λίθος, pierre. ) min. Pierre d'écrevisse.

ASTASIÉS, s. m. pl. zool. Famille d'animalcules microscopiques.

ASTATE, s. f. entom. Genre d'insectes hyménoptères qui se trouvent dans le midi de l'Europe.

ASTATIQUE, adj. des 2 g. didact. Qui n'est pas en équilibre, qui manque de stabilité.

ASTÉISME, s. m. didact. Ironie fine et ingénieuse qui présente la louange ou la flatterie sous l'apparence du blâme ou du reproche.

ASTER ou ASTÈRE, s. m. bot. Genre de jolies plantes de la famille des radiées, très-cultivées dans nos jardins, comprenant plus de 140 espèces.

ASTÉRÉ, ÉE, adj. bot. Qui ressemble à l'astère.— *Astérées*, s. f. pl. Groupe de jolies plantes à fleurs composées.

ASTÉRENCRINIEN, s. m. pl. polyp. Famille d'encrinites, dont le corps est marqué de cinq rayons.

ASTÉRÉOMÈTRE, s. m. (du gr. ἀστήρ, astre, et de μέτρον, mesure.) astron. Instrument propre à calculer le lever et le coucher des astres dont on connaît la déclinaison et l'heure du passage au méridien.

ASTÉRÉOMÉTRIQUE, adj. des 2 g. Qui a rapport à l'astéréomètre.

ASTERGIER, s. m. bot. Syn. de l'*Azédarach*.

ASTÉRIAL, ALE, adj. zooph. Qui concerne l'astérie ou étoile de mer. V. ASTÉRIE.

ASTÉRIAS, s. m. ichth. Nom donné par Aristote au squale étoilé, ou chat-rochier.

ASTÉRIDE, adj. des 2 g. zooph. Qui ressemble à une astérie. — *Astérides*, s. m. pl. Famille nombreuse de zoophytes.

ASTÉRIE, s. f. min. Les anciens désignaient sous ce nom Une pierre qui paraît être une variété du corindon hyalin, nommée aujourd'hui *girasol*.—phys. Phénomène de lumière qu'offrent certains minéraux qui laissent apercevoir une étoile à six rayons.

ASTÉRIE ou ÉTOILE DE MER, s. f. zooph. Genre de zoophytes commençant la série des équinodermes pédicellés, et ayant la forme d'une étoile ordinairement à cinq rayons.

ASTÉRISME, s. m. astron. Constellation, assemblage de plusieurs étoiles.

ASTÉRISQUE, s. m. (du lat. *asteriscus*, petite étoile : *aster*, du gr. ἀστήρ, étoile.) impr. Signe en forme d'étoile (*), qui indique un renvoi, ou qui est employé pour une désignation convenue : *Cet astérisque indique un renvoi. On a oublié de mettre l'astérisque avant la note. Dans un tel recueil, tous les mots tombés en désuétude auraient dû être marqués d'un astérisque. L'auteur, ne voulant pas se faire connaître, a mis seulement au bas de l'article un B suivi de plusieurs astérisques.* (B***.)—paléog. Il se dit des lettres initiales que l'on ajoute dans les manuscrits, pour indiquer une omission, une restitution, ou très-souvent un passage défectueux.

ASTÉRITE, s. f. paléont. Pétrification qu'on a cru d'abord une astérie fossile, et que l'on a reconnue depuis pour des articulations d'encrine.

ASTERMAL, ALE, adj. anat. Il se dit Des côtes qui ne touchent point le sternum.

ASTERNIE, s. f. anat. Absence de sternum.

ASTÉRODACTYLE, s. m. zool. Genre de reptiles de l'ordre des batraciens.

ASTÉROME, s. m. bot. Genre de plantes de la famille des champignons.

ASTÉROPHILES, s. m. pl. zool. Famille de polypes dont le corps est garni de longs appendices.

ASTÉROPHORE, s. m. bot. Genre de plantes de la famille des champignons.

ASTÉROTE, s. f. pêch. Sorte de long filet.

ASTHÉNIE, s. f. méd. Manque, diminution, ou défaut de forces; faiblesse.

ASTHÉNIQUE, adj. des 2 g. méd. Qui renferme les caractères de l'asthénie.

ASTHÉNOLOGIE, s. f. méd. Discours, traité sur l'asthénie.

ASTHÉNOLOGIQUE, adj. des 2 g. Qui concerne l'asthénologie.

ASTHÉNOPYRE, adj. des 2 g. méd. Qui a rapport à l'asthénologie.

ASTHÉNOPYRE, s. m. méd. Fièvre accompagnée d'une très-grande faiblesse.

ASTHMATIQUE, adj. des 2 g. et s. m. (TH ne sonne pas; du gr. ἀσθματικὸς, qui a le même sens. V. *Asthme*.) path. Qui est affecté d'asthme, qui appartient à l'asthme : *C'est un vieil asthmatique. Il ne peut plus rien faire depuis qu'il est asthmatique.*

ASTHMÉ, MÉE, adj. (TH ne sonne pas.) fauc. On nomme *oiseau* asthmé, L'oiseau qui a le poumon enflé, et qui respire difficilement.

ASTHME, s. m. (TH ne sonne pas; ce mot vient du gr. ἄσθμα, action de haleter, perte d'haleine : ἄω, souffler.) path. Maladie nerveuse caractérisée par une gêne considérable de la respiration, qui revient périodiquement, et qui n'est liée à aucune affection organique : *Au rapport des auteurs, l'asthme est souvent héréditaire. Quand son asthme le prend, le tient, il souffre horriblement. Il est douteux que l'asthme essentiel se soit jamais terminé par la mort.*

ASTIC, s. m. arts et m. Gros os de cheval ou de mulet à l'usage des cordonniers pour lisser les souliers. — art mil. Polissoir de bois pour polir les gibernes.

ASTICOT, s. m. pêch. Larve d'insectes servant d'appât, surtout en parlant de celles qui pullulent dans la viande gâtée.

ASTICOTER, v. a. Tracasser sur de petites choses: *Pourquoi toujours asticoter ce pauvre enfant? On ne cesse de nous asticoter.* fam.

ASTICOTÉ, ÉE, part.

ASTIQUER, v. a. techn. Frotter et polir le cuir des souliers et des bottes avec un astic. — art mil. Mettre de la cire noire sur une giberne, l'étendre sur ce fourniment et le faire reluire en le frottant et le polissant avec un astic.

ASTIQUÉ, ÉE, part.

ASTOMELLE, s. f. entom. Genre d'insectes de l'ordre des diptères.

ASTRAGALE, s. m. (du gr. ἀστράγαλος, jointure, talon, vertèbre.) archit. Membre composé de deux moulures, l'une ronde, faite d'un demi-cercle ou en demi-cercle, et appelée *baguette*, l'autre formant un filet : *Tous les fûts de colonnes sont terminés en haut par un* astragale.—anat. L'un des os du tarse, le plus gros après le calcanéum.—Osselet avec lequel on liait les mains d'une personne qu'on voulait faire marcher de force, comme on le fait aujourd'hui avec des menottes. —bot. Genre de plantes de la famille des légumineuses, dont une espèce, l'astragale de Crète, fournit, selon Tournefort, la gomme adragant du commerce. V. ADRAGANT et TRAGACANTHE.

ASTRAGALÉ, ÉE, adj. bot. Qui ressemble à l'astragale. — *Astragalées*, s. f. pl. Groupe de plantes de la famille des légumineuses.

ASTRAGALÉE, s. f. arch. Profil d'une corniche dont la partie inférieure est terminée par un astragale.

ASTRAGALO-EX-MÉTATARSIEN, adj. et s. m. anat. L'un des muscles des jambes de la grenouille.

ASTRAGALOGIE, s. f. bot. Discours, traité sur les astragales.

ASTRAGALOGIQUE, adj. des 2 g. anat. Qui a rapport à l'astragalogie.

ASTRAGALOÏDE, adj. des 2 g. bot. Qui a de la ressemblance avec un astragale.

ASTRAGALO-SUS-PHALANGETTIEN, adj. et s. m. anat. L'un des muscles de la patte de la grenouille.

ASTRAGALO-SUS-PHALANGIEN, adj. et s. m. anat. L'un des muscles de la patte de la grenouille.

ASTRAIRES ou ASTRÉES, s. m. pl. polyp. Sous ce nom on comprend Un ordre des lamellifères dans la division des polypiers entièrement pierreux.

ASTRAL, ALE, adj. (du b. lat. *astralis*, dépendant des astres.) Qui a rapport aux astres.—*Année* astrale, Le temps que l'astre du jour, le soleil, emploie à revenir au point du ciel d'où il était parti.—*Lampe* astrale, Lampe dont la lumière tombe de haut en bas, sans porter d'ombre par ses appuis.



ASTRANCE, s. f. bot. Genre de plantes de la famille des ombellifères.

ASTRANTHE, s. m. bot. Espèce d'arbre qui croît dans la Cochinchine.

ASTRAPÉE, s. f. entom. Genre d'insectes coléoptères. — bot. Sorte de très-belle plante qui croît aux Indes.

ASTRAPYALITE, s. m. didact. Tube fulminaire.

ASTRE, s. m. (du lat. *astrum*, qui a le même sens : du gr, ἀστήρ, ἄστρον, astre, étoile ; kym. *steren, seren*, id., *steredenni*, étinceler.) Dénomination générique des corps célestes, soit qu'ils brillent de leur propre éclat, soit qu'ils n'aient qu'une lumière empruntée : *Astre brillant. Calculer le mouvement des astres. L'aspect, le cours des astres.* — poët. *L'astre du jour*, le soleil. *L'astre, poursuivant sa carrière, Verse des torrents de lumière Sur ces obscurs blasphémateurs. L'astre de la nuit, des nuits*, La lune. —astrol. Corps céleste, constellation exerçant sur la terre, et spécialement sur les hommes, une certaine influence : *Astre favorable, bénin. Astre malin, pernicieux, funeste. Sous quel astre maudit faut-il que je sois né! Combien d'hommes à cette époque avaient la prétention de connaître l'avenir par l'inspection des astres! Consulter les astres. Lire dans les* astres, et poét. *Lire aux* astres. — On dit, mais moins souvent aujourd'hui qu'autrefois : *Cette femme est belle comme un astre*. — fig. *C'est un astre. Jeune astre d'amour!* MOL. *On voit paraître Guise, et le peuple inconstant, Tourna bientôt ses yeux vers cet astre éclatant.* VOLT.

ASTREINDRE, v. a. (du lat. *astringere*, lier, attacher : *ad*, à, et *stringere*, lier, serrer.) Obliger, assujettir : *Voyant qu'on voulait l'astreindre à un service fort pénible, il donna sa démission. Hé quoi! votre désir est ses lois croit-il nous astreindre?* LA F. *Il prétendait m'astreindre à écrire toute sa correspondance.* — S'ASTREINDRE, v. pron. Contracter ou prendre l'engagement de, s'obliger à, se soumettre : *Il disait que les grands ne voudraient pas s'astreindre à ces lois sévères. Qui pourrait s'astreindre à une règle aussi dure? Vous jouirez de tous ces avantages si vous pouvez vous astreindre à me remplacer tous les jours depuis midi jusqu'à six heures.*

ASTREINT, EINTE, part. *Elle ne put résister au travail auquel elle était* astreinte.

ASTRICTION, s. f. (du lat. *astrictio*, resserrement, vertu astringente.) thérap. Action d'une matière astringente sur l'économie animale.

ASTRINGENCE, s. f. didact. Qualité d'une chose qui est astringente.

ASTRINGENT, ENTE, adj. (du lat. *astringens*, même sens, part. du v. *astringere*, resserrer.) méd. Il se dit Des médicaments qui resserrent : *Remède* astringent. *Herbe, poudre* astringente. *Les* astringents *sont antidyssentériques, antihémorrhagiques.*

ASTROBLÈPE, s. m. (du gr. ἄστρον, astre, et de θλέπω, je regarde.) ichth. Genre de poissons de la famille des holobranches, qui ne contient qu'une espèce distinguée par la position de ses yeux sur le sommet de la tête.

ASTROBOLISME, s. m. méd. Apoplexie.

ASTROC, s. m. mar. Grosse corde qui s'attache à la cheville qui est nommée *Escome.*

ASTROCYNOLOGIE, s. f. (du gr. ἀστρόκυνος, le Grand Chien, la canicule, et de λόγος, discours.) astron. Traité, discours sur les jours caniculaires.

ASTROCYNOLOGIQUE, adj. des 2 g. Qui tient, qui a rapport à l'astrocynologie.

ASTROCYON, s m. (V. *Astrocynologie*.) astron. L'étoile Sirius dans la constellation du Grand Chien.

ASTROGNOSIE, s. f. (du gr. ἄστρον, astre, et γνῶσις, connaissance.) didact. Connaissance des astres.

ASTROÏDE, adj. des 2 g. (du gr. ἄστρον, astre, et de εἶδος, forme, apparence.) didact. Qui est disposé en forme d'étoile.

ASTROÏTE ou ASTRÉE FOSSILE, s. f. paléon. Genre de polypiers fossiles très-communs, appartenant probablement aux polypiers sarcoïdes de l'ordre des actinaires.

ASTROLABE, s. m. (du gr. ἄστρον, astre, et de λάμβανω, prendre.) Instrument propre à mesurer, à prendre la hauteur des astres, autrefois en usage: *Un excellent astrolabe.*—Il se dit aussi De certaines projections de la sphère.

ASTROLÂTRE, s. m. hist. Adonné à l'astrolâtrie; qui rend un culte aux astres.

ASTROLÂTRIE, s. f. (du gr. ἄστρον, astre, et de



λατρεία, servitude, culte, adoration. ) hist. Culte ou adoration des astres.

ASTROLOGIE, s. f. (du lat. *astrologia*, qui a le même sens : ἄστρον, *astrum*, astre, et λόγος, discours.) Prétendue connaissance du ciel et des astres, art chimérique au moyen duquel on prétendait connaître l'avenir par l'inspection des astres : *Étudier l'astrologie. L'astrologie judiciaire.*

ASTROLOGIQUE, adj. des 2 g. Qui appartient à l'astrologie : *Une prédiction astrologique lui promettait l'empire. — Figure astrologique*, Description du thème céleste, aspect général des astres au-dessus de l'horizon, au moment pour lequel on voulait construire cette figure.

ASTROLOGUE, s. m. (du lat. *astrologus*. V. *Astrologie*.) Qui sait l'astrologie, habile en astrologie : *Un astrologue un jour se laissa choir au fond d'un puits.*—prov. *Ce n'est pas un grand* astrologue, Il n'est pas fort habile.

ASTROLOME, s. f. bot. Genre de plantes de la Nouvelle-Hollande.

ASTROMANIE, s. f. ant. V. ASTROLOGIE.

ASTROMÈTRE, s. m. (du gr. ἄστρον, astre, et de μέτρον, mesure.) astron. Sorte d'instrument propre à mesurer les diamètres apparents des astres, et les petites distances qui les séparent.

ASTROMÉTRIQUE, adj. des 2 g. Qui concerne l'astromètre.

ASTRONION, s. m. bot. Arbre de l'Amérique.

ASTRONOME, s. m. (du lat. *astronomus*. V. *Astronomie*.) Celui qui sait et cultive l'astronomie : *Grand, savant* astronome. *D'après les nouvelles observations de nos astronomes, on a aperçu une comète au couchant.*

ASTRONOMIE, s. f. (du lat. *astronomia*, qui a la même signification : ἄστρον, *astrum*, astre, et νόμος, loi.) Science de tout ce qui a rapport aux astres : *Cours, leçons, traité* d'astronomie. *Des principes* d'astronomie. *Savant en* astronomie. *Étudier, apprendre l'astronomie. L'astronomie apprend à calculer les mouvements des astres.* - *Astronomie physique*, Partie de l'astronomie par laquelle on explique les phénomènes célestes. - *Astronomie nautique*, Partie de l'astronomie qui apprend aux navigateurs à se diriger en pleine mer.

ASTRONOMIQUE, adj. des 2 g. Qui concerne l'astronomie : *Calculs, tables, observations* astronomiques.

ASTRONOMIQUEMENT, adv. En astronomie, selon les principes de l'astronomie.

ASTROPE, s. m. bot. Arbrisseau qu'on trouve dans l'Amérique Méridionale.

ASTROPHORE, adj. des 2 g. (du gr. ἀστροφόρος, qui porte des étoiles : ἄστρον, astre, et φέρω, porter.) astron. Qui porte des étoiles.

ASTROPHYTE, s. m. paléon. Nom qu'on a donné aux articulations des tiges de quelques espèces d'encrines fossiles.

ASTROSCOPIE, s. f. (du gr. ἄστρον, astre, et de σκοπέω, voir, regarder.) didact. Contemplation des astres.

ASTROSCOPIQUE, adj. des 2 g. didact. Qui concerne l'astroscopie.

ASTROSOPHIE, s. f. (du gr. ἄστρον, astre, et de σοφία, prudence, habileté, science.) didact. Examen, étude des astres.

ASTROSOPHIQUE, adj. des 2 g. didact. Qui a rapport à l'astrosophie.

ASTROSTAT, s. m. astron. V. HÉLIOSTAT.

ASTROSTATIQUE, s. f. (V. *Héliostatique*.) didact. Science de calcul du passage ou de la distance respective des astres.

ASTROTHÉOLOGIE, s. f. (V. *Astre* et *Théologie*.) théol. Doctrine qui admet des preuves tirées de l'astronomie pour constater l'existence de Dieu.

ASTROTHÉOLOGIQUE, adj. des 2 g. phil. Qui a rapport à l'astrothéologie.

ASTROTRIQUE, adj. des 2 g. (du gr. ἄστρον, astre, étoile, et τρίχες, poils, cheveux.) didact. Qui est muni de poils rameux et figurant des étoiles.

ASTUCE, s. f. (du lat. *astutia*, qui a la même signification; *astutus*, rusé, astucieux : ἄστυ, ville.) Ruse qui tend à nuire, qui nuit : *Tenez-vous sur vos gardes, c'est un homme plein d'astuce. Il donnait ce conseil par astuce. Vos petites astuces ne vous réussiront pas.*

ASTUCIEUSEMENT, adv. D'une manière astucieuse, avec astuce.

ASTUCIEUX, IEUSE, adj. (V. *Astuce*.) Qui use de

finesse, qui a l'astuce, homme astucieux : Astucieuse *princesse. Le renard est un animal astucieux.* Astucieux *conseils. Conduite astucieuse. Manœuvre* astucieuse.

ASTURINE, s. f. ornith. Genre d'oiseaux.

ASTYLE, adj. des 2 g. (du gr. ἄστυλος, sans style.) bot. Privé de style.

ASYLE, s. m. V. ASILE.

ASYMÉTRANTHE, adj. des 2 g. bot. Il se dit Des plantes dont les fleurs ne sont pas symétriques.

ASYMÉTRIE, s. f. (du gr. ἀσυμμετρία, manque de symétrie : α priv., et συμμετρία, arrangement, symétrie.) didact. Défaut de proportion, où manque de symétrie entre dans les parties d'un tout. — Impossibilité de trouver la racine carrée d'un nombre; c'est ce qu'on pourrait appeler *incommensurabilité.* V. ce mot.

ASYMÉTRIQUE, adj. des 2 g. didact. Qui manque de symétrie, qui a rapport à l'asymétrie.

ASYMÉTROCARPE, adj. des 2 g. bot. Il se dit Des plantes dont les fruits manquent de symétrie.

ASYMPTOTE, s. f. (mot où le S ne prend pas le son accidentel, et qui vient du gr. ἀσύμπτωτος, qui ne coïncide pas : α priv. et συμπίπτω, tomber au même point, se rencontrer.) géom. Ligne droite qui, indéfiniment prolongée, s'approche continuellement d'une courbe sans pouvoir jamais la couper: *Les asymptotes de l'hyperbole.*

ASYMPTOTIQUE, adj. des 2 g. Qui a rapport à l'asymptote : *Ligne courbe asymptotique.*

ASYNDÉTON, s. m. (du gr. ἀσύνδετος, non lié, qui manque de liaison.) littér. Figure d'élocution par laquelle on retranche, dans le discours, les conjonctions copulatives, afin de donner plus de rapidité au récit, et afin que les parties similaires ne soient plus liées que par leur rapprochement.

ATACE, s. m. entom. Genre d'arachnides.

ATACTOMORPHOSE, s. f. (du gr. ἄτακτος, sans ordre, confus, et de μόρφωσις, formation, forme.) entom. Sorte de métamorphose des insectes dont les nymphes sont immobiles.

ATAKAMITE, s. m. min. Sorte de cuivre muriaté, pulvérulent, que l'on trouve dans les mines du désert d'Atacama.

ATALANTE, s. f. (du gr. ἀτάλαντος, égal, du même poids.) art herm. Eau mercuriale fugitive, arrêtée par les soufres fixants et coagulants; autrement dite *pomme d'or.* — entom. Espèce de papillons plus connus sous le nom de *vulvacés.*

ATANAIRE, adj. des 2 g. V. ANTANAIRE.

ATARAXIE, s. f. (du gr. ἀταραξία, quiétude : α priv., et ταράσσω, troubler.) didact. Tranquillité morale, paix de l'âme.

ATARDER, v. a. V. ATTARDER.

ATARER, s. m. astron. Nom de la constellation du Taureau.

ATATIER, s. m. Nom vulgaire du fruit de la viorne.

ATAVISME, s. m. (du lat. *atavus,* aïeul.) didact. Ressemblance d'un animal ou d'une plante avec ses aïeux.

ATAXACANTHE, adj. des 2 g. (du gr. ἀταξία, désordre, confusion, et de ἄκανθα, épine.) didact. Garni d'épines sans ordre et sans symétrie.

ATAXIE, s. f. (du gr. ἀταξία, désordre : α priv., et τάσσω, ordonner, arranger.) path. Il se dit particulièrement De l'état de désordre qui caractérise les fièvres nerveuses. — phil. Désordre des passions, des mouvements de l'âme; manque d'ordre dans ses facultés soit intellectuelles, soit morales.

ATAXIQUE, adj. des 2 g. (V. *Ataxie.*) path. Qui tient de l'ataxie : *Fièvre ataxique.* Fièvre nerveuse. *Symptômes* ataxiques.

ATAXODYNAMIE, s. f. méd. Irrégularité dans les mouvements d'un organe.

ATCHÉ, s. m. banq. et comm. Sorte de monnaie de billon qui a cours en Turquie, et qui vaut à peu près deux centimes de France.

ATÈLE, adj. des 2 g. (du gr. ἀτελής, imparfait, inachevé.) Qui manque de pouce. — *Atèle,* s. m. Genre de singes.

ATÉLÉCYCLE, s. m. (du gr. ἀτελής, imparfait, et de κύκλος, cercle.) moll. Genre de crustacés.

ATÉLÉPODE, adj. des 2 g. (du gr. ἀτελής, imparfait, et de πούς, pied.) zool. Aux pieds duquel manque le pouce ou un doigt quelconque.

ATELIER, s. m. (du kym. *asty'lod,* ou *ty astyllod,* loge, cabane; *astell,* ais, planche.) Lieu où travaillent, sous le même maître, des artistes ou des ouvriers, tels que peintres, sculpteurs, maçons,



charpentiers, menuisiers, etc. : *Ce peintre, ce sculpteur a beaucoup d'élèves dans son* atelier. *La rivalité d'atelier produit l'émulation. L'atelier de tel maître est plus nombreux que celui de tel autre.* —Lieu où un artiste travaille seul : *Ce peintre se tient toute la journée renfermé dans son* atelier. *Scènes* d'atelier. — *Jour* d'atelier. Le jour qui est le plus propre à bien éclairer un tableau. Atelier *de peinture, de sculpture.* — Les ateliers *d'un arsenal, d'une fabrique, d'une imprimerie,* etc. Ce maître maçon a son atelier *dans telle rue. Des garçons qui travaillent à un* atelier. *Quitter un* atelier, Ne plus travailler sous la direction du maître de cet atelier. —*Quitter l'atelier,* Quitter pour un moment l'atelier où l'on travaille, ou cesser de s'occuper des travaux de même genre : *Ces arts, ces métiers, exigent plusieurs ateliers. Dans les manufactures de glaces, il y a deux sortes d'ateliers : les ateliers de l'adouci, où l'on dégrossit les glaces, et les ateliers du poli, où on les achève.* — Atelier *de charité,* Lieu où l'on fait travailler des pauvres qui manquent d'ouvrage. — Par extension, il signifie La réunion de ceux qui travaillent dans un atelier : Atelier *nombreux. Chef* d'atelier, *Il fait bien aller, il conduit bien un* atelier. *Tout l'atelier en fut témoin. Tout l'atelier quitta en même temps.*

ATELIER, a plusieurs acceptions technologiques. —fort. *Entendre bien l'atelier,* Savoir conduire tous les travaux relatifs à l'attaque ou à la défense d'une place.—maçon. Atelier *de terrassiers,* L'endroit où ces ouvriers mettent leurs outils et se disposent au travail. — magnan. Atelier *de vers à soie,* Claies d'osier surmontées de petites branches d'arbre où l'on nourrit les vers à soie, et où ils doivent filer leurs cocons. — astron. Atelier *du sculpteur,* Constellation de l'hémisphère austral, située auprès du tropique du capricorne.

ATELLANES, s. f. pl. hist. anc. Espèce de farces, de pièces comiques et satiriques chez les Romains, ainsi nommées de la ville d'Atella, où l'on commença à les représenter.

ATÉLO-ENCÉPHALIE, s. f. (du gr. ἀτελής, imparfait, et de ἐγκέφαλος, encéphale, cervelle.) méd. Développement incomplet de l'encéphale.

ATÉLO-MYÉLIE, s. f. (du gr. ἀτελής, imparfait, et de μυελός, moelle.) méd. Développement imparfait de la moelle épinière.

ATÉMADOULET, s. m. hist. mod. Titre du premier ministre en Perse.

ATERLUSI, s. m. bot. Espèce d'aristoloche de l'Inde.

ATERMOIEMENT, s. m. (V. *Terme.*) comm. et jurisp. Délai accordé à un débiteur par ses créanciers, en vertu d'un contrat passé à l'amiable : *Faire un* atermoiement. *Le contrat d'atermoiement porte que,* etc. *Moyennant cet* atermoiement, *il a satisfait ses créanciers.* V. CONCORDAT.

ATERMOYER, v. a. comm. et jurisp. Reculer les termes d'un paiement : Atermoyer *une lettre de change, un billet, une promesse.* — S'ATERMOYER, v. pron. Faire un atermoiement avec ses créanciers : Il s'est atermoyé *avec ses créanciers à six termes, d'année en année.* Il s'est atermoyé, *pour ses dettes, à tant de temps et tant de paiements.*

ATERMOYÉ, ÉE, part.

ATEUCHE, s. m. entom. Genre d'insectes coléoptères pentamères, famille des lamellicornes, tribu des scarabéides. Une espèce, l'ateuchus *sacré,* a de la célébrité parce que les Égyptiens l'adoraient, selon Pline; qu'on le trouve quelquefois embaumé avec leurs momies, et qu'il est figuré sur la plupart de leurs monuments.

ATHALAME, adj. des 2 g. (de α priv., et de θάλαμος, lit nuptial.) bot. Il se dit Des lichens qui n'ont pas de conceptacles.

ATHALIE, s. f. entom. Espèce de papillon.

ATHALLE, adj. des 2 g. (de α priv. et de θαλλός, thalle.) bot. Privé de thalle.

ATHAMANTE, s. f. bot. Genre de plantes de la famille des ombellifères.

ATHAMANTOÏDE, adj. des 2 g. bot. Qui ressemble à l'athamante.

ATHANAS, s. m. zool. Genre de crustacés.

ATHANASIE, s. f. (du gr. ἀθανασία, immortalité : α priv. et θάνατος, la mort.) bot. Genre de plantes de la famille des corymbifères. — Antidote chez les anciens.

ATHANASIÉ, ÉE, adj. bot. Qui ressemble à l'athanasie.—*Athanasiées,* s. f. pl. bot. Groupe de plantes à fleurs composées.

ATHANOR, s. m. (mot arabe qui a le même sens.) chim. Fourneau dans lequel on obtient à volonté différents degrés de chaleur, dans le foyer duquel le charbon tombe peu à peu de lui-même.

ATHÉE, s. m. (du gr. ἄθεος, sans dieu, qui n'a point de dieu : α priv., et θεός, dieu.) Celui qui ne reconnaît point de dieu : *Pour convaincre des athées endurcis.* PASC. *C'est un* athée. *Une secte d'athées.* Confondre un athée. — adj. des 2 g. Qui nie l'existence de Dieu : *Une proposition* athée. *Un sentiment* athée.

ATHÉISME, s. m. (V. *Athée.*) L'opinion, la doctrine des athées : *Ils tombent dans l'athéisme ou dans le déisme, deux choses que la religion chrétienne abhorre presque également.* PASC. *Cette opinion approche de l'athéisme. Ces principes mènent à l'athéisme. Iront-ils se plonger dans l'abîme de l'athéisme?* BOSS. *Faire profession d'athéisme.*

ATHÉISTIQUE, adj. des 2 g. didact. Qui appartient à l'athéisme, qui découle de l'athéisme.

ATHÉLIE, s. f. bot. Genre de champignons.

ATHELXIE, s. f. (du gr. ἄθελξις, action de sucer.) méd. Succion. V. ce mot.

ATHÉNA, s. f. anc. mus. gr. Sorte de flûte ou de trompette.

ATHÉNÉE, s. m. (en lat. athenæum, temple de Minerve : Ἀθηνᾶ, Minerve.) ant. rom. Lieu public où les rhéteurs et les poètes lisaient leurs ouvrages et où ceux qui enseignaient les beaux-arts donnaient leurs leçons : *Il y avait des* athénées *dans les principales villes de l'empire romain. Le premier athénée fut fondé à Rome par l'empereur Adrien.*—Aujourd'hui Lieux où s'assemblent les savants et les gens de lettres pour faire des cours ou des lectures : *Aller à l'athénée. Professer à l'athénée. Assister aux cours de l'athénée.*

ATHÉNÉES, s. f. pl. ant. gr. Fêtes à Athènes en l'honneur de Minerve.

ATHÉRICÈRE, adj. des 2 g. (du gr. ἀθήρ, pointe, et de κέρας, antenne.) entom. Dont les antennes sont terminées en pointes. — *Athéricères,* s. m. pl. Grande famille d'insectes diptères, formée par Latreille.

ATHÉRINE, s. f. ichth. Genre de poissons de la famille des gymnopomes.

ATHÉRIX, s. m. entom. Genre d'insectes diptères de la famille des rhagionides.

ATHERMASIE, s. f. (du gr. α augmentatif, et θερμασία, chaleur.) méd. Excès de chaleur, chaleur morbifique.

ATHÉROMATEUX, EUSE, adj. path. De la nature de l'athérome.

ATHÉROME, s. m. (du gr. ἀθήρα, bouillie.) path. Tumeur enkystée, renfermant une matière semblable à de la bouillie.

ATHÉROPOGON, s. m. bot. Plante de l'Amérique du Nord, de l'ordre des graminées.

ATHÉROSPERME, s. m. bot. Arbre de la terre de Van-Diémen, qui ressemble au pavone.

ATHÉROSPERMÉ, ÉE, adj. bot. Semblable à l'athérosperme.—*Athérospermées,* s. m. pl. Famille de plantes, formée par R. Brown, comprenant des arbres à feuilles opposées, simples, sans stipules, à pédoncules axillaires et uniflores, à fleurs déclinées ou hermaphrodites, à calice monosépale manquant de corolle.

ATHLÈTE, s. m. (en lat. athleta; du gr. ἀθλητής, qui a la même signification; athleticus, ἀθλητικός, athlétique; ἆθλον, combat.) hist. anc. Celui qui combattait à la lutte ou au pugilat dans les jeux solennels de l'ancienne Grèce : *Puissant, robuste athlète. Redoutable* athlète. *Combat, exercice d'athlètes. Des bras plus nerveux et des muscles mieux nourris que ceux de nos athlètes.* FÉN. *Aux athlètes dans Pise elle ouvre la barrière.* RAC. — fig. Homme fort et robuste, adroit dans les exercices qui exigent une grande force musculaire : *Cet homme est un athlète, un vrai athlète. C'est un corps d'athlète. Il a une santé, une vigueur d'athlète.* — fig. Homme qui s'engage dans une lutte quelconque de l'esprit : *C'est un rude athlète dans l'argumentation, dans la controverse. Quand, la première fois, un athlète nouveau, Vient combattre en champ clos aux joutes du barreau.* BOIL. *Quelle fougue indiscrète Ramène sur les rangs encor ce vain athlète.* — fig. égl. chrét. *Les athlètes de la foi. Les athlètes de Jésus-Christ,* Les martyrs.

ATHLÉTIQUE, s. f. hist. anc. Partie de la gymnastique des anciens, l'art des athlètes, la gymnique. — adj. des 2 g. Qui appartient, qui est propre à l'athlète : *Force* athlétique. *Taille, constitution* athlétique. *Cet homme a des formes* athlétiques.

**ATHLÉTIQUEMENT**, adv. En athlète, d'une manière athlétique.

**ATHLIPPE**, adj. m. méd. Il se dit Du pouls lorsqu'il est égal et libre.

**ATHLOTHÈTE**, s. m. (du gr. ἆθλος, combat, jeu, et θέτης, placé, préposé.) ant. gr. Officier qui présidait aux jeux gymniques.

**ATHORACIQUE**, adj. des 2 g. (du gr. ἀθωράκιστος, sans cuirasse, sans thorax : α priv., et θώραξ, cuirasse.) zool. Qui n'a point de thorax.

**ATHORYBIE**, s. f. ichth. Genre de poissons de la famille des acalèphes.

**ATHRIXIE**, s. f. bot. Plante du cap de Bonne-Espérance.

**ATHRODACTYLE**, s. m. bot. Syn. de *vaquoi* ou *paudanus*.

**ATHROÏSME**, s. m. (du gr. ἄθροισμα, amas, collection.) rhét. Nom donné à La figure plus connue sous le nom de *Conglobation*. V. ce mot.

**ATHROZOPHYTE**, s. m. bot. Algue qui croit par l'accumulation successive de ses frondes.

**ATHYMIE**, s. f. (du gr. ἀθυμία, même sens.) méd. Découragement, abattement, mélancolie.

**ATHYRION**, s. m. bot. Genre de plantes de la famille des fougères.

**ATIBAR**, s. m. comm. Nom donné par les habitants du Congo à La poudre d'or, et dont les commerçants français ont fait *Tibir*.

**ATICHE**, s. f. pêch. Bandelette qui entoure le tranchant d'un haim.

**ATIN** ou **ATIR**, s. m. astr. Nom de l'étoile aldébaran. V. ce mot.

**ATINGA**, s. m. ichth. Poisson des Indes du genre diodon.

**ATINGAN**, s. m. hist. Nom donné par les Grecs du Moyen-Âge aux Bohémiens.

**ATINTER**, v. a. Parer, orner avec affectation et mauvais goût. — S'ATINTER, v. pron. Ce mot est populaire et peu usité.

**ATINTÉ, ÉE**, part.

**ATLANTE**, s. m. archit. Figure d'homme qui, tenant lieu de colonne ou de pilastre, soutient sur le cou et les épaules un merceau d'architecture : *Des* atlantes *portent les entablements. Un balcon soutenu par quatre* atlantes. — Les figures de femmes sont appelées *cariatides*. V. ce mot. — s. f. conchyl. Genre de coquilles de l'Océan atlantique. — moll. Genre de mollusques nus.

**ATLANTIDE**, adj. des 2 g. moll. Qui ressemble à un atlante. — *Atlantides*, s. m. pl. Famille de mollusques.

**ATLANTIQUE**, adj. des 2 g. (du gr. ἀτλαντικὸς, de l'Atlas : Ἄτλας,-αντος, Atlas.) géog. Il se dit de l'Océan qui est entre l'ancien et le nouveau monde : *L'Océan* atlantique, ou subs. l'Atlantique. *Traverser l'Océan* atlantique ou l'Atlantique. — impr. *Format* atlantique ou *in-plano*, Celui où la feuille entière ne forme qu'un seul grand feuillet ou deux pages.

**ATLAS**, s. m. (on prononce S ; de α préf. augm., et de τλάω, porter, supporter.) myth. gr. Nom d'un personnage fabuleux qui soutenait le ciel sur ses épaules et qui fut changé en montagne. — fig. Homme grand et robuste : *D'un nain faire un* atlas. BOIL. — Recueil de cartes géographiques : *Grand* atlas. *Atlas portatif. Atlas historique*, Celui qui contient les cartes pour l'étude de l'histoire. — Il se dit encore De tout recueil de cartes géographiques, de planches, de tableaux, etc., qu'on joint à un ouvrage pour en faciliter l'intelligence : *L'atlas de cet ouvrage n'a pas encore paru. Un atlas de vingt planches. L'atlas du Voyage d'Anacharsis.* — comm. 1° Sorte de grand papier. 2° Nom que quelques commerçants donnent à un satin de soie qui se fabrique aux Indes. Il y en a de rayé et à fleurs d'or ou de soie. — anat. La première vertèbre du cou. — hist. nat. Deux beaux papillons de Surinam. — moll. Genre de mollusques.

**ATLOÏDE**, adj. des 2 g. anat. Il se dit De la première vertèbre qui soutient la tête.

**ATLOÏDO-AXOÏDIEN**, **ENNE**, adj. anat. Qui a rapport à l'atlas et à l'axis.

**ATLOÏDO-CORONOÏDIEN**, adj. et s. m. anat. L'un des muscles de la mâchoire inférieure de la salamandre.

**ATLOÏDO-MASTOÏDIEN**, adj. et s. m. anat. Il se dit d'Un muscle étendu de l'atlas à l'apophyse mastoïde.

**ATLOÏDO-MUSCULAIRE**, adj. f. anat. Il se dit d'Une artère qui se distribue dans les muscles fixés à l'atlas.

**ATLOÏDO-OCCIPITAL, ALE**, adj. anat. Qui a rapport à l'atlas et à l'os occipital.

**ATLOÏDO-SOUS-MASTOÏDIEN**, adj. et s. m. anat. Il se dit d'Un des muscles fixés à l'atlas.

**ATLOÏDO-SOUS-OCCIPITAL**, adj. et s. m. anat. Il se dit d'Un muscle latéral de la tête.

**ATLOÏDO-STYLOÏDIEN**, adj. et s. m. anat. Il se dit d'Un muscle étendu de l'atlas à l'apophyse styloïde.

**ATMIDIATRIQUE**, s. f. méd. Application des vapeurs ou des gaz à la peau, comme moyen curatif.

**ATMIDOMÈTRE**, s. m. (du gr. ἀτμίς, vapeur ; et de μέτρον, mesure.) phys. Instrument qui sert à mesurer la force d'évaporation de l'eau, et qu'on nomme aussi *atmomètre évaporatoire*.

**ATMIDOMÉTRIQUE**, adj. des 2 g. phys. Qui concerne l'atmidomètre.

**ATMIDOMÉTROGRAPHE**, s. m. phys. Instrument propre à mesurer l'évaporation, et qui en tient compte, même en l'absence de l'observateur.

**ATMOMÈTRE**, s. m. V. ATMIDOMÈTRE.

**ATMOMÉTRIQUE**, adj. V. ADMIDOMÉTRIQUE.

**ATMIZONIQUE**, adj. m. (du gr, ἀτμίς, vapeur, de ζώνη, vêtement léger.) phys. Il se dit d'Un hygromètre composé de deux thermomètres dont l'un est couvert d'une mousseline humide.

**ATMOSPHÈRE**, s. f. (en lat. *atmosphæra*, même sens : ἀτμός, vapeur, et σφαῖρα, sphère.) En général, La masse d'air qui environne la terre : *La hauteur de l'atmosphère est encore fort indécise et très-controversée. La densité de l'atmosphère est moindre à mesure qu'on s'élève. Par une température de* 12 *degrés, la pression moyenne de l'atmosphère équivaut, à Paris, à une colonne de mercure de* 76 *centimètres. Poids, pesanteur de l'atmosphère. L'atmosphère est plus ou moins chargée de vapeurs.* — En particulier, L'air d'un pays, d'un lieu : *L'atmosphère des grandes villes est toujours chargée de miasmes. L'atmosphère méphitique des hôpitaux. L'atmosphère froide, brumeuse et humide des climats du Nord. La pluie a rafraîchi l'atmosphère. Le vent du midi rend l'atmosphère étouffante.* — fig. Atmosphère de corruption, d'intrigue. *Il est difficile que le cœur se conserve pur au milieu de cette atmosphère de vices et d'infamies.* — mécan. Mesure de forces dans les machines : *Cette machine à vapeur résiste à une pression de vingt atmosphères.* — astron. Tout fluide subtil et élastique qui enveloppe un corps céleste et en suit les mouvements : *L'atmosphère des planètes. L'atmosphère solaire. On doute que la lune ait une atmosphère.* — phys. Atmosphère *électrique*, Fluide qui est actuellement en mouvement autour d'un corps électrisé. — Atmosphère *des corps solides*, Espèce d'atmosphère formée par les corpuscules qui s'échappent des corps.

**ATMOSPHÉRIQUE**, adj. des 2 g. Qui appartient, qui a rapport à l'atmosphère : *Air* atmosphérique. *Vapeurs* atmosphériques.

**ATMOSPHÉRITIE**, s. f. phys. Substance magnétique quelconque qui existe dans l'atmosphère.

**ATMOSPHÉROGRAPHIE**, s. f. phys. Description de l'atmosphère.

**ATMOSPHÉROGRAPHIQUE**, adj. des 2 g. phys. Qui a rapport à l'atmosphérographie.

**ATMOSPHÉROLOGIE**, s. f. phys. Histoire ou traité de l'atmosphère.

**ATMOSPHÉROLOGIQUE**, adj des 2 g. Qui a rapport à l'atmosphérologie.

**ATOCIE**, s. f. (du gr. ἄτοκος, stérile, sans enfant : α priv. et τίκνον, enfant.) méd. Stérilité chez la femme. On dit aussi *Atecnie*.

**ATOMAIRE**, adj. des 2 g. didact. Qui est parsemé de points colorés. — *Atomaire*, s. f. bot. Genre d'algues marines.

**ATOME**, s. m. (du lat. *atomus*, même sens, fait du gr. ἄτομος, non coupé, indivisible : α priv. et τέμνω, couper.) Selon quelques philosophes, Corpuscules indivisibles, et formant tous les corps organisés et inorganiques par leur rencontre fortuite: *Démocrite et Épicure ont prétendu que le monde était composé d'*atomes. *Les* atomes *erraient dans un espace immense.* L. RAC. — fig. (*Peut-on voir) un esprit composé d'*atomes *plus bourgeois?* MOL. — Petits grains de poussière qu'on voit voltiger dans un lieu obscur où il entre un rayon de soleil. — fig. Certains corps d'une extrême petitesse relativement

à d'autres : *Les hommes sont des* atomes *sur le globe, qui n'est lui-même qu'un* atome *dans l'immensité. Je ne vois que des infinités de toutes parts qui m'engloutissent comme un* atome. PASC. — entom. Genre d'arachnides. — s. m. pl. chim. Éléments qui constituent la nature chimique des corps.

**ATOMIFÈRE**, adj. des 2 g. (du lat. *atomus*, atome, et de *fer*, qui porte.) didact. Qui est chargé d'atomes.

**ATOMIQUE**, adj. des 2 g. didact. Qui a rapport aux atomes. — *Théorie* atomique, Théorie chimique qui repose sur le calcul des atomes que chaque corps composant fournit aux corps composés.

**ATOMISME**, s. m. phil. Doctrine cosmogonique de Leucippe, d'Épicure, etc. Théorie de la formation du monde par le concours fortuit des atomes.

**ATOMISTE**, s. m. phil. Partisan du système de l'atomisme.

**ATOMISTIQUE**, adj. des 2 g. phil. Qui a rapport à l'atomisme. — s. f. chim. Il se dit d'Une théorie où l'on considère les corps comme produits par des atomes dont les formes et les propriétés constituent la nature chimique de chacun d'eux.

**ATOMOGYNIE**, s. f. bot. Classe de plantes didynames, dont le fruit n'est pas divisé à l'extérieur.

**ATOMOLOGIE**, s. f. chim. Étude de l'action réciproque des molécules les unes sur les autres.

**ATOMOLOGIQUE**, adj. des 2 g. chim. Qui a rapport à l'atomologie.

**ATONIE**, s. f. (du gr. ἀτονία, faiblesse, relâchement : α priv. et τόνος, ton, force.) path. Faiblesse, relâchement des organes. Il se dit surtout Des organes contractiles : *Atonie de l'estomac*.

**ATONIQUE**, adj. des 2 g. méd. Qui tient de l'atonie, qui a rapport à l'atonie, où les propriétés vitales languissent.

**ATOPE**, s. f. entom. Genre d'insectes coléoptères.

**ATOUR**, s. m. (du kym. *addur*, prononcé *adourn*, ornement, parure, *addurnaw*, part. *addurnet*, parer, ATOURNER : préf. *add*, et gaël. *oirdnim*, arranger, *orneadh*, parure, d'où *ornare*, en latin.) Parure de femme. Il ne se dit guère qu'au pluriel : *Elle avait ses plus beaux* atours. *Elle était dans ses* atours. *L'autre, pour se parer de superbes* atours, *Des plus adroites mains empruntait le secours.* RAC. — *Dame d'*atour, au singulier, est Le titre de la dame chargée de présider à la toilette d'une reine, d'une princesse : *La dame d'*atour. *Les dames d'*atour *de la reine, des princesses.* — On dit aussi *femmes d'*atour, et même *garçons d'*atour, pour désigner Celles ou ceux qui sont chargés de la garde des robes et des parures des princesses.

**ATOURNER**, v. a. (V. *Atour*.) Orner, parer, en parlant d'une femme. Fam. et peu usité.

**ATOURNÉ, ÉE**, part.

**ATOUT**, s. m. (c'est-à-dire *bon à tout, bon contre tout*.) t. de jeu de cartes. Carte de la même couleur que celle qui retourne : *Jouer un* atout. *Jouer* atout. *Fournir de l'*atout. *Jeter un* atout. *J'ai trois* atouts. *Je coupe et je fais* atout. *Je joue* atout. *Les* atouts *emportent les autres cartes. Dame d'*atout. *Valet d'*atout. *Dix d'*atout.

**ATOXIQUE**, adj. des 2 g. (de α priv., et de τοξικὸν, poison.) didact. Qui n'a point de venin.

**ATRABILAIRE**, adj. des 2 g. (formé des mots latins *atra bilis*, bile noire, mélancolie.) méd. Il se disait Des mélancoliques et des hypochondres, chez lesquels on croyait l'atrabile prédominante. — Il signifie aujourd'hui, dans le langage ordinaire, Sombre, triste, chagrin : *C'est un homme* atrabilaire. *Une femme* atrabilaire. *Air, visage* atrabilaire. *Humeur* atrabilaire. *Esprit, style* atrabilaire. — s. m. *Un* atrabilaire. = Syn. ATRABILAIRE, MÉLANCOLIQUE. *L'atrabilaire* est dans un état d'irritation et d'angoisse ; sa tristesse est sombre et farouche ; le *mélancolique* est dans un état de langueur et d'anxiété ; sa tristesse est morne et inquiète. L'*atrabilaire* repousse les hommes et il ne peut vivre avec lui-même ; les peines d'autrui le trouvent insensible. Le *mélancolique* évite les hommes et aime à être seul ; il est sensible aux malheurs des autres. On a l'humeur *atrabilaire*, on est d'un tempérament *mélancolique*.

**ATRABILE**, s. f. (V. *Atrabilaire*.) anc. méd. Bile noire : *L'existence de l'*atrabile *est considérée aujourd'hui comme entièrement hypothétique.*

**ATRABILIEUX, EUSE**, adj. V. ATRABILAIRE.

**ATRACHÈLE**, adj. des 2 g. (de α priv., et de τράχηλος, cou.) didact. Qui a le cou court.

**ATRACTOBOLE**, s. m. bot. Genre de champignons.

**ATRACTOCÈRE**, s. m. entom. Genre d'insectes coléoptères d'Afrique qui rongent le bois.

**ATRACTOSOME**, adj. et s. m. ichth. Genre de poissons qui ont le corps fusiforme.

**ATRACLYTIDE**, s. f. bot. Genre de plantes, famille des cynarocéphales.

**ATRAGÈNE**, s. f. bot. Genre de plantes, famille des rénonculacées, voisin des clématites, et dont deux espèces sont cultivées dans nos jardins.

**ATRAMENTAIRE**, adj. des 2 g. (du lat. *atramentarius*, qui a rapport à l'encre; dér. du n. *atramentum*, encre : *ater*, *atra*, noir.) Qui a les caractères ou l'apparence de l'encre. — s. f. chim. Pierre de vitriol. V. **Sulfate de fer.**

**ÂTRE**, s. m. Foyer, l'endroit de la cheminée où l'on fait le feu : *Oter les cendres de l'âtre.* — prov. et fig. *Dans cette maison, il n'y a rien de plus froid que l'âtre*, On ne fait dans cette maison qu'un fort petit ordinaire, qu'une fort mauvaise cuisine. *L'âtre d'un four*, La partie plane d'un four. — prov. et fig. *Ce pain n'a point d'âtre, n'a point assez d'âtre*, Il n'est point assez cuit. — t. de verr. Pierre de grès couvrant le fond du four. — t. d'émaill. Pièce ou morceau de terre cuite qu'on place dans le fourneau, à la hauteur du feu de la moufle.

**ÂTRE**, adj. des 2 g. (du lat. *ater*, noir.) didact. D'un noir foncé et mat.

**ATREMPAGE**, s. m. techn. V. **Attrempage.**

**ATRÉSENTÉRIE**, s. f. (du gr. ἄτρητος, non troué, et de ἔντερα, intestin.) anat. Imperforation d'un intestin.

**ATRÉSIE**, s. f. (V. le mot précédent.) anat. Imperforation d'un organe qui devrait être creux et perméable.

**ATRÉSOBLÉPHARIE**, s. f. (du gr. ἄτρητος, non percé, non séparé, et de θλέφαρον, paupière.) anat. Accolement des deux paupières.

**ATRÉSOCYSIE**, s. f. anat. Imperforation de l'anus.

**ATRÉSOCYSTIE**, s. f. Imperforation de la vessie.

**ATRÉSOLÉMIE**, s. f. Imperforation du gosier.

**ATRÉSOMÉTRIE**, s. f. V. **le Supplément.**

**ATRÉSOPSIE**, s. f. Imperforation de la pupille.

**ATRÉSORHINIE**, s. f. (du gr. ἄτρητος, non troué, et de ῥίν, ῥινός, nez.) anat. Imperforation du nez.

**ATRÉSOSTOMIE**, s. f. (du gr. ἄτρητος, non troué, et de στόμα, bouche.) anat. Accolement des deux lèvres.

**ATRICAUDE**, adj. des 2 g. (du lat. *ater*, noir, et de *cauda*, queue.) zool. Qui a la queue noire.

**ATRICOLLE**, adj. des 2 g. (du lat. *ater*, noir, et de *collum*, cou.) zool. Qui a le cou ou le corselet noir.

**ATRICORNE**, adj. des 2 g. (du lat. *ater*, noir, et de *cornu*, corne.) zool. Qui a les cornes ou les antennes noires.

**ATRIGASTRE**, adj. des 2 g. (du lat. *ater*, noir, et du gr. γαστήρ, ventre.) zool. Qui a le ventre noir.

**ATRIPÈDE**, adj. des 2 g. (du lat. *ater*, noir, et de *pes*, *pedis*, pied.) zool. Qui a les pattes noires.

**ATRIPLICÉ, ÉE**, adj. (du lat. *atriplex*, *-icis*, arroche.) bot. Qui ressemble à l'arroche. —*Atriplicées*, s. f. pl. Genre de plantes.

**ATRICE**, s. f. chir. Tubercule autour de l'anus. Peu usité.

**ATRICHIE**, s. f. bot. Genre de plantes de la famille des mousses.

**ATRIPETTE**, s. f. zool. Nom vulgaire de la petite fauvette rousse, ou *sylvia motacilla rufa* de Linné.

**ATRIPLICINÉ, ÉE**, adj. bot. V. **Atriplicé.**

**ATRIROSTRE**, adj. des 2 g. (du lat. *ater*, noir, et de *rostrum*, bec.) ornith. Qui a le bec noir.

**ATRITARSE**, adj. des 2 g. (V. *Tarse.*) zool. Qui a les tarses noirs.

**ATRIUM**, s. m. (en lat. *atrium*, entrée, portique.) ant. rom. Sorte de portique couvert, ordinairement composé de deux rangs de colonnes et situé dans l'intérieur de l'édifice.

**ATROCE**, adj. des 2 g. (du lat. *atrox*, *atrocis*, qui exprime la même idée.) Énorme, excessif, en parlant des injures, des crimes, des supplices, etc. : *Injure atroce; crime atroce; perfidie atroce; vengeance atroce. On lui fit souffrir des tourments, des supplices atroces. Douleur atroce*, Douleur très-violente. — Cruel, inhumain : *C'est une âme atroce; un caractère atroce; un homme atroce.* — méd. Il se dit d'Une irritation violente qui affecte un malade : *Il a souffert jusqu'à présent des douleurs atroces dans les intestins. Il a éprouvé des vomissements atroces.*

**ATROCEMENT**, adv. Avec atrocité. *Voilà une action atrocement perfide.*

**ATROCÉPHALE**, adj. des 2 g. (du lat. *ater*, noir, et de κεφαλή, tête.) Qui a la tête noire.

**ATROCITÉ**, s. f. Énormité, excès. Il se dit surtout Des crimes, des injures, des supplices : *L'atrocité de ce crime. Ce forfait est d'une atrocité inouïe. L'atrocité de la conduite de Vardes fut trop tard connue.* VOLT. *L'atrocité des tourments.* — Action atroce, très-cruelle. *Commettre des atrocités. Cette action est une froide atrocité. Agir ainsi, c'est une atrocité.* — Extrême cruauté : *L'atrocité d'un tyran. L'atrocité de l'âme, du caractère. Il a manifesté, dès sa jeunesse, une atrocité de caractère effrayante.*

**ATROGULAIRE**, adj. des 2 g. (du lat. *ater*, noir, et de *gula*, gosier, gorge.) zool. Qui a la gorge noire.

**ATROMARGINÉ, ÉE**, adj. (du lat. *ater*, noir, et de *margo*, *-inis*, marge.) didact. Qui est bordé de noir.

**ATRONCHEMENT**, s. m. (du kym. *trwch*, coupé, mutilé; *trychu*, couper, tronquer.) féod. Rapprochement des deux bouts d'une tige ou d'une branche d'arbre coupée par un voleur, afin de pouvoir constater le délit.

**ATROPE**, s. m. ichth. Poisson du genre des voméroïdes.

**ATROPÉ, ÉE**, adj. (du lat. *atropa*, belladone.) bot. Qui ressemble à la belladone. — *Atropées*, s. f. pl. Famille de plantes.

**ATROPHIE**, s. f. (du gr. ἀτροφία, amaigrissement : α priv., et τροφή, nourriture, aliment.) méd. Extrême maigreur de tout le corps, consomption : Atrophie *partielle*, Qui n'affecte qu'un membre, un bras, etc.

**ATROPHIÉ, ÉE**, adj. Qui est dans l'atrophie, amaigri : *Membre atrophié.*

**ATROPINE**, s. f. chim. Alcali qu'on a trouvé dans la belladone.

**ATROPIQUE**, adj. chim. Il se dit d'Un acide qui existe dans la belladone, et des sels dont la base est l'atropine.

**ATROPIVORE**, adj. des 2 g. entom. Il se dit d'Un insecte dont la larve vit dans le corps du sphynx-atropos.

**ATROPOS**, s. m. zool. Assez beau papillon de nuit, appelé aussi *tête-de-mort.*

**ATROPTÈRE**, adj. des 2 g. (du lat. *ater*, noir, et du gr. πτερόν, aile.) ornith. Qui a les ailes noires.

**ATROSTOME**, adj. des 2 g. (de *ater*, noir, et στόμα, bouche.) zool. Qui a la bouche noire.

**ATROUBA**, s. m. pêch. Nom donné à deux des trous des bourdigues.

**ATRYPE**, s. f. conchyl. Genre de coquilles.

**ATTABALLE**, s. m. art mil. Instrument de musique moresque, timbales de cavalerie.

**ATTABLER**, v. a. (V. *Table.*) Faire mettre à table quelqu'un pour boire, manger ou jouer : *Si vous ne pouvez accorder ces hommes, attablez-les, et vous les concilierez bientôt.* — S'ATTABLER, v. pron. Se mettre à table pour y demeurer longtemps : Ils *s'attablèrent à midi, et ne se levèrent qu'à six heures du soir.* Ils se sont attablés pour jouer aux échecs. Il est fam. dans les deux sens.

**ATTABLÉ, ÉE**, part. : *Ils restèrent longtemps attablés. Nous les trouvâmes attablés.*

**ATTACCA, ATTACCA SUBITO**, s. m. (ital. *attaquez*, attaquez tout de suite.) mus. Mot qui indique qu'un morceau doit suivre le précédent, sans aucune interruption : *Il y a un attacca. Un attacca subito.*

**ATTACCO**, s. m. (mot ital. qui signifie *liaison*.) mus. Petite partie de la fugue, étrangère au sujet principal.

**ATTACHANT, ANTE**, adj. Qui attache.—fig. Qui intéresse, qui occupe agréablement en fixant fortement l'attention : *Cette lecture est fort attachante. Ce livre, ce spectacle est attachant. Tout ce que le monde a de plus attachant. Cet auteur est très-attachant. Sa manière, quoique simple, n'en est pas moins attachante.*

**ATTACHE**, s. f. (V. *Attacher.*) Lien, courroie, tout ce qui sert à attacher : *L'attache d'un chien, d'un lévrier. Mettre un chien, un cheval à l'attache. Chien d'attache*, Chien de garde qu'on tient à la chaîne le jour, et qu'on détache la nuit.—prov. et fig. *Être là comme un chien à l'attache; Comme un chien d'attache; Être toujours à l'attache*, Avoir un emploi, un travail fort assujettissant. *Prendre des chevaux à l'attache*, Les garder à l'attache moyennant une rétribution, ou seulement les tenir à couvert pour peu de temps.—On dit de même : *Prendre tout pour l'attache d'un cheval*, ou simplement *Pour l'attache.*—fig. Tout ce qui occupe l'esprit, engage le cœur et le tient en dépendance : *Se peut-il que nous ayons tant d'attache à cette vie et à ses plaisirs!* BOSS. *D'ailleurs, pour cet enfant, leur attache est visible.* RAC. *Ne pouvoir rompre une attache. Une malheureuse attache. Une attache criminelle. Avoir de l'attache pour sa maison, pour ses livres, au jeu, pour le jeu, à l'étude, pour l'étude.*—anc. jurisp. et chanc. *Lettres d'attache*, Autorisation royale appelée *exequatur regium*, Permission écrite, donnée par les autorités ou par les juges d'un lieu, à l'effet d'autoriser, dans l'étendue de leur ressort, l'exécution d'actes, de jugements émanés d'une autre juridiction : *Obtenir des lettres d'attache du roi pour l'exécution d'une bulle.*—On dit aussi : *Prendre l'attache du gouverneur de la province pour l'exécution des ordres du roi.*—Il s'employait encore au fig. dans le sens de Consentement : *Je ne veux rien faire sans votre attache. Sans prendre votre attache. Avez-vous son attache?*—t. de joaillier. *Attache de diamants*, Assemblage de diamants mis en œuvre et composé de plusieurs pièces qui s'accrochent l'une à l'autre.—t. de bonn. *Bas d'attache*, Grand bas de soie que l'on attachait autrefois au haut-de-chausse, et dont on se sert aujourd'hui dans certains costumes de théâtre.—anat. L'endroit où vient s'attacher, se fixer l'extrémité d'un muscle, d'un ligament : *Les muscles ont chacun deux attaches.*— peint. et sculpt. L'endroit où un membre est joint à un autre par les muscles et les tendons qui unissent les os.—charp. L'attache *d'un moulin à vent*, Grosse pièce qui lui sert d'axe.—fond. de caractères. Petit morceau de peau qui sert à attacher la matrice au bois de la pièce de dessus du moule.—vitrier. Liens de plomb pour les barres des vitraux.—van. Lien d'osier pour consolider les vanneries.—jard. Ornement de parterre qui se lie à un autre.

**ATTACHE-BOSSETTE**, s. m. éper. Morceau de fer conique à ses deux extrémités, creusées pour conserver la tête du clou.

**ATTACHEMENT**, s. m. Sentiment qui attache fortement à quelque personne, à quelque chose : *Un attachement sincère. Un vif attachement. Un attachement si excessif.* BOSS. *Un homme peut tromper une femme par un feint attachement, pourvu qu'il n'en ait pas ailleurs un véritable.* LA BR. *Ce grand attachement me surprend à mon tour.* RAC. *L'attachement à quelqu'un. Ce profond attachement que nous avons en nous-mêmes.* BOSS. *L'attachement à nos amis.* FÉN. *Son attachement immuable à la religion de ses ancêtres.* BOSS. *Son attachement aux intérêts et à la gloire de l'État.* FLÉCH. *L'attachement à une chose signifie aussi Grande application : Avoir de l'attachement à l'étude, à l'ouvrage. Un plus grand attachement au travail.* FLÉCH. *L'attachement pour quelqu'un. Cet attachement qu'elle a montré pour le roi.* BOSS. *L'attachement même qu'il avait pour son bienfaiteur.* FLÉCH. *Attachement pour quelque chose. Notre attachement pour les intérêts de cette province.* FLÉCH. — *Attachement* s'emploie souvent au pl. : *Elle a sauvé son cœur des attachements grossiers.* MASS. *Les inclinations basses et les attachements sordides de l'avarice.* MASS. *Honteux attachements de la chair et du monde.* CORN. — art mil. Attachement *de mineur.* (V. *Attacher.*)—pl. archit. Notes des ouvrages de diverses espèces que l'on prend lorsqu'ils sont encore apparents, et qui servent à établir les mémoires.—Syn. **Attache, Attachement.** *Attache*, se dit mieux d'Une passion peu honnête ou poussée à l'excès : *Attachement*, d'une passion honnête et modérée. On a de l'attache au jeu. On a de l'attachement à ses devoirs. Quelques hommes sont capables d'un attachement vif, et incapables d'une forte attache.

**ATTACHER**, v. a. (du br. *staga*, part. *staget*, lier, attacher; *stag*, pl. *stagou*, ou *staget*, pl. *stagellou*, lien, attache, et filet pour le dernier.) Joindre une chose à une autre, en sorte qu'elle y tienne : *Attacher avec un cordon, avec un clou, avec des épingles. Attacher un bandeau sur le front, un manteau sur les épaules. Attacher une vigne à la muraille. Attacher des boutons sur un habit. Attacher à un clou, à une poutre, au gibet. Attacher des chevaux à un char. Attacher plusieurs choses ensemble.—Tenir fixé, arrêté, joint : *Le pivot qui les fixe et qui les* attache. MASS. *La chaîne qui* attachait *le chien se rompit.*—prov. *Où la chèvre est* attachée, *il faut qu'elle broute*, Il faut savoir vivre là où l'on est établi, se faire à sa position.—fig. 1° Tenir arrêté, captiver : *La beauté peut le surprendre, mais ne l'attache pas.* FÉN. *La gloire et les honneurs sont l'unique lien et le seul devoir qui les* attachent. MASS. *C'est ainsi que chez toi tu sauras* m'attacher. BOIL. *Ce spectacle* attachait *nos regards.* 2° Être l'objet d'une forte application, intéresser vivement : *L'étude des mathématiques* attache beaucoup. *Ce roman* m'attache beaucoup. *Inventez des ressorts qui puissent* m'attacher. BOIL.—fig. Attacher *une chose à u e autre chose*, 1° Les joindre, les unir, les mettre ensemble : *Ce plaisir si doux et si pur que les dieux ont* attaché *à la seule vertu.* FÉN. *Les hommes ont* attaché *des noms pompeux à toutes les entreprises des passions.* MASS. *Rome à ce nom si noble et si saint autrefois* attacha *pour jamais une haine puissante.* RAC. 2° Faire dépendre une chose d'une autre chose : *Mais à mon triste sort, vous le savez, seigneur ; Une mère, un amant* attachaient *leur bonheur.* RAC. *On sait qu'à votre tête Les dieux ont d'Ilion* attaché *la conquête.* RAC. 3° Appliquer : Attacher *son esprit au jeu.* Attacher *son affection à une personne, à une chose.* 4° Attacher *du prix, de l'importance à quelque chose*, Y mettre du prix, de l'importance : *J'attache beaucoup de prix à votre suffrage. Il attache beaucoup d'importance à tout ce qu'il fait.* 5° Attacher *un sens, une signification à un mot, à un geste*, Lui donner un certain sens, une certaine signification : *Quel sens attachez-vous à ce terme?*—fig. 1° Attacher *ses yeux, ses regards sur une chose, sur une personne*, Les regarder fixement, avec attention, avec intérêt : *Il faut, sur des objets plus grands, plus sérieux, Attacher de ce pas ton esprit et tes yeux.* BOIL. 2° Attacher *sur soi les yeux de quelqu'un*, Être l'objet de son attention : *Tandis que je croyais attacher sur moi seul les yeux de l'univers.* RAC.—fig. Attacher *quelqu'un à quelque chose*, 1° Le tenir arrêté, fixé, uni à quelque chose : *Un destin sévère m'attache à cette malheureuse patrie.* FÉN. *Les liens qui vous attachent à l'iniquité.* FLÉCH. *Louis, les animant du feu de son courage, Se plaint de sa grandeur qui l'attache au rivage.* BOIL. 2° Exciter, produire l'attachement de quelqu'un à quelque chose : *Le meilleur moyen d'attacher les particuliers au bien public.* BOSS. *Une pureté de motif et d'intention qui attache l'âme au bien pour le bien même.* FLÉCH.—fig. Attacher *quelqu'un à quelqu'un*, Unir une personne à une autre par les liens du sang, de l'amitié, de la reconnaissance, de l'ambition, de l'intérêt, etc. : *Un père à qui le sang l'attache.* CORN. *L'amour qui l'attache à Monime.* RAC. *Quand son ambition l'attache à ma personne.* CORN. *Si dans cette journée Il ne m'attache à lui par un juste hymenée.* RAC.—fig. Attacher *quelqu'un auprès de quelqu'un*, Être cause de sa présence, de son assiduité auprès de quelqu'un : *Le jeune prince auprès duquel vos noms et vos dignités vous* attachent. MASS. *La chair et le sang qui l'attachaient auprès d'une mère.* FLÉCH.—art mil. Attacher *le mineur*, Le placer à l'endroit où il doit commencer à creuser pour former une galerie de mines, en le couvrant de madriers et de sacs pleins de terre.

S'ATTACHER, v. pron. Se joindre, se fixer, s'arrêter à une chose, se tenir joint, uni, arrêté : *Le lierre s'attache à l'ormeau. La poix s'attache si fort à l'étoffe, qu'elle emporte la pièce.*—fig. S'attacher *à quelque chose*, 1° Être uni à cette chose, l'accompagner, la suivre : *L'opprobre qui s'attache à de tels crimes. Le plaisir qui s'attache à l'accomplissement des devoirs. La vogue s'attache à ce qui est nouveau.* 2° S'arrêter, se fixer, en parlant Des choses qui sont du ressort de l'esprit : S'attacher *à une opinion.* PASC. *Il ne s'attacha qu'aux maximes de l'Evangile.* FLÉCH. 3° Donner son attachement, son affection : S'attacher *à la vie. S'attacher au monde comme à sa fin, par une passion déréglée.* FLÉCH. 4° S'appliquer fortement, s'intéresser : *C'est là l'unique étude où je veux* m'attacher. BOIL. S'attacher *à son devoir. C'est un homme qui ne s'attache qu'à des bagatelles.* 5° S'attacher *à la poursuite, aux pas de quelqu'un*, Le suivre, le poursuivre continuellement, obstinément. 6° S'attacher *au service, à la fortune de quelqu'un*, Se dévouer à son service, lier son sort au sien. 7° S'attacher *au char d'une femme*, Se mettre au rang de ses adorateurs.—On dit dans un sens analogue : S'attacher *au char de la puissance, de la faveur.* 8° Poursuivre, chercher à nuire : *L'envie s'attache au mérite. La haine s'attache à la personne, l'envie à l'état et à la condition.* LA BR.—fig. S'attacher *à quelqu'un*, 1° Se dévouer au service de quelqu'un : *Les ambitieux s'attachaient aux rois de Syrie.* BOSS. 2° Concevoir de l'affection pour quelqu'un : *Le chien s'attache à son maître. Mon cœur s'attache à toi par d'invincibles charmes.* CORN. *C'est à Dieu seul qu'il faut nous attacher.* RAC.—fig. S'attacher *à faire quelque chose*, 1° S'appliquer à la faire : *En vain à l'observer jour et nuit je m'attache.* RAC. *Je me suis attaché principalement à vous découvrir les causes universelles.* BOSS. 2° S'opiniâtrer : *Le sort qui s'attachait à les persécuter.* RAC. =Syn. LIER, ATTACHER. On *lie* pour empêcher que les membres n'agissent ou que les parties d'une chose ne se séparent ; on *attache* pour arrêter une chose, ou pour empêcher qu'elle ne s'éloigne. On *lie* les pieds et les mains d'un criminel, et on l'*attache* à un poteau.—au fig. Un homme est *lié* lorsqu'il n'a pas la liberté d'agir ; il est *attaché* quand il n'est pas en état de changer de parti.

ATTACHÉ, ÉE, part. *Et dans le Capitole elle voit* attachées *Les dépouilles des Juifs.* RAC.—fig. Attaché à, 1° *Je me trouve attaché à un coin de cette vaste étendue de l'univers, sans savoir pourquoi.* PASC. 2° Qui attache son affection à une personne à une chose : *Mon âme à ma grandeur tout entière attachée.* RAC. *La nation française plus attachée à ses maîtres.* MASS. 3° Qui reste uni : *Ces colonies demeurèrent attachées au corps de la république.* BOSS. 4° Qui reste fidèle à, qui ne s'écarte jamais de : *L'Egypte, opiniâtrément attachée aux anciennes coutumes.* BOSS. Attaché *à tous ses devoirs.* FLÉCH. 5° En parlant d'opinion : Attaché *à ses sentiments par persuasion, et non par caprice.* FLÉCH. 6° Appliqué, adonné : *Rome encore pauvre et attachée à l'agriculture.* BOSS. 7° Qui dépend de : *Notre salut est attaché à la foi.* PASC. *Le bonheur n'est pas attaché à l'éclat du rang et des titres, il n'est attaché qu'à l'innocence de la vie.* MASS. 8° Inséparable de : *Il y a de grandes tentations attachées à votre état.* MASS. *Les plaisirs attachés à la grandeur.* VOLT. 9° Qui est esclave de, forcé d'obéir à : *Et qui tient la fortune attachée à ses lois.* RAC. 10° Qui suit sans cesse : *Comme une furie attachée à tes pas.*—Attaché *sur*, Fixé sur : *Idoménée, qui avait les yeux attachés sur lui.* FÉN.—fig. Acharné sur : *Mais sa haine sur vous autrefois attachée.* RAC. *Les chagrins dévorants attachés sur Tibère.* L. RAC.—Attaché *près, auprès*, Tenu assidûment auprès de quelqu'un : *Attaché près de moi par un zèle sincère.* RAC.—Attaché *à faire une chose*, 1° Appliqué à faire une chose : *Attaché à vous obéir.* FÉN. 2° Qui s'opiniâtre à faire une chose : *Seigneur, vous m'avez vue attachée à vous nuire.* RAC.—peint. et sculpt. Lié, joint par l'attache : *Une main, une tête, une jambe bien attachée, mal attachée.*—s. m. adm. Celui qui est attaché à une ambassade : *Les secrétaires d'ambassade et les attachés. Un attaché d'ambassade.*

ATTACHEUR, EUSE, s. m. et f. techn. Ouvrier, ouvrière qui attache.

ATTAGAS, s. m. ornith. Genre d'oiseau ainsi nommé par quelques anciens ornithologistes, et qu'on rapporte au lagopède.

ATTAGÉNE, s. m. entom. Insecte de l'ordre des coléoptères.

ATTALÉE, s. f. bot. Petit palmier de l'Amérique du Sud.

ATTALIQUE, adj. des 2 g. (qui se rapporte à Attale, roi de Pergame.) *Richesses attaliques*, se disait proverbialement pour Richesses considérables.—*Tapis attaliques*, Tapis de laine et d'or, à grands personnages, qui furent inventés par Attale, et qu'on fabriqua d'abord pour lui.

ATTAQUABLE, adj. des 2 g. Qui peut être attaqué : *La place n'est attaquable que de ce côté.*

ATTAQUANT, s. m. Assaillant, celui qui attaque. Il s'emploie surtout au pl. : *Les attaquants furent repoussés.*—adj. *La partie attaquante.*

ATTAQUE, s. f. (V. *Attaquer.*) Action par laquelle on attaque l'ennemi : *Attaque générale, vigoureuse, imprévue, soudaine. Vive, rude attaque. Chaude attaque. Commencer l'attaque. Soutenir, repousser une attaque. Résister à une attaque. L'attaque fut décisive. Dès la première attaque, l'ennemi prit la fuite.*—Assaut donné à une place de guerre : *Aller* à l'attaque. *Ordonner l'attaque. On fit trois attaques, deux véritables et une fausse.* — Travaux qu'on fait pour s'approcher d'une place assiégée : *On avait fort avancé les* attaques. *Il commandait l'attaque du côté de la rivière.* — fig. Agression, atteinte, insulte : *Dans ce débat, l'attaque fut moins spirituelle que la défense. C'est une attaque contre le gouvernement, contre la religion. De ces discours bravant la vaine* attaque. BOIL. *Vous soutenez en paix une si rude* attaque. RAC.—Paroles dites exprès, 1° Pour sonder quelqu'un sur quelque objet : *Il m'a déjà fait une attaque là-dessus. Il ne me l'a pas dit ouvertement, ce n'était qu'une* attaque. 2° Pour piquer quelqu'un par quelque reproche : *Il lui donne toujours quelque attaque sur son avarice.* — méd. Apparition soudaine, accès subit de quelque maladie : *Une attaque d'apoplexie, de paralysie*, ou simplement *Une* attaque. *Il a déjà eu deux attaques de goutte. Il a eu une attaque de nerfs. L'attaque a été forte, légère.* — escr. Mouvement pour ébranler son adversaire, afin de profiter de son désordre.

ATTAQUER, v. a. (du br. *taga*, part. *taget*, étrangler, quereller, taquiner, attaquer par des voies de fait ; *tag*. étranglement, attaque ; nom de quelques maladies qui arrivent aux chevaux.) Assaillir, être agresseur : Attaquer *l'ennemi, une place, une nation, un empire.* Attaquer *un homme dans un bois, en pleine rue.* Attaquer *un lion, une bête féroce.* Attaquer *de front, par derrière, à coups d'épée, à coups de fusil. Attaquons dans leurs murs ces conquérants si fiers.* RAC. *Memnon voulait qu'on allât attaquer les Grecs chez eux.* BOSS. *Cent mille faux zélés, le fer en main courant, Allèrent* attaquer *leurs amis, leurs parents.* BOIL. *Antiope ne craignit point d'attaquer de près le sanglier.* FÉN. — fig. Attaquer *quelqu'un* : *Attaquer Chapelain! ah! c'est un si bon homme.* BOIL. *La moquerie attaque l'homme dans son dernier retranchement.* LA BR. Attaquer *quelqu'un de conversation*, Entamer une conversation avec lui. — fig. Attaquer *quelque chose*, 1° Accuser de fausseté, d'erreur : *Je n'attaque pas la solidité de ces preuves.* PASC. *Celle qui a attaqué ces livres sacrés.* BOSS. *Lorsque attaquant le Verbe et sa divinité.* BOIL. *L'hérésie a depuis attaqué le culte lui-même.* MASS. 2° Chercher à blâmer, à décrier : *La médisance ne peut attaquer aucun endroit de sa vie.* BOSS. *Aucune ingrate envie n'attaquera le cours d'une si belle vie.* CORN. 3° S'élever contre, censurer : *Marius ne cessait d'attaquer l'orgueil de la noblesse.* BOSS. *Et des auteurs grossiers j'attaque les défauts.* BOIL. 4° Vouloir détruire : *Lorsque les voleurs n'attaquent point notre vie.* PASC. *Les empereurs infidèles attaquèrent l'Église de toute leur force.* BOSS. *Si le roi attaque l'hérésie.* BOSS. 5° En parlant des combats livrés aux passions, aux mauvaises habitudes : *Il ne faut attaquer les passions des hommes que lorsqu'elles commencent à s'affaiblir.* FÉN. *Voilà l'orgueil attaqué dans sa source.* BOSS. 6° Vouloir corrompre, en parlant des combats livrés à la vertu : *La pudeur des vierges chrétiennes n'était pas moins attaquée que leur foi. Les plaisirs qui attaquent la vertu.* FÉN. — fig. Attaquer *par*, 1° Chercher à détruire à l'aide de : Attaquer *une maladie.* Attaquer *le mal par des moyens prompts et énergiques.* 2° Faire porter ses attaques sur une partie, sur un endroit quelconque : *C'est l'attaquer par son endroit sensible et dans son dernier retranchement.* MASS. *Que la vengeance est douce à l'esprit d'une femme ! Je l'attaquai par là, je pris son âme.* CORN. — fig. Attaquer *sur quelque chose*, Reprocher quelque chose à quelqu'un. *Il l'attaqua sur sa naissance, sur sa noblesse, sur ses ouvrages.* —fig. Attaquer *quelqu'un dans son honneur, dans sa réputation*, Porter atteinte à son honneur, à sa réputation. — fig. En parlant Des maladies, des maux du corps : *Je fus attaqué de la fièvre, de la goutte, d'un rhumatisme. Certaines maladies qui n'attaquent que la populace.* VOLT. *Ce mal a souvent sans péril attaqué son enfance.* RAC. — fig. Ronger, altérer, détériorer : *Les charançons attaquent le blé. La rouille attaque le fer.* — au pr. et au fig. Entamer, entreprendre : *Attaquez ce pâté. Il a bien attaqué son sujet.* — Il s'emploie encore absolument : *Il distinguait le temps d'attaquer et le temps de défendre.* FLÉCH. *Ils attaquent souvent avec insolence.* LA BR. — jurisp. Attaquer *quelqu'un en justice*, Lui intenter une action judiciaire. — Attaquer *un acte*, En contester la validité.—mus. 1° Commencer un morceau, ou le continuer après un silence. 2° Attaquer *bien la note*, se dit d'Un chanteur qui, passant d'une note basse à une note élevée, entame celle-ci avec justesse. Attaquer *bien la corde*, se dit d'Un musicien qui fait bien vibrer la corde de son instrument. — chass. *Attaquer*, Lancer la bête en mettant les chiens sur sa trace. — art mil. Attaquer *l'arme*, Saisir vivement le fusil dans les divers mouvements, quand on fait l'exercice. — mar. Attaquer *une île, un cap, une côte*, S'en approcher pour les reconnaitre. — man. Attaquer *un cheval*, Le piquer vigoureusement avec les éperons.

S'ATTAQUER, v. pron. Ils s'attaquèrent *l'un l'autre avec fureur*. — S'attaquer *à quelqu'un*, L'offenser ouvertement, se déclarer contre lui : *Il est dangereux de* s'attaquer *à son maitre. Il s'est attaqué à plus fort que lui. C'est offenser les lois, c'est* s'attaquer *aux cieux.* Boil.

Attaqué, ée, part. *Les ennemis, attaqués jusque dans leurs ports.* Mass. — prov. *Bien attaqué, bien défendu*, La défense a bien répondu à l'attaque. — fig. Attaqué *de chagrin et de tristesse.* Pasc.

ATTARDER, v. a.. (V. *Tard*.) Mettre quelqu'un en retard. Peu usité. — S'attarder, v. pr. Se trouver hors de chez soi à une heure avancée du soir ou de la nuit. — Être en retard : *Il est dangereux de* s'attarder *sur cette route.*

Attardé, ée, part.

ATTE, s. m. entom. Genre d'insectes de l'ordre des hyménoptères.

ATTEINDRE, v. a. (du lat. *attingere*, toucher, frapper : *ad*, à, et *tangere*, toucher.) *J'atteins, j'atteignais, j'atteignis, j'atteindrai, j'atteindrais, atteins, que j'atteigne, que j'atteignisse, atteignant.* Frapper de loin avec quelque chose : *Il l'atteignit de sa lance, de son bâton. Il l'atteignit d'un coup de pierre, d'un coup de fusil. Aucun des tireurs n'a encore atteint le but, la cible. Une pierre l'a atteint au front. La balle l'atteignit à la tête.* — fig. Atteindre *son but*, Réussir dans ce que l'on se propose. —fig. Porter atteinte, léser : *Cette calomnie ne saurait* l'atteindre. *Ce fléau* atteignit *plusieurs contrées. De grands malheurs vous ont atteint. Cette mesure* atteint *une foule de personnes.* — Parvenir à un terme, à quelque chose on était plus ou moins éloigné : *Nous atteindrons ce village avant la nuit. J'atteignis le but avant lui, et je gagnai le prix de la course. Cet arbre n'a pas atteint la même hauteur que l'autre. Il atteignait déjà le superbe portique.* Boil. —fig. *Nous atteignons enfin le terme de nos souffrances. De l'art des vers atteindre la hauteur.* Boil. *On voit des imbéciles qui excellent dans ce jeu, et de très-beaux génies qui n'ont pu même* atteindre *la médiocrité.* La Br. *Vous n'aviez pas encore atteint l'âge où je touche.* Rac. *On craint la vieillesse, que l'on n'est pas sûr de pouvoir* atteindre. La Br. — Attraper en chemin, joindre la personne qu'on suit ou qu'on poursuit : Atteindre *l'ennemi par une marche rapide. Il a beau courir, je* l'atteindrai. — Il se dit également Des animaux et des choses : *Un homme qui court le sanglier, qui* l'atteint, *qui le perce.* La Br. *Nous atteignimes le vaisseau ennemi.* — fig. *Tôt ou tard la peine atteint les coupables.* — fig. Égaler : *Il osait se flatter d'atteindre les coupables.* Rac. *S'il* n'atteint pas ses originaux, du moins il en approche. La Br.

Atteindre, v. n. Toucher une chose qui est à une distance assez éloignée pour qu'on ne puisse pas y toucher sans quelque effort : Atteindre au plancher. *Mais, comme il n'y pouvait atteindre.* La Font. Je ne saurais atteindre là, jusque-là. *L'eau* atteignait *jusqu'au premier étage.* —fig. *Il n'est pas permis à un mortel d'atteindre de plus près à la divinité.* Volt. *Il y a bien des gens qui voient le vrai, et qui ne peuvent y atteindre.* Pasc. *Une grandeur naturelle où l'art ne saurait atteindre.* Fléch. *Un poste éminent, auquel il est glorieux d'atteindre.* Mass. — prov. *Son épée est trop courte, il n'y saurait* atteindre, Ses forces, sa puissance, ne suffisent pas pour qu'il parvienne à son but. — prov. et fam. *Il ne faut qu'une queue de vache pour atteindre au ciel, mais il faut qu'elle soit bien longue*, Pour réussir dans quelque chose, il faut avoir les moyens nécessaires.

Atteint, einte, part. Atteint *de maladie, de peste, de folie.* Atteint *d'un coup de pierre.* — fig. Atteint *d'une manière étrange. Phèdre*, atteinte *d'un mal qu'elle s'obstine à taire.* Rac. *Cette crainte Dont votre âme tantôt se montrait trop* atteinte. Corn. — jurisp. Atteint *et convaincu*, Reconnu cou-

pable. Atteint *et convaincu d'avoir volé.* Atteint *et convaincu de concussion, il fut mis à mort.*

ATTEINTE, s. f. (V. *Atteindre*.) Coup dont on est atteint, et quelquefois dont on atteint : *Rude, légère atteinte. Il ne reçut qu'une légère atteinte. Tous ses compagnons furent tués autour de lui, sans qu'il reçût la moindre atteinte. Mais Dieu du coup mortel sut détourner l'atteinte.* Rac. *Être hors de l'atteinte de quelqu'un. Être à l'abri de toute atteinte.* — fig. Effet de ce qui cause un mal, de ce qui porte quelque préjudice : *Sa santé, se ressentent encore des atteintes de la gelée. Sa réputation a déjà reçu bien des atteintes. Craignez les atteintes de la calomnie. Tandis que ce héros me tint sa prisonnière, J'ai pu toucher son cœur d'une atteinte légère.* Rac. — fig. *Porter, donner atteinte à quelque chose*, Porter préjudice à quelque chose : *C'est donner atteinte aux libertés publiques. Il ose donner, porter atteinte à mon honneur. Cela porte à son crédit une fâcheuse atteinte. Et portant à mon cœur des atteintes plus rudes.* Rac. *Nos délassements même doivent avoir je ne sais quoi de décent, de réservé, de sérieux, qui ne donne aucune atteinte à la modestie sacerdotale.* Mass. — fig. Attaque de certaines maladies : *Il avait déjà reçu l'atteinte de la maladie dont il est mort.* Boss. *Dès qu'il ressentit les premières atteintes de ce mal.* Volt. — fig. Impression que fait une chose dont on est sensiblement touché : *De cet amas d'honneurs la douceur passagère, Fait sur mon cœur à peine une atteinte légère.* Rac. *Cette nouvelle qu'on lui annonça sans ménagement lui porta une atteinte mortelle.* —man. et vét. Coup qu'un cheval se donne aux pieds de devant, ou qu'il reçoit aux pieds de derrière, d'un cheval qui le suit : *Ce cheval se donne des atteintes, donne des atteintes à l'autre. Il boite d'une atteinte.* Atteinte encornée, Qui pénètre jusque sous la corne. - Atteinte sourde, Qui ne forme qu'une contusion sans blessure apparente. - Atteinte compliquée, Celle qui attaque quelque partie profonde. - jeu de bague. Coup de la lance qui touche la bague sans l'emporter : *Il a donné atteinte à la bague. Il a eu trois dedans et deux atteintes. Il a emporté trois fois la bague, et l'a touchée deux fois.*

Hors d'atteinte, loc. adv. Il se dit De ce qui ne peut être atteint, de ce à quoi on ne peut atteindre : *Le fugitif est maintenant hors d'atteinte. Vous avez mis cela tout à fait hors d'atteinte, je ne puis le saisir.* — fig. Il se dit De ce qui ne souffre aucun préjudice : *Dans ce poste éminent, sa réputation, son désintéressement fut toujours hors d'atteinte.*

ATTEL, s. m. (V. *Atèle*.) sell. Planche qui garnit le devant du collier du cheval de harnais. On dit aussi *attelle*.

ATTELABE, s. m. entom. Genre d'insectes coléoptères, tétramères, de la famille des curculionides, dont les larves vivent dans les tiges des végétaux et font parfois de grands ravages.

ATTELABIDE, adj. des 2 g. entom. Qui ressemble à une attelabe. — *Attelabides*, s. m. pl. Famille d'insectes coléoptères.

ATTELABOÏDE, adj. des 2 g. entom. Qui ressemble à une attelabe.

ATTELAGE, s. m. Le nombre de bœufs, de chevaux, qui est nécessaire pour tirer la charrue ou pour trainer des voitures : *Ce laboureur a plusieurs attelages. Ce roulier a perdu deux attelages.* — En parlant des voitures de luxe, il se dit De quatre, six ou huit chevaux propres à être attelés ensemble : *C'est un superbe attelage. Un attelage bien assorti.*

ATTELER, v. a. (verbe formé du kym. *astell*, ais, planchette, parce qu'on se sert d'ais, d'*attelles*, pour attacher les chevaux à une charette.) Attacher des chevaux ou autres animaux de trait à la voiture, au chariot, à la charrue, etc., qu'ils doivent tirer : Atteler *les chevaux à la voiture*, ou simplement Atteler. *Dites au cocher qu'il attelle. On n'avait pas encore imaginé d'atteler deux hommes à une litière.* La Br. — Atteler *une voiture, un chariot*, Y attacher les chevaux, etc. *Il attelle son char, en montant fièrement.* Boil. — S'atteler, v. pron. *Les vaches s'attellent quelquefois à la charrue.* — Par extension, il se dit De gens qui s'attachent à quelque voiture pour la trainer : *Ils s'attelèrent au chariot et le trainèrent jusqu'ici.*

Attelé, ée, part. *Six chevaux attelés à ce fardeau pesant.* Boil. *Elle vole dans un char attelé de colombes.* Fén. — prov. et fig. *C'est une charrette*

mal attelée, se dit en parlant D'associés qui ne s'accordent pas, qui n'agissent pas de concert dans leur entreprise.

ATTELLE, s. f. (du kym. *astell*, ais, planchette.) chir. Petit ais qu'on lie autour d'un membre rompu. — pot. 1° Pièce de bois qu'on applique aux bords du pot pour l'ôter de dessus la roue. 2° Outil, ou plaque de fer mince, servant à diminuer l'épaisseur des pièces. — plomb. Morceau de bois creux dont les plombiers se servent pour prendre leurs fers à souder. — sellier. V. Attel.

ATTELOIRE, s. f. techn. Cheville servant à engager et à arrêter les traits du cheval aux limons de la charrette.

ATTENANT, ANTE, adj. (du lat. *attinens*, tenant à : *ad*, à, *auprès*, et *tenere*, tenir.) Contigu, tout proche : *Il était dans la pièce attenante. Son jardin est attenant au mien. Il demeure dans la maison attenante.* — *Attenant*, adv. et prép. *Ils sont logés attenant l'un de l'autre. Il loge tout attenant du palais, au palais, le palais. Je loge tout attenant.*

ATTENDANT (EN), loc. adv. Jusqu'à tel moment, jusqu'à un temps déterminé par ce qui précède : *Il se mit à lire en attendant. Nous ne dinerons qu'à cinq heures, voulez-vous quelque chose en attendant? En attendant, on repose d'un sommeil tranquille.* Boss. — loc. conj. Jusqu'à ce que : En attendant que *vous soyez éclairci.* Pasc. *Les poëtes suppriment la prép. en* : Attendant *qu'en plein jour ces vérités paraissent.* Corn. *Les chiens qui son bras a livré Jézabel*, Attendant *que sur toi sa fureur se déploie, Déjà sont à la porte et demandent leur proie.* Rac. On dit dans le même sens : En attendant *l'heure*, en attendant *mieux.*

ATTENDANTE, adj. f. mus. *Cadence* attendante, Cadence imparfaite, qui se fait en montant d'une quinte, et qui, ayant le ton de l'interrogation, semble attendre une réponse.

ATTENDRE, v. a. (du lat. *attendere*, être attentif, observer, ce qui est l'idée primitive d'*attendre*, dans presque toutes les langues, comme le prouve *exspectare* en latin, *gheda* en breton, lequel signifiait *guetter*.) Rester en un lieu où l'on compte qu'une personne viendra, qu'une chose sera apportée, amenée : *Je vous attends ici. Montrons Héraclius au peuple qui l'attend.* Corn. *Il l'attend à l'autel pour la sacrifier.* Rac. *Je vous attendrai jusqu'à cinq heures. Ils attendirent la diligence sur la route. Il va peut-être arriver; attendons.* Attendre *l'ennemi.* Attendre *de pied ferme. Il sait que l'ennemi, que ce coup va surprendre, Désormais sur ses pieds ne l'oserait attendre.* Boil. *Cependant en ces lieux n'attendons pas la nuit.* Corn.—Le sujet peut être également un nom d'animal ou un nom de chose : *Ce chien attend son maitre. Ma voiture m'attend à la porte. Deux chevaux les attendaient à la sortie de la ville. Prêts à vous recevoir, mes vaisseaux vous attendent.* Rac.—prov. fig. et ironiq. Attendez-moi sous l'orme, Ne comptez pas sur moi, sur la promesse qui vous est faite. — prov. et fig. *C'est où je l'attends, c'est là que je l'attends*, C'est alors qu'il devra faire voir ce dont il est vraiment capable ; ou , *J'attends cette circonstance pour prendre contre lui tous mes avantages*, Voici pour lui le moment critique. *C'est là que Dieu l'attendait pour foudroyer son orgueil.* Boss. *Il ne faut plus qu'un pas, mais c'est où je l'attends.* Rac.—prov. *Il ennuie à qui attend*, Le temps parait long à celui qui attend.

Attendre, signifie, dans une acception plus étendue, Compter sur l'arrivée, sur la venue d'une personne ou d'une chose : *Nous l'attendons de jour en jour. Nous attendons son retour. Nous attendons une lettre de lui. Nous attendons de ses nouvelles. Les Juifs attendent encore la venue du Messie.* — fig. Il s'emploie dans un sens analogue : *Toute l'Europe attend la paix. Les peuples n'attendent plus que la mort ou la servitude.* Fléch. *Les Perses n'attendaient que le moment d'accabler les Grecs.* Boss. *Tu crains des châtiments, attends des récompenses.* Rac. *Vous attendrez longtemps l'effet de ses promesses. Il attend la fièvre. Elle n'attend que l'heure d'accoucher. Le diner, le souper nous attend, Le diner, le souper est prêt.*

Attendre, signifie encore Différer ou cesser de faire une chose jusqu'à l'arrivée d'une personne, jusqu'à ce qu'une autre chose ait lieu, jusqu'à un certain temps : *Ne précipitez rien, attendez l'occasion favorable, sachez attendre. O toi qui n'attends*

plus que la cérémonie, *Pour jeter à mes pieds ma
rivale punie.* CORN. *N'attendez pas la dernière
heure pour commencer à bien vivre.* BOSS. *Tous ces
mille vaisseaux qui, chargés de vingt rois, N'attendent que les vents pour partir sous vos lois.* RAC.
*Pour louer un roi que tout le monde loue, Ma langue
n'attend pas que l'argent la dénoue.* BOIL. (Il) attend,
*pour croire en Dieu, Que la fièvre le presse.* BOIL.
*Mais, aux âmes bien nées, La valeur n'attend pas le
nombre des années.* CORN. — fig. *Un coup n'attendait pas l'autre, Les coups se succédaient rapidement, sans interruption.* On dit également : *Une
question, une saillie, etc., n'attendait pas l'autre.*
— prov. et fig. *Il faut attendre le boiteux,* Il ne
faut pas s'en rapporter au témoignage de ceux qui
accourent les premiers débiter une nouvelle, il faut
en attendre la confirmation. — prov. *Attendre quelqu'un comme les moines font l'abbé,* Ne point l'attendre pour dîner, quoiqu'il doive venir. — prov.
*Tout vient à point à qui peut, à qui sait attendre,*
Avec le temps et la patience, on vient à bout de
tout. — prov. *Vous ne perdrez rien pour attendre,*
Votre paiement, pour être retardé, n'en est pas
moins assuré, ou, par extension, Le retard apporté
à une chose, loin d'être un préjudice, sera un avantage pour vous. — *Qu'attends-tu? qu'attendons-
nous? pour dire, Que tardes-tu? que tardons-nous?
Qu'attendez-vous? Rompez ce silence obstiné.* RAC.
*Qu'attends-tu, ô juif incrédule? Qu'attendons-nous
pour nous convertir?* BOSS.

ATTENDRE, au fig., signifie aussi Être réservé,
être destiné : *Voilà la fin qui attend la plus belle
vie du monde.* PASC. *Quelle gloire t'attend dans les
campagnes de l'Hespérie!* FÉN. *Un autre sort t'attend.* RAC. *Marche, et suis-nous du moins où l'honneur nous attend.* BOIL.

ATTENDRE, prend différentes acceptions, selon
qu'il est suivi de telle ou telle préposition : Attendre
*à, jusqu'à,* Différer jusqu'à. Attendez *au jour.*
Attendez *à la belle saison.* Attendez *jusqu'au mois
prochain.* Attendre à, pour, Différer de.... jusqu'à
ce que : Attendez à partir qu'il fasse moins chaud.
*Il y a des hommes qui attendent à être dévots que
tout le monde se déclare impie et libertin.* LA BR.
Attendre *après,* Avoir besoin de la personne ou de
la chose qu'on attend, ou l'attendre avec impatience : *Il y a longtemps qu'on attend après vous.
Attendrez-vous encore après l'aveu d'un frère?*
RAC. *On n'attend plus qu'après cela. Cette somme
est une bagatelle, et je n'attends pas après.* — Attendre *de,* Espérer, se promettre quelque chose
de....... *N'attendez ni vérité ni consolation des
hommes.* PASC. *Il attend plus de Dieu et du temps
que de son zèle et de son industrie.* LA BR. *J'atten-
dais un époux de la main de mon père.* CORN. *J'attendais de son fils encor plus de bonté.* RAC. *Sa
gloire attend de vous ce digne sacrifice.* RAC. *Il est à
l'agonie, on n'en attend plus rien. Je n'attends pas
moins de votre valeur que de la sagesse de vos conseils.* FÉN. — Attendre *dans,* se dit quelquefois au
lieu de Attendre *de. Il ne faut attendre de bonheur
ici-bas que dans la vertu et dans l'innocence.* MASS.
—Attendre *quel.... que.....* ellip. pour dire Différer
jusqu'à ce qu'on sache, jusqu'à ce qu'il soit décidé.
*Et du moins attendez quel sera mon destin.* RAC.
*Rome attend que deviendra le destin de la reine.*
RAC. — man. Attendre *un cheval,* Retarder l'éducation d'un cheval qui manque de force.

S'ATTENDRE, v. pron. S'attendre *à quelque chose,*
Espérer, se promettre quelque chose, compter sur
quelque chose, s'en tenir comme assuré : *Dieu ne
veut pas qu'on s'attende à de tels miracles.* PASC.
*Il faut s'attendre aux censures du monde, quand on
ne veut pas suivre ses exemples.* MASS. *Madame, à
d'autres pleurs vous devez vous attendre.* RAC. —
S'attendre *à quelqu'un,* Mettre son espoir, sa confiance dans quelqu'un : *Ne t'attends qu'à toi seul.
Après ce coup, Narcisse, à qui dois-je m'attendre?*
RAC. — S'attendre *à faire,* s'attendre *de faire* quelque chose, s'attendre que, Espérer, croire, s'imaginer : *Il s'attend à lui voir opérer des miracles.* MASS.
*Là, on lui dresse une pompe funèbre, où l'on s'at-
tendait de lui dresser un triomphe.* FLÉCH. *Je ne
m'attendais pas que de votre hyménée Je dusse voir
si tard arriver la journée.* RAC. — prov. et fig. *Qui
s'attend à l'écuelle d'autrui a souvent mal dîné,*
Quand on compte sur autrui, on est souvent trompé
dans ses espérances. — iron. *Attendez-vous-y,* pour
dire Vous ne devez avoir aucun espoir.

FAIRE ATTENDRE, Différer, faire qu'on vous attend :
*Vous m'avez fait attendre longtemps. Vous avez
failli me faire attendre, disait un jour Louis XIV.*
Faire attendre *la justice, c'est injustice.* LA BR. —
Promettre, faire espérer : *Joad, de temps en temps le
montre aux factieux, Le fait attendre aux Juifs comme
un autre Moïse.* RAC. *Où sont ces heureux jours
que je faisais attendre?* ID. — SE FAIRE ATTENDRE, v.
pron. *Vous vous êtes bien fait attendre. Le dîner se
fait attendre longtemps.*

ATTENDU, UE, part. *Cette censure si célèbre et si
attendue.* PASC. *Le Messie attendu par les Hébreux.*
BOSS. *Quoique attendu, Madame, à l'empire du
monde.* RAC. — t. de cuisine. *Ce gigot est dur, il
n'est pas assez attendu,* On aurait dû le garder plus
longtemps pour l'attendrir, avant de le faire cuire.
— *Attendu,* prép. Il signifie Eu égard à, vu : Attendu *son âge,* attendu *ses infirmités, il fut exempté
des charges publiques. — Attendu que,* conj. Il signifie Vu que, à cause que : Attendu qu'*il s'agissait
d'une matière importante, il fut arrêté que,* etc. Ces
deux expressions n'entrent point dans le style noble,
et ne sont presque usitées qu'au palais et comme
termes de pratique.

ATTENDRIR, v. a. (V. *Tendre.*) Rendre tendre et
facile à manger : *On bat la viande, on la laisse
mortifier pour l'attendrir. La gelée attendrit les
choux.* — fig. Rendre sensible à la compassion, à la
pitié, à l'amitié, toucher, amollir : *Faut-il vous attendrir par la douleur de ceux qui vivent?* FLÉCH.
*La vertu souffrante attendrit tous les cœurs qui ont
quelque goût pour la vertu.* FÉN. *Mes cris douloureux et perçants attendrirent son cœur.* FÉN. *Si,
touchés des saints exemples que je vous propose, vous
laissez attendrir vos cœurs.* BOSS. *Que la désolation
des villes et des campagnes aille attendrir votre clémence.* MASS. *Ah! n'attendrissez point ici mes sentiments.* CORN. — Rendre pénible, plein d'attendrissement. *Quelle vive douleur attendrit nos adieux!*
RAC. — S'ATTENDRIR, v. pron. *Les choux s'attendris-
sent à la gelée.* — fig. S'attendrir sur ce qui est
digne de pitié. LA BR. *Que mon cœur s'attendrit à
cette triste vue.* CORN. *C'est vous seul pour qui mon
cœur s'attendrit.* FÉN.

ATTENDRI, IE, part. *Je me sens tout attendri. Le
transport d'un père attendri. Est-ce ainsi que votre
âme attendrie, plaint le malheur des Grecs?* RAC.
*Étonné et attendri de voir dans une vive jeunesse
tant de sagesse et d'éloquence.* FÉN.

ATTENDRISSANT, ANTE, adj. Qui attendrit, qui
émeut de compassion : *Spectacle attendrissant. Paroles attendrissantes. Scène attendrissante.*

ATTENDRISSEMENT, s. m. Mouvement de sensibilité : *Ne voulant exciter ni l'attendrissement ni
l'admiration des spectateurs.* MASS. — État d'une
âme attendrie : *Il profita de l'attendrissement où il
le trouva. Larmes d'attendrissement.*

ATTENTAT, s. m. (V. *Attenter.*) Entreprise criminelle ou illégale contre les personnes ou les choses : *Énorme, affreux, horrible, noir, lâche attentat.
C'est un attentat. Faire, commettre un attentat. Un
attentat contre la liberté publique. Un attentat à la
pudeur. Cet attentat sur ma propre personne.* CORN.
*C'est un attentat à nos droits, à nos priviléges. Ils
ne donnent aucune borne à leurs attentats.* BOSS. *Et
vous mette à l'abri de nouveaux attentats.* VOLT.
*Venger la raison des attentats d'un sot.* BOIL.

ATTENTATOIRE, adj. des 2 g. Qui attente (Il ne
se dit que des choses) : *Acte attentatoire aux libertés
publiques. Mesure attentatoire à la propriété.* — Autrefois, il ne se disait que De ce qui va contre l'autorité d'une juridiction : *Procédure attentatoire.
Sentence attentatoire à l'autorité du Parlement.*

ATTENTE, s. f. (V. *Attendre.*) État de celui qui
attend : *Être dans l'attente continuelle de la mort.*
PASC. *Il nous tient en attente de ce qu'il veut faire.*
BOSS. *La nuit qu'elle passa dans cette attente.* ID.—
prov. *Une bonne fuite vaut mieux qu'une mauvaise
attente,* Il vaut mieux abandonner une entreprise
que d'en attendre inutilement le succès. — prov.
*Attente, tourmente,* Attendre est un vrai supplice.
— Temps pendant lequel on est à attendre. *Longue
attente, ennuyeuse attente. Une terrible attente des
jugements de Dieu.* FLÉCH. *Si vous prêtez à cet
homme, vous y perdrez et l'argent et l'attente.* — La
personne ou la chose attendue : *Cet enfant de David,
votre espoir, votre attente.* RAC. *Le Messie devient
l'attente des nations.* BOSS. — Espérance, opinion
qu'on a conçue de quelqu'un, de quelque chose :
*Son courage a passé mon attente.* RAC. *Les succès ne
répondirent pas à son attente.* BOSS. *L'Europe fut
encore trompée dans son attente.* ID. *Surpasser l'attente de l'univers.* ID. *Mais cette attente aussi pourrait se voir trompée.* CORN. *Cela est arrivé contre
l'attente de tout le monde, contre toute attente.* —
grav. et peint. *Pierre, table d'attente,* Pierre, table,
planche, panneau où il n'y a rien encore de gravé,
de sculpté, de peint. — fig. *C'est une table d'attente. Ce n'est qu'une table-d'attente;* il se dit d'Un
jeune homme qui donne de grandes espérances, et
dont l'esprit n'est pas encore formé. — archit. *Pierre
d'attente,* Pierre qui saille, d'espace en espace, à
l'extrémité d'un mur, pour faire liaison plus tard
avec quelque autre construction. — fig. *C'est une
pierre d'attente,* Ce n'est qu'un commencement, il
y aura une continuation. — chir. *Ligature d'attente,* Ligature provisoire.

ATTENTER, v. n. (du lat. *attentare,* attaquer : *ad,*
préf. aug., et *tentare,* tenter.) Commettre un attentat
contre une personne ou une chose : Attenter *à la vie
de son ennemi.* PASC. Attenter *à la pudicité, à l'honneur d'une femme. Ils viennent attenter à la majesté
de leur Dieu.* MASS. *Vous attentez enfin jusqu'à ma
liberté.* RAC. — t. de prat. *Défense d'attenter à sa
personne ni à ses biens.* Attenter *contre la liberté
publique. On n'attente rien de pis contre le vrai mérite que de le laisser quelquefois sans récompense.*
LA BR. Attenter *sur la personne de quelqu'un. De
quel droit sur vous-même osez-vous attenter?* RAC.
*On craint que sa douleur n'attente sur ses jours.* ID.
— *Attenter,* v. a. *N'attente rien, barbare.* CORN.
*Et si ma main pour vous n'avait tout attenté.* ID.

ATTENTIF, IVE, adj. (du lat. *attentus,* même sens.)
Qui a de l'attention, de l'application : *Chrétiens,
soyez attentifs.* BOSS. *Toute la nature étonnée, attentive.* FLÉCH. *Une providence attentive préside
à leurs affaires.* MASS. *Des coursiers attentifs le crin
s'est hérissé.* RAC. *Là, d'un œil attentif contemplant
son empire.* BOIL. *Je veux rendre vos esprits attentifs.* FLÉCH. *D'une oreille attentive.* Attentif *à quelque chose. L'Occident était attentif à la guerre des
Romains et de Pyrrhus.* BOSS. *Mon âme, attentive à la
voix.* RAC. *Le fidèle, attentif aux règles de sa loi.*
BOIL. Attentif *à faire quelque chose. Un chrétien,
toujours attentif à combattre ses passions.* BOSS.
Attentif *à distinguer le mérite.* FÉN. *Ils étaient attentifs pour ne rien laisser au hasard.* ID. — *C'est
un homme très-attentif,* Rempli d'attention, de politesse, de prévenance pour les autres.

ATTENTION, s. f. (du lat. *attentio,* qui exprime
la même idée : *ad,* vers, à, et *tendere,* tendre, tourner ses idées ou ses regards.) Application d'esprit à
quelque chose : *Prêter attention. Une attention favorable. Cela demande une grande attention, une
attention soutenue. Forte, légère, sérieuse attention.
Je veux mériter votre attention.* LA BR. *Absorber
l'attention.* VOLT. *Détourner ailleurs son attention.*
ID. *Attirer sur soi l'attention du public. Avoir attention à quelque chose. On avait une attention particulière aux affaires d'Italie.* BOSS. *Avec toute l'attention que je donnais à leur récit.* LA BR. *L'attention
qu'il fait paraître à les écouter.* FLÉCH. *Faire attention à quelque chose. Ils ne firent pas assez d'attention à un avis si salutaire.* FÉN. *S'ils ont fait attention que je me suis abstenu de toucher à leurs
personnes.* LA BR. — Il s'emploie quelquefois absolument d'une manière impérative, et signifie Soyez
attentif : *Attention, je vais donner le signal.* —On dit
de même, en termes militaires : *Attention au commandement.* — Soin officieux, obligeant : *Il a eu
l'attention de me prévenir.* (Il est le plus souvent
au pl.) *Il a pour moi des attentions infinies. C'est
un langage indécent, qui blesse les égards et les attentions qui vous sont dus.* MASS. — au pl. Soins :
*Des attentions si religieuses trouvèrent des censeurs.*
MASS. *Quel supplice pour une âme mondaine qui veut
plaire, que les soins éternels d'une beauté, etc.;
quelles attentions! quelle gêne!* — phil. Il se dit,
dans le système de Condillac, Du premier produit
de la sensation transformée. Dans le système de
Laromiguière, c'est La première faculté qui se double ou se multiplie pour produire toutes les autres,
et qui accomplit toutes les opérations primitives
d'où naissent les idées élémentaires du jugement et
du raisonnement. = Syn. ATTENTION, EXACTITUDE, VI-
GILANCE. L'*attention* fait que rien n'échappe; l'*exactitude* empêche qu'on omette la moindre chose; la
*vigilance* fait qu'on ne néglige rien. Nous devons

avoir de l'*attention* à ce qu'on nous dit, de l'*exactitude* dans ce que nous promettons, et de la *vigilance* sur ce qui nous est confié.—Syn. ATTENTIONS, ÉGARDS, MÉNAGEMENTS, CIRCONSPECTION. Les *attentions* sont l'effet de la reconnaissance ou de l'amitié; les *égards*, de la justice; les *ménagements*, de l'intérêt; la *circonspection*, de la prudence. On a des *attentions* pour ses parents ou ses amis; des *égards* pour les honnêtes gens; des *ménagements* pour ceux dont on a besoin; de la *circonspection* avec ceux avec qui l'on traite. — Disposition qui porte à rendre des soins: *Il m'a donné mille preuves d'attention pendant ma maladie. Je suis sensible à ses témoignages, à ses marques d'attention*.

ATTENTIONNÉ, ÉE, adj. Qui a des attentions, des prévenances. Il est familier.

ATTENTIVEMENT, adv. Avec attention : *Lire, écouter* attentivement. *Elle regardait* attentivement *la loi de Dieu, comme un artisan regarde son modèle pour la suivre*. FLÉCH.

ATTÉNUANT, ANTE, adj. méd. Il se dit Des remèdes qui semblent augmenter la fluidité des humeurs : *Remède* atténuant. *Plante* atténuante. *Les fruits secs de bonne qualité sont, en général,* atténuants. — s. m. *Un* atténuant, *des* atténuants. — t. de prat. Il se dit Des faits, des circonstances qui diminuent la gravité d'un crime, d'un délit : *Faits* atténuants. *Circonstances* atténuantes.

ATTÉNUATION, s. f. ( du lat. *attenuatio*, qui a la même signification. V. *Atténuer*.) Diminution des forces. Il n'est guère usité que dans cette locution : *Être, tomber dans un état* d'atténuation, *dans une grande* atténuation. — t. de prat. Diminution de charges contre un accusé : *Moyens* d'atténuation. *Donner ses défenses, des réponses par* atténuation, *Où l'accusé tâche d'excuser ou de diminuer son crime*. — méd. Action des remèdes atténuants. — chim. Atténuation *d'un fluide*, Action de rendre un fluide moins dense.

ATTÉNUER, v. a. (du lat. *attenuare*, affaiblir, diminuer ; *tenuis*, petit, faible; kym. tenau, petit, *teneuder*, petitesse. ) Affaiblir, diminuer les forces, l'embonpoint: *Les jeunes* atténuent *le corps. Les veilles, les fatigues l'ont* atténué. — méd. Atténuer *les humeurs*, Les rendre plus fluides. — prat. Rendre moins grave : *Ce délit est beaucoup* atténué *par les circonstances. Cela n'*atténue *point ses torts, sa faute*. — fig. Atténuer *l'effet d'un mal, d'un poison*. — S'ATTÉNUER, v. pron. *Le crime, le délit* s'atténue *lorsque...*

ATTÉNUÉ, ÉE, part. *Un crime, un délit* atténué. *Un malade extrêmement* atténué.—bot. *Un pétiole* atténué. *Une tige* atténuée, Amincie relativement à d'autres parties.

ATTERRAGE ou ATTÉRAGE, s. m. Voisinage, proximité de la terre, parage voisin de la terre : *Être, arriver sur l'*atterrage *des côtes d'Europe. On reconnaît les atterrages à différents indices.*— Action d'arriver de la haute mer dans le voisinage d'une terre : *Faire son atterrage*.

ATTERRER ou ATTÉRER, v. a. (du lat. *atterere*, frotter, user, briser : *ad*, préf. augm., et *terere*, frotter, réduire.) Abattre, renverser par terre. (on dit plus ordin. *Terrasser*.) *Ils en vinrent aux prises et il l'*atterra *sous lui*. — fig. Ruiner entièrement : *Les Goths achevèrent d'*atterrer *la puissance des Romains. Mais, après avoir ainsi rabattu l'orgueil dans tous les endroits par où il semblait vouloir s'élever, David l'*atterre *tout à fait par ces paroles*. BOSS.—fig. Affliger excessivement, accabler : *Cette nouvelle l'*atterra. *Je fus atterré de cette réponse.*—v. n. mar. Arriver de la haute mer dans le voisinage d'une terre, et la reconnaître : *Nous* atterrâmes *sur cette côte*.—méd. Briser, rompre : *L'action que les parties grossières des humeurs exercent les unes sur les autres les* atterre. — S'ATTERRER, v. pron. chim. *Les particules salines et terreuses s'*atterrent *les unes les autres.*

ATTERRÉ, ÉE, part. *Voilà un homme* atterré.

ATTERRIR ou ATTÉRIR, v. n. mar. Prendre terre : *Nous* atterrîmes *en cet endroit*.

ATTERRISSAGE ou ATTÉRISSAGE, s. m. mar. Action d'atterrir : *Nous fîmes, bientôt après, notre* atterrissage.

ATTERRISSEMENT ou ATTÉRISSEMENT, s. m. Dépôt de terre fait par les eaux sur leurs bords : *Cette prairie s'est beaucoup accrue par les atterrissements. Ce terrain lui appartient par droit d'atterrissement.* = Syn. ATTERRISSEMENT, ALLUVION :

L'*alluvion* diffère de l'*atterrissement* en ce que celle-là désigne plus particulièrement les accroissements de terrain insensibles.

ATTESTATION, s. f. Certificat, témoignage par écrit : Attestation *de bonne conduite, de bonne vie et mœurs.* Attestation *du curé de sa paroisse, du médecin.* Attestation *fausse, mendiée, supposée, honorable. Mon* attestation *suffira pour vous justifier. Exiger une attestation en bonne forme*.

ATTESTER, v. a. (du lat. *attestari*, témoigner, prendre à témoin : *ad*, préf. augm., et *testari*, prendre à témoin ; *testis*, témoin.) Certifier, témoigner de vive voix ou par écrit qu'une chose est : *Il a attesté avec serment que la chose s'était passée ainsi. Une magnificence qui paraîtrait incroyable, si elle n'était* attestée *par tous les historiens.* BOSS.—Prouver, servir de témoignage : *Les monuments que renferme cette ville* attestent *son ancienne splendeur. Ses larmes* attestent *son repentir.*—Prendre à témoin : *Je vous à votre fils une amitié de père; j'en* atteste *les dieux.* RAC. *J'en atteste du ciel la puissance suprême.* ID. — On dit dans le même sens, Attester : *J'*atteste *tous les dieux que vous m'y contraignez.* CORN. *J'*atteste *vos cœurs et vos consciences.* FLÉCH.

ATTESTÉ, ÉE, part. *Des miracles si bien* attestés. PASC.

ATTHIDE, s. f. philol. Il se disait, chez les Grecs, Des histoires particulières de la ville d'Athènes.

ATTHIS, s. m. ornith. Espèce d'oiseau du genre des mainates.

ATTI-ALU, s. m. bot. Figuier du Malabar toujours vert ; bois et fruit médicinal.

ATTICISME, s. m. (du lat. *atticismus*, ou du gr. ἀττικισμός, dialecte ou genre des Athéniens ; ἀττικός, athénien, attique.) Délicatesse de langage, finesse de goût particulière aux Athéniens : *Joindre aux plus belles et aux plus hautes connaissances l'atticisme des Grecs et l'urbanité des Romains.* LA BR. —Par extension, Style de tout écrivain qui joint l'élégance à la pureté : *Il y a de l'atticisme dans ses écrits*.—Il se dit, dans la grammaire grecque, d'Une forme de langage qui est particulière aux Athéniens.

ATTICISTE, s. m. philol. Auteur grec qui s'est attaché à imiter en tout le style des écrivains attiques : *Lucien est un* atticiste.

ATTICURGUE, s. f. (du gr. ἀττικός, athénien, et de ἔργον, ouvrage.) archit. Colonne carrée à l'athénienne. Porte dont les pieds droits sont inclinés l'un vers l'autre. — *Croisée* atticurgue, Moins large au sommet qu'à la base.

ATTIÉDIR, v. a. ( V. *Tiède*.) Rendre tiède ce qui était chaud : *Cette eau est trop chaude, il faut l'*attiédir *avec de l'eau froide.*—fig. Rendre moins vif, plus froid : *Le temps* attiédira *leur zèle. Vos froids raisonnements ne feront qu'*attiédir *un spectateur.* BOIL.— S'ATTIÉDIR, v. pron. *Cette eau* s'est attiédie. — fig. *Son zèle* s'est attiédi.)—fig. en matière de dévotion : *Les plus fervents s'*attiédissent *quelquefois,* La ferveur de leur dévotion se ralentit.

ATTIÉDI, IE, part.

ATTIÉDISSEMENT, s. m. État d'une chose qui passe de la chaleur à la tiédeur. Peu usité dans le sens propre.—fig. *Nous étions très-amis, mais je le vois dans un grand* attiédissement *pour moi.*—fig. en matière de dévotion : *Ce chrétien, d'abord si fervent, est tombé dans un grand* attiédissement.

ATTIFER, v. a. (ou *tifer*, ainsi qu'on le trouve chez nos vieux auteurs; du kym. *trefnu*, arranger, parer, orner; *trefnid*, parure, *attifet*.) Orner, parer avec recherche et affectation: *Qui a donc ainsi* attifé *cette dame?*—S'ATTIFER, v. pron. *Cette femme aime à s'*attifer. Il est familier.

ATTIFÉ, ÉE, part.

ATTIFET, s. m. Ornement de tête pour les femmes. vieux.

ATTILE, s. m. ichth. Sorte de grand poisson du Pô, fleuve d'Italie.

ATTINTER, v. a. mar. Assujettir les effets de chargement dans l'arrimage.

ATTINTÉ, ÉE, part.

ATTIQUE, adj. des 2 g. (V. *Atticisme*.) Qui a rapport à la manière et au goût des anciens Athéniens : *Goût, finesse* attique. *Il n'est point d'ouvrage où le goût attique se fasse mieux sentir.* LA BR. *Une simple femme reconnut, par je ne sais quoi d'attique qui lui manquait, et que les Romains ont depuis appelé urbanité, qu'il n'était pas Athénien.*

LA BR. *Dialecte* attique, Dialecte particulier aux Athéniens.—On dit dans un sens analogue : *Les auteurs* attiques, et subst., *Les attiques*, pour désigner Les auteurs qui ont employé ce dialecte, tels que Thucydide, Xénophon, Démosthènes, etc. *Formes* attiques, Formes de langage propres au dialecte attique. *Sel* attique, Tout ce qui porte le caractère de la raillerie fine et délicate des Athéniens. —archit. *Ordre* attique, Ordre qui décore l'attique.

ATTIQUE, s. m. archit. Étage peu élevé qui termine la partie supérieure d'une façade et sert à dissimuler le toit : *C'est aux Athéniens que les Romains et les modernes ont emprunté l'attique.* Attique *continu*, Celui qui environne le pourtour d'un bâtiment sans interruption, et suit les corps et retours des pavillons. - Attique *interposé*, Celui qui est situé entre deux grands étages, quelquefois décoré de colonnes ou de pilastres. - Attique *circulaire*, Exhaussement en forme de grand piédestal rond, souvent percé de petites croisées. - Attique *de cheminée*, La partie de cheminée revêtue de plâtre depuis le chambranle jusqu'à la première corniche. - Attique *de comble*, Parapet d'un pont, d'une terrasse, d'une plate-forme. — *Faux* attique, Sorte de piédestal continu placé au-dessus de l'entablement d'un ordre d'architecture et moins haut qu'un attique. — *Ordre* attique, se dit adj. pour désigner L'ordre qui décore l'attique.

ATTIQUEMENT, adv. À l'attique, à la manière des Attiques.—gram. gr. Selon la forme de langage propre au dialecte attique : Attiquement *on dit* ξὺν *pour* σύν.

ATTIRABLE, adj. des 2 g. Qui est susceptible d'être attiré.

ATTIRAGE, s. m. Action d'attirer.—techn. L'attirage, *les poids* d'attirage, Poids des rouets des fileurs d'or. *Cordes* d'attirage, Cordes qui soutiennent les poids.

ATTIRAIL, s. m. Grande quantité et diversité de choses nécessaires à certains usages : Attirail *de guerre, de chasse, d'imprimerie.* Attirail *d'un ménage de campagne. L'attirail de la cuisine. Il faut un grand attirail pour l'artillerie.* Attirail *de campement.* Attirails *de terre et de mer.* — *L'attirail d'un peintre, d'un dessinateur. Tu te trompes. Philémon, si avec ce carrosse brillant, ce grand nombre de coquins qui te suivent, etc., tu penses que l'on t'en estime davantage. On écarte tout cet attirail qui t'est étranger pour pénétrer jusqu'à toi, qui n'es qu'un fat.* LA BR. — par extension, Grande quantité de bagage inutile et superflu que des gens mènent avec eux en voyage, ou dont ils aiment à s'entourer par vanité : *Il traînait un grand attirail après lui. Tout l'attirail que demande une telle vie.* BOSS. *Tout le vain attirail des magnificences humaines.* MASS.

ATTIRANT, ANTE, adj. Qui attire. ( Il n'est guère usité qu'au figuré.) fig. *Cette marchande est adroite et* attirante. *C'est un esprit adroit,* attirant, *insinuant. Et la troupe fidèle Par ces mots* attirants *sent redoubler son zèle.* BOIL. *Ses manières sont fort* attirantes.

ATTIRER, v. a. (du lat. *attrahere*, tirer à, entraîner vers : *ad*, à, vers; et *trahere*, tirer, amener.) Tirer, faire venir à soi : *L'aimant* attire *le fer. Il casse cette branche en voulant l'*attirer. *Cet onguent a la vertu d'*attirer *les matières, d'*attirer. — fig. *Le miel* attire *les mouches. La pièce nouvelle* attire *la foule. Il nous* attire *par des promesses trompeuses. Le meilleur moyen pour* attirer *tout le monde est de ne rebuter personne.* PASC. *Proserpine, qui* attirait *seule ses regards.* FÉN. — fig. Obtenir : *Il sut gagner insensiblement mon cœur et* attirer *ma confiance.* FÉN. *J'*attire *ses mépris et ne me vengeant pas.* CORN. *Comment as-tu du ciel* attiré *la colère?* RAC. *Toutes les qualités qui* attirent *l'estime et la vénération publique.* FLÉCH. — fig. Occasionner : *La hauteur et la fierté* attirent *les guerres les plus dangereuses.* FÉN. *Tout ce qui* attire *la colère du ciel.* MASS. *L'égalité des possessions et des richesses entraîne une anarchie universelle,* attire *la violence, les injures, les massacres, l'impunité.* LA BR. *Un abîme en* attire *un autre. Un malheur en* attire *un autre.* —S'ATTIRER, v. pron. fig. *Des corps, des particules de matière qui* s'attirent *mutuellement.* — fig. S'attirer *le respect. S'attirer la réputation de... S'attirer de méchantes affaires. Souvenez-vous qu'il ne faut s'*attirer *l'envie de personne.* FÉN. S'attirer *l'amour et la bienveillance des peuples.* MASS. *Si vous saviez, Psyché,* *a cruelle aventure que par là* vous vous attirez. CORN. Il s'attire *pour ennemis ceux qui passaient pour les plus savants.* PASC.

**ATTIRÉ, ÉE,** part. *Les fidèles attirés par les charmes de son éloquence.* MASS.

**ATTISAGE, s. m.** Action d'attiser le feu.

**ATTISE, s. f.** techn. Bois que le brasseur met dans le fourneau sous la chaudière.

**ATTISER, v. a.** ( V. *Tison.* Il n'est usité que dans cette phrase : Attiser *le feu.*) Approcher les tisons l'un de l'autre pour les faire mieux brûler. — fig. Accroître le mal : *Un pareil remède ne ferait qu'attiser le feu.* — fig. Aigrir un esprit déjà irrité : *Vos paroles attisent le feu au lieu de l'éteindre.* Attiser *le feu de la colère, de la discorde, de la guerre civile.*

**ATTISÉ, ÉE,** part.

**ATTISEUR, s. m.** Celui qui attise, qui aime à attiser le feu. fam.

**ATTISOIR** ou **ATTISONNOIR, s. m.** techn. Ustensile qui sert à attiser le feu.

**ATTITRER, v. a.** (V. *Titre.* Il n'est guère usité qu'au part.) Charger d'un emploi : *Un marchand, un commissaire attitré.* — Donner la préférence à quelqu'un sur d'autres en ce qui concerne sa profession : *C'est mon fournisseur, mon médecin attitré.* — *Soudoyer des témoins attitrés, des assassins attitrés.* On dit plus ordinairement Des témoins, des assassins à gages.

**ATTITRÉ, ÉE,** part.

**ATTITUDE, s. f.** (de l'ital. *attitudine,* habileté, position convenable; fait du lat. *aptitudo,* disposition.) Situation, position du corps, de la tête, des bras, surtout en parlant des beaux-arts : *Belle attitude.* Attitude *pittoresque, sublime. Toutes les attitudes de ce tableau sont admirables. Ce peintre force et exagère une passion, un contraste, des attitudes.* LA BR. *L'attitude d'une statue. Mettre le modèle dans une certaine* attitude. *Son attitude était à peindre. Ils aiment des attitudes forcées ou immodestes.* LA BR. *La statue de ce guerrier le représente le bras étendu, dans* l'attitude *du commandement.* Attitude *imposante, respectueuse. L'attitude du respect, de la crainte. Cette danseuse a des attitudes pleines de grâce. Cet acteur a de belles attitudes. Être toujours en attitude,* Prendre des positions, avoir des gestes affectés et trop étudiés. Il se dit plus particulièrement Des acteurs.

**ATTITUDE,** au fig. Situation dans laquelle on se trouve, dans laquelle on se maintient à l'égard de quelqu'un, disposition où l'on parait être : *Cet homme sait prendre dans l'occasion une imposante attitude. Il a gardé dans toute cette affaire une attitude ferme. Le gouvernement prit une* attitude *qui rassura les amis de la paix publique. L'attitude hostile. L'attitude menaçante de cette puissance fait appréhender une prochaine rupture.* = Syn. POSTURE, ATTITUDE. La *posture* est singulière, elle a toujours quelque chose qui, sortant de la nature ou de l'état ordinaire du corps, se fait remarquer. L'*attitude* est pittoresque; elle est l'expression naturelle du caractère, de la passion, de l'état actuel de l'âme. Les positions forcées, outrées, bizarres, celles de la caricature ou de la charge s'appelleront des *postures;* les formes nobles, agréables, expressives du maintien et de la contenance s'appelleront des *attitudes.*

**ATTOLE** ou **ATTOLON, s. m.** géogr. Amas d'îles séparées par pelotons dans un archipel : *Les attalons servent quelquefois de ceintures à des îles fort élevées.* — Il désigne particulièrement Les groupes d'îles qui forment l'archipel des Maldives.—*Attole,* com. V. ANATE.

**ATTOMBISEUR** ou **TOMBISEUR, s. m.** fauc. Il se dit De l'oiseau qui attaque le héron dans son vol : *Ce faucon est un excellent* attombiseur.

**ATTORNEY, s. m.** (*anglais.*) Procureur en Angleterre : Attorney-*général,* Procureur-général ou avocat du roi.

**ATTOUCHEMENT, s. m.** (V. *Toucher.*) Action de toucher : *Notre-Seigneur guérissait les maladies par le seul attouchement. Les accusés autrefois étaient admis à prouver leur innocence par l'attouchement d'un fer chaud.* Attouchement *illicite, déshonnête, contre la pureté.* — géom. *Point d'attouchement ou de contact, de contingence, de tangence,* Point où une ligne droite touche une ligne courbe, où deux courbes se touchent sans se couper. = Syn. TACT, TOUCHER, ATTOUCHEMENT, CONTACT. Le *tact* est pro-

prement le sens qui reçoit l'impression des objets; le *toucher* est l'action de ce sens, l'exercice de palper, de manier, ou le sens actif; l'*attouchement* est l'acte de palper, l'application particulière du sens actif ou de l'organe, avec l'intention propre à l'être animé; le *contact* est l'action de deux corps insensibles qui se touchent.

**ATTOURNANCE, s. f.,** ou **ATTOURNEMENT, s. m.** anc. dr. féod. Changement de seigneur de la part des sujets ou vassaux.

**ATTRACTEUR, TRICE, adj.** (du lat. *ad,* à, vers, et *trahere,* tirer, traîner. V. *Attirer.*) Qui agit par attraction : *Corps attracteur. Force attractrice.*

**ATTRACTIF, IVE, adj.** didact. Qui a la propriété d'attirer : *L'aimant a une vertu* attractive. *Force, puissance attractive.* — méd. *Remède attractif. Onguent attractif, et* substantiv. *Les attractifs.* — fig. *Attrayant : Air attractif.* REG. Peu usité en ce sens.

**ATTRACTION, s. f.** (du lat. *attractio,* action d'attirer. V. *Attirer.*) Action d'attirer: L'attraction *du fer par l'aimant,* ou L'attraction *magnétique.*—Attraction *électrique,* Tendance qu'ont à se rapprocher et à s'unir deux corps chargés d'électricité contraire. Attraction, attraction *newtonienne,* Tendance attribuée par Newton à la matière, et en vertu de laquelle les corps sont supposés exercer une action mutuelle les uns sur les autres. — Attraction *à distance,* Celle qui s'exerce entre des corps éloignés. On l'appelle *gravitation* ou *pesanteur,* selon qu'elle s'exerce entre les corps célestes ou entre notre globe et les objets qui en font partie.—chim. Attraction *moléculaire,* Celle qui ne se manifeste qu'à de très-petites distances. On l'appelle *force de cohésion* quand elle tend à unir les molécules de même nature; on l'appelle *affinité* quand elle tend à unir les molécules de nature différente. — Attractions *électives,* Tendance naturelle qui, par une espèce de choix, porte certains corps à décomposer ou séparer des matières auparavant unies, pour former entre eux une combinaison.—philol. Changement d'une lettre pour l'effet d'une lettre voisine, ainsi *acclamo* pour *adclamo;* changement d'un cas en grec, à cause de celui d'un nom voisin.

**ATTRACTIONNAIRE, adj. et s.** phys. On appelait ainsi Les partisans du système de l'attraction.

**ATTRAIRE, v. a.** (V. *Attirer.*) Attirer, faire venir par le moyen d'un appât. Il est vieux et ne s'emploie qu'à l'infinitif: *Le sel est bon pour attraire les pigeons.*

**ATTRAIT, s. m.** (du lat. *attractus,* entraînement. V. *Attirer.*) Ce qui attire agréablement : *La beauté est un puissant attrait. Touché des immortels et invisibles attraits de la sagesse.* BOSS. *Entouré de tous les attraits du vice.* MASS. *Le secret et l'impunité ne sont pas pour lui l'attrait au vice.* ID. *Crimes qui serviront d'attrait au vice.* ID. *De l'aimable vertu doux et puissants attraits!* RAC. *Quels attraits penses-tu qu'ait pour nous la couronne?* CORN. *La musique a de l'attrait pour moi. Cette personne a beaucoup d'attrait pour vous.* — t. de dévotion. *Les attraits de la grâce,* Les douceurs intérieures qu'elle fait sentir.

**ATTRAIT,** Inclination, goût que l'on a pour quelque chose: *Sans aucun attrait pour la retraite.* MASS. *Ils arrachent du monde des enfants à qui l'autorité seule tient lieu d'attrait et de vocation pour la retraite.* MASS. *Je me sens de l'attrait pour la musique. J'ai de l'attrait pour cette occupation. Il n'a aucun attrait pour l'étude.* — techn. Tout ce qui sert à réparer ou à bâtir une maison.

**ATTRAITS,** au pl. se dit particulièrement Des agréments et des charmes d'une femme : *Parée de mille attraits. Dieu s'est servi autrefois des chastes attraits de deux saintes héroïnes pour délivrer ses fidèles des mains de leurs ennemis.* BOSS. *Et vous qui de sa fille adoriez les attraits.* RAC. *Les attraits de la jeunesse, de l'innocence, de la pudeur. Ne ranime-t-elle pas encore un visage flétri et suranné par des artifices qui rappellent plus ses années que ses attraits?* MASS.=Syn. APPAS, ATTRAITS, CHARMES. Les *appas* tiennent plus aux formes du corps; les *attraits,* à l'heureuse conformation des traits et aux agréments de l'esprit; les *charmes,* aux grâces de la personne et à l'amabilité du caractère.

**ATTRAPE, s. f.** Tromperie, apparence trompeuse: *Ne croyez pas ce qu'il dit, c'est une* attrape. *Dragées, beignets d'attrape,* Renfermant quelque chose d'un goût désagréable, pour attraper ceux à qui on les offre.—mar. *Cordage qui retient le vaisseau abattu*

en carène.—fond. Pince coudée qui sert à retirer les creusets du feu.

**ATTRAPE-LOURDAUD, s. m.** V. ATTRAPE-NIGAUD.

**ATTRAPE-MOUCHE, s. m.** bot. Plante qui devient un piège pour l'insecte par la contraction de ses feuilles, ou par un suc visqueux.

**ATTRAPE-NIAIS, s. m.** V. ATTRAPE-NIGAUD.

**ATTRAPE-NIGAUD, s. m.** Ruse grossière qui ne peut tromper que des ignorants ou des sots.

**ATTRAPER, v. a.** Prendre à une trappe, à un piège ou à quelque chose de semblable: *Attraper un loup dans un piège, à une traînée.* Attraper *un lièvre avec un collet.* Attraper *un oiseau avec de la glu. Le renard s'est enfin laissé attraper au piège.* —fam. Prendre sur le fait, surprendre : *Si je vous y attrape encore à voler mes raisins, vous paierez pour les deux fois. Cette fois-ci, je vous y attrape à mentir.*—fig. Tromper, duper : *Ne vous fiez pas tant à eux, vous y seriez souvent attrapés.* PASC. *Il s'est laissé attraper par ce filou.*—prov. *Les plus fins y sont* attrapés, Il faut y regarder de bien près pour ne pas être trompé en certaines choses. *Bien fin qui pourrait l'attraper,* Il est d'une habileté et d'une prudence qui laissent peu de chances aux filous de le tromper.—prov. *Attrapez-moi toujours de même,* se dit à Quelqu'un qui, croyant nous jouer un mauvais tour, nous a procuré quelque avantage.—fam. *Être bien attrapé,* Éprouver un désappointement, un mécompte : *J'avais compté sur un bon dîner, j'ai été bien attrapé. Nous comptions voir cette pièce, nous avons été bien attrapés, il y avait relâche.*

**ATTRAPER,** Atteindre en courant, en allant après: *Le lièvre eut beau ruser, les chiens l'attrapèrent. On se mit à la poursuite du voleur, et on finit par l'attraper. Partez toujours devant, je vous attraperai à la couchée.*—prov. *Il courra bien, si on ne l'attrape,* On le poursuit vivement, il aura de la peine à échapper.—Saisir au passage. *Je lui ai jeté ma bourse, il l'a attrapée à la volée.*—fig. et fam. Attrape-*toi cela,* se dit à Une personne que l'on vient de châtier, ou à laquelle il est arrivé quelque accident par sa faute; il se dit surtout aux enfants.—fig. et fam. *Attrape!* Exclamation exprimant qu'une personne vient d'être l'objet d'une malice.

**ATTRAPER,** Obtenir, se procurer quelque chose par ruse, par adresse, par quelque manœuvre : *Ils ont attrapé l'argent de bien du monde. Il s'est laissé attraper son argent. Il a attrapé un bon emploi, une bonne place.*—Obtenir en partage, dans une distribution : *J'ai attrapé un bon numéro. Ce joueur attrape toujours les bonnes cartes. Quel lot avez-vous attrapé?*—fig. et fam. Attraper *un rhume, une fièvre,* Prendre un rhume, gagner une fièvre. —fig. et fam. Attraper *des coups de bâton, des coups de fusil, un coup d'épée, un coup de pierre, un coup de pistolet,* Les recevoir.—fam. Attrape *qui peut!* Il se dit au propre et au figuré, Lorsqu'on abandonne quelque chose aux premiers qui pourront s'en saisir.

**ATTRAPER,** Frapper, heurter : *Une pierre lancée l'a attrapé au front, à la tête, au bras, à l'épaule. Prenez garde, vous allez m'attraper avec votre bâton.* — man. *Ce cheval s'attrape,* Il se donne des atteintes en marchant.

**ATTRAPER,** au fig. Saisir, exprimer, reproduire, en parlant des pensées, des caractères, des ressemblances: Attraper *le sens, la pensée d'un auteur que l'on traduit.* Attraper *le sens d'un passage. Molière a admirablement* attrapé *le caractère du dévot hypocrite. Cet artiste a bien* attrapé *la manière de Raphaël. Il a bien* attrapé *votre ressemblance, votre air, votre maintien.*

**ATTRAPÉ, ÉE,** part.

**ATTRAPE-VILAIN, s. m.** Ce qui sert à attraper un vilain, un avare.

**ATTRAPETTE, s. f.** Petite malice, espièglerie, tromperie légère. fam.

**ATTRAPEUR, EUSE, adj.** Celui, celle qui trompe, qui obtient par séduction : *C'est un attrapeur de filles. Un attrapeur de successions.*

**ATTRAPOIRE, s. f.** Piège pour attraper les animaux. — fig. Piège, embûche, tour de finesse : *Les filous ont cent sortes d'attrapoires.* Ce mot vieillit dans les deux sens.

**ATTRAQUER, v. n.** mar. S'approcher. Il se dit, dans le Levant, d'Un navire qui aborde un quai pour charger ou pour décharger.

ATTRAYANT, ANTE, adj. Qui a de l'attrait, qui attire agréablement : *Discours* attrayant. *Conversation* attrayante. *Manières* attrayantes. *Accueil* attrayant. *Beauté* attrayante. *Les charmes* attrayants *de la volupté. Les amorces* attrayantes *du vice. Cette femme n'a rien d'*attrayant.

ATTREMPAGE, s. m. verrerie. Chauffe réglée d'un four à glaces.

ATTREMPER, v. a. verr. Chauffer graduellement le four. — méd. Donner la trempe à l'acier.

ATTREMPÉ, ÉE, part. Il s'emploie adj. en fauc. en parlant d'Un oiseau qui n'est ni gras ni maigre.

ATTRIBUER, v. a. (du lat. *attribuere*, qui exprime la même idée ; *attributum*, attribut, *attributio*, attribution : *ad*, préf. augm., et *tribuere*, destiner, attribuer.) Attacher, annexer, conférer quelque prérogative, quelque avantage, etc. : *De grands priviléges, de fort émoluments ont été attribués à cette charge. Valère établit la loi qui permet d'appeler au peuple, et lui attribue, en certains cas, le jugement en dernier ressort.* Boss. *La loi attribue à ces tribunaux la connaissance de ce genre d'affaires. Le droit de vie et de mort était attribué aux maîtres sur leurs esclaves.* — Rapporter une chose à celui qu'on prétend en être la cause, l'auteur, le principal instrument : *Vous attribuez à vos adversaires des écrits pleins d'impiété.* Pasc. *Ne dissimule pas mes défauts et ne m'attribue pas mes vertus.* Fléch. *Peut-on m'attribuer ces sottises étranges ?* Boil. — On l'applique aux choses dans un sens analogue : *On attribuait ces agitations à la fièvre dont elle était tourmentée.* Boss. *Lorsqu'il était victorieux, on ne pouvait en attribuer l'honneur qu'à sa prudence.* Fléch. *Dans ma confusion que Roxane, madame, attribuait encore à l'excès de ma flamme.* Rac. — Affirmer qu'une personne, qu'une chose a une certaine qualité, une certaine vertu : *Les philosophes ont confondu les idées des choses, et attribué aux corps ce qui n'appartient qu'aux esprits.* Pasc. *Vous lui attribuez un désintéressement, des vertus, des vices qu'il n'a pas. C'est un remède auquel on attribue de grandes vertus.*

S'ATTRIBUER, v. pron. S'adjuger, prétendre à : *On s'attribue une supériorité de puissance et de force.* Fléch. *Comme ils imitent les mœurs des bêtes, ils sont pardonnables de s'en attribuer la nature.* Mass. — Syn. ATTRIBUER, IMPUTER. On *attribue* une chose à quelqu'un, en la mettant sur son compte comme sa chose propre, son effet direct, son ouvrage immédiat. On la lui *impute* en lui en rapportant le mérite, ou plus ordinairement le démérite. — Syn. S'ATTRIBUER, S'ARROGER, S'APPROPRIER. On *s'attribue* par amour-propre une invention, un ouvrage, un succès, une supériorité ; on *s'arroge* audacieusement et par orgueil des titres, des prérogatives, une supériorité ; on *s'approprie*, par intérêt et par avidité, un champ, un effet, un meuble.

ATTRIBUÉ, ÉE, part. *Il a quitté la qualité qu'il s'était sans motifs* attribuée.

ATTRIBUT, s. m. (V. *Attribuer*.) Ce qui est propre à quelqu'un ou à quelque chose : *L'immensité est un des attributs de Dieu. Elle veut être semblable à Dieu par un attribut qui ne peut convenir à la créature, c'est-à-dire par l'indépendance et la plénitude de l'être.* Boss. *Le droit de faire grâce est un des plus beaux attributs de la souveraineté. La perpétuelle inconstance des ornements fut un des attributs de notre nation.* Mass. *Ce droit est un attribut de sa charge.* — peint., sculpt. et ant. Ce qui sert à caractériser une figure allégorique ou mythologique : *La massue est l'attribut d'Hercule, le caducée de Mercure, l'aigle et la foudre de Jupiter. Le glaive et la balance sont les attributs de la justice.* — On dit dans un sens analogue : *Les attributs d'un art, d'une science. Les attributs de la musique, de la géométrie,* etc. — log. et philol. Ce qui s'affirme ou se nie du sujet d'une proposition : *La terre est ronde, ronde est l'*attribut.

ATTRIBUTIF, IVE, adj. jurispr. Qui attribue : *Arrêt* attributif. *Lettres* attributives *de juridiction.* — philol. Qui renferme l'attribut d'une proposition. *Verbe* attributif. *La terre tourne ; tourne,* équivalant à *est tournant,* renferme l'attribut *tournant.*

ATTRIBUTION, s. f. (V. *Attribuer*.) pal. Concession de droits, de priviléges, en vertu des lettres du souverain : *Un édit d'attribution de droits. Lettre d'attribution,* Pouvoir spécial donné par le souverain pour juger quelque affaire : *Les priviléges et tribunaux d'attribution sont supprimés en*



France. — *Le droit, le privilége conféré : Ces charges avaient de grandes attributions.* — Tout droit qu'une personne chargée de quelque fonction a de prononcer sur certaines affaires, de les administrer, d'en connaître : *Cela n'est pas, n'entre pas dans les attributions de ce magistrat, de ce fonctionnaire, de ce tribunal. Étendre les attributions d'un administrateur. C'est une de ses plus importantes attributions. Empiéter sur les attributions de quelqu'un.* En ce sens, il s'emploie surtout au plur.

ATTRISTANT, ANTE, adj. Qui attriste : *Ce souvenir est attristant. Cette réflexion est attristante. Ce que la situation des pauvres a d'attristant pour l'humanité. Les détails qu'on reçoit de ces contrées sont très-attristants.*

ATTRISTER, v. a. (V. *Triste.*) Rendre triste, affliger : *Et dès que l'aquilon Vient de ses noirs frimas attrister la nature.* Boil. *Ce discours les importune et les attriste.* Fén. *Tout ce qui souille l'âme l'attriste et la noircit.* Mass. — S'ATTRISTER, v. pron. *Il s'attriste et se désespère sur un refus.* La Br. *Télémaque, en s'éveillant, s'attristait de ces songes si agréables.* Fén.

ATTRISTÉ, ÉE, part. *Elle a perdu son amie ; cette perte l'a beaucoup* attristée.

ATTRIT, ITE, adj. théol. Il se dit pour désigner Une personne pénétrée d'attrition.

ATTRITION, s. f. (du lat. *attritio,* brisement ; dér. du v. *atterere,* briser. V. *Atterrer.*) phys. L'action de deux corps durs qui s'usent par un frottement mutuel : *C'est par l'attrition que l'on aiguise, que l'on polit les métaux.* — chir. Écorchure de la peau produite par un frottement. — théol. Regrets d'avoir péché, fondé sur la crainte des peines : *L'attrition ne suffit pas sans la confession.*

ATTRITIONNAIRE, s. m. théol. Celui qui croit l'attrition suffisante.

ATTROUPEMENT, s. m. Rassemblement tumultueux de gens réunis par l'inquiétude ou quelque mauvais dessein : *Il y eut un grand attroupement. Un attroupement séditieux. Dissiper un attroupement. Dans un état policé, les attroupements sont défendus. On a dispersé l'attroupement.*

ATTROUPER, v. a. (V. *Troupe.*) Assembler en troupe et tumultueusement : *Il attroupa toute la canaille, tous les gens sans aveu pour faire une émeute.* — S'ATTROUPER, v. pron. *Au son du tocsin tous les paysans des environs s'attroupèrent bientôt. Tous les juifs commencèrent à s'attrouper autour de lui.* Boss.

ATTROUPÉ, ÉE, part.

ATYCHIE, s. f. zool. Espèce de papillons crépusculaires.

ATYE, s. f. zool. Genre de crustacés.

ATYLE, s. m. zool. Genre de crustacés.

ATYPE, s. m. zool. Genre d'araignées.

ATYPIQUE, adj. des 2 g. (de α priv., et de τύπος, modèle, type.) didact. Qui n'a pas de type, erratique. — path. Il se dit Des maladies périodiques et surtout des fièvres intermittentes dont les attaques ou les accès reparaissent sans régularité.

ATYPOMORPHOSE, s. f. zool. Métamorphose d'insectes dont les larves perdent entièrement leur forme primitive.

ATYS, s. m. mamm. Espèce de singe du genre guenon.

AU, particule qui paraît n'être autre chose que la prép. *à* suivie de l'art. *le,* ce qui a pu aisément se faire par le changement de *l* en *u.* Il s'emploie avec les noms masculins qui commencent par une consonne ou par une *h* aspirée : *Vivre au jour le jour. Au dire de cet homme, il est fort innocent de tout ce qui se passe. Au hasard de retomber dans les mêmes fautes.* Boss. — *Aux,* pour *à les,* par contraction, se met pour le pl. devant un nom ou un adjectif : *Courir aux armes. Aux trois couronnes. Aux grands maux les grands remèdes.*

AU, AUX, sont d'un fréquent usage, ils reviennent sans cesse dans le discours : *Il avait déplu aux puissances. Pourquoi vous laisser aller au désespoir ? L'autour aux serres cruelles. On criait aux armes de tous côtés. Au fait, que veut-il ? Aux grands hommes la patrie reconnaissante. Danser aux chansons.* V. la prép. A.

AUBADE, s. f. (V. *Aube.*) Concert d'instruments qu'on donne à l'aube du jour, à la porte ou sous les fenêtres d'une personne : *Donner une aubade, des aubades. A qui a-t-on donné une aubade, cette nuit, dans notre rue ?* — fig. et par iron. Insulte, avanie,

peur faite avec vacarme : *Il en a eu, il en aura l'aubade. Il a eu une étrange, une furieuse aubade.* — Reproches vifs et durs : *Ses parents, son précepteur, lui ont donné l'aubade.* fam.

AUBAIN, s. m. (du kym. *osb,* pl. *ysb* ou *osbion,* hôte, étranger ; mot dont les Latins avaient fait *hospes.*) jurisp. et chanc. Étranger non naturalisé dans le pays où il demeure. Il est peu usité.

AUBAINE, s. f. (V. *Aubain.*) Succession aux biens des aubains ou étrangers non naturalisés, morts sans postérité née dans le royaume qu'ils habitaient : *L'aubaine appartenait au roi. Le roi avait droit d'aubaine. Le droit d'aubaine a été entièrement aboli en France.* — fig. et fam. Avantage inespéré qui arrive à quelqu'un : *Il n'espérait pas cette succession, c'est une bonne aubaine pour lui. Il ne s'attendait guère à une pareille aubaine.*

AUBAN, s. m. féod. Droit sur les boutiques : *Le droit d'auban se payait au seigneur ou aux officiers de police.* — Permission d'ouvrir une boutique : *Le seigneur lui a accordé l'auban.*

AUBARESTRIÈRE, s. f. mar. Pièce de bois qui entre dans la construction d'une galère.

AUBE, s. f. (du lat. *alba,* blanche, on sous-ent. *toga,* robe, ou *dies,* jour.) La pointe du jour. Il s'emploie rarement seul, si ce n'est en poésie : *Se lever avant l'aube du jour. Dès l'aube du jour. Et du temple déjà l'aube blanchit le faîte.* Rac. *Chez elle, en ses emplois, l'aube du lendemain, Souvent la trouve encor les cartes à la main.* Boil. *Comme un époux glorieux, Qui, dès l'aube matinale, De sa couche nuptiale Sort brillant et radieux.* J.-B. Rouss. — mar. L'intervalle depuis le souper jusqu'au premier quart. — hydr. Palette de roue sur laquelle s'exerce l'action du liquide qui fait tourner la roue : *Roue à aubes. L'aube plonge perpendiculairement dans l'eau.* — cath. Vêtement ecclésiastique fait de toile blanche et descendant jusqu'aux talons : *Le prêtre était déjà revêtu de l'aube, était en aube, avait vêtu l'aube.* — pêch. *Sardines d'aube,* se dit Des sardines que l'on prend à la pêche du matin.

AUBENAGE, s. m. féod. Droit qui était dû dans certaines provinces pour l'inhumation d'un forain ou étranger décédé dans la terre d'un seigneur.

AUBÉPIN, s. m., AUBÉPINE, s. f. (du lat. *alba spina,* c'est-à-dire blanche épine.) bot. Syn. du *néflier aubépin,* arbre de la famille des rosacées, dont on fait d'excellentes haies, et qui produit de petites fleurs blanches d'une odeur très-agréable, disposées par bouquets ou corymbes : *Une branche, une fleur d'aubépine. L'aubépin fleurit au mois de mai.*

AUBÈRE, adj. des 2 g. (du lat. *albidus,* blanchâtre.) Il se dit d'Un cheval dont le poil est couleur de fleur de pêcher entre le blanc et le bai : *Un cheval* aubère. — s. m. Il se dit De la robe d'un cheval aubère : *L'aubère clair. L'aubère foncé. L'aubère rougeâtre. L'aubère noirâtre.*

AUBERGE, s. f. (de l'all. *herberge,* hôtellerie. V. *Héberger.*) Maison où l'on trouve à manger et à loger en payant : *Bonne, mauvaise auberge. A quelle auberge êtes-vous descendu, êtes-vous logé ? A l'auberge de la Boule-d'Or. Vivre à l'auberge. Tenir auberge. Laisser son cheval à l'auberge. Dans les villes, on appelle souvent les auberges hôtels.* — fig. et fam. *Tenir auberge. Avoir maison ouverte, recevoir tout le monde à sa table : Cette place me force à tenir auberge.* — fig. et fam. *Prendre la maison de quelqu'un pour une auberge,* S'y établir sans façon, y aller dîner fréquemment, sans être invité ni désiré. — Lieu à Malte où, du temps de l'ordre, les chevaliers de chaque langue étaient nourris en commun : *L'auberge de France. L'auberge de Provence. Le commandeur tenait auberge.*

AUBERGINE, s. f. bot. Nom vulgaire de la mélongène. V. MÉLONGÈNE. — Fruit de cette plante : *Manger des aubergines. L'aubergine est un mets très-recherché.*

AUBERGISTE, s. des 2 g. Celui, celle qui tient auberge : *Cet aubergiste rançonne sans pitié les voyageurs. C'est un mauvais aubergiste.*

AUBERON, s. m. techn. Pièce rivée au moraillon de la serrure et dans laquelle passe le pène.

AUBERONNIÈRE, s. f. techn. Moraillon sur lequel sont rivés un ou plusieurs auberons.

AUBERTIE, s. f. bot. Arbre qui croît dans l'île de Mascareigne.

AUBESSIN, s. m. bot. L'un des noms vulgaires de l'aubépine.

AUBIER, s. m. (V. *Aubours.*) bot. Partie tendre et

blanchâtre sous l'écorce des arbres : *Il se forme chaque année un nouvel aubier. L'aubier de l'année précédente durcit et se change en bois. Ce bois de charpente ne vaut rien, il a trop d'aubier.* — *Double* ou *faux* aubier, Celui qui se trouve recouvert par de bon bois, recouvert à son tour par l'aubier. — Arbre fort dur, espèce de viorne, à fruit en grappes, qui ressemble au cornouiller.

**AUBIFOIN** ou **AUBITON**, s. m. bot. Nom vulgaire du bleuet ou bluet. V. BLUET, selon Boiste.

**AUBIN**, s. m. Allure d'un cheval qui tient de l'amble et du galop : *L'aubin est une allure défectueuse.* — Blanc de l'œuf.

**AUBINER**, v. n. manég. Aller l'aubin. — agric. v. a. Mettre en rigole des boutures de vigne pour qu'elles prennent racine.

**AUBINÉ, ÉE**, part.

**AUBINET**, s. m. mar. Il ne s'emploie que dans cette locution : *Saint-Aubinet*, par laquelle on désigne Un pont de cordes supporté par des bouts de mâts posés en travers sur le plat-bord, à l'avant des vaisseaux marchands.

**AUBOURS**, s. m. (du lat. *alburnum*, aubier, et *albus*, blanc.) bot. Syn. de la *vigne obier* ou sureau d'eau. — Couche située entre l'écorce et le bois d'un arbre. V. AUBIER.

**AUBRÈGUE**, s. f. min. Nom vulgaire d'une terre argileuse qui contient ordinairement des bélemnites et des ammonites.

**AUBRESSIN**, s. m. bot. Nom vulgaire du néflier aubépin. V. AUBÉPIN et AUBESSIN

**AUBRIER**, s. m. ornith. Nom vulgaire du faucon hobereau.

**AUBUSSEAU**, s. m. ichth. Nom d'un petit poisson excellent à manger, qui se pêche sur les côtes d'Aunis et de Saintonge.

**A. U. C.** archéol. Abréviation des mots latins *ab urbe condita*, qu'on lit sur les monuments et sur des médailles.

**AUCHE**, s. f. techn. Cavité hémisphérique percée dans la tête du mouton, dont on se sert pour façonner les têtes des épingles.

**AUCHENATE**, adj. des 2 g. (du gr. αὐχήν, cou.) entom. Qui a la tête portée par un cou. — *Auchenates*, s. m. pl. entom. Famille d'insectes aptères.

**AUCHÉNION**, s. m. (V. *Auchenate*.) zool. Région du cou située sous la nuque.

**AUCHÉNOPTÈRE**, adj. des 2 g. (du gr. αὐχήν, cou, et de πτερόν, aile, nageoire.) ichth. Qui a les nageoires ventrales placées sous le cou. — *Auchénoptères*, s. m. pl. C'est, selon Duméril, Une famille de poissons formant seule le deuxième sous-ordre des holobranches. Elle répond à l'ordre des jugulaires de Linné.

**AUCHÉNORHYNQUE**, adj. des 2 g. (du gr. αὐχήν, αὐχενος, cou, et de ρυγχος, bec.) entom. Dont la base du bec semble naître du cou. — *Auchénorhynques*, s. m. pl. Famille d'insectes hémiptères de Duméril, répondant à celle des cicadaires de Latreille.

**AUCUBA**, s. m. bot. Genre de plantes de la famille des rhamnoïdes, dont une espèce, l'aucuba du Japon, ou arbre d'or, est cultivée dans nos jardins.

**AUCUN, UNE**, adj. (ital. *alcuno*, fait du lat. *aliquis*, quelqu'un, *l* se changeant facilement en *u*. V. *Au*, *aube*.) Avec une négation, il signifie Nul, pas un : *Aucun nuage ne troubla depuis la sérénité de sa vie.* FLÉCH. *Frappez, aucun respect ne vous doit retenir.* RAC. *Il n'osait plus chercher aucun des plaisirs.* FÉN. *Vous le dites, mais vous n'en donnez aucune preuve.* PASC. — Sans négation, *Aucun* signifie Quelque, quelqu'un : *Penses-tu qu'aucun d'eux veuille subir mes lois?* BOIL. *Je doute qu'aucun de vous, qu'aucun d'eux le fasse. Je doute qu'aucun homme en soit capable.* — *Aucun* est souvent pris dans le sens de Quelconque : *Une des meilleures critiques qu'on ait faites sur aucun sujet est celle du Cid.* LA BR. *La France est encore plus en spectacle qu'aucune autre nation.* MASS. *Sa voix était plus forte qu'aucune voix humaine.* FÉN.

**AUCUN**, se met quelquefois au pl. *Aucuns monstres par moi domptés jusqu'aujourd'hui, Ne m'ont acquis le droit de faillir comme lui.* RAC. *Ils ne peuvent souffrir aucun empire légitime et ne donnent aucunes bornes à leurs attentats.* BOSS. *Elle ne m'a rendu aucuns soins. Il a obtenu ce qu'il demandait sans aucuns frais.* — Il s'emploie aussi dans le style naïf ou badin pour Quelques-uns : *Aucuns ou d'aucuns croiront que je suis amoureux.* — *Aucun*, s'emploie quelquefois substantivement dans le sens de Per-



sonne : *Que chacun se retire et qu'aucun n'entre ici.* CORN. *Qu'aucun par un zèle imprudent ne sorte.* RAC. *Aucun n'avait d'enclos ni de champ séparé.* BOIL.

**AUCUNEMENT**, adv. Nullement, en aucune manière : *Je n'en veux aucunement.* — Il s'employait aussi sans négation en style de chancellerie et de jurisprudence, et signifiait En quelque sorte, par certaines considérations : *Le roi, ayant aucunement égard à L'heureux moment approche où votre destinée Semble être aucunement à la nôtre enchaînée.* CORN. — *Aucunement*, dit Voltaire, est un terme de loi qui ne doit jamais entrer dans un vers.

**AUDACE**, s. f. (du lat. *audacia*, hardiesse, audace ; *audax, audacis*, hardi, audacieux.) Mouvement violent de l'âme, témérité coupable qui porte à des actions ou à des paroles extraordinaires, sans en calculer toute la portée et les suites dangereuses : *Les impies qui attaquent Dieu avec une audace si insensée.* BOSS. *O d'une indigne sœur insupportable audace.* CORN. *Grande audace. Audace inouïe, incroyable, aveugle, furieuse. Entrer, se présenter, parler, répondre avec audace. Être plein d'audace. Réprimer l'audace des méchants.* FÉN. *Il est puni à l'instant de son audace.* MASS.

**AUDACE**, se dit aussi en bonne part : *Noble, généreuse audace. Audace héroïque, guerrière. Avec cette audace qui promet la victoire.* BOSS. *Il montre dans ses yeux une audace qui étonne les plus fiers combattants.* FÉN. — *Avoir l'audace de faire, de dire quelque chose, La reine, poursuivie par des ennemis implacables, qui avaient eu l'audace de lui faire son procès.* BOSS. — *Payer d'audace, Se tirer d'un mauvais pas à force d'audace. Il se prend, suivant la circonstance, en bonne ou en mauvaise part.* = Syn. HARDIESSE, AUDACE, EFFRONTERIE. La *hardiesse* marque du courage et de l'assurance ; l'*audace*, de la hauteur et de la témérité ; l'*effronterie*, de l'impudence.

**AUDACIEUSEMENT**, adv. Avec audace : *Parler, répondre audacieusement.* — Il se dit aussi en bonne part. *Il se jeta audacieusement et avec intrépidité au milieu des ennemis.*

**AUDACIEUX, EUSE**, adj. (V. *Audace*.) Qui a de l'audace : *Votre protection la rend audacieuse.* LA BR. *Un de ces esprits romuants et audacieux.* BOSS. — Il se dit aussi des choses et signifie Qui annonce beaucoup d'audace : *D'un pas audacieux.* BOIL. *Projet audacieux!* RAC. — Il s'emploie quelquefois en bonne part : *Comme un aigle audacieux, Pindare étendant ses ailes.* BOIL. *L'audacieux général ne fut point intimidé par ces obstacles. N'est-ce point l'homme enfin dont l'art audacieux Dans le tour d'un compas a mesuré les cieux?* BOIL. — Il s'emploie comme substantif : *Et la mort est le prix de tout audacieux Qui, sans être appelé, se présente à leurs yeux.* RAC. *Prends ton glaive, et fondant sur ces audacieux.* BOIL. *Un jeune audacieux.* — *Audacieux*, se dit quelquefois figurément Du style des conceptions de l'esprit : *Style audacieux. L'hyperbole est une figure audacieuse. L'ode doit être audacieuse dans ses expressions et dans sa marche.*

**AUDIENCE**, s. f. (du lat. *audientia*, action d'écouter, ou d'entendre, de se faire écouter ; dér. du v. *audire*, écouter, entendre.) Attention que l'on donne à celui qui parle : *Prêtez-moi, donnez-moi un moment d'audience. Parlez, vous aurez audience. Soudain Potier se lève, et demande audience.* VOLT. — Il se dit plus particulièrement en parlant Des princes, des ministres, des personnes constituées en dignité qui emploient un certain temps à écouter ceux qui ont à leur parler : *L'ambassadeur romain me demanda audience.* CORN. *Tout homme connu pouvait obtenir de lui une audience particulière.* VOLT. *Languir dans la salle d'audience.* LA BR. *Audience de congé. L'ambassadeur a pris son audience de congé.* — fig. Parlant d'un vieillard qui fait son testament : *Il prend son audience de congé.* — *Audience d'entrée d'un nouvel ambassadeur. Audience publique*, Réception d'un envoyé avec grand appareil. — *Audience particulière* ou *privée*, Qui a lieu sans grand appareil.

**AUDIENCE**, Séance des juges dans les causes qui se plaident : *Audience publique. Audience à huis clos. Cette affaire se jugera à l'audience ; en pleine audience. Tel président tenait l'audience. Cause appelée à l'audience. Ouvrir l'audience. Cette cause a occupé trois audiences. Jamais la biche n'a traîné, du fond des bois, un cerf à l'audience.* BOIL. — *Audience solennelle*, Audience d'apparat destinée aux



causes les plus importantes, à l'entérinement des lettres de grâce, aux prestations de serment, etc. — *Audience civile*, Celle où l'on plaide les causes civiles. — *Audience criminelle*, Celle où il s'agit de quelque crime. — *Cause d'audience*, Celle qui peut se juger sur la seule plaidoirie des avocats.

**AUDIENCE**, par extension l'Assemblée de ceux à qui on donne audience, qui assistent à l'audience : *Un prince aussi grand que celui qui honore cette audience.* BOSS. *Toute l'audience en fut scandalisée.* — Il se dit aussi Du lieu même où se donne, où se tient cette audience : *Ouvrir l'audience. Fermer l'audience. On l'entraîna hors de l'audience. Vivre avec des gens brouillés, et dont il faut entendre de part et d'autre les plaintes réciproques, c'est, pour ainsi dire, ne pas sortir de l'audience et entendre du matin au soir plaider.* LA BR.

**AUDIENCE**, s'employait autrefois dans le sens De Province, en parlant des colonies espagnoles : *L'audience de Quito, l'audience de Panama.* — Il désignait aussi L'administration de ces provinces. — Il désigne encore aujourd'hui Certains tribunaux d'Espagne : *L'audience de Valladolid.*

**AUDIENCIER**, adj. m. Il se dit De l'huissier qui appelle les causes, qui fait le service dans l'audience : *Huissier audiencier.* — s. m. *Grand-audiencier*, autrefois Officier de la grande-chancellerie, chargé de faire le rapport au chancelier des lettres de grâce, de noblesse, etc. qu'on devait sceller.

**AUDITEUR**, s. m. (du lat. *auditor*, même sens, *auditorium*, auditoire ; nom dér. du v. *audire*, entendre, écouter.) Celui qui écoute un discours, une lecture dans quelque assemblée : *Ce prédicateur a toujours un grand nombre d'auditeurs. L'un supposait ses auditeurs attentifs, dociles, favorables ; l'autre savait leur inspirer l'attention, la docilité, la bienveillance.* D'AGUES. *Cotin à ses sermons traînant toute la terre, Fend les flots d'auditeurs pour aller à sa chaire.* BOIL. *Allez de vos sermons endormir l'auditeur.* BOIL. *Il émeut, il attendrit, il subjugue ses auditeurs.* — Il se prend quelquefois pour Disciple : *Ce professeur a beaucoup d'auditeurs, n'a point d'auditeurs. Auditeur bénévole*, Favorablement disposé, ou qui écoute un maître par goût et sans s'astreindre à l'assiduité. — *Auditeur des comptes*, autrefois Officier commis pour voir, examiner et arrêter les comptes des finances du roi. (V. *Référendaire*.) — *Auditeur* est encore le titre de Certains officiers près les cours de justice qui assistent aux audiences sans avoir voix délibérative, à moins d'insuffisance dans le nombre des juges : *Juge auditeur. Conseiller auditeur. Les juges auditeurs sont aujourd'hui supprimés.* — *Auditeur au Conseil d'État*, Fonctionnaire établi auprès du Conseil d'État pour y acquérir la connaissance des affaires : *Auditeur de première, de seconde classe. Le tableau des auditeurs est arrêté par le roi au commencement de chaque année.* — adm. mil. *Auditeur d'un régiment*, en Allemagne, Officier chargé d'examiner les plaintes. — anc. jurisp. *Auditeur du Châtelet de Paris*, Membre du Châtelet désigné pour connaître seul des affaires purement personnelles jusqu'à cinquante livres une fois payées. — *Auditeur*, dans certains pays, est également Un titre de charge, d'emploi : *Auditeur d'un cardinal. Auditeur de la nonciature.* — *Auditeur de rote.* V. ROTE.

**AUDITIF, IVE**, adj. (du lat. *auditio*, entendre, écouter.) Qui appartient à l'organe de l'ouïe. Il s'emploie surtout en anatomie : *Nerf auditif*, Nerf du cervelet qui se ramifie à différentes parties de l'oreille. *Conduit* ou *canal auditif*, Par lequel les sons arrivent à l'oreille. *Artère auditive*, Qui se distribue à l'oreille. *Faculté auditive*.

**AUDITION**, s. f. (du lat. *auditio*, même sens, dér. du v. *audire*, écouter.) Action d'entendre : *Il est difficile de juger d'une pièce de théâtre à une simple audition, à la première audition. Expliquez-nous comment se fait l'audition.* — pal. *Audition de compte*, l'audition d'un compte, Action d'ouïr et d'examiner un compte. *L'audition des témoins*, L'action d'ouïr les témoins en justice. *Audition catégorique*, Sommation à la partie adverse de s'expliquer franchement devant la justice.

**AUDITOIRE**, s. m. (V. *Auditeur*.) Le lieu où une assemblée se réunit pour écouter des discours prononcés en public : *En quelque endroit que vous soyez de cet auditoire.* BOSS. *Les hommes sont les dupes de l'action et de la parole, comme de tout l'appareil de l'auditoire.* LA BR. — Il se dit plus particulièrement Du lieu où l'on plaide dans les tribunaux : *L'auditoire d'un tribunal. Ouvrir l'auditoire. L'accusé fut amené dans l'auditoire.*

AUDITOIRE, signifie encore l'Assemblée de tous ceux qui écoutent une personne parlant ou lisant en public : *Ce professeur, ce prédicateur a toujours un auditoire nombreux, choisi. Ceux qui font la plus grande partie de mon auditoire.* FLÉCH. *Où il a prêché, les paroissiens ont déserté, et les orateurs voisins en ont grossi leur auditoire.* LA BR. *L'auditoire éclata en sanglots.* VOLT. *Les applaudissements éclatèrent dans tout l'auditoire.*

AUDITORAT ou AUDITORIAT, s. m. Grade ou fonction d'auditeur.

AUDOUINELLE, s. f. bot. Genre de conserves.

AUFFE, s. f. pêch. Espèce de jonc qui vient d'Espagne et qu'on nomme aussi *sparte.* On en fait des filets à grandes mailles, et le plus souvent des cordages qu'en Provence on appelle *sartis.*

AUGE, s. f. (du gall. *osgod, osged* ou *osgyd,* bassin.) Pierre ou pièce de bois creusée où l'on met à boire et à manger aux chevaux et à d'autres animaux domestiques : *Donner l'avoine dans l'auge. Mener boire les chevaux à l'auge. Donner à manger aux cochons dans l'auge.* — maç. Grand vaisseau de bois où les maçons délaient le plâtre : *Auge de maçon. Cet architecte a commencé par porter l'auge et tailler la pierre.* — prov. *J'aimerais mieux, mieux vaudrait porter l'auge que de faire ce métier-là,* se dit pour Marquer le mépris qu'on fait d'un métier. — Dans les moulins à eau, Canal étroit de planches, de maçonnerie qui conduit et laisse tomber l'eau sur la roue pour la mettre en mouvement. — Rigole de pierre ou de plomb dans laquelle coule l'eau d'un aqueduc ou d'une source pour se rendre dans un regard ou dans un réservoir. — mar. Vaisseau de bois où l'on met le goudron pour y passer les cordages. — hydraul. *Auge à soupape,* Auge garnie au fond d'une petite soupape qui s'ouvre quand on plonge dans l'eau la partie de l'auge à laquelle elle répond, et qui se referme quand on relève l'auge, pour faire couler de l'autre côté du bâtardeau l'eau qu'on a puisée. — phys. *Auge galvanique,* Appareil dont les disques métalliques sont rapprochés les uns des autres. — Au jeu de paume; il se dit d'Une espèce de saillie qui est auprès des filets, pour recevoir les balles. — art vét. Partie inférieure de la ganache du cheval. — Chez les plombiers, Vase placé au bout du moule où le plombier coule les tables de plomb avant de les laminer. — Chez les cartonniers, Huche où l'on jette les rognures de papier lorsqu'elles sont broyées. — Chez les verriers, Tronc d'arbre creusé et plein d'eau pour y rafraîchir les ferrements. — hist. anc. *Supplice des auges,* Genre de supplice en usage chez les anciens Perses, qui consistait à enfermer le patient dans une sorte de boîte, la tête et les pieds restant en dehors. On l'exposait ainsi aux injures de l'air et aux piqûres des insectes jusqu'à ce qu'il pérît.

AUGÉE, s. f. Ce que peut contenir une auge : *Les porcs ont eu leur augée.* — Ce que peut contenir une auge de maçon : *Il ne faut qu'une augée, qu'une demi-augée de plâtre pour boucher ce trou.*

AUGELOT, s. m. Dans les salines, Sorte d'auget dans lequel on met le dépôt qui se forme quand on fait bouillir l'eau salée. — Cuiller à écumer le sel. — agr. Fosse en forme de petite auge où l'on plante la vigne.

AUGER, v. a. (V. *Auge.*) techn. Creuser en gouttière une des surfaces d'un morceau de fer plat.

AUGÉ, ÉE, part.

AUGET, s. m. Petite auge où l'on met la mangeaille des oiseaux dans les cages : *L'auget d'une cage. Il n'y a plus rien dans l'auget.* — Dans les moulins, l'Extrémité de la trémie par où le grain coule et se distribue sur les meules. — hydr. Petit vaisseau attaché à la circonférence de certaines roues hydrauliques. — art. mil. Conduit en bois qui reçoit une saucisse de mine à feu. — agr. Petite excavation dans laquelle on sème les graines délicates qui ont besoin d'être arrosées dans leur jeunesse. — arch. Bassin des gouttières de plomb aux grands bâtiments.

AUGIAS, s. m. zool. Espèce de papillon.

AUGIE, s. f. bot. Arbre d'où découle le vernis de la Chine.

AUGITE, s. f. minér. Espèce de pyroxène.

AUGMENT, s. m. (du lat. *augmentum,* augmentation : *augere,* augmenter, accroître.) dr. anc. Il n'était usité que dans cette locution : *Augment de dot,* C'était la portion des biens du mari que la loi permettait de donner à la femme survivante dans les pays de droit écrit, et qu'on appelait *douaire* dans les pays de droit coutumier. — gram. Addition qui se fait au commencement d'un temps de verbe dans certaines langues, surtout en grec : *Augment syllabique,* Celui qui consiste dans l'addition d'une syllabe. — *Augment temporel,* Celui qui consiste dans le changement d'une brève en longue. — méd. Période croissante d'une maladie.

AUGMENTATEUR, TRICE, s. Celui, celle qui fait des augmentations aux livres d'un autre auteur.

AUGMENTATIF, IVE, adj. gram. Il se dit De certaines particules et terminaisons servant à augmenter le sens des mots : *Très, fort,* etc., sont des particules augmentatives dans notre langue. La terminaison *issime* est augmentative dans *savantissime, grandissime, ignorantissime.* — s. m. On appelle augmentatif le mot dont le sens a été augmenté. *Les augmentatifs sont rares en français; ils se rencontrent fréquemment en italien.*

AUGMENTATION, s. f. (du lat. *augmentatio,* dér. du v. *augmentare,* accroître, augmenter : *augere,* augmenter.) Accroissement, addition d'une chose à une autre de même genre : *L'augmentation des vins a produit celle des eaux-de-vie.* VOLT. *Augmentation de gages, de fortune, de revenu. Faire des augmentations à une terre, à une maison. Travaillez à convaincre, non par l'augmentation des preuves de Dieu, mais par la diminution de vos passions.* PASC. — Peu usité au fig. *Augmentation de gloire, d'honneur;* on dit plutôt *accroissement.*

AUGMENTER, v. a. (V. *Augmentation.*) Rendre une chose plus grande, plus considérable, en y joignant une autre chose de même nature : *Il n'y a point de nombre qui ne puisse être augmenté.* PASC. *Pendant que Sémiramis augmentait l'empire des Assyriens.* BOSS. *Pendant qu'Oronte augmente avec ses années son fonds et ses revenus.* LA BR. *Les récompenses augmentèrent l'émulation.* MASS. *Et moi, dont votre vue augmente le supplice.* CORN. *Ma plume ici, traçant ces mots par alphabet, Pourrait d'un nouveau tome augmenter Richelet,* BOIL. — Il se dit aussi en parlant des personnes, et signifie Augmenter leur traitement, leur salaire : *Augmenter un domestique, un commis, un employé. Ces ouvriers veulent qu'on les augmente. Il refuse de travailler si on ne l'augmente de 50 centimes par jour.*

AUGMENTER, v. n. Croître en qualité, en quantité, en intensité : *La réputation des alliés augmentait tous les jours.* FÉN. *La gloire des princes augmente ou diminue avec les intérêts de ceux qui les louent.* MASS. *Son malheur augmente tous les jours.* FÉN. *Mon mal augmente à le vouloir guérir.* CORN. — Il signifie encore Hausser de prix, en parlant de certaines denrées et marchandises : *Le blé, le vin, le pain augmente. Les laines, les toiles ont beaucoup augmenté.* — S'AUGMENTER, v. pron. Il a le même sens que le neutre : *Son mal s'augmente. Ses richesses se sont augmentées. Pendant que les conquêtes s'augmentent, les jalousies se réveillent.* BOSS. *Plus j'apprends son mérite et plus mon feu s'augmente.* CORN. *L'allégresse du cœur s'augmente à la répandre.* MOL. = Syn. AGRANDIR, AUGMENTER. On se sert d'*agrandir* lorsqu'il est question d'étendue; on se sert d'*augmenter* lorsqu'il s'agit de nombre, d'élévation ou d'abondance. On *agrandit* une ville; on *augmente* le nombre des citoyens. On *agrandit* sa maison, quand on lui donne plus d'étendue par la jonction de quelques bâtiments; on *l'augmente* d'un étage ou de plusieurs chambres : *En agrandissant son terrain, on augmente son bien.* = Syn. AJOUTER, AUGMENTER. On *ajoute* une chose à une autre; on *augmente* la même : *Bien des gens ne se font pas scrupule, pour augmenter leur bien, d'y ajouter celui d'autrui.* = Syn. CROÎTRE, AUGMENTER. Les choses *croissent* par la nourriture qu'elles prennent, elles *augmentent* par l'addition qui s'y fait des choses de la même espèce. *Les blés croissent, la récolte augmente.* fig. *L'ambition croît à mesure que les biens augmentent.*

AUGMENTÉ, ÉE, part. *L'idolâtrie s'augmentée depuis Abraham.* BOSS.

AUGURAL, LE, adj. (du lat. *auguralis,* qui a la même signification.) Qui concerne les augures, qui appartient aux augures : *Le bâton augural s'appelait lituus. La science augurale. A Rome on avait une grande vénération pour les livres auguraux.*

AUGURE, s. m. (du lat. *augur, auguris,* même sens; mot qui peut s'expliquer par le g. lat. *avium,* des oiseaux, suiv. du kym. *gwr,* homme; *avium gwr,* et par contraction, *augtor,* d'où *augurium,* présage.) hist. rom. Prêtre dont la charge était d'observer le vol et le chant des oiseaux, et la manière dont mangeaient les poulets sacrés, afin d'en tirer des présages : *Le collège des augures. La dignité d'augure était une des plus éminentes de la république romaine. Dans de telles conjonctures on dut consulter les augures.* — Présage tiré de l'observation des oiseaux chez les Romains, Signe qui semble révéler, faire connaître l'avenir chez les modernes : *Bon, heureux, favorable augure. Mauvais augure. Augure funeste, sinistre. Prendre à bon, à mauvais augure. Cela est de bon augure, d'un bon augure. Cet événement est un bon, un heureux augure. On éloigne les derniers sacrements, comme si c'étaient des mystères de mauvais augure.* FLÉCH. *Rendez l'augure faux, Dieux qui voyez mes larmes.* CORN. *Mon cœur même en conçut un malheureux augure.* BOIL. *Cet accident était diversement expliqué, et quelques-uns en tiraient un bon augure. Vous nous croyez propres à de telles fonctions, vous nous promettez des succès, nous en acceptons l'augure. J'en accepte l'augure, et j'ose l'espérer.* CORN. — fig. et fam. *C'est un oiseau de bon augure,* C'est un homme dont l'arrivée annonce quelque chose d'heureux. — Dans le sens contraire, on dit : *C'est un oiseau de mauvais augure.*

AUGURER, v. a. (du lat. *augurari,* même sens; *augur, augure.*) Tirer un présage pour l'avenir, de certaines choses qui se sont passées, de certaines observations que l'on a faites : *Que d'autres augurent, s'ils le peuvent, ce qu'il veut achever dans cette campagne.* LA BR. *De ces premiers exploits que sait-on augurer?* VOLT. *On ne peut rien augurer de bon de tout cela. Qu'en augurez-vous? On augurait beaucoup de mal de ce coup d'État. Augurer bien, augurer mal de quelque chose, de quelqu'un. Quand les hommes augurent d'un jeune prince qu'il sera grand.* MASS. — Dans ce dernier exemple, *Augurer* est neutre, ainsi que dans le suivant : *Chacun augure favorablement pour soi.* MASS.

AUGURÉ, ÉE, part.

AUGUSTE, adj. des 2 g. (du lat. *augustus,* qui a le même sens.) Qui inspire ou doit inspirer de la vénération, du respect, qui est imposant : *Cet auguste monarque.* MASS. *Et vous, grand roi, auguste témoin de sa vertueuse et sage conduite.* ID. *La sérénité seule de son auguste front.* ID. *Au milieu de cette assemblée, la plus auguste de l'univers.* ID. *Une tête auguste. Votre auguste personne. Une présence auguste. L'auguste vérité. De l'auguste chapelle ils montent les degrés.* BOIL. *De son auguste seing reconnaissez les traits.* RAC. *Une cérémonie auguste. L'auguste éclat de sa personne. Et confondant l'orgueil par d'augustes exemples.* RAC. *Tous gardaient devant eux un auguste silence.* ID.

AUGUSTIN, INE, s. Religieux, religieuse, qui suit la règle de saint Augustin : *Le couvent des Augustins. Un moine augustin. Les grands, les petits Augustins. Un couvent d'Augustines. Elle s'est retirée aux Augustines.* — s. m. *Saint-Augustin,* imprim. Nom d'un caractère d'imprimerie, ainsi nommé parce qu'il servit, en 1467, à l'impression de la *Cité de Dieu,* dont saint Augustin est l'auteur.

AUGUSTINE, s. f. fabr. Sorte d'étoffe de soie. — On a donné aussi ce nom à une sorte de chaufferette chauffée à l'esprit-de-vin. — coutel. Pâte nouvellement inventée qui, étendue sur le cuir, a la propriété de faire couper les rasoirs.

AUJOURD'HUI, adv. de temps. (V. *Jour.*) Il se dit du jour où l'on est : *Il fait plus chaud aujourd'hui qu'hier. Rien ne ressemble plus à aujourd'hui que demain.* LA BR. *Celle dont nous faisons aujourd'hui l'éloge.* FLÉCH. *La fête d'aujourd'hui. Le saint d'aujourd'hui. Quel quantième sommes-nous aujourd'hui? Nous vous avons attendu jusqu'aujourd'hui. Il lui a donné jusqu'à aujourd'hui pour réfléchir. Cette affaire sera pour aujourd'hui. Notre connaissance ne date pas d'aujourd'hui. Vos yeux dès aujourd'hui témoins de sa victoire.* RAC. *Aujourd'hui, l'on s'assemble, aujourd'hui l'on conspire.* CORN. *Voilà tout ce que vous aurez pour aujourd'hui, car il me faut plus d'une lettre pour vous mander tout ce que j'ai appris.* PASC. *Il n'est arrivé que d'aujourd'hui.*

Il s'emploie aussi substantivement : *Il nous a*

*donné tout* aujourd'hui *pour réfléchir. Hier ce devait être* aujourd'hui; aujourd'hui *venu, elle nous remet à demain.* Did. — *D'aujourd'hui en quinze*, Dans quinze jours à partir d'aujourd'hui : *Il doit arriver d'aujourd'hui en huit.*

Aujourd'hui, s'emploie par extension pour exprimer Le temps présent : *Regardez le monde tel que vous l'avez vu dans vos premières années, et tel que vous le voyez aujourd'hui.* Mass. *Mille de ses beaux traits,* aujourd'hui *si vantés, Furent des sots esprits à nos yeux rebutés.* Boil. *Les mœurs d'aujourd'hui. Et fait comme je suis, au siècle d'aujourd'hui, Qui voudra s'abaisser à me servir d'appui.* Boil. *Mais* aujourd'hui *qu'il faut que l'une ou l'autre tombe.* Corn.—Il se dit encore quelquefois, en opposition à demain ou hier, pour désigner Un temps par rapport à un autre qui en est très-rapproché : *Aujourd'hui dans un casque, et demain dans un froc.* Boil. *Hier il pensait ainsi,* aujourd'hui *il pense autrement. Hier avare,* aujourd'hui *prodigue.* La Br. — prov. *Aujourd'hui en chère, demain en bière,* Aujourd'hui en bonne santé et plein de joie, et demain frappé de mort subite.–*Aujourd'hui chevalier, demain vacher,* Aujourd'hui puissant et honoré, demain pauvre et méprisé.–*Aujourd'hui marié, demain marri,* Maintenant plein de joie en se mariant, bientôt affligé du mauvais choix qu'on a fait.

AULACIE, s. f. bot. Arbre de la Cochinchine.

AULACODE, s. m. Genre d'insectes coléoptères.

AULAQUE, s. m. Genre d'insectes coléoptères.

AULÉDIBRANCHE, adj. des 2 g. (du gr. αὐλαιδής, creusé en forme de flûte, et de βράγχια, branchies.) Dont les branchies s'ouvrent sur les côtés par des trous assimilables à ceux d'une flûte. — *Aulédibranches,* s. m. pl. Famille de poissons.

AULÉTRIDE, s. m. (du gr. αὐλητρίς,-ίδος, joueuse de flûte; αὐλός, flûte.) erpét. Genre de reptiles de l'ordre des batraciens.

AULIQUE, s. f. Thèse soutenue par un étudiant de théologie pour obtenir le bonnet de docteur : *Soutenir son aulique.*

AULIQUE, adj. des 2 g. (du lat. *aulicus,* de cour, de palais; *aula,* αὐλή, cour, palais.) *Tribunal aulique,* désignait autrefois en Allemagne Un tribunal qui prononçait en dernier ressort sur toutes les causes et sur tous les sujets de l'empire germanique. — *Conseil aulique,* Tribunal particulier de certains princes d'Allemagne. — *Conseiller aulique,* Celui qui fait partie de ce tribunal : *Il présidait le conseil aulique de Bavière. Le prince l'avait depuis nommé conseiller aulique.*

AULNAIE, s. f. V. Aunaie.

AULNE, s. m. V. Aune.

AULNÉE, s. f. V. Aunée.

AULOPÉE, s. f. mar. Mouvement d'un vaisseau dont la direction tend au vent. — Action de venir au lof, de s'approcher le plus près du vent; effet de cette action.

AULOPORE, s. m. polyp. Genre de polypiers.

AULOSTOMIDE, adj. des 2 g. (du gr. αὐλός, flûte, et στόμα, bouche.) ichth. Dont la tête se prolonge en un long tube analogue à une flûte.—*Aulostomides,* s. m. pl. Famille de poissons.

AULULAIRE, s. f. Sorte de petit coffre-fort.

AULX, s. m. pl. V. Ail.

AUMAILLADE, s. f. pêch. Sorte de filet fait en tramail, qui sert à écharner les barbues.

AUMAILLES, s. f. adj. f. pl. Il se disait autrefois, en t. de coutumes, Des bêtes à cornes : *Un troupeau de bêtes aumailles.* — Il se dit encore au singulier, dans le nord de la France, comme synonyme de *jeune vache.*

AUMÉES, s. f. pl. chass. Grandes mailles des filets triples, telles que celles qui forment les deux côtés d'un tramail ou d'un hallier. — On nomme également *aumées* ou *tramaux,* Les nappes à grandes mailles du tramail.

AUMÔNE, s. f. (autrefois, *aumosne;* du lat. *eleemosyna,* compassion; miséricorde; ἔλεος, compassion, aumône; kym. *aluser, alusen,* id.; le br. *alusen* a peut-être contribué à la modification de la première syllabe du mot français.) Don gratuit que l'on fait aux pauvres pour les soulager : *Faire l'aumône. Donner l'aumône. Aumône publique. Ses aumônes, si bien cachées dans le sein des pauvres, ont prié pour lui.* Boss. *L'immense profusion de ses aumônes. Pour multiplier ses aumônes.* Boss. *Demander l'aumône. Être réduit à l'aumône. Vivre d'aumônes. Rachetez vos péchés*

*par l'aumône. Le tronc des aumônes. Combien de fois elle a fait couler jusqu'à vous ses consolations et ses aumônes!* Fléch. *Nous recommandons ces pauvres gens à vos aumônes.* Mass. *C'est une aumône mal placée. Aux termes de l'Écriture, l'aumône est une justice.* Fléch. — *Dérober l'aumône aux pauvres,* c.-à-d., Mendier par fainéantise lorsque l'on pourrait vivre en travaillant. — *Faire à quelqu'un l'aumône d'une chose,* La lui accorder par grâce, par charité : *Faites-moi l'aumône d'un regard.* Les. — anc. prat. *Aumône* signifiait, Une peine pécuniaire à laquelle on était condamné par le tribunal : *Il a été condamné à la prison et à l'aumône.*

En jurispr. féod. *Terres tenues en franche* aumône, relevant *en franche* aumône, se disait Des terres données à l'Église par le roi ou un seigneur, avec la seule obligation de reconnaître qu'on les tenait de celui qui les avait données.

AUMÔNER, v. a. Il se disait autrefois en t. de prat. pour Payer une aumône aux pauvres par condamnation judiciaire : *Il fut condamné à aumôner mille écus aux pauvres de la ville.*

AUMÔNÉ, ÉE, part. *Il a été* aumôné *par le tribunal,* Il a été condamné à l'aumône. — s. f. Cè que l'on donne aux pauvres, soit en argent, soit en substances, etc. — Portion de pain ou de comestibles : *L'aumônée est copieuse cette fois.*

AUMÔNIER, s. f. Charge d'aumônier. — *La grande-aumônerie de France,* La charge du grand-aumônier; la demeure, l'hôtel du grand-aumônier : *Il demeure à la grande-aumônerie.*

AUMÔNERIE, se disait aussi particulièrement De certain bénéfice claustral affecté à la distribution des aumônes : *L'aumônerie de Saint-Denis.*

AUMÔNIER, IÈRE, adj. Qui aime à faire l'aumône, qui donne souvent aux pauvres : *Elle est très-aumônière.* Il a vieilli et ne s'emploie plus que dans ce nom propre : *Saint Jean l'Aumônier.*

AUMÔNIER, s. m. Ecclésiastique chargé de distribuer les aumônes de ceux auxquels il est attaché et de leur dire la messe : *Grand-aumônier de France. Premier aumônier du roi. Aumônier ordinaire d'un prince. L'aumônier de la reine. La charge d'aumônier. Le prudent Gilotin, son aumônier fidèle.* Boil. *Ils venaient abjurer leurs erreurs entre les mains de ses aumôniers.* Boss.

Il se dit aussi particulièrement Des ecclésiastiques attachés à un corps militaire ou à un établissement pour y remplir toutes les fonctions religieuses : *Il a été aumônier dans les armées. Aumônier d'un hôpital. L'aumônier de la prison. L'aumônier d'un vaisseau, d'un collège.*

AUMÔNIÈRE, s. f. Bourse que l'on portait à la ceinture et qui devait renfermer l'argent destiné aux aumônes : *Il ne se passait pas de jour qu'il ne vidât son aumônière entre leurs mains.* Masc.

AUMUSSE ou AUMUCE, s. f. (du lat. barb. *almucia,* fait de l'art. kym. *ar, al,* et de l'all. *mutze,* flamme, *muts,* vêtement de tête, cape, ce qu'était autrefois l'aumusse.) Fourrure dont certains dignitaires de l'Église se couvrent quelquefois la tête, et qu'ils portent d'habitude sur le bras : *Il eut le droit de porter l'aumusse. Une aumusse de chapelain, de chanoine.* — conchyl. Espèce de coquilles.

AUMUSSIER, s. m. techn. Celui qui vend ou fabrique des aumusses. Les bonnetiers de Paris prenaient autrefois ce nom dans leurs statuts.—conchyl. Nom de l'animal qui vit dans la coquille nommée *Aumusse.*

AUNAGE, s. m. Action de mesurer à l'aune; quantité d'aunes que contient une pièce d'étoffe : *Nous avons passé toute la matinée à l'aunage de ces toiles. Il nous a trompés sur l'aunage. Il faudra vérifier l'aunage de ces toiles. Faire bon, mauvais aunage. Il y a tant d'aunage.*

AUNAIE, s. f. (Quelques-uns écrivent *aulnaie;* du lat. *alnetum,* lieu planté d'aunes. V. *Aune.*) Lieu planté d'aunes : *Les aunaies se trouvent d'habitude sur les bords des rivières. Une belle aunaie.*

AUNE, s. f. (du lat. *ulna,* avant-bras, coudée; aune; ὠλένη, coude; kym. *elin,* coude; *elinaid, ilinad,* coudée.) Mesure ancienne servant à mesurer les étoffes et ayant trois pieds huit pouces de longueur, ou environ un mètre cent quatre-vingt-quatorze millimètres : *Une pièce de toile de trente aunes. Cette étoffe ne se vend pas à l'aune. Mesurer à l'aune. Une aune trois quarts. Une demi-aune. Un quart d'aune.*—Il désigne particulièrement Le bâton

sur lequel on mesure : *L'aune dont il se sert n'est pas exacte. Une aune étalonnée.*—On le dit également Pour l'étoffe elle-même mesurée : *Une aune de drap. Vingt aunes de toile. Une aune de dentelle. Il a acheté trois aunes de drap pour quatre-vingts francs.* — prov. et fig. *Mesurer les autres à son aune,* Juger les autres d'après soi-même. Il ne se dit guère qu'en mauvaise part : *Les gens de mauvaise foi sont ainsi faits, ils mesurent les autres à leur aune.* — prov. et fig. *Les hommes ne se mesurent pas à l'aune,* Il ne faut pas juger de leur mérite par la taille. — fig. et prov. *Savoir ce qu'en vaut l'aune,* Connaître les choses par expérience.—Il se dit en général De ce qui est pénible : *Je ne me hasarderai plus dans de pareils embarras, je sais ce qu'en vaut l'aune.* — prov. et fig. *Tout du long de l'aune,* Complètement, avec excès. *On lui en a donné tout du long de l'aune. Quant aux dépenses, nous en avons eu tout du long de l'aune. Babiller tout du long de l'aune.*

AUNE, s. m. (autrefois *aulne,* orthogr. encore en usage ; du lat. *alnus,* même sens.) bot. Genre de plantes de la famille des amentacées, comprenant plusieurs espèces d'arbres, dont un, l'aune commun, ou vergue, fournit une écorce propre à la tannerie et à la teinture en brun et en noir.

AUNE-NOIR, s. m. bot. Nom donné à la bourdène, ou nerprun bourdène, dans quelques pays.

AUNEAU, s. m. agr. Cercle que l'on forme avec un sarment de vigne de l'année précédente, pour lui faire produire une plus grande quantité de raisin. Il est des variétés de vignes qui ne supportent pas longtemps cette manière d'opérer.

AUNÉE ou AULNÉE, s. f. bot. Nom d'une espèce d'inule, *inula helenium,* plante cultivée à cause de son emploi en médecine, comme expectorante, excitante.

AUNER, v. a. Mesurer à l'aide d'une aune : *Auner de la toile. Auner une pièce de drap. Votre grand-père aunait du drap.* Les. *Auner fidèlement. Vous n'avez pas bien auné.* — On dit prov. *Auner bois à bois,* pour signifier Auner juste, ne pas faire bonne mesure.

AUNÉ, ÉE, part.

AUNETTE, s. f. agricult. Plantation de jeunes aunes.

AUNEUR, s. m. Officier chargé de l'inspection de l'aunage : *Le corps des jurés auneurs.*

AUPARAVANT, adv. Il sert à exprimer la priorité de temps ou d'action : *Saint Augustin a dit la même chose douze cents ans auparavant.* Pasc. *Il tremble, il embrasse les genoux de cet homme qu'il ne daignait pas, une heure auparavant honorer d'un de ses regards.* Fén. *Auparavant on mettait la force et la sûreté de l'empire uniquement dans les troupes.* Boss. *De terribles globes de feu sortirent des fondements qu'ils avaient auparavant ébranlés par des secousses violentes.* Boss.

AUPRÈS, prép. de lieu. (V. *Près.*) À côté de, dans le voisinage de : *Cet inconnu que le hasard a placé auprès de vous dans une voiture publique.* La Br. *La rivière passe auprès de ma maison. Voulant venger son frère, il tombe auprès de lui.* Corn. *Il faut placer, Joad auprès l'ordonne, Le glaive de David auprès de sa couronne.* Rac. *Il a passé la journée auprès du prince. Quelque désir qui m'entraîne auprès d'elle.* Rac. *J'ai eu beaucoup de peine à conserver auprès du ministre.* — *Avoir un libre accès auprès de quelqu'un,* Être libre de le voir, de l'entretenir quand on veut.

AUPRÈS, s'emploie pour exprimer Les relations habituelles que l'on a avec quelqu'un, les rapports d'amitié, de devoir, d'intérêt, de service, qui vous lient à quelqu'un; et dans ce sens il se prend quelquefois au figuré : *D'où vient que, connaissant ces deux méchants hommes, vous les gardez encore auprès de vous?* Fén. *Reprends auprès de moi ta place accoutumée.* Corn. *Il y a bien à profiter auprès de vos docteurs.* Pasc. *Ce malade a auprès de lui un médecin très-habile. Cette jeune personne a passé sa vie auprès de sa mère. Rome, qui vous servait auprès de Laodice.* Corn. *Il a été nommé ambassadeur auprès de la cour d'Espagne. On avait retiré d'auprès de la reine ses plus fidèles serviteurs.* Boss. *Le jeune prince auprès duquel vos noms et vos qualités vous attachent.* Mass.

AUPRÈS, s'emploie aussi figurément pour exprimer La position que l'on a, que l'on obtient dans l'esprit, dans le cœur de quelqu'un : *Votre frère est au mieux auprès des ministres. Vous êtes dans une grande faveur* auprès *du prince. Les fausses et malignes applications pouvaient me nuire* auprès *de personnes moins équitables.* La Br. *Je ne crains pas que l'on me nuise* auprès *de vous.* Volt. *Vous avez bien fait valoir ce service* auprès *du roi. Jamais vous ne pourrez vous justifier* auprès *de moi. C'est passer trop longtemps pour traître* auprès *de vous.* Corn.

**Auprès de**, se dit aussi pour En comparaison de : *Que sont tous vos malheurs* auprès *de ceux que j'ai soufferts? Sa vieillesse paraissait flétrie et abattue* auprès *de celle de Mentor.* Fén. *Ces grands corps de lumière* auprès *desquels la terre n'est qu'un atome imperceptible.* Mass. *Que suis-je* auprès *d'une sainte?* Fléch.

**Auprès**, est quelquefois adverbe, et exprime alors Le voisinage, la proximité : *Il y avait une pelouse magnifique et un petit bois tout* auprès. *Le village s'étend en amphithéâtre, et* auprès *coule une jolie rivière.* Mariv. *Il était sur son trône, et ses fils étaient* auprès.

**AURADE**, s. f. chim. Matière grasse que l'on extrait de l'huile d'oranger.

**AURAI** ou **AURAY**, s. m. mar. Bloc de pierre, de vieux canon, ou pièce de bois, ou de tout autre corps pesant, auquel on amarre les bâtiments.

**AURANTIACÉ, ÉE**, adj. (du lat. *aurentia*, fruits dorés, oranges.) bot. Qui ressemble à l'oranger. — *Aurantiacées*, s. f. pl. Famille de plantes phanérogames, dicotylédones, polypétales, de la classe des térébenthinées.

**AURANTICOLLE**, adj. des 2 g. (du lat. *aurantia*, oranges, et de *collum*, cou.) zool. Dont le cou est de couleur orange.

**AURANTINE**, s. f. chim. Principe amer des oranges non mûres.

**AURATE**, s. m. (du lat. *auratus, auratilis*, doré, d'or : *aurum*, or.) chim. Sel résultant de la combinaison de l'oxyde d'or avec une base salifiable.

**AURATICOLLE**, adj. des 2 g. (du lat. *auratus*, doré, et de *collum*, cou.) zool. Qui a le cou doré.

**AURE**, s. m. ornith. Syn. de *roi des vautours*, ou *vultur papa* de Linné.

**AUREILLETTE**, s. f. bot. Syn. de *ficaire renoncule*.

**AUREILLON**, s. m. techn. Partie de la banquette du métier à fabriquer les étoffes de soie, adaptée à divers usages. V. Oreillon.

**AURÉLIE**, s. f. entom. Nymphe de papillon, genre de méduse. — bot. Genre de plantes de la famille des corymbifères, qui renferme un arbuste toujours vert, originaire du Mexique.

**AURÉOLE**, s. f. (du lat. *aureolus*, de couleur d'or, brillant d'or : *aurum*, or.) Cercle lumineux qui, dans les peintures, se trouve placé au-dessus de la tête de Jésus-Christ et des saints : *Une* auréole *de lumière.* — fig. Le dernier degré de gloire qui attend les saints dans le ciel : *L'*auréole *des martyrs. L'auréole des vierges.* — Il s'emploie aussi dans le sens figuré pour désigner L'éclat, la splendeur morale : *Cette* auréole *de gloire et de vertu qui se répandait autour d'elle.* Fléch.

**AURÉOLES**, s. f. pl. ornith. Nom de la troisième famille des oiseaux sylvains, de la tribu des zygodactyles, selon Vieillot.

**AUREBAS**, s. m. pêch. Nom qu'on donne, en Provence, à Certaines mailles de l'aissangue.

**AUREUX**, adj. m. (du lat. *aureus*, d'or.) chim. Il se dit d'Un des oxydes de l'or et des sels dont il fait la base.

**AURIBARBE**, adj. des 2 g. (du lat. *aureus*, d'or, doré, et de *barba*, barbe.) zool. Qui a la barbe dorée.

**AURICÉPHALE**, adj. des 2 g. (du lat. *aureus*, doré, et de χεφαλή, tête.) zool. Dont la tête est de couleur d'or.

**AURICO-AMMONIQUE**, adj. m. chim. Il se dit d'Un sel aurique combiné avec un sel ammonique.

**AURICO-BARYTIQUE**, adj. m. chim. Il se dit d'Un sel aurique combiné avec un sel barytique.

**AURICO-CADMIQUE**, adj. m. chim. Il se dit d'Un sel aurique combiné avec un sel cadmique.

**AURICO-COBALTIQUE**, adj. m. chim. Il se dit d'Un sel aurique combiné avec un sel cobaltique.

**AURICO-LITHIQUE**, adj. m. chim. Il se dit d'Un sel aurique combiné avec un sel lithique.

**AURICOLLE**, adj. des 2 g. (du lat. *aureus*, doré, et de *collum*, cou.) zool. Il se dit Des insectes dont le cou est jaune-doré.

**AURICO-MAGNÉSIQUE**, adj. m. chim. Il se dit d'Un sel aurique combiné avec un sel magnésique.

**AURICO-MANGANIQUE**, adj. m. chim. Il se dit

d'Un sel aurique combiné avec un sel manganique.

**AURICO-NICOLLIQUE**, adj. m. chim. Il se dit d'Un sel aurique combiné avec un sel nicollique.

**AURICO-POTASSIQUE**, adj. m. chim. Il se dit d'Un sel aurique combiné avec un sel potassique.

**AURICORNE**, adj. des 2 g. (du lat. *aureus*, doré, et de *cornu*, corne). zool. Qui a des cornes ou des antennes d'un jaune doré.

**AURICO-SODIQUE**, adj. m. chim. Il se dit d'Un sel aurique combiné avec un sel sodique.

**AURICO-STRONTIQUE**, adj. m. chim. Il se dit d'Un sel aurique combiné avec un sel strontique.

**AURICO-ZINCIQUE**, adj. m. chim. Il se dit d'Un sel aurique combiné avec un sel zincique.

**AURICULACÉ, ÉE**, adj. moll. Qui ressemble à une auricule. — *Auriculacées*, s. f. pl. Famille de mollusques qui renferme les auricules.

**AURICULAIRE**, adj. des 2 g. (du lat. *auricularis*, qui a le même sens; *auris*, oreille, *auriculaire*, dim.) Qui fait partie de l'oreille, qui a rapport à l'oreille : *Conduit* auriculaire. *Nerf* auriculaire. — *Doigt* auriculaire, Le petit doigt de la main, ainsi nommé parce que sa petitesse permet de l'introduire dans l'oreille. — *Remède* auriculaire, Remède contre les maladies de l'oreille. — *Témoin* auriculaire, Témoin qui a entendu lui-même ce qu'il rapporte : *Il en a été témoin* auriculaire *et oculaire.* — *Confession* auriculaire, Confession faite à l'oreille du prêtre.

**AURICULAIRE**, adj. et s. m. bot. Il désigne Certains champions ayant la forme d'une oreille.

**AURICULARIN, INE**, adj. bot. Il se dit De quelques champignons qui ont la forme d'une oreille.

**AURICULATO-PENNÉ, ÉE**, adj. bot. Il se dit d'Une feuille pennée ayant ses folioles munies d'auricules.

**AURICULE**, s. f. bot. Espèce de plante du genre primaire, très-cultivée dans nos jardins, où elle est connue sous le nom d'*oreille-d'ours*.

**AURICULES**, s. f. pl. (du lat. *auricula*, oreille.) moll. Famille de mollusques très-nombreuse, du sous-ordre des gastéropodes pulmonés gehydéophiles.

**AURICULÉ, ÉE**, adj. (du lat. *auricula*, oreillette.) entom. Se dit lorsqu'un insecte a des élévations comprimées et arrondies, creuses, ressemblant à des oreilles. — Lorsque le thorax se dilate latéralement et forme des appendices en forme d'oreilles. —bot. Qui porte, ou qui est *en oreillette*, Appendice court, latéral, arrondi comme le bout de l'oreille.

**AURICULIFÈRE**, adj. des 2 g. didact. Qui porte des auricules.

**AURICULIFORME**, adj. des 2 g. (du lat. *auriculus*, petite oreille, et de *forma*, forme.) didact. Qui a la forme d'une petite oreille.

**AURICULO-VENTRICULAIRE**, adj. des 2 g. (du lat. *auricula*, oreillette, et de *ventriculus*, petit ventre; ventricule.) anat. Qui appartient à l'oreillette et au ventricule du cœur.

**AURIDES**, s. m. pl. (du lat. *aurum*, or.) min. Famille de minéraux qui renferment de l'or.

**AURIÈRE**, s. f. agr. Il se dit, dans quelques endroits, Des bords des champs entourés de haies et de fossés, lesquels bords on est obligé de cultiver à la bêche ou à la charrue.

**AURIFÈRE**, adj. des 2 g. (du lat. *aurum*, or, et du v. *ferre*, porter, produire.) Qui fournit de l'or, Qui contient de l'or : *Une mine* aurifère. *Une pierre* aurifère. *Des rivières* aurifères.

**AURIFIQUE**, adj. des 2 g. (du b. lat. *aurificus*, même sens : *aurum*, or, et *facere*, faire.) alchim. Qui fait de l'or. Il ne s'emploie guère que dans ces locutions : *Vertu, puissance* aurifique, Vertu, puissance de faire de l'or, de changer en or : *Ils croyaient fermement que cette baguette était douée d'une vertu* aurifique. Volt.

**AURIFLAMME**, s. f. (du b. lat. *auriflamma* : *aurum*, or, et *flamma*, flamme.) ichth. Espèce de poisson du genre muller. V. Oriflamme.

**AURIFORME**, adj. des 2 g. (du lat. *aurum*, or, et de *forma*, forme.) min. Qui ressemble à l'or, qui a l'apparence, l'éclat de l'or.

**AURIGASTRE**, adj. des 2 g. (du lat. *aurum*, or, et du gr. γαστήρ, ventre.) zool. Qui a le ventre doré, ou d'un jaune doré.

**AURIGÈRE**, adj. des 2 g. (du lat. *auriger*, qui a le même sens.) min. Qui porte de l'or, ou des parties de couleur dorée. V. Aurifère.

**AURIGINEUX, EUSE**, adj. méd. Qui a rapport à la jaunisse.

**AURILLARD**, adj. V. Orillard.

**AURINE**, s. f. chim. Substance particulière, d'un jaune doré ou couleur d'or, et colorante.

**AURIO** ou **AURO**, s. m. bot. Nom vulgaire de l'arroche halime.

**AURIOL, AURION**, ou **AURIOU**, s. m. ornith. Noms vulgaires du *loriot commun*, venant probablement de la couleur jaune-doré de cet oiseau.

**AURIOLE**, s. m. bot. Syn. de *daphné lauréole*.

**AURIPEAU**, s. m. V. Oripeau.

**AURIPENNE**, adj. des 2 g. (du lat. *aurum*, or, et de *penna*, plume, aile.) ornith. Qui a les ailes dorées.

**AURIQUE**, adj. f. mar. *Voile* aurique, Voile ayant quatre côtés sans être de forme carrée. *Les voiles des lougres sont des voiles auriques.*

**AURISCALPE**, s. m. (du lat. *auriscalpium*, qui a le même sens : *auris*, oreille, et *scalpere*, gratter, curer.) techn. Sorte de cure-oreille.

**AURITARSE**, adj. des 2 g. zool. Qui a des tarses dorés.

**AURIVENTRE**, adj. des 2 g. zool. Qui a le ventre doré.

**AUROCÉPHALE**, adj. des 2 g. zool. Dont la tête est d'un jaune doré.

**AUROCHS** ou **URUS**, s. m. mamm. Sorte de grand bœuf sauvage, commun autrefois dans toute l'Europe, et dont l'espèce n'existe plus maintenant que dans quelques forêts de la Lithuanie.

**AURO-FERRIFÈRE**, adj. des 2 g. Mine contenant du fer et de l'or.

**AURONE**, s. m. bot. Ancien nom générique des armoises, restreint aujourd'hui à une seule espèce, l'armoise citronelle.

**AURO-PLOMBIFÈRE**, adj. des 2 g. min. Contenant du plomb et de l'or.

**AUROPUBESCENT, ENTE**, adj. Garni de petits poils d'un jaune doré.

**AURORE**, s. f. (du lat. *aurora*, qui a le même sens.) Lueur qui commence à éclairer le ciel avant que le soleil soit sur l'horizon : *Le lever de l'*aurore. *Tous les objets paraissent sombres le matin aux premières lueurs de l'*aurore. Fén. *L'éclat naissant de l'*aurore. Rouss. *Il renaîtra, mon Dieu, plus brillant que l'*aurore. Rac. — *Aurore* boréale, Phénomène lumineux qui éclaire quelquefois le ciel pendant la nuit en apparaissant du côté du nord : *Ils ont des aurores boréales qui les éclairent pendant ces longues nuits.* Regn. Il y a aussi des aurores australes. — *Couleur d'*aurore, Jaune clair et doré : *Une étoffe couleur d'*aurore, ou, par ellipse, *Une étoffe, un ruban aurore.*

**Aurore**, Divinité de la mythologie païenne : *Quand l'*Aurore, *avec ses doigts de rose, entr'ouvrira les portes de l'Orient.* Fén. C'est dans ce sens poétique que l'on dit : *Les pleurs de l'*Aurore, pour La rosée du matin.

**Aurore**, se dit fig. dans le style élevé d'Une chose qui commence : *L'aurore de la vie. Cela n'est encore qu'à son* aurore. *Cet admirable génie était à peine à son* aurore. *Le repentir est l'aurore de la vertu.* — En parlant d'une très-jeune personne : *C'est une beauté dans son* aurore. On dit aussi fig. : *C'est l'aurore d'un beau jour*, pour indiquer Un incident heureux qui est le présage d'événements encore plus heureux.

**Aurore**, se prend aussi quelquefois, surtout dans le style poétique, pour indiquer Les contrées de l'Orient : *Embrasez par nos mains le couchant et l'aurore* Rac. *Rassemblant follement les peuples de l'aurore.* L. Rac. *Les climats de l'aurore.*

**AURURE**, s. m. chim. Alliage de l'or avec tout autre métal.

**AUSCULTATION**, s. f. (du lat. *auscultatio*, qui exprime la même idée : *auscultare*, écouter.) physiol. Action d'écouter avec attention, de prêter l'oreille attentivement pour percevoir les sons : *L'auscultation sert aux médecins à reconnaître certaines lésions internes.*

**AUSCULTER**, v. a. Pratiquer l'auscultation.

**Ausculté, ée**, part.

**AUSPICE**, s. m. (du lat. *auspicium*, présage provenant des oiseaux : *avis*, oiseau, et *spicere*, regarder, observer.) Chez les Romains, Présage tiré du vol, du chant des oiseaux et de la manière dont mangeaient les poulets sacrés : *Les anciens attachaient beaucoup d'importance aux* auspices. *Rome se vantait d'être une ville sainte par sa fondation, consacrée, dès son origine, par des auspices divins.*

Boss. *Et suivant de Bacchus les auspices sacrés.* Boil. *Le général romain ne balança pas à livrer bataille, bien que les auspices ne fussent nullement favorables. Heureux auspices. Les auspices lui étaient contraires.* — fig. *Sous d'heureux auspices,* Dans un temps favorable, avec un heureux concours de circonstances. *Sous de fâcheux, de tristes auspices,* Dans des conjonctures malheureuses, difficiles, où tout annonce des revers, des malheurs : *Pour achever ce jour sous de meilleurs auspices.* Corn. *Un hymen formé sous le plus noir auspice.* Rac. — *Sous les auspices de quelqu'un,* D'après ses conseils, sous sa conduite, avec sa faveur, sa protection : *Vous marchiez au camp, conduit sous mes auspices.* Rac. *Il avait fait ses premières armes sous les auspices du plus grand capitaine de l'Europe.*

AUSPICINE, s. f. ant. rom. Art de prendre les auspices.

AUSSIÈRE, s. f. pêch. Corde faite de plusieurs torons de fil commis ensemble et roulés les uns sur les autres. — Bordure qu'on attache au bout des filets déliés. — mar. Cordages qui n'ont été commis qu'une fois, et qui sont composés de plusieurs fils ou faisceaux.

AUSSI, adv. De même, pareillement : *Comme on dit beauté poétique, on devrait dire aussi beauté géométrique.* Pasc. *Comme la république avait son faible, la monarchie des Césars avait aussi le sien.* Boss. *Si vous partez, je m'en vais aussi. C'est elle-même, ô Dieux! et toi, ma fille,* aussi. Corn. — De plus, encore : *Les Égyptiens ont été les premiers à observer le cours des astres, ils ont aussi, les premiers, réglé l'année.* Boss. *Étant établi pour gouverner le peuple, il l'était aussi pour le secourir.* Fléch. *Ce n'est pas assez de vous marquer les périls de votre état, il faut aussi vous en découvrir les avantages.* Boss. *Celui qui met un frein à la fureur des flots Sait aussi des méchants arrêter les complots.* Rac. — C'est pourquoi, à cause de cela : *Un État ainsi formé ne se croit jamais sans ressource; aussi voyons-nous que les Romains n'ont jamais désespéré de leurs affaires.* Boss. *Les honneurs sont institués pour récompenser le mérite, pour exercer la sagesse.... aussi ils n'appartiennent de droit qu'à des âmes modérées.* Fléch. *La plus grande des preuves de Jésus-Christ, ce sont les prophéties; c'est aussi à quoi Dieu a le plus pourvu.* Pasc.

Aussi, marque quelquefois La conformité, le rapport d'une proposition avec celle qui précède : *Il semblait présenter sa gorge au coup mortel; Aussi le reçoit-il, peu s'en faut, sans défense.* Corn. *Comme le prédicateur ne cherche pas à les rendre meilleurs, ils ne pensent pas aussi à le devenir.* La Br. Dans cette dernière phrase, nous dirions aujourd'hui *non plus,* parce qu'il y a une négation. *L'un et l'autre avant lui s'étaient plaints de la rime, Et c'est aussi sur eux qu'il rejette son crime.* Boil. — D'un autre côté : *Si j'espère beaucoup, je crains beaucoup aussi.* Corn. *La précipitation en matière de tendresse lui est suspecte; mais aussi trop de lenteur et de difficulté le rebute.* Fléch. *Mais peut-être qu'aussi, trop prompte à m'affliger, J'observe de trop près un chagrin passager.* Rac. — Par compensation : *On y naît avec plus de passion que le reste des hommes, mais aussi on peut y pratiquer plus de vertus.* Mass. *Il n'est rien en ce temps à couvert de vos coups; Mais aussi savez-vous comme on meurt de vous.* Boil. *Cette puissance qui pouvait les protéger, mais qui pouvait aussi les perdre.* Fléch.

Aussi, signifie Souvent, également : *Que son peuple lui soit cher, qu'il est lui-même cher à son peuple.* Mass. *Elle recevait les hommages qu'on lui rendait avec un visage aussi doux et aussi riant que sa fortune.* Fléch. *La matière a-t-elle dans son fond une idée aussi pure, aussi simple, aussi immatérielle qu'est celle de l'esprit.* La Br. *La pierre, la colique et les gouttes cruelles, Guénaud, Rainsant, Brayer presque aussi tristes qu'elles.* Boil. *Numa fit la religion aussi sérieuse, aussi grave et aussi modeste que les ténèbres de l'idolâtrie le pouvaient permettre.* Boss. *Aussi correct dans sa langue que s'il l'avait apprise par règles et par principes.* La Br. *On regardait ces exemplaires comme sortis immédiatement de la main de Moïse, aussi purs et aussi entiers que Dieu les avait dictés.* Boss. *Aussi barbare époux qu'impitoyable père.* Rac. *Les Samaritains les ont conservés aussi religieusement que les Juifs.* Boss. *Celui qui, pouvant sauver un homme attaqué ne le faisait pas, était puni aussi rigoureu-*

*-sement que l'assassin.* — *Que* est quelquefois supprimé : *Il était alors extrêmement robuste; bien que jeune encore, il n'est plus aussi bien portant. Sa place eût été donnée, si l'on eût pu la remplir d'un homme aussi sûr.* Boss. *Comme un aigle qu'on voit toujours, soit qu'il vole au milieu des airs, soit qu'il se pose sur quelque rocher, porter de tous côtés des regards perçants, et tomber si sûrement sur sa proie, qu'on ne peut éviter ses ongles non plus que ses yeux.... aussi vifs étaient les regards, aussi vive et impétueuse était l'attaque, aussi fortes et inévitables étaient les mains du prince de Condé.* Boss. — *Aussi peu que* sert à marquer Une sorte d'égalité, de privation ou de modicité entre deux personnes ou deux choses : *Ce que vous dites est aussi peu sensé que ce que vous avez fait. L'homme dont vous parlez n'est pas fort estimable, et son voisin l'est tout aussi peu.* — *Aussi que,* s'emploie encore d'une façon particulière, et il tient lieu d'une espèce de superlatif finement exprimé : *Il fallait, pour résister à tant d'armées jointes ensemble contre nous, des troupes aussi vaillantes et des capitaines aussi expérimentés que les nôtres.* Fléch. *Une matière aussi vaste et aussi diversifiée que le sont les mœurs des hommes.* La Br. *Un prince aussi grand que celui qui honore cette audience.* Boss. *En exposant une vie aussi précieuse et aussi nécessaire que la vôtre.* Id. — *Que* peut se supprimer : *Comment un homme aussi sage a-t-il fait une pareille faute?* Acad. *On ne fait plus de réflexion sur un aussi grand bienfait, parce qu'on ne se souvient plus de l'avoir reçu.* Pasc. *Nos ennemis seuls peuvent triompher d'une journée aussi sanglante et aussi meurtrière.* Mass. — *Aussi bien que,* signifie Autant que, de même que, tout autant que : *Elle savait donner le lait aux enfants aussi bien que le pain aux forts.* Boss. *Il est de l'essence de Dieu que sa justice soit infinie, aussi bien que sa miséricorde.* Pasc. *Rome, aussi bien que moi, vous donne son suffrage.* Corn. *Mais les temps sont changés aussi bien que les lieux.* Rac. *Puisqu'il sera son maître aussi bien que le leur.* Corn. — *Aussi bien,* non suivi de *que,* sert à rendre raison d'une proposition précédente : *Il ne s'agit pas de réfuter ces rêveries des platoniciens, qui aussi bien tombent d'elles-mêmes. Vous l'écouterez, prince, et répondrez pour moi; Vous êtes aussi bien le véritable roi.* Corn. *Qu'il périsse, aussi bien il ne vit que pour moi.* Rac. *Étouffe dans mon sang ces annonces de guerre; Va vaincre en sûreté le reste de la terre; Aussi bien n'attends pas qu'un cœur comme le mien Reconnaisse un vainqueur et le demande rien.* Id. *Mais laissons-le plutôt en proie à son caprice, Sa folie aussi bien lui tient lieu de supplice.* Dans les exemples qui précèdent, *aussi bien* veut dire *au surplus, après tout, d'autant plus que,* avec *d'autant plus de raison que,* mais il a un sens différent dans ceux qui suivent : *Vous vous louez extrêmement de cet employé, mais mon fils travaille autant et aussi bien. Vous paraissez jaloux de la faveur dont jouit votre frère; faites comme lui, vous serez vu aussi bien, vous serez aussi bien récompensé.* V. Bien.

AUSSITÔT, adv. de temps (*aussi tôt.*) Dans le moment, incontinent, à l'heure même, à l'instant : *La Grèce était pleine de ces sentiments, quand elle fut attaquée par Darius; aussitôt chacun se prépare à défendre sa liberté.* Boss. *En voulez-vous des preuves? me dit-il aussitôt.* Pasc. *Un seul osa d'Aman attirer le courroux, Aussitôt de la terre ils disparurent tous.* Rac. *Cependant quelques vers qu'Apollon vous inspire, En tous lieux aussitôt ne courez pas les lire.* Boil. — Suivi d'un participe : *Aussitôt votre lettre reçue, je suis allé retenir trois places. Parlez, vos ennemis aussitôt massacrés De ma fatale erreur répareront l'injure.* Corn. *Ta mort emportera mon âme vers la tienne, Et mon cœur aussitôt, frappé des mêmes coups.* Corn. — prov. *Aussitôt dit, aussitôt fait. Aussitôt pris, aussitôt pendu.*

AUSSITÔT QUE, conj. Dès que : *Elles perdent l'innocence de leur baptême presque aussitôt qu'elles l'ont reçu.* Fléch. *Ces grands mouvements qui cesseraient aussitôt qu'on aurait su le véritable état de vos disputes.* Pasc. *Aussitôt qu'il m'aperçut, il vint à moi.* Id. *Aussitôt qu'un sujet s'est rendu trop puissant, Encor qu'il soit sans crime, il n'est pas innocent.* Corn. Il est quelquefois suivi d'un participe : *Délaissée aussitôt que mise au monde.* Boss. *Du dessein étouffé aussitôt que naissant.* Rac. — En même temps que : *Que le prélat, surpris d'un chan-*

*-gement si prompt, Apprenne la vengeance aussitôt que l'affront.* Boil.

AUSTER, s. m. (du lat. *auster,* qui exprime la même idée; R sonne.) Vent du midi. Il ne se dit guère qu'en poésie : *L'humide, le pluvieux, l'impétueux, le fougueux auster.*

AUSTÈRE, adj. des 2 g. (du lat. *austerus,-a,-um,* qui a le même sens; *austeritas,* austérité.) Rigoureux pour le corps, qui mortifie les sens et l'esprit, qui commande des pratiques difficiles et pénibles : *Religion austère. Les cloîtres les plus austères. Un ordre pieux et austère.* Mass. *Les règles austères qu'on lui prescrit.* La Br. *L'innocence de ces filles dont la vie est si pure et si austère.* Pasc. *Une vie austère et pénitente.* Fléch. *Une pénitence austère.* Id. *Garder un jeûne austère.* Rac. *Un vain dehors d'austère piété.* Boil. *Il garde un silence austère.* Acad. — Sévère, rude : *Des critiques austères.* La Br. *Ne point avoir le visage austère.* Id. *Humeur austère et chagrine.* Fléch. *Des esprits trop fiers, trop austères et trop impérieux.* Boss. *Un air grave, austère et majestueux.* La Br. *Avoir l'âme austère et farouche.* Id. *Théodose, avec un habit austère, a un air comique.* Id. *Je ne sais quoi d'austère et de vénérable dans ses mœurs.* Fléch. *Une austère sagesse.* Id. *Une piété ni austère ni relâchée.* Id. *La sagesse n'a rien d'austère ni d'affecté.* Fén. *Humeur austère et chagrine.* Fléch. *Ils trouvent sec et austère tout ce qui est libre et ingénu.* Fén. *Les lois d'un austère devoir.* Rac. *De l'austère pudeur les bornes sont passées.* Id. — b.-arts. Opposé à *léger* et *joli,* d'un caractère de gravité qui bannit les agréments : *Peu de peintres se sont attachés autant que lui au genre austère. Une maison de correction devrait toujours avoir quelque chose d'austère dans son architecture.* — phys. Il se dit d'Une saveur âpre et astringente, acerbe : *Ces fruits ont une saveur austère. Vin austère. Rien de plus austère que le goût de ces baies.*

AUSTÈREMENT, adv. Avec austérité, d'une manière austère : *Comment peut-on vivre, jeûner si austèrement?*

AUSTÉRITÉ, s. f. (V. *Austère.*) Rigueur exercée sur le corps, mortification des sens et de l'esprit : *Il avait vécu, dès les premières années de sa vie, avec autant d'austérité que d'innocence.* Boss. *Ce pauvre jeune homme s'était enfui à la Trappe, mais il ne put supporter l'austérité de la règle. Les austérités du corps.* Pasc. *Sa santé s'est encore affaiblie par les austérités qu'elle a faites en carême.* Rac. *Exercer de grandes austérités.* Acad. *Elle aimait tout dans la vie religieuse, jusqu'à ses austérités et ses humiliations.* Boss. *Pratiquer toute l'austérité des jeûnes et des abstinences.* Fléch. *Ces maisons de retraite, de prière, d'austérité.* Mass. *Quels exemples d'austérité n'ont-elles pas laissés aux siècles suivants?* Id. *Il pratique toutes les austérités que pratiquent les religieux.* Fléch. — Sévérité, gravité outrée : *Vous avez conservé la dignité de ministre sans en avoir l'austérité.* Fléch. *Et raillant d'un censeur la triste austérité.* Boil. *Fuyez de mes plaisirs la sainte austérité.* Rac. *Ces juges sévères qui perdent le mérite de leur équité par leur austérité chagrine.* Fléch. *Tempérez toutes les lois par des adoucissements.* Id. *L'austérité du commandement.* Id.

AUSTRAL, LE, adj. (du lat. *australis,* même sens : *auster,* vent du midi.) Méridional : *Pôle, hémisphère austral. Les terres australes.*

AUSTROMANCIE, s. f. ant. Art de prédire l'avenir en consultant les vents.

AUTAN, s. m. Vent du midi, vent violent en poésie : *La fureur des autans. L'autan furieux. L'impétuosité des autans. Pour braver les autans et la mer en furie. Non loin du fier Égée, où l'on voit en tout temps; Contre les aquilons combattre les autans.* Mén. Dans le midi de la France on dit le vent d'autan.

AUTANT, adv. (de l'art. kym. qui est donné au et du lat. *tam, tantum,* tant. V. *Tant.*) Également, pareillement, de même, à proportion; il sert à marquer égalité de mérite, de nombre, de quantité, d'étendue. *Afin qu'elle m'évite, autant que je la fuis.* Rac. *J'estime autant Patru, même dans l'indigence, Qu'un commis engraissé des malheurs de la France.* Boil. *Le soin de votre fils le touche autant que vous.* Rac. *Prince qu'on admire autant dans la paix que dans la guerre.* Boss. *Ceux dont il était le père et le maître par la supériorité de sa vertu, autant que par la prééminence de sa charge.* Fléch.

Qui vous donne le droit d'en faire si peu de cas? il est, je pense, autant que vous. Nous n'avons pas autant de pouvoir sur les magistrats que sur les confesseurs. PASC. Il y a autant d'invention à s'enrichir par un sot livre, qu'il y a de sottise à l'acheter. LA BR. Elle a soulagé autant de misérables qu'elle a connu de véritables misères. FLÉCH. Les victoires traînent souvent après elles autant de calamités pour un État que les plus sanglantes défaites. MASS. La pente universelle du genre humain entraîne le peuple à l'idolâtrie; autant de fois qu'il y tombe, il est puni; autant de fois qu'il s'en repent, il est délivré. BOSS. De qui ne peut-on pas en dire autant? ID. De gros bataillons serrés semblables à autant de tours. ID. Quoique les villes de la Grèce fussent autant de républiques, l'intérêt commun les réunit. ID. Il eut estimé autant qu'il devait un capitaine si renommé. ID. Autant qu'il est en notre pouvoir, nous détournons les hommes des choses défendues. PASC. Ils doivent épargner autant qu'ils peuvent un sang si précieux. FLÉCH. Pour l'aimer autant qu'il faudrait. BOSS. Dieu applique sa vertu où il lui plaît et autant qu'il lui plaît. ID.

AUTANT, se répète quelquefois: c'est une manière de s'exprimer fort ancienne; elle répond à autant que, mais avec cette différence que le premier membre de phrase devient le second : . Autant d'hommes, autant de sentiments. Autant de séparations, autant de nouvelles morts pour lui. MASS. Autant de siècles, autant de nouvelles extravagances sur la nature et sur l'immortalité de l'âme. ID. Autant d'écoles, autant de sentiments sur un point si essentiel. ID. Autant votre frère montre d'activité, autant vous avez de nonchalance. Autant le toucher concentre ses opérations autour de l'homme, autant la vue étend les sciences au delà de lui. ROUSS. Ce tour nous vient du latin. Dans le dix-septième siècle, on se conformait à cette langue savante avec plus d'exactitude encore, puisqu'au commencement de la phrase on mettait autant au lieu de autant : Autant que le ciel s'élève et que la terre s'incline au-dessous de lui, autant le cœur des rois est impénétrable. BOSS. Autant que de David la race est respectée, Autant de Josabel la fille est détestée. RAC. Autant que ce dessein était utile, autant l'exécution en était pénible. PASC. Autant que la face de la république romaine était belle au dehors par les conquêtes, autant était-elle défigurée par l'ambition désordonnée de ses citoyens. BOSS.

AUTANT, suivi d'un adjectif: Ces esprits grossiers autant que superbes. BOSS. O crainte ridicule autant que criminelle! CORN. Le sort vous est propice autant qu'il est contraire. ID. Votre refus est juste autant que ma demande. ID. Incapable de se gouverner lui-même, autant que de souffrir l'empire d'autrui. BOSS. Le peuple d'Israël était grossier et rebelle autant ou plus qu'aucun autre peuple. Toujours douce, toujours paisible autant que généreuse et bienfaisante. ID. Il est modeste autant qu'habile. ACAD. Toutes ces phrases sont conformes au génie de notre langue, et personne n'en conteste la régularité; mais de grands écrivains n'ont pas hésité à placer autant, même avant l'adjectif, au lieu de aussi, généralement préféré : Valens, autant attaché aux ariens que Constance. BOSS. Les Macédoniens presque autant supérieurs aux autres Grecs, que les autres Grecs étaient au-dessus des Perses. ID. Autant capable de porter le joug que les peuples qu'elle tenait asservis. BOSS. Un jour autant heureux que je l'ai cru funeste. RAC. Cette manière de s'exprimer n'est plus admise aujourd'hui, et dans ces phrases et dans toutes celles qui leur ressemblent, autant doit être remplacé par aussi. V. ce mot.

AUTANT donne lieu à un grand nombre de locutions familières et proverbiales : Il en a autant qu'il en peut porter, Il peut à peine marcher, parce qu'il a trop bu, ou bien il a été étrillé, battu d'une rude manière. — Autant vaut être mordu d'un chien que d'une chienne, Peu importe de quel côté le mal nous arrive. — Autant lui en pend à l'oreille, Il pourra bien lui en arriver autant. — Autant de têtes, autant d'avis, Chacun a son avis particulier; autant il y a de personnes, autant il y a de manières de voir différentes. — Cela est fini, ou autant vaut; 'est un homme mort, ou autant vaut, Cette affaire doit être regardée comme terminée, cet homme comme mort. — Autant vaut bien battu que mal battu, Dans de certains cas, dans des circonstances difficiles, le plus sûr est de montrer du courage et de ne se pas épargner. — Autant faire cela sur-le-champ que de différer, Autant vaut faire cela que de différer; ellipse qui est assez fréquente, comme dans cet autre exemple : Je lui dois encore quatre-vingt-dix et quelques francs, autant dire cent francs. — Autant en emporte le vent, Toutes ces promesses sont vaines et illusoires, toutes ces menaces ne valent pas la peine qu'on s'en inquiète le moins du monde. — Autant comme autant, Également. Il en meurt autant comme autant. Ce tour a vieilli.

D'AUTANT, loc. adv. et fam. Acceptez cette somme, cela me débarrassera d'autant. Il a augmenté la dot de sa fille de dix mille francs, mais il a diminué d'autant la somme qu'il devait envoyer à son fils. Cette allée doit être rétrécie de plusieurs pieds, vous élargirez l'autre d'autant. Pendant que l'orateur se complaisait dans ses froids développements, quelques-uns des auditeurs dormaient d'autant. — À charge d'autant, à la charge d'autant, À condition de rendre la pareille. — Boire d'autant, Boire copieusement : Voilà mon âne à l'eau; jusqu'au col il se plonge, Lui, le conducteur et l'éponge, Tous trois burent d'autant. LA FONT.

D'AUTANT QUE, loc. conj. Vu, attendu que : Si vous m'en croyez, vous ne vous mêlerez point d'une telle affaire, d'autant que vous n'y êtes nullement obligé. D'autant que vous avez mis votre espérance en la calomnie, cette iniquité vous sera imputée. PASC. Pourrait-on les tuer pour cela? Non, d'autant que les jansénistes n'obscurcissent plus l'éclat de la société qu'un hibou celui du soleil. ID.

D'AUTANT PLUS, D'AUTANT MIEUX, D'AUTANT MOINS, loc. adv. Autant précédé de la prép. de, et suivi de plus, moins, mieux, meilleur, est d'un fréquent usage : Perdez un ennemi d'autant plus dangereux, Qu'il s'essaiera sur vous à combattre contre eux. RAC. Bourreau intérieur d'autant plus redoutable, qu'il est toujours présent, et qu'on ne s'en peut garantir. MASS. Tradition d'autant plus certaine, qu'elle a été confirmée par le sang. BOSS. Le raisonnement de Cornélius Népos est d'autant plus solide, que d'autres auteurs s'accordent avec lui. ID. Ils errent d'autant plus dangereusement, qu'ils prennent une vérité pour le principe de leur erreur. PASC. Les enfants des rois règnent d'autant plus fortement dans les cœurs, qu'ils ne règnent pas encore dans leurs États. FLÉCH. — Si dans beaucoup de cas, comme dans les exemples qui précèdent, d'autant plus est suivi d'un adjectif ou d'un adverbe, il l'est également d'un nom ou d'un verbe : Magnanimité modeste, qui leur inspire d'autant plus de crainte et de reconnaissance pour Dieu, qu'ils en ont reçu plus de grâces. FLÉCH. Les uns ont d'autant mieux conclu la misère, qu'ils en ont pris pour preuve la grandeur; et les autres ont conclu la grandeur avec d'autant plus de force, qu'ils l'ont tirée de la misère même. PASC. On avance d'autant plus dans la justice et dans la charité, qu'on se perfectionne dans l'humilité chrétienne. FLÉCH. Je vous hais d'autant plus qu'on vous aime, d'autant plus qu'il me faut vous admirer moi-même, Que l'univers entier m'en impose là loi, Et que personne enfin ne vous hait avec moi. RAC. — Que qui suit d'autant plus, moins, peut aussi être suivi de plus, moins, mieux : Leurs injustices étaient d'autant plus dangereuses, qu'ils savaient mieux les couvrir du prétexte spécieux de l'équité. BOSS. Vous êtes d'autant plus coupables, quand vous oubliez Dieu, qu'il tirerait plus de gloire de votre fidélité. FLÉCH. Un coup d'autant plus rude, qu'on est moins préparé à le soutenir. BOSS. Ils sont d'autant plus susceptibles de préjugés qu'ils aiment moins la peine de l'examen et l'embarras de la méfiance. MASS. J'avais toujours pensé qu'on péchait d'autant plus qu'on songeait moins à Dieu. PASC. Les grands sont d'autant plus les images de Dieu, qu'ils ont plus de moyens de bien faire, et qu'ils ne semblent nés que pour exercer la charité. FLÉCH. On l'entend d'autant moins que mieux on croit l'entendre. CORN. — D'autant plus... que signifie quelquefois avec d'autant plus de raison que : Je chéris, j'acceptai, sans tarder davantage, L'heureuse occasion de sortir d'esclavage; D'autant plus qu'il fallait l'accepter ou périr, D'autant plus que vous-même, ardente à m'offrir, Vous ne craigniez rien tant que d'être refusée, Que même mes refus vous auraient exposée, Que..... RAC. — La phrase peut se construire aussi de manière à supprimer que : Il voit peu le monde et vit fort retiré chez lui dites-vous; je l'en estime d'autant plus, je l'en aime d'autant mieux. S'il est peu reconnaissant, il en est d'autant moins digne de toutes vos bontés.

AUTARCHOGLOSSE, adj. des 2 g. (du gr. αὐτός, soi-même; ἀρχή, empire, commandement, et de γλῶσσα, langue.) zool. Dont la langue est libre.

AUTARICIE, s. f. (du gr. αὐτάρκεια, suffisance, satisfaction.) méd. Tranquillité morale, paix de l'âme.

AUTEL, s. m. (ital. altare, esp. altar; du lat. altare, mot où l s'est changé en u, pour le prov. autar, et le français autel; all, éminence, en gaël., d'où le lat. altus, haut, élevé.) Espèce de table préparée pour les sacrifices : On voyait dans le temple de Salomon l'autel des parfums et l'autel des holocaustes. Platon, avec son éloquence qu'on a crue divine, a-t-il renversé un seul des autels où ces monstrueuses divinités étaient adorées? BOSS. Dresser un autel, des autels. FLÉCH. Ses sujets lui ont presque dressé des autels. MASS. L'un abattait des remparts, l'autre redressait des autels. FLÉCH. De toutes parts s'élevèrent des autels et des temples magnifiques, consacrés à la gloire de son fils. MASS. Rome vous prépare déjà des temples, des autels. CORN. Elle a des dieux à son service, elle aura bientôt des autels. ID. Briser les autels. ID. Après avoir brûlé sur leurs propres autels les dieux des nations étrangères. FLÉCH. Pendant que du Dieu d'Athalie chacun court encenser l'autel. RAC. Il l'attend à l'autel pour la sacrifier. ID. — prov. Il mérite qu'on lui érige, qu'on lui dresse des autels, Il est digne de toutes sortes d'honneurs, des plus éclatantes marques de la reconnaissance publique.

AUTEL, se dit particulièrement chez les chrétiens, De la table sur laquelle on dit la messe : Un devant d'autel. Les marches de l'autel. Un ornement d'autel. Nappe d'autel. Grand, petit autel. Le saint de pierre qui orne le grand autel n'est pas mieux connu de la multitude. LA BR. Les saints autels. Sacrés autels, vous m'êtes témoins que ce n'est pas aujourd'hui, par ces artificieuses fictions de l'éloquence.... BOSS. La décoration des autels. FLÉCH. Se présenter devant l'autel. ID. Combien de dons brillants suspendus devant les autels! FLÉCH. S'approcher de l'autel pour recevoir les cendres, pour communier. Un autel dédié à la sainte Vierge. L'autel de saint Joseph. Vous l'avez promis à la face des saints autels. — Le sacrifice, le saint sacrifice de l'autel, La messe. Le saint sacrement de l'autel, L'eucharistie. — Autel privilégié, Celui auquel sont attachées des indulgences particulières. — Autel portatif, Pierre plate et carrée consacrée, selon les formes ordinaires de l'Église, pour dire la messe ailleurs que dans les églises et les chapelles. — Il est bien juste que ceux qui servent l'autel, vivent de l'autel. PASC. C'est-à-dire que Les fonctions de leur ministère doivent rapporter aux prêtres de quoi vivre. — prov. Qui sert à l'autel doit vivre de l'autel, Il est juste que chacun trouve de quoi vivre en exerçant sa profession. — prov. Il prendrait sur l'autel, sur le maître-autel, se dit d'Un homme qui prend effrontément tout ce qu'il peut, n'importe où il se trouve, et quelquefois d'un joueur favorisé d'un bonheur tel, qu'il emporte tous les enjeux. — Autel, en astronomie, Constellation de l'hémisphère austral. — technol. Tablette de pierre ou de fonte qui se trouve en avant de la bouche d'un four.

AUTEL, au figuré, La religion, le culte public; dans cette acception, le pluriel est le plus usité : Il soutint par son zèle et par son courage les autels que l'hérésie avait ébranlés. FLÉCH. Comme la puissance temporelle ne doit pas toucher à l'autel, la spirituelle ne doit pas toucher au trône. ID. Quels sont les motifs qui conduisent cet autre à l'autel saint? MASS. Armés pour la défense de vos autels. ID. Les complots criminels qu'on fait contre les dieux et contre leurs autels. RAC. Renonçons à l'autel, abandonnons l'office. BOIL. Mais, depuis que l'Église eut aux yeux des mortels De son sang en tous lieux cimenté ses autels. ID. — Élever autel contre autel, Faire un schisme dans l'Église, et, par extension, Opposer son crédit, sa puissance, au crédit d'une autre personne, se mettre en concurrence contre une entreprise. — Ami jusqu'aux autels, Ami capable de tout entreprendre pour son ami, excepté ce qui est contraire à sa conscience, à la religion.

AUTÉMÉSIE, s. f. (du gr. αὐτός, qui agit de soi-même, de son propre mouvement, et de ἔμεσις, vomir.) path. Vomissement idiopathique.

AUTEUR, s. m. (du lat. autor, qui a la même

signification ; *autoritas*, autorité.) Première cause de quelque chose : *La majesté immense de l'auteur de l'univers.* Mass. *Aimer l'auteur de son être.* Id. *L'univers adora comme des* auteurs, *des insensés que l'univers avait vus naître.* Id. *Pour les chrétiens Jésus-Christ est l'auteur et le consommateur de tout bien. Outre que l'esprit de Dieu ne peut être auteur de ces motifs humains.* Mass. *Et l'auteur de la vie à mourir condamné.* Boil. *Le premier et véritable* auteur *d'un incendie.* Pasc. *De ligues, de complots pernicieux* auteurs. Rac. *L'auteur de la dernière persécution. L'auteur d'une nouvelle hérésie.* Maxime, auteur *du meurtre. L'auteur de la paix.* Boss. *Les patriciens qui avaient été les premiers* auteurs *de la liberté.* Id. *L'auteur d'un si noir attentat.* Id. *Périsse le Troyen* auteur *de nos alarmes !* Rac. *Cet Achille, l'auteur de tes maux et des miens.* Id. *Ils entrèrent en fureur contre eux-mêmes, contre les auteurs de leurs malheurs et de leur perte.* Mass. *Oubliant l'auteur de leur prospérité.* Id. *L'auteur de la conversion des Gentils.* Boss. — *L'auteur, les* auteurs *d'une* race, Celui, ceux dont elle est sortie, qui les premiers l'ont illustrée. — *Les auteurs de nos jours,* Notre père et notre mère.

Auteur, signifie aussi Inventeur : *L'auteur d'une découverte, d'un procédé, d'une nouvelle méthode. Je suis bien éloigné de dire que Descartes ne soit pas le véritable* auteur *du principe : Je pense, donc je suis.* Pasc. *L'auteur d'un si admirable conseil.* Boss. *L'auteur d'un projet.* Acad. *Les auteurs de ces grossières fictions.* Mass. *Les auteurs des inventions utiles à la vie humaine.* Boss. *Les deux Mercures,* auteurs *des sciences et de toutes les institutions des Égyptiens.* Id.

Auteur, se dit particulièrement de Celui qui a fait un ouvrage de littérature, de science ou d'art : *Les auteurs d'un écrit diffamatoire qui ne peuvent prouver ce qu'ils ont avancé sont condamnés par le pape Adrien à être fouettés.* Pasc. *C'est un livre fait par des* auteurs *contemporains.* Id. *A la fin de la représentation, on a demandé à grands cris l'auteur de la pièce, ou simplement, l'auteur. Cette musique est d'un auteur célèbre.* Acad. *Le roi a dignement récompensé l'auteur de ce charmant tableau, qui d'abord ne s'était pas fait connaître. Cette jeune personne est auteur de poésies qui dénotent un rare talent et donnent de grandes espérances. Souvent l'auteur allier de quelque chansonnette Prend droit au même instant de se croire poète.* Boil. — Celui qui a fait quelque ouvrage, ou qui a l'habitude d'en faire : *Auteur ancien. Auteur moderne. Un auteur d'une grande réputation.* La Br. *Un méchant auteur. Un bon* auteur. Id. *Un ridicule auteur. De vains* auteurs. *Un téméraire auteur. De sots auteurs. De fades* auteurs. *Ce grand auteur. L'auteur le plus divin. Un auteur malin. L'impertinent auteur. L'auteur le plus poli. Cet auteur si charmant.* Boil. *Goûter un auteur. Se passionner pour un auteur.* La Br. *Un auteur du temps d'Alexandre.* Boss. *Les* auteurs *païens.* Id. *Pour ce qui concerne Cyrus, les auteurs profanes ne sont pas d'accord sur son histoire.* Boss. *Lorsque l'auteur sacré loue ces hommes illustres.* Mass. *Des faits rapportés par des auteurs infidèles.* Boss. *Thucydide, ce grave auteur.* Id. *Saint Jérôme et les autres auteurs ecclésiastiques.* Id. *La plupart des auteurs grecs et latins.* Id. — Par extension, L'ouvrage même d'un auteur : *Étudier les bons auteurs. Étudier, commenter, critiquer un auteur. Citer un auteur.* Acad. *Il entend déjà très-bien les auteurs latins. Barbin vend aux passants des auteurs à tous prix.* Boil.

AUTHENTICITÉ, s. f. Qualité de ce qui est authentique : *l'authenticité d'un fait, d'une nouvelle, d'une histoire : L'authenticité de tous ces témoignages si imposants. Peut-on contester l'authenticité de cette pièce ? Cette infidélité pourrait donner de violents soupçons sur l'authenticité de ces lettres.* Volt. *Les Livres Saints portent avec eux un caractère d'authenticité.*

AUTHENTIQUE, adj. des 2 g. (du gr. αὐθεντικὸς, qui a le même sens, d'où le lat. *authenticus*, authentique : αὐθέντης, maître de soi-même, qui n'est pas soudoyé, auteur.) Il se dit Des actes dressés dans les formes prescrites par des officiers publics : *Acte, pièce, écrit, contrat, titre* authentique. *Preuve, attestation, déclaration* authentique. *Les renonciations authentiques de la mère et de la femme de Louis XIV.* Volt. *Outre les copies qui couraient parmi le peuple, on en faisait des exemplaires authentiques qui tenaient lieu d'originaux.* Boss. —*Authen-*

*tique*, s. f. *La minute d'un acte, d'un écrit* authentique : *Ce n'est pas là l'authentique, ce n'est qu'une copie. On a parlé de cet écrit en divers sens ; aujourd'hui il n'y a plus de doute, car l'authentique existe dans telle bibliothèque, dans les archives de telle ville.* Ce dernier sens a vieilli.

Authentique, Non apocryphe, certain, indubitable : *C'est le plus ancien livre du monde et le plus* authentique. Pasc. *Des traditions* authentiques. Boss. *Les commentaires les plus authentiques et les plus respectés parmi eux.* Id. *Afin que cette histoire fût la plus authentique du monde.* Pasc. *Passage* authentique. *Les luthériens d'Alsace en étaient un témoignage* authentique. Volt. — plain-ch. *Mode* authentique. V. Mode.

AUTHENTIQUE, s. f. Nom donné à Certains fragments de lois émanées de Justinien, qui ont été insérées dans le Corps du droit romain : *Les authentiques et les novelles. L'authentique si qua mulier. Rien n'arrête le sexe en son ardeur lubrique, Il redoute moins Dieu qu'il ne craint l'authentique.* Boil.

AUTHENTIQUEMENT, adv. D'une manière authentique : *Des décrets prononcés authentiquement dans le Sénat sur les rescrits des princes, ou en leur présence.* Boss.

AUTHENTIQUER, v. a. dr. anc. Il ne se disait que Des actes où l'on faisait mettre l'attestation des magistrats et le sceau public : Authentiquer *un acte.* — dr. rom. Authentiquer *une femme,* La déclarer atteinte et convaincue d'adultère.

AUTHENTIQUÉ, ÉE, part.

AUTOCARPIEN, ENNE, adj. (du gr. αὐτὸς, lui-même, soi-même, et καρπός, fruit.) bot. Il se dit Des plantes dont le fruit n'adhère à aucune partie de la fleur.

AUTOCÉPHALE, s. m. (du gr. αὐτὸς, soi-même, lui-même, et de κεφαλή, tête, chef.) Nom donné par les Grecs aux évêques non assujettis à la juridiction du patriarche.

AUTOCHTHONE, s. m. (du gr. αὐτόχθων, -ονος, indigène, aborigène, ou plutôt né de la terre même qu'il habite : αὐτὸς, lui-même, soi-même, et χθὼν, terre.) ant. gr. Il se dit Des premiers habitants d'un pays, par opposition à ceux qui sont venus postérieurement s'établir dans les mêmes lieux. Il est synonyme d'*aborigène.* — adj. des 2 g. *Un peuple* autochthone. *Les habitants de l'Attique se disaient* autochthones.

AUTOCLAVE, s. m. Sorte de marmite dans laquelle on fait cuire les aliments sans évaporation. V. Sécuridave.

AUTOCRATE, s. m., AUTOCRATRICE, s. f. (du gr. αὐτοκράτωρ, qui a le même sens ; αὐτοκρατορία, autocratie : αὐτὸς, lui-même, et κράτος, puissance, force.) Celui, celle dont le pouvoir est absolu, illimité ; titre du czar ou empereur, de la czarine ou impératrice de Russie : *L'autocrate de toutes les Russies.* Le féminin s'emploie rarement.

AUTOCRATIE, s. f. Pouvoir absolu, despotisme complet. — path. Action de la nature dans la conservation de la vie, principe vital.

AUTOCRATIQUE, adj. des 2 g. Qui a rapport, qui est relatif à l'autocratie.

AUTO-DA-FÉ, s. m. (mots esp. qui signifient *acte de foi.*) Exécution des jugements de l'Inquisition, et spécialement de ceux qui condamnaient au supplice du feu : *Assister à un auto-da-fé. Rien de plus révoltant qu'un tel auto-da-fé.*

AUTODYNAMIQUE, adj. des 2 g. didact. Il se dit de Ce qui est produit par la force même d'une chose.

AUTOGNOSIE, s. f. didact. Connaissance, appréciation de soi-même.

AUTOGRAPHE, adj. des 2 gr. (du gr. αὐτόγραφον, écrit de la propre main : αὐτὸς, soi-même, et γραφή, écriture, écrit.) didact. Écrit de la propre main de l'auteur : *Lettre* autographe. *Manuscrit* autographe. — s. m. *Vous n'avez qu'une copie, l'autographe est à telle bibliothèque.*

AUTOGRAPHIE, s. f. (V. *Autographe, Lithographie.*) Connaissance des livres, des manuscrits autographes. — techn. L'art de transporter l'écriture ou les dessins du papier sur une pierre. — Impression et multiplication de l'écrit, de la lettre d'une personne par le moyen d'une gravure sur pierre ; c'est ce qu'on nomme *fac-simile.* V. ce mot.

AUTOGRAPHIER, v. a. (V. *Autographe.*) Imiter et multiplier un corps d'écriture, ou des dessins, par le moyen de la lithographie.

AUTOGRAPHIÉ, ÉE, part. V. Lithographier.

AUTOGRAPHIQUE, adj. des 2 g. (V. *Autographe.*) Qui concerne l'autographie.

AUTOGRAPHOMANE, s. des 2 g. (V. *Autographomanie.*) Celui, celle qui a la manie des écrits autographes, et qui les recherche avec une sorte de passion pour en faire des collections.

AUTOGRAPHOMANIE, s. f. (du gr. αὐτόγραφον, autographe, et de μανία, manie, frénésie.) Manie de celui qui recherche les écrits autographes.

AUTOLITHOTOMISTE, s. m. (du gr. αὐτὸς, soi-même, λίθος, pierre, et τέμνω, tailler, couper.) didact. Celui qui s'est fait à lui-même l'opération de la taille.

AUTOMACHIE, s. f. (du gr. αὐτὸς, soi-même, et de μάχομαι, combattre.) didact. Opposition, contradiction avec soi-même, dans ses paroles, dans ses idées et même dans ses écrits.

AUTOMALITHE, s. f. Minéral qui a de grands rapports avec le spinelle.

AUTOMATE, s. m. (du lat. *automaata*, qui présente le même sens, et qui vient du gr. αὐτόματος, qui agit de son propre mouvement, de soi-même : αὐτὸς, lui-même, soi-même, et μάω, vouloir.) Machine qui a en soi les principes de son mouvement : *Les horloges, les sphères mouvantes sont des automates. Selon les cartésiens, les bêtes sont de purs automates.* — Machine qui imite le mouvement des corps vivants : *Un automate fort ingénieusement construit. Les automates de Vaucanson.* Dans ce sens il s'emploie comme adjectif : *Le canard* automate. *Le flûteur automate jouait différents airs de la flûte allemande avec une justesse surprenante.* — fig. *C'est un* automate ; *un pur automate,* C'est un niais, un homme stupide ou un homme sans énergie, flottant à tout vent. fam.

AUTOMATIQUE, adj. des 2 g. physiol. Qui s'exécute sans la participation de la volonté : *Le battement des veines est un mouvement* automatique. — path. Il se dit Des mouvements que le malade exécute machinalement, sans but : *La contraction des muscles est modérée dans les mouvements* automatiques. — phil. Il sert à caractériser un être doué de l'automatisme.

AUTOMATIQUEMENT, adv. D'une manière automatique, comme un automate.

AUTOMATISME, s. m. (du gr. αὐτοματισμὸς, mouvement spontané. V. *Automate.*) Mouvement machinal, qualité de l'automate : *Je ne saurais admettre l'automatisme des bêtes.* — phil. Faculté de se mouvoir par soi-même, de se déterminer, de s'approcher ou de s'éloigner de certains objets.

AUTOMATURGE, s. m. (du gr. αὐτοματουργὸς, qui a le même sens.) techn. Qui fait des automates.

AUTOMNAL, LE, adj. (V. *Automne ;* cet adjectif n'a point de pluriel pour le masculin.) Qui appartient à l'automne, qui arrive en automne : *Plantes* automnales. *Fièvres* automnales. *La partie* automnale *du bréviaire,* Celle qui contient l'office des trois mois de l'automne.

AUTOMNATION, s. f. agr. Influence de l'automne sur la végétation.

AUTOMNE, s. m. et f. (du lat. *autumnus*, qui a le même sens ; *autumnalis*, automnal ; *auctumnus*, muct dans *automne*, sonne dans *automnal.*) L'une des saisons de l'année qui succède à l'été et précède l'hiver, la saison des fruits : *Bel automne. Automne sec. Nous avons eu une automne froide et pluvieuse.* Acad. *Une automne venteuse serait funeste aux fruits. On ne cueille pas les fruits de l'automne dans la riante saison des fleurs.* Frayssinous. *Attendre que septembre ait ramené l'automne.* Boil. — fig. L'âge qui précède la vieillesse : *Il n'est plus très-jeune, il est dans son automne.*

AUTONOME, adj. des 2 g. (du gr. αὐτὸς, soi-même, νόμος, loi.) Qui se régit par ses propres lois : *Peuple* autonome.

AUTONOMIE, s. f. Privilèges et franchises de certaines villes grecques qui, sous les Romains, conservaient le droit de se gouverner par leurs propres lois.

AUTOPATHIE, s. f. (du gr. αὐτὸς, soi-même, et πάθος, sensibilité.) didact. Égoïsme qui rend insensible au bonheur et au malheur d'autrui.

AUTOPSIDE, adj. des 2 g. didact. Il se dit Des substances métalliques qui ont l'éclat des métaux.

AUTOPSIE, s. f. (du gr. αὐτοψία, vue par soi-même : αὐτὸς, soi-même, et ὄψις, vue.) ant. Vision instinctive des mystères, état de l'âme en commerce

www.ingramcontent.com/pod-product-compliance
Lightning Source LLC
LaVergne TN
LVHW020159030726
842520LV00003B/800